NomosAnwalt

Peter Hentschel †
Rechtsanwalt, Lehrbeauftragter an der Universität zu Köln

Carsten Krumm,
Richter am Amtsgericht, Lüdinghausen

Fahrerlaubnis Alkohol | Drogen

im Straf- und Ordnungswidrigkeitenrecht

6. Auflage

Die Deutsche Nationalbibliothek verzeichnet diese Publikation in
der Deutschen Nationalbibliografie; detaillierte bibliografische
Daten sind im Internet über http://dnb.d-nb.de abrufbar.

ISBN 978-3-8487-1052-2

6. Auflage 2015
© Nomos Verlagsgesellschaft, Baden-Baden 2015. Printed in Germany. Alle
Rechte, auch die des Nachdrucks von Auszügen, der fotomechanischen Wie-
dergabe und der Übersetzung, vorbehalten.

Vorwort zur 6. Auflage

Fünf Jahre nun schon sind seit Erscheinen der 5. Auflage dieses Buches vergangen, das ich von dem am 27.6.2006 viel zu früh verstorbenen *Peter Hentschel* übernehmen durfte. Die 5. Auflage ist überaus gut angekommen, was Ansporn und Verpflichtung zugleich darstellte. Bei den Arbeiten an der letzten Auflage habe ich erheblich am Text „herumgeschraubt". In der vorliegenden Neuauflage sind die Änderungen nicht derart gravierend – ich war dabei selbst überrascht, wie viele Originalpassagen *Hentschels* in dem Werk immer noch trotz aller Aktualisierungen vorhanden sind. Ich habe aber die Problematik des Führerscheintourismus aus dem Buch herausgenommen, da dieses Thema nur sehr weit entfernt mit dem Thema „Fahrerlaubnis und Alkohol" zu tun hat. Ansonsten stand die Aktualisierung der Rechtsprechung und Literatur im Vordergrund der Bearbeitungen. Auch habe ich versucht, die bereits in der letzten Auflage neu aufgenommenen Praxishinweise zu erweitern. Zur einfachen Recherche des Nutzers habe ich auch viele Fußnoten mit Parallelfundstellen und Entscheidungsdatum und Aktenzeichen versehen – bei über 2.800 Fußnoten war dies natürlich eine nicht in Gänze zu stemmende Aufgabe, zumal viele Entscheidungen, die noch aus der Zeit der Bearbeitung durch *Hentschel* in den ersten Auflagen aufgenommen worden waren, nicht in den Standarddatenbanken enthalten sind. Immerhin ist ein großer Teil insbesondere der neueren Entscheidungen in der beschriebenen Art und Weise aktualisiert. Durch den bereits in der letzten Auflage gestiegenen Textanteil zum Thema „Drogen im Straßenverkehr" ist der Buchtitel erweitert worden und stellt jetzt auch die Drogen gleichwertig neben den Alkohol. Ich habe zudem darauf Wert gelegt, den Buchumfang nicht allzu sehr anwachsen zu lassen – es soll noch immer als ein schneller Praxishelfer gelten, nicht als allumfassendes Nachschlagewerk.

Zu besonderem Dank verpflichtet bin ich einmal mehr allen Mitarbeitern des Nomos-Verlages, allen voran *Petra Buchdunger* und *Frank Michel* aus dem Lektorat, die wie immer die Entstehung dieser Auflage maßgeblich unterstützt und begleitet haben.

Lüdinghausen, im Januar 2015   Carsten Krumm

Inhaltsverzeichnis

Vorwort zur 6. Auflage	5
Abkürzungsverzeichnis	25
Literaturverzeichnis	27

Erster Teil: Rauschmittel im Straßenverkehr 33

A. Die Feststellung des Rauschmittelkonsums 33
   I. Atemalkoholprobe 33
   II. Blutentnahme 35
     1. Gesetzliche Voraussetzungen der Blutprobe: § 81 a StPO 35
     2. Einwilligung: Freiwillige Abgabe der Blutprobe 36
     3. Verwertbarkeit einer unter Verstoß gegen die gesetzlichen Bestimmungen gewonnenen Blutprobe 39
       a) Entnahme der Blutprobe unter Vernachlässigung der „medizinischen Entnahmevoraussetzungen" 39
       b) Verwertung von anderen Blutproben 40
       c) Vernachlässigung des Richtervorbehaltes 41
         aa) Gefahr im Verzug 43
         bb) Dokumentation der Entscheidungsgrundlagen/Mündliche Beschlüsse 46
         cc) Grenzen des Richtervorbehalts/Willkür/Revisionsfragen 48
         dd) Abwägung: Beweisverwertungsverbot oder nicht? 60
     4. Untersuchungen und Tests bei der Blutentnahme 64
       a) Verwertbarkeit des sog. „klinischen Befundes" 64
       b) Bedeutung eines negativen klinischen Befundes 65
       c) Vernehmung des Blutentnahmearztes 65
   III. Ermittlung der Blutalkoholkonzentration aus der Blutprobe 66
     1. Die verschiedenen Untersuchungsmethoden 66
     2. Anzahl der Einzelanalysen 67
     3. Nicht ausreichende Anzahl von Einzelanalysen 68
     4. Die geringe Wertigkeit einer zweiten Blutprobe 70
     5. Variationsbreite 71
     6. Analysenmittelwert 72
     7. (Kein zusätzlicher) Sicherheitszuschlag 73
   IV. Bedeutung der Blutalkoholkonzentration zur Tatzeit 73
     1. Entbehrlichkeit einer Rückrechnung auf die Tatzeit 73
     2. Rückrechnung auf die Tatzeit 74
       a) Stündlicher Abbauwert 74
       b) Verlauf der Blutalkoholkurve und Resorptionszeit 75
       c) Die ersten beiden Stunden nach Trinkende 76
     3. Nachtrunk 77

V. Fehlen einer Blutuntersuchung 79
    1. Berechnung der BAK aus der Trinkmenge („Widmark") 79
       a) Grundlagen jeder Berechnung 79
       b) Die eigentliche Berechnung nach Widmark 80
          aa) Erläuterungen zu der Formel 80
          bb) Der Reduktionsfaktor „r" 80
          cc) Die abgebaute Alkoholmenge „ß x t" 81
          dd) Das Resorptionsdefizit 81
    2. Atemalkohol 84
       a) Grundlagen 84
       b) Verfälschende Einflüsse auf das AAK-Ergebnis 85
       c) Gefahrengrenzwert: 0,25 mg/l AAK 86
       d) Der Einsatz eines AAK-Messgerätes (generelle Betrachtung) 87
          aa) Zuverlässigkeit der Messwerte einer AAK-Messung 87
          bb) Bei allen AAK-Messungen zu beachtende
               Verfahrensbestimmungen 87
          cc) Fehlerquellen bei der Messung bzw im Rahmen der
               Auswertung 88
          dd) Tatsächliche Feststellungen des Tatrichters 88
VI. Das medizinische Sachverständigengutachten 90
    1. Verfahrensfragen 90
    2. Unvereinbarkeit der ermittelten BAK mit dem klinischen Befund .. 90
    3. Das Urteil des Tatrichters: BAK-Bestimmung und
       Sachverständigengutachtens 91
    4. Zweifel an der Identität des untersuchten Blutes 92
       a) ... im Strafverfahren 92
       b) ... im Bußgeldverfahren 94

B. Alkoholbedingte Fahrunsicherheit 94
  I. Absolute und relative Fahrunsicherheit 94
  II. Absolute Fahrunsicherheit bei Kraftfahrern 95
    1. Feststellung absoluter Fahrunsicherheit aufgrund des
       Blutprobenergebnisses 95
    2. Kein AAK-Beweisgrenzwert für absolute Fahrunsicherheit 96
    3. Erreichen des Beweisgrenzwertes erst nach der Tat 98
    4. Keine Aufrundung 98
    5. Motorrad- und Mopedfahrer 98
    6. Mofafahrer 99
    7. Segway-Nutzer 99
    8. Anwendbarkeit des Beweisgrenzwertes für Kraftfahrer 99
  III. Absolute Fahrunsicherheit bei Radfahrern, E-Bikern, „Bierbikern" 100
  IV. Erschwerende Bedingungen bei der Fahrt 101
  V. Grenzwertabsenkung durch Krankheit, Ermüdung pp. 101

VI.	Und dann noch: Falls es in Zukunft nochmals zur Herabsetzung der Promillegrenze kommt	102
VII.	Relative Fahrunsicherheit	103
	1. Mindest-BAK für die Annahme relativer Fahrunsicherheit	103
	2. Anforderungen an die zusätzlichen Beweisanzeichen für die Annahme relativer Fahrunsicherheit	103
	3. Gesamtwürdigung aller Umstände	104
	4. Feststellung alkoholbedingter Ausfallerscheinungen	104
	5. Ausfallerscheinungen bei der Fahrweise	105
	6. Andere alkoholbedingte Ausfallerscheinungen	109
	7. Sturztrunk vor Fahrtantritt	111
	8. Der klinische Befund = ärztlicher Bericht des blutprobeentnehmenden Arztes	111
VIII.	Zusammenwirken von Alkohol und anderen Ursachen	114
IX.	Fahrunsicherheit aufgrund „anderer berauschender Mittel" (insbes. Drogen)	114
	1. Der Begriff der „anderen berauschenden Mittel"	115
	2. Welche Drogen sind „berauschende Mittel"?	115
	3. Welche Medikamente sind berauschende Mittel?	116
	4. Wechselwirkungen: Medikamente/Alkohol/Drogen	118
	5. Grenzwerte und Drogen	118
	a) Keine anerkannten Grenzwerte für Fahruntüchtigkeit	118
	b) Existieren Mindestgrenzwerte?	121
	c) Noch nicht anerkannt: Der CIF als Gradmesser nach Cannabis-Konsum	121
	6. Anforderungen an die Feststellung drogenbedingter Fahrunsicherheit	122
	a) Herabgesetzte Gesamtleistungsfähigkeit	122
	b) Neben Konsum sind weitere Beweisanzeichen erforderlich	123
	c) Fahrfehler als rauschmittelbedingte Ausfallerscheinung	124
	d) Sonstige Verhaltensbesonderheiten als rauschmittelbedingte Ausfallerscheinungen	126
	e) Weitere hilfreiche Einzelheiten aus der Rechtsprechung und Literatur zu Ausfallerscheinungen (leitsatzartig)	127
	7. Die Feststellung des Konsums und der Menge des Konsums	130
	8. Keine Rückrechnung möglich	131
	9. Tatsächliche Feststellungen/Ermittlungen des Tatrichters	131
C. Erheblich verminderte Schuldfähigkeit und Schuldunfähigkeit		133
I.	Allgemeines	133
II.	Actio libera in causa	134
	1. Anwendbarkeit im Verkehrsstrafrecht	135
	2. Vorsätzliche actio libera in causa	135
	3. Fahrlässige actio libera in causa	136

III. Besonderheiten bei der Rückrechnung 139
    1. Grundschema 140
    2. Resorptionsabschluss/Beginn der Berechnung 140
    3. Stündlicher Abbauwert 140
    4. Und so wird die höchste BAK berechnet! 140
IV. Hinzuziehung eines Sachverständigen 143
V. Erheblich verminderte Schuldfähigkeit 144
    1. Keine verbindliche BAK-Höhe 144
    2. Besondere Bedeutung der BAK von 2,0 ‰ 145
    3. Besonderheiten der Rückrechnung 147
    4. Gesteigerte Bedeutung „psychodiagnostischer Kriterien" 147
VI. Schuldunfähigkeit 148
    1. BAK von 2,5 ‰ 148
    2. BAK von 3,0 ‰ 149
    3. Verhalten des Täters 152
VII. Vollrausch (§ 323 a StGB) 153
    1. Grundsätzliches/Prozessrecht 153
    2. Rausch 154
        a) Begriff des Rausches 154
        b) Bedeutung der BAK-Höhe für den Rausch 154
        c) Hinzutreten anderer die Schuldfähigkeit beeinträchtigender Ursachen 155
    3. Innerer Tatbestand 156
        a) Vorsatz und Fahrlässigkeit 156
        b) Rauschtat als objektive Bedingung der Strafbarkeit 157
        c) Innerer Tatbestand der Rauschtat 158

D. **Fahrlässige Körperverletzung und fahrlässige Tötung infolge Trunkenheit** 162
    I. Fahrlässige Körperverletzung – § 229 StGB 162
        1. Strafantrag oder besonderes öffentliches Interesse 163
        2. Tathandlung: Körperverletzung 163
        3. Fahrlässigkeit 164
    II. Fahrlässige Tötung – § 222 StGB 167

E. **Die Trunkenheitsdelikte der §§ 316 und 315 c StGB** 169
    I. Trunkenheit im Verkehr (§ 316 StGB) 169
        1. Dauerstraftat 170
        2. Begriff des Fahrzeugführens im (öffentlichen) Verkehr 172
            a) Öffentlicher Verkehrsraum 172
                aa) Schnellübersicht: Einzelfälle in der Rechtsprechung 173
                      (1) Beispiele für öffentlichen Verkehrsraum 173
                      (2) Beispiele für fehlenden öffentlichen Verkehrsraum 174
                bb) Feststellung der Öffentlichkeit bei Privatflächen 175

			cc) Prozessuale Hinweise	176
		b)	Fahrzeug	177
			aa) Fahrzeuge sind somit vor allem auch	177
			bb) Keine Fahrzeuge iSd § 316 StGB sind die in § 24 Abs. 1 StVO genannten besonderen Fortbewegungsmittel, namentlich	178
		c)	„Führen" des Fahrzeugs	178
			aa) Begriff des Führens	178
			bb) Rechtsprechungsüberblick: Einzelfälle zum Begriff des Führens	180
			cc) Verhältnis des „Führens" zu dem Beweisgrenzwert für die absolute Fahruntüchtigkeit	181
			(1) Rollenlassen und Schieben pp.	182
			(2) Abschleppen	183
	3.	Rauschmittelbedingte Fahrunsicherheit		183
	4.	Rechtfertigungsgründe		183
	5.	Vorsatz und Fahrlässigkeit im Hinblick auf die Fahrunsicherheit		185
		a)	Vorsatz	185
			aa) Bedeutung der BAK-Höhe	187
			bb) Umstände des Einzelfalles	191
			cc) Das Urteil: Tatsächliche Feststellungen bei Vorsatzverurteilung	194
		b)	Fahrlässigkeit	195
			aa) Erkennbarkeit der alkoholischen Beeinträchtigung	195
			bb) Kenntnis des vorausgegangenen Alkoholgenusses	196
			cc) Genuss unbekannter Getränke, Medikamenteneinnahme und „Einatmen von Dämpfen"	196
			dd) Bedeutung der BAK-Höhe als Fahrlässigkeitsindikator	197
			ee) Heimlich zugeführter Alkohol	198
			ff) Restalkohol	199
			gg) Zusammenwirken von Alkohol und anderen Ursachen	199
	6.	Teilnahme und Wahlfeststellung		200
		a)	Täterschaft und Teilnahme	200
		b)	Konkurrenzen/Tatbegriff/Wahlfeststellung	200
II.	Gefährdung des Straßenverkehrs (§ 315 c StGB)			205
	1.	Keine Dauerstraftat		205
	2.	Fahrzeugführen im Straßenverkehr		205
	3.	Gefährdung eines anderen Menschen oder fremder Sachen von bedeutendem Wert infolge Fahruntüchtigkeit		206
		a)	Fahruntüchtigkeit	206
			aa) Rauschmittelbedingte Fahruntüchtigkeit	206
			bb) ... aufgrund geistiger und körperlicher Mängel	206
		b)	Eintritt einer konkreten Gefahr	209

  c) Unmittelbarkeit der Gefährdung 212
  d) Der Begriff des „anderen Menschen" als gefährdete Person 212
  e) „Sache von bedeutendem Wert" 213
   aa) Wertgrenze 213
   bb) Gefährdung des vom Täter geführten Fahrzeugs 215
   cc) Verursachung nur unbedeutenden Sachschadens 215
  f) Kausalitätsfragen, insbes. „Doppelkausalität" 216
  g) Einwilligung des Gefährdeten und Rechtswidrigkeit 217
  h) Vorsatz und Fahrlässigkeit 217
   aa) Vorsatz 217
   bb) Fahrlässigkeit 218
  i) Versuch 218
  j) Teilnahme – §§ 26, 27 StGB 219

F. Konkurrenzfragen 219
 I. Polizeiflucht 219
 II. Mehrere Begehungsformen des § 315 c StGB 219
 III. Gleichzeitige Gefährdung mehrerer Personen 220
 IV. Mehrere Gefährdungen auf einer Trunkenheitsfahrt 220
 V. Das Verhältnis von § 316 StGB zu § 315 c StGB 221
 VI. Das Verhältnis von § 315 c StGB zu § 315 b StGB 221
 VII. Mehrere Trunkenheitsdelikte bei gleichzeitigem, „fortgesetztem"
   Fahren ohne Fahrerlaubnis 223
 VIII. Trunkenheitsfahrt und unerlaubtes Entfernen vom Unfallort 223
  1. Tatidentität im Sinne von § 264 StPO 223
  2. Tatmehrheit 224
  3. Nichtverurteilung wegen tatmehrheitlich angeklagten unerlaubten
   Entfernens vom Unfallort 224
  4. Trunkenheitsfahrt und unerlaubtes Entfernen vom Unfallort im
   Zustand der Schuldunfähigkeit 225
 IX. § 315 c StGB und BtM-Delikte 225

G. Strafzumessung bei Trunkenheitsdelikten 226
 I. Grundfragen 226
 II. Strafzumessungsempfehlungen 228
  1. Unzulässige Strafzumessung nach Taxen pp. 228
  2. Normalfallrechtsfolgen für den Ersttäter 229
  3. Der Prüfungsansatz der Revisionsinstanz 232
 III. Bedeutung der BAK-Höhe und des Stadiums der Alkoholkurve 232
  1. Strafschärfung 232
  2. Strafmilderung/Verminderte Schuldfähigkeit 233
   a) Erhebliche Verminderung der Schuldfähigkeit – § 21 StGB 233
   b) Strafrahmenverschiebung nach §§ 21, 49 StGB 234
 IV. Strafschärfung bei „Zechtour" 236

V.	Bedeutung der von der Fahrt ausgehenden abstrakten Gefahr	237
VI.	Einfluss von Beruf und sozialer Stellung	237
VII.	Verschleierungsversuche durch den Angeklagten/Nachtrunk	239
VIII.	Vorsatz	239
IX.	Inkaufnahme einer Gefährdung durch den Mitfahrenden	239
X.	Strafmildernde Entziehung der Fahrerlaubnis	240
XI.	Strafmilderung: Vorsorge gegen Kfz-Benutzung vor Trinkbeginn	240
XII.	Verminderte Schuldfähigkeit wegen Betäubungsmittelabhängigkeit	240
XIII.	Besonderheiten bei Strafzumessung bei § 323 a StGB	241
XIV.	Vorstrafen und Verfahrenseinstellungen als Gesichtspunkt der Strafzumessung	241
	1. Vorstrafen – Feststellung und Wirkung	241
	2. Der Auszug aus dem Bundeszentralregister (BZR-Auszug)	242
	a) Einführung in die Hauptverhandlung/Wiedergabe im Urteil	242
	b) Überprüfung der Richtigkeit der Vorstrafen	242
	c) Warnwirkung der Voreintragung	243
	d) Verwertungsverbot/Tilgungsreife	243
	3. Verfahrenseinstellungen/Verwertung „unbekannter" Taten	245
XV.	Nachtatverhalten, insb. Schadenswiedergutmachung	246
XVI.	Verfahrensdauer	246
XVII.	Freiheitsstrafe	248
	1. Grundsatz des Ausschlusses kurzer Freiheitsstrafen	248
	2. Wiederholungstäter/Bewährungsversager	249
XVIII.	Strafaussetzung zur Bewährung	250
	1. Bedeutung einschlägiger Vorstrafen	251
	2. Bewährungsversager	251
	3. Schwere Unfallfolgen	252
XIX.	Absehen von Strafe – § 60 StGB/eigene Verletzungen	253
XX.	Tatrichterliche Feststellungen zu Umständen der Alkoholaufnahme	254
XXI.	Jugendliche/Heranwachsende	255

H. Ordnungswidrigkeit gem. § 24 a StVG 255

I.	Abstraktes Gefährdungsdelikt	255
II.	Dauerordnungswidrigkeit	255
III.	Blutalkohol	256
	1. Ausreichen einer BAK von 0,5 ‰ nach Beendigung der Fahrt	256
	2. Kein Sicherheitszuschlag	256
IV.	Atemalkohol	256
	1. Anforderungen an die Verwertbarkeit der AAK-Messung	257
	2. Dräger Alcotest 7110 Evidential, Typ MK III	259
	a) Fehlergrenzen	259
	b) Standardisiertes Messverfahren/Tatsächliche Feststellungen	260
	c) Funktion des Messgerätes	261
	aa) Bedienungsanleitung	261

    bb) Kontrollzeit, Wartezeit pp. 261
    cc) Messablauf 263
     (1) Herstellung der Betriebsbereitschaft des
      Dräger Alcotest 7110 Evidential 263
     (2) Die Durchführung der Messung mit dem
      Dräger Alcotest 7110 Evidential 264
     (3) Ergebnisanzeige 265
  3. Dräger Alcotest 9510 DE 265
   a) Technische Gestaltung und technische Daten 265
   b) Standardisiertes Messverfahren/Tatsächliche Feststellungen 266
   c) Einzelheiten zur Funktion des Messgerätes 267
    aa) Bedienungsanleitung 267
    bb) Kontrollzeit, Wartezeit pp. 267
    cc) Messablauf 268
     (1) Herstellung der Betriebsbereitschaft des
      Dräger Alcotest 9510 DE 269
     (2) Die Durchführung der Messung mit dem
      Dräger Alcotest 9510 DE 269
     (3) Ergebnisanzeige 271
  4. Sicherheitszuschlag 271
 V. Vorliegen von BAK- und AAK-Wert bei derselben Tat 272
 VI. Drogen und Medikamente 272
  1. Die einschlägigen Rauschmittel 272
  2. Überblick: Weitere Tatbestandsmerkmale des § 24 a
   Abs. 2 StVG 273
  3. (Beweis-)Grenzwerte 274
 VII. Führen eines Kraftfahrzeugs im Straßenverkehr 278
 VIII. Vorsatz und Fahrlässigkeit 279
  1. Vorsatz 279
   a) ... speziell bei Alkoholisierungsfahrten 280
   b) ... speziell bei Drogenfahrten 280
  2. Fahrlässigkeit 281
   a) ... speziell bei Alkoholisierungsfahrten 281
   b) ... speziell bei Drogenfahrten 283
 IX. Konkurrenzen/Tatbegriff/Rechtskraft 287
 X. Verjährungsfristen 288
 XI. Ahndung/Rechtsfolgen 289
 XII. Abschließende Sammlung von Strategietipps für Verteidiger 292
I. § 24 c StVG – Alkoholverbot für Fahranfänger 294
 I. Norminhalt 294
 II. Täter: Fahranfänger 295
 III. Verstoß gegen das absolute Alkoholverbot 295
  1. Alkoholhaltiges Getränk 295

2. Zusichnehmen des Getränks während der Fahrt	296
3. Antreten der Fahrt unter der Wirkung eines alkoholhaltigen Getränks	297
IV. Die subjektive Seite des § 24 c StVG	299
V. Rechtsfolgen	300
1. Sanktionen im Bußgeldverfahren	300
2. Verwaltungsrechtliche Folgen	300

Zweiter Teil: Fahrerlaubnisentziehung und Fahrverbot ... 301

A. Entziehung der Fahrerlaubnis durch den Strafrichter ... 301

I. Maßregelzweck	301
1. Maßregel der „Sicherung"	302
2. Maßregel der „Besserung"	303
II. Verfahrensfragen der Fahrerlaubnisentziehung	304
III. Voraussetzungen für die Fahrerlaubnisentziehung	305
1. Begehung einer Straftat	305
a) Regelfall: Verurteilungsfälle	305
b) Seltene Fälle der Entziehung bei Nichtverurteilung	306
2. Führen eines Kraftfahrzeugs	306
3. Straftat „bei" dem Führen eines Kraftfahrzeugs	308
4. „Zusammenhang" der Straftat mit dem Führen eines Kraftfahrzeugs	308
a) Begriff der „Zusammenhangstat" und Beispiele	308
b) Eigenhändiges Fahrzeugführen durch den Täter	312
c) Zusammenhang mit dem Besitz eines Kraftfahrzeugs	313
5. Verletzung der Pflichten eines Kraftfahrzeugführers	314
6. Absehen von Strafe oder Nichtverurteilung wegen Schuldunfähigkeit	315
7. Ungeeignetheit zum Führen von Kraftfahrzeugen	315
a) Begriff	315
b) Arten der Eignungsmängel	316
c) Sich „aus der Tat" ergebende Kraftfahrungeeignetheit	317
d) Nach der Tat aufgetretene Eignungsmängel	319
e) Maßgebender Zeitpunkt für die Eignungsbeurteilung	319
f) Bedeutung des Grundsatzes „in dubio pro reo"	320
g) Regeltatbestände des § 69 Abs. 2 StGB	321
aa) Die Bedeutung von § 69 Abs. 2 StGB – „Indizwirkung"	321
(1) Unproblematische Regeldelikte	322
(2) Bedeutender Schaden bei Unfallflucht	322
bb) Absehen von der indizierten Maßregel	325
(1) Umstände der Tat	325
(a) Notstandsähnliche Situation	325
(b) Umparkersachverhalte/Kurzstreckenfahrten	326

	(c) Ungefährliche Fahrzeuge	327
	(d) Nur geringe Blutalkoholkonzentration?	328
	(e) Unfallflucht (mit Trunkenheitsfahrt)	328
(2)	Besondere Umstände in der persönlichen Lebensstellung	329
	(a) Fehlende Voreintragungen/langjährige Fahrpraxis	329
	(b) Berufliche Härten pp.	330
(3)	Wegfall des Eignungsmangels	330
	(a) Einfluss vorläufiger Führerscheinmaßnahmen	331
	(b) Unbeanstandete Teilnahme am Kraftfahrzeugverkehr zwischen Tat und Hauptverhandlung	333
	(c) Lange Verfahrensdauer	334
	(d) Einfluss von Nachschulungsmaßnahmen	336
	(aa) Ziel und Erfolg von Nachschulungsmaßnahmen	337
	(bb) Rechtliche Einordnung	338
	(cc) Einzelfälle des Absehens von der Regelfahrerlaubnisentziehung wg. Nachschulung	339
	(dd) Feststellungen und Würdigungen des Tatrichters	342
	(ee) Aufbauseminar: Verfahrenseinstellung nach § 153 a Abs. 1 Nr. 6 StPO	344
	(ff) Nachschulungen bei hoher BAK oder Vorstrafen	344
	(gg) Welche Feststellungen sind bei welcher Maßnahme erforderlich?	344
h)	„Verkehrsspezifische Anlasstaten"	346
i)	Allgemeine Kriminalität („Zusammenhangstaten")	348
j)	Grundsatz der Verhältnismäßigkeit	350
k)	Sonderproblem: Fahrerlaubnisentziehung bei dem Jugendrichter	350

IV. Entziehung ist zwingend/Tenorierung/Urteilsgründe 352
V. Wirkung der Fahrerlaubnisentziehung 353
VI. Einziehung des Führerscheins/Vollstreckung 354
VII. Fahrerlaubnissperre 355
    1. Sperrfristbestimmung im Urteil 355
        a) Bedeutung der Sperre 356
        b) Tenorierung der Sperre im Urteil 356
        c) Anordnung über die Länge der Sperre 356
        d) Sperrfristbeginn 357

2.	Noch laufende Sperre aufgrund früherer Verurteilung	358
3.	Erhöhtes Mindestmaß	358
4.	Einfluss vorläufiger Führerscheinmaßnahmen auf die Sperre	360
5.	Sperrfristbemessung	362
	a) Voraussichtliche Dauer der Ungeeignetheit	362
	b) Besonderheiten der Prognoseentscheidung bei charakterlicher Ungeeignetheit	363
	c) Sperre „für immer" – § 69 a Abs. 1 S. 2 StGB	364
	d) Unterschiedliche Sperrfristbemessung für einzelne Kraftfahrzeugarten	365
	e) Berücksichtigung der Täterpersönlichkeit bei der Sperrfristbemessung	367
	f) Ausmaß des Verschuldens als Kriterium der Sperrfristbemessung	369
	g) Tatfolgen	370
	h) Wirtschaftliche Gesichtspunkte	370
	i) Generalpräventive Aspekte	371
	j) Mischargumentationen	371
6.	Beginn und Berechnung der Fahrerlaubnissperre	371
	a) Grundsatz	372
	b) Einrechnung fortdauernder vorläufiger Führerscheinmaßnahmen bei Rechtsmitteleinlegung	372
	c) Beginn der Sperre bei Strafbefehl	373
	d) Beginn der Sperre bei Beschränkung des Einspruchs unter Ausklammerung der Maßregelentscheidung	373
	e) Mehrere Fahrerlaubnissperren	374
7.	„Isolierte Sperre"	374
	a) Voraussetzungen und Wirkung	374
	b) Isolierte Sperre trotz Fahrerlaubnisbesitz	375
	c) Kein verkürztes Mindestmaß der Sperre entsprechend § 69 a Abs. 4 und Abs. 6 StGB	376
	d) Keine Einrechnung der Zeit seit dem Urteil der letzten Tatsacheninstanz analog § 69 a Abs. 5 S. 2 StGB	377
	e) Absehen von einer erneuten Sperrfristanordnung bei wiederholtem Fahren ohne Fahrerlaubnis	378
8.	Nachträgliche Gesamtstrafenbildung	378
	a) Gesamtstrafenbildung durch Urteil	378
	aa) Erste Konstellation: „Altes Urteil mit Sperre, neues (eigentlich) ohne"	379
	bb) Zweite Konstellation: „Altes Urteil und neues Urteil mit Sperre"	379

Inhaltsverzeichnis

	b) Gesamtstrafenbildung durch Beschluss	380
	aa) Erste Konstellation: „Keine Fahrerlaubnisentziehung/keine Sperre"	381
	bb) Zweite Konstellation: „Nur eine Fahrerlaubnisentziehung/Sperre"	381
	cc) Dritte Konstellation: „Mehrere Fahrerlaubnisentziehungen und/oder Sperren"	381
9.	Das Ausnehmen bestimmter Kraftfahrzeugarten von der Sperre	383
	a) Prüfung von Amts wegen – kein Antragserfordernis	383
	b) Tauglicher Gegenstand des Ausnehmens: Fahrzeugart	384
	c) Keine Ausnahme von der Sperre für bestimmte Zeiten und Orte oder die Berufsausübung	389
	d) Gefahrenabschirmung („besondere Umstände …")	389
	aa) Falsche Erwägungen im Rahmen des Ausnehmens	390
	bb) Grundsätze zur Prüfung der Gefahrenabschirmung	390
	cc) Objektive Gefahrenabschirmung	391
	dd) Subjektive Gefahrenabschirmung	392
	e) Ausnahme für Lkws oder Busse im Falle privater Trunkenheitsfahrten	393
	f) Ausnahme für landwirtschaftliche Traktoren und Arbeitsmaschinen	394
	g) Bedeutung wirtschaftlicher Härten für Ausnahmebewilligung	394
	h) Keine Ausnahmebewilligung nach Rechtskraft	395
	i) Voraussetzungen für das Führen der ausgenommenen Fahrzeugart	395
10.	Vorzeitige Aufhebung der Sperre	395
	a) Zulässigkeit nach Ablauf der Mindestfristen	396
	b) Berechnung der Fristen für die frühest zulässige Sperrfristabkürzung	396
	c) Zuständiges Gericht	397
	d) Mitwirkung des Verurteilten an der gerichtlichen Entscheidungsvorbereitung	397
	e) Entscheidungsgesichtspunkte	398
	f) Bedeutung einer Nachschulung des Verurteilten	400
	g) Kein Beweis wieder bestehender Eignung	401
	h) Beschränkung der vorzeitigen Sperrfristaufhebung auf bestimmte Kraftfahrzeugarten	402
VIII. Rechtsmittel gegen Fahrerlaubnisentziehung und Sperre		402
1.	Gute Taktik? Berufungseinlegung mit dem Ziel der Maßregelaufhebung wegen Zeitablaufs	403
2.	Rechtsmittelbeschränkung	404
	a) Anfechtung des Schuldspruchs	404
	b) Beschränkung auf den Strafausspruch	404

	c)	Beschränkung auf die Strafaussetzung zur Bewährung	405
	d)	Beschränkung auf die Verurteilung wegen einer von mehreren Taten	406
	e)	Rechtsmittelbeschränkung auf die Entziehung der Fahrerlaubnis	406
	f)	Beschränkung des Rechtsmittels auf die Entscheidung über die Fahrerlaubnissperre	407
	g)	Kosten und Auslagen bei Wegfall der Fahrerlaubnisentziehung oder Milderung der Maßregel bei Rechtsmittelbeschränkung ...	408
3.	Verschlechterungsverbot – § 331 StPO		409
	a)	Keine Verlängerung der Sperre durch das Berufungsgericht	410
	b)	Faktische Sperrfristverlängerung durch das Berufungsgericht ohne Verstoß gegen das Verschlechterungsverbot	410
4.	Revision		410
5.	Sofortige Beschwerde		412
6.	Gnadenantrag		413

IX. Fahrerlaubnisentziehung bei Inhabern ausländischer Fahrerlaubnisse (§ 69 b StGB) 413

1.	Bedeutung und Voraussetzungen des § 69 b StGB	413
	a) Ausländische Fahrerlaubnis muss bestehen	414
	b) Regeln für Inhaber einer EU-/EWR-Fahrerlaubnis	414
	c) Inhaber einer Fahrerlaubnis aus Drittstaaten	416
	aa) Ordentlicher Wohnsitz im Ausland	417
	bb) Begründung eines ordentlichen Wohnsitzes im Inland	418
	cc) Wohnsitz im In- und Ausland	418
	dd) Wohnsitz im Inland zur Zeit der Erteilung der ausländischen Fahrerlaubnis	419
	ee) Ausschluss der Berechtigung	419
	ff) Befristung des berechtigten Fahrzeugführens mit ausländischem Führerschein	420
2.	Nicht oder nicht mehr bestehende Berechtigung nach § 29 Abs. 1 S. 3 FeV	421
3.	Wirkung der Fahrerlaubnisentziehung bei ausländischer Fahrerlaubnis	421
4.	Vollstreckung	422

X. Vorläufige Entziehung der Fahrerlaubnis 422

1.	Sachliche Zuständigkeit	423
	a) Sachliche Zuständigkeit im vorbereitenden Verfahren	423
	b) Sachliche Zuständigkeit des mit der Sache befassten Gerichts ..	423
	c) Sachliche Zuständigkeit des Landgerichts	424
	d) Sachliche Zuständigkeit im Revisionsverfahren	425
2.	Örtliche Zuständigkeit	426
3.	Rechtliches Gehör	426

Inhaltsverzeichnis

4.	Tauglicher Adressat des § 111 a StPO	428
5.	„Dringende Gründe" im Sinne des § 111 a StPO	428
6.	Ausnehmen bestimmter Kraftfahrzeugarten von der vorläufigen Fahrerlaubnisentziehung	431
7.	Wirksamwerden der vorläufigen Fahrerlaubnisentziehung	432
8.	Aufhebung der vorläufigen Fahrerlaubnisentziehung	433
	a) Wegfall des Grundes	433
	aa) Einfluss langer Verfahrensdauer	434
	bb) Aufhebung während des Berufungsverfahrens	435
	cc) Einfluss von Verfahrensverzögerungen durch den Angeklagten	435
	b) Nichtentziehung der Fahrerlaubnis im Urteil	436
	c) „Ablauf" der Sperrfrist während des Revisionsverfahrens	436
	d) Aufhebung wegen Verfahrenseinstellungen	438
9.	Vorläufige Fahrerlaubnisentziehung durch das Berufungsgericht	438
10.	Ausländische Fahrerlaubnis	439
11.	Rechtsmittel: Beschwerde	439
	a) Zulässigkeit und Begründetheit der Beschwerde	440
	b) Keine weitere Beschwerde	441
	c) Auslagenerstattung bei erfolgreicher Beschwerde/StrEG	441
XI.	Sicherstellung und Beschlagnahme des Führerscheins	442
XII.	Checkliste: Prüfungsschema für § 111 a StPO	443
XIII.	Zusammenfassende Verteidigungshinweise für Verteidiger und Strategieempfehlungen	444

B. Das Fahrverbot 447

I.	Fahrverbot des § 44 StGB im Strafverfahren	447
1.	Rechtsnatur und Zielrichtung	447
2.	Wechselwirkung mit der Hauptstrafe	448
3.	Verfahrensfragen	449
	a) Anordnung ohne Erscheinen des Angeklagten in der Hauptverhandlung	450
	b) Anordnung im Strafbefehl	450
	c) Jugendverfahren	450
	d) Hinweispflicht	450
	e) Rechtsmittelbeschränkung	451
	f) Verschlechterungsverbot – §§ 331, 358 Abs. 2 StPO	452
4.	Voraussetzungen für die Anordnung eines Fahrverbots nach § 44 StGB	454
	a) Verurteilung zu Freiheits- oder Geldstrafe	454
	b) „… bei oder in Zusammenhang mit dem Führen eines Kraftfahrzeugs …"	455
	c) Tatbegehung unter Verletzung der Pflichten eines Fahrzeugführers	455

	d)	Notwendigkeit der Nebenstrafe/„fahrverbotsfeindliche" Verfahrensdauer	455
		aa) Belastungen durch Fahrverbot	456
		bb) Lange Verfahrensdauer	456
	e)	Umfang der Pflichtverletzung – Unterschied zu § 25 StVG	458
5.	Regelfahrverbot gem. § 44 Abs. 1 S. 2 StGB		460
	a)	Regelmäßige Ersatzsanktion	460
	b)	Erschütterung der Regelwirkung	460
		aa) Bedeutungslosigkeit durch Anrechnung	461
		bb) Andere Gesichtspunkte	462
6.	Stets nur „ein" Fahrverbot		462
7.	Straftat und OWi-Fahrverbot		463
8.	Beschränkung auf bestimmte Fahrzeugarten		464
9.	Fahrverbot bei ausländischen Führerscheinen		465
10.	Wirksamwerden, Vollstreckung und Fristablauf		465
	a)	Bedeutung des Zeitpunkts der Rechtskraft und Wirkung	466
	b)	Kein Aufschub der Fahrverbotsvollstreckung	466
	c)	Vollstreckung des Fahrverbots	467
	d)	Berechnung der Verbotsfrist	468
		aa) Beginn mit der amtlichen Verwahrung des Führerscheins ...	468
		bb) Fristbeginn, wenn der Verurteilte keine Fahrerlaubnis hat	469
		cc) Fristberechnung bei gleichzeitiger oder nachträglicher Fahrerlaubnisentziehung	469
		dd) (Tatsächlicher) Führerscheinverlust	470
		ee) Einfluss von Freiheitsentzug auf den Fristablauf – § 44 Abs. 3 StGB	471
		ff) Anrechnung vorläufiger Führerscheinmaßnahmen auf die Verbotsfrist	472
		gg) Ende der Verbotsfrist	473
		hh) Kein Fahrverbot zwecks Umgehung der gesetzlichen Mindest-Fahrerlaubnissperre	473
		ii) Die Anrechnungsvorschrift des § 450 Abs. 2 StPO	474
	e)	Fristberechnung bei mehreren, einander überschneidenden Fahrverboten	474
11.	Fahren trotz Fahrverbots		475
II.	Fahrverbotsähnliches Verbot von Haltung und Führung von Kraftfahrzeugen im Rahmen der Führungsaufsicht		476
III.	Fahrverbot als Nebenfolge nach OWi – § 25 StVG		477
1.	Verfahrensfragen		477
	a)	Rechtlicher Hinweis	477
	b)	Beschlussverfahren nach § 72 OWiG	479
	c)	Beschränkung des Einspruchs	480

Inhaltsverzeichnis

	d) Pflichtverteidigerbestellung	480
	e) Entbindung von der Pflicht zum persönlichen Erscheinen	481
2.	Voraussetzungen für die Anordnung des Fahrverbots	483
	a) Fahrverbot trotz Nichtverurteilung wegen Ordnungswidrigkeit?	483
	b) Fahrverbot nur gegen den Fahrzeugführer	484
	c) Grobe oder beharrliche Pflichtverletzung als Voraussetzung für die Nebenfolge	484
	aa) Grobe Pflichtverletzung	484
	bb) Beharrliche Pflichtverletzung	486
	d) Rechtsprechungsübersicht: Beharrlichkeit	489
	e) Nichtausreichen einer Geldbuße als Voraussetzung für die Fahrverbotsverhängung	490
	f) Verhältnismäßigkeit	491
3.	Die Regelfahrverbote nach dem Bußgeldkatalog	492
	a) Die Bedeutung des Bußgeldkataloges	493
	aa) Regelfahrverbot des Bußgeldkatalogs indiziert Fahrverbotsvoraussetzungen!	494
	(1) Die Herleitung der Indizwirkung	495
	(2) Die Auswirkungen der Indizwirkung	495
	(3) Absehen vom indizierten Fahrverbot gegen erhöhte Geldbuße	497
	bb) Voraussetzungen für ein Absehen vom indizierten Fahrverbot	498
	cc) Entfallen der Tatbestandsvoraussetzungen des § 25 Abs. 1 StVG	500
	(1) Keine abstrakte Gefahr durch Verstoß	500
	(2) Augenblicksversagen	504
	(a) Augenblicksversagen bei Geschwindigkeitsverstößen	504
	(b) Augenblicksversagen bei Rotlichtverstößen (Mitzieheffekt pp.)	506
	(c) Augenblicksversagen bei Abstandsverstößen	506
	(d) Augenblicksversagen bei Wenden oder Rückwärtsfahren auf Autobahnen/Kraftfahrstraßen	506
	(3) Richtlinienverstoß bei Geschwindigkeitsmessungen	507
	(4) Mitverschulden	508
	(5) Irrtümer/Notstandsähnliche Situationen	509
	dd) Entfallen der erzieherischen Erforderlichkeit des § 25 Abs. 1 StVG	510
	(1) Wirkungsvolle Erhöhung der Geldbuße	510
	(2) Fahrverbotsfeindliche Verfahrensdauer	511

		(3) Verkehrserzieherische Maßnahmen	512
		(4) Vollstreckte Fahrverbote und andere Gründe	513
		ee) Unverhältnismäßigkeit aufgrund von Härten	513
		(1) Berufliche Härten	516
		(2) Persönliche Härten und andere Milderungsgründe	519
	4.	Das Regelfahrverbot bei Ordnungswidrigkeiten gem. § 24 a StVG	520
		a) Keine abstrakte Gefahr durch Verstoß („Fahrten bis 50 m")	521
		b) Fahrverbotsfeindliche Verfahrensdauer („zwei Jahre aufwärts")	522
		c) Nachschulungen, vollstreckte Fahrverbote pp.	522
		d) Drohende Härten durch das Fahrverbot	522
	5.	Bemessung des Fahrverbots	524
	6.	Wirksamwerden/Viermonateschonfrist	525
	7.	Fristberechnung	526
	8.	Besonderheiten der Rechtsbeschwerde	528
	9.	Die Durchführung der Vollstreckung	530
	10.	Die Vollstreckung mehrerer Fahrverbote	531
		a) Mehrere Fahrverbote mit Schonfrist – § 25 Abs. 2 a StVG	531
		b) Mehrere „normale" Fahrverbote	532
		c) Gemischte Fahrverbote	532
		d) Fahrverbot nach § 44 StGB	533
		e) Fahrerlaubnisentziehung	533

Stichwortverzeichnis ... 535

Abkürzungsverzeichnis

aA	anderer Ansicht	gem.	gemäß
aaO	am angegebenen Ort	ggf	gegebenenfalls
abl.	ablehnend	grds.	grundsätzlich
Abs.	Absatz	hA	herrschende Auffassung
Abschn.	Abschnitt	Hdb	Handbuch
abw.	abweichend	hL	herrschende Lehre
aE	am Ende	hM	herrschende Meinung
aF	alte Fassung	Hrsg.	Herausgeber
AG	Amtsgericht	hrsg.	herausgegeben
allg.	allgemein	Hs	Halbsatz
allgA	allgemeine Ansicht	iA	im Auftrag
allgM	allgemeine Meinung	idF	in der Fassung
aM	anderer Meinung	idR	in der Regel
Anh.	Anhang	idS	in diesem Sinne
Anm.	Anmerkung	iE	im Ergebnis
AS	Aktenseite	ieS	im engeren Sinne
Aufl.	Auflage	iHv	in Höhe von
ausdr.	ausdrücklich	inkl.	inklusive
ausf.	ausführlich	insb.	insbesondere
Az	Aktenzeichen	insg.	insgesamt
Bd.	Band	iS	im Sinne
BA	Beschlussausfertigung	iÜ	im Übrigen
Begr.	Begründung	iVm	in Verbindung mit
Bek.	Bekanntmachung	iwS	im weiteren Sinne
ber.	berichtigt	Kap.	Kapitel
bes.	besonders	krit.	kritisch
Beschl.	Beschluss	lit.	littera
bespr.	besprochen	Lit.	Literatur
bestr.	bestritten	LS	Leitsatz
bez.	bezüglich	m.Anm.	mit Anmerkung
Bl.	Blatt	mE	meines Erachtens
bspw	beispielsweise	mind.	mindestens
b.u.v.	beschlossen und verkündet	Mitt.	Mitteilung(en)
bzgl	bezüglich	mN	mit Nachweisen
bzw	beziehungsweise	mwN	mit weiteren Nachweisen
ders.	derselbe	mWv	mit Wirkung von
dh	das heißt	n.r.	nicht rechtskräftig
dies.	dieselbe	n.v.	nicht veröffentlicht
Dok.	Dokument	Nachw.	Nachweise
E.	Entwurf	nF	neue Fassung
EB	Empfangsbekenntnis	Nov.	Novelle
e.V.	eingetragener Verein	Nr.	Nummer
ebd	ebenda	oa	oben angegeben, angeführt
Einf.	Einführung	oä	oder ähnliches
eingetr.	eingetragen	og	oben genannt
Einl.	Einleitung	PKH	Prozesskostenhilfe
einschl.	einschließlich	pp.	fahre fort [lat. *perge, perge*; Anweisung zum Abschreiben sich wiederholender Aktenteile]
einschr.	einschränkend		
Entsch.	Entscheidung		
entspr.	entsprechend	resp.	respektive
Entw.	Entwurf	Rn	Randnummer
Erkl.	Erklärung	Rspr	Rechtsprechung
Erl.	Erlass; Erläuterung	S.	Satz/Seite
etc.	et cetera	s.	siehe
evtl	eventuell	s.a.	siehe auch
f, ff	folgende, fortfolgende	s.o.	siehe oben
Fn	Fußnote	s.u.	siehe unten
GA	Gerichtsakte	Slg	Sammlung
geänd.	geändert	sog.	so genannt
		str.	streitig/strittig

Abkürzungsverzeichnis

UA	Urteilsausführungen	vgl	vergleiche
u.a.	unter anderem	VO	Verordnung
u.a.m.	und anderes mehr	vorl.	vorläufig
uÄ	und Ähnliches	VU	Versäumnisurteil
uE	unseres Erachtens	wN	weitere Nachweise
umstr.	umstritten	zB	zum Beispiel
unstr.	unstreitig	zit.	zitiert
Urt.	Urteil	zT	zum Teil
usw	und so weiter	ZU	Zustellungsurkunde
uU	unter Umständen	zust.	zustimmend
uVm	und Vieles mehr	zutr.	zutreffend
v.	von	zzgl	zuzüglich
vAw	von Amts wegen		

Literaturverzeichnis

Fachbücher

Beck/Berr, OWi-Sachen im Straßenverkehrsrecht, 6. Aufl. 2013

Buck/Krumbholz [Hrsg.], Sachverständigenbeweis im im Verkehrsrecht, 2. Aufl. 2013

Burhoff [Hrsg.], Handbuch für das straßenverkehrsrechtliche OWi-Verfahren, 3. Aufl. 2011

Burhoff/Grün [Hrsg.], Messungen im Straßenverkehr, 3. Aufl. 2013

Burmann/Heß/Jahnke/Janker, Straßenverkehrsrecht, 22. Aufl. 2012

Dölling/Duttge/Rössner [Hrsg.], Gesamtes Strafrecht, 3. Aufl. 2013

Eisenberg, Jugendgerichtsgesetz, 16. Aufl. 2013

Eisenberg, Beweisrecht der StPO, 9. Aufl. 2015

Ferner [Hrsg.], Handbuch Straßenverkehrsrecht, 2. Aufl. 2005

Fischer, Strafgesetzbuch und Nebengesetze, 61. Aufl. 2014

Freyschmidt/Krumm, Verteidigung in Straßenverkehrssachen, 10. Aufl. 2013

Fromm, Verteidigung in Straßenverkehrs-OWi-Verfahren, 2. Aufl. 2014

Gebhardt, Das verkehrsrechtliche Mandat – Verteidigung in Verkehrsstraf- und Ordnungswidrigkeitenverfahren, Bd.2, 7. Aufl. 2012,

Geppert, Die Bemessung der Sperrfrist bei der strafgerichtlichen Entziehung der Fahrerlaubnis (ÂÂ 42 m und 42 n StGB), 1968

Göhler, Ordnungswidrigkeitengesetz, 16. Aufl. 2012

Haffner/Skopp/Graw [Hrsg.], Begutachtung im Verkehrsrecht, 2012

Halecker, Der „Denkzettel" Fahrverbot, Diss., 2009

Haus/Krumm/Quarch [Hrsg.], Gesamtes Verkehrsrecht, 2014

Hentschel, Trunkenheit, Fahrerlaubnisentziehung und Fahrverbot (zit.: Hentschel, TFF), 10. Aufl. 2006

Hentschel/König/Dauer, Straßenverkehrsrecht, 42. Aufl. 2013

Himmelreich/Halm, Handbuch des Fachanwalts Verkehrsrecht, 5. Aufl. 2014

Himmelreich/Krumm/Staub, Verkehrsunfallflucht, 6. Aufl. 2013

Janiszewski/Buddendieck, Bußgeldkatalog mit Punktsystem, 9. Aufl. 2004

Karlsruher Kommentar zum Gesetz über Ordnungswidrigkeiten, 4. Aufl. 2014

Karlsruher Kommentar zur Strafprozessordnung, 7. Aufl. 2013

Kehr/Lempp/Krumm, Punktsystem und Bußgeldkatalog, 1. Aufl. 2014

Krumm, Fahrverbot in Bußgeldsachen, 3. Aufl. 2014

Literaturverzeichnis

Krumm, Verkehrsordnungswidrigkeiten, 1. Aufl. 2012

Krumm/Kuhnert/Schmidt, Straßenverkehrssachen, 1. Aufl. 2008

Kulemeier, Fahrverbot (§ 44 StGB) und Entzug der Fahrerlaubnis (§§ 69 ff StGB), 1991

Leipziger Kommentar, Strafgesetzbuch, 12. Aufl. 2006

Löwe/Rosenberg, Die Strafprozessordnung und das Gerichtsverfassungsgesetz: StPO, 26. Auflage 2006-2011

Meyer-Goßner, Strafprozessordnung, 57. Aufl. 2014

Münchner Kommentar zum Strafgesetzbuch

Pohlmann/Jabel/Wolf, Strafvollstreckungsordnung und gesetzliche Grundlagen, 2001

Schönke/Schröder, Strafgesetzbuch, 28. Aufl. 2010

Systematischer Kommentar, SK-StPO, 3. Aufl. (Loseblatt)

Zeitschriftenbeiträge (ab der 5. Auflage)[1]

Bachmann/Schröder/Focken/Püschel, Beweissicherung bei anfallsbedingten Unfällen im Straßenverkehr, BA 2013, 267

Beck, Klinische und rechtliche Aspekte einer Abstinenzkontrolle unter besonderer Berücksichtigung kontinuierlicher transdermaler Alkoholmessung, BA 2013, 153

Blum, Rechtfertigungsgründe bei Verkehrsstraftaten und Verkehrsordnungswidrigkeiten, NZV 2011, 378

Blum, Die Trunkenheit im Verkehr (§§ 315 c I Nr. 1 a, 316 StGB, 24 a StVG), SVR 2011, 173

Blum, Neue Fragen zum Richtervorbehalt bei der Entnahme einer Blutprobe, SVR 2009, 172

Brocke/Herb, Richtervorbehalt und Gefahr im Verzug bei Blutentnahmen gem. § 81 a StPO – Zugleich eine Erwiderung auf Fickenscher/Dingelstadt, NStZ 2009, 124 ff –, NStZ 2009, 671

Busch, Richtervorbehalt bei der Blutprobe – Vorschlag zur Neuordnung der Anordnungskompetenz für die Entnahme von Blutproben, ZRP 2012, 79

Cierniak/Herb, Pflicht zur Belehrung über die Freiwilligkeit der Teilnahme an einer Atemalkoholmessung?, NZV 2012, 409

De Vries, Krankheitsbedingte Fahruntüchtigkeit im Strafrecht, SVR 2012, 332

Dingelstadt/Fickenscher, Richterlicher Bereitschaftsdienst „rund um die Uhr"?, NJW 2009, 3473

---

[1] Das Buch war ohne Literaturverzeichnis konzipiert. Neuere Aufsätze der letzten fünf Jahre werden hier gleichwohl wiedergegeben.

Gehrmann, Drogendelikte im Straßenverkehr – Strafrechtliche und medizinische Beurteilung der Fahrlässigkeit, rechtliche Konsequenzen, NZV 2011, 6

Geppert, Zur Belehrungspflicht über die Freiwilligkeit der Mitwirkung an einer Atemalkoholmessung und zu den Folgen ihrer Verletzung, NStZ 2014, 481

Grubb/Lindberg, Ausatmungsprofil und Eliminationsgenetik des Mundalkohols, BA 2011, 57

Haase, Zur Entwicklung des Europäischen Fahrerlaubnisrechts bis zur Hofmann-Entscheidung des EuGH vom 26.4.2012, SVR 2012, 281

Haase/Sachs, Strafrechtliche und ordnungswidrigkeitsrechtliche Einordnung von Drogenfahrten nach Konsum von Haschisch, Amphetaminen, Kokain oder Heroin (= Drogen nach der Anlage zu § 24 a StVG) – Tabellarische Übersicht im Anschluss an die Ausführungen in der NZV 2008, 221ff, NZV 2011, 584

Heinrich, Kein Richtervorbehalt nach § 81 a II StPO bei Blutentnahmen zwischen 21.00 Uhr und 6.00 Uhr – kritische Anmerkungen zu OLG Bamberg, Az. 2 Ss OWi 1423/2009 und 2 Ss OWi 1283/2009 sowie Grundzüge der aktuellen Rechtsprechung zu § 81 a II StPO – NZV 2010, 278

Herb/Cierniak, Pflicht zur Belehrung über die Freiwilligkeit der Teilnahme an einer Atemalkoholmessung? NZV 2012, 409

Hillmann, Drogendelikte im Straßenverkehr, DAR 2011, 178

Huppertz, Das „Partybike" als Fahrrad und Objekt i.S.d. § 316 StGB – Ergänzung zum Beitrag von Klenner, NZV 2011, 234, NZV 2012, 164

Huppertz, Das „Partybike" als Fahrrad und Objekt i.S.d. § 316 StGB – Ergänzung zum Beitrag von Hatz, Noch immer Krieg auf deutschen Straßen SVR 2012, 87

Huppertz, Pedelec, Segway, Bierbike: Lust oder Last? NZV 2012, 23

Klenner, NZV 2011, 234 NZV 2012, 164

Klenner, Das „Partybike" – Betrachtung eines Phänomens im ordnungs- und strafrechtlichen Spannungsfeld, NZV 2011, 234

Koehl, Neuere Rechtsprechung zum Fahrerlaubnisrecht, NZV 2014, 433

Koehl, Neuere Rechtsprechung im Verkehrsverwaltungsrecht, NZV 2012, 570

Koehl, Führerscheintourismus: Die Rechtsprechung des EuGH zur dritten EU-Führerscheinrichtlinie und ihre Konsequenzen für verwaltungsbehördliche und gerichtliche Verfahren, DAR 2012, 446

Krumm, OWi-Fahrverbot im Strafprozess? – zugleich Anmerkung zu BGH, Beschl. v. 8.6.2011 – 4 StR 209/11, NZV 2012, 210

Krumm, Verteidigung bei drohendem Beharrlichkeitsfahrverbot, NJW 2014, 1868.

Krumm, Parallelvollstreckung von Fahrverboten: So geht`s!, zfs 2013, 368

Krumm, Richtervorbehalt bei der Blutprobe: Weg damit!, ZRP 2009, 71

Lenhart/Blume, Verteidigung bei Fahren unter Rauschmitteleinwirkung, NJW 2010, 3205

Meier, Richtervorbehalt bei der Blutprobe: Verzichtbare Belastung aller Verfahrensbeteiligten? ZRP 2010, 223

Metz, Neuere Rechtsprechung zur Anordnung der Blutentnahme (§ 81 a StPO), NStZ-RR 2010, 232; Metz Neuere Rechtsprechung zur Anordnung der Blutentnahme (§ 81 a StPO) – 2. Teil, NStZ-RR 2010, 271

Meyer, Absolute Fahruntüchtigkeit im Bahnverkehr?, NZV 2011, 374

Meyer, Absolute Fahruntüchtigkeit im Bahnverkehr?, NZV 2011, 374

Müller, Tatbestandsmerkmale der Trunkenheitsfahrt gem. § 316 StGB, SVR 2011, 61

Peglau, Richtervorbehalt bei Blutprobenentnahme – Anforderungen des BVerfG, NJW 2010, 2850

Plate/Hillmann, Schluss mit dem Führerscheintourismus – Ein Lösungsvorschlag, DAR 2014, 7; Geiger, Aktuelle Rechtsprechung zum Fahrerlaubnisrecht; DAR 2013, 61

Pietsch/Erfurt, Untersuchung der Beeinflussbarkeit der Messung der Atemalkoholkonzentration mit dem Messgerät Alcotest 7110 Evidential durch alkoholfreie Kaugummis und Pastillen, sowie Zigarettenrauch, BA 2012, 279

Priemer/Keller/Monticelli, Verfälschung der „beweissicheren" Atemalkoholanalyse durch ethanolhaltige Zahnprothesenhaftcreme, BA 2013, 1

Pfister, Die Beurteilung der Schuldfähigkeit in der Rechtsprechung des Bundesgerichtshofs, NStZ-RR 2014, 193

Rebler, Moderne Zeiten: Neue Fahrzeugformen und die Schwierigkeit ihrer rechtlichen Behandlung, SVR 2012, 15

Rebler, Alkoholisierte Radfahrer im Straßenverkehr, SVR 2012, 401

Rebler, Die gegenseitige Anerkennung von Fahrerlaubnissen in der EU, NZV 2012, 516

Rebmann/Roth/Herrmann, Gesetz über Ordnungswidrigkeiten, Loseblatt

Rochholz/Kaatsch, Gefahr im Verzug! Notwendigkeit einer zeitnahen Blutentnahme bei Straßenverkehrsdelikten, BA 2011, 129

Roiu/Birngruber/Spencer/Wollersen/Dettmeyer/Verhoff, Atem- und Blutalkoholmessung in der Praxis – Eine einjährige Studie aus dem Einzugsbereich des Polizeipräsidiums Mittelhessen, BA 2014, 1

Schimmel/Drobnnik/Röhrch/Becker/Zörntlein/Urban, Passive Cannabisexposition unter realistischen Bedingungen, Untersuchungen in einem Coffee-Shop, BA 2010, 269

Ternig, Segway und Elektrofahrrad, zfs 2010, 2

Ternig, Sitzrasenmäher/Aufsitzmäher; rechtliche Einordnung im Straßenverkehr, DAR 2014, 487

Trück, Normative Begrenzung des bedeutenden Schadens bei §§ 69 II, 142, 315 c StGB, NZV 2013, 361

Timm, Zur rechtlichen Unmöglichkeit eines Fahrverbots (§ 44 StGB) neben einer Verwarnung mit Strafvorbehalt (§ 59 StGB), NZV 2014, 112

Theurer/Herbst, § 81 a StPO – Kompetenznorm im Spannungsfeld zwischen effektiver Strafverfolgung bei Trunkenheitsfahrten, Richtervorbehalt und Grundrechten des Beschuldigten, NZV 2010, 544

Vergho, Verteidigungsrelevante Aspekte rund um den Richtervorbehalt aus § 81 a Abs. 2 StPO bei Drogen- und Trunkenheitsfahrten, SVR 2011, 201

Weinhold, Entnahme einer Blutprobe nach § 81 a StPO ohne richterliche Anordnung, SVR 2010, 13

Wegerich, Scheibenpflug, Trunkenheit im Verkehr durch Führen eines motorisierten Krankenfahrstuhls – zugleich eine Darstellung der Anforderungen an die Einführung einer strafprozessualen Beweisregel und Anmerkung zu der Entscheidung des OLG Nürnberg NStZ-RR 2011, 153 NZV 2012, 414

Zimmermann, Die Straßenverkehrsgefährdung (§ 315 c StGB), JuS 2010, 22

Erster Teil: Rauschmittel im Straßenverkehr

Alkohol ist seit jeher im Straßenverkehr eine der Hauptursachen für Verkehrsunfälle. Zwar ist die Zahl der Alkoholunfälle seit Jahren stetig sinkend, doch immer noch deutlich zu hoch. Der Gesetzgeber begegnet dem Problem des Alkohols im Straßenverkehr mit der Eignungsprüfung der Fahrerlaubnisbehörden im Verwaltungsrecht und natürlich durch Sanktionen im Straf- und Ordnungswidrigkeitenrecht. Ebenso bedeutend wie Alkoholtaten sind Probleme durch das Führen von Fahrzeugen unter Drogen und Medikamenteneinfluss („andere berauschende Mittel").

Nachfolgend werden daher **im ersten Teil dieses Buchs** die wesentlichsten

- rechtsmedizinischen und
- juristischen Fragen
- im Zusammenhang mit dem Genuss von Rauschmitteln (Alkohol, Drogen, Medikamente)
- und die insoweit in Betracht kommenden Verkehrsstraf- und Ordnungswidrigkeitentatbestände

erörtert. Reine **Rechtsfolgenfragen** (Fahrerlaubnisentziehung und Fahrverbote) bleiben dem **zweiten Teil** des Buches vorbehalten.

A. Die Feststellung des Rauschmittelkonsums

Die Feststellung des Konsums und der **Wirkung von Rauschmitteln** ist natürlich die Grundlage jedes einschlägigen Verfahrens. Hier spielen juristische Gesichtspunkte ganz eng zusammen mit rechtsmedizinischen und auch technischen Fragen, wenn es um

- die Blutentnahme,
- die Blutalkoholkonzentration,
- die Atemalkoholanalyse,
- die Wirkung und Feststellung von Drogen

geht. Diese Fragen sind daher in diesem Buch weitgehend „vor die Klammer" gezogen werden – technische Fragen der Atemalkoholmessung sind jedoch im Rahmen der Erörterungen des § 24 a StVG zu finden, da der Leser sie in der Regel auch (nur) dort suchen wird.

I. Atemalkoholprobe

Die früher[1] von der Polizei verwendeten Alcotest-Prüfröhrchen, die durch eine Verfärbung der darin enthaltenen Kieselgel-Kristalle alkoholhaltige Atemluft anzeigen, werden heute nicht mehr benutzt. Vielmehr werden zur Feststellung, ob überhaupt ein relevanter Alkoholkonsum vorlag, die sehr viel genaueren, digital anzeigenden

---

1 Zur Geschichte der Atemalkoholmessung: Haffner/Graw, NZV 2009, 209.

1 A. Die Feststellung des Rauschmittelkonsums

Atemalkohol-Vortestgeräte oder ein geeichtes, von der Physikalisch-Technischen Bundesanstalt bauartzugelassenes Atemalkoholmessgerät verwendet.

Hinweis: Die einzigen PTB-zugelassenen Atemalkoholmessgeräte sind das (alte) **Dräger Evidential 7110 Mk III** und dessen Nachfolgemodell **Dräger Alcotest 9510 DE**.

5 **Hinweis:** Die Atemalkoholkonzentration (AAK) bezeichnet die Konzentration des Gases Ethanol in der Atemluft. Sie wird in der Maßeinheit Milligramm Ethanol je Liter Atemluft (mg/l) angegeben.

Was die technische Seite der AAK-Messung angeht, so existiert hierzu **DIN VDE 0405**, die in mehreren Teilen u.a. die Anforderungen an beweissichere Messgeräte, Messverfahren und die Prüfung von Messgeräten regelt. Diese Norm ist nicht im Internet frei verfügbar, kann aber als Buch gekauft werden. Auch ein kostenpflichtiger aber auch deutlich schnellerer Download im Internet ist möglich. Da die Rechtsprechung sich mittlerweile ausführlich mit den zugelassenen Messgeräten der Fa. Dräger befasst hat (bislang nur mit Evidential 7110 Mk III), sollen hier nicht Einzelheiten der DIN vorgestellt werden – das Messgerät Dräger Evidential 7110 Mk III entspricht nämlich besagter Norm. Gleiches gilt auch für das neue Dräger Alcotest 9510 DE. *Die Einzelheiten der DIN VDE 0405 werden erst dann relevant werden, wenn andere Messsysteme auf den Markt kommen, die dann freilich auch an dieser Norm zu messen sind.*

Hinweis: Im Falle einer solchen neuen Einführung eines Messgerätes sollte natürlich vom Gericht die Beiziehung der DIN verlangt werden und auch – was in der Regel hilfreicher ist – die Einholung eines Sachverständigengutachtens beantragt werden.

6 Der Atemalkoholtest darf nicht erzwungen werden, weil es sich bei ihm nicht um eine körperliche Untersuchung iSd § 81 a StPO handelt.[2] Teilweise wird vertreten, der Betroffene müsse über die Freiwilligkeit der Atemalkoholkontrolle belehrt werden[3] – dem ist aber nicht so.[4] Die unterbliebene Belehrung über die Freiwilligkeit des Tests führt nicht zu einer Unverwertbarkeit der Messung (so auch).[5]

Hinweis: Zwar legt die gesetzliche Regelung des § 24 a StVG nahe, den AAK-Wert und den BAK-Wert in einem feststehenden Zusammenhang zu betrachten, doch ist eine solche Konversion aus rechtsmedizinischer Sicht problematisch und wohl nicht haltbar.[6] Als Faustformel wird aber gerne die Werteverdoppelung vorgenommen, bspw.: „AAK von 0,5 mg/l entspricht etwa 1,0 ‰ BAK".

---

2 BayObLG, Urt. v. 16.1.1963 – RReg. 1 St 674/62 = NJW 1963, 772; OLG Schleswig VRS 30, 344.
3 LG Freiburg, Urt. v. 21.9.2009 – 9 Ns 550 Js 11375/09 – AK 92/09 = NZV 2009, 614 = BeckRS 2009, 88877; AG Frankfurt aM, Urt. v. 18. 1. 2010 – 998 OWi 2022 – 955 Js-OWi 20697/09 = NZV 2010, 266 = BeckRS 2010, 12332.
4 OLG Brandenburg, Beschl. v. 16.4.2013 – (2 B) 53 Ss-OWi 58/13 (55/13) = BeckRS 2013, 11469 = VRS 124, 340; Cierniak/Herb, NZV 2012, 409.
5 AG Michelstadt, Urt. v. 22.11.2011 – 2 OWi 1400 Js 22301/11 = BeckRS 2012, 03847 = NZV 2012, 97; OLG Brandenburg, Beschl. v. 16.4.2013 – (2 B) 53 Ss-OWi 58/13 (55/13) = BeckRS 2013, 11469 = VRS 124, 340.
6 Siehe hierzu ausführlich: Haffner/Graw, NZV 2009, 209, 212. Interessant zur (ähnlich guten) Verlässlichkeit der AAK – Messung im Vergleich zur BAK – Messung: Roiu/Birngruber/Spencer/Wollersen/Dettmeyer/Verhoff, BA 2014, 1.

Näheres zu der Atemalkoholprobe und dem Dräger Alcotest Evidential und dem Dräger Alcotest 9510 DE: Teil 1 Rn 570 ff.

II. Blutentnahme

Die Blutentnahme kommt schwerpunktmäßig im Strafverfahren zur Anwendung, da hier die Atemalkoholmessung – pauschal betrachtet – weitgehend wertlos ist. Es stellen sich sodann aus Verteidigersicht im Rahmen der Blutprobenentnahme Fragen nach der Zuständigkeit für die Anordnung der Entnahme, Verwertbarkeit und der Bedeutung der gefundenen Ergebnisse im Prozess (Stichworte: Rückrechnung/Nachtrunk etc.).

1. Gesetzliche Voraussetzungen der Blutprobe: § 81 a StPO

Um auszuschließen, dass wegen schwerwiegenden **Gesetzesverstoßes** ein Verwertungsverbot hinsichtlich des Blutprobenergebnisses besteht, empfiehlt es sich, das in der Akte befindliche Blutentnahmeprotokoll mit dem ärztlichen Bericht und den in der Regel ebenfalls in der Akte sich befindenden schriftlichen (Formular-)Antrag der Polizei zur Blutprobenentnahme zu prüfen. Nach hM führen allerdings nur besonders krasse Verstöße zu einem Verwertungsverbot – eine „einfache" Verletzung des § 81 a StPO bleibt folgenlos.[7]

Rechtliche Grundlage für die Blutprobenentnahme ist § 81 a Abs. 1 S. 2 StPO (bei Verdacht einer Ordnungswidrigkeit nach § 24 a oder c StVG iVm § 46 Abs. 4 OWiG), wonach die Entnahme einer Blutprobe zur Feststellung von für das Verfahren bedeutsamen Tatsachen ohne Einwilligung des Beschuldigten angeordnet werden darf, wenn kein Nachteil für dessen Gesundheit zu befürchten ist. Die Entnahme muss durch einen Arzt stattfinden.

Voraussetzung der Anordnung der Blutprobenentnahme sind stets hinreichende Anhaltspunkte für merkbare Alkoholbeeinflussung.[8] Hierfür reicht insbesondere schon Alkoholgeruch beim Fahrzeugführer aus. Oft werden auch alkoholtypische Ausfallerscheinungen festzustellen sein. Ein vom Beschuldigten oder Betroffenen verlangter Alcotest braucht vor Anordnung der Blutprobenentnahme jedoch nicht durchgeführt zu werden,[9] auch wenn dies idR wünschenswert ist, zumal aus Verteidigersicht etwaige erhebliche Widersprüche zwischen Vortest und Messergebnis Anlass für weitere Ermittlungen sein können.

Hinweis: Nimmt ein Polizeibeamter Alkoholgeruch im Auto zum Anlass, den Fahrer nach der Ursache zu fragen, so ist dieser noch nicht Beschuldigter und braucht in diesem Stadium noch nicht nach §§ 163 a, 136 StPO belehrt zu werden.[10]

Verweigert der Beschuldigte die Mitwirkung an der Blutentnahme, so darf diese unter **Anwendung körperlicher Gewalt** vorgenommen werden.[11] Anordnungen der Be-

---

7 Neuhaus in: Dölling/Duttge/Rössner, § 81 a StPO Rn 23.
8 OLG Schleswig, Urt. v. 22.4.1964 – 1 Ss 93/64 = NJW 1964, 2215.
9 OLG Köln, Urt. v. 17.12.1985 – 1 Ss 318/85 = NStZ 1986, 234.
10 BayObLG, Beschl. v. 21.5.2003 – 2 ObOWi 219/03 = NZV 2003, 435 (abl. Heinrich DAR 2003, 530).
11 OLG Dresden, Beschl. v. 1.8.2001 – 3 Ss 25/01 = NJW 2001, 3643; OLG Koblenz VRS 54, 357.

amten, die über das zur Durchführung der Blutentnahme erforderliche Maß hinausgehen, verletzen das Gebot der Verhältnismäßigkeit.[12] Unzulässig ist somit die Blutentnahme in den Fällen, in denen Nachteile für die Gesundheit des Beschuldigten zu befürchten sind – etwa bei „Blutern" (Hämophilie). Die Behauptung einer „Spritzenphobie" durch den Beschuldigten ist aber idR unbeachtlich.[13] Blutentnahme durch Mediziner ohne Approbation und ohne Erlaubnis iSv §§ 2 Abs. 2, 10 Bundesärzteordnung, zB medizinisch-technische Assistentinnen und Krankenschwestern, ist nur zulässig, wenn der Beschuldigte einwilligt.[14] Ausnahme: Ausgebildete Mediziner ohne Approbation und ohne Erlaubnis iSv §§ 2 Abs. 2, 10 Bundesärzteordnung dürfen unter Anleitung, Aufsicht oder Verantwortung eines hauptamtlichen Arztes Blutentnahmen durchführen.[15]

Hinweis: Während bei zur Polizeiwache gerufenen Ärzten in diesem Bereich der Blutprobenentnahme Probleme auftauchen werden, muss durch den Verteidiger bei Entnehmen in Kliniken selbst dann nachgefragt werden, wenn auf dem Entnahmeprotokoll ein Arzt verzeichnet ist. Es ist hier durchaus nicht unwahrscheinlich, dass der diensthabende Arzt sich der Hilfe Dritter bedient.

12 Die vor allem in Verkehrsstrafverfahren standardmäßig stattfindende Blutprobenentnahme durch einen Arzt nach § 81 a StPO ist zur Feststellung der Fahruntüchtigkeit eines Fahrzeugführers nahezu unerlässlich und zwar zumindest solange nicht die Atemalkoholmessung als vollwertiges Beweismittel im Strafprozess anerkannt/zugelassen wird.[16]

Hinweis: Ist die entnommene Blutprobe für das Verfahren (etwa wegen Rechtskraft oder wegen bestehenden Verwertungsverbotes) nicht mehr erforderlich, so ist sie unverzüglich zu vernichten, § 81 a Abs. 3 StPO. Gericht und Staatsanwaltschaft müssen hierfür von Amts wegen sorgen. Der Verteidiger sollte ebenfalls hierauf achten und nach Abschluss des Verfahrens die Vernichtung und deren Dokumentierung abfragen.

2. Einwilligung: Freiwillige Abgabe der Blutprobe

13 Möglich ist die Blutprobenentnahme zunächst aufgrund einer (formlos möglichen) **Einwilligung** – diese macht eine Anordnung nach § 81 StPO entbehrlich.[17] In den letzten Jahren wird in der Regel seitens der Polizei so auch darauf Wert gelegt, von dem Betroffenen/Beschuldigten eine solche Einwilligung schriftlich zu erhalten. Sie ist dann meist in polizeilichen Formularen enthalten. Eine solche (schriftliche) Einwilligung sieht etwa so aus:

---

12 OLG Hamburg VRS 28, 196; OLG Schleswig VRS 30, 344.
13 Händel BA 1976, 389.
14 HM: zB BayObLG, Urt. v. 16.12.1964 – RevReg. 1 a St 663/64 = NJW 1965, 1088; Krause in: Löwe/Rosenberg, § 81 a Rn 35; aM: Schmidt MDR 1970, 461, 465.
15 BGH, Beschl. v. 17.3.1971 – 3 StR 189/70 = NJW 1971, 1097; BayObLG, Urt. v. 16.12.1964 – RevReg. 1 a St 663/64 = NJW 1965, 1088; Meyer-Goßner, StPO, § 81 a Rn 19.
16 Zur Atemalkoholmessung im Strafverfahren: Janker, DAR 2009, 1.
17 Meyer-Goßner, StPO, § 81 a Rn 3.

II. Blutentnahme

Einwilligungserklärung zur freiwilligen Blutprobenentnahme
Hiermit erkläre ich, dass ich zur Klärung eines Sachverhaltes einer Blutprobenentnahme freiwillig zustimme. Über meine Rechte bin ich belehrt worden.
Daten des Betroffenen/Beschuldigten:

...

(Unterschrift des Betroffenen/Beschuldigten)

Die Einwilligung kann aber auch problematisch sein, etwa wenn zuvor durch die Polizei unrichtige/unvollständige Angaben gemacht werden oder wenn der Betroffene hochgradig alkoholisiert ist. Der Beschuldigte muss die Sachlage und sein **Weigerungsrecht kennen** und muss die Einwilligung ausdrücklich und eindeutig und aus freiem Entschluss erklären.[18] Auch muss der Beschuldigte zum Zeitpunkt der Abgabe der Einwilligung in die Blutentnahme genügend verstandesreif sein, um die Tragweite seiner Einwilligungserklärung zu erkennen.[19] Erforderlich ist, dass der Betroffene nach seiner Verstandesreife den Sinn und die Tragweite der Einwilligung erkennt.[20] Zwar kann die **Einwilligungsfähigkeit** eines Beschuldigten aufgrund der Stärke des Alkoholeinflusses im Einzelfall zweifelhaft sein – hierfür genügt aber nicht bereits jede alkoholische Beeinflussung.[21] Die Grenze, bei der deutliche Beeinträchtigungen in der Einsichts- oder Steuerungsfähigkeit angenommen werden, liegt bei etwa 2 ‰ Blutalkohol.[22] Eine BAK von 1,23 ‰ hindern daher die Wirksamkeit der Einwilligung nicht.[23] Ob aber auch bei 4,02 ‰ der Verzicht auf eine richterliche Anordnung im Hinblick auf eine Einwilligung in eine Blutprobe nicht zu einem Beweisverwertungsverbot führen soll[24] ist eher fraglich. Für die Annahme einer Einwilligungsfähigkeit bei derartigen Werten ab 2,0 ‰ bedarf es einer näheren Darlegung der insoweit relevanten Umstände, etwa des Vorhandenseins von Ausfallerscheinungen, des vorangegangenen Trinkverhaltens, der Trinkgewohnheiten und ggf weiterer Umstände, die Anhaltspunkte für die Beurteilung einer Beeinträchtigung der kognitiven Fähigkeiten des Angeklagten aufgrund der gegebenen Alkoholisierung darstellen.[25]

In der Regel wird die Entnahme jedoch angeordnet, was in § 81 a Abs. 2 StPO geregelt ist: Sie „steht dem Richter, bei Gefährdung des Untersuchungserfolges durch Verzögerung auch der Staatsanwaltschaft und ihren Ermittlungspersonen (§ 152 GVG) zu." Ob Staatsanwaltschaft und Polizei zuständig sein können, richtet sich al-

---

18 Meyer-Goßner, StPO, § 81 a Rn 4 mwN; OLG Hamm, Beschl. v. 2.11.2010 – III – 3 RVs 93/10 = BeckRS 2010, 29288.
19 OLG Hamm, Beschl. v. 28.4.2009 – 2 Ss 117/09 = BeckRS 2009, 21051; Heinrich, NZV 2010, 278, 279, je mwN; OLG Hamm, Beschl. v. 2.11.2010 – III – 3 RVs 93/10 – BeckRS 2010, 29288.
20 OLG Hamm, Beschl. v. 28.4.2009 – 2 Ss 117/09 = BeckRS 2009, 21051; LG Saarbrücken, Beschl. v. 13.11.2008 – 2 Qs 53/08, BeckRS 2008, 23730; OLG Hamm, Beschl. v. 2.11.2010 – III – 3 RVs 93/10, 3 RVs 93/10 – BeckRS 2010, 29288.
21 LG Saarbrücken, Beschl. v. 13.11.2008 – 2 Qs 53/08 = BeckRS 2008, 23730, mwN; OLG Hamm, Beschl. v. 2.11.2010 – III-3 RVs 93/10, 3 RVs 93/10 = BeckRS 2010, 29288.
22 OLG Hamm, Beschl. v. 2.11.2010 – III – 3 RVs 93/10, 3 RVs 93/10 = BeckRS 2010, 29288; OLG Hamm, Beschl. v. 20.2.2011 – 3 RVs 104/10 = BeckRS 2011, 05837 = NJW-Spezial 2011, 203 = NStZ-RR 2011, 186 = NZV 2012, 308.
23 OLG Hamm, Beschl. v. 2.11.2010 – III-3 RVs 93/10, 3 RVs 93/10 = BeckRS 2010, 29288.
24 So aber: OLG Jena, Beschl. v. 6.10.2011 – 1 Ss 82/11.
25 OLG Hamm, Beschl. v. 20.2.2011 – 3 RVs 104/10 = BeckRS 2011, 05837 = NJW-Spezial 2011, 203 = NStZ – RR 2011, 186 = NZV 2012, 308.

A. Die Feststellung des Rauschmittelkonsums

so danach, ob der Untersuchungszweck der die Blutprobenentnahme dient, durch Verzögerung gefährdet ist oder nicht. Tatsächlich wird die Blutprobenentnahme aber in der Regel durch die Polizei, manchmal durch die Staatsanwaltschaft und nahezu nie durch den Richter angeordnet. Die Praxis hat also die gesetzlichen Regeln „auf den Kopf gestellt."

Hinweis: Zumeist werden die Betroffenen/Beschuldigten vor der Blutprobenentnahme gefragt, ob sie der Entnahme zustimmen – regelmäßig tun die Betroffenen dies. Eine wirksame Einwilligung ist dann ausreichende Grundlage der Blutprobenentnahme. Die Problematik des § 81 a Abs. 2 StPO stellt sich hier somit auch nicht.

16 Muster: Revisionsbegründung: Keine ausreichenden tatsächlichen Feststellungen zur Einwilligungsfähigkeit bei freiwilliger Blutprobe (2,0 ‰ oder mehr)[26]

... Gerügt wird die Verletzung materiellen Rechts und zwar zunächst in allgemeiner Form. Es wird dabei beantragt, das Urteil aufzuheben und die Sache zur erneuten Verhandlung und Entscheidung, auch über die Kosten der Revision, an eine andere Abteilung des Amtsgerichts ... zurückzuverweisen

Begründung:[27]

Das angefochtene Urteil ist insgesamt rechtsfehlerhaft. Insbesondere tragen die tatrichterlich getroffenen Feststellungen die aus dem Tenor ersichtliche Verurteilung nicht. Dem Angeklagten wurde nämlich – wie im Urteil geschildert – eine Blutprobe auf angeblich freiwilliger Basis entnommen, obgleich eine BAK von mehr als 2 ‰ in Rede steht. Konkret wies die vom Gericht verwertete Blutprobe ... ‰ auf.

Bei dieser Sachlage ergeben sich zunächst ganz erhebliche Bedenken gegen die von dem Amtsgericht für gegeben erachtete Einwilligungsfähigkeit des Angeklagten hinsichtlich der ihm entnommenen Blutprobe. Eine Einwilligung müsste der Beschuldigte ausdrücklich und eindeutig aus freiem Entschluss erklärt haben; erforderlich ist, dass der Beschuldigte die Sachlage und sein Weigerungsrecht kennt (OLG Hamm, Beschl. v. 20.2.2011 – 3 RVs 104/10 = BeckRS 2011, 05837 = NJW-Spezial 2011, 203 = NStZ-RR 2011, 186 = NZV 2012, 308; Beschl. v. 2.11.2010 – III-3 RVs 93/10 = BeckRS 2010, 29288; vgl BGH NJW 1964, 1177). In der Regel muss er darüber belehrt werden, denn eine wirksame Einwilligung setzt die Erkenntnis des Eingriffs sowie das Erkennen der Sachlage und damit die Erkenntnisfähigkeit für Art und Bedeutung des Eingriffs voraus (vgl BGH NJW 1964, 1177; OLG Potsdam BeckRS 2009, 18842).

Der Beschuldigte muss zudem zum Zeitpunkt der Abgabe der Einwilligung in die Blutentnahme genügend verstandesreif sein, um die Tragweite seiner Einwilligungserklärung zu erkennen (OLG Hamm, Beschl. v. 20.2.2011 – 3 RVs 104/10 = BeckRS 2011, 05837 = NJW-Spezial 2011, 203 = NStZ-RR 2011, 186 = NZV 2012, 308; Beschl. v. 2.11.2010, aaO; OLG Hamm, Urt. v. 28.4.2009 – 2 Ss 117/09.. = BeckRS 2009, 21051; Heinrich, NZV 2010, 278, 279, je mwNwN). Erforderlich ist, dass der Betroffene nach seiner Verstandesreife den Sinn und die Tragweite der Einwilligung erkennt (OLG Hamm, Beschl. v. 20.2.2011 – 3 RVs 104/10 = BeckRS 2011, 05837 = NJW-Spezial 2011, 203 = NStZ-RR 2011, 186 = NZV 2012, 308; Beschl.

---

[26] Das Muster folgt: OLG Hamm, Beschl. v. 20.2.2011 – 3 RVs 104/10 = BeckRS 2011, 05837 = NJW-Spezial 2011, 203 = NStZ – RR 2011, 186 = NZV 2012, 308.

[27] Hinweis: Die Sachrüge muss nicht weiter begründet werden. Die Begründung sollte aber gleichwohl zumindest kurz stattfinden, um dem Revisionsgericht klar zu machen, wo die Rechtsverletzung gesehen wird und gerade hier die Prüfung anzuregen.

II. Blutentnahme

v. 2.11.2010 – III-3 RVs 93/10 = BeckRS 2010, 29288; OLG Hamm, Urt. v. 28.4.2009 – 2 Ss 117/09 = BeckRS 2009, 21051; LG Saarbrücken, Beschl. v. 13.11.2008 – 2 Qs 53/08 = BeckRS 2008, 23730). Zwar kann die Einwilligungsfähigkeit eines Beschuldigten aufgrund der Stärke des Alkoholeinflusses im Einzelfall zweifelhaft sein. Hierfür genügt aber nicht bereits jede alkoholische Beeinflussung (OLG Hamm, Beschl. v. 20.2.2011 – 3 RVs 104/10 = BeckRS 2011, 05837 = NJW-Spezial 2011, 203 = NStZ-RR 2011, 186 = NZV 2012, 308; Beschl. v. 2.11.2010 – III-3 RVs 93/10 = BeckRS 2010, 29288: nicht ausreichend ist eine mittelgradige Alkoholisierung bei einer BAK von 1,23 ‰; LG Saarbrücken, Beschl. v. 13.11.2008 – 2 Qs 53/08 = BeckRS 2008, 23730, mwNwN).

Es erscheint durchaus möglich, dass auch bei alkoholischen Beeinflussungen über 2 ‰ der Betroffene den Sinn und die Tragweite der Einwilligung erkennt. Hierzu bedarf es jedoch einer näheren Darlegung der insoweit relevanten Umstände, etwa des Vorhandenseins von Ausfallerscheinungen, des vorangegangenen Trinkverhaltens, der Trinkgewohnheiten und ggf weiterer Umstände, die Anhaltspunkte für die Beurteilung einer Beeinträchtigung der kognitiven Fähigkeiten des Angeklagten aufgrund der gegebenen Alkoholisierung darstellen. Hinreichende Ausführungen hierzu lässt das angefochtene Urteil vermissen.

3. Verwertbarkeit einer unter Verstoß gegen die gesetzlichen Bestimmungen gewonnenen Blutprobe

In der Praxis stellt sich sodann stets die Frage: Wo sind die Grenzen der Verwertbarkeit einer entnommenen Blutprobe zu sehen. Hier sind in der Praxis **drei Konstellationen** denkbar, die ein Verwertungsverbot hinsichtlich der entnommenen Blutprobe nach sich ziehen könnten: 17

- Die Entnahme der Blutprobe unter Vernachlässigung der „medizinischen Entnahmevoraussetzungen",
- die Blutprobenverwertung von aus anderen Gründen entnommenen Blutproben
- und die Entnahme nach Anordnung durch Polizeibeamte oder Beamte der Staatsanwaltschaft unter Vernachlässigung des Richtervorbehaltes.

Hinweis: Nimmt das Gericht ein Verwertungsverbot an, so wird es konsequenterweise auch sofort die Vernichtung der Blutprobe entsprechend § 81 a Abs. 3 StPO anordnen müssen.

Im grenzüberschreitenden Verkehr kann es auch zur Verwertung von im Ausland entnommener Blutproben kommen – dies ist grundsätzlich möglich. Ansonsten ist dieser Problemkreis jedoch nur selten Gegenstand von veröffentlichten Gerichtsentscheidungen gewesen.[28]

a) Entnahme der Blutprobe unter Vernachlässigung der „medizinischen Entnahmevoraussetzungen"

Eine **Blutentnahme durch einen Nichtarzt** unter Verstoß gegen § 81 a Abs. 1 S. 2 StPO gegen den Willen des Beschuldigten ist nach ganz überwiegender Auffassung als 18

---

28 Zu einer in Tschechien entnommenen und dann nach Auswertung vernichteten Blutprobe, hinsichtlich derer keine einzelnen Angaben durch das Gericht mitgeteilt werden: LG Frankfurt (Oder), Beschl. v. 15.10.2009 – 21 Qs 152/09 = BeckRS 2010, 09490.

Beweismittel grundsätzlich verwertbar.[29] Denn nicht Qualitätsgarantie hinsichtlich des Beweismittels, sondern der Schutz des Beschuldigten vor gesundheitlichen Nachteilen ist Zweck der in § 81 a Abs. 1 S. 2 StPO getroffenen Regelung.[30] Ein Verwertungsverbot besteht dann, wenn schutzwürdige Belange des Beschuldigten bei der Gewinnung der Blutprobe in so schwerwiegender Weise beeinträchtigt wurden, dass das staatliche Interesse an der Strafverfolgung demgegenüber zurückzutreten hat.[31]

Hinweis: Insbesondere unterliegt die von einem Nichtarzt entnommene Blutprobe unter Anwendung von Mitteln, die nach § 136 a StPO unzulässig sind, einem Verwertungsverbot.[32]

Das gilt etwa, wenn der Beschuldigte über die Arzt-Eigenschaft der die Blutprobe entnehmenden Person getäuscht wurde, jedoch nicht schon dann, wenn ihm lediglich die fehlende Approbation verschwiegen wurde.[33]

19 **Muster: Keine Feststellbarkeit der Approbation**[34]

... ist die dem Beschuldigten entnommene und dem Beschluss über die vorläufige Fahrerlaubnisentziehung zugrunde gelegte Blutprobe unverwertbar. Aus dem begleitend zur Blutprobe gefertigten ärztlichen Bericht ergibt sich, dass eine Person mit unleserlicher Schrift die Blutprobe entnommen hat. Der genaue Name ist nicht zu erkennen und auch sonst in der Akte nicht ersichtlich, so dass hier vorsichtshalber das Fehlen einer Approbation gerügt wird. Fehlt aber die Approbation, so ist die Verwertung der entnommenen Blutprobe verboten (OLG Hamm NJW 1970, 528) ...

Dementsprechend ist die vorläufige Fahrerlaubnisentziehung mangels dringender Erwartung einer endgültigen Fahrerlaubnisentziehung am Ende des Verfahrens aufzuheben und gem. § 81 a Abs. 3 StPO die sofortige Vernichtung der entnommenen Blutprobe anzuordnen.

b) Verwertung von anderen Blutproben

20 Zu Behandlungszwecken entnommenes Blut, das später wegen Verdachts der Trunkenheit im Verkehr beschlagnahmt wurde, darf verwertet werden. Eine nochmalige Blutentnahme würde den Beschuldigten unverhältnismäßig belasten.[35] Selbst wenn ein Beweiserhebungsverbot bestehen würde, würde dies jedenfalls nicht zu einem Beweisverwertungsverbot führen – hiermit hat sich das KG ausführlich auseinandergesetzt:

---

29 BGH, Beschl. v. 17.3.1971 – 3 StR 189/70 = NJW 1971, 1097; BayObLG, Urt. v. 3.11.1965 – RevReg. 1 b St 153/65 = NJW 1966, 415; OLG Zweibrücken, Urt. v. 14.5.1993 – 1 Ss 58/93 = NJW 1994, 810 = MDR 1994, 83 = VRS 86, 63; aM: Schellhammer NJW 1972, 319; Schmidt MDR 1970, 461, 464; näher: Hentschel, TFF, Rn 27 ff.
30 BGH, Beschl. v. 17. 3. 1971 – 3 StR 189/70 = NJW 1971, 1097; OLG Zweibrücken, Urt. v. 14.5.1993 – 1 Ss 58/93 = NJW 1994, 810 = MDR 1994, 83 = VRS 86, 63.
31 OLG Düsseldorf VRS 39, 211.
32 BayObLG, Urt. v. 3.11.1965 – RevReg. 1 b St 153/65 = NJW 1966, 415; OLG Celle, Urt. v. 14.10.1968 – 2 Ss 411/68 = NJW 1969, 567 = VRS 36, 430.
33 OLG Hamm, Urt. v. 21.8.1969 – 2 Ss 656/69 = NJW 1970, 528.
34 Es wird von einer Beschwerde oder einem Antrag auf Aufhebung (§ 111 a Abs. 2 StPO) nach vorläufiger Fahrerlaubnisentziehung ausgegangen. Das Muster geht weiter davon aus, dass zwar tatsächlich ein Arzt die Blutprobe entnommen hat, dies aber nicht anhand der Akte feststellbar ist. Die Entnahme durch einen Nichtarzt wird eigentlich nie vorkommen.
35 OLG Frankfurt, Urt. v. 23.3.1999 – 2 Ss 35/99 = NStZ – RR 1999, 246.

II. Blutentnahme

„Danach können Gegenstände sichergestellt werden, die als Beweismittel für die Untersuchung von Bedeutung sind, sofern es sich nicht um solche handelt, auf die sich das Zeugnisverweigerungsrecht des § 53 Abs. 1 Satz 1 Nr. 1 StPO erstreckt (§ 97 Abs. 1 Nr. 3 StPO). Letzteres zu umgehen, soll das Beschlagnahmeverbot verhindern. § 97 Abs. 1 Nr. 3 StPO reicht daher nur so weit, wie es der Schutz des Vertrauensverhältnisses zwischen dem Angeklagten und dem zur Verweigerung des Zeugnisses Berechtigten im Strafverfahren erfordert. Danach war die Beschlagnahme der dem Angeklagten im Zuge seiner Behandlung entnommenen Blutprobe zwar unzulässig, ein Beweisverwertungsverbot folgt daraus jedoch nicht ohne Weiteres. Anders als bei Ermittlungsmaßnahmen, die zu Erkenntnissen führen, über die der in § 160 a Abs. 1 Satz 1 StPO bezeichnete Personenkreis das Zeugnis verweigern dürfte, und deren Verwendung untersagt ist, hat bei dem in § 160 a Abs. 2 Satz 1 StPO bezeichneten Personenkreis eine Prüfung der Verhältnismäßigkeit der Ermittlungsmaßnahme zu erfolgen. Hierbei ist in den Fällen, in denen keine Straftat von erheblicher Bedeutung vorliegt, regelmäßig davon auszugehen, dass das Strafverfolgungsinteresse nicht überwiegt (§ 160 a Abs. 2 Satz 1 2. Halbsatz StPO). Dies gilt auch für die Verwertung von Erkenntnissen zu Beweiszwecken (§ 160 a Abs. 2 Satz 3 StPO).

Danach ist vorliegend gegen die Verwendung der Auswertung der im Krankenhaus entnommenen Blutprobe nichts zu erinnern. Zum einen ist zu berücksichtigen, dass die Ermittlungsbehörden ihr Ziel auch über den Weg der Anordnung einer Blutentnahme nach § 81 a StPO hätten erreichen können. Dies wäre jedoch mit einem weiteren Eingriff in die körperliche Unversehrtheit des Angeklagten verbunden gewesen. Darüber hinaus erbrachte die Beschlagnahme keine Erkenntnisse, die dem Kernbereich privater Lebensgestaltung oder dem besonders vertraulichen Arzt-Patienten-Gespräch entstammten. Da der behandelnde Arzt die Blutprobe zudem von sich aus herausgegeben hat, über wiegt ausnahmsweise das staatliche Strafverfolgungsinteresse."[36]

c) Vernachlässigung des Richtervorbehaltes

Der Richtervorbehalt – auch der einfachgesetzliche des § 81 a Abs. 2 StPO – zielt auf eine **vorbeugende Kontrolle** der Maßnahme in ihren konkreten gegenwärtigen Voraussetzungen durch eine unabhängige und neutrale Instanz.[37] Nur bei einer Gefährdung des Untersuchungserfolgs durch die mit der Einholung einer richterlichen Entscheidung einhergehende Verzögerung besteht auch eine Anordnungskompetenz der StA und – nachrangig – ihrer Ermittlungspersonen (§ 152 GVG – nachfolgend wird der Einfachheit halber von „der Polizei" gesprochen). Die Strafverfolgungsbehörden müssen daher regelmäßig versuchen, eine Anordnung des zuständigen Richters zu erlangen, bevor sie selbst eine Blutentnahme anordnen – dieser Grundsatz war und ist (verschieden formuliert) unstreitig und in jeder Veröffentlichung zu dem Thema „Missachtung des Richtervorbehalts" nachzulesen. **In der Regel** wurden bis vor wenigen Jahren jedoch Blutprobenentnahmen **durch die Polizei** (manchmal – aber seltener – auch durch die Staatsanwaltschaft) **angeordnet**. Mangels früher nicht eingerichteter richterlicher Eildienste war nämlich eine richterliche Anordnung regelmäßig außerhalb der üblichen richterlichen Dienstzeiten nicht möglich. Dabei ist der Verzicht auf eine richterliche Anordnung nur dann zulässig, wenn der Untersuchungserfolg ge-

---

36 Vgl KG, Beschl. v. 21.9.2011 – (3) 1 Ss 127/11 (91/11) – hier geringfügig gekürzter Ausschnitt.
37 OLG Hamburg, Beschl. v. 4.2.2008 – 2 – 81/07 (REV) = NJW 2008, 2597 = SVR 2008, 429 = VRS 114, 275 = StraFo 2008, 158 = VRR 2008, 183 = StRR 2008, 190 = StV 2008, 454.

fährdet ist, § 81 a Abs. 2 StPO. Nach der Rechtsprechung des BVerfG[38] steht die Anordnung der Blutentnahme nach § 81 a Abs. 2 StPO so auch grundsätzlich dem Richter zu.[39]

22   Mittlerweile sind aber an wohl allen Amtsgerichten richterliche Eildienste entsprechend den Vorgaben des BVerfG zwischen 6 Uhr und 21 Uhr eingerichtet, so dass innerhalb dieser Zeiten richterliche Anordnungen stattfinden können. Gefahr im Verzug innerhalb dieses Zeitkorridors dürfte so kaum noch rechtsfehlerfrei bejaht werden können. Allenfalls bei anderen Schwierigkeiten der Polizei bzw der Staatsanwaltschaft den Eildienst des Gerichts erreichen zu können, ggf aufgrund technischer Probleme (Beispiel: Das Eildiensthandy des diensthabenden Richters ist ohne sein Wissen defekt) dürfte Gefahr im Verzug noch angenommen werden.

Hinweis: In einigen wenigen Bezirken sind richterliche Eildienste „rund-um-die-Uhr" eingerichtet. Dies erscheint klar überzogen. Das BVerfG verlangt derartiges (derzeit) nicht.

23   Bei Verstößen gegen diesen dargestellten Richtervorbehalt stellt sich dann im Rahmen des Erlasses eines Beschlusses nach **§ 111 a StPO** oder im Rahmen eines **Urteils** (bzw der anwaltlichen Tätigkeit anlässlich dieser Maßnahmen) regelmäßig die Frage, ob die Polizei tatsächlich die Blutprobenentnahme anordnen durfte und welche Folgen sich ggf hieraus ergeben. Die Problematik wird ernsthaft eigentlich erst seit Oktober 2007 in der verkehrsrechtlichen Rechtsprechung und Literatur diskutiert – hier geht es natürlich vor allem um die Frage, ob und ggf wann ein **Beweisverwertungsverbot** entsteht.[40] Die Notwendigkeit der Annahme eines Verwertungsverbots ist in der Rechtsprechung des BVerfG zur Beachtlichkeit des Richtervorbehalts angelegt.[41] Richterliche Eilanordnungen sind nach Wortlaut und Systematik des § 81 a Abs. 2 StPO die Regel und die nichtrichterlichen die Ausnahme. Vor allem wegen der grundrechtssichernden Schutzfunktion des Richtervorbehalts ist „Gefahr im Verzug" eng auszulegen,[42] weshalb die Pflicht, einen Entnahmebeschluss zu beantragen, den Spielraum der Ermittlungsbeamten begrenzt, das Ermittlungsverfahren nach kriminalistischen und taktischen Erwägungen frei zu gestalten.[43]

Hinweis: Ein weiteres bislang noch nicht näher behandeltes Problem ist die Frage der **Strafbarkeit von Polizeibeamten und Ärzten** bei einer (rechtswidrigen) Durchführung/Anordnung einer Blutprobenentnahme. Da die Blutprobenproblematik bekannt ist,

---

38   BVerfG, Beschl. v. 12.2.2007 – 2 BvR 273/06 = NJW 2007, 1345 = NZV 2007, 581 = StV 2007, 281 = VRR 2007, 450 m.Anm. Burhoff.
39   Weiterführend zu der gesamten Thematik: Heinrich, NZV 2010, 278; Herb/Cierniak, NZV 2012, 409; Busch, ZRP 2012, 79;Vergho, SVR 2011, 201; Theurer/Herbst, NZV 2010, 544; Meier, ZRP 2010, 223; Peglau, NJW 2010, 2850; Metz, NStZ-RR 2010, 232; Metz, NStZ – RR 2010, 271; Weinhold, NStZ 2009, 124, NStZ 2009, 671; Dingelstadt/Fickenscher, NJW 2009, 3473; Krumm, ZRP 2009, 71; Blum, SVR 2009, 172.
40   Ausführliche Darstellung aller Argumente und Entscheidungen: Fickenscher/Dingelstadt, NStZ 2009, 124.
41   Dazu BVerfG, Beschl. v. 12.2.2007 – 2 BvR 273/06 = NJW 2007, 1345 = NZV 2007, 581 = StV 2007, 281 = VRR 2007, 450 m.Anm. Burhoff.
42   Vgl BVerfG, Urt. v. 20.2.2001 – 2 BvR 1444/00 = NJW 2001, 1121 = NStZ 2001, 382 = RPfleger 2001, 264 = StV 2001, 207 = wistra 2001, 137.
43   OLG Hamm, Beschl. v. 12.3.2009 – 3 Ss 31/09 = NJW-Spezial 2009, 330 = NJ 2009, 299 = VRR 2009, 192.

dürften unvermeidbare Verbotsirrtümer/Erlaubnisirrtümer bei der Polizei bzw den Ärzten kaum anzunehmen sein, wenn es zu Fehlern bei der Einschätzung des Vorliegens von Gefahr im Verzug kommt.

Nach der **Rechtsprechung des BVerfG**[44] müssen die Strafverfolgungsbehörden im Hinblick auf § 81 a Abs. 2 StPO also grundsätzlich versuchen, eine Anordnung des zuständigen Richters zu erlangen, bevor sie selbst eine solche Anordnung treffen. Nur bei einer Gefährdung des Untersuchungserfolgs durch die vorherige Einholung der richterlichen Anordnung kann davon abgesehen werden.[45] Die Gefährdung des Untersuchungserfolgs muss mit einzelfallbezogenen Tatsachen begründet und in den Ermittlungsakten dokumentiert werden,[46] sofern die Dringlichkeit nicht evident ist.[47] Das BVerfG[48] verlangt hier effektiven Rechtsschutz gegen Maßnahmen mit schwerwiegenden Grundrechtseingriffen oder nahe liegender Willkür, wenn vor Erledigung der Maßnahme kein gerichtlicher Rechtsschutz erlangt werden kann: Effektiver Rechtsschutz bedeute auch ggf für die anordnende Stelle bestehende Dokumentations- und Begründungspflichten, die eine umfassende und eigenständige nachträgliche gerichtliche Überprüfung der Blutprobenentnahme (§ 81 a StPO), also eine effektive nachträgliche gerichtliche Kontrolle staatsanwaltschaftlicher Eilanordnungen gewährleistet.

24

aa) Gefahr im Verzug

Ob tatsächlich eine **Gefährdung des Untersuchungserfolges** vorlag (üblicherweise als „Gefahr im Verzug" bezeichnet), kann nur anhand der Akte bzw durch eine Hauptverhandlung geklärt werden, bestimmt sich also nach allgemeinen strafprozessualen Maßstäben, wie sie etwa schon seit langem für die Anordnungskompetenz bei Durchsuchungen feststehen.

25

Hinweis: Gefahr im Verzug ergibt sich nicht schon stets aus der Tat des Alkoholkonsums an sich und dem drohenden Abbau des genossenen Alkohols.

Die entgegenstehende Ansicht bejaht in jedem Falle des Zuwartens eine Gefährdung des Untersuchungserfolgs:[49] „Jeder **Aufschub verwässert das Ergebnis**, was gerade bei einer Tatzeit-BAK am Rande einer der ... Grenzwerte bedeutsam ist ... Nach dem oben Gesagten führt aber der Zeitablauf, welcher mit der Einholung eines richterlichen Beschlusses zwingend verbunden ist – es dürfte sich erfahrungsgemäß um mindestens ein bis eineinhalb Stunden handeln – in der Regel zu einer erheblichen Beeinträchtigung des Beweiswertes der Blutprobe." Ähnlich sieht dies das OLG Hamm, das bei den typischen Alkoholverkehrsdelikten eine exakte messtechnische Bestimmung des BAK-Werts zum Tatzeitpunkt als wesentlich für die Feststellung der Straf-

26

---

44 BVerfG, Beschl. v. 12.2.2007 – 2 BvR 273/06 = NJW 2007, 1345 = NZV 2007, 581 = StV 2007, 281 = JR 2007, 516.
45 OLG Hamm, Beschl. v. 25.8.2008 – 3 Ss 318/08 = NJW 2009, 242 = NZV 2009, 92.
46 Vgl dazu auch BVerfG, Beschl. v. 31.10.2007 – 2 BvR 1346/07 = BeckRS 2007, 28256.
47 OLG Hamm, Beschl. v. 25.8.2008 – 3 Ss 318/08 = NJW 2009, 242 = NZV 2009, 92.
48 BVerfG, Beschl. v. 12.2.2007 – 2 BvR 273/06 = NJW 2007, 1345 = NZV 2007, 581 = StV 2007, 281 = VRR 2007, 450 m.Anm. Burhoff.
49 Laschewski, NZV 2007, 582, 583.

barkeit ansieht: „Selbst ohne Anrufung des Ermittlungsrichters ist meist die Erlangung einer Blutprobe, allein schon weil die Polizei zunächst herbeigerufen werden und den Sachverhalt ermitteln muss und wegen der Heranziehung des zur Entnahme notwendigen Arztes, meist nicht unter einer Stunde nach der Tat zu erreichen. Zu berücksichtigen ist auch, dass der Polizei kein eigenes Antragsrecht beim Ermittlungsrichter zusteht, sondern diese zunächst die Staatsanwaltschaft einschalten muss, sofern nicht die Fallgestaltung des § 165 StPO vorliegt."[50]

27 **Aber:** Angesichts wissenschaftlich anerkannter Rückrechnungsmethoden erscheint mir dies nicht wirklich richtig, am ehesten aber wohl dort, wo die BAK (nach AAK-Probe) nahe eines entscheidenden Grenzwertes vermutet wird oder natürlich auch ein Nachtrunk in Rede steht. Zudem sind mittlerweile an allen Gerichten und Staatsanwaltschaften richterliche Eildienste eingerichtet, die schnelle (mündliche oder gar fernmündliche) Entscheidungen grundsätzlich ermöglichen.

Hinweis: Aufgrund der Rechtsprechung des Bundesverfassungsgerichts zur Bedeutung des Richtervorbehalts ist die **Erreichbarkeit des zuständigen Richters** zur Tagzeit (wobei insoweit u.a. auf § 104 Abs. 3 StPO verwiesen wird, der die Nachtzeit als den Zeitraum von 9 Uhr abends bis 4 Uhr bzw 6 Uhr morgens definiert) stets zu gewährleisten.[51] Entsprechend ist auch in den (für die Rechtsprechung allerdings mangels Gesetzescharakters nicht bindenden) landesinternen Verwaltungsvorschriften der Bundesländer idR geregelt, dass bei allen Amtsgerichten sicherzustellen ist, dass an allen Tagen in der Zeit von 6 Uhr bis 21 Uhr zur Erledigung unaufschiebbarer Amtshandlungen die Erreichbarkeit eines zuständigen Richters zu gewährleisten ist (vgl etwa AV d. JM vom 15.5.2007 – 2043 – I.3. – JMBl. NRW 2007 S. 165). Angesichts dessen kann davon ausgegangen werden, dass in diesem Zeitraum ein Eildienst eingerichtet ist.[52]

Es gilt hier nämlich: Zwar lässt sich auch durch eine nicht ganz so zeitnahe Blutprobe und deren Auswertung durch Rückrechnung auf den Tatzeitpunkt noch ein BAK-Wert ermitteln. Indes erfolgt diese Rückrechnung aufgrund bestimmter zugunsten des Beschuldigten angenommener statistischer Mindestwerte.[53] Die tatsächlichen Abbauwerte liegen im Allgemeinen (zT deutlich) höher, so dass sich mit zunehmendem Zeitablauf zwischen Tat und Blutprobenentnahme auch die Abweichungen zwischen einem zeitnah gemessenen tatsächlichen BAK-Wert und einem durch Rückrechnung ermittelten BAK-Wert ergeben.[54]

---

50 OLG Hamm, Beschl. v. 25.8.2008 – 3 Ss 318/08 = NJW 2009, 242 = NZV 2009, 92 unter Hinweis auf: Erb, in: Löwe/Rosenberg, StPO, § 162 Rn 9; Meyer-Goßner, StPO, § 163 Rn 26; Rabe v. Kühlewein, JR 2007, 518.
51 BVerfG, Urt. v. 20.2.2001 – 2 BvR 1444/00 = NJW 2001, 1121, 1122 = NStZ 2001, 382 = NJ 2001, 307 = RPfleger 2001, 264 = StV 2001, 207 = wistra 2001, 137.
52 OLG Hamm, Beschl. v. 12.3.2009 – 3 Ss 31/09 = NJW-Spezial 2009, 330 = NJ 2009, 299 = VRR 2009, 192.
53 OLG Hamm, Beschl. v. 25.8.2008 – 3 Ss 318/08 = NJW 2009, 242 = NZV 2009, 92.
54 OLG Hamm, Beschl. v. 25.8.2008 – 3 Ss 318/08 = NJW 2009, 242 = NZV 2009, 92; vgl dazu auch näher: LG Braunschweig, Beschl. v. 4.1.2008 – 9 Qs 381/07 = NdsRpfl 2008, 84 = BeckRS 2008, 06204; LG Hamburg, Beschl. v. 12.11.2007 – 603 Qs 470/07 = NZV 2008, 213, 214; LG Heidelberg, Beschl. v. 19.6.2008 – 1 Qs 41/08 = BeckRS 2008, 12250; Laschewski, NZV 2007, 582, 583; aA OLG Stuttgart, Beschl. v. 26. 11. 2007 – 1 Ss 532/07 = NStZ 2008, 238.

II. Blutentnahme

Hinweis: Die polizeiliche Anordnung der Maßnahme zur Nachtzeit wird auch nicht nachträglich dadurch rechtswidrig, dass die tatsächliche Blutprobeentnahme erst etwa eine Stunde vor dem Beginn des richterlichen Eildienstes stattfand.[55]

Erwägen der Staatsanwalt oder seine Ermittlungspersonen die Anordnung einer Blutprobenentnahme ohne Anrufung des Gerichts, so müssen sie **Überlegungen** zur voraussichtlichen Dauer bis zur Blutprobenentnahme im Falle der vorherigen Anrufung des Gerichts und zur Gefahr des Verlusts von Beweismitteln hierdurch **anstellen**.[56]

Hinweis: Der **Antrag** bei Gericht ist von der Staatsanwaltschaft zu stellen[57] – ggf durch Vermittlung der Polizei. Letztere hat aber kein eigenes Antragsrecht.

In Bußgeldverfahren ersetzt die Verwaltungsbehörde die Staatsanwaltschaft und nimmt so auch deren Befugnisse war, was die Antragsstellung im Rahmen einer richterlichen Anordnung einer Blutprobenentnahme angeht. Gerade letzteres ist oft unbekannt und kann dazu führen, dass bei unzureichend organisiertem Eildienst bei der Verwaltungsbehörde eine Annahme von Gefahr im Verzug seitens der Polizei rechtsfehlerhaft ist und sich letztlich dahin auswirkt, dass es zu einem Beweisverwertungsverbot kommt.

Der bloße abstrakte Hinweis, eine richterliche Entscheidung sei gewöhnlicher Weise zu einem bestimmten Zeitpunkt nicht zu erlangen, kann daher dem Grunde nach Gefahr im Verzug nicht begründen, weil dem korrespondierend die verfassungsrechtliche Verpflichtung der Gerichte besteht, die Erreichbarkeit eines Ermittlungsrichters, auch durch die Einrichtung eines Eil- oder Notdienstes, zu sichern.[58] Sollte also etwa kurz vor Ende der regelmäßig „eildienstfreien Zeit" kurz vor 6 Uhr morgens eine Gefahr im Verzug bejaht werden, weil der Richter nicht erreicht werden kann, so wird sich das Gericht damit auseinandersetzen müssen, ob die Polizei nicht auch hätte einige Minuten warten können, bis der richterliche Bereitschaftsdienst wieder besetzt ist.

Die Gefährdung des Untersuchungserfolgs muss mit Tatsachen begründet werden, die auf den Einzelfall bezogen und in den Ermittlungsakten zu dokumentieren sind, sofern die Dringlichkeit nicht evident ist. Das Vorliegen einer solchen Gefährdung unterliegt der vollständigen, eine Bindung an die von der Exekutive getroffenen Feststellungen und Wertungen ausschließenden, gerichtlichen Überprüfung.[59]

Hinweis: Bei polizeilich angeordneter Blutprobenentnahme ist also stets (wenn nicht ausführliche Dokumentationen der polizeilichen Entscheidungsfindung in der Akte vorhanden sind) der **anordnende Beamte als Zeuge zu vernehmen**, um seine Anord-

---

55 LG Düsseldorf, Urt. v. 10.2.2011 – 029 Ns 19/11 = BeckRS 2011, 23274.
56 OLG Hamm, Beschl. v. 25.8.2008 – 3 Ss 318/08 = NJW 2009, 242 = NZV 2009, 92.
57 OLG Hamm, Beschl. v. 25.8.2008 – 3 Ss 318/08 = NJW 2009, 242 = NZV 2009, 92 unter Hinweis auf: Erb, in: Löwe/Rosenberg, StPO, § 162 Rn 9; Meyer-Goßner, StPO, 52. Aufl. 2009, § 163 Rn 26; Rabe v. Kühlewein, JR 2007, 518.
58 BVerfG, Urt. v. 20.2.2001 – 2 BvR 1444/00 = NJW 2001, 1121 = NStZ 2001, 382 = NJ 2001, 307 = RPfleger 2001, 264 = StV 2001, 207 = wistra 2001, 137; OLG Hamm 12.3.2009 – 3 Ss 31/09.
59 BVerfG, Beschl. v. 12.2.2007 – 2 BvR 273/06 = NJW 2007, 1345, 1346 = NZV 2007, 581 = StV 2007, 281 = JR 2007, 516; vgl auch BVerfGE 103, 142 = NJW 2001, 1121 = NStZ 2001, 382 = NJ 2001, 307 = RPfleger 2001, 264 = StV 2001, 207 = wistra 2001, 137.

nung nachvollziehen zu können. Weiterhin hilfreich zur Beurteilung der polizeilichen Anordnung können sein:

- Die Feststellung der Zeitspanne zwischen Anruf bei dem die Blutprobe entnehmenden Arzt und dem Blutprobeentnahmezeitpunkt („Hätten nicht auch gleichzeitig mit Anruf beim Arzt auch Staatsanwaltschaft und Richter benachrichtigt werden können?"),
- Stellungnahmen der Dienststelle des eingesetzten Polizeibeamten über das übliche Vorgehen (statistische Werte etwa: „Wie oft wurde im letzten Monat der richterliche Eildienst bei Blutprobenentnahmen eingeschaltet? Wie häufig wurden Blutproben durch Polizisten angeordnet?"),
- Geschäftsverteilungs- und Eildienstpläne des zuständigen Gerichts,
- Stellungnahmen anderer Polizeibeamter, die zur Zeit der Anordnung zugegen waren,
- Auskünfte des zuständigen Gerichts zur telefonischen Erreichbarkeit eines Bereitschaftsdienstes.

bb) Dokumentation der Entscheidungsgrundlagen/Mündliche Beschlüsse

30 In den Ermittlungsakten zu vermerken sind die **Gefährdung des Untersuchungserfolgs begründende einzelfallbezogene Tatsachen,**[60] soweit sie nicht evident sind.[61] Nicht ausreichend ist dabei nach diesem Maßstab die beim Nachweis von Alkohol und Drogen typischerweise bestehende Gefahr, dass durch den körpereigenen Abbau der Stoffe der Nachweis erschwert oder gar verhindert wird. So wird gerade bei höheren Alkoholisierungen, die etwa durch körperliche Ausfallserscheinungen oder mittels Atemalkoholwert ersichtlich sind, der mögliche Abbau in aller Regel so gering sein, dass kurzfristige Verzögerungen, bedingt durch die Einschaltung des Gerichts, mittels Rückrechnung ohne Weiteres ausgeglichen werden können. Je unklarer aber das Ermittlungsbild in der Situation oder je komplexer der Sachverhalt als solcher ist und je genauer deswegen die Analyse der Blutwerte sein muss, desto eher werden die Ermittlungsbehörden Gefahr im Verzug annehmen und nötigenfalls ohne richterliche Entscheidung handeln dürfen. **Nachtrunkfälle** gehören hier sicher zu dieser Kategorie,[62] nach Ansicht des OLG Hamm aber auch viele Fälle der relativen Fahruntauglichkeit iSd §§ 315 c, 316 StGB.[63]

31 Die Ermittlungsperson, die unter Annahme von Gefahr im Verzug gemäß § 81 a Abs. 2 StPO eine Blutentnahme anordnet, ist also verpflichtet, die hierfür maßgeblichen Gründe schriftlich zu dokumentieren. Das Gebot effektiven Rechtsschutzes verlangt, dass die anordnende Stelle ihre Entscheidung mit den maßgeblichen Gründen schriftlich niederlegt, um so eine nachträgliche gerichtliche Überprüfung zu ermöglichen. Bei der Frage, ob ein Beweisverwertungsverbot vorliegt, ist die fehlende Doku-

---

60 BVerfG, Beschl. v. 12.2.2007 – 2 BvR 273/06 = NJW 2007, 1345, 1346 = NZV 2007, 581 = StV 2007, 281 = JR 2007, 516.
61 OLG Dresden, Urt. v. 11.5.2009 – 1 Ss 90/09 = NJW 2009, 2149, 2150.
62 Rabe v. Kühlewein, JR 2007, 517, 518.
63 OLG Hamm, Beschl. v. 25.8.2008 – 3 Ss 318/08 = NJW 2009, 242 = NZV 2009, 92.

mentation aber nur eines von mehreren Kriterien, die bei der erforderlichen Abwägung Beachtung finden können. Die fehlende Dokumentation für sich allein bedingt grundsätzlich kein Beweisverwertungsverbot.[64] Dies ist auch verfassungsrechtlich nicht zu beanstanden.[65]

Hinweis: Gerade auf die Dokumentation ist also zu achten: Ist aktenkundig gemacht („dokumentiert"), dass sich die **Polizei/die StA Gedanken gemacht** hat? Hierzu gehört freilich auch eine wenigstens skizzenhafte Wiedergabe der tragenden Erwägungen.

Droht eine **vorläufige Fahrerlaubnisentziehung**, so wird hier ohne ausreichende Darlegung der Gedanken der Polizei bzw der Staatsanwaltschaft der Antrag abzulehnen sein, da ohne die Darlegung der tragenden Gedanken (egal ob richtig oder falsch) zunächst einmal eine Willkürentscheidung jedenfalls nicht unwahrscheinlich ist, was evtl dann ein Beweisverwertungsverbot nach sich zieht. Ohne weitere Ermittlungen wird so kaum die dringende Erwartung einer Fahrerlaubnisentziehung bei Verfahrensabschluss, wie es ja § 111 a StPO voraussetzt, angenommen werden können.

Was die **Form** der Einholung **der richterlichen Anordnung** nach § 81 a Abs. 2 StPO angeht, so muss sie nicht zwingend unter Aktenvorlage schriftlich erfolgen, auch wenn dies sicher wünschenswert wäre. Noch vor wenigen Jahren hätte sich nahezu jeder Richter richtigerweise gegen derartige mündliche oder gar fernmündliche Beschlüsse verwahrt – diese Position war auch zu Beginn der Diskussion um den Richtervorbehalt bei der Blutprobenentnahme noch teilweise in der Rechtsprechung[66] anzutreffen. Natürlich ist diese Rechtsansicht nicht mehr der Stand der Rechtsprechung, so bedauerlich dies auch für die Richterschaft sein mag. Mittlerweile ist nämlich tatsächlich anerkannt, dass durchaus zunächst zu versuchen ist, eine mündliche Anordnung einzuholen.[67] Bei einer mündlichen Anordnung wäre die zeitliche Verzögerung, die in der Dauer der Mitteilung des Sachverhalts an den Staatsanwalt, der dann seinerseits den zuständigen Richter herausfinden und diesem den Sachverhalt schildern muss, eine gewisse Bedenkzeit des Staatsanwalts bezüglich seiner Antragstellung und des Richters bezüglich seiner Entscheidung und der Entgegennahme der Anordnung besteht, eher gering.[68]

Dem Strafverfahrensrecht kann nach der aktuellen Rechtsprechung das Gebot einer lediglich auf Vorlage schriftlicher Akten und in Form eines schriftlichen Beschlusses ergehenden Anordnung grundrechtsbeeinträchtigender Ermittlungsmaßnahmen gera-

---

64 Vgl BGH, Beschl. v. 25.4.2007 – 1 StR 135/07 = BeckRS 2007, 09484 = NStZ – RR 2007, 242, 243 = wistra 2007, 350 mwN; OLG Bamberg, Beschl. v. 18.12.2009 – 2 Ss OWi 1423/09 = NZV 2010, 310.
65 BVerfG, Beschl. v. 28.7.2008 – 2 BvR 784/08 = NJW 2008, 3053, 3054 = NZV 2008, 636 (m.Anm. Laschewski) = SVR 2009, 37 = DAR 2009, 691 = zfs 2009, 46.
66 LG Hamburg, Beschl. v. 12.11.2007 – 603 Qs 470/07 = NZV 2008, 213; LG Braunschweig LG Braunschweig, Beschl. v. 4.1.2008 – 9 Qs 381/07 = NdsRpfl 2008, 84 = BeckRS 2008, 06204.
67 BGH, Urt. v. 18. 4. 2007 – 5 StR 546/06 = BGHSt 51, 285 = NJW 2007, 2269, 2273 = NStZ 2007, 601; OLG Hamm NJW 2009, 242 = NZV 2008, 92; OLG Hamm 12.3.2009 – 3 Ss 31/09; vgl auch AG Essen, Beschl. v. 11.10.2007 – 44 Gs 4677/07 = BeckRS 2008, 04027; Laschewski, NZV 2008, 215.
68 OLG Hamm, Beschl. v. 25.8.2008 – 3 Ss 318/08 = NJW 2009, 242 = NZV 2009, 92; vgl OLG Stuttgart, Beschl. v. 26.11.2007 – 1 Ss 532/07 = NStZ 2008, 238 = VRS 113, 365: „im Idealfall binnen einer Viertelstunde".

A. Die Feststellung des Rauschmittelkonsums

de nicht entnommen werden.[69] Ob und inwieweit der Ermittlungsrichter aufgrund fernmündlichen Vortrags eine fernmündliche Entscheidung erlässt oder nicht, steht – hierauf weist der Senat in aller Deutlichkeit hin – keinesfalls im freien Belieben des Richters, sondern lediglich in seinem pflichtgemäßen Ermessen. Dies schließt es aber aus, auch in einfach gelagerten Lebenssachverhalten – wie sie für den Vorwurf von Trunkenheitsfahrten typisch sind – von vornherein eine Sachprüfung allein mit dem Hinweis auf das Fehlen eines schriftlichen Vorgangs abzulehnen. Unterschreitet in einem derartigen Fall der Ermittlungsrichter damit seine Kompetenz, so ist die Eilfallkompetenz der Ermittlungsbehörden gemäß § 81 a Abs. 2 StPO grundsätzlich eröffnet.[70]

cc) Grenzen des Richtervorbehalts/Willkür/Revisionsfragen

34 Bei **komplexeren Sachverhalten** kann aber auch bereits dies längere Zeit in Anspruch nehmen oder es aber gar erforderlich sein, dass dem Richter die bisherigen Ermittlungsergebnisse in schriftlicher Form vorliegen, um sie richtig würdigen und den mit seiner Entscheidungskompetenz bezweckten Rechtsschutz effektiv gewährleisten zu können.[71] Auch hier wird allerdings – wenn das nicht von vornherein zeitlich offensichtlich aussichtslos erscheint – versucht werden müssen, zunächst eine Entscheidung des Richters herbeizuführen und erst, wenn dieser nicht erreicht werden kann oder sich zu einer Entscheidung ohne Aktenstudium nicht in der Lage sieht, kann eine eigene Anordnung getroffen werden.

Faustformel: Je unklarer das Ermittlungsbild oder je komplexer der Sachverhalt ist und je genauer die BAK-Wert-Ermittlung sein muss, umso eher wird man daher eine Eilkompetenz der Ermittlungsbehörden bejahen müssen.[72]

Hinweis: Fehlt Gefahr im Verzug, so kann diese sich aber daraus ergeben, dass der Ermittlungsrichter nicht erreichbar ist oder er sich zu einer Entscheidung ohne Aktenstudium nicht in der Lage sieht – dann kann also die Ermittlungsperson eine eigene Entscheidung treffen.[73] Die Problematik kann eine Pflichtverteidigerbestellung wegen schwieriger Sach- und Rechtslage rechtfertigen/notwendig machen.[74]

35 Maßgeblicher für die im Rahmen des § 81 a Abs. 2 StPO im konkreten Einzelfall zu beurteilende Frage, ob die Ermittlungsbehörden eine richterliche Entscheidung rechtzeitig erreichen hätten können, ist der Zeitpunkt, zu dem die StA bzw – wie hier – ihre Ermittlungspersonen eine Eingriffsmaßnahme in Form der Blutentnahme für er-

---

69 BGH, Beschl. v. 13.1.2005 – 1 StR 531/04 = NJW 2005, 1060, 1061; BGH, Beschl. v. 11.8.2005 – 5 StR 200/05, NStZ 2006, 114 f; OLG Schleswig, Beschl. v. 13.3.2013 – 2 Ss 3/13 (5/13) = BeckRS 2013, 16592 = NStZ 2014, 55; OLG Schleswig, Beschl. v. 23.12.2009 – 2 Ss OWi 153/09 = StV 2010, 618 ff, bei juris Rn 16; jedenfalls für Ausnahmefälle auch für zulässig gehalten in BVerfG, Beschl. v. 11.6.2010 – 2 BvR 1046/08 = juris, Rn 30.
70 BGH, Beschl. v. 11.8.2005 – 5 StR 200/05 = NStZ 2006, 114 f; OLG Schleswig, Beschl. v. 13.3.2013 – 2 Ss 3/13 (5/13) = BeckRS 2013, 16592 = NStZ 2014, 55.
71 Vgl OLG Hamm, Beschl. v. 25.8.2008 – 3 Ss 318/08 = NJW 2009, 242 = NZV 2009, 92; Rabe v. Kühlewein, JR 2007, 517, 520.
72 OLG Hamburg, Beschl. v. 4.2.2008 – 2 – 81/07 (REV) = NJW 2008, 2597 = NZV 2008, 362 = SVR 2008, 429; OLG Hamm, Beschl. v. 25.8.2008 – 3 Ss 318/08 = NJW 2009, 242 = NZV 2009, 92.
73 OLG Bamberg, Beschl. v. 19.3.2009 – 2 Ss 15/09 = NJW 2009, 2146, 2148 = DAR 2009, 278 = zfs 2009, 349.
74 LG Meiningen, Beschl. v. 8.3.2010 – 2 Qs 74/10 = BeckRS 2011, 00693.

forderlich hielten.[75] Die mit der Sache befasste Ermittlungsperson muss zu diesem Zeitpunkt eine eigene **Prognoseentscheidung** zur mutmaßlichen zeitlichen Verzögerung treffen. Dabei sind in diese Abwägung neben der wahrscheinlichen Dauer bis zum Eintreffen eines Arztes auf der Dienststelle bzw bis zum Erreichen eines Krankenhauses und damit bis zur tatsächlichen Möglichkeit zur Entnahme der Blutprobe beim Beschuldigten sowohl die eintretende zeitliche Verzögerung mit oder ohne Herbeiführung einer richterlichen Entscheidung als auch vor allem die bisher festgestellten konkreten Tatumstände am Ort der Kontrolle sowie das Verhalten des Beschuldigten einzubeziehen.[76] In die Würdigung der konkreten Tatumstände ist insbesondere der durch eine Atemalkoholmessung bereits ermittelte oder durch Ausfallerscheinungen erkennbare Grad der Alkoholisierung und seine Nähe zu relevanten Grenzwerten einzubeziehen. Während **bei einer höhergradigen Alkoholisierung** eine kurzfristige Verzögerung ohne Gefährdung des Untersuchungserfolgs hinzunehmen ist, wird diese bei einer nur knappen Grenzwertüberschreitung eher zu bejahen sein. Eine Gefährdung des Untersuchungserfolgs iSd § 81 a Abs. 2 StPO durch eine Verzögerung tritt im Einzelfall dann ein, wenn die praktische Durchführung der Blutentnahme zu einem Zeitpunkt für notwendig erachtet wird, der erheblich von dem abweicht, zu dem mit einer richterlichen Entscheidung gerechnet werden kann.[77]

Danach lassen sich nach jetzigem Stand der Rechtsprechung folgende „Schwerpunktsachverhalte" herausfiltern:

- **„Grenzwertsachverhalt"/vorherige AAK-Messung:** Haben die Polizeibeamten eine Atemalkoholmessung durchgeführt und deutet diese nur auf eine geringfügige oder mäßige Überschreitung der die Strafbarkeit begründenden Grenzwerte hin, so wird man eher einen Verzicht der Einholung einer richterlichen (ggf auch einer staatsanwaltschaftlichen) Anordnung für zulässig erachten können als bei einer ganz erheblichen Alkoholisierung, denn hier kommt es wegen der nur knappen Grenzwertüberschreitung auf ein möglichst genaues Ergebnis an.[78] Eine vermutete hohe BAK allerdings erfordert Zuwarten.[79]

- **Nachtrunkbehauptung:** Hier kommt es auf eine möglichst zeitnahe Messung des BAK-Werts an, so dass in diesen Fällen gegebenenfalls die Einholung einer richterlichen Anordnung eine den Ermittlungserfolg gefährdende Verzögerung darstellen kann.[80]

---

75 BGHSt 51, 285, 289 = NJW 2007, 2269 = NStZ 2007, 601; OLG Bamberg, Beschl. v. 19.3.2009 – 2 Ss 15/09 = NJW 2009, 2146, 2147 = DAR 2009, 278 = zfs 2009, 349.
76 OLG Bamberg, Beschl. v. 19.3.2009 – 2 Ss 15/09 = NJW 2009, 2146, 2147 = DAR 2009, 278 = zfs 2009, 349.
77 OLG Köln, Beschl. v. 21.12.2010 – 1 RVs 220/10 = BeckRS 2011, 00933 = NZV 2011, 513 = DAR 2011, 150.
78 OLG Koblenz, Beschl. v. 2.12.2010 – 2 SsBs 140/10 = BeckRS 2011, 01272 = NZV 2012, 355; OLG Hamm, Beschl. v. 25.8.2008 – 3 Ss 318/08 = NJW 2009, 242 = NZV 2009, 92; LG Berlin, Beschl. v. 23.4.2008 – 528 Qs 42/08 = BeckRS 2008, 12245; LG Itzehoe, Beschl. v. 3.4.2008 – 2 Qs 60/08 = NJW 2008, 2601 = NStZ – RR 2008, 249, 250 = BeckRS 2008, 07457 = NStZ – RR 2008, 249 = NZV 2008, 639 (LS) = StV 2008, 457.
79 OLG Celle, Beschl. v. 6.8.2009 – 32 Ss 94/09 = NJW 2009, 3524 = NZV 2009, 611 = NJW – Spezial 2009, 667 = BeckRS 2009, 25773 = NdsRpfl 2009, 396 = StV 2009, 685 = VRS 117, 298 (für etwa 3,0 ‰).
80 Vgl BVerfG, Beschl. v. 21.1.2008 – 2 BvR 2307/07; OLG Hamm, Beschl. v. 25.8.2008 – 3 Ss 318/08 = NJW 2009, 242 = NZV 2009, 92; LG Berlin, Beschl. v. 23.4.2008 – 528 Qs 42/08, BeckRS 2008, 12245; LG

- **Drogen:** Hier ist wiederum ein Abbau schneller und eine Rückrechnung nicht möglich, so dass auch hier eher eine Eilkompetenz der Polizeibeamten zu bejahen sein wird.[81] Gerade nach THC-Konsum ist aufgrund des drohenden schnellen Abbaus eine schnellstmögliche Blutprobenentnahme veranlasst.[82] Möglicherweise ist hier auch danach zu unterscheiden, ob der Polizeibeamte tagsüber den „regulären" Ermittlungsrichter oder zu anderen Zeiten lediglich einen Bereitschaftsrichter hätte erreichen können.[83]

  Hinweis: ME muss der Polizeibeamte auch hier zumindest versuchen, eine richterliche Entscheidung zu erwirken. Immerhin besteht angesichts flächendeckend eingerichteter richterlicher Eildienste die nicht nur theoretische Möglichkeit, in der Zeit, die auch der angeforderte Arzt bis zur Blutprobenentnahme braucht, eine richterliche Entscheidung einholen zu können. Zumindest der Versuch muss also unternommen werden[84] – das bloße „Sich-darauf-verlassen", schon nicht rechtzeitig einen Richter erreichen zu können ist nämlich mE auch schon willkürliches Handeln. Der Polizeibeamte wird aber natürlich viel eher selbst die Blutprobenentnahme anordnen dürfen als nach einer Alkoholfahrt und nicht etwa auf mehrfache Anrufe oder langes Zuwarten auf einen Rückruf zu verweisen sein. Auch wenn das Gericht Eildienste nur für die Tageszeit vorsieht, ist uU zu versuchen, den zuständigen Richter zu erreichen. Hat dieser etwa ein Bereitschaftsdiensthandy, so kann er hierüber möglicherweise auch außerhalb der Bereitschaftsdienstzeiten erreicht werden. Ein Versuch der antragstellenden Staatsanwaltschaft oder der den Antrag vermittelnden Polizei ist sicher zu fordern. Möglicherweise lässt sich im Nachhinein auch feststellen, ob eine Bereitschaftstelefonnummer zur Zeit der Blutprobenanordnung noch aktiv war – sollte gleichwohl auf Kontaktversuche verzichtet werden, dürfte uU auch dieses Verhalten Willkür darstellen und zu einem Beweisverwertungsverbot führen. Die Nichteinschaltung der StA führt nicht selbst zu einem Beweisverwertungsverbot.[85]

- **Fluchtversuch:** Will der Beschuldigte, dessen Identität geklärt ist, unter Verweigerung einer freiwilligen Blutentnahme fliehen, so werden die Ermittlungspersonen ihn wegen Gefahr im Verzuge auf § 81 a Abs. 1 StPO auch ohne richterliche Anordnung festhalten können.[86] Im weiteren Verlauf werden die Ermittlungsperso-

---

Itzehoe, Beschl. v. 3.4.2008 – 2 Qs 60/08 = NJW 2008, 2601 = NStZ – RR 2008, 249, 250 = BeckRS 2008, 07457 = NStZ-RR 2008, 249 = NZV 2008, 639 (LS) = StV 2008, 457.

81 Rabe v. Kühlewein, JR 2007, 517, 518; OLG Hamm, Beschl. v. 25.8.2008 – 3 Ss 318/08 = NJW 2009, 242 = NZV 2009, 92; OLG Hamm, Beschl. v. 12.3.2009 – 3 Ss 31/09 = NJW-Spezial 2009, 330 = NJ 2009, 299 = VRR 2009, 192; wohl nun aber anders: OLG Celle, Beschl. v. 16.6.2009 – 311 ssBs 49/09 = BeckRS 2009 17617 (Drogenfahrt nach § 24 a StVG um 11.50 Uhr).

82 KG, Beschl. v. 29.12.2008 – 3 Ws (B) 467/08 = BeckRS 2009, 12841 = NStZ – RR 2009, 243.

83 So jedenfalls: OLG Celle, Beschl. v. 16.6.2009 – 311 ssBs 49/09 = BeckRS 2009 17617.

84 So geschehen in: KG, Beschl. v. 29.12.2008 – 3 Ws (B) 467/08 = BeckRS 2009, 12841 = NStZ-RR 2009, 243.

85 OLG Köln, Beschl. v. 21.12.2010 – 1 RVs 220/10 = NZV 2011, 513 = NStZ-RR 2011, 186 = BeckRS 2011, 00933 = DAR 2011, 150; OLG Celle, Beschl. v. 25.1.2010 – 322 SsBs 315/09 = BeckRS 2010, 048833 = VRS 118, 204 = DAR 2010, 392.

86 Götz, NStZ 2008, 239, 240; OLG Hamm, Beschl. v. 25.8.2008 – 3 Ss 318/08 = NJW 2009, 242 = NZV 2009, 92.

nen aber nach den oben geschilderten Grundsätzen gegebenenfalls eine richterliche Anordnung für die Blutentnahme noch herbeizuführen haben.[87]

- **Verweigerter AAK-Test bei Nachtrunkmöglichkeit:** Verweigert der Beschuldigte die Mitwirkung an einem freiwilligen Atemalkoholtest und fehlen auch sonstige eindeutige Anhaltspunkte für einen Alkoholisierungsgrad außerhalb eines rechtlich relevanten Grenzwertes, ist die polizeiliche Ermittlungsperson jedenfalls dann zur Anordnung der Blutprobenentnahme wegen Gefährdung des Untersuchungserfolges durch Verzögerung nach § 81 a Abs. 2 StPO berechtigt, wenn von einem sog. Nachtrunk auszugehen oder ein solcher nicht auszuschließen ist.[88]

Dabei verbietet sich in jedem Falle eine generalisierende Betrachtungsweise dahin gehend, dass – ohne Berücksichtigung des Schutzzwecks des Richtervorbehalts im konkreten Einzelfall – von einer Gefährdung des Untersuchungserfolgs iSd § 81 a Abs. 2 StPO bei Straftaten unter Rauschmitteleinfluss von vorneherein ausgegangen werden kann. So kann zum einen die Gefährdung des Untersuchungserfolgs nicht allein mit dem abstrakten Hinweis begründet werden, eine richterliche Entscheidung sei gewöhnlich zu einem bestimmten Zeitpunkt oder innerhalb einer bestimmten Zeitspanne nicht zu erlangen.[89] Zum anderen kann bei Straftaten im Zusammenhang mit Alkohol und Drogen die typischerweise bestehende abstrakte – und damit gerade nicht einzelfallbezogene – Gefahr, dass durch den körpereigenen Abbau der Stoffe der Nachweis der Tatbegehung erschwert oder gar verhindert wird, für sich allein noch nicht für die Annahme einer Gefährdung des Untersuchungserfolgs ausreichen.[90] Anderenfalls würden die konkreten Umstände des Einzelfalls, etwa im Hinblick auf

- die jeweilige Tages- oder Nachtzeit,
- die jeweiligen Besonderheiten am Ort der Kontrolle,
- die Entfernung zur Dienststelle,
- die Entfernung zum Krankenhaus mit Erreichbarkeit eines Arztes,
- den Grad der Alkoholisierung und seine Nähe zu rechtlich relevanten Grenzwerten,

völlig außer Betracht gelassen.[91]

---

87 AA aber: LG Hamburg, Beschl. v. 6.5.2010 – 603 Qs 165/10 = BeckRS 2010, 12815 („keine Festnahmemöglichkeit; Gefahr im Verzug ist gegeben, so dass Blutprobe durch Polizei angeordnet werden darf").
88 OLG Bamberg, Urt. v. 22.3.2011 – 3 Ss 14/11 = NZV 2012, 97 = BeckRS 2011, 12936 = DAR 2011, 268 = zfs 2011, 350; OLG Hamburg, Beschl. v. 4.2.2008 – 2-81/07 (REV) = NJW 2008, 2597 = NZV 2008, 362 = SVR 2008, 429.
89 BVerfG, Urt. v. 20.2.2001 – 2 BvR 1444/00 = BVerfGE 103, 142, 156 = NJW 2001, 1121 = NStZ 2001, 382; BVerfG, Beschl. v. 28.9.2006 – 2 BvR 876/06 = NJW 2007, 1444; BGHSt 51, 285, 293 = NJW 2007, 2269 = NStZ 2007, 601; OLG Bamberg, Beschl. v. 19.3.2009 – 2 Ss 15/09 = NJW 2009, 2146, 2147 = DAR 2009, 278 = zfs 2009, 349.
90 OLG Köln, Urt. v. 26.9.2008 – 83 SS 69/08 – 216 – 1 WS 32/08 = zfs 2009, 48, 49; OLG Hamm, Beschl. v. 25.8.2008 – 3 Ss 318/08 = NJW 2009, 242 = NZV 2009, 92; OLG Jena, Beschl. v. 25.11.2008 – 1 Ss 230/08 = BeckRS 2009, 04235; OLG Hamburg, Beschl. v. 4.2.2008 – 2-81/07 (REV) = NJW 2008, 2597 = NZV 2008, 362 = SVR 2008, 429.
91 Katalog nach: OLG Bamberg, Beschl. v. 19.3.2009 – 2 Ss 15/09 = NJW 2009, 2146, 2147 = DAR 2009, 278 = zfs 2009, 349.

38 Im Übrigen besteht die verfassungsrechtliche Verpflichtung der Gerichte, die Erreichbarkeit eines Ermittlungsrichters auch durch die **Einrichtung eines Eil- oder Notdienstes** am Abend und an den Wochenenden zu gewährleisten.[92] Setzt sich die fachgerichtliche Rechtsprechung sodann mit der Frage des Beweisverbotes und der **Willkür** auseinander, so führt die Ablehnung eines Beweisverwertungsverbotes auch trotz eines Beweiserhebungsverbotes nicht zu einer Verfassungsverletzung.[93]

Hinweis: Eine bloß willkürliche Annahme von Gefahr im Verzug kann aber durchaus ein Verwertungsverbot nach sich ziehen.[94] Hierzu zählt auch die Anordnung bei völliger Unkenntnis des Richtervorbehalts.[95]

39 Die obergerichtliche Rechtsprechung hat bis ins Frühjahr 2009 das Zustandekommen eines Beweisverwertungsverbots in Fällen des Verstoßes gegen den Richtervorbehalt des § 81 a Abs. 2 StPO abgelehnt. Teils wurde wenig nachvollziehbar das Merkmal „Gefahr im Verzug" entwertet, indem etwa behauptet wird, Gefahr im Verzug ergebe sich bei Trunkenheitsfahrten aus der Natur der Sache – nirgends lasse sich ein Erfordernis einer richterlichen Anordnung einer Blutprobenentnahme entnehmen. Durch eine bloße telefonische Einschaltung des Richters würde dem Richtervorbehalt ohnehin nicht Genüge getan, da keinem Richter zugemutet werden kann, ohne Aktenkenntnis, ohne schriftliche Entscheidungsgrundlage, nur aufgrund telefonischer Anhörung der Beteiligten eine Entscheidung zu fällen.[96] Andere Gerichte erkennen zwar an, dass aufgrund des Verstoßes gegen § 81 a Abs. 2 StPO ein Beweiserhebungsverbot entsteht, verneinen dann aber – sicher auch gut vertretbar – ein sich hieraus ergebendes Verwertungsverbot.[97] Durchgängig finden sich auch Formulierungen wie dieser Leitsatz: „Eine rechtlich fehlerhafte Annahme von Gefahr im Verzug führt hinsichtlich des Untersuchungsergebnisses der Blutprobe in der Regel nur bei Willkür oder bei Vorliegen eines besonders schweren Fehlers zu einem Verwertungsverbot. Auf Willkür kann nicht bereits daraus geschlossen werden, dass der die Blutprobe anordnende Beamte die Dokumentationspflicht verletzt hat. In diesem Fall hat vielmehr das Tatgericht die Umstände der Anordnung aufzuklären."[98] Nicht zuletzt die fortschreitende Zeit seit Bekanntwerden des Problems der rechtswidrigen Blutprobenentnahmen ist ein entscheidender Gesichtspunkt im Rahmen einer Willkürprüfung der Entscheidung eines „Nichtrichters". Der Verstoß gegen § 81 a Abs. 2 StPO

---

92 BVerfG, Urt. v. 20.2.2001 – 2 BvR 1444/00 = BVerfGE 103, 142, 156 = NJW 2001, 1121 = NStZ 2001, 382; BVerfG, Beschl. v. 28.9.2006 – 2 BvR 876/06 = NJW 2007, 1444; BGHSt 51, 285, 293 = NJW 2007, 2269 = NStZ 2007, 601; OLG Bamberg, Beschl. v. 19.3.2009 – 2 Ss 15/09 = NJW 2009, 2146, 2147 = DAR 2009, 278 = zfs 2009, 349.
93 BVerfG, Beschl. v. 28.7.2008 – 2 BvR 784/08 = NZV 2008, 636 (mit Anm. Laschewski) = NJW – Spezial 2008, 555 = SVR 2009, 36.
94 BVerfG, Beschl. v. 28.7.2008 – 2 BvR 784/08 = NZV 2008, 636 (mit Anm. Laschewski) = NJW – Spezial 2008, 555 = SVR 2009, 36.
95 AA aber: LG Hagen, Urt. v. 31.10.2008 – 42 Ns 763 Js 993/07 (73/08) = VRR 2009, 193.
96 LG Hamburg, Beschl. v. 12.11.2007 – 603 Qs 470/07 = NZV 2008, 214 = StRR 2007, 349 = VRR 2007, 478 = VA 2008, 15 (die Entscheidung widerspricht offen den Grundsätzen aus BVerfG, Beschl. v. 4.2.2005 – 2 BvR 308/04 = NJW 2005, 1637).
97 Z.B. OLG Stuttgart, Beschl. v. 26.11.2007 – 1 Ss 532/07 = VRR 2008, 31 = StRR 2008, 26; OLG Karlsruhe, Beschl. v. 29.5.2008 – 1 Ss 151/07; LG Heidelberg, Beschl. v. 11.8.2008 – 2 Qs 39/08 = NZV 2008, 638.
98 LG Itzehoe, Beschl. v. 3.4.2008 – 2 Qs 60/08 = NJW 2008, 2601 = NStZ-RR 2008, 249, 250 = BeckRS 2008, 07457 = NStZ-RR 2008, 249 = NZV 2008, 639 (LS) = StV 2008, 457.

II. Blutentnahme

gebietet es – dies hat das BVerfG inzwischen klargestellt – nicht zwingend, ein Verwertungsverbot hinsichtlich des gewonnenen Beweismittels anzunehmen. Dies ist im Einzelfall von dem dafür zuständigen Strafgericht zu prüfen.[99] Mit Blick auf die erhebliche Gefahr für die Allgemeinheit, die von alkoholisierten Kraftfahrern ausgeht, kommt ein Beweisverwertungsverbot nach einer ungesetzlichen Blutentnahme deshalb nur in krassen Ausnahmefällen in Betracht, etwa wenn der Richtervorbehalt bewusst[100] oder systematisch[101] missachtet wird, zumal die Entnahme einer Blutprobe durch einen Arzt (nach den Regeln der ärztlichen Kunst, § 81 a Abs. 1 S. 2 StPO) ein alltäglich vorkommender, geringfügiger, körperlich folgenloser und **völlig ungefährlicher Eingriff** ist.[102]

Hinweise: Die Rechtsprechung zur Verwertbarkeit der nichtrichterlich angeordneten Blutprobe gilt auch uneingeschränkt im OWi-Recht.[103]

Außerhalb der zur konkreten Umsetzung einer nach § 81 a Abs. 2 StPO getroffenen Maßnahmeanordnung sieht die Norm kein eigenständiges Festhalte- oder Festnahmerecht der polizeilichen Ermittlungsperson vor.[104]

Besondere Vorsicht ist bei vollkommener **Gedankenlosigkeit** geboten: Hat sich bei einer Anordnung der Blutprobenentnahme um 20.50 Uhr trotz existierenden richterlichen Bereitschaftsdienstes keiner der anwesenden Polizeibeamten zur Frage der Anordnungsvoraussetzung der Gefahr im Verzug Gedanken gemacht hat, sondern die Anordnung ohne vorheriges Bemühen um die Einschaltung des vorhandenen richterlichen Eildienstes getroffen, so ergibt sich hieraus ein Beweisverwertungsverbot aufgrund gegebener „**objektiver Willkür**".[105] Auch die grundsätzliche und ausnahmslose **Weigerung des Ermittlungsrichters**, ohne einen schriftlichen Vorgang fernmündlich eine Anordnung nach § 81 a Abs. 2 StPO zu treffen (oder abzulehnen), verletzt die Rechtsschutzgarantie des Art. 19 GG.[106] Auch führt es zu einem Beweisverwertungsverbot, wenn Polizeibeamten die generelle Befugnis erteilt worden ist, bei der Entnahme von Blutproben gem. § 81 a StPO auf die Einschaltung eines Richters zu verzichten.[107]

Eine willkürliche Missachtung der richterlichen Anordnungsbefugnis durch den Polizeibeamten ist aber etwa nicht anzunehmen, wenn aufgrund eines festgestellten Alko-

40

41

---

99 BVerfG, Beschl. v. 11.6.2010 – 2 BvR 1046/08 = NJW 2010, 2864 = NZV 2010, 628 = DAR 2010, 454 = NStZ 2011, 289 = SVR 2010, 432 = StV 2011, 1.
100 OLG Oldenburg, Beschl. v. 3.11.2009 – 1 Ss 183/09; OLG Düsseldorf, Beschl. v. 21.1.2010 – III-1 RVs 1/10 = NZV 2010, 306.
101 Vgl OLG Oldenburg, Beschl. v. 12.10. 2009 – 2 SsBs 149/09 NJW 2009, 3591 = NZV 2010, 101; OLG Düsseldorf, Beschl. v. 21.1.2010 – III-1 RVs 1/10 = NZV 2010, 306.
102 OLG Düsseldorf, Beschl. v. 21.1.2010 – III-1 RVs 1/10 = NZV 2010, 306.
103 OLG Hamm, Beschl. v. 24.8.2010 – 3 RBs 223/10 = NJW 2011, 468 = NZV 2011, 212 = BeckRS 2010, 28501.
104 OLG Bamberg, Urt. v. 22.3.2011 – 3 Ss 14/11 = NZV 2012, 97 = BeckRS 2011, 12936 = DAR 2011, 268 = zfs 2011, 350.
105 LG Krefeld, Beschl. v. 10.9.2009 – 21 Qs -16 Js 928/09-171/09 = NZV 2010, 307.
106 OLG Hamm, Beschl. v. 25.10.2010 – 3 RVs 85/10 = NZV 2011, 210 = NJW 2011, 469 = NStZ 2011, 239.
107 OLG Oldenburg, Beschl. v. 12.10.2009 – 2 SsBs 149/09 = NJW 2009, 3591 = NZV 2010, 101 = DAR 2009, 713 = zfs 2009, 712 (Blutprobenentnahme im Laufe des Nachmittags wegen Verdacht auf Cannabiskonsum).

A. Die Feststellung des Rauschmittelkonsums

holgeruchs sowie des zunächst durchgeführten **Alkoholtests** mit dem nicht gerichtsverwertbaren Handgerät der vermutete Alkoholisierungsgrad des Betroffenen mit 0,8 ‰ um 8 Uhr morgens in einem Bereich lag, in dem es auf die genaue und zeitnahe Ermittlung des BAK-Wertes besonders ankam, zumal alkoholbedingte Ausfallerscheinungen fehlten.[108] Ist die polizeiliche Eilanordnungskompetenz berechtigt in Anspruch genommen und deshalb bereits nicht gegen die Beweiserhebungsvorschrift des § 81 a Abs. 2 StPO verstoßen worden, folgt ein Beweisverwertungsverbot auch nicht daraus, dass kein Versuch zur Erlangung einer Entnahmeanordnung durch einen fernmündlich erreichbaren (Ermittlungs-)Richter unternommen wurde.[109] Der Umstand, dass der die Blutentnahme anordnende Polizeibeamte nicht zuvor versucht hat, den zuständigen (**Eildienst-**)**Staatsanwalt** zu erreichen, begründet kein Verwertungsverbot.[110] Wird allein aufgrund einer allgemeinen Dienstanweisung, die davon ausgeht, Gefahr im Verzug liege bei Drogenfahrten stets vor, eine Blutprobe durch den Polizeibeamten angeordnet, so soll dies auch ein Beweisverwertungsverbot nach sich ziehen.[111]

42 Problematisch sind die Fälle, in denen es **keine Eildiensterreichbarkeit** gibt. Hier hat der 3. Strafsenat des OLG Hamm ein Beweisverwertungsverbot bejaht[112] und einen „**Fehler im System**" ausgemacht. Ein richterlicher Bereitschaftsdienst sei nämlich auch für die Nachtzeit jedenfalls dann einzurichten, wenn in den in Frage stehenden Zeiträumen dem Richtervorbehalt unterliegende Ermittlungsmaßnahmen nicht nur ausnahmsweise anfallen.[113] Dagegen nimmt die herrschende Meinung an, dass in diesen Fällen „objektiv" Gefahr im Verzug vorliege und die Anordnung der Blutprobenentnahme durch die Polizei nicht zu einem Beweisverwertungsverbot führe, auch wenn sich diese falsche Gedanken bei der Anordnung gemacht habe.[114] Jedenfalls führe das Abwarten bis zur (Wiederaufnahme) des richterlichen Eildienstes in den frühen Morgenstunden bei einem nächtlichen Erfordernis einer Blutprobenentnahme (im entschiedenen Fall gegen 22 Uhr) aufgrund der zahlreichen Stunden, die bei späterer Entnahme zurückzurechnen wären, zu einer objektiven Gefahr eines Beweismittelverlustes.[115] Ein Organisationsverschulden der Justiz jedenfalls führe im Bereich der Blutprobenanordnung nicht zu einem Beweisverwertungsverbot.[116] Im Übrigen

---

108 OLG Bamberg, Beschl. v. 16.7.2009 – 2 Ss OWi 755/2009 = NZV 2010, 583.
109 OLG Bamberg, Urt. v. 22.3.2011 – 3 Ss 14/11 = NZV 2012, 97 = BeckRS 2011, 12936 = DAR 2011, 268 = zfs 2011, 350.
110 OLG Köln, Beschl. v. 21.12.2010 – 1 RVs 220/10 = NZV 2011, 513 = DAR 2011, 150 = NStZ – RR 2011, 186 (LS).
111 AG Nördlingen, Urt. v. 28.12.2011 – 5 OWi 605 Js 109117/11.
112 OLG Hamm, Beschl. v. 12.3.2009 – 3 Ss 31/09 = NStZ – RR 2009, 243 = NJ 2009, 299 = StV 2009, 459; OLG Hamm, Beschl. v. 22.12.2009 – 3 Ss 497/09 = NZV 2010, 308; ebenso: OLG Celle, Beschl. v. 11. August 2010 – 32 Ss 101/10 = NZV 2011, 48 = BeckRS 2010, 21500.
113 OLG Hamm, Beschl. v. 22.12.2009 – 3 Ss 497/09 = NZV 2010, 308.
114 Ebenso: OLG Bamberg, Beschl. v. 20.11.2009 – ·2 Ss OWi 1283/09 = DAR 2010, 97 mit krit. Anm. Wirsching: „offenkundige Fehlentscheidung"; OLG Düsseldorf, Beschl. v. 21.1.2010 – IV – 1 RBs 3/10; ähnlich: OLG Oldenburg, Beschl. v. 15.4.2010 – 2 SsBs 59/10; OLG Naumburg, Urt. v. 7.2.2011 – 1 Ss 38/10 = BeckRS 2011, 04396.
115 OLG Hamm, Beschl. v. 10.9.2009 – 4 Ss 316/09 (der 4. Senat hatte Rücksprache bei den anderen Strafsenaten genommen).
116 OLG Hamm, Beschl. v. 10.9.2009 – 4 Ss 316/09; die Möglichkeit eines BVV sieht aber zB OLG Celle, Beschl. v. 11. 8. 2010 – 32 Ss 101/10 = NZV 2011, 48.

II. Blutentnahme

sei zu berücksichtigen, dass eine telefonische Blutprobenanordnung auch nur eingeschränkt dem Sinne des Richtervorbehalts entspreche.[117]

Zu beachten ist auch: Eine durch den Polizeibeamten in Wahrnehmung der Eilkompetenz getroffene rechtmäßige Anordnung der Blutprobenentnahme wird nicht nachträglich dadurch rechtswidrig, dass bis zum Eintreffen des Arztes Zeit vergeht und bei Eintreffen des Arztes der richterliche Eildienst begonnen hat oder sein Beginn nahe bevorsteht. Eine Verpflichtung der Polizeibeamten zur Einholung einer nachträglichen Anordnung oder zum weiteren Zuwarten bis zum Beginn des Eildienstes besteht in diesen Fällen nicht. Eine Verpflichtung zur Sicherstellung jederzeitiger Erreichbarkeit eines Richters für die Anordnung von Blutprobenentnahmen, ergibt sich weder aus § 81 a Abs. 2 StPO noch aus dem Verfassungsrecht.[118] Der Umstand, dass die die Blutentnahme bei Gefahr im Verzug anordnende Ermittlungsperson nicht zuvor versucht hat, den zuständigen Staatsanwalt zu erreichen, ist von vornherein nicht geeignet, eine Verletzung des § 81 a Abs. 2 StPO und ein Verwertungsverbot zu begründen.[119]

43

Die Frage der „prozessualen Geltendmachung" einer Willkür führt dann zwangsläufig zu **förmlichen Revisionsproblemen** – der Angeklagte muss nämlich der Beweiserhebung in der Hauptverhandlung widersprechen, um überhaupt im Rahmen der Revision erfolgreich sein zu können.[120] Ergibt sich nicht bereits aus dem Urteil alles, was erforderlich ist, um ein Beweisverwertungsverbot entnehmen zu können,[121] so reicht die ohne weitere sachliche Begründung mögliche Sachrüge (Verletzung materiellen Rechts) nicht aus. Es ist vielmehr die begründungsintensive (zur Darlegungslast: § 344 Abs. 2 S. 2 StPO) und damit fehleranfällige Verfahrensrüge zu erheben.

44

Nach **§ 344 Abs. 2 S. 2 StPO** müssen bei Erhebung der Verfahrensrüge die den geltend gemachten Verstoß enthaltenden Tatsachen so genau dargelegt werden, dass das Revisionsgericht aufgrund dieser Darlegung das Vorhandensein – oder Fehlen – eines Verfahrensmangels feststellen kann, wenn die behaupteten Tatsachen bewiesen sind oder bewiesen werden. Eine Bezugnahme auf Akten, das Protokoll oder andere Schriftstücke ist unzulässig.[122] Die Verfahrensrüge der Verletzung des § 81 a Abs. 2 StPO verlangt die Darlegung der von der Polizei zur Begründung von Gefahr im Ver-

45

---

117 OLG Hamm, Beschl. v. 10.9.2009 – 4 Ss 316/09. Ähnlich: OLG Köln, Beschl. v. 15.1.2010 – 83 Ss 100/09; LG Krefeld, Beschl. v. 10.9.2009 – 21 Qs-16 Js 928/09-171/09 = NZV 2010, 307 (nachts 1.45 Uhr); OLG Celle, Beschl. v. 15.7.2010 – 322 SsBs 159/10 = NZV 2011, 46 (Gefahr im Verzug durch drohenden Abbau des Alkohols bei AO um 1.03 Uhr); LG Krefeld, Beschl. v. 10.9.2009 – 21 Qs – 16 Js 928/09 – 171/09 = NZV 2010, 307; OLG Bamberg, Beschl. v. 18.12.2009 – 2 Ss OWi 1423/09 = NZV 2010, 310.
118 LG Düsseldorf NZV 2011, 458 (Tat: 3.17 Uhr, Blutprobenentnahme: 3.42 Uhr).
119 OLG Celle, Beschl. v. 25.1.2010 – 322 SsBs 315/09 = NZV 2010, 362 = BeckRS 2010, 04833 = DAR 2010, 392 = VRS 118, 204 (wegen Ordnungswidrigkeit nach § 24 a StVG mit 0,5 ‰).
120 OLG Hamburg, Beschl. v. 4.2.2008 – 2-81/07 (REV) = NJW 2008, 2597 = SVR 2008, 429 = VRS 114, 275 = StraFo 2008, 158 = VRR 2008, 183 = StRR 2008, 190 = StV 2008, 454.
121 OLG Koblenz, Beschl. v. 2.12.2010 – 2 SsBs 140/10 = NZV 2012, 355 = BeckRS 2011, 01272 = NStZ – RR 2011, 148 (LS) (Sachrüge reichte).
122 BGH, Beschl. v. 9.3.1995 – 4 StR 77/95 = NJW 1995, 2047 = NStZ 1995, 462; OLG Hamm, Urt. v. 12.2.2008 – 3 Ss 541/07, BeckRS 2008, 07744; Beschl. v. 10.1.2008 – 3 Ss 550/07, BeckRS 2008, 04764; OLG Hamm, Beschl. v. 25.8.2008 – 3 Ss 318/08 = NJW 2009, 242 = NZV 2009, 92; OLG Hamm, Beschl. v. 19.1.2001 – 2 Ss 133/00 = NStZ-RR 2001, 373 mwN.

zug herangezogenen Umstände.[123] Fehlt es an der gebotenen Dokumentation dieser Umstände durch die Polizei, verkürzt sich die Darlegungslast der Revision entsprechend.[124]

46 Dabei ist zu beachten, dass das Revisionsvorbringen sich unter Umständen auch zu solchen Umständen als rügefeindliche **Negativtatsachen**[125] zu verhalten hat, um dem Revisionsgericht die Prüfung, ob der behauptete Verfahrensfehler vorliegt, aufgrund der Revisionsbegründungsschrift zu ermöglichen.[126]

Hinweis: Der vermisste Vortrag kann sich dabei auch aus dem angefochtenen Urteil selbst ergeben.[127] Der Verteidiger muss also auch bei einer Verfahrensrüge den Urteilstext im Blick behalten und ggf in seinen Darstellungen auch auf den Urteilstext hinweisen.

47 Zusammenfassend bedarf die Verfahrensrüge folgenden Mindestinhalts:
- Erforderlich ist Vortrag dahin, dass die Blutprobenentnahme von den Polizeibeamten auf der Grundlage des § 81 a StPO angeordnet wurde.[128] Notwendig ist hierbei auch die Darlegung der von der Polizei zur Begründung von Gefahr im Verzug herangezogenen Umstände.[129]
- Negativtatsache: Es muss auch vorgetragen werden, dass nicht eingewilligt wurde. Es muss vorgetragen werden, dass der Beweisverwertung in der HVT widersprochen wurde.
- Erforderlich ist auch der Vortrag, wann der Angeklagte in der Hauptverhandlung der Verwertung des BAK-Gutachtens mit welchem Inhalt widersprochen hat.[130]

48 Im Einzelnen:
- **Einwilligung fehlte:** Erforderlich ist dabei zunächst ein Vortrag dahin, dass die Blutprobenentnahme von den Polizeibeamten auf der Grundlage des § 81 a StPO angeordnet wurde und sich das auch aus dem Urteil nicht ergibt. Dass die Blutprobenentnahme auf der Grundlage des § 81 a StPO erfolgte, ist auch nicht zwingend.[131] So ist es auch durchaus denkbar, dass ein Beschuldigter sich freiwillig einer Blutprobenentnahme stellt. Da der mit der Blutentnahme verbundene Ein-

---

123 OLG Hamm, Beschl. v. 25.10.2010 – 3 RVs 85/10 = NZV 2011, 210 = NJW 2011, 469 = NStZ 2011, 239.
124 OLG Hamm, Beschl. v. 25.10.2010 – 3 RVs 85/10 = NZV 2011, 210 = NJW 2011, 469 = NStZ 2011, 239.
125 Hierzu allg. Kuckein, in: KK-StPO, § 344 Rn 38 mwN.
126 OLG Hamburg, Beschl. v. 4.2.2008 – 2-81/07 (REV) = NJW 2008, 2597 = SVR 2008, 429 = VRS 114, 275 = StraFo 2008, 158 = VRR 2008, 183 = StRR 2008, 190 = StV 2008, 454.
127 Dies ist ggf ausreichend. Näheres hierzu: OLG Hamm, Beschl. v. 18.3.2008 – 3 Ss 82/08, BeckRS 2008, 08427; einschränkend OLG Hamburg, Beschl. v. 4.2.2008 – 2-81/07 (REV) = NJW 2008, 2597 = NZV 2008, 362, 365; OLG Hamm, Beschl. v. 25.8.2008 – 3 Ss 318/08 = NJW 2009, 242 = NZV 2009, 92.
128 OLG Hamm, Beschl. v. 25.8.2008 – 3 Ss 318/08 = NJW 2009, 242 = NZV 2009, 92; OLG Celle, Beschl. v. 16.6.2009 – 311 SsBs 49/09 = BeckRS 2009 17617.
129 OLG Hamm, Beschl. v. 25.10.2010 – III-3 RVs 85/10 = BeckRS 2010, 29286 = NJW 2011, 469 = NStZ 2011, 239 = NZV 2011, 210.
130 OLG Hamm, Beschl. v. 25.8.2008 – 3 Ss 318/08 = NJW 2009, 242 = NZV 2009, 92; OLG Hamm, Beschl. v. 22.12.2009 – 3 Ss 497/09 = NZV 2010, 308; OLG Celle, Beschl. v. 11.8.2010 – 32 Ss 101/10 = NZV 2011, 48.
131 OLG Hamm, Beschl. v. 25.8.2008 – 3 Ss 318/08 = NJW 2009, 242 = NZV 2009, 92; OLG Celle, Beschl. v. 16.6.2009 – 311 SsBs 49/09 = BeckRS 2009 17617.

griff in die körperliche Unversehrtheit ein für den Angeklagten disponibles Recht betrifft, bedarf es gem. § 81 a Abs. 1 2 StPO bei einer ausdrücklich und eindeutig vom Angeklagten erklärten Einwilligung in die Blutentnahme nämlich keiner Anordnung der Maßnahme.[132] Von einer solchen Einwilligung kann aber nur bei einer freiwilligen, ernstlichen und in Kenntnis der Sachlage und des Weigerungsrechts erteilten ausdrücklichen Zustimmung des Angeklagten ausgegangen werden.[133] Dies erfordert, dass der Angeklagte – auch ohne geschäftsfähig sein zu müssen – nach seiner Verstandesreife Sinn und Tragweite der Einwilligung erfasst.[134] Die bloße Hinnahme des Eingriffs genügt dafür nicht. Die Einwilligung des Beschuldigten würde also eine Anordnung nach § 81 a StPO entbehrlich machen. Folglich könnte dann, wenn wegen der Einwilligung schon überhaupt keine Anordnung nach § 81 a StPO erforderlich ist, die fehlende richterliche Anordnung nicht schädlich sein.[135]

Hinweis: Dass der Angeklagte sich widerstandslos einer polizeilichen Anordnung gebeugt hat, ist nur das, was grundsätzlich von jedem Bürger erwartet wird, und hat darüber hinaus keine Aussagekraft.[136]

■ **Widerspruch:** Der Tatrichter ist grundsätzlich nicht verpflichtet ist, allen möglichen oder denkbaren Verfahrensfehlern im Zusammenhang mit der fehlerhaften Beweiswürdigung von Amts wegen nachzugehen – der Beweiserhebung muss daher widersprochen werden.[137] Der Widerspruch gegen die Verwertung eines Beweismittels ist nur bis zu dem durch § 257 StPO bestimmten Zeitpunkt möglich.[138] Dieser ist spätestens bis zu dem in § 257 Abs. 2 StPO genannten Zeitpunkt nach der Einführung des Beweises in der Hauptverhandlung direkt im Anschluss zu formulieren, und zwar vor dem ersten Tatrichter.[139] Darauf kann auch nicht verzichtet werden, wenn der Angeklagte in erster Instanz freigesprochen worden ist, auch wenn sich der Freispruch auf ein Beweisverwertungsverbot stützt.[140] Dies gilt nicht nur im Falle eines Verstoßes gegen Belehrungspflichten,

49

---

132 OLG Bamberg NJW 2009, 2146 = DAR 2009, 278 = zfs 2009, 349; OLG Hamburg, Beschl. v. 4.2.2008 – 2 - 81/07 (REV) = NJW 2008, 2597 = NZV 2008, 362, 364 = SVR 2008, 429 = VRS 114, 275; Meyer-Goßner, StPO, § 81 a Rn 3.
133 BGH VRS 29, 203; NJW 1964, 1177, 1178; OLG Karlsruhe NStZ 2005, 399, 400; LG Saarbrücken NStZ – RR 2009, 55; OLG Bamberg, Beschl. v. 19.3.2009 – 2 Ss 15/09 = NJW 2009, 2146 = DAR 2009, 278 = zfs 2009, 349; Krause, in: Löwe/Rosenberg, StPO, § 81 a Rn 13 f; KK – Senge, StPO, § 81 a Rn 3; Meyer-Goßner, StPO, § 81 a Rn 4; jew. mwN.
134 OLG Bamberg, Beschl. v. 19.3.2009 – 2 Ss 15/09 = NJW 2009, 2146 = DAR 2009, 278 = zfs 2009, 349.
135 OLG Hamm, Beschl. v. 25.8.2008 – 3 Ss 318/08 = NJW 2009, 242 = NZV 2009, 92.
136 OLG Hamm, Beschl. v. 12.3.2009 – 3 Ss 31/09 = NJW-Spezial 2009, 330 = NStZ – RR 2009, 243 = NJ 2009, 299 = VRR 2009, 192.
137 OLG Hamm, Beschl. v. 24.3.2009 – 3 Ss 53/09 und Beschl. v. 28.4.2009 – 2 Ss 117/09.
138 BGH, Beschl. v. 27.2.1992 – 5 StR 190/91 = BGHSt 38, 214 = NJW 1992, 1463; Urt. v. 12.1.1996 – 5 StR 756/94 = BGHSt 42, 15, 22 = NJW 1996, 1547 = NStZ 1996, 291; BGH, Beschl. v. 9.11.2005 – 1 StR 447/05 = BGHSt 50, 272 = NJW 2006, 707 = NStZ 2006, 348; OLG Stuttgart, NStZ 1997, 405; OLG Hamburg, Beschl. v. 4.2.2008 – 2 – 81/07 (REV) = NJW 2008, 2597 = SVR 2008, 429 = VRS 114, 275 = StraFo 2008, 158 = VRR 2008, 183 = StRR 2008, 190 = StV 2008, 454.
139 OLG Hamm, Beschl. v. 25.10.2010 – 3 RVs 85/10 = NZV 2011, 210 = NJW 2011, 469 = NStZ 2011, 239.
140 OLG Koblenz, Beschl. v. 1.9.2010 – 2 Ss 148/10 = NZV 2011, 513 = BeckRS 2011, 01617 = NStZ – RR 2011, 148 (LS).

sondern auch für etwaige Verstöße gegen § 81 a StPO.[141] Es ist kein Grund ersichtlich, bei Verstößen im Rahmen der Beweismittelbeschaffung unterschiedlich zu verfahren, so dass die vom BGH in den zitierten Entscheidungen aufgestellten Grundsätze, die inzwischen auch vom BGH selbst auf weitere Fallgestaltungen, wie einen Verfahrensverstoß bei Telekommunikationsüberwachungsmaßnahmen, angewendet werden,[142] auf einen Verstoß der hier behaupteten Art übertragbar sind. Insbesondere steht es dem Beschuldigten frei, sich freiwillig einer Blutentnahme (unabhängig vom Vorliegen der gesetzlichen Voraussetzungen für ihre Anordnung) zu unterziehen, was von vornherein eine Anordnung nach § 81 a StPO erübrigen würde. Derartige Eingriffe in die körperliche Unversehrtheit sind disponibel, so dass es erst recht im Ermessen des Beschuldigten stehen muss, ob er sich gegen die Verwertung von Erkenntnissen, die ursprünglich durch (etwaige formell rechtswidrig angeordnete) Zwangsmaßnahmen erlangt wurden, mit einem Widerspruch wenden will. Der Vortrag der Revision verhält sich indes zum Zeitpunkt des Widerspruchs in der Hauptverhandlung nicht. Auch der Gesamtzusammenhang der Revisionsbegründung lässt nicht eindeutig auf einen Widerspruch bis zu diesem Zeitpunkt – und nicht etwa erst später – schließen. **Es ist nicht nötig, einen in einer ausgesetzten Hauptverhandlung erhobenen Widerspruch in der neuen Hauptverhandlung zu wiederholen.**[143]

Hinweis: Für die Darlegung des Widerspruchs reicht es nicht aus, wie folgt vorzutragen: „Der Verwendung der Ergebnisse der Blutprobe hat die Angeklagte durch ihren Verteidiger in der Hauptverhandlung widersprochen. Das Gericht ist über diesen Widerspruch durch beantragten Beschluss hinweggegangen."[144]

50 ■ **Zeitpunkt des Widerspruchs:** Wird also mit der Revision gerügt, das Ergebnis der Untersuchung einer ohne richterliche Anordnung entnommenen Blutprobe hätte nicht verwertet werden dürfen, so muss im Rahmen der Verfahrensrüge nicht nur dargelegt werden, wann der Verwertung des Sachverständigengutachtens widersprochen wurde, sondern auch, dass dies spätestens nach der ersten Einführung des Gutachtens im Rahmen einer (evtl auch später ausgesetzten) Hauptverhandlung geschehen ist.[145] Der Widerspruch gegen die Verwertung einer unter Verstoß gegen den Richtervorbehalt des § 81 a Abs. 2 StPO gewonnenen Blutprobe muss durch den verteidigten Angeklagten bereits in der ersten Tatsacheninstanz erhoben werden. Der entsprechende Vortrag ist gleichzeitig notwendiger Inhalt der Verfahrensrüge der Verletzung des § 81 a Abs. 2 StPO.[146]

---

141 OLG Hamburg, Beschl. v. 4.2.2008 – 2-81/07 (REV) = NJW 2008, 2597 = SVR 2008, 429 = VRS 114, 275 = StraFo 2008, 158 = VRR 2008, 183 = StRR 2008, 190 = StV 2008, 454.
142 BGH, Beschl. v. 7.3.2006 – 1 StR 316/05 = BGHSt 51, 1 = NJW 2006, 1361 = NStZ 2006, 402; vgl zu dieser Tendenz auch BGH, Urt. v. 18.4.2007 – 5 StR 546/06 = BGHSt 51, 285 = NJW 2007, 2269, 2273 = NStZ 2007, 601.
143 OLG Celle, Beschl. v. 11.8.2010 – 32 Ss 101/10 = NZV 2011, 48 = BeckRS 2010, 21500 mwN.
144 OLG Hamm, Beschl. v. 25.8.2008 – 3 Ss 318/08 = NJW 2009, 242 = NZV 2009, 92.
145 OLG Celle, Beschl. v. 11.8.2010 – 32 Ss 101/10 = NZV 2011, 48 = BeckRS 2010, 21500; ebenso: OLG Hamm, Beschl. v. 25.8.2008 – 3 Ss 318/08 = NJW 2009, 242 = NZV 2009, 92.
146 OLG Hamm, Beschl. v. 25.10.2010 – III-3 RVs 85/10 = BeckRS 2010, 29286 = NJW 2011, 469 = NStZ 2011, 239 = NZV 2011, 210.

II. Blutentnahme 1

- **Begründung des Widerspruchs:** Erforderlich ist vielmehr eine spezifizierte Begründung des Widerspruchs, in der – zumindest in groben Zügen – anzugeben ist, unter welchen Gesichtspunkten der Betroffene das Beweismittel für unverwertbar hält. Dies folgt daraus, dass der Tatrichter grundsätzlich nicht verpflichtet ist, allen möglichen oder denkbaren Verfahrensfehlern im Zusammenhang mit der Beweisgewinnung von Amts wegen nachzugehen. Deshalb muss die Begründung des Widerspruchs die Angriffsrichtung erkennen lassen, die den Prüfungsumfang durch das Tatgericht begrenzt.[147] Im Anwendungsbereich des § 81 a StPO kommt als mögliche Angriffsrichtung in diesem Sinne neben der Umgehung des Richtervorbehalts des § 81 a Abs. 2 StPO namentlich die unterlassene Belehrung des zu diesem Zeitpunkt uU im strafrechtlichen Sinne beschuldigten Betroffenen über die Freiwilligkeit der Mitwirkung, die Nichtbeachtung des Verhältnismäßigkeitsgrundsatzes, die Eingriffsvornahme durch einen Nichtarzt (Medizinalassistent, Krankenschwester oder Krankenpfleger), die bewusste Vortäuschung des Ermittlungsbeamten, dass die Blutprobe von einem Arzt entnommen werde oder die Anwendung unerlaubten Zwangs in Betracht.[148]

51

- **Würdigung weiteren Tatsachenmaterials:** Wichtig ist es, dass sich die Revisionsbegründung hinsichtlich der Verfahrensrüge nicht nur mit dem befasst, was die Verletzung formellen Rechts eigentlich ausmacht, sondern auch mit dem sonstigen im Urteil erwähnten Tatsachenmaterial, so insbesondere mit dem idR vorhandenen und möglicherweise auch in die Hauptverhandlung eingeführten polizeilichen „Protokoll und Antrag zur Feststellung von Alkohol im Blut" – dessen Inhalt ist in der Revisionsbegründung mitzuteilen.[149] Die Verfahrensrüge der Verletzung des § 81 a Abs. 2 StPO verlangt die Darlegung der von der Polizei zur Begründung von Gefahr im Verzug herangezogenen Umstände.[150] Fehlt es an der gebotenen Dokumentation dieser Umstände durch die Polizei, verkürzt sich die Darlegungslast der Revision entsprechend.[151]

52

- **Eildienstrichter zur Nachtzeit nicht erreichbar:** Erfolglos kann die Verfahrensrüge schon deshalb sein, weil im anwaltlichen Schriftsatz vorgetragen wird, mangels eingerichteten/zuverlässigen Eildienstes habe der entscheidende Beamte gar nicht die Möglichkeit gehabt, einen Richter zu erreichen.[152]

53

Hinweis: Verfassungsbeschwerde? Setzt sich die fachgerichtliche Rechtsprechung sodann mit der Frage des Beweisverbotes und der **Willkür** auseinander, so führt

---

[147] BGH, Beschl. v. 11.9.2007 – 1 StR 273/07; OLG Hamm, Beschl. v. 24.8.2010 – III-3 RBs 223/10; OLG Hamm, Beschl. v. 30.3.2010 – III-3 RVs 9/10 u. v. 24.3.2009 = NStZ – RR 2009, 386 mwN.
[148] Vgl Meyer-Goßner, StPO, § 81 a Rn 32 ff; OLG Hamm, Beschl. v. 24.8.2010 – III-3 RBs 223/10 = NJW 2011, 468 = NZV 2011, 212 = BeckRS 2010, 28501; ähnlich: OLG Düsseldorf, Beschl. v. 21. 1. 2010 – III-1 RVs 1/10 = NZV 2010, 306.
[149] OLG Hamburg, Beschl. v. 4.2.2008 – 2-81/07 (REV) = NJW 2008, 2597 = SVR 2008, 429 = VRS 114, 275 = StraFo 2008, 158 = VRR 2008, 183 = StRR 2008, 190 = StV 2008, 454.
[150] OLG Hamm, Beschl. v. 25.10.2010 – III-3 RVs 85/10 = BeckRS 2010, 29286 = NJW 2011, 469 = NStZ 2011, 239 = NZV 2011, 210.
[151] OLG Hamm, Beschl. v. 25.10.2010 – III-3 RVs 85/10 = BeckRS 2010, 29286 = NJW 2011, 469 = NStZ 2011, 239 = NZV 2011, 210.
[152] OLG Hamm Beschl.v. 24.3.2009 – 3 Ss 53/09 = NStZ-RR 2009, 386.

die Ablehnung eines Beweisverwertungsverbotes auch trotz eines Beweiserhebungsverbotes nicht zu einer Verfassungsverletzung.[153] Hierzu zählt mE auch die Anordnung bei völliger Unkenntnis des Richtervorbehalts.[154] Hat sich der anordnende Beamte aber lediglich keine Gedanken gemacht, weil sich der Betroffene nicht gewehrt hat, so soll sich hieraus noch nicht zwangsläufig eine Willkür ergeben – **zunehmender Zeitablauf** soll angesichts der zahlreichen Entscheidungen zu diesem Thema jedoch dazu führen, dass auch ein derartiges „Sich-keine-Gedanken-machen" als Willkür zu behandeln sein wird.[155]

dd) Abwägung: Beweisverwertungsverbot oder nicht?

54 Die Frage, unter welchen Voraussetzungen bei Missachtung des sich aus § 81 a Abs. 2 StPO ergebenden Richtervorbehalts ein Verwertungsverbot hinsichtlich der aus der Blutentnahme zu Tage geförderten Beweismittel anzunehmen ist, hat der Gesetzgeber leider nicht entschieden. So ist – wie auch bei der Prüfung eines Verwertungsverbots bei Verstößen gegen andere Erhebungsvorschriften – davon auszugehen, dass dem Strafverfahrensrecht ein allgemein geltender Grundsatz, dass jeder Verstoß gegen Beweiserhebungsvorschriften ein strafprozessuales Verwertungsverbot nach sich zieht, fremd ist. Vielmehr ist diese Frage jeweils nach den Umständen des Einzelfalls, insbesondere nach der Art des Verbots und dem Gewicht des Verstoßes, unter **Abwägung der widerstreitenden Interessen** zu entscheiden. Dabei muss beachtet werden, dass die Annahme eines Verwertungsverbots, auch wenn die Strafprozessordnung nicht auf Wahrheitserforschung „um jeden Preis" gerichtet ist, eines der wesentlichen Prinzipien des Strafverfahrensrechts einschränkt, nämlich den Grundsatz, dass das Gericht die Wahrheit zu erforschen und dazu die Beweisaufnahme von Amts wegen auf alle Tatsachen und Beweismittel zu erstrecken hat, die von Bedeutung sind. Daran gemessen bedeutet ein Beweisverwertungsverbot eine Ausnahme, die nur nach ausdrücklicher gesetzlicher Vorschrift oder aus übergeordneten wichtigen Gründen im Einzelfall anzuerkennen ist. Maßgeblich mitbeeinflusst wird das Ergebnis der demnach vorzunehmenden Abwägung vom Gewicht des in Frage stehenden Verfahrensverstoßes. Dieses wird seinerseits wesentlich von der Bedeutung der im Einzelfall betroffenen Rechtsgüter[156] und andererseits davon bestimmt, ob die Annahme von Gefahr im Vollzug willkürlich erfolgte oder auf einer besonders groben Fehlbeurteilung beruhte.[157]

55 Indes können einzelne Rechtsgüter durch Eingriffe fern jeder Rechtsgrundlage so massiv beeinträchtigt werden, dass dadurch das Ermittlungsverfahren als ein nach

---

153 BVerfG, Beschl. v. 28.7.2008 – 2 BvR 784/08 = NZV 2008, 636 (mit Anm. Laschewski) = NJW-Spezial 2008, 555 = SVR 2009, 36 = DAR 2008, 691.
154 AA aber: LG Hagen, Urt. v. 31.10.2008 – 42 Ns 763 Js 993/07 (73/08) = VRR 2009, 193.
155 KG DAR 2010, 26 = BA 2009, 341.
156 Vgl zu allem BVerfG, Beschl. v. 16.3.2006 – 2 BvR 954/02 = NJW 2006, 2684, 2686; BVerfG, Beschl. v. 30. 6. 2005 – 2 BvR 1502/04 = NStZ 2006, 46, 47; BGH, Urt. v. 18.4.2007 – 5 StR 546/06 = BGHSt 51, 285 = NJW 2007, 2269, 2271 = NStZ 2007, 601; OLG Hamburg, Beschl. v. 4.2.2008 – 2-81/07 (REV) = NJW 2008, 2597 = SVR 2008, 429 = VRS 114, 275 = StraFo 2008, 158 = VRR 2008, 183 = StRR 2008, 190 = StV 2008, 454; Eisenberg, Beweisrecht der StPO, 5. Aufl., Rn 362 ff mwN.
157 OLG Hamm, Beschl. v. 12.3.2009 – 3 Ss 31/09 = NJW-Spezial 2009, 330 = NStZ – RR 2009, 243 = NJ 2009, 299 = VRR 2009, 192.

rechtsstaatlichen Grundsätzen geordnetes Verfahren nachhaltig beschädigt wird. Dann wäre jede andere Lösung als die Annahme eines Verwertungsverbots – jenseits des in § 136 a Abs. 3 S. 2 StPO normierten – unerträglich.

Hinweis: Der Streit um die Verwertbarkeit der Blutprobe rechtfertigt bei anstehender Hauptverhandlung die **Beiordnung eines Pflichtverteidigers**, da die Voraussetzungen des § 140 Abs. 2 StPO vorliegen.[158] Dies gilt auch in OWi-Verfahren ohne Einschränkungen.[159] Wegen der Pflichtverteidigerbestellung ist hier im Vorverfahren auf § 60 OWiG zu verweisen.

Das Verwertungsverbot setzt auf jeden Fall einen (im Rahmen der Verfahrensrüge vorzutragenden) Widerspruch des Angeklagten/Verteidigers in der Hauptverhandlung voraus.[160] Der Widerspruch in seiner Ausformung durch die Rechtsprechung[161] stellt danach einen Zwischenrechtsbehelf eigener Art dar, der das Gericht zur Überprüfung der Voraussetzungen eines Beweisverwertungsverbots in der Tatsacheninstanz nötigt.

Hinweis: Die Frage des Beweisverwertungsverbotes aufgrund des Verstoßes gegen den Richtervorbehalt des § 81 a Abs. 2 StPO soll nicht von Amts wegen durch das Gericht zu prüfen sein – hier gehe die **Dispositionsfreiheit des Beschuldigten** vor.[162] Wendet sich dieser in Kenntnis der Widerspruchsmöglichkeit nicht gegen die Verwertung fehlerhaft gewonnener Beweise, so bleibt er unter Verhältnissen untätig, unter denen vernünftigerweise etwas zur Wahrung des Rechts unternommen zu werden pflegt, und nimmt er zudem eine sachnähere Überprüfungsmöglichkeit nicht in Anspruch.[163]

Der Verteidiger muss auf etwaige **Dokumentationsmängel** der Polizei achten und das Gericht hierauf hinweisen, auch wenn diese selbst noch nicht zu einem Beweisverwertungsverbot führen können. Ferner sind die Polizisten zur Aufklärung möglicher Willkür danach zu befragen, wie üblicherweise verfahren wird, was der Beamte über Eildienste weiß und ob das Problem der Blutprobenanordnung durch Polizeibeamte vielleicht schon bei ihnen bekannt war.

Beweisverwertungsverbote wurden früher bei Verletzung des § 81 a Abs. 2 StPO selten angenommen. Methodisch korrekt ist es dabei, zunächst zu prüfen, ob Gefahr im Verzug vorlag, und dann in einem zweiten Schritt, ob bei falscher Annahme von Gefahr im Verzug durch den anordnenden Beamten die fehlerhafte Beweiserhebung zu

---

158 LG Schweinfurt Beschl. v. 14.5.2008 – 1 Qs 50/08 = VRR 2008, 316 = StraFo 2008, 331 = StRR 2008, 390 = StV 2008, 462; OLG Brandenburg NJW 2009, 1287.
159 OLG Bremen, Beschl. v. 14.7.2009 – SsBs 15/09 = BeckRS 2009 21683; Burhoff, VRR 2008, 267, 317.
160 Vgl BGH, Beschl. v. 7.3.2006 – 1 StR 316/05 = BGHSt 51, 1 = NJW 2006, 1361 = NStZ 2006, 402; BGH, Urt. v. 18.4.2007 – 5 StR 546/06 = BGHSt 51, 285 = NJW 2007, 2269, 2273 = NStZ 2007, 601; BGH, Beschl. v. 11.9.2007 – 1 StR 273/07 = BGH NJW 2007, 3587 = NStZ 2008, 55; OLG Hamburg, Beschl. v. 4.2.2008 – 2-81/07 (REV) = NJW 2008, 2597 = SVR 2008, 429 = VRS 114, 275 = StraFo 2008, 158 = VRR 2008, 183 = StRR 2008, 190 = StV 2008, 454; Gössel, in: Löwe/Rosenberg, StPO, Einl. Abschn. L Rn 29 mwN.
161 Vgl dazu insbesondere auch BGH, Beschl. v. 27.2.1992 – 5 StR 190/91 = BGHSt 38, 214, 225 = NJW 1992, 1463 = NStZ 1992, 294.
162 OLG Hamburg, Beschl. v. 4. 2. 2008 – 2-81/07 (REV) = NJW 2008, 2597 = SVR 2008, 429 = VRS 114, 275 = StraFo 2008, 158 = VRR 2008, 183 = StRR 2008, 190 = StV 2008, 454.
163 Mosbacher, NJW 2007, 3686, 3688.

einem Beweisverwertungsverbot führen muss. Hierzu ist es dann notwendig eine umfassende Interessenabwägung vorzunehmen: Im Bereich der Straßenverkehrsdelikte, namentlich bei solchen in Zusammenhang mit der Einnahme von Alkohol oder Drogen, ist insbesondere das hochrangige Interesse der Allgemeinheit an der Sicherheit des öffentlichen Straßenverkehrs zu berücksichtigen, das wirksame Gegenmaßnahmen zur Verhinderung der Teilnahme berauschter Fahrzeugführer am Straßenverkehr und zur Abwendung der von diesen ausgehenden Gefahren für die anderen Verkehrsteilnehmer erfordert.[164] Dem gegenüber steht das Interesse des Angeklagten an seiner körperlichen Unversehrtheit, wobei sich der Eingriff in diese bei einer Blutprobenentnahme grundsätzlich als eher geringfügig darstellt.[165]

59 Darüber hinaus ist gerade bei Straßenverkehrsdelikten, die unter Einfluss von Alkohol begangen werden, eine möglichst tatzeitnahe Blutentnahme von großer Bedeutung, da Rückrechnungen über einen längeren Zeitraum in aller Regel mit besonderen Schwierigkeiten verbunden sind.[166]

60 Das Gewicht eines Verfahrensverstoßes gemäß § 81 a Abs. 2 StPO wird zudem auch dadurch bestimmt, dass es sich nicht um einen verfassungsrechtlich geregelten, sondern um einen einfach gesetzlichen Richtervorbehalt handelt[167] und ein Eingriff fern jeder Rechtsgrundlage nicht vorliegt, da in § 81 a Abs. 2 StPO eine Eilzuständigkeit auch der hier handelnden Ermittlungspersonen der Staatsanwaltschaft vorgesehen ist.[168] Das Gewicht des Verstoßes wird daneben durch den Aspekt eines möglichen hypothetischen rechtmäßigen Ermittlungsverlaufs insoweit bestimmt[169] – abzustellen ist dabei darauf, ob eine richterliche Anordnung bei ordnungsgemäßem Verfahrensgang ergangen wäre.[170]

61 **De lege ferenda** erscheint es angebracht, die Regelung über Gefahr im Verzug entfallen zu lassen, da anerkanntermaßen die Blutprobenentnahme ein untergeordnet wichtiger Eingriff ist und sie deshalb mE eigentlich keines Richtervorbehaltes bedarf.[171] Das BVerfG hat in dem Richtervorbehalt an dieser Stelle keinen „rechtsstaatlichen Mindeststandard" gesehen.[172]

62 Wie eingangs dargestellt ist die Notwendigkeit der Annahme eines Verwertungsverbots in der **Rechtsprechung des BVerfG** zur Beachtlichkeit des Richtervorbehalts angelegt.[173] Richterliche Eilanordnungen sind nach Wortlaut und Systematik des § 81 a

---

164 OLG Naumburg, Urt. v. 7.2.2011 – 1 Ss 38/10 = BeckRS 2011, 04396.
165 OLG Naumburg, Urt. v. 7.2.2011 – 1 Ss 38/10 = BeckRS 2011, 04396.
166 OLG Naumburg, Urt. v. 7.2.2011 – 1 Ss 38/10 = BeckRS 2011, 04396; vgl auch KG, Beschl. v. 30.12.2009 – 3 Ws (B) 543/09 = NStZ 2010, 468 ff.
167 Vgl OLG Bamberg, Beschl. v. 19.3.2009 – 2 Ss 15/09 = NJW 2009, 2146, 2149; OLG Naumburg, Urt. v. 7.2.2011 – 1 Ss 38/10 = BeckRS 2011, 04396.
168 OLG Naumburg, Urt. v. 7.2.2011 – 1 Ss 38/10 = BeckRS 2011, 04396.
169 OLG Hamm, Beschl. v. 28.4.2009 – 2 Ss 117/09 = BeckRS 2009, 21051; OLG Naumburg, Urt. v. 7.2.2011 – 1 Ss 38/10 = BeckRS 2011, 04396.
170 OLG Naumburg, Urt. v. 7.2.2011 – 1 Ss 38/10 = BeckRS 2011, 04396.
171 So auch Laschewski, NZV 2008, 637, 638; Denker, DAR 2009, 257; Krumm, ZRP 2009, 71; ähnlich Blum, SVR 2009, 172, 173.
172 BVerfG, Beschl. v. 28.7.2008 – 2 BvR 784/08 = NZV 2008, 636 (mit Anm. Laschewski) = NJW-Spezial 2008, 555 = SVR 2009, 36 = DAR 2008, 691.
173 Dazu BVerfG, Beschl. v. 12.2.2007 – 2 BvR 273/06 = NJW 2007, 1345.

Abs. 2 StPO die Regel und die nichtrichterlichen die Ausnahme. Vor allem wegen der grundrechtssichernden Schutzfunktion des Richtervorbehalts ist „Gefahr im Verzug" eng auszulegen,[174] weshalb die Pflicht, einen Entnahmebeschluss zu beantragen, den Spielraum der Ermittlungsbeamten begrenzt, das Ermittlungsverfahren nach kriminalistischen und taktischen Erwägungen frei zu gestalten.[175]

Damit ist das Gebot, den Richtervorbehalt einzuhalten, für das durch rechtsstaatliche Grundsätze geprägte Ermittlungsverfahren so wesentlich, dass jedenfalls grobe Verstöße nicht sanktionslos gelassen werden dürfen; insbesondere kann dem – für andere Fallgestaltungen zur Einschränkung der Annahme von Beweisverwertungsverboten entwickelten – Aspekt eines möglicherweise hypothetischen rechtmäßigen Ermittlungsverlaufs bei bewusster Verkennung des Richtervorbehalts keine Bedeutung zukommen. Die Einhaltung der durch § 81a Abs. 2 StPO festgelegten Kompetenzregelung könnte bei Anerkennung des hypothetischen rechtmäßigen Ersatzeingriffs in diesen Fällen nahezu stets unterlaufen werden.[176]

63

Von einem Beweisverwertungsverbot ist also auszugehen, wenn einzelne Rechtsgüter durch Eingriffe fern jeder Rechtsgrundlage so massiv beeinträchtigt werden, dass dadurch das Ermittlungsverfahren als ein nach rechtsstaatlichen Grundsätzen geordnetes Verfahren nachhaltig geschädigt wird und folglich jede andere Lösung als die Annahme eines Verwertungsverbots unerträglich wäre.[177] Macht sich die Polizei über die Einschaltung des Richters **gar keine Gedanken**, sondern handelt „entsprechend der langjährigen Praxis", so ist die Anordnung der Blutprobenentnahme nach jüngerer Rechtsprechung willkürlich und führt zu einem Beweisverwertungsverbot.[178] Ebenso liegt dies, wenn die Polizeibeamten, die die Blutprobenentnahme anordnen, angeben, „sie würden grundsätzlich nie auch nur versuchen, einen Richter zu erreichen, weil sie es schon immer so gemacht hätten".[179] Dies wird natürlich auch dort gelten müssen, wo der anordnende Beamte angibt, nichts von einem Richtervorbehalt zu wissen – eine solche Aussage dürfte nur schwer zu glauben sein.

64

Hinweis: Befasst sich der Tatrichter nicht erschöpfend mit anderen Möglichkeiten der Feststellung der Fahruntüchtigkeit, so droht die Urteilsaufhebung und Rückverweisung an eine andere Abteilung des Ausgangsgerichts.[180]

---

174 Vgl BVerfG, Urt. v. 20.2.2001 – 2 BvR 1444/00 = BVerfGE 103, 142, 153 = NJW 2001, 1121 = NStZ 2001, 382.
175 OLG Hamm, Beschl. v. 12.3.2009 – 3 Ss 31/09 = NJW-Spezial 2009, 330 = NStZ – RR 2009, 243 = BeckRS 2009, 10370 = DAR 2009, 336 = NJ 2009, 299 = VRR 2009, 192.
176 BGH, Urt. v. 18.4.2007 – 5 StR 546/06 = BGHSt 51, 285 = NJW 2007, 2269 = NStZ 2007, 601; OLG Hamm, Beschl. v. 12.3.2009 – 3 Ss 31/09 = NJW-Spezial 2009, 330 = NStZ – RR 2009, 243 = BeckRS 2009, 10370 = DAR 2009, 336 = NJ 2009, 299 = VRR 2009, 192.
177 BGH, Urt. v. 18.4.2007 – 5 StR 546/06 = BGHSt 51, 285, 290 = NJW 2007, 2269 = NStZ 2007, 601; OLG Dresden, Urt. v. 11.5.2009 – 1 Ss 90/09 = NJW 2009, 2149, 2150 = NJW-Spezial 2009, 475 = NZV 2009, 464 = StV 2009, 458.
178 OLG Hamm, Beschl. v. 12.3.2009 – 3 Ss 31/09 = NJW-Spezial 2009, 330 = NStZ – RR 2009, 243 = BeckRS 2009, 10370 = DAR 2009, 336 = NJ 2009, 299 = VRR 2009, 192.
179 OLG Dresden, Urt. v. 11.5.2009 – 1 Ss 90/09 = NJW 2009, 2149, 2150 = NJW-Spezial 2009, 475 = NZV 2009, 464 = StV 2009, 458.
180 So im Falle des OLG Hamm, Beschl. v. 12.3.2009 – 3 Ss 31/09 = NJW-Spezial 2009, 330 = NStZ – RR 2009, 243 = BeckRS 2009, 10370 = DAR 2009, 336 = NJ 2009, 299 = VRR 2009, 192.

4. Untersuchungen und Tests bei der Blutentnahme

65 § 81 a StPO kann nur eine **Duldungs-, nicht aber eine Mitwirkungspflicht** entnommen werden. Der Beschuldigte ist daher nicht zur Mitwirkung an Tests verpflichtet, wie zB solchen zur Feststellung von Unsicherheiten beim Gehen, einer Finger-Finger-Probe oder Nasen-Finger-Probe. Derartige Tests sind freiwillig und nicht erzwingbar.[181] Ob der Arzt den Beschuldigten hierüber zu belehren hat, ist umstritten.[182] Der Arzt sollte dies freilich von sich aus tun. Bei freiwilliger Mitwirkung des Beschuldigten dürfen solche Tests auch von Nichtärzten durchgeführt werden, was nur selten vorkommen wird.[183]

a) Verwertbarkeit des sog. „klinischen Befundes"

66 Über die durchgeführten Tests und erhobenen Daten wird ein ärztlicher Untersuchungsbericht durch den blutprobenentnehmenden Arzt gefertigt (sog. „**Torkelbogen**"). Dieser kann gem. § 256 StPO in der Hauptverhandlung urkundsbeweislich verlesen werden. Er bietet für das Gericht, die Staatsanwaltschaft und auch den Verteidiger oft Anlass zu weiteren Fragen. Aufgenommen wird hier u.a. Folgendes:

- erfolgte Narkose vor der Blutprobe
- Bluttransfusion
- Infusionen
- Blutverlust
- Schock
- Erbrechen
- Angaben des Beschuldigten zu Medikamenten und Drogeneinnahmen
- Vor dem Vorfall bereits existierende Krankheiten oder Leiden
- Körpergewicht
- Körpergröße („Länge")
- Konstitution
- Alkoholgeruch
- Gang
- Plötzliche Kehrtwendung nach vorherigem Gehen
- Pupillengröße
- Drehnystagmus
- Finger-Finger-Probe
- Nasen-Finger-Probe

---

[181] Ganz hM: BayObLG, Urt. v. 16.1.1963 – RReg. 1 St 674/62 = NJW 1963, 772; OLG Hamm, Urt. v. 9.2.1967 – 2 Ss 1562/66 = NJW 1967, 1524; abw. OLG Köln, Urt. v. 17.10.1961 – 1 Ss 318/61 = NJW 1962, 692.

[182] Bejahend zB Maase DAR 1966, 44; mE richtigerweise verneinend: OLG Hamm, Urt. v. 9.2.1967 – 2 Ss 1562/66 = NJW 1967, 1524; Löwe/Rosenberg/Krause § 81 a Rn 26; Geppert DAR 1980, 315, 319.

[183] OLG Hamm, Urt. v. 25.10.1968 – 3 Ss 1054/68 = NJW 1969, 567 = MDR 1969, 328 = VRS 36, 428.

- Bewusstseinsklarheit
- Orientierungsstörungen
- Erinnerungsstörungen
- Bewusstlosigkeit
- Funktion des Denkablaufs
- Verhalten
- Stimmung
- Gesamteindruck des Arztes vom Beschuldigten

b) Bedeutung eines negativen klinischen Befundes

Ein negativer klinischer Befund rechtfertigt nicht ohne Weiteres den Schluss auf fehlende alkoholische Beeinflussung.[184] Zu berücksichtigen ist nämlich der mögliche Einfluss einer **Scheinernüchterung**[185] aber auch die Tatsache, dass die Brauchbarkeit des sog. klinischen Befundes wesentlich auch von der praktischen Erfahrung und Übung des untersuchenden Arztes abhängt.[186]

67

Wird im ärztlichen Bericht abschließend festgestellt, der Beschuldigte stehe nur „leicht" oder „kaum merkbar" unter Alkoholeinfluss, so rechtfertigt das regelmäßig keine Zweifel in Bezug auf den festgestellten BAK-Wert.

68

Hinweis: Bei extremen Diskrepanzen zwischen hoher BAK einerseits und der Feststellung nur geringfügigster Ausfallerscheinungen wird aber die (allerdings selten gegebene) Möglichkeit eines Fehlers hinsichtlich der ermittelten BAK in Betracht zu ziehen sein.

c) Vernehmung des Blutentnahmearztes

In den seltenen Fällen, in denen unter Berücksichtigung des Ergebnisses des klinischen Befundes eine Auseinandersetzung mit der Möglichkeit einer **Blutprobenverwechselung** notwendig erscheint, kann uU die Vernehmung des Arztes, der die Blutprobe durchgeführt und den Bericht gefertigt hat, erforderlich sein.[187]

69

Hinweis: Solche Verwechselungen kommen realistisch betrachtet nahezu nie vor. Eine dahin gehende Einlassung wird ohne tatsächliche weitere Anknüpfungspunkte das Gericht daher kaum zu weiteren Ermittlungen veranlassen müssen. Behauptet der Betroffene/Beschuldigte derartiges, so ist natürlich zunächst der Akteninhalt auf weitere Anhaltspunkte hierfür zu prüfen. In der Regel wird es sich allerdings bei einer entsprechenden Behauptung, die in der Regel mit einem Beweisantrag verbunden sein wird um eine Schutzbehauptung handeln, die ins Blaue aufgestellt worden ist, mit der Folge, dass der Beweisantrag aus eben diesem Grunde auch abgelehnt werden kann.

---

184 OLG Hamm, Urt. v. 26.11.1968 – 3 Ss 1332/68 = NJW 1969, 570.
185 Schmidt u.a., BA 2004, 1, 7; OLG Zweibrücken VRS 82, 33.
186 Heifer, BA 1963/64, 244, 256.
187 OLG Hamm, Urt. v. 26.11.1968 – 3 Ss 1332/68 = NJW 1969, 570.

III. Ermittlung der Blutalkoholkonzentration aus der Blutprobe
1. Die verschiedenen Untersuchungsmethoden

70 Verwertbarkeit der Blutuntersuchung setzt grundsätzlich mehrfache Untersuchung der Blutprobe nach verschiedenen Verfahren voraus.[188] Detaillierte Arbeitsanweisungen an das Untersuchungslabor enthalten die Richtlinien in Anlage 6 a des Gutachtens BGA,[189] auf deren Einhaltung auch die Gerichte zu achten haben.[190]

Hinweis: Die wichtigsten Verfahren zur Feststellung der BAK sind das gaschromatographische Verfahren („**GC**"), das **ADH**-Verfahren und das **Widmark**-Verfahren.[191]

71 Zwar unterliegen Messgeräte grundsätzlich der Eichpflicht, doch gilt diese nicht für die bisher betriebenen Blutalkoholbestimmungsverfahren. So scheitert eine Eichpflicht eines Gaschromatographen an dem rein zeitlich-formalen Aspekt des § 25 Abs. 2 EichO: Derartige Geräte sind nicht eichpflichtig, weil sie am 1.1.1985 nicht eichfähig waren.[192] Die Zuverlässigkeit (und Verwertbarkeit)[193] der Blutalkoholbestimmungen wird stattdessen gewährleistet durch die Begrenzung der Variationsbreite (maximal 10 % des Mittelwerts) und Ringversuche (an denen die Untersuchungslaboratorien teilnehmen): „Die Ergebnisse einer Blutalkoholuntersuchung nach dem ADH- und Gaschromatographie-Verfahren rechtfertigen eine Verurteilung nach § 316 StGB (wegen absoluter Fahruntüchtigkeit), wenn bei Blutalkoholkonzentrationen mit einem Mittelwert ab 1, 1 die Differenz zwischen dem höchsten und dem niedrigsten Einzelwert (Variationsbreite) nicht mehr als zehn Prozent des Mittelwerts beträgt und das untersuchende Institut die erfolgreiche Teilnahme an den Ringversuchen versichert; einer Berechnung der Standardabweichung der Einzelwerte bedarf es nicht."[194]

Hinweis: Der 47. Verkehrsgerichtstag 2009 hatte zu der „GC-Methode" folgende Empfehlung abgegeben: „Zwei unabhängige gaschromatographische Verfahren (GC-Verfahren) sind aus medizinischnaturwissenschaftlicher Sicht zur sicheren forensischen BAK-Bestimmung geeignet. Daher sollten auch Doppelbestimmungen mit zwei unabhängigen GC-Verfahren als eigenständige Methoden zur BAK-Bestimmung anerkannt werden." Dem haben die „Richtlinien zur Bestimmung der Blutalkoholkonzentration (BAK) für forensische Zwecke" (sogenannte BAK-Richtlinien) Rechnung getragen.

---

188 BayObLG, Urt. v. 3.11.1995 – 1 St RR 97/95 = NZV 1996, 75 = BayObLGSt 1995, 181 = JR 1996, 385 = VRS 91, 32; OLG Düsseldorf, Beschl. v. 25.11.1991 – 1 Ws 1086/91 = VRS 94, 352.
189 Gutachten BGA S. 146; s. dazu Deutsche Gesellschaft für Rechtsmedizin, BA 2001, 39 = NZV 2001, 107.
190 BGH, Beschl. v. 9.12.1966 – 4 StR 119/66 = NJW 1967, 116, 119 = BGHSt. 21, 157 = BeckRS 2008, 17603 = JZ 1967, 131 = MDR 1967, 227 = VRS 32, 44 = VerkMitt. 67 Nr. 2; näher dazu: Iffland/Daldrup, NZV 2001, 105; Deutsche Gesellschaft für Rechtsmedizin, BA 2001, 39 = NZV 2001, 107.
191 Näher dazu Hentschel, TFF Rn 56 ff.
192 OLG Düsseldorf, Beschl. v. 23.5.1995 – 5 Ss 153/95 – 59/95 I = NZV 1995, 365; OLG Schleswig, Beschl. v. 23.10.1995 – 2 Ss OWi 199/95 = BA 1996, 54.
193 OLG Düsseldorf, Beschl. v. 23.5.1995 – 5 Ss 153/95 – 59/95 I = NZV 1995, 365.
194 BGH, Beschl. v. 20.7.1999 – 4 StR 106/99 = BGHSt 45, 140 = NJW 1999, 3058 = NZV 1999, 386 = DAR 2000, 196 = MDR 1999, 1320 = NJ 1999, 660 = StraFo 1999, 354 = StV 2000, 25 = VersR 1999, 1300 = VRS 98, 15 = zfs 1999, 491.

Für die Güte des Beweismittels „Blutprobe" ist es von entscheidender Bedeutung, diese möglichst zeitnah zu nehmen.[195]

2. Anzahl der Einzelanalysen

Bei Untersuchung nach dem Widmark- und dem ADH-Verfahren erfordert die forensische Verwertbarkeit mindestens drei Analysen nach dem Widmark-Verfahren und mindestens zwei Analysen nach dem ADH-Verfahren.[196] Die Abweichung der verschiedenen Werte voneinander innerhalb einer bestimmten Variationsbreite rechtfertigt keine negativen Schlüsse hinsichtlich der Brauchbarkeit der Untersuchung. Dies gilt grundsätzlich auch für den Fall, dass die Werte der einen Methode höher liegen als die nach der anderen.[197]

72

Ermittlung der BAK aus mehr als **fünf Einzelanalysen** ist unschädlich. Denn bei dem Erfordernis von fünf Analysen handelt es sich um **Mindestanforderungen**.[198]

73

Nur **vier Analysen** reichen aus bei Mitanwendung der gaschromatographischen Methode mit automatischer Probeneingabe, zB zwei nach der gaschromatographischen Methode und zwei weitere nach einem anderen Verfahren.[199] Nach den „Richtlinien zur Bestimmung der Blutalkoholkonzentration (BAK) für forensische Zwecke" (sogenannte BAK-Richtlinien) kann die Blutanalyse seit einigen Jahren auch mittels zweier differenter GC-Verfahren stattfinden: Hier werden zwei Gerätesysteme mit vergleichbaren Detektoren, jedoch zwei verschiedenen polaren Säulen genutzt, und zwei Gerätesysteme und zwei verschiedene Detektoren. In der Praxis findet sich dann hierzu ein Blutalkoholbefund in der Gerichtsakte, der zwei verschiedene GC-Auswertungen (üblicherweise bezeichnet als „GC 1" und „GC 2") mit je zwei Proben enthält (= „4 GC-Werte").

74

Derartiges kann auch etwa erforderlich sein, wenn die **Blutprobe in falsche Venülen** (es gibt solche für Drogenmessung und solche für Alkohol) gefüllt wurde. Die Benutzung einer solchen falschen Venüle ist für die Verwertbarkeit der Rauschmittelkonzentration zunächst einmal ohne Relevanz. Es dürfte dann aber wohl nicht der einfache BAK-Befund als Grundlage der Urteilsfeststellungen ausreichen – die Amtsermittlungspflicht wird vielmehr gebieten, den Sachverständigen, der die Blutprobe ausgewertet hat, zu vernehmen. Hier wird dann in der Regel nicht die automatische Probenauswertung stattfinden, so dass auch Übertragungsfehler etc. zu achten ist.

75

Hinweis: Der Verteidiger muss aber bei Problemen mit den Analysen/der Analysetechnik stets die Einholung eines Sachverständigengutachtens beantragen, da in der

---

195 Ausführlich hierzu: Rochholz/Kaatsch, BA 2011, 129.
196 BGH, Urt. v. 25.9.2002 – IV ZR 212/01 = NZV 2002, 559 = DAR 2003, 31 = MDR 2002, 1433 = NJW-RR 2003, 17 = VRS 104, 124 = zfs 2003, 25 (aber: Zivilsenat!); Beschl. v. 9. 12. 1966 – 4 StR 119/66 = NJW 1967, 116 = MDR 1967, 227 = Rpfleger 1967, 46 = VRS 32, 44 = VerkMitt. 67 Nr. 2; BayObLG, Beschl. v. 19.3.1982 – 1 Ob OWi 503/81 = NJW 1982, 2131 = MDR 1982, 605 (L) = VRS 62, 461 = VerkMitt. 1982 Nr. 98.
197 OLG Hamm VRS 51, 445; OLG Hamburg BA 1969, 368.
198 OLG Hamm BA 1975, 279; OLG Düsseldorf VRS 67, 35.
199 BGH, Urt. v. 25.9.2002 – IV ZR 212/01 = NZV 2002, 559 = DAR 2003, 31 = MDR 2002, 1433 = NJW-RR 2003, 17 = VRS 104, 124 = zfs 2003, 25 (aber: Zivilsenat!); VRS 54, 452; OLG Brandenburg BA 2003, 374; OLG Düsseldorf VRS 94, 352.

Regel nur ein Sachverständiger zu der Zuverlässigkeit und Verwertbarkeit der gefundenen Ergebnisse etwas Verlässliches sagen kann. Es sollte hierzu auch angeregt werden, einen anderen Sachverständigen als den, der die Blutprobe analysiert hat, zu beauftragen.

3. Nicht ausreichende Anzahl von Einzelanalysen

76 Wurde die BAK aufgrund von **weniger als den genannten vier bzw. fünf Einzelanalysen** errechnet oder wurde gar nur ein einziges Verfahren angewendet, so erhöht sich die Fehlerbreite.[200] Dies führt aber nicht etwa ohne Weiteres zur Unverwertbarkeit des Untersuchungsergebnisses. In der Regel reicht vielmehr ein **erhöhter Sicherheitszuschlag** (niedrigere BAK) aus.[201] Das Gericht wird natürlich in derartigen Fällen regelmäßig den Sachverständigen, der die Blutprobe in derart unüblicher Form ausgewertet hat, vernehmen müssen, um seiner Amtsermittlungspflicht nach § 244 Abs. 2 StPO ausreichend Genüge zu tun.

Hinweis: Gleichwohl sollte der Verteidiger sicherheitshalber auch von sich aus die **Hinzuziehung eines Sachverständigen** beantragen, falls ein solcher vom Gericht nicht geladen wurde. Ggf kann hier gar eine **Einstellung des Verfahrens nach §§ 153 ff StPO** erfolgreich angeregt werden. ME wird jedenfalls ohne Einholung eines Sachverständigengutachtens im Ermittlungsverfahren angesichts kaum verbindlich schätzbarer erforderlicher Toleranzabzüge eine vorläufige Fahrerlaubnisentziehung nicht stattfinden dürfen.

77 **Muster: Unverwertbarkeit/hilfsweise: SV-Gutachten**[202]

... ist das Ergebnis der Blutprobenauswertung im vorliegenden Falle nicht verwertbar, da nur ... Analysen anhand der entnommenen Blutprobe gefertigt wurden, obwohl es mindestens vier hätten sein müssen. Hierbei handelt es sich um einen derart schweren Mangel der Blutalkoholbestimmung, dass jedenfalls ohne Einholung eines rechtsmedizinischen Sachverständigengutachtens zur Aussagekraft des Blutalkoholbefundes, dessen Verwertbarkeit aus medizinischer Sicht und etwaiger erforderlicher Sicherheitsabschläge ein dringender Tatverdacht und dementsprechend eine dringende Wahrscheinlichkeit der Entziehung der Fahrerlaubnis bei Verfahrensabschluss nicht gegeben sind. Der Antrag der Staatsanwaltschaft nach § 111 a StPO ist daher (wenigstens zum derzeitigen Zeitpunkt) abzulehnen.

Zugleich wird hilfsweise die Einholung eines rechtsmedizinischen Sachverständigengutachtens zu den aufgeworfenen Fragen angeregt.

78 Umstritten ist, ob die **nur nach einer einzigen Methode** festgestellte BAK überhaupt forensisch zulasten des Angeklagten verwertbar ist. Nach Ansicht des OLG Stuttgart ist dies zu verneinen.[203] Einen abweichenden Standpunkt vertritt aber die überwie-

---

200 BayObLG, Urt. v. 1.3.1976 – RReg. 1 St 366/75 = NJW 1976, 1802; OLG Hamm BA 1985, 484.
201 BGH, Urt. v. 25.9.2002 – IV ZR 212/01 = NZV 2002, 559 = DAR 2003, 31 = MDR 2002, 1433 = NJW-RR 2003, 17 = VRS 104, 124 = zfs 2003, 25 (aber: Zivilsenat!); OLG Hamm, Beschl. v. 31.7.1974 – 5 Ss OWi 574/74 = NJW 1974, 2064; OLG Hamburg DAR 1968, 334.
202 Das Muster geht von der Verfahrenssituation „Anhörung des Betroffenen vor einer vorläufigen Fahrerlaubnisentziehung nach § 111 a StPO" aus.
203 OLG Stuttgart, Beschl. v. 3.4.1984 – 3 Ss (25) 189/84 = MDR 1984, 688 = VRS 66, 450, zust. LK – König, § 316 Rn 89.

gende Ansicht, nach der ein Vergleich mit anderen, nach der gleichen Methode vorgenommenen Untersuchungen vorzunehmen ist, um festzustellen, ob eine Fehlmessung vorliegt.[204] Aufgrund einer entsprechenden Überprüfung ist gem. dieser auch hier vertretenen Auffassung also auch eine nur nach einer einzigen Methode ermittelte BAK grundsätzlich verwertbar.[205]

Als nicht ausreichend für die Feststellung zB einer BAK von mindestens 0,8 ‰ (früherer Gefahrengrenzwert nach § 24 a StVG aF) wurden jedoch von der Rechtsprechung folgende Ergebnisse erachtet:

- 2 Analysenwerte von 1,10 und 1,02 ‰ (ADH-Verfahren),[206]
- 2 Analysenwerte von 1,01 und 1,02 ‰ (ADH-Verfahren).[207]

Als ausreichend erachtet wurde andererseits für die Feststellung von mindestens 0,8 ‰ eine ausschließlich gaschromatographische Untersuchung mit den Einzelwerten 1,08 und 1,04 ‰.[208] Auch ein nur mithilfe der Gaschromatographie gewonnener Mittelwert von 0,93 ‰ wurde zur Feststellung einer BAK von mindestens 0,8 ‰ als ausreichend anerkannt.[209]

Hinweis: Bei begründeten Zweifeln hinsichtlich der ordnungsgemäßen Durchführung der Untersuchung kann auch eine Nachuntersuchung der Blutprobe geboten sein. Ohne an dieser Stelle rechtsmedizinischen Erkenntnissen vorzugreifen, ist bei Verstößen gegen allgemeine Regeln der Blutprobenanalysetechnik, bei denen das Gericht nicht von einer Unverwertbarkeit ausgeht, jedenfalls aus richterlicher Vorsicht zu einem **Sicherheitsabschlag von 0,2 ‰** zu raten.

Abweichungen hinsichtlich der BAK-Höhe zwischen der ersten und der zweiten Untersuchung rechtfertigen aber nicht zwingend den Schluss auf Fehlerhaftigkeit einer der beiden Untersuchungen. Insbesondere bei längerer Lagerung kann ein Alkoholschwund auftreten.[210]

Hinweise: Der Antrag der Verteidigung auf Einholung eines weiteren Sachverständigengutachtens zur Überprüfung der ersten Untersuchung darf jedoch nicht allein unter Hinweis auf die genannte **naturwissenschaftliche Erkenntnis eines Alkoholschwundes** ohne Weiteres abgelehnt werden.[211]

Der Verteidiger sollte hier im Falle einer Verurteilung ohne Einholung eines Gutachtens uU erwägen, sofort statt der Berufung eine (Sprung-)Revision einzulegen, natür-

---

204 Zink BA 1986, 144, 145; Sachs NJW 1987, 2915, 2916; Grüner BA 1989, 210, 211.
205 BGH, Urt. v. 25.9.2002 – IV ZR 212/01 = NZV 2002, 559 = DAR 2003, 31 = MDR 2002, 1433 = NJW-RR 2003, 17 = VRS 104, 124 = zfs 2003, 25 (aber: Zivilsenat!); OLG Hamm, Beschl. v. 31.7.1974 – 5 Ss OWi 574/74 = NJW 1974, 2064; LG Mönchengladbach, Urt. v. 12.12.1984 – 12 Ns 128/84 = MDR 1985, 428; AG Langen, Urt. v. 29.2.1988 – 4 OWi 21 Js 457/88 = NZV 1988, 233.
206 BayObLG, Beschl. v. 19.3.1982 – 1 Ob OWi 503/81 = NJW 1982, 2131.
207 BGH, Urt. v. 15.6.1988 – IV a ZR 8/87 = BeckRS 2008, 18955 = NZV 1988, 220 = r+s 1988, 311 = NJW-RR 1988, 1376.
208 AG Langen, Urt. v. 29.2.1988 – 4 OWi 21 Js 457/88 = NZV 1988, 233 (zust. Anm. Grüner BA 1989, 210).
209 OLG Hamm, Beschl. v. 31.7.1974 – 5 Ss OWi 574/74 = NJW 1974, 2064.
210 Grüner, Alkoholnachweis S. 253 f; Schwerd u.a. BA 1972, 315; Püschel u.a. BA 1994, 315, 317.
211 OLG Köln BA 1982, 380.

lich nur, wenn er sich sicher sein kann, die Formerfordernisse im Rahmen der Revisionsbegründung erfüllen zu können.

4. Die geringe Wertigkeit einer zweiten Blutprobe

81 Nach den Richtlinien über die Feststellung von Alkohol-, Medikamenten- und Drogeneinfluss bei Straftaten und Ordnungswidrigkeiten ist in Ausnahmefällen uU die Entnahme einer zweiten Blutprobe anzuordnen. Das gilt insbesondere bei Alkoholaufnahme innerhalb einer Stunde vor der ersten Blutentnahme oder bei **Nachtrunkbehauptung**, und zwar 30 Minuten nach der ersten Blutentnahme. Dem liegt die Erwartung zugrunde, die sich dabei ergebende Differenz der BAK-Höhen könne Aufschluss über den Verlauf der Blutalkoholkurve beim Beschuldigten geben, sowie die Vermutung, der durch einen Nachtrunk zu erwartende Anstieg des Blutalkoholspiegels müsse zu einer höheren BAK der zweiten Blutprobe führen. Tatsächlich ist der **Wert einer zweiten Blutprobe** zur Überprüfung von Nachtrunkbehauptungen **aber gering**,[212] was in der Praxis bei Polizei, Staatsanwaltschaft und Gerichten noch nicht recht angekommen scheint.

Hinweis: Die zweite Blutprobe erlaubt weder zuverlässige Rückschlüsse auf die Größe des individuellen Abbaus noch auf die Phase der Blutalkoholkurve (Resorption, Elimination) oder gar auf den Umfang eines Nachtrunks. Es ist nämlich nicht auszuschließen, dass der Gipfelpunkt der Alkoholkurve zwischen den beiden Blutentnahmen liegt.[213]

82 Eindeutige **Anstiege zwischen zwei Blutentnahmen** von mehr als 0,08 ‰ werden nach rechtsmedizinischen Erkenntnissen nur in weniger als 1 % der Fälle festgestellt.[214] Aussagefähige Werte können Doppelblutentnahmen nur bei noch nicht abgeschlossener Resorption liefern.[215] Das aber setzt voraus, dass die erste der beiden Blutentnahmen in möglichst kurzem zeitlichem Abstand nach Ende des Nachtrunks erfolgt.[216]

Hinweis: Nur in Fällen **sturztrunkartigen Nachtrunks** erheblicher Alkoholmengen[217] kann die Resorptionszeit eine hinreichende Sicherheit für eine rechtzeitige Durchführung von Doppelblutentnahmen bieten.[218]

Hinzu kommt, dass die Differenz der Ergebnisse beider Proben – im Hinblick auf die allen Methoden zum Nachweis der BAK anhaftende Fehlerbreite – gar nicht der tatsächlichen Veränderung des Blutalkoholspiegels entsprechen muss.[219] Der „wahre"

---

212 Deutsche Gesellschaft für Rechtsmedizin BA 2004, 447; Berghaus/Althoff, BA 1979, 375, 379; Iffland NZV 1996, 129, 130; BA 2003, 403; Jachau u.a., BA 2003, 411; Hoppe/Haffner, NZV 1998, 265, 267.
213 Iffland, DAR 2002, 479; Hoppe/Haffner NZV 1998, 267; Zink/Reinhardt BA 1981, 377; Bär, BA 1986, 304; vgl auch BGH BA 2003, 312; DAR 1979, 180 – bei Spiegel; MDR 1991, 657.
214 Iffland, BA 2003, 403, 404; NZV 1996, 130; DAR 2001, 142; Jachau u.a., BA 2003, 411, 418.
215 Zink/Reinhardt, BA 1981, 380.
216 Zink/Reinhardt, BA 1981, 380; Iffland, NZV 1996, 130.
217 Hentschel, TFF, Rn 209.
218 Hoppe/Haffner, NZV 1998, 267.
219 Iffland/Daldrup, NZV 2001, 105, 107; vgl auch BGH, Beschl. v. 28.6.1990 – 4 StR 297/90 = NZV 1990, 358 = DAR 1990, 351= MDR 1990, 838 = NJW 1990, 2393 = NStZ 1990, 491 = VRS 79, 108 = Verk-Mitt. 1990 Nr. 87.

Wert kann den Untersuchungsbefund nämlich im Extremfall um 0,1 bis 0,15 ‰ übersteigen oder unterschreiten.[220] Theoretisch ist es also denkbar, dass eine Differenz bis zu 0,3 ‰ zwischen zwei nacheinander entnommenen Blutproben überhaupt keine tatsächliche Veränderung des BAK-Wertes bedeutet.[221]

Hinweis: Nicht entschieden wurde bisher, ob die Entnahme einer zweiten Blutprobe einer eigenen richterlichen Entscheidung nach § 81 a StPO bedarf oder ob sie bereits in der ersten Anordnung enthalten ist. Sicherheitshalber sollten Polizei und Staatsanwaltschaft darauf hinwirken, dass auch bei einer beabsichtigten zweiten Blutprobe sofort diese auch **durch den Richter mit angeordnet** wird. Die zweite Blutprobe wird aber nicht von der richterlichen Anordnung umfasst sein, wenn sich etwa erst durch eine Unterhaltung im Rahmen der ersten Entnahme nach richterlicher Anordnung ergibt, dass ein Nachtrunk stattgefunden haben könnte und so eine zweite Probe als hilfreich angesehen wird.

5. Variationsbreite

Innerhalb einer bestimmten Variationsbreite zwischen dem höchsten und dem niedrigsten Wert sind Abweichungen unschädlich:

- Die Variationsbreite, also die Differenz zwischen dem niedrigsten und dem höchsten Einzelwert, darf nicht mehr als **10 % des Probenmittelwertes**, bei Mittelwerten unter 1,0 ‰ nicht mehr als 0,1 ‰ betragen.[222]
- Messwerte, die die genannten Variationsbreiten übersteigen, erfüllen nicht die Anforderungen an die forensische Verwertbarkeit der Blutprobe.[223]

Beispiel: Prüfung der Variationsbreite

ADH	GC
1,09	1,11
<u>1,13</u>	<u>1,08</u>
2,22	2,19 Mittelwert: 4,41:4 = 1,125 ‰

Differenz zwischen dem höchsten und dem niedrigsten Wert:

1,13
−1,08
0,05

10 % des Probenmittelwertes: 0,1125

Die zulässige Variationsbreite ist also nicht überschritten, der Mittelwert verwertbar.

Der BGH hatte in seinem grundlegenden Beschluss zur Herabsetzung des Beweisgrenzwertes für absolute Fahrunsicherheit[224] die **Mitteilung der Analyseneinzelwerte** durch das Untersuchungsinstitut u.a. auch zur Nachprüfung der sog. maximalen

---

220 S. dazu Grüner, BA 1991, 361 ff.
221 OLG Karlsruhe, Beschl. v. 16.10.1996 – 2 Ss 239/96 = NZV 1997, 128; Reinhardt/Zink, NJW 1982, 2108.
222 BGH NZV 1999, 386; BayObLG NZV 1996, 75.
223 BayObLG NJW 1982, 2131; OLG Karlsruhe NJW 1977, 1111; OLG Düsseldorf DAR 1987, 293.
224 BGHSt 37, 89 = NJW 1990, 2393.

A. Die Feststellung des Rauschmittelkonsums

Standardabweichung verlangt. Daraufhin wurde in der Rechtsprechung zunächst vereinzelt nicht mehr auf die Variationsbreite, sondern auf die statistische Größe der Standardabweichung abgestellt.[225] Die Standardabweichung ist aber gar nicht geeignet, möglicherweise vorhandene systematische Fehler der verschiedenen angewandten Untersuchungsmethoden aufzudecken. Sie beschreibt vielmehr die Präzision wiederholter Messungen und bezieht sich auf eine größere Messreihe verschiedener Blutproben.[226]

85   Eine Bekanntgabe der Einzelwerte durch das Untersuchungsinstitut verlangt die Rechtsprechung auch bei Mittelwerten in Grenzwertnähe nicht. Vielmehr reicht die Mitteilung des Mittelwertes an das Gericht aus, verbunden mit der Angabe, dass dieser entsprechend den Richtlinien des Bundesgesundheitsamtes ermittelt worden ist und auch nicht auf aufgerundeten Werten beruht.[227]

Hinweis: Das Gericht muss damit natürlich auch nicht in seinem Urteil die Einzelwerte aufführen – anders ist dies freilich, wenn Besonderheiten gegeben sind oder seitens des Beschuldigten (bzw Betroffenen) plausibel geltend gemacht werden.

86   In der Praxis werden die einzelnen Analysewerte freilich regelmäßig mitgeteilt. Durch oftmals computermäßige Verarbeitung der gewonnenen Daten wird auch sichergestellt, dass die zulässige Variationsbreite nicht überschritten wird.

87   Allerdings kann es die **richterliche Aufklärungspflicht** (§ 244 Abs. 2 StPO) gebieten, von Amts wegen festzustellen, ob der Analysenmittelwert unter Berücksichtigung von Art und Zahl der Einzelwerte und der Variationsbreite richtig berechnet ist.[228]

88   Wird ein entsprechender Beweisantrag auf Feststellung der Analysenzahl, der angewandten Methoden und der Einzelwerte abgelehnt, so kann ein Verfahrensfehler vorliegen.[229]

Hinweis: Die Analyseneinzelwerte werden dem Gericht auf einfache Nachfrage mitgeteilt – es sollte daher „Standard" sein, diese nachzufordern, falls sie sich nicht aus dem Akteninhalt ergeben.

6. Analysenmittelwert

89   Nicht vom geringsten gemessenen Wert ist „in dubio pro reo" auszugehen. Entscheidend ist vielmehr das **arithmetische Mittel aus den Werten der Einzelanalysen**.[230]

Hinweis: Zur Berechnung: Es sind also die Blutprobenwerte der einzelnen Blutproben zunächst zu addieren und dann durch die Zahl der in die Berechnung eingestellten Blutproben zu teilen.

---

225 LG Hamburg NZV 1994, 45; AG Bernkastel-Kues zfs 1994, 465.
226 BGH NZV 1999, 386; BayObLG NZV 1996, 75 – Anm. Hentschel JR 1996, 388; Sammler u.a. BA 1992, 205, 208.
227 BGH NJW 1979, 609; OLG Düsseldorf NJW 1978, 1207; aM OLG Bremen VRS 49, 105 = BA 1975, 329 mit abl. Anm. Gerchow.
228 BGH NJW 1979, 609.
229 OLG Karlsruhe NJW 1977, 1111; OLG Schleswig NJW 1978, 1209.
230 BayObLG NJW 1976, 1802; OLG Düsseldorf VRS 94, 352; Fischer, StGB, § 316 Rn 18.

Bei der Berechnung des Mittelwertes dürfen allerdings nur die ersten beiden Stellen hinter dem Komma berücksichtigt werden.[231] Denn der **dritten Dezimale** kommt kein ausreichender Aussagewert zu.[232]

Die hM entspricht mathematisch-logischen Grundsätzen. Danach ist nicht der niedrigste Wert, sondern der arithmetische Mittelwert derjenige, der dem tatsächlichen Wert am nächsten kommt.[233] Die abweichende Ansicht müsste dazu führen, dass der Beschuldigte doppelt begünstigt wird. Denn der Gefahrengrenzwert des § 24 a Abs. 1 StVG (0,5 ‰) enthält – ebenso wie der Beweisgrenzwert für absolute Fahrunsicherheit (bei Kraftfahrern 1,1 ‰) – bereits einen Sicherheitszuschlag zugunsten des Betroffenen bzw Beschuldigten. 90

7. (Kein zusätzlicher) Sicherheitszuschlag

Eigentlich führt bereits die einer BAK von 1,0 ‰ entsprechende alkoholische Beeinflussung zur absoluten Fahrunsicherheit eines Kraftfahrers.[234] Um eine Benachteiligung des Angeklagten auszuschließen, wird aber dem Wert von 1,0 ‰ ein sog. Sicherheitszuschlag von 0,1 ‰ hinzugerechnet. Dieser soll die allen Alkoholnachweisverfahren anhaftende Fehlerbreite ausgleichen. Entsprechend verfuhr der Gesetzgeber bei Einführung des sog. Gefahrengrenzwertes in § 24 a StVG. Dort wurde zu dem eigentlichen Gefahrengrenzwert von 0,4 ‰ ein Sicherheitszuschlag von 0,1 ‰ addiert.[235] Also: In den Beweisgrenzwerten ist der **Sicherheitszuschlag von 0,1 ‰** bereits enthalten. 91

Hinweis: Es bedarf also grds. keinerlei „Zusatztoleranz" und auch keinerlei Erörterungen hierzu im tatrichterlichen Urteil.

IV. Bedeutung der Blutalkoholkonzentration zur Tatzeit

Stets fallen die Zeitpunkte der Tat und der Anknüpfungstatsachen für die Tatzeitalkoholisierung auseinander. Aufgabe der Verfahrensbeteiligten, namentlich der Staatsanwaltschaft und des Gerichts in Strafsachen oder der Verwaltungsbehörde und des Gerichts in Bußgeldsachen ist es somit, den Grad der Alkoholisierung bzw der **Alkoholwirkung zur Tatzeit** aus den weiteren Beweismitteln/Indizien zu ermitteln. 92

1. Entbehrlichkeit einer Rückrechnung auf die Tatzeit

Soweit es auf den sog. Gefahrengrenzwert von 0,5 ‰ in § 24 a Abs. 1 StVG oder auf den Beweisgrenzwert von 1,1 ‰ für absolute Fahrunsicherheit bei §§ 316, 315 c StGB ankommt, ist nicht etwa stets auf den Zeitpunkt der Tat abzustellen. 93

---

231 OLG Hamm, Beschl. v. 11.1.2000 – 3 Ss OWi 1219/99 = NZV 2000, 340; OLG Köln, Beschl. v. 5.1.2001 – Ss 509/00 B = NZV 2001, 137.
232 BGH NJW 1978, 1930; BayObLG, Urt. v. 2.5.2001 – 2 OB OWI 162/01 = DAR 2001, 370; OLG Köln, Beschl. v. 5.1.2001 – Ss 509/00 B = NZV 2001, 137.
233 BGH NZV 1999, 386; OLG Koblenz NJW 1974, 1433.
234 BGHSt 37, 89 = NJW 1990, 2393.
235 Amtl. Begr., abgedr. bei König in: Hentschel/König/Dauer, § 24 a StVG Rn 2; näher zu Fragen des Sicherheitszuschlages: Hentschel, TFF, Rn 87 ff.

Hinweis: Dies wird gelegentlich immer noch von der Verteidigung verkannt, deren Ausführungen – etwa zu einer angeblich im Tatzeitpunkt noch nicht abgeschlossenen Resorption – dann ins Leere gehen.

Immer, wenn die entscheidende BAK-Höhe iSd genannten Gefahren- und Beweisgrenzwerte im Zeitpunkt der Blutentnahme erreicht ist, die Blutuntersuchung also diese Werte ergeben hat, ist nämlich das entsprechende Tatbestandsmerkmal der alkoholischen Beeinflussung in § 24 a Abs. 1 StVG oder der Fahrunsicherheit (Fahruntüchtigkeit) im Rahmen der genannten Tatbestände erfüllt. Sind diese Werte nicht erreicht, so kann, wenn sich der Betroffene oder Beschuldigte im Zeitpunkt der Blutentnahme bereits in der **Abbauphase** befand, eine Rückrechnung ergeben, dass die entsprechenden Werte zur Tatzeit vorgelegen haben. Dann kommt es auf die Werte zur Tatzeit an.

Hinweis: Der BAK-Wert zur Tatzeit kann auch bedeutsam sein, wenn es um die Frage alkoholbedingter Beeinträchtigung der Schuldfähigkeit geht.

2. Rückrechnung auf die Tatzeit

a) Stündlicher Abbauwert

94 Kommt es entscheidend auf die BAK zur Tatzeit an, so erfordert die Rückrechnung in einfach gelagerten Fällen keine speziellen rechtsmedizinischen Kenntnisse, so dass auch der Verteidiger aufgrund der Angaben des Betroffenen oder Beschuldigten zurückrechnen kann. Dazu ist der Beschuldigte vor allem zum Trinkverlauf, insbesondere zu dem Zeitpunkt der letzten Alkoholaufnahme, also zum Trinkende zu befragen. Vom Trinkende hängt der Abschluss der Resorption ab. Nur für die Zeit der im Anschluss daran beginnenden Abbauphase ist eine Rückrechnung möglich.[236]

95 Zugunsten des Angeklagten sind bei der Rückrechnung von einem gemessenen Blutalkoholwert auf den Blutalkoholgehalt zur Tatzeit unterschiedliche Grundlagen heranzuziehen, je nachdem, ob es darum geht, Feststellungen zu seiner Fahrtüchtigkeit zu treffen, oder – nach Bejahung der Verwirklichung eines Straftatbestandes – darum, die Schuldfähigkeit des Angeklagten festzustellen.[237]

96 Nach rechtsmedizinischen Erkenntnissen ist der stündliche Alkoholabbau regelmäßig höher als 0,1 ‰. Dennoch ist bei Berechnung der Tatzeit-BAK durch Rückrechnung vom Analysenergebnis **zugunsten des Beschuldigen** mit einem gleichbleibenden stündlichen **Abbauwert von 0,1 ‰** zurückzurechnen.[238]

97 Ohne Hinzuziehung eines Sachverständigen darf das Gericht hiervon nicht abweichen.[239] Der entscheidende Richter sollte sich auch prüfen, ob er sich auf solch ein „unsicheres" Eis begeben sollte, zumal die Darstellungsanforderungen im Urteil, was die Wiedergabe des Sachverständigengutachtens in einem solchen Fall angeht, sehr hoch sein werden.

---

236 BGH NJW 1974, 246; BayObLG NZV 1995, 117; Grüner, JR 1992, 117, 118.
237 OLG Köln, Beschl. v. 1.3.2013 – III-1 RVs 36/13 = BeckRS 2013, 12511 = DAR 2013, 393.
238 Vgl OLG Köln, Beschl. v. 1.3.2013 – III-1 RVs 36/13 = BeckRS 2013, 12511 = DAR 2013, 393 mwN.
239 BGH NJW 1974, 246; OLG Hamm, Beschl. v. 11.1.2000 – 4 Ss 1254/00 = NZV 2002, 279.

Der Abbauwert von 0,1 ‰ pro Stunde ist der statistisch gesicherte Mindestwert, der 98
eine Benachteiligung des Beschuldigten ausschließt.[240] Ein abweichender „individueller" Abbauwert ist nicht nachweisbar.[241]

Berechnungsbeispiel:

Abschluss der Resorption (unter Berücksichtigung des Trinkendes und der Art und Weise des Trinkens):	20.40 Uhr
Tatzeit:	21.00 Uhr
Blutentnahme:	22.30 Uhr
BAK zur Zeit der Blutentnahme:	1,02 ‰
Rückrechnung von 22.30 Uhr bis 21.00 Uhr mit 0,1 ‰/h bei 1 1/2 Std. also mit 0,15 ‰:	1,02 ‰ + 0,15 ‰ = 1,17 ‰ Tatzeit-BAK

Bei Errechnung der Mindest-Tatzeit-Blutalkoholkonzentration durch Rückrechnung bedarf es darüber hinaus (im Urteil) der Mitteilung des Trinkendes, des Endes der Resorptionsphase und des Abbauwertes, wenn nicht dem Urteil entnommen werden kann, dass insoweit durch Verzicht auf Rückrechnung während der ersten zwei Stunden nach Trinkende und durch Zugrundelegung eines Abbauwerts von 0,1 ‰ für die spätere Zeit Rechtsfehler zulasten des Angeklagten ausgeschlossen sind.[242]

Unter Umständen kann es geboten sein, abweichend hiervon den zugunsten des Angeklagten höchstmöglichen stündlichen Abbauwert zugrunde zu legen: 99

Beispiel: Die Tat lag nach der Blutentnahme (zB weitere Fahrt unter fortdauernder alkoholischer Beeinflussung). Dann muss zugunsten des Angeklagten mit dem höchstmöglichen stündlichen Abbauwert auf die Tatzeit vorausgerechnet werden.[243] Mit dem **höchstmöglichen Abbauwert von 0,2 ‰** zurückzurechnen ist insbesondere, wenn es um die Frage alkoholbedingter Beeinträchtigung der Schuldfähigkeit geht.[244]

Hinweis: Rechtsmediziner rechnen üblicherweise mit einem wahrscheinlichen stündlichen Abbauwert von 0,15 ‰.[245]

Zu beachten ist, dass nicht nur mit vollem Abbauwert für jede angefangene Stunde zu rechnen ist, sondern dass auch Stundenanteile ausgerechnet werden können.[246]

b) Verlauf der Blutalkoholkurve und Resorptionszeit

Jede Rückrechnung von der BAK im **Zeitpunkt der Blutentnahme** auf einen früheren 100
Zeitpunkt setzt voraus, dass das Ende der Resorptionsphase feststeht.[247] Denn eine

---

240 BGH NJW 1974, 246; 1991, 852.
241 Gerchow BA 1983, 540, 541; BGH DAR 1986, 91; 1986, 297.
242 Vgl OLG Köln, Beschl. v. 1.3.2013 – III-1 RVs 36/13 = BeckRS 2013, 12511 = DAR 2013, 393; Beschl. v. 28.6.2002 – Ss 264/02 mwN.
243 OLG Koblenz, Urt. v. 10.2.2000 – 2 SS 12/00 = BeckRS 2000 30095137 = DAR 2000, 371.
244 OLG Köln, Beschl. v. 1.3.2013 – III-1 RVs 36/13 = BeckRS 2013, 12511 = DAR 2013, 393; OLG Hamm, Beschl. v. 3. 4.2006 – 3 Ss 71/06.
245 Priemer in: Buck/Krumbholz, Sachverständigenbeweis im Verkehrsrecht, § 10 Rn 104.
246 Vgl etwa: OLG Köln, Beschl. v. 5.2.2010 – III- – 1 RVs 25/10, 1 RVs 25/10 = BeckRS 2010, 06507.
247 BGH NJW 1974, 246; BayObLG, Urt. v. 2.7.2001 – 1 ST RR 68/01 = zfs 2001, 517 = DAR 2002, 80; NZV 1995, 117.

Rückrechnung in Form einer Hochrechnung ist nur möglich, wenn die Resorption zur Tatzeit abgeschlossen war.[248]

101 Da die Dauer der Resorption des aufgenommenen Alkohols von vielen Variablen abhängt (zB Magenfüllung und Trinkgeschwindigkeit) ist eine Schematisierung bei der Ermittlung des Resorptionsabschlusses grundsätzlich unzulässig. Dennoch bedarf es nicht etwa stets der Hinzuziehung eines Sachverständigen. Vielmehr hat die Rechtsprechung unter Berücksichtigung rechtsmedizinischer Erkenntnisse Grundsätze herausgebildet, die in vielen Fällen die **Annahme eines spätestmöglichen Resorptionsabschlusses** gestatten, ohne den Beschuldigten zu benachteiligen.

102 Dies gilt jedenfalls für den sog. „normalen Trinkverlauf". Ein normaler Trinkverlauf liegt nach der Rechtsprechung vor, wenn eine Alkoholbelastung von 0,5 bis 0,8 g Alkohol pro kg Körpergewicht innerhalb einer Stunde nicht überschritten wird.[249]

Hinweis: Der Verteidiger wird also selbst nachrechnen müssen und hiernach auch mit dem Beschuldigten sein Einlassungsverhalten besprechen müssen. Wird sodann ein **nicht „normaler" Trinkverlauf** behauptet, so ist gleichzeitig die Einholung eines rechtsmedizinischen Sachverständigengutachtens zur Bestimmung der Tatzeit-BAK zu beantragen.

c) Die ersten beiden Stunden nach Trinkende

103 Weist das Trinkverhalten des Angeklagten keine Besonderheiten auf – kein ungewöhnlich langsames Trinken, aber auch kein forciertes Trinken –, liegt also ein normaler Trinkverlauf vor, so dürfen **ohne Hinzuziehung eines medizinischen Sachverständigen** die ersten beiden Stunden nach Trinkende nicht in die Hochrechnung zulasten des Angeklagten einbezogen werden.[250] Zu seinen Gunsten wird also davon ausgegangen, dass sich die Alkoholkurve noch bis zu zwei Stunden nach Trinkende im Anstieg befand.[251]

104 **Hinweis:** Eine Rückrechnung zuungunsten des Angeklagten in derartigen Fällen ist also nur dann erlaubt, wenn feststeht, dass zwischen Trinkende und Tatzeit mindestens zwei Stunden verstrichen sind.

Beispiel: Trinkende nach „normalem Trinkverlauf": 19.30 Uhr

Blutentnahme: 21.20 Uhr

BAK: 1,09 ‰

Hier ist eine Rückrechnung im Regelfall ohne Sachverständigen nicht möglich. Zugunsten des Angeklagten ist vielmehr eine Tatzeit-BAK von 1,09 ‰ anzunehmen (keine absolute Fahrunsicherheit!).

---

248 Gutachten BGA S. 53.
249 BGH NJW 1974, 246; BayObLG, Urt. v. 2.7.2001 – 1 ST RR 68/01 = zfs 2001, 517 = DAR 2002, 80.
250 OLG Koblenz, Beschl. v. 10.2.2000 – 2 Ss 12/00 = DAR 2000, 371, 372; BayObLG, Urt. v. 2.7.2001 – 1 ST RR 68/01 = zfs 2001, 517 = DAR 2002, 80; OLG Hamm, Beschl. v. 11.1.2000 – 4 Ss 1254/00 = zfs 2002, 306 = NZV 2002, 279; Hentschel, Trunkenheit, Fahrerlaubnisentziehung, Fahrverbot, Rn 90 ff; Haase, zfs 2004, 149; OLG Köln, Beschl. v. 1.3.2013 – III-1 RVs 36/13 = BeckRS 2013, 12511 = DAR 2013, 393; Beschl. v. 23.3.2010 – III-1 RVs 49/10.
251 BGH NJW 1974, 246; BayObLG, Urt. v. 2.7.2001 – 1 ST RR 68/01 = zfs 2001, 517 = DAR 2002, 80; OLG Hamm NZV 2002, 279.

IV. Bedeutung der Blutalkoholkonzentration zur Tatzeit

Hinweis: Zu beachten ist allerdings, dass es **kein allgemeines Rückrechnungsverbot** für die ersten zwei Stunden gibt.

Zu beachten ist, dass nicht nur mit vollem Abbauwert für jede angefangene Stunde zu rechnen ist, sondern dass auch Stundenanteile ausgerechnet werden können.[252]

Ergibt sich aufgrund der konkreten Umstände des Falles unter Hinzuziehung eines medizinischen Sachverständigen eine **kürzere Resorptionszeit**, so ist diese maßgebend.[253] Insoweit kann die Einholung eines Sachverständigengutachtens auch ein Risiko für den Angeklagten darstellen. Allerdings muss das Gericht dann die Anknüpfungstatsachen des Sachverständigengutachtens im Urteil angeben.[254]

105

Hinweis: Fehlen diese Anknüpfungspunkte, so sollte im Falle einer Verurteilung durch das Amtsgericht sogleich (Sprung-)Revision eingelegt werden. Die einfache Sachrüge („... gerügt wird die Verletzung materiellen Rechts") reicht hier.

Schweigt der Angeklagte, so ist mangels anderweitiger Beweismittel zu seinen Gunsten von normalem Trinkverhalten mit mindestens zweistündiger Resorptionszeit auszugehen. Eine Rückrechnung durch das Gericht ist dann also nur möglich, wenn es feststellen kann, dass zwischen dem Trinkende und der Blutentnahme mehr als zwei Stunden verstrichen sind. Bei geringer Alkoholbelastung kann die Resorption schon frühzeitig abgeschlossen sein. Je geringer die Trinkmenge im Verhältnis zur Trinkzeit ist, desto früher ist die Alkoholresorption beendet.[255]

106

Hinweis: Oft ist das Ende der Resorption in solchen Fällen sogar schon mit dem Trinkende erreicht, mit der Folge weitgehender Rückrechnungsmöglichkeit.[256]

Bei Prüfung der Schuldfähigkeit ist zugunsten des Angeklagten davon auszugehen, dass die Resorption zur Tatzeit bereits abgeschlossen war, so dass sich die Rückrechnung auch auf die Zeit nach Trinkende erstreckt.[257]

3. Nachtrunk

Hat der Angeklagte nach der Tat Alkohol aufgenommen, so ist vom BAK-Wert, der aufgrund der Blutprobe für den Zeitpunkt der Blutentnahme ermittelt wurde, jedenfalls so viel in Abzug zu bringen, wie der nachgetrunkenen Alkoholmenge entspricht.[258]

107

---

252 Vgl etwa: OLG Köln, Beschl. v. 5.2.2010 – III-1 RVs 25/10, 1 RVs 25/10 = BeckRS 2010, 06507 (27 Minuten wurden als 0,9 ‰ angesetzt).
253 BGH NJW 1974, 246, 247; OLG Düsseldorf VRS 73, 470; Priemer in: Buck/Krumbholz, § 10 Rn 44.
254 BayObLG DAR 2001, 80.
255 Gutachten BGA S. 60; vgl auch BGH NJW 1974, 246.
256 Gutachten BGA S. 60; Zink/Reinhardt, NJW 1982, 2108.
257 Vgl OLG Köln, Beschl. v. 1.3.2013 – III – 1 RVs 36/13 = BeckRS 2013, 12511 = DAR 2013, 393; OLG Hamm NZV 1998, 334; OLG Koblenz, Urt. v. 10.2.2000 – 2 SS 12/00 = BeckRS 2000 30095137 = DAR 2000, 371, 372.
258 OLG Karlsruhe, Beschl. v. 4.8.2004 – 1 Ss 79/04 = NZV 2004, 537 = DAR 2004, 600 = NStZ-RR 2004, 371 = StV 2004, 584 = VRS 107, 190 = zfs 2004, 477; OLG Frankfurt NZV 1997, 239; zur rechnerischen Methode s. Verhoff u.a. BA 2005, 85. Zur Aufklärungspflicht des Gerichts bei Nachtrunkbehauptungen siehe OLG Hamm, Urt. v. 26.2.2003 – 2 SS OWI 956/02 = BeckRS 2003 30039007 = NZV 2003, 539 = DAR 2003, 324 = VRS 104, 458 = zfs 2003, 260.

Hinweis: Die Richtigkeit von Nachtrunkbehauptungen lässt sich häufig mithilfe eines medizinischen Sachverständigen überprüfen.[259]

So kann zB das Fehlen signifikanter Veränderungen der Trunkenheitssymptome zwischen der Tatzeit und der Blutentnahme gegen die Richtigkeit eines erheblichen Nachtrunks sprechen.[260] Auch aus der Untersuchung einer etwa vom Beschuldigten freiwillig abgegebenen Harnprobe können uU Rückschlüsse auf die Richtigkeit einer Nachtrunkbehauptung gezogen werden.[261]

108 Das wichtigste Hilfsmittel im Zusammenhang mit der Überprüfung von Nachtrunkbehauptungen ist jedoch die **Begleitalkoholanalyse** (oder auch genannt: Begleitstoffanalyse). Sie beruht darauf, dass die verschiedenen alkoholischen Getränke unterschiedliche Arten und Mengen von Begleitalkoholen enthalten (zB Methanol, n-Propanol, Isobutanol und 2-Butanol). Es findet sich so jeweils dem genossenen Alkohol entsprechend ein eigenes „Begleitstoffspektrum" im Blut.[262]

Hinweis: Aus der Beauftragung des Sachverständigen lässt sich oft nicht erkennen, ob dieser auch eine Begleitstoffanalyse vornehmen soll oder nicht. Ein gewissenhafter Sachverständiger wird bei dem Auftrag „die Plausibilität der Nachtrunkbehauptung zu prüfen" zwar regelmäßig auch eine Begleitstoffanalyse durchführen – sicher ist dies freilich nicht. Hier sollte dann in geeigneten Fällen nachgefragt oder das Gericht gebeten werden, den Gutachtenauftrag zu präzisieren.

109 Sind Art und Menge der in der Blutprobe vorgefundenen Begleitalkohole nicht mit der behaupteten Art und Menge der angeblich nach dem Vorfall konsumierten alkoholischen Getränke in Einklang zu bringen, so kann eine Nachtrunkbehauptung häufig widerlegt werden.[263] Gibt der Angeklagte den Nachtrunk solcher alkoholischer Getränke an, die wenig Begleitstoffe enthalten, so wird sich allerdings auch mithilfe einer Begleitalkoholanalyse eine Nachtrunkbehauptung vielfach nicht auf ihren Wahrheitsgehalt überprüfen lassen. Die Begleitalkoholanalyse ist in der Rechtsprechung anerkannt.[264]

Hinweis: Die Begleitstoffanalyse wird von Beschuldigten beim Aufstellen ihrer Nachtrunkbehauptungen oft unterschätzt oder ist gar nicht bekannt. Der Verteidiger muss seinen Mandanten hierüber aufklären. Der Mandant ist also auf jeden Fall vor falschen Angaben insoweit zu warnen – hieran kann die gesamte Nachtrunkbehauptung scheitern, gleichgültig wie richtig der Rest der Behauptung sein mag! Zu beachten ist auch: Je weniger Angaben zur Art des genossenen Alkohols bekannt ist, desto unpräziser kann sachverständig Stellung zur Bedeutung etwa festzustellender Begleitstoffe für die Nachtrunkbehauptung genommen werden.[265]

---

259 Ausführliche Darstellung zum Nachtrunk: Krumm, SVR 2006, 212.
260 Iffland u.a., BA 1982, 235, 243; krit. gegenüber diesem Beurteilungskriterium aber Hoppe/Haffner NZV 1998, 265, 268.
261 Iffland, BA 1999, 99 – mit anschaulicher grafischer Demonstration; NZV 1996, 129, 131; Iffland u.a., BA 1982, 235, 245 f; s. dazu auch Hentschel, TFF, Rn 108.
262 Ausführlich hierzu: Schmitt/Haffner in: Haffner/Skopp/Graw, 1.2.4.4. „Begleitstoffbegutachtung".
263 Iffland, Begleitalkoholanalyse S. 143 ff; ders., BA 1982, 235, 246 ff; Bonte u.a., NJW 1982, 2109.
264 OLG Karlsruhe, Beschl. v. 16.10.1996 – 2 Ss 239/96 = NZV 1997, 128.
265 Priemer in: Buck/Krumbholz, § 10 Rn 99.

V. Fehlen einer Blutuntersuchung

Immer wieder kommt es in der Praxis vor, dass gar keine Blutprobe entnommen wurde oder ggf auch erst zu einem so späten Zeitpunkt, dass die Rückrechnung nicht mehr möglich ist. Der Richter muss gleichwohl versuchen, die Tatzeit-BAK zu bestimmen.

110

Hinweis: Von einer Berechnung ist der Tatrichter insbesondere nicht schon deshalb entbunden, weil die Angaben des Angeklagten zum getrunkenen Alkohol nicht exakt genug sind. Er muss sich des Zweifelsatzes („in dubio") bedienen und aufgrund von Schätzangaben (sofern sie von dem Angeklagten oder Zeugen zum Trinkverhalten – zeitlich und mengenmäßig – gemacht wurden) versuchen, die Tatzeit-BAK zu bestimmen. Dies muss sich aus den Urteilsgründen ergeben. Hierzu ist es erforderlich, dass der Tatrichter sich im Urteil dahin erklärt, ob und inwieweit er Angaben zum Trinkverhalten geglaubt hat. Notfalls muss sich der Tatrichter zur Prüfung der Glaubhaftigkeit der Trinkmengenangaben des Trinkverhaltens eines Sachverständigen bedienen.[266]

1. Berechnung der BAK aus der Trinkmenge („Widmark")

Konnte eine Blutuntersuchung nicht erfolgen, so kann die BAK auch aus der genossenen Trinkmenge berechnet werden.

111

Hinweis: Die Berechnung der Tatzeit-BAK über die Trinkmenge ist von der Berechnung her genau. Wichtig ist immer das Bewusstsein, dass sich eine Ungenauigkeit und damit auch Verteidigungsansätze im Hinblick auf die der Berechnung zugrundeliegenden Faktoren (Trinkmenge, Gewicht, Reduktionsfaktor etc.) ergibt. Hier sind im **Zweifelsfall** stets die tätergünstigsten Werte zugrunde zu legen.

a) Grundlagen jeder Berechnung

Die Berechnung der BAK des Angeklagten aus der Trinkmenge setzt zunächst **glaubhafte Angaben über Art und Menge der genossenen alkoholischen Getränke** durch den Angeklagten oder durch Zeugen voraus.[267] Aus der Trinkmenge und der Alkoholart lässt sich nämlich die Menge des genossenen Alkohols in Gramm feststellen (nachfolgend: *A*). Die Berechnung ist aus der weiter unten abgedruckten „Arbeitshilfe" zu entnehmen.

112

Hinweis: Hier ist bereits das erste Einfallstor für Ungenauigkeiten bei der Berechnung eröffnet: Während zB die Marke eines Flaschenbieres und die Anzahl der genossenen Flaschen sehr genaue Rückschlüsse auf den genossenen Alkohol ermöglicht, wird es bei Angaben wie etwa „vier kleine Gläser Rotwein" schwierig, falls nichts Weiteres hierzu festgestellt werden kann. Im Zweifel ist hier also eine tätergünstige Lösung zu suchen.

---

266 BGH, Beschl. v. 26.5.2009 – 5 StR 57/09.
267 BGH, Beschl. v. 26.5.2009 – 5 StR 57/09.

113 Notwendig ist ferner die Kenntnis der Trinkzeit und des Körpergewichts des Betroffenen oder Angeklagten.[268] Da in den Fällen einer Berechnung anhand von Trinkmengenangaben regelmäßig keine Feststellungen zum Gewicht getroffen wurden, sollte der Betroffene/Angeklagte sein Gewicht frühzeitig nach der Tat dokumentieren, etwa durch Wiegung bei seinem Arzt.

Hinweis: Hat sich das Gewicht seit der Tat geändert, so wird ohne weitere Feststellungen zunächst einmal das aktuelle Gewicht den richterlichen Feststellungen zugrunde gelegt werden. Der Verteidiger muss hier also durch eigene Berechnung prüfen, ob eine etwaige abweichende Dokumentation eines anderen Gewichtes in den Prozess einzubringen ist oder ob dies für den Mandanten eher schädlich ist.

b) Die eigentliche Berechnung nach Widmark

114 Die Berechnung erfolgt (wissenschaftlich bezeichnet)[269] mithilfe der sog. Widmark-Formel:

$$ct = (A)/(p \times r) - ß \times t$$

aa) Erläuterungen zu der Formel

115 Zu errechnen ist der Wert **ct**, nämlich die Alkoholkonzentration in Promille zu einem bestimmten Zeitpunkt.

- **A** bezeichnet in der Formel das Gewicht des genossenen Alkohols in Gramm.
- **p** ist das Körpergewicht in Kilogramm,
- **r** der Faktor zur Errechnung des sog. „reduzierten Körpergewichts".

Von dem sich daraus ergebenden Wert ist das Produkt **ß × t** abzuziehen.

Der Buchstabe **ß** bezeichnet den Eliminationsfaktor (Alkoholabbau) in Promille pro Stunde.

t steht für die Abbauzeit in Stunden, die ab Trinkbeginn berücksichtigt werden muss.

Da sich der resorbierte Alkohol im Körper nicht gleichmäßig verteilt, ist das Körpergewicht mit dem sog. Reduktionsfaktor **r** zu multiplizieren.

bb) Der Reduktionsfaktor „r"

116 Die Größe des Faktors r hängt vom Körperbau der betreffenden Person ab, vor allem vom Anteil des Fettgewebes.[270] Durchschnittlich beträgt der Faktor *r* bei Männern 0,7 und bei Frauen 0,6.[271] Lässt sich ein individueller Faktor r nicht feststellen, so muss immer mit dem für den Angeklagten günstigsten Wert gerechnet werden.[272]

---

[268] Forster/Joachim, Blutalkohol und Straftat, S. 95, 96; Hentschel, TFF, Rn 116 ff.
[269] Eine Art Gebrauchsanweisung für die Praxis findet sich weiter unten als „Arbeitshilfe".
[270] Schmidt/Oehmichen, BA 1985, 224.
[271] BGH NStZ 1992, 32; Forster/Joachim, Blutalkohol und Straftat, S. 75; krit. Seidl u.a., BA 1997, 396.
[272] BGH NJW 1991, 852; OLG Köln, Urt. v. 23.1.2001 – SS 494/00 = BeckRS 2001 30157036 = DAR 2001, 230.

… V. Fehlen einer Blutuntersuchung **1**

Hinweis: Im Rahmen der §§ 315 c Abs. 1 Nr. 1 a (Abs. 3), 316 StGB, 24 a und 24 c StVG ist das der **höchste**, bei Berechnung eines Nachtrunks und im Rahmen der Prüfung der **Schuldfähigkeit** der **niedrigste** Wert.[273]

Berechnungsbeispiel: Körpergewicht des Angeklagten (Betroffenen): 70 kg   117

Trinkmenge: 30 g Alkohol

Reduktionsfaktor $r = 0{,}7$

Geht man einmal theoretisch davon aus, dass sich der in dem Beispiel genossene Alkohol sofort gleichmäßig im Körper verteilt hat, dann ergibt sich rechnerisch eine BAK von (30)/(70 fk 0,7) = 0,61 ‰

cc) Die abgebaute Alkoholmenge „ß x t"

Von dem so ermittelten Wert ist das Produkt $\beta \times t$ abzuziehen, dh die Alkoholmenge,   118
die nach Abschluss der Resorption wieder abgebaut wurde. Dabei sind jeweils die dem Angeklagten günstigsten Werte zugrunde zu legen. Kommt es also zB darauf an festzustellen, ob dem Angeklagten eine BAK von mindestens 0,5 ‰ oder 1,1 ‰ nachgewiesen werden kann, so ist mit dem höchstmöglichen Abbauwert *(ß)* zu rechnen. Dabei dürfen – anders als bei BAK-Feststellung durch Blutprobe – die ersten beiden Stunden nach Trinkende natürlich nicht von der Rückrechnung ausgenommen werden; sonst könnte sich eine den Angeklagten benachteiligende zu hohe BAK ergeben.[274]

dd) Das Resorptionsdefizit

Noch nicht berücksichtigt wurde in dem bisherigen Rechenbeispiel das sog. Resorpti-   119
onsdefizit.

Hinweis: Von dem mittels der Widmark-Formel errechneten BAK-Wert ist also das Resorptionsdefizit abzuziehen.

Damit wird die Alkoholmenge bezeichnet, die zwar oral aufgenommen worden ist, jedoch nicht vom Magen-Darm-Trakt in das Blut gelangte. Das Resorptionsdefizit kann **zwischen 10 und 30 %** der genossenen Alkoholmenge betragen.[275] Bei forcierter Nahrungsaufnahme soll nach fundierten Untersuchungen[276] das Resorptionsdefizit uU **sogar bis zu 70 %** betragen können.

Hinweis: Auch hierbei ist stets der dem Angeklagten günstigste Wert zugrunde zu legen.[277]

---

273 OLG Köln, Urt. v. 23.1.2001 – SS 494/00 = BeckRS 2001 30157036 = DAR 2001, 230.
274 OLG Köln NZV 1989, 357.
275 Vgl dazu auch BGH NStZ 1988, 119 – bei Janiszewski.
276 Heifer/Wehner, BA 1988, 299, 307.
277 BGH DAR 1987, 104 – bei Spiegel; NJW 1991, 852; BayObLG DAR 1994, 383 – bei Bär.

1 A. Die Feststellung des Rauschmittelkonsums

- Bei Errechnung der Mindest-BAK ist dies regelmäßig ein Wert von 30 %,[278]
- bei Überprüfung der Schuldfähigkeit dagegen der niedrigste Wert in Höhe von 10 %.[279]

Zu beachten ist: Bei der durch Blutuntersuchung ermittelten BAK spielt das Resorptionsdefizit keine Rolle.[280]

120 Nachstehende Arbeitshilfe gibt nochmals einen Überblick über die Abfolge einer Berechnung der BAK anhand der Trinkmenge:

Arbeitshilfe: Fragebogen zur BAK-Berechnung

- **Was wurde in welchen Mengen getrunken?**

  Es ist also zu prüfen, was sich an Trinkmenge (aus der Akte oder nach der Beweisaufnahme) ergibt. Sind nur Angaben des Fahrers vorhanden, so sind diese nach allgemeinen Beweiswürdigungsregeln kritisch zu würdigen, da der Fahrer stets ein Interesse daran haben wird, um eine Verurteilung herumzukommen. Die Angaben des Fahrers müssen also zumindest schon einmal glaubhaft sein. Etwaige Ungenauigkeiten bei den Angaben des Beschuldigten sind genau festzustellen, um notfalls verschiedene Rückrechnungen durchführen zu können. Probleme können sich hierbei stets dann ergeben, wenn sich der Fahrer zu früh auf genaue Trinkmengen und Trinkzeitpunkte festlegt. Der Verteidiger hat hier somit die kritische Aufgabe, in sich schlüssig vortragen, andererseits zu frühe Festlegungen vermeiden zu müssen.

- **Wieviel Gramm Alkohol wurden damit konsumiert?**

  Es gibt in den einschlägigen Kommentaren und Büchern ausführliche Tabellen, in denen bezogen auf die einzelnen Getränkearten der Alkoholgehalt in Prozent und Gramm angegeben wird. Um sicherzugehen, welcher Prozentwert zugrunde zu legen ist, sollte aber – wenn möglich – entweder auf das Etikett des genossenen Alkohols geschaut werden oder die Internetseite des Produzenten aufgesucht werden. Es kann natürlich auch ratsam sein, die Nachtrunkbehauptung mit verschiedenen gleichartigen Getränken unterschiedlichen Alkoholgehaltes durchzurechnen (Bsp.: „Bier" mit 4 % und mit 5,5 % Alkohol). Kann die Grammzahl Alkohol nicht aus Tabellen abgelesen werden, so kann dies auch berechnet werden:

  Schritt 1: Wieviel ml Alkohol enthält die Trinkmenge?

  Rechnung: Trinkmenge von ___ ml x ___ Vol-%[281] = ___ ml genossenen Alkohols

  Schritt 2: Wieviel Gramm wiegt der genossene Alkohol also?

  Rechnung: ___ ml Alkohol[282] x 0,8 = ___ g Alkohol

- **Habe ich alle sonstigen Berechnungsgrundlagen festgestellt?**

  Gemeint sind hiermit neben dem Gewicht (zur Tatzeit!) vor allem die für den Reduktionsfaktor relevanten Punkte: Geschlecht, Größe. Selten wird es zum Gewicht tatnah dokumentierte Wiegungen geben, so dass genau durch Gericht/Verteidiger nachgefragt werden muss. Der Angeklagte sollte von dem Verteidiger auch angehalten wer-

---

278 BGH DAR 1987, 194 – bei Spiegel; BayObLG DAR 1994, 383 – bei Bär; Priemer in: Buck/Krumbholz, § 10 Rn 113.
279 BGH NJW 1998, 3427; BayObLG DAR 1994, 383 – bei Bär; Priemer in: Buck/Krumbolz, § 10 Rn 1113.
280 BGH NStZ 1988, 119 – bei Janiszewski.
281 Gemeint ist hier etwa für einen „guten" Rotwein, dessen Alkoholgehalt laut Etikett, so zB 13 %.
282 Einzusetzen ist hier der „genossene" Alkohol aus der vorhergehenden Rechnung.

den, sich zu wiegen und dies zu dokumentieren. Falsche Angaben können sich hier nämlich ungünstig auswirken. Hat sich das Gewicht seit der Tat geändert, so wird ohne weitere Feststellungen zunächst einmal das aktuelle Gewicht den richterlichen Feststellungen zugrunde gelegt werden. Der Verteidiger muss hier also immer (!) durch eigene Berechnung prüfen, ob eine etwaige abweichende Dokumentation eines anderen Gewichtes in den Prozess einzubringen ist oder ob dies für den Mandanten eher schädlich ist.

■ **Welcher Reduktionsfaktor gilt?**

Der Reduktionsfaktor ist der „Dreh- und Angelpunkt" der Berechnung, da er recht unzuverlässig ist. Bei Frauen sind üblicherweise 0,6 anzusetzen; bei Männern gelten 0,7 als möglich. Das sind also die Werte, mit denen üblicherweise gerechnet wird!

In besonderen Körpersituationen (Fettleibigkeit oder auch bei Magersüchtigen) können teils individuelle Reduktionsfaktoren zwischen 0,5 bis 0,95 anzunehmen sein. Im Rahmen der Trunkenheitsdelikte sind natürlich zugunsten des Beschuldigten immer der denkbar höchste Reduktionsfaktor, das denkbar höchste Resorptionsdefizit, und der höchstmögliche stündliche Abbauwert anzunehmen. Andersherum verhält sich dies bei der Prüfung etwaiger Schuldunfähigkeit (bzw verminderter Schuldfähigkeit). Ggf ist wegen besonderer körperlicher Eigenheiten ein rechtsmedizinisches Gutachten zur Feststellung des Reduktionsfaktors bzw zur gesamten Feststellung der BAK notwendig.

■ **Wie berechne ich nun mit „Widmark"?**

Um die Trinkmenge in Promille festzustellen ist folglich nach der „Widmark-Formel" zu berechnen.

$$\frac{\text{Alk. in Gramm}}{\text{Reduktionsfaktor x Körpergewicht in Kg}} = \text{„Promille"}$$

■ **Welches Resorptionsdefizit ist anzusetzen?**

Von dem errechneten „Promillewert" ist das sogenannte Resorptionsdefizit[283] abzuziehen, das zwischen 10 und 30 % betragen kann. Dabei kann sich vor allem die Frage der Magenfüllung erheblich auswirken. Bei gefülltem Magen kann die Menge des nicht resorbierten Alkohols auf 30 % ansteigen.[284]

■ **Ist noch etwas abzuziehen für die Zeit zwischen Trinkende und Tatbegehung?**

Ja! Festzustellen sind hierfür die Zeit des Trinkens und die genaue Tatzeit. Der Abbau beginnt bereits mit der Aufnahme des ersten Alkohols und kann etwa zwischen 0,1 und 0,2 ‰ pro Stunde betragen. Für die ersten Berechnungen ist der Ansatz von 0,15 ‰ pro Stunde ausreichend. In Zweifelsfällen sollte die Einholung eines Sachverständigengutachtens angeregt werden. Es dürfen hier natürlich nicht (dem Täter nachteilig) die ersten beiden Stunden nach Trinkende vom Abbau ausgenommen werden.[285] Punktgenaue Feststellungen sind für das Ergebnis natürlich gut. Es ist daher aus Sicht des Beschuldigten zu prüfen, ob tatsächlich derart genaue Angaben gemacht werden können. Unsicherheiten sollte der Beschuldigte zum eigenen Schutze

---

[283] Hierdurch wird berücksichtigt, dass nur ein Teil des konsumierten Alkohols überhaupt vom Körper aufgenommen wird.
[284] Teils sind bei Nahrungsaufnahme noch höhere Werte erzielbar. Zu derart übermäßigen Nahrungsaufnahmen müsste genau vorgetragen werden.
[285] OLG Köln, Beschl. v. 2.6.1989 – Ss 227/89 = NZV 1989, 357.

deutlich kenntlich machen, damit dem Richter Berechnungsalternativen eröffnet werden.

Hinweis: Richtigerweise weisen Rechtsmediziner darauf hin, dass jedes Berechnungsschema für die Bestimmung von Blutalkoholkonzentrationen fehleranfällig ist, vor allem dann, wenn es unkritisch übernommen und abgearbeitet wird, ohne die Randumstände hinreichend zu würdigen.[286]

2. Atemalkohol

121 Bei Durchführung einer Atemalkoholanalyse stellen sich hinsichtlich der rechtlichen Konsequenzen zwei Fragen:

- Rechtfertigt die Feststellung eines bestimmten Atemalkoholwertes den gerichtlich verwertbaren Schluss auf das Vorliegen einer bestimmten Blutalkoholkonzentration?

- Welche unmittelbare Bedeutung hat eine beweissicher festgestellte Atemalkoholkonzentration für den Nachweis der alkoholischen Beeinflussung eines Fahrzeugführers?

a) Grundlagen

122 Der **Alcotest** ist jedenfalls ein brauchbares Mittel zur ungefähren Feststellung etwaiger Alkoholbeeinflussung. Insbesondere bei Atemalkoholmessung mit einem geeichten Gerät kann das Ergebnis bei Hinzutreten weiterer Beweisanzeichen die Feststellung relativer Fahrunsicherheit rechtfertigen.[287] Im Übrigen ist es dem Tatrichter natürlich nicht grundsätzlich verwehrt, aus einer AAK-Messung seine Überzeugung zu gewinnen, eine bestimmte BAK müsse jedenfalls erreicht oder überschritten gewesen sein.[288] Für den **Regelfall** wird dies aber in der Praxis nicht möglich sein,[289] und zwar auch bei Verwendung eines geeichten Gerätes.[290]

Hinweis: Denn es gibt **keine** unmittelbare **Konvertierbarkeit** von AAK-Werten in BAK-Werte.[291]

So wurde etwa eine Umrechnung von 0,94 mg/l auf 1,1 ‰ vom OLG Naumburg abgelehnt.[292] Vor allem bei den (nicht von der Physikalisch-Technischen Bundesanstalt zugelassenen und nicht geeichten) Vortestgeräten (Alcotest) ist zu berücksichtigen,

---

286 Haffner/Schmitt in: Haffner/Skopp/Graw, 1.2.4.1 „BAK – Berechnungen bei Nachtrunk".
287 OLG Stuttgart, Beschl. v. 13.1.2004 – 4 Ss 581/2003 = BeckRS 2004, 18750 = DAR 2004, 409; OLG Naumburg, Urt. v. 29.11.2000 – 2 SS 318/00 = zfs 2001, 135, 136; Maatz BA 2001, 48; 2002, 21.
288 Maatz BA 2002, 28.
289 BGH NStZ 1995, 539; BayObLG VRS 75, 211; OLG Stuttgart, Beschl. v. 13.1.2004 – 4 Ss 581/2003 = BeckRS 2004, 18750 = DAR 2004, 409; BGA – G „Atemalkohol" S. 32 f; aM AG Hannover BA 1985, 338.
290 BayObLG, Beschl. v. 12.5.2000 – 2 ObOWi 598/99 = NZV 2000, 295 = DAR 2000, 316 = VRS 99, 110 = zfs 2000, 313; OLG Naumburg, Urt. v. 29.11.2000 – 2 SS 318/00 = zfs 2001, 135.
291 BGH, Beschl. v. 3.4. 2001 – 4 StR 507/00 = NZV 2001, 267 = DAR 2001, 275 = NJW 2001, 1952 = VRS 100, 364; OLG Hamm, Urt. v. 29.4.2004 – 4 SS OWI 256/04 = BeckRS 2010, 07601 = BA 2005, 167; OLG Zweibrücken, Urt. v. 27.9.2001 – 1 SS 212/01 = BeckRS 2001 30208861 = NStZ 2002, 269 = DAR 2002, 279 = VRS 102, 117 = zfs 2002, 200; BGA-G „Atemalkohol" S. 32 f.
292 OLG Naumburg, Urt. v. 29.11.2000 – 2 SS 318/00 = zfs 2001, 135, 136.

dass die gemessenen AAK-Messwerte durch eine Vielzahl verschiedener physiologischer Einflüsse verfälscht werden können.

b) Verfälschende Einflüsse auf das AAK-Ergebnis
Einflüsse, die auf das Messergebnis wirken und dieses verfälschen können, gibt es viele. Dazu gehören zB   123

- die unterschiedliche Verteilung des Alkohols im Organismus oder die Luftfeuchtigkeit,[293]
- ferner Temperatureinflüsse,[294]
- das Hinzutreten von Mundrestalkohol,[295]
- auch in Zahnfleischtaschen oder aus Zahnprothesenhaftmitteln,[296]
- Magenluft (Aufstoßen; Singultus),[297]
- vermehrte Speichelbildung (Hypersalivation),[298]
- mangelnde analytische Spezifität der Atemalkohol-Testgeräte, die neben Ethanol auch andere flüchtige Substanzen, zB Aceton, Lösungsmittel (etwa nach sog. „Schnüffeln"), Benzin usw., erfassen,[299]
- Atemkapazität und Atemtechnik,[300]
- alkoholhaltige **Zahnprothesenhaftcreme**,[301]
- Acetonbildung durch Hungern, Frieren oder eine diabetische Stoffwechsellage.[302]

Hinweis: Beruft sich der Betroffene/Beschuldigte auf derartige verfälschende Einflüsse, so wird sich der Tatrichter damit nur inhaltlich auseinandersetzen müssen, wenn es auch vorgetragene oder sich aus der Akte ergebende **tatsächliche Hinweise auf eine Beeinflussung des Messergebnisses** gibt. Zu denken ist etwa daran, dass der Betroffene laut Messprotokoll „starken Schluckauf und Aufstoßen" hatte. Dagegen werden pauschale Behauptungen von Messfehlern, vor allem, wenn sie erst im Nachhinein erhoben werden, regelmäßig nicht weitere Aufklärungsmaßnahmen nach sich ziehen müssen.

Insbesondere kann Atmungsverminderung (Hypoventilation) zu einer signifikanten   124
Erhöhung der gemessenen AAK führen,[303] während bei verstärkter Atmung (Hyper-

---

293 Grüner, Atemalkoholprobe, S. 39 ff; ders., JR 1989, 80.
294 BGA-G „Atemalkohol" S. 20 f, 55; Gilg/Eisenmenger DAR 1997, 4.
295 Grubb/Lindberg, BA 2011, 57; Pluisch/Heifer, NZV 1992, 340.
296 OLG Hamm, Beschl. v. 24.1.2008 – 2 Ss OWi 37/08 = NZV 2008, 260 = DAR 2008, 394 = VRS 114, 292; Gilg/Eisenmenger DAR 1997, 5, 6.
297 Penners/Bilzer, BA 1987, 172; Wilske/Eisenmenger, DAR 1992, 45.
298 Tsokos/Bilzer, BA 1997, 405.
299 Aderjan u.a., BA 1992, 360; Hümpfner/Hein, BA 1992, 365; Bilzer/Grüner, BA 93, 228; Gutachten BGA-G „Atemalkohol" S. 27 f.
300 Haffner in: Haffner/Skopp/Graw, Begutachtung im Verkehrsrecht, 2012, 1.2.6.5. „Fehler und Störeinflüsse bei der AAK-Messung"; Pluisch/Heifer, NZV 1992, 340.
301 Priemer/Keller/Monticelli, BA 2013, 1 (selbst 90 min nach Einlage konnte noch eine bis zu 0,17 mg/l erhöhte AAK nachgewiesen werden).
302 UU kann gar ein Anteil von 0,04 mg/l Atemluft Aceton darstellen, vgl Bode, BA 2000, 349.
303 BGA-G „Atemalkohol" S. 21, 55; Wilske, DAR 2000, 17; Schuff u.a., BA 2002, 244.

ventilation) erheblich geringere AAK-Werte gegenüber der tatsächlichen Alkoholbeeinflussung gemessen werden.[304] Richtigerweise wird hierzu darauf hingewiesen, dass derartig auffälliges Atmungsverhalten durch einen aufmerksamen Messbeamten stets festgestellt werden dürfte.[305]

125 Nach einer neueren Untersuchung beeinträchtigt die Art der Atmung in weit stärkerem Maß, als im BGA-G „Atemalkohol" angenommen, die AAK-Bestimmung und kann zu Differenzen von +/- 0,05 mg/l führen.[306]

- Auch Lungenkrankheiten oder Rauchen (letzteres nach neueren Untersuchungen wohl nicht zum Nachteil des Betroffenen, s.u.) beeinflussen möglicherweise die Messergebnisse,[307]
- ebenso altersbedingte oder durch Asthma verursachte Einschränkung der Lungenfunktion.[308]

Schließlich kann es nach rechtsmedizinischen Erkenntnissen zu erhöhten Messwerten gegenüber dem Sollwert auch während der Resorptionsphase kommen.[309] Wegen der fehlenden Konvertierbarkeit von Atemalkoholwerten in Blutalkoholwerte hat der Gesetzgeber für den Ordnungswidrigkeitentatbestand des § 24 a StVG einen eigenen Atemalkoholwert als Tatbestandsmerkmal eingeführt (Gesetz zur Änderung des StVG vom 27.4.1998).[310]

Hinweis: Ethanolfreie Lebensmittel, insbesondere **Kaugummis** und **Pastillen** sind für Verfälschungen der AAK-Werte nach oben hin grundsätzlich nicht geeignet.[311] Gleiches gilt für **Zigarettenrauch**.[312]

c) Gefahrengrenzwert: 0,25 mg/l AAK

126 Der Gefahrengrenzwert von 0,25 mg/l AAK in § 24 a Abs. 1 StVG beruht auf einem im BGA-G „Atemalkohol" (**Gutachten des Bundesgesundheitsamtes, 1991**) mit einem Umrechnungsfaktor von 2000 aus dem BAK-Gefahrengrenzwert von 0,5 ‰ errechneten Wert. Der aber ist in der Rechtsmedizin wegen experimentell festgestellter erheblicher Abweichungen der jeweils gemessenen AAK im Verhältnis zur BAK[313] auf Kritik gestoßen.[314]

127 Diese Abweichungen beruhen auf atemphysiologischen Einflüssen oder sind durch die Verteilung des Alkohols im Körper bedingt.[315] Sie können vor allem in der Re-

---

304 BGA-G „Atemalkohol" S. 21, 55; Krause u.a., BA 2002, 5; Schuff u.a., BA 2002, 244.
305 Haffner in: Haffner/Skopp/Graw, Begutachtung im Verkehrsrecht, 2012, 1.2.6.5. „Fehler und Störeinflüsse bei der AAK-Messung".
306 Römhild u.a. BA 2001, 223; vgl auch Krause u.a., BA 2002, 5.
307 Bilzer u.a., BA 1997, 90; Krause u.a., BA 2002, 5.
308 Krause u.a., BA 2002, 5.
309 Wilske/Eisenmenger, DAR 1992, 44; vgl auch Pluisch/Heifer, NZV 1992, 342.
310 BGBl. I S. 795; s. dazu Hentschel NJW 1998, 2385.
311 Pietsch/Erfurt, BA 2012, 279; Haffner in: Haffner/Skopp/Graw, Begutachtung im Verkehrsrecht, 2012, 1.2.6.5. „Fehler und Störeinflüsse bei der AAK-Messung".
312 Pietsch/Erfurt, BA 2012, 279.
313 Vgl Schuff u.a., BA 2002, 151; Heifer, BA 2000, 106.
314 Iffland/Bilzer, DAR 1999, 4; Köhler u.a., BA 2000, 286.
315 Heifer, BA 2000, 106; Krause u.a., BA 2002, 5.

sorptionsphase zu einer Schlechterstellung derjenigen führen, die sich dem Atemalkoholtest statt der Blutuntersuchung unterziehen.³¹⁶

d) Der Einsatz eines AAK-Messgerätes (generelle Betrachtung)

Will das Gericht die mit einem Atemalkoholmessgerät festgestellte Atemalkoholkonzentration einer Verurteilung nach § 24 a Abs. 1 StVG zugrunde legen, so setzt dies zwingend voraus, dass es sich bei dem Atemalkoholmessgerät um ein von der Physikalisch-Technischen Bundesanstalt (PTB) mit einer Bauartzulassung versehenes, geeichtes Gerät handelt.³¹⁷ 128

Die Gültigkeitsdauer der **Eichung** beträgt bei Atemalkoholmessgeräten gem. Anhang B der Eichordnung 1/2 Jahr.³¹⁸ 129

Hinweis: Ausführlich zu den von der Polizei verwendeten Atemalkoholmessgeräten der Fa. Dräger „Alcotest 7110 Evidential, Typ Mk III" und „Alcotest 9510 DE": Teil 1 Rn 570 ff.

aa) Zuverlässigkeit der Messwerte einer AAK-Messung

Die mit diesem Gerät gemessenen AAK-Werte sind nach inzwischen herrschender Meinung ohne Abschläge im Rahmen des § 24 a StVG verwertbar.³¹⁹ Dh, dass **kein Sicherheitsabschlag erforderlich** ist, weil nämlich der den BAK-Werten zugrunde liegende Sicherheitszuschlag in umgerechneter Form auch in den AAK-Werten enthalten sei.³²⁰ 130

bb) Bei allen AAK-Messungen zu beachtende Verfahrensbestimmungen

Voraussetzung ist dabei stets die Beachtung der **Verfahrensbestimmungen**, insbesondere 131

- ein Zeitablauf von mindestens 20 Minuten seit Trinkende (sog. **Wartezeit**),
- eine **Kontrollzeit** von 10 Minuten vor der AAK-Messung, die in der Wartezeit von 20 Minuten enthalten sein kann.

Hinweis: Für die Einhaltung der **Kontrollzeit von 10 Min.** ist der **Beginn der Messung entscheidend,** nicht etwa der Zeitpunkt, in dem das Gerät eingeschaltet wird.³²¹

---

316 Schuff u.a., BA 2002, 151; Krause u.a., BA 2002, 5.
317 BGH, Beschl. v. 3.4.2001 – 4 StR 507/00 = NZV 2001, 267, 270 = NJW 2001, 1952 = DAR 2001, 275; KG, Urt. v. 26.11.2001 – 3 WS B 569/01 = VRS 102, 131.
318 KG, Urt. v. 26.11.2001 – 3 WS B 569/01= VRS 102, 131.
319 BGH, Beschl. v. 3.4.2001 – 4 StR 507/00 = NZV 2001, 267 = NJW 2001, 1952 = DAR 2001, 275; BayObLG, Beschl. v. 12 5.2000 – 2 ObOWi 598/99 = NZV 2000, 295 = DAR 2000, 316 = VRS 99, 110 = zfs 2000, 313; OLG Hamm, Urt. v. 18.6.2001 – 2 SS OWI 455/01 = BeckRS 2001 30187007 = DAR 2001, 416 = zfs 2001, 428 = VRS 101, 53; a. M. AG Baden-Baden BA 2003, 386 (abl. Anm. Slemeyer BA 2004, 35; Schoknecht BA 2004, 45).
320 BGH, Beschl. v. 3.4.2001 – 4 StR 507/00 = NZV 2001, 267, 270 = NJW 2001, 1952 = DAR 2001, 275; BayObLG, Beschl. v. 12.5.2000 – 2 ObOWi 598/99 = NZV 2000, 295 = DAR 2000, 316 = VRS 99, 110 = zfs 2000, 313; Schoknecht u.a. BA 2000, 453; s. aber Wehner u.a. BA 2000, 403; aM Bode, BA 2000, 217.
321 KG, Beschl. v. 29.1.2000 – 3 Ws (B) 17/01 = VRS 100, 337.

- Doppelmessung im Abstand von maximal 5 Minuten,
- Einhaltung der zulässigen **Variationsbreite** zwischen den Einzelwerten.[322]

cc) Fehlerquellen bei der Messung bzw im Rahmen der Auswertung

132   Die Erfüllung der genannten (und auch im BGA-G „Atemalkohol" gestellten) Anforderungen ist nach der sich aus der amtlichen Begründung ergebenden Intention des Gesetzgebers **unabdingbar**; anderenfalls ist die Messung unverwertbar.[323] Das gilt auch für die 20-minütige Wartezeit. Eine Kompensation durch **Sicherheitsabschläge** ist ausgeschlossen.[324] Anderenfalls könnte es in der Anflutungsphase zu Benachteiligungen des Betroffenen kommen, in der nämlich die AAK-Werte über den BAK-Werten liegen.[325] Die Variationsbreite (Differenz zwischen den beiden ausgedruckten Werten) darf gem. DIN VDE 0405–3 Nr. 6.1 bei Mittelwerten bis 0,4 mg/l nicht mehr als 0,04 mg/l und bei Mittelwerten über 0,4 mg/l nicht mehr als 10 % des Mittelwertes betragen.[326] Den Umstand, dass anstelle von je zwei Messungen nach beiden Messverfahren (also insgesamt 4) nur drei Analysen erfolgen,[327] von denen nur zwei ausgedruckt werden, hat der BGH in seinem grundlegenden Beschluss vom 3.4.2001 ausdrücklich nicht beanstandet.[328]

dd) Tatsächliche Feststellungen des Tatrichters

133   Bei der AAK-Messung mit bauartzugelassenem, geeichtem Gerät handelt es sich um ein **standardisiertes Messverfahren** im Sinne der Rechtsprechung des BGH (NZV 1993, 485; 1998, 120 – jeweils zur Geschwindigkeitsmessung).[329] Unter einem solch standardisierten Messverfahren ist bekanntermaßen ein durch Normen vereinheitlichtes (technisches) Verfahren zu verstehen, bei dem die Bedingungen seiner Anwendbarkeit und sein Ablauf so festgelegt sind, dass unter gleichen Voraussetzungen gleiche Ergebnisse zu erwarten sind, wobei nicht ein voll automatisiertes, menschliche Handhabungsfehler praktisch ausschließendes Verfahren stattfinden muss.[330] Diese Einstufung ist für die zu treffenden tatsächlichen **Urteilsfeststellungen** von aus-

---

322 BGH, Beschl. v. 3.4.2001 – 4 StR 507/00 = NZV 2001, 267, 269 = NJW 2001, 1952 = DAR 2001, 275; OLG Hamm, Urt. v. 18.6.2001 – 2 SS OWI 455/01 = BeckRS 2001 30187007 = DAR 2001, 416 = zfs 2001, 428 = VRS 101, 53.
323 OLG Dresden, Beschl. v. 10.12.2003 – Ss (OWi) 654/03 = NStZ 2004, 352; Beschl. v. 8.2.2005 – Ss (OWi) 32/05 = DAR 2005, 226.
324 BayObLG, Beschl. v. 2.11.2004 – 2 ObOWi 471/04 = NZV 2005, 53 = DAR 2005, 40 = VRS 108, 42 = VerkMitt. 2005 Nr. 10 = zfs 2005, 44; OLG Dresden, Beschl. v. 10.12.2003 – Ss (OWi) 654/03 = NStZ 2004, 352; Beschl. v. 8.2.2005 – Ss (OWi) 32/05 = DAR 2005, 226; a. M. OLG Hamm, Beschl. v. 23.8.2004 – 2 Ss 357/04 = NZV 2005, 109 = DAR 2005, 227 = VRS 107, 468; OLG Celle, Beschl. v. 18.8.2003 – 222 Ss 59/03 (OWi) = NZV 2004, 318; AG Borna BA 2004, 272 (aufgehoben durch OLG Dresden, Beschl. v. 10.12.2003 – Ss (OWi) 654/03 = NStZ 2004, 352).
325 BGA-G „Atemalkohol" 3.4, 4.1; Iffland, NZV 2004, 433, 438; DAR 2005, 198, 203.
326 BayObLG, Beschl. v. 12.5.2000 – 2 ObOWi 598/99 = NZV 2000, 295 = DAR 2000, 316 = VRS 99, 110 = zfs 2000, 313; OLG Jena, Beschl. v. 22.3.2004 – 1 Ss 22/04 = DAR 2004, 598; OLG Hamm Urt. v. 1.12.2003 – 3 SS 658/03 = BeckRS 2003 30334654 = BA 2004, 268.
327 Kritisch insoweit Löhle, NZV 2000, 193; Bode, zfs 2000, 316.
328 BGH, Beschl. v. 3.4.2001 – 4 StR 507/00 = NZV 2001, 267 = NJW 2001, 1952 = DAR 2001, 275.
329 BayObLG, Beschl. v. 2.11.2004 – 2 ObOWi 471/04 = NZV 2005, 53 = DAR 2005, 40 = VRS 108, 42 = VerkMitt. 2005 Nr. 10 = zfs 2005, 44; OLG Dresden, Beschl. v. 8.2.2005 – Ss (OWi) 32/05 = DAR 2005, 226; OLG Brandenburg VRS 107, 49; wohl auch BGH, Beschl. v. 3.4.2001 – 4 StR 507/00 = NZV 2001, 267, 268 = NJW 2001, 1952 = DAR 2001, 275.
330 BGH, Beschl. v. 30.10.1997 – 4 StR 24/97 = BGHSt 43, 277 = DAR 1998, 110 = NJW 1998, 321 = MDR 1998, 214.

V. Fehlen einer Blutuntersuchung

schlaggebender Bedeutung: Im Falle einer Verurteilung unter Zugrundelegung eines standardisierten Messverfahrens ist

- dieses selbst im Urteil zu bezeichnen,
- ferner das Messergebnis
- und die Messtoleranz, deren Angabe in Fällen der AAK-Messung jedoch – wie bereits dargestellt – dahinsteht.

Neben der Reduzierung der Anforderungen an die tatsächlichen Feststellungen führt die Anerkennung eines Messverfahrens als standardisiertes Messverfahren zu einer Modifikation des im Ordnungswidrigkeitenverfahren geltenden **Amtsermittlungsgrundsatzes**: Der Tatrichter muss sich nur dann von der Zuverlässigkeit der Messung überzeugen, wenn konkrete Anhaltspunkte für Messfehler gegeben sind[331] oder geltend gemacht werden.[332]

Hinweis: Besonderheiten müssen also geltend gemacht werden. In der Regel sind sie in entsprechende Beweisanträge zu betten, damit sie vom Gericht nicht übergangen werden.

Im Einzelnen gilt somit:

- im Urteil genügt grundsätzlich die Angabe des Messverfahrens und des gemessenen Mittelwertes.[333]
- idR bedarf es nicht der Mitteilung der Einzelwerte (ebenso wenig wie bei der BAK).[334]

Ob darüber hinaus Angaben im Urteil zur Eichung des verwendeten Gerätes sowie die Mitteilung über die oben erwähnte Warte- und Kontrollzeit zu verlangen sind, wird uneinheitlich beantwortet.[335]

---

[331] OLG Hamm, Beschl. v. 5.4.1990 – 3 Ss OWi 8/90 = NStZ 1990, 546; OLG Hamm Urt. v. 30.11.1999 – 2 SS OWI 1196/99 = BeckRS 1999 30084762 = NZV 2000, 264 = MDR 2000, 269 = VRS 98, 305 = DAR 2000, 129; Burhoff VA 2003, 165.

[332] OLG Dresden, Beschl. v. 8.7.2005 – Ss (OWi) 801/04 = BeckRS 2005, 08719 = DAR 2005, 637 = VRR 2005, 315.

[333] OLG Dresden, Beschl. v. 8.2.2005 – Ss (OWi) 32/05 = DAR 2005, 226; OLG Düsseldorf Beschl. v. 3.6.2002 – 2 a Ss (OWi) 92/02 – 33/02 II = BeckRS 2011, 03992 = NZV 2002, 523 = VRS 103, 386; OLG Hamm, Beschl. v. 13.9.2004 – 2 Ss OWi 462/04 = DAR 2004, 713; Beschl. v. 2.10.2001 – 3 Ss OWi 989/00 = BeckRS 2001 30209540 = NZV 2002, 198 = VRS 102, 115.

[334] OLG Dresden, Beschl. v. 3.1.2005 – SS OWI 629/04 = BeckRS 2005, 01022 = DAR 2005, 224 = NStZ – RR 2005, 117 = NZV 2005, 328 = SVR 2005, 235 = VRS 108, 114; OLG Hamm, Beschl. v. 13.9.2004 – 2 Ss OWi 462/04 = DAR 2004, 713; OLG Düsseldorf, Beschl. v. 3.6.2002 – 2 a Ss (OWi) 92/02 – 33/02 II = BeckRS 2011, 03992 = NZV 2002, 523 = VRS 103, 386; aM aber zB BayObLG, Beschl. v. 5.6.2001 – 2 ObOWi 208/01 = NJW 2001, 3138 = VRS 101, 224 = zfs 2001, 430 = DAR 2001, 465; OLG Jena, Beschl. v. 22.3.2004 – 1 Ss 22/04 = DAR 2004, 598.

[335] Bejahend: OLG Jena, Beschl. v. 22.3.2004 – 1 Ss 22/04 = DAR 2004, 598; OLG Düsseldorf zfs 2003, 517; OLG Hamm NZV 2002, 414; Maatz, BA 2002, 31 – in Bezug auf die Eichung; abl. insoweit ausdr. BayObLG NZV 2003, 232; OLG Celle BA 2004, 465; OLG Hamm VRS 102, 115 – 3. StrSen.; offengelassen von OLG Düsseldorf Beschl. v. 3.6.2002 – 2 a Ss (OWi) 92/02 – 33/02 II = BeckRS 2011, 03992 = NZV 2002, 523 = VRS 103, 386.

1 A. Die Feststellung des Rauschmittelkonsums

135 Anhaltspunkten für einen Messfehler muss der Tatrichter (trotz der grundsätzlichen Verwertbarkeit des gemessenen Wertes ohne Abschläge) im Rahmen der Aufklärungspflicht oder auf einen entsprechenden Beweisantrag hin nachgehen.[336]

VI. Das medizinische Sachverständigengutachten

136 In der Regel befindet sich in der Akte ein Sachverständigengutachten zur Frage der BAK zur Zeit der Blutprobenentnahme. Probleme können hier einerseits bei der Überprüfung der Richtigkeit der Gutachtenergebnisse und andererseits bei der Einführung und Verwertung des Gutachtens entstehen.

1. Verfahrensfragen

137 Soweit ein Gutachten über die BAK erstellt wurde, ist die Feststellung einer bestimmten BAK-Höhe durch das Gericht nur aufgrund des ordnungsgemäß in die Hauptverhandlung eingeführten BAK-Gutachtens möglich.[337] Anderenfalls liegt ein Verfahrensverstoß vor.[338]

138 Gutachten über die Bestimmung des Blutalkoholgehalts einschließlich der Rückrechnung sind gem. § 256 StPO ebenso verlesbar wie ärztliche Berichte (sog. „**Torkelbogen**") zur Entnahme von Blutproben. Soweit nicht ausdrücklich die wörtliche Verlesung beantragt wird, kann der Inhalt des Gutachtens auch in anderer Weise vom Vorsitzenden festgestellt und bekannt gemacht werden.[339]

Hinweis: Das „Gutachten" erschöpft sich regelmäßig in einem Zettel in DIN-A4- oder DIN-A5-Format, der die Einzelwerte der einzelnen Blutalkoholbefunde und den Mittelwert wiedergibt. Bei erforderlichen Rückrechnungen hat sich gezeigt, dass die persönliche Vernehmung des Sachverständigen im Hauptverhandlungstermin angezeigt ist, da sich oftmals noch Fragen oder Unsicherheiten bei der Berechnung im Laufe der Verhandlung ergeben. Der Verteidiger sollte daher bei beabsichtigter Verlesung eines „Rückrechnungsgutachtens" auf der Vernehmung des Sachverständigen in dem Hauptverhandlungstermin bestehen.

Knüpft ein Mitarbeiter des betreffenden Instituts an die Feststellungen eines Kollegen an, der die Analysen durchgeführt hat, so verstößt dies nicht gegen den Grundsatz der **Unmittelbarkeit der Beweisaufnahme**.[340]

2. Unvereinbarkeit der ermittelten BAK mit dem klinischen Befund

139 Das Fehlen gravierender Ausfallerscheinungen im ärztlichen Bericht rechtfertigt in aller Regel keine Zweifel hinsichtlich des Ergebnisses der Blutuntersuchung. Dies gilt umso mehr für den Eindruck eines medizinischen Laien vom Trunkenheitsgrad des

---

336 BGH, Beschl. v. 3.4.2001 – 4 StR 507/00 = NZV 2001, 267, 271= NJW 2001, 1952 = DAR 2001, 275; OLG Hamm, Beschl. v. 26.8.2004 – 4 Ss OWi 562/04 = BeckRS 2005, 10350 = zfs 2004, 583.
337 BayObLG, Beschl. v. 20.9.2002 – 2St RR 125/02 = NZV 2002, 578.
338 BGH NJW 1967, 299; OLG Köln NJW 1964, 2218.
339 OLG Köln BA 1976, 366; Beschl. v. 9.1.2001 – Ss 477/00 = BeckRS 2001, 01210 = VRS 100, 123, 127; OLG Düsseldorf, Beschl. v. 11.7.1989 – 5 Ss (OWi) 246/89 – (OWi) 103/89 I = NZV 1990, 42.
340 BGH NJW 1967, 299; OLG Köln, Beschl. v. 9.1.2001 – Ss 477/00 = BeckRS 2001, 01210 = VRS 100, 123, 128.

Angeklagten zur Tatzeit. Extreme Diskrepanzen zwischen der Höhe der festgestellten BAK und dem sog. klinischen Befund des Blutentnahmearztes können jedoch Aufklärung durch das Gericht erforderlich machen.

Beispiel:[341] Sachverhalt: Um 0.00 Uhr BAK von 4,00 ‰, gleichwohl aber nach Zeugenaussagen um 7.30 Uhr keinerlei alkoholische Beeinflussung.

Klärung mithilfe eines Sachverständigen durch das Gericht kann auch geboten sein, wenn in geringem zeitlichen Abstand eine Atemalkoholmessung durchgeführt wurde, deren Ergebnis eine gegenüber der BAK wesentlich geringere alkoholische Beeinflussung ausweist.[342]

3. Das Urteil des Tatrichters: BAK-Bestimmung und Sachverständigengutachtens

Das Gericht muss Sachverständigengutachten stets einer **selbstständigen Prüfung** hinsichtlich der Schlüssigkeit der darin gezogenen Folgerungen unterziehen und darf das Ergebnis des Gutachtens nicht kritiklos für das Urteil übernehmen.[343] Schließt sich das Gericht in schwierig gelagerten Fällen dem Sachverständigengutachten ohne eigene Erwägungen im Urteil an, so muss es jedenfalls alle wesentlichen Anknüpfungstatsachen des Gutachtens und die daraus gezogenen Schlüsse im Urteil so weit mitteilen, als sie zum Verständnis des Gutachtens und des Urteils erforderlich sind.[344] Dies gilt etwa in Fällen, in denen es auf die Errechnung der Tatzeit-BAK ankommt und der Angeklagte Nachtrunk geltend macht.[345] Bei den anerkannten Verfahren zur Blutalkoholbestimmung handelt es sich um sog. „standardisierte" Verfahren.[346] Daher ist in den Routinefällen die Angabe der Anknüpfungstatsachen durch den Tatrichter regelmäßig auch dann entbehrlich, wenn der festgestellte Mittelwert in den kritischen Bereich von 0,5 bzw 1,1 ‰ fällt.[347]

140

Hinweis: In aller Regel bedarf es in einfach gelagerten Fällen nicht der Mitteilung der Analyseneinzelwerte im Urteil. Vielmehr ist es sachlich-rechtlich nicht zu beanstanden, wenn das Urteil **nur den BAK-Mittelwert** angibt.[348]

Allgemein gilt: Der Umfang der Pflicht zur **Darlegung von Anknüpfungstatsachen** des Sachverständigengutachtens im Urteil richtet sich nach der jeweiligen Beweislage und der Bedeutung, die der Beweisfrage für die Wahrheitsfindung zukommt.[349]

Bei **Berechnung der BAK aus der Trinkmenge**, muss das Urteil alle Faktoren mitteilen, die der Berechnung zugrunde lagen. Von einer Berechnung ist der Tatrichter ins-

141

---

341 OLG Hamm VRS 25, 471.
342 OLG Karlsruhe Urt. v. 20.2.2003 – 1 SS 121/02 = NStZ – RR 2003, 150 = DAR 2003, 235: Abweichen des umgerechneten AAK-Wertes um mehr als 0,4 ‰ von der gemessenen BAK.
343 Jessnitzer/Ulrich Rn 425.
344 BGH NJW 1986, 2384; OLG Stuttgart, Beschl. v. 13.1.2004 – 4 Ss 581/2003 = BeckRS 2004, 18750 = DAR 2004, 409; OLG Köln, Beschl. v. 18.5.2001 – Ss 102/01 = NJW 2001, 3491; OLG Frankfurt NZV 1997, 239.
345 OLG Stuttgart, Beschl. v. 13.1.2004 – 4 Ss 581/2003 = BeckRS 2004, 18750 = DAR 2004, 409; OLG Hamm BA 1978, 379; OLG Düsseldorf VRS 64, 208.
346 BGH NZV 1998, 120; 1993, 485.
347 BGH, Beschl. v. 19.8.1993 – 4 StR 627/92 = NZV 1993, 485, 486.
348 BGH, Beschl. v. 19.8.1993 – 4 StR 627/92 = NZV 1993, 485, 486; NJW 1979, 609; OLG Düsseldorf NJW 1978, 1207.
349 BGH NJW 1959, 780; OLG Köln VRS 61, 140; 66, 352; OLG Hamm NJW 1972, 1526.

besondere nicht schon deshalb entbunden, weil die Angaben des Angeklagten zum getrunkenen Alkohol nicht exakt genug sind. Er muss sich des Zweifelssatzes („in dubio") bedienen und aufgrund von Schätzangaben (sofern sie von dem Angeklagten oder Zeugen zum Trinkverhalten – zeitlich und mengenmäßig – gemacht wurden) versuchen, die Tatzeit-BAK zu bestimmen. Dies muss sich aus den Urteilsgründen ergeben. Hierzu ist es erforderlich, dass der Tatrichter sich im Urteil dahin erklärt, ob und inwieweit er Angaben zum Trinkverhalten geglaubt hat. Notfalls muss sich der Tatrichter zur Prüfung der Glaubhaftigkeit der Trinkmengenangaben des Trinkverhaltens eines Sachverständigen bedienen.[350]

Mitzuteilen sind im Urteil also zB

- Gewicht des genossenen Alkohols,
- Körpergewicht,
- Reduktionsfaktor r,
- Abbauwert und
- Trinkzeit.[351]

142 Muster: Revisionsbegründung (Sachrüge; BAK-Berechnung)

... Gerügt wird die Verletzung materiellen Rechts und zwar zunächst in allgemeiner Form.

Begründung:[352]

Das angefochtene Urteil ist insgesamt rechtsfehlerhaft. Insbesondere stützt es sich auf eine Berechnung der Blutalkoholkonzentration anhand von Trinkmengenangaben des Angeklagten. Die Grundlagen der Berechnung werden aber nicht in ausreichendem Maße mitgeteilt. Anzugeben wären aber Gewicht des genossenen Alkohols, Körpergewicht, Reduktionsfaktor r, Abbauwert und Trinkzeit (vgl BGH NJW 1986, 2384; DAR 1984, 197 – bei *Spiegel* –; BayObLG VRS 99, 420). Dies ist auch angesichts des eingeholten Sachverständigengutachtens nicht entbehrlich, da andernfalls die Prüfung des tatrichterlichen Urteils auf Rechtsfehler nicht möglich ist ...

4. Zweifel an der Identität des untersuchten Blutes

a) ... im Strafverfahren

143 Stehen die Angaben des Angeklagten im Widerspruch zum Ergebnis der Blutuntersuchung, kann ein Antrag auf **Einholung eines Identitätsgutachtens** in Betracht kommen. Da die bloße Prüfung der Blutgruppe regelmäßig nicht ausreichen wird, wird in derartigen Zweifelsfällen nur eine DNA-Untersuchung Klarheit über die Identität des getesteten Blutes bringen können.

144 Die Praxis zeigt allerdings, dass eine Identitätsprüfung nur in den seltensten Fällen ein für den Angeklagten günstiges Ergebnis zeitigen wird. Insbesondere ist die Ver-

---

350 BGH, Beschl. v. 26.5.2009 – 5 StR 57/09.
351 BGH NJW 1986, 2384; DAR 1984, 197 – bei Spiegel; BayObLG VRS 99, 420.
352 Hinweis: Die Sachrüge muss nicht weiter begründet werden. Die Begründung sollte aber gleichwohl zumindest kurz stattfinden, um dem Revisionsgericht klar zu machen, wo die Rechtsverletzung gesehen wird und gerade hier die Prüfung anzuregen.

VI. Das medizinische Sachverständigengutachten

tauschung von Blutproben durch die zahlreichen Sicherheitsvorkehrungen in den Untersuchungsinstituten weitestgehend **ausgeschlossen**.[353]

Hinweis: Wird dennoch ein Antrag auf Einholung eines Identitätsgutachtens gestellt, so wird ihm das Gericht allerdings regelmäßig stattzugeben haben, wenn keine Gründe iSv § 244 Abs. 3 StPO vorliegen.[354]

Beweisanträge in diesem Rahmen sollten daher durch tatsächliche weitere Umstände unterfüttert werden (vgl etwa im nachfolgenden Muster), um das Vorliegen von Gründen iSv § 244 Abs. 3 StPO entkräften zu können. Der Eindruck etwa, einen Beweisantrag „ins Blaue" gestellt zu haben, ist dagegen eher schädlich. Das Gericht wird hier seiner Amtsermittlungspflicht wohl ausreichend nachkommen, wenn es den Weg von der Entnahme bis zur Auswertung nachvollzieht, zB durch Vernehmung des die Blutprobe anordnenden Polizeibeamten, der die Blutprobe mit individuellen Aufklebern versehen hat.

Auch, wenn die Vertauschung erst am Ende des Verfahrens erstmals geltend gemacht wird und keine weiteren Anhaltspunkte hierfür vorhanden sind, droht die Antragszurückweisung.

Muster: Beweisantrag (Identitätsgutachten)

...wird die Einholung eines DNA-Gutachtens beantragt, welches beweisen wird, dass die in der Anklageschrift bezeichnete Blutprobe, die eine BAK von ... ‰ aufwies, nicht von dem Angeklagten stammt.

Begründung:

Der Anklagevorwurf beruht auf einem Blutalkoholgutachten des Sachverständigen ..., der anhand der ausgewerteten Blutprobe eine BAK von ... ‰ festgestellt hat. Der Angeklagte hat sich jedoch dahin eingelassen, am Tattag keinen Alkohol konsumiert zu haben. Gestützt wird diese Einlassung von den Zeugen ..., die angegeben haben ...

Auch aus dem begleitend zur Blutprobenentnahme gefertigten Protokoll des Dr. ... sind keinerlei alkoholtypische Ausfallerscheinungen ersichtlich, die mit einer BAK des festgestellten Umfanges in Einklang zu bringen wären.

Erklärbar ist das Ergebnis der Blutprobe vor diesem Hintergrund nur durch eine Vertauschung der entnommenen Blutprobe mit anderen Blutproben. Eine solche Vertauschung wird durch ein einfaches DNA-Gutachten festgestellt werden können.

Der Angeklagte erklärt sich hier bereit, unverzüglich freiwillig eine Probe zur DNA-Begutachtung abzugeben ...

Wurde bereits ein Identitätsgutachten eingeholt und rechtfertigt dieses die Feststellung, dass eine Vertauschung oder Verwechslung der Blutprobe nicht vorliegt, so wird das Gericht aber einen nunmehr gestellten **Antrag auf Zeugenvernehmung** zur behaupteten Verwechslung ablehnen dürfen. Denn das vorausgegangene Identitätsgutachten ist jedenfalls gegenüber der Zeugenvernehmung das bessere Beweismittel.[355]

---

353 Püschel u.a., BA 1994, 315, 316.
354 BayObLG VRS 61, 40; OLG Köln NZV 1991, 397.
355 OLG Köln VRS 93, 436, 439.

Hinweis: Wird nicht im Einzelnen mitgeteilt, bei welcher Gelegenheit sich die Verwechslung zugetragen haben soll, darf der bloße Antrag auf Vernehmung eines bestimmten Zeugen zum Beweis einer Blutprobenverwechslung oder -vertauschung als Beweisermittlungsantrag vom Gericht abgelehnt werden.[356]

b) ... im Bußgeldverfahren

149 Die Blutprobenentnahme und -untersuchung ist auch in Bußgeldverfahren grundsätzlich möglich, § 46 Abs. 4 S. 1 OWiG. Bei Fahrten eines Fahrzeugführers unter Alkohol wird dies auch im Rahmen der stets erforderlichen Verhältnismäßigkeitsprüfung im Bußgeldverfahren regelmäßig keine Probleme bereiten. Die Untersuchung und Verwertung darf auch dann stattfinden, wenn die Blutprobe im Strafverfahren entnommen wurde, § 46 Abs. 4 S. 2 OWiG. Keinesfalls zulässig ist aber die Überprüfung der Identität des Blutes durch **DNA-Untersuchung**, § 46 Abs. 4 S. 3 OWiG.

150 Durch diese Regelung zum Schutze des Betroffenen werden die Verteidigungschancen in Bußgeldverfahren eingeschränkt. Ob eine einvernehmlich auf Antrag des Betroffenen angeordnete DNA-Untersuchung zum Zwecke seiner Entlastung doch ausnahmsweise verwertbar ist, ist bislang nicht entschieden worden, liegt aber mE nahe.

Hinweis: Als Lösung bietet sich wohl die Einholung eines privaten DNA-Gutachtens durch den Betroffenen bzw Verteidiger an. Das Verbot des § 46 Abs. 4 S. 3 OWiG richtet sich nämlich ausschließlich an die Justizbehörden und verbietet deren Untersuchungen iSd § 81 e StPO der Blutprobe. Wird dem Betroffenen dagegen (durch Anforderung eines von ihm privat beauftragten Sachverständigen) ein entbehrlicher Teil seiner „mutmaßlich" eigenen Blutprobe zur Verfügung gestellt, so verstößt dies nicht gegen die o.g. Norm. Er kann dann die Untersuchung veranlassen. Auch gegen die Verwertbarkeit bestehen hier keine Bedenken.

B. Alkoholbedingte Fahrunsicherheit

151 §§ 315 c Abs. 1 Nr. 1 und 316 StGB setzen voraus, dass der Fahrzeugführer nicht in der Lage ist, das Fahrzeug sicher zu führen. Etwas missverständlich wird diese Fahrunsicherheit herkömmlich als **Fahruntüchtigkeit** tituliert. Es kommt also nicht auf mangelnde Fahrtüchtigkeit, sondern auf fehlende Fahrsicherheit an.[357]

I. Absolute und relative Fahrunsicherheit

152 Den objektiven Tatbestand der §§ 315 c Abs. 1 Nr. 1 und 316 StGB erfüllt derjenige Kraftfahrer, der nicht in der Lage ist, das Fahrzeug sicher zu führen. Nicht nur die Begrifflichkeit der Fahruntüchtigkeit führt dabei zu Fehldeutungen, sondern auch die Bezeichnungen absolute oder relative Fahrunsicherheit sind geeignet, Missverständnisse hervorzurufen: Insbesondere ist die sog. relative Fahrunsicherheit nicht etwa eine geringere Form der Fahrunsicherheit. In der Qualität gibt es zwischen absoluter und relativer Fahrunsicherheit keinen Unterschied. Dieser besteht vielmehr aus-

---

356 OLG Köln VRS 93, 436, 439.
357 LK-König, § 315 c StGB, Rn 44; Mettke, NZV 2000, 1999.

schließlich in der **Art des Nachweises**.[358] Während die sog. relative Fahrunsicherheit neben der Feststellung der BAK weitere Beweisanzeichen voraussetzt, genügt zum Nachweis der absoluten Fahrunsicherheit allein die Höhe der BAK.

Fahrunsicher („nicht in der Lage, das Fahrzeug sicher zu führen": § 315 c Abs. 1 Nr. 1, § 316 Abs. 1 StGB) ist ein Fahrzeugführer dann, wenn seine **Gesamtleistungsfähigkeit**, besonders infolge Enthemmung sowie geistig-seelischer und körperlicher (psycho-physischer) Leistungsausfälle, so weit **herabgesetzt** ist, dass er nicht mehr fähig ist, sein Fahrzeug im Straßenverkehr eine längere Strecke, und zwar auch bei plötzlichem Auftreten schwieriger Verkehrslagen, sicher zu steuern.[359] 153

Auf das Fehlen von Ausfallerscheinungen, insbesondere das Fehlen von Fahrfehlern, die den Schluss auf „relative" Fahrunsicherheit zulassen, also auf einen auffälligen klinischen Befund im ärztlichen Bericht, kommt es nicht an. Dass jemand bei Gangproben, plötzlichen Kehrtwendungen oder Fingerproben keine Auffälligkeiten zeigt, lässt nämlich keinen Rückschluss darauf zu, ob er, vor allem in kritischen Verkehrslagen, den an einen Kraftfahrer zu stellenden Anforderungen gewachsen ist. Die mangelnde Fähigkeit, ein Fahrzeug sicher zu führen, kann auch auf alkoholbedingter Enthemmung, Verlust von Umsicht und Besonnenheit infolge Selbstüberschätzung, auf Rücksichtslosigkeit, erhöhter Risikobereitschaft und Leichtsinn beruhen.[360] 154

Hinweis: Der Verteidiger muss sich so natürlich mit (als behauptet) festgestellten Ausfallerscheinungen auseinandersetzen, wenn dem Beschuldigten relative Fahruntüchtigkeit vorgeworfen wird. Es macht aber keinen Sinn, sich dahin einzulassen, dass immerhin andere typischerweise festzustellende Ausfallerscheinungen nicht festgestellt wurden.

II. Absolute Fahrunsicherheit bei Kraftfahrern

Wie dargestellt, ist der Unterschied zwischen relativer und absoluter Fahrunsicherheit nur in der Beweisführung zu sehen. Die Arten der Fahrunsicherheit unterscheiden sich je nach Tatzeit-BAK. 155

1. Feststellung absoluter Fahrunsicherheit aufgrund des Blutprobenergebnisses

Absolute Fahrunsicherheit liegt bei allen Kraftfahrern **ab einer BAK von 1,1 ‰** vor[361] und zwar nicht nur im Straf-, sondern auch im Versicherungsrecht.[362] 156

---

358 BGH, Urt. v. 22.4.1982 – 4 StR 43/82 = NJW 1982, 2612; BayObLG, Urt. v. 15.11.1996 – 1 St RR 147/96 = NZV 1997, 127 = NJW 1997, 1381 = NStZ 1997, 240 = DAR 1997, 76 = MDR 1997, 487 = StV 1997, 254 = VerkMitt 1997, Nr. 67 = VRS 92, 410 = zfs 1997, 114; OLG Koblenz, Urt. v. 26.4.2002 – 10 U 1109/01 = BeckRS 2002 30256571 = VRS 103, 174.
359 BGH, Beschl. v. 3.11.1998 – 4 StR 395/98 = NZV 1999, 48 = DAR 1999, 31 = MDR 1999, 91 = NJW 1999, 226 = StV 1999, 19 = VRS 96, 199 = zfs 1999, 35; BayObLG, Beschl. v. 26.9.1972 – RReg. 6 St 72/72 = NJW 1973, 566; OLG Hamm BA 2004, 357.
360 OLG Saarbrücken VRS 102, 120; OLG Düsseldorf VRS 49, 38.
361 BGH NZV 1999, 48; NJW 1990, 2393; OLG Hamm BA 2004, 357; OLG Düsseldorf VRS 91, 179; Müller, SVR 2011, 61; zur absolute Fahrtüchtigkeit im Bahnverkehr: Meyer, NZV 2011, 374.
362 BGH NZV 2002, 559; OLG Düsseldorf VersR 2004, 1407; OLG Koblenz VRS 103, 174.

Hinweis: Dass eine solche BAK zur Fahrunsicherheit führt, entspricht einem den Tatrichter bindenden wissenschaftlichen Erfahrungssatz, der **keinen Gegenbeweis** zulässt.[363]

Der Wert von 1,1 ‰ setzt sich aus einem Grundwert von 1,0 ‰ und einem **Sicherheitszuschlag** von 0,1 ‰ zusammen.

2. Kein AAK-Beweisgrenzwert für absolute Fahrunsicherheit

157 Wegen der **fehlenden Konvertierbarkeit** von AAK und BAK rechtfertigt die Feststellung einer bestimmten – auch hohen – AAK nach allgemeiner Meinung nicht den Schluss auf das Vorliegen einer BAK von mindestens 1,1 ‰. Denn exakte BAK-Bestimmung aus der Atemluft für gerichtliche Zwecke zum Nachteil des Angeklagten scheidet nach wie vor **aus**.[364] **Das gilt** in gleicher Weise für das Ergebnis eines Alcotests mittels **Prüfröhrchens**,[365] für die von **Atemalkohol-Vortestgeräten** digital angezeigte, mittelbar aus der Atemalkoholkonzentration errechnete, vielfach mit dem aus der Blutuntersuchung gewonnenen BAK-Wert nicht übereinstimmende **fiktive BAK**,[366] aber auch für die **AAK-Messung mit geeichtem Gerät**.[367] Auch ein unmittelbar auf die Atemalkoholkonzentration (AAK) bezogener Beweisgrenzwert für absolute Fahrunsicherheit besteht bisher nach allgemeiner Meinung nicht. Gegen die Festlegung eines AAK-Beweisgrenzwertes für absolute Fahrunsicherheit durch die Rechtsprechung sollen vor allem folgende Erwägungen sprechen:

- Die **AAK** gibt im Gegensatz zur BAK nur einen **Hinweis auf den Grad der alkoholischen Beeinträchtigung** des Fahrzeugführers.[368]

- Auch der BGH erkennt ausdrücklich an, dass **jedem AAK-Wert eine „gewisse Bandbreite von BAK-Werten"** entsprechen kann.[369]

- Nach Ansicht von *Heifer*[370] kann eine AAK von 0,25 mg/l sowohl bei einer BAK von 0,6 ‰ als auch bei einer solchen von nur 0,2 ‰ gemessen werden.

Eine Länderstudie unter Federführung der Polizei-Führungsakademie (jetzt: Deutsche Hochschule der Polizei) aus dem Jahre 2006 hat dagegen ein ganz erhebliches Maß an Zuverlässigkeit der AAK und eine weitgehende Vergleichbarkeit mit parallel erhobenen BAK-Werten aufzeigen können.[371]

158 Ein Gesetzgebungsvorhaben aus dem Jahre 2008, das das Ziel hatte, auch in Strafverfahren die Atemalkoholmessung als gleichwertiges Beweismittel zur Prüfung der

---

363 BVerfG NJW 1995, 195. Ebenso: Blum, SVR 2011, 173, 176.
364 BGA-G „Atemalkohol" (1991) S. 32 f; BGH NStZ 1995, 539; OLG Stuttgart DAR 2004, 409; OLG Zweibrücken VRS 102, 117; Schoknecht, BA 2002, 18; aM AG Hannover BA 1985, 338.
365 OLG Zweibrücken NJW 1989, 2765.
366 OLG Stuttgart, Beschl. v. 13.1.2004 – 4 Ss 581/2003 = BeckRS 2004, 18750 = DAR 2004, 409; OLG Magdeburg BA 2003, 390.
367 OLG Naumburg zfs 2001, 135 (bei 0,82 mg/l); 2001, 136 (bei 0,94 mg/l) – zust. Scheffler BA 2001, 192; LG Dessau DAR 2000, 538 (jeweils 0,94 mg/l); Fischer, StGB, zu § 316 Rn 23; aM Schoknecht, BA 2000, 165; König NZV 2000, 499 und in LK, StGB, § 316 Rn 56.
368 Schuff u.a., BA 2002, 149.
369 BGH, Beschl. v. 3.4.2001 – 4 StR 507/00 = NZV 2001, 267, 269 = DAR 2001, 275 = NJW 2001, 1952 = StV 2001, 347 L = VRS 100, 364 = VerkMitt 2001 Nr. 68 = zfs 2001, 277.
370 Heifer, BA 2000, 106 f.
371 Hierzu: Sleymeyer/Schoknecht, BA 2008, 49; Brackemeyer, BA 2008, 47.

II. Absolute Fahrunsicherheit bei Kraftfahrern

Fahruntüchtigkeit einzuführen, ist aus eben diesen Gründen gescheitert. ME ist jedoch kaum erklärbar, warum in Bußgeldverfahren von einer ausreichenden Messgenauigkeit der AAK-Messgeräte ausgegangen werden kann, dieselben Ergebnisse in dem Augenblick, in dem auch alkoholisierungstypische Ausfallerscheinungen hinzutreten, die AAK-Werte nicht mehr als zuverlässig für die Bestimmung des Alkoholisierungsgrades eingestuft werden können, nur weil es sich um ein Strafverfahren handelt. Ggf ist also lediglich mit Beweisgrenzwerten vorsichtig umzugehen, so zB unter Gewährung einer Zusatztoleranz, ansonsten aber grundsätzlich die Verwertbarkeit im Strafverfahren anzuerkennen.

Hinzuweisen ist hier auf die **Empfehlungen des Arbeitskreises III des 47. Verkehrsgerichtstags** 2009: „Die Atemalkoholanalyse kann die Blutalkoholanalyse bei der strafrechtlichen Ahndung von Alkoholfahrten nicht ersetzen. Die Blutalkoholanalyse bleibt vielmehr weiterhin unverzichtbar. Der Arbeitskreis ist der Auffassung, dass die Atemalkoholanalyse gegenwärtig kein geeignetes Beweismittel zur Feststellung sog. „absoluter" Fahrunsicherheit ist. Der Arbeitskreis empfiehlt weitere umfassende Forschungsarbeit unter Einbeziehung der Rechtsmedizin, der Justiz und der Polizei." **159**

Hinweis: Ist aber – wie es die hM sieht – eine **bestimmte AAK-Höhe** je nach dem Stadium der Alkoholkurve **sowohl bei einer höheren als auch bei einer wesentlich niedrigeren BAK** möglich,[372] so ist ein **AAK-Grenzwert kein geeignetes Beweismittel für (absolute) Fahrunsicherheit**.[373]

Dagegen soll nach den Ausführungen von *Schoknecht* im BGA-G „Atemalkohol" (S. 53) eine AAK von **0,55–0,60 mg/l** grundsätzlich einem **BAK-Wert von 1,1 ‰** entsprechen und eine AAK von **mindestens 0,66 mg/l die Annahme absoluter Fahrunsicherheit** rechtfertigen.[374]

Der grundlegende **Beschluss** des BGH zur Verwertbarkeit der Messwerte ohne Abschläge im Rahmen des § 24 a StVG[375] **berührt die** einen AAK-Beweisgrenzwert für absolute Fahrunsicherheit ablehnende **Rechtsprechung nicht**. Dies hat der BGH ausdrücklich betont.[376] Hinzu kommt: Die bisherigen, auf die BAK bezogenen Beweisgrenzwerte für absolute Fahrunsicherheit fußen entweder auf statistischen Untersuchungen über die stochastische Abhängigkeit des Gefährlichkeitsgrades alkoholbeeinflusster Kraftfahrer von der Höhe der BAK[377] oder (wie etwa beim Radfahrer) auf experimentellen Untersuchungen über die Leistungseinbuße, bezogen auf eine bestimmte BAK. **160**

In Bezug auf die AAK liegen aber derartige Untersuchungen bisher nicht vor und sind, da eine bestimmte AAK sowohl bei Vorliegen einer höheren als auch niedrige- **161**

---
372 Wilske DAR 2000, 19; BGH, Beschl. v. 3.4.2001 – 4 StR 507/00 = NZV 2001, 267, 269 = DAR 2001, 275 = NJW 2001, 1952 = StV 2001, 347 L = VRS 100, 364 = VerkMitt 2001 Nr. 68 = zfs 2001, 277.
373 Vgl auch Maatz, BA 2002, 27.
374 Schoknecht, BA 2000, 165.
375 BGH, Beschl. v. 3.4.2001 – 4 StR 507/00 = NZV 2001, 267 = DAR 2001, 275 = NJW 2001, 1952 = StV 2001, 347 L = VRS 100, 364 = VerkMitt 2001 Nr. 68 = zfs 2001, 277.
376 BGH, Beschl. v. 3.4.2001 – 4 StR 507/00 = NZV 2001, 267, 271 = DAR 2001, 275 = NJW 2001, 1952 = StV 2001, 347 L = VRS 100, 364 = VerkMitt 2001 Nr. 68 = zfs 2001, 277.
377 Dazu Hentschel, TFF, Rn 146.

ren BAK gemessen werden kann, auch nicht **zu erwarten**.[378] Zudem scheitert die Festlegung eines Konversionsfaktors aus rechtsmedizinischer Sicht an Problemen im Rahmen der pharmakokinetischen Phase, an den Änderungsgeschwindigkeiten und der Wechselwirkung zwischen Konzentrationsniveau und Konversionsfaktor.[379]

3. Erreichen des Beweisgrenzwertes erst nach der Tat

162 Es ist nicht erforderlich, dass der Beweisgrenzwert von 1,1 ‰ im Zeitpunkt der Tat vorgelegen hat. Es genügt vielmehr, dass sich der Kraftfahrer im Zeitpunkt der Fahrt aufgrund des von ihm zuvor genossenen Alkohols jedenfalls im Anstieg auf einen solchen Wert befand.[380] Das bedeutet: Ergibt die nach der Fahrt entnommene Blutprobe einen Wert von wenigstens 1,1 ‰, so lag dieser Wert entweder mindestens auch im Zeitpunkt der Tat vor (sog. „**Plateaubildung**" der Alkoholkurve), oder der Wert zur Tatzeit lag höher (Alkoholabbau bis zur Blutentnahme), oder aber der Kraftfahrer befand sich im Tatzeitpunkt von einer niedrigeren BAK im Anstieg auf den später festgestellten Wert (Resorptionsphase).

Hinweis: Die Behauptung eines noch kurz vor Fahrtantritt genossenen **Schlusstrunks** (zB „Beweisgrenzwert von 1,1 ‰ wurde erst später – also erst nach der Tat – erreicht"), ist daher unbeachtlich. Üblicherweise firmiert dieses Problem unter dem Stichwort „**Anflutungswirkung**" – es heißt dann hier pauschal, diese sei mit der Alkoholwirkung der später festgestellten BAK identisch.

163 Absolute Fahrunsicherheit eines Kraftfahrers ist mithin stets dann gegeben, wenn aufgrund des vor Fahrtantritt genossenen Alkohols der Beweisgrenzwert von **1,1 ‰ zu irgendeinem Zeitpunkt während oder nach der Fahrt** erreicht worden ist.[381] Diese Rechtsprechung folgt der rechtsmedizinischen Erkenntnis, dass die alkoholische Beeinträchtigung in der Phase des Anstiegs der BAK auf den Grenzwert mindestens ebenso stark ist wie nach Erreichen dieser Konzentration.[382]

4. Keine Aufrundung

164 Eine **Aufrundung** des festgestellten Analysenmittelwertes zuungunsten des Angeklagten (etwa von 1,096 ‰ auf 1,1 ‰) ist **unzulässig**.[383]

5. Motorrad- und Mopedfahrer

165 Der Beweisgrenzwert gilt für alle Führer von Kraftfahrzeugen.[384] Auch Mopedfahrer sind also bei **1,1 ‰** absolut fahrunsicher.[385]

---

378 Siehe auch Maatz, BA 2001, 47; 2002, 24; Janker, DAR 2002, 55.
379 Haffner/Graw, NZV 2009, 209, 213.
380 Müller, SVR 2011, 61.
381 BGH NJW 1974, 246; OLG Hamm NJW 1974, 1433.
382 Heifer BA 1970, 383 ff; 1970, 472.
383 BayObLG DAR 1974, 179 – bei Rüth; OLG Hamm NJW 1975, 2251; vgl auch BGH NJW 1978, 1930 – zu § 24 a StVG; aM früher OLG Hamm NJW 1976, 382, inzwischen aufgegeben: OLG Hamm VRS 56, 147.
384 BGH NZV 1990, 357.
385 BayObLG NJW 1973, 566; anders früher (niedrigerer Grenzwert für Motorradfahrer) noch BGH NJW 1967, 116.

6. Mofafahrer

Schon hieraus folgt, dass der Beweisgrenzwert für absolute Fahrunsicherheit von Kraftfahrern auch für Mofafahrer gilt.[386] Werden Leichtmofas mit Motorkraft gefahren oder soll durch Treten der Pedale der Motor in Gang gesetzt werden, so gilt ebenfalls der Wert von **1,1 ‰** für absolute Fahrunsicherheit.[387]

166

7. Segway-Nutzer

Der Segway ist durch die Mobilitätshilfenverordnung vom 16.7.2009 bundeseinheitlich geregelt. Die Berechtigung einen Segway zu führen knüpft an die Berechtigung zum Führen eines Mofas an. Auch sonst gilt die StVO uneingeschränkt. Die Rechtsfragen um den Segway was die Fahrunsicherheit angeht sind damit aber noch nicht endgültig geklärt. Richtig wird die **Übertragung der Rechtsprechung zu sonstigen Kraftfahrzeugen** auf den Segway sein, auch wenn er laut Verordnung nur eine Mobilitätshilfe ist. Die Verordnung geht aber weiterhin ausdrücklich davon aus, dass eine solche Mobilitätshilfe auch trotz eingeschränkter Funktion, Fahrtmöglichkeit auf Fahrradwegen und geringen Fahrgeschwindigkeiten ein Kraftfahrzeug im straßenverkehrsrechtlichen Sinne darstellen soll.[388] Die hM nimmt mittlerweile auch an, dass der Segway ein Kraftfahrzeug darstellt.[389] Auch hier sollte man also wie bei anderen Kraftfahrzeugen von **1,1 ‰** als Grenzwert für die absolute Fahrunsicherheit ausgehen.

167

8. Anwendbarkeit des Beweisgrenzwertes für Kraftfahrer

Der Beweisgrenzwert von 1,1 ‰ gilt nur, wenn der Täter das Fahrzeug auch **als Kraftfahrer** geführt hat.

168

Hinweis: Voraussetzung für die Anwendbarkeit des Beweisgrenzwertes für Kraftfahrzeuge ist:

a) Die **Motorkraft** des Fahrzeugs war wirksam,

oder

b) sie sollte alsbald – etwa durch Anschieben, Anschleppen, Abrollenlassen – zur Wirkung gebracht werden.[390]

Keine absolute Fahrunsicherheit ist daher trotz 1,1 ‰ gegeben,

169

- wenn der Täter das Fahrzeug ohne Motorkraft auf einer kurzen Gefällestrecke abrollen lässt,[391]
- oder wenn er ein von einer anderen Person geschobenes Kraftfahrzeug führt, vorausgesetzt, dass hierdurch nicht der Motor in Gang gesetzt werden soll.[392]

---

386 BGH NJW 1982, 588; OLG Bremen VRS 63, 124.
387 LK-König zu § 316 Rn 67; a. M. LG Oldenburg DAR 1990, 72.
388 Ansonsten weitergehend zum Segway: Kettler, NZV 2008, 71; Huppertz, NZV 2008, 389.
389 Rebler, SVR 2012, 15; Ternig, zfs 2010, 2.
390 OLG Hamm DAR 1957, 367; 1960, 55; aM LK-König, § 315 c StGB, Rn 17 (auf eine entsprechende Absicht kommt es nicht an).
391 OLG Hamm DAR 1957, 367; 1960, 55; aM LK-König, § 315 c StGB, Rn 1.
392 OLG Koblenz VRS 49, 366.

B. Alkoholbedingte Fahrunsicherheit

Ausnahme:

a) Der Fahrzeugführer hat hinsichtlich der erforderlichen Aufmerksamkeit sowie des Wahrnehmungs- und Reaktionsvermögens mindestens die gleichen Anforderungen zu erfüllen wie ein Kraftfahrer, und (zusätzlich)

b) von ihm gehen bei einer BAK von 1,1 ‰ mindestens ebenso große Gefahren für andere Verkehrsteilnehmer aus.

170 Dies gilt nach inzwischen hM jedenfalls für den Lenker eines Pkws, der mithilfe eines Abschleppseils von einem anderen Fahrzeug abgeschleppt (oder geschleppt) wird.[393] Für das Abschleppen mit Abschleppstange wird nichts anderes zu gelten haben.[394]

Hinweis: Kein Beweisgrenzwert für absolute Fahrunsicherheit besteht für

- Soziusfahrer,[395]
- Lokführer oder Straßenbahnführer.[396]

Beim Führer eines motorisierten **Krankenfahrstuhls** wird wohl angesichts der obergerichtlichen Rechtsprechung davon auszugehen sein, dass ab 1,1 ‰ eine absolute Fahruntüchtigkeit gegeben ist.[397] Aus Anwaltssicht ist dies zu bezweifeln – hier hat das AG Löbau etwa einen Grenzwert von 1,6 ‰ angenommen.[398] In der Literatur wird gar behauptet, es gebe keinen Wert für die absolute Fahruntüchtigkeit.[399]

171 Auch für Lenker eines **Pferdefuhrwerks** gilt 1,1 ‰ als Grenzwert der absoluten Fahruntüchtigkeit.[400]

III. Absolute Fahrunsicherheit bei Radfahrern, E-Bikern, „Bierbikern"

172 Der Beweisgrenzwert für absolute Fahrunsicherheit von Radfahrern war umstritten.[401] Nach einem Beschluss des BGH vom 17.7.1986[402] sind Radfahrer bei 1,7 ‰ absolut fahrunsicher. Der BGH hat diese Rechtsprechung bisher nicht ausdrücklich revidiert. Der genannte Beschluss geht dabei noch von einem Sicherheitszuschlag in Höhe von 0,2 ‰ aus (Grundwert 1,5 ‰ + 0,2 ‰ Sicherheitszuschlag).

173 Da der BGH jedoch zwischenzeitlich den Sicherheitszuschlag für Kraftfahrer von 0,2 auf 0,1 ‰ gesenkt hat[403] und der Sicherheitszuschlag für Radfahrer natürlich derselbe sein muss, wird derzeit allgemein die absolute Fahrunsicherheit von Radfahrern

---

393 BGH NZV 1990, 157; OLG Hamm DAR 1999, 178; aM noch OLG Frankfurt NJW 1985, 2961.
394 Janiszewski NStZ 1990, 273.
395 OLG Hamm VRS 22, 479.
396 BayObLG NZV 1993, 239.
397 OLG Nürnberg, Beschl. v. 13.12.2010 – 2 St OLG Ss 230/10 = BeckRS 2011, 00366 = DAR 2011, 152 = NStZ-RR 2011, 153 = VersR 2011, 366 = NJW-Spezial 2011, 43 = VRS 120, 183 = zfs 2011, 228 (mittels Elektromotor angetriebener dreirädriger Krankenfahrstuhl; Eigengewicht: 300 kg; bauartbedingte Höchstgeschwindigkeit von 15 km/h); BayObLG, Beschl. v. 13.7.2000, 2 St RR 118/00 = NStZ-RR 2001, 26.
398 AG Löbau, Urt. v. 7.6.2007 -- 5 Ds 430 Js 17736/06 = NJW 2008, 530; zustimmend: Hufnagel, DAR 2008, 406; Jahn, JuS 2008, 80.
399 Scheibenpflug/Wegerich, NZV 2012, 414.
400 OLG Oldenburg, Urt. v. 24.2.2014 – 1 Ss 204/13 = NJW 2014, 2211 = DAR 2014, 397 = NZV 2014, 372 = SVR 2014, 310; aA: AG Köln NJW 1989, 921 – 1,7 ‰ reichten dem Gericht nicht.
401 Näher: Hentschel, TFF, Rn 164.
402 BGH NJW 1986, 2650.
403 BGH NJW 1990, 2393.

bei 1,6 ‰ angesetzt.[404] Ein Wert von 1,5 ‰ wurde jedoch in der obergerichtlichen Rechtsprechung ausdrücklich abgelehnt.[405]

Da sich der Beweisgrenzwert auch bei Radfahrern aus einem Grundwert und einem Sicherheitszuschlag zusammensetzt, spricht vieles dafür, eine Senkung des bisherigen Wertes von 1,7 ‰ erst dann vorzunehmen, wenn die Notwendigkeit einer solchen Änderung aus einer Überprüfung beider Komponenten folgt.[406] Beim **Tandem** gilt die beschriebene Grenze nur für den Lenker/Bremser, nicht aber für den hinteren Mitfahrer, der nicht Führer des Tandems ist.[407] 174

Für Führer sogenannter **Bierbikes** – die auch Fahrräder sind[408] – kann nichts anderes gelten[409] – hier stellt sich dann aber die Frage, wann der Mitfahrer eines Bierbikes dieses auch führt/fährt. Dies ist beim Bierbike/Partybike in erster Linie der „Bikelenker".[410] Ob weiterhin auch der einzelne Bierbikenutzer Fahrzeugführer ist, weil er nur mittrampelt erscheint zweifelhaft.[411] Weiteres zum Begriff des Führens: Teil 1 Rn 365. 175

E-Bikes werden von der § 1 Abs. 3 StVG wie Fahrräder behandelt – für ihre Fahrer gilt daher auch die 1,6 ‰-Grenze für Radfahrer. Fahrräder mit darüberhinausgehendem Antrieb dagegen müssen als Kraftfahrzeuge gelten – hier gilt dann 1,1 ‰ als Grenzwert für die absolute Fahrunsicherheit. 176

IV. Erschwerende Bedingungen bei der Fahrt

Der Beweisgrenzwert von **1,1 ‰ gilt unter allen Fahrtbedingungen**. Kein niedrigerer Beweisgrenzwert für absolute Fahrunsicherheit ist daher zB deswegen anzunehmen, weil der Kraftfahrer besondere Schwierigkeiten zu bewältigen hatte wie etwa Großstadtverkehr, Dunkelheit, Nebel, Glatteis usw.[412] 177

V. Grenzwertabsenkung durch Krankheit, Ermüdung pp.

Leistungsmindernde Umstände in der Person des Kraftfahrers (Krankheit, Ermüdung, Stress) rechtfertigen **keine Herabsetzung des allgemeinen Beweisgrenzwertes von 1,1 ‰**.[413] 178

---

404 Rebler, SVR 2012, 401; Blum SVR 2011, 173, 176; Müller, SVR 2011, 61; BayObLG BA 1993, 254; OLG Hamm NZV 1992, 198; OLG Celle NJW 1992, 2169; OLG Zweibrücken NZV 1992, 372; Janiszewski NStZ 1990, 493, 494; aM LG Verden NZV 1992, 292; BA 1992, 279 (1,5 ‰).
405 BayObLG NZV 1992, 290; OLG Celle NJW 1992, 216.
406 Für Fortgeltung des Grenzwertes von 1,7 ‰ zB auch AG Karlsruhe DAR 1996, 246; s. auch Weibrecht, NZV 2001, 145, 147.
407 Huppertz, NZV 2012, 23, 24.
408 Rebler, SVR 2012, 15, 18; Huppertz, NZV 2012, 164; Huppertz, NZV 2012, 23, 24.
409 Klenner, NZV 2011, 234, 237; wohl auch für 1,6 Promille-Grenzwert: Huppertz, NZV 2012, 164, 166.
410 Huppertz, NZV 2012, 164.
411 Ebenso zweifelnd: Rebler, SVR 2012, 15, 18 (dieser beschreibt die mittrampelnden Mitfahrer als „Motor", nicht als „Fahrer"). Abl. Huppertz, NZV 2012, 164, 165. Hierzu ausführlich Klenner. NZV 2011, 234, 237, der die Mitfahrer ebenso wie den Fahrzeuglenker als Fahrzeugführer ansieht.
412 BGH VRS 33, 118; OLG Zweibrücken VRS 80, 347.
413 BGH NJW 1982, 2612; BayObLG NJW 1968, 1200; OLG Zweibrücken, Urt. v. 14.2.2003 – 1 SS 117/02 = DAR 2003, 431 = zfs 2003, 422 = VRS 105, 125 = StV 2003, 624 (krit. Rittner. BA 2003, 323).

179 Dies gilt auch für das Hinzutreten von **Medikamenteneinfluss**, der allenfalls bei der Feststellung relativer Fahrunsicherheit eine Rolle spielen kann.[414]

Hinweis: In diesen Fällen wird dann aber der Tatrichter ein Sachverständigengutachten einholen müssen, aus dem sich die Wirkungen der zusätzlichen Umstände neben dem Alkohol ergeben.

VI. Und dann noch: Falls es in Zukunft nochmals zur Herabsetzung der Promillegrenze kommt ...

180 Für den Fall erneuter Herabsetzung des Beweisgrenzwertes durch die Rechtsprechung ist der neue Grenzwert auch auf vor der Herabsetzung begangene Taten anzuwenden; das **Rückwirkungsverbot** der Art. 103 Abs. 2 GG, § 2 StGB **gilt nicht**.[415] Grund hierfür ist: Bei dem Beweisgrenzwert handelt es sich nicht um ein Tatbestandsmerkmal, sondern lediglich um eine Beweisregel; eine Änderung der Rechtsprechung insoweit ist daher keine Gesetzesänderung.[416]

181 Unzutreffend ist der Einwand der Gegenmeinung, in den genannten Fällen sei die Tat im Zeitpunkt ihrer Begehung noch nicht strafbar gewesen.[417] Das Führen eines Kraftfahrzeugs mit 1,1 ‰ BAK war durchaus auch schon vor Herabsetzung des Grenzwertes auf 1,1 ‰ strafbar. Nur konnte dem Angeklagten nach damaligem rechtsmedizinischen Wissensstand die Tat (Fahrunsicherheit) noch nicht allein aufgrund der BAK-Höhe nachgewiesen werden.

182 In derartigen Fällen ist auch **kein** den Angeklagten **entlastender Irrtum** anzunehmen:

Ein Irrtum über Tatumstände (§ 16 StGB) wird schon deswegen regelmäßig ausscheiden, weil der Angeklagte nicht geltend machen kann, beim Trinken überhaupt Überlegungen zur BAK-Höhe angestellt und seine Trinkmenge darauf eingestellt zu haben, zumal dies nach rechtsmedizinischen Erkenntnissen weitgehend unmöglich ist.[418] Im Übrigen würde ein solcher Irrtum dem Angeklagten im Ergebnis auch wenig helfen können, weil ihm jedenfalls vorzuwerfen wäre, die Tat fahrlässig begangen zu haben (§ 16 Abs. 1 S. 2 StGB).[419]

183 Ein Verbotsirrtum scheidet regelmäßig schon deswegen aus, weil er die ganz unwahrscheinliche Vorstellung des Angeklagten voraussetzen würde, zwar fahrunsicher zu sein (anderenfalls Irrtum über Tatumstände), dennoch aber nichts Unerlaubtes zu tun, wenn er trotz seiner Fahrunsicherheit eine bestimmte BAK nicht überschreitet.[420]

---

414 BayObLG BA 1980, 220.
415 BVerfG NZV 1990, 481; BGH VRS 32, 229; BayObLG NZV 1990, 400; eingehend dazu: Tröndle in Dreher-Festschrift S. 117 ff; aM zB Ranft, JuS 1992, 468, 471.
416 BVerfG NZV 1990, 481; NJW 1995, 125.
417 So zB Naucke, NJW 1968, 758.
418 OLG Frankfurt, Urt. v. 19.3.1969 – 2 Ss 26/69 = NJW 1969, 1634; OLG Karlsruhe, Urt. v. 05.10.1967 – 1 Ss 132/67 = NJW 1967, 2167.
419 OLG Karlsruhe, Urt. v. 5.10.1967 – 1 Ss 132/67 = NJW 1962, 2167.
420 Siehe auch OLG Frankfurt, Urt. v. 19.3.1969 – 2 Ss 26/69 = NJW 1969, 1634; OLG Karlsruhe, Urt. v. 5.10.1967 – 1 Ss 132/67 = NJW 1967, 2167.

VII. Relative Fahrunsicherheit

1. Mindest-BAK für die Annahme relativer Fahrunsicherheit

Konzentrationen unter 0,3 ‰ rechtfertigen nach überwiegender Ansicht nicht die Annahme alkoholbedingter Fahrunsicherheit.[421]   184

Hinweis: Der Bereich der sog. relativen Fahrunsicherheit liegt also für Kraftfahrer zwischen 0,3 und (unter) 1,1 ‰.[422]

Die Feststellung alkoholbedingter relativer Fahrunsicherheit unterliegt in erster Linie **tatrichterlicher Würdigung** und ist der Nachprüfung durch das Revisionsgericht weitestgehend entzogen. Anderes gilt nur dann, wenn die tatrichterlichen Ausführungen auf Rechtsfehlern beruhen, insbesondere gegen Denkgesetze oder allgemeine Erfahrungssätze verstoßen.[423]

2. Anforderungen an die zusätzlichen Beweisanzeichen für die Annahme relativer Fahrunsicherheit

Hinsichtlich der Bedeutung der zur BAK hinzutretenden Beweisanzeichen für die Annahme relativer Fahrunsicherheit besteht ein **enger Zusammenhang**. Hier gilt folgender Grundsatz: An die zusätzlichen Beweisanzeichen sind umso geringere Anforderungen zu stellen, je näher die BAK zur Tatzeit bei dem Beweisgrenzwert (zB 1,1 ‰ bei Kraftfahrern) liegt.[424] Bei einer nur knapp unter 1,1 ‰ liegenden BAK kann also schon ein nur schwaches weiteres Beweisanzeichen die Feststellung relativer Fahrunsicherheit rechtfertigen.[425]   185

Hinweis: Umgekehrt müssen die zur BAK hinzutretenden zusätzlichen Beweisanzeichen umso gewichtiger sein, je geringer die festgestellte BAK ist.[426] Entsprechendes gilt für die zum Einfluss anderer berauschender Mittel (Drogen) hinzukommenden weiteren Beweisanzeichen.[427]

Die Annahme relativer Fahruntüchtigkeit erfordert stets, dass neben der BAK jedenfalls eine – wie auch immer geartete – alkoholbedingte Ausfallerscheinung festgestellt ist.[428]

---

421 OLG Saarbrücken zfs 1999, 356; OLG Köln, Beschl. v. 2.6.1989 – Ss 227/89 = NZV 1989, 357 = DAR 1989, 352; LG Hamburg DAR 2003, 575; Maatz, BA 2002, 28; aM Janker NZV 2001, 197; einschränkend auch BayObLG NStZ 1991, 269 – bei Janiszewski; OLG Hamm BA 2004, 357; OLG Saarbrücken, Beschl. v. 4.2.1999 – Ss 116/98 (11/99) = NStZ-RR 2000, 12 = zfs 1999, 356; LK-König, § 316 Rn 93.
422 BGH NJW 1974, 2056 – zum früheren Beweisgrenzwert absoluter Fahrunsicherheit; OLG Köln NZV 1995, 454.
423 BGH, Urt. v. 29.11.1968 – 4 StR 399/68 = BeckRS 1968, 31181575 = DAR 1969, 105 = VRS 36, 174; OLG Köln, Beschl. v. 9.1.2001 – Ss 477/00 = BeckRS 2001, 01210 = VRS 100, 123; NZV 1995, 454.
424 BGH, Urt. v. 29.11.1968 – 4 StR 399/68 = BeckRS 1968, 31181575 = DAR 1969, 105 = VRS 36, 174; OLG Düsseldorf, Urt. v. 3.12.1996 – 5 Ss 325/96 - 92/96 I = NZV 1997, 184.
425 OLG Köln, Beschl. v. 9.1.2001 – Ss 477/00 = BeckRS 2001, 01210 = VRS 100, 123.
426 BayObLG, Urt. v. 7.3.1988 – RReg. 2 St 435/87 = NZV 1988, 110; OLG Köln, Beschl. v. 9.1.2001 – Ss 477/00 = BeckRS 2001, 01210 = VRS 100, 123.
427 OLG Zweibrücken, Beschl. v. 10.5.2004 – 1 Ss 26/04 = NZV 2005, 164.
428 LG Bonn, Beschl. v. 5.9.2012 – 24 Qs-227 Js 824/12-64/12 = DAR 2012, 38 (m.Anm. Krumm).

3. Gesamtwürdigung aller Umstände

186 Die Tatsache, dass die einzelnen Ausfallerscheinungen, insbesondere Fahrfehler, auch bei nüchternen Kraftfahrern zu beobachten sind und für sich allein genommen nicht ohne Weiteres den Schluss zulassen, sie seien alkoholbedingt, schließt die Annahme relativer Fahrunsicherheit nicht aus.

187 Es ist nämlich nicht erforderlich, dass jedes einzelne zur BAK hinzutretende **Beweisanzeichen** für sich allein schon geeignet ist, die Feststellung relativer Fahrunsicherheit zu rechtfertigen. Es kommt vielmehr stets entscheidend auf eine Gesamtwürdigung an.[429]

188 Gerade die **Häufung von** an sich nicht besonders signifikanten **Fahrfehlern** kann daher die Feststellung relativer Fahrunsicherheit rechtfertigen.

189 Entscheidend ist das Gesamtverhalten des Angeklagten als Kraftfahrer, wobei auch die körperliche Verfassung des Angeklagten zur Tatzeit und die während der Fahrt zu bewältigenden Verkehrsaufgaben eine Rolle spielen.[430]

Hinweis: Der Verteidiger muss hier also besondere (aktenkundige) Verhaltensweisen des Angeklagten mit diesem genau erörtern und Erklärungen für das Verhalten suchen. Um vor allem im Ermittlungsverfahren eine vorläufige Fahrerlaubnisentziehung nach § 111 a StPO abzuwenden, muss die Beweissituation in der Akte „gedreht werden". Sprich: Es müssen schriftliche Zeugenaussagen oder Erklärungen anderer Art (zB ärztliche Stellungnahmen) eingereicht werden, die den Verteidigungsvortrag des Betroffenen stützen.

4. Feststellung alkoholbedingter Ausfallerscheinungen

190 Die Annahme relativer Fahrunsicherheit erfordert stets, dass neben der BAK jedenfalls auch eine – wie auch immer geartete – **alkoholbedingte Ausfallerscheinung** festgestellt ist.[431] Die tatrichterliche Würdigung der Umstände, aus denen relative Fahruntüchtigkeit gefolgert wird, ist dabei zwar der Nachprüfung durch das Revisionsgericht weitestgehend entzogen – rechtsfehlerhaft ist es jedoch, wenn diese Beweiswürdigung augenfällige Lücken enthält und gewichtige Umstände, deren Erörterung sich geradezu aufdrängen musste, völlig außer Betracht lässt.[432]

191 Sind keinerlei Ausfallerscheinungen festgestellt, so rechtfertigen selbst schwerwiegende körperliche oder psychische Mängel (etwa auch Krankheit oder Ermüdung) für sich allein nicht die Feststellung relativer Fahrunsicherheit, und zwar auch dann nicht, wenn die Blutalkoholkonzentration einen Wert von knapp 1,1 ‰ erreicht hat.

Hinweis: Alkoholbedingt ist dabei nur ein solches Verhalten des Angeklagten, das die Überzeugung des Tatrichters rechtfertigt, der Angeklagte hätte sich in nüchternem Zustand anders verhalten, als er es tatsächlich getan hat.[433]

---

[429] OLG Köln DAR 1973, 21; OLG Koblenz VRS 43, 181; Schmidt u.a., BA 2004, 1, 8.
[430] BGH NJW 1969, 1579; BayObLG NJW 1973, 566.
[431] BGH NZV 1999, 48; OLG Saarbrücken VRS 102, 120.
[432] OLG Köln, Beschl. v. 3.8.2010 – III-1 RVs 142/10 = BeckRS 2010, 19482; Beschl. v. 20.12.1994 – Ss559/94 = NZV 1995, 454 mit Nachw.
[433] BayObLG NZV 1988, 110; OLG Hamm BA 2004, 357; OLG Köln VRS 100, 123.

| | VII. Relative Fahrunsicherheit | **1** |

Die Behauptung des Angeklagten in der Hauptverhandlung, die ihm als alkoholbedingt vorgeworfene Fahrweise entspreche seinem **Fahrstil**, beruhe daher nicht auf der festgestellten BAK, kann nicht ohne Weiteres mit der Begründung beiseitegeschoben werden, es sei ein Zeichen alkoholbedingter Enthemmung und Kritiklosigkeit, wenn der Angeklagte diesen Fahrstil trotz seiner alkoholischen Beeinflussung beibehalten habe.[434] Denn die Ausfallerscheinung muss ja eben – wie ausgeführt – alkoholbedingt in dem Sinne sein, dass der Angeklagte sich ohne die Alkoholisierung anders verhalten hätte.[435] 192

Soll relative Fahrunsicherheit bei verhältnismäßig geringer BAK zB auf Nichtbeachten einer Rotlicht zeigenden Verkehrsampel und eine ungewöhnliche Überschreitung der zulässigen Höchstgeschwindigkeit gestützt werden, so mag sich durchaus ausnahmsweise hier ein Verkehrszentralregisterauszug einmal zugunsten des Angeklagten auswirken, wenn darin gerade diese Art von Verstößen mehrfach eingetragen ist. 193

5. Ausfallerscheinungen bei der Fahrweise

Regelwidrigkeiten der Fahrweise sind nicht in jedem Falle ein entscheidendes Kriterium für die Feststellung relativer Fahrunsicherheit. Zum einen können die zur BAK hinzutretenden Beweisanzeichen, insbesondere die alkoholbedingten Ausfallerscheinungen, auch andere Verhaltensweisen als das Fahren betreffen.[436] Andererseits rechtfertigt nicht jede fehlerhafte Fahrweise den **Schluss auf Alkoholbedingtheit**. Jedenfalls können aber Fahrfehler ein wesentliches Beweisanzeichen für Fahrunsicherheit sein.[437] Die Feststellung, Fahrfehler, wie sie dem Angeklagten vorgeworfen werden, könnten auch nüchternen Kraftfahrern unterlaufen, schließt die Annahme relativer Fahrunsicherheit nicht ohne Weiteres aus. 194

Hinweis: Entscheidend ist nämlich nicht, wie sich ein nüchterner Kraftfahrer verhalten hätte; vielmehr kommt es eben ausschließlich auf die Überzeugung des Richters an, dass sich der Angeklagte nüchtern anders verhalten hätte.

Die Feststellung relativer Fahrunsicherheit aufgrund fehlerhafter Verhaltensweisen beim Fahren ist daher nur dann gerechtfertigt, wenn die Umstände, unter denen das Versagen erfolgte, erkennen lassen, dass gerade bei diesem Angeklagten der Fahrfehler ohne Alkoholeinfluss unterblieben wäre.[438]

Die Frage, ob ein Fahrverhalten häufiger oder weniger **häufig allgemein auch bei nüchternen Fahrern** zu beobachten ist, spielt dabei natürlich eine gewisse Rolle.[439] Je häufiger nämlich bestimmte Fahrfehler auch bei nüchternen Fahrern zu beobachten 195

---

434 So aber OLG Hamburg MDR 1968, 686; OLG Köln VRS 42, 364.
435 Mettke, NZV 2000, 199, 200.
436 BGH, Beschl.␣v.␣3.11.1998 – 4 StR 395/98 = NZV 1999, 48 = DAR 1999, 31 = MDR 1999, 91 = NJW 1999, 226 = StV 1999, 19 = VRS 96, 199 = zfs 1999, 35; VRS 63, 121; BayObLG, Urt. v. 15.11.1996 – 1 St RR 147/96 = NZV 1997, 127 = DAR 1997, 76 = MDR 1997, 487 = NJW 1997, 1381 = NStZ 1997, 240 = StV 1997, 254 = VRS 92, 410 = VerkMitt 1997, Nr. 67 = zfs 1997, 114; BA 2002, 388; OLG Zweibrücken, Urt. v. 14.2.2003 – 1 SS 117/02 = DAR 2003, 431 = zfs 2003, 422 = VRS 105, 125 = StV 2003, 624 (Anm. Rittner, BA 2003, 323).
437 BayObLG NJW 1973, 566; OLG Frankfurt BA 2002, 388.
438 BayObLG DAR 1993, 372 – bei Bär; OLG Hamm BA 2004, 357; OLG Köln VRS 100, 123.
439 Haffner u.a. NZV 1995, 301.

sind, desto schwieriger kann – je nach Höhe der BAK – die Feststellung sein, dass der Fehler gerade im konkreten Falle alkoholbedingt ist.

196 Je seltener umgekehrt ein Fahrfehler bei nüchternen Fahrern zu beobachten ist, desto eher kann der Schluss gerechtfertigt sein, dass auch dem Angeklagten der Fehler nicht unterlaufen wäre, hätte er nicht unter Alkoholeinfluss gestanden.[440]

197 Andererseits nötigt die Tatsache, dass ein Fahrfehler häufiger bei angetrunkenen als bei nüchternen Fahrern zu beobachten ist, nicht in jedem Fall zu der Annahme, der Fehler sei beim Angeklagten auf Alkoholisierung zurückzuführen.[441]

198 Im Übrigen ist bei Fehlern im Rahmen **komplexer Verkehrssituationen** zu prüfen, und durch den Tatrichter unter Würdigung aller Beweismittel (auch der Einlassung) nicht so komplex war, dass sie von dem Beschuldigten auch im nüchternen Zustand nicht gemeistert worden wäre. [442]

199 Beachtlich im Sinne des Nachweises relativer Fahruntüchtigkeit ist ein Fahrfehler nur, wenn das Gericht die Überzeugung gewinnt, der **Fahrfehler wäre dem Angeklagten ohne alkoholische Beeinträchtigung nicht unterlaufen**. Dabei kommt es nicht darauf an, wie sich irgendein nüchterner Kraftfahrer oder der durchschnittliche Kraftfahrer ohne Alkoholeinfluss verhalten hätte, sondern festzustellen ist, dass der Angeklagte sich ohne Alkohol anders verhalten hätte.[443] Das Verhalten eines durchschnittlichen nüchternen Kraftfahrers ist nur mittelbar von Bedeutung. Je seltener ein bestimmter Fahrfehler bei nüchternen Fahrern vorkommt und je häufiger er erfahrungsgemäß von alkoholisierten Fahrern begangen wird, desto eher wird der Schluss gerechtfertigt sein, der Fehler wäre auch dem Angeklagten im nüchternen Zustand nicht unterlaufen.[444] Andererseits haben Fehlleistungen, die erfahrungsgemäß auch nüchternen Fahrern bisweilen unterlaufen, geringeren Indizwert.[445]

---

440 OLG Köln NZV 1995, 454; VRS 100, 123.
441 BGH DAR 1969, 105.
442 OLG Köln, Beschl. v. 3.8.2010 — III – 1 RVs 142/10, 1 RVs 142/10 = BeckRS 2010, 19482.
443 OLG Köln Beschl. v. 9.1.2001 – Ss 477/00 = VRS 100, 123 = VM 2001 Nr. 57 – jeweils mit Nachweisen; Fischer, StGB, § 316 Rn 34; OLG Köln, Beschl. v. 3.8.2010 – III-1 RVs 142/10, 1 RVs 142/10 = BeckRS 2010, 19482.
444 OLG Köln, Beschl. v. 3.8.2010 – III-1 RVs 142/10, 1 RVs 142/10 = BeckRS 2010, 19482.
445 OLG Köln, Beschl. v. 3.8.2010 – III-1 RVs 142/10, 1 RVs 142/10 = BeckRS 2010, 19482; VRS 100, 123 mit Nachweisen.

VII. Relative Fahrunsicherheit

Rechtsprechungsübersicht: Alkoholtypische Fahrfehler   200

Besonderes Fahrverhalten	Rechtliche Würdigung
Fahren von Schlangenlinien durch einen **Radfahrer**	Reicht nicht aus, um als alkoholbedingt zu gelten, wenn die Fahrweise durch hohes Alter und durch besonders langsames Fahren infolge starker Steigung bedingt war.[446]
Schlangenlinien über eine längere Fahrtdauer durch Kfz-Führer	Reichte bei BAK von 0,59 ‰ etwa 1 Stunde nach der Tat aus. Die Fahrzeugführerin nahm den neben ihr stehenden Polizeiwagen nicht wahr. Sie fuhr nach dem Anhalten an der Ampel mit starker Beschleunigung an, wobei sei wieder in Schlangenlinien fuhr. Laut Arztbericht war der Anschein des Alkoholgenusses leicht bis deutlich bemerkbar. Die Fahruntüchtigkeit hätte die Angeklagte bei Anwendung der erforderlichen Sorgfalt erkennen können und müssen.[447]
Bewusst verkehrswidrige Fahrweise	Sie kann auf alkoholbedingte Enthemmung zurückzuführen sein, die zur Fahrunsicherheit führt.[448]
Polizeiflucht (allgemein)	Bewusst begangene Verkehrsverstöße, die ausschließlich auf dem Entschluss beruhen, **vor der Polizei zu flüchten**, können nicht ohne Weiteres als alkoholbedingte Ausfallerscheinungen angesehen werden.[449]
Polizeiflucht mit wesentlichem **Überschreiten der zulässigen Höchstgeschwindigkeit**	Muss nicht alkoholbedingt sein[450]
Polizeiflucht (Verkehrsverstöße hierbei beruhen [auch] **auf alkoholbedingter Enthemmung** und Kritiklosigkeit)	Annahme einer relativen Fahruntüchtigkeit durch den Tatrichter ist rechtsfehlerfrei.[451]
Sorglose und leichtsinnige Fahrweise	Sie kann im Zusammenhang mit der BAK den Schluss auf alkoholbedingte Fahrunsicherheit rechtfertigen.[452]

---

446 BayObLG DAR 1989, 366 – bei Bär.
447 AG Düsseldorf, Urt. v. 20.7.2011 -- 125 Cs 51 Js 128-11/99/11 = BeckRS 2012, 04994.
448 BGH VRS 32, 40; OLG Düsseldorf, Urt. v. 3.12.1996 – 5 Ss 325/96 – 92/96 I = NZV 1997, 184 = MDR 1997, 486 = NJW 1997, 1382 = VRS 93, 167 = zfs 1997, 113.
449 BGH, Urt. v. 29.11.1994 – 4 STR 651/94 = DAR 1995, 166; LG Gießen NZV 2000, 385; a. M. OLG Düsseldorf, Urt. v. 3.12.1996 – 5 Ss 325/96 - 92/96 I = NZV 1997, 184 = MDR 1997, 486 = NJW 1997, 1382 = VRS 93, 167 = zfs 1997, 113 (krit. Anm. Bode zfs 1997, 114).
450 BGH, Urt. v. 29.11.1994 – 4 STR 651/94 = DAR 1995, 166; NZV 2002, 559 (Zivilsenat).
451 OLG Köln Beschl. v. 9.1.2001 – Ss 477/00 = VRS 100, 123 = VM 2001 Nr. 57.
452 BGH NJW 1982, 2612; OLG Saarbrücken VRS 102, 120; OLG Düsseldorf DAR 1999, 81.

B. Alkoholbedingte Fahrunsicherheit

Besonderes Fahrverhalten	Rechtliche Würdigung
Besonders langsames und vorsichtiges Fahren	Dieses kann seine Erklärung auch darin finden, dass der Angeklagte der Tatsache des vorausgegangenen Alkoholgenusses durch **besondere Vorsicht** Rechnung tragen wollte.[453]
Nichtreagieren auf das Grünlicht einer Verkehrsampel durch den davor wartenden Angeklagten	Dieses Fehlverhalten **muss nicht** stets auf alkoholbedingter Verlangsamung von Wahrnehmung und Reaktion beruhen.[454]
Überfahren der Fahrbahnmittellinie	Dies rechtfertigt nicht zwangsläufig den Schluss auf alkoholbedingtes Fehlverhalten, wenn es sich um einen Lkw-Fahrer handelt, der auf einer kurvenreichen Strecke unterwegs ist.[455]
Umfahren einer Kontrollstelle, in die der Beschuldigte eingewiesen wird	Dies ist keine Ausfallerscheinung, die allein mit der BAK den rechtsfehlerfreien Schluss auf eine Fahrunsicherheit tragen kann.[456]
Irrtümlicher Rotlichtverstoß durch Verwechselung der Lichtzeichen für verschiedene Fahrspuren	Bei BAK von 0,6 ‰ reicht dies bei zudem feststellender Ablenkung aufgrund eines Gesprächs mit dem Beifahrer bei ansonsten sicherem Absolvieren der ‚Grundübungen (Gang, plötzliche Kehrtwendung, Finger-Finger-Probe, Finger-Nase-Probe)' ohne Hinzutreten weiterer Umstände nicht aus, um von alkoholbedingten Ausfallerscheinungen ausgehen zu können.[457]

Hinweis: Anders ist dies allerdings bei Häufung derartiger Auffälligkeiten im Fahrverhalten. Es wurde bereits erwähnt, dass es immer auf das Gesamtverhalten ankommt. Hierzu muss der Tatrichter tatsächliche Feststellungen in seinem Urteil treffen, will er zu einer rechtsfehlerfreien Verurteilung gelangen. Fehlt eine solche Würdigung, so ist dies im Revisionsverfahren durch die nicht weiter zwingend zu begründende **Sachrüge** („Rüge der Verletzung materiellen Rechts") zu rügen. Freilich muss der Verteidiger möglichst früh das Fehlen von Feststellungen derartigen Fehlverhaltens geltend machen, etwa um einen Beschluss nach § 111 a StPO oder eine Anklageerhebung abzuwenden. Etwaige dann noch feststellbare „eigentümliche Verhaltensweisen" zur Zeit der Fahrt müssen sodann auf eine plausible und möglichst beweisbare Erklärung überprüft werden, die nicht im Alkoholkonsum zu finden ist.

201 Der bloße Umstand, dass der Angeklagte vor einer Polizeikontrolle trotz deutlichen Haltegebots die **Flucht** ergriffen hat, wird regelmäßig nicht als Beweisanzeichen für

---

453 OLG Hamm DAR 1975, 249; OLG Düsseldorf VM 1968, 81.
454 BayObLG DAR 1974, 179 – bei Rüth.
455 LG Zweibrücken NZV 1994, 450.
456 OLG Köln, Beschl. v. 3.8.2010 – III-1 RVs 142/10, 1 RVs 142/10 = BeckRS 2010, 19482 (Fahrer hatte BAK von 0,67 ‰).
457 LG Bonn, Beschl. v. 5.9.2012 – 24 Qs-227 Js 824/12-64/12 = DAR 2012, 38 (m.Anm. Krumm).

VII. Relative Fahrunsicherheit

alkoholbedingte Fahrunsicherheit ausreichen,[458] noch gar den Schluss rechtfertigen, der Täter sei sich seiner Fahrunsicherheit bewusst gewesen und habe gerade deswegen die Flucht ergriffen.[459] Natürlich können die Umstände einer solchen Flucht weitere Beweisanzeichen für relative Fahrunsicherheit ergeben, zB deutlich unsichere, waghalsige, fehlerhafte Fahrweise, die nicht allein auf dem Fluchtentschluss beruht.[460] Eine festgestellte Ablenkung des Fahrers, die zu einem Fahrfehler (Abbiegen nach links trotz „grün" für den Geradeausverkehr für beide Fahrtrichtungen) führt, kann bei einer Trunkenheitsfahrt mit 0,6 ‰ dazu führen, dass ein alkoholbedingter Fehler auszuschließen ist.[461]

6. Andere alkoholbedingte Ausfallerscheinungen

Auch sonstiges Verhalten und andere Ausfallerscheinungen kommen als zusätzliche Beweisanzeichen in Betracht.[462]

Rechtsprechungsübersicht: Ausfallerscheinungen außerhalb der Fahrt

Verwertbares Beweisanzeichen	Fundstelle
Verhalten gegenüber der Polizei	OLG Düsseldorf DAR 1999, 81
Verhalten vor oder nach der Fahrt	OLG Köln VRS 67, 246
Entschluss, nach erheblichem Alkoholgenuss einen völlig unbekannten Fahrzeugtyp zu benutzen, „um ein Mädchen nach Hause zu fahren"	OLG Köln VRS 37, 35
„grob unvernünftige Motivation" für einen Fahrfehler	OLG Köln VRS 42, 364
die „Unfähigkeit, die Gedanken zusammenzuhalten"	OLG Celle VRS 50, 286
Schwierigkeiten beim Gehen, zB Stolpern und Schwanken	OLG Frankfurt BA 2002, 388; OLG Düsseldorf DAR 1999, 81; LG Saarbrücken BA 2004, 472

---

458 BGH, Beschl. v. 25.5.2000 – 4 StR 171/00 = NZV 2000, 419 = DAR 2000, 481 = NStZ-RR 2001, 173 = StV 2000, 618 = VRS 99, 200; OLG Düsseldorf VM 1990, 14; OLG Köln NZV 1995, 454; aM LG Gera DAR 1996, 156.
459 OLG Hamm BA 1978, 376.
460 BGH, Beschl. v. 25.5.2000 – 4 StR 171/00 = NZV 2000, 419 = DAR 2000, 481 = NStZ-RR 2001, 173 = StV 2000, 618 = VRS 99, 200.
461 AG Bonn, Urt. v. 31.1.2013 – 804 Ds-227 Js 824/12-292/12 nach Himmelreich/Halm, NStZ 2013, 454, 457.
462 BGH, Beschl. v. 3. 11. 1998 – 4 StR 395/98 = NZV 1999, 48 = DAR 1999, 31 = MDR 1999, 91 = NJW 1999, 226 = StV 1999, 19 = VRS 96, 199 = zfs 1999, 35; BayObLG BA 2002, 388; OLG Zweibrücken, Urt. v. 14.2.2003 – 1 SS 117/02 = DAR 2003, 431 = zfs 2003, 422 = VRS 105, 125 = StV 2003, 624 (Anm. Rittner, BA 2003, 323); OLG Saarbrücken VRS 102, 120.

B. Alkoholbedingte Fahrunsicherheit

Verwertbares Beweisanzeichen	Fundstelle
Fahrzeugführerin nimmt den an einer Ampel neben ihr stehenden Polizeiwagen nicht wahr	AG Düsseldorf, Urt. v. 20.7.2011 – 125 Cs 51 Js 128-11/99/11 = BeckRS 2012, 04994 (zusätzliche Umstände: 0,59 ‰ etwa 1 Stunde nach der Tat; Schlangenlinienfahrt auf langer Strecke; Anfahren nach dem Anhalten an einer Ampel mit starker Beschleunigung; laut Arztbericht war der Anschein des Alkoholgenusses leicht bis deutlich bemerkbar)

203 Daneben sind vor allem Sehprobleme typisch für übermäßigen Alkoholkonsum, der sich auf die Fahrtüchtigkeit auswirkt. Als Folge des Alkoholeinflusses wurden zB von der Rechtsmedizin folgende **Beeinträchtigungen des Sehens** festgestellt:

- Verlangsamung der Rückstellung der Augen auf zu fixierende Gegenstände,[463]
- Unscharferscheinen der Gegenstände,[464]
- Störung des räumlichen Sehens,[465]
- Störung der sog. optokinetischen Erregbarkeit,[466]
- Verzögerung der Hellanpassung,[467]
- Einengung des peripheren Gesichtsfeldes („Tunnelblick"),[468]
- Minderung der Lichtempfindlichkeit,[469]
- Schädigung des Farbsinns,[470]
- Abnahme der Dämmerungssehschärfe.[471]

Umstände des Tatgeschehens, die grobe Sehfehler des Angeklagten offenbar werden lassen, können daher die Annahme relativer Fahrunsicherheit rechtfertigen.[472]

Hinweis: Der Tatrichter wird natürlich stets Wert darauf legen, derartige Ausfallerscheinungen festzustellen. Der Verteidiger dagegen muss den Angeklagten ausführlich dazu befragen, ob es **ggf andere (körperliche) Ursachen** für die festgestellten abnormen Verhaltensweisen gibt, die auf den ersten Blick als alkoholbedingt eingestuft werden. Wichtig ist es hier natürlich Zeugenaussagen und ärztliche Berichte/Atteste hierüber vorzulegen – insbesondere natürlich dann, wenn vorläufige Fahrerlaubnismaßnahmen nach § 111 a StPO drohen.

---

[463] Ropohl, Verkehrsunfall 1984, 236, 237.
[464] Ropohl, Verkehrsunfall 1984, 236, 237.
[465] Forster/Joachim, Blutalkohol und Straftat, S. 120.
[466] Heifer, BA 1971, 385; 1986, 364, 366 ff.
[467] Forster/Joachim, Blutalkohol und Straftat, S. 121.
[468] Ropohl, Verkehrsunfall 1984, 236; Strohbeck-Kühner, BA 1998, 434, 438, 442.
[469] Gilg u.a., BA 1984, 235.
[470] Forster/Joachim, Blutalkohol und Straftat, S. 122.
[471] Wilhelmi u.a., BA 1972, 473.
[472] BGH VRS 32, 40.

7. Sturztrunk vor Fahrtantritt

Die Behauptung eines Sturztrunks vor Fahrtantritt wurde früher häufiger vorgebracht. Dies beruhte darauf, dass bis zu einer entsprechenden Änderung der Rechtsprechung des BGH der Beweisgrenzwert für absolute Fahrunsicherheit zur Tatzeit vorliegen musste. Es wurde aber schon darauf hingewiesen, dass es nach nunmehr schon seit langem geltender Rechtsprechung genügt, wenn der **Beweisgrenzwert** zu einem späteren Zeitpunkt erreicht wird. 204

Hinweis: Vor der rechtsmedizinischen Prüfung einer **Sturztrunkeinlassung** insbesondere im Zusammenhang mit einem Nachtrunk bedarf es naturgemäß stets einer plausiblen (und möglichst mit Beweisantritten „unterfütterter") Einlassung des Angeklagten. Diese ist vom Tatrichter – wie jede entlastende Einlassung – kritisch zu prüfen. Der Verteidiger muss sich also davor hüten, auf Veranlassung des Beschuldigten/Betroffenen irgendwelche „wilden" Geschichten wiederzugeben. Hierdurch werden später folgende und dann vielleicht eigentlich plausible Schilderungen vollends als nicht mehr glaubhaft entwertet werden!

Ein **Sturztrunk eines bereits Angetrunkenen** kann den Schluss auf eine nachhaltige Beeinträchtigung der Persönlichkeitsstruktur und daraus resultierende relative Fahrunsicherheit zulassen.[473] Sturztrunk spricht für ein so weitgehendes Maß an Enthemmung und Kritiklosigkeit, dass der Schluss auf relative Fahrunsicherheit gerechtfertigt sein kann.[474] 205

Unter einem **Schluss-Sturztrunk** ist die hastige Einnahme erheblicher Mengen von Alkohol kurz vor Antritt der Fahrt zu verstehen.[475] 206

Hinweis: Mengenmäßig kann der Sturztrunk die Aufnahme von 0,5 oder mehr Gramm Alkohol pro Kilogramm Körpergewicht innerhalb von 0 bis 15 Minuten bedeuten.[476]

8. Der klinische Befund = ärztlicher Bericht des blutprobeentnehmenden Arztes

Auch der klinische Befund des Blutentnahmearztes, also die im ärztlichen Bericht festgestellten Ausfallerscheinungen, kann als **Beweisanzeichen** für die Annahme relativer Fahrunsicherheit bedeutsam sein. 207

Hinweis: Da der begleitend zur Blutprobenentnahme erstellte ärztliche Bericht gem. § 256 StPO urkundsbeweislich verlesbar ist, wird der Tatrichter idR diesen wenig arbeitsintensiven Weg der Einführung von alkoholbedingten Ausfallerscheinungen wählen. Hier ist Vorsicht geboten, wie sich aus den nachfolgenden Ausführungen ergibt.

---

473 BGH, Beschl. v. 19.8.1971 – 4 StR 574/70 = NJW 1971, 1997; OLG Hamm NJW 1972, 1526.
474 BGH, Beschl. v. 19.8.1971 – 4 StR 574/70 = NJW 1971, 1997; OLG Oldenburg BA 1971, 142.
475 BGH, Beschl. v. 19.8.1971 – 4 StR 574/70 = NJW 1971, 1997; OLG Hamm NJW 1973, 567.
476 Naeve, k + v 1971, 42.

B. Alkoholbedingte Fahrunsicherheit

- Die Rechtsprechung beurteilt den Wert des klinischen Befundes uneinheitlich:
- Zum Teil wird dem klinischen Befund große Bedeutung für die Feststellung relativer Fahrunsicherheit beigemessen.[477]
- Nach anderer Ansicht ist die klinische Trunkenheitsbeurteilung wegen „absoluter Subjektivität" unbrauchbar.[478]
- **Richtigerweise** liegt die Lösung wohl in der Mitte. Der Tatrichter wird natürlich jede zulässige Erkenntnisquelle nutzen (müssen), um den Zustand des Beschuldigten zur Tatzeit bzw unmittelbar danach aufzuklären. Gerade dies hat der Gesetzgeber ja auch gewollt, wie sich aus § 256 StPO unzweifelhaft ergibt. Gleichzeitig ist natürlich Vorsicht geboten – der blutprobenentnahmebegleitend erstellte ärztliche Bericht darf also nicht überbewertet werden. Letztlich handelt es sich bei den Inhalten des klinischen Befundes nämlich tatsächlich um oftmals sehr subjektiv geprägte Feststellungen – er ist so sicher eher wie eine Zeugenaussage, als wie ein Sachverständigengutachten zu verstehen.[479]

208 Zu beachten ist ferner Folgendes:

- Nach rechtsmedizinischen Erkenntnissen hängt der Wert des Untersuchungsbefundes weitgehend von der Übung des Blutentnahmearztes ab. Deswegen sind Skepsis und Vorsicht geboten.[480]
- Nach Untersuchungen von *Heifer* sind vor allem im Bereich bis zu 1,0 ‰ erhebliche Unterschiede in der Bewertung der alkoholischen Beeinflussung durch den Blutentnahmearzt festzustellen.[481]
- Nach den Feststellungen *Heifers* gelingt zutreffende Beurteilung weniger häufig untersuchenden Ärzten auffallend seltener als geübten Untersuchern.
  Hinweis: Dennoch genügten in der Rechtsprechung sogar die Beobachtungen von Polizeibeamten, die aussagten, neben verlangsamter Pupillenreaktion beim Finger-Finger-Test eine gestörte Feinmotorik festgestellt zu haben.[482]
- Gegenstand einer älteren finnischen Untersuchung[483] waren Beschuldigte, deren BAK nach Auswertung der Blutprobe nur 0,0 bis 0,15 ‰ betrug. Trotz dieser geringen Alkoholwerte stellten die Autoren der vorbezeichneten Studie fest, dass zB ein Arzt nicht weniger als 80 % dieser Personen als alkoholbeeinflusst beurteilt hat. Es wurden teilweise fehlerhafte Leistungen bei verschiedenen Tests bei bis zu 77,1 % der Probanden festgestellt.
  Hinweis: Natürlich ist nicht auszuschließen, dass dies in einzelnen Fällen auf Drogeneinfluss beruhen mag. Diese Problematik hatte jedoch zur Zeit der Unter-

---

477 OLG Hamm VRS 33, 440; 36, 49.
478 OLG Hamburg MDR 1974, 772.
479 Ähnlich: OLG Saarbrücken VRS 102, 120; OLG Hamm VRS 37, 48.
480 OLG Saarbrücken VRS 102, 120.
481 Heifer, BA 1963/64, 244, 256.
482 BayObLG BA 2002, 392.
483 Penttilä u.a., BA 1971, 99.

suchung vor inzwischen mehr als 30 Jahren sicherlich eine wesentlich geringere Bedeutung als heute.

- *Schuster/Bodem*[484] berichten aufgrund einer jüngeren Untersuchung über knapp 40 % Fehlbeurteilungen in Fällen von Medikamenteneinnahme.

Dennoch darf der Tatrichter aber den klinischen Befund mit der gebotenen Vorsicht und Zurückhaltung beim Nachweis relativer Fahrunsicherheit mitberücksichtigen.[485] Der die Blutprobe entnehmende Arzt sollte jedenfalls in derartigen Fällen als Zeuge vernommen werden.[486]

Hinweis: Der Verteidiger sollte in geeigneten Fällen, in denen er sich also entlastende Feststellungen für seinen Mandanten erhofft, die Vernehmung des Arztes anregen und einen echten Beweisantrag stellen.

Zur **Bedeutung der einzelnen Feststellungen** des die Blutprobe entnehmenden Arztes in dem begleitend gefertigten ärztlichen Bericht existieren insbesondere folgende Erkenntnisse:

- Selbst nachweislich rauschmittelbedingte Pupillenerweiterung oder Pupillenverengung (Miosis) ist für sich noch kein geeignetes Beweisanzeichen für relative Fahrunsicherheit; vielmehr müssen konkrete, darauf beruhende Sehbeeinträchtigungen festgestellt sein.[487] Allerdings lässt das OLG Zweibrücken verzögerte Pupillenreaktion wegen der daraus resultierenden Blendempfindlichkeit bei hoher BAK oder Wirkstoffkonzentration als zusätzliches Beweisanzeichen für relative Fahrunsicherheit ausreichen.[488]

- Der Drehnachnystagmus (Augenzittern beim Fixieren eines Gegenstands nach vorheriger mehrfacher Drehung) tritt zwar auch bei nüchternen Personen auf, ist aber unter Alkoholeinfluss regelmäßig verlängert und insbesondere verstärkt.[489]

- Teilweise hat die tatrichterliche Rechtsprechung die Feststellung eines über dem Nüchternwert liegenden sog. „grobschlägigen, regelmäßigen und frequenten" Nystagmus als Indiz für relative Fahrunsicherheit ausreichen lassen.[490]

- Jedoch gibt es keine gesicherten naturwissenschaftlichen Erfahrungssätze über einen bestimmten Grad der Abweichung von Dauer oder Intensität gegenüber den Nüchternwerten.[491]

- In jedem Falle wird die Verwertung des Drehnachnystagmus zulasten des Angeklagten einen Vergleich mit dem individuellen Nüchternbefund voraussetzen, was die Mitwirkung des Angeklagten erfordern würde.[492]

---

484 Schuster/Bodem, BA 1997, 54, 61.
485 OLG Saarbrücken VRS 102, 120; OLG Hamm VRS 37, 48.
486 OLG Hamm BA 1980, 171.
487 BGH NZV 1999, 48, 49 f; OLG Hamm BA 2004, 264; OLG Saarbrücken VRS 102, 120; OLG Frankfurt BA 2002, 392.
488 OLG Zweibrücken NZV 2005, 164; vgl dazu Scheffler/Halecker, BA 2004, 422, 429 f.
489 Heifer u.a., BA 1965/66, 537.
490 ZB LG Bonn, Urt. v. 17.10.1967 – 15 Ns 171/67 = NJW 1968, 208.
491 OLG Zweibrücken VRS 66, 204.
492 OLG Zweibrücken VRS 66, 204; OLG Hamm VRS 33, 442.

B. Alkoholbedingte Fahrunsicherheit

VIII. Zusammenwirken von Alkohol und anderen Ursachen

210 Eine Verurteilung nach §§ 316 und 315 c Abs. 1 Nr. 1 a StGB wegen alkoholbedingter Fahrunsicherheit setzt voraus, dass die **alkoholische Beeinflussung** für die festgestellte Fahrunsicherheit des Angeklagten **ursächlich** ist.

211 Es genügt, wenn der Alkohol eine der Ursachen ist. Auch wenn der Alkohol allein nicht ausgereicht hätte, um die Fahrunsicherheit zu bewirken, kann daher alkoholbedingte Fahrunsicherheit im Zusammenwirken mit anderen Ursachen festgestellt werden.[493] Infrage kommt zB das Hinzutreten von Ermüdung, Krankheit, niedrigem Blutdruck oder das Zusammenwirken des Alkohols mit Medikamenten.

212 Das Zusammenwirken von Alkohol und Medikamenten kann sich unterschiedlich auswirken, so zB

- durch Verstärkung der Alkoholwirkung: Psychopharmaka, Narkotika und Schlafmittel, insbesondere Barbiturate, aber auch Sulfonamide und Phenacetinpräparate,[494]
- durch Alkoholunverträglichkeit: Schmerzmittel, zB Pyrazolonderivate,[495]
- durch Verzögerung des Alkoholabbaus.

Zu berücksichtigen ist auch die mitunter lange **Eliminationsdauer** verschiedener Medikamente, die sich auch bei Alkoholaufnahme viele Stunden nach der Medikamenteneinnahme negativ auf die Fahrfähigkeit auswirken kann. Im Übrigen kann dem Angeklagten das Zusammenwirken anderer Ursachen mit dem Alkohol stets nur dann vorgeworfen werden, wenn er die zusätzlichen Umstände kannte oder kennen musste.[496]

Hinweis: Ergeben sich etwa aus dem **Beipackzettel** oder der Verpackung eines Medikamentes keine weiteren Hinweise auf ein problematisches Zusammenwirken mit Alkohol, so sollte dieser Beipackzettel von dem Verteidiger vorgelegt werden und die urkundsbeweisliche Verlesung insoweit beantragt werden. Hierdurch kann vielleicht der Fahrlässigkeitsvorwurf nicht ganz genommen werden, doch ist die Tat sicher in milderem Licht zu sehen, wenn sich aus dem Beipackzettel keinerlei Hinweis auf Wechselwirkungen mit Alkohol ergeben. UU ist auch der Arzt als Zeuge zu benennen, der die Medikamente verschrieben hat. Droht eine vorläufige Fahrerlaubnisentziehung nach § 111 a StPO, so sollte versucht werden frühzeitig eine Erklärung des Arztes zu besorgen, aus der sich ergibt, ob und wie er über etwaige Wechselwirkungen aufgeklärt hat.

IX. Fahrunsicherheit aufgrund „anderer berauschender Mittel" (insbes. Drogen)

213 Neben der Alkoholproblematik spielen **zunehmend** auch Drogen und Arzneimittel im Rahmen des Verkehrsstraf- und Verkehrsordnungswidrigkeitenrechts eine tragende

---

493 BGH, Urt. v. 22.4.1982 – 4 StR 43/82 = NJW 1982, 2612; BayObLG, Urt. v. 29.11.1967 – RReg. 1 a St 335/67 = NJW 1968, 1200.
494 Forster/Joachim, Blutalkohol und Straftat, S. 142 f.
495 Dotzauer/Lewrenz, DAR 1962, 137.
496 BayObLG NJW 1968, 1200.

IX. Fahrunsicherheit aufgrund „anderer berauschender Mittel" (insbes. Drogen)

Rolle.⁴⁹⁷ Sie werden erfasst unter dem gesetzlichen Begriff der „anderen berauschenden Mittel". Während in den ersten Auflagen des Buches dieser Bereich der „Trunkenheit" nur am Rande gestreift wurde, soll er zumindest so weit erörtert werden, wie es für die praktische Fallbearbeitung erforderlich scheint.

1. Der Begriff der „anderen berauschenden Mittel"

Der Begriff der anderen berauschenden Mittel ist nicht weiter gesetzlich bestimmt. Aus dem Gesetzeswortlaut, der die anderen berauschenden Mittel an den Alkoholgenuss anhängt, lässt sich entnehmen, dass diese weiteren Rauschmittel ähnlich wie Alkohol wirken müssen. Die in Betracht kommenden Rauschmittel müssen also auf das zentrale Nervensystem wirken und **insoweit berauschend** wirken.⁴⁹⁸ 214

Die Rechtsprechung versteht somit auch hierunter alle Mittel, die in ihren Auswirkungen denen des Alkohols vergleichbar sind und zu einer Beeinträchtigung des Hemmungsvermögens sowie der intellektuellen und motorischen Fähigkeiten führen.⁴⁹⁹ Diese Mittel sind danach aufzuteilen in Drogen und Medikamente. 215

2. Welche Drogen sind „berauschende Mittel"?

„Andere berauschende Mittel" sind in erster Linie Drogen. Sie führen regelmäßig zu einem fahruntüchtigen Zustand. Als denkbare Drogen, kommen primär die in Anlagen I bis III zu § 1 Abs. 1 BtMG genannten Stoffe in Betracht.⁵⁰⁰ 216

Hinweis: Anlagen I bis III zu § 1 Abs. 1 BtMG lassen sich unproblematisch im Internet frei zugänglich finden.⁵⁰¹

Übliche Drogen(bezeichnungen), die hierunter fallen sind:

- Amphetamine (insbes. „Extasy")
- Designer-Amphetamine
- Haschisch
- Kokain
- LSD
- Marihuana

---

497 Ausführlich hierzu: Maatz, BA 2006, 451. Zur Drogen- und Arzneimittelbeeinflussung von Verkehrsteilnehmern aus rechtsmedizinischer Sicht: Wollersen/Müller/Musshoff/Madea, BA 2008, 89.
498 OLG Düsseldorf NZV 1993, 276; Burmann in: Burmann/Heß/Jahnke/Janker, Straßenverkehrsrecht, § 316 StGB Rn 27; Fischer, StGB, § 316 Rn 39.
499 BGH VRS 53, 356 = StVE 19 zu § 316 StGB; BayObLG NZV 1990, 317; OLG Düsseldorf NZV 1993, 276; 1994, 326; OLG Köln VRS 80, 451; Salger DAR 94, 433; Burmann DAR 1987, 134; Burmann in: Burmann/Heß/Jahnke/Janker, Straßenverkehrsrecht, § 316 StGB Rn 27; Fischer, StGB, § 316 Rn 39; Sternberg-Lieben/Hecker in: Schönke/Schröder, StGB, § 316 Rn 4.
500 OLG Düsseldorf NZV 1993, 276.
501 Ausführlich zu Drogenkonsum und verwaltungsrechtlichen Fahreignungsfragen: Pießkalla, NZV 2008, 542.

- Morphin
- Opium

Hinweis: Codein – obgleich als Opiat Betäubungsmittel im Sinne des BtMG – dagegen hat selbst keine berauschende Wirkung.[502]

217 Kommt es zum **Konsum nicht als berauschend „anerkannter" Drogen**, so muss der Tatrichter nähere Feststellungen dazu treffen, dass die konsumierten Stoffe auch eine berauschende Wirkung hatten. In der Regel wird dies nur nach Einholung eines Sachverständigengutachtens rechtsfehlerfrei möglich sein.

Hinweis: Als Verteidiger sollte man sich bei feststellbarem Konsum von sog. weichen Drogen nicht zu sehr in eine Diskussion über Sinn und Zweck des Verbotes solcher Drogen einlassen. Mit der Frage der Eignung hat dies nichts zu tun. Dagegen kann dies im Rahmen der Strafzumessung erörtert werden.

3. Welche Medikamente sind berauschende Mittel?

218 Auch Medikamente können „andere berauschende Mittel" iSd §§ 315 c, 316 StGB sein. Wie dargestellt müssen sie dafür – ggf auch nur infolge hoher Dosierung – berauschende Wirkung haben.[503] Ob daher hinsichtlich der Medikamenteneinnahme und -wirkungen überhaupt eine Unterteilung von berauschenden und nicht berauschenden Mitteln sinnvoll/richtig ist, ist in der Literatur bestritten.[504] Wichtig ist immer, dass die berauschende Wirkung des Medikamentes an sich oder des Medikamentes **unter hoher Dosierung** seitens des Gerichtes festgestellt wird. Ferner kommt es für die Beurteilung der Strafbarkeit nicht auf die Frage an, ob die Medikamente ärztlich verordnet wurden – dies ist allenfalls für die Beurteilung von Vorsatz oder Fahrlässigkeit relevant.[505]

Hinweis: Während der Nachweis des Konsums des Medikamentes regelmäßig wie der des Alkoholkonsums zu führen ist, kann die Frage der berauschenden Wirkung, die idR mit der Wirkstoffkonzentration und damit der Menge der eingenommenen Mittel korrespondiert, eigentlich nur durch **Einholung eines Sachverständigengutachtens** geklärt werden. Holt das Gericht ausnahmsweise nicht von sich aus ein solches ein, ist seitens des Verteidigers natürlich ein entsprechender Beweisantrag zu stellen. Entscheidet das Gericht ohne Einholung eines Sachverständigengutachtens, so sollten die Urteilsgründe eingehend geprüft werden – idR wird es dann nämlich an tragenden Gründen für die Annahme einer berauschenden Wirkung fehlen und die sofortige Einlegung der (Sprung-)Revision geboten sein.

---

502 OLG Köln VRS 80, 451.
503 LK-König, § 316 StGB Rn 167; Burmann in: Burmann/Heß/Jahnke/Janker, § 316 StGB Rn 27 mwN.
504 Schewe, BA 1981, 265.
505 LK-König, § 316 StGB Rn 166.

IX. Fahrunsicherheit aufgrund „anderer berauschender Mittel" (insbes. Drogen)

Typische und in der Rechtsprechung/Literatur als „berauschend" anerkannte Medikamente sind (in alphabetischer Reihenfolge):[506]   219

- Appetitzügler (und Cola-Light)[507]
- Baldrian-Tinktur (alkoholhaltig)[508]
- Captagon[509]
- Dolviran[510]
- Klosterfrau-Melissengeist (alkoholhaltig)[511]
- Lexotanil in Überdosis[512]
- Mandrax[513]
- Phanodorm[514]
- Eusedon[515]
- Psychopharmaka[516]
- Valium[517]

Hinweis: Sämtliche der Benzodiazepinreihe zugehörigen Monopräparate (es gibt 33 Benzodiazepin-Wirkstoffe; bekannte Monopräparate sind etwa **Diazepam, Bromazepam, Flurazepam, Flunitrazepam**) dürfen aufgrund ihrer dem Alkohol vergleichbaren Wirkungen unter dem Tatbestandsmerkmal „andere berauschende Mittel" subsumiert werden.[518]

Muster: Revisionsbegründung wegen fehlender Feststellungen zu „berauschender Wirkung"   220

... Gerügt wird die Verletzung materiellen Rechts und zwar zunächst in allgemeiner Form. Es wird so auch beantragt, das angefochtene Urteil aufzuheben und die Sache zur erneuten Entscheidung und Verhandlung an ein anderes ...gericht zurückzuverweisen.[519]

---

506 Ausführlich hierzu: LK-König, § 316 StGB Rn 169 ff.
507 LG Freiburg NStZ-RR 2007, 186 = SVR 2006, 473.
508 OLG Celle BA 81, 176.
509 LG Köln BA 1981, 472.
510 OLG Koblenz VRS 59, 199.
511 OLG Oldenburg DAR 1956, 253.
512 OLG Celle VM 1986, 36; BayObLG NZV 1990, 317; LG Köln BA 1985, 473.
513 OLG Düsseldorf VM 1978, 97.
514 KG VRS 19, 111.
515 AG Köln BA 1981, 263 mit Anm. Schewe.
516 Salger, DAR 1986, 383; OLG Köln, NZV 1990, 439.
517 OLG Köln BA 1977, 124; OLG Hamm StVE Nr. 56 zu § 316 StGB.
518 Harbort, NZV 1997, 209, 215. Zu der Wirkungsweise der einzelnen Benzodiazepine und den üblichen Handelsnamen ist etwa im Internet die Suche in Wikipedia – Stichwort: Benzodiazepine – zu empfehlen.
519 Es wird davon ausgegangen, dass das Urteil lediglich einen Medikamentennamen nennt, nicht aber die enthaltenen Inhaltsstoffe. Da es sich bei der Problematik nicht um Prozessrecht, sondern vielmehr um die tatsächlichen Feststellungen des Gerichts in seinem Urteil handelt, reicht die nicht weiter zu begründende Sachrüge im Rahmen der Revisionseinlegung aus. Die etwaige Lücke in den tatsächlichen Feststellungen in dem tatrichterlichen Urteil sollte natürlich trotz herabgesetzter Begründungsanforderungen benannt werden.

B. Alkoholbedingte Fahrunsicherheit

Begründung:
Das angefochtene Urteil ist insgesamt rechtsfehlerhaft. Das ...gericht hat in seinem Urteil lediglich festgestellt, dass der Angeklagte 12 Tabletten des Medikaments ... vor der Tat zu sich genommen hat. Bei dem genannten Medikament handelt es sich lediglich um einen Handelsnamen. Zu den Inhaltsstoffen des Medikaments hat das Gericht ebenso wenig Feststellungen getroffen, wie zu den Wirkungen des Medikamentes. Erforderlich wäre vielmehr gewesen, die „berauschende Wirkung" des Medikamentes festzustellen. Ohne eine solche kann die Fahruntüchtigkeit nach § 316 StGB nicht rechtsfehlerfrei festgestellt werden ...

4. Wechselwirkungen: Medikamente/Alkohol/Drogen

221 Besondere Bedeutung haben gerade bei Medikamenten sog. **Wechselwirkungen** mit Alkohol oder Drogen, teils allein schon dadurch, dass sie selbst Alkohol in nicht geringem Maße enthalten. Weitaus häufiger kommen freilich verhängnisvolle Kombinationen zweier oder mehrerer Faktoren vor, die eine Fahruntüchtigkeit ergeben, so etwa bei Einnahme von Valium und Alkohol.[520] Sogar das Zusammenwirken von psychoaktiven Medikamenten und coffeinhaltigen Getränken kann zu einer berauschenden Wirkung führen.[521] Von Kraftfahrern ist daher allgemein zu verlangen, dass sie sich vor Einnahme von Medikamenten, insbesondere bei Kombination mit Alkoholaufnahme, durch das Lesen des Hinweiszettels über die Alkoholverträglichkeit des Medikamentes vergewissern.[522] Teilweise vertritt die Rechtsprechung sogar die Ansicht, dass jeder, der Alkohol- und Medikamenteneinnahme kombiniert, regelmäßig mit einer erheblichen Steigerung der Alkoholwirkung rechnen muss.[523]

Hinweis: Die berauschende Wirkung kann sich auch aus den **akuten Entzugserscheinungen** ergeben.[524]

Für **Substitutionstherapien** sind keine verbindlichen Regeln existent. Hier dürfte sich eine Fahruntüchtigkeit vor allem durch Wechselwirkungen/Verstärkungen aufgrund Beikonsums oder Alkoholgenuss ergeben.[525]

5. Grenzwerte und Drogen

222 Ein wesentliches Problem im Bereich der Fahrten unter Drogeneinfluss ist das **Fehlen von (anerkannten) Grenzwerten**, die für die Beurteilung der Fahruntüchtigkeit/Fahrunsicherheit fruchtbar gemacht werden können.

a) Keine anerkannten Grenzwerte für Fahruntüchtigkeit

223 Eine **Klassifizierung** wie bei Trunkenheitsfahrten unter Alkohol in der Weise, dass ab 0,3 ‰ in Verbindung mit alkoholbedingten Ausfallerscheinungen eine relative und ab

---

[520] OLG Hamm BA 1970, 82; VRS 42, 281.
[521] LG Freiburg, Urt. v. 2.8.2006 – 7 Ns 550 Js 179/05 - AK 38/06 = SVR 2006, 473; Quarch in: Dölling/Duttge/Rössner, § 316 StGB Rn 10.
[522] OLG Frankfurt VM 1976, 14; OLG Braunschweig DAR 1964, 170; einschränkend OLG Frankfurt DAR 1970, 162.
[523] OLG Hamburg JZ 1982, 160.
[524] BGH NJW-Spezial 2008, 682; Sternberg-Lieben/Hecker in: Schönke/Schröder, StGB, § 316 StGB Rn 5.
[525] Hierzu: Krumdiek, VRR 2008, 368, 373; Schöch, BA 2005, 322; Kuhnert/Löhrer, BA 2005, 340.

IX. Fahrunsicherheit aufgrund „anderer berauschender Mittel" (insbes. Drogen) 1

1,1 ‰ ohne jegliche weitere Ausfallerscheinungen eine absolute Fahruntüchtigkeit festgestellt werden kann ist nämlich **nicht existent**.[526]

Dies soll selbst bei feststellbarem Konsum sogenannter „harter Drogen" wie Heroin und Kokain gelten.[527] Es ist also die Fahruntüchtigkeit stets anhand aller Umstände des Einzelfalls, also aller **Beweisanzeigen** konkret festzustellen.[528] Lediglich für Extremfälle eröffnet der BGH die Möglichkeit einer rauschmittelbedingten Fahruntüchtigkeit[529] – derartige Fälle sind jedoch bislang nicht nachgewiesen.   224

Hinweis: Auch die sog. **Multiintoxikation** führt nicht zu einer absoluten Fahruntüchtigkeit;[530] auch wenn der für Alkohol existierende Grenzwert von 1,1 ‰ nur knapp unterschritten und andere berauschende Mittel (THC, Amphetamin) nachgewiesen sind, ist Fahruntüchtigkeit so nur bei Feststellung konkreter Ausfallerscheinungen gegeben.[531]

Muster: Revisionsbegründung – Keine ausreichend festgestellten Ausfallerscheinungen nach Drogenkonsum (Kokain)[532]   225

... Gerügt wird die Verletzung materiellen Rechts und zwar zunächst in allgemeiner Form. Es wird dabei beantragt, das Urteil aufzuheben und die Sache zur erneuten Verhandlung und Entscheidung, auch über die Kosten der Revision, an eine andere Abteilung des Amtsgerichts ... zurückzuverweisen

Begründung:[533]

Das angefochtene Urteil ist insgesamt rechtsfehlerhaft. Insbesondere tragen die tatrichterlich getroffenen Feststellungen die aus dem Tenor ersichtliche Verurteilung nicht.

1. Hinsichtlich des Schuldspruchs der fahrlässigen Gefährdung des Straßenverkehrs nach § 315 c Abs. 1 Nr. 1 a), Abs. 3 Nr. 2 StGB sowie der vorsätzlichen Trunkenheit im Verkehr gem. § 316 Abs. 1 StGB belegen die Feststellungen nicht in ausreichender Weise, dass der

---

526 U.a. BGH, Beschl. v. 21.12.2011 -- 4 StR 477/11 = NStZ 2012, 324 = BeckRS 2012, 02532 = StV 2012, 285 (bei Benzoylecgonin in einer Konzentration von 387 ng/ml und Kokain in einer Konzentration von 14,6 ng/ml); BGH, BeckRS 2009, 5128; OLG Saarbrücken, Beschl. v. 28.10.2010 – Ss 104/10 = BeckRS 2011, 03169; OLG Hamm, Beschl. v. 30.3.2010 – III-3 RVs 7/10; OLG Hamm, Beschl. v. 29.6.2010 – III-3 RVs 45/10 = BeckRS 2010, 19703 (für Kokain); Sachs/Haase NZV 2011, 584; BGHSt 44, 219 = NJW 1999, 226 = NZV 1999, 48 = DAR 1999, 31 = VRS 96, 199 = BA 1999, 61; 2000, 419; VRR 2008, 313; OLG München NZV 2007, 377 = NStZ-RR 2007, 186 = DAR 2006, 342 (LS.) = VRS 110, 276; OLG Frankfurt NZV 1992, 289; NZV 1995, 116; OLG Hamm BA 2007, 41 = VD 2007, 21; OLG Düsseldorf NZV 1994, 326; 99, 174; BayObLG NZV 1994, 234; Fischer, StGB, § 316 Rn 39; Burmann in: Burmann/Heß/Jahnke/Janker, § 316 StGB Rn 27 a; LK-König, 11. Aufl., § 316 StGB Rn 148/153; König in: Hentschel/König/Dauer, § 316 Rn 5 mwN; Quarch in: Dölling/Duttge/Rössner, § 316 StGB Rn 9; Sternberg-Lieben in: Schönke/Schröder, StGB, § 316 StGB Rn 6; Gehrmann, NZV 2011, 6, 7.
527 LG Berlin, Urt. v. 10.4.2012 – (524) 11 JU Js 1853/10 Ns (36/11) = NZV 2012, 397 (für Kokain); OLG Hamm, Beschl. v. 29.6.2010 – III-3 RVs 45/10 = BeckRS 2010, 19703 (für Kokain); OLG Frankfurt/M. NJW 1992, 1570 = NZV 1992, 289.
528 OLG Düsseldorf NZV 1999, 174 = NStZ-RR 2000, 12 (LS) = DAR 1999, 81 = StV 1999, 22 = VRS 96, 107 = JR 1999, 47; Burmann in: Burmann/Heß/Jahnke/Janker, § 316 StGB Rn 27 a.
529 BGH, Urt. v. 15.4.2008 – 4 StR 639/07= NZV 2008, 528.
530 OLG Jena BA 2007, 182, 183; Krumdiek, VRR 2008, 368, 373.
531 LG Gießen, Beschl. v. 12.9.2013 – 7 Qs 141/13 = SVR 2014, 29 = BeckRS 2013, 16851 = NStZ-RR 2014, 26.
532 Das Muster folgt: OLG Hamm, Beschl. v. 29.6.2010 – III-3 RVs 45/10 = BeckRS 2010, 19703.
533 Hinweis: Die Sachrüge muss nicht weiter begründet werden. Die Begründung sollte aber gleichwohl zumindest kurz stattfinden, um dem Revisionsgericht klar zu machen, wo die Rechtsverletzung gesehen wird und gerade hier die Prüfung anzuregen.

1 B. Alkoholbedingte Fahrunsicherheit

Angeklagte – im Zustand relativer Fahruntüchtigkeit – infolge des Genusses berauschender Mittel nicht in der Lage war, sein Fahrzeug sicher zu führen.

Es fehlt sowohl an Angaben zur Menge des konsumierten Betäubungsmittels als auch an hinreichenden Ausführungen zur betäubungsmittelbedingten kausalen Beeinträchtigung der Fahrtüchtigkeit des Angeklagten (vgl etwa OLG Hamm, Beschl. v. 29.6.2010 – III-3 RVs 45/10 = BeckRS 2010, 19703).

Anders als beim Alkoholkonsum eines Kraftfahrers ist eine Fahruntüchtigkeit nach Genuss von Drogen allein aufgrund eines positiven Wirkstoffspiegels im Blut nach dem gegenwärtigen Stand der Wissenschaft (noch) nicht zu begründen (BGH, BeckRS 2009, 5128; OLG Hamm, Beschl. v. 30.3.2010 – III-3 RVs 7/10; OLG Hamm, Beschl. v. 29.6.2010 – III-3 RVs 45/10 = BeckRS 2010, 19703). Trotz der erheblichen Gefahren, die von der Teilnahme eines unter Rauschgifteinfluss stehenden Kraftfahrers im Straßenverkehr ausgehen können, kann der für die Erfüllung der geltenden §§ 316 StGB und 315 c Abs. 1 Nr. 1 a) StGB vorausgesetzte Nachweis der „relativen" Fahruntüchtigkeit auch nach der gegenwärtigen Gesetzeslage grundsätzlich nur aufgrund des konkreten rauschmittelbedingten Leistungsbildes des Betreffenden im Einzelfall geführt werden. Dazu bedarf es außer des positiven Blutwirkstoffbefundes regelmäßig weiterer aussagekräftiger Beweisanzeichen (BGH, NZV 1999, 48; OLG Hamm, Beschl. v. 29.6.2010 – III-3 RVs 45/10 = BeckRS 2010, 19703). Nicht unbedingt erforderlich ist, dass sich die rauschmittelbedingten Ausfallerscheinungen in Fahrfehlern ausgewirkt haben müssen; uU können auch Auffälligkeiten im Verhalten in der Anhaltesituation genügen, die konkrete Hinweise auf eine schwerwiegende Beeinträchtigung der Wahrnehmungs- und Reaktionsfähigkeit geben (BGH, NZV 1999, 48; OLG Hamm, Beschl. v. 29.6.2010 – III-3 RVs 45/10 = BeckRS 2010, 19703). Hierfür können ggf mangelnde Ansprechbarkeit, Unfähigkeit zu koordinierter Bewegung sowie stark verlangsamte Reaktionen bei der polizeilichen Kontrolle im Zusammenhang mit offensichtlichen Fahrfehlern herangezogen werden. Allgemeine Merkmale, die üblicherweise mit Drogenkonsum einhergehen, wie gerötete Augen, erweiterte Pupillen (vgl zum Rebound-Effekt OLG Zweibrücken, BeckRS 2004, 5288) sowie nervöses oder unruhiges Verhalten rechtfertigen die Annahme relativer Fahruntüchtigkeit hingegen nicht (OLG Hamm, Beschl. v. 30.3.2010 – III-3 RVs 7/10; OLG Hamm, Beschl. v. 3.4.2003 – 4 Ss 158/03). Soweit teilweise vertreten wird, bei sehr hohen Wirkstoffwerten eines Betäubungsmittels könne ein einzelnes weiteres Anzeichen zur Begründung der Fahruntüchtigkeit genügen, werden für diesen Fall zugleich hohe Anforderungen an die Zuverlässigkeit der festgehaltenen Ausfallerscheinung gestellt, dh, diese muss so gravierend sein, dass ein sicheres Fahren ohne Weiteres ausgeschlossen werden kann (vgl OLG Zweibrücken, BeckRS 2004, 5288). Hinzukommen muss aber, dass das angefochtene Urteil ergibt, ob die festgestellten Werte im Sinne einer konkreten Dosis-Konzentrations-Wirkungsbeziehung überhaupt als „hoch" anzusehen sind, was wegen der erheblichen Wirkungsunterschiede von Drogen in jedem Fall näherer Darlegung bedarf (BGH, BeckRS 2009, 5128; BGH, NZV 1999, 48; OLG Hamm, Beschl. v. 29.6.2010 – III-3 RVs 45/10 = BeckRS 2010, 19703).

Diesen Anforderungen wird das angefochtene Urteil nicht gerecht, vielmehr erschöpft es sich in der Feststellung des Kokainkonsums und der hierdurch begründeten Fahruntüchtigkeit, wobei es an Angaben zur Höhe eines ermittelten Blutwirkstoffbefundes ebenso fehlt wie an der Auseinandersetzung mit insoweit gewonnenen und in die Hauptverhandlung eingeführten Erkenntnissen.

Durch den festgestellten Fahrfehler lässt sich gleichfalls kein kausal verknüpfender Rückschluss auf kokainkonsumbedingte Fahruntüchtigkeit belegen.

IX. Fahrunsicherheit aufgrund „anderer berauschender Mittel" (insbes. Drogen)

Das versehentliche ... ist nicht als schwerer oder ungewöhnlicher, durch andere Umstände nicht erklärbarer Fahrfehler anzusehen, der einem nicht unter Rauschmittel stehenden Kraftfahrzeugführer nicht unterlaufen wäre. Denkbar ist gleichermaßen ein gänzlich rauschmittelunabhängiges augenblickliches Versagen.

Sonstige Ausfallerscheinungen des Angeklagten verzeichnet das Urteil nicht, so dass es insgesamt an hinreichenden Feststellungen zur rauschmittelbedingten relativen Fahruntüchtigkeit nach §§ 315 c Abs. 1 Nr. 1 a), 316 Abs. 1 StGB mangelt.

Aber: Einzelne Gerichte haben auch bei sogenannten Drogenfahrten absolute Fahruntüchtigkeit bei höheren Rauschmittelkonzentrationen bejaht.[534]

b) Existieren Mindestgrenzwerte?

Es ist ferner umstritten, ob die im Hinblick auf die Rechtsprechung des BVerfG[535] zu § 24 a StVG entwickelten Grenzwerte (vgl hierzu Teil 1 Rn 620) auch im Strafrecht für die Möglichkeit der Feststellung einer rauschmittelbedingten Fahruntüchtigkeit Geltung beanspruchen[536] oder ob trotz Werten unterhalb dieser Grenzwerte bei Feststellbarkeit rauschmittelbedingter Ausfallerscheinungen eine relative Fahruntüchtigkeit möglich ist.[537] Beide Meinungen haben gute Argumente – ich tendiere eher zu der letzteren Ansicht. Tatsächlich scheint dieser Streit aber ohne jede Auswirkungen in der Praxis zu sein. Es wird nämlich für den Tatrichter kaum möglich sein, rechtsfehlerfrei eine relative Fahruntüchtigkeit des Fahrers begründen zu können, da der Fahrer ja in Bereichen unterhalb der Grenzwerte zunächst einmal eine Art Vermutung einer Fahreignung für sich (trotz Drogenkonsums) in Anspruch nehmen kann. Hier dann bei feststellbaren Ausfallerscheinungen (auch Fahrfehlern) den Schluss auf rauschmittelbedingtes Verhalten ziehen zu wollen, wird somit selbst bei Hinzuziehung eines rechtsmedizinischen Sachverständigen kaum möglich sein.

226

c) Noch nicht anerkannt: Der CIF als Gradmesser nach Cannabis-Konsum

In neuerer Zeit finden sich allerdings auch einzelne Entscheidungen, die im Bereich von Cannabis-Konsum über den sog. CIF (**Cannabis-Influence-Factor**) eine absolute Fahruntüchtigkeit ab dem Wert 10 annehmen wollen, da dieser Wert mit einer BAK von 1,1 ‰ korrespondiere.[538] Der CIF ist ein Wert, durch den versucht wird, den Cannabiskonsum und die Cannabis-Wirkung abzubilden. Berücksichtigt werden hierbei der eigentliche Wirkstoff THC, aber auch die Metaboliten THC-OH und THC-COOH. Mit der hM und der ganz herrschenden Rechtsprechung ist jedenfalls derzeit noch eine solche Ansicht mangels zuverlässiger und ausreichend wissenschaftlich belegter Erkenntnisse zum Niederschlag des CIF auf die Fahrtüchtigkeit abzuleh-

227

---

534 AG Berlin-Tiergarten, Urt. v. 6.4.2011 – (310 Ds) 3012 PLs 11869/10 (32/10) = BeckRS 2011, 25857 = NStZ-RR 2012, 59 = NZV 2012, 398 für 20 ng/ml THC, 100 ng/ml THC-Carbonsäure, und 6,1 ng/ml 11-Hydroxy-THC; AG Berlin-Tiergarten, Urt. v. 10.2.2010 – 310 Cs 3033 PLs 10607/09 (144/09) für 352 ng/ml Benzoylecgonin, ein Abbauprodukt von Kokain, 8,5 ng/ml Kokain und ca. 97,7 ng/ml Ecgoninmethylester, ein Abbauprodukt von Kokain; 2,5 ng/ml THC (Tedrahydrocannabinol), der Wirkstoff des Haschisch, ca. (161) ng/ml THC-Carbonsäure, der Hauptmetabolit des THC und 1,6 ng/ml 11-Hydroxy-THC, ein Metabolit des THC.
535 BVerfG NJW 2005, 349 = VRR 2005, 34.
536 So etwa Dietz, NVwZ 2005, 140; Nobis, StV 2005, 386.
537 So etwa König, DAR 2006, 286; LG München BA 2006, 43, 44.
538 AG Moers BA 2004, 276; AG Greifswald BA 2007, 43.

nen – es bleibt also auch bei Cannabis-Konsum nur bei der Möglichkeit einer relativen Fahruntüchtigkeit.[539] In der Schweiz dagegen wird mit festen Grenzwerten gearbeitet: Der sog. CIF-Wert bei Cannabis von über 10 t soll auf ein akutes Wirkstadium hinweisen und für absolute Fahruntüchtigkeit sprechen.[540]

6. Anforderungen an die Feststellung drogenbedingter Fahrunsicherheit

228 Wie beim Alkohol ist damit auch nach einer Fahrt unter dem Einfluss „anderer berauschender Mittel" die Frage, was genau neben der Feststellung des Rauschmittelkonsums an sich noch festgestellt werden muss. Zunächst ist natürlich stets die Höhe eines ermittelten Blutwirkstoffbefundes im tatrichterlichen Urteil mitzuteilen.[541]

a) Herabgesetzte Gesamtleistungsfähigkeit

229 Die (also stets relative) Fahruntüchtigkeit ist dementsprechend bei Drogentaten (natürlich auch bei Medikamentenmissbrauch) wie bei Alkoholtaten gegeben, wenn die Gesamtleistungsfähigkeit des Fahrzeugführers infolge geistiger und/oder körperlicher Mängel soweit herabgesetzt ist, dass er nicht mehr fähig ist, sein Fahrzeug im Straßenverkehr eine längere Strecke, auch bei Eintritt schwieriger Verkehrslagen, sicher zu steuern.[542] „Die Annahme der Fahruntüchtigkeit aufgrund des Genusses anderer berauschender Mittel iSd § 316 StGB muss an dieselben Voraussetzungen anknüpfen, die die Rechtsprechung für die Anwendung dieser Strafvorschrift auf das Führen von Fahrzeugen unter Alkoholeinfluss entwickelt hat. Die inhaltliche Bestimmung der Fahruntüchtigkeit („nicht in der Lage, das Fahrzeug sicher zu führen") kann zwar nicht losgelöst von Erkenntnissen der Medizin und der Toxikologie getroffen werden; sie unterfällt aber nicht allein rechts- bzw verkehrsmedizinischer oder auch toxikologischer Beurteilung, sondern ist eine Rechtsfrage, deren normative Bewertung in erster Linie richterliche Aufgabe ist."[543] Die rauschmittelbedingte Fahruntüchtigkeit ist durch den Tatrichter aufgrund des bereits dargestellten Problems fehlender Grenzwerte stets anhand typischer rauschgiftbedingter Ausfallerscheinungen festzustellen[544] und zwar bezogen auf die konkrete Verkehrssituation.[545] Mindestens eine Ausfallerscheinung ist neben der Feststellung des Rauschmittelkonsums erforderlich.[546]

Hinweis: Der Nachweis von Drogenwirkstoffen im Blut eines Fahrzeugführers rechtfertigt nämlich für sich allein ebenso wenig die Annahme der Fahruntüchtigkeit wie die Feststellung lediglich allgemeiner Merkmale des Drogenkonsums.[547]

---

539 U.a. BGHSt 44, 219 = NJW 1999, 226 = NZV 1999, 48 = DAR 1999, 31 = VRS 96, 199 = BA 1999, 61; OLG Köln NZV 1990, 366; OLG Jena BA 2007, 182; BA 2008, 75 = STraFo 2007, 300; OLG München NJW 2006, 1606; Scheffler/Halecker, BA 2004, 422, 428; Krumdiek, VRR 2008, 368, 374.
540 Sachs/Haase, NZV 2011, 584, 585 mwN; für verstärkte Einbeziehung des CIF: Gehrmann NZV 2011, 6, 10.
541 OLG Hamm, Beschl. v. 29.6.2010 – III-3 RVs 45/10 = BeckRS 2010, 19703.
542 BGH, Urt. v. 15. 4. 2008 – 4 StR 639/07 = NZV 2008, 528.
543 BGHSt 44, 219 = NJW 1999, 226 = NZV 1999, 48 = DAR 1999, 31 = VRS 96, 199 = BA 1999, 61.
544 OLG Köln NJW 1990, 2945 = NZV 1990, 439; Burmann in: Burmann/Heß/Jahnke/Janker, Straßenverkehrsrecht, § 316 StGB Rn 27 a; Quarch in: Dölling/Duttge/Rössner, § 316 StGB Rn 9.
545 OLG Zweibrücken NStZ-RR 2004, 149; OLG Zweibrücken, Urt. v. 14.2.2003 – 1 SS 117/02 = DAR 2003, 431 = zfs 2003, 422 = VRS 105, 125 = StV 2003, 624.
546 OLG Düsseldorf NZV 1993, 276.
547 OLG Hamm VRR 2007, 393 = StRR 2007, 356; Krumdiek, VRR 2008, 368, 371.

b) Neben Konsum sind weitere Beweisanzeichen erforderlich

Für die Feststellung der (relativen) Fahrunsicherheit bedarf es also regelmäßig der Feststellung **weiterer aussagekräftiger Beweisanzeichen**;[548] die Beeinträchtigung der Sehfähigkeit aufgrund einer drogenbedingten Pupillenstarre genügt hierfür nicht ohne Weiteres.[549]

Zu prüfen ist damit, ob das eingenommene Mittel in der konkreten Verkehrssituation eine Fahrunsicherheit bewirkt hat.[550] Dies bedeutet, dass eine sonstige allgemeine Enthemmung infolge des Drogenkonsums nicht für die Annahme der relativen Fahruntüchtigkeit ausreicht – vielmehr müssen sich die drogenbedingten Beeinträchtigungen unmittelbar auf die Fahreignung beziehen.[551] Das Fehlverhalten muss im Übrigen „auffällig"[552] bzw „erheblich"[553] sein.

Es muss der Nachweis erfolgen, dass der Kraftfahrer durch den Rauschgiftkonsum so in seiner Funktion beeinträchtigt ist, dass er über längere Strecken auch **schwierige Verkehrslagen** nicht mehr meistern kann.[554]

Hinweis: Drogenabhängigkeit als solche fällt nicht unter § 316 StGB.[555]

Die relative Fahruntüchtigkeit liegt nach dem Konsum von Betäubungsmitteln nämlich erst vor, wenn Umstände erkennbar sind, die über die allgemeine Drogenwirkung hinaus den sicheren Schluss zulassen, dass der Konsument in der konkreten Verkehrssituation fahrunsicher gewesen ist.[556] Die Anforderungen an Art und Ausmaß solch drogenbedingter Ausfallerscheinungen sind umso geringer, je höher die im Blut festgestellte Wirkstoffkonzentration ist.[557]

Hinweis: Die Beurteilung, was genau ein hoher Wert der Wirkstoffkonzentration ist und was nicht, wird der Tatrichter kaum nachvollziehbar in seinem Urteil vornehmen können, wenn er nicht einen Sachverständigen hierfür zu Rate gezogen hat.

Bei einem hohen Wirkstoffwert kann ein einzelnes weiteres Beweisanzeichen zur Feststellung der relativen Fahruntüchtigkeit genügen. In diesem Fall sind aber hohe Anforderungen an die Zuverlässigkeit der festgestellten Ausfallerscheinung zu stellen. Auch muss die Ausfallerscheinung so **gravierend** sein, dass ein sicheres Fahren ohne Weiteres ausgeschlossen werden kann.[558]

---

548   OLG Hamm VRR 2007, 393 = StRR 2007, 356; Krumdiek, VRR 2008, 368, 371.
549   BGHSt 44, 219 = NJW 1999, 226 = NZV 1999, 48 = DAR 1999, 31 = VRS 96, 199 = BA 1999, 61.
550   OLG Frankfurt NZV 1995, 116; OLG Zweibrücken, Urt. v. 14.2.2003 – 1 SS 117/02 = DAR 2003, 431 = zfs 2003, 422 = VRS 105, 125 = StV 2003, 624.
551   OLG Zweibrücken, Urt. v. 14.2.2003 – 1 SS 117/02 = DAR 2003, 431 = zfs 2003, 422 = VRS 105, 125 = StV 2003, 624; NStZ-RR 2004, 149; Fischer, StGB, § 316 Rn 39; Sternberg-Lieben in: Schönke/Schröder, StGB, § 316 StGB Rn 5.
552   OLG Frankfurt/M. NJW 1992, 1570 = NZV 1992, 289.
553   BayObLGSt 1996, 164 = NJW 1997, 1381 = BayVerwBl 1997, 155 = DAR 1997, 76 = MDR 1997, 487.
554   OLG Köln NZV 1990, 439.
555   LK-König, § 316 StGB Rn 165, Sternberg-Lieben in: Schönke/Schröder, StGB, § 316 StGB Rn 6.
556   OLG Zweibrücken NJW 2005, 85 = NZV 2005, 164 = NStZ-RR 2004, 247.
557   BGHSt 44, 219 = NJW 1999, 226 = NZV 1999, 48 = DAR 1999, 31 = VRS 96, 199 = BA 1999, 61; OLG Zweibrücken NJW 2005, 85 = NZV 2005, 164 = NStZ-RR 2004, 247; König in: Hentschel/König/Dauer, § 316 Rn 5; Sternberg-Lieben in: Schönke/Schröder, StGB, § 316 StGB Rn 6.
558   OLG Zweibrücken NJW 2005, 85 = NZV 2005, 164 = NStZ-RR 2004, 247.

234 Als Beweisanzeichen, welche die Überzeugung von der Fahruntüchtigkeit des Fahrzeugführers zu begründen vermögen, kommen in dessen Person liegende Gegebenheiten wie Krankheit oder Ermüdung – innere Umstände –, äußere Bedingungen der Fahrt wie Straßen- und Witterungsverhältnisse – äußere Umstände – und schließlich das konkrete äußere Verhalten des Fahrers – sog. Ausfallerscheinungen –, das durch die Aufnahme des berauschenden Mittels mindestens mitverursacht sein muss, in Betracht.[559] Hier besteht also – wie beim Alkohol – eine **Kausalitätsproblematik:** Rauschbedingt ist der Fahrfehler nur dann, wenn der Fahrer diesen in nüchternem Zustand nicht begangen hätte. Die Rechtsprechung tendiert dabei zu strengen Maßstäben. Auch wenn die Tatsache, dass der in Rede stehende Fahrfehler, etwa eine Geschwindigkeitsübertretung, üblicherweise ebenso von nüchternen Fahrern begangen wird, den Kausalitätsnachweis im konkreten Einzelfall nicht zwingend ausschließt, wird dies in der Regel doch als gegen die Kausalität sprechendes Indiz gewertet.[560] Als Auffälligkeiten, die durch den Drogenkonsum zumindest mitverursacht werden müssen und die sich unmittelbar auf eine Beeinträchtigung der Fahrtüchtigkeit beziehen, kommen insbesondere rauschmittelbedingte Fahrfehler, aber auch Verhaltensauffälligkeiten in der Anhaltesituation wie zB schwerwiegende Beeinträchtigungen der Wahrnehmungs- und Reaktionsfähigkeit, mangelnde Ansprechbarkeit, Unfähigkeit zu koordinierter Bewegung, deutliche motorische Ausfallerscheinungen (Schwanken und Torkeln), sowie entsprechende Verhaltensauffälligkeiten bei der ärztlichen Untersuchung in Betracht.[561]

235 Die Anknüpfungspunkte zur Feststellung einer drogen-/medikamentenbedingten Fahruntüchtigkeit können daher in zwei Kategorien unterteilt werden:[562]

c) Fahrfehler als rauschmittelbedingte Ausfallerscheinung

236 Die Ausfallerscheinung, mit der sich relative Fahrunsicherheit am einfachsten begründen lässt, ist der Fahrfehler.[563]

237 Für die Feststellung der rauschmittelbedingten Fahruntüchtigkeit ist auch bei „anderen berauschenden Mitteln" nicht unbedingt erforderlich, dass sich die rauschmittelbedingten Ausfallerscheinungen in Fahrfehlern ausgewirkt haben müssen; unter Umständen können auch Auffälligkeiten im Verhalten in der Anhaltesituation genügen, die konkrete Hinweise auf eine schwerwiegende **Beeinträchtigung der Wahrnehmungs- und Reaktionsfähigkeit** geben.[564] Weder ist nämlich das Begehen eines Fahrfehlers Tatbestandsmerkmal, noch gibt es einen allgemeinen Rechts- oder Erfahrungssatz des Inhalts, dass eine drogenbedingte Fahruntüchtigkeit nur durch Fahrfeh-

---

559 OLG Düsseldorf NZV 1993, 276.
560 Mettke, NZV 2000, 199, 200.
561 OLG Saarbrücken, Beschl. v. 28.10.2010 – Ss 104/10 = BeckRS 2011, 03169.
562 Ein systematischer Kriterienkatalog findet sich bei: Haase/Sachs, NZV 2011, 584, 586.
563 Mettke, NZV 2000, 199, 200.
564 BGHSt 44, 219 = NJW 1999, 226 = NZV 1999, 48 = DAR 1999, 31 = VRS 96, 199 = BA 1999, 61; BayObLG NJW 1997, 1381 = NZV 1997, 127 = NStZ 1997, 240 = BayObLGSt 1996, 164 = StV 1997, 254 = VRS 92, 410 = zfs 1997, 114 = DAR 1997, 76 = MDR 1997, 487; OLG Frankfurt/M. NStZ-RR 2002, 17.

IX. Fahrunsicherheit aufgrund „anderer berauschender Mittel" (insbes. Drogen)

ler nachgewiesen werden kann.[565] Natürlich ist der Fahrfehler meist ein gewichtiges Indiz. Es wird daher oft judiziert, idR könne die Annahme relativer Fahruntüchtigkeit nicht ohne Feststellung auffälligen Fahrverhaltens erfolgen.[566]

Hinweis: Allein schon eine besonders sorglose und leichtsinnige Fahrweise kann als drogentypische Ausfallerscheinung die Fahruntüchtigkeit ergeben.[567]

Befand sich der Angeklagte im Tatzeitpunkt auf der Flucht vor der Polizei, so kann nicht ohne Weiteres davon ausgegangen werden, dass seine Fahrweise Folge der Betäubungsmittelintoxikation und nicht etwa der fluchtbedingt unangepassten Geschwindigkeit war.[568]

Bei stimulierenden Drogen wie Kokain und (Designer-Amphetaminen) sollen sich häufig als typische drogenbedingte Fahrfehler 238

- Fahren mit quietschenden Reifen,
- deutlich überhöhte Geschwindigkeit,
- risikobereite und enthemmte Fahrweise

feststellen lassen.[569]

Ganz allgemein lässt sich festhalten, dass sich Kokainkonsum in vielerlei Hinsicht nachteilig auf das Fahrverhalten auswirken kann. In der euphorischen Phase bewirkt er eine risikobereite oder aggressive Fahrweise etwa durch unangepasst hohe Geschwindigkeit oder riskante Überholmanöver, da das eigene Leistungsvermögen überschätzt wird.[570] Die mit dem Rauschgiftkonsum einhergehende Pupillenerweiterung kann zu einer Verminderung des Sehvermögens führen, was sich besonders bei Tunnel- und Nachtfahrten bemerkbar machen kann.[571] Beim Abklingen der Wirkung sind Auffälligkeiten (zB wechselnde Fahrgeschwindigkeiten oder Schwierigkeiten beim Spurhalten) aufgrund eines körperlichen Erschöpfungszustandes zu erwarten.[572] 239

Bei dämpfenden Drogen (Cannabis und Opiate) sollen sich 240

- auffällig verlangsamte Fahrweise,
- mangelhaftes Spurhalten,
- unmotivierte Lenkschlenker,
- grundloses Abkommen von der Fahrbahn,
- Auffahren auf unbewegliche Hindernisse

als drogenbedingte Fahrfehler feststellen lassen.[573]

---

565 BayObLG NJW 1997, 1381 = NZV 1997, 127 = NStZ 1997, 240 = BayObLGSt 1996, 164 = StV 1997, 254 = VRS 92, 410 = zfs 1997, 114 = DAR 1997, 76 = MDR 1997, 487.
566 OLG Düsseldorf NZV 1993, 276 mwN.
567 BGHSt 44, 219, 225 = NJW 1999, 226 = NStZ 1999, 407.
568 Vgl BGH, Beschl. v. 11.2.2014 – 4 StR 520/13; BGH, Beschl. v. 7.4.1994 – 4 StR 130/94 -- BGHR StGB § 316 Abs. 1 Fahruntüchtigkeit, alkoholbedingte 4.
569 Sachs/Haase, NZV 2011, 584, 585.
570 LG Berlin, Urt. v. 10.4.2012 – (524) 11 JU Js 1853/10 Ns (36/11) = NZV 2012, 397.
571 LG Berlin, Urt. v. 10.4.2012 – (524) 11 JU Js 1853/10 Ns (36/11) = NZV 2012, 397.
572 LG Berlin, Urt. v. 10.4.2012 – (524) 11 JU Js 1853/10 Ns (36/11) = NZV 2012, 397.
573 Sachs/Haase, NZV 2011, 584, 585.

Hinweis: Als Verteidiger wird es naheliegen, festzustellende (vermutet drogenbedingte) Ausfallerscheinungen darauf zu prüfen, ob sie mit dem Charakter der festgestellten Droge auch wirklich in Übereinstimmung zu bringen sind. Das Gericht muss freilich derartiges von Amts wegen prüfen.

241 Das Einlegen des **Rückwärtsganges** als Fahrfehler ist keine ausreichende Ausfallerscheinung und zwar auch nicht bei starkem Drogenkonsum.[574]

d) Sonstige Verhaltensbesonderheiten als rauschmittelbedingte Ausfallerscheinungen

242 Die Beeinträchtigung kann auch aus einem Leistungsverhalten nach der Tat abgeleitet werden, das sichere Rückschlüsse auf mangelnde Fahrtüchtigkeit zulässt.[575] **Psychische Auffälligkeiten** reichen hier aber nur dann zur Feststellung der Fahruntüchtigkeit aus, wenn sie sich in dem Maße auf die Fahrweise projizieren lassen, dass daraus auf mangelhafte Reaktion, fehlende Koordination, beeinträchtigte Sehfähigkeit, Orientierungslosigkeit, Verlust des Gleichgewichtssinnes und ähnliche Mängel geschlossen werden kann, die eine sichere Beherrschung des Fahrzeugs im öffentlichen Verkehr nicht mehr gewährleisten.[576] Bei diesen nicht fahrbezogenen Verhaltensauffälligkeiten ist die Begründung der Fahrunsicherheit also in der Regel schwieriger als beim Vorliegen eines Fahrfehlers, da hier – unter Gesamtwürdigung aller Umstände – die Bedeutung der konkreten Ausfallerscheinungen für das Fahrverhalten und die Fahrsituation eingeschätzt werden muss.[577] Aussagekräftige Beweisanzeichen für das Vorliegen einer drogenbedingten Fahruntüchtigkeit können sich insbesondere aus den genannten Auffälligkeiten in der unmittelbaren Anhaltesituation ergeben,[578] so auch aus besonders unbesonnenem/übermütigem Verhalten bei einer Polizeikontrolle.[579]

243 Als solche Ausfallerscheinungen, die durch den Alkohol-/Drogenkonsum zumindest mitverursacht sein müssen, kommen neben Fahrfehlern insbesondere in Betracht: ein unbesonnenes Benehmen bei Polizeikontrollen, aber auch ein sonstiges Verhalten, das rauschbedingte Enthemmung und Kritiklosigkeit erkennen lässt, sowie Beeinträchtigungen der Körperbeherrschung wie zB Stolpern und Schwanken beim Gehen.[580] Auch **Verhaltensauffälligkeiten** bei der ärztlichen Untersuchung können rauschbedingte, sich auf die Fahrfähigkeit auswirkende Ausfallerscheinungen belegen.[581]

Hinweis: Es ist also besonders auf die Angaben in dem begleitend zur Blutprobenentnahme gefertigten ärztlichen Bericht zu achten, aus denen sich eventuell derartige Ausfallerscheinungen ergeben können. Ggf sollte der Arzt als sachverständiger Zeuge vernommen werden.

---

574 OLG Hamm, Beschl. v. 29.6.2010 – III-3 RVs 45/10 = BeckRS 2010, 19703.
575 BGHSt 44, 219 = NJW 1999, 226 = NZV 1999, 48 = DAR 1999, 31 = VRS 96, 199 = BA 1999, 61; OLG Zweibrücken NStZ-RR 2004, 149; Burmann in: Burmann/Heß/Jahnke/Janker, § 316 StGB Rn 27 a.
576 OLG Düsseldorf, NZV 1999, 174, 175; OLG Zweibrücken NStZ-RR 2004, 149.
577 Mettke, NZV 2000, 199, 200.
578 OLG Frankfurt/M. NStZ-RR 2002, 17.
579 Mettke, NZV 2000, 199, 200; zum Verhalten im Rahmen der Polizeikontrolle auch: Sachs/Haase, NZV 2011, 584, 585.
580 BGHSt 44, 219 = NJW 1999, 226 = NZV 1999, 48 = DAR 1999, 31 = VRS 96, 199 = BA 1999, 61.
581 OLG Düsseldorf DAR 1999, 81 = JR 1999, 474 = NStZ-RR 2000, 12 = StV 1999, 22 = VRS 96, 107.

IX. Fahrunsicherheit aufgrund „anderer berauschender Mittel" (insbes. Drogen)

Natürlich muss immer sichergestellt sein, dass es sich bei den (in der Regel durch die Polizei) wahrgenommenen Besonderheiten nicht um Auffälligkeiten handelt, die auch anders als durch Drogen erklärbar sind. Zur Feststellung einer drogenbedingten Fahruntüchtigkeit reichen etwa nicht:

- gerötete Augen,
- erweiterte Pupillen,
- „verwaschene" Sprache uä,[582]
- Schweißperlen auf der Stirn, gerötete Bindehäute und müder Eindruck.[583]

Die Rechtsprechung geht gerade in diesem Bereich aufgrund der Schwierigkeit der Beurteilung der Fahruntüchtigkeit weit „auseinander". Das auch trotz erheblicher – mE sehr deutlicher – Indizien eine Fahruntüchtigkeit unter Umständen nicht ausreichend sicher festgestellt werden kann, kann man aus folgendem Beispiel entnehmen, in dem es um die Prüfung der drogenbedingten Fahruntüchtigkeit ging.

e) Weitere hilfreiche Einzelheiten aus der Rechtsprechung und Literatur zu Ausfallerscheinungen (leitsatzartig)[584]

- Als aussagekräftige Parameter was die Fahruntüchtigkeit angeht, können nicht nur die Messung des **Drehnystagmus** und die **Weitung der Pupillen** mit verzögerter oder ausbleibender Hell-/Dunkel-Adaption anhand eines sog. „P/I-Indexes" angeführt werden, wenn diese Messung nur durch Polizeibeamte stattgefunden hat und nur pauschal (ohne genaue Zeiten) benannt wird. Hieran kann dann auch nicht ein Sachverständigengutachten anknüpfen.[585]

- Allgemeine körperliche Erscheinungen wie glänzende Augen, stark erweiterte Pupillen, schnelle **Ermüdung und Schläfrigkeit**, Teilnahmslosigkeit oder Nervosität reichen an sich nicht aus.[586]

- Bei besonders starken Wirkstoffkonzentrationen kann nach Hinzuziehung eines Sachverständigen sogar nur aufgrund von **Einschränkungen des Sehvermögens** vom Tatrichter rechtsfehlerfrei die Fahruntüchtigkeit angenommen werden.[587]

- Wird in einem **Baustellenbereich** „mit für die Verhältnisse offenbar sehr hoher Geschwindigkeit gefahren", so deutet das nicht auf eine durch Alkohol- und Drogengenuss hervorgerufene Fahruntüchtigkeit in Form einer Enthemmung, sorgloser oder leichtfertiger Fahrweise hin. Erhöhte Geschwindigkeiten in Baustellenbereichen sind eine auch bei nüchternen Fahrern übliche Erscheinung, die deshalb einen Rückschluss auf Alkohol- und/oder Drogenkonsum und eine dadurch bedingte Fahruntüchtigkeit nicht zulässt.[588]

---

582 Hierzu: Mettke, NZV 2000, 199, 201 mwN.
583 AG Bielefeld, NZV 2008, 420.
584 Ausführlich hierzu auch: Harbort, NZV 1996, 219.
585 OLG Zweibrücken NStZ-RR 2004, 149.
586 OLG Düsseldorf NZV 1999, 174 = DAR 1999, 81; OLG Zweibrücken 2003, 422.
587 OLG Zweibrücken, NZV 2005, 164; König/Seitz, DAR 2006, 121.
588 OLG Düsseldorf NZV 1999, 174 = DAR 1999, 81 = JR 1999, 474 = NStZ-RR 2000, 12 = StV 1999, 22 = VRS 96, 107 (Amphetaminkonsum und BAK von 0,81 ‰).

B. Alkoholbedingte Fahrunsicherheit

- Von den eingesetzten Polizeibeamten und dem die Blutprobe entnehmenden Arzt beobachtete **glänzende Augen**, stark erweiterte Pupillen, schnelle Ermüdung und Schläfrigkeit, Teilnahmslosigkeit, Begriffsstutzigkeit und Nervosität sind keine hinreichenden Anzeichen für eine Fahruntüchtigkeit. Stark erweiterte Pupillen sind zwar typische Anzeichen für Alkohol- und Drogengenuss, die auf die Wirkung des Alkohols und der Droge auf das zentrale Nervensystem zurückzuführen sind. Schnelle Ermüdung und Schläfrigkeit können auf Alkohol- und Drogenkonsum zurückzuführen sein, sie können aber auch auf Schlafentzug beruhen. Ebenso können Teilnahmslosigkeit und Begriffsstutzigkeit sowohl Folgen vorangegangenen Alkohol- und/oder Drogengenusses sein, es kann sich aber auch um hiervon unabhängige und ständig gegebene individuelle Eigenschaften handeln. Die festgestellte Nervosität schließlich kann situationsbedingte Reaktion auf die Überprüfung durch die Polizeibeamten gewesen sein. Auch wenn diese Erscheinungen sämtlich auf den vorangegangenen Alkohol- und Drogengenuss zurückzuführen wären, ließe sich aus ihnen eine Fahruntüchtigkeit nicht mit der erforderlichen Sicherheit herleiten.[589] Eine undeutliche/verwaschene Sprache sowie trübe, glänzende und gerötete Augen reichen so als allgemeine Merkmale des Drogenkonsums nicht aus, um eine Fahruntüchtigkeit anzunehmen.[590]

- Bei bloßen rauschbedingten **Artikulationsstörungen** ist Fahruntüchtigkeit kaum begründbar.[591]

- **THC:** Aus dem THC-Wert im Blut des Fahrers, der Weitstellung seiner Pupillen und deren verzögerter Reaktion auf Lichteinfall allein ist auch nach sachverständiger Beratung kein verlässlicher Schluss auf das Vorliegen relativer Fahruntüchtigkeit möglich.[592]

- **Schläfriger Eindruck** des Fahrers bei Befragung durch die Polizeibeamten, verzögerte Reaktionen beim Reden und erweiterte, bei Lichteinfall keine Reaktionen aufweisende Pupillen reichen nicht zur Feststellung der Fahruntüchtigkeit aus.[593]

- **Heroin:** Auch hier reicht die „Nichtanpassungsfähigkeit der Pupillen an die Lichtverhältnisse" auch bei höheren Blut-Wirkstoff-Konzentrationen nicht für einen verlässlichen Schluss auf die („relative") Fahruntüchtigkeit aus.[594]

- **Entzugserscheinungen** wie Händezittern, Übelkeit, Schweißausbrüche, gestörtes Temperaturempfinden und Konzentrationsschwierigkeiten reichen nicht aus, um hieraus den Schluss auf eine Fahruntüchtigkeit zu ziehen. Hier muss sich der Tatrichter damit auseinandersetzen, ob sich diese körperlichen Mängel auch auf die Wahrnehmungs- und Reaktionsfähigkeit oder die Risikobereitschaft des Ange-

---

589 OLG Düsseldorf NZV 1999, 174 = DAR 1999, 81 = JR 1999, 474 = NStZ-RR 2000, 12 = StV 1999, 22 = VRS 96, 107 (Amphetaminkonsum und BAK von 0,81 ‰).
590 LG Gießen, Beschl. v. 12.9.2013 – 7 Qs 141/13 = SVR 2014, 29 = BeckRS 2013, 16851 = NStZ-RR 2014, 260,82 (BAK von 0,82 ‰, andere berauschende Mittel: 2,6 µg/L THC und 28 µg/L Amphetamin).
591 Mettke NZV 2000, 199, 201.
592 OLG Düsseldorf NZV 1993, 276.
593 OLG Frankfurt/M. NStZ-RR 2002, 17.
594 BGH, Beschl. v. 3.11.1998 – 4 StR 395–98 = = NJW 1999, 226 = NZV 1999, 48 = DAR 1999, 31 = VRS 96, 199 = BA 1999, 61.

IX. Fahrunsicherheit aufgrund „anderer berauschender Mittel" (insbes. Drogen) 1

klagten ausgewirkt haben. Dies versteht sich nicht von selbst. Dreht sich dieser Fahrer während der Flucht vor der Polizei um und übersieht deshalb einen Fußgänger auf einem beampelten Fußgängerüberweg, mit dem er kollidiert, so reicht dies ebenfalls nicht aus für die Feststellung der Fahruntüchtigkeit.[595]

- Ob eine extrem **waghalsige Fahrweise** des Angeklagten durch den Heroinentzug bedingt war, bedarf eingehender tatrichterlicher Prüfung, wobei die Hinzuziehung eines Sachverständigen geboten erscheint.

- **Benzodiazepine:** Verkehrsmedizinisch relevante Nebenwirkungen sind allgemeine Dämpfung, Schläfrigkeit, reduzierte Bewusstseinshelligkeit, Mattigkeit, Benommenheit, paradoxe Reaktionen, Amnesie (Erinnerungslücken), Konzentrationsschwäche, innere Unruhe, Reaktionszeitverlängerung, Orientierungsstörungen, depressive Verstimmungen, allgemeiner Leistungsabfall, Blutdruckabfall, Atembeschwerden, Muskelschwäche, Koordinationsstörungen, Bewegungsunsicherheit und Schwindel.[596]

- **Pupillenlichtreaktion, gerötete/wässerige Augen:** wässrig glänzende und gerötete Augen können zwar ebenso wie die von dem die Blutprobe entnehmenden Arzt festgestellte Verlangsamung der Pupillenreaktion bei Lichteinfall Anzeichen für den stattgefundenen Drogenkonsum sein. Daraus lassen sich aber – ohne Feststellung einer konkreten Beeinträchtigung der Sehfähigkeit – keine hinreichenden Schlüsse auf die Fahrtüchtigkeit ziehen. Es bedarf hier deshalb der Prüfung, wie sich die Sehbehinderung konkret bei dem Angeklagten auf seine Fahrtüchtigkeit ausgewirkt und wie sie sich für ihn bemerkbar gemacht hat.[597]

- **psycho-physische Leistungsmerkmale:** „schläfriger Eindruck", „Konzentrationsstörungen", „verzögerte Reaktionen", „verwaschene Aussprache" und „schleppender Gang" sind abgesehen davon, dass sie verfälschender subjektiver Einschätzung der Befunderheber weiten Raum lassen und von daher in ihrem Wert eingeschränkt sind, nicht hinreichend aussagekräftig. Zwar können auch diese Auffälligkeiten auf den festgestellten Drogenkonsum zurückführbar sein. Hinreichend zwingend ist dies aber nicht. So könnte die Schläfrigkeit des Angeklagten auch auf einem Schlafentzug beruhen. Was Konzentrationsstörungen, verzögertes Reagieren, verwaschene Aussprache und einen schleppenden Gang in der Kontrollsituation anbetrifft, müssen diese Auffälligkeiten im Vergleich mit einem „unberauschten" Zustandsbild bewertet werden.[598]

- **Schwanken in Kontrollsituation:** Die Feststellung, dass der Angeklagte in der Kontrollsituation im Stand schwankte, ist – jedenfalls nicht ohne weitere Feststellungen, insbesondere zur Intensität dieses Verhaltens – nicht genügend, um eine Fahruntüchtigkeit des Angeklagten zu belegen. Denn ein bloß leichtes Schwanken im Stand stellte noch keine derart deutliche motorische Ausfallerscheinung dar.

---

595 BGH, Urt. v. 15.4.2008 – 4 StR 639/07 = NZV 2008, 528.
596 Harbort, NZV 1997, 209, 211.
597 OLG Saarbrücken, Beschl. v. 28.10.2010 – Ss 104/10 = BeckRS 2011, 03169.
598 OLG Saarbrücken, Beschl. v. 28.10.2010 – Ss 104/10 = BeckRS 2011, 03169 mwN.

- **Sachverständiger:** Erschöpft sich dessen Gutachten in einer allgemeinen Beschreibung der Auswirkungen des Konsums von Cannabis, so reicht dies nicht, einen verlässlichen, rechtsfehlerfreien Schluss auf („relative") Fahruntüchtigkeit zu ziehen.[599]

Hinweis: Die hohe Beweisrelevanz der **polizeilichen Beobachtung** macht es erforderlich, dass der Polizeibeamte die erkannten Auffälligkeiten akribisch dokumentiert. Die lediglich mündliche Beschreibung einer unter Umständen lang zurückliegenden Kontrollsituation aus dem Gedächtnis reicht den Gerichten in der Regel nicht aus.[600]

Beispiel einer ablehnenden § 111 a StPO-Entscheidung (Auszug aus den Beschlussgründen – es handelte sich bei dem Beschluss um eine ablehnende Entscheidung nach § 111 a StPO-Antrag): „Zwar steht aufgrund des Ergebnisses der Blutalkoholuntersuchung und der geständigen Angaben des Beschuldigten fest, dass er Amphetamine zu sich genommen hat. Nicht festgestellt werden kann aber, dass diese Einnahme zur Fahruntüchtigkeit geführt hat. Derartige Annahmen ergeben sich zunächst nicht aus der von den Polizeibeamten S und Sch festgestellten **Fahrweise**. Zunächst ist festzuhalten, dass der von diesen Beamten festgehaltene Abbiegevorgang ohne Betätigung des Fahrtrichtungsanzeigers insbesondere in den verkehrsarmen Nachtstunden eine vielfach zu beobachtende Nachlässigkeit ist, die keinen Rückschluss auf die Fahrtüchtigkeit zulässt. Im Übrigen schildern die Beamten in ihrer Sachverhaltsdarstellung zwar ungewöhnliche Fahrweisen (langsam fahren/beschleunigen/Wenden auf offener Straße). Es lässt sich dieser Sachverhaltsdarstellung aber nicht entnehmen, dass die Fahrweise des Beschuldigten unsicher oder von Ausfallerscheinungen, wie beispielsweise Fahren in Schlangenlinien oder dem Nichtbeachten von Verkehrsgeboten begleitet war. Die Art und Weise der Führung des Kraftfahrzeuges durch den Beschuldigten mag demgemäß ungewöhnlich gewesen sein, fehlerhaft oder verkehrswidrig stellte sie sich nicht da. Die Annahme der Fahruntüchtigkeit rechtfertigt sich schließlich auch nicht aus dem **persönlichen Eindruck, den der Beschuldigte gegenüber den Polizeibeamten bzw im Rahmen der Blutentnahme machte.** Schweißperlen auf der Stirn können auch durch die für den Beschuldigten zweifelsfrei unangenehme Situation hervorgerufen worden sein. Die geröteten Bindehäute und der insgesamt müde Eindruck des Beschuldigten deuten darauf hin, dass er übermüdet gewesen sein mag."[601]

7. Die Feststellung des Konsums und der Menge des Konsums

246 Wie auch die Feststellung der BAK wird der Drogen- und Medikamentenkonsum, der sich auf die Fahruntüchtigkeit bezieht, regelmäßig durch **Blutprobenentnahme** und deren Auswertung festgestellt. Üblicherweise wird dort die GC-Methode genutzt.[602] Drogenvortests haben prozessual keine Bedeutung, sondern dienen der Polizei nur zur Verdachtserhärtung und somit letztlich zur Entscheidung, ob eine Blutprobe genommen werden soll.[603]

---

599 OLG Saarbrücken, Beschl. v. 28.10.2010 – Ss 104/10 = BeckRS 2011, 03169.
600 Mettke NZV 2000, 199, 203.
601 AG Bielefeld, Beschl. v. 24.5.2008 – 9 Gs-23 Js 721/08 – 1849/08 = NZV 2008, 420.
602 LK-König, § 316 StGB Rn 150; ausführlich zu rechtsmedizinischen Fragen des Konsums „anderer berauschender Mittel": Priemer in: Buck/Krumbholz, § 10 Rn 80 ff.
603 Zu Erfahrungen mit Vortests aus rechtsmedizinischer Sicht: Käferstein/Falk/Rothschild, BA 2006, 1.

IX. Fahrunsicherheit aufgrund „anderer berauschender Mittel" (insbes. Drogen)

Es gibt für die Blutprobenentnahme (jeweils für Alkoholproben und Drogenproben) unterschiedliche Röhrchen, in die die Blutprobe eingefüllt wird. In der Regel ist in dem ärztlichen Bericht, der blutprobenbegleitend erstellt wird, aufgenommen, in welche Röhrchenart abgefüllt wurde. 247

Hinweis: Bei der Nutzung eines falschen Röhrchens sollte der Sachverständige, der die Blutprobe ausgewertet hat, ggf als Sachverständiger vernommen werden. Auf den bei der Blutprobenentnahme ausgefüllten Formularen findet sich in der Regel auch ein Hinweis auf den genutzten „Röhrchentyp".

Für die Beurteilung, ob ein Mittel als Rauschmittel betrachtet werden muss, ist die Zuziehung eines Sachverständigen idR unentbehrlich.[604] Dies gilt insbesondere, wenn ein Mittel nicht in die Liste der Betäubungsmittel der Anlagen zum BtMG aufgenommen ist.[605] 248

Hinweis: Staatsanwälten, Richtern und Verteidigern ist trotzdem dringend anzuraten, neben der einfachen Analyse der entnommenen Proben den Sachverständigen auch zur Frage der Wirkungen der festgestellten Rauschmittel zur Tatzeit zu befragen bzw mit einem Ergänzungsgutachten zu beauftragen, insbesondere dann, wenn es sich bei den festgestellten Substanzen nicht um Betäubungsmittel im Sinne des BtMG handelt.

8. Keine Rückrechnung möglich

Zwar bauen sich andere berauschende Mittel auch im Laufe der Zeit nach dem Konsum ab und verlieren hiermit idR (zumindest teils) ihre Wirkung, so dass durchaus ein **tatsächliches Interesse** an einer Rückrechnung der konsumierten Drogen/Medikamente auf den Tatzeitpunkt besteht, doch ist eine solche Rückrechnung von später festgestellten Drogen- oder Medikamentenkonzentrationen rechtsmedizinisch nicht anerkannt.[606] 249

9. Tatsächliche Feststellungen/Ermittlungen des Tatrichters

Wenn die Annahme der Fahruntüchtigkeit auf den Genuss „anderer berauschender Mittel" iSd § 316 StGB gestützt werden soll, bedarf es zunächst der Feststellung, dass der Täter **„berauschende Mittel"** eingenommen hat.[607] 250

Wird die Annahme der Fahruntüchtigkeit iSd § 316 StGB auf den Genuss „anderer berauschender Mittel" gestützt, so muss das Urteil darlegen, dass die eingenommenen Medikamente oder Betäubungsmittel in ihren Auswirkungen denen des Alkohols vergleichbar sind, und worauf diese Beurteilung gestützt wird; eine Beeinträchtigung der Fahrsicherheit reicht dafür nicht aus.[608] Wie bereits dargestellt wird sich dies jedenfalls im Falle der Betäubungsmittel, die ausdrücklich im BtMG bzw in dessen Anlagen genannt sind, erübrigen. 251

---

604 OLG Koblenz, VRS 59, 199, 201; Salger, DAR 1986, 386; Janiszewski, BA 1987, 251.
605 OLG Köln, Beschl. v. 21.12.1990 – Ss 607/90 = NZV 1991, 158 = VRS 80, 451.
606 Maatz, BA 1995, 97, 102; Schütz/Weiler, BA 1993, 137, 152; LK-König, § 316 StGB Rn 153.
607 OLG Köln, Beschl. v. 21.12.1990 – Ss 607/90 = NZV 1991, 158 = VRS 80, 451.
608 OLG Köln, Beschl. v. 21.12.1990 – Ss 607/90 = NZV 1991, 158 = VRS 80, 451.

B. Alkoholbedingte Fahrunsicherheit

252 Bei der Verwertung wissenschaftlicher Erkenntnisse muss das Gericht in den **Urteilsgründen** seine Sachkunde ausweisen und unter Umständen auch die Quelle angeben, aus denen es diese Erkenntnis gewonnen hat.[609] Die Notwendigkeit, die eigene Sachkunde und ihre Grundlagen im Urteil darzulegen, entfällt nur dann, wenn die Beweislage so eindeutig und die hereinspielenden Fachfragen so bekannt sind, dass das Revisionsgericht die Richtigkeit des Ergebnisses auch ohne diese Ausführungen beurteilen kann.[610] Diese Voraussetzungen sind jedenfalls bei der Beurteilung von Auswirkungen von Medikamenten und Psychopharmaka auf die Fahrtüchtigkeit nicht erfüllt, da diese derart schwierig zu beurteilen sind, dass das Gericht sich der Hilfe eines Sachverständigen bedienen muss.[611]

Hinweis: Teils wird auch gefordert, dass der Tatrichter stets unter Hinzuziehung eines Sachverständigen die Wirkung des berauschenden Mittels in seinem Urteil darlegen muss.[612]

Stellt das tatrichterliche Urteil bei Feststellung der relativen Fahruntüchtigkeit auf die **hohe Wirkstoffkonzentration** des berauschenden Mittels im Blut des Fahrers im Sinne einer konkreten Dosis-Konzentrations-Wirkungsbeziehung ab, so muss es die festgestellten Werte überhaupt angeben und auch erklären, warum diese als „hoch" anzusehen sind.[613]

253 Kann eine **Sehbehinderung** zur Tatzeit festgestellt werden, so bedarf es im tatrichterlichen Urteil der Prüfung, wie sich die Sehbehinderung konkret bei dem Fahrer auf seine Fahrtüchtigkeit ausgewirkt und wie sie sich für ihn bemerkbar gemacht hat. In diesem Zusammenhang ist auch zu erörtern, ob und inwieweit der Fahrer unter Umständen aufgrund seiner **Drogengewöhnung** in der Lage war, die Sehbehinderung zu kompensieren. Ohne dahin gehende Feststellungen kann nicht von vornherein ausgeschlossen werden, dass der Drogenkonsum etwa infolge erheblicher Toleranzbildung nicht zu psycho-physischen Beeinträchtigungen geführt hat, die die Fahrtüchtigkeit aufgehoben haben.[614]

Hinweis: Der Verteidiger muss bei „Drogen-/Medikamentenfahrten" immer darauf hinweisen, dass die Einholung eines rechtsmedizinischen Sachverständigengutachtens geboten ist. Ein entsprechender Beweisantrag sollte daher gestellt werden, falls das Gericht beabsichtigt, ohne ein solches Sachverständigengutachten zu entscheiden.

254 Bei einem **Heroinabhängigen** auf Entzug wird ein Sachverständiger zur Feststellung drogenbedingter Ausfallerscheinungen stets hinzuziehen sein und auch zu erörtern haben, ob unter Berücksichtigung einer ggf langjährigen Heroinabhängigkeit des Fahrers die festgestellten und/oder weitere typische Entzugserscheinungen Auswir-

---

609 OLG Köln, Beschl. v. 21.12.1990 – Ss 607/90 = NZV 1991, 158 = VRS 80, 451 mwN.
610 OLG Köln, Beschl. v. 21.12.1990 – Ss 607/90 = NZV 1991, 158 = VRS 80, 451 mwN.
611 Vgl Salger, DAR 1986, 385; OLG Köln, Beschl. v. 21.12.1990 – Ss 607/90 = NZV 1991, 158 = VRS 80, 451.
612 Krumdiek, VRR 2008, 368, 371.
613 BGH, Beschl. v. 3.11.1998 – 4 StR 395–98 = NJW 1999, 226 = NZV 1999, 48 = DAR 1999, 31 = VRS 96, 199 = BA 1999, 61.
614 BGH, Beschl. v. 3.11.1998 – 4 StR 395–98 = NJW 1999, 226 = NZV 1999, 48 = DAR 1999, 31 = VRS 96, 199 = BA 1999, 61.

kungen auf die Wahrnehmungs- und/oder Reaktionsfähigkeit des Fahrers haben konnten oder etwa zu einer erhöhten Risikobereitschaft oder Selbstüberschätzung geführt haben.

C. Erheblich verminderte Schuldfähigkeit und Schuldunfähigkeit

I. Allgemeines

Rauschmittelkonsum kann auch regelmäßig zu Problemen im Rahmen der Beurteilung der Schuldfähigkeit führen. Einschlägig sind hier dann §§ 20, 21 StGB. Hauptfall der erheblich verminderten Schuldfähigkeit nach § 21 StGB ist die Alkoholisierung bzw die Berauschung durch Drogen/Medikamente. Aber nicht in jedem Falle eines feststellbaren Konsums derartiger Rauschmittel kommt § 21 StGB „zum Zuge". 255

Eine erheblich verminderte Einsichtsfähigkeit ist strafrechtlich erst dann von Bedeutung, wenn sie das Fehlen der Einsicht zur Folge hat, während die Schuld des Angeklagten nicht gemindert wird, wenn er ungeachtet seiner erheblich verminderten Einsichtsfähigkeit das Unrecht seines Tuns zum Tatzeitpunkt tatsächlich eingesehen hat.[615] Die Voraussetzungen des § 21 StGB sind in den Fällen der verminderten Einsichtsfähigkeit nur dann zu bejahen, wenn die Einsicht gefehlt hat und dies dem Täter vorzuwerfen ist.[616] Fehlt dem Täter aus einem in § 20 StGB genannten Grund die Einsicht, ohne dass ihm dies zum Vorwurf gemacht werden kann, ist auch bei verminderter Einsichtsfähigkeit nicht § 21 StGB, sondern § 20 StGB anwendbar, so dass in diesen Fällen ein Schuldspruch ausscheidet.[617] Rechtsfehlerhaft ist es hiernach, wenn das Urteil „jedenfalls auch auf eine verminderte Einsichtsfähigkeit des Angeklagten abstellt" jedoch zu den Folgen indes jegliche Erörterung vermissen lässt, und so die Möglichkeit offen bleibt, dass der Angeklagte die Tat in schuldunfähigem Zustand begangen hat.[618] 256

Zunächst bedarf es bei der Prüfung der §§ 20, 21 StGB der Feststellung einer die Eingangsmerkmale des § 20 StGB erreichenden psychischen Störung sowie anschließend deren Einfluss auf die soziale Anpassungsfähigkeit des Täters und dessen psychische Funktionsfähigkeit bei der Tatbegehung zu umfassen.[619] Haben bei der Tat mehrere Faktoren zusammengewirkt und kommen daher mehrere Eingangsmerkmale gleichzeitig in Betracht, so dürfen diese nicht isoliert abgehandelt werden, sondern sind in eine umfassende Gesamtwürdigung einzustellen.[620] Ist also etwa ein hochgradig alkoholisierter Angeklagter ohnehin schon psychisch beeinträchtigt, so muss das Urteil zum Zusammenwirken beider „Defekte" Stellung nehmen. Bei erhaltener Unrechtseinsicht kann zwar auch (allein) die Steuerungsfähigkeit aufgehoben sein.[621] 257

---

615 BGH, Beschl. v. 26.11.2013 – 3 StR 387/13; Urt. v. 5.3.2014 – 2 StR 367/13.
616 BGH, Beschl. v. 26.11.2013 – 3 StR 387/13; Urt. v. 5.3.2014 – 2 StR 367/13.
617 St. Rspr; vgl nur BGH, Beschl. v. 2.8.2012 – BGH 3 StR 259/12 mwN; BGH, Beschl. v. 26.11.2013 – 3 StR 387/13.
618 BGH, Beschl. v. 26.11.2013 – 3 StR 387/13; Urt. v. 5.3.2014 – 2 StR 367/13; vgl dazu auch Beschl. v. 18.11.2013 – 1 StR 594/13 = NStZ-RR 2014, 75.
619 Pfister, NStZ-RR 2014, 193.
620 BGH, Beschl. v. 12.3.2013 – 4 StR 42/13 = NStZ 2013, 519 = StV 2013, 691.
621 BGH, Beschl. v. 13.8.2013 – 2 StR 128/13 = NStZ-RR 2013, 368.

258 Grundsätzlich ist bei Fragen rund um die Schuldfähigkeit zu beachten, dass der Grundsatz „in dubio pro reo" zwar auf die rechtliche Wertung der zur Schuldfähigkeit getroffenen Feststellungen nicht anwendbar ist.[622] Anwendung findet der Zweifelssatz jedoch bei der Entscheidung über die Voraussetzungen der verminderten Schuldfähigkeit, wenn nicht behebbare tatsächliche Zweifel bestehen, die sich auf Art und Grad des psychischen Ausnahmezustandes beziehen.[623]

259 Als stoffgebundene Suchterkrankung kann die Abhängigkeit von Drogen wegen der Vielzahl möglicher Ursachen, Ausprägungen sowie körperlicher und psychischer Folgen sowohl die Voraussetzungen des Eingangsmerkmals der schweren anderen seelischen Abartigkeit im Sinne des § 20 StGB als auch – vor allem bei körperlicher Abhängigkeit – jene einer krankhaften seelischen Störung erfüllen.[624] Unabhängig von dieser Einordnung begründet die Abhängigkeit von Betäubungsmitteln nach ständiger Rechtsprechung des BGH für sich allein noch nicht eine erhebliche Verminderung der Steuerungsfähigkeit.[625] Diese Folge ist bei einem Rauschgiftabhängigen nur ausnahmsweise gegeben, etwa dann, wenn langjähriger Betäubungsmittelkonsum zu schwersten Persönlichkeitsveränderungen geführt hat, der Täter unter starken Entzugserscheinungen leidet und durch sie dazu getrieben wird, sich mittels einer Straftat Drogen zu verschaffen, ferner unter Umständen dann, wenn er die Tat im Zustand eines akuten Rausches verübt.[626]

260 Der Konsum von Betäubungsmitteln und eine Betäubungsmittelabhängigkeit begründen für sich weder eine Schuldunfähigkeit noch eine erhebliche Verminderung der Schuldfähigkeit.[627] Dies ist vielmehr nur ausnahmsweise der Fall, wenn langjähriger Betäubungsmittelkonsum zu schwersten Persönlichkeitsveränderungen geführt hat, der Täter unter starken Entzugserscheinungen gelitten bzw solche befürchtet hat und dadurch dazu getrieben wurde, sich mittels einer Straftat Drogen oder Mittel zu deren Erwerb zu verschaffen, oder unter Umständen auch dann, wenn er das Delikt im Zustand eines aktuellen Rausches verübt hat.[628]

II. Actio libera in causa

261 Die „actio libera in causa" scheint **seit 1996** in der Rechtsprechung **tot** zu sein. Sie soll allein aus Gründen der Vollständigkeit des Buches an dieser Stelle und daher auch in der gebotenen Kürze dargestellt werden. Es besteht nämlich theoretisch immer noch die Möglichkeit, dass diese Rechtsfigur von der Rechtsprechung wieder

---

622 Vgl BGHSt 14, 68, 73; BGH NStZ 1996, 328 mwN; BGH, Beschl. v. 5.3.2013 – 5 StR 25/13 = StV 2013, 560; BGH, Beschl. v. 25.7.2006 – 4 StR 141/06 = NStZ-RR 2006, 335.
623 BGH, Beschl. v. 5.3.2013 – 5 StR 25/13 = StV 2013, 560; BGH, Beschl. v. 25.7.2006 – 4 StR 141/06 = NStZ-RR 2006, 335; vgl auch BGHSt 14, 68, 73; BGH NStZ 1996, 328.
624 SSW-StGB/Schöch, § 20 Rn 46; Fischer, StGB, § 20 Rn 41; BGH, Beschl. v. 12.3.2013 – 4 StR 42/13 = NStZ 2013, 519 = StV 2014, 691.
625 BGH, Beschl. v. 12.3.2013 – 4 StR 42/13 = NStZ 2013, 519 = StV 2014, 691.
626 Vgl nur BGH, Urt. v. 7.8.2001 – 1 StR 470/00 = NJW 2002, 150, 152 mwN; BGH, Beschl. v. 12.3.2013 – 4 StR 42/13 = NStZ 2013, 519 = StV 2014, 691.
627 BGH, Beschl. v. 17.9.2013 – 3 StR 209/13 mwN.
628 BGH, Beschl. v. 17.9.2013 – 3 StR 209/13 mwN.

„zum Leben erweckt" wird, obwohl sie neben § 323 a StGB (Vollrausch) keinerlei wirkliche Funktion in der Praxis erfüllen würde.

1. Anwendbarkeit im Verkehrsstrafrecht

Unabhängig von der Art der im Einzelfall verwirklichten Straftatbestände blieb nach früher herrschender Meinung die Beeinträchtigung der Schuldfähigkeit außer Betracht, wenn der Täter den Geschehnisablauf in verantwortlichem Zustand in Gang gesetzt hat. Insoweit galten uneingeschränkt die Grundsätze der sog. actio libera in causa.[629] Die neuere **Rechtsprechung des BGH** hierzu ist uneinheitlich:

■ Der 4. Strafsenat des BGH[630] lehnt die Anwendbarkeit der Grundsätze der actio libera in causa jedenfalls für solche Verkehrsstraftaten ab, deren tatbestandsmäßige Verwirklichung das Führen eines Fahrzeugs voraussetzt.[631] Das bedeutet: Verurteilung wegen Trunkenheit im Verkehr (§ 316 StGB), Gefährdung des Straßenverkehrs (§ 315 c StGB) oder Fahren ohne Fahrerlaubnis (§ 21 StVG) in Form der actio libera in causa scheidet aus. In Betracht kommt allenfalls Verurteilung wegen Vollrausches gem. § 323 a StGB.

■ Demgegenüber halten andere Strafsenate des BGH unter Würdigung der vom 4. Strafsenat gegebenen Begründung für seine geänderte Rechtsprechung ausdrücklich an den Grundsätzen der actio libera in causa fest,
– insbesondere bei den fahrlässigen Erfolgsdelikten,[632]
– zum Teil aber wohl auch in Fällen der Trunkenheit im Verkehr.[633]

Die abweichende neue Rechtsprechung des 4. Strafsenats ist im Schrifttum teilweise auf Zustimmung gestoßen,[634] zum Teil aber auf entschiedene Ablehnung.[635] Für andere Tatbestände ist die actio libera in causa in der Rechtsprechung anerkannt und auch im Verkehrsstrafrecht uU immer noch bedeutsam, zB bei den fahrlässigen und vorsätzlichen Erfolgsdelikten, aber auch beim unerlaubten Entfernen vom Unfallort.

2. Vorsätzliche actio libera in causa

Im Falle vorsätzlicher actio libera in causa erfolgt Bestrafung wegen vorsätzlicher Tatbegehung. Sie liegt nach hM nur vor, wenn der Täter im **Bewusstsein der späteren Straftat** (mindestens dolus eventualis) den Zustand der verminderten Schuldfähigkeit

---

629 BGH, Urt. v. 5.5.1999 – 2 StR 529/98 = NStZ 1999, 448; BayObLG, Beschl. v. 6.4.1993 – 1 St RR 59/93 = NZV 1993, 239.
630 BGH, Urt. v. 22.8.1996 – 4 StR 217/96 = NZV 1996, 500 = MDR 1996, 1276 = NJW 1997, 138 = NStZ 1997, 228 = StV 1997, 21 = VRS 92, 211.
631 Ebenso OLG Jena, Urt. v. 22.4.1997 – 1 SS 43/97 = DAR 1997, 324; OLG Celle, Beschl. v. 10.07.1997 – 21 Ss 138/97 = NZV 1998, 123.
632 BGH (3. Strafsenat) NStZ 1997, 230; (2. Strafsenat) NStZ 1999, 448; 2000, 584.
633 BGH (5. Strafsenat), Urt. v. 17.8.2004 – 5 StR 93/04 = NStZ 2004, 678, 680 = BeckRS 2004, 08848 = StV 2004, 591.
634 Hruschka, JZ 1997, 22, Hardtung, NZV 1997, 97.
635 ZB Spendel, JR 1997, 133; Hirsch, NStZ 1997, 230; aM offenbar auch BGH (5. Strafsenat), Urt. v. 17.8.2004 – 5 StR 93/04 = NStZ 2004, 678, 680 = BeckRS 2004, 08848 = StV 2004, 591.

oder der Schuldunfähigkeit vorsätzlich herbeigeführt hat.[636] Bestrafung wegen vorsätzlicher Tatbegehung in Form vorsätzlicher actio libera in causa kommt also nur in Betracht, wenn sich der Vorsatz des Angeklagten vor Eintritt der Schuldunfähigkeit nicht nur auf die Tatbestandsverwirklichung, sondern auch auf die Beeinträchtigung der Schuldfähigkeit erstreckt hat.

Hinweis: Nicht erforderlich ist allerdings, dass die Schuldunfähigkeit zum Zweck erleichterter Tatausführung herbeigeführt wird.[637]

265 Hat der Angeklagte an die Möglichkeit des Verlusts seiner Schuldfähigkeit nicht gedacht, so kommt allenfalls Bestrafung wegen fahrlässiger Tat in Frage.[638] Hinsichtlich der vorsätzlichen Herbeiführung einer Beeinträchtigung der Schuldfähigkeit genügt **dolus eventualis**. Der Vorsatz muss sich dabei auf den wesentlichen Kausalverlauf hinsichtlich des Eintritts der Schuldunfähigkeit bzw der Verminderung der Schuldfähigkeit erstrecken. Daher scheidet Bestrafung wegen vorsätzlicher Tatbegehung nach den Grundsätzen der actio libera in causa aus, wenn die Beeinträchtigung der Schuldfähigkeit durch Umstände eintritt, an die der Täter überhaupt nicht gedacht hat. Kann nicht mit letzter Sicherheit ausgeschlossen werden, dass die Schuldunfähigkeit möglicherweise erst durch die zum Alkoholgenuss hinzutretende Wirkung eines bewusst eingenommenen Medikaments eingetreten ist, so schließt das vorsätzliche actio libera in causa nicht aus, wenn auch der Alkohol allein jedenfalls geeignet war, einen solchen Zustand herbeizuführen.[639]

266 Hinsichtlich der im Zustand der Beeinträchtigung der Schuldfähigkeit begangenen Tat genügt die Vorstellung des Täters in seiner Laiensphäre über die Ausführung einer bestimmten Tat, sofern er diese dann verwirklicht hat, etwa das Begehen eines gefährlichen Eingriffs in den Straßenverkehr.

Hinweis: In den recht häufigen Fällen, in denen der Angeklagte nach einem alkoholbedingt herbeigeführten Unfall im Zustand der Schuldunfähigkeit die Unfallstelle verlassen hat, stellt sich die Frage, ob auch insoweit vorsätzliche actio libera in causa angenommen werden kann. In aller Regel wird der Täter aber wohl sein Verhalten nach einem Unfall nicht von vornherein in seine Vorstellung mit einbezogen haben.[640]

3. Fahrlässige actio libera in causa

267 Bei fahrlässiger actio libera in causa erfolgt **Bestrafung wegen fahrlässiger Tatbegehung**. Sie ist gegeben, wenn der Zustand der Schuldunfähigkeit oder verminderten Schuldfähigkeit vorsätzlich oder fahrlässig herbeigeführt worden ist und der Täter gegen die Tat keine geeigneten Vorsorgemaßnahmen getroffen hat, obwohl er mit ihrer Begehung rechnen musste.[641]

---

636 BGH, Urt. v. 20.10.1976 – 3 StR 329/76 = NJW 1977, 590; BayObLG DAR 1993, 370 – bei Bär; aM – Vorsatz nur bezüglich der Tat ist erforderlich: zB Maurach, JuS 1961, 373, 376; offengelassen von BGH NStZ 2002, 28.
637 BGH, Beschl. v. 13.9.2001 – 3 StR 331/01 = NStZ 2002, 28.
638 BayObLG DAR 1993, 370 – bei Bär.
639 OLG Hamm NJW 1972, 2232.
640 BGH VRS 69, 118; DAR 1985, 387.
641 BayObLG NZV 1989, 318; OLG Koblenz VRS 75, 34.

II. Actio libera in causa

Hinweis: Für die hier interessierenden, im Zusammenhang mit der Verkehrsteilnahme begangenen Straftaten bedeutet dies:

Der Angeklagte muss sich schuldhaft durch die Alkoholaufnahme in den die Schuldfähigkeit beeinträchtigenden Zustand versetzt und bei Trinkbeginn zumindest fahrlässig nicht bedacht haben, dass er später im Zustand der Fahrunsicherheit fahren und dabei die begangene Straftat verwirklichen werde (oder sorgfaltswidrig Vorsorgemaßnahmen unterlassen haben).

Bei **Konsum alkoholischer Getränke** wird der Vorwurf fahrlässigen Verhaltens hinsichtlich der Beeinträchtigung der Schuldfähigkeit regelmäßig gerechtfertigt sein.

Etwas anderes kann uU dann zu gelten haben, wenn erst das Zusammenwirken des Alkohols mit anderen Ursachen zur Beeinträchtigung der Schuldfähigkeit geführt hat. Dann setzt der Schuldvorwurf voraus, dass der Angeklagte die Folgen des Zusammenwirkens hätte voraussehen können.[642] Eine besondere Rolle spielt hier das Zusammenwirken von Alkohol und Medikamenten. Führt erst eine entsprechende Kombination zur Beeinträchtigung der Schuldfähigkeit, so hängt der Vorwurf fahrlässigen Verhaltens davon ab, ob für den Angeklagten die Möglichkeit und die Pflicht bestand, sich hierüber zu informieren (etwa durch **Lesen des sog. Beipackzettels**). Von Kraftfahrern ist allgemein zu verlangen, dass sie sich vor Einnahme von Medikamenten, insbesondere bei Kombination mit Alkoholaufnahme, durch das Lesen des Hinweiszettels über die Alkoholverträglichkeit des Medikamentes vergewissern.[643] Teilweise vertritt die Rechtsprechung sogar die Ansicht, dass jeder, der Alkohol- und Medikamenteneinnahme kombiniert, regelmäßig mit einer erheblichen Steigerung der Alkoholwirkung rechnen muss.[644] Neben schuldhafter Herbeiführung der Beeinträchtigung der Schuldfähigkeit setzt Verurteilung wegen fahrlässiger actio libera in causa ferner voraus, dass der Angeklagte fahrlässig nicht vorausgesehen und bedacht hat, dass er anschließend die Tat begehen könnte.

Bei Straftaten, die nur aufgrund der Fahrzeugbenutzung verwirklicht wurden, kommt es auf die Vorhersehbarkeit der späteren Fahrt an, so dass im Folgenden auf die von der Rechtsprechung hierzu entwickelten Grundsätze einzugehen ist:

- Wer mit der Möglichkeit rechnen muss, nach erheblichem Alkoholgenuss ein Kraftfahrzeug zu führen, muss rechtzeitig **Vorsorge gegen die Fahrzeugbenutzung** treffen.[645] **Versäumt** er im Zustand noch uneingeschränkter Schuldfähigkeit geeignete Maßnahmen, so trifft ihn im Falle einer später während der Fahrzeugbenutzung begangenen Straftat (zB fahrlässige Körperverletzung infolge Fahrunsicherheit) im Zustand der Schuldunfähigkeit der Vorwurf fahrlässigen Verhaltens.

---

642 BayObLG, Urt. v. 23.7.1968 – RReg. 2 a St 113/68 = NJW 1968, 2299 – Hinzutreten einer Gehirnerschütterung.
643 OLG Frankfurt VM 1976, 14; OLG Braunschweig DAR 1964, 170; einschränkend OLG Frankfurt DAR 1970, 162.
644 OLG Hamburg JZ 1982, 160.
645 BayObLG, Urt. v. 14.5.1969 - RReg. 1 a St 92/69 = NJW 1969, 1583; OLG Hamm, Urt. v. 25.1.1983 – 5 Ss 1254/82 = NJW 1983, 2456.

- Die dem Angeklagten vorwerfbare **Vorhersehbarkeit der Fahrzeugbenutzung entfällt** allerdings dann, wenn der spätere konkrete Geschehnisablauf hinsichtlich der Fahrt **außerhalb jeglicher Lebenserfahrung** liegt, so dass der Angeklagte mit einem derartigen Verlauf nicht rechnen musste.[646]
- Hat der Täter **Vorkehrungen gegen die Fahrzeugbenutzung getroffen**, die sich später als unzureichend erwiesen haben, so entfällt der Fahrlässigkeitsvorwurf regelmäßig nicht.
- **Anderes** gilt nur, wenn sich diese Vorkehrungen aufgrund völlig ungewöhnlicher und daher für den Täter **nicht vorhersehbarer Umstände** als nicht ausreichend herausgestellt haben.[647]

  Hinweis: Ein solcher Fall wird zB dann gegeben sein, wenn der Angeklagte vor Trinkbeginn mit einem Angehörigen vereinbart hatte, ihn abzuholen, der Angehörige dieses Versprechen auch erfüllt hat, dann jedoch den Täter mit seinem Fahrzeug – etwa aufgrund eines Streits – allein gelassen hat.

- Allein der Umstand, dass die allgemeine Möglichkeit bestand, der Täter könnte das ihm verfügbare Fahrzeug nach dem Trinken noch benutzen, obwohl dies nicht ohne Weiteres nahelag, reicht zur Bejahung der Vorhersehbarkeit nicht aus. Das betrifft vor allem die Fälle, in denen der Täter zu Hause getrunken hat. In solchen Fällen müssen, um die Annahme von Fahrlässigkeit zu rechtfertigen, besondere Umstände hinzutreten, die eine spätere Fahrzeugbenutzung nahelegten.[648]
- Andererseits muss derjenige, der mit seinem Fahrzeug eine Gaststätte oder Bekannte aufgesucht hat, bei Beginn des Trinkens stets damit rechnen, dass er später mit dem Fahrzeug auch die Heimfahrt antreten werde.[649]
- Der bei Beginn des Trinkens gefasste Entschluss, später nicht mehr zu fahren, entlastet nicht. Vielmehr sind besondere Vorsorgemaßnahmen notwendig, die den Angeklagten nach menschlicher Voraussicht an der Benutzung seines Fahrzeugs hindern.
- Auch der Hinweis auf bisherige jahrelange Zuverlässigkeit des Angeklagten kann ihn nicht entlasten.[650]

---

646 BayObLG MDR 1967, 943; OLG Celle NJW 1968, 1938.
647 OLG Hamm VRS 15, 362; OLG Köln VRS 34, 127.
648 BayObLG VRS 61, 339; NStZ 1988, 264 – bei Janiszewski.
649 BayObLG NZV 1989, 318; OLG Hamm VRS 75, 34.
650 BayObLG VM 1986, 75.

Rechtsprechungsübersicht: Vorsorgemaßnahmen gegen spätere Trunkenheitsfahrt   270

Art der Vorsorgemaßnahme	Reichte dies aus?	Fundstelle
Abgabe sämtlicher Fahrzeugschlüssel vor Trinkbeginn an eine zuverlässige, nüchtern bleibende Person.	Ja	BayObLG NJW 1969, 1583; OLG Celle NJW 1968, 1938
Beschaffung einer Übernachtungsmöglichkeit durch den mit dem Fahrzeug angereisten Angeklagten, vorausgesetzt, dass sie in einer Weise erfolgt, die die Möglichkeit, von ihr später keinen Gebrauch zu machen, ausgeschlossen erscheinen ließ.	Ja	BayObLG VRS 61, 339; NJW 1969, 1583
Bloße Bitten an Angehörige oder Bekannte, in der Gaststätte abgeholt zu werden, ohne feste und verlässliche Zusage.	Nein	OLG Hamm VRS 32, 17
Der vor Trinkbeginn gefasste Entschluss, anschließend ein Taxi, einen Mietwagen oder ein öffentliches Verkehrsmittel zu benutzen.	Nein	BayObLG NJW 1968, 2299
Die bloße Absicht – jedoch ohne sich zuvor Gewissheit zu verschaffen – zu übernachten.	Nein	BayObLG MDR 1967, 943
Die in der Nähe gelegene Wohnung statt mit dem Fahrzeug später zu Fuß aufzusuchen.	Nein	BayObLG NStZ 1987, 546 – bei Janiszewski –
Die vor Trinkbeginn gefasste bloße Absicht, später nicht mehr zu fahren.	Nein	BayObLG NZV 1989, 318

III. Besonderheiten bei der Rückrechnung

Die Rückrechnung führt oftmals selbst bei erfahrenen Praktikern zu Problemen, obgleich sie im Grunde nicht schwierig ist. Grob gesagt ist sie **in zweierlei Richtungen möglich**: entweder der Promillewert wird zum Tatzeitpunkt hin „möglichst klein" oder „extra groß" gerechnet. Die jeweilige Rechenrichtung richtet sich nach dem Verwendungszweck der Berechnung.   271

C. Erheblich verminderte Schuldfähigkeit und Schuldunfähigkeit

1. Grundschema

272
- Bei der Frage der vorwerfbaren **BAK im Rahmen alkoholbedingter Fahrunsicherheit** sind im Zweifel die Tatsachen zugrunde zu legen, die zu einer möglichst niedrigen BAK führen.[651]
- Genau umgekehrt ist **bei Prüfung der Schuldfähigkeit** zu verfahren. Hier ist eine möglichst hohe BAK für den Angeklagten günstiger, so dass im Zweifel bei der Errechnung der BAK von den Tatsachen auszugehen ist, die zu einer möglichst hohen BAK führen.

Dies führt zu nachfolgenden Besonderheiten bei der Rückrechnung.

2. Resorptionsabschluss/Beginn der Berechnung

273 Das betrifft zunächst die **Frage des Abschlusses der Resorption**. Ist der Resorptionsabschluss nicht feststellbar, so ist – anders als bei den Feststellungen zur alkoholbedingten Fahrunsicherheit – zugunsten des Angeklagten abgeschlossene Resorption im Zeitpunkt der Tat anzunehmen, so dass vom Zeitpunkt der Blutentnahme auf den Tatzeitpunkt voll zurückgerechnet werden darf und muss.[652] Die ersten beiden Stunden nach Trinkende dürfen hier also im Zweifel nicht von der Rückrechnung ausgenommen werden.[653]

3. Stündlicher Abbauwert

274 Besonderheiten gelten auch hinsichtlich des **Rückrechnungsfaktors**, also des stündlichen Abbauwertes:
- Umgekehrt wie im Falle der Rückrechnung zur Ermittlung der Tatzeit-BAK in Bezug auf die Feststellbarkeit alkoholbedingter Fahrunsicherheit ist bei Prüfung der Schuldfähigkeit nicht mit dem niedrigsten, sondern mit dem höchstmöglichen stündlichen Abbauwert zurückzurechnen.[654]
- Der zugunsten des Angeklagten zugrunde zu legende höchstmögliche stündliche Abbauwert beträgt 0,2 ‰ zuzüglich eines einmaligen Sicherheitszuschlages von 0,2 ‰.

4. Und so wird die höchste BAK berechnet!

275 Es gilt also folgende Rückrechnungsformel:

Maximale Tatzeit-BAK = BAK (Blutentnahme) + 0,2 ‰ × t + 0,2 ‰.

Der Faktor t steht in dieser Formel für die Zeit, die zwischen der Tatzeit und der Blutentnahme verstrichen ist. Zurückzurechnen ist demnach mit einem Faktor von 0,2 ‰ pro Stunde. Dem sich daraus ergebenden Wert ist ein Sicherheitszuschlag von 0,2 ‰ hinzuzurechnen.

---

651 OLG Köln DAR 1997, 499.
652 OLG Köln VRS 98, 140; DAR 1997, 499.
653 OLG Köln VRS 86, 279, 283; OLG Celle, Beschl. v. 30.1.1992 – 1 Ss 29/92 = NZV 1992, 247.
654 BGH, Urt. v. 22.11.1990 – 4 StR 117/90 = NJW 1991, 852; OLG Zweibrücken DAR 1999, 132; OLG Düsseldorf zfs 1998, 33.

III. Besonderheiten bei der Rückrechnung

Beispiel: Blutentnahme: 19.00 Uhr

Tatzeit: 16.30 Uhr

BAK im Zeitpunkt der Blutentnahme aufgrund der Blutuntersuchung: 1,8 ‰.

Zurückzurechnen ist hier also über 2 1/2 Stunden mit einem maximalen Abbauwert pro Stunde von 0,2 ‰:

Maximale Tatzeit-BAK = 1,8 + 0,2 ‰ fk 2,5 + 0,2 ‰.

2,5 fk 0,2 = 0,5.

1,8 (BAK bei Blutentnahme) + 0,5 = 2,3.

Zu diesem Wert ist ein einmaliger Sicherheitszuschlag von weiteren 0,2 ‰ zu addieren:

2,3 + 0,2 = 2,5.

Im Beispiel beträgt demnach die zugunsten des Angeklagten für den Tatzeitpunkt zugrunde zu legende höchstmögliche BAK 2,5 ‰.

Diese Rückrechnungsformel beruht auf Untersuchungen von *Zink* und *Reinhardt*[655] und ist von der Rechtsprechung anerkannt.[656]

Zu beachten ist, dass es sich hierbei um den **im Zweifel** zugrunde zu legenden Abbauwert handelt. Das schließt also nicht aus, unter Berücksichtigung der Symptomatik der Alkoholintoxikation für den konkreten Fall unter Hinzuziehung eines medizinischen Sachverständigen einen anderen maximalen Abbauwert festzustellen, wobei auch Tatverhalten und äußere Tatumstände heranzuziehen sind.[657]

276

Ein niedrigerer Atemalkohol-Wert stellt dagegen den sich aus der Rückrechnungsformel ergebenden höchstmöglichen BAK-Wert nicht in Frage.[658]

277

Hinweis: Die geschilderte Rückrechnungsart unter Einbeziehung der ersten beiden Stunden nach Trinkende mit dem jeweils höchstmöglichen Abbauwert gilt im Rahmen der Feststellungen zur Schuldfähigkeit natürlich stets nur dann, wenn die BAK aufgrund einer Blutprobe festzustellen ist.

Genau **umgekehrt** ist zu verfahren, wenn die BAK nach der Trinkmenge ermittelt wird. Insbesondere ist dann also der geringstmögliche Abbauwert zugrunde zu legen.[659] Feststellungen zur Tatzeit-Blutalkoholkonzentration sind nachvollziehbar zu begründen.[660] Soweit sie auf Trinkmengenangaben gestützt werden, muss den Urteilsgründen zu entnehmen sein, dass die dazu in der Rechtsprechung entwickelten Grundsätze Beachtung gefunden haben.[661] Für die Frage der Fahruntüchtigkeit ist

---

655 Zink/Reinhardt, BA 1976, 327.
656 BGH, Beschl. v. 17.11.1999 – 3 StR 438/99 = BeckRS 1999 30082590 = NStZ 2000, 214; , Beschl. v. 15.11.1990 – 4 StR 486/90 = NZV 1991, 117; BayObLG, Beschl. v. 6.3.2003 – 1 St RR 13/03 = NJW 2003, 2397; OLG Karlsruhe, Beschl. v. 21. 9. 2004 – 1 Ss 102/04 = NJW 2004, 3356 = VRS 107, 350 = zfs 2004, 581.
657 BGH, Urt. v. 30.5.1985 – 4 StR 175/85 = NStZ 1985, 452; DAR 1977, 143 – bei Spiegel.
658 BGH, Beschl. v. 14.6.1995 – 2 StR 274/95 = NStZ 1995, 539.
659 BGH DAR 1999, 194 – bei Tolksdorf; NStZ 1992, 32.
660 OLG Köln, Beschl. v. 11.1.2013 – III-RVs 1/13 = BeckRS 2013, 03857.
661 OLG Köln, Beschl. v. 11.1.2013 – III-RVs 1/13 = BeckRS 2013, 03857; vgl etwa zur Anwendung der Widmarkformel: Fischer, StGB, § 20 Rn 14 u. § 316 Rn 21; zum Resorptionsdefizit und zur Rückrechnung: Krumm, NJW 2010, 1577, 1579; BGH, Beschl. v. 25.9.2006 – 4 StR 322/06 = BeckRS 2006, 12759 = DAR 2007, 272; BayObLG Urt. v. 2.7.2001 – 1 ST RR 68/01 = BeckRS 2001, 31155809 = zfs 2001, 517

der höchstmögliche als der für den Beschuldigten günstigste Reduktionsfaktor zugrunde zu legen.⁶⁶² Sodann ist – ebenfalls nach dem Zweifelssatz – das Resorptionsdefizit mit dem höchsten Wert von 30 % abzuziehen, für die Berechnung der Nachtrunk-Blutalkoholkonzentration ist von einem niedrigsten Wert von 10 % auszugehen.⁶⁶³ Schließlich sind der höchstmögliche Abbauwert von 0,2 ‰ pro Stunde und ein einmaliger Sicherheitszuschlag von 0,2 ‰ in Abzug zu bringen.⁶⁶⁴

278 **Muster: Revisionsbegründung – Keine nachvollziehbar begründete Tatzeit-BAK**⁶⁶⁵

... Gerügt wird die Verletzung materiellen Rechts und zwar zunächst in allgemeiner Form. Es wird dabei beantragt, das Urteil aufzuheben und die Sache zur erneuten Verhandlung und Entscheidung, auch über die Kosten der Revision, an eine andere Abteilung des Amtsgerichts ... zurückzuverweisen.

Begründung:⁶⁶⁶

Das angefochtene Urteil ist insgesamt rechtsfehlerhaft und bedarf daher auch der Aufhebung. Insbesondere fehlen ausreichende tatsächliche Feststellungen bzw Begründungen für die getroffenen Feststellungen zum zur Tatzeit BAK. Feststellungen zur Tatzeit-Blutalkoholkonzentration sind nachvollziehbar zu begründen (OLG Köln, Beschl. v. 11.1.2013 – III-RVs 1/13 = BeckRS 2013, 03857). Soweit sie auf Trinkmengenangaben gestützt werden, muss den Urteilsgründen zu entnehmen sein, dass die dazu in der Rechtsprechung entwickelten Grundsätze Beachtung gefunden haben (OLG Köln, Beschl. v. 11.1.2013 – III-RVs 1/13 = BeckRS 2013, 03857; vgl etwa zur Anwendung der Widmarkformel: Fischer, StGB, 60. Aufl., § 20 Rn 14 u. § 316 Rn 21; zum Resorptionsdefizit und zur Rückrechnung: Krumm NJW 2010, 1577 [1579]; BGH DAR 2007, 272; BayObLG zfs 2001, 517 = DAR 2002, 80; OLG Hamm zfs 2002, 306 = NZV 2002, 279 OLG Koblenz DAR 2009, 43; OLG Köln, Beschl. v. 29.1.2008 – 82 Ss 2/08; OLG Köln, Beschl. v. 23.3.2010 – III-1 RVs 49/10; OLG Köln, Beschl. v. 5.10.2012 1 RVs 183/12). Für die Frage der Fahruntüchtigkeit ist der höchstmögliche als der für den Beschuldigten günstigste Reduktionsfaktor zugrunde zu legen. Sodann ist – ebenfalls nach dem Zweifelssatz – das Resorptionsdefizit mit dem höchsten Wert von 30 % abzuziehen, für die Berechnung der Nachtrunk-Blutalkoholkonzentration ist von einem niedrigsten Wert von 10 % auszugehen. Schließlich sind der höchstmögliche Abbauwert von 0,2 ‰ pro Stunde und ein einmaliger Sicherheitszuschlag von 0,2 ‰ in Abzug zu bringen (vgl König in Hentschel/König/Dauer, Straßenverkehrsrecht, 41. Auflage, § 316 StGB Rn 48–51 mwN; OLG Köln, Beschl. v. 11.1.2013 – III-RVs 1/13 = BeckRS 2013, 03857).

= DAR 2002, 80; OLG Hamm, Beschl. v. 11.1.2000 – 4 Ss 1254/00 = zfs 2002, 306 = NZV 2002, 279; OLG Koblenz, Beschl. v. 29.10.2008 – 2 Ss 176/08 = BeckRS 2008, 23653 = NZV 2009, 157 = DAR 2009, 43; OLG Köln, Beschl. v. 29.1.2008 – 82 Ss 2/08; OLG Köln, Beschl. v. 23.3.2010 – III-1 RVs 49/10; OLG Köln, Beschl. v. 5.10.2012 – 1 RVs 183/12.
662 OLG Köln, Beschl. v. 11.1.2013 – III-RVs 1/13 = BeckRS 2013, 03857.
663 OLG Köln, Beschl. v. 11.1.2013 – III-RVs 1/13 = BeckRS 2013, 03857.
664 OLG Köln, Beschl. v. 11.1.2013 – III-RVs 1/13 = BeckRS 2013, 03857; König in Hentschel/König/Dauer, § 316 StGB Rn 48–51 mwN.
665 Das Muster folgt: OLG Köln, Beschl. v. 11.1.2013 – III-RVs 1/13 = BeckRS 2013, 03857.
666 Hinweis: Die Sachrüge muss nicht weiter begründet werden. Die Begründung sollte aber gleichwohl zumindest kurz stattfinden, um dem Revisionsgericht klar zu machen, wo die Rechtsverletzung gesehen wird und gerade hier die Prüfung anzuregen.

IV. Hinzuziehung eines Sachverständigen

Häufig wird sich die Frage alkoholbedingter Beeinträchtigung der Schuldfähigkeit iSd §§ 20, 21 StGB nur mithilfe eines medizinischen Sachverständigen klären lassen.[667] Dies gilt vor allem beim Zusammenwirken von Alkohol und Medikamenten.[668]

Bei weit über 2,0 ‰ liegenden **Blutalkoholkonzentrationen** wird das Gericht allerdings auch ohne Sachverständigen zugunsten des Angeklagten von erheblich verminderter Schuldfähigkeit ausgehen dürfen.[669]

Hinweis: Die Anregung zur Beantragung der Einholung eines Sachverständigengutachtens kann uU auch dort Sinn machen, wo sich der Beschuldigte Hoffnung machen kann, dass das Gericht in seiner Entscheidung allein aufgrund der bereits verstrichenen Zeit sein Urteil abmildern wird.

Im Übrigen ist darauf hinzuweisen, dass nicht der Sachverständige, sondern das Gericht die Feststellung der Voraussetzungen der §§ 20, 21 StGB trifft. Denn insoweit handelt es sich um eine Rechtsfrage.[670]

Der Sachverständige hat lediglich die Aufgabe, dem Gericht die Tatsachen zu vermitteln, zu deren Feststellung es einer besonderen Sachkunde bedarf und die eine Entscheidung der genannten Rechtsfrage ermöglichen.[671]

Hinweis: Häufig kommt ein Sachverständigengutachten auch dann in Betracht, wenn der Beschuldigte ein krankhaftes Alkoholproblem hat oder psychisch erkrankt ist, so dass die Voraussetzungen der **Unterbringung** nach §§ 63, 64 StGB zu prüfen sind.

Die Entscheidung darüber, ob – und ggf in welchem Umfang – die Schuldfähigkeit des Angeklagten infolge der Alkoholwirkung beeinträchtigt war, trifft das Gericht in eigener Verantwortung.[672] Deswegen muss es die vom Sachverständigen aufgrund der von ihm festgestellten Tatsachen gezogenen Schlussfolgerungen überprüfen. Schließt sich der Richter ohne eigene Erwägungen dem Sachverständigengutachten an, so muss er **im Urteil** in der Regel die wesentlichen tatsächlichen **Grundlagen des Gutachtens** mitteilen.[673] Eingehend muss sich das Gericht mit dem Ergebnis des Sachverständigengutachtens auseinandersetzen, wenn es von diesem abweicht.[674] Es muss dann im Urteil die Darlegungen des Sachverständigen im Einzelnen wiedergeben.[675] Stützt der Tatrichter seine Feststellungen also auf ein Sachverständigengutachten, so ist in den Urteilsgründen eine verständliche, in sich geschlossene Darstel-

---

667 BayObLG DAR 2000, 532; OLG Naumburg zfs 2000, 411.
668 OLG Köln VRS 65, 21.
669 Jessnitzer, BA 1970, 175, 181.
670 BGH NZV 2000, 46; NJW 1997, 2460.
671 Siehe auch Spann, DAR 1980, 309.
672 BGH, Urt. v. 8.3.1955 – 5 StR 49/55 = NJW 1955, 840; OLG Hamm, Urt. v. 19.1.1967 – 2 Ss 1350/66 = NJW 1967, 690.
673 BGH, Urt. v. 15.1.2003 – 5 STR 223/02 = BeckRS 2003, 01208 = NStZ 2003, 307 = BA 2004, 62; BGH, Urt. v. 8.3.1955 – 5 StR 49/55 = NJW 1955, 840; OLG Naumburg Beschl. v. 6.9.2000 – 2 SS 272/00 = DAR 2001, 379 = zfs 2000, 554.
674 BGH, Urt. v. 29.4.1997 – 1 StR 511/95 = NJW 1997, 2460 = BA 1997, 450; DAR 1984, 191 Nr. 5 – bei Spiegel.
675 BGH, Urt. v. 29.04.1997 - 1 StR 511/95 = NJW 1997, 2460 = BA 1997, 450.

lung der dem Gutachten zugrunde liegenden Anknüpfungstatsachen, der wesentlichen Befundtatsachen und der das Gutachten tragenden fachlichen Begründung erforderlich.[676]

Hinweis: Hierauf ist das Urteil seitens der Verteidigung eingehend zu prüfen. Bereits im Rahmen der **Sachrüge** („gerügt wird die Verletzung materiellen Rechts und zwar zunächst in allgemeiner Form") prüft das Revisionsgericht die inhaltliche Auseinandersetzung des Tatrichters in seinem Urteil mit dem Sachverständigengutachten.

V. Erheblich verminderte Schuldfähigkeit

282 Die erheblich verminderte Schuldfähigkeit ist in § 21 StGB beschrieben: Ist die Fähigkeit des Täters, das Unrecht der Tat einzusehen oder nach dieser Einsicht zu handeln, aus einem der in § 20 StGB bezeichneten Gründe bei Begehung der Tat erheblich vermindert, so kann die Strafe nach § 49 Abs. 1 gemildert werden.

Hinweis: Im **Tenor des Urteils** taucht die „erheblich verminderte Schuldfähigkeit" nicht auf, ebenso wenig wie in den angewendeten Vorschriften.

1. Keine verbindliche BAK-Höhe

283 Es gibt keine bestimmte BAK-Höhe, bei der in jedem Falle erheblich verminderte Schuldfähigkeit anzunehmen wäre.[677] Entscheidend sind vielmehr die **Umstände des Einzelfalles**, insbesondere auch der Persönlichkeit des Täters. Dabei sind alle objektiven und subjektiven Umstände zu würdigen, die neben der BAK wesentlichen Einfluss auf die Befindlichkeit und das Verhalten des Täters hatten.[678]

Hinweis: Zu erörtern ist daher auch etwaige Alkoholgewöhnung.[679]

Laut BGH ist es nämlich nach der Rechtsprechung prinzipiell unmöglich, „einer bestimmten Blutalkoholkonzentration für jeden Einzelfall gültige psychopathologische, neurologisch-körperliche Symptome oder Verhaltensauffälligkeiten zuzuordnen. Es existiert keine lineare Abhängigkeit der Symptomatik von der Blutalkoholkonzentration. Aus diesen Gründen ist es prinzipiell unmöglich, allein aus der Blutalkoholkonzentration das Ausmaß einer alkoholisierungsbedingten Beeinträchtigung ableiten zu wollen".[680] Es wäre daher auch verfehlt, einem psychodiagnostischen Beweisanzeichen – etwa dem Leistungsverhalten vor, bei oder nach Tatbegehung – von vornherein mit Blick auf eine bestimmte Blutalkoholkonzentration oder mit Blick auf eine

---

676 OLG Köln, Beschl. v. 11.1.2013 – III-RVs 1/13 = BeckRS 2013, 03857; BGH NJW 2000, 1350; BayObLG DAR 2001, 174; OLG Köln, Beschl. v. 18.8.2005 – 81 Ss-OWi 31/05 = DAR 2005, 699 (700); Beschl. v. 17.5.2011 – 1 RVs 107/11; Beschl. v. 29.5.2012 – 1 RVs 102/12; Beschl. v. 10.10.2012 – ill-1 RVs 144/12.
677 BGH, Urt. v. 6.6.2002 – 1 StR 14/02 = NStZ 2002, 532; krit. Scheffler/Halecker, BA 2004, 427 im Hinblick auf die insoweit abw. Annahme einer unwiderleglichen Indizwirkung der BAK für „absolute" Fahrunsicherheit.
678 BGH, Urt. v. 26.8.1999 – 4 StR 329/99 = NZV 2000, 46 = DAR 2000, 38 = NStZ 2000, 24 = VRS 2000, 118; NStZ 1995, 96; OLG Frankfurt NStZ-RR 1999, 246.
679 BGH, Urt. v. 6.6.2002 – 1 StR 14/02 = NStZ 2002, 532.
680 BGH, Beschl. v. 29.5.2012 – 1 StR 59/12 = NStZ 2012, 560 = NJW 2012, 2672 m.Anm. Schliemann 2675 = NJW-Spezial 2012, 536 = DAR 2013, 160 (Ls) = ADAJUR Dok.-Nr. 99156 = BeckRS 2012, 15992 mwN.

zum Erreichen höherer Blutalkoholwerte notwendigerweise bestehende Alkoholgewöhnung eine Aussagekraft zur Beurteilung der Schuldfähigkeit iSd §§ 20, 21 StGB abzusprechen.[681] Für die Beurteilung der Schuldfähigkeit maßgeblich ist demnach eine **Gesamtschau aller wesentlichen objektiven und subjektiven Umstände**, die sich auf das Erscheinungsbild des Täters vor, während und nach der Tat beziehen.[682] Dabei kann die – regelmäßig deshalb zu bestimmende[683] – Blutalkoholkonzentration ein je nach den Umständen des Einzelfalls sogar gewichtiges, aber keinesfalls allein maßgebliches Beweisanzeichen (Indiz) sein.[684]

Welcher **Beweiswert der Blutalkoholkonzentration** (die weniger zur Auswirkung des Alkohols als lediglich zu dessen wirksam aufgenommener Menge aussagt) im Verhältnis zu anderen psychodiagnostischen Beweisanzeichen beizumessen ist, lässt sich nicht schematisch beantworten. Er ist umso geringer, je mehr sonstige aussagekräftige psychodiagnostische Kriterien zur Verfügung stehen.[685] So können die konkreten Umstände des jeweiligen Einzelfalls eine erheblich verminderte Steuerungsfähigkeit bei Tatbegehung auch bei einer Blutalkoholkonzentration schon von unter 2 ‰ begründen,[686] umgekehrt eine solche selbst bei errechneten Maximalwerten von über 3 ‰ auch ausschließen.[687]

2. Besondere Bedeutung der BAK von 2,0 ‰

Obwohl es also keinen festen Grenzwert gibt, kommt einer BAK von 2,0 ‰ besondere Bedeutung zu. Mit einer die Schuldfähigkeit erheblich vermindernden Herabsetzung des Hemmungsvermögens ist nämlich regelmäßig bei Blutalkoholkonzentrationen ab 2,0 ‰ zu rechnen; die **Voraussetzungen des § 21 StGB liegen dann jedenfalls nahe**.[688]

Dies führt zu einer erhöhten „Erörterungslast" für den Tatrichter: Immer, wenn zugunsten des Angeklagten von mindestens 2 ‰ BAK auszugehen ist, muss das Gericht daher die Frage erheblich verminderter Schuldfähigkeit iSd § 21 StGB prüfen.[689] Das gilt auch bei Trinkgewohnheit, Alkoholverträglichkeit oder Unauffälligkeit beim Fah-

---

681 BGH, Beschl. v. 29.5.2012 – 1 StR 59/12 = NStZ 2012, 560 = NJW 2012, 2672 m.Anm. Schliemann 2675 = NJW-Spezial 2012, 536 = DAR 2013, 160 (Ls) = ADAJUR Dok.-Nr. 99156 = BeckRS 2012, 15992.
682 Grundlegend BGH, Beschl. v. 29.4.1997 – 1 StR 511/95 = BGHSt 43, 66; auch BGH, Beschl. v. 5.4.2000 – 3 StR 114/00; BGH, Urt. v. 22. 1. 1997 – 3 StR 516/96.
683 Vgl BGH, Beschl. v. 28.3.2012 – 5 StR 49/12; BGH, Beschl. v. 8.10.1997 – 2 StR 478/97.
684 BGH, Beschl. v. 29.5.2012 – 1 StR 59/12 = NStZ 2012, 560 = NJW 2012, 2672 m.Anm. Schliemann 2675 = NJW-Spezial 2012, 536 = DAR 2013, 160 (Ls) = ADAJUR Dok.-Nr. 99156 = BeckRS 2012, 15992; BGH, Urt. v. 22.10.2004 – 1 StR 248/04; BGH, Urt. v. 6.6.2002 – 1 StR 14/02; BGH, Urt. v. 3.12.2002 – 1 StR 378/02; BGH, Urt. v. 11.9.2003 – 4 StR 139/03; BGH, Urt. v. 22.4.1998 – 3 StR 15/98.
685 BGH, Beschl. v. 29.5.2012 – 1 StR 59/12 = NStZ 2012, 560 = NJW 2012, 2672 m.Anm. Schliemann 2675 = NJW-Spezial 2012, 536 = DAR 2013, 160 (Ls) = ADAJUR Dok.-Nr. 99156 = BeckRS 2012, 15992 mwN.
686 BGH, Beschl. v. 3.12.1999 – 3 StR 481/99.
687 BGH, Beschl. v. 29.5.2012 – 1 StR 59/12 = NStZ 2012, 560 = NJW 2012, 2672 m.Anm. Schliemann 2675 = NJW-Spezial 2012, 536 = DAR 2013, 160 (Ls) = ADAJUR Dok.-Nr. 99156 = BeckRS 2012, 15992 mwN; BGH, Urt. v. 6.6.2002 – 1 StR 14/02: 3,54 ‰.
688 OLG Köln, Beschl. v. 1.3.2013 – III-1 RVs 36/13 = BeckRS 2013, 12511 = DAR 2013, 393; BGH NStZ 1997, 384; OLG Düsseldorf NZV 1996, 46.
689 BGH, Urt. v. 29.4.1997 – 1 StR 511/95 = NJW 1997, 2460 = BA 1997, 450; OLG Saarbrücken, Beschl. v. 31.10.2000 – SS 60/00 (82/00) = BA 2001, 458; OLG Düsseldorf, Beschl. v. 28.12.1999 – 2 b Ss 191/99-74/99 I = BeckRS 1999 30088871 = DAR 2000, 281.

ren.[690] Der Tatrichter muss hieran denken und der Verteidiger im Falle der Verurteilung auf einen Erörterungsmangel an dieser Stelle achten. Im Rahmen der Revisionseinlegung reicht dann wieder die nicht weiter zu begründende Sachrüge aus.

Hinweis: Die Frage der erheblich verminderten Schuldfähigkeit darf nicht vermengt werden mit der Frage, ob der Täter bei Vorliegen der Voraussetzungen des § 21 StGB auch in den Genuss der Strafmilderung nach § 49 StGB kommt.

287 Die jüngere Rechtsprechung des BGH misst einer BAK von mindestens 2,0 ‰ inzwischen eine Bedeutung zu, die einem Beweisgrenzwert für die Annahme erheblich verminderter Schuldfähigkeit zumindest sehr nahe kommt: Danach ist nämlich immer dann zugunsten des Angeklagten von erheblich verminderter Schuldfähigkeit auszugehen, wenn zur Tatzeit eine Mindest-BAK von 2,0 ‰ anzunehmen ist und keine weiteren Anhaltspunkte in Bezug auf die Frage der Schuldfähigkeit vorliegen.[691]

288 Darüber hinaus dürfte eine erhebliche Beeinträchtigung des Steuerungsvermögens ohne Anhörung eines Sachverständigen regelmäßig nicht mit der erforderlichen Sicherheit auszuschließen sein.[692]

289 Zumindest in Fällen der Alltagskriminalität, also auch im Rahmen der §§ 316, 315 c StGB, ist danach insoweit aus Gründen der Prozessökonomie eine eher schematische Handhabung gerechtfertigt.[693]

290 Unauffälliges Tatverhalten, insbesondere motorisch noch kontrolliertes und äußerlich geordnetes Verhalten, wie auch gutes Erinnerungsvermögen sprechen nicht zwingend gegen das Vorliegen alkoholbedingt erheblich verminderter Schuldfähigkeit.[694] Selbst wenn nämlich die Einsichtsfähigkeit des Täters zur Tatzeit noch nicht eingeschränkt war, so kann doch seine Fähigkeit, entsprechend dieser Einsicht zu handeln, also das Hemmungsvermögen, bereits erheblich beeinträchtigt gewesen sein.

Hinweis: Dennoch kann präziser Erinnerung an die Einzelheiten der Tat durchaus uU Beweiswert für noch vorhanden gewesene Steuerungsfähigkeit zukommen.[695] Es muss sich also auch immer seitens der Verteidigung gefragt werden, ob und wie genau sich der Beschuldigte einlassen soll – ggf ist es die beste Lösung, seitens des Verteidigers eine Erklärung abzugeben, die die notwendigsten Fragen beantwortet (um eine lange Beweisaufnahme zu vermeiden), gleichzeitig aber nicht durch zu genaue Erklärungen (zB bei Nachfragen des Gerichts) die verminderte Schuldfähigkeit zu „torpedieren".

---

690 BGH DAR 1989, 243 – bei Spiegel.
691 BGH NStZ-RR 1997, 162; , Urt. v. 22.11.1990 – 4 StR 117/90 = NJW 1991, 852.
692 Vgl OLG Naumburg Beschl. v. 6.9.2000 – 2 SS 272/00 = DAR 2001, 379 = zfs 2000, 554; OLG Köln, Beschl. v. 1.3.2013 – III-1 RVs 36/13 = BeckRS 2013, 12511 = DAR 2013, 393.
693 BGH NStZ 1996, 592, 595; OLG Naumburg Beschl. v. 6.9.2000 – 2 SS 272/00 = DAR 2001, 379 = zfs 2000, 554.
694 BGH VRS 99, 194; NStZ 1998, 295; NJW 1988, 779.
695 BGH NJW 1997, 2460.

3. Besonderheiten der Rückrechnung

Bei Rückrechnung über viele Stunden mit dem zugunsten des Angeklagten anzunehmenden höchstmöglichen Abbauwert wird das Ergebnis **vielfach unrealistisch** sein.[696] Das Gleiche gilt bei Ermittlung der BAK aus der Trinkmenge unter Zugrundelegung der für den Angeklagten jeweils günstigsten Faktoren.[697] Zur Frage der Bedeutung psychodiagnostischer Kriterien in derartigen Fällen hatten die verschiedenen Strafsenate des BGH zunächst uneinheitliche Auffassungen vertreten.

291

Hinweis: Das tatrichterliche Urteil muss grundsätzlich auch für die Rückrechnung im Hinblick auf eine möglicherweise eingeschränkte/aufgehobene Schuldfähigkeit Feststellungen zum Zeitpunkt der Blutprobenentnahme und zum Zeitpunkt der Trunkenheitsfahrt enthalten. Ansonsten findet bei einer Revision (die Sachrüge = Rüge der Verletzung materiellen Rechts reicht aus) die Zurückverweisung statt.[698]

4. Gesteigerte Bedeutung „psychodiagnostischer Kriterien"

Nach der neueren Rechtsprechung des BGH kommt in solchen Fällen aussagekräftigen psychodiagnostischen Kriterien gegenüber einer möglichen maximalen BAK von 2,0 ‰ als Grundlage für die Annahme erheblich verminderter Schuldfähigkeit ein besonderes Gewicht zu.[699] Damit folgt diese Rechtsprechung den Erkenntnissen der Rechtsmedizin.[700] In Fällen der genannten Art gewinnen also neben dem Beweisanzeichen der BAK alle übrigen Indizien verstärkte Bedeutung, insbesondere das **Gesamtverhalten des Täters**, sein Erscheinungsbild und die Zielstrebigkeit seines Vorgehens bei der Tatbegehung. Demgegenüber hat das recht unsichere Indiz der errechneten höchstmöglichen BAK im Einzelfall in den Hintergrund zu treten.[701]

292

Hinweis: Je höher die ermittelte (höchstmögliche) BAK ist, umso gewichtiger müssen dabei allerdings die psychodiagnostischen Kriterien sein, um eine alkoholbedingt erheblich verminderte Schuldfähigkeit zu verneinen.[702] Deren ausdrückliche Feststellung ist bei Absetzung der Urteilsgründe durch den Richter und bei der Durchsicht des tatrichterlichen Urteils durch den Verteidiger auf Revisionsgründe zu überprüfen.

Der 4. Strafsenat des BGH[703] hatte hiergegen zunächst unter Hinweis auf den Zweifelssatz Bedenken erhoben, hält aber inzwischen seine frühere Annahme eines medizinisch-statistischen Erfahrungssatzes für das Vorliegen erheblich verminderter Schuldfähigkeit ab 2,0 ‰ ausdrücklich nicht mehr aufrecht.[704] Blutalkoholkonzentrationen unter 2,0 ‰ zur Tatzeit nötigen im Allgemeinen nicht zu einer besonderen Auseinan-

293

---

696 Schewe, JR 1987, 179; Detter, NStZ 1990, 173, 176.
697 Schewe, JR 1987, 179; Kröber, NStZ 1996, 574.
698 OLG Hamm Beschl. v. 15.3.2007 – 3 Ss 64/07 = BeckRS 2007, 14584 = SVR 2007, 467.
699 BGH, Urt. v. 6.6.2002 – 1 StR 14/02 = NStZ 2002, 532; BGH, Urt. v. 26.8.1999 – 4 StR 329/99 = NZV 2000, 46 = DAR 2000, 38 = NStZ 2000, 24 = VRS 98, 118.
700 Schewe, BA 1991, 264; Pluisch, NZV 1996, 98, 100; Kröber, NStZ 1996, 569; Heifer, BA 1999, 139.
701 BGH, Urt. v. 26.8.1999 – 4 StR 329/99 = NZV 2000, 46 = DAR 2000, 38 = NStZ 2000, 24 = VRS 98, 118; BA 2000, 505; DAR 1999, 194.
702 BGH BA 2000, 185.
703 BGH DAR 1989, 31; NJW 1991, 852.
704 BGH NStZ-RR 1997, 162; gegen das Bestehen eines derartigen Erfahrungssatzes zB auch BGH NStZ 1996, 592, 594; 2000, 193 sowie aus rechtsmedizinischer Sicht Rösler/Blocher, BA 1996, 329.

dersetzung mit der Möglichkeit verminderter Schuldfähigkeit.[705] Mangels besonderer Umstände wie etwa Ausfallserscheinungen, Trinkungewohntheit, Krankheit, Medikamenteneinnahme verstößt das Gericht dann regelmäßig nicht gegen seine Aufklärungspflicht, wenn es ohne einen ausdrücklichen Beweisantrag Erörterungen hierzu unterlässt.[706]

Hinweis: Etwas anderes kann vor allem bei Jugendlichen und Heranwachsenden gelten, bei denen auch Blutalkoholkonzentrationen von weniger als 2,0 ‰ zur erheblichen Verminderung der Schuldfähigkeit führen können.[707] Denkbar sind auch andere besondere persönliche Konstellationen, wie etwa ein sehr geringer IQ, der schon bei geringeren BAK-Werten als 2,0 ‰ zu einer verminderten Schuldfähigkeit führen kann. Hier ist es Aufgabe des Verteidigers, entsprechende Besonderheiten durch eine ausführliche und in sich plausible Einlassung und Vorlage von ärztlichen Attesten oder sonstigen geeigneten Unterlagen näher darzulegen und unter Beweisantritt glaubhaft zu machen, so dass das Gericht im Rahmen seiner Wahrheitserforschungspflicht diesem Problem nachgehen muss.

VI. Schuldunfähigkeit

294 Die Annahme der alkoholbedingten Schuldunfähigkeit ist nicht an bestimmte Mindestgrenzwerte gekoppelt, sondern **einzelfallabhängig**. Sie ist bei entsprechenden Anhaltspunkten von Amts wegen von dem befassten Gericht zu prüfen. Ob die Steuerungsfähigkeit ausgeschlossen ist, muss der Tatrichter unter Würdigung aller Umstände des Einzelfalles beurteilen, wobei er neben der errechneten Blutalkoholkonzentration alle wesentlichen objektiven und subjektiven Umstände, die sich auf das Erscheinungsbild und das Verhalten des Täters vor, während und nach der Tat beziehen, zu berücksichtigen hat.[708]

Hinweis: Als **Faustformel** gilt: Ab 2,5 ‰ muss sich das Gericht (in seinem Urteil!) mit einer möglichen Schuldunfähigkeit auseinandersetzen, ab 3,0 ‰ liegt diese gar nahe.

1. BAK von 2,5 ‰

295 Die obergerichtliche Rechtsprechung verlangt überwiegend eine Auseinandersetzung mit der Frage der Schuldunfähigkeit gem. § 20 StGB, wenn die Tatzeit-BAK einen Wert von 2,5 ‰ überschritten hat.[709]

Hinweis: Der Verteidiger muss das tatrichterliche Urteil also hierauf prüfen und ggf. statt der meist üblichen Berufungseinlegung die Einlegung einer Revision erwägen.

---

705 BGH, Urt. v. 26.8.1999 – 4 StR 329/99 = NZV 2000, 46 = DAR 2000, 38 = NStZ 2000, 24 = VRS 98, 118; NStZ 1990, 384; OLG Köln, Urt. v. 23.1.2001 – SS 494/00 = BeckRS 2001 30157036 = DAR 2001, 230.
706 BGH NStZ 1990, 384; KG BA 1969, 80.
707 BGH NStZ 1997, 384; NStZ-RR 1997, 162.
708 OLG Naumburg, Beschl. v. 6.7.2010 – 2 Ss 85/10 = BeckRS 2010, 20447; BGH NStZ 1995, 539.
709 BayObLG, Beschl. v. 6.3.2003 – 1 St RR 13/03 = NJW 2003, 2397 = VRS 105, 212 = zfs 2003, 369 (2,64 ‰); OLG Köln VRS 98, 140; OLG Koblenz VRS 74, 273.

Dies bedeutet nicht, dass sich das Gericht bei Werten unterhalb dieser BAK-Höhe niemals mit § 20 StGB befassen müsste. Besondere Umstände können schon bei geringeren Blutalkoholkonzentrationen, uU sogar bei 2,0 ‰, eine völlige Aufhebung der Schuldfähigkeit bewirken.[710] So ist zB bei Hinzutreten von **Anfallsleiden** (etwa Epilepsie) der dadurch bedingten geringeren Alkoholverträglichkeit Rechnung zu tragen.[711]

Hinweis: Besonderheiten in diesem Sinne müssen also vom Verteidiger geltend gemacht und näher herausgearbeitet werden.

In der Regel wird allerdings, von den genannten besonderen Umständen abgesehen, eine BAK unter 3,0 ‰ noch nicht zur Schuldunfähigkeit führen.[712] Andererseits können zB **trinkungewohnte Jugendliche** oder Heranwachsende auch schon aufgrund niedriger Alkoholkonzentrationen schuldunfähig sein.[713]

296

Hinweis: Denkbar sind auch hier wieder **andere besondere persönliche Konstellationen**, wie etwa ein sehr geringer IQ, der schon bei geringeren BAK-Werten als 3,0 ‰ zu einer verminderten Schuldfähigkeit führen kann. Hier ist es Aufgabe des Verteidigers entsprechende Besonderheiten durch eine ausführliche und in sich plausible Einlassung und Vorlage von ärztlichen Attesten oder sonstigen geeigneten Unterlagen näher darzulegen und unter Beweisantritt glaubhaft zu machen, so dass das Gericht im Rahmen seiner Wahrheitserforschungspflicht diesem Problem nachgehen muss.

2. BAK von 3,0 ‰

Es existiert **keine feste Größe** für die Annahme von Schuldunfähigkeit in Bezug auf die **BAK**. Insbesondere gibt es auch **keinen Erfahrungssatz**, dass jeder Mensch bei einer **über 3,0 ‰** liegenden BAK schuldunfähig wäre. Auch hier kommt es vielmehr auf die jeweiligen Umstände des Einzelfalles an.[714]

297

Vorrangig vor jeder schematischen Bezugnahme auf die BAK-Höhe sind **Feststellungen über die Befindlichkeit des Täters bei der Tat** und sein Tatverhalten.[715] Solchen Feststellungen kommt vor allem dann **besondere Bedeutung** zu, wenn die BAK unter Zugrundelegung der **jeweils günstigsten Faktoren** „in dubio pro reo" errechnet wurde.[716]

298

Hinweis: Der Wert von 3,0 ‰ BAK hat aber insoweit „**Indizwirkung**", als die Beurteilung bei einem solchen Wert **in der Regel** ergeben wird, dass die **Schuldfähigkeit aufgehoben** war.[717]

---

710 OLG Düsseldorf NJW 1966, 1175; OLG Köln VRS 98, 140; NJW 1982, 2613.
711 OLG Köln VRS 68, 351.
712 BGH, Urt. v. 18.3.1969 – 1 StR 612/68 = NJW 1969, 1581; OLG Koblenz VRS 104, 300; OLG Düsseldorf NZV 1994, 367.
713 OLG Düsseldorf zfs 1998, 33.
714 BGH BA 2003, 236; OLG Köln VRS 98, 140; OLG Düsseldorf VRS 96, 98.
715 BGH, Urt. v. 24.7.1997 – 4 StR 147/97 = NStZ 1997, 591; OLG Köln VRS 98, 140.
716 BGH DAR 1988, 219, 220 – bei Spiegel.
717 BGH, Beschl. v. 14.6.1995 – 2 StR 274/95 = NStZ 1995, 539; OLG Köln VRS 98, 140.

C. Erheblich verminderte Schuldfähigkeit und Schuldunfähigkeit

Eine BAK von 3,0 ‰ und mehr schließt zwar nicht aus, dass im Einzelfall noch Schuldfähigkeit gegeben war.[718] Jedoch sind an den **Beweis noch vorhandener Schuldfähigkeit** bei derart hoher BAK **strenge Anforderungen** zu stellen.[719] Bei einer Tatzeitblutalkoholkonzentration von 3,0 ‰ und mehr muss also der Tatrichter die Schuldfähigkeit unter Berücksichtigung aller wesentlichen objektiven und subjektiven Umstände des Erscheinungsbildes und des Verhaltens des Täters vor, während und nach der Tat prüfen.[720] Die Annahme der Schuldfähigkeit ist näher zu begründen und hat sich in der Regel auf sachverständige Feststellungen zu stützen.[721] Von Bedeutung können hierbei zB sein: eine außergewöhnliche körperliche Beschaffenheit, ausgeprägte Alkoholgewöhnung,[722] aber auch die vorherige Aufnahme einer besonders großen Nahrungsmenge.[723]

299 Bei einer Tatzeitblutalkoholkonzentration von 3,0 ‰ und mehr muss der Tatrichter die Schuldfähigkeit unter Berücksichtigung aller wesentlichen objektiven und subjektiven Umstände des Erscheinungsbildes und des Verhaltens des Täters vor, während und nach der Tat prüfen. Die Annahme der Schuldfähigkeit ist näher zu begründen und hat sich in der Regel auf sachverständige Feststellungen zu stützen.[724]

Hinweis: Will der Tatrichter bei einer BAK von mindestens 3,0 ‰ den Ausschluss der Schuldfähigkeit gem. § 20 StGB verneinen, so wird er also regelmäßig einen **medizinischen Sachverständigen** hinzuziehen müssen.[725] Der vorsichtige Tatrichter wird hier also immer § 323 a StGB weiter prüfen – in allen anderen Fällen sollte der Verteidiger prüfen, ob tatsächlich rechtsfehlerfrei trotz der hohen BAK eine Schuldunfähigkeit verneint wurde.

Auf einen Sachverständigen kann grundsätzlich nur verzichtet werden, wenn es an den tatsächlichen Grundlagen für das zu erstattende Gutachten fehlt oder das Gericht ausnahmsweise, etwa in einfacheren Fällen der Feststellung und Bewertung der Blutalkoholkonzentration oder sonst bei Vorliegen von besonderem richterlichen Erfahrungswissen auf bestimmten Teilbereichen über die erforderliche besondere Sachkunde verfügt, was dann in der Regel näher darzulegen ist.[726] Insbesondere obliegt es schließlich der tatrichterlichen Beurteilung, welches Gewicht der Blutalkoholkonzentration im Einzelfall in Zusammenschau mit anderen zur Verfügung stehenden Beweisanzeichen beigemessen werden kann.[727] Die letzte Verantwortung für die Beurteilung der Schuldfähigkeit liegt beim Tatrichter.[728] Die Frage der Erheblichkeit ist

---

718 BGH NStZ 1991, 126; OLG Düsseldorf VRS 96, 98.
719 BGH, Urt. v. 24.11.1988 – 4 StR 484/88 = NStZ 1989, 119.
720 OLG Naumburg, Beschl. v. 6.7.2010 – 2 Ss 85/10 = BeckRS 2010, 20447.
721 OLG Naumburg, Beschl. v. 6.7.2010 – 2 Ss 85/10 = BeckRS 2010, 20447.
722 BGH BA 2003, 236.
723 BGH DAR 1979, 176 – bei Spiegel; NStZ 1997, 591.
724 OLG Naumburg, Beschl. v. 6.7.2010 – 2 Ss 85/10 = BeckRS 2010, 20447.
725 OLG Koblenz VRS 79, 13; vgl auch BGH NStZ 1989, 119.
726 OLG Naumburg, Beschl. v. 6.7.2010 – 2 Ss 85/10 = BeckRS 2010, 20447; OLG Koblenz VRS 104, 300; OLG Rostock, Beschl. v. 22.3.2001 1 Ss 244/00, zitiert nach juris.
727 BGH, Beschl. v. 29.5.2012 – 1 StR 59/12, NStZ 2012, 560 = NJW 2012, 2672 m.Anm. Schliemann 2675 = NJW-Spezial 2012, 536 = DAR 2013, 160 (Ls) = ADAJUR Dok.-Nr. 99156 = BeckRS 2012, 15992.
728 BGH, Urt. v. 18.5.1995 – 4 StR 698/94; BGH, Beschl. v. 29.5.2012 – 1 StR 59/12 = NStZ 2012, 560 = NJW 2012, 2672 m.Anm. Schliemann 2675 = NJW-Spezial 2012, 536 = DAR 2013, 160 [Ls] = ADAJUR Dok.-Nr. 99156 = BeckRS 2012, 15992.

VI. Schuldunfähigkeit 1

eine allein vom Richter zu beantwortende Rechtsfrage.[729] Namentlich bei größerer Alkoholaufnahme kommt der Alkoholgewöhnung eine wichtige Bedeutung zu.[730] Hierbei kann rechtsfehlerfrei neben anderen Beweisanzeichen auch auf das isoliert gesehen bei trinkgewohnten Personen freilich nur begrenzt aussagekräftige[731] Fehlen erheblicher Ausfallerscheinungen abgestellt werden.[732]

Muster: Revisionsbegründung – „Annahme der Schuldfähigkeit bei Tatzeitblutalkoholkonzentration von 3,0 ‰ näher zu begründen"[733] 300

... Gerügt wird die Verletzung materiellen Rechts und zwar zunächst in allgemeiner Form. Es wird so auch beantragt, das angefochtene Urteil aufzuheben und die Sache zur erneuten Entscheidung und Verhandlung an ein anderes ...gericht zurückzuverweisen.

Begründung:
Die Feststellungen des Gerichts in dem angefochtenen Urteil tragen den Schuldspruch wegen fahrlässiger Trunkenheit im Verkehr (§ 316 Abs. 1 und 2 StGB) nicht.
Nach den bisherigen Feststellungen ist nämlich nicht auszuschließen, dass der Angeklagte im Zustand der Schuldunfähigkeit handelte (§ 20 StGB). Nach dem Ergebnis der Blutuntersuchung war zur Tatzeit am ... gegen ... Uhr erheblich alkoholisiert. Die ihm um ... Uhr entnommene Blutprobe wies eine Blutalkoholkonzentration von ... auf. Unter Berücksichtigung eines stündlichen Anbaus von 0,2 ‰ und eines Sicherheitszuschlages von weiteren 0,2 ‰ errechnet sich zur Tatzeit eine mögliche Blutalkoholkonzentration von ... ‰. Bei Blutalkoholkonzentrationen von 3 ‰ und darüber sind die Voraussetzungen des § 20 StGB naheliegend, daher stets zu prüfen und in der Regel auch gegeben (BGH StV 1991, 297; OLG Naumburg, Beschl. v. 6.7.2010 – 2 Ss 85/10 = BeckRS 2010, 20447). Ob die Steuerungsfähigkeit ausgeschlossen ist, muss der Tatrichter unter Würdigung aller Umstände des Einzelfalles beurteilen, wobei er neben der errechneten Blutalkoholkonzentration alle wesentlichen objektiven und subjektiven Umstände, die sich auf das Erscheinungsbild und das Verhalten des Täters vor, während und nach der Tat beziehen, zu berücksichtigen hat (BGH NStZ 1995, 539; OLG Naumburg, Beschl. v. 6.7.2010 – 2 Ss 85/10 = BeckRS 2010, 20447). Wird Schuldfähigkeit – wie hier – bei hohen BAK-Werten bejaht, bedarf dies näherer Begründung; es setzt meist die Anhörung eines Sachverständigen voraus (OLG Naumburg, Beschl. v. 6.7.2010 – 2 Ss 85/10 = BeckRS 2010, 20447). Auf einen Sachverständigen kann grundsätzlich nur verzichtet werden, wenn es an den tatsächlichen Grundlagen für das zu erstattende Gutachten fehlt oder das Gericht ausnahmsweise, etwa in einfacheren Fällen der Feststellung und Bewertung der Blutalkoholkonzentration oder sonst bei Vorliegen von besonderem richterlichen Erfahrungswissen auf bestimmten Teilbereichen über die erforderliche besondere Sachkunde verfügt, was dann in der Regel näher darzulegen ist (OLG Koblenz VRS 104, 300; OLG Rostock Beschl. v. 22.3.2001 – 1 Ss 244/00, zitiert nach juris; OLG Naumburg, Beschl. v. 6.7.2010 – 2 Ss 85/10 = BeckRS 2010, 20447). Ein sol-

---

729 Vgl BGH, Beschl. v. 7.4.2010 – 4 StR 644/09; BGH, Beschl. v. 23.9.2003 – 1 StR 343/03; BGH, Beschl. v. 29.5.2012 – 1 StR 59/12 = NStZ 2012, 560 = NJW 2012, 2672 m.Anm. Schliemann 2675 = NJW-Spezial 2012, 536 = DAR 2013, 160 (Ls) = ADAJUR Dok.-Nr. 99156 = BeckRS 2012, 15992.
730 Schöch in LK-StGB, § 20 Rn 17; BGH, Beschl. v. 29.5.2012 – 1 StR 59/12 = NStZ 2012, 560 = NJW 2012, 2672 m.Anm. Schliemann 2675 = NJW-Spezial 2012, 536 = DAR 2013, 160 (Ls) = ADAJUR Dok.-Nr. 99156 = BeckRS 2012, 15992.
731 Vgl BGH, Beschl. v. 17.8.2011 – 5 StR 255/11; BGH, Beschl. v. 12.6.2007 – 4 StR 187/07.
732 BGH, Beschl. v. 29.5.2012 – 1 StR 59/12 = NStZ 2012, 560 = NJW 2012, 2672 m.Anm. Schliemann 2675 = NJW-Spezial 2012, 536 = DAR 2013, 160 (Ls) = ADAJUR Dok.-Nr. 99156 = BeckRS 2012, 15992.
733 Das Muster fußt auf OLG Naumburg, Beschl. v. 6.7.2010 – 2 Ss 85/10 = BeckRS 2010, 20447.

cher Ausnahmefall, unter dem die alkoholbedingte Beeinträchtigung der Schuldfähigkeit ohne sachverständige Hilfe aufgeklärt werden kann, liegt hier nicht vor. Die Erwägungen des Gerichts, mit dem es die Schuldfähigkeit bejaht hat, vermögen auch nicht zu überzeugen. ... Zu den Trinkgewohnheiten des Angeklagten und dazu, wie er sich während der ärztlichen Untersuchung verhielt, wurde nichts festgestellt. Auch der Untersuchungsbefund des blutabnehmenden Arztes ist nicht mitgeteilt (vgl zu diesen Anforderungen: OLG Naumburg, Beschl. v. 6.7.2010 – 2 Ss 85/10 = BeckRS 2010, 20447). ...

3. Verhalten des Täters

301 Das Fehlen motorischer Ausfallerscheinungen des Angeklagten bei der Tat spricht nicht zwingend gegen Schuldunfähigkeit.[734] Entsprechendes gilt für gutes Erinnerungsvermögen des Angeklagten bezüglich der Einzelheiten der Tat. Denn schon der Ausschluss des Hemmungsvermögens (Steuerungsfähigkeit) führt zur Schuldunfähigkeit gem. § 20 StGB.[735]

302 Besondere Bedeutung gewinnen die Tatumstände, die auf die Befindlichkeit des Täters schließen lassen, im Rahmen der Beurteilung der Schuldfähigkeit in den Fällen, in denen die hohe BAK auf einer Rückrechnung über viele Stunden mit dem günstigsten Abbauwert oder auf der Errechnung aus der Trinkmenge unter Zugrundelegung aller denkbar günstigsten Faktoren beruht.[736]

303 Dies entspricht nunmehr auch der Auffassung des 4. Strafsenats des BGH, der – ähnlich wie im Rahmen der Voraussetzungen des § 21 StGB – auch hier früher[737] eine Relativierung des so errechneten BAK-Wertes als fehlerhaft erachtet hatte.[738]

304 Grundsätzlich schließt jedoch auch planmäßiges, zielstrebiges und zweckgerichtetes Verhalten des Täters bei der Tat die Annahme eines Vollrausches nicht zwingend aus. Dies gilt zB für zielstrebige Verschleierungsmaßnahmen nach Erkennen der Unfallverursachung durch den Täter. Zumindest das Hemmungsvermögen kann nämlich auch in solchen Fällen durch den Alkoholeinfluss beseitigt gewesen sein.[739] Andererseits steht es hierzu aber nicht in Widerspruch, wenn der Tatrichter im Einzelfall planmäßiges Handeln oder das Fehlen bedeutender Erinnerungslücken als Beweisanzeichen dafür verwendet, dass die vom medizinischen Sachverständigen getroffene Schlussfolgerung, der Angeklagte sei nicht schuldunfähig gewesen, zutrifft.[740]

Hinweis: In der Hauptverhandlung ist also besonderer Wert auf die genaue Vernehmung der Zeugen zu dem Handeln des Täters in der Tatsituation (aber auch unmittelbar vor- und hinterher) zu legen. Motorische Fähigkeiten, verbale Fähigkeiten und auch die Sinnhaftigkeit bestimmter Verhaltensweisen („planvoll?") sind zu erfragen.

---

734 BayObLG VRS 89, 128; OLG Koblenz NZV 1988, 69.
735 BGH NStZ 1996, 227; BayObLG VRS 89, 128.
736 Maatz, BA 1996, 242.
737 Vgl BGH NStZ 1991,126.
738 BGH, Urt. v. 26.8.1999 – 4 StR 329/99 = NZV 2000, 46 = DAR 2000, 38 = NStZ 2000, 24 = VRS 98, 118; BGH, Urt. v. 9.11.1999 – 4 STR 521/99 = BeckRS 1999 30080873 = NStZ 2000, 136 = BA 2000, 185.
739 BGH NStZ 1982, 376; OLG Karlsruhe VRS 85, 347; OLG Hamburg NZV 1994, 80.
740 BGH DAR 1971, 115 – bei Martin.

VII. Vollrausch (§ 323 a StGB)

Liegen die Voraussetzungen für actio libera in causa nicht vor und ist die BAK des Täters zur Tatzeit so hoch, dass Schuldunfähigkeit infolge der alkoholischen Beeinflussung nicht auszuschließen ist, so kommt Verurteilung wegen Vollrausches gem. § 323 a StGB in Betracht.[741] § 323 a StGB ist somit tatsächlich eine Art Auffangdelikt.[742] Die im Rausch begangene Tat ist nur „objektive Strafbarkeitsbedingung".[743] Vorsatz und Fahrlässigkeit brauchen sich nur auf die Berauschung beziehen, so dass der Beschuldigte bei beweisbarer Straftat stets mit einer Bestrafung rechnen muss. 305

1. Grundsätzliches/Prozessrecht

Nach § 323 a Abs. 2 StGB wird die **Strafobergrenze** des Vollrauschs durch die Strafobergrenze des im Rausch begangenen Delikts begrenzt, was im Verkehrsstrafrecht in der Regel ohne größere Bedeutung ist. Gleiches gilt für die Frage einer möglichen Teilnahme an dem Vollrausch.[744] Der Vollrausch nach § 323 a StGB ist **eigenhändiges Delikt**, was in der Praxis bedeutet, dass Mittäterschaft und mittelbare Täterschaft als Begehungsformen ausscheiden. Eine Teilnahme (Beihilfe/Anstiftung) an der im Vollrausch begangenen Tat ist freilich möglich. 306

Mehrere Taten während des andauernden Rausches sind nur „ein Vollrausch".[745] Tateinheit mit Trunkenheit im Verkehr (§ 316 StGB) kommt jedoch in Betracht, wenn der Täter im Rausch eine längere Fahrt beginnt und die Fahrt dann trotz langsamen Entfallens des Rauschzustandes fortsetzt.[746] 307

Hinweis: Teilfreispruch findet statt, wenn bei zwei angeklagten materiellrechtlichen Taten sich das Tatgeschehen zwar als Vollrausch darstellt, sich jedoch nur eine der Taten als begangen erweist.[747]

Im Rahmen der Überprüfung des tatrichterlichen Urteils muss der Verteidiger die Strafzumessung besonders prüfen. Nicht strafschärfend darf nämlich der Tatrichter die Motive des Täters, die zur Rauschtat führten oder besondere Verhaltensweisen, die mit der Rauschtat selbst zusammen hängen, werten.[748]

Hinweis: Der Grundsatz, dass der Tatrichter im Falle der Verurteilung wegen einer Trunkenheitsfahrt regelmäßig verpflichtet ist, auch Umstände festzustellen, die geeignet sind, den Schuldumfang näher zu bestimmen und einzugrenzen, gilt auch dann, wenn die Tat nicht zu einer Verurteilung nach § 316 StGB, sondern zum Schuldspruch wegen Vollrauschs (§ 323 a StGB) führt.[749]

---

741 Zum Vollrausch: Krumm, SVR 2007, 356.
742 Lempp in: Haus/Quarch/Krumm, § 323 a StGB Rn 1.
743 Ausführlich dazu: OLG Hamm, Beschl. v. 18.2.2014 – 1 RVs 12/14.
744 Hierzu zB Fischer, StGB, § 323 a Rn 20.
745 Ausführlich hierzu: Hentschel, TFF, Rn 464 mwN.
746 BGH VRS 62, 191.
747 OLG Köln VRS 64, 207.
748 Fischer, StGB, § 323 a Rn 22 mwN.
749 OLG Köln: Beschl. v. 5.2.2010 – III-1 RVs 25/10, 1 RVs 25/10 = BeckRS 2010, 06507.

2. Rausch

308 Erforderlich ist für die Annahme des § 323 a StGB ein Rausch. Dieser Rechtsbegriff ist gesetzlich nicht definiert, unscharf[750] und daher auszufüllen.

a) Begriff des Rausches

309 Erforderlich ist ein Rausch („akute Intoxikation", str.)

- durch alkoholische Getränke
- oder andere berauschende Mittel
- und eine hiermit einhergehende feststellbare oder nicht auszuschließende Schuldunfähigkeit.[751]

Das Urteil darf dies nicht nur pauschal annehmen, so etwa, dass die Schuldunfähigkeit nicht auszuschließen sei. Es ist nämlich zu beachten, dass nicht der Rausch der Schuldunfähigkeit entsprechen muss.[752]

Hinweis: Für seine Annahme eines Rausches muss das Gericht die Tatsachen angeben, aus denen es seinen Schluss zieht.[753] Fehlen derartige Feststellungen, ist (Sprung-)Revision geboten.

Der Grundsatz „in dubio" gilt nicht für die Annahme des Rausches, da zwischen Rausch und Nicht-Rausch kein Stufenverhältnis besteht.[754]

b) Bedeutung der BAK-Höhe für den Rausch

310 Nach wohl noch überwiegend vertretener Auffassung in der Rechtsprechung muss die alkoholische Beeinträchtigung einen solchen Grad erreicht haben, dass der Täter „den sicheren Bereich des § 21 StGB" jedenfalls überschritten hat.[755]

311 Nach dieser Auffassung soll es nämlich, wenn nicht wenigstens infolge der alkoholischen Beeinträchtigung der Grad erreicht wurde, bei dem erheblich verminderte Schuldfähigkeit eintritt, am Tatbestandsmerkmal des „Rausches" fehlen.[756]

312 Der BGH hat in der – soweit ersichtlich – zuletzt zu der Problematik ergangenen Entscheidung[757] die Frage offengelassen, ob ein tatbestandsmäßiger Rausch auch schon dann vorliegen kann, wenn selbst erhebliche Verminderung der Schuldfähigkeit nicht sicher feststellbar ist. Abgelehnt hat er jedoch ausdrücklich die Auffassung, § 323 a StGB setze voraus, dass bei jeder (in dubio pro reo) in Frage kommenden BAK sogar die Grenze zwischen § 21 und § 20 StGB überschritten sein müsse.

---

750 Lempp in: Haus/Quarch/Krumm, § 323 a StGB Rn 5.
751 Ähnlich: Lempp in: Haus/Quarch/Krumm, § 323 a StGB Rn 5.
752 Fischer, StGB, § 323 a Rn 4.
753 OLG Hamburg VRS 23, 43.
754 Fischer, StGB, § 323 a Rn 12.
755 OLG Karlsruhe NJW 2004, 3356; OLG Köln DAR 2001, 230; OLG Zweibrücken NZV 1993, 488; so früher auch BGH VRS 56, 447; Lempp in: Haus/Quarch/Krumm, § 323 a StGB Rn 6.
756 BayObLG NJW 1978, 957; OLG Köln Urt. v. 23.1.2001 – SS 494/00 = BeckRS 2001 30157036 = DAR 2001, 230; aM aber zB LK-Spendel, § 323 a Rn 149; Fischer, StGB, § 323 a Rn 11; Horn, JR 1980, 1, 2 f; Montenbruck, GA 1978, 225, 235.
757 BGH NJW 1983, 2889.

c) Hinzutreten anderer die Schuldfähigkeit beeinträchtigender Ursachen

Treten zum Rausch noch andere Umstände hinzu und führt erst das **Zusammenwirken** dieser Umstände mit der Alkoholbeeinflussung zu nicht ausschließbarer Schuldunfähigkeit, so ist die Anwendbarkeit von § 323 a StGB streitig:[758]

- Nach teilweise vertretener Auffassung muss die Schuldunfähigkeit jedenfalls „in erster Linie" durch den Rausch bewirkt worden sein.[759]
- Nach anderer Ansicht scheitert eine Verurteilung nach § 323 a StGB in derartigen Fällen dann, wenn die Schuldunfähigkeit erst durch das Hinzutreten weiterer Umstände „von außen" bewirkt wird – zB Schläge, die eine Gehirnerschütterung verursachen.[760]

Danach ist also zB eine Verurteilung nach § 323 a StGB dann möglich, wenn die Schuldunfähigkeit auf dem Zusammenwirken von Alkohol und der besonderen körperlichen oder seelischen Verfassung des Täters beruht.

Andererseits bleibt nach dem BGH § 323 a StGB auch anwendbar, wenn die besonderen körperlichen oder psychischen Umstände erst durch irgendwelche von außen hinzutretenden Ursachen hervorgerufen wurden.[761] In einem schon älteren Urteil des OLG Celle wird deutlich, dass es bei einem Zusammenwirken des Rausches mit hinzutretenden weiteren Umständen entscheidend auf die Vorhersehbarkeit durch den Täter ankommt (Zusammenwirken von Rausch und Gehirnerschütterung, die auf vom Angeklagten provozierte Schläge zurückzuführen war).[762] Die Tendenz der neueren Rechtsprechung geht deutlich dahin, alle zum Alkoholgenuss oder anderen berauschenden Mitteln hinzutretenden Mitursachen grundsätzlich als gleichwertig zu erachten.

Es genügt also für die Anwendbarkeit des § 323 a StGB, wenn der **Alkohol jedenfalls eine der Ursachen für die Schuldunfähigkeit ist**.[763] Die Frage „äußerer" oder in der Person des Täters liegender Umstände spielt dann nur für die Frage vorsätzlicher oder fahrlässiger Begehung des Vollrausches eine Rolle.

Beispiel: Angeklagter verfügt nur über einen sehr geringen IQ, der ihn ständig in den Zustand erheblich verminderter Schuldfähigkeit (§ 21 StGB) versetzt. Gleichzeitig ist der Angeklagte Alkoholiker und als solcher schon bei Alkoholisierungsgraden oberhalb von 1,6 ‰ schuldunfähig und somit „im Rausch". In derartigen Fällen wird es natürlich oft schwer sein, eine solche besondere „Veranlagung" zu erkennen. Hier ist immer unter Vorlage anderer (möglicherweise prozessvorbereitend selbst eingeholter) ärztlicher Bescheinigungen ein psychiatrisches Sachverständigengutachten zu beantragen.

Zu achten ist darauf, dass die Urteilsgründe einen Rausch des Angeklagten im Sinne des § 323 a Abs. 1 StGB belegen müssen. Dabei ist aber stets zu beachten, dass der äußere Tatbestand des § 323 a StGB niemals erfüllt ist, wenn nicht jedenfalls ein

---
[758] Hierzu auch: Lempp in: Haus/Quarch/Krumm, § 323 a StGB Rn 7 f.
[759] OLG Hamm NJW 1973, 1424.
[760] So zB BGHSt 1, 196; NJW 1968, 1197.
[761] BGH DAR 1974, 117 – bei Martin.
[762] OLG Celle MDR 1971, 860.
[763] BGH, Beschl. v. 20.5.1999 – 4 StR 188/99 = BeckRS 1999 30060190 = NStZ-RR 2000, 80 StV 2000, 26; NStZ 1982, 116.

Rauschzustand vorlag, wenn also der Zustand des Täters nicht nach seinem ganzen Erscheinungsbild als „Rausch" anzusehen ist.[764]

316 Keine Bestrafung nach § 323 a StGB ist bei einem sog. „pathologischen Rausch" möglich, der auch bei erstmaligem Auftreten in der Regel nicht vorhersehbar ist. Ein solcher pathologischer Rausch liegt jedoch nur in äußerst seltenen Fällen vor, insbesondere bei Hirnschädigungen oder schwerer körperlicher Krankheit. Er ist dadurch gekennzeichnet, dass selbst niedrige Alkoholkonzentrationen einen anfallartigen Rausch bewirken. Ein bloß „abnormer" oder auch „komplizierter" Rausch infolge quantitativer Steigerung der Alkoholwirkung reicht hierzu nicht aus.[765]

Hinweis: Hinsichtlich möglicher Wechselwirkungen Antidepressivum/Alkohol wird das Tatgericht ggf den Beipackzettel des vor der Tat von dem Angeklagten eingenommenen – namentlich noch zu ermittelnden – Medikaments (zB www. beipackzettel.info) auszuwerten haben oder die Hinzuziehung eines Sachverständigen erwägen müssen.[766]

3. Innerer Tatbestand

a) Vorsatz und Fahrlässigkeit

317 Für die Frage vorsätzlicher oder fahrlässiger Verurteilung gem. § 323 a StGB kommt es nicht auf die Schuldform der im Rauschzustand begangenen rechtswidrigen Tat (der Rauschtat) an, sondern darauf, ob der **Rauschzustand vorsätzlich oder fahrlässig** herbeigeführt wurde. Darüber hinaus muss sich das Verschulden des Täters aber auch auf den durch den Rausch verursachten Zustand nicht ausschließbarer Schuldunfähigkeit erstrecken. Insoweit genügt es allerdings für den inneren Tatbestand, dass sich der Täter schuldhaft in einen solchen Rauschzustand versetzt hat, der Schuldunfähigkeit als Folge nicht ausschließbar erscheinen lässt.[767] Für die Annahme eines fahrlässigen Vollrauschs wird gefordert, dass der Kausalverlauf im Wesentlichen erkennbar und voraussehbar gewesen ist.[768]

318 **Vorsätzlicher Vollrausch:** Der Täter muss gewusst oder in Kauf genommen haben, dass er sich durch den Genuss von Alkohol oder anderen berauschenden Mitteln in einen Rausch versetzt, der zu einem Zustand führt, in dem seine Schuldfähigkeit nicht mehr sicher festgestellt werden kann,[769] wobei dieser Schuldvorwurf während der gesamten Dauer des Sichberauschens fortbestehen muss.[770]

---

764 BGH, Beschl. v. 10.11.2010 – 4 StR 386/10 = BeckRS 2010, 29482 = NStZ-RR 2011, 80; Urt. v. 16.6.1976 – 3 StR 155/76, BGHSt 26, 363, 364 = NJW 1976, 1901; Beschl. v. 18.8.1983 – 4 StR 142/82, BGHSt 32, 48, 53; Urt. v. 26.6.1997 – 4 StR 153/97 = NJW 1997, 3101, 3102; Beschl. v. 9.7.2002 – 3 StR 207/02, BGHR StGB § 323 a Abs. 1 Rausch 4; BGH DAR 1993, 166 – bei Nehm.
765 BGH NJW 1994, 2426.
766 OLG Köln, Beschl. v. 5.2.2010 – III-1 RVs 25/10 = BeckRS 2010, 06507.
767 BGHSt 16, 187 = NJW 1961, 2028.
768 Lempp in: Haus/Quarch/Krumm, § 323 a StGB Rn 9.
769 BGH, Beschl. v. 20.5.1999 – 4 StR 188/99 = BeckRS 1999 30060190 = NStZ-RR 2000, 80 StV 2000, 26; OLG Köln, Beschl. v. 5.2.2010 – III-1 RVs 25/10 = BeckRS 2010, 06507; OLG Düsseldorf VRS 96, 98 (102).
770 OLG Köln, Beschl. v. 5.2.2010 – III-1 RVs 25/10, 1 RVs 25/10 = BeckRS 2010, 06507; Fischer StGB, § 323 a Rn 16.

Hinweis: Es gibt keinen Erfahrungssatz für die Annahme von Vorsatz in diesem Sinne ab einer bestimmten BAK.[771]

Nach BGHSt 16, 124 ist es für die innere Tatseite des § 323 a StGB nicht erforderlich, dass für den Täter vorhersehbar ist, dass er im Rausch irgendwelche Ausschreitungen strafbarer Art begehen wird.[772]

Bei **Zusammenwirken** des Alkoholeinflusses mit anderen Ursachen muss sich die Schuld auch auf diese hinzutretenden Umstände beziehen. Nur wenn der Angeklagte den zum Alkohol hinzutretenden Umstand kannte oder nach seinen persönlichen Fähigkeiten kennen musste, kann er die Schuldunfähigkeit in derartigen Fällen vorsätzlich oder fahrlässig verursacht haben.[773] Bei **kumulierender Wirkung eines Medikamentes** ist dem Täter schuldhafte Verursachung der Schuldunfähigkeit nur dann vorzuwerfen, wenn er vorsätzlich oder fahrlässig die kumulierende Wirkung des Medikamentes außer Acht gelassen hat.[774] Insoweit gilt, was schon im Zusammenhang mit der actio libera in causa erörtert wurde: Ein Kraftfahrer ist regelmäßig verpflichtet, sich vor der Einnahme eines Medikamentes über dessen Alkoholverträglichkeit zu vergewissern. 319

Hinweis: Rechtsfehlerhaft ist es hiernach, wenn der Tatrichter dazu nur festgestellt, dem Angeklagte sei bewusst gewesen, „dass sich die Medikamente und der Alkohol nicht vertragen". Die Bedeutung dieser „Unverträglichkeit" muss sich aus dem Urteil erschließen lassen, so etwa ob es zu Wirkungsverstärkungen oder anderen Wechselwirkungen kommt.[775]

b) Rauschtat als objektive Bedingung der Strafbarkeit

Nach heute ganz überwiegender Meinung, insbesondere nach Auffassung der höchstrichterlichen und obergerichtlichen Rechtsprechung, braucht sich die Schuld nicht auf die sog. Rauschtat (die im Rauschzustand begangene rechtswidrige Tat) zu erstrecken. 320

Die Rauschtat ist danach nämlich **kein Tatbestandsmerkmal**, sondern eine objektive Bedingung der Strafbarkeit.[776] Näheres ist aber streitig, wobei sich aus der Natur der Deliktsstruktur des § 323 a StGB ergibt, dass die Rauschtat nicht von der Schuld des Täters umfasst sein muss.[777] Sie kann auch durch Unterlassen begangen werden.[778] So soll die Vorwerfbarkeit der Rauschtat zB dann entfallen, wenn der Täter zuvor Vorkehrungen, sog. „Zurüstungen" getroffen hat, die ihm geeignet erscheinen durf- 321

---

771 OLG Düsseldorf NZV 1998, 418 (4,17 ‰); VRS 96, 98 (102).
772 OLG Köln, Beschl. v. 5.2.2010 – III-1 RVs 25/10, 1 RVs 25/10 = BeckRS 2010, 06507.
773 BGH, Beschl. v. 20.5.1999 – 4 StR 188/99 = BeckRS 1999 30060190 = NStZ-RR 2000, 80 = StV 2000, 26; NStZ 1982, 116; OLG Karlsruhe VRS 80, 440.
774 OLG Karlsruhe VRS 80, 440; OLG Hamm BA 1978, 460.
775 OLG Köln, Beschl. v. 5.2.2010 – III-1 RVs 25/10, 1 RVs 25/10 = BeckRS 2010, 06507.
776 BGH, Urt. v. 27.3.2003 – 3 StR 435/02 = NJW 2003, 2394 = NStZ 2003, 597= StraFo 2003, 315 = StV 2003, 497; BGH, Urt. v. 22.8.1996 – 4 StR 217/96 = NJW 1997, 138 = NZV 1996, 500 = NStZ 1997, 228 = DAR 1996, 465; BayObLG NJW 1989, 1685; OLG Zweibrücken NZV 1993, 488; Lempp in: Haus/Quarch/Krumm, § 323 a StGB Rn 12; Freyschmidt/Krumm, Verteidigung, Rn 349.
777 Sternberg-Lieben/Hecker in: Schönke/Schröder, StGB, § 323 a StGB Rn 12 mwN; Burmann in: Burmann/Heß/Jahnke/Janker, 23. Aufl. 2014, § 323 a StGB Rn 7.
778 Fischer, StGB, § 323 a Rn 6.

ten, ihn an der später begangenen Tat zu hindern.[779] Teilweise wird zB für Verurteilung wegen vorsätzlichen Vollrausches nach § 323 a StGB verlangt, dass sich der Vorsatz des Täters auch darauf erstreckt habe, er werde im Rausch irgendeine rechtswidrige Tat begehen.[780] Jedenfalls müsse der Täter allgemein im Rausch zu Ausschreitungen neigen. Eine Bestrafung nach § 323 a StGB soll danach nur möglich sein, wenn der Täter diese Neigung (Rauschgefährlichkeit) kannte oder doch hätte erkennen können, als er sich in den Zustand der Schuldunfähigkeit versetzte.[781]

322 Die hM, wonach die Rauschtat als objektive Bedingung der Strafbarkeit überhaupt nicht vom Verschulden mitumfasst zu werden braucht, ist mit dem Schuldprinzip vereinbar. Das Sichberauschen ist nämlich nicht wertneutral, sondern stellt bereits selbst wegen der sich daraus ergebenden Gefahren für andere materielles Unrecht dar.[782] Richtigerweise bedarf es so auch keines Vorsatzes oder keiner Fahrlässigkeit bezogen auf dieses Element des Tatbestandes.[783]

Hinweis: Bei sowohl fahrlässig als auch vorsätzlich möglichen Straftaten ist die Angabe, welche der beiden Schuldformen angenommen wurde, nicht erforderlich.[784] Ansonsten sind lückenlose Feststellungen zu der Rauschtat erforderlich,[785] was idR anhand einer Einlassung des Beschuldigten kaum möglich erscheint.

c) Innerer Tatbestand der Rauschtat

323 Vorsatz oder Fahrlässigkeit müssen sich nur auf die rauschmittelbedingte Berauschung beziehen, nicht auf die hierbei begangene Tat. Dabei darf der **Tatrichter** die Frage, ob Vorsatz oder Fahrlässigkeit angenommen wurde, dem Grunde nach nicht offenlassen.

Hinweis: Da das Urteil die Schuldform angeben muss,[786] ist bei Fehlen einer derartigen Angabe zweckmäßigerweise die Revisionseinlegung einer Berufung vorzuziehen.

Trotz nicht ausschließbarer Schuldunfähigkeit kann der Täter hinsichtlich der Rauschtat mit sog. natürlichem Vorsatz handeln (zB bei fehlendem Einsichts- oder Hemmungsvermögen willentlich).[787]

324 Die Frage des „natürlichen Vorsatzes" kann im Rahmen des § 323 a StGB auch bedeutsam sein, wenn der schuldunfähige Täter nach einem Unfall die Unfallstelle iSd § 142 StGB verlässt.

325 Dies ist allerdings dann anders, wenn man der Ansicht folgt, wonach sich der rauschbedingt schuldunfähige Beteiligte „entschuldigt" iSd **§ 142 Abs. 2 StGB** entfernt.

---

779 BGH VRS 17, 340; vgl auch BayObLG NZV 1990, 317; OLG Düsseldorf VRS 82, 449, 451.
780 BGH NJW 1957, 996; VRS 7, 309; BayObLG NJW 1968, 1897; OLG Hamm BA 2005, 73.
781 So zB OLG Oldenburg DAR 2004, 110.
782 BGH, Urt. v. 27.3.2003 – 3 StR 435/02 = NJW 2003, 2394, 2395; BayObLG VRS 56, 449, 453; str., s. Fischer, StGB, § 323 a Rn 17; aM zB Streng, NJW 2003, 2963, 2965.
783 So auch Hentschel, TFF, Rn 318 mwN.
784 BayObLG NJW 1989, 1685.
785 Fischer, StGB, § 323 a Rn 6.
786 OLG Düsseldorf NZV 1998, 418.
787 BGH NJW 1967, 579; MDR 1971, 722 – bei Dallinger.

VII. Vollrausch (§ 323 a StGB)

Dann scheidet § 323 a StGB aus. Den Täter treffen dann nach **Wiedererlangung der Schuldfähigkeit** die Pflichten aus § 142 Abs. 2 StGB.[788]

Wendet man § 323 a StGB auf Fälle dieser Art an, genügt es für den Vorsatz bezüglich der Rauschtat (§ 142 StGB), dass sich der Täter wenigstens undeutlich des Unfalls bewusst geworden ist und sich mit natürlichem Vorsatz den Feststellungen entziehen wollte.[789]

Das Fehlen von Angaben im Urteil zur Schuldform hinsichtlich der Rauschtat schadet bei § 316 StGB allerdings deswegen nicht, weil vorsätzliche und fahrlässige Tatbegehung mit gleicher Strafe bedroht sind.[790]

Ansonsten gilt, dass sich der Rauschzustand infolge des Rauschmittelkonsums nicht aufdrängen muss, sondern für ein Verschulden ausreicht, dass sich der Beschuldigte (vorsätzlich oder fahrlässig) in einen Zustand versetzt, der Schuldunfähigkeit als Folge nicht ausschließbar erscheinen lässt.[791]

Hinweis: Nicht ausreichend ist der Schluss des Gerichts aus der Höhe der erreichten (rauschbegründenden) BAK auf einen Vorsatz, was die Berauschung angeht.[792] Auch das Wissen eines chronischen Alkoholkranken um einen regelmäßig eintretenden Kontrollverlust bei Alkoholgenuss reicht nicht für Vorsatz aus, wenn nicht die Ausschreitungen im Rahmen der Berauschung wenigstens vorhersehbar waren.[793]

Fahrlässig handelt der Täter, wenn er die Folgen des Rauschmittels hätte erkennen können und müssen. Hierfür sind grundsätzlich Feststellungen dazu, welche Vorstellung der Angeklagte über die Auswirkungen seines Alkohol- und Drogenkonsums hatte, als er sich betrank, als auch dazu, dass er vorhersehen konnte, dass er in einen alkoholbedingten Rausch geraten würde, erforderlich.[794] Es muss hierfür insbesondere festgestellt werden, in welcher Art und Menge der Angeklagte Alkohol genossen hat, so dass auch nicht erkennbar ist, wie sehr sich der Eintritt eines Rausches aufdrängte oder ob dieser eventuell nur im Zusammenwirken mit anderen Faktoren (allgemeiner psychischer Zustand, Ermüdungsgrad, Medikamente etc.) eingetreten ist.[795] Ein völlig unkontrolliertes Sich-Betrinken mag gegenüber einem eher behutsamen Alkoholgenuss durchaus eine andere Bewertung der Tat erlauben.[796]

Muster: Revisionsbegründung[797] – „Keine ausreichende Feststellungen der Fahrlässigkeit"

… Gerügt wird die Verletzung materiellen Rechts und zwar zunächst in allgemeiner Form. Es wird dabei beantragt, das Urteil aufzuheben und die Sache zur erneuten Verhandlung

---

788 Näher: König in: Hentschel/König/Dauer, § 142 StGB Rn 52.
789 OLG Hamm NJW 1967, 1523.
790 BayObLG NJW 1989, 1685 unter Aufgabe der früher abweichenden Ansicht in NStZ 1986, 541.
791 Hentschel, TFF, Rn 307.
792 OLG Düsseldorf NZV 1998, 418 (die erreichte BAK betrug über 4 ‰!).
793 OLG Hamm, Beschl. v. 21.8.2007 – 3 Ss 135/07.
794 OLG Hamm, Beschl. v. 8.12.2005 – 2 Ss 442/05 = juris; Oberlandesgericht Hamm, Beschl. v. 18.2.2014 – 1 RVs 12/14.
795 OLG Hamm, Beschl. v. 18.2.2014 – 1 RVs 12/14.
796 Vgl OLG Karlsruhe NStZ-RR 1996, 198; OLG Hamm, Beschl. v. 18.2.2014 – 1 RVs 12/14.
797 Das Muster orientiert sich an OLG Hamm, Beschl. v. 18.2.2014 – 1 RVs 12/14.

C. Erheblich verminderte Schuldfähigkeit und Schuldunfähigkeit

und Entscheidung, auch über die Kosten der Revision, an eine andere Abteilung des Amtsgerichts ... zurückzuverweisen.

Begründung:[798]
Das angefochtene Urteil ist insgesamt rechtsfehlerhaft. Insbesondere sind die getroffenen Feststellungen zur Fahrlässigkeit unvollständig und tragen die Fahrlässigkeitsannahme nicht.

Fahrlässig handelt der Täter, wenn er die Folgen des Rauschmittels hätte erkennen können und müssen. Hierfür sind grundsätzlich Feststellungen dazu, welche Vorstellung der Angeklagte über die Auswirkungen seines Alkohol- und Drogenkonsums hatte, als er sich betrank, als auch dazu, dass er vorhersehen konnte, dass er in einen alkoholbedingten Rausch geraten würde, erforderlich (OLG Hamm, Beschl. v. 18.2.2014 – 1 RVs 12/14; OLG Hamm, Beschl. v. 8.12.2005 – 2 Ss 442/05 = juris). Dass der Angeklagte überhaupt um die Möglichkeit, dass der Genuss von Alkohol zu einem Rausch führen kann, wusste, kann zwar noch aus dem Gesamtzusammenhang der Urteilsgründe, nämlich insbesondere aus den Feststellungen zu seinem bisherigen Trinkverhalten (welches zT so übermäßig war, dass er zwangsläufig Rauschzustände kennengelernt haben muss) und zu seinem Lebenslauf, welche ihn als Angehörigen des hiesigen Kulturkreises ausweisen, bei denen die Kenntnis um die Wirkungen von Alkohol vorausgesetzt werden kann, entnommen werden. Indes lässt sich daraus nur unzureichend der Schuldgehalt für die Strafzumessung erkennen. Es ist nämlich insbesondere nicht festgestellt, in welcher Art und Menge der Angeklagte Alkohol genossen hat, so dass auch nicht erkennbar ist, wie sehr sich der Eintritt eines Rausches aufdrängte oder ob dieser eventuell nur im Zusammenwirken mit anderen Faktoren (allgemeiner psychischer Zustand, Ermüdungsgrad, Medikamente etc.) eingetreten ist. Ein völlig unkontrolliertes Sich-Betrinken mag gegenüber einem eher behutsamen Alkoholgenuss durchaus eine andere Bewertung der Tat erlauben (vgl OLG Hamm, Beschl. v. 18.2.2014 – 1 RVs 12/14; OLG Karlsruhe NStZ-RR 1996, 198). Ob also der Angeklagte – in anderen Kategorien ausgedrückt – grob oder nur leicht fahrlässig gehandelt hat, ergeben diese Feststellungen nicht.

Bei weiter hinzutretenden Umständen, die zB bei ansonsten nicht zum Rausch führendem Rauschmittelgenuss doch einen solchen bedingen, handelt

- vorsätzlich, wer die zusätzliche Ursache kannte
- fahrlässig, wer nach seinen persönlichen Kenntnissen und Fähigkeiten die Ursache als mit rauschermöglichend hätte erkennen können und müssen.[799]

Praxisrelevant sind hier vor allem folgende beiden Fälle:

- Medikamentenwechselwirkungen mit Alkohol: hier ist ausdrücklich festzustellen, warum der Täter die „kumulierende" Wirkung der beiden Substanzen schuldhaft außer Acht gelassen haben soll.[800] Verschreibungspflichtige Medikamente werden natürlich in der Regel (gerade von Kraftfahrern) auf derartige Wirkungen zu prüfen sein. Bei frei verkäuflichen Medikamenten wird jeder Konsument jedenfalls

---

798 Hinweis: Die Sachrüge muss nicht weiter begründet werden. Die Begründung sollte aber gleichwohl zumindest kurz stattfinden, um dem Revisionsgericht klar zu machen, wo die Rechtsverletzung gesehen wird und gerade hier die Prüfung anzuregen.
799 So zB BGH NJW 1980, 1806 und NStZ 1982, 116; OLG Frankfurt DAR 1970, 162.
800 OLG Hamm BA 1978, 460; OLG Frankfurt DAR 1970, 162.

bei höheren Dosen auch ohne Beipackzettel oder ausdrücklichen Hinweis auf der Packung misstrauisch sein müssen (Bsp.: Halsschmerztabletten …).

- Erregungszustände: Diese werden meist ihrerseits alkoholbedingt und somit zumindest fahrlässig sein. Ebenso gilt dies, wenn bei akuter Erregung getrunken wird.[801]

Muster: Revisionsbegründung[802] – „**Keine ausreichende Feststellungen zum Schuldumfang**"   330

… Gerügt wird die Verletzung materiellen Rechts und zwar zunächst in allgemeiner Form. Es wird dabei beantragt, das Urteil aufzuheben und die Sache zur erneuten Verhandlung und Entscheidung, auch über die Kosten der Revision, an eine andere Abteilung des Amtsgerichts … zurückzuverweisen.

Begründung:[803]
Das angefochtene Urteil ist insgesamt rechtsfehlerhaft. Insbesondere sind die getroffenen Feststellungen materiellrechtlich unvollständig.

1.

Das gilt schon für den äußeren Tatbestand der – angenommenen – Rauschtat (Trunkenheit im Verkehr, § 316 StGB).

Im Falle der Verurteilung wegen einer Trunkenheitsfahrt (mit Verkehrsunfall oder auch folgenlos, vgl OLG Köln, Beschl. v. 5.2.2010 – III-1 RVs 25/10 = BeckRS 2010, 06507; Beschl. v. 3.4.2009 – 83 Ss 20/08) ist der Tatrichter regelmäßig verpflichtet, auch Umstände festzustellen, die geeignet sind, den Schuldumfang näher zu bestimmen und einzugrenzen (BayObLG VRS 93, 108 = NZV 1997, 244 = NStZ 1997, 359 = MDR 1997, 486; OLG Köln, Beschl. v. 5.2.2010 – III-1 RVs 25/10 = BeckRS 2010, 06507; Beschl. v. 20.8.1999 – Ss 374/99 = VRS 98, 140; Beschl. v. 19.12.2000 – Ss 488/00 = StV 2001, 355; Beschl. v. 3.4.2009 – 83 Ss 20/09). Dazu zählen neben der Höhe der Blutalkoholkonzentration insbesondere die Umstände der Alkoholaufnahme (Trinken in Fahrbereitschaft) sowie der Anlass und die Gegebenheiten der Fahrt (BayObLG VRS 97, 359 [360] = NZV 1999, 483; OLG Köln: Beschl. v. 5.2.2010 – III-1 RVs 25/10 = BeckRS 2010, 06507; OLG Köln, Beschl. v. 27.10.2006 – 82 Ss 123/06).

Wichtige Kriterien sind u.a. Dauer und Länge der bereits zurückgelegten und noch beabsichtigten Fahrstrecke, Verkehrsbedeutung der befahrenen Straßen sowie der private oder beruflich bedingte Anlass der Fahrt. Bedeutsam kann ferner sein, ob der Angeklagte aus eigenem Antrieb handelte oder von Dritten verleitet wurde (OLG Köln, Beschl. v. 5.2.2010 – III-1 RVs 25/10 = BeckRS 2010, 06507; Beschl. v. 3.4.2009 – 83 Ss 20/09; Beschl. v. 19.12.2000 – Ss 488/00 = StV 2001, 355).

Feststellungen hierzu oder wenigstens zu einigen nach Lage des Einzelfalles besonders bedeutsamen Umständen sind im Allgemeinen zur näheren Bestimmung des Schuldgehalts der Tat als Grundlage für eine sachgerechte Rechtsfolgenbemessung erforderlich. Wenn außer der Angabe von Tatzeit, Tatort und Blutalkoholwert keine weiteren, für den

---

801 Ausführlich hierzu: Hentschel, TFF, Rn 309.
802 Das Muster orientiert sich an OLG Köln, Beschl. v. 5.2.2010 – III-1 RVs 25/10, 1 RVs 25/10 = BeckRS 2010, 06507.
803 Hinweis: Die Sachrüge muss nicht weiter begründet werden. Die Begründung sollte aber gleichwohl zumindest kurz stattfinden, um dem Revisionsgericht klar zu machen, wo die Rechtsverletzung gesehen wird und gerade hier die Prüfung anzuregen.

D. Fahrlässige Körperverletzung und fahrlässige Tötung infolge Trunkenheit

Schuldumfang wesentlichen Feststellungen möglich sind, weil der Angeklagte schweigt und Beweismittel dafür entweder nicht zur Verfügung stehen oder nur mit unverhältnismäßigem Aufwand zu beschaffen wären, so ist dies im Urteil hinreichend klarzustellen. In einem solchen Fall ist für die Strafzumessung ein entsprechend geringer Schuldumfang ohne wesentliche Besonderheiten zugrunde zu legen (OLG Köln, Beschl. v. 5.2.2010 – III-1 RVs 25/10 = BeckRS 2010, 06507; Beschl. v. 19.12.2000 – Ss 488/00 = StV 2001, 355; Beschl. v. 3.4.2009 – 83 Ss 20/09).

Die genannten Grundsätze gelten auch, wenn die Trunkenheitsfahrt nicht zu einer Verurteilung nach § 316 StGB, sondern zum Schuldspruch wegen Vollrauschs (§ 323 a StGB) führt (OLG Köln: Beschl. v. 5.2.2010 – III-1 RVs 25/10 = BeckRS 2010, 06507).

Zwar ist die Rauschtat (lediglich) objektive Bedingung der Strafbarkeit (vgl OLG Köln, Beschl. v. 5.2.2010 – III-1 RVs 25/10 = BeckRS 2010, 06507; Fischer, StGB, § 323 a Rn 17 mit Nachweisen). Gleichwohl bestimmt sie den Schuldumfang der Straftat des Vollrauschs mit. Das ergibt sich schon aus § 323 a Abs. 2 StGB, wonach die Strafe nicht schwerer sein darf als die Strafe, die für die im Rausch begangene Tat angedroht ist ...

Gemessen an diesen Grundsätzen weist das angefochtene Urteil die nachfolgend dargestellten Fehler auf: ....

D. Fahrlässige Körperverletzung und fahrlässige Tötung infolge Trunkenheit

I. Fahrlässige Körperverletzung – § 229 StGB

331 Die fahrlässige Körperverletzung wird in einfachen Fällen zwar häufig eingestellt, sowohl nach §§ 153, 153 a StPO[804] als auch nach § 170 Abs. 2 StPO unter Verweisung auf den Privatklageweg, doch gilt dies natürlich dann nicht, wenn ihre Ursache in einem Alkoholkonsum des Verkehrsteilnehmers zu sehen ist.

Hinweis: Einstellungen nach §§ 170 Abs. 2 StPO mit Verweisung auf den Privatklageweg und Einstellungen nach § 153 StPO ermöglichen (anders als in Fällen des § 153 a StPO) die weitere Verfolgung einer zugrunde liegenden Ordnungswidrigkeit. Da in diesen Fällen dann Einstellungen durch das Gericht nach § 47 OWiG aufgrund der verursachten Körperschäden oftmals schwierig sind, kann zur Vermeidung von weiteren Punkten (und eines Bußgeldes) die Einstellung nach § 153 a StPO vorzugswürdiges Verteidigungsziel sein.

Zu beachten ist, dass nach Einstellungen trotz Strafantrages und Weiterverfolgung des Verkehrsverstoßes als OWi nach Einspruch gegen einen Bußgeldbescheid das Verfahren sofort ins Strafverfahren übergeleitet werden muss (§ 81 OWiG), da Verfahrensgegenstand stets die Tat im prozessualen Sinne ist.[805] Dies muss der Verteidiger stets bedenken, da dem Mandanten idR schwer zu erklären sein wird, warum er auf einmal „als Angeklagter" vor dem Richter steht!

---

804 Eine Einstellung nach § 153 a StPO soll Verteidigern als „akzeptables Ziel" zu empfehlen sein, vgl. Kastenbauer in: Haus/Krumm/Quarch, Gesamtes Verkehrsrecht, 2014, § 230 StGB Rn. 13.
805 Siehe hierzu: BayObLG, MDR 1977, 246; Gürtler in: Göhler, OWiG, § 43 Rn 10; Fischer, StGB, § 230 Rn 4.

I. Fahrlässige Körperverletzung – § 229 StGB **1**

1. Strafantrag oder besonderes öffentliches Interesse

Verfolgungsvoraussetzung der fahrlässigen Körperverletzung ist gem. § 230 StGB ein wirksam gestellter Strafantrag (§§ 77 ff StGB). Zudem kann die Staatsanwaltschaft das besondere öffentliche Interesse an einer Strafverfolgung bejahen – sie wird dies freilich aus guten Gründen in Alkoholisierungsfällen auch tun. 332

Hinweis: Die Anfechtung dieser Entscheidung der Staatsanwaltschaft ist nicht möglich – es handelt sich nämlich hierbei um eine **Ermessensentscheidung** der Staatsanwaltschaft, die einer gerichtlichen Prüfung entzogen ist.[806]

Die Bejahung des besonderen öffentlichen Interesses muss nicht einmal ausdrücklich geschehen – bereits die Anklageerhebung zeigt so nach hM die Bejahung des besonderen öffentlichen Interesses durch die Staatsanwaltschaft und zwar hinsichtlich aller Delikte, die Gegenstand der prozessualen Tat sind.[807] Das besondere öffentliche Interesse ist dann nicht bejaht, wenn nur wegen anderer Delikte Anklageerhebung stattgefunden hat. Hier wird das Gericht in der Hauptverhandlung ggf sogar bei der StA nachfragen müssen, wenn ansonsten keine Verurteilung in Betracht kommt.[808] Anders als der Strafantrag ist die Bejahung des besonderen öffentlichen Interesses nicht an eine Frist gebunden.[809]

Beispiel zum besonderen öffentlichen Interesse: Es wurde lediglich Anklage wegen § 315 c StGB erhoben, obwohl die gefährdete Person auch tatsächlich fahrlässig verletzt wurde. Eine Beschränkung der Strafverfolgung nach § 154 a StPO hat nicht stattgefunden. In der Hauptverhandlung kann nur ein einfacher Fahrfehler, nicht aber das Tatbestandspaar „grob verkehrswidrig und rücksichtslos" bzw eine alkoholbedingte Ausfallerscheinung in Gestalt eines alkoholbedingten Fahrfehlers festgestellt werden, so dass die Vorschrift doch nicht zum Zuge kommt. Der Tatrichter kann hier nicht einfach § 229 StGB durch rechtlichen Hinweis (§ 265 StPO) miteinbeziehen, sondern muss bei der StA nachfragen, ob diese „das besondere öffentliche Interesse" des § 230 StGB bejaht.

Fehlt es am **Strafantrag des Geschädigten**, so kann eine Einstellung in der Regel gut angeregt werden, wenn der Verteidiger darlegen kann, dass die Bejahung des besonderen öffentlichen Interesses (auch wenn dies nicht anfechtbar ist) nicht der Nr. 243 Abs. 3 RiStBV (abgedruckt zB im Kommentar Meyer-Goßner, StPO) entspricht.

2. Tathandlung: Körperverletzung

Tathandlung ist entweder eine körperliche Misshandlung oder eine Schädigung der Gesundheit, wobei beide Handlungen auch durch Unterlassen begangen werden können. 333

Hinweis:

1. **körperliche Misshandlung**: üble und unangemessene Behandlung des menschlichen Körpers, durch die das Opfer in seinem körperlichen Wohlbefinden, wenn

---

[806] BGH NJW 1991, 1726; Fischer, StGB § 230 Rn 3; Kastenbauer in: Haus/Krumm/Quarch, § 230 StGB Rn. 13.
[807] Fischer, StGB, § 230 Rn 4 mwN.
[808] Zu dieser Konstellation: BGHSt 19, 377; NJW 1964, 1969; Fischer, StGB, § 230 Rn 4.
[809] Kastenbauer in: Haus/Krumm/Quarch, § 229 StGB Rn. 13.

auch nicht unbedingt durch Zufügung von Schmerzen nicht nur unerheblich beeinträchtigt wird.

2. **Schädigung der Gesundheit:** Hervorrufen oder Steigern eines krankhaften („pathologischen") Zustandes.

Nicht tatbestandsmäßig sind geringfügige Körperverletzungen: So sollen etwa „blaue Flecken" nicht ohne Weiteres hierfür ausreichen.[810]

3. Fahrlässigkeit

334 Die Fahrlässigkeit liegt in der Regel vor, wenn Folgendes festgestellt werden kann:

- **Pflichtverletzung des Täters:** Außerachtlassen der Sorgfaltspflichten im Straßenverkehr. Das Maß der erforderlichen Sorgfalt richtet sich objektiv nach den Umständen und subjektiv nach den besonderen persönlichen Kenntnissen und Fähigkeiten des Täters.[811] Diese Sorgfaltspflichten werden in erster Linie durch die StVO, StVZO und andere verkehrsrechtliche Vorschriften beschrieben.[812]

- **Pflichtwidrigkeitszusammenhang:** Dieser muss zwischen der Pflichtwidrigkeit und dem Erfolg[813] bestehen („Wäre der Erfolg auch ohne die Pflichtwidrigkeit eingetreten?"). Hier ist also zu prüfen, welches Verletzungsrisiko (bzw – bei § 222 StGB – Todesrisiko) bei verkehrsgerechtem Verhalten des Beschuldigten gedroht hätte (schon 10 % reichen aus!).[814]

    Hinweis: Dies kann gerade bei offensichtlichen Mitverschuldensfällen problematisch sein. Da Sachverständige idR nur „Etwa-Angaben" machen können (zB zu gefahrenen Geschwindigkeiten, Abständen ...), werden unter strenger Anwendung des Grundsatzes „in dubio" die jeweils günstigsten Werte für den Beschuldigten anzusetzen sein. Hier kann dann „in dubio" der Pflichtwidrigkeitszusammenhang entfallen. Die Möglichkeit der Beantragung eines Sachverständigengutachtens sollte daher immer bedacht sein. Der Sachverständige ist dann natürlich auch aufzufordern, Schätzungen zum Todesrisiko bei verkehrsgerechtem Verhalten vorzunehmen.

- **Objektive Voraussehbarkeit/objektive Vermeidbarkeit** der Tatbestandsverwirklichung für den Täter.[815]

    Hinweis: Auch die Körperverletzung (und Tötung) eines anderen Verkehrsteilnehmers infolge massiv falschen Verkehrsverhaltens und hierdurch stattfindender Unfallverursachung im Zustand eines Alkoholentzugsdelirs des alkoholabhängigen Fahrers, der im Zustand absoluter Fahruntüchtigkeit einen Pkw fährt, ist objektiv vorhersehbar.[816]

---

810 BayObLG DAR 2002, 38.
811 Fischer, StGB, § 222 Rn 5; BGH NZV 1995, 157.
812 Einzelne Beispiele bei Fischer, StGB, § 222 Rn 20; siehe auch OLG Karlsruhe NZV 1990, 199.
813 Siehe hierzu ausführlich: Fischer, StGB, § 15 Rn 16 a.
814 OLG Thüringen VRS 111, 180 = DAR 2007, 691 bei Kotzian-Marggraf/Schwerdtfeger.
815 Siehe hierzu ausführlich: Fischer, StGB, § 15 Rn 17.
816 OLG Nürnberg NZV 2006, 486.

I. Fahrlässige Körperverletzung – § 229 StGB   1

- **Subjektive Vorwerfbarkeit**: Der eingetretene tatbestandliche Erfolg (hier: Körperverletzung) muss nach den individuellen Kenntnissen und Fähigkeiten subjektiv vorwerfbar, insbesondere vorhersehbar für den Täter gewesen sein. Die subjektive Vorhersehbarkeit erfordert, dass der Beschuldigte zumindest den Tatbestandserfolg und den hierzu führenden Geschehensablauf in seinen wesentlichen Grundzügen im Endergebnis voraussehen konnte.[817]

Wie schon angesprochen, wird oft in Verkehrsstrafverfahren, deren Gegenstand eine fahrlässige Körperverletzung (oder auch eine fahrlässige Tötung) ist, ein **Mitverschulden/eine Mitverursachung** des Geschädigten problematisiert. Ein Mitverschulden des Unfallgegners ist aber nur dann geeignet, die Vorhersehbarkeit eines Unfalls für den Täter auszuschließen, wenn es in einem gänzlich vernunftwidrigen oder außerhalb der Lebenserfahrung liegenden Verhalten besteht.[818] Aus Verteidigersicht ist ein feststellbares Mitverschulden trotzdem oft ein guter Verteidigungsansatz – insbesondere im Rahmen der Strafzumessung wird das Mitverschulden eine Rolle spielen und auch für die Frage der Verhängung einer Maßregel nach § 69 ff StGB. Ggf kann Mitverschulden auch ein Anlass für eine Anregung zur Einstellung des Verfahrens sein. Generell gilt aber für Fehlverhalten anderer Verkehrsteilnehmer, dass der Fahrzeugführer schon damit rechnen darf, dass sich auch andere Verkehrsteilnehmer regelrecht verhalten, dass aber gleichzeitig häufig vorkommende Nachlässigkeiten in die einzuhaltenden Sorgfaltspflichten einzukalkulieren sind.[819]   335

In diesen Fällen fehlte eine Fahrlässigkeit: 336

- Körperverletzung durch Fehlreaktion infolge Aufblendens eines entgegenkommenden Fahrzeugs.[820]
- Körperverletzung durch falsch anzeigende Lichtzeichenanlage.[821]
- Wartepflichtiger verursacht Unfall, weil er darauf vertraut, dass ihm entgegenkommendes Fahrzeug den durch Blinker angezeigten Fahrtrichtungswechsel tatsächlich vornimmt.[822]
- Körperverletzung durch Zusammenstoß mit einem in Fahrbahn ordnungsgemäß einfahrenden Linienbusfahrer.[823]
- Vorbeifahrt an einem auf der gegenüberliegenden Seite stehenden Linienbus in 2 m Abstand; Fahrgäste des Busses, die auf die Straße treten, werden verletzt.[824]

---

817 OLG Hamm, VRS 51, 358, 361; OLG Stuttgart, JZ 1980, 618.
818 KG, Beschl. v. 4.3.2014 – (3) 121 Ss 27/14 (21/14) = BeckRS 2014, 10883 = NStZ-RR 2014, 321 = DAR 2014, 395 = zfs 2014, 529; Beschl. v. 30.5.2012 – (3) 121 Ss 95/12 (68/12); BGHSt 12, 75, 78; RGSt 73, 370, 372.
819 BGHSt 13, 169; Fischer, StGB, § 222 Rn 19 mwN und verschiedenen Fallkonstellationen, die über die nachfolgende Rechtsprechungsübersicht hinausgehen.
820 BGHSt 12, 81.
821 BayObLG VM 1975, 57.
822 OLG Düsseldorf NStZ 1982, 117.
823 BGHSt 28, 222.
824 OLG Köln VRS 64, 434.

D. Fahrlässige Körperverletzung und fahrlässige Tötung infolge Trunkenheit

337 In diesen Fällen wurde die Fahrlässigkeit bejaht:

- Unvorsichtige Fußgänger an Zebrastreifen werden durch vorbeifahrenden Fahrzeugführer verletzt.[825]
- Arbeitgeber erteilt einem Angestellten ohne gültige Fahrerlaubnis einen Auftrag für eine Fahrt mit fahrerlaubnispflichtigem Fahrzeug – es kommt zum Unfall mit Körperschäden.[826]
- Betrunkener Kraftfahrer hat wegen geminderter Reaktionsfähigkeit längeren Bremsweg als nüchterner Fahrer, passt aber seine Geschwindigkeit hieran nicht an.[827]
- Beschuldigter überredet alkoholisierten Fahrer zu einer Fahrt.[828]
- Absprache eines Motorradwettrennens mit einem erkennbar angetrunkenen Fahrer; dieser kommt hierbei ums Leben (oder wird verletzt).[829]
- Fahrzeugführer verletzt auf Zebrastreifen laufenden Fußgänger, der zuerst einen Schritt zurücktritt, dann aber doch losläuft.[830]
- Unangeleinter Hund eines Spaziergängers erschreckt ein Pferd, dessen Reiter sich durch das scheuende Pferd verletzt.[831]
- Gastwirt schenkt einem erkennbar angetrunkenen Fahrer gleichwohl Alkoholika aus – später kommt es zu einem alkoholbedingten Unfall des Fahrers, bei dem dieser geschädigt wird.[832]

338 Was die Verletzung von unvermittelt auf die Straße tretenden Kindern durch vorbeifahrende Fahrzeuge angeht, so gilt:

Altersklasse des Kindes	Fahrlässig?	Fundstelle
Kleinkinder	idR fahrlässig	BayObLGSt 1974, 16; OLG Saarbrücken VRS 30, 352
7-10 Jahre	idR fahrlässig	OLG Hamm VRS 59, 260; OLG Karlsruhe VRS 71, 63
sonstige Kinder	idR keine Fahrlässigkeit	BGHSt 3, 51 und VRS 23, 371; OLG Stuttgart NZV 1992, 196; BayObLG zfs 1989, 69; OLG Karlsruhe NJW 1974, 156

339 Soweit sich im Rahmen der Fahrlässigkeitsprüfung bei Unfällen durch einen fahrunsicheren Fahrzeugführer die Frage nach der **Vermeidbarkeit** stellt, soll nach hM nicht entscheidend sein, ob der Fahrer bei im Übrigen gleichen Umständen den Unfall in

---

825 BGHSt 20, 215.
826 BayObLG MDR 1955, 627; OLG Oldenburg NJW 1950, 555.
827 BGH NStZ 1996, 93; BayObLG DAR 1994, 246.
828 BGH VRS 5, 42.
829 BGHSt 7, 112, 114; BGH VRS 13, 470; KG JR 1956, 150.
830 BayObLG zfs 1982, 187.
831 AG Neuwied NStZ 1997, 239.
832 BGHSt 19, 152 und 26, 35.

nüchternem Zustand hätte vermeiden können. Vielmehr soll zu prüfen sein, bei welcher geringeren Geschwindigkeit der Angeklagte seiner alkoholischen Beeinträchtigung bei Eintritt der kritischen Verkehrslage noch hätte Rechnung tragen können und ob er bei Einhaltung der danach gebotenen Geschwindigkeit den Unfall hätte vermeiden können.[833]

Demgegenüber ist nach überwiegender Auffassung im Schrifttum darauf abzustellen, ob der Fahrer den Unfall ohne die alkoholbedingte Beeinträchtigung seiner Fahrsicherheit hätte abwenden können.[834] 340

Diese Auffassung verdient – es bleibt hier bei den Vorauflagen – den Vorzug. Denn es ist sachlich widersprüchlich, zB einen Kraftfahrer bei 1,1 ‰ für absolut fahrunsicher zu erklären, ihm aber gleichwohl eine Geschwindigkeit vorzuhalten, bei der er trotz dieser Fahrunsicherheit eigentlich sein Fahrzeug noch sicher hätte führen können.[835] 341

Hinweis: In Fällen leichter Fahrlässigkeit oder besonderen **Mitverschuldens** des Geschädigten, die nicht zur Einstellung gelangen, ist immer die Möglichkeit der Verwarnung mit Strafvorbehalt – § 59 StGB – im Blick zu behalten. Diese Vorschrift gelangt allzu selten zur Anwendung, obwohl sie oft durch die Bewährungszeit nachhaltiger als eine bloße Geldstrafe wirkt. Zu beachten ist: Fahrverbot (§ 44 StGB setzt Verurteilung voraus) und Fahrerlaubnisentziehung (§ 59 Abs. 2 StGB schließt § 69 ff StGB aus) können bei solch einem Urteil nicht verhängt werden.

II. Fahrlässige Tötung – § 222 StGB

Fahrlässige Tötungen im Straßenverkehr sind stets Verfahren, die mit besonderem Fingerspitzengefühl bearbeitet werden (müssen). 342

Hinweise: Der Verteidiger muss also vorsichtig sein: Nehmen so zB Hinterbliebene als Nebenkläger an der Hauptverhandlung teil, kann bei unzweifelhaftem „Hauptverschulden" des Angeklagten eine zu starke Betonung eines etwaigen Mitverschuldens des Opfers als taktlos, rechthaberisch oder uneinsichtig gewertet werden und sich dann – in der Strafzumessung – zum Nachteil des Angeklagten auswirken. In den schriftlichen Urteilsgründen wird sich so etwas freilich nicht wiederfinden. Hier scheint es besonders wichtig, dass der Verteidiger in jedem Verfahrensabschnitt guten Kontakt zur Staatsanwaltschaft bzw dem Gericht hält. Auch das frühzeitige Bemühen, mit Hinterbliebenen in Kontakt zu kommen und zB durch persönliche Entschuldigungen oder Geldzahlungen den Schmerz über den Verlust eines Familienmitgliedes abzumildern, wird oftmals sinnvoller Verteidigungsrat sein.

In der Hauptverhandlung ist es auch sinnvoll, in Erfahrung zu bringen, ob Angehörige des Opfers im Sitzungssaal unter den Zuhörern anwesend sind, um nicht durch unbedachte Äußerungen die Stimmung im Sitzungssaal „kippen" zu lassen.

---

833 BGH, Urt. v. 6.12.2012 – 4 StR 369/12 = NStZ 2013, 231 m.Anm. Foth 276 = DAR 2013, 88 = BeckRS 2013, 00587; BGH NJW 1971, 388; OLG Koblenz VRS 71, 281.
834 Puppe JZ 1985, 295, 296; Mühlhaus, DAR 1970, 125, 127; Knauber, NJW 1971, 627; ebenso aber auch BayObLG DAR 1970, 125, 127 – bei Mühlhaus.
835 Näher hierzu: Hentschel, TFF, Rn 322 ff.

1 D. Fahrlässige Körperverletzung und fahrlässige Tötung infolge Trunkenheit

343 Der Tatbestandserfolg „Tötung eines Menschen" wird idR unproblematisch sein, auch wenn dieser zuweilen (noch) nicht „gerichtsfest" durch einen Gerichtsmediziner festgestellt wurde. Gleiches gilt für die Frage, ob das Verhalten des Beschuldigten ursächlich/kausal war für die Tötung.

Hinweis: Mehrere Kausalverläufe, die alle für den Tod ursächlich sind, nehmen einer der Ursachen nicht die Kausalität. Zu achten ist auch auf völlig atypische (nicht vorhersehbare) Kausalverläufe – diese werden aber ohnehin jedem Verteidiger sofort bei Aktenlektüre „ins Auge springen".[836]

344 Im Übrigen kann auf die vorstehenden Ausführungen zur fahrlässigen Körperverletzung verwiesen werden. Die Vorhersehbarkeit des Tatbestandserfolges muss natürlich im Rahmen der fahrlässigen Tötung sich gerade auf die Todesverursachung beziehen. Hierzu sollten ergänzend nachfolgende „straßenverkehrstypische" Konstellationen bekannt sein:

Sachverhalt	Fahrlässigkeit (insbesondere Voraussehbarkeit)?	Fundstelle
Herzkranker Beifahrer verstirbt wegen eines Schocks im Rahmen eines leichten Auffahrunfalls	Ja	OLG Karlsruhe NJW 1976, 1853
Beifahrer verstirbt nach Unfall (Fahrt gegen einen Baum) im Krankenhaus an den Folgen eines nicht schweren Kunstfehler eines Arztes	Ja	OLG Stuttgart NJW 1982, 295; OLG Celle MDR 1957, 627
Verstoß gegen das Sichtfahrgebot der §§ 3 Abs. 1 S. 4, 18 Abs. 6 StVO durch Lkw-Fahrer, der nachts auf einer Autobahn schneller als 45 km/h (nämlich im konkreten Falle 86 km/h) fährt und so auf ein unbeleuchtetes Unfallfahrzeug prallt	Ja	LG Freiburg i.Br., Urteil v. 25.2.2008 – 7 Ns 520 Js 14833/06 – AK 174/07 = SVR 2008, Heft 9 S. VIII
Fahrer erleidet während der Fahrt einen epileptischen Anfall[837] und verursacht hierdurch den Tod eines anderen Verkehrsteilnehmers. Der Angeklagte hatte in den Jahren zuvor bereits mehrfach in Belastungs- und Anspannungssituationen einen Anfall erlitten, in einzelnen Jahren hatte er alle 14 Tage einen Anfall.	Ja	BGH NZV 1995, 157 (Hinweis: Der BGH hat auch § 315 c Abs. 1 Nr. 1 b StGB als verwirklicht angesehen)[838]

---

836 Ausführlich hierzu zB Fischer, StGB, § 222 Rn 2 mwN.
837 Zu „Führerschein und Epilepsie": Warzelhan/Krämer, NZV 1984, 46.
838 Vertretbar ist auch die Ansicht, in einem solchen Falle fehle es an der subjektiven Sorgfaltspflichtverletzung, vgl Hardtung in: MüKo-StGB, § 222 Rn 61.

Sachverhalt	Fahrlässigkeit (insbesondere Voraussehbarkeit)?	Fundstelle
Alkoholentzugsdelir des alkoholabhängigen Fahrers, der im Zustand absoluter Fahruntüchtigkeit einen Pkw fährt und durch massiv falsches Verkehrsverhalten einen Unfall und den Tod des Unfallopfers verursacht.	Ja	OLG Nürnberg NZV 2006, 486

Kommt es sodann tatsächlich zu einer Verurteilung zu einer Freiheitsstrafe, so kann es gerade bei Trunkenheitsfahrten Probleme auch schon für den Ersttäter geben, wenn die Frage der Bewährungsaussetzung zu beantworten ist. Die Rechtsprechung ist hier nämlich oftmals sehr streng und nimmt oft an, die Verteidigung der Rechtsordnung gebiete die Vollstreckung (§ 56 Abs. 3 StGB). Zwar bedürfe es auch hier immer der Abwägung aller Umstände des Einzelfalles, doch liege die Vollstreckung näher als die Bewährungsaussetzung.[839]

345

Hinweis: Der Verteidiger muss also die **Urteilsgründe** genau prüfen. Im Falle der Verhängung einer kurzen Freiheitsstrafe nach § 47 StGB muss auch den dort geltenden besonderen Begründungsanforderungen Rechnung getragen werden.[840]

E. Die Trunkenheitsdelikte der §§ 316 und 315 c StGB

Die Trunkenheitsdelikte der §§ 315 c und 316 StGB sind miteinander verwandt. Im Rahmen des § 315 c StGB tritt in reinen Trunkenheitsfällen lediglich eine Gefährdung hinzu. § 316 StGB tritt als subsidiäre Vorschrift hinter § 315 c StGB zurück (siehe die Subsidiaritätsklausel in § 316 Abs. 1 StGB aE). Der Bußgeldtatbestand des § 24 a StVG greift nur dann ein, sofern keiner der beiden Straftatbestände (§§ 315 c, 316 StGB) erfüllt ist (§ 21 Abs. 1 S. 1 OWiG).[841]

346

I. Trunkenheit im Verkehr (§ 316 StGB)

§ 316 StGB – Trunkenheit im Verkehr – ist der in der Praxis am häufigsten vorkommende Straftatbestand in Zusammenhang mit Alkohol und Drogen. Die Vorschrift ist als **abstraktes Gefährdungsdelikt** konzipiert.[842] Der Feststellungen eines „Umschlagens" der der Alkoholisierung innewohnenden abstrakten Gefahr in eine kon-

347

---

839 Ausführlich hierzu: BGH NJW 1990, 193; NStZ 1994, 336; OLG Köln NJW 2001, 3491; OLG Koblenz BA 2002, 483; OLG Hamm NZV 1993, 317; OLG Karlsruhe VRS 104, 443 = DAR 2003, 325. Beispiele für zu berücksichtigende Umstände: Freyschmidt/Krumm, Rn. 106.
840 Hier ist auf die einschlägige Kommentarliteratur zu verweisen. Auch die Darstellungen in diesem Buch zur Strafzumessung befassen sich mit der Thematik.
841 Blum, SVR 2011, 173, 174.
842 Hierzu zB: OLG Hamm NJW 1984, 137; Burmann in: Burmann/Heß/Jahnke/Janker, § 316 StGB Rn 1.

krete Gefährdung ist somit nicht erforderlich. Hier wäre dann bei erheblichen Rechtsgutsgefährdungen § 315 c Abs. 1 a StGB einschlägig.[843]

Hinweis: Die nachfolgenden Darstellungen zeigen zahlreiche Besonderheiten und Fehlerquellen auf – oft wird der Verteidiger jedoch keinerlei Ansatzpunkte für eine tatbestandsbezogene Verteidigung finden. Hier ist dann dem Angeklagten beratend und unterstützend zur Seite zu stehen, so etwa durch Aufzeigen von Möglichkeiten der Abkürzung der Sperrfristlänge.

1. Dauerstraftat

348 Ist der Angeklagte kurze Zeit hintereinander **zweimal** (oder gar noch öfter) alkoholbedingt **fahrunsicher am Steuer** eines Fahrzeugs aufgefallen, so kann gleichwohl uU nur Verurteilung wegen einer Tat gerechtfertigt sein. Das Vergehen der Trunkenheit im Verkehr gem. § 316 StGB ist nämlich eine Dauerstraftat, die mit Antritt der Fahrt im Zustand der Fahrunsicherheit beginnt und in der Regel erst dann endet, wenn die Fahrt endgültig beendet wird.[844] Gleichfalls endet die Tat bei langen Fahrten, wenn der Täter infolge des Alkoholabbaus (bzw des Abbaus anderer Rauschmittel) während oder kurz nach der Fahrt wieder fahrsicher wird.[845]

349 Das gilt vor allem für den Fall, dass der alkoholbedingt fahrunsichere Täter mit dem Fahrzeug ein bestimmtes Ziel aufsucht und entsprechend seiner ursprünglich gefassten Absicht – oder auch ohne sich vorher Gedanken darüber gemacht zu haben – später im fortdauernden Zustand der Fahrunsicherheit die Rückfahrt mit dem Fahrzeug antritt.

Hinweis: Kann die Annahme einer einheitlichen Tat durch Darlegung einer Dauerstraftat erreicht werden, so hat dies **vier Vorteile**:

- Strafklageverbrauch, sollte zunächst eine (Teil-)Tat und dann die zweite angeklagt werden, da die Dauerstraftat auch zu einer prozessualen Tat führt[846]
- geringere Geldstrafe, da keine Gesamtstrafenbildung und Zumessung von Einzelstrafen
- idR kürzere Sperrfrist nach § 69 a StGB
- Vermeidung von Problemen durch „mehrere Zuwiderhandlungen im Straßenverkehr unter Alkoholeinfluss" (Folge ggf MPU), vgl § 13 Abs. 2 Nr. 2 b FeV.

In derartigen Fällen liegen häufig nicht zwei Straftaten, sondern nur eine Dauerstraftat nach § 316 StGB vor.[847]

Hinweis: Zwischen einem Drogendelikt durch Transport der Drogen und einer gleichzeitig stattfindenden Trunkenheitsfahrt kann Tateinheit bestehen, wenn zwi-

---

843 Zu rechtstatsächlichen Fragen des Delikts und dem vermuteten Dunkelfeld: Müller, SVR 2011, 61.
844 BGH NJW 1983, 1744; BayObLG VRS 59, 195; Quarch in: Haus/Krumm/Quarch, § 316 StGB Rn 21.
845 BGH NJW 1967, 942; 1983, 1744; Fischer, StGB, § 316 Rn 56; Hentschel, TFF, Rn 333; König in: Hentschel/König/Dauer, § 316 StGB, Rn 37.
846 OLG Hamm, Beschl. v. 8.8.2008 – 2 Ss OWi 565/08, www.burhoff.de (aber für § 24 a StVG).
847 BayObLG 1 St 231/82; NStZ 1987, 114 – bei Janiszewski.

I. Trunkenheit im Verkehr (§ 316 StGB) 1

schen beiden Taten ein innerer Beziehungs- oder Bedingungszusammenhang besteht.[848]

Einzelfragen: 350

Längere Unterbrechungen: Problematisch ist stets die Einordnung längerer Pausen zwischen zwei Fahrtabschnitten, die sich nicht nur darin erschöpfen, dass bei der Fahrtunterbrechung eine kurze Erledigung einer von vornherein auch aus Fahrersicht momentanen Angelegenheit stattfinden soll. Hier werden stets die Gesamtumstände umfangreich zu würdigen sein, will man noch argumentativ zu einer Dauertat gelangen. So kann eine Fahrtunterbrechung von 5 bis 10 Minuten, wenn der Täter von Anfang an vorhatte, nach der Unterbrechung seine Fahrt zu Ende zu führen (selbst dann, wenn der Täter sein Fahrzeug während der Fahrtunterbrechung verlässt!) eine Dauerstraftat darstellen.[849] Das BayObLG hat **sogar bei einer Fahrtunterbrechung von zwei Stunden** nur eine **einzige Straftat** nach § 316 StGB angenommen.[850] Enger ist insoweit aber zB die Rechtsprechung des **OLG Köln** – allerdings in Bezug auf die Dauerordnungswidrigkeit nach **§ 24 a StVG**: Bei einer Fahrtunterbrechung von einer Stunde **zwei Taten im prozessualen Sinne.**[851]

Kurzhalt: Nur kurze Haltezeiten – etwa zum Zwecke des Tankens – unterbrechen die Dauerstraftat des § 316 StGB niemals.[852] Hierunter fallen zB auch Anhalten wegen erforderlichen Toilettenbesuchs oder zum Zwecke eines Warenkaufs (Zigaretten, Lebensmittel in Drive-In-Restaurant etc.).

Änderung des Fahrtmotivs während der Fahrt: Unterbricht die Dauerstraftat **nicht,** etwa wenn der Täter während der Fahrt erkennt, dass ihm die Polizei folgt, und er nunmehr die **Flucht** ergreift.[853] Das gilt selbst dann, wenn er zunächst dem Haltgebot eines Polizeibeamten Folge geleistet hat, dann jedoch seine Fahrt fortsetzt.[854] Wird die Fahrt durch eine Polizeikontrolle unterbrochen und nach Durchführung polizeilicher Maßnahmen wieder fortgesetzt, so liegt natürlich keine durchgehende einheitliche Tat mehr vor.[855]

Polizeikontrolle: Eine etwa 15-minütige Fahrtunterbrechung aufgrund einer Geschwindigkeitskontrolle mit polizeilicher Anzeigenaufnahme beendet das Dauerdelikt jedenfalls dann, wenn der Angeklagte nach der Kontrolle zunächst auf Anordnung der Polizei von einer Weiterfahrt absieht und sich dafür entscheidet, das mitgeführte Kleinkraftrad weiterzuschieben. Steigt der Täter ca. 350 Meter weiter mit neu gefasstem Vorsatz auf sein Kleinkraftrad und fährt damit los, so stellt dies eine neue Tat

---

848 BGH, Beschl. v. 5.3.2009 – 3 StR 566/08.
849 AG Lüdinghausen, Urt. v. 22.5.2007 – 16 Cs 82 Js 9045/06 – 70/07 = NZV 2007, 485 = VRR 2007, 356.
850 BayObLG 1 St 231/82.
851 OLG Köln NStZ 1988, 568.
852 BayObLG DAR 1982, 250 – bei Rüth.
853 BGH, Urt. v. 17.2.1983 – 4 StR 716/82 = NJW 1983, 1744.
854 OLG Koblenz VRS 56, 38.
855 OLG Hamm, Beschl. v. 8.8.2008 – 2 Ss OWi 565/08, www.burhoff.de (aber für § 24 a StVG; Besonderheit: 65 Minuten zwischen beiden Fahrten; zwischenzeitlicher Aufenthalt auf der Polizeiwache); Quarch in: Haus/Krumm/Quarch, § 316 StGB Rn 21.

171

dar. Hieran ändert auch der innere, zeitliche und örtliche Zusammenhang der beiden Teilfahrten nichts.[856]

Beendigung der Tat: Beendet wird die Dauerstraftat des § 316 StGB, wenn sich der Täter nach einem Unfall iSd § 142 StGB unerlaubt entfernt (sog. „Zäsurwirkung" des Unfalls).[857] Anderes kann aber in Fällen einer sog. Polizeiflucht gelten.

Prozessuale Folgen: Sind zwei „Teilfahrten" als zwei tatmehrheitliche Trunkenheitsfahrten angeklagt und stellt sich dann heraus, dass nur eine Tat iS eines Dauerdeliktes vorlag, so kommt es nicht zu einem Teilfreispruch im Übrigen.[858]

Hinweis: Sofern sich der Zweck und der Zeitraum der Fahrtunterbrechung nicht aus sich selbst heraus ergibt, müssen bei zwei „Fahrten" der innere Fahrtenzusammenhang, der Grund der Unterbrechung und deren Zeitraum nachvollziehbar dargelegt werden.

Mustereinlassung zur Dauerstraftat:

... nehme ich zum Tatvorwurf nach Rücksprache mit meinem Mandanten wie folgt Stellung: Der Vorwurf der Trunkenheitsfahrt soll nicht bestritten werden. Insoweit kann ohne Zeugen terminiert werden. Der Angeklagte wird geständig sein. Der Vorwurf zweier tatmehrheitlich begangener Trunkenheitsfahrten gem. §§ 316, 53 StGB ist jedoch nicht richtig, da eine Dauerstraftat vorliegt. Der Betroffene hat am Tattag lediglich mit seinem Fahrzeug eine Fahrt zu dem nachbenannten Zeugen X durchgeführt, um diesem eine ausgeliehene Bohrmaschine zurückzubringen. Nur hierfür wurde die um 16.30 Uhr begonnene und um 16.55 Uhr beendete Fahrt gegen 16.40 Uhr für eine Dauer von etwa 5 Minuten unterbrochen. Der Angeklagte wurde nämlich noch von der Schwiegermutter des Zeugen X, der Zeugin Y in ein Gespräch verwickelt ... Derartige kurze Fahrtunterbrechungen führen jedoch nicht zu einer Aufspaltung der Trunkenheitsfahrt in zwei materiellrechtliche Taten, da die Trunkenheitsfahrt eine Dauerstraftat darstellt (vgl hierzu: Hentschel/König, Straßenverkehrsrecht, 42. Aufl. 2012, § 316 StGB, Rn 37 mwN).

2. Begriff des Fahrzeugführens im (öffentlichen) Verkehr

351 Der Tatbestand des § 316 StGB setzt, soweit die Vorschrift den Straßenverkehr[859] betrifft, stets die **Teilnahme am öffentlichen Verkehr** voraus.[860]

a) Öffentlicher Verkehrsraum

352 Für die Beurteilung des Vorliegens einer Teilnahme am öffentlichen Verkehr kommt es nicht auf die Eigentumsverhältnisse an; um öffentlichen Verkehrsraum handelt es sich vielmehr immer dann, wenn er zur Benutzung für jedermann zugelassen ist.[861] Es genügt nicht, dass das betreffende Gelände von jedermann betreten werden kann.

---

856 AG Lüdinghausen, Urt. v. 2.2.2010 – 9 Ds 82 Js 8979/09-186/09 = BeckRS 2010, 07445 LSK 2011, 350121 = LSK 2011, 350121 = NZV 2010, 365.
857 BGHSt 21, 203; BayObLG MDR 1981, 1035; Fischer, StGB, § 316 Rn 56; König in: Hentschel/König/Dauer, § 316 StGB Rn 37; Quarch in: Haus/Krumm/Quarch, § 316 StGB Rn 21.
858 AG Lüdinghausen, Urt. v. 22.5.2007 – 16 Cs 82 Js 9045/06 – 70/07 = NZV 2007, 485 = VRR 2007, 356.
859 Ausführlich zu dem Thema: Deutscher VRR 2005, 88; Krumm, SVR 2007, 293 und 294; Rebler, DAR 2005, 65; König in: Hentschel/König/Dauer, § 1 StVO Rn 13 ff; Heß in: Burmann/Heß/Jahnke/Janker, § 1 StVO Rn 13 ff; LK-Geppert, § 142 StGB Rn 14 ff; Fischer, StGB, § 142 Rn 8, § 315 b Rn 3 f.
860 Müller, SVR 2011, 61; LK-König, § 316 StGB Rn 5.
861 BGH, Beschl. v. 30.1.2013 – 4 StR 527/12 = NZV 2013, 508 = NStZ 2013, 530 = NStZ 2013, 530 = zfs 2013, 528; BGH VersR 1985, 835; BGH, Beschl. v. 30.1.2013 – 4 StR 527/12 = NZV 2013, 508 = NStZ

Das Tatbestandsmerkmal des öffentlichen Verkehrs iSd § 316 StGB ist vielmehr nur dann erfüllt, wenn das Gelände auch **zum öffentlichen Verkehr bestimmt** ist. Im öffentlichen Recht wird hier von (wegerechtlicher) **Widmung** gesprochen – dies gilt auch oft (etwas ungenau formuliert) für private Flächen. Letztere kann auch nur vorübergehend stattfinden (anlässlich einer großen Feier wird eine Wiese/Weide eines Landwirts von diesem für nur wenige Stunden oder Tage als Parkplatz zur Verfügung gestellt).[862]

Für dieses Buch interessiert freilich nur der Straßenverkehr (öffentlicher Verkehr im Luftraum, auf dem Wasser oder auf Schienen wird hier nicht behandelt), der gängigerweise wie folgt definiert wird: Straßenverkehr gilt als öffentlich, wenn der betreffende Verkehrsraum entweder ausdrücklich oder mit stillschweigender **Duldung** des Verfügungsberechtigten für jedermann oder zumindest für eine allgemein bestimmte größere Personengruppe zur Benutzung zugelassen ist und auch so genutzt wird.[863] Unerheblich ist es dabei, ob eine Beschränkung für bestimmte Verkehrsarten ausgesprochen ist.[864] 353

Hinweis: Öffentlich-rechtlich **gewidmete Flächen** sind unproblematisch stets in diesem Sinne „zum öffentlichen Verkehr bestimmt".[865]

Am öffentlichen Verkehrsraum fehlt es aber zB bei öffentlichen Flächen wie einem Straßengraben oder ähnlichen Bereichen, die nicht dem Verkehr dienen, auch wenn sie mit der Verkehrsfläche in einem inneren Nutzungszusammenhang stehen. Wer etwa in alkoholbedingt fahrunsicherem Zustand versucht, ein in den Graben geratenes Fahrzeug wieder auf die Fahrbahn zu fahren, kann daher nicht nach § 316 StGB bestraft werden.[866] 354

Nicht notwendig ist es allerdings, dass der Verkehrsraum für den Fahrverkehr bestimmt ist. Es genügt daher für § 316 StGB, dass der Täter ein Fahrzeug in fahrunsicherem Zustand zB auf einem Fußgängern vorbehaltenen Weg führt.[867] 355

aa) Schnellübersicht: Einzelfälle in der Rechtsprechung

Nachfolgende Übersicht gibt einen Überblick über die wichtigsten in der Rechtsprechung behandelten Einzelfälle, in denen der öffentliche Verkehr zu prüfen war. 356

(1) Beispiele für öffentlichen Verkehrsraum

- Parkplatz mit Schild „Privatparkplatz"; tatsächlich aber Duldung allgemeiner Nutzung,[868] 357

2013, 530 = NStZ 2013, 530 = zfs 2013, 528; Einzelheiten hierzu s. Blum SVR 2011, 173, 174; König in: Hentschel/König/Dauer, § 1 StVO Rn 13 ff.
862 Blum, SVR 2011, 173, 174 mwN.
863 BGH, Beschl. v. 30.1.2013 – 4 StR 527/12 = NZV 2013, 508 = NStZ 2013, 530 = NStZ 2013, 530 = zfs 2013, 528; BGHSt 16, 7, 9; König in: Hentschel/König/Dauer, § 1 StVO Rn 13 bis 16 mwN; Fischer, StGB, § 315 b Rn 3 mwN.
864 Blum, SVR 2011, 173, 174.
865 Vgl Müller, SVR 2011, 61; Zimmermann, JuS 2010, 22, 23.
866 OLG Hamm VRS 39, 270; aM aber noch BGHSt 6, 100, 102.
867 OLG Schleswig VM 1971, 66; OLG Hamm VRS 62, 47.
868 OLG Düsseldorf VRS 63, 289.

- Parkplatz einer Gastwirtschaft (Schild: Parken nur für Gäste), [869]
- Betriebsgelände mit Zutritt auch für Dritte (Lieferanten, Besucher pp.),[870]
- Mülldeponie für alle Gemeindemitglieder,[871]
- Autowaschanlage,[872]
- Parkplatz eines Einkaufscenters,[873]
- umzäuntes und kontrolliertes Klinikgelände, auf dem auch Patientenbesucher parken können,[874]
- Parkhaus während der Öffnungszeiten oder wenn sonst allgemein zugänglich,[875]
- Tankstelle während der Öffnungszeiten,[876]
- Parkplatz auf Privatgelände, wenn für die Allgemeinheit nutzbar,[877]
- Häuserzufahrt für mehrere Häuser ohne weitere Hindernisse/Schilder,[878]
- Parkplatz einer Gastwirtwirtschaft ohne Absperrung, auch außerhalb der Öffnungszeiten, wenn keine Absperrung erfolgt,[879]
- Rasenstreifen mit Bänken und Bäumen, der sich unmittelbar neben einem gepflasterten Gehweg befindet, ohne von diesem durch eine Bordsteinkante oder sonstige Vorrichtungen getrennt zu sein.[880]

(2) Beispiele für fehlenden öffentlichen Verkehrsraum

358
- Zu abseits liegenden Wohnhäusern führender Privatweg,[881]
- Parkbuchten vor dem Haus, die (zB durch entsprechende Schilder) erkennbar den Hausbewohnern zugeordnet sind,[882]
- Zierrasen vor dem Eingang eines Polizeigebäudes,[883]
- Betriebsgelände,
- Zutritt nur für Betriebsangehörige,[884]
- Mittelstreifen zwischen zwei in entgegengesetzter Richtung verlaufenden Fahrbahnen,[885]

---

869 BGHSt 16, 7.
870 OLG Braunschweig VRS 8, 144; OLG Düsseldorf VRS 75, 61.
871 OLG Zweibrücken DAR 1980, 376.
872 BayObLG VRS 58, 216.
873 OLG Saarbrücken NJW 1974, 1099.
874 LG Dresden NZV 1999, 221.
875 KG VRS 64,103.
876 OLG Düsseldorf NZV 1988, 231; OLG Hamm VRS 30, 452.
877 OLG Frankfurt NZV 1994, 408.
878 BayObLG VRS 64, 375.
879 OLG Düsseldorf NZV 1992, 120.
880 VG Düsseldorf, Beschl. v. 19.11.2013 – 14 K 2623/13 = VRR 2014, 237.
881 OLG Hamm VRS 52, 207.
882 BayObLG NJW 1983, 129.
883 BGH NStZ 2004, 625 = NZV 2005, 50.
884 BGH NJW 2004, 1965 = NZV 2004, 479.
885 OLG Düsseldorf NZV 1993, 161, 162.

- Getreidefeld neben der Straße (5 Meter Entfernung),[886]
- Hinterhof (unbefestigt; Nutzung durch Hausbewohner und Besucher derselben),[887]
- Parkhaus außerhalb der Öffnungszeit nach Schließung (selbst bei Restverkehr),[888]
- Als Feuerwehrzufahrt deklarierter Privatweg,[889]
- Tankstelle außerhalb der Öffnungszeiten,[890]
- Grünstreifen,[891]
- Straßengraben,[892]
- Privatparkplatz, bei dem eine Schranke geschlossen wird, um die Zufahrt zu sperren.[893]

bb) Feststellung der Öffentlichkeit bei Privatflächen

Problematisch ist oft die Feststellung der Öffentlichkeit bei in Privateigentum stehenden Flächen, da es hier in der Regel an einem der öffentlich-rechtlichen Widmung vergleichbaren Akt fehlt.[894] Hier wird dann aber gerne von einer „Quasi-Widmung" gesprochen. Diese setzt voraus: Der Verfügungsberechtigte gestattet entweder ausdrücklich die Nutzung des Ortes durch die Öffentlichkeit und nicht nur durch einen beschränkten Personenkreis. Sie liegt ebenfalls vor, wenn eine solche Nutzung zumindest stillschweigend von dem Berechtigten geduldet wird. Hierbei sind folgende Grundsätze zu beachten:

- Unterbindet der Berechtigte nicht nach außen erkennbar die faktische Nutzung durch eine größere Personenanzahl, so ist ein innerer Vorbehalt ohne Belang.
- Lässt sich der Kreis der möglichen Nutzer nur auf ganz wenige Personen eingrenzen, so spricht dies gegen eine Öffentlichkeit der Fläche.
- Der nach außen erkennbare Wille des Berechtigten ist maßgeblich. Dieser kann auch etwa durch deutlich angebrachte Schilder dahin gehen, dass nur zu bestimmten Zeiten eine öffentliche Nutzung zulässig ist, etwa dann, wenn der Berechtigte in eindeutiger Weise seinen Willen erkennbar gemacht hat, zu bestimmten Zeiten (zB Nachtstunden) keinen öffentlichen Verkehr zu dulden.[895]

---

886 BGH VRS 61, 122.
887 BGH NZV 1998, 418; anders aber, wenn auch (Kunden-)Fahrzeuge ansässiger Firmen abgestellt werden: OVG Münster DAR 2000, 91.
888 OLG Stuttgart NJW 1980, 68 = VRS 57, 418.
889 OLG Hamm NZV 1990, 440.
890 BGH VRS 31, 291; OLG Hamm NJW 1967, 119; aA KG VRS 60, 130.
891 OLG Köln VRS 65, 156, 157.
892 OLG Hamm VRS 39, 270, 271.
893 BGH, Beschl. v. 30.1.2013 – 4 StR 527/12 = NZV 2013, 508 = NStZ 2013, 530 = NStZ 2013, 530 = zfs 2013, 528.
894 Zimmermann, JuS 2010, 22, 23.
895 OLG Hamburg VRS 37, 278; KG VRS 60, 130; LK-König § 315 b Rn 7; einschränkend insoweit aber OLG Düsseldorf NZV 1992, 120, das dazu Absperrmaßnahmen verlangt.

- Eine einmal erfolgte ausdrückliche oder stillschweigende „Quasi-Widmung" ist jederzeit durch den Berechtigten widerrufbar, jedoch nur bei klarer Erkennbarkeit des Widerrufs.[896]

cc) Prozessuale Hinweise

360 Die öffentliche Verkehrsfläche kann nicht einfach „nur so" seitens des Gerichts in seinem Urteil festgestellt werden – es müssen im Rahmen der tatsächlichen Feststellungen Anknüpfungstatsachen dargestellt werden, die den Schluss auf eine „Öffentlichkeit" zulassen. Meist wird dies recht einfach sein, wenn es sich nämlich um „normale" Straßenflächen handelt, so etwa wenn es heißt, der Beschuldigte sei die „A-Straße" entlanggefahren. Das Gericht wird aber dann mehr darzulegen haben, wenn es sich um die Fälle des o.g. Privatgrunds handelt.

Hinweis: Der Verteidiger muss also stets in derartigen Konstellationen die tatsächlichen Feststellungen prüfen.

361 Ist der Verteidiger davon überzeugt, dass es sich bei der in Rede stehenden Verkehrsfläche nicht um öffentlichen Straßenverkehr handelt, so muss er ausführlich vortragen und sicherheitshalber die Nichtöffentlichkeit „untermauern", insbesondere nämlich dann, wenn eine vorläufige Fahrerlaubnismaßnahme droht:

- Privateigentum: dieses ist oftmals das „Einstiegsindiz", um die Öffentlichkeit der Verkehrsfläche anzuzweifeln/auszuräumen. In der Regel sollte ein Grundbuchauszug vorgelegt werden, bzw dessen Einholung beantragt werden.
- Es ist zu erforschen, ob und welche „Nutzungsbestimmungen" des Berechtigten existieren. Der Berechtigte sollte (mit ladungsfähiger Anschrift) benannt werden. Auch die Zeugenvernehmung sollte beantragt werden.
- Sollten Zugangshindernisse (Zäune, Pfosten, Schranken, besondere Pflasterungen …) feststellbar sein, die den Verkehr einschränken, so liegt es nahe, hiervon für die Gerichtsakte Fotos zu fertigen, damit aufwendige Inaugenscheinnahmen vermieden werden können.
- Zeugenaussagen sollten vorab schriftlich eingeholt und zur Akte gereicht werden, falls der Kreis der potenziellen Nutzer beschränkt ist.

Checkliste: (auch als Fragenkatalog an den Mandanten verwendbar)

- Wer (Name, Anschrift) ist Eigentümer der Wegeflächen, auf denen die Fahrt stattfand?
- Gab es Anweisungen, wer auf dem Weg fahren durfte?
- Wie ist beschildert?
- Wie ist der Weg ausgebaut?
- Ist der Weg über andere „öffentliche" Straßen erreichbar?
- Wer nutzt üblicherweise den Weg? Für welche Zwecke?

---

[896] Hierzu: BayObLG, Beschl. v. 29.10.1993 – 4 St RR 175/93 = NZV 1994, 116.

- Können Zeugen (ladungsfähige Anschrift!) für die übliche Nutzung benannt werden?
- Kommt es vor, dass unbestimmte Dritte den Weg befahren?
- Gibt es Zufahrtshindernisse?

b) Fahrzeug

§ 316 StGB ist nur mittels Fahrzeug begehbar – es muss sich also nicht um ein Kraftfahrzeug handeln. Fahrzeug ist jedes **bodengebundene Fortbewegungsmittel**, das zur Beförderung von Personen oder Sachen dient und am Verkehr auf der Straße teilnimmt.[897] Hier spielen im Straßenverkehr nur Fahrzeuge eine Rolle, die auch auf Straßen am allgemeinen Verkehr teilnehmen können, so etwa nicht Motorboote (auch hier ist freilich die Trunkenheitsfahrt strafbar nach § 316 StGB). Fußgänger scheiden als Täter aus.[898] Welche Fahrzeuge unter § 315 c fallen, soll anhand des ihnen typischerweise innewohnenden Gefahrenpotenzials zu ermitteln sein.[899] Auf die Fahrerlaubnispflicht oder das Erfordernis einer Zulassung für den öffentlichen Straßenverkehr kommt es so auch nicht an.[900] Die Motorisierung dagegen ist ein wichtiges Kriterium, das in Zusammenhang mit anderen Kriterien ausschlaggebend werden kann – dabei ist vor allem die zu erreichende Geschwindigkeit des Fahrzeugs von Bedeutung.

362

aa) Fahrzeuge sind somit vor allem auch ...

- Fahrzeuge, für die eine Fahrerlaubnis erteilt wird,
- Mofa/Leichtmofa,[901]
- Segway,[902]
- Fahrrad,[903]
- Pferdefuhrwerke,[904]
- motorisierte Krankenfahrstühle,[905]
- Elektrorollstühle,[906]

363

---

897 Cramer/Sternberg-Lieben in: Schönke/Schröder, StGB, § 315 c Rn 5; Müller, SVR 2011, 61.
898 Zimmermann, JuS 2010, 22, 23.
899 Zimmermann, JuS 2010, 22, 23.
900 Zimmermann, JuS 2010, 22, 23.
901 Blum SVR 2011, 173, 175 (auch „Kraft"fahrzeug).
902 Blum SVR 2011, 173, 175 (auch „Kraft"fahrzeug).
903 Blum SVR 2011, 173, 175; Zimmermann, JuS 2010, 22, 23.
904 OLG Oldenburg, Urt. v. 24.2.2014 – 1 Ss 204/13 = NJW 2014, 2211 = DAR 2014, 397 = NZV 2014, 372 = SVR 2014, 310; OLG Hamm VRS 19, 367.
905 OLG Nürnberg, Beschl. v. 13.7.2010 – 2 St OLG Ss 230/10 = BeckRS 2011, 00366 = DAR 2011, 152 = NStZ-RR 2011, 153 = VersR 2011, 366 = NJW-Spezial 2011, 43 = VRS 120, 183 = zfs 2011, 228 (mittels Elektromotor angetriebener dreirädriger Krankenfahrstuhl ist „Kraft"fahrzeug); BayObLG, Beschl. v. 13.7.2000 – 2 St RR 118/2000 = NZV 2000, 509 = DAR 2000, 532; kritisch aber: Zimmermann, JuS 2010, 22.
906 AG Löbau, Urt. v. 7.6.2007 – 5 Ds 430 Js 17736/06 = NZV 2008, 370 = DAR 2008, 405 = JuS 2008, 80 = NJW 2008, 530 = SVR 2008, 266.

- Bierbike,[907]
- Aufsitzrasenmäher.[908]

Hinweis: Wer ein Fahrrad durch einen auf den Rücken geschnallten Gleitschirmpropellermotor fortbewegt, führt sogar ein Kraftfahrzeug.[909]

bb) **Keine Fahrzeuge iSd § 316 StGB** sind die in § 24 Abs. 1 StVO genannten besonderen Fortbewegungsmittel, namentlich ...

364
- Schiebe- und Greifreifenrollstühle,[910]
- Rodelschlitten,[911]
- Kinderwagen,[912]
- Roller,[913]
- Kinderfahrräder[914]
- und „ähnliche Fortbewegungsmittel", zB
  - Rollatoren,
  - Skateboards,
  - Rollschuhe,[915]
  - Rutschfahrzeuge von Kindern.

c) „Führen" des Fahrzeugs
aa) Begriff des Führens

365 Der Täter muss das Fahrzeug geführt haben – mittelbare Täterschaft scheidet damit aus. In der Literatur wird § 316 StGB daher als „eigenhändiges Delikt" bezeichnet. Führen idS setzt voraus, dass der Täter das Fahrzeug selbst unmittelbar unter bestimmungsgemäßer Anwendung seiner Antriebskraft in Bewegung setzt. Dazu kann es genügen, dass er das Fahrzeug arbeitsteilig wenigstens zum Teil selbst leitet.[916] Die herrschende Meinung verlangt für das „Führen", dass das **Fahrzeug tatsächlich in Bewegung gesetzt** wird.[917] Vorbereitende Bedienungsmaßnahmen wie zB das Anlassen des Motors genügen damit nicht.[918] Auch bloß vergebliche Versuche trotz widriger Bodenumstände loszufahren erfüllen das Merkmal des Führens noch nicht.[919]

---

907 Huppertz NZV 2012, 164, 166.
908 Ternig DAR 2014, 487.
909 Blum SVR 2011, 173, 175.
910 Blum SVR 2011, 173, 175.
911 Blum SVR 2011, 173, 175; Zimmermann, JuS 2010, 22, 23.
912 Blum SVR 2011, 173, 175; Zimmermann, JuS 2010, 22, 23.
913 Blum SVR 2011, 173, 175 (auch bei Erwachsenen).
914 Blum SVR 2011, 173, 175. Hierzu: OLG Karlsruhe NZV 1991, 355.
915 Zimmermann, JuS 2010, 22, 23 (für „Inliner").
916 BGH, Beschl. v. 27.10.1988 – 4 StR 239/88 = NZV 1989, 32; NJW 1962, 2069; Müller SVR 2011, 61.
917 BGH, Beschl. v. 27.10.1988 – 4 StR 239/88 = NZV 1989, 32; BayObLG NZV 1992, 197; OLG Karlsruhe, Beschl. v. 26.08.1992 – 2 Ss 118/92 = NZV 1992, 493.
918 Blum SVR 2011, 173, 175.
919 OLG Karlsruhe, Beschl. v. 26.8.1992 – 2 Ss 118/92 = NZV 1992, 493.

I. Trunkenheit im Verkehr (§ 316 StGB)

Hinweis: Führen eines Fahrzeugs setzt immer ein **willentliches Handeln** voraus.[920] Selbst dann, wenn der Täter das Fahrzeug in Bewegung gesetzt hat, muss daher der Tatbestand des § 316 StGB trotz vorliegender Fahrunsicherheit nicht in jedem Falle erfüllt sein, zB dann nicht, wenn das Fahrzeug ohne seinen Willen ins Rollen geraten ist.[921] Gerade in Fällen einer Fahrlässigkeitsverurteilung ist also darauf zu achten, dass im tatrichterlichen Urteil nicht nur ein „fahrlässiges Führen" festgestellt wird.

Wird das Fahrzeug während der Fahrt gleichzeitig von mehreren Insassen gemeinsam bedient, so sind beide Führer des Fahrzeugs.[922] Das gilt etwa für den Fall, dass der Beifahrer für kurze Zeit die Lenkung des Fahrzeugs übernimmt. Geschieht dies allerdings – nicht nur für einen Augenblick – gegen den Willen des Fahrers, so ist nur der Beifahrer Fahrzeugführer.[923] Wer dem Fahrer ohne dessen Willen nur kurz ins Steuer greift, wird damit noch nicht Fahrzeugführer, kann also nicht gem. § 316 StGB bestraft werden.[924]

Streitig ist, ob der **Fahrlehrer** strafrechtlich neben dem Fahrschüler als Fahrzeugführer verantwortlich sein kann, wenn er das Fahrzeug alkoholbedingt verkehrswidrig oder gar gefährdend durch den Verkehr dirigiert. Dies wurde von der Rechtsprechung unter Hinweis auf § 2 Abs. 15 S. 2 StVG bejaht. Dass diese Bestimmung ausdrücklich nur das StVG betrifft („gilt im Sinne dieses Gesetzes"), soll dem nicht entgegenstehen.[925]

366

Nach anderer Ansicht dagegen fehlt es jedenfalls am Tatbestandsmerkmal des Führens, wenn der Fahrlehrer nicht selbst aktiv eingreift, sondern zB nur die Fahrtstrecke und die Fahrmanöver vorgibt; denn die bloße Möglichkeit hierzu ersetze nicht das tatsächliche Führen.[926] Nunmehr hat der **BGH** in einem Bußgeldverfahren anlässlich eines zu beurteilenden Verstoßes gegen § 23 Abs. 1 a StVO ausdrücklich auch für das Verkehrsstrafrecht noch einmal festgestellt, dass ein Fahrlehrer, der während der konkreten Tatsituation nicht in die einer Ausbildungsfahrt eingreift **kein Fahrzeugführer ist**.[927]

367

Tatsächlich könnte sich die den Begriff des Führens im StVG auch auf den Tatbestand des § 316 StGB ausdehnende Rechtsprechung dem Vorwurf verbotener Analogie aussetzen.

368

Hinweis: Zu beachten ist freilich, dass im Hinblick auf den Vorwurf des Fahrens ohne Fahrerlaubnis (§ 21 StVG) der Begriff des Führens des StVG gilt, also hier der Fahrlehrer ohne jeden Zweifel alleiniger Fahrzeugführer ist.

---

920 Blum SVR 2011, 173, 175.
921 BayObLG DAR 1980, 266 – bei Rüth; OLG Düsseldorf NZV 1992, 197.
922 BGH NJW 1959, 1883; NZV 1990, 157; Blum, SVR 2011, 173, 175; Blum/Weber, NZV 2007, 228 mwN.
923 OLG Köln DAR 1982, 30.
924 OLG Köln NJW 1971, 670.
925 OLG Karlsruhe VRS 64, 153, 157; AG Cottbus NStZ 2002, 546; LK-Geppert, § 69 StGB Rn 29; Blum/Weber, NZV 2007, 228, 229; Blum, SVR 2011, 173, 175.
926 Joerden, BA 2003, 104; LK-König, § 315 c StGB, Rn 42; König, DAR 2003, 448; OLG Dresden NJW 2006, 1013 = SVR 2006, 351.
927 BGH, Beschl. v. 23.9.2014 – 4 StR 92/14.

E. Die Trunkenheitsdelikte der §§ 316 und 315 c StGB

369 Beim „Bierbike" ist noch unklar, ob auch die einzelnen Mitfahrer, die nur trampeln auch Fahrzeugführer sind.[928]

bb) Rechtsprechungsüberblick: Einzelfälle zum Begriff des Führens

370 In folgenden Einzelfällen hat die Rechtsprechung in der Vergangenheit das **Führen** eines Fahrzeugs **bejaht**:

- Abrollenlassen eines Fahrzeugs über eine Gefällestrecke.[929]
- Anschieben eines Fahrzeugs, um es dann während der hierdurch vermittelten Fahrt anzulassen.[930]
- „Lenker" eines abgeschleppten Fahrzeugs.[931]
- Schieben eines Mofas mit Unterstützung des laufenden Motors.[932]
- Beifahrer lenkt das Auto zielgerichtet.[933]
- Zwei Fahrzeuginsassen teilen sich die Fahreraufgaben: der eine steuert, während der andere Kupplung, Gas und Bremse bedient.[934]
- Motorradfahrer stößt sich mit Füßen vom Boden ab.[935]

371 Dagegen wurde in folgenden Konstellationen das **Führen verneint**:

- Herausrangieren eines Motorrads aus einer Parklücke mit den Beinen, um dann eine anschließende Fahrt zu ermöglichen.[936]
- Schieben eines Mofas zum Zwecke des Starts des Motors.[937]
- Vergessen der Sicherung des abgestellten Pkws durch Ziehen der Handbremse oder Einlegen eines Ganges, weshalb das Kfz führerlos zurückrollt.[938]
- Vorgänge nach Beendigung der Fahrt, also Abstellen des Motors und Verlassen des Kraftfahrzeugs.[939]
- Pkw wird geschoben.[940]

---

928 Dafür: Huppertz, NZV 2012, 164, 166.
929 BGHSt 14, 185; 35, 393; BayObLG NJW 1959, 111.
930 OLG Oldenburg, DAR 1955, 165; OLG Celle NJW 1965, 63; OLG Oldenburg MDR 1975, 421.
931 BGHSt 36, 341 = NJW 1990, 1245 = NStZ 1990, 232 = DAR 1990, 184; OLG Frankfurt NJW 1985, 1516; BayObLG NJW 1984, 878; OLG Hamm BA 2000, 193.
932 BayObLG VRS 66, 203; Hentschel, NJW 1985, 1329; OLG Düsseldorf VRS 62, 193 (Führen eines Fahrzeugs ja, aber kein Führen eines *Kraft*fahrzeugs).
933 OLG Köln JMBlNW 1982, 274.
934 BGHSt 13, 226, 227.
935 OLG Düsseldorf VRS 62, 193.
936 BayObLG NZV 1988, 74 = DAR 1988, 244 = VM 1988, Nr. 84 = zfszfs 1988, 158 = VRS 75, 127.
937 AG Winsen (Luhe) NJW 1985, 692.
938 OLG Karlsruhe, Beschl. v. 5.9.2005 – 1 Ss 92/05 = NZV 2006, 441 = VRS 110, 271.
939 OLG Karlsruhe, Beschl. v. 5.9.2005 – 1 Ss 92/05 = NZV 2006, 441 = VRS 110, 271 (Besonderheit: Der Angeklagte wies BAK von 0,9 ‰ auf und vergaß, seinen Pkw durch Ziehen der Handbremse oder Einlegen eines Ganges ausreichend zu sichern, weshalb das Kfz führerlos zurückrollte, die Straße überquerte und auf das auf dem gegenüberliegenden Fahrbahnrand abgestellte Fahrzeug des Zeugen prallte).
940 OLG Koblenz VRS 49, 366 („Führen eines Fahrzeugs: Ja; Führen eines *Kraft*fahrzeugs: grds. Nein!"); gänzlich verneinend: OLG Celle DAR 1977, 219.

I. Trunkenheit im Verkehr (§ 316 StGB) 1

- Willentliches Anlassen des Motors; nichtwillentliche Fahrzeugbewegung wird ausgelöst, weil der Fahrer übersehen hat, dass er den Gang eingelegt hatte.[941] Fahrzeug wird an eine Stelle geschoben, von der es sich aufgrund Gefälles von selbst weiterbewegen soll (zB um den Motor in Gang zu setzen).[942]
- Fruchtloser Versuch, das im Waldboden steckengebliebene Fahrzeug mit seiner Motorkraft zu befreien.[943]
- Beifahrer, der dem Fahrer plötzlich ins Steuer greift.[944]
- Anlassen des Motors, um Licht zu testen/in Betrieb zu nehmen.[945]
- Beifahrer, der nur die Gangschaltung bedient.[946]
- Das Zünden des Motors zu anderen Zwecken als dem alsbaldigen eigenhändigen Losfahren.[947]
- Angeklagter steigt ein, zündet Motor um loszufahren, schläft aber bei laufendem Motor ein.[948]
- Fahruntüchtiger lässt in der Absicht, alsbald wegzufahren, den Motor seines Fahrzeugs an, schaltet das Abblendlicht ein.[949]
- Das Zünden des Motors zu anderen Zwecken als dem alsbaldigen eigenhändigen Losfahren.[950]
- Das Zünden des Motors, um sich alsbald von einem anderen fahren lassen zu wollen.[951]
- Fahrlehrer auf Beifahrersitz gibt mündliche Anweisungen.[952]

cc) Verhältnis des „Führens" zu dem Beweisgrenzwert für die absolute Fahruntüchtigkeit

Während der Beweisgrenzwert für absolute Fahrunsicherheit nicht nur voraussetzt, dass ein Kraftfahrzeug geführt wird, sondern dass der Täter dieses als Kraftfahrer führt, ist der Begriff des Führens enger.

372

---

941 OLG Düsseldorf, Beschl. v. 28.11.1991 – 2 Ss 316/91 - 77/91 III = NZV 1992, 197 = zfszfs 1992, 101 = VRS 82, 454 = VM 1992, Nr. 42.
942 OLG Karlsruhe DAR 1983, 365.
943 OLG Karlsruhe NZV 1992, 493 = MDR 1992, 1170 = VRS 83, 425; ähnlich: OLG Hamm NJW 1984, 137 = VRS 65, 437; BayObLG NJW 1986, 1822 = DAR 1986, 232 = zfszfs 1986, 156 = VM 1986, Nr. 55.
944 OLG Hamm, Urt. v. 21.4.1969 – 4 Ss 227/69 = NJW 1969, 1975; OLG Köln, Urt. v. 1.12.1970 – Ss 225/70 = NJW 1971, 670.
945 BayObLG bei Rüth, DAR 1985, 242; OLG Frankfurt, Beschl. v. 23.2.1990 – 3 Ss 465/89 = NZV 1990, 277 = DAR 1990, 270.
946 KG VM 1957, 26.
947 OLG Koblenz DAR 1972, 50; AG Homburg zfszfs 1987, 61 = VRS 72, 184.
948 AG Freiburg, Urt. v. 26.2.1986 – 26 Ds 175/85 = NJW 1986, 3151 = DAR 1986, 30 = VRS 71, 283.
949 BGH, Beschl. v. 27.10.1988 – 4 StR 239/88 = BGHSt 35, 390 = NJW 1989, 723 = NZV 1989, 32 = MDR 1989, 174 = VRS 76, 198 = StV 1989, 305.
950 OLG Braunschweig, Beschl. v. 6.7.1987 – Ss (S) 50/87.
951 OLG Braunschweig, Beschl. v. 6.7.1987 – Ss (S) 50/87; OLG Düsseldorf VM 1971, 16; OLG Celle VM 73, 19 = VRS 44, 342.
952 OLG Karlsruhe, Beschl. v. 5.9.2005 – 1 Ss 92/05 = NZV 2006, 441.

E. Die Trunkenheitsdelikte der §§ 316 und 315 c StGB

(1) Rollenlassen und Schieben pp.

373 Wer etwa ein Auto oder Kraftrad **ohne laufenden Motor** auf einer Gefällestrecke abrollen lässt, führt zwar ein Kraftfahrzeug; als Kraftfahrer führt er es jedoch nur dann, wenn er dadurch versucht, den Motor in Gang zu bringen.[953] Eine Bestrafung gem. § 316 StGB ist bei Nichtvorliegen dieser Absicht zwar möglich, aber nicht wegen absoluter Fahrunsicherheit aufgrund des Beweisgrenzwertes von 1,1 ‰. Auch das Mofa- oder Mopedfahren mithilfe der Pedale ohne Motorkraft erfüllt das Merkmal des Fahrzeugführens gem. § 316 StGB.

374 Der Beweisgrenzwert von 1,1 ‰ gilt aber nur, wenn der Täter dabei die Absicht hatte, durch das Treten der Pedale den Motor des Fahrzeugs in Gang zu bringen. Anderenfalls kommt nur Bestrafung wegen Führens eines Fahrzeugs im Zustand sog. relativer Fahrunsicherheit (Ausfallerscheinungen!) in Betracht. Das Gleiche gilt, wenn der Täter ein Mofa, auf dem Sattel sitzend, durch Abstoßen mit den Füßen fortbewegt.[954]

Hinweis: Die Verfahrensbeteiligten müssen hier also genau prüfen, was sich tatsächlich zu der „Fahrt" genau feststellen lässt. Oft wird es daher für den Beschuldigten zunächst naheliegen, sich nicht näher einzulassen, sondern das Beweisergebnis in der Hauptverhandlung abzuwarten. Dies gilt freilich nicht, wenn der Beschuldigte offensichtlich mit dem Motorantrieb fahrend angetroffen wurde.

375 Wer ein durch eine andere Person geschobenes Fahrzeug lenkt, um den Motor dadurch in Gang zu bringen, führt das Fahrzeug als Kraftfahrer mit der Folge absoluter Fahrunsicherheit ab 1,1 ‰.[955] Entscheidend für die Anwendbarkeit des Beweisgrenzwertes von 1,1 ‰ ist die Absicht, den Motor in Betrieb zu setzen. Fehlt diese Absicht, so führt der Lenker eines geschobenen Fahrzeugs dieses zwar iSd § 316 StGB, aber nicht als Kraftfahrer.[956]

376 Nach teilweise in der Rechtsprechung vertretener Auffassung soll Fahrzeugführen als Kraftfahrer vorliegen, wenn es durch das Anschieben so viel Schwung erhält, dass es selbstständig einige Meter weiterrollt.[957]

377 Nach den Grundsätzen der Logik kann in einem solchen Fall aber nichts anderes gelten als beim Abrollenlassen auf einer Gefällestrecke, wo für die Anwendbarkeit des Beweisgrenzwertes verlangt wird, dass der Motor in Gang ist oder in Gang gebracht werden soll.

378 Wer ein Kraftfahrzeug mit eigener Körperkraft schiebt, ohne dabei den Führersitz einzunehmen, führt überhaupt kein Fahrzeug iSd § 316 StGB.[958] Anders ist dies, wenn der Täter beim Schieben des Fahrzeugs die Motorkraft ausnutzt, um sich das

---

953 OLG Hamm DAR 1960, 55; aM LK-König, StGB, § 315 c Rn 19.
954 OLG Düsseldorf VRS 62, 193.
955 OLG Oldenburg MDR 1975, 241.
956 OLG Koblenz VRS 49, 366.
957 OLG Koblenz VRS 49, 366; mit Recht abw. aber zB OLG Celle DAR 1977, 219 – allerdings zur Frage des Führens eines Kraftfahrzeugs iSd § 24 a StVG.
958 OLG Oldenburg MDR 1975, 221; OLG Düsseldorf VRS 50, 426; aM OLG Karlsruhe DAR 1983, 365.

Schieben zu erleichtern (zB Mofa). Dann ist er Führer eines Fahrzeugs iSd § 316 StGB.[959]

Auch in einem derartigen Fall führt er das Fahrzeug aber nicht als Kraftfahrer. Auch hier kommt also nur Bestrafung wegen sog. „relativer" Fahrunsicherheit in Betracht. Der Beweisgrenzwert von 1,1 ‰ gilt nicht.[960]

(2) Abschleppen

Der Lenker eines durch ein anderes Kraftfahrzeug abgeschleppten Kraftfahrzeugs ist – wie in der oben stehenden Rechtsprechungsübersicht zu ersehen ist – nach hM **Führer iSd § 316 StGB**,[961] da es sich hierbei um den Fall sog. arbeitsteiligen Führens **handelt**.[962] Auch wenn dabei nicht beabsichtigt ist, die Motorkraft des abgeschleppten Fahrzeugs in Gang zu bringen, führt der Lenker des abgeschleppten Fahrzeugs – abweichend von der Regel – das Fahrzeug auch als Kraftfahrer mit der Folge, dass der Beweisgrenzwert von 1,1 ‰ für absolute Fahrunsicherheit gilt.

3. Rauschmittelbedingte Fahrunsicherheit

Der Tatbestand des § 316 StGB setzt voraus, dass der Täter infolge des Rauschmittelkonsums „nicht in der Lage ist, das Fahrzeug sicher zu führen". Zur Feststellung der rauschmittelbedingten Fahrunsicherheit durch

- Alkohol,
- Drogen,
- Medikamente

wird auf die eingangs des Buches dargestellten Grundsätze verwiesen.

4. Rechtfertigungsgründe

Ein Rechtfertigungsgrund wird in Fällen der §§ 316, 315 c StGB in der Praxis **nur in äußerst seltenen Fällen** in Betracht kommen. Dies gilt insbesondere auch für die häufig vorgebrachte Einlassung des Angeklagten, er habe Hilfe leisten, zB eine erkrankte Person zum Arzt oder zum Krankenhaus fahren wollen. Nach § 34 StGB handelt nämlich derjenige nicht rechtswidrig, wer in einer gegenwärtigen, nicht anders abwendbaren Gefahr für Leben, Leib, Freiheit, Ehre, Eigentum oder ein anderes Rechtsgut eine Tat begeht, um die Gefahr von sich oder einem anderen abzuwenden, wenn bei Abwägung der widerstreitenden Interessen, namentlich der betroffenen Rechtsgüter und des Grades der ihnen drohenden Gefahren, das geschützte Interesse das beeinträchtigte wesentlich überwiegt und die Tat ein angemessenes Mittel ist, die Gefahr abzuwenden. Regelmäßig stehen aber andere Möglichkeiten, die eine Trunkenheitsfahrt vermeidbar erscheinen lassen, zur Gefahrenabwehr zur Verfügung. So können andere Mittel, die einen Notstand entfallen lassen, das Rufen eines Krankenwa-

---

[959] BayObLG VRS 66, 202; OLG Düsseldorf VRS 50, 426.
[960] BayObLG VRS 66, 202.
[961] Z.B. Zimmermann, JuS 2010, 22, 23; BGH, Beschl. v. 18.1.1990 – 4 StR 292/89 = NZV 1990, 157; OLG Frankfurt, Beschl. v. 26.11.1984 – 2 Ss 412/84 = NJW 1985, 2961.
[962] BGH, Beschl. v. 18.1.1990 – 4 StR 292/89 = NZV 1990, 157; BayObLG, Urt. v. 16.9.1983 – RReg. 1 St 181/83 = NJW 1984, 878 = DAR 1983, 395 = JZ 1984, 43 = VRS 65, 434 = VerkMitt. 1984, Nr. 22.

E. Die Trunkenheitsdelikte der §§ 316 und 315 c StGB

gens oder eines Notarzt sein oder auch der Transport mittels Taxi oder durch Freunde/Bekannte ins Krankenhaus.[963] Regelmäßig werden so §§ 315 c, 316 StGB aufgrund der insoweit meist zulasten des Täters ausgehenden Güterabwägung nicht durch Notstand gerechtfertigt werden können.[964]

383 Selbst die **ärztliche Hilfspflicht** (§ 323 c StGB) ist regelmäßig kein Rechtfertigungsgrund (zB § 34 StGB) für die Trunkenheitsfahrt eines Arztes. Denn in aller Regel werden angemessenere Mittel für die Hilfeleistung zur Verfügung stehen.[965] Anders ist dies nur in Ausnahmefällen, wenn zB die Trunkenheitsfahrt das einzige oder jedenfalls sicherste Mittel zur Rettung eines Verletzten an der Unfallstelle ist.[966]

Hinweis: Will das Gericht also eine derartige Rechtfertigungslage annehmen, so darf es nach allgemeinen Grundsätzen der Beweiswürdigung nicht einfach ungeprüft eine entsprechende Einlassung des Beschuldigten ungeprüft übernehmen. Es müssen sich somit ausführliche tatsächliche Feststellungen im Urteil finden, die die Rechtfertigungslage ergeben. Der Verteidiger sollte in einer derartigen Situation daher ausführlich vortragen und auch Beweismittel benennen/beibringen, aus denen sich ergibt, dass die Trunkenheitsfahrt tatsächlich das einzige Mittel zur Gefahrenabwehr war (oder jedenfalls schien – dann kann ein Erlaubnistatbestandsirrtum[967] gegeben sein).

Entsprechendes kann uU für die Fahrt eines Angehörigen der **freiwilligen Feuerwehr** gelten, wenn die Fahrt das einzige Mittel der Gefahrabwendung ist und nicht schon der vorausgegangene Alkoholgenuss für sich pflichtwidrig war.[968]

Rechtsprechungsbeispiel: Das Problem der Rechtfertigung bei Trunkenheitsfahrten lässt sich bildhaft an nachfolgender auszugsweise wiedergegebener Entscheidung ablesen, der eine Trunkenheitsfahrt eines Angeklagten zugrunde lag, der aufgrund vorheriger einschlägiger Erfahrungen merkte, dass es bei ihm zu einem sog. Harnverhalt gekommen war, der sehr schmerzhaft werden würde – der Angeklagte entschied sich, eine Fahrt zum Krankenhaus anzutreten, um sich dort einen Katheder legen zu lassen. Das OLG Koblenz hat hierzu u.a. entschieden:[969]

Das AG hat nicht verkannt, dass bei Fahrlässigkeitsdelikten grundsätzlich ein Ausschluss der Rechtswidrigkeit durch Rechtfertigungsgründe ebenso möglich ist wie bei Vorsatzdelikten. Dies gilt auch hinsichtlich des rechtfertigenden Notstandes, so dass nach dem Prinzip des überwiegenden Interesses die Vornahme einer an sich sorgfaltswidrigen und zu einem deliktischen Erfolg führenden Handlung grundsätzlich unter dem Gesichtspunkt eines gerechtfertigten Risikos erlaubt sein kann.

Das AG hat aber zu Recht das Vorliegen des § 34 StGB verneint .... Zutreffend hat das AG ausgeführt, dass die mögliche Lebens- oder Leibesgefahr, die durch den Harnverhalt des Angeklagten entstanden war, anders als durch eine Trunkenheitsfahrt hätte abgewendet

---

963 Fischer, StGB, § 316 Rn 51 und § 34 Rn 5 und 20; Sternberg-Lieben in: Schönke/Schröder, § 316 Rn 29; OLG Hamm NJW 1958, 271; OLG Koblenz, Urt. v. 16.4.1987 – 1 Ss 125/87 = NJW 1988, 2316; OLG Koblenz, Urt. v. 19.12.2007 – 1 Ss 339/07 = NZV 2008, 368 = zfs 2008, 229.
964 Blum, NZV 2011, 378, 379.
965 OLG Koblenz MDR 1972, 885.
966 OLG Hamm VRS 20, 232; OLG Düsseldorf VM 1967, 38.
967 Zum Erlaubnistatbestandsirrtum: Fischer, StGB, § 34 Rn 18.
968 OLG Celle VRS 63, 449.
969 OLG Koblenz, Urt. v. 19. 12. 2007 – 1 Ss 339/07 = NZV 2008, 368 = zfs 2008, 229 (die Entscheidungsgründe wurden hier gekürzt).

werden können. Er hätte einen Krankenwagen oder einen Notarzt rufen oder sich mit einem Taxi oder von Freunden ins Krankenhaus bringen lassen können.

Das AG hat auch nachvollziehbar verneint, dass sich der Angeklagte in einem Irrtum über das Vorliegen der tatsächlichen Voraussetzungen eines Rechtfertigungsgrundes, der entsprechend § 16 StGB als Erlaubnistatbestandsirrtum zu behandeln ist, befunden hat. Nach den Feststellungen des Urteils hat der Angeklagte das Fahrzeug geführt, weil er sich irrig noch für fahrtüchtig hielt und nicht, weil er sich eine Sachlage vorstellte, die wenn sie tatsächlich vorgelegen hätte, die Trunkenheitsfahrt gerechtfertigt hätte .... Auf das Merkmal der Erkennbarkeit der Rechtswidrigkeit kann es deshalb bei der – unbewusst – fahrlässigen Trunkenheitsfahrt nicht ankommen. Ein Irrtum über Rechtfertigungsgründe ist deshalb bei unbewussten Fahrlässigkeitsdelikten nicht möglich.

Zu Recht wurde vom AG auch die Anwendung des § 35 StGB abgelehnt, da der Angeklagte sich keine Gefahr für Leib und Leben vorstellte, die nur durch eine Trunkenheitsfahrt abzuwenden gewesen wäre.

5. Vorsatz und Fahrlässigkeit im Hinblick auf die Fahrunsicherheit

§ 316 StGB ist vorsätzlich (Abs. 1) oder fahrlässig (Abs. 2) begehbar.[970] Im Tenor und in den Gründen des Urteils ist klarzustellen, ob wegen fahrlässiger oder vorsätzlicher Trunkenheitsfahrt verurteilt wurde.[971]

a) Vorsatz

Um den **Vorsatz** bei der Trunkenheitsfahrt wird häufig gestritten. Bestrafung wegen vorsätzlichen Vergehens nach § 316 StGB **setzt voraus**, dass der Angeklagte seine Fahrunsicherheit bei der Fahrt kannte oder zumindest mit ihr rechnete, sie aber in Kauf nahm.[972] Nur in seltenen Fällen wird der Beschuldigte hier geständig sein – erfahrungsgemäß gehen Einlassungen idR dahin, der Beschuldigte habe beim Fahrantritt gar nicht mehr an den Alkohol gedacht oder er habe sich noch gut gefühlt. In diesen Fällen ist der Beweis des Vorsatzes ein reiner Indizienbeweis und dementsprechend schwierig. Gerichte, die sich dieser Tatsache nicht bewusst sind und dies in ihren Urteilen erkennen lassen, müssen auf eine (Sprung-)Revision hin stets mit der Aufhebung des Urteils und Rückverweisung rechnen.

Hinweis: Der Verteidiger muss immer bedenken, dass die Verurteilung wegen Vorsatzes oft bei der **Strafzumessung** schärfend wirkt. So wird ein vorsätzlicher Ersttäter mit einer um 10–20 Tagessätzen höheren Geldstrafe rechnen müssen als ein Fahrlässigkeitstäter ohne Vorbelastungen. Auch die Rechtsschutzversicherung (soweit vorhanden) übernimmt die Kosten dann nicht mehr.

Dem Täter muss der Vorsatz aufgrund konkreter Tatsachen nachgewiesen werden. Dies führt zu erhöhtem Darstellungsaufwand des Tatrichters in seinem Urteil im Fall der Verurteilung.[973]

---

[970] Ausführliche Darstellungen zu Vorsatz und Fahrlässigkeit bei Trunkenheitsfahrten: Burhoff, VA 2001, 34; Krumm, SVR 2006, 292.
[971] Ua OLG Hamm BA 1977, 434; OLG Saarbrücken NJW 1974, 1391.
[972] OLG Hamm, Beschl. v. 16.2.2012 – III-3 RVs 8/12 = SVR 2012, 351 = BeckRS 2012, 07644; OLG Hamm BA 2004, 538; VRS 107, 431; Urt. v. 5.8.2002 – 2 SS OWI 498/02 = DAR 2002, 565; OLG Koblenz, Urt. v. 19.4.2001 – 1 Ss 295/00 = NZV 2001, 357.
[973] Vgl etwa Müller, SVR 2011, 61, 63.

E. Die Trunkenheitsdelikte der §§ 316 und 315 c StGB

386 Muster: Eingangsformulierung für die Sachrüge wegen falscher Annahme von Vorsatz aufgrund nur der hohen BAK[974]

... bereits die Sachrüge muss zur Aufhebung des angefochtenen Urteils führen.

a) Die von dem Amtsgericht im Rahmen der Beweiswürdigung angestellten Erwägungen zum subjektiven Tatbestand des § 316 Abs. 1 StGB tragen die Annahme vorsätzlicher Tatbegehung nicht.

Der Schuldspruch muss auf einer tragfähigen Beweisgrundlage aufbauen, die die objektiv hohe Wahrscheinlichkeit der Richtigkeit des Beweisergebnisses ergibt (BVerfG NJW 2003, 2444, 2445; OLG Brandenburg, Beschl. v. 13.7.2010 – 53 Ss 40/10 = BeckRS 2010, 27877 = zfs 2010, 587). Die Beweiswürdigung ist dabei die ureigene Aufgabe des Tatrichters, die mit der Revision nur eingeschränkt überprüft werden kann. Sie muss jedoch vollständig und ohne Rechtsfehler sein (vgl Meyer-Goßner, StPO, § 337, Rn 26 mwN; OLG Brandenburg, Beschl. v. 13.7.2010 – 53 Ss 40/10 = BeckRS 2010, 27877 = zfs 2010, 587). Rechtsfehlerhaft ist die Beweiswürdigung insbesondere dann, wenn sie in sich widersprüchlich, lückenhaft oder unklar ist oder gegen Denkgesetze und Erfahrungssätze verstößt oder wenn der Tatrichter überspannte Anforderungen an die für eine Verurteilung erforderliche Gewissheit stellt. Dabei müssen seine Schlussfolgerungen nicht zwingend sein. Es genügt, dass sie möglich sind und der Tatrichter von ihrer Richtigkeit überzeugt ist (vgl BGHSt 26, 63; 29, 18, 20; OLG Brandenburg, Beschl. v. 13.7.2010 – 53 Ss 40/10 = BeckRS 2010, 27877 = zfs 2010, 587).

Im Rahmen der Beweiswürdigung hat das Amtsgericht Folgendes ausgeführt:

... [hier werden die Urteilsformulierungen eingefügt]

Diese Erwägungen erweisen sich als lückenhaft, denn sie belegen nicht die Feststellung, der Angeklagte habe bei der Trunkenheitsfahrt seine Fahruntüchtigkeit billigend in Kauf genommen.

Eine vorsätzliche Tatbegehung im Sinne des § 316 Abs. 1 StGB ist nur dann gegeben, wenn der Täter seine Fahrunsicherheit kennt oder mit ihr zumindest rechnet und sie billigend in Kauf nimmt, gleichwohl aber am öffentlichen Straßenverkehr teilnimmt (vgl OLG Brandenburg, Beschl. v. 13.7.2010 – 53 Ss 40/10 = BeckRS 2010, 27877 = zfs 2010, 587; OLG Hamm, NZV 2005, 161). Ob dieses Wissen von der Fahruntauglichkeit als innere Tatseite nach dem Ergebnis der Hauptverhandlung festgestellt ist, hat der Tatrichter unter Heranziehung und Würdigung aller Umstände des Einzelfalles, insbesondere der Täterpersönlichkeit, des Trinkverlaufs, dessen innerem Zusammenhang mit dem Fahrtantritt sowie des Verhaltens des Täters während und nach der Fahrt zu entscheiden (vgl OLG Hamm, aaO; OLG Brandenburg, Beschl. v. 13.7.2010 – 53 Ss 40/10 = BeckRS 2010, 27877 = zfs 2010, 587).

Eine vorsätzliche Trunkenheit im Verkehr kann aber nicht bereits aus einer hohen Blutalkoholkonzentration zur Tatzeit geschlossen werden. Es gibt nämlich keinen Erfahrungssatz, dass derjenige, der erhebliche Mengen Alkohol getrunken hat, sich seiner Fahrunsicherheit bewusst wird oder diese billigend in Kauf nimmt (OLG Brandenburg, Beschl. v. 13.7.2010 – 53 Ss 40/10 = BeckRS 2010, 27877 = zfs 2010, 587; OLG Brandenburg, Beschl. v. 8.4.2008 – 2 Ss 27/08 und 17.12.2009 – 2 Ss 61/09; OLG Hamm, Beschl. v. 16.2.2012 – III-3 RVs 8/12 = SVR 2012, 351 = BeckRS 2012, 07644). Vielmehr müssen zu einer hohen Blutalko-

---

[974] Die Formulierung orientiert sich an: OLG Brandenburg, Beschl. v. 13.7.2010 – 53 Ss 40/10 = BeckRS 2010, 27877 = zfs 2010, 587.

holkonzentration noch weitere Umstände hinzukommen, die den Schluss rechtfertigen, der Täter habe seine Fahruntüchtigkeit gekannt und dennoch am öffentlichen Straßenverkehr teilgenommen. Dabei ist auch zu bedenken, dass die Fähigkeit des Täters, seine Fahruntüchtigkeit aufgrund der Trinkmenge einzuschätzen, umso geringer sein wird, je weiter der Entschluss zur Fahrt vom Trinkende entfernt liegt (OLG Frankfurt NStZ-RR 1996, 86; OLG Brandenburg, Beschl. v. 13.7.2010 – 53 Ss 40/10 = BeckRS 2010, 27877 = zfs 2010, 587).

Derartige weitere Umstände, die zusammen mit der Höhe der Blutalkoholkonzentration einen rechtsfehlerfreien Schluss auf den Vorsatz des Angeklagten zuließen, sind nicht erkennbar. ...

aa) Bedeutung der BAK-Höhe

Mitunter wird der Vorsatz hinsichtlich der Fahrunsicherheit des Angeklagten aus der Höhe der BAK hergeleitet,[975] was unzweifelhaft in einer derart generalisierten Form **nicht richtig** ist. 387

Hinweis: Staatsanwaltschaften klagen oft aufgrund interner Absprachen bei hohen BAK-Werten (idR 1,6 ‰) ohne jede weitere Abwägung Vorsatz an.

Entweder wird dem Angeklagten vorgehalten, eine derartige alkoholische Beeinflussung könne ihm nicht verborgen geblieben sein. Oder es wird mit dem sog. Begleitwissen argumentiert: Der Angeklagte müsse schon aufgrund der ihm bekannten erheblichen Trinkmenge mit der Möglichkeit der bei ihm festgestellten Fahrunsicherheit gerechnet haben (dolus eventualis).[976]

Richtig ist zwar, dass bei hohen Blutalkoholkonzentrationen die Ausfallserscheinungen häufig (aber nicht immer!) so unübersehbar sein werden, dass die Annahme von Vorsatz gerechtfertigt sein kann.[977] Der Vorsatz kann also **bei weit über dem Beweisgrenzwert** für absolute Fahrunsicherheit von Kraftfahrern liegenden Blutalkoholkonzentrationen naheliegen.[978] 388

Andererseits führen gerade hohe Blutalkoholkonzentrationen zur **Kritiklosigkeit** mit der Folge, dass der Täter die bei ihm vorliegende alkoholbedingte Fahrunsicherheit nicht mehr wahrnimmt.[979] 389

Aus rechtsmedizinischer Sicht wendet sich insbesondere *Eisenmenger* gegen die Außerachtlassung dieser wesentlichen Folge alkoholischer Beeinflussung und empfiehlt, grundsätzlich von Fahrlässigkeit auszugehen.[980] 390

---

975 Vgl etwa AG Rheine, Urt. v. 9.5.1994 – 5 Ds 47 Js 662/93 = NJW 1995, 894.
976 OLG Koblenz, Urt. v. 19.4.2001 – 1 Ss 295/00 = NZV 2001, 357 = BeckRS 2001 30175602 = DAR 2001, 418 = VRS 102, 282; Urt. v. 6.8.2001 – 2 SS 116/01 = VRS 104, 300.
977 OLG Hamm BA 2004, 538; OLG Koblenz, Urt. v. 19.4.2001 – 1 Ss 295/00 = NZV 2001, 357 = BeckRS 2001 30175602 = DAR 2001, 418 = VRS 102, 282; OLG Köln DAR 1987, 126.
978 BGH VRS 65, 359; OLG Hamm BA 2004, 538; OLG Koblenz, Urt. v. 6.8.2001 – 2 SS 116/01 = VRS 104, 300; Urt. v. 19.4.2001 – 1 Ss 295/00 = NZV 2001, 357 = BeckRS 2001 30175602 = DAR 2001, 418 = VRS 102, 282.
979 BGH, Beschl. v. 15.11.1990 – 4 StR 486/90 = NZV 1991, 117; OLG Hamm VRS 102, 278; OLG Zweibrücken zfs 2000, 511.
980 Eisenmenger in: Salger-Festschrift S. 619, 630.

E. Die Trunkenheitsdelikte der §§ 316 und 315 c StGB

391 Vor dem Hintergrund dieser medizinischen und juristischen Erkenntnisse wird bisher nahezu einhellig in der höchstrichterlichen und obergerichtlichen Rechtsprechung festgestellt: Es gibt **keinen allgemeinen Erfahrungssatz** des Inhalts, dass sich ein Kraftfahrer bei einer BAK bestimmter Höhe seiner Fahrunsicherheit bewusst ist.[981]

392 Diese Erkenntnis wird allerdings zum Teil insoweit **relativiert**, als der BAK-Höhe eine über das bisher anerkannte Maß hinausgehende Indizwirkung zuerkannt wird: Nach Auffassung des OLG Koblenz soll für die Annahme bedingten Vorsatzes allein der Umstand genügen, dass es der Angeklagte unterließ, sich auf Nichterkennen seiner Fahrunsicherheit zu berufen, und dass er darüber hinaus auf die Folgenlosigkeit seiner Alkoholfahrt hinwies.[982] Noch weiter geht das OLG Koblenz in einer späteren Entscheidung: Es sei nicht rechtsfehlerhaft, bei einer den Grenzwert für absolute Fahrunsicherheit weit übersteigenden BAK Vorsatz anzunehmen, wenn keine greifbaren Anhaltspunkte für Umstände ersichtlich sind, die den indiziellen Beweiswert der BAK mindern könnten.[983] Eine vorsätzliche Begehung soll jedenfalls bei über 1,1 ‰ (Grenze der absoluten Fahruntüchtigkeit) naheliegen.[984] Demgegenüber kann **nicht allein schon aus einer hohen BAK** ohne Hinzutreten weiterer Indizien („objektiv feststellbarer Umstände") auf einen Vorsatz im Rahmen der Trunkenheitsfahrt geschlossen werden.[985] Ein Erfahrungssatz, dass ein Kraftfahrer ab einer konkret zu benennenden BAK seine Fahruntüchtigkeit kennt, ist nicht existent,[986] zumal die **Kritik- und Erkenntnisfähigkeit** mit fortschreitender Trunkenheit abnimmt.[987]

393 Muster: Begründung einer Sachrüge – Hohe BAK als Vorsatzindiz oder schon wegfallende Kritik- und Vernunftfähigkeit (=Fahrlässigkeit)[988]

... bereits die Sachrüge muss zur Aufhebung des angefochtenen Urteils führen.

Entscheidend ist dabei, dass die Darlegungen in den Urteilsgründen den Schuldspruch wegen vorsätzlicher Trunkenheit im Verkehr (§ 316 Abs. 1 StGB) nicht zu tragen vermögen.

---

981 BGH VRS 65, 359; OLG Hamm VRS 107, 431; BA 2004, 538; NZV 1998, 471 unter Aufhebung von AG Coesfeld BA 1998, 319; OLG Naumburg BA 2000, 378; eingehend dazu auch Hentschel, DAR 1993, 449.
982 OLG Koblenz, Urt. v. 19.4.2001 – 1 Ss 295/00 = NZV 2001, 357 = BeckRS 2001 30175602 = DAR 2001, 418 = VRS 102, 282.
983 OLG Koblenz, Urt. v. 6.8.2001 – 2 SS 116/01 = VRS 104, 300.
984 OLG Koblenz, Urt. v. 19.4.2001 – 1 Ss 295/00 = NZV 2001, 357 = BeckRS 2001 30175602 = DAR 2001, 418 = VRS 102, 282; NZV 2008, 304; OLG Hamm NJW 1975, 660 und Beschl. v. 7.10.2004 – 2 Ss 345/04 – bei www.burhoff.de; OLG Köln DAR 1997, 499 und 1999, 88.
985 KG, Beschl. v. 3.3.2014 – (3) 161 Ss 41/14 (29/14) = NStZ-RR 2014, 321 (LS) = BeckRS 2014, 14999 = VRS 126, 95; OLG Hamm, Beschl. v. 16.2.2012 – III-3 RVs 8/12 = SVR 2012, 351 = BeckRS 2012, 07644; OLG Hamm BA 2001, 461 und VA 2004, 102 mwN; OLG Naumburg BA 2001, 457; OLG Frankfurt, NJW 1996, 1358; Fischer, StGB, § 316 Rn 9 b mwN; Burmann in: Burmann/Heß/Jahnke/Janker Straßenverkehrsrecht, § 316 StGB Rn 29.
986 OLG Naumburg DAR 1999, 420; OLG Köln DAR 1999, 88; Freyschmidt/Krumm, Verteidigung in Straßenverkehrssachen, 10. Aufl. 2013, Rn 230 mwN.
987 KG, Beschl. v. 3.3.2014 – (3) 161 Ss 41/14 (29/14) = NStZ-RR 2014, 321 (LS) = BeckRS 2014, 14999 = VRS 126, 95; OLG Hamm, Beschl. v. 16.2.2012 – III-3 RVs 8/12 = SVR 2012, 351 = BeckRS 2012, 07644; BGH NZV 1991, 117; Cramer/Sternberg-Lieben in: Schönke/Schröder, StGB, § 316 Rn 26 mwN; OLG Hamm, Beschl. v. 7.10.2004 – 2 Ss 345/04 – bei www.burhoff.de.
988 Die Formulierung orientiert sich an: OLG Hamm, Beschl. v. 16.2.2012 – III-3 RVs 8/12 = SVR 2012, 351 = BeckRS 2012, 07644. Das OLG hatte die Vorsatzannahme des Tatrichters beanstandet trotz BAK von 2,89 ‰, einschlägigen strafrechtlichen Vorbelastungen der Angeklagten, ärztlichen Behandlungen und Therapien ihres übermäßigen Alkoholkonsums und dem Umstand, dass die Angeklagte sich gleichwohl am Tatabend mit ihrem Pkw zu einer Gaststätte begeben und dort über mehrere Stunden alkoholische Getränke zu sich genommen hat.

I. Trunkenheit im Verkehr (§ 316 StGB)

Eine Bestrafung wegen vorsätzlicher Trunkenheit im Verkehr setzt voraus, dass der Fahrzeugführer seine alkoholbedingte Fahruntüchtigkeit kennt oder zumindest mit ihr rechnet und sie billigend in Kauf nimmt (OLG Hamm, Beschl. v. 16.2.2012 – III-3 RVs 8/12 = SVR 2012, 351 = BeckRS 2012, 07644; Beschl. v. 26.4.2004 – 3 Ss 77/04 = BeckRS 2010, 06026 mwN). Die Feststellung der Kenntnis der Fahruntüchtigkeit (innere Tatsache) hat der Tatrichter auf der Grundlage des Ergebnisses der Hauptverhandlung und der Heranziehung und Würdigung aller Umstände zu treffen. Bei einem insoweit nicht geständigen Angeklagten – der Senat vermag angesichts der oben zitierten Formulierungen in der Beweiswürdigung nicht davon auszugehen, dass die Angeklagte die Kenntnis von ihrer Fahruntüchtigkeit eingeräumt hat – müssen die für die Überzeugungsbildung des Tatgerichts verwendeten Beweisanzeichen lückenlos zusammengefügt und unter allen für ihre Beurteilung maßgebenden Gesichtspunkten gewürdigt werden (OLG Hamm, Beschl. v. 16.2.2012 – III-3 RVs 8/12 = SVR 2012, 351 = BeckRS 2012, 07644; Beschl. v. 26.4.2004 – 3 Ss 77/04 = BeckRS 2010, 06026). Nur so wird dem Revisionsgericht die Prüfung ermöglicht, ob der Beweis der Schuldform (Vorsatz oder Fahrlässigkeit) schlüssig erbracht ist und alle gleich naheliegenden Deutungsmöglichkeiten für und gegen den Angeklagten geprüft worden sind (OLG Hamm, Beschl. v. 16.2.2012 – III-3 RVs 8/12 = SVR 2012, 351 = BeckRS 2012, 07644; Beschl. v. 26.4.2004 – 3 Ss 77/04 = BeckRS 2010, 06026).

Nach der wohl einhelligen Meinung der Oberlandesgerichte kann das Vorliegen von vorsätzlicher Trunkenheit im Verkehr nicht bereits aus einer hohen Blutalkoholkonzentration zur Tatzeit geschlossen werden (OLG Hamm, Beschl. v. 16.2.2012 – III-3 RVs 8/12 = SVR 2012, 351 = BeckRS 2012, 07644; Beschl. v. 26.4.2004 – 3 Ss 77/04 = BeckRS 2010, 06026; v. 13.6.1969 – 3 Ss 206/69 = NJW 1969, 1587). Es gibt nämlich nach wie vor keinen Erfahrungssatz, dass derjenige, der in erheblichen Mengen Alkohol getrunken hat, seine Fahruntüchtigkeit kennt (OLG Hamm, Beschl. v. 16.2.2012 – III-3 RVs 8/12 = SVR 2012, 351 = BeckRS 2012, 07644; Beschl. v. 26.4.2004 – 3 Ss 77/04 = BeckRS 2010, 06026). Vielmehr müssen weitere auf die vorsätzliche Tatbegehung hinweisende Umstände hinzutreten (OLG Hamm, Beschl. v. 16.2.2012 – III-3 RVs 8/12 = SVR 2012, 351 = BeckRS 2012, 07644; Beschl. v. 26.4.2004 – 3 Ss 77/04 = BeckRS 2010, 06026). Dabei kommt es auf die vom Tatrichter näher festzustellende Erkenntnisfähigkeit des Fahrzeugführers bei Fahrtantritt an (OLG Hamm, Beschl. v. 16.2.2012 – III-3 RVs 8/12 = SVR 2012, 351 = BeckRS 2012, 07644; Beschl. v. 26.4.2004 – 3 Ss 77/04 = BeckRS 2010, 06026). Für die Annahme vorsätzlicher Begehung bedarf es deshalb der Berücksichtigung aller Umstände des Einzelfalles, insbesondere – soweit feststellbar – der Täterpersönlichkeit, des Trinkverlaufs, des Zusammenhanges zwischen Trinkverlauf und dem Fahrtantritt sowie des Verhaltens des Täters während und nach der Tat (OLG Hamm, Beschl. v. 16.2.2012 – III-3 RVs 8/12 = SVR 2012, 351 = BeckRS 2012, 07644; Beschl. v. 26.4.2004 – 3 Ss 77/04 = BeckRS 2010, 06026). Bei einer hohen Blutalkoholkonzentration treten nämlich zwar häufig Ausfallerscheinungen auf, die eine Kenntnis des Fahrers von seiner Fahruntüchtigkeit nahelegen (OLG Hamm, Beschl. v. 16.2.2012 – III-3 RVs 8/12 = SVR 2012, 351 = BeckRS 2012, 07644; Beschl. v. 26.4.2004 – 3 Ss 77/04 = BeckRS 2010, 06026). Andererseits ist aber zu berücksichtigen, dass bei fortschreitender Trunkenheit das kritische Bewusstsein und die Fähigkeit zur realistischen Selbsteinschätzung abnehmen, das subjektive Leistungsgefühl des Alkoholisierten hingegen infolge der Alkoholeinwirkung häufig gesteigert wird mit der Folge, dass der Fahrer seine Fahruntüchtigkeit falsch einschätzt (OLG Hamm, Beschl. v. 16.2.2012 – III-3 RVs 8/12 = SVR 2012, 351 = BeckRS 2012, 07644; Beschl. v. 26.4.2004 – 3 Ss 77/04 = BeckRS 2010, 06026).

Diesen Anforderungen werden die Darlegungen des Landgerichts nicht gerecht. Zutreffend hat das ...gericht Beweisanzeichen für eine vorsätzliche Tatbestandsverwirklichung gesehen. Das Gericht hat sich indes rechtsfehlerhaft nicht mit der naheliegenden Möglichkeit auseinandergesetzt, dass die Erkenntnis- und Kritikfähigkeit der Angeklagten aufgrund ihrer fortgeschrittenen Alkoholisierung zum Zeitpunkt des Fahrtantrittes so weit herabgesetzt war, dass sie ihre Fahruntüchtigkeit tatsächlich nicht mehr erkannt hat.

Hierfür spricht zunächst der hohe Grad der Alkoholisierung der Angeklagten. Für die Prüfung der Erkenntnis- und Kritikfähigkeit der Angeklagten zum Zeitpunkt des Fahrtantrittes ist bei der Bestimmung der Blutalkoholkonzentration (BAK) zu ihren Gunsten von einem maximalen BAK-Wert auszugehen. Damit sind im Falle der Entnahme und Untersuchung einer Blutprobe die gleichen Rückrechnungsgrundsätze wie bei der Prüfung der Schuldfähigkeit anzuwenden. Es sind demnach ein stündlicher Abbauwert von 0,2 ‰ sowie ein einmaliger Sicherheitszuschlag von 0,2 ‰ zu berücksichtigen (vgl Fischer, StGB, 59. Aufl. [2012], § 20 Rn 13 OLG Hamm, Beschl. v. 16.2.2012 – III-3 RVs 8/12 = SVR 2012, 351 = BeckRS 2012, 07644). Da die Blutprobe im vorliegenden Falle etwa … Stunden nach dem Fahrtbeginn entnommen wurde, ist von einer Tatzeit-BAK von … ‰ auszugehen. Dieser Wert liegt schon nahe an dem Wert von 3 ‰, der nach gefestigter Rechtsprechung in der Regel sogar Anlass für die Prüfung einer Aufhebung der Steuerungsfähigkeit ist (vgl die Nachweise bei Fischer, aaO, Rn 20).

Weitere Indizien für eine Herabsetzung der Erkenntnis- und Kritikfähigkeit der Angeklagten zum Zeitpunkt des Fahrtantrittes sind darüber hinaus ihr Verhalten während …

[Hier sind „komische" Verhaltensweisen anzugeben, so etwa im Rahmen der Blutprobenentnahme oder der Polizeikontrolle]

Die vorbezeichneten Umstände hätten eine vertiefte Auseinandersetzung mit der Möglichkeit einer der vorsätzlichen Tatbegehung entgegenstehenden Herabsetzung der Erkenntnis- und Kritikfähigkeit der Angeklagten zum Zeitpunkt des Fahrtantrittes erforderlich gemacht. Entsprechende Darlegungen finden sich in dem angefochtenen Urteil indes nicht

Wegen des aufgezeigten Mangels ist das angefochtene Urteil nach § 353 StPO mit den Feststellungen aufzuheben und die Sache nach § 354 Abs. 2 Satz 1 StPO zu neuer Verhandlung und Entscheidung, auch über die Kosten des Revisionsverfahrens, an ein anderes Gericht zurückzuverweisen. …

394 Ergebnisse von **Trinkversuchen** und Befragungen von Versuchspersonen sprechen gegen eine Indizwirkung hoher BAK:

- In einer Untersuchung von *Teige* und *Niermeyer*[989] bezeichneten sich Versuchspersonen bei 1,1 bis 1,6 ‰ als kaum merkbar bis leicht beeinflusst.

- Nach einem Bericht von *Stephan*[990] hielt sich bei einem Test die Hälfte aller Befragten trotz einer BAK von mehr als 1,3 ‰ bei der Befragung für „voll fahrtüchtig".

- In einem Versuch von *Seidl* u.a.[991] schätzten sich sogar 2/3 der Probanden trotz einer BAK von bis zu 2,1 ‰ als fahrtüchtig ein.

---

989 Teige/Niermeyer, BA 1976, 415.
990 Stephan, ZVS 1986, 2, 4.
991 Seidl u.a., BA 1996, 23.

Nach *Zink* u.a.⁹⁹² lassen die subjektiven Phänomene der Alkoholeinwirkung während der Eliminations- (Abbau-)phase nach, mit der Folge, dass die objektiv vorhandene Fahrunsicherheit oft nicht wahrgenommen wird.⁹⁹³ Der Körper passt sich nach rechtsmedizinischer Erkenntnis nach gewisser Zeit an die toxische Wirkung des Alkohols an.⁹⁹⁴

Der bisher nur sehr vereinzelt vertretenen Ansicht in der obergerichtlichen Rechtsprechung, eine **BAK in Höhe von 2,0 ‰** und mehr könne allein den Schluss auf Vorsatz hinsichtlich der Fahrunsicherheit rechtfertigen, kann daher nicht zugestimmt werden.⁹⁹⁵ Das Argument, der Täter habe bereits bei Beginn der erheblichen Alkoholaufnahme billigend in Kauf genommen, dass er anschließend noch fahrunsicher fahren werde, geht fehl.⁹⁹⁶ Denn es kommt für die Vorsatzfrage auf den Zeitpunkt der Tat an.⁹⁹⁷ Die in den neunziger Jahren neu belebte Diskussion um die Vorsatzfrage konnte nicht auf neue rechtsmedizinische Erkenntnisse verweisen.⁹⁹⁸

395

Hinweis: Liegt zwischen Trinkende und Fahrt eine **nicht unerhebliche Zeit**, bedarf die Annahme eines Vorsatzes dagegen einer sorgfältigeren Prüfung und Begründung, weil die Wirkung des Restalkohols von den Fahrern häufig verkannt wird.⁹⁹⁹

Es existiert nämlich kein Erfahrungssatz, wonach ein Fahrzeugführer nach Konsum erheblicher Alkoholmengen in jedem Fall mit der darauf beruhenden Fahrunsicherheit rechnet und diese bei der Fahrt in Kauf nimmt.¹⁰⁰⁰ Auch bei **Radfahrern** kann noch nicht allein aufgrund eines hohen Blutalkoholgehaltes auf vorsätzliches Handeln eines Radfahrers im Rahmen des § 316 StGB geschlossen werden – vielmehr müssen auch hierfür weitere Indizien herangezogen werden.¹⁰⁰¹

bb) Umstände des Einzelfalles

Festzuhalten ist also, dass nicht allein schon aus einer hohen BAK ohne Hinzutreten weiterer Indizien ("objektiv feststellbarer Umstände des Einzelfalls") auf einen Vorsatz im Rahmen der Trunkenheitsfahrt geschlossen werden kann.¹⁰⁰²

396

---

992 Zink u.a., BA 1983, 503.
993 Vgl auch OLG Köln DAR 1997, 499, 500.
994 Reinhardt, BA 1984, 274.
995 So aber zB OLG Celle, Urt. v. 12.12.1968 – 1 Ss 438/68 = NJW 1969, 1588 und OLG Düsseldorf, Urt. v. 19.4.1994 – 2 Ss 29/94 - 6/94 III = NZV 1994, 367.
996 So aber AG Hannover BA 1983, 169; Krüger, DAR 1984, 47; Salger, DRiZ 1993, 311, 312 f.
997 BayObLG DAR 1991, 368 – bei Bär; OLG Koblenz NZV 2001, 357.
998 Siehe aber zB (für Vorsatzfeststellung aufgrund des „Begleitwissens") Salger, DRiZ 1993, 311; Nehm in: Salger-Festschrift S. 115; dagegen: Eisenmenger, in: Salger-Festschrift, S. 619.
999 OLG Koblenz NZV 2008, 304 (hier: Trinkende 2.30 Uhr; Tat 8 Uhr).
1000 OLG Naumburg BA 2000, 378; OLG Hamm NZV 1999, 92.
1001 LG Dessau-Roßlau, Urt. v. 22.3.2011 – 7 Ns 593 Js 21502/10 = juris (hier: 1,82 ‰); Rebler, SVR 2012, 401, 406.
1002 OLG Brandenburg, Beschl. v. 13.7.2010 – 53 Ss 40/10 = BeckRS 2010, 27877 = zfs 2010, 587 (1,78‰); OLG Hamm BA 2001, 461 und VA 2004, 102 mwN; OLG Naumburg BA 2001, 457; OLG Frankfurt, NJW 1996, 1358; Fischer, StGB, § 316 Rn 9 b mwN; Burmann in: Burmann/Heß/Jahnke/Janker, Straßenverkehrsrecht, § 316 StGB Rn 29.

E. Die Trunkenheitsdelikte der §§ 316 und 315 c StGB

Hinweis: Ein Erfahrungssatz, dass ein Kraftfahrer ab einer konkret zu benennenden BAK seine Fahruntüchtigkeit kennt, ist nicht existent,[1003] zumal die Kritik- und Erkenntnisfähigkeit mit fortschreitender Trunkenheit abnimmt.[1004]

Nach ganz überwiegender Meinung kommt es damit trotz hoher BAK für die Vorsatzfrage nach wie vor auf die **Umstände des Einzelfalles** an, wobei die Persönlichkeit des Angeklagten, insbesondere seine Intelligenz und seine Fähigkeit zur Selbstkritik zu berücksichtigen sind.[1005] Benimmt sich der Angeklagte etwa besonders auffällig, so kann dies gegen Vorsatz sprechen, so etwa dann, wenn er von einem Stadtfest aus kommend mit seinem Fahrrad – und nicht mit einem Pkw – mit 1,82 ‰ eine gut beleuchtete Durchgangsstraße entlangfährt, dabei in Schlangenlinien direkt auf einen deutlich sichtbaren, am Straßenrand stehenden Polizeiwagen zufährt, anstatt vom Fahrrad abzusteigen oder umzudrehen.[1006]

397 Fehlen Indizien für Vorsatz und erklärt der Angeklagte, er habe sich nicht fahrunsicher gefühlt, wird er regelmäßig nur wegen fahrlässiger Tatbegehung verurteilt werden können.

398 Dasselbe gilt, wenn der Angeklagte bei derartiger Sachlage auf entsprechende Fragen des Gerichts schweigt. Kein Indiz für Vorsatz sind für sich allein Verschleierungsversuche wie Benutzen von „**Schleichwegen**" oder Flucht vor der Polizei.[1007] Denn derartiges Verhalten kann auch auf der Furcht vor Blutentnahme, vorübergehender Führerscheinbeschlagnahme oder Verurteilung wegen Ordnungswidrigkeit gem. § 24 a StVG beruhen, also letztlich nur auf bewusster Fahrlässigkeit. Freilich kommt es hier auf die Einzelfallumstände und das Vorliegen noch anderer Indizien an. Grundsätzlich sind derartige Umstände also schon als Indiz geeignet.

399 Aus der Absicht, eine Blutalkoholfeststellung zu verhindern, kann aus denselben Erwägungen heraus ebenso wenig ohne Weiteres geschlossen werden, der Täter sei sich seiner Fahrunsicherheit bewusst gewesen.[1008] Wie erwähnt, wird zur Begründung von Vorsatz teilweise auf die Kenntnis des Täters von der genossenen Alkoholmenge abgestellt.[1009] Damit würde aber die für die Vorsatzfeststellung notwendige Kenntnis von der gegebenen Fahrunsicherheit durch die Kenntnis von der konsumierten Menge alkoholischer Getränke ersetzt.

1003 OLG Naumburg DAR 1999, 420; OLG Köln DAR 1999, 88.
1004 BGH NZV 1991, 117; Cramer/Sternberg-Lieben in: Schönke/Schröder, StGB, § 316 Rn 26 mwN; OLG Hamm, Beschl. v. 7.10.2004 – 2 Ss 345/04 – bei www.burhoff.de.
1005 OLG Hamm BA 2004, 538; DAR 2002, 565; OLG Naumburg BA 2000, 378.
1006 LG Dessau-Roßlau, Urt. v. 22.3.2011 – 7 Ns 593 Js 21502/10 = BeckRS 2011, 21019.
1007 So aber Salger, DRiZ 1993, 311, 313; Nehm in: Salger-Festschrift S. 115, 126.
1008 OLG Saarbrücken BA 2001, 458; OLG Hamm zfs 2000, 363; a. M. LG Potsdam BA 2004, 540 (abl. Scheffler).
1009 Nehm in: Salger-Festschrift S. 115, 126; AG Rheine, Urt. v. 21.10.1996 – 5 Ds 60 Js 828/96 - 383/96 = NStZ-RR 1997, 87 (Vorsatz ab 1,5 ‰).

I. Trunkenheit im Verkehr (§ 316 StGB) 1

Checkliste: Vorsatzindizien   400

Als **Umstände**, die bei hoher BAK die Feststellung **vorsätzlichen Verhaltens** rechtfertigen können, kommen zB in Betracht:

- alkoholtypische Ausfallerscheinungen, die für den Täter selbst erkennbar waren,
- nicht lange zurückliegende einschlägige Vorstrafe bei etwa gleicher BAK,[1010] vor allem, wenn neben der Höhe der BAK auch die Tatumstände mit der erneuten Tat vergleichbar sind,[1011]
- Fortsetzung der Fahrt nach einem infolge der alkoholbedingten Fahrunsicherheit verursachten Unfall,[1012]
- Besonderheiten des Trinkverhaltens,[1013]
- besondere Feststellungen in dem urkundsbeweislich verlesbaren ärztliche Bericht, der begleitend zur Blutprobenentnahme erstellt worden ist,
- Vernehmungsverhalten,
- Spontanäußerungen des Beschuldigten,
- Versuch, in Kenntnis des Alkoholkonsums (sicherheitshalber) ein Taxi zu rufen,
- übermäßig vorsichtiges Fahrverhalten/sonstige Auffälligkeiten bei Fahrt,
- Befahren von „Schleichwegen",
- einschlägige Vorbelastungen, aber nur, wenn die Taten, die Gegenstand der Vorverurteilungen waren, vom Sachverhalt ähnlich gelagert waren (was in den Urteilsgründen festgestellt werden muss),[1014]
- sonstiges besonderes Verhalten im Rahmen der polizeilichen Kontrolle,[1015]
- Täterpersönlichkeit,[1016]
- Warnung des Angeklagten vor Fahrtantritt durch Dritte unter Hinweis auf die genossene Trinkmenge und daraus möglicherweise resultierende Fahrunsicherheit,[1017]
- Sturztrunk unmittelbar vor Fahrtbeginn,[1018]
- Taxifahrerin, die während einer Fahrbereitschaft Alkohol zu sich genommen hat, obwohl sie als Berufskraftfahrerin um die besonderen Gefahren eines solchen Verhaltens wusste.[1019]

[1010] OLG Celle, Urt. v. 21.11.1995 – 1 Ss 262/95 = NZV 1996, 204; OLG Köln DAR 1997, 499.
[1011] OLG Hamm VRS 107, 431; DAR 2002, 565; ähnlich: OLG Koblenz, Beschl. v. 27.2.2008 – 2 Ss 23/08 = NZV 2008, 304.
[1012] BayObLG NJW 1984, 878; OLG Zweibrücken zfs 1990, 33.
[1013] Cramer/Sternberg-Lieben in: Schönke/Schröder, StGB, § 316 Rn 26.
[1014] OLG Celle NZV 1996, 205 und 1998, 123; OLG Hamm DAR 2002, 134 = BA 2001, 463; OLG Koblenz NZV 1993, 444; (mitzuteilen bzgl der Voreintragungen sind BAK, Trinkverhalten, Trinkmenge! – OLG Hamm NZV 2003, 47).
[1015] OLG Koblenz NZV 1996, 204.
[1016] Cramer/Sternberg-Lieben in: Schönke/Schröder, StGB, § 316 Rn 26.
[1017] OLG Zweibrücken zfs 2001, 334; Salger, DRiZ 1993, 311, 313.
[1018] OLG Stuttgart, Beschl. v. 4.5.2010 – 5 Ss 198/10 = NStZ-RR 2011, 187 = NZV 2011, 412.
[1019] OLG Celle, Beschl. v. 25.10.2013 – 32 Ss 169/13 = BeckRS 2013, 21749.

E. Die Trunkenheitsdelikte der §§ 316 und 315 c StGB

401 Jedoch: **Ausfallerscheinungen** wie etwa Fahrfehler (Schlangenlinien usw) rechtfertigen die Annahme von Vorsatz nur, wenn feststeht, dass sich der Angeklagte dieser Ausfallerscheinungen bewusst geworden ist.[1020]

Hinweis: Der Verteidiger muss daher bereits vor dem Hauptverhandlungstermin mit dem Mandanten die gemeinsame **Taktik besprechen** und zwar auch und vor allem in Geständnisfällen. Denkbar ist die Verlesung einer Erklärung durch den Verteidiger, um die strafmildernde Geständniswirkung zu erreichen, gleichzeitig aber nicht in die Gefahr einer Vorsatzverurteilung zu geraten. Entscheiden sich Verteidiger und Mandant aber doch für eine „komplette" Einlassung, so sollte der Mandant vor den oben genannten Indizien gewarnt werden, die in Verbindung mit einer hohen BAK leicht den (rechtsfehlerfreien) Schluss auf einen Vorsatz für den Tatrichter erlauben.

Bedingter Vorsatz bei Drogenfahrt: Angesichts vor Antritt der Fahrt konsumierter erheblicher Drogenmengen, besonderer Feststellungen zum Zustand des Angeklagten nach Fahrtende sowie seines ungewöhnlich provozierenden Verhaltens während der Fluchtfahrt kann die Annahme gerechtfertigt sein, der Angeklagte habe bedingt vorsätzlich im Sinne von § 316 Abs. 1 StGB gehandelt.[1021]

Hinweis: Verteidiger müssen stets auch das Entnahmeprotokoll im Blick behalten. Das Fehlen von Ausfallerscheinungen trotz hoher Blutalkoholkonzentration kann nämlich darauf schließen lassen, dass sich der offensichtlich alkoholgewöhnte Angeklagte für fahrtüchtig hielt.[1022]

cc) Das Urteil: Tatsächliche Feststellungen bei Vorsatzverurteilung

402 Die Annahme des Vorsatzes ist im tatrichterlichen Urteil zu begründen.[1023] Die tatrichterliche Überzeugung von einer vorsätzlichen Trunkenheitsfahrt kann nur auf eine Würdigung aller Umstände des Einzelfalles gestützt werden.[1024] Für eine Verur-

---

1020 OLG Hamm VRS 102, 278; OLG Karlsruhe NZV 1991, 239; OLG Koblenz NZV 1993, 444.
1021 BGH, Beschl. v. 24.9.2013 – 4 StR 324/13 = BeckRS 2013, 18828. Im Sachverhalt der Entscheidung heißt es: „Nach den Feststellungen fuhr der Angeklagte am Tattag mit einem Pkw, in dem er etwa 800 Gramm Haschisch und zuvor eingenommene Erlöse aus weiteren BtM-Geschäften in Höhe von 7.000 € mit sich führte, im Bereich der Stadt S., obwohl er wegen des vorherigen Konsums erheblicher Mengen von Amphetamin und Cannabis nicht in der Lage war, das Fahrzeug sicher zu führen. Bedingt durch die eingenommenen Rauschmittel fuhr er mit überhöhter Geschwindigkeit und benutzte teilweise die Gegenfahrbahn, wodurch er einem mit zwei Beamten besetzten Streifenwagen der Polizei auffiel, der dem Angeklagten nach rechts ausweichen musste, um eine „möglicherweise folgenschwere" Kollision mit dessen Pkw zu vermeiden. Der Angeklagte missachtete die Anhaltezeichen der Polizei, um eine Entdeckung seiner Drogengeschäfte zu verhindern, überholte trotz Gegenverkehrs mehrere Fahrzeuge und setzte seine Fahrt mit überhöhter Geschwindigkeit auch noch fort, nachdem sich ein weiterer Streifenwagen in die Verfolgung eingeschaltet hatte. Kurz darauf rammte der Angeklagte mit seinem Pkw ein (weiteres) vor ihm fahrendes Polizeifahrzeug, das mit dem Zeugen H. besetzt war, bei einem Fahrspurwechsel, wobei er einen Fremdschaden in Höhe von 7.500 € verursachte. Anschließend verlor er die Kontrolle über sein Fahrzeug, überfuhr verschiedene Verkehrseinrichtungen und prallte schließlich gegen einen Ampelmast. Durch umherfliegende Teile wurden ein jugendlicher Passant verletzt und weitere Fahrzeuge beschädigt."
1022 OLG Zweibrücken, zfs 1991, 428; OLG Stuttgart, Beschl. v. 4.5.2010 – 5 Ss 198/10 = NStZ-RR 2011, 187 = NZV 2011, 412.
1023 BayObLG DAR 1978, 209 und 1981, 246; Fischer, StGB, § 316 Rn 9 a.
1024 KG, Beschl. v. 3.3.2014 – (3) 161 Ss 41/14 (29/14) = NStZ-RR 2014, 321 (LS) = BeckRS 2014, 14999 = VRS 126, 95.

teilung wegen Vorsatztat bedarf es **tatrichterlicher Feststellungen im Urteil** insbesondere zu[1025]

- Trinkanlass,
- Trinkverlauf,
- Fahrtanlass,
- Zusammenhang zwischen Trinkverhalten und Fahrbereitschaft,
- Fahrtverlauf,
- Nachtatverhalten,

aus denen sich ergibt, dass der Beschuldigte seine Fahrunsicherheit erkannt hat.

Hinweis: Der Richter muss also darauf achten, die genannten Gesichtspunkte zu ermitteln und in seinem Urteil darzulegen. Der Verteidiger muss wiederum prüfen, ob in dem abgesetzten Urteil Stellung zu den einzelnen genannten Punkten genommen wurde, wenn es zu einer Vorsatzverurteilung gekommen ist. Im Rahmen der Revisionseinlegung reicht einmal mehr die allgemeine und nicht weiter zu begründende Sachrüge aus („… gerügt wird die Verletzung materiellen Rechts.").

Erleichtert werden die Anforderungen an die tatrichterlichen Feststellungen nur im Falle eines **glaubhaften Geständnisses**. Hat der Angeklagte etwa erklärt

- er habe gewusst, Alkohol getrunken zu haben,
- erkannt, aufgrund der Alkoholisierung nicht mehr fahrtüchtig zu sein,
- gleichwohl darauf vertraut, der Polizei nicht aufzufallen

so kann dieses Geständnis bei einem mehrfach einschlägig vorbestraften Angeklagten ohne Weiteres eine Verurteilung wegen Vorsatzes tragen.[1026]

Hinweis: Bei Geständnissen ist also Vorsicht geboten, damit nicht „über das Ziel hinausgeschossen wird".

b) Fahrlässigkeit

Fahrlässig handelt jeder Kraftfahrer, der in fahrunsicherem Zustand am Straßenverkehr teilgenommen hat, ohne vor Fahrtantritt, aber auch während der Fahrt, **sorgfältig und gewissenhaft** unter Berücksichtigung aller ihm bekannten Umstände seine Fahrsicherheit zu überprüfen.[1027]

aa) Erkennbarkeit der alkoholischen Beeinträchtigung

Der Vorwurf der Fahrlässigkeit ist gerechtfertigt, wenn dem Fahrzeugführer auch nur **Bedenken** hinsichtlich seiner Fahrsicherheit kommen mussten.[1028] Denn schon die Erkennbarkeit der Möglichkeit der Tatbestandsverwirklichung begründet den Vorwurf

---

1025 Kriterienkatalog nach KG, Beschl. v. 3.3.2014 – (3) 161 Ss 41/14 (29/14) = NStZ-RR 2014, 321 (LS) = BeckRS 2014, 14999 = VRS 126, 95; OLG Hamm, Beschl. v. 7.10.2004 – 2 Ss 345/04 – bei www.burhoff.de.
1026 OLG Hamm, Beschl. v. 21.7.2004 – 2 Ss 178/04 – bei www.burhoff.de.
1027 BGH DAR 1952, 43; OLG Hamm NJW 1974, 2058; Müller, SVR 2011, 61, 63.
1028 OLG Hamm NJW 1974, 2058; OLG Oldenburg OLGSt zu § 316 S. 17.

der Fahrlässigkeit.[1029] So muss sich aus den Ausführungen im Urteil ergeben, welche Angaben der Angeklagte zu Art und Verlauf seines Alkoholkonsums gemacht hat, und ob sich aus diesen Angaben Rückschlüsse darauf ziehen lassen, dass ihm bereits bei Fahrtantritt hätte bewusst sein müssen, dass seine Fahrtüchtigkeit eingeschränkt oder aufgehoben sein konnte.[1030]

bb) Kenntnis des vorausgegangenen Alkoholgenusses

406 In der Praxis hat die Kontrollpflicht des Fahrzeugführers zu Beginn und auch während der Fahrt auf Umstände, aus denen sich ggf eine Fahrunsicherheit ergeben könnte, allerdings nur verhältnismäßig geringe Bedeutung. Denn in aller Regel wird der Vorwurf fahrlässigen Verhaltens in Bezug auf die festgestellte alkoholbedingte Fahrunsicherheit bereits in dem Umstand begründet sein, dass der Angeklagte trotz **Kenntnis des vorausgegangenen Alkoholgenusses** das Fahrzeug geführt hat.[1031]

Hinweis: Die Behauptung des Angeklagten, nur „alkoholfreies Bier" getrunken zu haben, entlastet nicht, weil sie bei hoher BAK unzutreffend ist. „Alkoholfreies Bier" enthält nur sehr geringe Alkoholmengen (unter 0,5 Gewichtsprozent) und führt daher nicht zu messbaren Blutalkoholkonzentrationen.[1032]

Auch der Genuss alkoholhaltiger Pralinen führt allein zwar nicht zu wesentlichen Alkoholkonzentrationen,[1033] kann aber die aus Getränken resultierende BAK erhöhen, was in der Regel vorwerfbar sein wird.[1034]

cc) Genuss unbekannter Getränke, Medikamenteneinnahme und „Einatmen von Dämpfen"

407 Während der Genuss bekannter Alkoholika (Bier, Wein etc.) für jeden Konsumenten erkennbar ist, tauchen oft dort Probleme auf, wo es um den Konsum unbekannter Getränke geht. Insbesondere „frei gemischte" **Cocktails oder Alkopops** führen erfahrungsgemäß in der Praxis immer wieder dazu, dass sich die betroffenen Fahrer in ihrer Fahrtüchtigkeit überschätzen und hinsichtlich des genossenen Alkohols unterschätzen. Sogar die Einlassung, man habe gar nicht gewusst, dass das genossene Getränk alkoholhaltig gewesen sei, kommt vor, ist jedoch als Verteidigungsansatz wertlos.

Hinweis: Ein Kraftfahrer ist nämlich verpflichtet, sich bei Genuss unbekannter Getränke darüber zu vergewissern, ob sie Alkohol enthalten. Unterlässt er dies, so ist der Vorwurf fahrlässigen Verhaltens gerechtfertigt.[1035]

Fahrlässig handelt der Angeklagte auch, wenn er aufgrund seines Trinkverhaltens keine sichere Kenntnis über die Menge des genossenen Alkohols hatte.[1036]

1029 Fischer, StGB, § 15 Rn 13 f.
1030 OLG Köln, Beschl. v. 1.3.2013 – III-1 RVs 36/13 = BeckRS 2013, 12511 = DAR 2013, 393.
1031 OLG Zweibrücken NZV 1993, 240; OLG Saarbrücken, Urt. v. 4.4.1963 – Ss 3/63 = NJW 1963, 1685.
1032 Schuster u.a., BA 1985, 304, 306.
1033 Wehner u.a., BA 2000, 441.
1034 Wehner u.a., BA 2000, 441, 444.
1035 OLG Hamm BA 1970, 153.
1036 BayObLG VRS 66, 280.

I. Trunkenheit im Verkehr (§ 316 StGB) 1

Die Einnahme alkoholhaltiger **Medikamente** wie etwa Hustensaft oder Melissengeist entlastet nicht vom Vorwurf fahrlässigen Verhaltens. Denn der Kraftfahrer ist verpflichtet, sich über etwaigen Alkoholgehalt solcher Mittel zu informieren. Auch wird ihm zumeist der Alkoholgeschmack nicht verborgen geblieben sein. — 408

In diesem Zusammenhang sind im Hinblick auf gelegentlich in diesem Zusammenhang anzutreffende Einlassungen noch folgende Grundsätze zu beachten: — 409

- Hohe Blutalkoholkonzentrationen beim Konsum von bloß **tropfenweise einzunehmenden Flüssigkeiten** werden nur bei vorwerfbarem Missbrauch erreicht.[1037]

- Die Einlassung des Einatmens von **Ethanoldämpfen** oder von Dämpfen anderer Lösungsmittel entlastet nicht. Das Einatmen derartiger Substanzen kann nämlich die BAK nicht in forensisch relevanter Höhe beeinflussen: Es kann zu höchstens 0,055 ‰ bei um das zwanzig- bis fünfzigfache erhöhter maximaler Arbeitsplatzkonzentration führen.[1038]

- Wird geltend gemacht, man habe **Wasserkefir** (der bis zu 5 % Alkohol enthalten kann!) getrunken, ohne von dem Alkohol gewusst zu haben, so wird dies angesichts des zuzusetzenden Zuckers und der bei der Herstellung auch zu verwendenden Feigen für das Entfallen eines Fahrlässigkeitsvorwurfs realistisch nicht möglich sein.[1039]

- Bei der Herstellung von **Milchkefir** entstehen keine relevanten Ethanolmengen,[1040] so dass eine Alkoholisierung auf einem Genuss eines solchen Produktes nicht beruhen kann.

dd) Bedeutung der BAK-Höhe als Fahrlässigkeitsindikator

Die Höhe der BAK kann vor allem dann für die Frage fahrlässigen Verhaltens eine Rolle spielen, wenn dem Angeklagten nicht vorgeworfen werden kann, er habe trotz Kenntnis vom vorausgegangenen Alkoholgenuss mit einem Fahrzeug am öffentlichen Straßenverkehr teilgenommen. Das betrifft die seltenen Fälle, in denen die **Alkoholaufnahme** durch den Angeklagten von diesem **unbemerkt** erfolgte. — 410

Der Umstand, dass zunehmende Alkoholbeeinflussung die Kritikfähigkeit beeinträchtigt, ist zwar für die Vorsatzfrage von entscheidender Bedeutung, nicht aber in gleichem Maße für den Vorwurf fahrlässigen Verhaltens. Es entspricht nämlich durchaus der Lebenserfahrung, dass die Wirkung des Alkohols spürbar ist.[1041] Bei gewissenhafter Prüfung wird der Fahrzeugführer regelmäßig in der Lage sein, die auf einer hohen BAK beruhende Fahrunsicherheit zu erkennen. — 411

[1037] OLG Hamm BA 1979, 501; Recktenwald, BA 1981, 178.
[1038] Pohl/Schmidle, BA 1973, 95, 100 u. 117; vgl auch OLG Hamm NJW 1978, 1210.
[1039] Priemer in: Buck/Krumbholz, § 10 Rn 17 ff.
[1040] Priemer in: Buck/Krumbholz, § 10 Rn 15 f.
[1041] BayObLG DAR 1977, 204 – bei Rüth; OLG Oldenburg, Urt. v. 24.11.1982 - SS 609/82 = DAR 1983, 90; Reinhardt/Zink, BA 1972, 129.

Hinweis: Selbst bei **unfreiwilliger Alkoholaufnahme** kann das Nichterkennen der Fahrunsicherheit auf nicht ausreichender Selbstprüfung beruhen.[1042]

412 Keine Fahrlässigkeit wird aber uU bei unbewusster Alkoholaufnahme vorliegen, wenn der Tatzeitpunkt in der postresorptiven Phase (Abbauphase) lag, weil dann die Gefahr eigener Fehleinschätzung wegen des Abklingens der subjektiven Phänomene der Alkoholwirkung größer ist.

Hinweis: Kommt die Möglichkeit unbemerkter Alkoholaufnahme ernsthaft in Betracht, kann es daher für die Verteidigung wichtig sein, die zeitlichen Einzelheiten möglicher Alkoholzuführung mit dem Mandanten schon vor der Hauptverhandlung zu klären.

ee) Heimlich zugeführter Alkohol

413 Unter Umständen kann in Fällen behaupteter heimlicher Alkoholzuführung die Hinzuziehung eines Sachverständigen zur Klärung der Schuldfrage geboten sein.[1043] Das Gericht wird allerdings derartige Einlassungen zunächst sehr sorgfältig auf ihre Glaubhaftigkeit prüfen.[1044]

414 Auf mögliche heimliche Zuführung von Alkohol kommt es dann nicht an, wenn der Angeklagte außer dem angeblich unbemerkt aufgenommenen Alkohol auch bewusst alkoholische Getränke in einer Menge zu sich genommen hat, die allein schon Zweifel hinsichtlich seiner Fahrsicherheit aufkommen lassen musste.[1045] Das Gleiche gilt, wenn er aufgrund der Situation und der Art seiner Gesellschaft mit heimlicher Alkoholzuführung rechnen musste.[1046]

Hinweis: Oft wird es sich bei der Behauptung heimlich zugeführten Alkohols um eine **Schutzbehauptung** handeln. Da die Einlassung des Beschuldigten in derartigen Fällen nicht ungeprüft geglaubt werden darf, muss der Verteidiger sich zunächst selbst von der Richtigkeit der Einlassung überzeugen. Sodann ist es wichtig, dem Gericht die Umstände des heimlichen Zuführens des Alkohols darzulegen und hierfür, wenn irgend möglich, Zeugen zu benennen.

415 **Muster: Einlassung bei unbemerkter Zuführung alkoholischer Getränke**

... wurden dem Beschuldigten unbemerkt alkoholische Getränke zugeführt. Der Beschuldigte befand sich nämlich vor der Trunkenheitsfahrt auf einer Geburtstagsfeier seines Cousins C., dem er versprochen hatte, in der Nacht die Gäste nach Hause zu fahren. Es war insoweit abgesprochen, dass der Beschuldigte keinen Alkohol trinken solle. Da es sich um eine Mottoparty „Karibik" handelte, wurden verschiedenste Cocktails gemischt. Der Beschuldigte ließ sich hierbei stets nur alkoholfreie Getränke mischen.

Tatsächlich kamen seine zu dieser Zeit schon alkoholisierten Freunde A. und B. dann auf die Idee, dem Beschuldigten doch noch Alkohol in seine alkoholfreien Cocktails zu schüt-

---

1042 BayObLG DAR 1977, 204 – bei Rüth; OLG Hamm, Urt. v. 23.7.1974 – 3 Ss 351/74 = NJW 1974, 2058; aM OLG Saarbrücken NJW 1963, 1685.
1043 OLG Hamburg VRS 54, 438.
1044 OLG Hamm VRS 52, 446 (Anm. Seib, BA 1977, 186); OLG Oldenburg DAR 1983, 90.
1045 OLG Hamburg VRS 54, 438.
1046 OLG Oldenburg DAR 1983, 90; OLG Düsseldorf VRS 66, 148.

ten. Beide waren an diesem Abend für das Mischen der Cocktails zuständig. So bemerkte der Beschuldigte nicht, dass er durch das Trinken der Cocktails tatsächlich Alkohol zu sich nahm.

Beweis für die vorstehenden Schilderungen: Zeugen A, B und C.

Er musste unter diesen Umständen nicht damit rechnen, dass er zur Zeit des Fahrtantritts eine BAK von 0,6 ‰ aufwies, zumal beim Verlassen der Feier keinerlei Verhaltensauffälligkeiten, die als alkoholtypische Ausfallerscheinungen hätten erkannt werden müssen, festzustellen waren. Vielmehr verhielt sich der Beschuldigte ganz normal, wie ein nüchterner Fahrer.

Beweis: Zeugen A, B und C.

Insoweit scheidet eine Fahrlässigkeit des Beschuldigten aus, was seine Fahruntüchtigkeit anging ...

ff) Restalkohol

Dass der Alkoholgenuss lange vor der Fahrt stattgefunden hat, entlastet in der Regel nicht. Denn der Fahrlässigkeitsvorwurf beruht in erster Linie auf dem Fahrtantritt trotz Kenntnis vorausgegangenen Alkoholgenusses. Schon die allgemein vorauszusetzende Kenntnis von der **Beeinträchtigung der Fahrsicherheit durch Alkoholaufnahme** wird häufig den Vorwurf zumindest fahrlässigen Verhaltens rechtfertigen.[1047] Die Rechtsprechung geht davon aus, dass die Gefahren des Restalkohols so allgemein bekannt sind, dass sich der Täter nicht mit Erfolg auf Nichtkenntnis berufen kann.[1048]

Hinweis: Kraftfahrer sind verpflichtet, sich über die Bedeutung des Restalkohols zu vergewissern; bei Unterlassen trifft sie der Vorwurf mindestens fahrlässigen Verhaltens.[1049]

gg) Zusammenwirken von Alkohol und anderen Ursachen

Der Fahrlässigkeitsvorwurf kann entfallen, wenn die Fahrunsicherheit nicht ausschließlich auf Alkoholeinfluss, sondern auf dem Zusammenwirken der alkoholischen Beeinflussung mit anderen Umständen beruht, vorausgesetzt, dass der Täter diese nicht kennen musste. Ein Schuldvorwurf ist in solchen Fällen also nur dann gerechtfertigt, wenn der Angeklagte die zusätzlichen Ursachen kannte oder vorhersehen konnte.[1050] Hier kommt das **Hinzutreten von Krankheit** in Frage. Allerdings kann den Kraftfahrer je nach Art der Erkrankung eine erhöhte Sorgfaltspflicht treffen, deren Verletzung den Vorwurf fahrlässigen Verhaltens begründet.[1051]

Der Fahrlässigkeitsvorwurf ist im Übrigen jedenfalls dann gerechtfertigt, wenn dem Kraftfahrer infolge Nichtbeachtens des einem Medikament beiliegenden Hinweiszettels unbekannt geblieben ist, dass das Präparat Alkohol enthält.[1052] Entsprechendes

---

1047 OLG Saarbrücken DAR 1963, 22; OLG Zweibrücken VRS 66, 136.
1048 OLG Koblenz VRS 45, 450; OLG Hamm DAR 1970, 192.
1049 OLG Hamm DAR 1970, 192.
1050 BayObLG, Urt. v. 29.11.1967 – RReg. 1 a St 335/67 = NJW 1968, 1200 = MDR 1968, 342 = VerkMitt. 1968 Nr. 27 = VRS 34, 447 (durch Alkohol mitverursachte Bewusstseinsstörung).
1051 OLG Köln DAR 1981, 29 (Diabetiker).
1052 OLG Oldenburg OLGSt zu § 316 StGB S. 17; OLG Hamm VM 1969, 18.

gilt, wenn ihm infolge Nichtbeachtens der Packungsbeilage die alkoholverstärkende Wirkung des Medikaments verborgen geblieben ist.

Hinweis: Bei festgestellter Fahrunsicherheit sind die Verteidigungsmöglichkeiten äußerst begrenzt: Denn die Nichtkenntnis objektiv vorhandener alkoholbedingter Fahrunsicherheit ist nach der Rechtsprechung in aller Regel vorwerfbar, auch wenn der Täter den Eindruck hatte, noch fahrsicher zu sein.[1053]

Wer wissentlich Alkohol in einer Menge zu sich genommen hat, die zu absoluter oder auch nur relativer Fahrunsicherheit führt, und dann mit einem Fahrzeug am öffentlichen Straßenverkehr teilnimmt, handelt regelmäßig fahrlässig.[1054] Das gilt auch bei Alkoholkonzentrationen unterhalb des Gefahrengrenzwertes des § 24 a StVG.[1055] Die alkoholbedingte **Beeinträchtigung der Kritikfähigkeit** steht dem nicht entgegen. Denn der Fahrlässigkeitsvorwurf ist schon dann berechtigt, wenn die Tatsache des Alkoholkonsums vor Fahrtantritt auch nur zu Bedenken hinsichtlich der Fahrunsicherheit führen musste.[1056]

6. Teilnahme und Wahlfeststellung

a) Täterschaft und Teilnahme

419 Wie oben (Teil 1 Rn 365 ff) bereits im Rahmen der Erörterungen zum Begriff des Führens dargestellt wurde, ist eine Mittäterschaft bei arbeitsteiligem Führen ohne Weiteres denkbar. **Mittelbare Täterschaft** jedoch **scheidet** aufgrund des Charakters von § 316 StGB als eigenhändiges Delikt **aus**.[1057]

420 **Beihilfe oder Anstiftung** zu § 316 StGB setzt stets voraus, dass sowohl der Täter als auch der Teilnehmer vorsätzlich handeln, dh vor allem, die Fahrunsicherheit kennt oder sie wenigstens in Kauf nimmt; denn Teilnahme an unvorsätzlicher Haupttat kennt das StGB nicht.[1058] Wer eine andere Person veranlasst, sich über erkannte Fahrunsicherheit hinwegzusetzen, kann wegen Anstiftung verurteilt werden. Beihilfe kommt in Frage, wenn in einem solchen Fall der fahrunsicheren Person ein Fahrzeug zur Verfügung gestellt wird.[1059]

b) Konkurrenzen/Tatbegriff/Wahlfeststellung

421 Wie eingangs dargestellt, handelt es sich bei § 316 StGB um eine Dauerstraftat. Weiterhin ist zu beachten, dass die Trunkenheitsfahrt mit der ersten Bewegung des geführten Fahrzeugs beginnt und mit dessen Stillstand endet. § 316 StGB tritt gegenüber der Gefährdung des Straßenverkehrs § 315 c Abs. 1 Nr. 1 a StGB zurück.[1060] Typisch sind Fallkonstellationen, in denen anlässlich einer Trunkenheitsfahrt ein **Unfall** verursacht wird und dann der Täter mit seinem Fahrzeug flüchtet. In diesen Fäl-

---

1053 BGH DAR 1952, 43; OLG Koblenz DAR 1973, 106; OLG Hamm VM 1968, 29; Fischer, StGB, zu § 316 Rn 48.
1054 BayObLG VRS 66, 280; OLG Zweibrücken, Beschl. v. 3.2.1993 – 1 Ss 227/92 = NZV 1993, 240.
1055 BayObLG VRS 66, 280 (zum früheren Grenzwert von 0,8 ‰).
1056 LK-König, § 316 Rn 210.
1057 Quarch in: Haus/Krumm/Quarch, Gesamtes Verkehrsrecht, 2014, § 316 StGB Rn 15.
1058 Rudolphi GA 1970, 353.
1059 OLG Koblenz, Beschl. v. 26.6.1987 – 1 Ws 372/87 = NJW 1988, 152.
1060 Müller, SVR 2011, 61, 63.

I. Trunkenheit im Verkehr (§ 316 StGB)

len tritt zunächst § 316 StGB hinter 315 c Abs. 1 Nr. 1 a StGB zurück; hinzu tritt eine weitere Trunkenheitsfahrt in Tatmehrheit (§ 53 Abs. 1 StGB) in Tateinheit mit § 142 StGB (§ 52 StGB).[1061]

Kann nicht aufgeklärt werden, ob der Angeklagte entweder selbst ein Fahrzeug in fahrunsicherem Zustand geführt oder aber eine andere fahrunsichere Person hierzu angestiftet hat, so ist **Wahlfeststellung** zwischen Trunkenheit im Verkehr und Anstiftung dazu möglich.[1062]

422

Ist bei zwei Fahrzeuginsassen einer alkoholbedingt fahrunsicher, während der andere nicht im Besitz der erforderlichen Fahrerlaubnis ist, und lässt sich nicht feststellen, wer von beiden das Fahrzeug geführt hat, so ist auch Wahlfeststellung zwischen vorsätzlicher Trunkenheit im Verkehr und vorsätzlichem Dulden des Fahrens ohne Fahrerlaubnis möglich.[1063] Ob des Weiteren auch diese beiden Delikte in wechselndem subjektiven Verhältnis wahlfeststellungsfähig sind (Vorsatz/Fahrlässigkeit), ist streitig, aber wohl eher zu verneinen.[1064] Steht fest, dass sich der Täter entweder der Gefährdung des Straßenverkehrs gem. § 315 c Abs. 1 Nr. 1 a, Abs. 3 Nr. 1 StGB oder des Duldens des Fahrens ohne Fahrerlaubnis schuldig gemacht hat, so ist Wahlfeststellung nur zwischen § 316 StGB und § 21 Abs. 1 Nr. 2 StVG möglich; denn die Qualifikation der Gefährdung in § 315 c StGB ist nicht wahlfeststellungsfähig.[1065]

423

Hinweis: Eine Wahlfeststellung zwischen Ordnungswidrigkeit und Trunkenheit im Verkehr ist nicht möglich.[1066] Die regelmäßig tateinheitlich begangenen Ordnungswidrigkeiten der §§ 24 a Abs. 1 und 2, 24 c StVG, treten gegenüber § 316 StGB wegen § 21 Abs. 1 OWiG zurück.[1067] Sie erfüllen so nur noch die Funktion eines Auffangtatbestandes.[1068]

Schwierigkeiten können entstehen, wenn der Täter der Trunkenheitsfahrt (vor allem derjenigen unter Drogeneinfluss) auch **Betäubungsmittel** besitzt und sich so ebenfalls wegen Verstoßes gegen das BtMG strafbar macht. Oft werden in diesen Fällen aufgrund unterschiedlicher Zuständigkeiten innerhalb der Polizei oder der Staatsanwaltschaft die Verfahren wegen beider Sachverhalte gesplittet in ein reines Verkehrsstrafverfahren und ein reines BtM-Verfahren. Wird dann einer der Sachverhalte rechtskräftig abgeurteilt, so tritt uU Strafklageverbrauch auch bezüglich des zweiten Teils ein, wenn nämlich eine Tat im prozessualen Sinne gegeben ist.

424

„**Tat**" iSd Art. 103 Abs. 3 GG ist der geschichtliche – und damit zeitlich und sachverhaltlich begrenzte – Vorgang, auf den Anklage und Eröffnungsbeschluss hinweisen und innerhalb dessen der Angekl. als Täter oder Teilnehmer einen Straftatbestand

425

1061 Müller, SVR 2011, 61, 63.
1062 OLG Düsseldorf, Urt. v. 9.10.1975 – 3 Ss 865/75 = NJW 1976, 579.
1063 OLG Hamm, Urt. v. 8.7.1981 – 7 Ss 2709/80 = NJW 1982, 192 (Anm. Schulz, NJW 1983, 265).
1064 OLG Hamm, Urt. v. 8.7.1981 – 7 Ss 2709/80 = NJW 1982, 192; ausführlich mwN: König in: Hentschel/König/Dauer, § 316 StGB, Rn 100.
1065 OLG Hamm, Urt. v. 8.7.1981 – 7 Ss 2709/80 = NJW 1982, 192 (Anm. Schulz, NJW 1983, 265).
1066 König in: Hentschel/König/Dauer, § 316 StGB, Rn 100.
1067 Müller, SVR 2011, 61, 63.
1068 Müller, SVR 2011, 61, 63.

verwirklicht haben soll.[1069] Ob verschiedene Urteile dieselbe Tat iS des Art. 103 Abs. 3 GG betreffen, ist unabhängig von dem Begriff der Tateinheit (§ 52 StGB) zu beurteilen, weil die Rechtsfiguren der Tateinheit (§ 52 StGB) und der Tatidentität (Art. 103 Abs. 3 GG) verschiedene Zwecke verfolgen. Ein durch den Rechtsbegriff der Tateinheit (§ 52 StGB) zusammengefasster Sachverhalt wird jedoch in der Regel auch verfassungsrechtlich eine einheitliche prozessuale Tat darstellen.[1070] Umgekehrt bilden mehrere iSv § 53 StGB sachlich-rechtlich selbstständige Handlungen grundsätzlich nur dann eine einheitliche prozessuale Tat, wenn die einzelnen Handlungen nicht nur äußerlich ineinander übergehen, sondern wegen der ihnen zugrunde liegenden Vorkommnisse unter Berücksichtigung ihrer strafrechtlichen Bedeutung auch innerlich derart miteinander verknüpft sind, dass der Unrechts- und Schuldgehalt der Handlung nicht ohne die Umstände, die zu der anderen Handlung geführt haben, richtig gewürdigt werden kann und ihre getrennte Würdigung und Aburteilung als unnatürliche Aufspaltung eines einheitlichen Lebensvorgangs empfunden würde.[1071]

Hinweis: Die Verfahrensbeteiligten müssen hierauf achten, da der Strafklageverbrauch ein **Verfahrenshindernis** darstellt, dem die StA durch Einstellung nach § 170 Abs. 2 StPO und das Gericht durch Einstellungen nach §§ 206 a bzw 260 Abs. 3 StPO oder auch durch Nichteröffnungsbeschluss Rechnung tragen müssen.

426 Zwischen Straftaten, die im Zusammenhang mit dem Führen eines Kraftfahrzeuges begangen werden, und dem unerlaubten Besitz von Betäubungsmitteln während dieser Fahrten besteht verfahrensrechtlich keine Tatidentität iSd § 264 StPO, wenn der Betäubungsmittelbesitz in keinem **inneren Beziehungs-** bzw **Bedingungszusammenhang mit dem Fahrvorgang** steht.[1072] Zwar ist ein solcher Zusammenhang denkbar, etwa wenn die Fahrt mit dem Pkw den Zweck verfolgt hat, die mitgeführten Drogen an einen sicheren Ort zu bringen.[1073] Aber allein die Gleichzeitigkeit und eine enge örtliche Verknüpfung der strafbaren Handlungen führt nicht zur Annahme einer Tat iSd § 264 StPO, also eines einheitlichen Lebensvorgangs, der durch getrennte Würdigung und Aburteilung unnatürlich aufgespalten würde.[1074]

Hinweis: Verteidiger werden also in Fällen einer unzulässigen Verfahrensspaltung versuchen müssen, eines der Verfahren (idR das weniger strafintensive Verfahren!) schnell zu Ende zu bringen. Vorher sollte dann auch kein Hinweis auf das weitere Verfahren stattfinden. Zudem ist darauf zu achten, dass zum inneren Zusammen-

---

1069 Vgl BVerfG, 1. Kammer des zweiten Senats, Nichtannahmebeschl. v. 16.3.2006 – 2 BvR 111/06 – mwN = juris); KG, Beschl. v. 11.11.2011 – (4) 1 Ss 334/11 (270/11) = NStZ-RR 2012, 155 = BeckRS 2012, 02295 = NZV 2012, 305.
1070 KG, Beschl. v. 11.11.2011 – (4) 1 Ss 334/11 (270/11) = NStZ-RR 2012, 155 = BeckRS 2012, 02295 = NZV 2012, 305.
1071 KG, Beschl. v. 11.11.2011 – (4) 1 Ss 334/11 (270/11) = NStZ-RR 2012, 155 = BeckRS 2012, 02295 = NZV 2012, 305; KG NStZ-RR 2008, 48; BVerfG Beschl. v. 16.3.2006 – 2 BvR 111/06 = juris; BGH NJW 2005, 836 mwN.
1072 Vgl BGH, NStZ 2009, 705; NStZ 2004, 694; OLG Hamm, Beschl. v. 14.9.2009 – 2 Ss 319/09 = juris; KG, Beschl. v. 11.11.2011 – (4) 1 Ss 334/11 (270/11) = NStZ-RR 2012, 155 = BeckRS 2012, 02295 = NZV 2012, 305.
1073 KG, Beschl. v. 11.11.2011 – (4) 1 Ss 334/11 (270/11) = NStZ-RR 2012, 155 = BeckRS 2012, 02295 = NZV 2012, 305; BGH, NStZ 2009, 705.
1074 Vgl BGH, NStZ 2004, 694; KG, NStZ-RR 2008, 48; KG, Beschl. v. 11.11.2011 – (4) 1 Ss 334/11 (270/11) = NStZ-RR 2012, 155 = BeckRS 2012, 02295 = NZV 2012, 305.

hang vorzutragen ist, da sich dieser oftmals nicht aus den Akten selbst ergibt. Zu denken ist etwa an den Transport zum Zwecke der Verbringung der Drogen in ein sicheres Versteck. Derartige Einlassungen müssen freilich glaubhaft sein und so „mit Leben gefüllt werden". Sie sollten auch durch Beweismittel gestützt werden können, etwa durch Fotos des beabsichtigten Verstecks, durch Benennung von Mitfahrern o.ä.

Mustereinlassung an Gericht: Verfahrenshindernis; innerer Zusammenhang von Trunkenheits- und Drogentransportfahrt[1075]

... ist der Angeklagte zwischenzeitlich durch das dortige AG wegen Trunkenheit im Verkehr, § 316 StGB in dem Verfahren .... Durch Urt. v. ...zu einer ...strafe von ... verurteilt worden. Hierdurch ist im hiesigen Verfahren das Verfahrenshindernis des Strafklageverbrauchs entstanden. Der hier in Rede stehende Besitz von .... bildete nämlich eine Tat mit der bereits abgeurteilten Trunkenheitsfahrt unter Drogen.

„Tat" iSd Art. 103 Abs. 3 GG ist der geschichtliche – und damit zeitlich und sachverhaltlich begrenzte – Vorgang, auf den Anklage und Eröffnungsbeschluss hinweisen und innerhalb dessen der Angeklagte als Täter oder Teilnehmer einen Straftatbestand verwirklicht haben soll (vgl BVerfG, 1. Kammer des zweiten Senats, Nichtannahmebeschl. v. 16.3.2006 – 2 BvR 111/06 mwN = juris; KG, Beschl. v. 11.11.2011 – (4) 1 Ss 334/11 (270/11) = NStZ-RR 2012, 155 = BeckRS 2012, 02295 = NZV 2012, 305). Ob verschiedene Urteile dieselbe Tat iSd Art. 103 Abs. 3 GG betreffen, ist unabhängig von dem Begriff der Tateinheit (§ 52 StGB) zu beurteilen, weil die Rechtsfiguren der Tateinheit (§ 52 StGB) und der Tatidentität (Art. 103 Abs. 3 GG) verschiedene Zwecke verfolgen. Ein durch den Rechtsbegriff der Tateinheit (§ 52 StGB) zusammengefasster Sachverhalt wird jedoch in der Regel auch verfassungsrechtlich eine einheitliche prozessuale Tat darstellen. Umgekehrt bilden mehrere iSv § 53 StGB sachlich-rechtlich selbstständige Handlungen grundsätzlich nur dann eine einheitliche prozessuale Tat, wenn die einzelnen Handlungen nicht nur äußerlich ineinander übergehen, sondern wegen der ihnen zugrunde liegenden Vorkommnisse unter Berücksichtigung ihrer strafrechtlichen Bedeutung auch innerlich derart miteinander verknüpft sind, dass der Unrechts- und Schuldgehalt der Handlung nicht ohne die Umstände, die zu der anderen Handlung geführt haben, richtig gewürdigt werden kann und ihre getrennte Würdigung und Aburteilung als unnatürliche Aufspaltung eines einheitlichen Lebensvorgangs empfunden würde (vgl KG, Beschl. v. 11.11.2011 – (4) 1 Ss 334/11 (270/11) = NStZ-RR 2012, 155 = BeckRS 2012, 02295 = NZV 2012, 305; KG NStZ-RR 2008, 48; BVerfG Beschl. v. 16.3.2006 – 2 BvR 111/06 = juris; BGH NJW 2005, 836 mwN).

Zwischen Straftaten, die im Zusammenhang mit dem Führen eines Kraftfahrzeuges begangen werden, und dem unerlaubten Besitz von Betäubungsmitteln während dieser Fahrten besteht verfahrensrechtlich keine Tatidentität iSd § 264 StPO, wenn der Betäubungsmittelbesitz in keinem inneren Beziehungs- bzw Bedingungszusammenhang mit dem Fahrvorgang steht (vgl KG, Beschl. v. 11.11.2011 – (4) 1 Ss 334/11 (270/11) = NStZ-RR 2012, 155 = BeckRS 2012, 02295 = NZV 2012, 305; BGH, NStZ 2009, 705; NStZ 2004, 694; OLG Hamm, Beschl. v. 14.9.2009 – 2 Ss 319/09 = juris). Zwar ist ein solcher Zusammenhang denkbar, etwa wenn die Fahrt mit dem Pkw den Zweck verfolgt hat, die mitgeführten Drogen an einen sicheren Ort zu bringen (vgl BGH, NStZ 2009, 705). Aber allein die Gleichzeitigkeit und eine enge örtliche Verknüpfung der strafbaren Handlungen führt nicht zur

---

1075 Das Muster lehnt sich an an KG, Beschl. v. 11.11.2011 – (4) 1 Ss 334/11 (270/11) = NStZ-RR 2012, 155 = BeckRS 2012, 02295 = NZV 2012, 305.

1 E. Die Trunkenheitsdelikte der §§ 316 und 315 c StGB

Annahme einer Tat iSd § 264 StPO, also eines einheitlichen Lebensvorgangs, der durch getrennte Würdigung und Aburteilung unnatürlich aufgespalten würde (vgl BGH, NStZ 2004, 694; KG, Beschl. v. 11.11.2011 – (4) 1 Ss 334/11 (270/11) = NStZ-RR 2012, 155 = BeckRS 2012, 02295 = NZV 2012, 305; KG, NStZ-RR 2008, 48).

Solch ein innerer Beziehungs- bzw Bedingungszusammenhang zwischen dem Führen des Pkws unter Alkoholeinfluss und dem Besitz des Betäubungsmittels ist hier gegeben gegeben: ...

Insoweit wird angeregt, das Verfahren nunmehr nach § 206 a StPO durch entsprechenden Beschluss einzustellen. ...

427 Muster: Begründung einer Sachrüge – Nicht ausreichende Feststellungen zum Schuldumfang[1076]

... bereits die Sachrüge muss zur Aufhebung des angefochtenen Urteils führen.

Im Falle der Verurteilung wegen einer Trunkenheitsfahrt (mit Verkehrsunfall oder auch folgenlos, vgl SenE v. 3.4.2009 – 83 Ss 20/08 -) ist der Tatrichter regelmäßig verpflichtet, auch Umstände festzustellen, die geeignet sind, den Schuldumfang näher zu bestimmen und einzugrenzen (BayObLG VRS 93, 108 = NZV 1997, 244 = NStZ 1997, 359 = MDR 1997, 486; OLG Köln, Beschl. v. 5.2.2010 – III-1 RVs 25/10 = BeckRS 2010, 06507; Beschl. v. 20.8.1999 – Ss 374/99 = VRS 98, 140; Beschl. v. 19.12.2000 – Ss 488/00 = StV 2001, 355; SenE v. 3.4.2009 – 83 Ss 20/09). Dazu zählen neben der Höhe der Blutalkoholkonzentration insbesondere die Umstände der Alkoholaufnahme (Trinken in Fahrbereitschaft) sowie der Anlass und die Gegebenheiten der Fahrt (BayObLG VRS 97, 359 [360] = NZV 1999, 483; OLG Köln, Beschl. v. 5.2.2010 – III-1 RVs 25/10 = BeckRS 2010, 06507; Beschl.v. 27.10.2006 – 82 Ss 123/06).

Wichtige Kriterien sind u.a. Dauer und Länge der bereits zurückgelegten und noch beabsichtigten Fahrstrecke, Verkehrsbedeutung der befahrenen Straßen sowie der private oder beruflich bedingte Anlass der Fahrt. Bedeutsam kann ferner sein, ob der Angeklagte aus eigenem Antrieb handelte oder von Dritten verleitet wurde (OLG Köln, Beschl. v. 5.2.2010 – III-1 RVs 25/10 = BeckRS 2010, 06507, Beschl. v. 3.4.2009 – 83 Ss 20/09; Beschl. v. 19.12.2000 – Ss 488/00 = StV 2001, 355).

Feststellungen hierzu oder wenigstens zu einigen nach Lage des Einzelfalles besonders bedeutsamen Umständen sind im Allgemeinen zur näheren Bestimmung des Schuldgehalts der Tat als Grundlage für eine sachgerechte Rechtsfolgenbemessung erforderlich. Wenn außer der Angabe von Tatzeit, Tatort und Blutalkoholwert keine weiteren, für den Schuldumfang wesentlichen Feststellungen möglich sind, weil der Angeklagte schweigt und Beweismittel dafür entweder nicht zur Verfügung stehen oder nur mit unverhältnismäßigem Aufwand zu beschaffen wären, so ist dies im Urteil hinreichend klarzustellen. In einem solchen Fall ist für die Strafzumessung ein entsprechend geringer Schuldumfang ohne wesentliche Besonderheiten zugrunde zu legen (OLG Köln, Beschl. v. 5.2.2010 – III-1 RVs 25/10 = BeckRS 2010, 06507; Beschl. v. 19.12.2000 – Ss 488/00 = StV 2001, 355; Beschl. v. 3.4.2009 – 83 Ss 20/09).

An solchen Feststellungen fehlt es hier. ...

Wegen des aufgezeigten Mangels ist das angefochtene Urteil nach § 353 StPO mit den Feststellungen aufzuheben und die Sache nach § 354 Abs. 2 Satz 1 StPO zu neuer Verhand-

---

1076 Die Formulierung orientiert sich an: OLG Köln, Beschl. v. 5.2.2010 – III-1 RVs 25/10 = BeckRS 2010, 06507.

lung und Entscheidung, auch über die Kosten des Revisionsverfahrens, an ein anderes Gericht zurückzuverweisen. ...

II. Gefährdung des Straßenverkehrs (§ 315 c StGB)

§ 315 c StGB ist eines der wichtigsten Straßenverkehrsdelikte, wenn es zu Fahrten unter Rauschmitteleinfluss kommt, da die Fahrzeugführer aufgrund der Beeinträchtigungen ihrer Fähigkeiten sich oft überschätzen oder die Kontrolle über ihr Fahrzeug verlieren. Hier ist dann in der Regel § 315 c Abs. 1 a StGB, manchmal auch § 315 c Abs. 1 b StGB erfüllt. Die anderen Tatbestände der Norm werden an dieser Stelle daher nicht dargestellt.

428

1. Keine Dauerstraftat

§ 315 c StGB ist keine Dauerstraftat. Die Tat ist nämlich mit dem **Eintritt der** nach dem Tatbestand vorausgesetzten **konkreten Gefahr** vollendet und mit dem Ende der konkreten Gefahr beendet.[1077] Kommt es also zu mehreren konkreten Gefährdungen durch den alkoholbedingt fahrunsicheren Fahrer auf ein und derselben Fahrt, so folgt aus dem fehlenden Charakter des Dauerdeliktes also, dass mehrere materiellrechtliche Taten (§ 53 StGB) des § 315 c StGB gegeben sind.[1078]

429

Hinweis: Je näher freilich die einzelnen Gefährdungen zeitlich und räumlich zusammenrücken, desto mehr ist die Wahrscheinlichkeit gegeben, dass das erkennende Gericht doch nur eine Tat annehmen wird.

Sogar der BGH ist in einem derartigen Fall großzügig mit dem Tatbegriff umgegangen.[1079] Dies gilt aber wohl nicht bei neuem Tatentschluss (zur Weiterfahrt) nach einem Unfall.[1080]

2. Fahrzeugführen im Straßenverkehr

Eine Bestrafung nach § 315 c StGB setzt stets voraus, dass der Täter das Fahrzeug selbst geführt hat.[1081] Wie § 316 StGB ist die Vorschrift also als **eigenhändiges Delikt** ausgestaltet.[1082] Mittelbare Täterschaft ist damit wiederum ausgeschlossen, nicht aber Anstiftung, Beihilfe und Mittäterschaft. Anders als § 316 StGB, der alle Bereiche des öffentlichen Verkehrs betrifft, gilt § 315 c StGB nur für den Straßenverkehr. Auch hier muss es sich jedoch jedenfalls um öffentlichen Verkehr handeln (hierzu näher: Rn 352 ff).

430

1077 BGH, Beschl. v. 12.1.1995 – 4 StR 742/94 = NZV 1995, 196 = MDR 1995, 731 = NJW 1995, 1766; Urt. v. 5.11.1969 – 4 StR 519/68 = NJW 1970, 255; VRS 62, 192; OLG Saarbrücken, Beschl. v. 17.11.2003 – SS 69/2003 84/03 = NStZ 2005, 117 = VRS 106, 194.
1078 BGH, Beschl. v. 12.1.1995 – 4 StR 742/94 = NZV 1995, 196 = MDR 1995, 731 = NJW 1995, 1766; Fischer, StGB, § 315 c Rn 23; a. M. BayObLG NJW 1973, 1657; OLG Düsseldorf NZV 1999, 388.
1079 BGH, Urt. v. 20.10.1988 – 4 StR 335/88 = NZV 1989, 31 = NJW 1989, 1227 = NStZ 1989, 73 = JR 1990, 74.
1080 Ausführlich hierzu: König in: Hentschel/König/Dauer, § 315 c Rn 60.
1081 BGH, Beschl. v. 2.5.1995 – 4 StR 187/95 = NZV 1995, 364.
1082 Freyschmidt/Krumm, Verteidigung, 10. Aufl. 2013, Rn 295; OLG Düsseldorf, Beschl. v. 4.7.2013 – IV-1 RBs 80/13 = BeckRS 2013, 19115; Quarch in: Dölling/Duttge/Rössner, § 315 c StGB Rn 2.

3. Gefährdung eines anderen Menschen oder fremder Sachen von bedeutendem Wert infolge Fahruntüchtigkeit

431 § 315 c StGB knüpft an die Feststellung einer konkreten Gefahr an. Die Vorschrift ist damit natürlich als **konkretes Gefährdungsdelikt** ausgebildet.

Für die Darstellungen im Zusammenhang mit dem Thema dieses Buches sind dabei in erster Linie die ersten beiden Tatalternativen relevant. Hiernach müssen

- rauschmittelbedingte Fahruntüchtigkeit (§ 315 c Abs. 1 Nr. 1 a StGB) oder
- Fahruntüchtigkeit aufgrund geistiger oder körperlicher Mängel (Abs. 1 Nr. 1 b)

zu der konkreten Rechtsgutsgefährdung iSd Norm geführt haben.[1083]

a) Fahruntüchtigkeit

432 Die Fahruntüchtigkeit, die § 315 c StGB voraussetzt, kann zweierlei Ursachen haben: Rauschmittelkonsum (Alkohol, Drogen, Medikamente) oder andere geistige und körperliche Mängel.

aa) Rauschmittelbedingte Fahruntüchtigkeit

433 Zur rauschmittelbedingten Fahruntüchtigkeit – § 315 c Abs. 1 Nr. 1 a StGB – ist auf die uneingeschränkt auch hier geltenden allgemeinen Ausführungen oben (Rn 151 ff) zu verweisen. Dies gilt also für Alkohol-, Drogen und Medikamentenkonsum, der zur Fahruntauglichkeit geführt hat.

bb) ... aufgrund geistiger und körperlicher Mängel

434 Im Übrigen erfasst § 315 c Abs. 1 Nr. 1 b StGB anders als § 316 StGB auch die Fahruntüchtigkeit wegen anderer geistiger oder körperlicher Mängel. Hierunter fallen insbesondere:

- Arzneimittelwirkungen, die noch keinen Rausch auslösen können[1084] (ansonsten ist § 315 c Abs. 1 Nr. 1 a StGB einschlägig),
- akute Erkrankungen (Fieber, starke Schmerzen),
- Behinderungen aller Art, sofern nicht durch Hilfsmittel die Eignung wiedererlangt wird (Bsp.: Kurzsichtigkeit bei gleichzeitig fehlender Brille),
- Übermüdung,
- Anfallsleiden.[1085]

435 Dazu gehören also auch psychische und internistische Erkrankungen, wie etwa Demenz, Epilepsie, Schizophrenie, Schlaganfall, Diabetes und Herzerkrankungen.[1086] Unerwartete und sich vorher nicht ankündigende Einschränkungen der Fahrtüchtigkeit wegen auftretender Erkrankung können sich aber im Ergebnis auch zugunsten

---

1083 Wegen der sonstigen Probleme des § 315 c StGB außerhalb der Alkohol- und Drogenthematik empfehle ich meine Darstellung in Freyschmidt/Krumm, Verteidigung in Straßenverkehrssachen, 10. Aufl. 2013, Rn 295 ff.
1084 AG Gießen NJW 1954, 157.
1085 Zur Beweissicherung und der Strafbarkeit bei anfallsbedingten Unfällen: Bachmann/Schröder/Focken/Püschel, BA 2013, 267.
1086 De Vries, SVR 2012, 332, 333.

II. Gefährdung des Straßenverkehrs (§ 315 c StGB) 1

des Fahrzeugführers auswirken[1087] – dies wird dann vor allem im Bereich der Fahrlässigkeit (im Rahmen der Vorhersehbarkeit) geprüft werden können.[1088] Bloße psychische Auffälligkeiten ohne eigenständigen Krankheitscharakter (Bsp.: Aggressivität, Suizidalität) haben keine eigenständige Bedeutung, sondern sind der Grunderkrankung (zB Psychose) zuzurechnen.[1089]

Eine Übermüdung kann einen Mangel im Sinne der Norm darstellen. Übermüdung – als geistiger oder körperlicher Mangel im Sinne des § 315 c StGB – ist dabei von bloßer Ermüdung zu unterscheiden. Nicht jegliche Ermüdung eines Kraftfahrers führt zur Bejahung der Tatbestandsvoraussetzungen des § 315 c Abs. 1 Nr. 1 b StGB.[1090] Die Beweisführung ist in Fällen einer solchen **Übermüdung** natürlich immer schwer. Denkbar sind hier zum einen trotz Wachseins stattfindende Fahrfehler infolge herabgesetzter Reaktionsfähigkeit, zum anderen aber auch der oft vorkommende Sekundenschlaf. „Indirekte Ursache" ist auch hier oftmals Alkoholkonsum (zB Ermüdung infolge eines Glases Bier zum Mittagessen), auch wenn die Fahruntüchtigkeit natürlich nicht hierauf beruht. Die Einlassung, man sei ohne vorher erkennbare Ermüdung einfach so eingenickt, ist nicht glaubhaft. Die Rechtsprechung geht nämlich davon aus, dass ein Kraftfahrer, bevor er einschläft, stets deutliche Zeichen der Ermüdung an sich wahrnimmt bzw wahrnehmen sollte und daher eigentlich immer Fahrlässigkeitsstrafbarkeit gegeben ist.[1091] Ein vorsätzliches Handeln ist aber nicht ohne Weiteres anzunehmen.[1092]

436

Hinweis: Wertlos ist eine Verteidigung, die dahin geht, dass unklar sei, ob die Fahruntauglichkeit allein auf dem Genuss von Rauschmitteln (Alkohol, Medikamente, Drogen) oder auf hiermit zusammenwirkenden körperlichen oder geistigen Mängeln beruht. Die Praxis nimmt nämlich keinen Unterschied zwischen § 315 c Abs. 1 Nr. 1 a und Nr. 1 b StGB an.[1093]

Ist klar, dass der Betroffene einen müden Eindruck nach einem Fahrfehler machte, so muss sich das Gericht in seiner Entscheidung, in der es den Fahrfehler als alkoholbedingt ansieht mit der Müdigkeit als mögliche Unfallursache auseinandersetzen.[1094]

In „Sekundenschlaffällen" sollten folgende Verteidigungstipps beherzigt werden:

437

- Wird der Vorwurf des Sekundenschlafs erhoben, so muss sich der Verteidiger stets fragen, ob überhaupt eine Einlassung abgegeben werden soll. Ohne unmit-

---

1087 De Vries, SVR 2012, 332, 333.
1088 De Vries, SVR 2012, 332, 334.
1089 De Vries, SVR 2012, 332, 333. Zu den ärztlichen Pflichten in solch einem Krankheitskontext: de Vries, SVR 2012, 332, 334.
1090 Vgl OLG Köln, Beschl. v. 2.6.1989 – Ss 227/89 = NZV 1989, 357 = NJW 1989, 3233 (LS) = DAR 1989, 352; König in: LK-StGB, 12. Aufl., § 315 c Rn 62 c mwN; LG Gießen, Beschl. v. 9.12.2013 – 7 Qs 196/13 = BeckRS 2014, 02446.
1091 BGHSt 23, 156; BayObLG, Urt. v. 18.8.2003 – 1 St RR 67/03 = NJW 2003, 3499; König in: Hentschel/König/Dauer, § 315 c Rn 15 mwN.
1092 BayObLG bei Bär, DAR 1991, 367.
1093 König in: Hentschel/König/Dauer, Straßenverkehrsrecht, § 315 c Rn 9; Cramer/Sternberg-Lieben in: Schönke/Schröder, StGB, § 315 c Rn 12; Fischer, StGB, § 315 c Rn 3 b: „Nr. 1 a ist nur Unterfall von Nr. 1b"; ebenso: OLG Düsseldorf, Urt. v. 5.8.1957 – (2) Ss 486/57 (528) = NJW 1957, 1567.
1094 LG Frankfurt (Oder), Beschl. v. 15.10.2009 – 21 Qs 152/09 = BeckRS 2010, 09490.

- telbare Tatzeugen im Fahrzeug (Mitfahrer) wird hier ein Beweis oft schwer möglich sein.

- Sollte der Betroffene noch am Tatort Angaben gemacht haben, die auf Übermüdung schließen lassen, so ist zunächst die prozessuale Verwertbarkeit zu prüfen: Wurde er als Beschuldigter belehrt oder lag eine Spontanäußerung vor? Nur in diesen Fällen ist die Aussage verwertbar, nicht jedoch, wenn dem vernehmenden Polizeibeamten bereits klar war, dass der Fahrer des verunfallten Fahrzeugs der Beschuldigte sein würde.

- Missverständliche Äußerungen des Mandanten am Tatort oder auch später sollten schnell plausibel durch eine ausführliche Schilderung aus der Welt geräumt werden.

- Um Übermüdungsursachen aus der Welt zu räumen ist es wichtig, den Tattag und die Tage vorher im Tagesablauf darzustellen.

- Feststellbare und anders als durch Übermüdung/Sekundenschlaf nicht erklärbare Fahrfehler sollten erklärt werden, wenn andere Ursachen zu dem Fahrfehler führten. Ist das Fahrzeug des Beschuldigten aber ganz allmählich (durch das Spurenbild erkennbar) von der Straße abgekommen, ohne dass eine Reaktion stattgefunden hat, dann wird es natürlich schwierig, dies anders, als durch Einschlafen zu erklären.

- Ggf sollte mit einem Arzt gesprochen werden, um die Ursache eines Einschlafens zu ergründen. War dies zum Beispiel krankheitsbedingt, ohne dass die Krankheit bekannt war, so kann uU sogar die Fahrlässigkeitsstrafbarkeit entfallen.

438 Muster: 2-stufige Einlassung zur Übermüdung

... bedauert der Angeklagte das angeklagte Unfallereignis und die eingetretenen Schäden ausdrücklich.[1095]

Ursache des Abkommens von der Fahrbahn war aber entgegen der Annahme der Polizei nicht eine Übermüdung des Angeklagten und ein hierdurch verursachter Sekundenschlaf, sondern vielmehr eine beim Wechseln einer CD im CD-Player des Fahrzeugs in den Fußraum gerutschte CD, die sich unter dem Gaspedal verklemmt hatte. Der Angeklagte versuchte unmittelbar vor dem Unfall, diese CD zu lösen und war offenbar hierdurch deutlich unkonzentriert und abgelenkt, so dass er den weiteren Straßenverlauf für einige Sekunden nicht mehr im Blick hielt und so allmählich von der Fahrbahn abkam. Erst, als er die durch den Grünstreifen neben der eigentlichen Fahrbahn verursachten Erschütterungen wahrnahm, richtete er seine volle Aufmerksamkeit wieder auf das Fahrzeug, verriss aber in einer übertriebenen Gegenlenkbewegung das Steuerrad und verunfallte hierdurch in der angeklagten Art.

Keinesfalls ist dieser Unfall also auf eine Übermüdung zurückzuführen. Sicherheitshalber soll hier tabellarisch gleichwohl versucht werden, die letzten drei Tage vor der Tat näher darzustellen. Soweit möglich, sind Zeugen für die jeweiligen Zeiträume benannt. Es zeigt

---

[1095] Der Schriftsatz ist so aufgebaut, dass zuerst die richtige Erklärung für den Unfall abgegeben wird und dann (hilfsweise) der Übermüdungsvorwurf der Staatsanwaltschaft ausgeräumt wird.

II. Gefährdung des Straßenverkehrs (§ 315 c StGB)

sich hieran, dass der Angeklagte ausreichend Schlaf und Erholung in diesen Tagen hatte, also keinerlei Ursache einer Übermüdung erkennbar ist: ...[1096]

b) Eintritt einer konkreten Gefahr

Durch das Führen des Fahrzeugs in alkoholbedingt fahrunsicherem Zustand muss eine konkrete **Gefährdung anderer Personen oder fremder Sachen von bedeutendem Wert** eingetreten sein. Was genau hiermit gemeint ist, entzieht sich einer genauen wissenschaftlichen Umschreibung.[1097]

Hinweis: Insoweit kann die bei Anklageerhebung oder bei Eröffnung des Hauptverfahrens gerechtfertigt erscheinende Würdigung in der Hauptverhandlung häufig nicht aufrechterhalten werden. Das beruht vielfach darauf, dass Zeugen bei einer ersten Befragung durch die Polizei den Vorgang dramatisiert haben und ihre Schilderung bei eingehender Befragung in der Hauptverhandlung abschwächen. Die Tatsache, dass durch das Verhalten des Angeklagten ein anderer Verkehrsteilnehmer zu einer Reaktion, zB zu einem Ausweichmanöver oder einer Bremsung, veranlasst worden ist, reicht nicht stets aus, um das Tatbestandsmerkmal der konkreten Gefährdung zu bejahen.

Eine konkrete Gefährdung ist nämlich nur dann gegeben, wenn die Sicherheit einer anderen Person oder einer bestimmten Sache von bedeutendem Wert so stark beeinträchtigt war, dass es nur noch vom Zufall abhing, ob eine Verletzung bzw ein Schaden eintrat oder nicht[1098] – sog. „**Beinahe-Unfall**". Faustformel: „Ist es gerade noch einmal gut gegangen?"[1099] Ist freilich ein Schaden eingetreten, so stellt die Feststellung der konkreten Gefahr kein Problem mehr dar. Besonderer Wert ist hier natürlich auf die Vernehmung der Zeugen zu legen. Was können Sie tatsächlich noch außer genereller Eindrücke genau zu dem Ablauf der Situation und dem Grad der eingetretenen Situation sagen? Welche Geschwindigkeiten, Abstände oder Fahrtstrecken sind noch erinnerlich? Welcher Fahrer reagierte wie?

Hinweis: Allein aus der sehr hohen Blutalkoholkonzentration des Fahrers kann nicht schon auf eine konkrete Gefährdung des Beifahrers geschlossen werden.[1100]

Ein ganz wesentliches Problem ist dabei die Frage, inwieweit der **Tatrichter** die Voraussetzungen eines solchen Beinahe-Unfalls tatsächlich darlegen muss. Meist hat er nämlich zwar glaubhafte Zeugenaussagen der Gefährdungsopfer, jedoch sind diese oftmals angesichts der zeitlichen Kürze der Tatsituation und des Stresses zu dieser Zeit nur sehr „unkonkret". Typisch sind hier etwa Zeugenaussagen wie „Wenn ich nicht gebremst hätte, wäre es sicher zu einem Unfall gekommen. Es war halt haarscharf. Mit meinem Leben hatte ich schon abgeschlossen".

439

440

1096 Hier folgt dann die angekündigte tabellarische Übersicht der letzten drei Tage.
1097 Blum, SVR 2011, 173, 177.
1098 BGH, Beschl. v. 22.3.2012 – 4 StR 558/11 = NStZ 2012, 384 = NJW 2012, 1524 = BeckRs 2012, 07957 = FD-StrafR 2012, 331318 = JR 2012, 474 = StV 2012, 658 = JZ 2013, 205 = VA 2012, 100; BGH, Urt. v. 30.3.1995 – 4 StR 725/94 = NJW 1995, 3131 = NZV 1995, 325 = NStZ 1996, 83 = DAR 1996, 170; 1997, 276; OLG Koblenz DAR 2000, 371.
1099 Siehe BGH, Beschl. v. 16.4.2012 – 4 StR 45/12 = BeckRS 2012, 09733.
1100 BGH, Urt. v. 30.3.1995 – 4 StR 725/94 = NJW 1995, 3131 = NZV 1995, 325 = NStZ 1996, 83 = DAR 1996, 170.

E. Die Trunkenheitsdelikte der §§ 316 und 315 c StGB

441 Zwar hat der **BGH** klargestellt, dass das tatrichterliche Urteil hierzu keine präzisen Geschwindigkeiten oder Entfernungen mitteilen muss, sondern das Tatbestandsmerkmal der konkreten Gefährdung unter Verwendung wertender Begriffe – wie etwa Notwendigkeit einer Vollbremsung usw – umschreiben darf,[1101] da andernfalls die Feststellung der tatsächlich durch den Angeklagten verursachten konkreten Gefahr aufgrund der Angaben der Beteiligten vielfach nicht möglich wäre. Doch kann solch eine Herabsetzung der tatrichterlichen Darstellungslast dazu führen, dass Übertreibungen des Opfers übermäßiges Gehör geschenkt wird, um „dick im Urteil auftragen zu können" oder Darstellungen besonders ängstlicher Zeugen aufgrund eines höheren Gefahrengefühls eher zu Verurteilungen führen als Schilderungen „abgebrühter" Verkehrsteilnehmer. Abweichend von der Ansicht Hentschels in der Vorauflage, wird die Feststellung der konkreten Gefährdung nur durch wertende Begriffe hier nunmehr abgelehnt.

442 Vielmehr muss der Tatrichter bei Annahme einer konkreten Gefährdung in seinem Urteil **tatsächliche Feststellungen** treffen:[1102] die nahe liegende Wahrscheinlichkeit des Eintrittes eines schädigenden Ereignisses muss auf festgestellten Tatsachen gründen[1103] – es muss sich so aus den tatsächlichen Feststellungen ergeben, warum das Ausbleiben des Erfolges ggf nur noch vom Zufall abhing.[1104] Dies ist wichtig, um den Beinahe-Unfall von bloß sonst kritischen Verkehrssituationen unterscheiden zu können. Kann nämlich bereits durch eine verkehrsübliche Reaktion eines anderen Verkehrsteilnehmers ein Unfall vermieden werden, so fehlt es an der konkreten Gefährdung.[1105] Es bleibt also dabei, dass sich das Urteil zu den gefahrenen Geschwindigkeiten verhalten muss und ggf auch zur Intensität von Gefahrenbremsungen.[1106]

443 Die Annahme einer konkreten Gefahr wird aber nicht immer dadurch ausgeschlossen, dass ein **Schaden ausgeblieben ist**,[1107] weil sich der Gefährdete – etwa aufgrund überdurchschnittlich guter Reaktionen – noch in Sicherheit bringen konnte oder weil es dem Täter – für den objektiven Beobachter überraschend – gelungen ist, sein Fahrzeug noch rechtzeitig anzuhalten.[1108] Umso wichtiger sind in derartigen Konstellationen die tatsächlichen Feststellungen des Tatrichters zu den objektiven Hintergründen der Gefährdungslage. Nur wenn diese dicht genug sind, wird der rechtsfehlerfreie Schluss des Tatrichters auf das Vorliegen einer konkreten Gefährdung möglich sein.

Hinweise: Insbesondere bei **Überholfällen** sind durch den Tatrichter in seinem Urteil im Hinblick auf die konkrete Gefährdung regelmäßig tatsächliche Feststellungen zu gefahrenen Geschwindigkeiten und den Abständen der beteiligten Fahrzeuge und zu-

---

1101 BGH, Urt. v. 30.3.1995 – 4 StR 725/94 = NJW 1995, 3131 = NZV 1995, 325 = NStZ 1996, 83 = DAR 1996, 170; anders früher zB OLG Hamm NZV 1991, 158; OLG Düsseldorf NZV 1994, 37; 1994, 406.
1102 BGH, Beschl. v. 24.9.2013 – 4 StR 324/13 = BeckRS 2013, 18828; OLG Koblenz NZV 1993, 403; OLG Düsseldorf DAR 1980, 190.
1103 OLG Schleswig MDR 1989, 1122; Fischer, StGB, § 315 c, Rn 15; vgl auch Hatz, SVR 2012, 87.
1104 BGH, Beschl. v. 24.9.2013 – 4 StR 324/13 = BeckRS 2013, 18828.
1105 OLG Hamm NZV 1991, 158; OLG Hamm NStZ-RR 2005, 245 = VRR 2005, 114.
1106 Vgl BGH, Beschl. v. 29.4.2008 – 4 StR 617/07 = NStZ-RR 2008, 289; BGH, Beschl. v. 2.7.2013 – 4 StR 187/13 = BeckRS 2013, 13335 = NStZ-RR 2013, 320.
1107 Hatz, SVR 2012, 87, 88; Blum, SVR 2011, 173, 177.
1108 BGH, Urt. v. 30.3.1995 – 4 StR 725/94 = NJW 1995, 3131 = NZV 1995, 325 = NStZ 1996, 83 = DAR 1996, 170; aA OLG Düsseldorf NStE 315 c StGB Nr. 12; OLG Hamm NZV 1991, 158.

meist auch zu etwaigen Ausweichmöglichkeiten der gefährdeten anderen Verkehrsteilnehmer zu treffen.[1109]

Dem zuständigen Staatsanwalt und dem Tatrichter ist diese oftmals nicht wirklich bekannte Rechtsprechung darzulegen. In ihm muss das Bewusstsein geweckt werden, dass es sich bei den erforderlichen tatsächlichen Feststellungen nicht nur um ein „Revisionsthema" im Rahmen der Überprüfung der Darlegungen in seinem Urteil handelt, sondern um „**Mindeststandards**", die für eine Verurteilung wegen § 315 c StGB vorauszusetzen sind. Andererseits: Kommt es trotz nicht ausreichender tatsächlicher Feststellungen zu einer Verurteilung, so muss Revision eingelegt werden. Hier reicht einmal mehr dann die nicht weiter zu begründende Sachrüge aus (Begründung: „Gerügt wird die Verletzung materiellen Rechts.").

Die Auffassung, bei Beförderung eines anderen Fahrzeuginsassen durch den fahrunsicheren Täter sei regelmäßig ohne konkrete kritische Situation bereits eine konkrete Gefährdung gegeben, hat sich nicht durchgesetzt.[1110] Der BGH hält an seiner früheren abweichenden Auffassung nicht mehr uneingeschränkt fest.[1111] Auch bei Beförderung eines **Fahrzeuginsassen** ist daher eine Verurteilung nach § 315 c StGB in aller Regel nur dann möglich, wenn eine bestimmte konkrete kritische Verkehrssituation eingetreten ist, bei der es nur noch vom Zufall abhing, ob Verletzungsfolgen eintraten oder nicht. Anders soll dies nach dem genannten Urteil des BGH nur dann sein, wenn die alkoholbedingte Fahrunsicherheit ein solches Ausmaß erreicht hatte, dass der Täter überhaupt nicht mehr in der Lage zu kontrollierten Fahrmanövern war.[1112]

Muster: Revisionsbegründung „kein Beinaheunfall"

... Gerügt wird die Verletzung materiellen Rechts und zwar zunächst in allgemeiner Form.[1113]

Das angefochtene Urteil enthält nämlich insbesondere keine ausreichenden tatsächlichen Feststellungen zum Eintritt einer konkreten Gefährdung durch den Angeklagten. Dessen Alkoholisierung und alkoholbedingte Fahruntüchtigkeit sollen an dieser Stelle gar nicht in Abrede gestellt werden, doch wäre für den Eintritt der konkreten Gefährdung iSd § 315 c Abs. 1 a StGB die Feststellung eines sogenannten „Beinaheunfalls" erforderlich. Hieran fehlt es im tatrichterlichen Urteil jedoch. Die Urteilsgründe zeigen vielmehr, dass der entgegenkommende Fahrer mit einer einfachen Lenkbewegung auf den Mehrzweckstreifen der B 123 in einem offenbar ausreichenden Abstand zu dem Fahrzeug des Angeklagten die Gefahrensituation entschärfen konnte. Konkrete Abstände der Fahrzeuge zueinander werden im Urteil nicht mitgeteilt, obwohl dies erforderlich ist. Kann nämlich bereits durch eine verkehrsübliche Reaktion eines anderen Verkehrsteilnehmers ein Unfall vermieden werden, so fehlt es an der konkreten Gefährdung (OLG Hamm NZV 1991, 158; OLG Hamm

---

1109 OLG Hamm VRR 2006, 34.
1110 So früher BGH NJW 1985, 1036; NZV 1989, 31; abl. ausdrücklich BayObLG NZV 1988, 70; 1991, 358.
1111 BGH NJW 1995, 3131 = NZV 1995, 325 = NStZ 1996, 83 = DAR 1996, 170.
1112 BGH NJW 1995, 3131 = NZV 1995, 325 = NStZ 1996, 83 = DAR 1996, 170.
1113 Durch diesen Satz ist bereits in ausreichendem Maße die Sachrüge erhoben. Zwar ist eine weitere Begründung nicht erforderlich, doch ist sie natürlich ratsam. Ausreichend ist hier eine kurze Anregung, was an dem Urteil zu prüfen ist, wo also der Fehler aus Sicht der Verteidigung zu finden ist.

NStZ-RR 2005, 245 = VRR 2005, 114). Hiervon ist mangels weiterer Feststellungen auszugehen ...

446 **Ist es tatsächlich zu einem Schaden gekommen**, so reicht dies idR zunächst einmal für die Annahme einer konkreten Gefährdung – ein Schadenseintritt ist nämlich die stärkste Form der Gefährdung.[1114]

c) Unmittelbarkeit der Gefährdung

447 Zwischen dem Führen des Fahrzeugs im Zustand der Fahrunsicherheit und der Gefährdung muss ein ursächlicher Zusammenhang bestehen.[1115] Die konkrete Gefahr muss also stets **unmittelbare Folge** des alkoholbedingt unsicheren Fahrzeugführens sein.

Hinweis: Es reicht nicht aus, wenn sie erst als weitere Folge eines zuvor verursachten Unfalls eintritt.[1116]

Sind also zB durch den alkoholbedingt verursachten Unfall des Täters Gegenstände auf die Fahrbahn geraten (Baum, Baken, Leitpfosten), die an sich nicht als Sachen von bedeutendem Wert anzusehen sind, die aber ein Hindernis bilden mit der Folge der Gefährdung nachfolgender Fahrzeugführer, so reicht diese Gefährdung für eine Verurteilung nach § 315 c StGB nicht aus.[1117]

448 Bildet das vom Täter geführte Fahrzeug als Folge von dessen alkoholbedingter Fahrunsicherheit ein Hindernis auf der Fahrbahn, etwa weil es durch einen Unfall zum Stillstand gekommen ist, so ist im Falle einer Gefährdung oder gar eines Unfalls nachfolgender Verkehrsteilnehmer infolge dieses Hindernisses der Tatbestand des § 315 c StGB nur dann erfüllt, wenn diese Gefährdung noch in unmittelbarem zeitlichen Zusammenhang mit dem alkoholbedingten Fehlverhalten des Täters steht.

Beispiel: Ein in geringem Abstand folgender Fahrzeugführer fährt auf das plötzlich vor ihm zum Stehen gekommene Fahrzeug auf oder kann einen Unfall nur noch um Haaresbreite vermeiden.[1118]

d) Der Begriff des „anderen Menschen" als gefährdete Person

449 Teilnehmer der Tat sind durch den Straftatbestand des § 315 c StGB nicht geschützt. Eine **Gefährdung des Anstifters oder Gehilfen reicht** also **nicht aus**.[1119] Gefährdungsobjekte können aber auch die Insassen des von dem Täter geführten Fahrzeugs sein, sofern sie nämlich nicht ausnahmsweise selbst Teilnehmer der Tat sind.[1120] Tatbeteiligte Insassen können also nicht „Gefährdungsopfer" des § 315 c StGB sein.[1121]

1114 Blum SVR 2011, 173, 177.
1115 BGH VRS 65, 359; OLG Hamm, Beschl. v. 11.1.2000 – 4 Ss 1254/00 = NZV 2002, 279; OLG Köln, Beschl. v. 22.1.2002 – Ss 1/02 = DAR 2002, 278.
1116 BayObLG NJW 1969, 2026; OLG Celle NJW 1970, 1091; OLG Hamm DAR 1973, 247.
1117 BayObLG NJW 1969, 2026; OLG Stuttgart DAR 1974, 106; aM Cramer/Sternberg-Lieben in: Schönke/Schröder, StGB, § 315 c Rn 38.
1118 OLG Celle NJW 1970, 1091.
1119 BGH, Beschl. v. 16.4.2012 – 4 StR 45/12 = BeckRS 2012, 09733; BGHSt 6, 100; NStZ 1992, 233; StV 1999, 317; aM OLG Stuttgart NJW 1976, 1904.
1120 BGH NStZ-RR 1998, 150; BGH, NJW 1989, 1227.
1121 BGH, Beschl. v. 16.4.2012 – 3 StR 45/12 = NStZ 2012, 7014 = NStZ-RR 2012, 252 = NZV 2012, 448 = VA 2012, 119 = JURION-NEWS Telegramm Nr. 107 v. 24.5.2012 = HRRS 2012, Nr. 482.

Hinweis: Was Gesundheitsschäden angeht, so sind auch hier bloß drohende Bagatellschäden nicht tatbestandsmäßig.[1122]

e) „Sache von bedeutendem Wert"
aa) Wertgrenze

Entscheidend für das Merkmal der „Sache von bedeutendem Wert" ist nicht der möglicherweise wichtige Zweck oder die Bedeutung der Sache für die Allgemeinheit; vielmehr gilt ausschließlich **der materielle (stoffliche) Wert**,[1123] also der Verkehrswert.[1124]

Hinweis: Wird zB eine verkehrstechnische Einrichtung von großer Wichtigkeit für die Verkehrssicherheit, aber ohne hohen wirtschaftlich-materiellen Wert gefährdet oder beschädigt, so ist dadurch allein der Tatbestand des § 315 c StGB nicht erfüllt. Im Übrigen kommt es auf den Wert der Sache selbst an, nicht auf den Wiederherstellungsaufwand.[1125]

Hinweis: Der Wert der Sache ist also nach dem Verkehrswert, die Höhe des (drohenden) Schadens nach der am Marktwert zu messenden Wertminderung zu berechnen.[1126]

Werden durch denselben Verkehrsvorgang mehrere fremde Sachen gefährdet, so ist für die Bestimmung des „Gefärdungsschadens" die Summe der drohenden Schäden maßgebend.[1127]

Mittelbare Schäden sind somit bei der Schadensberechnung nicht zu berücksichtigen. Hierzu zählen auch auf den ersten Blick bei schwereren Unfällen zwischen Fahrzeugen stets anfallende Bergungs- und Abschleppkosten.[1128] Auch der Funktionswert, dh die Wichtigkeit der Sache für die Sicherheit des Straßenverkehrs, bleibt unberücksichtigt.[1129]

Die Wertgrenze dürfte heute jedenfalls nicht unter 750 EUR zu ziehen sein.[1130] Literatur und Teile der Rechtsprechung sind aber uneins, wo derzeit die Grenze tatsächlich zu ziehen ist.[1131] Die genannte 750-EUR-Mindestgrenze des BGH wird vernünftigerweise von der Verteidigung zu akzeptieren sein. Eine Verteidigung etwa dahin,

---

1122 König in: Hentschel/König/Dauer, § 315 c StGB Rn 4.
1123 BayObLG NJW 1969, 2026; OLG Bremen NJW 1962, 1408.
1124 König in: Hentschel/König/Dauer, § 315 c StGB Rn 7 mwN.
1125 BGH NStZ 2000, 350; 1999, 351.
1126 BGH, Beschl. v. 29.4.2008 – 4 StR 617/07 = NZV 2008, 639 = NStZ-RR 2008, 289 = DAR 2008, 272 = VRR 2008, 70; Beschl. v. 19.1.1999 – 4 StR 663–98 = NStZ 1999, 350, 351.
1127 Blum, SVR 2011, 173, 177.
1128 König in: Hentschel/König/Dauer, § 315 c StGB Rn 8; Kritisch zum Schadensbegriff Trück, NZV 2013, 361, 362.
1129 Trück, NZV 2013, 361.
1130 BGH, Beschl. v. 28.9.2010 – 4 StR 245/10 = NStZ 2011, 215; BGH, Beschl. v. 29.4.2008 – 4 StR 617/07 = NZV 2008, 639 = NStZ-RR 2008, 289 = DAR 2008, 272 = VRR 2008, 70; SVR 2009, 71; OLG Köln, Beschl. v. 1.3.2013 – III-1 RVs 36/13 = BeckRS 2013, 12511 = DAR 2013, 393; OLG Celle, Beschl. v. 17.8.2011 – 32 Ss 86/11 = NZV 2011, 622 = BeckRS 2011, 23416 = DAR 2011, 646; ebenso, jedoch kritisch Trück, NZV 2013, 361, 362; noch zur DM-Währung BayObLG NZV 1998, 164 (1.400 DM nicht als ausreichend erachtet); OLG Hamm VRS 100, 26; OLG Koblenz DAR 2000, 371.
1131 Blum SVR 2011, 173, 177 will etwa von 1.200 bis 1.300 EUR als Grenze ausgehen. Ähnlich Burmann in: Burmann/Heß/Jahnke/Janker Straßenverkehrsrecht, § 315 c Rn 6 (1.300 EUR).

erst bei 1.500 EUR, also beim Doppelten der Mindestgrenze sei der erforderliche Gefährdungsschaden anzusiedeln, dürfte mE auf absehbare Zeit und bei normalen Preissteigerungen kaum realistisch zum Erfolg führen können. Nach der bereits zitierten Kommentarliteratur wird die Grenze wohl bei 1.200-1.300 EUR liegen.[1132]

453 Die Auffassung, ein fahrbereites Kraftfahrzeug sei stets ein bedeutender Sachwert, auch wenn es nahezu schrottreif ist, wird in der neueren Rechtsprechung, soweit ersichtlich, nicht mehr vertreten,[1133] obgleich eine derart wertende Betrachtung – vorsichtig angewendet – durchaus lebensnaher sein könnte, als rein wirtschaftliche Gesichtspunkte. Ein geringwertiges Kraftfahrzeug, mag es auch noch fahrbereit sein, ist daher keine Sache von bedeutendem Wert iSd § 315 c StGB.[1134] Nach herrschender Auffassung hat das von dem Täter geführte Fahrzeug dann außer Betracht zu bleiben hat, wenn es nicht in seinem Eigentum steht.[1135]

Hinweis: Bei **Sachen von größerer Länge** wie Zäunen, Leitplanken und ähnlichen kommt es für die Frage des Sachwertes auf das gefährdete (beschädigte) Teilstück an.[1136] Zu beachten ist hierbei aber, dass trotz Beschädigung eines verhältnismäßig kleinen und daher geringwertigen Teilstücks eine Gefährdung in größerem Umfang eingetreten sein kann. Hier wird der Tatrichter im Falle einer Verurteilung nach § 315 c StGB hohe Darstellungsanforderungen zu erfüllen haben.

454 Diese Problematik der Gefährdung einer Sache von bedeutendem Wert, wenn der Wert der Sache nur in nicht bedeutendem Maße gefährdet wurde, ist auch sonst sehr praxisrelevant. Der Sache von bedeutendem Wert muss nämlich auch ein bedeutender Schaden gedroht haben.[1137] Hier hat der BGH[1138] eine Zweischrittprüfung vorgegeben:

„… Es sind daher stets zwei Prüfschritte erforderlich, zu denen im Strafurteil entsprechende Feststellungen zu treffen sind: Zunächst ist zu fragen, ob es sich bei der gefährdeten Sache um eine solche von bedeutendem Wert handelt, was etwa bei älteren oder bereits vorgeschädigten Fahrzeugen fraglich sein kann. Handelt es sich um eine Sache von bedeutendem Wert, so ist in einem zweiten Schritt zu prüfen, ob ihr auch ein bedeutender Schaden gedroht hat, wobei ein tatsächlich entstandener Schaden geringer sein kann als der maßgebliche Gefährdungsschaden. Der Wert der Sache ist hierbei nach dem Verkehrswert …, die Höhe des (drohenden) Schadens nach der am Marktwert zu messenden Wertminderung … zu berechnen …"

Hinweis: Sämtliche Fragen zur Höhe des Gefährdungsschadens sind der **Klärung durch Sachverständige** zugänglich. Hieran sollten Staatsanwaltschaft, Gericht und

---

1132 Ebenso Schaller, SVR 2009, 72; Fischer, StGB, § 315 Rn 16 a.
1133 So aber früher OLG Karlsruhe NJW 1961, 133; OLG Hamm VRS 18, 437.
1134 OLG Stuttgart NJW 1976, 1904; KG DAR 1959, 269; OLG Celle VRS 6, 381; Heine/Bosch in: Schönke/Schröder, StGB, vor § 306 Rn 15.
1135 OLG Köln, Beschl. v. 1.3.2013 – III-1 RVs 36/13 = BeckRS 2013, 12511 = DAR 2013, 393.
1136 OLG Hamm DAR 1973, 104.
1137 BGH, Beschl. v. 27.9.2007 – 4 StR 1/07 – insoweit in BGH NStZ-RR 2008, 83; BGH, Beschl. v. 29.4.2008 – 4 StR 617/07 = NZV 2008, 639 = NStZ-RR 2008, 289 = DAR 2008, 272 = VRR 2008, 70; BGH, Beschl. v. 2.7.2013 – 4 StR 187/13 = BeckRS 2013, 13335 = NStZ-RR 2013, 320.
1138 BGH, Beschl. v. 29 4.2008 – 4 StR 617/07 = NZV 2008, 639 = NStZ-RR 2008, 289 = DAR 2008, 272 = VRR 2008, 70. Ebenso BGH, Beschl. v. 2.7.2013 – 4 StR 187/13 = BeckRS 2013, 13335 = NStZ-RR 2013, 320; OLG Köln, Beschl. v. 11.1.2013 – III-RVs 1/13 = BeckRS 2013, 03857.

Verteidiger stets denken. In der Regel wird nämlich gerade die vom BGH vorgegebene Zweischrittprüfung kaum ohne Sachverständigen stattfinden können. Verteidiger können zudem die Höhe des angeblichen Gefährdungsschadens gut durch Kostenvoranschläge etc. von Fachwerkstätten in Zweifel ziehen und hierdurch vor allem eine ggf drohende vorläufige Fahrerlaubnisentziehung nach § 111 a StPO abwenden.

Allein Anschaffungspreis und Alter des Fahrzeugs sowie der tatsächlich eingetretene Schaden belegen ohne nähere Angaben zu den Einzelheiten des Unfallhergangs aber die Höhe des Gefährdungsschadens nicht.[1139]

bb) Gefährdung des vom Täter geführten Fahrzeugs

Das vom Täter geführte Fahrzeug ist **nicht taugliches Gefährdungsobjekt** iSd § 315 c StGB.[1140] Bei Gefährdung oder Beschädigung eines gemieteten, geliehenen oder dem Arbeitgeber gehörenden Fahrzeugs ist § 315 c StGB nicht erfüllt. Denn dieses kann als notwendiges Mittel zur Tatbestandsverwirklichung nicht zugleich Schutzobjekt der Vorschrift sein.[1141]   455

Entsprechendes gilt für das vom Tatteilnehmer geführte Fahrzeug – etwa bei zu Betrugszwecken „gestellten" Unfällen.[1142]   456

Hinweis: Dies gilt sogar bei Fahrzeugnutzung gegen den Willen des Berechtigten![1143]

cc) Verursachung nur unbedeutenden Sachschadens

Die Tatbestandsverwirklichung des § 315 c StGB setzt überhaupt keinen Schaden voraus, es genügt allein die Gefährdung. Der Eintritt eines **nur äußerst geringen Schadens** kann aber zur Verneinung des Tatbestands des § 315 c StGB führen, wenn aus Art und Umfang des nur geringen Schadens der Schluss gezogen werden kann, dass auch die Gefahr eines höheren Schadens nicht bestand. Dann fehlt es nämlich am Tatbestandsmerkmal der Gefährdung eines bedeutenden Sachwertes.[1144] Ein solcher Fall ist vor allem häufig gegeben, wenn beim Rangieren in Parklücken durch einen leichten Anstoß an einem anderen Fahrzeug ein nur geringer Schaden entstanden ist[1145] oder zB bei Verursachung von bloßen **Lackschäden** durch einen fahrunsicheren Radfahrer.[1146] Hier ist dann ggf die o.g. Zweischrittprüfung (vgl Teil 1 Rn 454 ff) vorzunehmen.   457

Hinweis: Wird im Verfahren der Bagatellschaden nicht als solcher von Staatsanwaltschaft oder Gericht akzeptiert, so liegt es nahe, selbst einen Sachverständigen zur Schadenshöhe zu beauftragen oder auch nur einen kostengünstigeren Kostenvoranschlag einzuholen. Wichtig ist natürlich, dass der Kostenvoranschlag zu erkennen gibt, dass es sich genau um den fraglichen Schaden handelt, den Reparaturweg plau-

---

1139 OLG Köln, Beschl. v. 11.1.2013 – III-RVs 1/13 = BeckRS 2013, 03857.
1140 BGHSt 11, 148, 151 und StVE Nr. 7 zu § 315 c StGB; Fischer, StGB, § 315 c Rn 17 mwN; Hentschel, TFF, Rn 410.
1141 BGH DAR 2000, 222; NStZ 2000, 235; aM KG VRS 13, 43; LK-König zu § 315 c Rn 169.
1142 BGH NStZ 1992, 233.
1143 Fischer, StGB, § 315 c Rn 17.
1144 BayObLG NZV 1998, 164.
1145 BayObLG DAR 1975, 204; 1985, 241 – bei Rüth.
1146 BayObLG NZV 1998, 164.

sibel und fachgerecht aufzeigt und detailliert auch die Berechnung des Schadens erkennen lässt.

f) Kausalitätsfragen, insbes. „Doppelkausalität"

458 Verurteilung wegen Gefährdung des Straßenverkehrs infolge alkoholbedingter Fahrunsicherheit setzt eine Kausalität in doppelter Hinsicht voraus:

- Die Fahrunsicherheit muss durch den Alkohol (mit-)verursacht sein
- und die konkrete Gefährdung muss auf der alkoholbedingten Fahrunsicherheit beruhen.

Erforderlich ist also ein ursächlicher Zusammenhang zwischen dem Fahrzeugführen im Zustand alkoholbedingter Fahrunsicherheit und der herbeigeführten konkreten Gefahr.[1147]

Hinweis: Hier spielt die umstrittene Rechtsprechung zur Frage der Kausalität im Rahmen der §§ 229 und 222 StGB keine Rolle. Bei fahrlässiger Körperverletzung und fahrlässiger Tötung soll es ja nach hM für die Frage, ob der Unfall für den alkoholbedingt fahrunsicheren Fahrer vermeidbar war, nicht darauf ankommen, ob der Täter diesen auch in nüchternem Zustand bei Einhaltung derselben Geschwindigkeit nicht hätte vermeiden können. Vielmehr soll dort zu prüfen sein, bei welcher geringeren Geschwindigkeit der Angeklagte noch seiner durch den Alkoholeinfluss herabgesetzten Wahrnehmungs- und Reaktionsfähigkeit bei Eintritt der kritischen Verkehrslage hätte Rechnung tragen können.

459 Im Rahmen der Kausalitätsprüfung bei § 315 c StGB kann dies jedenfalls nicht gelten. Denn diese Bestimmung wirft dem Fahrzeugführer nicht vor, im Hinblick auf seine Alkoholisierung zu schnell gefahren zu sein. Vielmehr betrifft der Vorwurf seine Teilnahme am Fahrzeugverkehr trotz alkoholbedingter Fahrunsicherheit.

Ursächlich ist die alkoholbedingte Fahrunsicherheit für die Gefährdung dann, wenn sich

- diese **auf den konkreten Verkehrsvorgang ausgewirkt** hat[1148]
- und die bei der Fahrt entstandene konkrete Gefährdung im Falle der Nüchternheit des Täters nicht eingetreten wäre.[1149]

Hinweis: Auch hier ist nicht entscheidend, wie sich irgendein nüchterner Fahrer verhalten hätte, sondern, ob die Gefahr auch von dem Angeklagten in nüchternem Zustand ausgegangen wäre.[1150]

460 Gerade bei **Polizeifluchtszenarien** wird dieser Punkt regelmäßig problematisch sein.[1151] Die Kausalität fehlt bei Trunkenheitsfahrten, in deren Rahmen sich der Täter entschließt, sich und seine Mitfahrer umzubringen – hier ist § 315 b StGB ein-

---

1147 BGH DAR 1986, 194 – bei Spiegel; NJW 1955, 1329; BayObLG NZV 1994, 283.
1148 BGH NZV 1989, 359; BayObLG NZV 1994, 283.
1149 BGH VRS 13, 204; BayObLG NJW 1954, 730.
1150 BayObLG NJW 1954, 730.
1151 Vgl etwa BGH, Beschl. v. 24.9.2013 – 4 StR 324/13 = BeckRS 2013, 18828.

schlägig.[1152] Bei geltend gemachten Suizidabsichten muss der Tatrichter sich mit einer solchen Einlassung auseinandersetzen.[1153] Sofern dann der Geschehensverlauf nicht eindeutig zu klären ist, wird eine Verurteilung auf alternativer Tatsachengrundlage in Betracht kommen.[1154]

g) Einwilligung des Gefährdeten und Rechtswidrigkeit

Wurde ein vom Täter beförderter Fahrzeuginsasse gefährdet oder gar verletzt, so kann sich der Angeklagte nicht darauf berufen, dieser habe seine alkoholische Beeinflussung gekannt und daher ausdrücklich oder zumindest stillschweigend in eine mögliche Gefährdung oder gar Verletzung eingewilligt. Das ist zwar umstritten, entspricht aber inzwischen ganz überwiegend vertretener Auffassung.[1155] Die hM kann sich darauf berufen, dass das geschützte Rechtsgut des § 315 c StGB die **Sicherheit des Straßenverkehrs** ist, über die der Einwilligende nicht wirksam verfügen kann.[1156]   461

Hinweis: Im Rahmen der Strafzumessung allerdings kann dieser Gesichtspunkt durchaus als Milderungsgrund fruchtbar gemacht werden.

h) Vorsatz und Fahrlässigkeit

§ 315 c StGB ist gerade was den subjektiven Tatbestand angeht nicht ganz einfach. Hier sind aufgrund der „verschachtelten" Tatbestandsmöglichkeiten unterschiedliche **Vorsatz/Fahrlässigkeits-Kombinationen** denkbar.   462

aa) Vorsatz

Vorsätzliche Tat ist gegeben,   463

- wenn sich der Vorsatz des Täters sowohl auf seine alkoholbedingte Fahrunsicherheit als auch auf die Gefährdung bezieht (§ 315 c Abs. 1 Nr. 1 a StGB),

- aber auch dann, wenn er zwar die Gefahr nur fahrlässig verursacht, bezüglich der übrigen Tatbestandsmerkmale jedoch vorsätzlich handelt, (§ 315 c Abs. 1 Nr. 1 a in Verbindung mit Abs. 3 Nr. 1 StGB). Dies folgt aus § 11 Abs. 2 StGB.[1157]

    Hinweis: Kommt es also zu der genannten Fahrlässigkeits-Vorsatzkombination, so muss auch im Tenor des Urteils wegen Vorsatzes verurteilt werden.

Vorsatz hinsichtlich der alkoholbedingten Fahrunsicherheit setzt voraus, dass der Angeklagte deren Vorliegen kannte oder zumindest mit ihr rechnete und sie billigend in Kauf nahm.

Die Gefährdung ist vorsätzlich begangen, wenn der Täter den **Eintritt der Gefahrenlage mindestens billigend in Kauf genommen** hat.[1158] Das Bewusstsein der abstrakten   464

1152 BGH DAR 2007, 526, 527.
1153 BGH, Beschl. v. 19.11.2013 – 4 StR 352/13 = BeckRS 2013, 22216 = NStZ 2014, 87.
1154 Hierzu BGH, Beschl. v. 18.8.1983 – 4 StR 142/82 = BGHSt 32, 48, 56; BGH, Beschl. v. 19.11.2013 – 4 StR 352/13 = BeckRS 2013, 22216 = NStZ 2014, 87.
1155 BGH NZV 1992, 370; 1995, 80; OLG Koblenz BA 2002, 483; OLG Stuttgart NJW 1976, 1904; aM zB Heghmanns, BA 2002, 486; Cramer/Sternberg-Lieben in: Schönke/Schröder, StGB, § 315 c Rn 43.
1156 BGH NJW 1970, 1380; näher dazu: Blum, NZV 2011, 378, 379; Hentschel, TFF, Rn 418 ff.
1157 BGH DAR 1997, 177 – bei Tolksdorf.
1158 BGH NZV 1996, 458; OLG Schleswig BA 1992, 78.

Gefährlichkeit des Tatverhaltens genügt nicht.[1159] Teilweise wird angenommen, Vorsatz hinsichtlich der Gefährdung scheide schon deswegen aus, weil der Angeklagte damit auch seine eigene Gefährdung in Kauf genommen haben müsse. Das aber sei unwahrscheinlich.[1160]

465 Das ist aber nicht zwingend: Zum einen kann der Täter durchaus auch einen ihm im Grunde unerwünschten Erfolg billigen.[1161] Zum anderen wird er in solchen Fällen darauf vertrauen, trotz möglicher Gefährdung einen Schaden vermeiden zu können.

Hinweis: Als Verteidiger ist dieses Argument aber häufig oft der einzige taugliche Verteidigungsansatz und daher natürlich auch herauszustellen in den Situationen, die auch für den Beschuldigten selbst oder im Fahrzeug mitfahrende Familienangehörige (zB Kinder) sehr kritisch und gefährlich waren.

Im Übrigen ist bei der Urteilsüberprüfung des Urteils 1. Instanz darauf zu achten, ob die Feststellungen tatsächlich rechtsfehlerfrei einen Vorsatz ergeben. Oft finden sich hier nämlich „ausgemachte" Fahrlässigkeitsformulierungen. Hier reicht dann die allgemeine Sachrüge („... gerügt wird die Verletzung materiellen Rechts ...") im Rahmen der Revisionseinlegung.

Der Vorsatz muss sich auch auf die Ursächlichkeit der alkoholbedingten Fahrunsicherheit für die eingetretene Gefährdung erstrecken.[1162]

bb) Fahrlässigkeit

466 Wegen fahrlässiger Tatbegehung wird der Täter nur bestraft, wenn er weder seine Fahrunsicherheit kannte oder in Kauf nahm noch die Gefahr vorsätzlich herbeigeführt hat, aber wegen beider Tatbestandsmerkmale der Vorwurf fahrlässigen Verhaltens gerechtfertigt ist. Dann liegt der Fall des § 315 c Abs. 1 Nr. 1 a, Abs. 3 Nr. 2 StGB vor.

Hinweis: Soll wegen Vorsatz verurteilt werden, obwohl nur Fahrlässigkeit angeklagt war, so ist ein entsprechender rechtlicher Hinweis durch das Gericht nach § 265 StPO erforderlich.

i) Versuch

467 Was **nahezu** jedem Verkehrsrechtler **unbekannt** ist: § 315 c Abs. 1 Nr. 1 a und b StGB können auch als Versuch bestraft werden. Entscheidungen in diesem Bereich sind aber hierzu nahezu nicht ergangen. Die Versuchsstrafbarkeit nach § 315 c Abs. 2, 22, 23 StGB setzt dabei voraus, dass sich der Vorsatz des Täters nicht nur auf die Fahruntüchtigkeit (infolge Alkohols, sonstiger berauschender Mittel, geistiger oder körperlicher Mängel), sondern auch auf die konkrete Gefährdung erstreckt. Der Täter muss also den Eintritt der konkreten Gefahr in sein Vorstellungsbild aufgenommen und billigend in Kauf genommen haben.[1163]

1159 BGH NZV 1998, 211.
1160 So zB (zu § 315 a aF) BayObLG NJW 1955, 1448; OLG Köln NJW 1960, 1213.
1161 BGH NZV 1996, 458.
1162 BayObLG VRS 64, 368.
1163 OLG Düsseldorf NJW 1956, 1043; VRS 35, 29.

Hinweis: Hierzu reicht die allgemeine Vorstellung irgendeiner möglichen Gefahr nicht aus.[1164] Mehr dürfte in der Regel im Nachhinein auch gar nicht in subjektiver Hinsicht feststellbar sein. Aus Sicht des Verteidigers ist es daher wichtig, die Einlassung des Mandanten im subjektiven Bereich weitgehend „zu beschneiden".

j) Teilnahme – §§ 26, 27 StGB

Wie auch sonst nach allgemeinen Regeln müssen sowohl Täter als auch Teilnehmer vorsätzlich handeln. Hier ist zu beachten, dass gem. § **11 Abs. 2 StGB** auch dann eine Vorsatztat gegeben ist, wenn hinsichtlich der Gefährdung nur der Vorwurf der Fahrlässigkeit gerechtfertigt ist. Anstiftung und Beihilfe sind daher grundsätzlich auch bei dieser Form der Tatbestandsverwirklichung möglich.[1165] Bereits leichte Aufforderungen durch den Mitfahrer zur Tat können in diesem Zusammenhang eine Anstiftung bedeuten.[1166]

468

F. Konkurrenzfragen

Konkurrenzprobleme sind im Rahmen des § 315 c StGB häufig anzutreffen. In der gerichtlichen Praxis werden sie freilich oft ausgeblendet durch großzügige Anwendung von §§ 154/154 a StPO.

469

I. Polizeiflucht

Verschiedene Straftaten bei der Flucht vor der Polizei wie etwa § 315 b, 315 c, 240 oder § 142 StGB bilden eine **natürliche Handlungseinheit**, also nur eine Tat im Rechtssinne (§ 52 StGB) weil sie bei einer solchen Fahrt auf einem einheitlichen Fluchtentschluss beruhen.[1167]

470

Hinweis: Hier liegt es also selbst im Falle einer (beabsichtigten/angekündigten) geständigen Einlassung nahe, die eingesetzten Polizeibeamten als Zeugen in der Hauptverhandlung zu vernehmen, ob und inwieweit eine Fahrt mit mehreren verwirklichten Tatbeständen durchgehend Fluchtcharakter hatte. Schon kurze Fahrtpausen – etwa um sich in einer Seitenstraße mit seinem Fahrzeug zu verbergen – dürften die natürliche Handlungseinheit, die die Fluchtfahrt bildet, uU entfallen lassen.

II. Mehrere Begehungsformen des § 315 c StGB

Mitunter wird eine konkrete Gefährdung durch alkoholbedingte Fahrunsicherheit – etwa mangelnde Fahrzeugbeherrschung – und zugleich durch grob verkehrswidriges und rücksichtsloses Verhalten iSd § 315 c Abs. 1 Nr. 2 StGB herbeigeführt, zB falsches Überholen oder zu schnelles Fahren an unübersichtlichen Stellen. In solchen

471

1164 Hartung, NJW 1965, 86, 90.
1165 Zur Frage einer möglichen Anstiftung durch den gefährdeten Beifahrer siehe Otto, NZV 1992, 309. Zur strafrechtlichen Verantwortlichkeit eines Dritten für eine infolge Trunkenheit des Fahrers verursachte fahrlässige Körperverletzung oder Tötung siehe Hentschel, TFF, Rn 330 ff.
1166 BGH, Beschl. v. 16.4.2012 – 4 StR 45/12 = BeckRS 2012, 09735.
1167 BGH, Urt. v. 20.2.2003 – 4 StR 228/02 = BGHSt 48, 233 = NJW 2003, 1613, 1615 = DAR 2003, 228 = StV 2003, 338 = VRS 104, 44; Beschl. v. 20.2.2001 – 4 StR 556/00 = NZV 2001, 265; Beschl. v. 8.7.1997 – 4 StR 271/97 = NStZ-RR 1997, 331; siehe dazu Seier, NZV 1990, 129, 132.

Fällen liegen nicht zwei tateinheitlich begangene Verstöße vor, vielmehr ist **nur eine Straftat** nach § 315 c StGB verwirklicht.[1168]

III. Gleichzeitige Gefährdung mehrerer Personen

472 Auch bei Gefährdung mehrerer Personen gleichzeitig durch dasselbe tatbestandsmäßige Verhalten besteht nach hM keine (gleichartige) Tateinheit; vielmehr liegt nur ein Vergehen nach § 315 c StGB vor.[1169]

Hinweis: Beruht die zu der Gefährdung führende Fahrunsicherheit zugleich auf dem Genuss alkoholischer Getränke oder anderer berauschender Mittel und auf geistigen oder körperlichen Mängeln anderer Art, so erfolgt ebenfalls keine tateinheitliche Verurteilung (zwischen Nr. 1 a und Nr. 1 b). In diesen Fällen ist nämlich § 315 c Abs. 1 Nr. 1 a gegenüber Nr. 1 b lex specialis.[1170]

Dies gilt auch, wenn Personen und Sachen im Rahmen eines Fahrmanövers gefährdet werden.[1171]

IV. Mehrere Gefährdungen auf einer Trunkenheitsfahrt

473 **Tatmehrheit** liegt vor, wenn der Täter auf ein und derselben Fahrt infolge seiner alkoholbedingten Fahrunsicherheit mehrere konkrete Gefahren herbeiführt und die Fortsetzung der Fahrt auf einem neuen Tatentschluss beruht, etwa bei Fortsetzung nach Unfall.[1172] Anders ist dies allerdings, wenn natürliche Handlungseinheit anzunehmen ist, die zur Bestrafung nur wegen eines Vergehens nach § 315 c Abs. 1 Nr. 1 a (Abs. 3) StGB führt.[1173] Nach anderer Ansicht soll dagegen bei Herbeiführung mehrerer Gefährdungen stets Handlungseinheit vorliegen, weil nämlich § 315 c Abs. 1 Nr. 1 a StGB ein Dauerdelikt sei.[1174]

Hinweis: Der Verteidiger muss sich hier natürlich stets auf die Mindermeinung berufen, die sich „gut hören lässt".

Nach der Rechtsprechung des BGH ist in Fällen der Herbeiführung mehrerer konkreter Gefahren auf ein und derselben Fahrt grundsätzlich nur eine Tat gem. § 315 c StGB begangen, wenn die Fortsetzung der Fahrt nicht auf neuem **Tatentschluss** beruht.[1175] Vom Standpunkt der Auffassung, die § 315 c StGB als ein Dauerdelikt ansieht, ist dies ohne Weiteres konsequent. Allerdings gelangt der BGH zu diesem Ergebnis, obwohl er die früher von ihm geteilte Ansicht, es handele sich um ein Dauerdelikt, aufgegeben hat. Er begründet das damit, dass die Gefährdung des Straßenver-

---

1168   BayObLG VRS 73, 379; OLG Hamm VRS 41, 40; Cramer/Sternberg-Lieben in: Schönke/Schröder, StGB, § 315 c Rn 50; aM Fischer, StGB, § 315 c Rn 23.
1169   BGH, Urt. v. 20.10.1988 – 4 StR 335/88 = NZV 1989, 31; BayObLG NJW 1984, 68; Engelhardt, DRiZ 1982, 106 (zu § 315 b StGB); aM Cramer/Sternberg-Lieben in: Schönke/Schröder, StGB, § 315 c Rn 54.
1170   BGH VM 1971, 81 Nr. 100; Fischer, StGB, § 315 c Rn 23.
1171   Blum SVR 2011, 173, 177.
1172   BGH, Urt. v. 5.11.1969 – 4 StR 519/68 = NJW 1970, 255; OLG Düsseldorf NZV 1999, 388.
1173   BGH, Urt. v. 5.11.1969 – 4 StR 519/68 = NJW 1970, 255; Lackner/Kühl, StGB, § 315 c Rn 35.
1174   Cramer/Sternberg-Lieben in: Schönke/Schröder zu § 315 c Rn 53.
1175   BGH, Urt. v. 20.10.1988 – 4 StR 335/88 = NZV 1989, 31 mit krit. Anm. Werle, JR 1990, 77; krit. LK-König, StGB, § 315 c Rn 209; Seier, NZV 1990, 130.

kehrs dennoch durch die eine Trunkenheitsfahrt erfolge; die von dieser Trunkenheitsfahrt ausgehende Gefährdung konkretisiere sich nur in unterschiedlichem Umfang.

Hinweis: Der Verteidiger muss also im Falle mehrerer unmittelbar aufeinander folgender Gefährdungen durch eine plausible und mit Beweisantritt (Zeugenbenennung) unterfütterte Einlassung darlegen, dass ein neuer Tatentschluss nach der ersten Gefährdung nicht vorlag. Bei fahrlässigen Gefährdungen dürfte dies weniger problematisch sein, weil dort ja immer möglich erscheint, dass aufgrund des der Fahruntüchtigkeit zugrunde liegenden „Defektes" (Bsp. Alkoholisierung) die Gefährdung gar nicht wahrgenommen wurde.

V. Das Verhältnis von § 316 StGB zu § 315 c StGB

Das Verhältnis von § 316 StGB zu § 315 c StGB ist vor allem in den Fällen bedeutsam, in denen der Täter alkoholbedingt einen Unfall verursacht hat und dann die Fahrt fortsetzt, ohne jedoch dabei den Tatbestand des § 142 StGB zu erfüllen – etwa, um lediglich an nahe (noch nicht außerhalb des „Unfallortes") gelegener, geeigneter Stelle zu wenden oder anzuhalten. 474

Hinweis: In diesen Fällen erfolgt wegen der weiteren Fahrt keine Verurteilung wegen Trunkenheit im Verkehr gem. § 316 StGB. § 316 StGB ist nämlich gegenüber § 315 c Abs. 1 Nr. 1 a StGB subsidiär.[1176]

Die **Weiterfahrt** geht in Fällen der geschilderten Art in § 315 c StGB auf, weil sie – anders als im Falle der Unfallflucht – keinen neuen Tatentschluss voraussetzt.[1177]

Hinweis: Im Falle des unerlaubten Entfernens vom Unfallort muss auch bedacht werden, dass die Verwirklichung des § 316 StGB im Anschluss an die Zäsur, welche die Fluchtentscheidung mit sich bringt, zumeist Vorsatz gegeben sein wird. Der Fahrer wird sich nach einem Unfall und der Kenntnis seines Alkoholgenusses kaum noch darauf berufen können, er habe sich noch fahrtüchtig gefühlt.

VI. Das Verhältnis von § 315 c StGB zu § 315 b StGB

Beruht die konkrete Gefährdung durch den fahrunsicheren/fahruntüchtigen Täter darauf, dass er durch seine Fahrweise ein Hindernis bereitet, oder sich diese Fahrweise als ein „ähnlicher, ebenso gefährlicher Eingriff" iSd § 315 b StGB darstellt, und beruht diese Fahrweise auf alkoholbedingter Fahrunsicherheit (zB mangelnde Fahrzeugbeherrschung oder alkoholbedingte Enthemmung, Rücksichtslosigkeit, Leichtsinn), so kommt nur **ausnahmsweise Tateinheit** zwischen § 315 c und § 315 b StGB in Frage. Eingriffe mit dem Kraftfahrzeug im fließenden Verkehr fallen nämlich grundsätzlich nur unter § 315 c StGB und nur dann unter § 315 b StGB, wenn das Fahrzeug 475

1176 BGH NJW 1983, 1744; OLG Düsseldorf VRS 94, 265.
1177 BGH NJW 1973, 335; BayObLG NJW 1973, 1657; KG VRS 60, 107.

bewusst zweckwidrig in verkehrsfeindlicher Weise eingesetzt und gewissermaßen zu einem Eingriff iSd § 315 b StGB missbraucht wird.[1178]

476 Darüber hinaus verlangt der für Verkehrsstrafsachen zuständige 4. Strafsenat des BGH in solchen Fällen, abweichend von seiner früheren Rechtsprechung, mittlerweile zumindest bedingten Schädigungsvorsatz. Gefährdungsvorsatz genügt danach nicht.[1179] Erst dann liegt nämlich eine – über den Tatbestand des § 315 c StGB hinausgehende – verkehrsatypische „Pervertierung" des Verkehrsvorgangs zu einem gefährlichen „Eingriff" in den Straßenverkehr im Sinne des § 315 b Abs. 1 StGB vor.[1180] Sofern ein Verkehrsteilnehmer sein Fahrzeug beispielsweise als Fluchtmittel (lediglich) verkehrswidrig benutzt und nur mit Gefährdungsvorsatz handelt, wird ein solches Verhalten dagegen regelmäßig von § 315 c Abs. 1 Nr. 2 StGB erfasst.[1181]

Hinweis: Das besondere Problem sind hier natürlich stets die erforderlichen tatsächlichen Feststellungen zum **Gefährdungsvorsatz**. Meist wird schon der Hinweis auf die eigene Gefährdung durch das pflichtwidrige Verhalten ausreichen, um solch einen Vorsatz verneinen zu können. Hier gilt für den Fahrer natürlich einmal mehr „Reden ist Silber, Schweigen ist Gold". Kommt also eine Strafbarkeit nach § 315 b StGB in Betracht, so muss der Fahrer sich dringend darüber klar werden, ob und zu welchen Punkten der Tat er Auskunft geben will.

Fehlt es an diesen Voraussetzungen, so scheidet § 315 b StGB aus. Es kommt allein Bestrafung nach § 315 c StGB in Frage.

477 Tateinheit zwischen beiden Tatbeständen ist jedoch dann möglich, wenn der Täter unter „**Pervertierung**" **eines Verkehrsvorgangs** zu einem Eingriff in den Straßenverkehr die konkrete Gefährdung mit zumindest bedingtem Schädigungsvorsatz durch gewolltes verkehrswidriges Verhalten herbeiführt und die Gefahr durch die bei ihm bestehende Fahrunsicherheit vergrößert wird.[1182] Hat die Fahrunsicherheit des Täters die durch bewusst verkehrsfeindlichen Einsatz des Fahrzeugs verursachte Gefahr nicht beeinflusst, so kommt auch tateinheitliche Verurteilung nach § 315 b StGB und § 316 StGB in Frage.[1183]

1178 BGH, Urt. v. 20.2.2003 – 4 StR 228/02 = BGHSt 48, 223 = NJW 2003, 1613; VRS 106 198; OLG Hamm NZV 2008, 261 = StRR 2008, 83 = VRR 2008, 83 = zfs 2008, 291 = VD 2008, 112; OLG Hamm VRR 2006, 314; OLG Köln DAR 2004 469.
1179 BGH, Urt. v. 20.2.2003 – 4 StR 228/02 = BGHSt 48, 223 = NJW 2003, 1613; VRS 106, 198; ebenso OLG Köln DAR 2004, 469; näher: König in: Hentschel/König/Dauer, Straßenverkehrsrecht, § 315 b Rn 1.
1180 OLG Hamm, Beschl. v. 8.1.2008 – 3 Ss 528/07 = NZV 2008, 261 = StRR 2008, 83 = VRR 2008, 83 = zfs 2008, 291 = VD 2008, 112.
1181 BGHSt 48, 233; OLG Hamm, Beschl. v. 8.1.2008 – 3 Ss 528/07 = NZV 2008, 261 = StRR 2008, 83 = VRR 2008, 83 = zfs 2008, 291 = VD 2008, 112.
1182 BGH, Urt. v. 15.12.1967 – 4 StR 441/67 = NJW 1968, 1244; BayObLG VRS 64, 368; Fischer, StGB, § 315 b Rn 10; a. M. Cramer/Sternberg-Lieben in: Schönke/Schröder, StGB, § 315 c Rn 50.
1183 BGH VRS 106, 49; NZV 1995, 196; OLG Koblenz VRS 73, 58.

VII. Mehrere Trunkenheitsdelikte bei gleichzeitigem, „fortgesetztem" Fahren ohne Fahrerlaubnis

Hat der Angeklagte über einen längeren Zeitraum regelmäßig ohne die erforderliche Fahrerlaubnis am motorisierten Kraftfahrzeugverkehr teilgenommen[1184] und sich bei der Verwirklichung einzelner Teilakte zugleich eines Trunkenheitsdeliktes nach § 316 oder § 315 c StGB schuldig gemacht, so **werden** diese Trunkenheitsdelikte **nicht** etwa durch fortgesetztes Fahren ohne Fahrerlaubnis **zu einer rechtlichen Einheit zusammengefasst**. Nach den grundlegenden Entscheidungen des BGH zum **Fortsetzungszusammenhang** aus dem Jahr 1994[1185] wird ein fortgesetztes Vergehen des Fahrens ohne Fahrerlaubnis nicht mehr in Betracht kommen.[1186]

478

Hinweis: Hiervon zu unterscheiden sind natürlich die Fälle, in denen beide Taten als Dauerdelikte „parallel" begangen werden und nur kurze Fahrtunterbrechungen stattfinden. Hier bleibt es dann dabei, dass beide Dauerdelikte tateinheitlich begangen werden und keines durch die kurze Fahrtunterbrechung in zwei selbstständige materiellrechtliche Taten (§ 53 StGB) aufgeteilt wird.

VIII. Trunkenheitsfahrt und unerlaubtes Entfernen vom Unfallort[1187]

Grundsätzlich ist bei Unfällen im Rahmen von Trunkenheitsfahrten zu bedenken: Bei einer Trunkenheitsfahrt mit Unfall und anschließender Weiterfahrt ist der Zeitpunkt des Unfalls nicht ohne Weiteres gleichzusetzen mit der Tatzeit der Straßenverkehrsgefährdung gemäß § 315 c Abs. 1 Nr. 1 a StGB. Insoweit beginnt die Deliktsverwirklichung – durch das Führen eines Fahrzeugs in fahruntüchtigem Zustand – schon bei Fahrtantritt, während die Tat erst bei Eintritt der konkreten Gefahr vollendet ist.[1188]

479

1. Tatidentität im Sinne von § 264 StPO

Hat der Angeklagte infolge der bei ihm vorliegenden alkoholbedingten Fahrunsicherheit einen Unfall verursacht und dann die Unfallstelle in Kenntnis des Unfalls verlassen und damit den Tatbestand des § 142 StGB verwirklicht, so handelt es sich bei dem gesamten Verhalten um einen einheitlichen geschichtlichen Lebensvorgang; es besteht also **Tatidentität** iSd § 264 StPO.[1189]

480

Hinweis: Dies ist zB in der Praxis bedeutsam, falls sich die strafrechtliche Verfolgung in der Anklageschrift oder im Strafbefehl nur gegen das unerlaubte Entfernen vom Unfallort richtete, obwohl der Sachverhalt vollständig geschildert ist. Der Angeklagte kann dann auch wegen Gefährdung des Straßenverkehrs verurteilt werden.

1184 Zum Fahren ohne Fahrerlaubnis ausführlich: Freyschmidt/Krumm, Verteidigung in Straßenverkehrssachen, 10. Aufl. 2013, Rn 492 ff.
1185 BGH NJW 1994, 1663; BGHSt 40, 195 = NJW 1994, 2368.
1186 OLG Köln VRS 90, 288; OLG Zweibrücken DAR 1995, 32.
1187 Zum Unerlaubten Entfernen vom Unfallort: Himmelreich/Krumm/Staub, Verkehrsunfallflucht.
1188 OLG Köln, Beschl. v. 1.3.2013 – III-1 RVs 36/13 = BeckRS 2013, 12511 = DAR 2013, 393; vgl auch Fischer, StGB, § 315 c, Rn 3, 11.
1189 HM, vgl BGH, Urt. v. 5.11.1969 – 4 StR 519/68 = NJW 1970, 255; 1973, 335; OLG Saarbrücken VRS 106, 194; OLG Stuttgart VRS 67, 356; aM OLG Hamm NJW 1969, 80; Burmann in: Burmann/Heß/Jahnke/Janker, StGB, § 142 StGB Rn 42.

F. Konkurrenzfragen

481 Entsprechendes gilt im umgekehrten Fall, in dem zwar Anklageschrift oder Strafbefehl nicht nur den Unfall, sondern auch die Fortsetzung der Fahrt durch den Angeklagten schildern, ausdrücklich jedoch nur ein Vergehen gem. § 315 c StGB (oder § 316 StGB) verfolgt wird.

482 Es bedarf dann keiner **Nachtragsanklage** zur Verurteilung wegen des anschließend begangenen unerlaubten Entfernens vom Unfallort; vielmehr genügt ein Hinweis gem. § 265 Abs. 1 StPO.[1190]

Hinweis: Ist dieser **rechtliche Hinweis** nicht erteilt, so bedarf es bei Einlegung der Revision der Begründung mittels der Verfahrensrüge. Die Begründungsanforderungen sind hierbei sehr hoch anzusetzen. Hier ist die Kommentierung zu § 344 StPO zu Rate zu ziehen.

2. Tatmehrheit

483 Nach inzwischen hM stehen eine Trunkenheitsfahrt mit Unfallfolge und anschließendes unerlaubtes Entfernen vom Unfallort im Verhältnis der Tatmehrheit – § 53 StGB – zueinander.[1191] Dabei kommt es nicht darauf an, ob der Täter nach dem Unfall zunächst anhält oder ohne Halt weiterfährt. Denn in beiden Fällen beruht das unerlaubte Entfernen vom Unfallort jedenfalls auf einem **neuen Tatentschluss**; eine mehr oder weniger kurze Unterbrechung der Fahrt ist also für die Frage des Verhältnisses der beiden Tatbestände zueinander ohne Bedeutung.[1192]

3. Nichtverurteilung wegen tatmehrheitlich angeklagten unerlaubten Entfernens vom Unfallort

484 Kann nur ein Vergehen nach § 316 oder 315 c Abs. 1 StGB, nicht aber der zugleich erhobene Vorwurf tatmehrheitlicher Unfallflucht in Tateinheit mit einer Trunkenheit im Verkehr nachgewiesen werden, so erfolgt kein **Teilfreispruch**. Das Vergehen des unerlaubten Entfernens vom Unfallort stünde nämlich – wäre es nachgewiesen – in Tateinheit zu dem mit der Weiterfahrt wegen fortbestehender Fahrunsicherheit begangenen Vergehen gem. § 316 StGB. Entfällt der Vorwurf der Unfallflucht, so umfasst der erste Tatkomplex die dann übrig bleibende Weiterfahrt im Zustand der Fahrunsicherheit mit, so dass ein Teilfreispruch zu unterbleiben hat.[1193]

Hinweis: Das gilt aber nicht, wenn das Verhalten nach dem Unfall nur als Vergehen nach § 142 StGB (nicht tateinheitlich als Trunkenheitsfahrt) angeklagt war.[1194]

1190 OLG Saarbrücken, Urt. v. 28.6.1973 – Ss 10/73 = NJW 1974, 375.
1191 BGH NJW 1973, 335; BayObLG VRS 61, 351; OLG Saarbrücken VRS 106, 194; OLG Düsseldorf NZV 1999, 388; a. M. früher BGH VRS 9, 350; BayObLG NJW 1963, 168.
1192 BGH NJW 1967, 942; OLG Saarbrücken VRS 106, 194; OLG Düsseldorf, Beschl. v. 10.2.1999 – 5 Ss 15/99 - 9/99 I = NZV 1999, 388.
1193 OLG Stuttgart VRS 67, 356; OLG Zweibrücken VRS 85, 206.
1194 OLG Saarbrücken VRS 106, 194.

4. Trunkenheitsfahrt und unerlaubtes Entfernen vom Unfallort im Zustand der Schuldunfähigkeit

Fährt der Angeklagte alkoholbedingt fahrunsicher, aber auch im Zustand nicht ausschließbarer Schuldunfähigkeit und setzt er nach einem Unfall seine Fahrt fort, wird actio libera in causa hinsichtlich des unerlaubten Entfernens vom Unfallort ausscheiden müssen. Er wird das Vergehen nach § 142 StGB nicht von vornherein in seine Vorstellung mit einbezogen haben. Das unerlaubte Entfernen vom Unfallort kann dann entweder nur als Vergehen gem. § 142 Abs. 2 StGB (nachträgliches Ermöglichen der Feststellungen nach „entschuldigtem" Verlassen des Unfallortes) oder als Vollrausch gem. § 323 a StGB (unerlaubtes Entfernen vom Unfallort als Rauschtat) geahndet werden. 485

Nach wohl **überwiegend vertretener Ansicht** unterliegt auch derjenige den Pflichten des § 142 Abs. 2 StGB, der rauschbedingt schuldunfähig mit natürlichem Vorsatz die Unfallstelle verlässt.[1195] 486

Soweit dagegen § 142 Abs. 2 StGB nicht für anwendbar gehalten wird, kommt in Bezug auf das Entfernen vom Unfallort im Zustand fortdauernder Schuldunfähigkeit nur Bestrafung wegen Vollrausches in Frage. Dieser Tatbestand stünde dann aber nicht im Verhältnis der Tatmehrheit zur vorausgegangenen Trunkenheitsfahrt; vielmehr hätte Verurteilung wegen nur eines Vergehens gem. § 323 a StGB zu erfolgen. Denn dieselbe Handlung, nämlich das Sichberauschen, ist die vorwerfbare Tathandlung, während die Rauschtaten (hier zB §§ 315 c, 142 StGB) nur **objektive Bedingung der Strafbarkeit** sind (siehe Teil 1 Rn 320f).[1196] 487

IX. § 315 c StGB und BtM-Delikte

Oftmals werden im Zuge von Straßenverkehrsstraftaten wie § 315 c StGB Betäubungsmitteldelikte begangen. Zwar vermögen ein einheitliches Motiv, eine Gleichzeitigkeit von Geschehensabläufen oder eine Mittel-Zweck-Verknüpfung eine Tateinheit nicht zu begründen.[1197] Mehrere strafbare Gesetzesverstöße stehen aber zueinander in Tateinheit (§ 52 StGB), wenn die jeweiligen Ausführungshandlungen in einem für sämtliche Tatbestandsverwirklichungen notwendigen Teil zumindest teilweise identisch sind. Begeht ein Täter, der Rauschgift zu Handelszwecken in einem Pkw befördert (Einfuhrfahrt, Transportfahrt vom Lieferanten zum Depot, Fahrt zu Abnehmern etc.) durch das Führen des Transportfahrzeuges weitere Gesetzesverstöße, so stehen diese nach den genannten Grundsätzen zu dem in der Beförderung liegenden Betäubungsmittelhandel im Verhältnis der Tateinheit (§ 52 StGB). Denn ihr Tatbestand 488

1195 OLG Köln, Urt. v. 1.2.1977 – Ss 661/76 = NJW 1977, 2275; OLG Koblenz VRS 53, 340; krit. Fischer, StGB, § 142 Rn 48; aM zB BayObLG NJW 1989, 1685 (zust. Paeffgen NStZ 1990, 365). Näher: König in: Hentschel/König/Dauer, § 142 StGB Rn 52.
1196 Vgl dazu auch BGH NJW 1962, 1830; BayObLG DAR 1973, 207 – bei Rüth; OLG Hamm DAR 1974, 23.
1197 BGH, Beschl. v. 2.7.2013 – 4 StR 187/13 = BeckRS 2013, 13335 = NStZ-RR 2013, 320; BGH, Urt. v. 21.10.1999 – 4 StR 78/99 = NStZ 2000, 85; BGH, Beschl. v. 25.11.1997 – 5 StR 526/96 = BGHSt 43, 317, 319 mwN.

wird durch dieselbe Ausführungshandlung verwirklicht.[1198] **Bei zeitlicher Gleichzeitigkeit** der Tatbegehung bedarf es so auch zur Beurteilung der Konkurrenzsituation näherer Darstellungen zu ob die dem Angeklagten angelasteten Gesetzesverletzungen bei einer Fahrt begangen wurden, die dem Transport des im Fahrzeug befindlichen Rauschgifts zu Handelszwecken (etwa zu weiteren Abnehmern oder ins Depot) diente, und zwar jedenfalls dann, wenn auch Bargeld aus Veräußerungsgeschäften sichergestellt wird.[1199]

G. Strafzumessung bei Trunkenheitsdelikten

I. Grundfragen

489 Über Strafzumessungsfragen machen sich in der Praxis die Beteiligten in Trunkenheitssachen oft keine weiteren Gedanken. Hier wird vielmehr allzu oft unkritisch **nach Taxen und festen Schemata** entschieden, ohne den Einzelfall hinreichend zu würdigen. Andererseits lassen sich gerade in Verkehrssachen Ähnlichkeiten der Fälle schnell ausmachen, so dass eine solche Taxenbildung menschlich allzu verständlich scheint und jedenfalls vom Ergebnis her nicht immer unrichtig.

490 Die Probleme in der Strafzumessung spielen in rechtlicher Hinsicht in der Regel **im Rahmen der revisionsrechtlichen Überprüfung** des tatrichterlichen Urteils eine Rolle. Auch wenn der Tatrichter nach § 267 Abs. 3 1 StPO im Urteil nur diejenigen Umstände anführen muss, die für die Strafzumessung bestimmend waren und eine erschöpfende Aufzählung aller Strafzumessungserwägungen weder vorgeschrieben noch möglich ist,[1200] so ist es doch rechtsfehlerhaft, wenn der Tatrichter Umstände außer Acht lässt, die für die Beurteilung des Unrechts und Schuldgehalts der Tat von erheblicher Bedeutung sind, wie strafmildernd zu beachtende Strafzumessungsgesichtspunkte (Geständnis, Entschuldigung bei dem Geschädigten).[1201] Zwar unterliegt die Strafzumessung **nur in eingeschränktem Umfang der Überprüfung durch das Revisionsgericht.** Es ist grundsätzlich Sache des Tatrichters, auf der Grundlage des umfassenden Eindrucks, den er in der Hauptverhandlung von der Tat und der Person des Täters gewonnen hat, die wesentlichen entlastenden und belastenden Umstände festzustellen, sie zu bewerten und gegeneinander abzuwägen.[1202] Ein Eingriff des Revisionsgerichts in die Strafzumessung ist nur möglich, wenn die Zumessungserwägungen in sich fehlerhaft sind, von unzutreffenden Tatsachen ausgehen, das Tatgericht gegen rechtlich anerkannte Strafzwecke verstößt oder wenn sich die verhängte Strafe

---

1198 Vgl BGH, Beschl. v. 2.7.2013 – 4 StR 187/13 = BeckRS 2013, 13335 = NStZ-RR 2013, 320; BGH, Beschl. v. 8.6.2011 – 4 StR 209/11 = NZV 2012, 250 zu § 24 a Abs. 2 StVG und § 29 a Abs. 1 Nr. 2 BtMG; BGH, Beschl. v. 11.12.2008 – 3 StR 533/08 = BGHR StVG § 24 a Abs. 2 Konkurrenzen 1 zu § 24 a Abs. 2 StVG und § 30 Abs. 1 Nr. 4 BtMG; offengelassen in BGH, Beschl. v. 5.3.2009 – 3 StR 566/08 = NStZ 2009, 705 Rn 8; Fischer, StGB, § 316 Rn 57; Kotz in: MK-StGB, 2. Aufl., § 29 BtMG Rn 1210.
1199 BGH, Beschl. v. 2.7.2013 – 4 StR 187/13 = BeckRS 2013, 13335 = NStZ-RR 2013, 320.
1200 BGH, NStZ-RR 2008, 343; OLG Koblenz, Beschl. v. 18.11.2010 – 1 Ss 149/10 = BeckRS 2010, 29130 = NZV 2012, 404 = SVR 2011, 265.
1201 OLG Koblenz, Beschl. v. 18.11.2010 – 1 Ss 149/10 = BeckRS 2010, 29130 = NZV 2012, 404 = SVR 2011, 265.
1202 OLG Koblenz, Beschl. v. 18.11.2010 – 1 Ss 149/10 = BeckRS 2010, 29130 = NZV 2012, 404 = SVR 2011, 265.

nach oben oder unten von ihrer Bestimmung, gerechter Schuldausgleich zu sein, so weit löst, dass sie nicht mehr innerhalb des dem Tatrichter eingeräumten Spielraums liegt.[1203] Eine ins Einzelne gehende **Richtigkeitskontrolle ist ausgeschlossen**. In Zweifelsfällen muss das Revisionsgericht die vom Tatgericht vorgenommene Bewertung bis an die Grenze des Vertretbaren hinnehmen.[1204]

In erster Linie muss sich sodann aus dem Urteil entnehmen lassen, **von welchem Strafrahmen das Gericht ausgegangen ist**. Das Urteil weist in seinem Strafausspruch so auch einen sachlich-rechtlichen Mangel auf, wenn es nicht erkennen lässt, von welchem Strafrahmen das Amtsgericht ausgegangen ist.[1205] Die Begründung der Strafe muss stets so erfolgen, dass dem Revisionsgericht die ihm obliegende sachlichrechtliche Nachprüfung möglich ist.[1206] Rechtsfehlerhaft ist es hiernach, wenn aus den Feststellungen des angefochtenen Urteils sich nicht entnehmen lässt, dass der Tatrichter strafmildernd zu beachtende Strafzumessungsgesichtspunkte (wie das Geständnis des Angeklagten und seine Entschuldigung bei dem Geschädigten) gewertet hat, auch wenn die Höhe der verhängten Geldstrafe die Beachtung von zugunsten des Angeklagten eingreifenden Strafzumessungsgesichtspunkten nahelegt.[1207]

491

Grundlage der für den Rechtsfolgenausspruch unerlässlichen **Würdigung der Persönlichkeit** des Angeklagten sind aussagekräftige Feststellungen zu dessen Lebensweg sowie seinen familiären und wirtschaftlichen Verhältnissen.[1208]

492

Hinweis: Mit bloßen Angaben zu Wohnort, Lebensalter, Familienstand und dem Fehlen von Vorbelastungen ist dem nicht Genüge getan. Falls der Angeklagte keine Angaben zur Person macht, muss versucht werden auf anderem Wege deren Feststellung zu treffen.[1209] Das Urteil muss jedenfalls erkennen lassen, das sich das Tatgericht um Aufklärung zu den persönlichen Verhältnissen – wenn auch vergeblich – bemüht hat.[1210]

Grundsätzlich gilt für Trunkenheitsfahrten dann auch: Schon im Falle der **Verurteilung wegen einer folgenlosen Trunkenheitsfahrt** ist der Tatrichter regelmäßig verpflichtet, neben der Höhe der Blutalkoholkonzentration und der Schuldform weitere Umstände festzustellen, die geeignet sind, den Schuldumfang näher zu bestimmen

---

1203 OLG Koblenz, Beschl. v. 18.11.2010 – Ss 149/10 = BeckRS 2010, 29130 = NZV 2012, 404 = SVR 2011, 265.
1204 Ständige Rechsprechung, vgl BGH, Urt. v. 7. 11. 2007 – 1 StR 164/07 = NStZ-RR 2008, 343 mwN; OLG Koblenz, Beschl. v. 18.11.2010 – 1 Ss 149/10 = BeckRS 2010, 29130 = NZV 2012, 404 = SVR 2011, 265.
1205 OLG Koblenz, Beschl. v. 18.11.2010 – 1 Ss 149/10 = BeckRS 2010, 29130 = NZV 2012, 404 = SVR 2011, 265.
1206 Vgl Engelhardt in KK-StPO, 6. Aufl., § 267 Rn 25 mwN; OLG Koblenz, Beschl. v. 18.11.2010 – 1 Ss 149/10 = BeckRS 2010, 29130 = NZV 2012, 404 = SVR 2011, 265.
1207 OLG Koblenz, Beschl. v. 18.11.2010 – 1 Ss 149/10 = BeckRS 2010, 29130 = NZV 2012, 404 = SVR 2011, 265.
1208 BGHR StPO § 267 Abs. 3 S. 1 Strafzumessung 10; BGH NStZ 1991, 231; BGH NStZ 1993, 30; OLG Köln, Beschl. v. 13.8.2010 – 1 RVs 147/10; Beschl. v. 3.9.2010 – III-1 RVs 155-157/10; Beschl. v. 4.1.2011 – 1 RVs 228/10; Beschl. v. 14.2.2012 – 1 RVs 4/12; Beschl. v. 11.1.2013 – III-RVs 1/13 = BeckRS 2013, 03857.
1209 OLG Köln, Beschl. v. 11.1.2013 – III-RVs 1/13 = BeckRS 2013, 03857; BGH NStZ 2003, 133 [D].
1210 BGH NStZ-RR 1998, 17; BGH NStZ-RR 1999, 46; OLG Köln, Beschl. v. 11.1.2013 – III-RVs 1/13 = BeckRS 2013, 03857.

und einzugrenzen.[1211] Dazu zählen insbesondere die Umstände der Alkoholaufnahme (Trinken in Fahrbereitschaft) sowie der Anlass und die Gegebenheiten der Fahrt.[1212] Die genannten Grundsätze gelten erst recht, wenn es infolge der trunkenheitsbedingten Fahruntüchtigkeit zu einem Verkehrsunfall gekommen ist.[1213]

II. Strafzumessungsempfehlungen

493 Einheitliches Strafen ist auch bei den massenhaft vorkommenden Verkehrsstraftaten unerreichbar.[1214] Im Interesse der **Gleichmäßigkeit des Strafens** ist es aber erstrebenswert, Regel- oder Durchschnittsfälle etwa gleich zu behandeln. Zu diesem Zweck sind gelegentlich Empfehlungen erarbeitet worden, etwa auf Deutschen Verkehrsgerichtstagen.[1215] Wichtig ist stets, die Strafzumessung im eigentlichen Sinne von der Frage der Anordnung/Dauer der in Straßenverkehrssachen wichtigen Fahrerlaubnisentziehung/Sperre (§§ 69, 69 a StGB) zu trennen. Bekanntlich handelt es sich hierbei um keine Strafen, sondern um eine Maßregel der Besserung und Sicherung.

Hinweis: In Fällen der Verurteilung zu einer Freiheitsstrafe, deren Vollstreckung zu Bewährung ausgesetzt ist, kommt uU auch gem. § 56 c StGB die **Bewährungsweisung** in Betracht, keinen Alkohol mehr zu konsumieren. Die Einhaltung dieser Weisung kann danach allenfalls punktuell, etwa durch regelmäßige Proben oder regelmäßige Kontakte zu einem zu bestellenden Bewährungshelfer kontrolliert werden.[1216]

1. Unzulässige Strafzumessung nach Taxen pp.

494 Auch finden sich immer wieder Strafzumessungstabellen, die für „Normalfälle" gelten sollen.[1217] Hierbei ist natürlich zu beachten, dass diese nur eine erste grobe Einschätzung ermöglichen, die zB für Verteidiger wichtig ist, wenn es um die ersten Gespräche mit dem Mandanten geht. Irgendeine Verbindlichkeit enthalten diese Tabellen nicht. Bei den Staatsanwaltschaften gibt es darüber hinaus oftmals interne (förmliche oder nichtförmliche) Absprachen zwischen Staatsanwälten bzw Amtsanwälten über die **Vereinheitlichung der Verfahrensabschlüsse**. Diese führen dann auch faktisch bei den betroffenen Gerichten zu einer Vereinheitlichung, vor allem dadurch, dass bestimmte Verfahren immer eingestellt werden, manche Einstellungen dagegen gar nicht möglich sind oder auch Taxen für Ersttäter oder Wiederholungstäter durch immer gleiche Beantragung zB im Strafbefehlsverfahren aus Bequemlichkeitsgründen auch von den Gerichten ohne weitere Prüfung übernommen werden.

1211 BayObLG VRS 93, 108 = NZV 1997, 244 = NStZ 1997, 359 = MDR 1997, 486; OLG Karlsruhe VRS 79, 199 [200]; OLG Köln, Beschl. v. 11.1.2013 – III-RVs 1/13 = BeckRS 2013, 03857; Beschl. v. 19.12.2000 – Ss 488/00 = StV 2001, 355; SenE v. 29.2.2008 – 83 Ss 14/08.
1212 BayObLG VRS 97, 359, 360 = NZV 1999, 483; OLG Köln, Beschl. v. 11.1.2013 – III-RVs 1/13 = BeckRS 2013, 03857; Beschl. v. 27.10.2006 – 82 Ss 123/06.
1213 OLG Köln, Beschl. v. 11.1.2013 – III-RVs 1/13 = BeckRS 2013, 03857; Beschl. v. 3.4.2009 – 83 Ss 51/09; Beschl. v. 3.7.2009 – 83 Ss 51/09; Beschl. v. 23.3.2010 – III-1 RVs 49/10.
1214 Jagusch NJW 1970, 401; 1970, 1865, 1866.
1215 Vgl zB Entschließung des 8. VGT, k+v 1970, 39 sowie bei Seib, BA 1974, 18.
1216 Für eine Stärkung dieser Weisung mittels kontinuierlicher transdermaler Alkoholkontrollen: Beck, BA 2013, 153.
1217 Etwa bei Krumm, VRR 2008, 168; Roth in: Roth, Verkehrsrecht, § 7 Rn 88.

Hinweis: Verteidiger sollten sich in Zweifelsfällen frühzeitig an das zuständige Gericht oder den zuständigen Amts-/Staatsanwalt wenden, um derartige „Taxen" zu erforschen. In der Regel wird hier freimütig Auskunft gegeben werden.

Allerdings darf der Richter Strafzumessungsempfehlungen stets nur **mit der gebotenen Vorsicht** zum Vergleich heranziehen. Er muss sich dabei bewusst sein, dass ihn selbstverständlich Empfehlungen und Absprachen nicht binden.[1218] Die Bemessung der im Einzelfall gebotenen Strafe gewissermaßen nach festen Taxen wäre nämlich rechtsfehlerhaft.

495

Hinweis: Der Richter muss in seinem Urteil jeglichen Hinweis darauf vermeiden, dass er die konkrete Strafe, die ja tat- und schuldangemessen sein muss, nach Taxen festgesetzt hat. So dürften selbst Formulierungen wie „war unter Berücksichtigung aller für und gegen den Angeklagten sprechenden Umstände die sonst für Ersttäter übliche Strafe von ... auf ... zu erhöhen/vermindern" rechtsfehlerhaft sein und zur Urteilsaufhebung führen. Der Verteidiger seinerseits muss auf derartige Formulierungen im Urteil achten und ggf sofort (Sprung-)Revision einlegen. Zur Begründung reicht einmal mehr die Sachrüge aus: „Gerügt wird die Verletzung materiellen Rechts."

Gleichwohl sollen hier im Anschluss einige übliche „Normalfolgen" im Sinne einer Beratungshilfe dargestellt werden.

2. Normalfallrechtsfolgen für den Ersttäter

Wie dargestellt beansprucht nachfolgende Übersicht keinesfalls eine Allgemeingültigkeit oder Verbindlichkeit. Sie nimmt sich vielmehr den sogenannten Normalfall vor: So geht sie von einem **geständigen Ersttäter** aus und ferner in Fällen von Straftaten, die auch fahrlässig begehbar sind von eben dieser „Schuldform". **Vorsatz** und **fehlendes Geständnis** werden in aller Regel je mit 5–10 Tagessätzen mehr „geahndet".

496

Auch für den **Wiederholungs- oder einschlägigen Mehrfachtäter** kann ein Normalfall definiert werden: Einschlägige Voreintragungen, deren Rechtskraft zur Zeit des Urteils länger als fünf Jahre zurückliegen, werden sich immer strafschärfend auswirken. **Bei einmaligem Wiederholungsversagen** wird dabei regelmäßig eine Geldstrafe mit 50–100 % Aufschlag im Vergleich zur ersten Verurteilung festgesetzt werden. Bei der dritten einschlägigen Tat allerdings muss der Beschuldigte oft schon mit der Verhängung einer **kurzen Freiheitsstrafe** rechnen, wenn diese nämlich wegen des mangelnden Eindrucks der Vorverurteilungen auf den Beschuldigten unerlässlich zur Einwirkung auf den Täter ist (§ 47 StGB). Wiederholungstäter müssen nach einer Fahrerlaubnisentziehung im anschließenden Wiedererteilungsverfahren natürlich auch damit rechnen, eine **MPU** absolvieren zu müssen.

1218   Tröndle BA 1971, 73.

G. Strafzumessung bei Trunkenheitsdelikten

Norm	Strafe	Entziehung der Fahrerlaubnis (nicht berücksichtigt wurde hier die Möglichkeit einer Alkoholisierung, soweit es nicht §§ 315 c, 316 StGB betrifft)	Länge der Sperre (incl. Sicherstellungszeit und Dauer der vorl. Entziehung)	Fahrverbot (ein bis drei Monate)
§ 316 StGB	30 Tagessätze	Ja, da Regelentziehung in § 69 Abs. 2 Nr. 1 StGB vorgesehen	10–12 Monate	idR, wenn es nicht zur Fahrerlaubnisentziehung kommt, vgl § 44 Abs. 1 S. 2 StGB
§ 315c StGB	40–70 Tagessätze je nach Art der Gefährdung, Schadensumfang	Ja, da Regelentziehung in § 69 Abs. 2 Nr. 2 StGB vorgesehen	12–15 Monate	Wie oben; auch bei Unterbleiben der Fahrerlaubnisentziehung in nicht unter § 44 Abs. 1 S. 2 StGB fallenden Konstellationen droht Fahrverbot
§ 315b StGB (Begehung im fließenden Straßenverkehr – „Inneneingriff")	40–70 Tagessätze je nach Art der Gefährdung, Schadensumfang	Ja, auch wenn die Vorschrift nicht im Regelkatalog des § 69 Abs. 2 StGB enthalten ist.	12–15 Monate	Beim Inneneingriff wird nur in Ausnahmefällen statt einer Fahrerlaubnisentziehung ein Fahrverbot festgesetzt werden, etwa dann, wenn seit der Tat eine lange Zeit beanstandungsloser Teilnahme am Straßenverkehr vergangen ist.
§ 142 StGB	25–40 Tagessätze je nach Höhe des Schadens bzw der Schwere der Verletzungen	Nur ja, wenn der Täter weiß oder wissen kann, dass bei dem Unfall ein Mensch getötet oder nicht unerheblich verletzt worden oder an fremden Sachen bedeutender Schaden entstanden ist, § 69 Abs. 2 Nr. 3 StGB.	6–12 Monate	Regelmäßig dann, wenn Körperverletzungen und Schäden unterhalb der Grenze des § 69 Abs. 2 Nr. 3 StGB verwirklicht sind, die aber nicht im Bereich einer Bagatelle von 50-100 Euro einzuordnen sind.
§ 21 StVG	20–30 Tagessätze	Beim fahrlässigen Ersttäter (Fahrer) wird meist eine Entziehung nicht stattfinden – anders als bei Vorsatz. Hier wird auch trotz fehlender Erwähnung der Vorschrift in § 69 Abs. 2 StGB regelmäßig Fahrerlaubnisentziehung stattfinden.	6–8 Monate	Kommt es gegenüber dem Fahrer nicht zu einer Fahrerlaubnisentziehung, so wird meist aber der Denkzettel „Fahrverbot" angeordnet werden.

II. Strafzumessungsempfehlungen

Norm	Strafe	Entziehung der Fahrerlaubnis (nicht berücksichtigt wurde hier die Möglichkeit einer Alkoholisierung, soweit es nicht §§ 315 c, 316 StGB betrifft)	Länge der Sperre (incl. Sicherstellungszeit und Dauer der vorl. Entziehung)	Fahrverbot (ein bis drei Monate)
§§ 1, 6 PflVG	15–25 Tagessätze	Beim fahrlässigen Ersttäter (Fahrer) wird meist eine Entziehung nicht stattfinden – anders als bei Vorsatz. Hier wird auch trotz fehlender Erwähnung der Vorschrift in § 69 Abs. 2 StGB regelmäßig Fahrerlaubnisentziehung stattfinden.	6–8 Monate	Kommt es gegenüber dem Fahrer nicht zu einer Fahrerlaubnisentziehung, so wird meist aber der Denkzettel „Fahrverbot" angeordnet werden.
§ 185 StGB	15–25 Tagessätze	idR keine Entziehung	Siehe linke Spalte	Ja, dies wird aber oft unter dem Höchstmaß festgesetzt werden.
§ 240 StGB	25–40 Tagessätze	Hier wird bereits in mittelschweren Fällen eine Fahrerlaubnisentziehung in Betracht kommen.	8–10 Monate	Kommt es gegenüber dem Fahrer nicht zu einer Fahrerlaubnisentziehung, so wird meist aber der Denkzettel „Fahrverbot" angeordnet werden.
§ 229, 230 StGB	25–60 Tagessätze je nach Schwere der eingetretenen Verletzungsfolgen	idR keine Entziehung	Siehe linke Spalte	Ja, wenn nicht nur leichte Fahrlässigkeit gegeben ist.
§ 222 StGB	90 Tagessätze bei einfacher Fahrlässigkeit (iVm Trunkenheitsfahrt idR sogar kurze Freiheitsstrafe)	idR keine Entziehung	Siehe linke Spalte	Ja, wenn nicht nur leichte Fahrlässigkeit gegeben ist.
§ 323 StGB	In der Regel wird verurteilt wie nach Begehung der Rauschtat	Ja, wenn im Rausch ein Delikt begangen wurde, für das Regelentziehung in § 69 Abs. 2 StGB vorgesehen ist – vgl § 69 Abs. 2 Nr. 4 StGB	Siehe linke Spalte	Ja, wenn auch für die Rauschtat ein Fahrverbot verhängt werden würde.
§ 323c StGB	40–70 Tagessätze	idR nicht	Siehe linke Spalte	idR nicht
§ 22 StVG	20–40 Tagessätze	idR nicht	Siehe linke Spalte	idR nicht
§ 248b StGB	15–25 Tagessätze	idR nicht	Siehe linke Spalte	idR nicht

G. Strafzumessung bei Trunkenheitsdelikten

Hinweis: Der Verteidiger muss sich auch frühzeitig um die verwaltungsrechtlichen Folgeprobleme (insb. „MPU") der Verkehrsstraftat kümmern. Dem Mandanten ist hier in der Regel anzuraten, schnell Vorbereitungsmaßnahmen zu treffen, an Nachschulungen, Aufbauseminaren oder anderen verkehrspsychologischen Maßnahmen teilzunehmen.

3. Der Prüfungsansatz der Revisionsinstanz

497 Strafzumessung ist zwar – wie eingangs dargestellt – in erster Linie Sache des Tatrichters. Die Revisionsgerichte greifen hier jedoch häufig in die Urteile der Tatrichter ein, so dass

- der Tatrichter auf eine rechtsfehlerfreie Absetzung der Urteilsgründe auch in diesem Bereich und
- der Verteidiger auf entsprechende Fehler der Urteilsbegründung

achten muss. Der Prüfungsansatz der Revisionsgerichte ist aus dem nachfolgenden Zitat sehr bildhaft zu erkennen:

Beispiel aus der Rechtsprechung eines OLG: Zwar ist die Strafzumessung grundsätzlich Sache des Tatrichters. Das Revisionsgericht kann im Allgemeinen nur eingreifen, wenn die Erwägungen, mit denen der Tatrichter Strafart und Strafmaß begründet hat, in sich rechtsfehlerhaft sind, wenn er rechtlich anerkannte Strafzwecke außer Betracht lässt oder wenn sich die Strafe nach oben oder unten von ihrer Bestimmung löst, gerechter Schuldausgleich zu sein (BGHSt 24, 132). Auch begründen die Strafzumessungserwägungen dann die Revision, wenn von einem falschen Strafrahmen ausgegangen wird oder die für das Strafmaß materiellrechtlich maßgeblichen Leitgesichtspunkte (§ 46 StGB) nicht richtig gesehen oder nicht zugrunde gelegt worden sind.[1219]

III. Bedeutung der BAK-Höhe und des Stadiums der Alkoholkurve

498 Die Höhe der BAK kann die Strafzumessung beeinflussen. Je höher sie ist, desto größer muss der Alkoholkonsum des Täters gewesen sein. Dies **beeinflusst natürlich das Ausmaß der Schuld** einer später durchgeführten Fahrt und darf daher bei der Strafzumessung Berücksichtigung finden.[1220]

1. Strafschärfung

499 Die von einem Angeklagten zu verantwortende Trunkenheit kann sich nicht nur zu seinen Gunsten, sondern auch zu seinen Lasten auswirken.[1221]

Hinweis: Nicht zwingend ist damit die seitens der Verteidiger teils vorgetragene Erwägung, es müsse aufgrund der alkoholbedingten Enthemmung – selbst wenn diese noch nicht den Bereich der §§ 20, 21 StGB erreiche – zu einer **Strafmilderung** kommen.

1219 OLG Hamm, Beschl. v. 03. 04. 2006 – 3 Ss 71/06 bei www.burhoff.de.
1220 OLG Hamm NJW 1967, 1332; OLG Stuttgart NZV 1991, 80.
1221 OLG München, Beschl. v. 25.7.2008 – 4 St RR 107/08 = NZV 2008, 529 = NStZ-RR 2008, 355.

2. Strafmilderung/Verminderte Schuldfähigkeit

Ab einer BAK von 2 ‰ muss sich der Tatrichter mit der Möglichkeit einer verminderten Schuldfähigkeit auseinandersetzen.[1222]   500

a) Erhebliche Verminderung der Schuldfähigkeit – § 21 StGB

Bei erheblicher Verminderung der Schuldfähigkeit (§ 21 StGB) infolge hoher BAK unterliegt es grundsätzlich dem **Ermessen des Tatrichters**, ob Strafmilderung zu gewähren ist oder nicht:[1223]   501

- Will das Gericht – auch schon bei einer an der Grenze zu dem Wert von 2,0 ‰ liegenden Blutalkoholkonzentration – die volle Schuldfähigkeit des Angeklagten annehmen, bedarf es eingehender Würdigung des Gesamtverhaltens des Angeklagten.[1224] Die Notwendigkeit dieser Prüfung kann nur bei Vorliegen ganz besonderer Ausnahmeumstände entfallen.[1225]

- Sogar die Feststellung einer Blutalkoholkonzentration von 1,96 ‰ in einer 52 Minuten nach der Tatzeit entnommenen Blutprobe muss dem Tatrichter Anlass sein, die Frage einer verminderten Schuldfähigkeit zu erörtern und die BAK zur Tatzeit durch Rückrechnung – ggf nach sachverständiger Beratung – festzustellen.[1226] Gleiches gilt für eine zwei Stunden nach der Tat festgestellte BAK von 1,77 ‰.[1227]

  Hinweis: In einem solchen Falle muss der Tatrichter auch eine Rückrechnung anstellen und im Urteil darlegen.[1228]

- Kommt bei einer Trunkenheitsfahrt (§ 316 StGB) das Vorliegen von § 21 StGB in Betracht, muss das tatrichterliche Urteil Feststellungen zum Tatzeitpunkt, zum Trinkende und zur Frage der Rückrechnung der Blutalkoholkonzentration enthalten, damit die Tatzeitblutalkoholkonzentration bestimmt werden kann.[1229] Notwendig sind hier also auch die Angaben, anhand derer zurückgerechnet wird.[1230]

- Bei deutlich den Bereich von 2,0 ‰ übersteigenden BAK-Werten verlangt die Rechtsprechung gar, dass die Urteilsfeststellungen zum Schuldspruch eine Auseinandersetzung des Tatgerichts mit einem etwaigen Ausschluss der Schuldfähigkeit erkennen lassen müssen – selbst bei geringeren Werten als 3,0 ‰ könne nämlich die Schuldfähigkeit ausgeschlossen sein.[1231]

1222 BGH NStZ 1997, 383 = StV 1997, 348 = StraFo 1997, 246; OLG Hamm NZV 1998, 510; Burmann in: Burmann/Heß/Jahnke/Janker, Straßenverkehrsrecht, § 316 StGB Rn 35 a.
1223 BGH NJW 2003, 2394; NStZ 2005, 151; 2004, 678; BayObLG NZV 1993, 174.
1224 BGH StV 1989, 14.
1225 OLG Hamm VRS 59, 415.
1226 OLG Hamm NZV 1998, 510 = VRS 96, 19 = zfs 1999, 172. Ähnlich: OLG Köln, Beschl. v. 1.3.2013 – III-1 RVs 36/13 – 81 Ss 12/13 = DAR 2013, 393 m.Anm. Staub, DAR 2013, 422.
1227 OLG Hamm, Beschl. v. 3.4.2006 – 3 Ss 71/06 – bei www.burhoff.de.
1228 OLG Hamm, Beschl. v. 3.4.2006 – 3 Ss 71/06 – bei www.burhoff.de.
1229 OLG Hamm DAR 1999, 466 = MDR 1999, 1264 = VRS 97, 351 = BA 2000, 188.
1230 OLG Köln, Beschl. v. 1.3.2013 – III-1 RVs 36/13 – 81 Ss 12/13 = DAR 2013, 393, m.Anm. Staub, DAR 2013, 422.
1231 OLG Köln, Beschl. v. 13.11.2012 – III-1 RVs 228/12 = DAR 2013, 35 = BeckRS 2013, 01693 (für 2,59 ‰).

b) Strafrahmenverschiebung nach §§ 21, 49 StGB

502 Hier hat sich in den letzten Jahren ein Wandel vollzogen. Während **früher routinemäßig** in der Praxis von der Strafrahmenverschiebung nach §§ 21, 49 StGB ohne Wenn und Aber Gebrauch gemacht wurde, ist nunmehr der gegenteilige Trend erkennbar: Die Strafmilderung durch die Strafrahmenverschiebung wird allzu oft versagt. Hintergrund dieser Rechtsprechung: Nach bisher wohl überwiegender Ansicht ist auch in Fällen schuldhaften Sichberauschens von der in § 21 StGB vorgesehenen Möglichkeit der Strafrahmenmilderung in der Regel Gebrauch zu machen.[1232] Andererseits kann die durch den Einfluss der Alkoholisierung bewirkte Minderung der Schuld durch **schulderhöhende Umstände** kompensiert werden.[1233] Daher scheidet Strafmilderung nach § 21 StGB regelmäßig dann aus, wenn der Täter die **Alkoholisierung zu verantworten** hat und sich die Gefahr, eine Straftat zu begehen, vorwerfbar erhöht hat.[1234] Deswegen ist es nicht zu beanstanden, wenn das Gericht von der Möglichkeit der Strafmilderung gem. § 21 StGB keinen Gebrauch macht, falls die spätere Benutzung des Fahrzeugs schon bei Trinkbeginn für den Täter vorhersehbar war.[1235] Jedenfalls wurde bisher überwiegend keine Regel anerkannt, wonach bei Trunkenheit im Verkehr die Strafrahmenverschiebung grundsätzlich zu unterbleiben habe.[1236]

503 Demgegenüber soll nach anderer Auffassung die in § 21 StGB vorgesehene Möglichkeit der Strafmilderung bei verschuldeter Trunkenheit nur ausnahmsweise in Betracht kommen.[1237]

504 Nach mittlerweile herrschender Rechtsprechung hat die **Strafrahmenmilderung bei verschuldeter Trunkenheit in der Regel zu unterbleiben**.[1238] Die Rechtsprechung der Oberlandesgerichte hat diese Ansicht übernommen: Kommt der Tatrichter – gegebenenfalls unter Beiziehung eines medizinischen Sachverständigen – zu dem Ergebnis, dass die Schuldfähigkeit des Angeklagten zur Tatzeit erheblich vermindert war, so hat dies keineswegs gewissermaßen automatisch eine Strafrahmenverschiebung nach §§ 21, 49 Abs. 1 StGB zur Folge.[1239] Beruht die erhebliche Verminderung der Schuldfähigkeit auf zu verantwortender Trunkenheit, spricht dies vielmehr in der Regel gegen eine Strafrahmenverschiebung, wenn sich aufgrund der persönlichen oder situativen Verhältnisse des Einzelfalls das Risiko der Begehung von Straftaten voraussehbar signifikant infolge der Alkoholisierung erhöht hat.[1240] Ob dies der Fall ist, hat der Tatrichter in wertender Betrachtung zu bestimmen; seine Entscheidung unterliegt nur eingeschränkter revisionsgerichtlicher Überprüfung.[1241]

[1232] BGH NStZ-RR 2003, 136; DAR 1987, 199 – bei Spiegel; einschränkend aber BGH NJW 1997, 2460.
[1233] BGH NStZ 2004, 678.
[1234] BGH NJW 2003, 2394; NStZ 2004, 678.
[1235] BGH NStZ 2004, 678, 680; VRS 69, 118; OLG Naumburg DAR 1999, 228.
[1236] OLG Karlsruhe NZV 1999, 301; OLG Stuttgart VRS 65, 354.
[1237] BGH BA 2005, 48; OLG Hamm VM 1984, 86; ähnlich OLG Saarbrücken BA 2001, 458.
[1238] BGH NJW 2003, 2394 (zust. Foth NStZ 2003, 597; abl. Streng NJW 2003, 2963; Frister JZ 2003, 1019; Rau JR 2004, 401; Verrel/Hoppe JuS 2005, 308); ähnlich BGH (1. StrSen) NStZ 2005, 151; differenzierend insoweit BGH (5. StrSen) NStZ 2004, 678 (nur bei signifikanter alkoholbedingter Erhöhung des Straffälligkeitsrisikos unter Berücksichtigung der konkreten Umstände des Einzelfalles).
[1239] OLG München, Beschl. v. 25.7.2008 – 4 St RR 107/08 = NZV 2008, 529 = NStZ-RR 2008, 355.
[1240] OLG München, Beschl. v. 25.7.2008 – 4 St RR 107/08 = NZV 2008, 529 = NStZ-RR 2008, 355.
[1241] BGHSt 49, 239; BGH, NStZ 2006, 274; OLG München NZV 2008, 529 = NStZ-RR 2008, 355; Fischer, StGB, § 21 Rn 25 ff mwN.

III. Bedeutung der BAK-Höhe und des Stadiums der Alkoholkurve

Hinweis: Diese Rechtsprechung des BGH führt dazu, dass seitens der Tatrichter oftmals sehr „hemdsärmlig" mit der verminderten Schuldfähigkeit umgegangen wird. Hier wird dann beispielsweise einfach postuliert, die Herbeiführung der verminderten Schuldfähigkeit sei natürlich vorwerfbar erfolgt. Manchmal wird diese Frage sogar gar nicht mehr geprüft.[1242]

Aber: Auf die Feststellung, ob die Einsichts- und Steuerungsfähigkeit des Angeklagten zum Tatzeitpunkt unbeeinträchtigt oder gemäß § 21 StGB erheblich vermindert war oder dies zumindest nicht ausgeschlossen werden kann, darf der Tatrichter jedoch nicht verzichten.[1243] Unabhängig davon, ob eine mögliche verminderte Schuldfähigkeit zu einer Strafrahmenverschiebung gemäß § 49 Abs. 1 StGB führt, ist die **Feststellung der Schuldfähigkeit eines Angeklagten stets erforderlich**, da die Strafzumessung im Wesentlichen auf der Frage des Maßes der Schuld beruht.[1244] Das Vorliegen erheblich verminderter Schuldfähigkeit verringert nämlich grundsätzlich den Schuldgehalt und damit die Strafwürdigkeit der Tat.[1245] 505

Bei **Alkoholikern**, die infolge ihres Dranges Alkohol zu trinken in den Bereich des § 21 StGB geraten sind, darf nicht wegen „vorwerfbar" herbeigeführter verminderter Schuldfähigkeit die Strafmilderung des § 49 StGB versagt werden.[1246] Eine Alkoholerkrankung in diesem Sinne liegt regelmäßig vor, wenn der Täter den Alkohol aufgrund eines unwiderstehlichen oder ihn weitgehend beherrschenden Hanges trinkt, der seine Fähigkeit, der Versuchung zum übermäßigen Alkoholkonsum zu widerstehen, einschränkt.[1247] 506

Hinweis: Dass sich der Angeklagte im Zeitpunkt der Trunkenheitsfahrt in der aufsteigenden Phase der Blutalkoholkurve befand (was zu stärkeren Ausfallserscheinungen führt), rechtfertigt keine Strafschärfung, zumal der Täter in aller Regel das Stadium seiner Alkoholkurve im Tatzeitpunkt nicht kennen wird.[1248]

Bei Bestrafung wegen **Vollrausches** dürfen Schwere und Gefährlichkeit der begangenen Tat strafschärfend berücksichtigt werden.[1249] 507

Es ist prinzipiell unmöglich, „einer bestimmten Blutalkoholkonzentration für jeden Einzelfall gültige psychopathologische, neurologisch-körperliche Symptome oder Verhaltensauffälligkeiten zuzuordnen. Es existiert **keine lineare Abhängigkeit der Symptomatik** von der Blutalkoholkonzentration. Aus diesen Gründen ist es prinzipiell unmöglich, allein aus der Blutalkoholkonzentration das Ausmaß einer alkoholisierungsbedingten Beeinträchtigung ableiten zu wollen".[1250] Es wäre daher auch ver- 508

1242 Vgl der Fall, der der Entscheidung OLG München NStZ-RR 2008, 355 zugrunde lag.
1243 OLG München NZV 2008, 529 = NStZ-RR 2008, 355.
1244 OLG München NZV 2008, 529 = NStZ-RR 2008, 355.
1245 Brandenburgisches OLG, Beschl. v. 16.6.2004 – 1 Ss 50/04.
1246 OLG Karlsruhe, VRS 80, 440; BGH-NStZ-RR 1999, 295; Burmann in: Burmann/Heß/Jahnke/Janker, Straßenverkehrsrecht, § 316 StGB, Rn 35 a.
1247 BGH, Beschl. v. 2.8.2012 – 3 StR 216/12 = NStZ 2012, 687.
1248 So im Ergebnis auch BayObLG VRS 28, 31.
1249 BGH NZV 2001, 133.
1250 BGH, Beschl. v. 29. 5. 2012 – 1 StR 59/12, NStZ 2012, 560 = NJW 2012, 2672 m.Anm. Schliemann 2675 = NJW-Spezial 2012, 536 = DAR 2013, 160 (Ls) = ADAJUR Dok.-Nr. 99156 = BeckRS 2012, 15992 mwN.

fehlt, einem psychodiagnostischen Beweisanzeichen – etwa dem Leistungsverhalten vor, bei oder nach Tatbegehung – von vornherein mit Blick auf eine bestimmte Blutalkoholkonzentration oder mit Blick auf eine zum Erreichen höherer Blutalkoholwerte notwendigerweise bestehende Alkoholgewöhnung eine Aussagekraft zur Beurteilung der Schuldfähigkeit iSd §§ 20, 21 StGB abzusprechen.[1251] Die Erörterung des § 21 StGB muss erfolgen, wenn sich aus den Urteilsfeststellungen einer BAK nahe 2,0 ‰ ergibt, dass bei dem Angeklagten eine langjährige Alkohol- und Medikamentenabhängigkeit bestand und er trotz mehrmaliger Entgiftungen und einer durchgeführten Langzeittherapie weiterhin ein Alkoholproblem besaß.[1252] Bei der Beurteilung der Schuldfähigkeit kommt der **Blutalkoholkonzentration umso geringere Bedeutung** zu, je mehr sonstige aussagekräftige **psychodiagnostische Beweisanzeichen** zur Verfügung stehen.[1253] Insbesondere obliegt es tatrichterlicher Beurteilung, welches Gewicht der Blutalkoholkonzentration im Einzelfall in Zusammenschau mit anderen zur Verfügung stehenden Beweisanzeichen beigemessen werden kann. Die letzte Verantwortung für die Beurteilung der Schuldfähigkeit liegt beim Tatrichter.[1254] Die Frage der Erheblichkeit ist eine allein vom Richter zu beantwortende Rechtsfrage.[1255] Im Rahmen der revisionsrechtlichen Überprüfung kommt es dabei darauf an, ob bei der dem Tatrichter obliegenden Gesamtwürdigung der zur Verfügung stehenden Indizien oder bei der Beurteilung der Erheblichkeit iSv § 21 StGB der diesem zustehende tatrichterliche Beurteilungsspielraum überschritten wurde.[1256]

IV. Strafschärfung bei „Zechtour"

509 Der Umstand, dass der Angeklagte den Ort, an dem er alkoholische Getränke genossen hat, mit dem Kraftfahrzeug aufgesucht hat, wird **in der Regel nicht zu einer Schärfung** führen dürfen, weil dies durchaus dem regelmäßigen Erscheinungsbild eines Trunkenheitsdeliktes nach § 316 StGB entspricht. Umgekehrt kann eine gegenüber dem Durchschnittsfall niedrigere Bemessung der Strafe gerechtfertigt sein, wenn der Angeklagte zu Hause getrunken hat und durch unerwartete Umstände zu dem Entschluss veranlasst wurde, die Fahrt anzutreten. Zur Strafschärfung kann allerdings der Umstand führen, dass es sich bei Trinken in Fahrbereitschaft (Aufsuchen von Gaststätten) um eine ausgesprochene „Zechtour" gehandelt hat.[1257]

1251 BGH, Beschl. v. 29.5.2012 – 1 StR 59/12, NStZ 2012, 560 = NJW 2012, 2672 m.Anm. Schliemann 2675 = NJW-Spezial 2012, 536 = DAR 2013, 160 (Ls) = ADAJUR Dok.-Nr. 99156 = BeckRS 2012, 15992.
1252 OLG Hamm, Beschl. v. 3.4.2006 – 3 Ss 71/06 (1,77 o/oo zwei Stunden nach der Tat).
1253 BGH, Beschl. v. 29.5.2012 – 1 StR 59/12, NStZ 2012, 560 = NJW 2012, 2672 m.Anm. Schliemann 2675 = NJW-Spezial 2012, 536 = DAR 2013, 160 (Ls) = ADAJUR Dok.-Nr. 99156 = BeckRS 2012, 15992.
1254 BGH, Urt. v. 18.5.1995 – 4 StR 698/94; BGH, Beschl. v. 29.5.2012 – 1 StR 59/12, NStZ 2012, 560 = NJW 2012, 2672 m.Anm. Schliemann 2675 = NJW-Spezial 2012, 536 = DAR 2013, 160 (Ls) = ADA-JUR Dok.-Nr. 99156 = BeckRS 2012, 15992.
1255 Vgl BGH, Beschl. v. 7.4.2010 – 4 StR 644/09; BGH, Beschl. v. 23.9.2003 – 1 StR 343/03; BGH, Beschl. v. 29.5.2012 – 1 StR 59/12, NStZ 2012, 560 = NJW 2012, 2672 m.Anm. Schliemann 2675 = NJW-Spezial 2012, 536 = DAR 2013, 160 (Ls) = ADAJUR Dok.-Nr. 99156 = BeckRS 2012, 15992.
1256 BGH, Beschl. v. 29.5.2012 – 1 StR 59/12, NStZ 2012, 560 = NJW 2012, 2672, m.Anm. Schliemann 2675 = NJW-Spezial 2012, 536 = DAR 2013, 160 (Ls) = ADAJUR Dok.-Nr. 99156 = BeckRS 2012, 15992 mwN.
1257 OLG Koblenz VRS 51, 428; siehe auch BayObLG NZV 1997, 244.

Hinweis: Es ist natürlich auch darauf hinzuweisen, dass derartiges Verhalten uU als **Indiz im Rahmen der Frage des Vorsatzes** der Trunkenheitsfahrt gewertet werden kann. In jedem Fall muss der Verteidiger darauf Acht geben, wie genau sich der Angeklagte einlässt. Ggf sollte eine Erklärung des Angeklagten auch in der Hauptverhandlung nur wohldurchdacht durch den Verteidiger abgegeben werden. Es reicht dann meist, wenn der Angeklagte diese Erklärung als richtig „abnickt".

V. Bedeutung der von der Fahrt ausgehenden abstrakten Gefahr

Tageszeit und Örtlichkeit hinsichtlich der Fahrt können für die Strafzumessung von Bedeutung sein.[1258] Hiervon kann nämlich das Ausmaß der von der Fahrt ausgehenden abstrakten Gefahr abhängen. Eine kurze, sich möglicherweise über nur wenige Meter erstreckende nächtliche Fahrt auf im Übrigen verkehrsfreiem Gelände wird milder zu beurteilen sein als eine lange Fahrt zu verkehrsreicher Zeit.[1259]   510

Hinweis: Hier gilt für Verteidiger: Die **Einlassung** sollte die Umstände der Fahrt, die sich mildernd auswirken können, umfassend und nachvollziehbar darlegen. Kurze Fahrten sollten zB von der Fahrzeit und der Fahrtstrecke her beschrieben werden. Fotos, Skizzen oder Kartenmaterial der befahrenen Strecke sollten zur Glaubhaftmachung der Umstände des Einzelfalls zur Akte gereicht werden. UU kann die Fahrt unter denselben Randbedingungen nachgestellt und auf Video aufgezeichnet werden, um zB die Fahrt als „Kurzstreckenfahrt" zu „verkehrsarmer Zeit" darzustellen. Ein solches Video kann dann im Hauptverhandlungstermin in Augenschein genommen werden. Zu der Angabe zur Fahrtstrecke gehört natürlich auch die Angabe des Fahrtzwecks (zB Umparken). Die Benennung von Zeugen sollte unbedingt stattfinden, da immer die Gefahr besteht, dass der Einlassung allein nicht geglaubt wird, sondern sie einfach als Schutzbehauptung zur Seite geschoben wird.

Muster: Beweisantrag „Inaugenscheinnahme eines Videos"   511

… zum Beweis der Tatsache, dass es sich bei der Fahrt des Angeklagten lediglich um eine – strafmildernd zu berücksichtigende – Kurzfahrt von 35 Metern bei einer Zeit von maximal zwei Minuten vom Moment des Anlassens des Fahrzeugs bis zum in der Anklageschrift erwähnten Anhalten durch die Polizei handelte, wird die Inaugenscheinnahme des durch den Beklagten als Beifahrer des Fahrzeugs seines Vaters, des Zeugen … gefertigten und heute zur Akte gereichten Videobandes der Fahrtstrecke beantragt …

VI. Einfluss von Beruf und sozialer Stellung

Grundsätzlich gilt, dass alle Verkehrsteilnehmer ohne Rücksicht auf ihren Beruf oder   512
ihre soziale Stellung im Straßenverkehr die gleichen Pflichten haben, so dass diese Aspekte bei der Strafzumessung regelmäßig auszuscheiden haben.[1260] Gehobene soziale Stellung des Angeklagten rechtfertigt also **keine** gegenüber dem durchschnittlichen Verkehrsdelinquenten **erhöhte Strafe**.

1258 OLG Köln VRS 100, 68.
1259 BayObLG, Beschl. v. 18.11.2003 – 2 St RR 163/2003 = DAR 2004, 282; Beschl. v. 25.11.1996 – 1 St RR 189/96 = NZV 1997, 244; OLG Köln StV 2001, 355; OLG Karlsruhe VRS 81, 19.
1260 OLG Hamm, Urt. v. 31.8.1956 – 3 Ss 849/56 = NJW 1956, 1849; DAR 1959, 324.

G. Strafzumessung bei Trunkenheitsdelikten

Beispiel: Wurde ein Trunkenheitsdelikt von einem Arzt begangen, so wird aber auch die bessere Kenntnis der Folgeerscheinungen des Alkohols und seiner Auswirkungen auf die Fahrsicherheit nicht zu einer Strafschärfung im Hinblick auf daraus hergeleitete höhere Schuld führen dürfen.[1261]

Trotzdem kann die soziale Stellung des Angeklagten **Rückschlüsse auf seine Persönlichkeit** und seine individuellen Fähigkeiten und damit auf den Grad der Schuld zulassen.[1262] Im Straßenverkehr wird diese soziale Stellung regelmäßig ohne Bedeutung sein. Richter sollten daher von derartigen Erwägungen Abstand nehmen.

513 Im Hinblick auf gleiche Pflichten aller Verkehrsteilnehmer im Straßenverkehr dürfen bestimmte **Berufsgruppen** auch nicht wegen ihres Bezuges zum Straßenverkehr härter bestraft werden.[1263] Nach insbesondere in der älteren Rechtsprechung vertretener Ansicht soll dagegen bei Angehörigen von Berufen wie etwa Fahrlehrer, Verkehrsrichter, Verkehrsstaatsanwalt, Verkehrspolizist eine härtere Bestrafung gerechtfertigt sein, weil diese die Pflicht hätten, anderen ein Vorbild zu sein.[1264]

Hinweis: Es ist durchaus zu vermuten, dass heutzutage derartige Strafzumessungserwägungen kaum noch in einer Revisionsinstanz halten werden. Der Verteidiger sollte daher stets auch neben der Berufungseinlegung die (Sprung-)Revision als Rechtsmittel im Blick behalten.

Mittlerweile wird wohl eher davon ausgegangen, dass die berufliche Stellung des Angeklagten nur dann zu seinen Lasten berücksichtigt werden darf, wenn eine **innere Beziehung zwischen den Berufspflichten und der Straftat** besteht.[1265] Zwar befand sich der Angeklagte bei Begehung der Tat auf dem Weg zu seinem Arbeitsplatz als Arzt; die dem Angeklagten angelastete Tat ist jedoch außerhalb des Berufs begangen. Die Tatsache, dass der Angeklagte sich auf dem Weg zur Ausführung seines Berufs befand, ist nicht ausreichend, um einen inneren, das Maß der Pflichtwidrigkeit erhöhenden Zusammenhang herzustellen.[1266]

Hinweis: Wichtig ist aber die **strafmildernde Wirkung von Nebenwirkungen**, die der Angeklagte gerade im Rahmen seiner Berufstätigkeit infolge des Verfahrens/des Urteils über sich ergehen lassen muss, zB Kündigung, Verlust der Beamtenrechte, Schmerzensgeldhöhe.[1267] Hierauf muss der Verteidiger hinweisen und Unterlagen mitbringen/Zeugen benennen.

1261 LK-Gribbohm § 46 Rn 103 ff; aM OLG Frankfurt NJW 1972, 1524 mit abl. Anm. Hanack, NJW 1972, 2228.
1262 Bruns, Strafzumessung S. 196; v. Gerkan, MDR 1963, 269.
1263 Burmann in: Burmann/Heß/Jahnke/Janker, Straßenverkehrsrecht, § 316 StGB Rn 35.
1264 So zB OLG Hamm, Urt. v. 31.8.1956 – 3 Ss 849/56 = NJW 1956, 1849; DAR 1959, 324; OLG Stuttgart DAR 1956, 227.
1265 BGH 3 StR 575/96 – Urt. v. 28.1.1998; Beschl. v. 12.12.1997 – 3 StR 383/97; OLG Hamm, Beschl. v. 3.4.2006 – 3 Ss 71/06; Fischer, StGB, § 46 Rn 44 mwN.
1266 OLG Hamm, Beschl. v. 3.4.2006 – 3 Ss 71/06 (es handelte sich um die Trunkenheitsfahrt eines Arztes).
1267 Fischer, StGB, § 46 Rn 8 und 34 a.

VII. Verschleierungsversuche durch den Angeklagten/Nachtrunk

In seltenen Fällen versuchen Trunkenheitstäter, **Einfluss auf das Personal des medizinischen Untersuchungsinstituts** zu nehmen, um die bei ihnen vorliegende BAK zu verschleiern. In derartigen Fällen wird unter Hinweis auf § 46 Abs. 2 StGB (Berücksichtigung des Verhaltens des Täters nach der Tat) Strafschärfung teils für zulässig erachtet.[1268] Dies gilt nach OLG Frankfurt[1269] zB für den beschuldigten Arzt, der auf die mit der Blutuntersuchung befassten Gerichtsmediziner einzuwirken versucht. 514

Nach OLG Oldenburg[1270] soll sogar der **Nachtrunk des Täters** mit dem Ziel, die Tatzeit-BAK zu verschleiern, strafschärfend berücksichtigt werden dürfen. Nach wohl überwiegender Meinung rechtfertigen jedoch solche Verhaltensweisen keine Strafschärfung.[1271] Denn den Angeklagten trifft keine Prozessförderungspflicht. Sein bloßes auf Vereitelung des Strafverfahrens gerichtetes Verhalten darf daher grundsätzlich nicht strafschärfend berücksichtigt werden, soweit es nicht selbst einen Straftatbestand erfüllt.[1272] Anders ist dies nur dann, wenn das Verhalten nach der Tat Schlüsse auf deren Unrechtsgehalt ermöglicht oder Einblick in eine zu missbilligende Einstellung zur begangenen Tat gewährt.[1273] 515

Für den Nachtrunk wird die hM hier geteilt. Das aktive Einwirken auf Dritte allerdings („**Manipulationsversuch**") kann und muss nach hier vertretener Ansicht als strafschärfendes Nachtatverhalten gewertet werden. 516

VIII. Vorsatz

Der Strafrahmen des § 316 StGB unterscheidet nicht zwischen vorsätzlicher und fahrlässiger Tatbegehung. Allerdings darf der Tatrichter die vorsätzliche Begehung der Trunkenheitsfahrt zum Anlass höherer Bestrafung nehmen.[1274] 517

Hinweis: Im Rahmen der Übersicht über die sogenannten „**Normalfallrechtsfolgen**" im Verkehrsrecht ist bereits darauf aufmerksam gemacht worden, dass Vorsatz bei Ersttätern in aller Regel mit 5–10 Tagessätzen mehr „geahndet" wird.

IX. Inkaufnahme einer Gefährdung durch den Mitfahrenden

Wird eine Person durch den alkoholbedingt fahrunsicheren Täter gefährdet oder gar verletzt, so kann die Frage, ob es sich dabei um eine mitfahrende Person oder um einen Unbeteiligten handelt, bei der Strafzumessung Berücksichtigung finden. Das gilt insbesondere dann, wenn dem Mitfahrer der **Alkoholkonsum des Fahrzeugführers** 518

1268 OLG Frankfurt, Urt. v. 12.4.1972 – 2 Ss 491/71 = NJW 1972, 1524; OLG Oldenburg, Urt. v. 5.3.1968 – 4 Ss 52/6 = NJW 1968, 1293.
1269 OLG Frankfurt, Urt. v. 12.4.1972 – 2 Ss 491/71 = NJW 1972, 1524.
1270 OLG Oldenburg, Urt. v. 5.3.1968 – 4 Ss 52/6 = NJW 1968, 1293.
1271 BGH NStZ 1989, 468 – bei Detter; BayObLG DAR 1974, 176 – bei Rüth; Hanack, NJW 1972, 2228.
1272 BGH NStZ 1982, 151 – bei Mösl; KG VRS 103, 223.
1273 BGH NStZ 1989, 468 – bei Detter; NJW 1954, 1416; OLG Celle NZV 1992, 247.
1274 OLG Saarbrücken, Urt. v. 21.2.1974 – Ss 1/74 = NJW 1974, 1391; OLG Schleswig BA 1981, 370; Burmann in: Burmann/Heß/Jahnke/Janker, Straßenverkehrsrecht, § 316 StGB Rn 33.

bei **Fahrtantritt bekannt** sein musste und er somit das Risiko einer Gefährdung oder gar Verletzung bewusst in Kauf genommen hat.[1275]

Hinweis: Diesen strafmildernden Gesichtspunkt sollte der Verteidiger in geeigneten Fällen herausstellen und notfalls förmlich die Zeugenvernehmung des Mitfahrers beantragen. Das Gericht muss dann „Farbe bekennen", wie es die Tat auch im Hinblick auf die Strafzumessung sieht.

X. Strafmildernde Entziehung der Fahrerlaubnis

519 Die Entziehung der Fahrerlaubnis, also insbesondere die vorläufige im laufenden Verfahren, aber auch die Entziehung infolge eines anderen Verfahrens kann vom Tatgericht **strafmildernd** in seine Strafzumessungserwägungen einfließen.[1276]

Hinweis: Vor diesem Hintergrund macht es für den Verteidiger durchaus Sinn, die bereits eingetretenen Probleme/Folgen einer (vorläufigen) Fahrerlaubnisentziehung ausführlich und unter Beweisantritt darzustellen, auch wenn im Rahmen der Prüfung der Ungeeignetheit iSd § 69 StGB wirtschaftliche Gesichtspunkte keine Rolle spielen.

XI. Strafmilderung: Vorsorge gegen Kfz-Benutzung vor Trinkbeginn

520 Auch die Vorsorge des Angeklagten gegen eine eigene Benutzung des Kfz vor Trinkbeginn kann sich **strafmildernd auswirken**, selbst wenn es hinterher genau mit diesem Fahrzeug zu einer Trunkenheitsfahrt gekommen ist.[1277]

Hinweis: Hier werden freilich nur potenziell tatsächlich **sichere Vorsorgemaßnahmen** eine Rolle spielen können. Auch hierzu muss dann der Verteidiger plausibel vortragen und Beweismittel benennen. Es liegt hier stets nahe, solchen Vortrag in Beweisanträge zu packen, da hierdurch eine wie auch immer geartete gerichtliche Entscheidung getroffen werden muss und sich hieraus die Einschätzung des Gerichts, was den zu beurteilenden Sachverhalt angeht, ablesen lässt.

XII. Verminderte Schuldfähigkeit wegen Betäubungsmittelabhängigkeit

521 Die Abhängigkeit von Betäubungsmitteln für sich allein führt regelmäßig noch **nicht zu einer erheblichen Verminderung der Steuerungsfähigkeit**. Diese Folge ist bei einem Rauschgiftsüchtigen nur ausnahmsweise gegeben. Dies ist aber dann der Fall, wenn langjähriger Betäubungsmittelgenuss etwa zu schwersten Persönlichkeitsveränderungen geführt hat, der Täter unter starken Entzugserscheinungen leidet oder durch sie getrieben wird, sich mittels einer Straftat Drogen zu verschaffen, oder dann, wenn er das Delikt im Zustand eines akuten Rausches verübt hat.[1278] Unter Umständen kann auch bereits die Angst vor Entzugserscheinungen zu einer erheblichen Beeinträchti-

---

1275 BGH NZV 1989, 400; OLG Koblenz BA 2002, 483; OLG Dresden DAR 1999, 36 (Anm. Molketin, BA 1999, 388).
1276 OLG Frankfurt StV 1994, 131; NJW 1971, 669; BayObLG DAR 1999, 560; Burmann in: Burmann/Heß/Jahnke/Janker, § 316 StGB Rn 35; Fischer, StGB, § 46 Rn 8.
1277 OLG Hamm BA 1984, 538; Burmann in: Burmann/Heß/Jahnke/Janker, Straßenverkehrsrecht, § 316 StGB Rn 35.
1278 Vgl BGHR, StGB, § 21, BtM-Auswirkungen 2 und 12 mwN.

gung der Hemmungsfähigkeit und damit zu einer Anwendung des § 21 StGB führen.[1279]

Ein Urteil leidet dann unter sachlichrechtlichen Mängeln, wenn es sich vor dem Hintergrund der Betäubungsmittelabhängigkeit des Angeklagten mit der Möglichkeit einer erheblich verminderten Schuldfähigkeit im Sinne von § 21 StGB nicht auseinandergesetzt hat.[1280]

Hinweis: Die **Drogenprobleme** des Angeklagten müssen also vom Verteidiger deutlich und ungeschönt vorgetragen werden, will er über §§ 21, 49 StGB zu einer Strafmilderung gelangen. Hilfreich sind hier auch Stellungnahmen von Suchtberatungsstellen und Ärzten.

Ergibt sich aus dem Urteil eine Betäubungsmittelabhängigkeit, setzt es sich aber nicht mit § 21 StGB auseinander, so dürfte in aller Regel dieser sachlichrechtliche Fehler zur Urteilsaufhebung auf die **Revision** (Sachrüge = „... gerügt wird die Verletzung materiellen Rechts, die zunächst in allgemeiner Form erhoben wird ...") hin stattfinden.

XIII. Besonderheiten bei Strafzumessung bei § 323 a StGB

Die im Rausch begangene Tat als solche darf dem Täter nach ständiger höchstrichterlicher Rechtsprechung nicht vorgeworfen werden, weil er insoweit ohne Schuld handelt. Deshalb dürfen seine **Motive und die Gesinnung**, die zu der im Rausch begangenen rechtswidrigen Tat geführt haben, bei der Strafzumessung nicht zu seinem Nachteil herangezogen werden,[1281] sondern lediglich tatbezogene Merkmale der Rauschtat, wie Art, Umfang, Schwere und Gefährlichkeit.[1282]

XIV. Vorstrafen und Verfahrenseinstellungen als Gesichtspunkt der Strafzumessung

1. Vorstrafen – Feststellung und Wirkung

Vorstrafen werden **regelmäßig straferhöhend** wirken. Hierfür ist jedoch erforderlich, dass sie einschlägig sind oder erkennen lassen, dass der Täter sich über frühere Warnungen hinweggesetzt hat.[1283] Die Vorstrafen werden in der Regel durch die Verlesung des Bundeszentralregisterauszugs (BZR-Auszug) in die Verhandlung eingeführt. Die bloße stichwortartige Benennung der Vorstrafen im Urteil anhand des BZR-Auszugs ist jedoch nicht ausreichend. Vielmehr sind **inhaltliche Angaben, Feststellungen zu den abgeurteilten Taten** erforderlich, die aber nicht in einem Einkopieren ganzer Urteilstexte bestehen sollen. Diese sollen eine knappe Zusammenfassung derjenigen Gesichtspunkte darstellen, auf welche die konkrete Verwertung für die neue Strafzumessung beruht.[1284]

1279 Vgl BGHR, StGB, § 21, BtM-Auswirkungen 5 betreffend Entzugserscheinungen bei Heroinabhängigen; OLG Hamm BA 2006, 40; Beschl. v. 29.4.2002 – 2 Ss 81/02; Beschl. v. 30.3.2000 – 3 Ss 101/00.
1280 OLG Hamm BA 2006, 40.
1281 OLG Hamm, Beschl. v. 18.2.2014 – 1 RVs 12/14; BGH NJW 1992, 3309, 3311; BGH NJW 1971, 203.
1282 OLG Hamm, Beschl. v. 18.2.2014 – 1 RVs 12/14; BGH NJW 1992, 3309, 3311; BGH NJW 1971, 203.
1283 Fischer, StGB, § 46 Rn 38.
1284 Fischer, StGB, § 46 Rn 38.

Hinweis: Hat das Gericht nicht die Akten der vorausgehenden Verfahren beigezogen bzw die Urteile in Abschrift vorliegen, so sollte der Verteidiger dem Angeklagten zunächst einmal in der Hauptverhandlung raten, zu den Vorstrafen zu schweigen, falls sich nicht der Zusammenhang zwischen den Vorstrafen und der neu abzuurteilenden Tat bereits aus dem Registerauszug ergibt.

2. Der Auszug aus dem Bundeszentralregister (BZR-Auszug)

525 Sofern ein Strafverfahren anhängig ist, wird immer erst von der Staatsanwaltschaft ein BZR-Auszug angefordert und zur Akte genommen. Im Rahmen der **Akteneinsicht** wird dieser Auszug an den Verteidiger mit übersandt, so dass sich die Einholung gesonderter Auskünfte üblicherweise für den Verteidiger erübrigen. Das Akteneinsichtsrecht des Angeklagten durch seinen Verteidiger bezieht sich also auch auf den BZR-Auszug.[1285]

a) Einführung in die Hauptverhandlung/Wiedergabe im Urteil

526 Die übliche Einführung des BZR-Auszugs in der Hauptverhandlung ist die **Verlesung** und das weitere Einräumen der Richtigkeit der Eintragungen – an dieses Einräumen sind keine großen Anforderungen zu stellen.

Hinweis: Den **Zeitpunkt der Feststellung der Vorstrafen** in der Hauptverhandlung bestimmt der Vorsitzende nach § 243 Abs. 4 S. 4 StPO. Frühester Zeitpunkt ist die Vernehmung des Angeklagten zur Sache.[1286]

Sagt der Angeklagte nichts zu dem Register, so ist eine **Verlesung im Urkundsbeweis** nach § 249 Abs. 1 StPO möglich. Das Protokoll der Hauptverhandlung ist dahin zu prüfen, ob es genau angibt, welcher der beiden Wege gewählt wurde. Nicht ausreichend ist es, wenn festgestellt wird, die Urkunde sei „zum Gegenstand der Hauptverhandlung" gemacht worden.[1287] Sind nach Ansicht des Verteidigers bestimmte Voreintragungen falsch oder stellen sich die Voreintragungen anders dar, als es die Urteilsfeststellungen der betreffenden Verfahren darstellen, so sollte die Beiziehung der fraglichen Akten frühzeitig beantragt werden, damit die Urteile ebenfalls verlesen werden können.

Hinweis: Angesichts moderner Datenverarbeitungssysteme und hoher Belastung in der Justiz werden gerne komplette BZR-Auszüge als Komplettdatensatz **in Urteile einkopiert**. Dies führt auf die Sachrüge im Rahmen der (Sprung-)Revision idR zur Urteilsaufhebung und Rückverweisung.[1288]

b) Überprüfung der Richtigkeit der Vorstrafen

527 Beanstandet ein Verfahrensbeteiligter die Richtigkeit der in verlesenen Urteilen oder auch dem BZR-Auszug getroffenen Feststellungen, muss der Tatrichter prüfen, ob diese Beanstandungen nach seiner Auffassung geeignet sind, die dort gezogenen

---

[1285] BVerfG, Beschl. v. 7.12.1982 – 2 BvR 900/82 = NJW 1983, 1046.
[1286] OLG Stuttgart NJW 1973, 1941.
[1287] OLG Düsseldorf, Beschl. v. 13.8.1996 – 2 Ss (OWi) 219/96 - (OWi) 75/96 III = NJW 1997, 269.
[1288] OLG Hamm VRR 2007, 323 („es kann der Eindruck entstehen, das Gericht habe sich mit der Eigenart der Vorverurteilungen nicht genügend wertend auseinandergesetzt").

XIV. Vorstrafen und Verfahrenseinstellungen als Gesichtspunkt der Strafzumessung

Schlüsse zu erschüttern. Ist dies nicht der Fall, so kann er einen **Beweisantrag**, der gestellt wird, um die Unrichtigkeit der früheren Feststellungen zu beweisen, **als bedeutungslos ablehnen**. Hält er den Beweisantrag dagegen für geeignet, das Beweisgebäude zu erschüttern, muss er ihm nachgehen, sofern die Feststellung der früheren Tatbegehung für seine eigene Entscheidung von Bedeutung ist.[1289]

c) Warnwirkung der Voreintragung

Bei der Strafzumessung wird es allerdings häufig genügen, auf die Warnwirkung der – als solche bereits durch die Urteilsurkunde bewiesenen[1290] – früheren Verurteilung abzustellen, deren Missachtung bei der Begehung weiterer Straftaten einen ähnlich gewichtigen **Strafschärfungsgrund** darstellen kann wie die Tatsache der früheren Begehung von Straftaten. Ob der Strafzumessungsgrund der Warnwirkung ausreicht, unterliegt einer wertenden Entscheidung des Tatrichters bei der Strafzumessung, die der revisionsrechtlichen Überprüfung grundsätzlich entzogen ist.

528

d) Verwertungsverbot/Tilgungsreife

Ist die Eintragung über eine Verurteilung im Register getilgt worden oder ist sie zu tilgen, so dürfen die Tat und die Verurteilung dem Betroffenen im Rechtsverkehr **nicht mehr vorgehalten und nicht zu seinem Nachteil verwertet** werden, § 51 Abs. 1 BZRG.

529

Hinweis: Die Eintragung einer Verurteilung, durch die eine Sperre für die Erteilung der Fahrerlaubnis für immer angeordnet worden ist, hindert die Tilgung anderer Verurteilungen nur, wenn zugleich auf eine Strafe erkannt worden ist, für die allein die Tilgungsfrist nach § 46 noch nicht abgelaufen wäre, vgl § 47 Abs. 3 S. 2 BZRG.

Aus der Tat oder der Verurteilung entstandene Rechte Dritter, gesetzliche Rechtsfolgen der Tat oder der Verurteilung und Entscheidungen von Gerichten oder Verwaltungsbehörden, die im Zusammenhang mit der Tat oder der Verurteilung ergangen sind, bleiben unberührt, § 51 Abs. 2 BZRG. Für verkehrsrechtliche Verfahren unbedeutende Ausnahmen hiervon regelt § 52 BZRG.

Hinweis: Immer ist zu beachten, dass im BZR noch enthaltene, im **Fahreignungsregister** jedoch bereits getilgte oder tilgungsreife strafrechtliche Vorahndungen nicht verwertet werden dürfen.[1291]

Das Verwertungsverbot greift auch dann ein, wenn die Tilgungsfrist zwar zum Zeitpunkt der neuen Tat noch nicht verstrichen, wohl aber vor Ende der Hauptverhandlung in der Tatsacheninstanz bereits abgelaufen ist, da auch für den Fristablauf das tatrichterliche Urteil zählt.[1292]

Eingestellte bzw erst gar **nicht eingeleitete** und dementsprechend im BZR nicht aufgenommene **Verfahren** dürfen generell nicht verwertet werden – vor allem nicht straf-

530

1289 BGHSt 43, 106.
1290 RGSt 8, 153, 157; BGH MDR 1955, 121.
1291 OLG München, Beschl. v. 20.12.2007 – 4 St RR 222/07.
1292 BGH, Beschl. v. 28.7.1999 – 5 StR 325/99 = NStZ-RR 2000, 110; NStZ 1983, 30; Granderath ZRP 1985, 319, 320 mwN.

schärfend[1293] und zwar selbst dann nicht, wenn der Angeklagte selbst derartige Sachverhalte im Rahmen seiner Einlassung in den Prozess eingeführt hat.[1294] Zweck des Verwertungsverbots in § 51 Abs. 1 BZRG ist es nämlich, den Verurteilten vom Strafmakel zu befreien und dadurch seine Resozialisierung zu fördern.[1295]

Hinweis: In derartigen Fällen reicht im Rahmen der Revision die nicht weiter zu begründende Sachrüge („Rüge der Verletzung materiellen Rechts") aus.[1296] Folge ist dann regelmäßig nur die Aufhebung des Urteils im Strafausspruch – das Tatgericht muss dann also nur die Strafzumessung erneut vornehmen. Das Revisionsgericht kann dann nämlich so gut wie nie ausschließen, dass dieser Rechtsfehler die Strafzumessung oder in Ausnahmefällen sogar den Schuldspruch beeinflusst hat.[1297] Dies gilt umso mehr, je häufiger auf das „Alturteil" verwiesen wird.[1298] Dagegen ist das in § 51 Abs. 1 BZRG enthaltene Vorhalteverbot mit der Verfahrensrüge geltend zu machen.[1299]

531 Auch die **indizielle Verwertung** von Feststellungen aus tilgungsreifen/getilgten früheren Verurteilungen verstößt gegen das Verwertungsverbot des § 51 Abs. 1 BZRG, und zwar selbst dann, wenn es um eine Anordnung von Maßregeln der Besserung und Sicherung geht.[1300] Das Verwertungsverbot hindert den Tatrichter nicht nur an der Berücksichtigung der Vorstrafe als solcher, sondern auch an der strafschärfenden Erwägung, dass der Vollzug der von dem Verwertungsverbot betroffenen Strafe nicht ausreiche, um den Angeklagten von weiteren Straftaten abzuhalten.[1301] Das **Verwertungsverbot** erstreckt sich auch auf Umstände, die eng mit der nicht verwertbaren Tat im Zusammenhang stehen (etwa hohe Rückfallgeschwindigkeit, erneute Tatbegehung am selben Opfer). Das Verwertungsverbot erstreckt sich somit auf die Beweiswürdigung, etwa bei Heranziehung einer getilgten Voreintragung als Indiz für eine hohe Alkoholverträglichkeit des Angeklagten.[1302] Auch wenn sie für die Beurteilung des Schuldgehalts von wesentlicher Bedeutung sind, müssen derartige Umstände gleichsam ausgeblendet werden.[1303]

Hinweis: Das Verwertungsverbot gilt sogar dann, wenn sich der Angeklagte selbst zu seiner Verteidigung auf diese Tat berufen hatte.[1304]

Ausnahmsweise kann aber die Verwertung einer getilgten Vorstrafe dann ohne Bedeutung sein, wenn die erkannte Strafe auch bei gedachtem Wegfall der Voreintragung verhängt worden wäre.[1305] Selbst wenn die nicht in das BZR eingetragene Ver-

---

[1293] BGH, Beschl. v. 8.3.2005 – 4 StR 569/04 = NStZ 2005, 397.
[1294] BGH StV 2003, 444; BGH NStZ-RR 2001, 237/238 mwN.
[1295] BGH, Beschl. v. 8.3.2005 – 4 StR 569/04 = NStZ 2005, 397 mwN.
[1296] BGHSt 25, 100; BGH StraFo 2006, 296; StV 2003, 444.
[1297] Vgl zB BGH HRRS 2006 Nr. 477.
[1298] Siehe zB BGH, Beschl. v. 22.3.2000 – 5 StR 88/00.
[1299] BGH, Beschl. v. 18.3.2009 – 1 StR 50/09.
[1300] BGH NStZ-RR 2002, 332 und StV 2002, 479.
[1301] BGH NStZ 1983, 19 und NStZ 2006, 587 = StV 2006, 522.
[1302] KG NStZ-RR 2007, 353.
[1303] BGH NStZ 2006, 587 = StV 2006, 522.
[1304] BGHSt 27, 108 und NStZ-RR 2001, 237.
[1305] BGH, Beschl. v. 17.3.2005 – 3 StR 39/05 = NJW 2005, 1813 = NStZ 2005, 465 = NStZ-RR 2005, 272 = StV 2005, 426 und BGH NStZ 2006, 587 = StV 2006, 522.

XIV. Vorstrafen und Verfahrenseinstellungen als Gesichtspunkt der Strafzumessung

urteilung (im Fall des BGH: 1 Jahr alt!) eigentlich noch gar nicht tilgungsreif sein kann, muss das Gericht bei einer Verwertung dieses Urteils zur Tilgung Stellung nehmen und verletzt ansonsten seine Amtsaufklärungspflicht.[1306]

3. Verfahrenseinstellungen/Verwertung „unbekannter" Taten

Auch Einstellungen sollen **strafschärfend** gewertet werden können, was jedoch im Hinblick auf die geltende Unschuldsvermutung und die neuere BGH-Rechtsprechung zum Verwertungsverbot tilgungsreifer bzw nicht eingetragener Voreintragungen[1307] nicht ganz schlüssig erscheint. Hier ist aber keinesfalls nur auf die „nackte" Tatsache der Einstellung abzustellen, sondern auf weitere Feststellungen: 532

Für eine strafschärfende Wirkung einer Einstellung nach §§ 153, 153 a StPO müssen von dem Tatrichter, der diese Wirkung annehmen will, ausdrücklich im Urteil Feststellungen zu den **Grundlagen der Einstellung**, den Umständen und Auswirkung der Strafverfolgung und ggf erfolgten Strafverbüßung festgestellt werden.[1308] Dies wird in der Regel in Urteilen fehlen, da mangels verlesbarer Urteilsurkunde ein erheblicher Aufwand für solche Feststellungen erforderlich ist. 533

Auch für die strafschärfende Berücksichtigung eingestellter/beschränkter Verfahren(steile) nach §§ 154, 154 a StPO wird eine ordnungsgemäße Feststellung der zugrunde liegenden Tatsachen verlangt – ggf auch sogar ein **rechtlicher Hinweis** auf die strafschärfende Wirkung insoweit.[1309] 534

Hinweis: Falsch sind damit bloße **kurze Erwähnungen** eingestellter Verfahren im Urteil (mit dem Ziel eine Warnwirkung darzustellen) ohne ausführliche Schilderung insoweit, wenn die Verfahren sich strafschärfend ausgewirkt haben.

Taten, die bis dato gar nicht Gegenstand eines Verfahrens waren oder die sonst nicht strafrechtlich abschließend durch Urteil gewürdigt wurden, dürfen ebenso verwertet werden – das Verwertungsverbot des § 51 Abs. 1 BZRG gilt hier nicht: Denn der Gesetzgeber hat als Reaktion auf diese Rechtsprechung (vgl BT-Drucks. 7/4328 S. 12) in dem Gesetz zur Änderung des Bundeszentralregistergesetzes vom 25.5.1976 (BGBl. I, 1278) die Vorschrift des § 49 Abs. 2 BZRG aF (die wortgleich ist mit der geltenden Regelung des § 51 Abs. 2 BZRG) dahin gehend konkretisiert, dass diese ausschließlich bei der Geltendmachung von Ansprüchen aus der früheren Tat oder der früheren Verurteilung entstandene Rechte Dritter unberührt lässt. Dies entspricht seither der Rechtsprechung des BGH (dazu grundlegend BGHSt 27, 108 f).[1310] Sind in einem Verfahren mehrere Taten zusammengefasst gewesen und kam es nur wegen einer **Tat (im prozessualen Sinne)** zu einer Aburteilung, so können die übrigen Taten somit noch später (auch trotz eingetretenen Verwertungsverbots hinsichtlich der abgeurteilten Tat) verwertet werden.[1311] 535

1306 BGH, Beschl. v. 17.3.2005 – 3 StR 39/05 = NJW 2005, 1813 = NStZ 2005, 465 = NStZ-RR 2005, 272 = StV 2005, 426 (Sachrüge und Aufklärungsrüge waren erfolgreich!).
1307 Hierzu: BGH NStZ 2005, 397 mwN.
1308 BGHSt 25, 64; NJW 1987, 2244; NStZ 1995, 2287; Fischer, StGB, § 46 Rn 40.
1309 Ausführlich hierzu: Fischer, StGB, § 46 Rn 40 mwN.
1310 BGH, Beschl. v. 18.3.2009 – 1 StR 50/09.
1311 BGH, Beschl. v. 18.3.2009 – 1 StR 50/09.

XV. Nachtatverhalten, insb. Schadenswiedergutmachung

536 Von besonderer Bedeutung für Täter, die im Rahmen ihrer Tat Schäden an fremden Sachen oder anderen Personen verursacht haben, ist der strafmildernde Gesichtspunkt des Nachtatverhaltens. Dies ist jedoch nur dann relevant, wenn aus dem Verhalten des Täters Rückschlüsse auf eine innere Haltung des Täters zu seiner Tat gezogen werden können.[1312]

Hierunter fallen insbesondere:[1313]

- Geständnis der Tat,
- Reue,
- Einsicht,
- Mitwirkung bei weiterer Tataufklärung,
- Schadenswiedergutmachung (bzw gar Bemühen hierum).

Hinweis: Der entscheidende Richter muss in seinem Urteil alles vermeiden, was irgendwie einen Schluss auf eine strafschärfende Wirkung eines fehlenden Geständnisses oder Unrechtseinsicht etc. schließen lässt – der Verteidiger muss das Urteil gerade auf solche Formulierungen prüfen. Eine Strafschärfung deshalb ist nämlich unzulässig.[1314]

Dem Angeklagten darf aber nicht etwa zum Nachteil gereichen, dass er die Tat bestreitet, weil er Zweifel an der festgestellten BAK hat und infolgedessen keine Schuldeinsicht zeigt.[1315]

XVI. Verfahrensdauer

537 Auch die **strafmildernde Wirkung** einer langen Verfahrensdauer muss der Tatrichter berücksichtigen. Besonders lange oder gar überlange (unverschuldete) Verfahrensdauer muss nämlich stets zu einer Strafmilderung führen.[1316]

538 Gerade die **überlange Verfahrensdauer**, die durch rechtsstaatswidrige Verfahrensverzögerung bedingt ist (Verletzung von Art. 6 Abs. 1 EMRK), war in den letzten Jahren immer wieder ein Problemfall in der Rechtsprechung. Hier hat der Große Senat des BGH für Strafsachen jedoch folgende (hier in Kurzform dargestellte) Grundsätze aufgestellt:[1317]

- Rechtsstaatswidrige Verfahrensverzögerung ist **zu kompensieren** und zwar durch den Ausspruch einer fiktiven Teilverbüßung der verhängten Strafe – falsch ist ein bezifferter Strafabschlag.

1312 BGH StV 1988, 340; Rössner/Kempfer in: Dölling/Duttge/Rössner, § 46 StGB Rn 38; Fischer, StGB, § 46 Rn 46.
1313 Vgl Rössner/Kempfer in: Dölling/Duttge/Rössner, § 46 StGB Rn 38.
1314 OLG Düsseldorf StraFo 2005, 167.
1315 OLG Koblenz NZV 2008, 367.
1316 Hierzu etwa: BVerfG NJW 1995, 1277; 2003, 2897; BGH NJW 2006 1529; NStZ-RR 1999, 108; NStZ-RR 2006, 50.
1317 BGHSt 52, 124 = NJW 2008, 860 = NStZ 2008, 234 = StRR 2008, 107.

XVI. Verfahrensdauer

- Die Teilverbüßung ist im **Urteilstenor** auszuurteilen. Das Urteil muss so zunächst die schuld- und tatangemessene Strafe nach den allgemeinen Grundsätzen im Urteil enthalten. Sodann ist der durch die Verfahrensverzögerung bedingte fiktive vollstreckte Strafteil auszuurteilen (übliche Formulierung: „... gilt als vollstreckt.").

- Kommt nur die Verhängung einer Geldstrafe in Betracht, so ist diese wegen der rechtsstaatswidrigen Verfahrensverzögerung nicht mehr um einen bezifferten Abschlag zu ermäßigen, sondern die **schuldangemessene Geldstrafe** in der Urteilsformel auszusprechen und zugleich festzusetzen, dass ein bezifferter **Teil** der zugemessenen Tagessätze **als bereits vollstreckt** gilt.

- In Fällen, in denen das gebotene Maß der Kompensation die schuldangemessene (Einzel-)Strafe erreicht oder übersteigt, ist – wie bisher – die Anwendung der §§ 59, 60 StGB oder die (teilweise) **Einstellung** des Verfahrens nach Opportunitätsgrundsätzen zu erwägen (§§ 153, 153 a, 154, 154 a StPO); gegebenenfalls ist zu prüfen, ob ein aus der Verfassung abzuleitendes Verfahrenshindernis der Fortsetzung des Verfahrens entgegensteht.

- Im Bereich des **Jugendstrafrechts** ist danach zu fragen, ob es dem Erziehungsgedanken widerstreitet, einen Teil der Strafe als Entschädigung für vollstreckt zu erklären (s. § 52 a JGG, ferner § 88 JGG mit größerer Flexibilität für die Reststrafenaussetzung).

- Durch die Vollstreckungslösung wird der überlangen Verfahrensdauer nicht ihre Bedeutung als **Strafzumessungsgrund** genommen. Sie bleibt als solcher zunächst bedeutsam deswegen, weil allein schon durch einen besonders langen Zeitraum, der zwischen der Tat und dem Urteil liegt, das Strafbedürfnis allgemein abnimmt. Sie behält – unbeschadet der insoweit zutreffenden dogmatischen Einordnung – ihre Relevanz und ist bei der Straffindung unabhängig davon zu berücksichtigen, ob die Verfahrensdauer durch eine rechtsstaatswidrige Verzögerung mitbedingt ist.[1318]

Aus prozessualer Sicht ist zu beachten, dass ein Revisionsführer, der das Vorliegen einer Art. 6 Abs. 1 S. 1 EMRK verletzenden Verfahrensverzögerung geltend machen will, grundsätzlich eine **Verfahrensrüge** erheben muss.[1319] Für Entscheidungen, die bis zu der genannten Entscheidung des Großen Senats für Strafsachen des BGH (zur Vollstreckungslösung) ergangen sind und vollstreckt werden sollen, reicht es aus, wenn die Verfahrensdauer in der Strafzumessung kompensiert wurde (sog. „Strafzumessungslösung").[1320]

Hinweis: Der Verteidiger muss sich also hier mit den Einzelheiten der begründungsintensiven Verfahrensrüge intensiv auseinandersetzen. Die meisten Revisionen scheitern nämlich schon im Bereich der Zulässigkeit der Verfahrensrüge.

1318 Vgl BGH NJW 1999, 1198; NStZ 1988, 552; 1992, 229, 230; NStZ-RR 1998, 108.
1319 BGHSt 49, 342 = NJW 2005, 518 = NJW-Spezial 2005, 137 = DAR 2005, 258 = JR 2005, 207 = NStZ 2005, 223 = PA 2005, 52 = PStR 2005, 57 = StV 2005, 73.
1320 BVerfG, Beschl. v. 10.3.2009 – 2 BvR 49/09.

Ergeben sich indes bereits aus den Urteilsgründen die Voraussetzungen einer solchen Verzögerung, hat das Revisionsgericht auf Sachrüge einzugreifen. Das gilt auch, wenn sich bei der auf Sachrüge veranlassten Prüfung, namentlich anhand der Urteilsgründe, ausreichende Anhaltspunkte ergeben, die das Tatgericht zur Prüfung einer solchen Verfahrensverzögerung drängen mussten, so dass ein sachlichrechtlich zu beanstandender Erörterungsmangel vorliegt.[1321]

540 Kann also das Gericht eine erhebliche und nicht weiter erklärbare Verzögerung feststellen, so muss dies dem Gericht Veranlassung geben, näher zu einer rechtsstaatswidrigen Verfahrensverzögerung und deren Folgen auszuführen. Das Fehlen jeglicher Erwägungen dazu stellt sich als **sachlich-rechtlicher Mangel** dar, weil sich deren Erforderlichkeit bereits aus den Urteilsgründen ergibt.[1322]

Beispiel: Ein sachlich-rechtlicher Mangel liegt darin, wenn die Berufungskammer, obwohl sie eine überlange Verfahrensdauer im Berufungsverfahren, die nicht in der Sphäre des Angeklagten begründet ist, angenommen hat, ohne nähere Begründung zu derselben Strafe kommt wie das Amtsgericht und auch keine Ausführungen dazu gemacht hat, ob und ggfls. welcher konkret bezifferter Teil der verhängten Strafe als verbüßt gilt.[1323]

Hinweis: Damit eine Verletzung gegen Art. 6 Abs. 1 EMRK festgestellt werden kann, ist zu prüfen, ob das Verfahren insgesamt unangemessen verzögert wurde. Eine gewisse Untätigkeit in einzelnen Verfahrensabschnitten führt dann noch nicht zu einer Verletzung der Konvention, wenn dadurch die Gesamtdauer des Verfahrens nicht unangemessen lang wird. Eine in einem Verfahrensabschnitt eingetretene Verfahrensverzögerung kann durch eine überobligationsmäßige Beschleunigung in anderen Verfahrensabschnitten kompensiert werden.[1324]

XVII. Freiheitsstrafe

541 Die sich am Eingang des Strafzumessungsabschnitts befindende Übersicht über die Normalfallrechtsfolgen beim Ersttäter zeigt, dass **üblicherweise** auch in Alkoholisierungsfällen bei allen Arten von Verkehrsstraftaten die **Geldstrafenverhängung** im Vordergrund steht. Insbesondere bei sogenannten „unbelehrbaren Wiederholungstätern" oder schwerwiegenden Tatfolgen kann aber die Freiheitsstrafenverhängung geboten sein.

1. Grundsatz des Ausschlusses kurzer Freiheitsstrafen

542 Nach § 47 Abs. 1 StGB setzt die Verhängung von Freiheitsstrafen unter sechs Monaten „besondere Umstände" voraus. Daraus folgt, dass Freiheitsstrafen unter sechs Monaten nur noch in **Ausnahmefällen**, gewissermaßen als „ultima ratio", verhängt werden dürfen.[1325]

1321 BGHSt 49, 342 = NJW 2005, 518 = NJW-Spezial 2005, 137 = DAR 2005, 258 = JR 2005, 207 = NStZ 2005, 223 = PA 2005, 52 = PStR 2005, 57 = StV 2005, 73.
1322 OLG Hamm, Beschl. v. 17.6.2008 – 4 Ss 224/08 bei www.burhoff.de.
1323 OLG Hamm, Beschl. v. 17.6.2008 – 4 Ss 224/08 bei www.burhoff.de.
1324 OLG Hamm, Beschl. v. 14.4.2008 – 3 Ss 117/08.
1325 BGH NJW 1971, 439; OLG Frankfurt StV 2004, 382; OLG Köln NJW 2001, 3491; Fischer, StGB, § 47 Rn 2.

Die Begründung einer Freiheitsstrafe mit den „erheblichen Gefahren", die von Trunkenheitsfahrten regelmäßig ausgehen, wäre rechtsfehlerhaft. Denn dies sind keine „besonderen Umstände"; anderenfalls wäre eine bestimmte Tatbestandsgruppe allgemein von der Einschränkung einer Verhängung kurzer Freiheitsstrafen ausgeschlossen.[1326] 543

Auch der allgemeine Hinweis auf eine möglicherweise vom Gericht angenommene Zunahme von Trunkenheitsstraftaten im Verkehr in einem bestimmten Zeitraum oder in einem bestimmten örtlichen Bereich rechtfertigt nicht die Verhängung einer kurzen Freiheitsstrafe.[1327] 544

Abweichendes könnte nur dann gelten, wenn im konkreten Fall der Nachweis möglich wäre, dass ein zu verzeichnender Anstieg von Trunkenheitsfahrten auf zu milder Bestrafung beruht.[1328] Ein solcher Nachweis kann kaum je erbracht werden. 545

2. Wiederholungstäter/Bewährungsversager

Dass Vorstrafen, insbesondere einschlägige, schärfend die Strafzumessung beeinflussen können, ist unstreitig. Unvereinbar mit § 47 Abs. 1 StGB wäre allerdings eine allgemeine Regel, wonach **im ersten Wiederholungsfall** stets die Voraussetzungen für die Verhängung einer Freiheitsstrafe vorliegen.[1329] 546

Bedeutsam sind – neben dem inneren Zusammenhang der Voreintragungen zu der Anlasstat – vor allem die **zeitlichen Abstände** zwischen den Taten. Liegt die Vorverurteilung länger zurück, so wird eine Freiheitsstrafe umso weniger in Betracht kommen. 547

Trotz einschlägiger Vortaten kann das Bemühen des Angeklagten um eine Einstellungsänderung nach der Tat ein Absehen von der Freiheitsstrafe rechtfertigen, zB die Teilnahme des Angeklagten an einem Nachschulungskurs oder Aufbauseminar zur Beeinflussung alkoholauffälliger Kraftfahrer oder an einer Verkehrstherapie.[1330] 548

Hinweis: Hier ist letztlich ein von vielen Verteidigern nicht genutzter Verteidigungsbereich eröffnet. Gerade **bei Wiederholungstätern**, denen eine Freiheitsstrafe droht, muss der Verteidiger dem Mandanten deutlich machen, dass er durch verkehrspsychologische Maßnahmen sein Verhalten nunmehr „in Griff" hat und daher nicht mehr zur Einwirkung auf seine Person eine kurze Freiheitsstrafe nach § 47 StGB unerlässlich ist.

Auch beim mehrfach rückfälligen Täter darf **nicht schematisch** auf Freiheitsstrafe erkannt werden. Vielmehr sind die konkreten Umstände des Falles zu berücksichtigen, vor allem der Abstand zwischen den Taten.[1331]

1326 OLG Frankfurt NJW 1971, 666; OLG Düsseldorf NJW 1970, 767.
1327 BayObLG DAR 1974, 176 – bei Rüth; OLG Frankfurt NJW 1971, 666.
1328 BayObLG DAR 1974, 176.
1329 BayObLG DAR 1977, 202 – bei Rüth; OLG Düsseldorf NZV 1996, 46.
1330 LG Potsdam BA 2004, 540; AG Homburg zfs 1983, 283; AG Westerstede VRS 72, 369; zur Verkehrstherapie: Himmelreich DAR 2003, 110.
1331 BayObLG DAR 1992, 184; Burmann in: Burmann/Heß/Jahnke/Janker, § 316 StGB Rn 33.

549 Bei wiederholten Vorstrafen wegen Trunkenheit im Verkehr wird allerdings die Würdigung der Person des Angeklagten in der Regel die **Verhängung einer Freiheitsstrafe** notwendig erscheinen lassen.[1332] Das gilt erst recht, wenn bereits erfolglos Freiheitsstrafen gegen den Angeklagten verhängt worden sind. Die Tatsache, dass sich der Angeklagte die bisherigen Freiheitsstrafen nicht zur Warnung dienen ließ, rechtfertigt kein Absehen von erneuter Freiheitsstrafe mit der Begründung, das Verhalten des Angeklagten zeige, dass ihn Freiheitsstrafen nicht beeindruckten.[1333] Bei einem Bewährungsversager wird die Verhängung einer Freiheitsstrafe grundsätzlich unerlässlich sein. Ein Absehen ist im Urteil besonders eingehend zu begründen.[1334]

Hinweis: Zu beachten ist aber hier bei hartnäckigen Wiederholungstätern, denen auch ein Bewährungswiderruf droht, dass diese Folge der neuen Verurteilung im Rahmen der Strafzumessung zu berücksichtigen ist,[1335] was oft übersehen wird. Im Urteil muss dieses Problem also angesprochen werden.

XVIII. Strafaussetzung zur Bewährung

550 Die Frage, wann eine Freiheitsstrafe zur Bewährung ausgesetzt werden kann, beantwortet § 56 StGB. Hiernach gilt:

- Bei der Verurteilung zu **Freiheitsstrafe von nicht mehr als einem Jahr** setzt das Gericht die Vollstreckung der Strafe zur Bewährung aus, wenn zu erwarten ist, dass der Verurteilte sich schon die Verurteilung zur Warnung dienen lassen und künftig auch ohne die Einwirkung des Strafvollzugs keine Straftaten mehr begehen wird (sog. „positive Sozialprognose") – vgl § 56 Abs. 1 StGB. Dabei sind nach § 56 Abs. 1 S. 2 StGB namentlich die Persönlichkeit des Verurteilten, sein Vorleben, die Umstände seiner Tat, sein Verhalten nach der Tat, seine Lebensverhältnisse und die Wirkungen zu berücksichtigen, die von der Aussetzung für ihn zu erwarten sind.

- Das Gericht kann bei einer **positiven Sozialprognose**, wie sie § 56 Abs. 1 StGB voraussetzt, auch die Vollstreckung einer höheren Freiheitsstrafe, die zwei Jahre nicht übersteigt, zur Bewährung aussetzen, wenn nach der Gesamtwürdigung von Tat und Persönlichkeit des Verurteilten besondere Umstände vorliegen – vgl § 56 Abs. 2 StGB. Hierbei ist namentlich auch das Bemühen des Verurteilten, den durch die Tat verursachten Schaden wiedergutzumachen, zu berücksichtigen.

- Bei der Verurteilung zu Freiheitsstrafe von mindestens sechs Monaten wird die Vollstreckung nicht ausgesetzt, wenn die **Verteidigung der Rechtsordnung** sie gebietet – vgl § 56 Abs. 3 StGB.

[1332] OLG Hamm NJW 1971, 670; Burmann in: Burmann/Heß/Jahnke/Janker, § 316 StGB Rn 33.
[1333] BayObLG NStZ 1989, 75; OLG Düsseldorf NZV 1996, 46.
[1334] BayObLG DAR 1974, 176 – bei Rüth; OLG Koblenz VRS 45, 173.
[1335] BayObLG StV 1987, 437; Fischer, StGB, § 46 Rn 8.

1. Bedeutung einschlägiger Vorstrafen

Die für die Strafaussetzung zur Bewährung erforderliche Annahme einer günstigen (Sozial-)Prognose ist bereits gerechtfertigt, wenn **die Wahrscheinlichkeit künftigen straffreien Verhaltens** größer ist als die Wahrscheinlichkeit erneuter Straffälligkeit.[1336] Strafaussetzung zur Bewährung scheitert nicht schon an einschlägiger Vorstrafe. Das gilt vor allem dann, wenn es sich nur um eine einzige Vorstrafe wegen eines Trunkenheitsdelikts handelt.[1337] Auch hier spielen Anzahl und Abstand der einschlägigen Vorstrafen eine ganz wesentliche Rolle. Sie können selbst bei günstiger Sozialprognose Strafaussetzung gem. § 56 Abs. 3 StGB (Verteidigung der Rechtsordnung) ausschließen.[1338]

551

Bei mehreren einschlägigen Vorstrafen wird häufig eine ungünstige Prognose bezüglich des künftigen Verhaltens des Angeklagten nahe liegen.[1339] Droht Freiheitsstrafe ohne Strafaussetzung, so sollte der Verteidiger prüfen, ob dem Angeklagten nicht die Teilnahme an einem Nachschulungskurs oder einer Verkehrstherapie zu empfehlen ist. Denn auch bei einem Mehrfachtäter kann das Bemühen um eine Verhaltensänderung durch Nachschulungsmaßnahmen uU eine günstige Prognose rechtfertigen.[1340]

552

Hinweis: Wegen der damit verbundenen Kosten empfiehlt es sich, zuvor das Gespräch mit dem zuständigen Tatrichter zu suchen.

2. Bewährungsversager

Die Tatbegehung innerhalb einer Bewährungsfrist wegen einschlägiger Vorverurteilung deutet auf eine **schlechte Prognose** hinsichtlich des zukünftigen Verhaltens hin. Nochmalige Strafaussetzung kann nur unter ganz besonderen Umständen in Betracht kommen.[1341] Grundsätzlich ist jedoch erneute Strafaussetzung auch bei Tatbegehung innerhalb der Bewährungszeit nicht ausgeschlossen.[1342]

553

Stellt der Tatrichter aber fest, dass der Angeklagte bei einer früheren einschlägigen Verurteilung nur deshalb in den Genuss einer Strafaussetzung zur Bewährung gekommen war, weil er sein Alkoholproblem erkannt, sich deshalb in ärztliche Behandlung begeben habe und über lange Zeit abstinent gewesen sei, und begeht der Angeklagte noch in dieser Bewährungszeit wiederum alkoholbedingt eine einschlägige Tat, so stellt dieser Umstand für das nun entscheidende Tatgericht einen ausreichenden Grund dar, davon auszugehen, dass bei der neuen Prognose trotz zwischenzeitlicher Abstinenz und erfolgreich abgeschlossener Alkoholtherapie eine für die Annahme einer negativen Sozialprognose ausreichend hohe Wahrscheinlichkeit des Rückfalls besteht.[1343]

554

1336 BGH NStZ 1997, 594.
1337 BayObLG DAR 1970, 263 – bei Rüth.
1338 OLG Düsseldorf VRS 91, 355; OLG Frankfurt NJW 1977, 2175, 2176 f.
1339 OLG Koblenz VRS 70, 45; OLG Hamm NZV 1988, 230.
1340 LG Hannover VRS 72, 360 (mit krit. Anm. Molketin, BA 1987, 354).
1341 BayObLG DAR 1992, 363, 364 – bei Bär; VRS 86, 453, 457; OLG Koblenz VRS 60, 33.
1342 BGH NStZ-RR 1997, 68.
1343 OLG München NZV 2008, 530 = DAR 2008, 533 = VRS 115, 129 (die Abstinenz dauerte ca. 1,5 Jahre).

Hinweis: Bei Bewährungsversagern muss der Verteidiger versuchen, den Betroffenen möglichst früh im Verfahren von der Richtigkeit **verkehrspsychologischer Maßnahmen** zu überzeugen. Dem Tatrichter muss nämlich idR dargelegt werden, dass eine Verhaltensänderung eingetreten ist. Wichtig ist hier natürlich, dies auch belegen zu können – etwa durch die Vorlage ausführlicher Bescheinigungen. Hatten die (wiederholten) Taten besondere Hintergründe, die mittlerweile entfallen sind (Bsp.: Beziehungsprobleme), so sollten auch diese unter Beweisantritten ausführlich dargestellt werden, um eine positive Sozialprognose darzulegen.

3. Schwere Unfallfolgen

555 Schwere Unfallfolgen bei Unbeteiligten aufgrund der Trunkenheitsfahrt können die Vollstreckung einer mindestens sechsmonatigen Freiheitsstrafe gem. § 56 Abs. 3 StGB aus Gründen der „**Verteidigung der Rechtsordnung**" gebieten. Jedoch kommt es auch hier auf die Einzelheiten des konkreten Falles an. Keinesfalls ist Bewilligung von Strafaussetzung zur Bewährung in derartigen Fällen schon in aller Regel ausgeschlossen.[1344]

Hinweis: Betreffen die schweren Unfallfolgen jedoch **Mitfahrer**, die sich zur Mitfahrt in Kenntnis des Alkoholgenusses des Angeklagten entschlossen haben, so kann dies uU Strafaussetzung zur Bewährung rechtfertigen.[1345] Entsprechendes gilt, wenn die schweren Verletzungen darauf beruhen, dass das Unfallopfer entgegen der Bestimmung des § 21 a StVO keinen Sicherheitsgurt trug.[1346]

556 Strafaussetzung zur Bewährung kann aus Gründen der Verteidigung der Rechtsordnung (§ 56 Abs. 3 StGB) wegen der schweren Unfallfolgen versagt werden, wenn die Nichtvollstreckung der Strafe auf das Unverständnis der Bevölkerung stoßen würde.[1347] Insoweit ist nicht das Verständnis eines bestimmten Personenkreises maßgebend, sondern die **Gesamtbevölkerung**.[1348]

557 Insbesondere bei **Trunkenheitsstraftaten mit schwersten, nicht wiedergutzumachenden Unfallfolgen** werden die Voraussetzungen des § 56 Abs. 3 StGB für eine Versagung der Strafaussetzung bei einer mindestens sechsmonatigen Freiheitsstrafe häufig gegeben sein.[1349] Das gilt umso mehr in Fällen, in denen sich der Angeklagte nach dem Unfall eines Vergehens gem. § 142 StGB (unerlaubtes Entfernen vom Unfallort) schuldig gemacht hat.[1350] So kann etwa die Verhängung einer Freiheitsstrafe von einem Jahr und neun Monaten rechtsfehlerfrei sein bei einer fahrlässigen Tötung bei

---

1344 BGH, Beschl. v. 21.1.1971 – 4 StR 238/70 = NJW 1971, 664; BayObLG, Beschl. v. 4.8.2003 – 1 St RR 88/03 = NJW 2003, 3498; OLG Koblenz BA 1978, 62.
1345 OLG Koblenz BA 2002, 483; OLG Dresden DAR 1999, 36 (Anm. Molketin, BA 1999, 388).
1346 LG Koblenz MDR 1987, 602.
1347 BGH, Urt. v. 17.3.1994 – 4 StR 4/94 = NStZ 1994, 336 (Anm. Horn, BA 1995, 62); OLG Karlsruhe DAR 2003, 325; OLG Celle BA 1999, 188.
1348 OLG Koblenz NZV 1988, 69.
1349 BGH, Urt. v. 17.3.1994 – 4 StR 4/94 = NStZ 1994, 336; BayObLG, Beschl. v. 4.8.2003 – 1 St RR 88/03 = NJW 2003, 3498; OLG Karlsruhe, Urt. v. 18.2.2003 – 1 SS 82/02 = BeckRS 2003 30307518 = NStZ-RR 2003, 246 = NZV 2004, 156 = DAR 2003, 325; OLG Koblenz BA 2002, 483.
1350 BayObLG DAR 1971, 206 – bei Rüth; OLG Koblenz VRS 48, 182.

XIX. Absehen von Strafe – § 60 StGB/eigene Verletzungen

einer Trunkenheitsfahrt in Tateinheit mit fahrlässiger Gefährdung des Straßenverkehrs.[1351]

Eine extrem **lange Verfahrensdauer** kann sich in diesem Zusammenhang günstig für den Angeklagten auswirken. Selbst bei einer Trunkenheitsfahrt mit tödlichen Folgen können die Voraussetzungen des § 56 Abs. 3 StGB zu verneinen sein, wenn die Tat im Zeitpunkt der Aburteilung schon mehrere Jahre zurückliegt.[1352]

Im Gegensatz zur **früheren Rechtsprechung zu § 56 Abs. 2 StGB aF**[1353] setzt Strafaussetzung zur Bewährung bei Freiheitsstrafen von mehr als einem Jahr nach § 56 Abs. 2 StGB weder Umstände mit Ausnahmecharakter noch eine besondere Konfliktlage beim Täter voraus.

Es genügen **Milderungsgründe**, die im Vergleich zu durchschnittlichen Milderungsgründen „**von besonderem Gewicht**" sind.[1354] Allerdings werden die Voraussetzungen des § 56 Abs. 2 StGB bei Trunkenheitsfahrten mit schwersten Unfallfolgen nur selten zu bejahen sein.[1355] Dennoch hat der BGH bei einer Trunkenheitsfahrt mit Todesfolge Strafaussetzung einer mehr als einjährigen Freiheitsstrafe in einem Fall bejaht, in dem das Mitverschulden eines Dritten mitursächlich war und in dem der tödlich Verunglückte sich nach gemeinsamem Zechen mit dem Täter zur Mitfahrt entschlossen hatte.[1356]

Hinweis: Für den Verteidiger ist gerade bei schweren Unfallfolgen die Verteidigung schwierig. Hier sollte auf jeden Fall durch eine schnelle Schadensabwicklung, Schmerzensgeldzahlungen oder auch persönliche Kontakte/Entschuldigungen des Angeklagten bei dem Opfer versucht werden, **Strafmilderungsgründe** zu **schaffen**. Hierzu zählt auch die Durchführung verkehrspsychologischer Maßnahmen durch den Täter selbst.

XIX. Absehen von Strafe – § 60 StGB/eigene Verletzungen

Hat der Angeklagte durch den von ihm infolge alkoholbedingter Fahrunsicherheit verursachten Unfall **selbst schwere Verletzungen** davongetragen, so kann es gerechtfertigt sein, gem. § 60 StGB von Strafe abzusehen. Denn Trunkenheitsdelikte völlig von der Möglichkeit des § 60 StGB auszunehmen, wäre rechtsfehlerhaft.[1357] Unter Berücksichtigung des Grades der Gefährdung anderer sind jedoch stets strenge Maßstäbe anzulegen.[1358]

Ein Absehen von Strafe wurde zB bei einem Kraftfahrer als gerechtfertigt erachtet, der infolge seiner Trunkenheitsfahrt erhebliche Gesichts- und Augenverletzungen da-

---

1351 OLG Hamm, Beschl. v. 26.8.2014 – 3 RVs 55/14 = BeckRS 2014, 17663 = NStZ-RR 2014, 321.
1352 BayObLG VRS 69, 283 (mehr als 4 Jahre).
1353 ZB BGH, Urt. v. 13.1.1977 – 1 StR 691/76 = NJW 1977, 639.
1354 BGH, Beschl. v. 18.7.1989 – 4 StR 338/89 = NZV 1989, 400; OLG Frankfurt NStZ-RR 1996, 213; OLG Hamm NZV 1993, 317 (Anm. Molketin BA 1994, 133).
1355 BGH NStZ 1991, 331.
1356 BGH, Beschl. v. 18.7.1989 – 4 StR 338/89 = NZV 1989, 400.
1357 OLG Celle NZV 1989, 485; OLG Karlsruhe, Urt. v. 7.3.1974 – 1 Ss 314/73 = NJW 1974, 1006.
1358 OLG Karlsruhe, Urt. v. 7.3.1974 – 1 Ss 314/73 = NJW 1974, 1006; OLG Köln NJW 1971, 2036.

vongetragen hatte.[1359] Beim **Tod der Schwester** infolge des Unfalls hat das BayObLG bei einem Jugendlichen die Voraussetzungen des § 60 StGB bejaht.[1360]

Hinweis: Strafmildernd können sich aber eigene Schäden/psychische Folgen/Verletzungen immer auswirken.[1361] Unabhängig von der Frage des Absehens von Strafe ist hierzu also auch vorzutragen. Der Tatrichter muss sich dann hiermit in seinen Urteilsgründen auseinandersetzen.

XX. Tatrichterliche Feststellungen zu Umständen der Alkoholaufnahme

563 Abschließend ist zu bemerken, dass die Strafzumessung (und auch die Bemessung der Sperrfristdauer) nur dann vorgenommen werden kann, wenn die Umstände der Alkoholaufnahme durch den Strafrichter festgestellt sind:

„Im Fall der Verurteilung wegen einer Trunkenheitsfahrt darf sich der Tatrichter hinsichtlich der Tat selbst in der Regel nicht damit begnügen, neben der Höhe der Blutalkoholkonzentration und der Schuldform lediglich anzugeben, dass der Angeklagte zu einem bestimmten Zeitpunkt an einem bestimmten Ort ein Fahrzeug geführt habe. Die Schuld des Täters – ebenso die Frage der Ungeeignetheit zur Führung von Kraftfahrzeugen und die Dauer der Sperrfrist (§§ 69, 69 a StGB) – kann in derartigen Fällen nämlich wesentlich durch die Umstände der Alkoholaufnahme und durch die Gegebenheiten der Tat selbst bestimmt worden sein. So kann von Bedeutung sein, ob der Täter sich auf einer „Zechtour" befand und in Fahrbereitschaft getrunken hat, oder ob es eher zufällig zur Alkoholaufnahme kam, ob er aus eigenem Antrieb handelte oder ob er von Dritten verleitet wurde, ob er bewusst oder unbewusst fahrlässig handelte, und ob er sich in ausgeglichener Gemütsverfassung oder einer Ausnahmesituation befand. Wesentliche Faktoren der Tat selbst können – unter dem Gesichtspunkt des Ausmaßes der herbeigeführten Gefahr – die Dauer und die Länge der bereits zurückgelegten und der noch beabsichtigten Fahrstrecke sowie die Verkehrsbedeutung der befahrenen Straße sein... Feststellungen hierzu oder wenigstens zu einigen nach Lage des Einzelfalles besonders bedeutsamen Umständen sind im Allgemeinen zur näheren Bestimmung des Schuldgehalts der Tat als Grundlage für eine sachgerechte Rechtsfolgenbemessung – selbstredend auch im Fall der Anwendung von Jugendstrafrecht – erforderlich. Anders verhält es sich nur, wenn außer der Angabe von Tatzeit, Tatort und Blutalkoholwert keine weiteren, für den Schuldumfang wesentlichen Feststellungen mehr möglich sind, weil der Angeklagte zu den näheren Tatumständen schweigt und Beweismittel dafür entweder nicht zur Verfügung stehen oder nur mit unverhältnismäßigem Aufwand zu beschaffen wären ..."[1362]

Hinweis: Der Richter muss also darauf achten, derartige Feststellungen zu treffen und in die Urteilsgründe aufzunehmen. Vom Verteidiger muss die Existenz von Darstellungen im Urteil geprüft werden – bei Fehlen derartiger Feststellungen ist natürlich statt der Berufung das Rechtsmittel der (Sprung-)Revision zu wählen. Hier reicht dann die nicht weiter zu begründende Sachrüge aus („gerügt wird die Verletzung materiellen Rechts").

1359 LG Frankenthal DAR 1979, 337.
1360 BayObLG NJW 1992, 1520.
1361 OLG Köln VRS 100, 117; Fischer, StGB, § 46 Rn 34 a.
1362 OLG Koblenz Beschl. v. 29.10.2008 – 2 Ss 176/08.

XXI. Jugendliche/Heranwachsende

Zwar gelten im Anwendungsbereich des **JGG** grundsätzlich die allgemeinen Strafrahmen als Möglichkeit das Tatunrecht bewerten/einordnen zu können. Bei der Strafzumessung kommt es aber auf die aus erzieherischen Gründen angemessene Ahndung der Straftat an.[1363]   564

Hinweis: In Verkehrssachen kaum praxisrelevant ist wohl das Zurücktreten des Erziehungsgedankens nach besonders schwerem Unrecht, § 18 Abs. 2 JGG. Dies wird allenfalls nach „**Trunkenheitschaosfahrten**" mit schwersten Verletzungen Dritter/Todesfolgen in Betracht kommen.

H. Ordnungswidrigkeit gem. § 24 a StVG

§ 24 a StVG sanktioniert Trunkenheits- und Drogenfahrten unterhalb des Zustandes der Fahruntüchtigkeit iSd § 316 StGB. Grob gesagt ist sein **Anwendungsbereich** im Bereich der Alkoholisierung bei Fahrten ohne besondere Ausfallerscheinungen und einer BAK von 0,5 bis unter 1,1 ‰ zu sehen. Ergänzt wird er hier mittlerweile durch das Fahranfängeralkoholverbot nach § 24 c StVG.   565

Hinweis: Für eine ausreichende Tatkonkretisierung im Bußgeldbescheid ist die konkrete Benennung der Rauschmittelkonzentration nicht notwendig.[1364] Es muss also weder die AAK, die BAK noch eine Drogenkonzentration konkret mitgeteilt werden.

I. Abstraktes Gefährdungsdelikt

§ 24 a StVG ist abstraktes Gefährdungsdelikt:[1365] Für die Feststellung des Tatbestandes des § 24 a StVG kommt es nicht auf Ausfallerscheinungen, andere rauschmittelbedingte Verhaltensweisen oder gar den **Eintritt von konkreten Gefahren** oder Schädigungen an – allein die abstrakte Gefahr, die durch die Wirkung von Rauschmitteln hervorgerufen wird, reicht also aus für eine Ahndung. Im Falle von Ausfallerscheinungen/tatsächlicher Fahruntüchtigkeit gelten vielmehr §§ 315 c Abs. 1 Nr. 1 oder 316 StGB.   566

II. Dauerordnungswidrigkeit

Wie § 316 StGB ist auch § 24 a StVG ein Dauerdelikt:[1366] Damit teilen kürzere **Fahrtunterbrechungen** wie   567

- Tanken,
- Zigarettenkauf,
- Aufsuchen einer Toilette,

1363   BGH NJW 1982, 393; NStZ 1982, 332; Fischer, StGB, § 46 Rn 18.
1364   OLG Hamm, Beschl. v. 7.3.2014 – III-3 RBs 49/14.
1365   Janker in: Burmann/Heß/Jahnke/Janker, § 24 a StVG Rn 5; Lorenz, VRR 2008, 130, 131; Haase/Sachs, NZV 2008, 221.
1366   OLG Düsseldorf VRS 73, 470; Albrecht SVR 2007, 121, 124; Janker in: Burmann/Heß/Jahnke/Janker, § 24 a StVG Rn 12.

- uU gar Gaststättenbesuch von mehr als zwei Stunden Dauer,[1367]
- Fahrtunterbrechung von 5 bis 10 Minuten, wenn der Täter von Anfang an vorhatte, nach der Unterbrechung seine Fahrt zu Ende zu führen,[1368]

das Tatgeschehen – wie bei dem „großen Bruder" § 316 StGB – nicht in einzelne materiellrechtliche und prozessuale Taten.

III. Blutalkohol

1. Ausreichen einer BAK von 0,5 ‰ nach Beendigung der Fahrt

568 Ergibt das Gutachten über die Blutuntersuchung eine BAK von mindestens 0,5 ‰, so genügt dies – **soweit kein Nachtrunk vorliegt** – stets für eine Verurteilung nach § 24 a Abs. 1 StVG.

Hinweis: Dass sich der Betroffene womöglich im Zeitpunkt der Blutentnahme aufgrund kurz vor Fahrtantritt genossenen Alkohols noch in der Resorptionsphase befand, die Alkoholkonzentration im Zeitpunkt der Fahrt möglicherweise also unter 0,5 ‰ lag, ist unbeachtlich. Nach dem eindeutigen Wortlaut des § 24 a Abs. 1 StVG genügt es nämlich, wenn sich der Betroffene aufgrund des in seinem Körper befindlichen Alkohols bei der Fahrt im Anstieg auf den Gefahrengrenzwert befand.

Erst recht kommt es nicht auf tatsächlich beeinträchtigte Fahrsicherheit an.[1369] War Anklage wegen Trunkenheit im Verkehr erhoben worden, so bedarf es vor einer Verurteilung (nur) wegen Ordnungswidrigkeit gem. § 24 a StVG keines rechtlichen Hinweises nach § 265 Abs. 1 StPO.[1370]

2. Kein Sicherheitszuschlag

569 Dem Gefahrengrenzwert von 0,5 ‰ ist kein Sicherheitszuschlag hinzuzurechnen. Ein solcher ist vielmehr in Höhe von **0,1 ‰ bereits berücksichtigt**. Das folgt aus der amtlichen Begründung zu § 24 a StVG.[1371] Dies entspricht jedenfalls nahezu einhelliger Meinung und übereinstimmender Auffassung in der Rechtsprechung.[1372] Der äußere Tatbestand des § 24 a Abs. 1 StVG ist also erfüllt, wenn ein Analysenmittelwert von mindestens 0,5 ‰ gemessen wurde.[1373]

IV. Atemalkohol

570 Wie bereits dargestellt ist im Bereich des Ordnungswidrigkeitenrechts die Feststellung der Atemalkoholkonzentration mittlerweile die Standardmethode, um Alkoholver-

---

1367 BayObLG, Beschl. v. 2.10.1986 – RReg. 2 St 136/86 = NStZ 1987, 114.
1368 AG Lüdinghausen, Urt. v. 22.5.2007 – 16 Cs 82 Js 9045/06 - 70/07 = NZV 2007, 485 = VRR 2007, 356.
1369 KG BA 2000, 115.
1370 OLG Frankfurt BA 2002, 388.
1371 BT-Drucks. 7/133 S. 5, BR-Drucks. 13/1439 S. 4.
1372 BGH, Beschl. v. 3.4.2001 – 4 StR 507/00 = NZV 2001, 267 = DAR 2001, 275 = NJW 2001, 1952 = VRS 100, 364 = VerkMitt 2001 Nr. 68 = zfs 2001, 277; KG BA 2000, 115; OLG Hamm StV 2001, 355; aM Stein NZV 1999, 441; Bode BA 2001, 204, 220.
1373 BGH NZV 2001, 279; OLG Zweibrücken DAR 2001, 422.

stöße festzustellen. Erforderlich ist gesetzlich festgelegt ein Erreichen eines AAK-Wertes von 0,25 mg/l.

1. Anforderungen an die Verwertbarkeit der AAK-Messung

Eine beim Betroffenen festgestellte Atemalkoholkonzentration in Höhe von 0,25 mg/l darf nur dann zu einer Verurteilung nach § 24 a StVG führen, wenn zur Messung ein bauartzugelassenes, geeichtes Atemalkoholmessgerät verwendet worden ist und die Verfahrensbestimmungen beachtet wurden. 571

Hinweis: PTB-zugelassene Messgeräte für Atemalkoholmessungen sind der Dräger Alcotest 7110 Evidential, Typ MK III (zugelassen seit 1998) und der Dräger Alcotest 9510 DE (zugelassen seit 2013).

Diese Messgeräte müssen für ihren Einsatz gem. § 3 Abs. 1 Nr. 3 EichO **geeicht** sein. Die Eichgültigkeitsdauer für derartige Messgeräte beträgt nur ein halbes Jahr (vgl Nr. 18.5, Anhang B zu § 12 EichO) – sie ergibt sich natürlich aus dem Eichschein, der immer angefordert/verlangt werden sollte.

Hinweis: Dräger Alcotest 9510 DE zeigt nach Ablauf der Eichgültigkeit auf dem Gerätebildschirm die Meldung GESPERRT an. Eine Messung ist mit dem Gerät dann nicht mehr möglich.

Besonders muss der Verteidiger auf die **Einhaltung der 20-minütigen Wartezeit** seit der letzten Alkoholaufnahme vor der eigentlichen Messung achten. Zum Teil wird deshalb sogar eine Erhöhung der Wartezeit auf 30 Minuten für erforderlich gehalten.[1374] Auf die Einhaltung der 20-minütigen Wartezeit kann ebenso wenig verzichtet werden wie auf die Einhaltung der **Kontrollzeit von 10 Minuten**,[1375] wobei die Kontrollzeit durchaus in die Wartezeit mit eingerechnet werden kann.[1376] 572

Der Hintergrund für die Wartezeit ist letztlich, dass durch Nachwirkungen durch kurz vor der Messung **eingenommene alkoholhaltige Substanzen** (zB alkoholhaltige Pralinen oder Mundspray) die in der Atemluft gemessene Alkoholkonzentration über den Wert in der Lungenluft ansteigt.[1377] Um eine Verfälschung des Messergebnisses durch derartigen Restalkohol oder andere Restsubstanzen im Mund auszuschließen, ist deshalb vor dem Messzyklus eine Kontrollzeit von mindestens zehn Minuten einzuhalten. 573

Hinweis zu grundsätzlichen Fehlerquellen:[1378] Mund(rest)alkohol ist eine relevante Fehlerquelle bei der Atemalkoholmessung, die zu einem früheren Konzentrationspeak aus der Mundhöhle heraus führen kann.[1379] Auch alkoholhaltige **Zahnprothesenhaft-**

[1374] Vgl Maatz, BA 2002, 21.
[1375] OLG Hamm, Beschl. v. 24.8.2006 – 3 Ss OWi 308/06 = VA 2007, 35 = VRR 2007, 70; NZV 2002, 414; BayObLG NZV 2005, 53; OLG Dresden NZV 2004, 352 und VRS 108, 279; OLG Karlsruhe VRS 107, 52; OLG Celle NStZ-RR 2004, 286.
[1376] OLG Hamm, Beschl. v. 24.8.2006 – 3 Ss OWi 308/06 = VA 2007, 35 = VRR 2007, 70.
[1377] Haffner in: Haffner/Skopp/Graw [Hrsg.], Begutachtung im Verkehrsrecht, 2012, 1.2.6.5. „Fehler und Störeinflüsse bei der AAK-Messung".
[1378] Weiteres zu Fehlerquellen bei der AAK-Messung bei den jeweiligen Messgeräten unten.
[1379] Grubb/Lindberg, BA 2011, 57.

creme kann zu Verfälschungen des AAK-Messergebnisses nach oben hin führen.[1380] Andere ethanolfreie Lebensmittel, insbesondere **Kaugummis** und **Pastillen** sind hierfür grundsätzlich nicht geeignet.[1381] Gleiches gilt für **Zigarettenrauch**.[1382] Einflussfaktoren für einen überhöhten AAK-Wert können aber das Aufstoßen von Luft aus dem Magen sein („**Singultus**"). Zudem kommt als Fehlerquelle die Erhöhung der AAK durch Bildung von **Aceton** durch Hungern, Frieren oder eine diabetische Stoffwechsellage in Betracht. Denkbar ist auch ein Überhöhung infolge eines **Reflux** (gastroösophagealer Reflux = Rückfluss vom Magen in die Speiseröhre; extraösophagealer Reflux = Rückfluss vom Magen über die Speiseröhre in Bereiche darüber hinaus). Durch bewusste Hypo- oder Hyperventilation (langes Atemanhalten, vorübergehende schnelle vertiefte Atmung) kann ein überhöhter AAK-Wert durch den Betroffenen erreicht werden – bis zu 19 % Überhöhung soll möglich sein.[1383] Richtigerweise wird hierzu darauf hingewiesen, dass derartig auffälliges Atmungsverhalten durch einen aufmerksamen Messbeamten stets festgestellt werden dürfte.[1384]

574 Während der Kontrollzeit darf der Proband weder rauchen noch irgendetwas zu sich nehmen. Nur bei Einhaltung dieser Zeit ist sichergestellt, dass eine Beeinflussung des Ergebnisses nicht mehr erfolgen kann.

Hinweis: Wenn diese Wartezeit von 20 Minuten nicht eingehalten wurde, ist die Messung ohne Wenn und Aber **unverwertbar**.[1385]

Das folgt schon daraus, dass nach der Intention des Gesetzgebers die Anforderungen des Gutachtens BGA-Atemalkohol unabdingbar sind.[1386]

575 Ob in Fällen, in denen die AAK-Grenze von 0,25 mg/l sehr deutlich überschritten worden ist, die Verwertbarkeit trotz Nichteinhaltung der Wartezeit von 20 Minuten durch einen die eventuellen Schwankungen gesichert ausschließenden Sicherheitsabschlag, dessen Höhe zunächst durch Sachverständigengutachten geklärt werden müsste, herbeigeführt werden kann, ist unklar.[1387] Meines Erachtens muss es auch hier bei einem generellen Verwertungsverbot bleiben. War das Gerät im Zeitpunkt der Messung **nicht gültig geeicht** oder fehlte die Bauartzulassung der Physikalisch-Technischen Bundesanstalt, so ist die Messung nicht verwertbar. Eine Kompensierung durch einen Sicherheitsabschlag scheidet dann aus.[1388]

1380 Priemer/Keller/Monticelli, BA 2013, 1 (selbst 90 min nach Einlage konnte noch eine bis zu 0,17 mg/l erhöhte AAK nachgewiesen werden).
1381 Pietsch/Erfurt, BA 2012, 279; Haffner in: Haffner/Skopp/Graw, 2012, 1.2.6.5. „Fehler und Störeinflüsse bei der AAK-Messung".
1382 Pietsch/Erfurt, BA 2012, 279.
1383 Haffner in: Haffner/Skopp/Graw, 2012, 1.2.6.5. „Fehler und Störeinflüsse bei der AAK-Messung".
1384 Haffner in: Haffner/Skopp/Graw, 2012, 1.2.6.5. „Fehler und Störeinflüsse bei der AAK-Messung".
1385 OLG Hamm, Beschl. v. 24.8.2006 – 3 Ss OWi 308/06 = VA 2007, 35 = VRR 2007, 70.
1386 Siehe die amtl. Begr. (bei König in: Hentschel/König/Dauer, Straßenverkehrsrecht, § 24 a StVG Rn 2 aE); s. oben Rn 78.
1387 Offengelassen etwa von OLG Hamm, Beschl. v. 24.8.2006 – 3 Ss OWi 308/06 = VA 2007, 35 = VRR 2007, 70.
1388 Maatz, BA 2002, 31; Janker, DAR 2002, 53.

Ein ordnungsgemäß gemessener **AAK-Wert von 0,25 mg/l** ist (ohne Rücksicht auf Beeinträchtigung der Fahrsicherheit) ein die Bußgeldbehörde und die Gerichte unmittelbar **bindendes Tatbestandsmerkmal**.[1389]

Hinweis: Zweifel an der Verfassungsmäßigkeit der insoweit durch § 24 a Abs. 1 StVG getroffenen Regelung sind nach Auffassung des BGH nicht gerechtfertigt.[1390]

Der Atemalkoholtest darf nicht erzwungen werden, weil es sich bei ihm nicht um eine körperliche Untersuchung iSd § 81 a StPO handelt.[1391] Teilweise wird vertreten, der Betroffene müsse über die **Freiwilligkeit der Atemalkoholkontrolle** belehrt werden[1392] – dem ist aber nicht so.[1393] Die unterbliebene Belehrung über die Freiwilligkeit des Tests führt nicht zu einer **Unverwertbarkeit der Messung**.[1394] Zu Recht wird aber im Vergleich zur Blutprobenentnahme darauf hingewiesen, dass die fehlende Mitwirkungspflicht hinsichtlich der Atemalkoholprobe nicht allgemein bekannt ist und Sinn und Zweck einer Belehrung eben darin bestehe, dem Betroffenen unmissverständlich und (auch für ihn) klar sein verfassungsrechtlich garantiertes freie Wahlrecht deutlich zu machen – so könne für die freiwillige Mitwirkung an Atemalkoholkontrollen nichts anderes gelten, als für Blutalkoholentnahmen.[1395]

Hinweis: Die Verweigerung einer Atemalkoholkontrolle als solche liefert allein keinen hinreichenden Tatverdacht hinsichtlich einer Trunkenheitsfahrt.[1396]

2. Dräger Alcotest 7110 Evidential, Typ MK III

Wie dargestellt, war das Messgerät Dräger Alcotest 7110 Evidential das bislang einzig zugelassene Atemalkoholmessgerät – Vortester reichen dementsprechend nicht allein für eine „gerichtsfeste" Feststellung der AAK. Sie können aber Anlass sein, die Richtigkeit der eigentlichen AAK-Messung anzuzweifeln.

a) Fehlergrenzen

Was das Messgerät Dräger Alcotest 7110 Evidential, Typ MK III angeht, so gelten folgende Eichfehlergrenzwerte/**Verkehrsfehlergrenzen:**

1389 BGH, Beschl. v. 3.4.2001 – 4 StR 507/00 = NZV 2001, 267, 270 = BGHSt 46, 358 = NJW 2001, 1952 = NStZ 2001, 381 = DAR 2001, 275 = StV 2001, 347 = VRS 100, 364 = NJ 2001, 297 = BA 2001, 182 = zfs 2001, 277.
1390 BGH, Beschl. v. 3.4.2001 – 4 StR 507/00 = NZV 2001, 267, 270 = BGHSt 46, 358 = NJW 2001, 1952 = NStZ 2001, 381 = DAR 2001, 275 = StV 2001, 347 = VRS 100, 364 = NJ 2001, 297 = BA 2001, 182 = zfs 2001, 277.
1391 BayObLG NJW 1963, 772; OLG Schleswig VRS 30, 344; Geppert, NStZ 2014, 481, 483.
1392 LG Freiburg, Urt. v. 21.9.2009 – 9 Ns 550 Js 11375/09 – AK 92/09 = NZV 2009, 614 = BeckRS 2009, 88877; AG Frankfurt/M, Urt. v. 18.1.2010 – 998 OWi 2022 – 955 Js -OWi 20697/09 = NZV 2010, 266 (LS) = BeckRS 2010, 12332.
1393 OLG Brandenburg, Beschl. v. 16.4.2013 – (2 B) 53 Ss-OWi 58/13 (55/13) = BeckRS 2013, 11469 = VRS 124, 340; Cierniak/Herb, NZV 2012, 409.
1394 AG Michelstadt Urt. v. 22.11.2011 – 2 OWi 1400 Js 22301/11 = BeckRS 2012, 03987 = NZV 2012, 97; OLG Brandenburg, Beschl. v. 16.4.2013 – (2 B) 53 Ss-OWi 58/13 (55/13) = BeckRS 2013, 11469 = VRS 124, 340. AA aber mit guten Gründen: Geppert, NStZ 2014, 481, 486.
1395 Geppert, NStZ 2014, 481, 485.
1396 Geppert, NStZ 2014, 481, 486.

H. Ordnungswidrigkeit gem. § 24 a StVG

- Für Messwert unterhalb 0,40 mg/l:
  - Eichfehlergrenze: 0,020 mg/l
  - Verkehrsfehlergrenze: 0,030 mg/l
- Für Messwerte von 0,40 mg/l bis 1,00 mg/l
  - Eichfehlergrenze: 5 % des Messwerts
  - Verkehrsfehlergrenze: 7,5 % des Messwerts
- Für Messwerte von 1,00 mg/l bis 2,00 mg/l:
  - Eichfehlergrenze: 10 % des Messwerts
  - Verkehrsfehlergrenze: 15 % des Messwerts
- Für Messwerte oberhalb 2,00 mg/l
  - Eichfehlergrenze: 20 % des Messwerts
  - Verkehrsfehlergrenze: 30 % des Messwerts

Hinweis: Bei der Bestimmung der Atemalkoholkonzentration im Sinne von § 24 a Abs. 1 StVG unter Verwendung eines Atemalkoholmessgerätes, das die Bauartzulassung für die amtliche Überwachung des Straßenverkehrs erhalten hat, ist der gewonnene Messwert (trotz der o.g. Verkehrsfehlergrenzen) ohne Sicherheitsabschläge verwertbar, wenn das Gerät unter Einhaltung der Eichfrist geeicht ist und die Bedingungen für ein gültiges Messverfahren gewahrt sind.[1397]

b) Standardisiertes Messverfahren/Tatsächliche Feststellungen

579 Bei Einsatz des Messgeräts Dräger Alcotest 7110 Evidential handelt es sich um ein sog. „standardisiertes Messverfahren" im Sinne der Rechtsprechung des BGH und der Obergerichte.[1398]

Für die Feststellung des Vorliegens der Voraussetzungen des § 24 a Abs. 1 StVG genügt somit **im Urteil** im Hinblick auf die Messung, wie allgemein beim Einsatz standardisierter Messverfahren,

- die Angabe des konkret verwendeten Gerätetyps (das Atemalkoholmessgerät musste bis 2013 nicht namentlich genannt werden, da es sich hierbei um das einzige zugelassene AAK-Messgerät handelte[1399] – jetzt wird dies aber anders sein, da das o.g. zweite AAK-Messgerät der Fa. Dräger PTB-zugelassen ist)
- und des gewonnenen Messergebnisses.

1397 BGH, Beschl. v. 3.4.2001 – 4 StR 507/00 = NZV 2001, 267, 270 = BGHSt 46, 358 = NJW 2001, 1952 = NStZ 2001, 381 = DAR 2001, 275 = StV 2001, 347 = VRS 100, 364 = NJ 2001, 297 = BA 2001, 182 = zfs 2001, 277.
1398 BGH, Beschl. v. 3.4.2001 – 4 StR 507/00 = NZV 2001, 267, 270 = BGHSt 46, 358 = NJW 2001, 1952 = NStZ 2001, 381 = DAR 2001, 275 = StV 2001, 347 = VRS 100, 364 = NJ 2001, 297 = BA 2001, 182 = zfs 2001, 277; BayObLG NZV 2000, 295; OLG Hamm NZV 2000, 426; VA 2007, 35 = VRR 2007, 70; OLG Stuttgart VRS 99, 286; vgl auch: Fromm, Verteidigung in Straßenverkehrs-OWi-Verfahren, Kapitel 3, L II; Beck/Berr, OWi-Sachen, Rn 752 ff.
1399 OLG Hamm, Beschl. v. 29.4.2004 – 4 Ss OWi 256/04 = BeckRS 2010, 07601; anders aber: OLG Bamberg, Beschl. v. 6.5.2013 – 3 Ss OWi 406/13 = BeckRS 2013, 10520.

IV. Atemalkohol

580 Der Tatrichter ist zu weiteren Darlegungen in den Urteilsgründen nur verpflichtet, wenn – wie hier – konkrete Anhaltspunkte dafür vorliegen, dass die für den Einsatz des standardisierten Messverfahrens geforderten Verfahrensbestimmungen nicht eingehalten sind. In diesen Fällen muss der Tatrichter die Einhaltung der Verfahrensbestimmungen überprüfen und das Ergebnis der Überprüfung in den Urteilsgründen mitteilen.[1400] Auch wenn ausdrücklich Messfehler geltend gemacht werden, muss der Tatrichter ihnen nachgehen.[1401] Gemeint ist hier natürlich nicht nur der pauschale Vortrag, die Messung sei unrichtig – vielmehr müssen konkrete Messfehler/Fehlerursachen behauptet werden.

581 Die verminderte Darstellungslast des Tatrichters gilt auch dann nicht, wenn sich Zweifel an der Funktionstüchtigkeit des Messgerätes ergeben.[1402]

Hinweis: Der Verteidiger muss also versuchen, Besonderheiten der Messung (auch ggf Erlöschen der Eichung) festzustellen und im Verfahren geltend zu machen. Geeignet hierfür sind vor allem Verlesungen von entsprechenden Beweisanträgen.

c) Funktion des Messgerätes

582 Sowohl Tatrichter als auch Verteidiger müssen die Funktion des Gerätes kennen, um etwaige Fehler in dessen Bedienung/Funktion erkennen zu können.[1403]

aa) Bedienungsanleitung

583 Was die Benutzung des Dräger Alcotest Evidential 7110 angeht, so war bis etwa 2013 die Bedienungsanleitung auf der Internetseite www.draeger.com frei zugänglich. Eine ordnungsgemäße Verteidigung bzw Überprüfung der Messung durch das Gericht kann nur stattfinden, wenn die Bedienungsanleitung bekannt ist.

Hinweis: Der Verteidiger muss Wert darauf legen, dass ihm von der Verwaltungsbehörde/dem Gericht die Bedienungsanleitung zur Verfügung gestellt wird. Im Rahmen der Zeugenvernehmung der Polizeibeamten in der Hauptverhandlung ist genau der Ablauf der Schilderungen der Zeugen mit der Bedienungsanleitung abzugleichen und notfalls nachzufragen.

bb) Kontrollzeit, Wartezeit pp.

584 Zu vermeiden ist in jedem Falle eine **Alkoholaufnahme unmittelbar vor der Messung.** Diese kann das Messergebnis verfälschen. Auf die Menge des Alkohols kommt es dann nicht mehr entscheidend an. So reichen bereits alkoholhaltige Pralinen oder auch Mundspray aus, um die Messung zu beeinflussen und ihre Verwertbarkeit zu nehmen, da die Atemluft dann zusätzlich zu dem Alkohol aus der Lunge auch Alkohol aus diesen Substanzen im oberen Mund-Rachenraum aufnimmt. Da sich diese Alkoholeinflüsse (oder andere verfälschende Reste im Mund-/Rachenraum) aber schnell wieder abbauen, ist vor dem Messzyklus eine Kontrollzeit von mindestens 10 Minuten einzuhalten. Hierdurch werden also für die Messung schädliche Einflüsse in der

---

1400 OLG Hamm VA 2007, 35 = VRR 2007, 70.
1401 OLG Hamm BA 2005, 167 = VA 2004, 158.
1402 OLG Hamm, Beschl. v. 26.8.2004 – 4 Ss OWi 562/04 = zfs 2004, 583.
1403 Die Funktion des Gerätes aus rechtsmedizinischer Sicht beschreiben: Haffner/Graw, NZV 2009, 209.

Person des Betroffenen ausgeschlossen. Während der Kontrollzeit darf der Proband nicht rauchen und keine Nahrungsmittel/Getränke zu sich nehmen. Der Einfluss anderer Substanzen – insbesondere alkoholhaltiger – ist die wichtigste Fehlerquelle im Rahmen einer AAK-Messung. Zu prüfen sind hier vor allem Einflüsse durch[1404]

- Mundwasser,
- Rachenspray,
- Toilettenwasser,
- Rasierwasser,
- Asthma-Aerosol.

Hinweis: Das Gericht wird hier von sich aus nicht weiter nach etwaiger Nahrungsaufnahme innerhalb des 10-Minutenzeitraums fragen (müssen). Der Verteidiger jedoch muss seinen Mandanten hierzu eingehend befragen, da – wie dargestellt – bereits geringste Substanzmengen verfälschende Ergebnisse haben können. Wird dann eine Nahrungsaufnahme behauptet, so muss diese natürlich (ähnlich wie bei einer Nachtrunkbehauptung) plausibel sein. Insbesondere ist zu klären, woher (trotz regelmäßig gegebener Polizeiüberwachung) beeinflussende Substanzen gekommen sein sollen.

585 Von der Kontrollzeit zu unterscheiden ist die oben dargestellte **Wartezeit**, die vermeiden soll, dass ein sprunghafter Anstieg der AAK in der sogenannten Anflutungsphase direkt nach Trinkende aufgrund nicht kontinuierlicher Alkoholaufnahme des Blutes stattfindet. Nach einer 20-minütigen Wartezeit (die sich mit der 10-minütigen Kontrollzeit teils decken kann), kommen solche Sprünge nicht mehr vor.

586 Eine zusätzliche Absicherung derartiger Einflüsse auf die Messung findet statt durch die vorgeschriebenen **zwei Atemproben**, die im Abstand von zwei bis fünf Minuten zu nehmen sind. Diese Atemproben führen also zu zwei Einzelmessungen, deren Ergebnisse in dem in der Gerichtsakte zu findenden Ausdruck des Messgerätes abzulesen sind. Hier können auch die Zeiten der Einzelmessungen festgestellt werden.

587 Zu hohe **Messdifferenzen** werden vom Dräger Alcotest 7110 Evidential erkannt – übersteigt die Differenz der beiden Messwerte den zulässigen Wert nach DIN VDE 0405, so ist die Messung ungültig.

Hinweis: Ein besonderes Problem im Rahmen der Messung der AAK ist die tatsächliche Möglichkeit einer **Hypoventilation** (Luftanhalten vor der Atmung), die den AAK-Gehalt idR ansteigen lässt. Bei erheblichen Überschreitungen des Grenzwertes von 0,25 mg/l reichen wohl die geräteinternen Korrekturen des Dräger Alcotest 7110 Evidential aus. Problematisch sind jedoch Messungen im Grenzbereich: Nach dem aktuellen Stand der Wissenschaft lässt sich allein durch die Messtechnik des Atemalkoholmessgeräts Dräger Alcotest 7110 Evidential MK III im Grenzwertbereich von 0,25 mg/l eine iSv § 24 a Abs. 1 StVG entscheidungserhebliche Beeinflussung durch Hypoventilation nicht sicher ausschließen. Dem liegt die naturwissenschaftliche Er-

---

[1404] OLG Hamm zfs 2001, 426 = BA 2001, 454 und natürlich bei www.draeger.com.

kenntnis zu Grunde, dass die Alkoholkonzentration der ausgeatmeten Luft mit zunehmender Körpertemperatur und mit zunehmender Ausatemtemperatur ansteigt, da bei höherer Körpertemperatur in der Lunge mehr Alkohol aus dem arteriellen Lungenblut in die Lungenluft verdampft. Aufgrund neuerer Untersuchungen lässt sich allein durch die Messtechnik des Atemalkoholmessgeräts im Grenzwertbereich von 0,25 mg/l eine iSv § 24 a StVG entscheidungserhebliche Beeinflussung durch Hypoventilation wissenschaftlich nicht sicher ausschließen, ob aber die behauptete Hypoventilation als zutreffend oder als Schutzbehauptung angesehen wird, obliegt der tatrichterlichen Würdigung unter Berücksichtigung etwaiger Besonderheiten des Messvorgangs (Atemtemperatur, Atemvolumen, Expirationsdauer, Atemfluss) und der einzelnen Messergebnisse.[1405]

cc) Messablauf

Der technische Ablauf der Messung ist am besten **anhand der Betriebsanleitung** des Herstellers nachzuverfolgen. 588

Hinweis: Die Messung darf laut Betriebsanleitung nur durch an dem Gerät ausgebildeten Personen durchgeführt werden. Richter und Verteidiger müssen dies prüfen.

Durch nachfolgendes Ablaufschema kann im Sinne einer Checkliste – etwa begleitend zu einer Zeugenaussage – kurz geprüft werden, ob tatsächlich alle (wesentlichen) Schritte durchlaufen wurden:

(1) Herstellung der Betriebsbereitschaft des Dräger Alcotest 7110 Evidential
- Einschalten des Geräts 589
- Selbsttest läuft ab (Dauer ca. 30 Sekunden)
- Piepton bei fehlerfreier Funktion im Rahmen des Selbsttests
- Dichtheitstest muss durchgeführt werden (= Ende des Atemschlauchs wird mit Gummieinsatz verschlossen)
- Erfolgreicher Dichtheitstest wird angezeigt
- Gerät ist betriebsbereit (nur dann, wenn beide Tests vorher fehlerfrei durchlaufen wurden)
- Das Gerät läuft sich warm (Warmlaufphase: 15 Minuten mindestens, max. 30 Minuten; sonst: Anzeige einer Fehlermeldung bei längerer Warmlaufphase als 30 Minuten)
- Interner Vergleichstest: Bei ordnungsgemäßem Ergebnis gibt das Gerät einen zweimaligen Piepton ab und zeigt hierdurch Startbereitschaft an.
- Druckerauswahl: Der Drucker, auf dem das Messprotokoll ausgedruckt wird, ist auszuwählen. Regelmäßig wird der interne Drucker gewählt, dessen Ausdruck

---

1405 OLG Bamberg NJW 2006, 2197 = NZV 2006, 490 (die Messung betrug genau 0,25 mg/l); anders aber noch BayObLGSt 2000, 51 = NZV 2000, 295.

1 H. Ordnungswidrigkeit gem. § 24 a StVG

auf den ersten Blick dem einer Registrierkasse ähnelt. Das Gerät lässt nur eine Druckerauswahl zu – ein Abschalten des Ausdruckens ist nicht möglich.

(2) Die Durchführung der Messung mit dem Dräger Alcotest 7110 Evidential

590 Drücken des Startknopfes: Messung beginnt.

- Gerät fordert zur Eingabe der Daten des Probanden auf.
- Eingabe der Probandendaten (Name, Vorname, Geburtsdatum, Geschlecht).
- Geräte bestimmt seine Sondentemperatur.
- Piepton zeigt Beendigung der Bestimmung der Sondentemperatur an.
- Es wird durch das Gerät zum Einsetzen des Mundstückes aufgefordert.
- Originalverpacktes Mundstück (dies ist Teil des Messgerätes!) muss entpackt und neu eingesetzt werden. Es darf hierbei kein Hautkontakt des Polizeibeamten mit dem Mundstück geben!
- Das Messgerät prüft die Umgebungsluft und wärmt das Mundstück vor.
- Einzelner Piepton zeigt Abschluss der Vorwärmphase an; Displayanzeige: „ATEMPROBE ABGEBEN".
- Es leuchten im Display zudem 10 Sterne auf.
- Atemprobe: Proband muss ruhig einatmen und kontinuierlich und gleichmäßig ausatmen.
- Ist genug Luft in das Gerät gepustet worden, erlöschen nach und nach alle Sterne im Display.
- Das Gerät zeigt im Display „Stop" an.
- Die erste Atemprobe wird beendet.
- Das Mundstück wird abgezogen (ohne Hautkontakt!).
- Es findet eine Spülung des Gerätes mit Umgebungsluft statt.
- Das Gerät bestimmt wiederum seine Sondentemperatur.
- Gerät fordert zu Mundstückeinbau auf.
- Mundstück wird (ohne Hautkontakt) eingesetzt.
- Startknopf muss (auf Aufforderung des Gerätes) gedrückt werden.
- Mundstücktemperatur wird bestimmt und das Mundstück vorgewärmt.
- Einzelner Piepton zeigt Abschluss der Vorwärmphase an; Displayanzeige: „ATEMPROBE ABGEBEN".
- Es leuchten im Display zudem 10 Sterne auf.
- Atemprobe: Proband muss ruhig einatmen und kontinuierlich und gleichmäßig ausatmen.
- Ist genug Luft in das Gerät gepustet worden, erlöschen nach und nach alle Sterne im Display.

IV. Atemalkohol

- Das Gerät zeigt im Display „Stop" an.
- Die zweite Atemprobe wird beendet.
- Das Mundstück wird abgezogen.
- Es findet eine Spülung des Gerätes mit Umgebungsluft statt.
- Das Gerät bestimmt von selbst Nullwert, führt eine interne Referenzmessung durch und bestimmt nach erneutem Spülen mit Umgebungsluft wieder den Nullwert.

(3) Ergebnisanzeige

- Das Messgerät zeigt sodann die Messergebnisse an und druckt das Protokoll von selbst aus. 591
- Bediener muss angezeigtes und ausgedrucktes Ergebnis vergleichen.
- Startknopf wird zur Beendigung der Messung gedrückt.

3. Dräger Alcotest 9510 DE

Auch das neue Dräger Alcotest 9510 DE erfüllt die Anforderungen der DIN VDE 0405. Seit 2013 ist das Messgerät PTB-zugelassen. In der Rechtsprechung hat das Messgerät bis zur Fertigstellung dieses Buches noch keinen Widerhall gefunden – man wird so zunächst auf die Rechtsprechung zum vorbeschriebenen Vorgängermodell „Evdidential" zurückgreifen müssen/dürfen. 592

a) Technische Gestaltung und technische Daten

Dräger Alcotest 9510 DE misst die AAK mittels gleichzeitiger Verwendung zweier **voneinander unabhängiger Messsysteme** mit unterschiedlicher analytischer Spezifität. Es bestimmt nämlich mittels eines elektrochemischen und eines infrarot-optischen Sensors. Hierdurch soll eine deutlich erhöhte Sicherheit erreicht werden. Ebenfalls werden Atemtemperatur und das Expirationsvolumen durch jeweils zwei Sensoren bestimmt, deren Werte intern zur Fehlervermeidung miteinander verglichen werden. Die **Benutzeroberfläche ist selbsterklärend** gestaltet und führt den Bediener durch die einzelnen Test- und Handhabungsschritte. Akustische Signale und vollständige Textanweisungen helfen bei der Bedienung weiter. Eine Dateneingabe findet über das Touchscreen-Display oder eine externe Tastatur direkt in das Gerät statt. 593

Dräger Alcotest 9510 DE ist mit einem internen **Thermopapier-Drucker** ausgestattet. Dieser druckt direkt nach der Alkoholmessung einen Protokollstreifen aus, der die für die Messung relevanten Daten enthält, insbesondere also Datum, Uhrzeit, Messergebnis, Messeinheit und Gerätenummer. 594

Für den Einsatz ist zu beachten, dass das Gerät **bei Temperaturen von 0 bis 40 °C** ausgelegt ist. 595

Hinweis: Verteidiger werden also auf extreme Witterungsbedingungen achten und die (Polizei-)Zeugen im Zweifel genau befragen müssen, warum sie sicher sein können, die Einsatzbedingungen eingehalten zu haben.

H. Ordnungswidrigkeit gem. § 24 a StVG

Der Grad der **Luftfeuchtigkeit** darf 20 % relative Feuchte nicht unter- und 90 % nicht überschreiten. Auch der Luftdruck kann Grenzen setzen: Der Messgeräteeinsatz ist von 850 bis 1.050 hPa möglich. Dräger Alcotest 9510 DE ist bis etwa 3.000 m Höhe einsetzbar.

596 Das Gerät ermöglicht AAK-Messungen mit Konzentrationen von 0 bis 3 mg/l.

Hinweis: Bei der Bestimmung der Atemalkoholkonzentration im Sinne von § 24 a Abs. 1 StVG unter Verwendung eines Atemalkoholmessgerätes, das die Bauartzulassung für die amtliche Überwachung des Straßenverkehrs erhalten hat, ist der gewonnene Messwert (trotz der o.g. Verkehrsfehlergrenzen) ohne Sicherheitsabschläge verwertbar, wenn das Gerät unter Einhaltung der Eichfrist geeicht ist und die Bedingungen für ein gültiges Messverfahren gewahrt sind.[1406] Laut Bedienungsanleitung muss der Bediener vor Messbeginn die eichgültigkeit und die **Unversehrtheit der Eichsiegel** prüfen.

b) Standardisiertes Messverfahren/Tatsächliche Feststellungen

597 Bei Einsatz des Messgeräts Dräger Alcotest 9510 DE handelt es sich (wie schon bei Dräger Alcotest 7110 Evidential)[1407] um ein sog. „standardisiertes Messverfahren" im Sinne der Rechtsprechung des BGH.

Für die Feststellung des Vorliegens der Voraussetzungen des § 24 a Abs. 1 StVG genügt somit **im Urteil** im Hinblick auf die Messung, wie allgemein beim Einsatz standardisierter Messverfahren, die Angabe

- des konkret verwendeten Gerätetyps (das Atemalkoholmessgerät musste bislang nicht namentlich genannt werden, da es sich bei dem Evidential um das einzige zugelassene AAK-Messgerät handelte[1408])

- und des gewonnenen Messergebnisses.

598 Der Tatrichter ist zu weiteren **Darlegungen in den Urteilsgründen** nur verpflichtet, wenn – wie hier – konkrete Anhaltspunkte dafür vorliegen, dass die für den Einsatz des standardisierten Messverfahrens geforderten Verfahrensbestimmungen nicht eingehalten sind. In diesen Fällen muss der Tatrichter die Einhaltung der Verfahrensbestimmungen überprüfen und das Ergebnis der Überprüfung in den Urteilsgründen mitteilen.[1409] Auch wenn ausdrücklich Messfehler geltend gemacht werden, muss der Tatrichter ihnen nachgehen.[1410] Gemeint ist hier natürlich nicht nur der pauschale Vortrag, die Messung sei unrichtig – vielmehr müssen konkrete Messfehler/Fehlerursachen behauptet werden. Die verminderte Darstellungslast des Tatrichters gilt auch

---

1406 Hierzu: BGH, Beschl. v. 3.4.2001 – 4 StR 507/00 = BGHSt 46, 358 = NJW 2001, 1952 = NZV 2001, 267 = NStZ 2001, 381 = DAR 2001, 275 = StV 2001, 347 = VRS 100, 364 = NJ 2001, 297 = BA 2001, 182 = zfs 2001, 277.
1407 BGH, Beschl. v. 3.4.2001 – 4 StR 507/00 = BGHSt 46, 358 = NJW 2001, 1952 = NZV 2001, 267 = NStZ 2001, 381 = DAR 2001, 275 = StV 2001, 347 = VRS 100, 364 = NJ 2001, 297 = BA 2001, 182 = zfs 2001, 277; BayObLG NZV 2000, 295; OLG Hamm NZV 2000, 426; VA 2007, 35 = VRR 2007, 70; OLG Stuttgart VRS 99, 286.
1408 OLG Hamm zfs 2004, 536; anders aber: OLG Bamberg, Beschl. v. 6.5.2013 – 3 Ss OWi 406/13 = Beck-RS 2013, 10520.
1409 OLG Hamm, Beschl. v. 24.8.2006 – 3 Ss OWi 308/06 = VA 2007, 35 = VRR 2007, 70.
1410 OLG Hamm BA 2005, 167 = VA 2004, 158.

dann nicht, wenn sich Zweifel an der Funktionstüchtigkeit des Messgerätes ergeben.[1411]

Hinweis: Der Verteidiger muss also versuchen, **Besonderheiten der Messung** festzustellen und im Verfahren geltend zu machen. Geeignet hierfür ist vor allem die Verlesung von entsprechenden Beweisanträgen.

c) Einzelheiten zur Funktion des Messgerätes

Sowohl Tatrichter als auch Verteidiger müssen die Funktion des Gerätes kennen, um etwaige **Fehler in dessen Bedienung/Funktion** erkennen zu können.[1412] Dies gilt insbesondere angesichts der Tatsache, dass die häufigsten Fehler im Rahmen der AAK-Messung nicht äußere Einflüsse sind, sondern Verstöße gegen die Durchführungsbestimmungen.[1413]

599

aa) Bedienungsanleitung

Was die Benutzung des Dräger Alcotest 9510 DE angeht, so war bis etwa 2013 die Bedienungsanleitung auf der Internetseite www.draeger.com frei zugänglich. Eine ordnungsgemäße Verteidigung bzw Überprüfung der Messung durch das Gericht kann nur stattfinden, wenn die Bedienungsanleitung bekannt ist.

600

Hinweis: Der Verteidiger muss Wert darauf legen, dass ihm von der Verwaltungsbehörde/dem Gericht die Bedienungsanleitung zur Verfügung gestellt wird. Im Rahmen der Zeugenvernehmung der Polizeibeamten in der Hauptverhandlung ist genau der Ablauf der Schilderungen der Zeugen mit der Bedienungsanleitung abzugleichen und notfalls nachzufragen.

Nachgefragt werden sollte auch danach, ob andere Geräte mit dem Alcotest 9510 DE **gekoppelt** sind. Zu denken ist hier vor allem an Computer, Monitore, Drucker o.ä. Nicht zulässig ist es nämlich laut Bedienungsanleitung Geräte, die hierin nicht erwähnt sind elektrisch mit dem Alcotest 9510 DE zu koppeln.

bb) Kontrollzeit, Wartezeit pp.

Zu vermeiden ist in jedem Falle eine **Alkoholaufnahme unmittelbar vor der Messung**. Diese kann das Messergebnis verfälschen. Auf die Menge des Alkohols kommt es dann nicht mehr entscheidend an. So reichen bereits alkoholhaltige Pralinen oder auch Mundspray aus, um die Messung zu beeinflussen und ihre Verwertbarkeit zu nehmen, da die Atemluft dann zusätzlich zu dem Alkohol aus der Lunge auch Alkohol aus diesen Substanzen im oberen Mund-Rachenraum aufnimmt.[1414] Da sich diese Alkoholeinflüsse (oder andere verfälschende Reste im Mund-/Rachenraum) aber schnell wieder abbauen, ist vor dem Messzyklus eine Kontrollzeit von mindestens 10 Minuten einzuhalten. Hierdurch werden also für die Messung schädliche Einflüsse in

601

1411 OLG Hamm zfs 2004, 583.
1412 Die Funktion des Gerätes aus rechtsmedizinischer Sicht beschreiben: Haffner/Graw, NZV 2009, 209.
1413 Haffner in: Haffner/Skopp/Graw, Begutachtung im Verkehrsrecht, 2012, 1.2.6.5. „Fehler und Störeinflüsse bei der AAK-Messung".
1414 Haffner in: Haffner/Skopp/Graw, Begutachtung im Verkehrsrecht, 2012, 1.2.6.5. „Fehler und Störeinflüsse bei der AAK-Messung".

der Person des Betroffenen ausgeschlossen. Während der Kontrollzeit darf der Proband nicht rauchen und keine Nahrungsmittel/Getränke zu sich nehmen.

602 Der Einfluss anderer Substanzen – insbesondere alkoholhaltiger – ist die wichtigste Fehlerquelle im Rahmen einer AAK-Messung. Zu prüfen sind hier vor allem Einflüsse durch[1415]

- Mundwasser,
- Rachenspray,
- Toilettenwasser,
- Rasierwasser,
- Asthma-Aerosol.

Hinweis: Das Gericht wird hier von sich aus nicht weiter nach etwaiger Nahrungsaufnahme innerhalb des 10-Minutenzeitraums fragen (müssen). Der Verteidiger jedoch muss seinen Mandanten hierzu eingehend befragen, da – wie dargestellt – bereits geringste Substanzmengen verfälschende Ergebnisse haben können. Wird dann eine Nahrungsaufnahme behauptet, so muss diese natürlich (ähnlich wie bei einer Nachtrunkbehauptung) plausibel sein. Insbesondere ist zu klären, woher (trotz regelmäßig gegebener Polizeiüberwachung) beeinflussende Substanzen gekommen sein sollen.

603 Von der Kontrollzeit zu unterscheiden ist die oben dargestellte **Wartezeit**, die vermeiden soll, dass ein sprunghafter Anstieg der AAK in der sogenannten Anflutungsphase direkt nach Trinkende aufgrund nicht kontinuierlicher Alkoholaufnahme des Blutes stattfindet. Nach einer 20-minütigen Wartezeit (die sich mit der 10-minütigen Kontrollzeit teils decken kann), kommen solche Sprünge nicht mehr vor.

604 Eine zusätzliche Absicherung derartiger Einflüsse auf die Messung findet statt durch die vorgeschriebenen **zwei Atemproben**, die im Abstand von mindestens zwei Minuten zu nehmen sind. Diese Atemproben führen also zu zwei Einzelmessungen, deren Ergebnisse in dem in der Gerichtsakte zu findenden Ausdruck des Messgerätes abzulesen sind. Hier können auch die Zeiten der Einzelmessungen festgestellt werden.

605 Zu hohe **Messdifferenzen** werden vom Dräger Alcotest 9510 DE erkannt – übersteigt die Differenz der beiden Messwerte den zulässigen Wert nach DIN VDE 0405, so ist die Messung ungültig.

Hinweis: Ein besonderes Problem im Rahmen der Messung der AAK ist die tatsächliche Möglichkeit einer **Hypoventilation** (Luftanhalten vor der Atmung), die den AAK-Gehalt idR ansteigen lässt. Siehe hierzu die Ausführungen zum Alcotest Evidential.

cc) Messablauf

606 Der technische Ablauf der Messung ist am besten **anhand der Betriebsanleitung** des Herstellers nachzuverfolgen.

1415 OLG Hamm zfs 2001, 426 = BA 2001, 454 und natürlich bei www.draeger.com.

IV. Atemalkohol 1

Hinweis: Die Messung darf laut Betriebsanleitung nur durch an dem Gerät ausgebildeten Personen („geschultes und fachkundiges Personal") durchgeführt werden. Richter und Verteidiger müssen dies prüfen.

Durch nachfolgendes Ablaufschema kann im Sinne einer Checkliste – etwa begleitend zu einer Zeugenaussage – kurz geprüft werden, ob tatsächlich alle (wesentlichen) Schritte durchlaufen wurden:

(1) Herstellung der Betriebsbereitschaft des Dräger Alcotest 9510 DE

- Einschalten des Geräts
- Softwareprüfung (90 Sekunden dauernder Selbsttest, durch den sichergestellt wird, dass nur Herstellersoftware genutzt wird)
- Selbsttest läuft ab (Dauer ca. 30 Sekunden)
- Dichtheitstest muss durchgeführt werden (= Ende des Atemschlauchs wird mit Gummieinsatz verschlossen)
- Erfolgreicher Dichtheitstest wird angezeigt („LECKAGETEST OK")
- Gerät „spült" sich mit Umgebungsluft
- Das Gerät läuft sich warm (Dauer der Warmlaufphase: unter 15 Minuten bei Raumtemperatur; solange diese Phase nicht ordnungsgemäß abgeschlossen ist werden abwechselnd „WARMLUFTPHASE" und „NICHT BEREIT" angezeigt)
- Interne Referenzmessung: Zunächst erfolgt ein erneutes „Spülen" mit Umgebungsluft, gefolgt von einer Nullwertbestimmung. Bei ordnungsgemäßem Ergebnis der dann folgenden Referenzmessung wird nochmals mit Umgebungsluft „gespült" – das Gerät zeigt Startbereitschaft an („STARTBEREIT").

(2) Die Durchführung der Messung mit dem Dräger Alcotest 9510 DE

Die 20-minütige Wartezeit und die 10-minütige (ggf auf die Wartezeit anzurechnende) Kontrollzeit sind einzuhalten.

- Wenn das Gerät anzeigt: „STARTBEREIT": Drücken des grünen Startknopfes: Messung wird ausgelöst.
- Drucker führt Papiererkennungstest durch.
- Gerät fordert zur Eingabe der Daten des Probanden auf.
- Eingabe der Probandendaten (Name, Vorname, Geburtsdatum, Geschlecht).
- Geräte bestimmt seine Sondentemperatur.
- Piepton zeigt Beendigung der Bestimmung der Sondentemperatur an.
- Es wird durch das Gerät zum Einsetzen des Mundstückes aufgefordert.
- Originalverpacktes Mundstück (dies ist Teil des Messgerätes!) muss entpackt und neu eingesetzt werden. Es darf hierbei kein Hautkontakt des Polizeibeamten mit dem Mundstück geben!

H. Ordnungswidrigkeit gem. § 24 a StVG

- Das Messgerät prüft die Mundstücktemperatur, die Umgebungsluft, bestimmt den Nullwert und wärmt das Mundstück vor.
- Einzelner Piepton zeigt Abschluss der Vorwärmphase an; Displayanzeige: „ATEMPROBE ABGEBEN".
- Atemprobe: Proband muss ruhig einatmen und kontinuierlich und gleichmäßig ausatmen (zu langes Ausatmen schadet nicht).
- Es leuchtet im Display ein Balken in einem Rahmen auf, der langsam mit der Dauer des Ausatmens des Betroffenen den Rahmen ausfüllt.
- Das Gerät zeigt im Display „STOPP" an, falls zu wenig Luft ausgeatmet wurde. Die Einzelmessung ist dann auch abzubrechen und neu zu beginnen.
- Ist die erste Atemprobe ordnungsgemäß abgegeben, so folgt der Befehl „MUNDSTÜCK ABZIEHEN".
- Das Mundstück wird abgezogen (ohne Hautkontakt!).
- Es findet eine Spülung des Gerätes mit Umgebungsluft statt.
- Das Messgerät bestimmt den Nullwert.
- Die erste Einzelmessung ist hiermit beendet.
- Das Gerät beginnt selbstständig mit der 2. Einzelprobe (zwischen den Proben liegen mindestens zwei Minuten, wobei die nachfolgenden „Vorbereitungsvorgänge" innerhalb dieser Zeit stattfinden dürfen)
- Sondentemperatur und Mundstücktemperatur werden geprüft
- Es wird wieder mit Umgebungsluft gespült, der Nullwert bestimmt und das Mundstück vorgewärmt.
- Zweimaliger Piepton zeigt Abschluss der Vorwärmphase an; Displayanzeige: „ATEMPROBE ABGEBEN".
- Atemprobe: Proband muss ruhig einatmen und kontinuierlich und gleichmäßig ausatmen (zu langes Ausatmen schadet nicht).
- Es leuchtet im Display ein Balken in einem Rahmen auf, der langsam mit der Dauer des Ausatmens des Betroffenen den Rahmen ausfüllt.
- Das Gerät zeigt im Display „STOPP" an, falls zu wenig Luft ausgeatmet wurde. Die Einzelmessung ist dann auch abzubrechen und neu zu beginnen.
- Ist die erste Atemprobe ordnungsgemäß abgegeben, so folgt der Befehl „MUNDSTÜCK ABZIEHEN".
- Das Mundstück wird abgezogen.
- Es findet eine Spülung des Gerätes mit Umgebungsluft statt.
- Das Gerät bestimmt von selbst Nullwert, führt eine interne Referenzmessung durch und bestimmt nach erneutem Spülen mit Umgebungsluft wieder den Nullwert.

Hinweis: Typische Probleme sind zu kleines Atemvolumen – hier wird die Messung wiederholt. Gleiches gilt bei zu kurzer Atemdauer von weniger als drei Sekunden. Sind die Zulässigen zwei Fehlversuche bei jeder Einzelmessung gescheitert, so wird der Test vom Gerät selbst insgesamt abgebrochen. Ebenso findet ein Abbruch der Messung statt, wenn das Gerät Mundrestalkohol erkennt – es zeigt dies dann auch als Ursache an. Ein Abbruch findet auch bei zu langen Pausen während des Messzykluss statt.

(3) Ergebnisanzeige

- Das Messgerät zeigt sodann die Messergebnisse an und druckt das Protokoll von selbst aus.   610
- Bediener muss angezeigtes und ausgedrucktes Ergebnis vergleichen – die Bedienungsanleitung sieht dies ausdrücklich vor.
- Zur Beendigung der Messung wird „Ende" gewählt; andernfalls beendet das Gerät nach 30 Minuten den Messzyklus von selbst und stellt seine neue Startbereitschaft her.
- Hinweis: Das Gerät muss stets durch den Befehl „Herunterfahren" ausgeschaltet werden. Danach wird der Stromschalter ausgeschaltet. Die Bedienungsanleitung gibt genau diesen Weg vor, um Geräteschäden zu vermeiden. Der Verteidiger muss somit den Messbeamten nach dem sonst üblichen Ausschalten (also den Ausschaltevorgängen vor der Messung) fragen.
- Möglich ist ein Ausdruck der Ergebnisse auch über einen externen Drucker, der großformatigere Ausdrucke ermöglicht.

4. Sicherheitszuschlag

Ein ausreichender **Sicherheitszuschlag (von 0,05 mg/l)** ist in dem Gefahrengrenzwert   611
von 0,25 mg/l AAK **bereits enthalten**.[1416] Die Hysterese (Möglichkeit einer Beeinflussung des Messergebnisses durch die vorausgegangene Messung) ist durch den Gesetzgeber bereits berücksichtigt und die Einhaltung der Verkehrsfehlergrenze durch die Eichung garantiert.[1417]

Der in § 24 a Abs. 1 StVG genannte Gefahrengrenzwert von 0,25 mg/l AAK bezeichnet also – ebenso wie der BAK-Wert – nicht die wahre, beim Betroffenen vorliegende AAK, sondern die mit einem geeichten Gerät gemessene AAK.   612

[1416] BGH, Beschl. v. 3.4.2001 – 4 StR 507/00 = BGHSt 46, 358 = NJW 2001, 1952 = NZV 2001, 267 = NStZ 2001, 381 = DAR 2001, 275 = StV 2001, 347 = VRS 100, 364 = NJ 2001, 297 = BA 2001, 182 = zfs 2001, 277; BayObLG NZV 2003, 232; OLG Hamm zfs 2002, 402; aM Bode BA 2000, 217; krit. Wilske, NZV 2000, 401; Seier, NZV 2000, 434.
[1417] BGH, Beschl. v. 3.4.2001 – 4 StR 507/00 = BGHSt 46, 358 = NJW 2001, 1952 = NZV 2001, 267 = NStZ 2001, 381 = DAR 2001, 275 = StV 2001, 347 = VRS 100, 364 = NJ 2001, 297 = BA 2001, 182 = zfs 2001, 277.

H. Ordnungswidrigkeit gem. § 24 a StVG

Hinweis: Die 3. Dezimale hinter dem Komma der Einzelwerte darf bei der Berechnung des AAK-Mittelwertes nicht mitberücksichtigt werden.[1418] Alcotest 9510 DE trägt dieser Rechtsprechung in seiner Anzeige/dem Ausdruck Rechnung.

V. Vorliegen von BAK- und AAK-Wert bei derselben Tat

613 Wurde beim Betroffenen sowohl eine Blutalkohol- als auch eine Atemalkoholmessung durchgeführt, so genügt es grundsätzlich für eine Verurteilung, wenn nur ein Messergebnis den Tatbestand des § 24 a Abs. 1 StVG erfüllt. **Beide Verfahren** (Atemalkoholmessung und Blutalkoholanalyse) sind nach dem Gesetz **gleichwertig**.[1419]

Hinweis: Im Falle von Abweichungen der Ergebnisse kommt grundsätzlich keiner der beiden Messungen ein höherer Beweiswert zu. Ist nach einer der Methoden der Bereich des § 24 a StVG erst gar nicht erreicht, so liegt sicher eine Einstellung nach § 47 OWiG nahe.

614 Trotz fehlender Konvertierbarkeit ist andererseits zu berücksichtigen, dass das Gesetz, dem BGA-G „Atemalkohol" folgend, von einer gewissen Entsprechung zwischen einer Alkoholbelastung von 0,5 ‰ BAK und einer solchen von 0,25 mg/l AAK ausgeht. Denn der AAK-Wert wurde unter Zugrundelegung eines Umrechnungsquotienten von 2.000 aus dem BAK-Wert von 0,5 ‰ (0,5 g ‰: 2000 = 0,25 mg/l) errechnet.

Hinweis: Bei signifikanten Abweichungen etwa zeitgleicher Messungen zwischen AAK und BAK wird daher die **Frage der Zuverlässigkeit der Messergebnisse** zu überprüfen sein. Hier sollte idR ein Sachverständigengutachten eingeholt werden, bzw aus Anwaltssicht ein solches beantragt werden.

Dabei wird zu berücksichtigen sein, dass der Blutuntersuchung mit unterschiedlichen Untersuchungsmethoden bei mindestens vierfacher Analyse ein besonders hoher Grad an Zuverlässigkeit zukommt.[1420]

VI. Drogen und Medikamente

615 Um den Tatbestand des § 24 a Abs. 2 StVG zu erfüllen, muss das Führen des Kraftfahrzeugs **unter der Wirkung** „eines anderen berauschenden Mittels" als Alkohol stattgefunden haben.

1. Die einschlägigen Rauschmittel

616 Als „anderes berauschendes Mittel" reicht nicht jede potenziell sich auf die Fahreignung auswirkende Substanz aus,[1421] sondern vielmehr nur ein Mittel, das in der Anlage zu § 24 a StVG genannt wird:

1418 OLG Hamm VRR 2006, 71 = VA 2006, 47 = BA 2006, 404; BayObLG DAR 2001, 465; OLG Dresden VRS 108, 114; OLG Brandenburg VRS 107, 49; OLG Köln NZV 2001, 137. Kritisch aber aus rechtsmedizinischer Sicht: Schoknecht, BA 2001, 349.
1419 OLG Dresden BA 2001, 370; AG Frankfurt/Oder BA 2003, 61.
1420 OLG Dresden BA 2001, 370; AG Frankfurt/Oder BA 2003, 61; Maatz, BA 2002, 32.
1421 BayObLG, Beschl. v. 12.2.2004 – 2 ObOWi 681/03 = DAR 2004, 457 (das Urteil des Amtsgerichts erklärte nur, der Betroffene habe „Speed" konsumiert).

- Cannabis: Tetrahydrocannabinol (THC)
- Heroin: Morphin
- Morphin: Morphin
- Cokain: Benzoylecgonin
- Amfetamin: Amfetamin
- Designer-Amfetamin: Methylendioxyamfetamin (MDA)
- Designer-Amfetamin: Methylendioxyethylamfetamin (MDE)
- Designer-Amfetamin: Methylendioxymethamfetamin (MDMA)
- Metamfetamin: Metamfetamin

Hinweis: Tatbestandsmäßig ist also nur der Einfluss der in der Anlage genannten berauschenden Mittel.

§ 24 a StVG Abs. 2 ist bei Beachtung der analytischen Grenzwerte grundgesetzkonform.[1422] — 617

2. Überblick: Weitere Tatbestandsmerkmale des § 24 a Abs. 2 StVG

Neben der Feststellung der Wirkung der genannten anderen berauschenden Mittel gehört zum Tatbestand lediglich — 618

- das Führen eines Kraftfahrzeugs (hierzu Teil 1 Rn 365 ff)
- im öffentlichen Straßenverkehr (hierzu Teil 1 Rn 352 ff)
- „unter der Wirkung" eines der in der Anlage genannten Mittel.

Hinweis: Das Merkmal „unter der Wirkung" ist bereits festgestellt, wenn eine der Substanzen der Anlage im Blut nachgewiesen ist.[1423] Feststellung im Blut ist aber auch erforderlich.[1424]

Andere Nachweismöglichkeiten scheiden hier kraft Gesetzes aus, so der „Drogen"-Nachweis

- im Urin[1425] oder auch
- durch Geständnis bzw Zeugenaussagen,[1426]
- durch immunologische Tests.[1427]

1422 BVerfG, Beschl. v. 21.12.2004 – 1 BvR 2652/03 = NJW 2005, 349 = DAR 2005, 70 = NZV 2005, 270 = StV 2005, 383 = zfs 2005, 149; BayObLG, Beschl. v. 20.1.2003 – 4 St RR 133/02 = NZV 2003, 252 = NJW 2003, 1681 = VRS 105, 33; OLG Saarbrücken, Urt. v. 11.4.2002 – SS B 13/02 18/02 = BeckRS 2002 30252577 = VRS 102, 458; OLG Zweibrücken, Urt. v. 3.5.2001 – 1 SS 87/01 = BeckRS 2001 30178642 = NStZ 2002, 95 = NZV 2001, 483 = DAR 2002, 135 = VRS 102, 300.
1423 OLG Saarbrücken, Urt. v. 23.1.2002 – SS 76/01 104/01 = BeckRS 2002, 17740 = VRS 102, 120; OLG Zweibrücken, Urt. v. 3.5.2001 – 1 SS 87/01 = BeckRS 2001 30178642 = NStZ 2002, 95 = NZV 2001, 483 = DAR 2002, 135 = VRS 102, 300; einschränkend Stein, NZV 1999, 449.
1424 Blutprobe ist also zwingend: OLG Hamm NZV 2001, 484 = BA 2001, 285; Burhoff, ZAP F. 9, S. 781.
1425 AG Saalfeld NStZ 2004, 49.
1426 Burhoff, ZAP F. 9, S. 781; OLG Hamm, Beschl. v. 9.5.2000 – 5 Ss OWi 137/2000 = NZV 2001, 484 = BA 2001, 285; abw. Stein, NZV 1999, 450; 2001, 485.
1427 Siehe Aderjan u.a., BA 2003, 337.

Zur Wirkung einer Substanz im Sinne einer konkreten Beeinträchtigung sind keine Feststellungen erforderlich.[1428] Es sind lediglich qualifizierte Anforderungen an den Nachweis der Substanz zu stellen. Dieser Nachweis kann erst ab Erreichen des analytischen Grenzwerts als geführt angesehen werden.[1429] Die betreffende Substanz muss in einer Konzentration nachgewiesen werden, die eine Beeinträchtigung der Fahrsicherheit zumindest als möglich erscheinen lässt.[1430] Dies ist dann der Fall, wenn der analytische Grenzwert erreicht ist.[1431]

Hinweis: Alle Drogentests, die so von der Polizei bei verdächtigen Fahrern durchgeführt werden und die nicht eine Blutprobe beinhalten, sind nicht allein geeignet, zu einer Verurteilung nach § 24 a StVG gelangen zu können.

3. (Beweis-)Grenzwerte

619 Die früher hM, wonach eine Mindestgrenze nicht überschritten sein musste,[1432] gilt nicht mehr uneingeschränkt. Wegen der seit Einführung des Abs. 2 **erheblich verbesserten Messtechnik** stimmen nämlich Wirkungs- und Nachweisdauer inzwischen nicht mehr überein.[1433] Daher muss eine Tatzeit-Konzentration der betreffenden Substanz zumindest in einer Höhe festgestellt sein, die eine Beeinträchtigung der Fahrsicherheit jedenfalls als möglich erscheinen lässt.[1434] Keinesfalls ist aber hierunter ein Grenzwert iS eines notwendigen Beweisgrenzwertes festzustellen[1435] oder der analytische Grenzwert als objektive Bedingung zur Ahndung zu verstehen.[1436]

620 Um nun zuverlässige Beurteilungen der anstehenden Einzelfälle zu erlauben, soll richtigerweise auf die ansonsten in der Praxis ungenutzten, gleichwohl wertvollen Erkenntnisse der sogenannten „Grenzwertkommission" zurückgegriffen werden, wonach **folgende Grenzwerte** festzustellen wären, um das Merkmal „unter der Wirkung" erfüllen zu können:[1437]

1428 OLG Bremen, Beschl. v. 18.6.2014 – 1 SsBs 51/13 = BeckRS 2014, 13398.
1429 OLG Bremen, Beschl. v. 18.6.2014 – 1 SsBs 51/13 = BeckRS 2014, 13398; BVerfG, Urt. v. 21.12.2004, 1 BVR 2652/03, NJW 2005, 349 ff.
1430 OLG Bremen, Beschl. v. 18.6.2014 -– 1 SsBs 51/13 = BeckRS 2014, 13398; BVerfG, Urt. v. 21.12.2004, 1 BVR 2652/03, NJW 2005, 349 ff.
1431 OLG Bremen, Beschl. v. 18.6.2014 – 1 SsBs 51/13 = BeckRS 2014, 13398; OLG Karlsruhe, Beschl. v. 10.5.2013 – 1 (3) SsBs 131/13.
1432 BayObLG, Beschl. v. 12. 2. 2004 – 2 ObOWi 681/03 = NZV 2004, 267 = DAR 2004, 457 = StV 2004, 323 = VRS 106, 304 = zfs 2004, 233; OLG Zweibrücken VRS 102, 300 = NZV 2002, 483; DAR 2002, 135; Stein NZV 2003, 251; ähnlich: Janker in: Burmann/Heß/Jahnke/Janker, Straßenverkehrsrecht, § 24 a StVG Rn 5 a.
1433 Bönke BA 2004 Supplement 1 S. 6.
1434 BVerfG, Beschl. v. 21.12.2004 – 1 BvR 2652/03 = NJW 2005, 349 = DAR 2005, 70 = NZV 2005, 270 = StV 2005, 383 = zfs 2005, 149 (Anm. Schreiber NJW 2005, 1026; Bode zfs 2005, 153); so nun auch: OLG Bamberg, DAR 2007, 272 = zfs 2007, 287; OLG Bremen, Beschl. v. 18.6.2014 – 1 SsBs 51/13 = BeckRS 2014, 13398; OLG München NJW 2006, 1606 = NZV 2006, 277 = DAR 2006, 287 = VRS 110, 296; Janker in: Burmann/Heß/Jahnke/Janker, Straßenverkehrsrecht, § 24 a StVG Rn 5 a; Lorenz, VRR 2008, 130.
1435 OLG Hamm VRR 2005, 196; OLG Zweibrücken VRR 2005, 199; Burhoff, ZAP F. 9, S. 781.
1436 OLG Celle, Beschl. v. 30.3.2009 – 322 SsBs 57/09.
1437 Janker in: Burmann/Heß/Jahnke/Janker, § 24 a StVG Rn 5 a (unbedingt lesenswert wegen weiterer Hintergrundinformationen zu den genannten Grenzwerten!); Haase/Sachs, NZV 2008, 221; Lorenz, VRR 2008, 130, 131 mwN; OLG Jena, Beschl. v. 23. 2. 2012 – 1 Ss Bs 92/11 = NZV 2014, 138 = NStZ 2013, 114 = BeckRS 2012, 16168 = VRS 123, 231 (für Amphetamine und Cannabis); OLG Hamm, Beschl. v. 21.12.2013 – III-2 RBs 83/12 (für Cannabis).

- 1 ng/ml THC (Cannabis),
- 10 ng/ml Morphin,
- 75 ng/ml BZE (**Benzoylecgonin**),
- 25 ng/ml XTC, MDE (**Methylendioxyethylamphetamin**) oder Amphetamin.

Die analytischen Grenzwerte sind somit im Ergebnis zu Wirkungsgrenzwerten geworden.[1438]

Muster: Revisionsbegründung „Führen eines Kfz unter Rauschmitteleinwirkung unterhalb des Grenzwerts; zwei Substanzen"[1439] 621

… Gerügt wird die Verletzung materiellen Rechts und zwar zunächst in allgemeiner Form.[1440]

Insbesondere die im Urteil enthaltenen Feststellungen zur äußeren und inneren Tatseite tragen die Verurteilung wegen einer fahrlässigen begangenen Ordnungswidrigkeit nach § 24 a Abs. 2 und 3 StVG nicht.

§ 24 a Abs. 2 S. 1 StVG verlangt das Führen eines Kraftfahrzeuges im Straßenverkehr „unter der Wirkung" eines in der Anlage zu dieser Vorschrift aufgeführten berauschenden Mittels. Eine solche Wirkung ist nach § 24 a Abs. 2 S. 2 StVG gegeben, wenn eine der in der Anlage zu dieser Vorschrift aufgeführten Substanzen – im vorliegenden Fall THC und Amphetamin – im Blut nachgewiesen wird. Diese Regelung ist vor dem Hintergrund zu sehen, dass bei Drogen – anders als bei Alkohol – keine hinreichend verlässliche Quantifizierung der Dosis-Wirkungs-Beziehung möglich ist (OLG Jena, Beschl. v. 23.2.2012 – 1 Ss Bs 92/11 NZV 2014, 138 = NStZ 2013, 114 = BeckRS 2012, 16168 = VRS 123, 231). Die Norm bringt daher die gesetzgeberische Vorstellung zum Ausdruck, dass die Wirkungsdauer der einzelnen Mittel jeweils mit der Nachweisdauer ihrer berauschenden Substanzen überstimmt und deshalb die Annahme gerechtfertigt ist, dass ein Rauschmittel, solange dessen psychoaktive Substanz im Blut nachweisbar ist, auf den Führer eines Kraftfahrzeuges einwirkt und damit eine abstrakte Gefährdung des Straßenverkehrs gegeben ist (vgl BVerfG NJW 2005, 349; OLG Jena, Beschl. v. 23.2.2012 – 1 Ss Bs 92/11 = NZV 2014, 138 = NStZ 2013, 114 = BeckRS 2012, 16168 = VRS 123, 231).

Diese gesetzgeberische Annahme der Identität von Wirkungs- und Nachweisdauer wird durch die technische Verbesserung der verwendeten Messverfahren zunehmend in Frage gestellt. Denn Spuren psychoaktiver Substanzen lassen sich nunmehr noch mehrere Tage oder sogar Wochen nach ihrer Einnahme im Blut nachweisen. Nach Ablauf derart langer Zeiträume erscheint aber eine anhaltende Fortwirkung der festgestellten Substanzen auf den Betroffenen zumindest fragwürdig (OLG Jena, Beschl. v. 23.2.2012 – 1 Ss Bs 92/11 = NZV 2014, 138 = NStZ 2013, 114 = BeckRS 2012, 16168 = VRS 123, 231). Mit Rücksicht darauf kann nicht mehr jeder Nachweis einer solchen Substanz im Blut eines Verkehrsteilnehmers für eine Verurteilung nach § 24 a Abs. 2 StVG ausreichen. Vielmehr muss diese in einer Konzentration festgestellt werden, die entsprechend dem Charakter der Vorschrift als abstraktes Gefährdungsdelikt eine Beeinträchtigung der Fahrsicherheit zumindest als mög-

---

1438 Sachs/Haase, NZV 2011, 584.
1439 Das Muster folgt: OLG Jena, Beschl. v. 23.2.2012 – 1 Ss Bs 92/11 NZV 2014, 138 = NStZ 2013, 114 = BeckRS 2012, 16168 = VRS 123, 231.
1440 Durch diesen Satz ist bereits in ausreichendem Maße die Sachrüge erhoben. Zwar ist eine weitere Begründung nicht erforderlich, doch ist sie natürlich ratsam. Ausreichend ist hier eine kurze Anregung, was an dem Urteil zu prüfen ist, wo also der Fehler aus Sicht der Verteidigung zu finden ist.

lich erscheinen lässt. In dieser Weise ist der Tatbestand des § 24aII StVG verfassungskonform auszulegen (vgl BVerfG NJW 2005, 349).

Zur Beantwortung der Frage, ob eine die Fahrtüchtigkeit beeinträchtigende Drogenwirkung überhaupt noch möglich erscheint, muss man sich daran orientieren, ob die für die jeweilige Substanz der von der sachverständigen Grenzwertkommission mit Beschl. v. 22. 5. 2007 (BA 2007, 311) empfohlenen sog. analytischen Grenzwerte – für THC 1 ng/ml und für Amphetamin 25 ng/ml – erreicht sind (vgl OLG Jena, Beschl. v. 23.2.2012 – 1 Ss Bs 92/11 = NZV 2014, 138 = NStZ 2013, 114 = BeckRS 2012, 16168 = VRS 123, 231; VRS 118, 298; OLG Bamberg DAR 2006, 286; OLG Karlsruhe VRS 112, 130; OLG Zweibrücken VRS 117, 208; OLG Celle VRS 117, 369; OLG Koblenz NJW 2009, 1222; und OLG Stuttgart DAR 2011, 218).

Zwar bezeichnen die analytischen Grenzwerte ausweislich der Empfehlung der forensisch-medizinischen Grenzwertkommission vom 22.5.2007 lediglich diejenigen Konzentrationen, in denen ein Wirkstoff sowohl sicher nachgewiesen als auch quantitativ präzise bestimmt werden kann, weshalb die Bestimmungsgrenzen tauglicher analytischer Verfahren auch nicht über diesem Grenzwert liegen dürfen und Messwerte unterhalb der Grenzwerte mit dem Zusatz „circa" versehen werden müssen. Bei den analytischen Grenzwerten handelt es sich somit aus wissenschaftlicher Sicht nicht um Wirkungsgrenzwerte, sondern um Qualitätsstandards (vgl OLG München DAR 2006, 287; OLG Bamberg DAR 2007, 272 und BA 2007, 253; OLG Jena, Beschl. v. 23.2.2012 – 1 Ss Bs 92/11 NZV 2014, 138 = NStZ 2013, 114 = BeckRS 2012, 16168 = VRS 123, 231). Auch lässt sich – soweit ersichtlich – aus wissenschaftlicher Sicht keine hinreichend zuverlässige Aussage des Inhalts treffen, dass der analytische Grenzwert einer Substanz stets zugleich als deren Wirkungsschwelle anzusehen wäre (vgl BVerfG NJW 2005, 349; OLG München DAR 2006, 287; OLG Jena, Beschl. v. 23.2.2012 – 1 Ss Bs 92/11 NZV 2014, 138 = NStZ 2013, 114 = BeckRS 2012, 16168 = VRS 123, 231).

Gleichwohl ist der Schluss gerechtfertigt, dass auf eine unterhalb des analytischen Grenzwerts und damit auf eine nach derzeitigem wissenschaftlichen Erkenntnisstand unterhalb der Grenze sicherer Nachweisbarkeit liegende Konzentration einer berauschenden Substanz eine Verurteilung nach § 24 a Abs. 2 StVG nicht gestützt werden kann. Dies gilt nicht deshalb, weil bei Feststellung von Wirkstoffkonzentrationen unterhalb der jeweiligen analytischen Grenzwerte eine Rauschwirkung ausgeschlossen wäre. Vielmehr ist in diesem Fall ein nach wissenschaftlichen Maßstäben hinreichend zuverlässiger Nachweis der Substanz im Blut, der eine Verurteilung tragen könnte, nicht erbracht.

Aus diesen Überlegungen leiten sich Anforderungen an die zur Annahme des objektiven Tatbestandes nach § 24 a Abs. 2 u. 3 StVG erforderlichen Feststellungen ab, denen das angefochtene Urteil nicht genügt.

Vorliegend hat der Tatrichter, der zutreffend davon ausgegangen ist, dass die analytischen Grenzwerte für THC und Amphetamin beim Betroffenen jeweils nicht erreicht worden sind, seine Wertung, dieser habe zum Tatzeitpunkt gleichwohl „unter der Wirkung" der aufgenommenen Substanzen gestanden, im Wesentlichen darauf gestützt, dass der Betroffene ...

Diese Ausführungen sind schon deshalb rechtsfehlerhaft, weil sie die Funktion der analytischen Grenzwerte als Qualitätsstandards verkennen, welche die jeweilige Untergrenze sicherer Nachweisbarkeit von Substanzen beschreiben. Ist der analytische Grenzwert einer Substanz nicht erreicht, ist ein nach derzeitigen wissenschaftlichen Maßstäben zuverlässiger und damit eine Verurteilung nach § 24 a Abs. 2 StVG tragender Nachweis der Substanz im Blut nicht erbracht. In diesem Falle sind weitere Ausführungen über Anzeichen für eine persistierende Drogenwirkung weder veranlasst noch zulässig, was teilweise auch in der obergerichtlichen Rechtsprechung, welche die Funktion der analytischen Grenzwerte als bloße Qualitätsstandards betont, außer Acht gelassen wird (vgl OLG München DAR 2006, 287; OLG Jena, Beschl. v. 23.2.2012 – 1 Ss Bs 92/11 NZV 2014, 138 = NStZ 2013, 114 = BeckRS 2012, 16168 = VRS 123, 231).

Eine Entscheidung nach dem Prinzip des „Entweder-oder" in Bezug auf das Erreichen der analytischen Grenzwerte ist darüber hinaus deshalb geboten, weil es unterhalb dieser Grenzwerte – anders etwa als bei Alkohol im Bereich zwischen 0,3 und 1,1 ‰ – keine Erfahrungssätze des Inhalts gibt, dass bestimmte (Ausfall-)Erscheinungen Folge fortbestehender Rauschmittelwirkung sind.

Da im vorliegenden Fall für beide analysierten Substanzen lediglich Konzentrationen weit unterhalb der jeweiligen analytischen Grenzwerte festgestellt worden sind, kommt eine Verurteilung nach § 24 a Abs. 2 StVG schon mangels eines hinreichend sicheren wissenschaftlichen Nachweises der Drogenwirkstoffe ... und ... im Blut des Betroffenen nicht in Betracht ...

Auch soweit der Tatrichter im Rahmen der Begründung des Schuldspruchs berücksichtigt hat, dass beim Betroffenen zwei psychoaktive Substanzen nachgewiesen worden sind, ist das Urteil sachlich fehlerhaft. Denn eine verstärkende Wechselwirkung beider Substanzen hat der Tatrichter – wie im Urteil ausdrücklich angeführt wird – gerade nicht festzustellen vermocht. Finden sich – wie hier – Nachweise mehrerer relevanter Drogenwirkstoffe, die jeweils unterhalb der analytischen Grenzwerte liegen, dürfen diese im Übrigen nicht einfach addiert werden (vgl OLG Jena, Beschl. v. 23.2.2012 – 1 Ss Bs 92/11 = NZV 2014, 138 = NStZ 2013, 114 = BeckRS 2012, 16168 = VRS 123, 231; König in Hentschel/König/Dauer, StraßenverkehrsR,, § 24 a StVG Rn 21 a mwN). Ebenso darf eine die Fahrtüchtigkeit beeinträchtigende Kombinationswirkung verschiedener psychoaktiver Substanzen nicht ohne Weiteres unterstellt werden, zumal diese – wie etwa THC und Amphetamin – durchaus entgegengesetzte Wirkungsrichtungen (zB stimulierend oder dämpfend) haben können (vgl OLG Jena, Beschl. v. 23.2.2012 – 1 Ss Bs 92/11 = NZV 2014, 138 = NStZ 2013, 114 = BeckRS 2012, 16168 = VRS 123, 231; OLG Koblenz NJW 2009, 1222) ...

Wichtig ist, dass ausnahmsweise auch geringere Wirkstoffkonzentrationen ausreichen, wenn nämlich typische Auffälligkeiten[1441] festgestellt werden, die als Hinweise auf eine eingeschränkte Fahruntüchtigkeit gewertet werden können.[1442]

Hinweis: Der Tatbestand ist nur erfüllt, wenn feststeht, dass eine der in der Anlage genannten Substanzen im Zeitpunkt der Fahrt im Blut nachweisbar war.[1443] Ist diese Substanz zB erst zwischen der Fahrt und der Blutentnahme durch Stoffwechsel entstanden, so ist der Tatbestand nicht erfüllt.[1444]

Weitere Wirkungen im umgangssprachlichen Sinne müssen vom Tatrichter nicht festgestellt werden.[1445] Insbesondere bedarf es keiner Feststellung einer *konkreten*

1441 Für die einzelnen Substanzen, die sich in der Anlage zu § 24 a StVG finden, haben Hase/Sachs in NZV 2008, 221 jeweils die typischen Auffälligkeiten ausführlich aufgearbeitet.
1442 OLG München, Beschl. v. 13.3.2006 – 4 St RR 199/05 = SVR 2006, 391; Haase/Sachs, NZV 2008, 221, 222 mwN; anders aber möglicherweise: OLG Jena, Beschl. v. 23.2.2012 – 1 Ss Bs 92/11 = NZV 2014, 138 = NStZ 2013, 114 = BeckRS 2012, 16168 = VRS 123, 231.
1443 BayObLG, Beschl. v. 12.2.2004 – 2 ObOWi 681/03 = NZV 2004, 267.
1444 BayObLG, Beschl. v. 12.2.2004 – 2 ObOWi 681/03 = NZV 2004, 267; OLG Jena StV 2005, 276.
1445 Janker in: Burmann/Heß/Jahnke/Janker, Straßenverkehrsrecht, § 24 a StVG Rn 5 b.

rauschmittelbedingten Beeinträchtigung der für das Führen von Kraftfahrzeugen relevanten Leistungsfähigkeit des Betroffenen.[1446] **Nicht ordnungswidrig** ist das Verhalten des Betroffenen nach § 24 Abs. 2 S. 1, 2 StVG dann, wenn die festgestellte Substanz ausschließlich durch die *bestimmungsgemäße* **Einnahme eines Arzneimittels** in das Blut gelangt ist, vorausgesetzt, die Einnahme wurde für einen **konkreten Krankheitsfall** ärztlich **verordnet.**

623 Die Ahndung gem. § 24 Abs. 2 S. 1 StVG ist dagegen nicht ausgeschlossen, wenn der Einfluss der nachgewiesenen Substanzen auf **Missbrauch des Arzneimittels** beruht, weil die Arznei dann nicht „bestimmungsgemäß" angewendet wurde.[1447] Behauptet der Betroffene, er habe nur legale Substitutionsmittel genommen, so bedarf es für die Feststellung der Richtigkeit des Drogennachweises nicht nur der Einholung eines Sachverständigengutachtens, sondern vor allem auch im tatrichterlichen Urteil der Wiedergabe der Feststellungen und Schlüsse des Sachverständigen.[1448] Sind verschiedene Drogen genommen worden und können diese jeweils nur in einer Konzentration unterhalb der maßgeblichen Werte der Grenzwertkommission festgestellt werden, so wäre es rechtsfehlerhaft, hierauf eine Verurteilung wegen § 24 a StVG zu stützen.[1449] So ist auch keine Addition der Werte oder Ähnliches wohl nicht möglich;[1450] dies gilt jedenfalls dann, wenn eine verstärkende Wechselwirkung der Substanzen gerade nicht festgestellt werden kann. Eine die Fahrtüchtigkeit beeinträchtigende Kombinationswirkung verschiedener psychoaktiver Substanzen darf nicht ohne Weiteres unterstellt werden, zumal diese – wie etwa THC und Amphetamin – durchaus entgegengesetzte Wirkungsrichtungen (zB stimulierend oder dämpfend) haben können.[1451]

VII. Führen eines Kraftfahrzeugs im Straßenverkehr

624 Für den **Begriff des Kraftfahrzeugs** gilt die Definition des § 1 Abs. 2 StVG.[1452] Kraftfahrzeuge iSd § 24 a StVG sind demnach **Landfahrzeuge**, die durch Maschinenkraft bewegt werden, ohne an Bahngleise gebunden zu sein. Auf eine etwaige **Fahrerlaubnispflicht** kommt es nicht an. Daher fallen **auch Mofas** unter die Bestimmung.[1453] Für den Tatbestand des § 24 a StVG **genügt** es, dass es sich bei dem vom Betroffenen geführten Fahrzeug **um ein Kraftfahrzeug handelt**.

Hinweis: Ob der Betroffene die Motorkraft des Fahrzeugs einsetzt oder einzusetzen beabsichtigt, ist ohne Bedeutung. Hier liegt ein wesentlicher Unterschied zum Beweisgrenzwert von 1,1 ‰ BAK für absolute Fahrunsicherheit.

1446 BayObLG, Beschl. v. 12.2.2004 – 2 ObOWi 681/03 = NZV 2004, 267; OLG Saarbrücken VRS 102, 120; aM Riemenschneider/Paetzold, DAR 1997, 63.
1447 Jagow, VD 1998, 170; Maatz, BA 1999, 148.
1448 OLG Köln SVR 2007, 30.
1449 OLG Jena, Beschl. v. 23.2.2012 – 1 Ss Bs 92/11 = NZV 2014, 138 = NStZ 2013, 114 = BeckRS 2012, 16168 = VRS 123, 231 für Cannabis und Amphetamine.
1450 OLG Jena, Beschl. v. 23.2.2012 – 1 Ss Bs 92/11 = NZV 2014, 138 = NStZ 2013, 114 = BeckRS 2012, 16168 = VRS 123, 231 für Cannabis und Amphetamine; König in: Hentschel/König/Dauer, Straßenverkehrsrecht, § 24 a StVG Rn 21 a mwN.
1451 OLG Koblenz NJW 2009, 1222; OLG Jena, Beschl. v. 23.2.2012 – 1 Ss Bs 92/11 = NZV 2014, 138 = NStZ 2013, 114 = BeckRS 2012, 16168 = VRS 123, 231.
1452 OLG Düsseldorf VM 1975, 20.
1453 OLG Düsseldorf VRS 92, 266.

Für den Begriff des Führens **genügt** es, dass das Kraftfahrzeug auf einer Gefällestrecke **ohne Motorkraft abrollt**[1454] oder dass der Betroffene ein **Mofa durch Treten der Pedale** fortbewegt, ohne hierdurch den **Motor in Gang** bringen zu wollen. Denn **auf den Einsatz der Motorkraft kommt es** eben **nicht an.**[1455]

Hinweis: Kein Führen eines Kraftfahrzeugs iSd § 24 a StVG liegt jedoch vor, wenn das Fahrzeug **mit fremder Hilfe bewegt** wird.[1456]

In derartigen Fällen führt der Betroffene **nur dann** ein Kraftfahrzeug, wenn beabsichtigt ist, den **Motor in Gang** zu bringen – „**Anschieben**".[1457] Trotz Anwendung des Beweisgrenzwertes für absolute Fahrunsicherheit von Kraftfahrern auch auf den **Lenker eines abgeschleppten Kraftfahrzeugs** scheidet Verurteilung des Abgeschleppten wegen Ordnungswidrigkeit **nach § 24 a Abs. 1 StVG aus.** Denn der Lenker eines abgeschleppten Kraftfahrzeugs führt dieses nicht als Kraftfahrzeug iSd § 24 a StVG.[1458]

Die Bestimmung findet auf ihn **ebenso wenig** Anwendung **wie** die des **§ 21 StVG** (Fahren ohne Fahrerlaubnis). **Anders** ist dies **bei „Anschleppen"**, wenn also durch den Schleppvorgang beabsichtigt ist, die Motorkraft des gezogenen Fahrzeugs in Gang zu setzen. Dann wird das (angeschleppte) Fahrzeug als Kraftfahrzeug geführt.

Hinweis: Die Frage des öffentlichen Verkehrs ist nicht nur theoretischer Natur. Der Tatrichter muss in seinem Urteil vielmehr darlegen, dass es sich um eine öffentliche Verkehrsfläche handelte, auf der die Tat begangen wurde. Meist wird dies freilich unproblematisch sein, wenn nämlich etwa festgestellt wird, der Betroffene sei „die A-Straße entlanggefahren". Vor allem dort, wo Örtlichkeiten von sich aus nicht zwangsläufig die Öffentlichkeit erkennen lassen (Bsp.: Tankstellengelände zur Nachtzeit), müssen im Urteil weitere Feststellungen getroffen werden. Weiteres zum öffentlichen Straßenverkehr: Teil 1 Rn 352 ff

VIII. Vorsatz und Fahrlässigkeit

Im Bereich des Ordnungswidrigkeitenrechts beschränkt sich die Ahndung nach § 10 OWiG wie im Strafrecht nur auf Vorsatz – Fahrlässigkeit wird nur geahndet, wenn dies im Gesetz ausdrücklich geregelt ist. Im Bereich des Verkehrsordnungswidrigkeitenrechts ist dies natürlich stets möglich. Was die Trunkenheitsfahrt bzw Drogenfahrt nach § 24 a StVG angeht, so ist die **Fahrlässigkeitsahndung in § 24 a Abs. 3 StVG ausdrücklich vorgesehen:** „Ordnungswidrig handelt auch, wer die Tat fahrlässig begeht."

1. Vorsatz

Die Frage nach Vorsatz und Fahrlässigkeit der Verurteilung wegen einer Ordnungswidrigkeit nach § 24 a StVG ist nicht nur von theoretischer Bedeutung. Von ihr hängt vielmehr die **Höhe der Geldbuße** ab, die idR bei Vorsatz (im Vergleich zur im Buß-

---
1454 OLG Celle DAR 1977, 219.
1455 OLG Düsseldorf VM 1975, 20 Nr. 24.
1456 BayObLG NJW 1959, 111 – allerdings zum Fahren ohne Fahrerlaubnis.
1457 OLG Celle DAR 1977, 219; OLG Oldenburg MDR 1975, 421.
1458 BayObLG NJW 1984, 878.

H. Ordnungswidrigkeit gem. § 24 a StVG

geldkatalog genannten Summe, die auf Fahrlässigkeitstat abstellt) verdoppelt wird. Auch ein Absehen vom Fahrverbot wird bei Vorsatzverurteilung noch kaum vertretbar sein.

a) ... speziell bei Alkoholisierungsfahrten

629 Eine Ahndung wegen **vorsätzlicher Tat** setzt voraus, dass der Betroffene bei der Fahrt **wusste oder zumindest mit der Möglichkeit rechnete**, dass er eine BAK von **mindestens 0,5 ‰** oder eine AAK von **mindestens 0,25 mg/l** aufweist oder eine entsprechende Alkoholmenge im Körper hat.[1459] Dass der Betroffene aufgrund des genossenen Alkohols **mit der Möglichkeit alkoholbedingter** Fahrunsicherheit rechnete, reicht zur Annahme von Vorsatz nicht aus. Denn bekanntlich kommt alkoholbedingte **Fahrunsicherheit schon ab** einer BAK von 0,3 ‰ in Betracht. Vorsatz ist aber wohl dann gegeben, wenn es dem Betroffenen beim Trinken gleichgültig war, welche BAK er bei der beabsichtigten Fahrt oder später erreichen würde, er aber bei der Fahrt die Möglichkeit einer BAK in Höhe des Grenzwertes in Kauf nahm.[1460]

Hinweis: Weder aus der Höhe der BAK noch **aus einschlägigen Vorverurteilungen** allein kann auf das Vorliegen von Vorsatz geschlossen werden.[1461] Eine Kenntnis der festgestellten BAK durch den Betroffenen während der Fahrt ist für eine Vorsatzvorstellung aber natürlich auch nicht zu verlangen.

630 Eine **abweichende Ansicht** vertritt das OLG Celle[1462] – allerdings zur früheren Fassung des § 24 a StVG (0,8 ‰) –: Danach soll „in aller Regel" bedingter Vorsatz gegeben sein, wenn der Betroffene in einem überschaubaren Zeitraum vor Fahrtantritt alkoholische Getränke **in nicht ganz unerheblichem Umfang konsumiert** hat.

631 Dies erscheint vor allem für den **jetzt auf 0,5 ‰** gesenkten Gefahrengrenzwert **bedenklich**, zumal dann im übrigen Fahrlässigkeit bei § 24 a Abs. 1 Nr. 1 StVG nur noch ein seltener Ausnahmefall wäre. Vielfach wird entgegen OLG Celle **nur bewusste Fahrlässigkeit** nachweisbar sein.

Hinweis: Es soll hier nochmals darauf hingewiesen werden, dass die Einlassung, dem Betroffenen sei heimlich Alkohol „untergeschoben" worden, regelmäßig als nicht glaubhafte Schutzbehauptung zu werten ist. Der Alkohol in Getränken ist nämlich grundsätzlich bei Konsum bemerkbar. Soll gleichwohl eine derartige Einlassung abgegeben werden, so muss besonderer Wert auf die Darstellung der Trinksituation gelegt werden. Nur dann wird sich nämlich der Tatrichter weiter mit einer derartigen Einlassung auseinandersetzen müssen.

b) ... speziell bei Drogenfahrten

632 Bei Drogenfahrten muss der Vorsatz Konsum und **Drogenwirkung zum Tatzeitpunkt** umfassen, nicht aber eine Spürbarkeit/Nachweisbarkeit,[1463] zumal ein Kraftfahrer die

---

1459 OLG Zweibrücken VRS 76, 453.
1460 König in: Hentschel/König/Dauer, § 24 a StVG Rn 26.
1461 BayObLG DAR 1987, 304 – bei Bär.
1462 OLG Celle, Beschl. v. 13.11.1996 – 1 Ss (OWi) 282/96 = NZV 1997, 320.
1463 OLG Zweibrücken VRS 102, 300 = NZV 2001, 483; König in: Hentschel/König/Dauer, Straßenverkehrsrecht, § 24 a StVG Rn 26.

Unberechenbarkeit von Rauschdrogen in Rechnung zu stellen hat.[1464] Aber: Konsum, der eine Nacht zurückliegt, reicht noch nicht generell für einen Wegfall des Fahrlässigkeitsvorwurfs.[1465] Generell gilt nämlich, dass das alleinige Wissen um den vorangegangenen Konsum für sich allein genommen gerade nicht für die Schlussfolgerung, dass der Betroffene die Wirkung des Rauschmittelkonsums bei Fahrtantritt erkannt habe (jedenfalls aber im Sinne einer Fahrlässigkeit hätte erkennen können und müssen) ausreicht.[1466] Im Übrigen ist vor allem darauf hinzuweisen, dass gerade bei länger zurückliegendem Drogenkonsum idR die Verurteilung wegen Vorsatzes selten möglich sein dürfte. Hier kann zum großen Teil auf die Indizien zurückgegriffen werden, die auch für die Abgrenzung von Vorsatz und Fahrlässigkeit bei Trunkenheitsfahrten entwickelt wurden.[1467] Zu beachten ist bei THC-Konsum, dass hier gerne der Vorwurf (möglicherweise) regelmäßigen Konsums erhoben wird, wenn nämlich hohe THC-Carbonsäure-Werte festgestellt werden. Bei dem Nachweis dieses sich nur langsam abbauenden wirkungsfreien Metaboliten indiziert erst ein Konzentrationswert im Bereich von 75 ng/ml einen dauernden oder gewohnheitsmäßigen, also regelmäßigen Konsum.[1468]

2. Fahrlässigkeit

Fahrlässiges Handeln iSd § 10 OWiG liegt vor, wenn der Täter die Sorgfalt, zu der er nach den Umständen und seinen persönlichen Fähigkeiten verpflichtet und imstande ist, außer Acht lässt und deshalb entweder die Tatbestandsverwirklichung nicht erkennt bzw nicht voraussieht – unbewusste Fahrlässigkeit – oder die Möglichkeit einer Tatbestandsverwirklichung zwar erkennt, aber mit ihr nicht einverstanden ist und ernsthaft darauf vertraut, diese werde nicht eintreten – bewusste Fahrlässigkeit.[1469]

a) ... speziell bei Alkoholisierungsfahrten

Zumindest fahrlässig handelt, wer **so viel Alkohol** aufgenommen hat, dass dieser zu einer BAK von **0,5 ‰** oder einer AAK von **0,25 mg/l** führt, wenn er im Vertrauen darauf, dass diese Werte möglicherweise nicht erreicht werden, mit einem Kraftfahrzeug am öffentlichen Straßenverkehr teilnimmt. Das bedeutet, dass der Kraftfahrer, der die in § 24 a Abs. 1 StVG bezeichnete Alkoholmenge im Körper hat, regelmäßig fahrlässig handelt.[1470]

1464 OLG Saarbrücken, Beschl. v. 29.11.2006 – Ss (B) 44/2006 (57/06) = NJW 2007, 309 = NStZ 2007, 240.
1465 OLG Bremen NZV 2006, 276; König in: Hentschel/König/Dauer, Straßenverkehrsrecht, § 24 a StVG Rn 25 b.
1466 Krumdiek, NZV 2009, 353, 354 mwN.
1467 Siehe hierzu: Burhoff, VA 2002, 34; Krumm, SVR 2006, 292; Krüger, DAR 1984, 47; Hentschel, DAR 1993, 449.
1468 Himmelreich, DAR 2002, 26, 28; OLG Saarbrücken, NJW 2007, 309 = NStZ 2007, 240.
1469 Vgl OLG Hamm, Beschl. v. 15.6.2012 – III-2 RBs 50/12 = BeckRS 2012, 18138; Gürtler in: Göhler, OWiG, § 10 Rn 6 ff; BGHSt 49, 1, 5; OLG Bremen, Beschl. v. 18.6.2014 – 1 SsBs 51/13 = BeckRS 2014, 13398; OLG Bremen, Beschl. v. 2.9.2013 – 2 SsBs 60/13; Beschl. v. 20.2.2012 – 2 SsBs 75/11, Beschl. v. 17.2.2006 – Ss (B) 51/05 = NZV 2006, 276; KG, Beschl. v. 5.6.2009 – 2 Ss 131/09 = NZV 2009, 572, 573; OLG Celle, Beschl. v. 9.12.2008 – 322 SsBs 247/08 = NZV 2009, 89, 90.
1470 Rüth, DAR 1974, 57, 60 f; Janiszewski, VOR 1973, 348 (356); einschränkend möglicherweise OLG Hamm VRS 107, 470.

H. Ordnungswidrigkeit gem. § 24 a StVG

635 Das OLG Hamm hat aber entschieden, dass allein die Feststellung des AAK-Wertes ohne Feststellung zu Art und Umständen der Alkoholaufnahme nicht einmal zu einer Verurteilung wegen Fahrlässigkeit führen darf, selbst wenn der Betroffene erklärt, er räume die Tat ein.[1471] Es müsse nämlich festgestellt werden, aufgrund welcher konkreten Umstände der Betroffene voraussehen konnte, dass infolge seines Verhaltens die einschlägige Norm tatbestandsmäßig verwirklicht wurde.[1472]

Hinweis: Der Betroffene wird damit gut beraten sein, nichts zu seinem Trinkverhalten und weiteren Umständen, die der Tat vorausgingen, zu sagen. Der Tatrichter muss sich dagegen bemühen, hierzu – wenn irgend möglich – Feststellungen zu treffen.

Letztere Ansicht mag für § 316 StGB Gültigkeit haben, im Rahmen des § 24 a StVG erscheint sie mir schlicht und einfach falsch und auch nicht der Sicherheit des Straßenverkehrs ausreichend Rechnung tragend.

636 **Orientierung anhand von Tabellen** über den Alkoholgehalt der genossenen Getränke und die daraus abgeleitete Annahme, den Wert von 0,5 ‰ BAK oder von 0,25 mg/l AAK nicht erreicht zu haben, entlastet nicht.

Hinweis: Wer sich mithilfe derartiger Tabellen gewissermaßen an den Gefahrengrenzwert „herantrinkt", handelt im Gegenteil **in besonderem Maße verantwortungslos**.[1473]

637 Der Vorwurf der **Fahrlässigkeit kann ausnahmsweise entfallen**, wenn der Betroffene **neben einer bewusst getrunkenen Alkoholmenge**, die nicht geeignet war, den Gefahrengrenzwert von 0,5 ‰ BAK bzw von 0,25 mg/l AAK zu erreichen, weiteren **Alkohol unbewusst aufgenommen** hat, sofern er mit dieser Alkoholaufnahme nicht zu rechnen brauchte.[1474]

638 Auch in solchen Fällen aber kann **Fahrlässigkeit** vorliegen, wenn dem Betroffenen vorzuwerfen ist, dass er die **Unvereinbarkeit** der wahrnehmbaren Wirkungen der tatsächlich aufgenommenen Alkoholmenge mit den bewusst genossenen Getränken **nicht bemerkt** hat[1475] **oder** wenn ihm zum Vorwurf gemacht werden muss, dass er im Hinblick auf die Situation und **Art seiner Gesellschaft** mit heimlicher Alkoholzuführung **rechnen musste**.[1476]

639 Im Fall des Absatzes 2 braucht sich der Vorsatz nur auf das Fahren unter der **Wirkung** eines der in der Anlage zu § 24 a StVG genannten **berauschenden Mittels** zu erstrecken,[1477]

1471 OLG Hamm Beschl. v. 10.4.2008 – 4 Ss OWi 231/08 bei www.burhoff.de.
1472 OLG Hamm Beschl. v. 10.4.2008 – 4 Ss OWi 231/08 bei www.burhoff.de.
1473 Bürgel NJW 1973, 1356.
1474 OLG Köln NStZ 1981, 105.
1475 OLG Hamm VRS 52, 446.
1476 OLG Oldenburg DAR 1983, 90; OLG Düsseldorf VRS 66, 148.
1477 KG, Urt. v. 7.10.2002 – 3 WS B 338/02 = DAR 2003, 82 (Anm. Stein NZV 2003, 251).

- nicht etwa auf eine **spürbare Wirkung**[1478]
- und auch **nicht auf die Nachweisbarkeit** der in der Anlage bezeichneten Substanzen im Blut.[1479]

Hinweis: Soweit Feststellungen zur Fahrlässigkeit auf dem „Geständnis" des Betroffenen beruhen, reicht dies allein angesichts eines festgestellten Atemalkoholwertes von 0,26 mg/l nicht aus.[1480]

b) ... speziell bei Drogenfahrten

Fahrlässig handelt der Fahrzeugführer, der hätte erkennen können und müssen, dass er unter der Wirkung des berauschenden Mittels steht.[1481] Die Fahrlässigkeit bezieht sich dabei nicht nur auf den Vorgang des Konsums der Drogen, sondern auch auf die **Wirkung der Drogen zum Tatzeitpunkt**.[1482] Die gerne als Schutzbehauptung gewählte Einlassung, der Betroffene habe angesichts des Konsums vor längerer Zeit die Vorstellung gehabt, die Droge sei inzwischen abgebaut, kann nicht zu einer Vermeidung einer Fahrlässigkeitsverurteilung führen.[1483]

640

Hinweis: Fahrlässig handelt nämlich, wer in zeitlicher Nähe zum Fahrtantritt zB Cannabis konsumiert hat und sich dennoch an das Steuer seines Fahrzeuges setzt, ohne sich bewusst zu machen, dass der Rauschmittelwirkstoff noch nicht vollständig unter den analytischen Grenzwert abgebaut ist.[1484] Nicht erforderlich ist, dass sich der Betroffene einen „spürbaren" oder „messbaren" Wirkstoffeffekt vorgestellt hat oder zu einer entsprechenden exakten physiologischen und biochemischen Einordnung in der Lage war, zumal ein Kraftfahrer die Unberechenbarkeit von Rauschdrogen in Rechnung zu stellen hat.[1485]

THC-Grenzwert nur leicht überschritten: Der Umstand, dass der zulässige Grenzwert von THC im Blutserum nur geringfügig überschritten ist, ändert an der Voraussehbarkeit einer zum Tatzeitpunkt objektiv noch andauernden Wirkung durch das Rauschmittel nichts. Eine besonders hohe Konzentration zum Zeitpunkt der Blutentnahme mag unter Umständen den Schluss auf bedingten Vorsatz oder bewusste Fahrlässigkeit für das Tätigkeitsdelikt des § 24 a Abs. 2 StVG zum allein entscheidenden Zeitpunkt der Drogenfahrt (§ 6 OWiG) nahelegen.[1486] Dem Vorwurf unbewusster Fahrlässigkeit wird hingegen eine Konzentration von THC, die gerade einmal den

641

1478 OLG Zweibrücken Urt. v. 3.5.2001 – 1 SS 87/01 VRS 102, 300.
1479 OLG Zweibrücken Urt. v. 3.5.2001 – 1 SS 87/01 VRS 102, 300.
1480 OLG Hamm zfs 2004, 535 = BA 2005, 169.
1481 Burhoff, ZAP F. 9, S. 781; König in: Hentschel/König/Dauer, Straßenverkehrsrecht, § 24 a StVG Rn 25 b; zur Frage unwissenden Konsums: KG DAR 2003, 82.
1482 OLG Bremen, Beschl. v. 18.6.2014 – 1 SsBs 51/13 = BeckRS 2014, 13398; OLG Bremen, Beschl. v. 2.9.2013 – 2 SsBs 60/13; OLG Hamm NJW 2005, 3298 = NStZ 2005, 709 = NZV 2005, 428 = DAR 2005, 640; SVR 2008, 30; BeckRS 2008, 20 342; OLG Saarbrücken NJW 2007, 309 = NStZ 2007, 240; Janker in: Burmann/Heß/Jahnke/Janker, Straßenverkehrsrecht, § 24 a StVG Rn 7 a; König in: Hentschel/König/Dauer, Straßenverkehrsrecht, § 24 a StVG Rn 25; Gürtler in: Göhler, OWiG, § 10 Rn 5.
1483 OLG Zweibrücken VRS 102, 300 = NZV 2001, 483; Beck/Berr, OWi-Sachen im Straßenverkehrsrecht, Rn 486 f; König in: Hentschel/König/Dauer, Straßenverkehrsrecht, § 24 a StVG Rn 25 b.
1484 OLG Saarbrücken, NJW 2007, 309 = NStZ 2007, 240.
1485 Vgl OLG Hamm, Beschl. v. 15.6.2012 – III-2 RBs 50/12 = BeckRS 2012, 18138; OLG Saarbrücken, NJW 2007, 309.
1486 OLG Bremen, Beschl. v. 18.6.2014 – 1 SsBs 51/13 = BeckRS 2014, 13398.

H. Ordnungswidrigkeit gem. § 24 a StVG

Grenzwert erreicht, regelmäßig nicht entgegenstehen: Nach ständiger zu § 24 a Abs. 2 StVG ergangener Rechtsprechung verwirklicht eine Drogenfahrt bereits mit 1,0 ng/ml THC das objektive Handlungsunrecht.[1487] Ein Kraftfahrer wird nach vorangegangenem, bewusstem Genuss von Cannabisprodukten ohne Weiteres damit rechnen müssen, dass er den noch zulässigen Grenzwert überschreitet. Von ihm ist zu erwarten, dass er sich erst in den Straßenverkehr begibt, wenn er bei Anwendung der gebotenen Sorgfalt sicher sein kann, den zulässigen Grenzwert – und nicht einen unbestimmbaren höheren – nicht zu erreichen. Wer ein Kraftfahrzeug nach vorangegangenem, bewusstem Konsum von Cannabisprodukten führt und sich über eine mögliche Wirkung überhaupt keine Gedanken macht, handelt allein deswegen zumindest unbewusst fahrlässig.[1488] Bewusst fahrlässig handelt demgegenüber, wer sich Gedanken macht und pflichtwidrig darauf vertraut, den Grenzwert nicht zu erreichen.[1489]

642 Die **Rechtsprechung der Oberlandesgerichte** tut sich oft schwer damit, **Indiziensammlungen** als ausreichend anzusehen, rechtsfehlerfrei auf das Vorliegen einer Fahrlässigkeit schließen zu können: So hatten etwa gerötete Augen sowie eine leicht lallende Sprache, starkes Zittern und falsches Zeitempfinden nicht als Fahrlässigkeitsindizien ausgereicht.[1490] Zudem: Der Fahrlässigkeitsvorwurf kann dann uU nicht erhoben werden, wenn angesichts der vergangenen Zeit seit Einnahme der berauschenden Mittel ausnahmsweise nicht mehr mit einem Nachweis und damit einer Wirkung gerechnet werden muss.[1491] Nachgewiesene Fälle hierzu sind etwa:

- Feststellung der Wirkung von 1,0 ng/ml THC 28 Stunden nach dem Konsum,[1492]
- Feststellung der Wirkung von 2,7 ng/ml THC 23 Stunden nach dem Konsum,[1493]
- Feststellung der Wirkung von 2,2 ng/ml THC 24 Stunden nach dem Konsum,[1494]
- Feststellung der Wirkung von 1,8 ng/ml THC (daneben bereits folgende Abbauprodukte: 11-OH-THC 0,9 ng/ml THC-COOH 46,8 ng/ml) 24 Stunden nach dem Konsum,[1495]
- Feststellung der Wirkung von 1,4 ng/ml THC 24 bis 28 Stunden vor der Tatzeit,[1496]
- Feststellung der Wirkung von 2,0 ng/ml THC Stunden nach dem Konsum,[1497]

1487 OLG Bremen, Beschl. v. 18.6.2014 – 1 SsBs 51/13 = BeckRS 2014, 13398.
1488 OLG Bremen, Beschl. v. 18.6.2014 – 1 SsBs 51/13 = BeckRS 2014, 13398.
1489 OLG Bremen, Beschl. v. 18.6.2014 – 1 SsBs 51/13 = BeckRS 2014, 13398.
1490 OLG Hamburg, Beschl. v. 8.12.2011 – 1-45/11 (RB).
1491 OLG Hamm, Beschl. v. 15.6.2012 – III-2 RBs 50/12 = BeckRS 2012, 18138; OLG Bremen, Beschl. v. 2.9.2013 – 2 SsBs 60/13; OLG Saarbrücken, NJW 2007, 309 = NStZ 2007, 240; OLG Bremen NZV 2006, 276; OLG Zweibrücken, NStZ 2002, 95; Burmann/Heß/Jahnke/Janker, Straßenverkehrsrecht, § 24 a StVG Rn 7 a; Lorenz, VRR 2008, 130, 133; kritisch hierzu aber (wohl mit Recht): König in: Hentschel/König/Dauer, § 24 a StVG Rn 25 b; König/Seitz, DAR 2006, 124.
1492 OLG Saarbrücken NJW 2007, 309, 311 = VRR 2007, 274.
1493 OLG Celle NZV 2009, 89 mit Anm. Krumdiek, NZV 2009, 353 und abl. Besprechung König, NStZ 2009, 425.
1494 OLG Frankfurt/M NStZ-RR 2007, 249.
1495 OLG Hamm, Beschl. v. 15.6.2012 – III-2 RBs 50/12 = BeckRS 2012, 18138.
1496 OLG Bremen, Beschl. v. 2.9.2013 – 2 SsBs 60/13.
1497 OLG Saarbrücken NJW 2007, 1373.

- Feststellung der Wirkung von 1,4 ng/ml THC 2 Tge nach dem Konsum,[1498]
- Feststellung der Wirkung von 1,7 ng/ml THC 3 Tage nach dem Konsum[1499]
- Feststellung der Wirkung „Tage" nach Konsum.[1500]

Dies gilt naturgemäß je eher, je näher sich die festgestellte Wirkstoffkonzentration im Blut an die o.g. Grenzwerte annähert. Äußerst kritisch wird diese Rechtsprechung richtigerweise von *König* betrachtet, der auf den Charakter des § 24 a StVG als abstraktes Gefährdungsdelikt hinweist und eine Abkehr der Oberlandesgerichte von ihrer „Stundenarithmetik-Rechtsprechung" verlangt.[1501] Aufgrund des unkontrollierbaren Abbaus der Drogen im Blut wird von jedem Fahrer vollkommene Drogenabstinenz zu verlangen sein.

Zum Nachweis von Drogen und der verstrichenen Zeit seit Konsum hat das OLG Hamm Stellung genommen:[1502]

„Nach dem Ergebnis von Recherchen und Untersuchungen der Grenzwertkommission, die dem derzeitigen Stand der Wissenschaft entsprechen dürften, können THC-Konzentrationen oberhalb von 1 ng/ml auch nach einem Zeitintervall oberhalb von einem Tag zwischen letzter Drogenaufnahme und Fahrtantritt beobachtet werden, und zwar dann, wenn der Betroffene vorher durch regelmäßigen/täglichen Konsum THC-Speicher im Blut aufgebaut hat. Bei einer solchen Fallgestaltung kann hinsichtlich des Führens eines Kraftfahrzeugs eine Abstinenzphase bis zu einer Woche notwendig sein, um Wirkstoffe soweit zu eliminieren, dass keine Wirkung im Sinne des § 24 a StVG mehr gegeben ist. Dagegen ist bei einem einmaligen oder gelegentlichen Konsum immer von einem nur wenige Stunden zurückliegenden Konsum auszugehen, wenn die THC-Konzentration im Blutserum bei mindestens 1 ng/ml liegt, da bei solchen Konsumenten das THC bereits 6 bis 8 Stunden später fast vollständig abgebaut war. Nur bei einem chronisch/regelmäßigen Cannabiskonsum muss auf der Grundlage der herangezogenen Untersuchungen über 20 Stunden hinaus mit einem Nachweis von THC und gegebenenfalls 11-OH-THC (sowie THC-OOOH) gerechnet werden. Bei einem einmaligen/gelegentlichen Konsum ist jedenfalls beim Führen eines Kraftfahrzeuges nach Ablauf einer empfohlenen Wartezeit von 24 Stunden nach dem letzten Konsum nicht mehr mit einem Verstoß gegen § 24 a Abs. 2 StVO rechnen. Auch nach den Ausführungen von *Eisenmenger* (Drogen im Straßenverkehr – Neue Entwicklungen, NZV 2006. 24) kommen nur bei chronischen Konsumenten Nachweiszeiten von mehr als 24 Stunden, teilweise sogar 48 Stunden in Betracht. Nach einmaligem bzw gelegentlichen Konsum auch hoher Dosen Cannabis ist davon auszugehen, dass die THC-Konzentration im Serum binnen eines Zeitraumes von 6 Stunden auf eine Konzentration von 1 ng/ml absinkt."

Gerötete Augen des Betroffenen können nicht ohne weitere Darstellungen als Fahrlässigkeitsindiz gewertet werden – eine solche Beweiswürdigung wäre insofern lü-

---

[1498] OLG Zweibrücken BA 2009, 99.
[1499] OLG Hamm, Beschl. v. 21.12.2013 – III-2 RBs 83/12 (bei uU verlangsamtem Abbau infolge Insulineinnahme); AG Herne-Wanne, Urt. v. 9.8.2013 – 11 OWi-54 Js 393/12-121/12 (unter Hinzuziehung eines rechtsmedizinischen Sachverständigen).
[1500] OLG Hamm NJW 2005, 3298 = NStZ 2005, 709 = NZV 2005, 428 = DAR 2005, 640 (jedenfalls angedeutet).
[1501] König NStZ 2009, 425.
[1502] OLG Hamm, Beschl. v. 21.12.2013 – III-2 RBs 83/12 (hier wiedergegeben nur der reine Text ohne weitere Fundstellennachweise aus der rechtsmedizinischen Literatur).

ckenhaft, als in den Gründen des Urteils nicht dargelegt würde, auf welche Weise oder bei welcher Gelegenheit des Betroffenen selbst hätte auffallen müssen, dass seine Augen gerötet waren.[1503] Auch allein **aus einer unsicheren „Finger-Nase-Prüfung"** und Unsicherheiten bei spontanem Wenden kann nicht darauf geschlossen werden, dass dich der Betroffene der möglichen Wirkung der Droge hätte bewusst sein müssen, weil – ohne weitere Feststellungen – nicht klar ist, ob diese Defizite dem Betroffenen hätten auffallen und er hätte darauf schließen müssen, dass diese auf dem Drogenkonsum beruhen.[1504]

646 Ansonsten gilt natürlich: Eine Kraftfahrzeugfahrt darf nur angetreten werden, wenn gewährleistet ist, dass sich Fahrzeugführer und Fahrzeug in einem ordnungsgemäßen Zustand befinden. Gemäß § 1 Abs. 1 StVO erfordert die Teilnahme am Straßenverkehr **ständige Vorsicht.** Dieses Gebot der Vorsicht begründet eine Rechtspflicht und entfaltet auch mittelbare Rechtswirkungen.[1505] Insoweit ist seit Jahrzehnten anerkannt, dass ein Kraftfahrer, der (legale) Medikamente zu sich nimmt, verpflichtet ist, die Gebrauchsanleitung des Medikamentes zu beachten.[1506] Hat er keine, muss er sich erkundigen.[1507] Jeder Kraftfahrer, der sein Fahrzeug nach Drogenkonsum fährt, weiß, dass er vorsichtig sein muss. Diese Kenntnisvermittlung ist seit Jahrzehnten Bestandteil jeder Führerscheinausbildung. Gemäß § 11 Abs. 2 OWiG setzt daher für ihn eine Prüfungs- und Erkundigungspflicht ein.[1508] Demzufolge kann und muss sich ein Kraftfahrzeugführer Kenntnis darüber verschaffen, wie lange die Wirkung der von ihm eingenommenen Droge andauert. Dabei muss er alles in seiner Macht stehende tun, damit er nicht, da objektiv unter Drogenwirkung stehend, eine für andere potenziell gefährliche Fahrt antritt.[1509] Diese Prüfungs- und Erkundigungspflicht ist ihm auch ohne Weiteres zumutbar. Neben kostengünstigen seriösen Informationsquellen im Internet kann und muss er zur Not einen Apotheker oder Mediziner befragen. Nur der Konsument weiß, welches Mittel er in welcher Menge genommen hat.[1510]

647 Nur sofern er sich der **Gefahrlosigkeit der Fahrt** gewiss sein kann, darf er sich in den Straßenverkehr begeben. Vertraut er hingegen auf ungewisser Grundlage auf den Abbau der Droge und verwirklicht sich sein Einschätzungsrisiko, handelt er objektiv und subjektiv fahrlässig.[1511] Auf den zu beurteilenden Einzelfall übertragen bedeutet dies, dass der Fahrer, unabhängig davon, wann er die Drogen zu sich genommen hatte (am Tattag oder zuvor) verpflichtet ist, sich hinreichend **über die mögliche Wirkungsdauer zu erkundigen** – tut er dies nicht, so handelt er fahrlässig.[1512]

1503 OLG Hamburg, Beschl. v. 8.12.2011 – 1-45/11 (RB).
1504 OLG Hamm, Beschl. v. 15.6.2012 – III-2 RBs 50/12 = BeckRS 2012, 18138.
1505 König in: Hentschel/König/Dauer, § 1 StVO, Rn 6; OLG Hamm, Beschl. v. 5.4.2011 – III 3 RVs 19/11.
1506 OLG Braunschweig DAR 64, 170; OLG Köln VRS 32, 349; LG Freiburg BA 2007, 183; OLG Hamm, Beschl. v. 5.4.2011 – III 3 RVs 19/11.
1507 OLG Hamm, Beschl. v. 5.4.2011 – III 3 RVs 19/11; OLG Frankfurt VM 1976, 162.
1508 Gürtler in: Göhler, OWiG, § 11, Rn 24; OLG Hamm, Beschl. v. 5.4.2011 – III 3 RVs 19/11.
1509 König, NStZ 2009, 425, 427; OLG Hamm, Beschl. v. 5.4.2011 – III 3 RVs 19/11.
1510 OLG Hamm, Beschl. v. 5.4.2011 – III 3 RVs 19/11.
1511 König, NStZ 2009, 425, 427; OLG Hamm, Beschl. v. 5.4.2011 – III 3 RVs 19/11.
1512 OLG Hamm, Beschl. v. 5.4.2011 – III 3 RVs 19/11.

Hinweis: Die Rechtsprechung ist in diesem Bereich – dies ergibt sich bereits aus den obigen Darstellungen – eher uneinheitlich und teils sogar sehr streng: Ein Konsument von Cannabis etwa soll sich als Kraftfahrer erst in den Straßenverkehr begeben dürfen, wenn er sicherstellen kann, den analytischen Grenzwert von 1,0 ng/ml THC im Blutserum nicht mehr zu erreichen. Das erfordert ein ausreichendes – gegebenenfalls mehrtägiges – Warten zwischen letztem Cannabiskonsum und Fahrtantritt.[1513] Im Regelfall besteht für den Tatrichter kein Anlass an der objektiven Sorgfaltspflichtverletzung und dem subjektiven Sorgfaltsverstoß zu zweifeln, wenn der analytische Grenzwert nach Beendigung der Fahrt erreicht ist.[1514]

Passiver Konsum (durch Aufenthalt in einem Bereich, in dem viel Cannabis geraucht wird) kann zu erhöhten THC-Werten führen.[1515] Selbst eine THC-Konzentration von 2,0 mg/l bei passivem Konsum von Cannabis soll auf keinen Fall forensisch gesichert ausgeschlossen werden können.[1516]

648

Hinweis: Die Einlassung des Passivkonsums wird vom Gericht intensiv auf ihre Richtigkeit zu prüfen sein. Der Verteidiger muss sich also darum bemühen, nicht nur abstrakt die Behauptung des Passivkonsums in den Raum zu stellen, sondern diesen „mit Leben zu füllen". Hilfreich können etwa Zeugen sein, die den Aufenthalt des Betroffenen in einer THC-geschwängerten Luft bestätigen können.

IX. Konkurrenzen/Tatbegriff/Rechtskraft

Zwischen den Tatbeständen des § 24 a Abs. 1 (Fahren unter Alkoholeinfluss) und Abs. 2 (Fahren unter Rauschmittelwirkung) ist Tateinheit möglich.

649

Zwischen § 24 a StVG und

- **unerlaubtem Besitz von Betäubungsmitteln** bei Mitführen im Kraftfahrzeug besteht keine Tateinheit, auch keine Tatidentität iSv § 264 StPO – und zwar auch nicht bei Verwirklichung des § 24 a Abs. 2 StVG; denn die Sachherrschaft über die Drogen besteht unabhängig von der Teilnahme am Straßenverkehr.[1517] Hat der Betroffene etwa bei der Drogenfahrt weitere Drogen dabei um sich später am Zielort der Fahrt eine „schöne Zeit" mit den Drogen zu machen, so führt eine Verurteilung wegen der Ordnungswidrigkeit des § 24 a StVG nicht zu einem Verfahrenshindernis für ein späteres Verfahren wegen Verstoßes gegen das BtMG.[1518] Ausgangspunkt der Bewertung ist die materiellrechtliche Betrachtung. Zwar ist der prozessuale Tatbegriff im Verhältnis zum materiellen Recht selbstständig;[1519] jedoch sind materiellrechtlich selbstständige Taten in der Regel auch prozessual selbstständig, falls nicht weitergehende Umstände die Annahme einer

---

1513 OLG Bremen, Beschl. v. 18.6.2014 – 1 SsBs 51/13 = BeckRS 2014, 13398.
1514 OLG Bremen, Beschl. v. 18.6.2014 – 1 SsBs 51/13 = BeckRS 2014, 13398.
1515 Schimmel/Drobnnik/Röhrch/Becker/Zörntlein/Urban, BA 2010, 269 nach Untersuchungen in einem Coffee-Shop.
1516 AG St. Wendel, Urt. v. 23.9.2010 – 1 OWi 67 Js 724-10 (234/10) = BeckRS 2010, 32266.
1517 BGH NZV 2005, 52 = DAR 2005, 223 (zust. Bohnen NStZ 2004, 695); aM OLG Köln DAR 2005 107.
1518 OLG Braunschweig, Urt. v. 10.10.2014 – 1 Ss 52/14 = BeckRS 2014, 19751.
1519 OLG Braunschweig, Urt. v. 10.10.2014 – 1 Ss 52/14 = BeckRS 2014, 19751; BGH, Beschl. v. 24.7.1987 – 3 StR 86/87, BGHSt, 14, 19; BGH, Urt. v. 16.3.1989 – 4 StR 60/89, BGHSt, 36, 151, 154.

Tat im Sinne des § 264 Abs. 1 StPO rechtfertigen.[1520] Letzteres wird angenommen, wenn die Handlungen innerlich so verknüpft sind, dass nur ihre gemeinsame Würdigung erlaubt ist, eine getrennte Würdigung sowie Aburteilung in verschiedenen Verfahren mithin als unnatürliche Aufspaltung eines einheitlichen Lebensvorgangs empfunden würde.[1521]

Hinweis: Will der Verteidiger bei künstlich aufgetrennten einheitlichen Lebenssachverhalten die Ordnungswidrigkeit zu einem Verfahrenshindernis für eine später drohende Strafsache machen, so muss er durch Einspruch für eine voll rechtskraftfähige tatrichterliche Sachentscheidung in der OWi-Sache sorgen. Es liegt hier also nahe, Einspruch einzulegen, das Verfahren durch schnelle Terminabsprachen mit dem Gericht zu beschleunigen und dann ein schnelles rechtskräftiges Urteil zu erwirken.

- **Verwirklichung anderer Taten** (auch Ordnungswidrigkeiten) während der Fahrt beim selben Fahrtabschnitt wird eine Tat im prozessualen Sinne immer gegeben sein.[1522] Häufig – aber nicht immer – wird auch eine tateinheitliche Begehung anzunehmen sein. Sogar bei einem feststellbaren zeitlichen Abstand von 15 Minuten hat die Rechtsprechung bei einem Verstoß gegen § 24 a StVG und einem Gurtverstoß anlässlich derselben Fahrt eine einheitliche Tat im Sinne des § 264 StPO angenommen.[1523]

- **im Anschluss an die Tat begangenen anderen Straftaten** (die nicht in innerem Zusammenhang mit dem Straßenverkehr stehen) ist ebenso eine materiellrechtliche Tateinheit bzw eine Tat im prozessualen Sinne nicht gegeben, so etwa bei Sexualdelikten[1524] oder Körperverletzungsdelikten.[1525]

Hinweis: Wird von der Staatsanwaltschaft ein Verfahren, das den Vorwurf des § 316 StGB zum Gegenstand hatte, gem. § 170 Abs. 2 StPO eingestellt, so führt dies nicht zu einem Strafklageverbrauch und zwar auch nicht, was eine Verfolgung der Ordnungswidrigkeit nach § 24 a StVG angeht.[1526] Aus der Einstellungsnachricht der Staatsanwaltschaft ergibt sich stets, ob das Verfahren wegen der Ordnungswidrigkeit weiter betrieben wird, so durch Verweisung an die zuständige Verwaltungsbehörde.

X. Verjährungsfristen

650 Die Verjährung ist in Ordnungswidrigkeitenverfahren von viel höherer Bedeutung als in Strafverfahren, da die Verjährungsfristen kurz sind: Eine vorsätzliche Ordnungs-

---

1520 OLG Braunschweig, Urt. v. 10.10.2014 – 1 Ss 52/14 = BeckRS 2014, 19751; BGH, Urt. v. 16.3.1989 – 4 StR 60/89, BGHSt 36, 151, und v. 29.9.1987 – 4 StR 376/87, BGHSt 35, 60, 64; OLG Braunschweig, Beschl. v. 2.5.2012 – Ss (OWi) 72/11; juris.
1521 OLG Braunschweig, Urt. v. 10.10.2014 – 1 Ss 52/14 = BeckRS 2014, 19751; BGH, Beschl. v. 24.11.2004 – 5 StR206/04, BGHSt 49, 359, 362 mwN, BGH, Beschl. v. 15.3.2012 – 5 StR 288/11.
1522 OLG Saarbrücken VRS 110, 362 = VRR 2006, 317.
1523 OLG Jena DAR 2007, 688, 694 = VRS 110, 418.
1524 OLG Koblenz VRS 54, 121.
1525 BayObLG DAR 1986, 237, 247 – bei Rüth.
1526 OLG Hamm BA 2005, 245.

widrigkeit nach § 24 a StVG verjährt gem. § 31 Abs. 2 Nr. 3 OWiG in einem Jahr,[1527] ein fahrlässiger Verstoß gegen § 24 a StVG in sechs Monaten.[1528]

Hinweis: Die **kurze Verjährungsfrist** des § 26 Abs. 3 StVG im Verfahren bei der Verwaltungsbehörde (drei Monate) gilt **nicht** für die Ordnungswidrigkeit des § 24 a StVG, sondern **nur** für Ordnungswidrigkeiten nach § **24 StVG**.

War die angeklagte Straftat gem. § 316 oder § 315 c Abs. 1 Nr. 1 a StGB nicht nachweisbar, beträgt jedoch die festgestellte BAK mindestens 0,5 ‰, so ist Verjährung hinsichtlich § 24 a StVG zu prüfen. Im Falle der Verjährung ist das Verfahren in solchen Fällen nicht nach § 260 Abs. 3 StPO einzustellen, sondern es hat Freispruch zu erfolgen.[1529] Wird dennoch eingestellt, so kann dies mit der Revision angefochten werden.

XI. Ahndung/Rechtsfolgen

In Regelfällen ist die Geldbuße und die Dauer des zu verhängenden Fahrverbotes (§ 25 Abs. 1 S. 2 StVG) der aufgrund des § 26 a StVG erlassenen **Bußgeldkatalog-Verordnung (BKatV)** zu entnehmen. Es handelt sich bei dieser BKatV um eine auch **die Gerichte bindende Rechtsverordnung**.[1530] Sie legt also die Länge des Fahrverbots und die Höhe der Geldbuße fest – diese Festlegung führt zu einer Indizwirkung der Angemessenheit der angedrohten Sanktionen. Rechtsgrundlage für das Fahrverbot bleibt jedoch § 25 Abs. 1 S. 2 StVG, der ein Regelfahrverbot vorsieht. Im Einzelnen kennt der BKat folgende „Sätze": 651

- Für **fahrlässige (Erst-)Verstöße** gegen § 24 a Abs. 1 beträgt die Regelbuße nach der BKatV **500 EUR** zuzüglich einem **Monat Fahrverbot** (BKat-Nrn. 241, 242).
- Ist schon eine **einschlägige Entscheidung eingetragen**, so beträgt die Regelbuße **1.000 EUR** und das **Fahrverbot drei Monate** (BKat-Nrn. 241.1, 242.1).
- Bei Eintragung **mehrerer einschlägiger Entscheidungen** erhöht sich die Regelbuße auf **1.500 Euro** (BKat-Nrn. 241.2, 242.2).

Hinweis: Die Regelgeldbuße kann mit zunehmendem Alkoholisierungsgrad angehoben werden, da es sich bei dem BAK um einen bei der Zumessung der Buße zu berücksichtigen Umstand handelt.[1531] Entsprechendes muss für die erhebliche Überschreitung des AAK-Grenzwertes gelten.

Andererseits: Natürlich darf auch nicht jede **Überschreitung der Grenzwerte** zur Bußgelderhöhung herangezogen werden – es ist vielmehr (im Falle einer Verurteilung) von dem Tatrichter eine Auseinandersetzung mit der Frage erforderlich, warum es sich gerade nicht mehr um einen Regelfall des BKat handelte.[1532] Das nur geringfügi- 652

1527 OLG Düsseldorf DAR 1983, 366; OLG Koblenz VRS 71, 209.
1528 BayObLG NZV 1999, 476; OLG Hamm BA 2004, 264.
1529 OLG Oldenburg NJW 1985, 1177.
1530 BGH, Beschl. v. 28.11.1991 – 4 StR 366/91 = NJW 1992, 446; OLG Düsseldorf VM 2002, 22; OLG Karlsruhe DAR 1995, 337.
1531 OLG Koblenz VRS 49, 444; OLG Hamm VRS 48, 51.
1532 König in: Hentschel/König/Dauer, Straßenverkehrsrecht, § 24 a StVG, Rn 27.

H. Ordnungswidrigkeit gem. § 24 a StVG

ge Überschreiten des Grenzwertes rechtfertigt aber keine Erhöhung der Geldbuße.[1533] **Geringfügiges Überschreiten des Grenzwertes** von 0,5 ‰ BAK oder 0,25 mg/l AAK rechtfertigt **nicht** die **Erhöhung** der Regel-Geldbuße.[1534] Hier ist etwa darauf hinzuweisen, dass nach Herabsetzung der 0,8 ‰-Ahndungsgrenze diese zunächst für die Rechtsfolgen im BKat immer noch auftauchte. Dies ist aber nicht mehr der Fall, so dass hieraus uU geschlossen werden kann, dass jedenfalls bis zu einer BAK von 0,8 ‰ bzw einer entsprechenden AAK von 0,4 mg/l sich jede Erhöhung der Geldbuße allein wegen des Alkoholisierungsgrades verbietet.

Hinweis: Als Tatrichter sollte man sicherlich die Finger von derartigen Anhebungen lassen – hier riskiert man nur die Anfechtbarkeit der getroffenen Entscheidung, da es keinerlei gesicherte Erkenntnisse gibt, bei welchem Grad der Grenzwertüberschreitung mit welcher Geldbußenerhöhung reagiert werden soll.

653 Verschärfte Ahndung bei **Wiederholungstaten** setzt voraus, dass die einschlägigen Voreintragungen **im Zeitpunkt der Hauptverhandlung noch nicht tilgungsreif** sind. Auch andere Verkehrsordnungswidrigkeiten (gem. § 24 StVG) dürfen dann grundsätzlich erhöhend berücksichtigt werden. Diese können nämlich dazu führen, dass kein Regelfall mehr iSd BKatV vorliegt, so dass eine Überschreitung des Regelsatzes geboten erscheint.[1535] Tilgungsreife Voreintragungen dürfen dagegen nicht verwertet werden[1536] und zwar auch nicht als Tatindiz.[1537] Die Überliegefrist soll nämlich lediglich verhindern, dass eine Entscheidung aus dem Register gelöscht wird, obwohl eine weitere Entscheidung während der Überliegefrist ergangen, dem Verkehrszentralregister aber noch nicht übermittelt worden ist.[1538] Das Verwertungsverbot tritt auch dann ein, wenn die Tilgungsreife durch Verlegungsanträge, Beweisanträge oder sonstiges Prozessverhalten des Betroffenen bewusst herbeigeführt wurde.[1539]

Hinweis: Um einen **Wiederholungsfall** iSd BKatV handelt es sich auch im Falle vorausgegangener **Verurteilung gem.** § 316 oder § 315 c **Abs. 1 Nr. 1 a** StGB.[1540]

Gem. § 25 Abs. 1 S. 2 StVG ist in Fällen einer Ordnungswidrigkeit nach § 24 a Abs. 1 StVG **regelmäßig ein Fahrverbot** anzuordnen. Dies gilt auch in den Fällen, in denen eine Verurteilung nach § 24 a StVG lediglich **wegen Subsidiarität nach § 21 Abs. 1 S. 2 OWiG** gegenüber einer tateinheitlich begangenen Straftat unterbleibt, wie etwa bei tateinheitlichem Fahren ohne Fahrerlaubnis.

1533 OLG Oldenburg zfs 1997, 36.
1534 OLG Oldenburg zfs 1997, 36.
1535 OLG Düsseldorf VRS 81, 462.
1536 So etwa: OLG Hamm, Beschl. v. 3.5.2005 – 3 Ss 228/05 = DAR 2005, 693 = VRR 2005, 233 = VA 2005, 159; OLG Karlsruhe zfs 2005, 412; OLG Naumburg DAR 1999, 228; OLG Hamm NZV 2006, 487; NZV 2007, 156; OLG Bamberg, Beschl. v. 30.8.2006 – 2 Ss OWi 1671/05 = BeckRS 2007, 02226 = DAR 2007, 38; König in: Hentschel/König/Dauer, Straßenverkehrsrecht, § 29 StVG Rn 12; Gübner NZV 2005, 57; aA AG Wolfratshausen NStZ-RR 2006, 186 = NZV 2006, 488; OLG Frankfurt/M, Beschl. v. 22.1.2009 – 2 Ss OWi 352/08 = NZV 2009, 352.
1537 KG DAR 2004, 101; weiteres hierzu: Gübner, VRR 2005, 212.
1538 OLG Hamm NZV 2007, 156.
1539 AG Pirmasens zfs 2006, 706.
1540 OLG Düsseldorf NZV 1993, 405.

XI. Ahndung/Rechtsfolgen

Wichtig ist: Da allgemein davon ausgegangen wird, dass in Fällen der Alkoholfahrt (§ 24 a Abs. 1 StVG) die Höhe der AAK/BAK auch im Rahmen der Geldbußenzumessung eine Rolle spielen kann,[1541] droht wohl auch **in Fällen hoher (Drogen-)Wirkstoffkonzentrationen** im Blut des Betroffenen eine höhere als die Regelgeldbuße. Freilich ist hier zu beachten, dass bloß geringes Überschreiten des Gefahrengrenzwertes noch keine Erhöhung der Regelgeldbuße rechtfertigen kann.[1542] 654

Überschreitet der Tatrichter die Grenzen der Bußgeldrahmen, was vor allem beim Absehen vom Fahrverbot oder bei Reduzierung der Fahrverbotsdauer in Betracht kommen kann, so kann das Rechtsbeschwerde die Geldbuße nach § 79 Abs. 6 OWiG selbst zumessen. 655

Hinweis: Im FAER werden nach einem Verstoß **2 Punkte** eingetragen. Bei Drogenfahrten drohen idR auch fahrerlaubnisrechtliche Maßnahmen der Fahrerlaubnisbehörde.[1543] Allenfalls der Ersttäter einer Drogenfahrt unter dem Einfluss von Cannabis kann hoffen, ohne solche verwaltungsrechtlichen Folgen davonzukommen.

Bei der für den Regelfall einer Ordnungswidrigkeit nach § 24 a Abs. 1 StVG vorgesehenen Buße handelt es sich nicht um eine „**geringfügige**" iSd § 17 Abs. 3 S. 2 OWiG. Bei der Bemessung der Geldbuße sind in Fällen des § 24 a Abs. 1 StVG daher die **wirtschaftlichen Verhältnisse** des Betroffenen zu berücksichtigen.[1544] 656

Hinweis: Was die Geldbuße angeht, so bleiben die wirtschaftlichen Umstände des Betroffenen nur bei geringfügigen Geldbußen außer Betracht. Die neuere Rechtsprechung geht bis zu Geldbußen von **250 EUR** davon aus, dass die wirtschaftlichen Verhältnisse regelmäßig unberücksichtigt bleiben dürften.[1545] Anderes gilt freilich, wenn sich Hinweise auf besonders schlechte wirtschaftliche Verhältnisse des Betroffenen ergeben. In einem solchen Falle (zB Arbeitslosigkeit) ist unter entsprechender Darstellung im Urteil des Tatrichters regelmäßig zu prüfen, ob der Betroffene ggf auch unter Gewährung von Zahlungserleichterungen zur Bezahlung des im Bußgeldkatalog vorgesehenen Regelsatzes in der Lage ist – die Angaben des Betroffenen zu seinen wirtschaftlichen Verhältnissen brauchen hierbei nicht so kritisch wie seine Angaben zu drohenden Folgen eines Regelfahrverbots geprüft werden.[1546] Der Verteidiger ist somit gut beraten, auf solche Verhältnisse ausführlich und ggf gar durch Beweisanträge untermauert hinzuweisen.

Kommt es nach zunächst erfolgter Anklage wegen einer Trunkenheit im Verkehr (§ 316 StGB) „nur" zu einer Verurteilung wegen § 24 a StVG, so erfolgt natürlich kein Freispruch im Übrigen. Im Rahmen der Kostenentscheidung kann aber die „**Herabstufung des Vorwurfs**" Berücksichtigung finden: Hier ist es uU wegen § 465 657

1541 König in: Hentschel/König/Dauer, § 24 a StVG Rn 27 mwN.
1542 OLG Oldenburg zfs 1997, 36.
1543 ZB Lorenz, VRR 2008, 130; Krause in: Ferner, Handbuch Straßenverkehrsrecht, § 55 Rn 1 ff.
1544 OLG Rostock, Beschl. v. 20.4.2004 – 2 Ss (OWi) 102/04 I 63/04 = VRS 107, 442; OLG Frankfurt VRS 54, 290; OLG Hamm VRS 59, 440.
1545 So zB BayObLG DAR 2004, 593 (mit abl. Anm. Heinrich); OLG Zweibrücken DAR 1999, 181; OLG Saarbrücken VRS 102, 458; OLG Düsseldorf VM 2002, 22; OLG Frankfurt zfs 2004, 283 (bei 280 EUR unbeanstandet, abl. Anm. Bode zfs 2004, 284).
1546 OLG Karlsruhe SVR 2007, 105.

H. Ordnungswidrigkeit gem. § 24 a StVG

Abs. 2 StPO gerechtfertigt, die Kosten, die durch den Transport des Angeklagten zur Blutentnahme, diese selbst sowie das Gutachten zur Feststellung der Blutalkoholkonzentration entstanden sind, bei der Berechnung der gerichtlichen Auslagen dem Angeklagten und der Landeskasse je zur Hälfte aufzuerlegen.[1547]

Musterschreiben: Berufungsbegründung oder Beschwerdebegründung[1548] (gerichtet gegen Kostenentscheidung) nach OWi-Verurteilung im Strafverfahren)
... begründe ich die Beschwerde/Berufung wie folgt:

Zwar geht das AG in seiner Kostenentscheidung zutreffend davon aus, dass die notwendigen Auslagen der Angeklagten in vollem Umfang von der Landeskasse zu tragen sind. Denn nach den Umständen ist davon auszugehen, dass die Angeklagte einen Bußgeldbescheid hingenommen hätte.

Hinsichtlich der gerichtlichen Auslagen ist Folgendes zu berücksichtigen: nach § 465 Abs. 2 StPO können durch Untersuchungen zur Aufklärung bestimmter belastender oder entlastender Umstände entstandene besondere Auslagen teilweise oder ganz der Staatskasse auferlegt werden, wenn die Untersuchungen zugunsten des Angeklagten ausgegangen sind und es zudem unbillig wäre, den Angeklagten damit zu belasten. Entscheidend dafür ist, ob die tatsächlich erfolgten Untersuchungen auch dann notwendig gewesen wären, wenn Anklage und Eröffnungsbeschluss dem späteren Urteil entsprochen hätten (LG Berlin, Beschl. v. 11.3.2010 – 502 Qs 30/10 = NZV 2011, 213 = BeckRS 2010, 15644 = VRS 119, 123).

Wendet man diese Grundsätze auf den vorliegenden Sachverhalt an, kommt man zu dem Ergebnis, dass die Untersuchungen nicht ausschließlich dem Vergehensvorwurf galten, sondern auch Grundlage für die Verurteilung zu der Geldbuße sowie des Fahrverbotes waren. Insofern wäre es unbillig, die Landeskasse in vollem Umfang mit diesen Kosten zu belasten. Nach diesem Ergebnis ist eine Quotelung hinsichtlich der Kosten der im Tenor genannten Maßnahmen sachgerecht (LG Berlin, Beschl. v. 11.3.2010 – 502 Qs 30/10 = NZV 2011, 213, 214 = BeckRS 2010, 15644 = VRS 119, 123).

Die Kostenentscheidung des am ... verkündeten Urteils des Amtsgerichts .... ist daher dahin abzuändern, dass die Kosten, die durch den Transport der Verurteilten zur Blutentnahme am ..., die Blutentnahme sowie die Gutachten des .... zur Feststellung der Blutalkoholkonzentration sowie vom... zur chemisch-toxikologischen Untersuchung entstanden sind, bei der Berechnung der gerichtlichen Auslagen von der Angeklagten und der Landeskasse je zur Hälfte zu tragen sind.

XII. Abschließende Sammlung von Strategietipps für Verteidiger

658 Über die oben genannten Verteidigungstipps hinaus, sollte der Verteidiger nachfolgende Hinweise beachten bzw Fragen für sich und das Gericht beantworten können:
- Alkoholfahrten: Hier sind zunächst die technische Richtigkeit der Messung bzw die ordnungsgemäße Blutprobenentnahme zu prüfen.

[1547] LG Berlin, Beschl. v. 11.3.2010 – 502 Qs 30/10 = NZV 2011, 213 = BeckRS 2010, 15644 = VRS 119, 123.

[1548] Zu beachten ist, dass wegen der Kostenentscheidung natürlich insgesamt das Urteil im Wege der Berufung oder der Revision angefochten werden kann. Weiterhin besteht die Möglichkeit wegen einer unrichtigen Kostenentscheidung nach § 464 Abs. 3 StPO. Denkbar ist die Anfechtung mittels beider Instrumente. Das Muster orientiert sich an LG Berlin, Beschl. v. 11.3.2010 – 502 Qs 30/10 = NZV 2011, 213 = BeckRS 2010, 15644 = VRS 119, 123.

- Drogenfahrten: Überprüfen Sie, ob die Grenzwerte der „Grenzwertkommission" erreicht/überschritten sind!

- Bei Annahme des § 24 a StVG unterhalb der Grenzwerte der Grenzwertkommission ist zu prüfen, ob tatsächlich drogenbedingte Auffälligkeiten festgestellt (!) werden können. Ggf sind besondere Verhaltensweisen auch anders erklärbar. Ärztliche Atteste über bestehende Grunderkrankungen oder andere körperliche Besonderheiten können hier zB im Einzelfall weiterhelfen.

- War die Zeit zwischen Konsum und Fahrt sehr lang? Wie kann dies belegt werden (Zeugen? Schriftliche Zeugenaussagen vorab?)?

- Bei ärztlich verordneten Arzneimitteln mit Inhaltsstoffen, die zur Verwirklichung des § 24 a StVG führen können, sind naturgemäß ärztliche Bescheinigungen zur Akte zu reichen, aus denen sich die ärztliche Verordnung der Medikamente (im eingenommen Umfange!) entsprechend § 24 a Abs. 2 S. 3 StVG ergibt, da dann die Ahndung entfällt.

- Achten Sie darauf, ob kurze Fahrtunterbrechungen zu einer „neuen" Tat geführt haben sollen. Derartige Unterbrechungen sind natürlich (als geplant!) nachvollziehbar darzulegen und möglichst zu belegen, zB durch schon frühzeitig zur Akte zu reichende schriftliche Zeugenaussagen.

- Was Probleme mit der Öffentlichkeit der Verkehrsfläche angeht:
  - Die Örtlichkeit muss in Zweifelsfällen genau erforscht werden (Wer war Berechtigter? Existierten „Nutzungsbestimmungen" des Berechtigten? Können Zugangshindernisse festgestellt werden? Wer kann Fotos von der Örtlichkeit machen?).
  - Zeugenaussagen sollten vorab schriftlich eingeholt und zur Akte gereicht werden, falls der Kreis der potenziellen Nutzer beschränkt ist.
  - Ausführlicher Vortrag lohnt ggf auch im Hinblick auf die Möglichkeit eines vorliegenden (Tatbestands-)Irrtums.

- Was die Blutprobenentnahme angeht, so ist regelmäßig die Frage der Verwertbarkeit einer durch Polizei oder Staatsanwaltschaft angeordneten Blutprobenentnahme unter Übergehung des Richtervorbehaltes des § 81 a Abs. 2 StPO aufzuwerfen.[1549] Ggf sollte der Eildienstplan des zuständigen Amtsgerichts erfragt werden.

- Möglicher Nachtrunk ist zu klären: Wie viel wurde getrunken? Wann wurde getrunken? Woher kam Alkohol? Gibt es Zeugen? Wichtig: Vor einem Nachtrunkvortrag ist die Plausibilität des Nachtrunks vom Verteidiger durchzurechnen.

[1549] Hierzu: BVerfG, Beschl. v. 12.2.2007 – 2 BvR 273/06 = BVerfG NZV 2007, 581 = StRR 2007, 103 = VRR 2007, 150; Burhoff, VRR 2007, 151; Laschewski, NZV 2007, 582, 583; OLG Stuttgart VRR 2008, 31; AG Essen, StRR 2007, 350 = VRR 2007, 479; LG Hamburg, StRR 2007, 349 = VRR 2007, 478 = VA 2008, 15 = NZV 2008, 215 (mit Anm. Laschewski).

- Das Urteil ist auch auf allgemeine Feststellungen hin zu prüfen:
  - Gibt es an, dass es sich um eine Fahrt im öffentlichen Verkehr handelte?
  - Gibt es an, dass der Betroffene Fahrzeugführer war?
  - Gibt es in den Fällen des § 24 a Abs. 1 StVG die Höhe einer AAK oder BAK an, die die gesetzlichen Grenzwerte übersteigt?
  - Gibt es nicht nur im Tenor die Schuldform an, sondern enthält es hierzu auch tatsächliche Feststellungen?[1550] Dies wird gelegentlich vergessen – häufiger kommt es dagegen vor, dass Vorsatz und Fahrlässigkeit miteinander vermengt werden, etwa dann, wenn zwar im Tenor wegen Vorsatzes verurteilt wurde, es in den Gründen aber iSv Fahrlässigkeitsfeststellungen heißt, „... der Betroffene hätte erkennen können und müssen ...".
  - Bei § 24 Abs. 2 StVG: Werden die konsumierten Drogen im Urteil benannt?
  - Bei § 24 Abs. 2 StVG: Wird die Konzentration des Wirkstoffs im Blut genau im Urteil benannt?

I. § 24 c StVG – Alkoholverbot für Fahranfänger

659 § 24 c StVG ist eine erst im Jahre 2007 (Inkrafttreten: 1.8.2007) geschaffene Vorschrift, die durch ein absolutes Alkoholverbot für Fahranfänger die Sicherheit des Straßenverkehrs steigern soll. Hintergrund ist eine statistisch feststellbare erhöhte Häufung von Unfällen nach Alkoholkonsum von jungen Fahrern, welcher wirksam entgegengewirkt werden sollte.[1551] § 24 c StVG ist so als **abstraktes Gefährdungsdelikt** ausgebildet, das keine weiteren konkreten Gefährdungen oder alkoholbedingte Ausfallserscheinungen erfordert.[1552] Wegen eines fehlenden Grenzwertes wird die Vorschrift teils für verfassungsrechtlich nicht unproblematisch gehalten.[1553]

I. Norminhalt

660 Eine nach § 24 c Abs. 3 StVG als zu ahndende Ordnungswidrigkeit begeht, wer

- vorsätzlich oder fahrlässig (§ 24 c Abs. 2 StVG)
- in der Probezeit nach § 2 a StVG oder vor Vollendung des 21. Lebensjahres
- als Führer eines Kraftfahrzeugs
- im (öffentlichen) Straßenverkehr

1550 Hierzu etwa: BayObLG DAR 2000, 366; OLG Düsseldorf zfs 2002, 500; OLG Koblenz VRS 78, 361; OLG Zweibrücken VRS 102, 300 = NZV 2001, 483; König in: Hentschel/König/Dauer, Straßenverkehrsrecht, § 24 a StVG Rn 25.
1551 Ausführlich zu § 24 c StVG: Janker, SVR 2008, 378; Burhoff, VRR 2007, 371; Hufnagel, NJW 2007, 2577; Krell, SVR 2007, 321; Bode, zfs 2007, 488; zu den Intentionen des Gesetzgebers und weiteren Hintergründen: Janker in: Burmann/Heß/Jahnke/Janker, Straßenverkehrsrecht, § 24 c StVG Rn 1 ff; lesenswert auch Ternig NZV 2008, 271, der „de lege ferenda" eine Erweiterung des § 24 c StVO auf Drogenfahrten verlangt.
1552 Burhoff, VRR 2007, 371.
1553 Janker in: Burmann/Heß/Jahnke/Janker, Straßenverkehrsrecht, § 24 c Rn 10; im Übrigen auch kritisch: Hufnagel, NJW 2007, 2577, 2579.

- (während der Fahrt) alkoholische Getränke zu sich nimmt oder (bei vorherigem Alkoholgenuss) die Fahrt antritt, obwohl er unter der Wirkung eines solchen Getränks steht.

Die Tatbestandsmerkmale des Kraftfahrzeugführers und des öffentlichen Straßenverkehrs bereiten hier keine normspezifischen Probleme – hier ist auf die entsprechenden Erörterungen zu § 316 StGB (vgl Teil 1 Rn 352 ff) zu verweisen.

II. Täter: Fahranfänger

Der Begriff des Fahranfängers ist lediglich eine umgangssprachliche Umschreibung des Adressaten des § 24 c StVG. Wie oben dargestellt sind **in erster Linie Fahrer gemeint, die eine Fahrerlaubnis auf Probe innehaben**, sich also noch in der sog. Probezeit nach § 2 a StVG befinden, gleichgültig, in welchem Alter sie die Fahrerlaubnis erworben haben.

Hinweis: Die Probezeit dauert bei erstmaligem Fahrerlaubniserwerb ab dem Zeitpunkt der Erteilung zwei Jahre, § 2 a Abs. 1 S. 1 StVG. Sie beginnt dabei mit der Erteilung der Fahrerlaubnis, also mit der Aushändigung des Führerscheins. Beim begleiteten Fahren ab 17 wird die Probezeit bereits mit Aushändigung der Prüfungsbescheinigung in Gang gesetzt.[1554]

Ergänzt wird das Fahranfänger-Alkoholverbot dadurch, dass eine **absolute Altersgrenze** gilt: Bis zur Vollendung des 21. Lebensjahres ist jeglicher Alkohol am Steuer verboten. Im Extremfall kann es so dazu kommen, dass der Betroffene am Tage der Vollendung seines 21. Geburtstags nachts mit Alkohol „anstößt", seine Fahrt noch vor Mitternacht antritt, aber erst nach Mitternacht mit dem Fahrzeug angehalten wird. Auch diese Fahrt „ins 22. Lebensjahr" kann daher geahndet werden.

Hinweis: Inhaber einer sog. EU- oder EWR-Fahrerlaubnis, die ihren Wohnsitz ins (deutsche) Inland verlegt haben, werden wegen § 2 Abs. 1 S. 3 StVG ebenso behandelt wie andere Fahrerlaubnisneuerwerber: Auch für sie gilt die Probezeit, jedoch ggf infolge Anrechnung gekürzt um die Zeit, die seit dem Erwerb der Fahrerlaubnis verstrichen ist (hierzu: § 2 a Abs. 1 S. 4 StVG).

III. Verstoß gegen das absolute Alkoholverbot

Die Tathandlung des § 24 c StVG kann sich in zweierlei Gestalt darstellen:

- Zusichnehmen alkoholischer Getränke während der Fahrt,
- Fahrtantritt, obwohl der Fahranfänger unter der Wirkung eines alkoholischen Getränks steht.

1. Alkoholhaltiges Getränk

Alkoholische Getränke sind **Flüssigkeiten, die als Getränk konsumiert werden** und die Alkohol enthalten, also insbesondere

---

1554 Hierzu Burhoff, VRR 2007, 371; Dauer in: Hentschel/König/Dauer, Straßenverkehrsrecht, § 2 a StVG Rn 5 mwN.

- Bier,
- Wein,
- Spirituosen,
- Mischgetränke aus/mit den vorbenannten Alkoholika (zB Schorlen, Alkopops, Radler).

Dagegen sollen – mE kaum nachvollziehbar – **Getränke mit Alkoholgehalt von bis zu 0,5 %** nicht hierunter fallen, was dazu führt, dass etwa „alkoholfreies Bier", das häufig noch Alkoholspuren enthält, nicht für eine Tatbestandserfüllung des § 24 c StVG ausreichen.[1555] ME ist dieses Problem eher eine Vorsatz-/Fahrlässigkeitsfrage – entscheidend für den objektiven Tatbestand dürfte nämlich einzig die Frage sein, ob das Getränk Alkohol enthält oder nicht.

665 **Nicht ausreichend** für eine Tatbestandsverwirklichung sind „Nichtgetränke", so zB andere alkoholhaltige Lebensmittel oder Arzneimittel (zB Hustensaft).[1556] Insbesondere hochprozentige Tinkturen oder homöopathische Medikamente als nicht tatbestandmäßige alkoholhaltige Produkte können hier zu Problemen führen,[1557] aber natürlich auch alkoholhaltiges Konfekt.[1558]

Hinweis: Hier ist natürlich für geschickte Einlassungen des Beschuldigten ein weites Feld eröffnet, wenn nicht allzu hohe Konzentrationen erreicht werden. Der Tatrichter wird jedoch eine solche Einlassung stets kritisch zu würdigen haben und hiermit allzu „dick aufgetragene" Geschichten ohne Weiteres als nicht glaubhaft entlarven können.

666 Teils wird jedoch unter Verweis auf die Intention des Gesetzgebers vertreten, dass der Konsum **alkoholhaltiger Medikamente** dann als Zusichnehmen alkoholischer Getränke anzusehen sei, wenn es sich nicht mehr um eine bestimmungsgemäße Einnahme handele.[1559] Dies scheint mir nicht richtig – allenfalls in offensichtlichen Missbrauchsfällen (Bsp.: der Betroffene erklärt, er habe eine halbe Flasche Hustensaft „auf ex" getrunken) kann bei Medikamenteneinnahme mE der Konsum eines alkoholischen Getränks angenommen werden.

2. Zusichnehmen des Getränks während der Fahrt

667 Ordnungswidrig im Sinne der ersten Tathandlungsalternative ist es nur, alkoholische Getränke **als Kraftfahrzeugführer** zu sich zu nehmen. Diese Alternative wird nicht

---

1555 Krumm in: NK-GS, 1. Aufl. 2014, § 24 c StVG Rn 6; Janker, SVR 2008, 378; Janker in: Burmann/Heß/Jahnke/Janker, Straßenverkehrsrecht, § 24 c StVG Rn 11.
1556 Janker, SVR 2008, 378; Janker in: Burmann/Heß/Jahnke/Janker, Straßenverkehrsrecht, § 24 c StVG Rn 13; Burhoff, VRR 2007, 371, die beide richtigerweise darauf hinweisen, dass dieses Problem bereits im Gesetzgebungsverfahren gesehen wurde (Anlage 2 zur BT-Drucks. 16/5047 S. 12).
1557 OLG Stuttgart, Beschl. v. 18.3.2013 – 1 Ss 661/12 = NJW 2013, 2296 = BeckRS 2013, 08347 = DAR 2013, 396; Janker in: Burmann/Heß/Jahnke/Janker, Straßenverkehrsrecht, § 24 c Rn 16.
1558 OLG Stuttgart, Beschl. v. 18.3.2013 – 1 Ss 661/12 = NJW 2013, 2296 = BeckRS 2013, 08347 = DAR 2013, 396; kritisch daher: Hufnagel, NJW 2007, 2577, 2579, der richtigerweise die Frage stellt, warum Alkoholaufnahme durch „Vernaschen" von 200 Gramm Weinbrandbohnen anders gesehen werden sollte als das Trinken eines Glases Bier.
1559 Burhoff, VRR 2007, 371.

durch Alkoholkonsum vor oder nach Beendigung der Fahrt erfüllt.[1560] Auch Konsum während kurzer (tatsächlicher) Fahrtunterbrechungen, die eine Alkoholisierungsfahrt (materiellrechtliche und prozessuale Tat) nicht unterbrechen, fällt nach hier vertretener Ansicht nicht hierunter.

Hinweis: Kurzfristiges verkehrsbedingtes Anhalten (im Stau oder gar vor einer roten Lichtzeichenanlage) gehört noch zu der Fahrt iSd § 24 c StVG dazu.[1561]

Nicht erforderlich ist hier etwa – wie bei Drogenfahrten nach § 24 a StVG – das Fahren „unter Wirkung" des Alkohols oder das Zusichnehmen einer Alkoholmenge, die das Merkmal „unter der Wirkung" ausfüllen kann. Solches muss der Tatrichter also nicht feststellen. Vielmehr reicht es, nur den Konsum eines einzigen (!) Schluckes Alkohol festzustellen.

Hinweis: In der Regel wird dies durch Zeugenbeweis stattfinden.

IdR wird auch noch begleitend eine AAK oder BAK-Kontrolle nach Feststellung des Verstoßes stattgefunden haben, um das Trinken während der Fahrt zu verifizieren und der (sicher kritisch zu würdigenden) Einlassung, man habe als Fahrer nur die Flasche an den Mund gesetzt, jedoch nur so getan, als wolle man trinken, entkräften zu können.

Hinweis: Nach der Tatbegehung durch Zusichnehmen während der Fahrt kann kein polizeiliches Weiterfahrverbot ausgesprochen werden.[1562]

3. Antreten der Fahrt unter der Wirkung eines alkoholhaltigen Getränks

Diese Alternative wird in der Praxis die wichtigere darstellen.[1563] Das Merkmal des Antretens der Fahrt ist nach dem Willen des Gesetzgebers **im Hinblick auf die Fahrereigenschaft** zu verstehen.[1564] Wer etwa das Steuer wechselt und vorher im Fahrzeug getrunken hat, um dann während der Fahrt im tatsächlichen Sinne zum Fahrer zu werden, tritt die Fahrt unter der Wirkung des Alkohols an.

Der Gesetzgeber hat mit dem problematischen Merkmal „unter der Wirkung" die Gesetzesformulierung des § 24 a Abs. 2 StVG (betreffend Drogenfahrten) übernommen. Der Fahrzeugführer steht unter der Wirkung alkoholischer Getränke, „wenn der aufgenommene Alkohol zu einer **Veränderung physischer oder psychischer Funktionen** führen kann und in einer nicht nur völlig unerheblichen Konzentration (im Spurenbereich) im Körper vorhanden ist. Auf die Feststellung einer konkreten alkoholbedingten Beeinträchtigung der für das Führen von Kraftfahrzeugen relevanten Leistungsfähigkeit des Betroffenen kommt es dabei nicht an".[1565] Bei der Feststellung eines Fahrens unter der Wirkung von Drogen besteht das Problem, geringste Konzentrationen an Drogen, die zwar analytisch nachweisbar sind, jedoch noch keinerlei Wirkung zeigen aus der Verfolgung von Ordnungswidrigkeiten herauszunehmen.

1560 Burhoff, VRR 2007, 371.
1561 Janker in: Burmann/Heß/Jahnke/Janker, Straßenverkehrsrecht, § 24 c StVG Rn 12.
1562 Janker, SVR 2008, 378.
1563 Hufnagel, NJW 2007, 2577.
1564 Hierzu: BT-Drucks. 16/5047, S. 9.
1565 Amtliche Begründung BT-Drucks. 16/5047, S 9; BR-Drucks. 124/07, S. 7.

1 I. § 24 c StVG – Alkoholverbot für Fahranfänger

Diese Problematik war auch dem Gesetzgeber bewusst, der auch völlig unerhebliche Alkoholkonzentration im Körper nicht ahnden wollte.[1566] Hintergrund war die Rechtsprechung des BVerfG zu § 24 a Abs. 2 StVG.[1567] Diese von den Fachgerichten umgesetzte Rechtsprechung[1568] bedeutet für § 24 c StVG: Es muss eine **Wirkstoffkonzentration** des Alkohols zumindest in einer Höhe festgestellt werden, **die eine Beeinträchtigung der Fahrsicherheit als möglich erscheinen lässt**.[1569] Dies bedeutet natürlich auch, dass im Urteil im Rahmen der tatsächlichen Feststellungen ein konkreter Wert benannt werden muss. Obwohl üblicherweise die Vorstellung besteht, es handele sich bei § 24 c StVG um eine „Null-Promille-Grenze", ist dies tatsächlich nicht der Fall. Auch dem Gesetzgeber war nämlich bewusst, dass Grenzwerte von 0,0 ‰ bei der BAK bzw einer AAK von 0,0 mg/l nicht messbar sind.[1570] Allgemein wird daher richtigerweise davon ausgegangen, dass regelmäßig

- eine AAK von mindestens 0,1 mg/l
- oder eine BAK von 0,2 ‰

festgestellt werden muss, um den Tatbestand des § 24 c StVG bejahen zu können.[1571] UU kann gar aus der persönlichen körperlichen Konstitution des Betroffenen ein höherer Mindestwert ablesbar sein.[1572] Geringere Konzentrationen sollen aber bei feststellbaren Leistungsbeeinträchtigungen (nicht zu verwechseln mit sog. „Ausfallerscheinungen") ausreichen.[1573]

Hinweis: Was derartige Leistungsbeeinträchtigungen sein sollen, ist gänzlich unklar. Richtigerweise sollten deshalb Verfahren in diesem Bereich nach § 47 OWiG erledigt werden.

672 Dem Grenzwert von 0,1 ‰ soll noch ein **Sicherheitszuschlag von 0,05 ‰** hinzuzurechnen sein.[1574] Insgesamt ist daher davon auszugehen, dass die Normadressaten des § 24 c StVO bei einer gemessenen Blutalkoholkonzentration von 0,15 ‰ für die Teilnahme am Straßenverkehr eine mögliche abstrakte Gefahr bilden und damit im Rechtssinne unter der Wirkung von Alkohol stehen.

673 Zuletzt ist darauf hinzuweisen, dass in Ausnahmefällen die Wirkung des Alkohols noch gar nicht zur Zeit der Fahrt eingetreten sein kann, auch wenn der Alkohol tatsächlich getrunken wurde. Auch Nachtrunkszenarien sind denkbar – die Verfahrens-

---

1566 BT-Drucks. 16/5047, S. 9.
1567 BVerfG NJW 2005, 349 = VRR 2005, 36.
1568 OLG Bamberg DAR 2007, 272 = VRS 112, 262 = VA 2007, 85 = VRR 2007, 270; OLG Hamm, DAR 2005, 640 = VRR 2005, 196; OLG Koblenz NStZ-RR 005, 385 = VA 2006, 32; OLG Köln DAR 2005, 646 = VRS 109, 193; OLG München NZV 2006, 277 = zfs 2006, 290; OLG Zweibrücken NJW 2005, 2168 = NZV 2005, 430 = VRR 2005, 199 = VA 2005, 124, jew. mwN.
1569 Burhoff, VRR 2007, 371.
1570 BT-Drucks. 16/5047, S. 9.
1571 Janker in: Burmann/Heß/Jahnke/Janker, Straßenverkehrsrecht, § 24 c Rn 16; Hufnagel, NJW 2007, 2577, 2578; AG Langenfeld, Urt. v. 4.4.2011 – 20 OWi 30 Js 1563/11 (42/11) Hw. = BeckRS 2011, 20506; nach AG Herne, Urt. v. 17.12.2008 – 15 OWi 60 Js 584/08 – 5/08 = BeckRS 2008, 29273 = VRR 2009, 114 sind gar eine BAK von 0,26 ‰ bzw eine AAK von 0,13 mg/l erforderlich.
1572 AG Herne, Urt. v. 17.12.2008 – 15 OWi 60 Js 584/08 – 5/08 = BeckRS 2008, 29273 = VRR 2009, 114 (0,3 ‰!).
1573 Burhoff, VRR 2007, 371.
1574 OLG Stuttgart, Beschl. v. 18.3.2013 – 1 Ss 661/12 = NJW 2013, 2296 = BeckRS 2013, 08347 = DAR 2013, 396 (unter Bezugnahme auf BGHSt 37, 89 = NJW 1990, 2393 = NStZ 1990, 491).

beteiligten werden hier nach bekanntem Muster uU zurückrechnen oder gar einen Sachverständigen hinzuziehen müssen.

Muster: Einlassung zu Alkoholkonsum unmittelbar vor Fahrtantritt 674

... wird in Abrede gestellt, dass sich der Betroffene zur Zeit seines Fahrtantritts unter der Wirkung von Alkohol befand. Zwar konnte durch die Analyse der Blutprobe bei dem Betroffenen eine BAK von ... festgestellt werden. Die Blutprobe wurde jedoch entnommen, als der unmittelbar vor Fahrtbeginn (... Uhr) von dem Betroffenen getrunkene Alkohol schon wirkte. Da der Betroffene bereits zwei Minuten nach Fahrtantritt von der Polizei angehalten wurde, konnte der konsumierte Alkohol noch gar keine Wirkung zur Tatzeit entfalten. Insoweit wird die Einholung eines rechtsmedizinischen Sachverständigengutachtens beantragt. Für die Tatsache des Alkoholkonsums unmittelbar vor dem Fahrtantritt und die kurze Fahrtstrecke von nur zwei Minuten bis zur Polizeikontrolle beantrage ich die Vernehmung der Zeugen ..., die sich zur Tatzeit als Mitfahrer in dem Fahrzeug des Betroffenen befunden haben ...

IV. Die subjektive Seite des § 24 c StVG

Wie oben dargestellt ist die Tat **vorsätzlich und fahrlässig begehbar**,[1575] wobei die erste Tatalternative (Trinken während der Fahrt) eigentlich nur vorsätzlich denkbar ist. 675

Hinweis: Eine Verschärfung der Regelfolge des BKat (siehe hierzu nachfolgenden Gliederungspunkt) wegen Vorsatzes findet nicht statt, sondern ist vom BKat sowohl für Vorsatz als auch Fahrlässigkeit gleich geregelt.

Anders sieht dies freilich für die zweite Tatbegehungsalternative aus. Da regelmäßig die Einzelheiten des Alkoholkonsums im Dunkeln bleiben werden, wird es hier sicher stets zu Fahrlässigkeitsverurteilungen kommen. Fahrlässig führt nämlich bereits derjenige ein Fahrzeug unter der Wirkung des alkoholischen Getränks, der bereits mit der Möglichkeit rechnen muss, dass sich der von ihm getrunkene Alkohol bei Antritt der Fahrt noch nicht vollständig abgebaut hat und noch wirken kann. Es steht zu vermuten, dass die Rechtsprechung hier für die Feststellung der Fahrlässigkeit nicht allzu hohe Anforderungen stellen wird. Insbesondere bei Werten, die deutlich oberhalb der genannten Grenzwerte (BAK: 0,2 ‰; AAK: 0,1 mg/l) liegen, wird es dem Betroffenen obliegen, Umstände vorzutragen, die sein Verhalten als ausnahmsweise nicht fahrlässig erscheinen lassen können.

Hinweis: Denkbar sind vor allem **Irrtümer** zur Frage des alkoholischen Getränks. Einlassungen dahin, man habe nichts über den Alkoholgehalt gewusst oder wissen können sind sicher kritisch zu würdigen.[1576] In der Regel wird so bei unbekannten Getränken ein Blick auf das Etikett zu verlangen sein.

1575 Janker, SVR 2008, 378.
1576 Zu Recht kritisch auch: Janker in: Burmann/Heß/Jahnke/Janker, § 24 c Rn 11.

V. Rechtsfolgen

676 Die Rechtsfolgen sind natürlich primär bußgeldrechtlicher Natur. Seine Wichtigkeit erhält die Vorschrift des § 24 c StVG aber vor allem aus den verwaltungsrechtlichen Konsequenzen der Tatbestandsverwirklichung.

1. Sanktionen im Bußgeldverfahren

677 Der Verstoß gegen § 24 c StVG zieht als Regelfolge eine **Geldbuße von 250 EUR** (BKat-Nr. 243) nach sich. Ein Fahrverbot ist – anders als bei § 24 a StVG nicht vorgesehen. ME wird jedoch im Falle der wiederholten Begehung des § 24 c StVG ein Fahrverbot wegen Beharrlichkeit nach § 25 Abs. 1 S. 1 StVG angezeigt sein.[1577]

Hinweis: § 24 c StVG stellt eine Dauerordnungswidrigkeit (dar, die wie auch § 24 a StVG nicht durch kurzzeitige Fahrtunterbrechungen in zwei materiellrechtliche oder gar prozessuale Taten geteilt wird. Es darf also nur eine Geldbuße festgesetzt werden. Der von einem Betroffenen neben § 24 a Abs. 1 u. 3 StVG tateinheitlich mitverwirklichte Tatbestand des § 24 c Abs. 1 2. Alt., Abs. 2 StVG tritt nach richtiger Ansicht im Konkurrenzwege (Konsumtion) hinter § 24 a StVG zurück.[1578]

2. Verwaltungsrechtliche Folgen

678 Für die beratende Tätigkeit des Rechtsanwaltes sind neben den unmittelbaren ordnungswidrigkeitenrechtlichen Sanktionen auch die verwaltungsrechtlichen Sanktionen von erheblicher Bedeutung. Sie sind nämlich der eigentliche Grund, weshalb die Verurteilung nach § 24 c StVG auf jeden Fall aus Sicht des Betroffenen vermieden werden muss. Neben einem Punkt im FAER führt der Verstoß nach § 24 c StVG dazu, dass der Fahranfänger an einem **Aufbauseminar** für alkoholauffällige Fahrerlaubnisinhaber (§ 2 a Abs. 2 StVG; §§ 36, 43 FeV) teilnehmen muss. Auch die **Probezeit** verlängert sich dann um zwei Jahre (§ 2 a Abs. 2 a StVG). Verstöße gegen § 24 c StVG können (anders als § 24 a StVG) nicht als mehrfache Alkoholtaten iSd § 13 S. 1 Nr. 2 b FeV gewertet werden, vgl § 13 S. 2 FeV bei mehrfachen Alkoholtaten drohendes **medizinisch-psychologisches Gutachten** ist dies von wesentlicher Bedeutung.

Hinweis: Der Mandant ist dabei auch auf die Möglichkeit des Fahrerlaubnisentzugs nach § 2 Abs. 3 StVG bei Nichtabsolvierung des Aufbauseminars hinzuweisen.

1577 Zum Fahrverbot wegen beharrlicher Pflichtverletzung: Krumm, NJW 2014, 1868; Krumm, Fahrverbot in Bußgeldsachen, § 6; Deutscher, VRR 2007, 169; Burhoff, VA 2002, 58.
1578 OLG Bamberg, Beschl. v. 6.5.2013 – 3 Ss OWi 406/13 = NJOZ 2013, 1622 = BeckRS 2013, 10520; König in Hentschel/König/Dauer, § 24 c StVG Rn 15.

Zweiter Teil: Fahrerlaubnisentziehung und Fahrverbot

Viel wichtiger als die Verurteilung zu einer Strafe sind den Betroffenen im Bußgeldverfahren und den Angeklagten im Strafverfahren regelmäßig die Konsequenzen, die der Verfahrensausgang auf die Fahrerlaubnis hat. So drohen im Bußgeldverfahren gem. § 25 StVG zwischen einem und drei Monaten Fahrverbot. Im Strafverfahren droht ebenfalls ein solches Fahrverbot (nach § 44 StGB) oder – und das ist wichtig – eine **Fahrerlaubnisentziehung (und/oder Sperre)** gem. § 69 StGB. 1

Die Maßnahmen sind unterschiedlich angelegt – auch ihre Voraussetzungen sind unterschiedlich. Nachfolgend werden somit 2

- §§ 69, 69 a StGB – Fahrerlaubnisentziehung nebst Sperre,
- § 44 StGB – Fahrverbot,
- § 25 StVG – Fahrverbot

in eben dieser Reihenfolge dargestellt unter besonderer Beachtung der Alkoholisierungs-/Rauschmittelproblematik.

A. Entziehung der Fahrerlaubnis durch den Strafrichter

Die strafrechtliche Fahrerlaubnisentziehung findet statt nach §§ 69, 69 a StGB. Der Verteidiger muss also neben der reinen „Tatbestandsverteidigung" (= Verteidigung gegen den Straftatbestand) auch hierauf seine Verteidigungstaktik ausrichten. Dabei darf er auch die verwaltungsrechtlichen Eignungsfragen nicht aus den Augen verlieren. Unabhängig vom Ausgang des Verfahrens kann nämlich auch der Sachverhalt, der dem Strafverfahren zugrunde lag, Anlass zur verwaltungsrechtlichen Prüfung einer Fahreignung sein. 3

Hinweis: Zudem muss der Verteidiger sich auch frühzeitig mit dem Wiedererteilungsverfahren beschäftigen und dem Mandant hierzu Tipps und Hilfestellungen geben.

I. Maßregelzweck

Fahrerlaubnisentziehung und Sperre nach §§ 69, 69 a StGB sind **kein Teil der Strafe** nach einer Verkehrsstraftat, sondern eine **Maßregel der Besserung und Sicherung** (§ 61 Nr. 5 StGB). Daran ändert auch der Umstand nichts, dass sie vom Verurteilten zumeist als Strafe empfunden wird.[1] 4

Hinweis: Ohne Berücksichtigung des **Zwecks der Fahrerlaubnismaßnahme** nach §§ 69, 69 a StGB vermag weder das Gericht eine rechtlich zutreffende Entscheidung bezüglich der Frage der Fahrerlaubnisentziehung oder der Dauer der Fahrerlaubnissperre zu treffen, noch kann der Verteidiger diesbezügliche Anträge richtig stellen und begründen.

---

[1] BGH (GRS), Beschl. v. 27.4.2005 – GSSt 2/04 = NJW 2005, 1957 = NStZ 2005, 503 = NZV 2005, 486 = DAR 2005, 452; NZV 2003, 46; 2003, 199.

A. Entziehung der Fahrerlaubnis durch den Strafrichter

1. Maßregel der „Sicherung"

5 Streitig – auch zwischen den verschiedenen Strafsenaten des BGH – war früher die Frage, ob die strafgerichtliche Entziehung der Fahrerlaubnis der allgemeinen Verbrechensbekämpfung dient.[2] Dieser Streit ist für die Praxis erledigt durch die **Entscheidung des Großen Strafsenats des BGH** vom 27.4.2005: Danach dient die Maßregel der Sicherung des Straßenverkehrs.[3] Das legt der Wortlaut von § 69 Abs. 1 S. 1 StGB nahe und belegt die Entstehungsgeschichte.[4]

Hinweis: Auf die Gefahr künftigen Missbrauchs eines Kraftfahrzeugs zur Durchführung von Straftaten allein darf die Entziehung der Fahrerlaubnis nicht gestützt werden.[5]

Deshalb rechtfertigt allein der Umstand, dass der Täter zur Begehung der Straftat ein Kraftfahrzeug benutzte, nicht ohne Weiteres die Entziehung der Fahrerlaubnis.[6] Vielmehr setzt Fahrerlaubnisentziehung gem. § 69 StGB voraus, dass die Tat den Schluss rechtfertigt, der Täter sei bereit, die Sicherheit des Straßenverkehrs seinen kriminellen Zielen unterzuordnen.[7]

6 Bei **nichtverkehrsrechtlichen Anlasstaten** setzt die Anordnung der Maßregel daher auch einen **verkehrsspezifischen Zusammenhang** in dem Sinne voraus, dass durch das Führen des Kraftfahrzeugs bei Begehung der Straftat **Verkehrssicherheitsinteressen beeinträchtigt** sein müssen, indem eine **erhöhte Gefahr für andere** (zB andere Verkehrsteilnehmer) herbeigeführt wurde.[8] Daher ist bei nicht speziell die Kraftfahreignung betreffenden, nur allgemeinen Charaktermängeln jedenfalls das für eine Entziehung der Fahrerlaubnis notwendige Erfordernis sich aus der Tat ergebender Ungeeignetheit zum Führen von Kraftfahrzeugen zu verneinen.[9]

7 Einziger **Zweck der Maßregel** des § 69 StGB ist es, solche Kraftfahrer vom fahrerlaubnispflichtigen Straßenverkehr auszuschließen, die infolge mangelnder Kraftfahreignung eine Gefahr für andere sind, also **die Sicherung der Allgemeinheit vor weiteren Gesetzesverletzungen durch den Täter**.[10] Daher darf sie nicht zur Erreichung ge-

---

2 So zB BGH (1. StrSen.), Beschl. v. 14.5.2003 – 1 StR 113/03 = NStZ 2003, 658 (abl. Anm. Herzog StV 2004, 152; Sowada, BA 2004, 153); Piesker, VD 2003, 121.
3 BGH (GRS), Beschl. v. 27.4.2005 – GSSt 2/04 = NJW 2005, 1957 = NStZ 2005, 503 = NZV 2005, 486 = DAR 2005, 452; ebenso BGH (4. StrSen.) NZV 2003, 199; NStZ 2004, 145; näher: Sowada, BA 2004, 152 f; NStZ 2004, 171; Hentschel, NZV 2004, 58.
4 BGH (GRS), Beschl. v. 27.4.2005 – GSSt 2/04 = NJW 2005, 1957 = NStZ 2005, 503 = NZV 2005, 486 = DAR 2005, 452 (jedoch einschränkend hinsichtlich der Entstehungsgeschichte); siehe Begr. zum 1. VerkSichG 1952 (auszugsweise bei Hentschel NZV 2004, 58).
5 BGH (GRS), Beschl. v. 27.4.2005 – GSSt 2/04 = NJW 2005, 1957 = NStZ 2005, 503 = NZV 2005, 486 = DAR 2005, 452; NStZ 2004, 146; Beschl. v. 10.2.2004 – 4 StR 24/04 = DAR 2004, 355.
6 BGH (GRS), Beschl. v. 27.4.2005 – GSSt 2/04 = NJW 2005, 1957 = NStZ 2005, 503 = NZV 2005, 486 = DAR 2005, 452; NZV 2003, 199; Beschl. v. 10.2.2004 – 4 StR 24/04 = DAR 2004, 355; OLG Koblenz StV 2004, 320.
7 BGH (GRS), Beschl. v. 27.4.2005 – GSSt 2/04 = NJW 2005, 1957 = NStZ 2005, 503 = NZV 2005, 486 = DAR 2005, 452.
8 BGH (GRS), Beschl. v. 27.4.2005 – GSSt 2/04 = NJW 2005, 1957 = NStZ 2005, 503 = NZV 2005, 486 = DAR 2005, 452; NZV 2003, 199; Geppert NStZ 2003, 289.
9 BGH (GRS), Beschl. v. 27.4.2005 – GSSt 2/04 = NJW 2005, 1957 = NStZ 2005, 503 = NZV 2005, 486 = DAR 2005, 452; DAR 2003, 563 (zust. Sowada NStZ 2004, 172; BA 2004, 153).
10 BGH (GRS), Beschl. v. 27.4.2005 – GSSt 2/04 = NJW 2005, 1957 = NStZ 2005, 503 = NZV 2005, 486 = DAR 2005, 452; NJW 1954, 1167; 1961, 1269.

neralpräventiver Zwecke verhängt werden.[11] Bei der Prüfung der Frage, ob die Fahrerlaubnis zu entziehen ist und gegebenenfalls mit welcher Sperrfrist, sind daher nur Tatsachen bedeutsam, die für die Frage der Kraftfahrungeeignetheit und deren voraussichtliche Dauer eine Rolle spielen.

Hinweis: Deswegen hilft ein Hinweis auf die **wirtschaftlichen Folgen** der Fahrerlaubnissperre dem Angeklagten nur, wenn diese gerade bei ihm besonders empfindlich und daher in besonderer Weise geeignet sind, den mit der Maßregel verfolgten Besserungszweck in Bezug auf sein verantwortungsbewusstes Verhalten als Kraftfahrer schneller zu bewirken.

Im Falle der Verurteilung muss der Verteidiger das tatsrichterliche Urteil dahin prüfen, ob ggf im Urteilstext nicht zulässige Zwecke angegeben sind, denen die Fahrerlaubnisentziehung im konkreten Fall dienen soll. Hier kann sich dann ggf eine (Sprung-)Revisionseinlegung empfehlen.

2. Maßregel der „Besserung"

Durch die Fahrerlaubnissperre soll aber auch eine „Besserung" erreicht werden: der Verurteilte soll unter dem Eindruck der von ihm als nachteilig empfundenen Auswirkungen der Fahrerlaubnisentziehung den in der Straftat zum Ausdruck gekommenen Mangel im verantwortungsbewussten Verhalten als Kraftfahrer überwinden.[12] Eine „Besserung" in diesem Sinne ist immer schon dann eingetreten, wenn ein weiterer **Ausschluss des Angeklagten vom motorisierten Kraftfahrzeugverkehr nicht mehr notwendig** erscheint.[13]

8

Das Gericht darf also nicht etwa die Maßregel über diesen Zeitpunkt hinaus zum Zwecke weiterer Erziehung (Besserung) des Täters aufrechterhalten. Dies widerspräche dem Sinn der Maßregel und wäre als Verstoß gegen das Übermaßverbot rechtsfehlerhaft.[14]

9

Hinweis: Der Verteidiger muss das **Urteil** genau auf Formulierungen **untersuchen,** die dem Maßregelzweck zuwiderlaufen: Findet sich so im Urteil des Tatrichters eine Formulierung, die darauf hinweist, dass Strafzumessungsgesichtspunkte im Rahmen der Fahrerlaubnisentziehung/der Sperre eine Rolle gespielt haben, so sollte die Bestimmung des Rechtsmittels „als (Sprung-)Revision" stattfinden. Denkbar sind so zB Formulierungen wie: „schien eine Sperre von noch ... tat- und schuldangemessen" oder „unter Abwägung aller für und gegen den Angeklagten sprechenden Gesichtspunkte hat das Gericht eine Sperre von ... für angemessen erachtet".

---

11 BGH, Urt. v. 26.9.2003 – 2 StR 161/03 = NStZ 2004, 144 (147).
12 LG Neuruppin, Beschl. v. 14.7.2003 – 11 Qs 130/03 = StV 2004, 125.
13 Geppert, Sperrfrist, S. 78; Berz VGT 1980, 305.
14 Geppert, Sperrfrist, S. 77; Gontard in: Rebmann-Festschrift S. 211, 224.

II. Verfahrensfragen der Fahrerlaubnisentziehung

10 Die Entziehung der Fahrerlaubnis im Strafverfahren gehört zum prozessualen Standardrepertoire. Gleichwohl sind nicht immer alle in diesem Zusammenhang auftauchenden verfahrensrechtlichen Probleme bekannt:

- **Strafbefehlsverfahren:** Die Entziehung der Fahrerlaubnis kann auch **durch Strafbefehl** erfolgen, jedoch nur mit einer Höchstsperre von zwei Jahren (§ 407 Abs. 2 Nr. 2 StPO).

- **Beschleunigtes Verfahren:** Auch **im beschleunigten Verfahren** (§§ 417 ff StPO) darf die Maßregel verhängt werden (§ 419 Abs. 1 S. 3 StPO). Hier gilt keine Beschränkung hinsichtlich der Sperrfrist.

- **Abwesenheitsverhandlung:** Wird gem. § 232 Abs. 1 S. 1 StPO **ohne den Angeklagten verhandelt**, so ist die Anordnung der Maßregel grundsätzlich ebenfalls zulässig, vorausgesetzt, dass der Angeklagte **in der Ladung auf die Möglichkeit einer Fahrerlaubnisentziehung hingewiesen** worden ist.

- **Entbindung von der Erscheinenspflicht:** Auch **bei Entbindung des Angeklagten von der Pflicht zum Erscheinen** lässt § 233 Abs. 1 S. 3 StPO die Entziehung der Fahrerlaubnis zu.

- **Schuld-/Verhandlungsunfähigkeit:** Ist das Strafverfahren wegen **Schuldunfähigkeit oder Verhandlungsunfähigkeit** des Täters undurchführbar, so kommt gem. §§ 71 Abs. 2 StGB, 413 StPO die **selbstständige Anordnung der Fahrerlaubnisentziehung** durch den Strafrichter in Frage. Diese Möglichkeit setzt aber jedenfalls immer eine rechtswidrige Tat, also eine **Handlung im strafrechtlichen Sinn**, voraus. **Unwillkürliches Verhalten**, etwa aufgrund eines unvorhersehbaren epileptischen Anfalls, scheidet aus.[15]

- **Jugendsachen:** Im Jugendverfahren fällt die Entziehung der Fahrerlaubnis gem. § 39 JGG in die Zuständigkeit des Jugendrichters.

- **Jugendrichterliche Weisung:** Erteilt der Jugendrichter gem. § 10 JGG die Weisung, einen Führerschein für eine bestimmte Zeit zu den Akten zu reichen, so ist zu prüfen, ob es sich hierbei möglicherweise um eine unzulässige Umgehung der §§ 44, 69 StGB (Fahrverbot, Fahrerlaubnisentziehung) handelt.

    Hinweis: Das wäre der Fall, wenn die „Weisung" ganz oder jedenfalls **überwiegend der Sicherung des Straßenverkehrs** dient.[16]

11 Um eine **zulässige Weisung** würde es sich dagegen dann handeln, wenn damit ausschließlich der Zweck verfolgt wird, den Jugendlichen **erzieherisch zu beeinflussen**, etwa, weil er in engem Zusammenhang mit dem Kraftfahrzeugbesitz zum Schuldenmachen, Stehlen, Betrügen oder zu anderen Straftaten neigt und **Verwahrlosungsgefahr** besteht.

---

15 OLG Schleswig VRS 64, 429.
16 OLG Düsseldorf NJW 1968, 2156; Morzynski, JR 1983, 397.

- **Rechtlicher Hinweis:** Ist die Maßregel als mögliche Folge der Straftat in der Anklageschrift oder im Strafbefehl nicht genannt, so ist ein **Hinweis gem. § 265 StPO** erforderlich.[17] Die **Erörterung** der Möglichkeit einer Fahrerlaubnisentziehung **durch andere Prozessbeteiligte**, etwa Staatsanwalt oder Verteidiger, ersetzt die Hinweispflicht nicht.[18] Die Hinweispflicht gilt auch, wenn zunächst nur ein Fahrverbot in Rede stand. Auf die Möglichkeit einer Fahrerlaubnisentziehung ist nach Einspruch gegen einen Strafbefehl auch dann hinzuweisen, wenn im Strafbefehl zwar die §§ 69, 69 a StGB genannt sind, aber nur ein Fahrverbot angeordnet ist.[19]

- **Rechtsmittelbeschränkung:** Das Rechtsmittel gegen ein Urteil, durch das eine Verurteilung stattfand und eine Fahrerlaubnisentziehung erfolgte, ist nicht beschränkbar nur auf die Frage der Richtigkeit der Fahrerlaubnisentziehung.[20]

III. Voraussetzungen für die Fahrerlaubnisentziehung

Die Fahrerlaubnisentziehung nach § 69 StGB setzt grob dargestellt voraus: 12

- Begehung einer Straftat.
- Die Straftat muss ursächlich mit dem Führen eines Kraftfahrzeugs in Zusammenhang stehen.
- Aus der Tatbegehung folgt eine Ungeeignetheit zum Führen von Kraftfahrzeugen.

1. Begehung einer Straftat

Die Fahrerlaubnisentziehung setzt als Anlasstat die Begehung einer **rechtswidrig begangenen Straftat** voraus. Dabei ist die Verurteilung wegen der Straftat nicht zwingende Voraussetzung des 69 StGB: „Wird jemand wegen einer rechtswidrigen Tat ... verurteilt oder nur deshalb nicht verurteilt, weil seine Schuldunfähigkeit erwiesen oder nicht auszuschließen ist" so kann nach § 69 Abs. 1 StGB die Fahrerlaubnisentziehung stattfinden. 13

a) Regelfall: Verurteilungsfälle

Verurteilungen liegen natürlich zunächst einmal vor, wenn vollstreckbare **Geld- oder Freiheitsstrafen** festgesetzt werden. Sie sind aber auch gegeben, wenn Bewährungsstrafen festgesetzt werden oder von der Strafe abgesehen wird.[21] Zu achten ist dabei auf zunächst auf den ersten Blick widersprüchliche Prognoseentscheidungen im Urteil: Im Falle einer Entziehung trotz Bewährungsaussetzung muss das Gericht im Urteil erklären, warum die hierbei je erforderlichen Prognosen sich widersprechen.[22] Fehlt eine solche Erklärung, so wird das Urteil nach Sachrüge auf (Sprung-)Revision aufgehoben und die Sache an das Gericht zurückverwiesen. 14

---

17 BGH NJW 1963, 1115; zfs 1992, 102; BayObLG, Beschl. v. 8.4.2004 – 1 St RR 056/04 = DAR 2004, 400.
18 BGH zfs 1993, 355; BayObLG VRS 62, 129.
19 BayObLG, Beschl. v. 8.4.2004 – 1 St RR 056/04 = DAR 2004, 400.
20 OLG Rostock, Beschl. v. 26.6.2008 – 1 Ss 95/08 I 49/08 = NZV 2008, 473 = NStZ-RR 2008, 320.
21 Burmann in: Burmann/Heß/Jahnke/Janker, § 69 StGB Rn 3 mwN.
22 BGH VRS 29, 14; Burmann in: Burmann/Heß/Jahnke/Janker, § 69 StGB Rn 3.

A. Entziehung der Fahrerlaubnis durch den Strafrichter

Hinweis: Die Verwarnung mit Strafvorbehalt nach § 59 StGB dagegen ist **kein Fall einer Verurteilung** in diesem Sinne.[23]

b) Seltene Fälle der Entziehung bei Nichtverurteilung

15 Als Nichtverurteilungsfälle sind nach § 69 Abs. 1 StGB folgende denkbar:

- Nichtverurteilung wegen feststellbar fehlender Schuldunfähigkeit,
- Nichtverurteilung wegen nicht auszuschließender Schuldunfähigkeit,
- Nichtverurteilung wegen Verhandlungsunfähigkeit (die Gleichstellung mit den anderen Fällen der Nichtverurteilung ergibt sich aus § 71 StGB – selbstständiges Sicherungsverfahren).

Alle anderen Nichtverurteilungsfälle (zB Freispruch aus tatsächlichen Gründen) sind nicht ausreichend, um Anlass für eine Fahrerlaubnisentziehung zu sein.

2. Führen eines Kraftfahrzeugs

16 Für die Definition des Begriffs „Kraftfahrzeug" in § 69 StGB ist **§ 1 Abs. 2 StVG** heranzuziehen,[24] da das StGB für die Straßenverkehrsdelikte und ihre Rechtsfolgen keine Legaldefinition zur Verfügung stellt. Die in § 248 b StGB enthaltene Definition des „Kraftfahrzeugs" gilt nur im Rahmen dieser Bestimmung unmittelbar.[25] **Kraftfahrzeuge** iSd § 69 StGB sind demnach alle **Landfahrzeuge**, die durch Maschinenkraft bewegt werden, ohne an Bahngleise gebunden zu sein.

Hinweis: Lokomotiven sind keine Kraftfahrzeuge iSd § 69 StGB.[26]

Dies widerspräche sowohl Sinn und Zweck als auch der Entstehungsgeschichte des § 69 StGB, der ausschließlich der Sicherung des „Straßenverkehrs" dient.[27] Auch eine Straftat im Zusammenhang mit dem Führen eines **nicht fahrerlaubnispflichtigen Kraftfahrzeugs** (zB Mofa), kann zur Entziehung der Fahrerlaubnis (oder einer „isolierten Fahrerlaubnissperre") führen.[28]

17 Führen eines Kraftfahrzeugs im Sinne des § 69 StGB setzt nicht voraus, dass die Motorkraft in Betrieb gesetzt worden ist.[29] Entscheidend ist vielmehr, dass das Kraftfahrzeug nicht mit fremder Hilfe, etwa durch Schieben oder Ziehen, bewegt wird.[30] Daher führt ein Kraftfahrzeug iSd § 69 StGB auch,

---

23 Hierzu ausführlich je mwN: König in: Hentschel/König/Dauer, § 69 StGB Rn 9; Burmann in: Burmann/Heß/Jahnke/Janker, § 69 StGB Rn 3 mwN.
24 OLG Rostock, Beschl. v. 26.6.2008 – 1 Ss 95/08 I 49/08 = NZV 2008, 473 = NStZ-RR 2008, 320; BayObLG NZV 1993, 239; OLG Düsseldorf VM 1974, 13 Nr. 16.
25 OLG Rostock, Beschl. v. 26.6.2008 – 1 Ss 95/08 I 49/08 = NZV 2008, 473 = NStZ-RR 2008, 320; BayObLG NZV 1993, 239; OLG Oldenburg NJW 1969, 199.
26 So aber LG München II NZV 1993, 38.
27 BayObLG NZV 1993, 239; näher: Hentschel, NZV 1993, 84.
28 BGH VM 1972, 25 Nr. 25; OLG Düsseldorf VM 1975, 20 Nr. 24.
29 OLG Karlsruhe DAR 1983, 365; OLG Düsseldorf VM 1975, 20 Nr. 24.
30 BayObLG NJW 1959, 111 (zu § 21 StVG).

III. Voraussetzungen für die Fahrerlaubnisentziehung

- wer es auf einer abschüssigen Fahrbahn ohne Motorkraft **abrollen** lässt,[31]
- wer ein Fahrrad mit Hilfsmotor durch **Treten der Pedale** fortbewegt, gleichgültig, ob er dabei den Motor zum Anspringen bringen will oder nicht.[32]

Das gilt im Übrigen auch für **Leichtmofas**, weil es sich bei diesen Fahrzeugen um Kraftfahrzeuge handelt. Wer ein Kraftfahrzeug **mit eigener Körperkraft schiebt**, ohne den Führersitz einzunehmen, führt kein Kraftfahrzeug iSd § 69 StGB, so dass ihm die Fahrerlaubnis nicht aufgrund einer im Zusammenhang damit begangenen Straftat entzogen werden kann.[33] Der **Beifahrer**, der dem Fahrzeugführer gegen dessen Willen kurz ins Steuer greift, führt kein Kraftfahrzeug.[34] Kein Kraftfahrzeug iSd § 69 StGB führt auch der **Lenker eines abgeschleppten, also mit fremder Hilfe bewegten Fahrzeugs**, obwohl er Führer eines Fahrzeugs ist und für ihn der Beweisgrenzwert für absolute Fahrunsicherheit gilt (siehe Teil 1 Rn 70).[35]

Wegen der Maßgeblichkeit der straßenverkehrsrechtlichen Definition für den Begriff des Kraftfahrzeugs im Sinne des § 69 Abs. 1 StGB scheidet eine Straftat im Zusammenhang mit dem **Schiffsverkehr als Anlasstat** im Sinne des § 69 StGB aus, so jedenfalls die auch hier vertretene hM.[36] Die jedoch auch in der Rechtsprechung vertretene Mindermeinung will dagegen den Begriff des „Kraftfahrzeugs" in § 69 StGB auf Motorboote anwenden.[37] Das OLG Rostock[38] hat hierzu die entscheidenden Argumente der hM wie folgt trefflich zusammengefasst:

„Aus dem Schutzzweck folgt, dass Kraftfahrzeuge im Sinne des § 69 StGB einen Bezug zum Straßenverkehr aufweisen müssen. Denn dieser rechtfertigt sich gerade aus dem mit der Beteiligung am Straßenverkehr verbundenen hohen Risiken, die dieser infolge seiner Dynamik für Leben, Gesundheit und Eigentum der Verkehrsteilnehmer mit sich bringt. Dem soll durch zumindest zeitigen Ausschluss eines ungeeigneten Kraftfahrers vom motorisierten Straßenverkehr begegnet werden.[39] Soweit der große Senat für Strafsachen des BGH in dieser Entscheidung die einschränkende Auslegung des Begriffs der Ungeeignetheit in § 69 Abs. 1 StGB maßgebend aus dem Verhältnis dieser Norm zu den Bestimmungen des § 2 Abs. 4 S. 1, § 3 Abs. 1 S. 1 StVG iVm § 11 Abs. 1 S. 3, § 46 Abs. 1 S. 2 FeV über die verwaltungsrechtliche Entziehung der Fahrerlaubnis mit dem Argument abgeleitet hat, der in § 69 Abs. 1 StGB verwendete Begriff der Ungeeignetheit stimme inhaltlich mit demselben, in den genannten Vorschriften des Straßenverkehrs- und Fahrerlaubnisrechts verwendeten Begriff überein, muss dies nach Auffassung des Senats auch für den Begriff des Kraftfahrzeuges in § 69 StGB gelten. Diese ist im Sinne des § 1 Abs. 2 StVG auf motorisierte, nicht Schienen gebundene Landfahrzeuge zu beschränken.[40] Diese ein-

---

31 OLG Karlsruhe DAR 1983, 365.
32 OLG Düsseldorf VM 1965, 20 Nr. 24; 1974, 13 Nr. 16.
33 OLG Karlsruhe DAR 1983, 365.
34 OLG Köln NJW 1971, 670.
35 Näher Hentschel, JR 1991, 113, 116.
36 OLG Brandenburg, Urt. v. 16.4.2008 – 1 Ss 21/08 = NZV 2008, 474 = DAR 2008, 393 = VRS 114, 366 = zfs 2008, 466; OLG Rostock, Beschl. v. 26.6.2008 – 1 Ss 95/08 I 49/08 = NZV 2008, 473 = NStZ-RR 2008, 320; LG Oldenburg, Beschl. v. 7.8.2007 – 250 Js 32998/07 – 1 Qs 338/07 = NZV 2008, 50.
37 LG Kiel, Beschl. v. 23.8.2006 – 37 Qs 62/06 = BeckRS 2006, 13348 = NZV 2007, 160 = NStZ-RR 2007, 59 = DAR 2006, 699.
38 OLG Rostock, Beschl. v. 26.6.2008 – 1 Ss 95/08 I 49/08 = NZV 2008, 473 = NStZ-RR 2008, 320.
39 BGHSt 50, 93.
40 Vgl dazu auch Schäpe, Anm. zu LG Kiel DAR 2006, 700.

schränkende Auslegung wird bestätigt durch gesetzgeberische Überlegungen de lege ferenda. So geht der Bundesrat in seiner Entschließung zur Überprüfung der Grenzen zulässigen Alkoholgenusses von der Notwendigkeit aus, § 69 StGB erst auf rechtswidrige Taten im Schiffsverkehr erstrecken zu müssen.[41] Die dazu ergangene Stellungnahme der Bundesregierung geht unter Hinweis auf die Entscheidung des Großen Senats des Bundesgerichtshofes ebenfalls von einer aktuell bestehenden Beschränkung des Schutzzweckes des § 69 StGB auf den Straßenverkehr aus."[42]

19 Auch eine im Zusammenhang mit dem Führen eines Kraftfahrzeugs auf nichtöffentlichem Gelände begangene Straftat kann nach hM die Entziehung der Fahrerlaubnis rechtfertigen.[43]

3. Straftat „bei" dem Führen eines Kraftfahrzeugs

20 Unter diesen Begriff fallen **die typischen Verkehrsdelikte**, die der Fahrer begeht, so insbesondere

- die Regeldelikte des § 69 Abs. 2 StGB, aber auch
- Fahren ohne Fahrerlaubnis (§ 21 StVG) oder
- der Verstoß gegen das PflichtVG (§§ 1, 6 PflVG).

Die Einordnung als taugliche Anlasstat für eine Fahrerlaubnisentziehung ist hier stets unproblematisch.

Hinweis: Die Frage der Anlasstat darf nicht mit der Frage der Prüfung der Ungeeignetheit verwechselt werden.

4. „Zusammenhang" der Straftat mit dem Führen eines Kraftfahrzeugs

21 Nur wenn die Straftat bei oder im Zusammenhang mit dem Führen eines Kraftfahrzeugs oder unter Verletzung der Pflichten eines Kraftfahrzeugführers begangen wurde, darf der Strafrichter dem Angeklagten die Fahrerlaubnis entziehen. In Lehrbüchern und auch Zeitschriften firmieren derartige Straftaten als „**Zusammenhangstaten**".

Hinweis: Für die Frage des Zusammenhangs ist es gleichgültig, ob die Straftat dem Führen des Fahrzeugs nachfolgte, vorausging oder gleichzeitig mit dem Fahrzeugführen begangen wurde.[44]

a) Begriff der „Zusammenhangstat" und Beispiele

22 Zusammenhang ist **mehr als bloße Parallelität der Ereignisse**: Nicht ausreichend ist so ein bloß äußeres Zusammentreffen. Vielmehr muss es sich um einen inneren Zusammenhang handeln.[45] Mit seiner **Rechtsprechung** verlangt der BGH für die An-

---

41 BR-Drucks. 940/04, S. 2.
42 BR-Drucks. 724/05, S. 3-4, sowie Gesetzentwurf der Bundesregierung zur Reform des Sanktionenrechts BT-Drucks. 15/2725, S. 40.
43 OLG Oldenburg VRS 55, 120; LG Stuttgart NZV 1996, 213; König in: Hentschel/König/Dauer, § 69 StGB Rn 3 a; MüKo-StGB/Athing, § 69 StGB Rn 31; aM Stree/Kinzig in: Schönke/Schröder, § 69 Rn 14; LG Leipzig DAR 2002, 327; Janiszewski, NStZ 1996, 587.
44 BGH (GRS), Beschl. v. 27.4.2005 – GSSt 2/04 = NJW 2005, 1957 = NStZ 2005, 503 = NZV 2005, 486 = DAR 2005, 452; NStZ 2001, 477; NJW 1969, 1125.
45 BGH BA 2005, 58, 59; NZV 1995, 156.

III. Voraussetzungen für die Fahrerlaubnisentziehung

wendung des § 69 StGB – vor der Prüfung der Ungeeignetheit (!) – als zwingendes Erfordernis, dass die Art und Weise der Benutzung des Kraftfahrzeugs bei der konkreten Tat die Feststellung rechtfertigt, der Täter werde **als Kraftfahrer eine erhöhte Gefahr** für andere Verkehrsteilnehmer darstellen.[46]

Was den inneren Zusammenhang als Eingangsvoraussetzung der Prüfung der Fahrerlaubnisentziehung nach einer „Zusammenhangstat" angeht, gilt:

Tatkonstellation	Zusammenhang möglich?	Fundstelle
Fahrzeug wird als Fortbewegungsmittel zur Vorbereitung, Durchführung, Ermöglichung, Verdeckung oder Ausnutzung der Straftat genutzt.	ja	BGH, Beschl. v. 28.2.2001 – 2 StR 29/01 = NStZ 2001, 477; Beschl. v. 5.2.1969 – 2 StR 546/68 = NJW 1969, 1125; OLG Hamm, Urt. v. 7.1.1999 – 4 SS 1081/98 = BeckRS 1999, 01988 = DAR 1999, 178
Das Kraftfahrzeug wird nur bei Gelegenheit einer Straftat benutzt.	nein	BGH (GRS), Beschl. v. 27.4.2005 – GSSt 2/04 = NJW 2005, 1957 = NStZ 2005, 503 = NZV 2005, 486 = DAR 2005, 452; BA 2005, 58 (59); OLG Stuttgart NJW 1973, 2213
Täter nutzt ohne vorherige entsprechende Absicht lediglich eine durch die Fahrt mit dem Kraftfahrzeug entstandene Lage aus.	nein	BGH, Beschl. v. 5.2.1969 – 2 StR 546/68 = NJW 1969, 1125
Führt der Täter das Kraftfahrzeug, um zum Tatort zu gelangen, so wird das zwar für die Annahme einer Zusammenhangstat iSd § 69 Abs. 1 S. 1 StGB ausreichen.	ja	BGH DAR 1977, 151 (2. StrSen.) – bei *Spiegel*; OLG Düsseldorf VRS 98, 190
Bloßes Hinfahren zum Tatort „sofern dadurch nicht die tatbestandliche Handlung selbst gefördert wird".	nein	BGH, Beschl. v. 9.4.2002 – 4 StR 66/02 = NZV 2002, 378 = DAR 2002, 462 = NStZ-RR 2002, 232 = StV 2003, 163 = VRS 103, 200 = zfs 2003, 94

---

[46] BGH, Beschl. v. 27.4.2005 – GSSt 2/04 = (GrS) NJW 2005, 1957 = NStZ 2005, 503 = NZV 2005, 486 = DAR 2005, 452; NZV 2003, 199; ebenso: Geppert NStZ 2003, 288, 289; Sowada, BA 2004, 151, 152.

A. Entziehung der Fahrerlaubnis durch den Strafrichter

Tatkonstellation	Zusammenhang möglich?	Fundstelle
Beeinträchtigen der Verkehrssicherheit durch Manipulationen am Fahrzeug (etwa an der Bremsanlage), um den Fahrer verunglücken zu lassen.	nein	OLG Celle, Beschl. v. 29.10.1997 – 1 Ws 381/97 = NZV 1998, 170
Von außen geführte Angriffe auf fahrende Kraftfahrzeuge wie etwa das Herabfallenlassen von Gegenständen auf ein Auto von einer Brüstung.	nein	BGH Beschl. v. 10.10.2000 – 4 STR 381/00 = BeckRS 2000 30135759 = NZV 2001, 133 = DAR 2001, 81 = VRS 100, 21
Täter setzt als Fahrzeugführer ein Kraftfahrzeug zum Beutetransport ein.	ja	BGH (GRS), Beschl. v. 27.4.2005 – GSSt 2/04 = NJW 2005, 1957 = NStZ 2005, 503 = NZV 2005, 486 = DAR 2005, 452; NStZ 2004, 144, 145; OLG Düsseldorf VRS 96, 268; 98, 190
Hehlerei, wenn das Hehlergut mit dem Fahrzeug transportiert wurde.	ja, aber auch nur dann!	OLG Köln, Urt. v. 22.6.1971 – SS 63/71 = MDR 1972, 621
Hehlerei, wenn das Gut im Fahrzeug nur abgelegt worden ist.	nein	OLG Köln, Urt. v. 22.6.1971 – SS 63/71 = MDR 1972, 621
Späterer Transport des Hehlergutes mit einem Kraftfahrzeug nach Beendigung der Hehlerei.	nein	BGH, Beschl. v. 30.9.2003 – 4 StR 314/03 = BeckRS 2003, 09178 = wistra 2004, 19 = DAR 2004, 36
Drogentransport mithilfe des Kraftfahrzeugs zum Zwecke der illegalen Veräußerung.	ja	BGH (GRS), Beschl. v. 27.4.2005 – GSSt 2/04 = NJW 2005, 1957 = NStZ 2005, 503 = NZV 2005, 486 = DAR 2005, 452; Urt. v. 4.11.2014 – 1 StR 233/14; Urt. v. 14.5.1997 – 3 StR 560/96 = NStZ-RR 1998, 43; Urt. v. 23.6.1992 – 1 StR 211/92 = NZV 1993, 35; OLG Düsseldorf, Beschl. v. 12.11.1991 – 3 Ws 614/91 = NZV 1992, 331 = DAR 1992, 187 = StV 1992, 219 = VRS 82, 341

Tatkonstellation	Zusammenhang möglich?	Fundstelle
Drogentransport mit dem Fahrzeug bei Einsatz des Fahrzeugs zur Drogenbeschaffung zwecks Eigenverbrauchs.	ja	OLG Düsseldorf, Beschl. v. 23.4.1997 – 5 Ss 92/97 – 5 Ss 21/97 I = NJW 1997, 2765 = NZV 1997, 364
Einsatz eines Lkws durch den Fahrer zum Zigarettenschmuggel.	ja	OLG Hamm, Beschl. v. 13.12.2001 – 2 WS 304/01 = BeckRS 2001 30227190 = NZV 2002, 380 = VRS 102, 56; *Geppert* NStZ 2003, 288, 290
Verkauf von Rauschgift in oder aus einem Taxi durch einen Taxifahrer.	ja	BGH, Beschl. v. 6.8.2002 – 4 StR 211/02 = NZV 2002, 574 = BeckRS 2002 30276513 = BeckRS 2002, 07052 = DAR 2002, 518 = zfs 2003, 95; *Geppert*, NStZ 2003, 288, 290
Beteiligung eines Kraftfahrers zu Betrugszwecken an vorsätzlich herbeigeführten „Unfällen".	ja	BGH, Beschl. v. 11.9.1991 – 3 StR 345/91 = BeckRS 1991, 04904 = StV 1992, 64 = VRS 82, 19; OLG München, Beschl. v. 11.2.1992 – 2 Ws 144/92 = NJW 1992, 2776
Tätliche Auseinandersetzungen zwischen Verkehrsteilnehmern sind Straftaten im Zusammenhang mit dem Führen eines Kraftfahrzeugs, etwa, wenn der Angeklagte wegen tatsächlichen oder angeblichen Fehlverhaltens als Kraftfahrer zur Rede gestellt wurde und daraufhin den anderen tätlich angegriffen hat.	ja	KG, Urt. v. 7.10.1996 – (3) 1 Ss 118/96 (58/96) = NZV 1997, 126; LG Zweibrücken Bechl. v. 1.9.1995 – 1 QS 120/95 = DAR 1995, 502; aM *Kulemeier* S. 269
Kraftfahrer greift einen Verkehrsteilnehmer wegen einer von diesem begangenen Behinderung tätlich an.	ja	BayObLG, Urt. v. 24.7.1959 – RReg. 3 St 44/59 = NJW 1959, 2126
Verstoß gegen § 29 Abs. 1 Nr. 3 BtMG	nein	LG Gießen, Beschl. v. 12.9.2013 – 7 Qs 141/13 = SVR 2014, 29 = BeckRS 2013, 16851 = NStZ-RR 2014, 26

Hinweis: Die Frage des Zusammenhangs darf nie mit der Frage der Ungeeignetheit vermengt werden: Nach der Rechtsprechung des BGH[47] genügt in diesen Fällen allein die Feststellung einer Zusammenhangstat nicht, um dem Täter gem. § 69 StGB die Fahrerlaubnis zu entziehen. Weiterte Voraussetzung ist vielmehr stets, dass die konkrete Art des Kraftfahrzeugeinsatzes bei der Tat zu einer erhöhten Gefahr für andere Verkehrsteilnehmer geführt hat, weil es anderenfalls an der Feststellung sich aus der Tat ergebender Ungeeignetheit fehlt.

b) Eigenhändiges Fahrzeugführen durch den Täter

25 Was den Begriff des Führens eines Kraftfahrzeugs angeht, so ist zunächst auf Teil 1 Rn 165 ff zu verweisen.

26 Nach **Ansicht der** höchstrichterlichen und obergerichtlichen **Rechtsprechung** soll § 69 StGB aber nicht einmal voraussetzen, dass der Täter selbst das Fahrzeug geführt hat.[48] Danach soll zB bei Beteiligung mehrerer an einer rechtswidrigen Tat ein Teilnehmer diese im Zusammenhang mit dem Führen eines Kraftfahrzeugs iSd § 69 StGB begangen haben können, ohne dass er das Fahrzeug selbst geführt hat:[49] Da es im Rahmen der Fahrerlaubnisentziehung entscheidend auf die **charakterliche Unzuverlässigkeit** ankomme und schon die Fahrzeugbenutzung als Grundlage für die Maßregel in Betracht komme, sei es nicht vertretbar, dem Tatteilnehmer die Fahrerlaubnis nur deswegen zu belassen, weil nicht er, sondern sein Mittäter das Fahrzeug gelenkt habe.

27 Diese Auffassung steht mit dem Wortlaut des § 69 StGB nicht in Einklang. Denn diese Bestimmung verlangt einen Zusammenhang der Straftat mit dem Führen des Kraftfahrzeugs und nicht mit der Fahrzeugbenutzung. Im Übrigen offenbart jede vorsätzliche Straftat charakterliche Unzuverlässigkeit mit der Folge, dass mit dieser Begründung auf die Voraussetzung eines Zusammenhangs mit dem Führen eines Kraftfahrzeugs auch ganz verzichtet werden könnte.[50] Der Gesetzgeber hat nicht ohne Grund den Begriff des Fahrzeugführers gewählt und nicht den der Fahrzeugbenutzung. Dies zeigt die amtliche Begründung, in der es wörtlich heißt: „Die Tat muss ferner in Beziehung zu der Führung eines Kraftfahrzeugs durch den Täter stehen".[51] Entgegen der hM in der Rechtsprechung ist daher der Ansicht der Vorzug zu geben, wonach Fahrerlaubnisentziehung gem. § 69 StGB durch den Strafrichter nur möglich ist, wenn die Straftat im Zusammenhang mit dem eigenen Führen eines Kraftfahrzeugs durch den Täter steht.[52] Es steht auch zu vermuten, dass nach der Entschei-

---

47 BGH, Beschl. v. 27.4.2005 – GSSt 2/04 = (GrS) NJW 2005, 1957 = NSTZ 2005, 503 = NZV 2005, 486 = DAR 2005, 452.
48 BGH NJW 1957, 1287; VM 1979, 4 Nr. 5; OLG München NJW 1992, 2777; OLG Koblenz NJW 1988, 152; LG Ravensburg NZV 1993, 325 – abl. Körfer; Fischer, StGB, § 69 Rn 10; zweifelnd BGH NZV 2003, 46; offengelassen von BGH BA 2004, 169.
49 BGH VM 1979, 4 Nr. 5; OLG Düsseldorf VM 2002, 77; OLG München NJW 1992, 2777; ebenso Janker, DAR 2003, 493.
50 Cramer § 44 StGB Rn 29.
51 Amtl. Begr., zitiert nach Arndt/Guelde S. 65.
52 So zB auch LG Köln NZV 1990, 445; Fischer, StGB, § 44 Rn 8; Janiszewski Rn 655 a; Kulemeier S. 70, 285; Körfer, NZV 1993, 326.

dung des Großen Senats für Strafsachen aus dem Jahre 2005,[53] durch die die Beeinträchtigung der Sicherheit des Straßenverkehrs als Kriterium gestärkt wurde, dazu führen wird, die ausufernde bisherige herrschende Rechtsprechung einzudämmen und der hier vertretenen Mindermeinung so der Vorrang eingeräumt wird. Wer nämlich die Sicherheit des Straßenverkehrs selbst nicht beeinträchtigen kann, der kann auch nicht Adressat des § 69 StGB sein.

Daher kann im **Falle eines (versuchten) Versicherungsbetruges** durch gestellte oder provozierte „Unfälle" entgegen OLG München[54] nicht dem technischen Sachverständigen die Fahrerlaubnis entzogen werden, der später in Kenntnis der betrügerischen Absicht das Gutachten über den „Unfallschaden" fertigt. Denn nicht von ihm, sondern vom Fahrzeugführer geht die Gefahr für andere Verkehrsteilnehmer unmittelbar aus. 28

Ebenso wenig kann aus den genannten Gründen dem **Beifahrer** die Fahrerlaubnis wegen eines vom Fahrzeugführer begangenen tätlichen Angriffs auf einen anderen Verkehrsteilnehmer entzogen werden, **selbst wenn** der Beifahrer **Fahrzeughalter** ist.[55] Das gilt auch dann, wenn er auf die Fahrweise des Fahrzeugführers eingewirkt hat.[56] Die Entscheidung des Großen Senats[57] hatte zwar nicht unmittelbar mit dieser Thematik zu tun, doch scheint sie insgesamt disziplinierend gegen eine Ausuferung der Rechtsprechung im Bereich der strafrechtlichen Fahrerlaubnisentziehung gewirkt zu haben und zwar auch hier: Neuere Entscheidungen, in denen Angeklagten, die nicht Fahrzeugführer waren, die Fahrerlaubnis entzogen wurde, sind nämlich nicht nachweisbar. 29

c) Zusammenhang mit dem Besitz eines Kraftfahrzeugs

Auch der **Besitz** an dem Kraftfahrzeug wurde von der Rechtsprechung als ausreichend erachtet, um den Zusammenhang iSd § 69 Abs. 1 StGB zu begründen.[58] Selbst wenn die Straftat **der Erlangung des Besitzes** eines Kraftfahrzeugs dient, soll ein Zusammenhang iSd § 69 StGB gegeben sein.[59] Auch dies steht **mit dem Wortlaut** des § 69 StGB **nicht in Einklang** und widerspricht auch der amtlichen Begründung. Eine derart **ausdehnende Auslegung** des Zusammenhangsbegriffes in § 69 StGB müsste letztlich die **Konsequenz** haben, dass jede **Straftat**, deren **Ziel die Erlangung der Möglichkeit** ist, **ein Kraftfahrzeug zu führen**, die Anwendung des § 69 StGB ermöglichen würde. Nach ganz überwiegender Ansicht im Schrifttum erfüllt ein bloßer Zusammenhang der Straftat mit dem Besitz eines Kraftfahrzeugs nicht die Voraussetzungen des § 69 StGB.[60] 30

---

53 BGH, Beschl. v. 27.4.2005 – GSSt 2/04 = (GrS) NJW 2005, 1957 = NStZ 2005, 503 = NZV 2005, 486 = DAR 2005, 452.
54 OLG München NJW 1992, 2777.
55 So aber: BayObLG DAR 1965, 153 – bei W. Schmidt.
56 AM BGH VRS 107, 29.
57 BGH, Beschl. v. 27.4.2005 – GSSt 2/04 = (GrS) NJW 2005, 1957 = NStZ 2005, 503 = NZV 2005, 486 = DAR 2005, 452; NStZ 2001, 477.
58 BGH NJW 1954, 163; OLG Köln NJW 1963, 2379.
59 BGH NJW 1962, 1211; OLG Köln MDR 1972, 621.
60 Sowada NStZ 2004, 169, 173; Cramer, MDR 1972, 558; Stree in: Schönke/Schröder, StGB, § 69 Rn 16.

31 Keine strafgerichtliche Fahrerlaubnisentziehung gem. § 69 StGB ist daher möglich,
- wenn zB der Täter einen **Betrug** begangen hat, indem er sich **durch den Besitz seines Kraftfahrzeugs Kreditwürdigkeit** verschafft – Tankstellenbetrug, Zechprellereien,[61]
- wenn er sich unter Vorlage seines Führerscheins mit der Behauptung, einen Unfall erlitten zu haben, ein **Darlehen erschwindelt**,
- wenn er sich auf betrügerische Weise den Besitz an einem Kraftfahrzeug verschafft,[62]
- wenn sich der Täter durch strafbare Handlung Treibstoff verschafft.[63]

32 Nach Ansicht des OLG Köln soll der Zusammenhang auch gegeben sein, wenn sich der Täter einen falschen Führerschein verschafft hat, um unter dessen Vorlage bei einem gewerblichen Vermieter ein Kraftfahrzeug zu mieten.[64] **Auch hier** besteht der erforderliche **Zusammenhang** zwischen Straftat und Fahrzeugführen aber **nur** dann, wenn der gefälschte Führerschein in unmittelbarem Zusammenhang mit dem Führen eines Kraftfahrzeugs **im öffentlichen Straßenverkehr vorgezeigt** wird.[65] Außerdem würde die Entziehung der Fahrerlaubnis gem. § 69 StGB in einem solchen Fall darüber hinaus voraussetzen, dass von dem Führen des Kraftfahrzeugs mit dem gefälschten Führerschein eine gesteigerte Gefahr für andere Verkehrsteilnehmer ausging. Festzustellen ist aber auch hier, dass sich seit der **Entscheidung des Großen Senats für Strafsachen** des BGH[66] keine Rechtsprechungsnachweise mehr in diese Richtung finden lassen.

5. Verletzung der Pflichten eines Kraftfahrzeugführers

33 Diese Voraussetzung für die strafrichterliche Entziehung der Fahrerlaubnis **spielt in der Praxis eine recht geringe Rolle**, vermutlich deshalb, weil sich kaum jemand vorstellen kann, welchen eigenständigen Regelungsbereich von der „Verletzung der Pflichten eines Kraftfahrzeugführers" neben den Begehungsformen „bei" oder „im Zusammenhang" mit dem Führen umfasst.

34 Eine rechtswidrige Tat, die unter Verletzung der Pflichten eines Kraftfahrzeugführers begangen wurde, **wird vielfach schon die erste Alternative** der Bestimmung **erfüllen**, also im Zusammenhang mit dem Führen eines Kraftfahrzeugs begangen sein. Zu denken ist aber zB an den Fall, dass der Kraftfahrzeugführer das **Steuer einer fahrunsicheren Person** oder einer solchen ohne Fahrerlaubnis **überlässt**.[67] Keine Verletzung der Pflichten eines Kraftfahrzeugführers iSd § 69 StGB ist das Schieben eines Kraft-

---

[61] Anders aber insoweit noch BGH NJW 1954, 163; s. auch BGH BA 2005, 58, 59.
[62] Hartung, JZ 1954, 137; Cramer, MDR 1972, 558.
[63] Anders aber noch BGH VRS 30, 275.
[64] OLG Köln MDR 1972, 621.
[65] Stree in: Schönke/Schröder, StGB, § 69 Rn 16.
[66] BGH, Beschl. v. 27.4.2005 – GSSt 2/04 = (GrS) NJW 2005, 1957 = NSTZ 2005, 503 = NZV 2005, 486 = DAR 2005, 452; NStZ 2001, 477.
[67] Fischer, StGB, § 44 Rn 11; Dreher/Fad, NZV 2004, 231, 233.

fahrzeugs durch eine alkoholbedingt fahrunsichere Person, wenn hierdurch nicht der Motor in Gang gesetzt werden soll.[68]

6. Absehen von Strafe oder Nichtverurteilung wegen Schuldunfähigkeit

Sieht das Gericht trotz Schuldspruchs von Strafe ab (§ 60 StGB), so hindert dies nicht die Entziehung der Fahrerlaubnis. § 69 StGB setzt nämlich nicht die Verurteilung zu Strafe, sondern nur Verurteilung voraus.[69] 35

Wurde der Angeklagte **nur deswegen nicht verurteilt**, weil seine **Schuldunfähigkeit erwiesen** oder jedenfalls **nicht auszuschließen** ist, ist die **Fahrerlaubnis** gem. **§ 69 Abs. 1 S. 1 StGB zu entziehen**, wenn sich aus der Tat seine Kraftfahrungeeignetheit ergibt. Der **Begriff der Schuldunfähigkeit** in § 69 StGB ist dabei identisch mit dem der **§§ 20, 63 StGB, 3 JGG**.[70] 36

Hinweis: Nicht wegen Schuldunfähigkeit iSd § 69 Abs. 1 S. 1 StGB unterbleibt die Verurteilung, wenn ein unfallbeteiligter Angeklagter infolge **altersbedingter, ihm bisher nicht erkennbarer Fahruntüchtigkeit** außerstande war, sich auf die Verkehrslage einzustellen. Ihm darf die Fahrerlaubnis daher **jedenfalls nicht durch den** Strafrichter entzogen werden.

Im Übrigen ist darauf hinzuweisen, dass diese Alternative des § 69 StGB natürlich stets die **Feststellung einer rechtswidrigen Tat voraussetzt**.[71]

7. Ungeeignetheit zum Führen von Kraftfahrzeugen

Das Merkmal der **Ungeeignetheit** entspricht dem auch in § **3 Abs. 1 StVG** für die verwaltungsbehördliche Fahrerlaubnisentziehung verwendeten gleichlautenden Begriff. Dieser **korrespondiert mit der in** § **2 Abs. 4 StVG getroffenen Legaldefinition** der *Eignung* zum Führen von Kraftfahrzeugen.[72] Eine Ungeeignetheit **setzt nicht voraus, dass** der Fahrerlaubnisinhaber bereits eine **Gefahr** verursacht hat. Denn die von einem ungeeigneten Kraftfahrer ausgehende **latente Gefahr** kann sich selbst nach jahrelanger Unauffälligkeit im Verkehr jederzeit verwirklichen.[73] 37

a) Begriff

Nach einer schon vor Jahrzehnten **vom BGH formulierten Definition** ist der Täter **ungeeignet**, wenn von ihm 38

„nach sorgfältiger Prüfung des Tathergangs, seiner Persönlichkeit und Lebensführung nicht erwartet werden kann, dass er gewillt und fähig ist, den Lockungen zu widerstehen und den besonderen Gefahren zu begegnen, die sich aus der Führung des Kraftfahrzeugs für ihn bzw für ihn und die Allgemeinheit ergeben."[74]

---

68 OLG Karlsruhe DAR 1983, 365.
69 BayObLG BA 1972, 279; OLG Hamm VRS 43, 19.
70 OLG Hamm VRS 26, 279.
71 BayObLG VRS 67, 443.
72 BGH, Beschl. v. 27.4.2005 – GSSt 2/04 = (GrS) NJW 2005, 1957 = NStZ 2005, 503 = NZV 2005, 486 = DAR 2005, 452; siehe dazu Dauer in: Hentschel/König/Dauer, Straßenverkehrsrecht, § 2 StVG Rn 7 ff und § 3 StVG Rn 3 ff.
73 VGH Mannheim NZV 1993, 45; 1994, 248; 1997, 199; zfs 1997, 399.
74 BGH NJW 1954, 1167.

Der Tatrichter muss also im Urteil im Rahmen der Ungeeignetheit – wenn nicht die Indizwirkung eines Regelfalles nach § 69 Abs. 2 StGB in Betracht kommt – Stellung nehmen zu:

- Tathergang,
- Täterpersönlichkeit,
- bisheriger Lebensführung des Täters.

Da bei Verkehrsverstößen **das Ausmaß festgestellter Verantwortungslosigkeit** des Kraftfahrers entscheidend ist, begründen die **Folgen verkehrswidrigen Verhaltens allein**, etwa die Verursachung eines Unfalls mit tödlichem Ausgang, nicht die Annahme von Ungeeignetheit.[75]

b) Arten der Eignungsmängel

39 Ungeeignet zum Führen von Kraftfahrzeugen iSd § 69 StGB kann der Angeklagte aufgrund

- körperlicher,
- geistiger
- oder charakterlicher Mängel

sein.[76]

40 Im strafgerichtlichen Verfahren sind **vor allem charakterliche Mängel** von Bedeutung,[77] und hier wiederum solche, die sich anlässlich einer Fahrt unter dem Einfluss berauschender Mittel zeigen. In Betracht kommen nur solche charakterlichen Mängel, die sich im Umgang mit einem Kraftfahrzeug gefahrbringend auswirken können.[78] Dagegen haben **Mängel** im verantwortungsbewussten Verhalten, die keinerlei Verkehrssicherheitsinteressen berühren, bei der Eignungsbeurteilung auszuscheiden.[79] Dies wurde vor allem in der grundlegenden Entscheidung des **Großen Strafsenats** des BGH vom 27.4.2005 und zuvor auch in mehreren Entscheidungen des 4. Strafsenats hervorgehoben, in denen in diesem Zusammenhang auf die jüngere Rechtsprechung des BVerfG[80] hingewiesen wird.[81]

41 Das **BVerfG** betont, dass das Recht zum Führen von Kraftfahrzeugen als Bestandteil des Grundrechts auf allgemeine Handlungsfreiheit gem. Art. 2 Abs. 1 GG nur dann beschränkt werden darf, wenn dies in einem angemessenen Verhältnis zur Art und

---

75 LG Kaiserslautern zfs 2004, 39; LG Düsseldorf DAR 2005, 230.
76 Näher dazu: Hentschel, TFF, Rn 599 ff.
77 BGH NStZ 2004, 144, 145; Geppert, NJW 1971, 2154, 2155; Winkler in: Himmelreich/Halm, Kapitel 33 Rn 280.
78 BGH, BESCHL. V. 27.4.2005 – GSST 2/04 = (GRS) NJW 2005, 1957 = NStZ 2005, 503 = NZV 2005, 486 = DAR 2005, 452; DAR 1994, 179 – bei Nehm; Geppert, NStZ 2003, 288, 289; Sowada, BA 2004, 151, 152; Cramer, MDR 1972, 558.
79 BGH NZV 2003, 199 (zust. Geppert, NStZ 2003, 288; abl. Piesker, VD 2003, 119, 121; zweifelnd Kühl JR 2004, 125); DAR 2003, 128; Sowada, NStZ 2004, 169, 171.
80 BVerfG NJW 2002, 2378; 2002, 2381.
81 BGH, Beschl. v. 27.4.2005 – GSSt 2/04 = (GrS) NJW 2005, 1957 = NStZ 2005, 503 = NZV 2005, 486 = DAR 2005, 452; BGH NZV 2003, 199 (zust. Geppert NStZ 2003, 288; abl. Piesker VD 2003, 119); DAR 2003, 128.

Intensität der Rechtsgütergefährdung steht. Bei **charakterlichen Mängeln** ist dies nach BVerfG **nur dann der Fall,**

„wenn der Betroffene bereit ist, das Interesse der Allgemeinheit an sicherer und verkehrsgerechter Fahrweise den jeweiligen eigenen Interessen unterzuordnen und hieraus resultierende Gefährdungen oder Beeinträchtigungen des Verkehrs in Kauf zu nehmen".[82]

Das ist **vor allem bedeutsam,** wenn der gem. § 69 Abs. 1 S. 1 StGB erforderliche Zusammenhang zwischen der Straftat und dem Führen eines Kraftfahrzeugs nur aus der Benutzung des Fahrzeugs bei der **Verübung nicht verkehrsbezogener Straftaten** herzuleiten ist (bekannte **Beispiele:** Transport von Drogen oder Hehlergut oder bei Fahrt mit dem Kraftfahrzeug zum Tatort).

Ungeeignetheit iSd § 69 StGB zum Führen von Kraftfahrzeugen lässt sich aus solchen Taten nur herleiten, wenn der Täter das **Kraftfahrzeug in einer Weise einsetzt,** die zu einer **erhöhten Gefahr für andere** Verkehrsteilnehmer führt.[83] Das ist dann der Fall, wenn die **Befürchtung** gerechtfertigt ist, der Täter werde seine Pflichten als Kraftfahrer, vor allem das Gebot zur Rücksichtnahme gegenüber anderen Verkehrsteilnehmern, vernachlässigen, um seine kriminellen Ziele zu erreichen.[84] Allein der Umstand, dass der Angeklagte ein Kraftfahrzeug zur Begehung einer Straftat benutzt hat, rechtfertigt daher nicht die Feststellung der Ungeeignetheit zum Führen von Kraftfahrzeugen.[85] Entsprechendes gilt für die Gefahr künftigen Missbrauchs der Fahrerlaubnis zur Durchführung von Straftaten.[86] Auch mangelnde Fertigkeit oder technisches Nichtkönnen sowie nicht ausreichendes Reaktionsvermögen können die Annahme von Kraftfahrungeeignetheit iSd § 69 StGB rechtfertigen.[87]

Hinweis: Der Verteidiger muss also genau auf die inhaltliche Ausrichtung der Einlassung achten – so ist im Rahmen einer Erklärung zur Sache darauf zu achten, nicht über das Ziel hinaus zu schießen und etwa zu nicht mehr ausreichendem Reaktionsvermögen des Angeklagten vorzutragen.

c) Sich „aus der Tat" ergebende Kraftfahrungeeignetheit

Entziehung der Fahrerlaubnis setzt nach § 69 Abs. 1 S. 1 StGB voraus, dass die im Zusammenhang mit dem Kraftfahrzeugführen oder unter Verletzung der Pflichten eines Kraftfahrzeugführers begangene Straftat Mängel offenbart, die sich „aus der

---

82 BVerfG NJW 2002, 2378; 2002, 2380; s. auch BVerfG NJW 2005, 349; ebenso – im Anschluss an BVerfG – BGH, Beschl. v. 27.4.2005 – GSSt 2/04 = (GrS) NJW 2005, 1957 = NStZ 2005, 503 = NZV 2005, 486 = DAR 2005, 452; BGH NZV 2003, 199.
83 BGH, Beschl. v. 27.4.2005 – GSSt 2/04 = (GrS) NJW 2005, 1957 = NStZ 2005, 503 = NZV 2005, 486 = DAR 2005, 452; NZV 2003, 199; DAR 2003, 128; 2003, 180.
84 BGH, Beschl. v. 27.4.2005 – GSSt 2/04 = (GrS) NJW 2005, 1957 = NStZ 2005, 503 = NZV 2005, 486 = DAR 2005, 452; NZV 2003, 199; OLG Hamm StV 2003, 624.
85 BGH, Beschl. v. 27.4.2005 – GSSt 2/04 = (GrS) NJW 2005, 1957 = NStZ 2005, 503 = NZV 2005, 486 = DAR 2005, 452; NZV 2003, 199; DAR 2004, 355; OLG Koblenz StV 2004, 320; OLG Köln NZV 2004, 423.
86 BGH, Beschl. v. 27.4.2005 – GSSt 2/04 = (GrS) NJW 2005, 1957 = NStZ 2005, 503 = NZV 2005, 486 = DAR 2005, 452; NStZ 2004, 146; die gegenteilige Meinung (zB BGH – 1. StrSen – NStZ 2003, 658; OLG Hamm BA 2004, 69) ist durch den Beschluss des Großen Strafsenats überholt.
87 OLG Düsseldorf VM 1976, 52; 1966, 60 Nr. 112.

Tat" ergeben.⁸⁸ Das bedeutet, dass sich der **Eignungsmangel** immer in erster Linie aus der Tat herleiten lassen muss.⁸⁹

44 Aus der Tat ergibt sich die Ungeeignetheit nur, wenn diese einen **verkehrsspezifischen Bezug** aufweist. Das ist der Fall, wenn die Tatumstände ergeben, dass von der Teilnahme des Täters am Kraftfahrzeugverkehr verkehrsbezogene Gefahren für andere ausgehen, weil dieser bereit ist, die Sicherheit des Straßenverkehrs zur Erreichung seiner Ziele zu beeinträchtigen.⁹⁰ Im Übrigen dürfen aber neben der Tat auch die Persönlichkeit des Angeklagten, seine bisherige Lebensführung und alle sonstigen Umstände berücksichtigt werden, die einen Schluss auf mangelndes Verantwortungsbewusstsein im Straßenverkehr zulassen. Voraussetzung ist hierbei allerdings stets, dass diese Umstände die Tat beeinflusst haben.⁹¹

45 Bei Straftaten, die nicht zu den Indiztaten des § 69 Abs. 2 StGB gehören, erfordert die Feststellung der Ungeeignetheit immer eine **umfassende Gesamtwürdigung aller Umstände**.⁹² In diesem Zusammenhang dürfen auch die bisherige Fahrweise des Angeklagten und eventuelle Vorstrafen berücksichtigt werden.⁹³

Hinweis: Trotz grundsätzlichen Verwertungsverbots des § 51 BZRG dürfen im Rahmen der strafgerichtlichen Prüfung der Kraftfahreignung auch solche Verurteilungen zum Nachteil des Angeklagten berücksichtigt werden, die getilgt oder tilgungsreif sind. Das gilt aber nur, solange die Verurteilung nach §§ 28–30 b StVG verwertet werden darf (§ 52 Abs. 2 BZRG idF vom 24.4.1998), nicht mehr (wie nach der bis zum 31.12.1998 geltenden Regelung) unbefristet.

46 Der **Beruf des Angeklagten** kann nur in Ausnahmefällen Anhaltspunkte für das Ausmaß des in der Straftat offenbar gewordenen Mangels im verantwortungsbewussten Verhalten als Kraftfahrer geben. Keinesfalls darf das Gericht hierbei eine sich möglicherweise aus der beruflichen oder sozialen Stellung des Täters ergebende höhere Schuld als solche zum Nachteil des Angeklagten würdigen, etwa in der Weise, dass es eine längere Sperrfrist verhängt. Denn dann würde es Strafzumessungsgesichtspunkte in unzulässiger Weise mit den Kriterien vermischen, die für die Anordnung der Maßregel von Bedeutung sind.⁹⁴ Andererseits dürfen aus Art und Grad des Verschuldens auch Rückschlüsse auf Art und Dauer des Eignungsmangels gezogen werden.⁹⁵ In diesem Zusammenhang ist zB auf eine ältere Entscheidung des OLG Oldenburg hinzuweisen, das den Beruf des Angeklagten als Taxifahrer bei dessen Fahrt ohne Fahr-

---

88 BGH NStZ-RR 1998, 43; OLG Düsseldorf NJW 1961, 979.
89 BGH NStZ 2004, 144, 147.
90 BGH, Beschl. v. 27.4.2005 – GSSt 2/04 = (GrS) NJW 2005, 1957 = NSTZ 2005, 503 = NZV 2005, 486 = DAR 2005, 452; BGH NStZ 2004, 144, 147; Fischer, StGB, § 69 Rn 14, 45; Sowada, BA 2004, 151, 153; NStZ 2004, 169, 171 ff.
91 BGH NStZ 2004, 144, 147; NZV 2003, 46; BA 2001, 123; OLG Düsseldorf NZV 1997, 364.
92 BGH NStZ 2004, 144, 147; VRS 107, 427; DAR 2004, 355; OLG Koblenz StV 2004, 320; OLG Köln NZV 2004, 423.
93 BGH NJW 1954, 1167; OLG Düsseldorf NJW 1961, 979.
94 Geppert, Sperrfrist, S. 92, 112.
95 Geppert, Sperrfrist, S. 91.

gäste zu seinem Nachteil bei den Erwägungen zur Fahrerlaubnissperre gewürdigt hat.[96]

Hinweis: Mängel charakterlicher, körperlicher oder geistiger Art, die bei der Tat selbst keinerlei Rolle gespielt haben, dürfen bei der Frage der Fahrerlaubnisentziehung und der zu verhängenden Fahrerlaubnissperre nicht berücksichtigt werden. Denn das sind keine Umstände, die die Tat beeinflusst haben; nur solche aber dürfen im Rahmen der Erwägungen zu §§ 69, 69 a StGB Berücksichtigung finden.[97] Anders als die Verwaltungsbehörde, die bei der Eignungsbeurteilung im Zusammenhang mit der Erteilung oder Entziehung der Fahrerlaubnis in den Grenzen der §§ 11, 46 FeV, Anlage 15 Nr. 1 a zur FeV eine umfassendere Persönlichkeitswürdigung vorzunehmen hat, hat der Strafrichter also nur Anlass, bei Prüfung der Voraussetzungen des § 69 StGB eine Persönlichkeitswürdigung vorzunehmen, soweit die abgeurteilte Tat selbst Eignungsmängel erkennen lässt.[98]

d) Nach der Tat aufgetretene Eignungsmängel

Da sich die eine Fahrerlaubnisentziehung rechtfertigende Kraftfahrungeeignetheit aus der Tat ergeben muss, **haben** auch alle Eignungsmängel **außer Betracht zu bleiben**, die erst durch die Tat oder nach der Tat aufgetreten sind (zB körperliche Beeinträchtigungen), die aber keinerlei Auswirkungen auf die Tat selbst haben konnten.[99] Umstände, die zwischen Tat und Hauptverhandlung hervorgetreten sind, dürfen bei der Beurteilung der Eignungsfrage berücksichtigt werden.[100] Allerdings muss es sich dabei um solche Tatsachen handeln, die einen Rückschluss auf die Täterpersönlichkeit zur Zeit der Tatausführung gestatten.[101]

47

e) Maßgebender Zeitpunkt für die Eignungsbeurteilung

Aus dem Charakter der Fahrerlaubnisentziehung als Maßregel ergibt sich, dass es nicht nur darauf ankommt, dass der Täter sich **in der Tatsituation** als ungeeignet zum Führen von Kraftfahrzeugen erwiesen haben muss. Nur wenn der Angeklagte **im Zeitpunkt des Urteils** (noch) ungeeignet zum Führen von Kraftfahrzeugen ist, darf ihm die Fahrerlaubnis entzogen werden.[102] Auch dies folgt aus dem Charakter der §§ 69, 69 a StGB als Maßregel der Besserung und Sicherung.

48

Hinweis: Ist dem Beschuldigten so zB die Fahrerlaubnis vorläufig gem. § 111 a StPO entzogen worden, so ist immer zu prüfen, ob der Eignungsmangel bzw die dringende Erwartung, dass in der Hauptverhandlung noch ein solcher festgestellt werden kann. Der Satz „Einmal so, immer so" gilt hier also nicht!

---

96 OLG Oldenburg NJW 1964, 1333.
97 BGH NJW 1961, 1269; OLG Frankfurt NStZ-RR 1996, 235.
98 OLG Celle MDR 1966, 431.
99 BGH NJW 1961, 1269 (erheblicher Verlust der Sehkraft nach Unfall); OLG Frankfurt NStZ-RR 1996, 235.
100 BGH NJW 1955, 557.
101 BGH NJW 1961, 1269.
102 BGH NStZ 2004, 144, 147; NZV 2003, 199; OLG Oldenburg zfs 2005, 260; OLG Karlsruhe NZV 2004, 537.

A. Entziehung der Fahrerlaubnis durch den Strafrichter

49 Im Falle eines charakterlichen Mangels aufgrund einer Straftat ist das zu verneinen, wenn eine künftige Gefährdung anderer nicht zu erwarten ist, weil weitere Straftaten nicht mehr zu befürchten sind.[103] Das Gericht muss also, bevor es die Maßregel verhängt, prüfen, ob der in der Tat zum Ausdruck gekommene Eignungsmangel möglicherweise inzwischen weggefallen ist.[104] Hierzu kann uU schon das Bemühen des Angeklagten um Verhaltensänderung durch Nachschulungs- oder Therapiemaßnahmen genügen.[105]

50 Typische Konstellationen des **nachträglichen Wegfalls des charakterlichen Mangels** sind damit:

- vorläufige Führerscheinmaßnahmen,
- beanstandungslose Teilnahme am Straßenverkehr zwischen Tat und Entscheidung,
- lange Verfahrensdauer,
- verkehrspsychologische Maßnahmen, Schulungen pp.

Hinweis: Diese Gesichtspunkte werden an geeigneter Stelle **nachfolgend im logischen Kontext dargestellt**. Besonders das Zusammenspiel mehrerer Faktoren gebietet das Absehen von der Fahrerlaubnisentziehung.

f) Bedeutung des Grundsatzes „in dubio pro reo"

51 Die Frage „Gilt der Grundsatz ‚in dubio pro reo' auch bei der Entscheidung nach § 69 StGB?" kann in dieser Form nicht eindeutig beantwortet werden, weil die Frage ungenau gestellt ist. Die Entscheidung der Eignungsfrage beruht letztlich auf einer **Prognose** über das zu erwartende Verhalten des Angeklagten als Kraftfahrer. Diese Prognose wiederum stützt sich auf vom Gericht festzustellende **Tatsachen**.

Hinweis: Hinsichtlich der Tatsachen („Prognosetatsachen") gilt der Zweifelssatz selbstverständlich auch im Rahmen des § 69 StGB in vollem Umfang.

52 Der Richter darf also eine negative Prognose nicht **auf** solche **Tatsachen gründen**, die nicht zweifelsfrei festgestellt worden sind.[106] Dagegen ist die Prognose selbst ihrer Natur nach mit Zweifeln belastet. Für sie kann der Zweifelssatz daher keine Geltung beanspruchen.[107] Für eine negative Prognose und damit die Feststellung der Kraftfahrungeeignetheit genügt es nämlich, dass mit Wahrscheinlichkeit ein Rückfall zu erwarten ist.[108] Die bloße Möglichkeit weiterer Straftaten durch den Angeklagten reicht allerdings keinesfalls zur Annahme von dessen Ungeeignetheit zum Führen von Kraftfahrzeugen aus. **Hat das Gericht Zweifel**, ob ein in der Straftat zum Ausdruck gekommener Mangel, der die Annahme von Ungeeignetheit rechtfertigen könnte, mit

---

103 BGH NZV 2001, 434; OLG Dresden NZV 2001, 439; LG Mühlhausen NZV 2003, 206.
104 OLG Köln VRS 90, 123; OLG Frankfurt NStZ-RR 1996, 235; OLG Düsseldorf DAR 1994, 248; LG Neuruppin StV 2004, 345.
105 OLG Oldenburg zfs 2005, 260.
106 Geppert, NJW 1971, 2154, 2156.
107 Geppert, Sperrfrist S. 120; König in: Hentschel/König/Dauer, § 69 Rn 11; Fischer, StGB, § 61 Rn 3; vgl in diesem Zusammenhang auch OVG Schleswig NZV 1992, 379.
108 Kinzig/Stree in: Schönke/Schröder, § 69 Rn 55.

Wahrscheinlichkeit oder nur möglicherweise einen Rückfall erwarten lässt, darf es daher die Fahrerlaubnis nicht entziehen.

Hinweis: Letztlich kommt der Satz „in dubio" hier auch auf Rechtsfolgenseite versteckt zur Geltung.

Strafaussetzung zur Bewährung schließt die Entziehung der Fahrerlaubnis nicht aus. 53 Dass die Bewilligung von Strafaussetzung zur Bewährung eine positive Prognose voraussetzt, steht nicht notwendig im **Widerspruch** zur gleichzeitigen Entziehung der Fahrerlaubnis.[109] Vielfach wird die nach § 56 StGB erforderliche Erwartung künftiger straffreier Führung überhaupt nur unter der Voraussetzung gerechtfertigt sein, dass der Angeklagte durch gleichzeitige Entziehung der Fahrerlaubnis vom Straßenverkehr ausgeschlossen wird.[110]

g) Regeltatbestände des § 69 Abs. 2 StGB

§ 69 Abs. 2 StGB enthält einen **Deliktskatalog** der schwerwiegendsten Verkehrsstraftaten, die einen Schluss auf eine Ungeeignetheit des Täters zum Führen von Kraftfahrzeugen zulassen. Straftaten 54

- der Gefährdung des Straßenverkehrs gem. § 315 c,
- der Trunkenheit im Verkehr gem. § 316 StGB,
- des unerlaubten Entfernens vom Unfallort gem. § 142 StGB mit bedeutendem Fremdschaden oder nicht unerheblichen Verletzungsfolgen oder
- des Vollrauschs gem. § 323 a StGB, der sich auf eine der genannten Straftatbestände bezieht,

führen gem. § 69 Abs. 2 StGB in der Regel zur Annahme von Kraftfahrungeeignetheit.

Im Falle des unerlaubten Entfernens vom Unfallort gilt dies dann, wenn der Täter die 55 genannten schweren Unfallfolgen kannte oder mit ihnen rechnen musste. In Fällen des § 69 Abs. 2 Nr. 2 StGB (Trunkenheit im Verkehr) unterliegt es keinem Zweifel, dass diese Alternative nur den Täter eines Vergehens gegen § 316 StGB erfasst und nicht etwa auch Teilnehmer.[111]

aa) Die Bedeutung von § 69 Abs. 2 StGB – „Indizwirkung"

Die Bedeutung der Vorschrift des § 69 Abs. 2 StGB liegt darin, dass sie die Ungeeignetheit des Täters zum Führen von Kraftfahrzeugen indiziert.[112] Das Vorliegen einer der erwähnten Indiztaten entbindet den Tatrichter daher von einer Gesamtwürdigung aller Tatumstände einschließlich der Persönlichkeit des Angeklagten.[113] Zur Verhängung der Maßregel ist in solchen Fällen daher im Urteil nur noch die Feststellung er- 56

---

109 BGH NZV 2001, 434 (zust. Geppert, JR 2002, 114); OLG Düsseldorf NZV 1997, 364; a. M. aber OLG Düsseldorf VRS 98, 36 (jedenfalls bei isolierter Sperre).
110 Siehe auch Geppert, Sperrfrist, S. 165, 166; Hentschel, NJW 2001, 711, 720.
111 OLG Koblenz DAR 1987, 297; LG Koblenz VRS 100, 36.
112 BayObLG DAR 1992, 364 Nr. 6 – bei Bär; OLG Düsseldorf DAR 1996, 413; OLG Koblenz VRS 71, 278; ganz hM, einschränkend insoweit aber Krehl DAR 1986, 33, 36.
113 Vgl auch die amtl. Begründung, BT-Drucks. IV/651 S. 17.

forderlich, dass der Angeklagte eine der Indiztaten begangen hat und dass keine Tatsachen vorliegen, die eine Ausnahme von der Regel rechtfertigen.[114]

Hinweis: Der Verteidiger muss also dem Gericht möglichst „mundgerecht" Besonderheiten des Falles darstellen, um dem Gericht für den Fall einer Rechtsmitteleinlegung durch die Staatsanwaltschaft eine rechtsfehlerfreie Urteilsbegründung zu ermöglichen.

Selbstverständlich muss das Gericht Besonderheiten des Einzelfalls daraufhin prüfen, ob sie entgegen der gesetzlichen Vermutung eine positive Beurteilung der Eignungsfrage rechtfertigen könnten.[115] Ohne erkennbare oder geltend gemachte Besonderheiten allerdings muss sich hierzu im Urteil des Tatrichters im Falle einer Verurteilung nichts finden.

(1) Unproblematische Regeldelikte

57 Die tatbestandlichen Voraussetzungen der Regelbeispiele §§ 315 c, 316, 323 a StGB sind klar: Es kommt einfach auf das Vorliegen eines der genannten „Regeldelikte" an. Hierdurch ist die Indizwirkung des § 69 Abs. 2 StGB ausgelöst.

(2) Bedeutender Schaden bei Unfallflucht

58 Zweifelhaft kann lediglich nach **Verurteilung gem. § 142 StGB**[116] die Frage sein, was unter einem „bedeutenden Schaden" iSd § 69 Abs. 2 Nr. 3 StGB zu verstehen ist. IdR wird versucht, den Schadensbegriff betragsmäßig festzumachen. Er wird mittlerweile allgemein mit mindestens 1.300 EUR[117] angenommen, teils auch höher.[118] Zu beachten ist, dass hierbei **nicht nur die Reparaturkosten entscheidend** sind, sondern alle Kosten, die entstehen, um den Geschädigten wirtschaftlich so zu stellen wie vor dem Unfall. Einzelheiten sind hier aber streitig. Dazu gehören neben den Reparaturkosten auch die Kosten für Ersatzbeschaffung, merkantiler Minderwert, Abschleppkosten usw.[119] Nicht zum Sachschaden iSd § 69 Abs. 2 Nr. 3 StGB gehören allerdings Gutachter- und Anwaltskosten, die bei der Ermittlung des bedeutenden Sachschadens und seiner Regulierung entstehen.[120]

Hinweis: Die Schadensberechnung ist daher vor allem in Grenzfällen (dh bei nur geringer Überschreitung des Schwellenwertes für den bedeutenden Schaden) ein gutes „Einfallstor" für eine effektive Verteidigung. So sind die Schadensposten durchzugehen und ggf zu überprüfen, etwa durch Einholung neuer Sachverständigengutachten,

---

114 BGH VRS 92, 204; OLG Düsseldorf NZV 1988, 29.
115 OLG Düsseldorf VRS 70, 137; NZV 1988, 29.
116 Zur „Unfallflucht": Himmelreich/Krumm/Staub, Verkehrsunfallflucht; DAR-Extra 2014, 737 ff.
117 Aus der neueren Rechtsprechung und Literatur statt vieler: OLG Jena NZV 2005, 434 = DAR 2005, 289 = NStZ-RR 2005, 183 = VRS 108, 262; OLG Dresden NZV 2006, 104 = SVR 2005, 439 = DAR 2005, 459 = VA 2005, 145 = StV 2005, 443 = VRS 109, 20; LG Braunschweig zfs 2005, 100; LG Berlin NZV 2007, 537 = NStZ 2007, 281; LG Gera NZV 2006, 105 = DAR 2006, 107; AG Lüdinghausen NZV 2005, 213; LG Wuppertal DAR 2007, 660; Fischer, StGB, § 69 StGB, Rn 29; Winkler in: Himmelreich/Halm, Kap. 33 Rn 117; weitere Nachweise auch bei Himmelreich/Krumm/Staub, Rn 269.
118 LG Hamburg DAR 2008, 219; AG Saalfeld DAR 2005, 52 = VRS 107, 428; Bach, DAR 2007, 667, 668.
119 OLG Naumburg NZV 1996, 204; OLG Stuttgart VRS 62, 123; LG Hamburg NZV 1993, 326; Fischer, StGB, § 69 Rn 28; a. M. Bär DAR 1991, 271; LG Hamburg DAR 2005, 168 (nicht „Verbringungskosten").
120 LG Hamburg DAR 1991, 472; NZV 1994, 373; aM Lenhart, NJW 2004, 191, 192; Notthoff, NStZ 1995, 92.

kürzerer sachverständiger Stellungnahmen oder auch nur Einholung von Auskünften über die Kosten einer Reparatur in einer Fachwerkstatt. Teils finden sich auch ganze Positionen wieder, die gar nicht dem Schadensbegriff des § 69 Abs. 2 StGB unterfallen.[121]

Anders als bei § 315 c StGB hinsichtlich „fremder Sachen von bedeutendem Wert" genügt im Rahmen des § 69 Abs. 2 Nr. 3 StGB grundsätzlich auch ein bedeutender Schaden am vom Täter geführten Fahrzeug, wenn es sich um ein fremdes Fahrzeug handelt. Ob allerdings überhaupt der Tatbestand des § 142 StGB durch das Verlassen der Unfallstelle nach bloßer Beschädigung des vom Täter geführten fremden Fahrzeugs erfüllt ist, hängt von der Gestaltung seiner Rechtsbeziehung zum Fahrzeugeigentümer ab, nämlich davon, ob dessen Feststellungsinteressen durch das Entfernen vom Unfallort beeinträchtigt wurden.[122] Bei **Schäden am geleasten Fahrzeug** wird § 142 StGB häufig ohnehin mangels Feststellungsinteresses ausscheiden.[123]

Hinweis: Dass die nach § 69 Abs. 2 Nr. 2 StGB eine Fahrerlaubnisentziehung indizierende Verkehrsstraftat mit einem Leichtmofa begangen wurde, rechtfertigt allein keine Ausnahme von der Regel dieser Bestimmung.

Die gegenteilige Ansicht des LG Oldenburg[124] steht weder mit dem Wortlaut noch mit dem Zweck der Bestimmung in Einklang. Der Verteidiger muss sich gleichwohl auf diese Entscheidung beziehen.

Beantragt die Staatsanwaltschaft im Hinblick auf die von der Polizei geschätzte Schadenshöhe beim Amtsgericht vorläufige Entziehung der Fahrerlaubnis gem. §§ 111 a StPO, 69 Abs. 2 Nr. 3 StGB, ist zu beachten, dass es sich hierbei nur um oberflächliche **Schätzungen durch Polizeibeamte** handelt. Dann kann vor Anordnung einer vorläufigen Fahrerlaubnisentziehung weitere Aufklärung geboten sein. Mehrere Einzelschäden sind zusammenzurechnen[125] – egal ob an einem Objekt oder an mehreren Objekten eingetreten.

Für die **Frage eines „bedeutenden Sachschadens"** iSd § 69 Abs. 2 Nr. 3 StGB – bei dem ab ca. 1.300 EUR[126] und mehr ein Fahrerlaubnisentzug in Betracht kommt – ist nicht der im Nachhinein festgestellte tatsächliche ggf immense Schaden maßgebend sondern zunächst einerseits, wie sich zum Zeitpunkt des Unfallgeschehens unter Berücksichtigung gewöhnlicher Umstände der angerichtete Schaden am Unfallort – objektiv – abgezeichnet hat,[127] dann andererseits wie sich – subjektiv – die Vorstellung

---

121 Weiteres hierzu bei Himmelreich/Krumm/Staub, Rn 262 f.
122 OLG Hamm NZV 1990, 197; Hembach, zfs 2005, 165, 167.
123 König in: Hentschel/König/Dauer, § 142 StGB Rn 23.
124 LG Oldenburg DAR 1990, 72.
125 Burmann in: Burmann/Heß/Jahnke/Janker, § 69 Rn 20.
126 So etwa LG Kaiserslautern, Beschl. v. 25.6.2012 – 5 Qs 72/12; OLG Hamm NZV 2011, 356; LG Berlin = BeckRS 2010, 20250 = DAR 2010, 533 = DAR 2011, 156 L = NZV 2010, 476 = VRS 119, 224; OLG Jena DAR 2005, 289 = NStZ-RR 2005, 183 = VRS 108, 262 = NZV 2005, 434; OLG Dresden DAR 2005, 459 = VA 2005, 145/6 = StV 2005, 443 = VRS 109, 439 = NZV 2006, 104; Fischer, StGB, § 69 StGB, Rn 29; König in: Hentschel/König/Dauer, § 142, Rn 17; Blum, SVR 2007, 153 (167); Gübner/Krumm, NJW 2007, 2802 f; LK-Geppert, § 69 Rn 85; Trück, NZV 2013, 361, 364.
127 Vgl OLG Schleswig VRS 54, 33; BayObLG DAR 1982, 248 – bei Rüth; vgl hierzu auch die Bedenken von Mollenkott, zfs 1995, 321.

des Schädigers bzw beschuldigten Unfallbeteiligten selbst über den Umfang des von ihm angerichteten Fremdschadens darstellte.[128]

Hinweis: Die Schätzungen der Polizei liegen oftmals völlig neben der tatsächlichen Schadenshöhe – den Polizeibeamten ist hier kein Vorwurf zu machen. Wichtig ist aber, dass sich alle Verfahrensbeteiligten hierüber bewusst sind und nicht einfache Schätzungen unkritisch als „zwangsläufig richtig" übernehmen.

62 Aber auch in der Hauptverhandlung darf das Gericht die Maßregel der Fahrerlaubnisentziehung nicht ohne Weiteres auf die sich aus einem **Kosten(vor)anschlag** oder einer Reparaturrechnung ergebende Schadenshöhe stützen. Die Regelvermutung der Kraftfahrungeeignetheit nach § 69 Abs. 2 Nr. 3 StGB setzt nämlich voraus, dass sich der Täter von der Unfallstelle entfernt hat, obwohl er „weiß oder wissen kann", dass die in der Bestimmung genannten schweren Unfallfolgen eingetreten sind.

63 Dabei genügt es allerdings, dass der Angeklagte die der Schadenshöhe zugrunde liegenden objektiven Umstände wahrnehmen konnte.[129] Liegt die von der Polizei geschätzte Höhe des Schadens im Gegensatz zum Kostenvoranschlag oder Gutachten deutlich unter der Grenze für die Anwendung von § 69 Abs. 2 Nr. 3 StGB, so kann es durchaus zweifelhaft sein, ob der Angeklagte – anders als die Polizei – die für das Ausmaß des Schadens entscheidenden Umstände richtig erfassen konnte;[130] das Vorstellungsbild des Täters ist damit entscheidend.[131] Ein entsprechendes Verteidigungsvorbringen setzt in solchen Fällen natürlich voraus, dass sich der Angeklagte überhaupt an der Unfallstelle um ein Bild vom Ausmaß des entstandenen Schadens bemüht hat. Nachträglich entstehende Schadenspositionen, die auf einer zur Tatzeit nicht absehbaren Entscheidung des Geschädigten beruhen, sollten im Rahmen des § 69 Abs. 2 Nr. 3 StGB nicht berücksichtigt werden – diesen Gedanken wird ein Verteidiger auch für sich verinnerlichen und bei Staatsanwaltschaft und Gericht vortragen müssen. Im Übrigen ist auch bei Überprüfung des tatrichterlichen Urteils aus Anwaltssicht darauf zu achten, dass sich dieses nicht in der Angabe von Schadensschätzungen erschöpfen darf, sondern vielmehr den (bedeutenden) Schaden objektiv feststellen muss.[132]

64 „**Nicht unerheblich verletzt**" iSd § 69 Abs. 2 Nr. 3 StGB ist ein Unfallbeteiligter, wenn nach objektiven Gesichtspunkten ärztliche Hilfe geboten war.[133]

Hinweis: Wurde also gar kein Arzt aufgesucht, so spricht dies sicher erst einmal gegen die Verwirklichung des Regeltatbestands nach Unfallflucht. Der Verteidiger muss hierauf hinweisen. Der Richter wird dann weitere Feststellungen in seinem Urteil treffen müssen, will er gleichwohl aufgrund des unerlaubten Entfernens vom Unfallort

---

128 Vgl hierzu ausführlich mwN: Himmelreich/Krumm/Staub, Rn 367 ff.
129 OLG Naumburg NZV 1996, 204 (abl. Himmelreich, DAR 1997, 82).
130 AG Saalfeld VRS 106, 280.
131 KG, Beschl. v. 21.12.2011 – 3-1 Ss 389/11 – 127/11 = DAR 2012, 393 = NZV 2012, 497 = ADAJUR Archiv Dok.-Nr. 98135; zu diesem Thema vgl ausf. m. Rspr-Angaben Himmelreich/Krumm/Staub, Rn 334 ff u. 341 ff.
132 Übersicht: Berücksichtigungsfähige Posten im Rahmen des § 69 Abs. 2 Nr. 3 StGB: Krumm in: Himmelreich/Krumm/Staub, Rn 406 ff.
133 Fischer, StGB, § 69 Rn 28.

eine Fahrerlaubnisentziehung vornehmen. Finden sich ärztliche Atteste in der Sachakte, aus denen sich lediglich Hautschürfungen oder Hautrötungen ergeben, so kann etwa eine eigene ärztliche Stellungnahme zur Akte gereicht werden, aus der sich ergibt, dass die Verletzungen nach objektiven Maßstäben keine ärztliche Hilfeleistung erforderten.

Liegen die Voraussetzungen des § 69 Abs. 2 Nr. 3 StGB nicht vor, so steht damit nicht ohne Weiteres fest, dass eine Entziehung der Fahrerlaubnis zu unterbleiben hat. Sie ist dann zwar nicht indiziert. Das Gericht ist aber dadurch natürlich nicht gehindert zu prüfen, ob die Fahrerlaubnisentziehung nicht unter Würdigung der übrigen Tatumstände nach § 69 Abs. 1 StGB geboten ist.[134] § 69 StGB führt also zu keiner Sperrwirkung. 65

bb) Absehen von der indizierten Maßregel

Die Ungeeignetheit des Angeklagten zum Führen von Kraftfahrzeugen im Sinne von § 69 Abs. 1 StGB muss noch im Zeitpunkt des Urteils gegeben sein. Eine ausdrückliche Erörterung dieses Gesichtspunkts ist geboten, wenn entweder schon die – vor allem erstmalige – Tat selbst von Besonderheiten gekennzeichnet ist, die gegen einen künftigen Missbrauch der Fahrerlaubnis sprechen können, oder wenn hierfür nach der Tat eingetretene Umstände sprechen.[135] Die für alle Verfahrensbeteiligten somit wesentlichste Frage im Rahmen der Fahrerlaubnisentziehung ist: Wann kann/muss trotz der durch Aufnahme in den Regelkatalog des § 69 Abs. 2 StGB indizierten Maßregel abgesehen werden, auch wenn sie vom Wortlaut her einschlägig ist. 66

Hinweis: Die folgenden Gesichtspunkte werden – soweit sie inhaltlich auf andere Tatbegehungen übertragbar sind – auch in solchen „Nichtregelfällen" zu einem Absehen von der Fahrerlaubnisentziehung führen (müssen). Bsp.: Kurzfahrt eines Fahrers ohne Fahrerlaubnis. Hier geht es dann nicht um die Widerlegung der Indizwirkung, sondern vielmehr um die Beurteilung der möglicherweise sich ergebenden Ungeeignetheit.

(1) Umstände der Tat

Ein Ausnahmefall von der Regel des § 69 Abs. 2 StGB kann zunächst einmal gegeben sein, wenn die Umstände der Tat entgegen der gesetzlichen Regelvermutung die Annahme von Kraftfahrungeeignetheit nicht rechtfertigen. 67

(a) Notstandsähnliche Situation

Ein Ausnahmefall kann vorliegen, wenn die Tat in einer notstandsähnlichen Situation begangen wurde.[136] Gemeint sind hier Situationen, die nicht zu einer „echten" Rechtfertigung nach allgemeinen strafrechtlichen Rechtfertigungsnormen (§§ 32, 34 StGB) führen, sondern die solchen Situationen ähnlich sind und dementsprechend das **Handlungsunrecht des Täters einschränken/entfallen** lassen. Hier entfällt dann nicht 68

---

134 Einschränkend insoweit Berr, zfs 1984, 316, 317.
135 Vgl BGH DAR 1999, 197; OLG Oldenburg zfs 2005, 260; OLG Köln, Beschl. v. 2.11.2000 – Ss 434/00; OLG Köln, Beschl. v. 1.3.2013 – III-1 RVs 36/13 = BeckRS 2013, 12511 = DAR 2013, 393.
136 Vgl auch die amtl. Begründung, BT-Drucks. IV/651 S. 17.

die Strafbarkeit an sich – im Rahmen der Strafzumessung und der Anordnung der Maßregel kann und muss dies Berücksichtigung finden. Fahrten vor derartigem Hintergrund können so anerkanntermaßen die Indizwirkung des § 69 Abs. 2 StGB entfallen lassen.[137]

Beispiel aus der Rechtsprechung für notstandsähnliche Situation: Die plötzliche Nachricht von einem schweren Unfall des Sohnes veranlasst den jahrzehntelang unbeanstandet fahrenden Berufskraftfahrer, trotz vorausgegangenen Alkoholgenusses mit dem Kraftfahrzeug spontan zur Unfallstelle zu eilen.[138]

UU ist auch die Befürchtung eines drohenden Harnverhalts als notstandsähnliche Situation im Rahmen der Prüfung der charakterlichen Ungeeignetheit geeignet, die durch eine Trunkenheitsfahrt indizierte Ungeeignetheit entfallen zu lassen.[139]

Hinweis: Leider versuchen sich hier oftmals Beschuldigte durch **Lügengeschichten** herauszureden. Diese können dann auch idR enttarnt werden. Aus Sicht des Verteidigers ist es daher wichtig, zum einen den Tatrichter von der Richtigkeit der Einlassung zu überzeugen und andererseits dem Tatrichter auch genug Tatsachen an die Hand zu geben, ein Absehen von der Fahrerlaubnisentziehung in seinem Urteil rechtsfehlerfrei begründen zu können. Hierzu bedarf es zunächst einer **plausiblen und widerspruchsfreien Einlassung**, aus der sich eine tatsächliche /vermeintliche Notlage ergibt. Da der Tatrichter nach allgemeinen Grundsätzen die Einlassung eines Angeklagten nicht ungeprüft übernehmen darf, ist die Einlassung zu belegen, so durch Vorlage von Unterlagen (zB ärztliche Atteste und Zeugenaussagen). Zeugenaussagen sollten bereits vorab schriftlich zur Akte gereicht werden, um vorläufige Führerscheinmaßnahmen abzuwenden.

Deutlich häufiger als in Strafverfahren spielen derartige notstandsähnliche Situationen **im Ordnungswidrigkeitenverfahren** bei der Fahrverbotsanordnung eine Rolle – die dort ergangene Rechtsprechung[140] kann als Anhaltspunkt zur Einordnung des Verhaltens des Angeklagten dienen. Sie ist freilich in keinem Falle „1:1" übertragbar.

(b) Umparkersachverhalte/Kurzstreckenfahrten

69 Ein Absehen von der durch § 69 Abs. 2 StGB indizierten Maßregel kommt auch in Frage, wenn der alkoholbedingt fahrunsichere Angeklagte sein Fahrzeug nur wenige Meter versetzt hat, etwa, weil es ungünstig, zB störend oder gar verkehrswidrig, abgestellt war.[141] Solche Kurzstreckenfahrten führen anerkanntermaßen nämlich idR zu einer Erschütterung der Indizwirkung.[142] Es wird dann aber oft gem. § 44 Abs. 1 S. 2 StGB ein Fahrverbot angeordnet werden.[143]

---

137 LG Potsdam NZV 2001, 360; LG Heilbronn DAR 1987, 29; Gübner/Krumm, NJW 2007, 2801, 2802.
138 LG Heilbronn DAR 1987, 29; ähnlich LG Potsdam NZV 2001, 360.
139 OLG Koblenz NZV 2008, 367, 368.
140 Hierzu ausführlich: Krumm, Fahrverbot, § 6.
141 OLG Stuttgart NJW 1987, 142; OLG Düsseldorf VRS 79, 103; AG Fürstenfeldbruck zfs 2003, 470; AG Oldenburg (Holstein), SVR 2008, 230 = jurisPR-VerkR Nr. 5 in 18/2008 (mit zust. Anm. Rueber).
142 Gübner/Krumm, NJW 2007, 2801, 2802 mwN; König in: Hentschel/König/Dauer, § 69 StGB Rn 19 mwN.
143 OLG Stuttgart NJW 1987, 142.

Beispiele aus der Rechtsprechung: Das LG Gera etwa hat im Falle nur langsamer Fahrt über eine Strecke von 20 m auf einem Autobahnraststättengelände (bei einem wegen Vollrausches Verurteilten) von der Anordnung der indizierten Maßregel abgesehen.[144] Das AG Westerstede hat bei kurzer Fahrstrecke von weniger als 25 m auf einem öffentlichen Parkplatz (Bahnhof) nach einer vorsätzlichen Trunkenheitsfahrt von der Fahrerlaubnisentziehung Abstand genommen.[145] Auch ein Umparken nur wenige Meter auf einem Disco-Parkplatz, um danach im Auto zu schlafen erschüttert die Indizwirkung des Regelentziehungstatbestands nach Trunkenheitsfahrt.[146]

Ist die Fahrstrecke nicht klärbar, so ist im Zweifel zugunsten des Beschuldigten von einer kurzen Fahrtstrecke auszugehen.[147]

Hinweis: Natürlich wird sich der Tatrichter idR schwer tun, derartige „Kurzstreckenfahrt-Einlassungen" zu glauben, da sie oft ja nur Schutzbehauptungen sein werden. Zumindest sollte der Beschuldigte daher plausibel erklären, von wo er kam und wohin er aus welchem Grunde wollte. Dies muss er auch tun, um dem Gericht ein revisionsfestes Urteil zu ermöglichen. Das Gericht darf nämlich die entlastende Einlassung eines Angeklagten nicht ungeprüft glauben.

ME wird die Fahrt bei einer **Strecke ab 50 m keine Kurzfahrt** im geschilderten Sinne mehr darstellen können.

Der Verteidiger muss dem Tatrichter natürlich eine rechtsfehlerfreie Urteilsbegründung ermöglichen. Hierzu gehört ein plausibler und nach allen Seiten offener Vortrag („mundgerecht"), der insbesondere Stellung nehmen sollte zu

- dem Grund der Kurzfahrt,
- dem Fahrtbeginn,
- dem (beabsichtigten und tatsächlichen) Fahrtende,
- dem Grund des Fahrtendes.

Skizzen und Fotos der Örtlichkeit sollten den Vortrag ebenso wie schriftliche Zeugenaussagen nachvollziehbar machen. Hieran ist insbesondere dann zu denken, wenn eine vorläufige Fahrerlaubnisentziehung droht. Durch derartige Unterlagen kann nämlich die Aktenlage „gedreht" werden.

(c) Ungefährliche Fahrzeuge

Kommt es zu (Trunkenheits-)Fahrten mit Fahrzeugen, die nur ein geringes Gefahrenpotential für Dritte in sich tragen, so kann uU erwogen werden, aus diesem Grund die Indizwirkung des § 69 Abs. 2 StGB nach einer Trunkenheitsfahrt als erschüttert anzusehen. Hier ist jedoch mit größter Vorsicht vorzugehen – die Gefährlichkeit eines motorisierten Verkehrsteilnehmers ist nämlich nur selten genau prognostizierbar. So

---

144 LG Gera DAR 1999, 420.
145 AG Westerstede, Urt. v. 10.4.2012 – 42 Cs 32/12 (375 Js 67793/11) = NZV 2012, 304 (aber: 3-monatiges Fahrverbot wurde festgesetzt).
146 AG Verden, Beschl. v. 3.12.2013 – 9 a Gs 924 Js 43392/13 (3757/13) = NZV 2014, 378.
147 So iE AG Oldenburg (Holstein), SVR 2008, 230 = jurisPR-VerkR Nr. 5 in 18/2008 (mit zust. Anm. Rueber), dass seinen Feststellungen die Einlassung des Beschuldigten, er sei „nur wenige Meter bis an den Fahrbahnrand der an die Tiefgarage mündenden Straße" gefahren.

reicht die Begehung einer Trunkenheitsfahrt durch Mofas oder gar Leichtmofas für ein „automatisches" Absehen von der Regelentziehung nicht.[148] Ebenso muss dies für den Segway gesehen werden.

Hinweis: Am praxisrelevantesten scheint hier der alkoholisierte Rollstuhlfahrer zu sein[149] – dieser hat dann aber wegen § 44 Abs. 1 S. 2 StGB mit einem Fahrverbot zu rechnen.[150]

(d) Nur geringe Blutalkoholkonzentration?

73 Gerne wird von Verteidigern nur eine geringe Tatzeitblutalkoholkonzentration angeführt – sie **führt** aber regelmäßig **nicht zum Wegfall der indizierten Fahruntüchtigkeit.**[151] Dies ist auch richtig: Letztlich kann es nur darauf ankommen, ob der Angeklagte in einem fahruntüchtigen Zustand am Verkehr teilgenommen hat – wie zu Beginn des Buches dargestellt unterscheiden sich nämlich relative und absolute Fahruntüchtigkeit qualitativ nicht. Einzig die Frage des Beweises ist hierbei unterschiedlich zu betrachten.

Hinweis: Der Verteidiger wird natürlich gleichwohl sein Glück versuchen müssen und entgegenstehende Entscheidungen anführen müssen.[152]

(e) Unfallflucht (mit Trunkenheitsfahrt)

74 Umstände der Tat, die ein Absehen von der Regelentziehung nach einer Unfallflucht rechtfertigen können, sind durchaus denkbar – kommt es dabei auch noch zu einer Trunkenheitsfahrt, so scheint dies für den Fahrer eher eine ausweglose Situation, da hier dann sowohl die Trunkenheitsregelwirkung als auch die Regelwirkung nach unerlaubtem Entfernen vom Unfallort zu erschüttern wäre. Denkbar wäre hier uU eine Unfallflucht nach Umparken des Fahrzeugs. Wichtiger ist die Erschütterung der Indizwirkung nach einem unerlaubten Entfernen vom Unfallort dort, wo nur eine begleitend begangene Ordnungswidrigkeit nach § 24 a StVG in Rede steht, also die Fahrerlaubnisentziehung maßgeblich an der Verwirklichung des § 69 Abs. 2 Nr. 3 StGB hängt.

75 Hier ist ein **Entfallen der Indizwirkung möglich,**

- nachdem sich der Täter noch am gleichen Tag freiwillig bei der Polizei gemeldet hat,[153]

---

148 König in: Hentschel/König/Dauer, § 69 StGB Rn 19.
149 Als Argumentationshilfe muss die Entscheidung des AG Löbau, Urt. v. 7.6.2007 – 5 Ds 430 Js 17736/06 = NJW 2008, 530 = NZV 2008, 370 = SVR 2008, 266 = DAR 2008, 405 gelesen werden, auch wenn der Fahrer keine Fahrerlaubnis besaß. Das Gericht legt aber ausführlich im Rahmen des Alkoholgrenzwertes der absoluten Fahruntüchtigkeit dar, warum ein Rollstuhl eher einem Fahrrad gleichzusetzen ist, als einem anderen Kraftfahrzeug.
150 Siehe AG Löbau, Urt. v. 7.6.2007 – 5 Ds 430 Js 17736/06 = NJW 2008, 530 = NZV 2008, 370 = SVR 2008, 266 = DAR 2008, 405.
151 König in: Hentschel/König/Dauer, § 69 StGB Rn 19.
152 ZB AG Bernkastel-Kues BA 2006, 158 (0,63 ‰, bei zusätzlich wirkenden ärztlich verordneten Medikamenten und vier Monaten vorläufiger Fahrerlaubnisentziehung).
153 LG Gera VRS 99, 256; MDR 1997, 381; AG Saalfeld zfs 2004, 232; LG Aurich, Beschl. v. 6.7.2012 – 312 Qs 81/12 = BeckRS 2012, 15154 = NStZ-RR 2012, 349 (Ls) = NZV 2013, 53 (Ls) = ADAJUR Dok.-Nr. 98675 (Ls) = LSK 2012, 440069 (Ls) (Täter meldete sich 40 Minuten nach der Tat).

- wenn Strafmilderung oder Straferlass wegen tätiger Reue gem. § 142 Abs. 4 StGB ausschließlich an der Schadenshöhe scheitert, der Täter aber die übrigen Voraussetzungen erfüllt hat, vor allem aber von einem unbedeutenden Schaden ausgehen konnte, kann das Verhalten nach der Tat für ein Absehen von der indizierten Maßregel bedeutsam sein,[154]
- wenn § 142 Abs. 4 StGB nur deshalb scheitert, weil Streifschäden an am Fahrbahnrand abgeparkten Fahrzeugen zu beklagen sind, die zwar nicht unter den ruhenden Verkehr fallen, die aber aufgrund der Fahrtsituation wertungsmäßig ähnlich zu beurteilen sind.[155]

(2) Besondere Umstände in der persönlichen Lebensstellung

Oft werden seitens der Angeklagten fehlende Voreintragungen, lange Fahrpraxis und die Unverzichtbarkeit der Fahrerlaubnis für den Beruf geltend gemacht. Diese Gesichtspunkte können weder allein noch gemeinsam rechtsfehlerfrei die Annahme eines Wegfalls der Ungeeignetheit rechtfertigen. **76**

Hinweis: Auf den Vortrag derartiger Umstände darf der Verteidiger natürlich trotzdem nicht verzichten, da ggf weitere Umstände existieren oder geschaffen werden können (zB Nachschulung), die dann im Rahmen einer Gesamtschau doch den Eignungsmangel entfallen lassen.

Natürlich gibt es auch immer wieder veröffentlichte (Einzelfall-)Entscheidungen, die in eine andere Richtung gehen. Hierauf kann der Verteidiger zwar Hoffnung setzen, muss aber gleichzeitig realistisch genug sein (und dies dem Mandanten auch genauso mitteilen), zu erkennen, dass in der Regel einfache für den Angeklagten sprechende Umstände nicht dazu führen können, eine Fahrerlaubnisentziehung zu vermeiden. Hinzuweisen ist etwa auch eine Entscheidung des LG Dortmund, welches nach Unfallflucht (§ 142 Abs. 1 StGB – ohne Alkoholkonsum) trotz erfüllten Regeltatbestands des § 69 Abs. 2 Nr. 3 StGB die Regelvermutung bei einem Fremdschaden von 2.600 EUR als widerlegt angesehen hat, aufgrund des fortgeschrittenen Alters (von 57 Jahren) des Angeklagten, fehlender Voreintragungen, täglich notwendiger und stets zuverlässig erfolgter Fahrten zur Arbeitsstelle (quer durch das Ruhrgebiet) und zudem Tataufklärung sehr zeitnah im Anschluss an das Unfallgeschehen.[156] **77**

(a) Fehlende Voreintragungen/langjährige Fahrpraxis

Fehlende Vorbelastungen sind **kein Grund, die Regeltatbestände des § 69 Abs. 2 StGB in ihrer Anwendung einzuschränken.** Freilich gibt es auch andere Ansichten, auf die sich der Verteidiger berufen muss. Vor allem von saarländischen Gerichten wurde früher unter bestimmten Voraussetzungen auch dann eine Ausnahme bewilligt, wenn es sich bei Trunkenheitstaten um das erste Versagen eines langjährigen **78**

---

154 Schäfer, NZV 1999, 190; Lenhart, NJW 2004, 191, 193; vgl auch LG Gera VRS 99, 256.
155 Weitere Verteidigungstipps im Hinblick auf die Fahrerlaubnisentziehung nach Unfallflucht: Himmelreich/Krumm/Staub, Rn 367 ff.
156 LG Dortmund, Urt. v. 21.9.2012 – 45 Ns-206 Js 2293/11-173/12, VA 2013, 29 = BeckRS 2013, 04426 = VRR 2013, 34 = ADAJUR Dok.-Nr. 100384 (Ls) (der Angeklagte stellte sich nach der Unfallflucht; es wurde ein zweimonatiges Fahrverbot festgesetzt).

Kraftfahrers handelt.[157] Diese Praxis wurde allerdings inzwischen eingeschränkt.[158] Überwiegend hält die Rechtsprechung diesen Umstand allein nicht für ausreichend, um von der gem. § 69 Abs. 2 Nr. 2 StGB indizierten Maßregel abzusehen.[159]

(b) Berufliche Härten pp.

79 **Wirtschaftliche Folgen,** die sich für den Angeklagten aus der anzuordnenden Entziehung der Fahrerlaubnis ergeben, können für sich allein keine Ausnahme rechtfertigen.[160] Anders kann dies nur dann sein, wenn sie im Einzelfall erheblich zur Steigerung der Effektivität der auf den Angeklagten bis zur Hauptverhandlung einwirkenden vorläufigen Führerscheinmaßnahmen beigetragen haben.

Hinweis: Hier darf der **Verteidiger** sich keinesfalls nur damit begnügen, den Angeklagten solche Härten schildern zu lassen. Präsente (und damit zu vernehmende) Zeugen sollten in der Hauptverhandlung gestellt werden. Ggf sollten unterstützend frühzeitig im Verfahren verkehrspsychologische Maßnahmen ergriffen werden, um „ein Bündel" von Gesichtspunkten zu finden, die für ein zwischenzeitliches Entfallen der Nichteignung angeführt werden können.

(3) Wegfall des Eignungsmangels

80 Aufgrund des Charakters der §§ 69, 69 a StGB als **Maßregel der Besserung und Sicherung** stellt sich natürlich zunächst die Frage: Liegt zur Zeit der Urteilsentscheidung am Ende der Hauptverhandlung die Ungeeignetheit noch sicher vor? Denn der Eignungsmangel kann im Laufe des Verfahrens entfallen. Denkbar sind etwa ausführliche Nachschulungen, die die Eignung tatsächlich wiederherstellen. Im Verfahren sind jedoch zunächst „einfache" Gesichtspunkte zu würdigen: vorläufige Führerscheinmaßnahmen und die hierdurch erzielte Wirkung bei dem Angeklagten, Verfahrensdauer, ein zwischenzeitlicher Neuerwerb einer Fahrerlaubnis(klasse) oder auch eine zwischenzeitlich absolvierte MPU sind zu berücksichtigen.

81 Der wichtigste Fall eines Absehens von der Maßregel trotz Indizierung durch § 69 Abs. 2 StGB dürfte der sein, dass ein Fortbestehen des in der Straftat zum Ausdruck gekommenen Eignungsmangels im Hinblick auf die lange andauernden vorläufigen Führerscheinmaßnahmen (Beschlagnahme, vorläufige Entziehung) nicht mehr festgestellt werden kann.[161] Denn auch in den Regelfällen des § 69 Abs. 2 StGB muss der Richter prüfen, ob die für den Tatzeitpunkt gerechtfertigte Regelvermutung der genannten Bestimmung auch noch im Zeitpunkt der Hauptverhandlung gilt, ob also auch im Zeitpunkt der Urteilsfindung Ungeeignetheit nach wie vor besteht.[162]

---

157 ZB LG Saarbrücken BA 1992, 398; AG St. Ingbert zfs 1998, 153.
158 LG Saarbrücken zfs 1998, 152; BA 1999, 310 (Anm. Zabel).
159 OLG Düsseldorf VM 1971, 59 Nr. 70; OLG Köln DAR 1966, 271; OLG Koblenz VRS 67, 254.
160 BVerfG DAR 2000, 565; OLG Düsseldorf NZV 1992, 331.
161 BayObLG DAR 1992, 364 Nr. 6 – bei Bär; OLG Karlsruhe, Beschl. v. 4.8.2004 – 1 Ss 79/04 = NZV 2004, 537 = DAR 2004, 600 = NStZ-RR 2004, 371 = StV 2004, 584 = VRS 107, 190 = zfs 2004, 477; zu Nachschulungen pp. aus verwaltungsrechtlicher Sicht: Geiger, SVR 2006, 447.
162 BayObLG NZV 2004, 537; DAR 1992, 364 Nr. 6 – bei Bär; OLG Karlsruhe, Beschl. v. 4.8.2004 – 1 Ss 79/04 = NZV 2004, 537 = DAR 2004, 600 = NStZ-RR 2004, 371 = StV 2004, 584 = VRS 107, 190 = zfs 2004, 477; OLG Karlsruhe, Urt. v. 12.10.2000 – 1 SS 120/00 = BeckRS 2000, 14074 = DAR 2001, 469; OLG Köln VRS 90, 123; weitere Nachweise bei Hentschel, TFF, Rn 637 ff.

Hinweis: Auch wenn das Gericht einen **Beweisantrag** dahin, die Wiederherstellung der Eignung durch Sachverständigengutachten festzustellen wegen eigener Sachkunde ablehnen darf,[163] sollte aus taktischen Gründen (bessere Verhandlungsposition; mögliche Unsicherheit des Gerichtes mit dem Umgang derartiger Beweisanträge; Verfahrensstreckung; Chance tatsächlicher Einholung des Gutachtens; mögliche Fehler im Rahmen der Begründung eines ablehnenden Beschlusses mit der Folge gesteigerter Revisionschancen) ein solches beantragt werden.

Der **Erwerb einer Fahrerlaubnis** während des Verfahrens ist bislang nur selten Gegenstand der Rechtsprechung gewesen: Erwirbt etwa ein wegen Fahrens ohne Fahrerlaubnis Angeklagter nach der Tat eine neue Fahrerlaubnis, so kann bei nachfolgender mehr als dreimonatiger unbeanstandeter Teilnahme am öffentlichen Straßenverkehr der sich eigentlich aus der Tat ergebende Eignungsmangel weggefallen sein. Es kann dann aber geboten sein, ein Fahrverbot nach § 44 StGB festzusetzen.[164] In Fällen von Alkohol- und Drogenfahrten wird aber sicher nicht so großzügig umgegangen werden können. 82

(a) Einfluss vorläufiger Führerscheinmaßnahmen

Handelt es sich um einen charakterlichen Eignungsmangel, so muss zB – insbesondere **bei längerer Verfahrensdauer** – geprüft werden, ob womöglich der in der Tat offenbar gewordene Eignungsmangel durch vorläufige Führerscheinmaßnahmen wie Führerscheinbeschlagnahme oder vorläufige Fahrerlaubnisentziehung inzwischen behoben ist. 83

Mit der Regelung über die zu verhängende Sperrfrist, die von der voraussichtlichen Dauer des Eignungsmangels abhängt, hat der Gesetzgeber deutlich gemacht, dass er der Fahrerlaubnisentziehung „bessernde" Wirkung in diesem Sinne beimisst. 84

Hinweis: Trifft das auf die „endgültige" Maßregel (§ 69 StGB) zu, so muss es aber wegen der gleichen Wirkungen auch für vorläufige Führerscheinmaßnahmen (Sicherstellung; vorläufige Fahrerlaubnisentziehung) gelten.[165]

Dies ist vor allem zu beachten, wenn der Angeklagte, der sich wegen eines Alkoholdeliktes im Straßenverkehr zu verantworten hat, an einem **Kursus zur Behandlung alkoholauffälliger Kraftfahrer** („Nachschulung", Aufbauseminar) oder einer Verkehrstherapie teilgenommen hat und diese Maßnahmen zusätzlich neben der vorläufigen Fahrerlaubnisentziehung (oder Führerscheinbeschlagnahme) positiv auf ihn eingewirkt haben.[166] § 69 a Abs. 1 S. 1 oder Abs. 3 StGB bezüglich der Mindestdauer einer Fahrerlaubnissperre ist dabei nicht von entscheidender Bedeutung. 85

---

163 König in: Hentschel/König/Dauer, § 69 StGB Rn 23.
164 AG Lüdinghausen, Urt. v. 14.9.2010 – 9 Ds-82 Js 3172/10-86/10 = NZV 2011, 102 = BeckRS 2010, 23135.
165 BayObLG NJW 1971, 206; OLG Karlsruhe, Beschl. v. 4.8.2004 – 1 Ss 79/04 = NZV 2004, 537 = DAR 2004, 600 = NStZ-RR 2004, 371 = StV 2004, 584 = VRS 107, 190 = zfs 2004, 477; OLG Köln VRS 90, 123.
166 OLG Karlsruhe, Beschl. v. 4.8.2004 – 1 Ss 79/04 = NZV 2004, 537 = DAR 2004, 600 = NStZ-RR 2004, 371 = StV 2004, 584 = VRS 107, 190 = zfs 2004, 477; zur Verkehrstherapie s. Himmelreich, DAR 2003, 110; DAR 2004, 8, 11.

86 Kommt der Tatrichter zu der Auffassung, der Täter sei bereits durch die genannten vorläufigen Führerscheinmaßnahmen so beeindruckt, dass der Eignungsmangel im Zeitpunkt der Hauptverhandlung nicht mehr besteht, so **muss die Maßregel wegen Wegfalls des Eignungsmangels unterbleiben.** Das Gericht darf dies nicht etwa mit dem Hinweis unberücksichtigt lassen, die vorläufige Maßnahme habe noch nicht die der Mindestsperrfrist entsprechende Zeit von sechs Monaten gedauert.[167]

87 Die genannten Bestimmungen des § 69 a Abs. 1 S. 1 oder Abs. 3 StGB sind erst dann von Bedeutung, wenn das **Fortbestehen des Eignungsmangels** festgestellt ist und daher eine Fahrerlaubnissperre verhängt werden muss.

88 Gelegentlich neigen die Gerichte aber zu einer Vernachlässigung der gebotenen Prüfung in Bezug auf einen Wegfall des Eignungsmangels durch die lange andauernden vorläufigen Führerscheinmaßnahmen. Das gilt insbesondere dann, wenn der Eindruck entsteht, das Verfahren sei vom Angeklagten oder seinem Verteidiger unnötig – zB durch vermeidbare Vertagungs- oder Verlegungsanträge – in die Länge gezogen worden.

Hinweis: Aus **Verteidigersicht** ist sicher zunächst dazu zu raten, die Verfahrenssituation persönlich/telefonisch zu erörtern und das Gericht für das Problem zu sensibilisieren. In Grenzfällen mag auch das Angebot einer Absolvierung eines Aufbauseminars angeboten werden, um dem Gericht eine **Verfahrenseinstellung nach § 153 a Abs. 1 S. 2 Nr. 6 StPO** „schmackhaft" zu machen. Ansonsten sollte zunächst förmlich im Verfahren ein Antrag auf Überprüfung/Aufhebung der vorläufigen Fahrerlaubnisentziehung gestellt werden. Mit der sofortigen Beschwerdeeinlegung ist dagegen Vorsicht geboten – weiteres hierzu Teil 2 Rn 354 ff.

89 Mitunter wird die Rückgabe des Führerscheins in der Hauptverhandlung vom Gericht mit der Begründung verweigert, es sei ungerechtfertigt, dem Angeklagten Vorteile gegenüber demjenigen Verurteilten zu verschaffen, der nach Ablauf einer Fahrerlaubnissperre erneut eine Fahrerlaubnis beantragen muss. Ein Absehen von der Fahrerlaubnisentziehung in Fällen, in denen die Straftat einen Eignungsmangel offenbart habe, müsse daher die Ausnahme bleiben und erfordere das Vorliegen besonderer Umstände.[168] Derartige Überlegungen liegen neben der Sache und sind mit dem Maßregelzweck nicht vereinbar. Das hat selbst dann zu gelten, wenn die lange Dauer der vorläufigen Maßnahmen auf einer **vom Angeklagten selbst zu vertretenden Verzögerung** des Verfahrens beruht.[169] Nachdrücklich ist vor allem die im Schrifttum teilweise vorgetragene Argumentation zurückzuweisen, schuldhafte Verfahrensverzögerungen durch den Angeklagten rechtfertigten eine negative Beurteilung der charakterlichen Kraftfahreignung des Angeklagten.

Hinweis: So ärgerlich für den Tatrichter vermeidbare Verfahrensverzögerungen sein mögen, so ist es doch durch nichts gerechtfertigt, aus zulässigem Prozessverhalten auf

---

167 BayObLG NJW 1971, 206; OLG Stuttgart VRS 35, 19; aM OLG Stuttgart VRS 46, 103.
168 So zB auch Werner, DAR 1976, 7.
169 OLG Köln VRS 90, 123; näher dazu: Hentschel, DAR 1976, 150.

mangelndes Verantwortungsbewusstsein des Angeklagten als Kraftfahrer zu schließen.[170]

Dem ist mit dem Hinweis auf die Rechtsnatur der Maßregel zu begegnen, die
- keinen Strafcharakter hat,
- nicht zur Disziplinierung des Angeklagten hinsichtlich seines prozessualen Verhaltens dienen
- und selbstverständlich nur auf solche charakterlichen Mängel gestützt werden darf, die sich im Umgang mit Kraftfahrzeugen in einer für die Allgemeinheit gefährlichen Weise auswirken können.

Das gilt auch für das Berufungsverfahren. So muss auch das Berufungsgericht die in erster Instanz angeordnete Fahrerlaubnisentziehung aufheben, wenn ein Fortbestehen der in der Straftat offenbar gewordenen Ungeeignetheit zum Führen von Kraftfahrzeugen im Zeitpunkt der Berufungsverhandlung nicht mehr festgestellt werden kann, weil der Maßregelzweck durch die andauernde vorläufige Fahrerlaubnisentziehung oder Führerscheinbeschlagnahme erreicht ist.[171]

Hinweis: Der häufig zitierte Spruch mancher Berufungskammervorsitzender, „Führerscheine gibt es bei der Fahrerlaubnisbehörde" ist vor diesem Hintergrund mit Vorsicht zu genießen und wird (hoffentlich) nicht so gemeint sein, wie er zunächst klingt.

(b) Unbeanstandete Teilnahme am Kraftfahrzeugverkehr zwischen Tat und Hauptverhandlung

Wurde dem Angeklagten die **Fahrerlaubnis nicht gem.** § 111 a StPO vorläufig entzogen und sein Führerschein nicht beschlagnahmt, liegt aber die Tat inzwischen längere Zeit zurück, so scheidet Wegfall eines in der Straftat zum Ausdruck gekommenen Eignungsmangels durch die Auswirkungen einer vorläufigen Maßnahme aus. In derartigen Fällen wird allerdings häufig vom Verteidiger – taktisch richtig – geltend gemacht, der Angeklagte habe seither regelmäßig – möglicherweise mit hoher Kilometerleistung – am Straßenverkehr teilgenommen, ohne erneut strafrechtlich aufzufallen. Damit sei bewiesen, dass der Angeklagte für andere Verkehrsteilnehmer nicht gefährlich und ungeeignet zum Führen von Kraftfahrzeugen sei.

Nach der Rechtsprechung nötigt die unbeanstandete Teilnahme am Kraftfahrzeugverkehr bis zur Hauptverhandlung aber nicht zu einer besonderen Erörterung der Eignungsfrage. Begründet wird dies mit der hohen **Dunkelziffer** bei Verkehrsstraftaten und -ordnungswidrigkeiten sowie mit dem auf den Angeklagten bis zur Hauptverhandlung einwirkenden **Druck des Strafverfahrens**, der ein etwaiges tatsächliches Wohlverhalten zwar vorübergehend, aber nicht nachhaltig, gefördert haben mag.[172]

---

170 Abweichend aber zB Werner, DAR 1976, 7; D. Meyer, MDR 1976, 629, 632.
171 BayObLG DAR 1974, 176 f – bei Rüth; OLG Karlsruhe, Urt. v. 12.10.2000 – 1 SS 120/00 = BeckRS 2000, 14074 = DAR 2001, 469.
172 OLG München NJW 1992, 2776; OLG Stuttgart, Urt. v. 7.1.1997 – 4 Ss 672/96 = NZV 1997, 316; OLG Düsseldorf DAR 1996, 413 (ablehnend: Schulz, NZV 1997, 63).

Hinweis: Zu berücksichtigen ist, dass ein Kraftfahrer trotz bestehender Kraftfahrungeeignetheit uU jahrelang unauffällig bleiben kann, obwohl sich die von ihm ausgehende latente Gefahr jederzeit realisieren kann.[173]

ME wird es hier letztlich auf **weitere Umstände** ankommen, namentlich auf die Frage, wie lange der Zeitraum der unbeanstandeten Teilnahme am Straßenverkehr nach der Tat ist. Sie geht nämlich argumentativ „Hand-in-Hand" mit der Problematik der langen Verfahrensdauer.

(c) Lange Verfahrensdauer

93 Die bisher genannten Gesichtspunkte gehen oft mit der Problematik der langen Verfahrensdauer einher. Diese kann zwar nach hM allein (selbst bei vorläufigen Führerscheinmaßnahmen) trotz eigentlich gegebener Ungeeignetheit aus der Tat eine positive Prognose hinsichtlich einer **nunmehr vorliegenden Eignung nicht begründen**.[174] Doch ist – wie dargestellt – für die Prüfung der Ungeeignetheit eine Gesamtwürdigung der Tatumstände und der Täterpersönlichkeit erforderlich, im Rahmen derer die lange Verfahrensdauer der entscheidende Ansatz für den Wegfall des sich eigentlich aus der Tat ergebenden Eignungsmangels sein kann.[175] Die Wirkungen einer vorläufigen Fahrerlaubnisentziehung iVm einer langen Verfahrensdauer auf den Angeklagten sind nämlich angemessen im Rahmen der Prüfung der Ungeeignetheit zu berücksichtigen.[176]

Hinweis: Das Gericht hat in diesen Fällen jedenfalls die Pflicht, für die beschleunigte Durchführung der Hauptverhandlung zu sorgen;[177] geschieht dies jedoch nicht, kann die Aufhebung dieser vorläufigen Maßnahme wegen Unverhältnismäßigkeit geboten sein[178] oder auch die endgültige Fahrerlaubnisentziehung im tatrichterlichen Urteil ohne nähere sich mit der Tat, der Täterpersönlichkeit und dem verstrichenen Zeitraum auseinandersetzende Begründung zu einer Urteilsaufhebung führen.[179]

Der bloße Zeitablauf während des Berufungs- oder Revisionsverfahrens – rechtfertigt ein Absehen von der Maßregel der Entziehung der Fahrerlaubnis nicht.[180]

94 Ist es während der vergangenen Zeit seit der Tat nicht zu einer vorläufigen fahrerlaubnisrelevanten Maßnahme gekommen, so ist für eine Erschütterung der Indizwirkung des § 69 Abs. 2 StGB zumindest eine erhebliche Zeit der beanstandungsfreien

---

173 VGH Mannheim NZV 1993, 45; 1994, 248; zfs 1997, 399.
174 OLG Frankfurt StVE, § 69 StGB Nr. 9 (Das Verfahren dauerte länger als üblich; die Fahrerlaubnis war gem. § 111 a StPO vorläufig entzogen).
175 BGH, Urt. v. 27.7.2000 – 4 STR 189/00 = BeckRS 2000 30124449 = NStZ 2001, 32 = DAR 2000, 532 (die Angeklagten waren einsichtig und reuig und haben bei Tataufklärung mitgewirkt; zudem war einem der Täter die Fahrerlaubnis über ein Jahr vorläufig entzogen worden); die Entscheidung zeigt zudem, dass die Verfahrensdauer ein Problem der Erfüllung des Tatbestandsmerkmals „ungeeignet" ist und nicht zu Vertrauensschutz o.Ä. führt (so aber LG Trier, VRS 63, 210 = MDR 1982, 866).
176 Fischer, StGB, § 69 Rn 15.
177 OLG Hamm, Beschl. v. 13.12.2001 – 2 Ws 304/01 = NZV 2002, 380 mwN (insbesondere, wenn Berufskraftfahrer betroffen ist).
178 OLG Düsseldorf StVE, § 69 StGB Nr. 39 (die Fahrerlaubnis war 2 Jahre vorläufig entzogen, die Tat lag 2 Jahre und 5 Monate zurück).
179 OLG Brandenburg StVE, § 69 StGB Nr. 39 b (vorläufige Fahrerlaubnisentziehung von 10 Monaten bis zur Hauptverhandlung wegen Trunkenheit im Verkehr).
180 KG, Beschl. v. 1.4.2011 – 3 Ws 153/11.

III. Voraussetzungen für die Fahrerlaubnisentziehung 2

Teilnahme am Straßenverkehr erforderlich[181] (sog. **Umstandsmoment**). Zwar wird die Bedeutung der beanstandungsfreien Teilnahme des Beschuldigten am Straßenverkehr in Abrede gestellt mit dem sicher richtigen Argument, ein verkehrsgerechtes Verhalten sei nicht nur von jedem Verkehrsteilnehmer zu verlangen, sondern vor allem von solchen, die bereits erhebliche noch nicht allzu lange zurückliegende – noch in ihrem Gedächtnis hoffentlich nachwirkende – Verstöße begangen haben. Doch handelt es sich hier um ein „Totschlagsargument", das die tatsächliche Situation mE nicht hinreichend berücksichtigt, wenn es pauschal angewendet wird: Je länger nämlich der Zeitraum unbeanstandeten Fahrens wird, desto stärker kann dies zugunsten des Beschuldigten eingestellt werden.

Hinweis: Es bedarf in Fällen einer erstmaligen Entziehung der Fahrerlaubnis trotz zwischenzeitlich langer Verfahrensdauer und unbeanstandeter Teilnahme am Straßenverkehr für die nach wie vor gegebene Ungeeignetheit einer ausführlichen Begründung des Tatrichters in seinem Urteil.[182]

Feste Fristen für die „lange Verfahrensdauer", nach der eine Fahrerlaubnisentziehung grds. nicht mehr möglich ist, gibt es – anders als beim Fahrverbot – nicht. Dies liegt natürlich wiederum an dem Maßregelcharakter der Fahrerlaubnisentziehung: Es ist durch den Tatrichter nämlich stets im Wege einer Prognoseentscheidung zu klären, wie schwer der Eignungsmangel ist, der sich aus der Tat ergibt und wie lange er dementsprechend vermutlich (mindestens) andauert.[183] Es geht also nicht (wie beim Fahrverbot) um eine Erziehung des Verkehrsteilnehmers. Da somit die Problematik des unterschiedlichen Andauerns des Eignungsmangels durch § 69 a StGB quasi gesetzlich normiert ist, muss auch die Frage des nachträglichen Wegfalls des Eignungsmangels während des laufenden Verfahrens individuell betrachtet werden.

Daher muss mE zumindest von der Existenz einer „**Erstentscheidungsfrist**" ausgegangen werden für die Fälle, in denen jegliche führerscheinrelevante Maßnahmen unterblieben sind:[184] Die aus strafrechtlicher Sicht aus der Tat resultierende Ungeeignetheit kann – nach dem Wesen der §§ 69, 69 a StGB – mit Ablauf der Sperre wieder vorliegen; ob dies tatsächlich der Fall ist, ist dann Sache der für die Wiedererteilung der Fahrerlaubnis zuständigen Verwaltungsbehörde. Wenn aber der Verurteilte aus strafrechtlicher Sicht nach Ablauf der Sperre wieder die Möglichkeit hat, als geeigneter Kraftfahrzeugführer angesehen zu werden, so zeigt dies, dass eine erste den Beschuldigten als ungeeigneten Fahrzeugführer einstufende Entscheidung nur bis zu dem Punkt getroffen werden kann, der das Ende der nach normalem Verfahrensgang zu erwartenden Sperre entspricht. Die Länge einer solchen „Erstentscheidungsfrist" entspricht also der für die in Rede stehende Tat nach § 69 a StGB festzusetzenden Sperre; diese ist zur Zeit der Entscheidung durch das erkennende Gericht zu prognos-

95

---

181 Schulz, NZV 1997, 62, der zu täterfreundlich (und daher mit Recht kritisiert von Himmelreich, DAR 1997, 305) von einer erforderlichen Mindestzeit von nur sechs Monaten ausgeht und hier die „Indizwirkung" des § 69 Abs. 2 StGB schon entfallen lassen will.
182 BGH StV 1992, 64.
183 Abzulehnen daher Schulz, NZV 1997, 62, der in jedem Fall spätestens von einem Wegfall des Eignungsmangels nach Ablauf von zweieinhalb Jahren ausgeht.
184 So schon Krumm, NJW 2004, 1627, 1630.

tizieren. Besonderer Beachtung bedarf hierbei naturgemäß der Grundsatz „in dubio pro reo".

Beispiel: Bei einem nicht vorbelasteten geständigen fahrlässigen Trunkenheits-Ersttäter kann die Ungeeignetheit zum Führen von Kraftfahrzeugen durch (erstmalige) gerichtliche Entscheidung nur bis zu einem Zeitraum von 9-12 Monaten[185] nach der Tat bejaht werden.

So ist etwa bereits ein Jahr nach der Tat von einer Nichtfeststellbarkeit einer Ungeeignetheit ausgegangen worden.[186]

96 Zweifelhaft scheint es, ob es richtig ist, trotz Annahme einer relativen Fahruntüchtigkeit bei der Frage des Wegfalls des Eignungsmangels auf die Höhe der BAK abzustellen.[187] Immerhin unterscheidet die Rechtsprechung sonst sachlich nicht zwischen der relativen und der absoluten Fahruntüchtigkeit, die beide ohne Unterschied zu einer Ungeeignetheit führen. Natürlich können andere Umstände in Verbindung mit der Höhe der BAK einen weitreichenderen Eigungsmangel ergeben, als eine einfache, im unteren Bereich spielende BAK. Dies wird dann auch Einzelfallfrage bleiben.

Hinweis: Der Verteidiger wird natürlich neben der Verfahrensdauer alle nur erdenklichen (tatsächlich oder mutmaßlich) mildernden Umstände ausführlich darlegen müssen.

97 ME kommt auch **bei zwischenzeitlichem Fahrerlaubnis(klassen)erwerb** häufig ein Wegfall der Ungeeignetheit in Betracht[188] – hiergegen steht aber wohl eine ältere Entscheidung des BGH,[189] der eine erstmalige nach der Tat stattfindende Fahrerlaubniserteilung nicht hat ausreichen lassen, um von der Fahrerlaubnisentziehung absehen zu können. Der Tatrichter wird sich aber in jedem Falle mit dieser Problematik in seinem Urteil auseinandersetzen müssen.

Hinweis: Kann der Angeklagte durch eine zwischenzeitlich absolvierte (auch freiwillige) MPU Eignungszweifel aus dem Weg räumen, so ist auch kein Raum mehr für eine Fahrerlaubnisentziehung nach § 69 StGB.[190]

(d) Einfluss von Nachschulungsmaßnahmen

98 Die Bedeutung von **Nachschulungskursen und Aufbauseminaren** für alkoholauffällige Kraftfahrer in Bezug auf die Eignungsfrage und damit auf die Entscheidung über die Entziehung der Fahrerlaubnis und die zu verhängende Fahrerlaubnissperre wird bisher in der Rechtsprechung und Literatur sehr unterschiedlich beurteilt. Vor allem, wenn es dem zur Nachschulung bereiten Angeklagten nicht in erster Linie um eine Verhaltensänderung geht, sondern ausschließlich um eine günstige Entscheidung der

---

185 Die Länge der Sperre variiert auch in diesen Massenfällen je nach Gerichtsbezirk.
186 LG Bonn, Beschl. v. 22.1.2010 – 24 Qs 112 Js 376/09-5/10 = NZV 2010, 214 (Keine vorläufige Fahrerlaubnisentziehung; Vorwurf: Nötigung, Unerlaubtes Entfernen vom Unfallort).
187 So aber nach einem Jahr Verfahrensdauer und BAK von 0,55 ‰: LG Cottbus DAR 2007, 716.
188 Krumm in: Festschrift für Himmelreich, 2007, 65, 70.
189 BGH NStZ 1987, 546; so auch: Burmann in: Burmann/Heß/Jahnke/Janker, § 69 Rn 13; Fischer, StGB, § 69 Rn 51.
190 AG Reinbeck, Urt. v. 15.9.2008 – 2 Ds 760 Js 22035/08 (257/08) = SVR 2008, 471; AG Pinneberg, Urt. v. 13.2.2008 – 33 Ds 302 Js 23702/07 (118/07) = BeckRS 2009, 06559 = SVR 2008, 471; LG Oldenburg, Urt. v. 20.9.2001 – 12 NS 116/01 = BA 2003, 243 = zfs 2002, 354; Himmelreich DAR 2004, 8,9; Winkler in: Himmelreich/Halm, Kapitel 33 Rn 353 ff.

Maßregelfrage, besteht das Risiko, dass seine finanziellen Aufwendungen im Zusammenhang mit der Kursusteilnahme möglicherweise nicht den erwünschten Erfolg bringen. Im Übrigen empfiehlt es sich für den Verteidiger, die Frage einer Kursusteilnahme in einem sehr frühzeitigen Stadium des Verfahrens mit dem Mandanten zu erörtern, weil nicht stets sofort beim Veranstalter eine Teilnahmemöglichkeit besteht. Insoweit ist die Nachschulung sowohl eine Chance, als auch ein Risiko.

Hinweis: Dem **Verteidiger** ist zu empfehlen, die Einstellung des Gerichts zur Nachschulung in einem Gespräch mit dem Richter zu klären und ggf um Zeit für die Ableistung einer Schulungsmaßnahme zu erbitten.

(aa) Ziel und Erfolg von Nachschulungsmaßnahmen

Ziel der verschiedenen Nachschulungsmodelle für alkoholauffällige Kraftfahrer ist es, durch Beeinflussung der Verhaltenstendenzen des Probanden die Rückfallgefahr zu vermindern, diese jedenfalls deutlich unter das Maß zu senken, das allgemein bei Trunkenheitstätern anzunehmen ist.[191]   99

Längst liegen zuverlässige Daten zur sog. Legalbewährung hinsichtlich einer Nachschulung vor: 100

- Die verfügbaren Daten über einen Vergleich der **Rückfallhäufigkeit** bei Teilnehmern an solchen Kursen und nicht nachgeschulten Verurteilten rechtfertigen die Annahme, dass nicht nachgeschulte Ersttäter im Durchschnitt zwei- bis dreimal häufiger rückfällig werden als solche, die sich einem Nachschulungskurs nach den Modellen „Mainz 77" oder „Hamburg 79" unterzogen haben.[192]
- *Birnbaum/Biehl*[193] stellten eine Rückfallquote von 12,5 % bei Teilnehmern an Kursen des Modells „Mainz 77" innerhalb von fünf Jahren gegenüber 17,5 % bei Nichtnachgeschulten fest. Durch Gesetz- und Verordnungsgeber sind Aufbauseminare und Kurse zur Wiederherstellung der Eignung alkoholauffälliger Kraftfahrer ausdrücklich in verschiedenen Vorschriften anerkannt. Hinzuweisen ist etwa auf die Regelungen in §§ 2 a, 2 b Abs. 2 S. 2 StVG, 36 FeV (Fahrerlaubnis auf Probe) und §§ 4 Abs. 8 S. 4 StVG, 43 FeV (Punktsystem) sowie §§ 11 Abs. 10, 70 FeV. Zu nennen ist in diesem Zusammenhang ferner § 153 a Abs. 1 Nr. 6 StPO, der ausdrücklich Verfahrenseinstellung unter der Auflage einer Seminarteilnahme ermöglicht.

Hinweis: Vielen Richtern ist aber schlicht und einfach auch gar nicht bekannt, was in derartigen Kursen stattfindet und welche Ziele/Erfolge mit einer Kursteilnahme verknüpft sein können. Die Tatsache etwa, dass die Kurse kraft „Gesetzes" nach **§ 70 FeV zur Wiederherstellung der Eignung** führen, ist weitgehend un-

---

[191] Näher zu den unterschiedlichen Modellen von Nachschulungskursen, Aufbauseminaren, Kursen zur Wiederherstellung der Kraftfahreignung und „Verkehrstherapien": Himmelreich, DAR 2004, 8, 10; 2005, 130, 132 ff; NZV 2005, 337.
[192] Birnbaum/Biehl, NZV 2002, 164; Stephan, ZVS 1986, 2; Utzelmann, BA 1984, 396; Winkler u.a., BA 1990, 145.
[193] Birnbaum/Biehl, NZV 2002, 164.

bekannt bei Richtern und Staatsanwälten. Hier muss der Verteidiger entsprechend vortragen.

(bb) Rechtliche Einordnung

101 Nachschulungskurse werden mittlerweile wohl überwiegend als „zumindest gewichtiger Indikator für eine künftige beanstandungsfreie Fahrpraxis" angesehen.[194] Insbesondere in Verbindung mit weiteren Indizien kann dies dann zu einem Wegfall des Eignungsmangels insbesondere bei Ersttätern führen, wenn eine längere vorläufige Fahrerlaubnisentziehung stattgefunden hat[195] oder der Angeklagte ohne vorläufige Fahrerlaubnisentziehung bis zum Urteil **längere Zeit unbeanstandet am Straßenverkehr teilgenommen** hat. Lediglich in Fällen schwerwiegender Straftaten sollen nachträgliche Umstände, die während des laufenden Verfahrens die Ungeeignetheit entfallen lassen können, außer Betracht bleiben.[196] Vielfach sind die **Gerichte bereit**, bei nachgeschulten Ersttätern nach Einwirkung einer bis zur Hauptverhandlung andauernden entsprechend langen vorläufigen Führerscheinmaßnahme entweder ganz auf die Anordnung der Maßregel zu verzichten oder auf eine zwei bis drei Monate kürzere Sperrfrist zu erkennen.

102 Andererseits wird teilweise die Ansicht vertreten, die Berücksichtigung eines Nachschulungskurses im Erkenntnisverfahren im Sinne eines Absehens von der Entziehung der Fahrerlaubnis sei in Fällen der Indiztaten des § 69 Abs. 2 StGB überhaupt gesetzlich ausgeschlossen.[197] Dem kann jedoch nicht gefolgt werden, weil das Gericht auch in den Regelfällen des § 69 Abs. 2 StGB stets prüfen muss, ob der in der Tat in Erscheinung getretene Eignungsmangel möglicherweise wieder weggefallen ist.

103 Die meisten der immer wieder vorgebrachten **Argumente gegen eine positive Würdigung** der Teilnahme an einem Nachschulungskurs bei der Frage der Maßregelentscheidung liegen großenteils neben der Sache. Das gilt zB für den Einwand, die Berücksichtigung einer Nachschulung zugunsten des Angeklagten führe zu einer Ungleichbehandlung, weil die nicht anwaltlich beratenen oder finanziell wenig leistungsfähigen Angeklagten oft nicht an einem Nachschulungskurs teilnähmen und somit gegenüber den Kursteilnehmern schlechter gestellt seien.[198] Eine solche Argumentation lässt Sinn und Zweck der Maßregel des § 69 StGB völlig außer Acht. Das Gericht hat nur festzustellen, ob der Eignungsmangel im Zeitpunkt der Hauptverhandlung besteht. Sollte er u.a. auch durch die dem Angeklagten vermittelten Kursinhalte beseitigt sein, so wäre es ein klarer Gesetzesverstoß, trotz nicht mehr feststellbarer Ungeeignetheit zum Führen von Kraftfahrzeugen die Fahrerlaubnis „aus Gründen der Gleichbehandlung" zu entziehen.

---

[194] Kindhäuser/Neumann/Paeffgen -Herzog StGB, § 69 StGB Rn 30; Stree/Kinzig in: Schönke/Schröder, StGB, § 69 Rn 44; Gebhardt, DAR 1981, 207; Himmelreich, DAR 1997, 465 jeweils mwN.
[195] So OLG Köln, Beschl. v. 18.4.1980 – 3 Ss 206/80 = DAR 1980, 251, 252 = VRS 59, 25 = zfs 1980, 220-221 = BA 1980, 291 = VM 1980, Nr. 122; Hentschel, TFF, Rn 637, der jedoch in der Nachschulung keinen Ersatz der Entziehung sieht, sondern nur eine „Ergänzung".
[196] BGH MDR/H 1978, 986 (für die längere beanstandungslose Teilnahme am Straßenverkehr; der charakterliche Mangel brauche sich nach Ansicht des BGH bei alltäglichen Fahrten nicht auszuwirken).
[197] Seib, DRiZ 1981, 161, 165 f.
[198] So zB AG Neustadt am Rübenberge DAR 1983, 38 – bei Bode; AG Würzburg VM 1995, 32.

III. Voraussetzungen für die Fahrerlaubnisentziehung

Auch der Hinweis auf die Motivation für die Kursteilnahme des in erster Linie an der Wiedererlangung seines Führerscheins interessierten Angeklagten liegt neben der Sache. Denn die Beweggründe der Teilnahme am Kursus sagen nichts darüber aus, welchen Erfolg die aktive Teilnahme beim Probanden hatte, zumal sich dessen innere Einstellung zu der Veranstaltung häufig im Laufe des Aufbauseminars ändert.[199]

104

Im Übrigen kommt es ausschließlich auf die Frage an, ob das Seminar dem Angeklagten im konkreten Fall die vorgesehenen Lerninhalte vermittelt hat oder nicht. Wird diese Frage bejaht, so kommt der Motivation für die Kursusteilnahme keine Bedeutung mehr zu.[200]

105

Hinweis: Ist es zu verkehrstherapeutischen Maßnahmen gekommen (gemeint sind freilich solche von ausreichender Intensität und Qualität), so wird dies Anlass für den Tatrichter sein, weitere Sachaufklärung zu betreiben[201] und sich mit der Problematik eines sich hieraus eventuell ergebenden Wegfalls des Eignungsmangels in seinem Urteil auseinandersetzen zu müssen. So kann allein aufgrund eines eventuellen Revisionserfolgs die Nachschulung/Verkehrstherapie etc. geboten sein, selbst wenn sie noch nicht unmittelbar zum Erfolg im (ersten) tatrichterlichen Urteil führen muss.

(cc) Einzelfälle des Absehens von der Regelfahrerlaubnisentziehung wg. Nachschulung

Vor allem in der älteren veröffentlichten tatrichterlichen Judikatur finden sich Beispiele, in denen in Fällen einer Trunkenheitsstraftat von einer Fahrerlaubnisentziehung im Hinblick auf die Teilnahme an einem Nachschulungskurs abgesehen wurde, obwohl die bis zur Hauptverhandlung andauernden vorläufigen Führerscheinmaßnahmen zum Teil nur wenige Monate auf den Angeklagten eingewirkt haben:

106

- **3 Monate:** AG Bergisch-Gladbach DAR 1980, 23; Tatzeit-BAK: 2,2 Promille; schwere berufliche Nachteile drohten, da Außendienstler; Modell „Mainz 77"
- **10 Wochen vorläufige Fahrerlaubnisentziehung:** AG Königs Wusterhausen, Urt. v. 13.9.2012 – 2.2 Ds – 458 Js 33194/12-231/12 = BeckRS 2013, 03130 = ADAJUR Dok.-Nr. 100211 (Ls) = bei Himmelreich, Halm NStZ 2013, 454, 456; § 316 Abs. 1 u. 2 StGB mit BAK von 1,51 ‰; Nach der Tat Abstinenz sowie Rehabilitationsmaßnahme des Instituts IVT-Hö Berlin/Brandenburg/Bayern für mit Alkoholdelikten auffällig gewordene Kraftfahrer im Rahmen eines KBS-Kurses sowie eines bereits laufenden 5-monatigen therapeutischen IVT-Hö-Nachsorgeprogramms; Fahrverbot von 2 Monaten.
- **4 Monate:** AG Homburg/Saar DAR 1991, 472; AG St. Ingbert BA 1983, 168
- **4 Monate vorläufige Fahrerlaubnisentziehung, danach bis zum Berufungsurteil 3 Monate beanstandungsfreies Fahren nach Führerscheinrückgabe:** LG Duisburg DAR 1980, 349 = zfs 1980, 382 = BA 1980, 388 („Kursus zur Behandlung alkoholauffälliger Fahrzeugführer" – es handelte sich wohl um den Kurs „Mainz 77")

---

[199] Kunkel, DAR 1981, 348, 353; Utzelmann, BA 1983, 449; Winkler u.a., BA 1990, 154, 170.
[200] Anders aber zB LG Kassel DAR 1981, 38; LG Bremen BA 1981, 272; LG Krefeld DAR 1980, 63.
[201] OLG Köln, Beschl. v. 1.3.2013 – III-1 RVs 36/13 = DAR 2013, 393 m.Anm. Staub.

A. Entziehung der Fahrerlaubnis durch den Strafrichter

- 4 Monaten seit vorläufiger Fahrerlaubnisentziehung. AG Bernau, Urt. v. 24.7.2012 – 2 Cs 200 Js 2811/12 – 342/12 bei Himmelreich, Halm NStZ 2013, 454, 455; § 315 c StGB (mit Trunkenheit); Verkehrstherapie der IVT-Hö Berlin/Brandenburg/Bayern; 1,34 ‰; aber dreimonatiges Fahrverbot
- 4,5 Monate amtliche Verwahrung des Führerscheins: AG Tiergarten, Urt. v. 3.7.2012 – 300 Cs-3034 Js 1500/12-99/12 bei Himmelreich, Halm NStZ 2013, 454, 455; § 316 StGB mit einer BAK von 0,88 ‰; Verkehrstherapie IVT-Hö Berlin/Brandenburg/Bayern; Fahrverbot von 3 Monaten; aber: Keine Anrechnung des Fahrverbots auf Zeit der vorläufigen Entziehung
- 5 Monate: LG Köln zfs 1980, 254; AG Langenfeld DAR 1980, 382
- 5 Monate: AG Fulda DAR 1980, 349 (es wurde aber gem. § 44 Abs. 1 S. 2 StGB ein zweimonatiges Fahrverbot verhängt) – Tatzeit-BAK: 1,8 Promille; Modell „Mainz 77"
- 6 Monate vorläufige Fahrerlaubnisentziehung: LG Dortmund, Urt. v. 6.2.2013 – 220 Js 992/12-45 Ns 10/13 bei Himmelreich, Halm NStZ 2013, 454, 456; § 316 StGB mit BAK von 1,63 ‰; IVT-Hö-Verkehrstherapie
- 6 Monate: LG Hanau DAR 1980, 25; Besonderheit: vorgeworfen wurden § 315 c StGB durch Trunkenheit, fahrlässige Tötung und Unfallflucht; Modell „Mainz 77"
- 6 Monate: OLG Köln DAR 1982, 26; Modell „Mainz 77"
- 6 Monate: LG Krefeld VRS 56, 283
- 6 Monate: AG Homburg/Saar DAR 1981, 230 (auch Fahrverbot wurde nicht festgesetzt, da dies „als verbüßt" anzusehen sei; Tatzeit-BAK 1,82 ‰; Modell „Mainz 77"
- 6 Monate: LG Hamburg DAR 1983, 60; Modell „Hamburg 79", aber: Kurs wurde während des Verfahrens nicht abgeschlossen
- 6 1/2 Monate amtliche Verwahrung des Führerscheins: AG Düsseldorf, Urt. v.Urt. v. 20.7.2011 – 125 Cs 51 Js 128-11/99/11 = BeckRS 2012, 049946; 1/2 Monate zwischen Tat und Urteil; zwischenzeitlicher Besuch eines Seminars für im Verkehr durch Alkohol aufgefallene Verkehrsteilnehmer; Blutalkoholkonzentration von 0,59 ‰ Folge: dreimonatiges Fahrverbot)
- 7 Monate: LG Essen zfs 1982, 63
- 7 Monate: LG Kleve NJW 1979, 558 = DAR 1978, 321 = BA 1978, 461 (es handelte sich wohl um den Kurs „Mainz 77"); Tatzeit-BAK:1,59 ‰
- 7 1/2 Monate vorläufige Fahrerlaubnisentziehung: AG Frankfurt/Oder, Urt. v. 29.8.2012 – 4.10 Ds 283 Js 2864/12 (136/12) bei Himmelreich, Halm NStZ 2013, 454, 455; § 316 Abs. 1 u. 2 StGB; BAK von 1,6 ‰; 6,5-monatige Verkehrstherapie der IVT-Hö Berlin/Brandenburg/Bayern mit Abstinenznachweis; Fahrverbot von 3 Monaten

III. Voraussetzungen für die Fahrerlaubnisentziehung

- **8 Monate amtliche Verwahrung des Führerscheins:** AG Köln, Urt. v. 19.6.2012 – 714 Ds 376/11, bei Himmelreich, Halm NStZ 2013, 454, 455; Trunkenheitsfahrt gem. § 315 c StGB m. 2,38‰; „starthilfe"-Therapie; aber 3-monatiges Fahrverbot
- **8 bis 9 Monate:** LG Köln zfs 1980, 126; DAR 1989, 109; LG Baden-Baden DAR 1981, 232
- **9 Monate nach der Tat:** LG Dortmund, Urt. v. 6.2.2013 – 45 Ns 220 Js 992/12 10/13 = BeckRS 2013, 18264; 6 Monate vorläufige Fahrerlaubnisentziehung; individualpsychologischen Verkehrstherapie, 7 Monate nachgewiesene Abstinenz, erstmalig auffällig
- **9 Monate Verfahrensdauer und 9 Monate amtliche Verwahrung:** LG Aachen, Urt. v. 24.2.2011 – 71 Ns-601 Js 638/10-226/10, 71 Ns-601 Js 638/10/226/10 = BeckRS 2011, 22274; 1,44 ‰ etwa eine 3/4 Stunde nach der Tat; Rehabilitationsmaßnahme der IVT-Hö für alkoholauffällige Kraftfahrer
- **Fast 10 Monate Verfahrensfauer und Sicherstellung des Führerscheins.** AG Oberhausen, Urt. v. 6.2.2013 – 26 Cs 371 Js 7210/12-777/12, bei Himmelreich, Halm NStZ 2013, 454, 456; § 316 Abs. 1 u. 2 StGB v. 29.4.2012 mit BAK von 1,73 ‰; „kostenintensive Schulungen"; aber 3 Monate Fahrverbot
- **10 Monate amtliche Verwahrung des Führerscheins:** AG Lüdinghausen, Urt. v. 2.3.2010 – 9 Ds-82 Js 3375/09-111/09 = BeckRS 2010, 06837 = BeckRS 2010, 07698 = DAR 2010, 280 = NZV 2010, 272; IVT-Hö: intensives Beratungsgespräch zu Beginn, wöchentlich je 2 Stunden an einer Kleingruppensitzung teilgenommen und zwar 14 Mal, zusätzliches Intensivseminar über 16 Stunden, festgestellte BAK: 2,57 ‰
- **mehrere Monate:** LG Oldenburg BA 2003, 243 = zfs 2002, 354; Tatzeit-BAK: 1,61 ‰ (aber: 2-monatiges Fahrverbot wurde angeordnet); 2 1/2 Monate lange Beratung bei einem „freien" Verkehrspsychologen; nach den Begutachtungsrichtlinien zur Kraftfahreignung erstelltes Gutachten eines Krankenhauses wurde vorgelegt
- **mehrere Monate:** LG Baden-Baden DAR 1981, 231; „hohe" BAK zur Tatzeit – es wurden bei der angeklagten Tat Dritte verletzt; Modell „Mainz 77"
- **„Länger andauernde vorläufige Entziehung":** AG Görlitz VA 2005, 106; verkehrspsychologische Intensivberatung

Andere Gerichte haben eine **Eignung der Nachschulung** als Mittel zur Beseitigung des in einer Trunkenheitsfahrt zum Ausdruck gekommenen Eignungsmangels überhaupt verneint.[202] Dabei ist allerdings zu berücksichtigen, dass diese Rechtsprechung vor der ausdrücklichen gesetzlichen Anerkennung von Aufbauseminaren für alkoholauffällige Kraftfahrer durch das StVG und § 153 a Abs. 1 Nr. 6 StPO ergangen ist.

107

---

202 ZB LG Kassel DAR 1981, 28; AG Freising DAR 1980, 252 („Ablass-Handel"); vgl auch Seib, DRiZ 1981, 161.

(dd) **Feststellungen und Würdigungen des Tatrichters**

108 Die Ungeeignetheit des Angeklagten zum Führen von Kraftfahrzeugen im Sinne von § 69 Abs. 1 StGB muss noch im Zeitpunkt des Urteils gegeben sein. Eine ausdrückliche Erörterung dieses Gesichtspunkts ist geboten, wenn entweder schon die – vor allem erstmalige – Tat selbst von Besonderheiten gekennzeichnet ist, die gegen einen künftigen Missbrauch der Fahrerlaubnis sprechen können, oder wenn hierfür nach der Tat eingetretene Umstände sprechen.[203]

109 Die obergerichtliche Rechtsprechung erkennt die Nachschulung nahezu einhellig als eine Maßnahme an, die wirksam dazu beitragen kann, den in der Straftat offenbar gewordenen Mangel im **verantwortungsbewussten Verhalten als Kraftfahrer** zu beseitigen.[204] Eine Ungeeignetheit kann im Einzelfall danach nicht mehr festgestellt werden, wenn der Angeklagte erfolgversprechende psychologische Hilfe in Anspruch genommen hätte und ein nach den Grundsätzen der Begutachtungsrichtlinien erstelltes medizinisch-psychologisches Gutachten zu dem Ergebnis gekommen ist, dass zukünftig das Führen eines Kraftfahrzeugs unter Alkoholeinfluss nicht zu erwarten ist.[205] Die Teilnahme an einer verkehrstherapeutischen Maßnahme kann daher Anlass zu weiterer Sachaufklärung in dieser Hinsicht geben.[206]

Hinweis: Nach Auffassung eines Teils der obergerichtlichen Rechtsprechung ist der Tatrichter stets verpflichtet, die Nachschulungsteilnahme zu berücksichtigen, wenn er die Frage eines möglichen Wegfalls der Indizwirkung des § 69 Abs. 2 Nr. 2 StGB prüft.[207] Das bedeutet zwar nicht, dass der Tatrichter die Nachschulung in jedem Falle im Sinne einer gegenüber Nichtnachgeschulten günstigeren Entscheidung würdigen muss, wohl aber, dass er der Tatsache der Kursteilnahme bei der Prüfung der Eignungsfrage Beachtung zu schenken hat. Ob nämlich der Tatrichter insoweit im zu entscheidenden Fall zu einem günstigen Ergebnis kommt, ist letztlich Tatfrage.

110 Ein Absehen von der durch § 69 Abs. 2 StGB indizierten Fahrerlaubnisentziehung setzt die konkrete Feststellung der Wirksamkeit der Nachschulung voraus.[208] Denn die Nachschulungsteilnahme bewirkt weder stets noch auch nur regelmäßig ohne Weiteres eine Durchbrechung des Grundsatzes nach § 69 Abs. 2 Nr. 1 und 2 StGB.[209]

Hinweis: Hier wird freilich das Hauptproblem der Nachschulung sein. Der Schulungsleiter sollte hier etwa als sachverständiger Zeuge benannt werden.

Zu beachten ist in jedem Fall, dass bei der Prüfung des Wegfalls des Eignungsmangels dessen **Ausmaß festzustellen** ist,[210] damit festgestellt werden kann, wie viel Auf-

---

203 Vgl BGH, Beschl. v. 27.8.1998 = DAR 1999, 197; OLG Oldenburg zfs 2005, 260; OLG Köln, Beschl. v. 2.11.2000 – Ss 434/00; OLG Köln, Beschl. v. 1.3.2013 – III-1 RVs 36/13 = BeckRS 2013, 12511 = DAR 2013, 393.
204 OLG Köln VRS 60, 375; 61, 118; OLG Hamburg VRS 60, 192; zurückhaltender allerdings OLG Koblenz VRS 66, 40.
205 LG Oldenburg, Urt. v. 20.9.2001 – 12 NS 116/01 = zfs 2002, 354 = DAR 2002, 327; OLG Köln, Beschl. v. 1.3.2013 – III-1 RVs 36/13 = BeckRS 2013, 12511 = DAR 2013, 393.
206 OLG Köln, Beschl. v. 1.3.2013 – III-1 RVs 36/13 = BeckRS 2013, 12511 = DAR 2013, 393.
207 OLG Köln VRS 59, 25; 61, 118; OLG Düsseldorf VRS 66, 347.
208 OLG Hamburg VRS 60, 192; OLG Koblenz VRS 66, 40.
209 OLG Naumburg, Beschl. v. 6.9.2000 – 2 SS 272/00 = DAR 2001, 379.
210 LG Kleve, Urt. v. 19.7.1978 – Ns 3 Js 762/78 = NJW 1979, 558 = DAR 1978, 321 = BA 1978, 461.

III. Voraussetzungen für die Fahrerlaubnisentziehung

wand zur Wiederherstellung zu treiben ist oder wie viel Zeit hierfür verstreichen muss. Dies ist letztlich nämlich Tatfrage.[211] Einzustellen sind hier übliche strafmildernde Gesichtspunkte (fehlende Voreintragungen; hohe Fahrleistung ...), aus denen sich etwa ergibt, dass es sich bei der Anlasstat um ein „einmaliges Versagen" handelte.[212] Manche Gerichte sind zudem der Ansicht, die Nachschulungsbemühungen müssten „ernst gemeint" sein.[213] Dies ist vielleicht richtig – tatsächlich aber nie festzustellen.

Hinweis: Jedenfalls sind Verteidiger gut dabei beraten, ihren Mandanten nicht allzu viel im Hauptverhandlungstermin hierzu sagen zu lassen, um dort nicht den Eindruck eines „bloßen Absitzens" der Schulungsmaßnahme zu erwecken.

Besonders zurückhaltend wird das Gericht bei der Berücksichtigung solcher Nachschulungskurse sein, die von **privatwirtschaftlich-gewerbsmäßig arbeitenden Instituten** angeboten werden.[214] Das gilt aber nicht, wenn es sich um einen gem. §§ 36 Abs. 6, 70, 71 FeV anerkannten Veranstalter handelt.[215] Das bedeutet andererseits nicht, dass die Anerkennung des Kursleiters nach § 36 Abs. 6 FeV etwa eine Voraussetzung für die Berücksichtigung der Kursteilnahme bei der Sperrfristbemessung wäre.[216] Aber: Das Gericht sollte sich immer Mühe geben, die Schulung und die Qualität des Therapeuten darzulegen, da nur so das Risiko erfolgreicher Rechtsmittel minimiert werden kann.[217]

111

Auch wenn im Rahmen der Prognoseentscheidung zur Eignung der **Zweifelssatz** „in dubio pro reo" nicht unmittelbar gilt, so bleibt festzuhalten, dass das Entfallen der Ungeeignetheit keine Sicherheit des Tatrichters hiervon erfordert, sondern lediglich die Möglichkeit des Wegfalls.[218] Nicht der Angeklagte muss die Wiedererlangung seiner Fahreignung beweisen – es ist vielmehr Aufgabe des Tatrichters die Nichteignung bzw deren Fortbestehen festzustellen.[219]

112

Hinweis: Auch im Rahmen der vorläufigen Fahrerlaubnisentziehung (§ 111 a Abs. 2 StPO) ist der Wegfall des Eignungsmangels zu beachten. Die Maßnahme ist nämlich aufzuheben, wenn der Grund für diese Maßnahme weggefallen ist. Dies ist von Amts wegen zu prüfen[220] – die Nachschulung nach dem Urteil erster Instanz ist eine neue Tatsache, die die Bindung des Berufungsgerichts an die Eignungsbeurteilung des Tatrichters entfallen lässt.[221]

---

211 Hentschel, TFF, Rn 638.
212 LG Kleve, Urt. v. 19.7.1978 – Ns 3 Js 762/78 = NJW 1979, 558 = DAR 1978, 321 = BA 1978, 461.
213 So: LG Kleve NJW 1979, 558 = DAR 1978, 321 = BA 1978, 461; LG Krefeld DAR 1980, 63; kritisch hierzu: Hentschel, TFF, Rn 641; Krumm in: Festschrift für Himmelreich, 65, 71.
214 OLG Hamburg VRS 60, 192; LG Oldenburg DAR 1996, 470.
215 LG Hildesheim Beschl. v. 19.8.2002 – 20 QS 61/02 = BeckRS 2002, 12615 = DAR 2003, 88.
216 AM (jedenfalls im Rahmen des § 69 a Abs. 7 – vorzeitige Aufhebung der Sperre) LG Hildesheim, Beschl. v. 14.5.2003 – 12 Qs 47/03 = NStZ-RR 2003, 312 = DAR 2004, 110 (abl. Anm. Bode zfs 2003, 372; Himmelreich, DAR 2004, 8, 12).
217 Siehe etwa die Darstellungen in: AG Lüdinghausen, Urt. v. 2.3.2010 – 9 Ds-82 Js 3375/09-111/09 = BeckRS 2010, 06837BeckRS 2010, 07698 = DAR 2010, 280 = NZV 2010, 272.
218 So schon: Himmelreich, DAR 2005, 130 und NZV 2005, 337, 338; Winkler in: Himmelreich/Halm, Handbuch des Fachanwalts Verkehrsrecht, § 33 Rn 281.
219 OLG Düsseldorf DAR 1982, 26.
220 Gübner/Krumm, NJW 2007, 2801, 2802; Schäfer in: Löwe/Rosenberg, § 111 a StPO, Rn 34.
221 Schäfer in: Löwe/Rosenberg, § 111 a StPO, Rn 35.

(ee) Aufbauseminar: Verfahrenseinstellung nach § 153 a Abs. 1 Nr. 6 StPO

113 Hinzuweisen ist schlussendlich noch auf Fälle, die sich zur Einstellung eignen: Der oft unbekannte § 153 a Abs. 1 Nr. 6 StPO ermöglicht die Einstellung des Verfahrens nach Durchführung von **verkehrspsychologischen Aufbauseminaren**. Diese Möglichkeit der Verfahrensbeendigung sollte vor allem in Grenzfällen, in denen etwa die Aktenlage das möglicherweise am Ende des Verfahrens stehende Beweisergebnis noch nicht klar sichtbar werden lässt, angeregt werden oder auch dort, wo andere tatbezogene Gesichtspunkte zwar erheblich sind, jedoch allein noch nicht zum Wegfall der Indizwirkung führen (Bsp.: relative Fahruntüchtigkeit bei 0,4 ‰, Fahrt mit Mofa).

114 Bereits mit der **vorläufigen Einstellung nach § 153 a StGB** muss eine vorläufige Fahrerlaubnisentziehung aufgehoben werden.[222] Klar ist: Sie wird idR trotz noch nicht bestehenden endgültigen Verfahrenshindernisses unverhältnismäßig sein. Da die Ungeeignetheit aber auch trotz der vorläufigen Einstellung weiter bestehen kann und vielleicht auch erst durch verkehrspsychologische Aufbauseminare wieder hergestellt wird, muss mE auch die Aufrechterhaltung der vorläufigen Fahrerlaubnisentziehung während der vorläufigen Einstellung möglich sein.

(ff) Nachschulungen bei hoher BAK oder Vorstrafen

115 Bei **Mehrfachtätern** werden strenge Anforderungen an die Feststellung eines Wegfalls des Eignungsmangels unter Einwirkung der Teilnahme an einem Nachschulungskursus zu stellen sein.[223] Das gilt insbesondere, wenn es sich um eine Wiederholungstat mit gesetzlich erhöhter Mindestsperrfrist (§ 69 a Abs. 3 StGB) handelt.[224]

Hinweis: Die Nachschulung wird dann also nur in Ausnahmefällen geeignet sein, die Fahreignung von Wiederholungstätern im laufenden Verfahren wieder herbeizuführen. Der Verteidiger muss seinen Mandanten hierauf hinweisen, sollte aber zur Sperrfristverkürzung die Nachschulung gleichwohl anraten.

Bei hoher BAK (1,6 ‰ oder mehr) wird der Fahrer erst dann als nicht mehr ungeeignet eingestuft werden können, wenn er eine MPU absolviert hat.[225] Die Nachschulung in einem solchen Falle sollte also mit einer MPU abschließen. Bloße Kursabsolvierung reicht so regelmäßig den Gerichten nicht.[226] Auch hier wird natürlich der Einzelfall entscheidend sein.[227] Insoweit ist auf die vorstehende Rechtsprechungsübersicht zu verweisen, in der auch weitere Einzelfälle aufgenommen sind, in denen trotz hoher BAK von der Fahrerlaubnisentziehung abgesehen wurde.

(gg) Welche Feststellungen sind bei welcher Maßnahme erforderlich?

116 Für den Tatrichter zur Abfassung seines Urteils ist es wichtig, welche tatsächlichen Feststellungen er beim Absehen von der Fahrerlaubnisentziehung nach einer Nach-

---

222 Meyer-Goßner, § 153 a StPO Rn 44.
223 AG Köln zfs 1981, 31; ähnlich: AG Lüdinghausen, Urt. v. 15.7.2008 – 9 Ds 82 Js 2342/08 – 70/08 = NJW 2008, 3080 = NZV 2008, 530 (Wiederholungstäter mit 10 Stunden Verkehrstherapie).
224 LG Köln zfs 1981, 30.
225 OLG Sachsen-Anhalt, Beschl. v. 6.9.2000 – 2 Ss 272/00 = zfs 2000, 554 = BA 2001, 457.
226 OLG Sachsen-Anhalt, Beschl. v. 6.9.2000 – 2 Ss 272/00 = zfs 2000, 554 = BA 2001, 457.
227 Nachschulung IVT-Hö bei Tatzeit-BAK von zumindest 2,57 ‰.

schulungsmaßnahme treffen muss.²²⁸ Dies unterscheidet sich nach Art der Maßnahme:

Art der Maßnahme	Erforderliche tatsächliche Feststellungen
Allgemein anerkannte Kurse und Schulungen	Diese müssen nur pauschal bezeichnet werden.²²⁹ Insbesondere bedarf es bei schon längeren vorläufigen Fahrerlaubnisentziehungen auch keiner näheren Darlegungen des Tatrichters zu den Auswirkungen der Schulung auf den Beschuldigten.²³⁰ Letztlich ist für diese Darstellungslast des Tatrichters in seinem Urteil die Länge der Verkürzung der Fahrerlaubnisentziehung incl. Sperre maßgeblich – bei nur unwesentlichen Verkürzungen reicht eine „vorsichtige" Bewertung der Nachschulungsmaßnahme, die bereits dann vorliegt, wenn zu der Nachschulung andere Umstände hinzutreten, die den Wegfall des Eignungsmangels möglich erscheinen lassen.²³¹ Die Frage, wann nämlich besondere Umstände des Einzelfalles vorliegen, die die Wiedererlangung der Eignung für möglich erscheinen lassen, ist Sache des Tatrichters, dessen Entscheidung im Rahmen der Rechtsbeschwerde nur auf Rechtsfehler hin überprüft wird.²³²
Neue Kurse, nicht anerkannte Modelle privater Anbieter	Der Inhalt der Schulung und die besonders günstige Auswirkung des Kurses auf die Teilnehmer sind näher darzulegen.²³³ Notfalls ist der Schulungsleiter hierzu zu vernehmen.²³⁴
Individuelle therapeutische Behandlung	Es bedarf neben der Schilderung der individuellen Auswirkungen der Behandlung/Schulung auch weiterer „Qualitätsfeststellungen" zur Nachschulung: Ausführungen zu Inhalt und Ablauf der Schulung/therapeutischen Behandlung sowie zur fachlichen Kompetenz des Kursleiters/Therapeuten²³⁵

Hinweis: In der Regel haben nur Ersttäter gute Chancen, durch verkehrspsychologische Maßnahmen eine Fahrerlaubnisentziehung abwenden zu können.²³⁶ Besonders

---

228 Vgl etwa AG Lüdinghausen, Urt. v. 2.3.2010 – 9 Ds-82 Js 3375/09-111/09 = BeckRS 2010, 06837BeckRS 2010, 07698 = DAR 2010, 280 = NZV 2010, 272.
229 OLG Köln, Beschl. v. 31.3.1981 – 1 SS 1085/80 = DAR 1982, 26 = BA 1981, 371 = VRS 61, 118 = VM 1981 Nr. 92.
230 OLG Köln, Beschl. v. 31.3.1981 – 1 SS 1085/80 = DAR 1982, 26 = BA 1981, 371 = VRS 61, 118 = VM 1981 Nr. 92.
231 OLG Köln, Beschl. v. 31.3.1981 – 1 SS 1085/80 = DAR 1982, 26 = BA 1981, 371 = VRS 61, 118 = VM 1981 Nr. 92.
232 OLG Köln DAR 1980, 251, 252 = VRS 59, 25 = VM 1980 Nr. 122 = zfs 1980, 220.
233 OLG Hamburg DAR 1981, 122 = VRS 60, 192 = zfs 1981, 92 = BA 1981, 104.
234 OLG Hamburg DAR 1981, 122 = VRS 60, 192 = zfs 1981, 92 = BA 1981, 104.
235 LG Heilbronn Justiz 1982 338 = zfs 1982, 349; LG Köln zfs 1982, 158 und zfs 1980, 381; AG Frankfurt/M. BA 1981, 271 (Nachschulung durch eine Fahrschule) und AG Köln zfs 1981, 31; LK-Geppert, StGB, § 69 Rn 100.
236 Vgl etwa AG Leer Urt. v. 24.8.2011 – 6 c Cs 420 Js 27526/10 (150/11).

streng soll bei **Wiederholungstätern** zu verfahren sein, wenn diese an einer Nachschulung teilgenommen haben: Der Tatrichter ist in diesen Fällen nicht nur gehalten, Inhalt, organisatorischen Ablauf und verkehrstherapeutische/-psychologische Kompetenz des Kursleiters im Einzelnen darzustellen, sondern – ggf mit sachkundiger Hilfe eines Sachverständigen oder des als sachverständigen Zeugen zu vernehmenden Kursleiters – Feststellungen auch zu den individuellen Auswirkungen der verkehrstherapeutischen Behandlung zu treffen.[237]

h) „Verkehrsspezifische Anlasstaten"

117 Viele typische Verkehrsstrafdelikte sind nicht in den Regelkatalog des § 69 Abs. 2 StGB aufgenommen, obgleich ihre Begehung immer oder in der **Regel in innerem Zusammenhang mit dem Straßenverkehr** stattfindet und typischerweise auf dessen Sicherheit Einfluss hat. Diese Tatbestände werden herkömmlich als „verkehrsspezifische Anlasstaten" bezeichnet. Es handelt sich insbesondere um

- § 222 StGB,[238]
- §§ 223, 229, 230 StGB:[239] **Insbesondere Tätliche Angriffe** gegenüber anderen Verkehrsteilnehmern im Zusammenhang mit Auseinandersetzungen im Straßenverkehr können zur Feststellung eines **charakterlichen Eignungsmangels** führen, weil sich derartige **Aggressivität** vielfach **auch sonst im Verhalten als Kraftfahrer** in gefährlicher Weise offenbaren wird,[240]
- § 240 StGB,[241]
- § 315 b StGB (sofern ein sogenannter „Inneneingriff" gegeben ist),[242]
- § 316 a StGB (unter Umständen),[243]
- § 21 StVG (natürlich nur die Fahrerstraftat):[244] Das Führen eines Kraftfahrzeugs im Straßenverkehr **trotz Fahrverbots oder trotz Entziehung der Fahrerlaubnis** kann die Annahme charakterlicher Ungeeignetheit rechtfertigen.[245] Das gilt aber **nicht** ohne Weiteres schon in der Regel,[246]
- §§ 1, 6 PflVG (natürlich nur Fahrerstraftat),
- § 142 StGB: Auch in Fällen des unerlaubten Entfernens vom Unfallort, die **nicht schon gem. § 69 Abs. 2 Nr. 3 StGB** wegen des Ausmaßes der Unfallfolgen die Entziehung der Fahrerlaubnis indizieren, kann die Straftat charakterliche Unge-

---

237 LK-Geppert, StGB, § 69 Rn 102.
238 BGH NJW 1954, 159; LG Düsseldorf, Beschl. v. 8.11.2004 – X Qs 162/04 = DAR 2005, 230; LG Kaiserslautern zfs 2004, 39.
239 KG NZV 1997, 126; LG Hannover VM 1991, 48; LG Zweibrücken DAR 1995, 502; LG Berlin, Beschl. v. 25.10.2002 – 516 Qs 226/02 = NZV 2003, 151; OLG Karlsruhe MDR 1980, 246.
240 OLG Karlsruhe Justiz 1980, 53; LG Zweibrücken DAR 1995, 502; aM Kulemeier S. 269.
241 BGH, Beschl. v. 1.9.2005 – 4 StR 292/05 = BeckRS 2005, 11231 = DAR 2006, 30.
242 BGH, Beschl. v. 1.9.2005 – 4 StR 292/05 = BeckRS 2005, 11231 = DAR 2006, 30.
243 BGH, Urt. v. 20.11.2003 – 4 StR 150/03 = NJW 2004, 786 = NZV 2004, 207 = NStZ 2004, 207 = DAR 2004, 160 = VRS 106, 203.
244 BGH, Urt. v. 5.9.2006 – 1 StR 107/06 NStZ-RR 2007, 89 = VRR 2006, 430; OLG Schleswig VM 1966, 93 (jedenfalls für Wiederholungstäter); Krumm, Fahrverbot, § 22 Rn 4.
245 BayObLG DAR 1990, 365 – bei Bär; OLG Düsseldorf VRS 96, 268; OLG Koblenz VRS 69, 298.
246 LG Mühlhausen NZV 2003, 206.

III. Voraussetzungen für die Fahrerlaubnisentziehung

eignetheit offenbaren, insbesondere **wenn erschwerende Tatumstände hinzutreten** wie etwa die Rückkehr zur Unfallstelle nur zum Zwecke der Spurenbeseitigung.[247]

Zu denken ist auch an das Abreißen eines Zigarettenautomaten von seiner Halterung und Mitschleifen bis zu einem Ort, wo der Automat „geknackt" wird.[248] Sogar der Betrug kann nach älterer (und möglicherweise aufgrund der Entscheidung des Großen Senats des BGH für Strafsachen[249] gar veralteter) Rechtsprechung eine verkehrsspezifische Anlasstat darstellen, wenn er dadurch begangen werden soll, dass später über die bewusste Herbeiführung von Unfällen falsche Angaben gemacht werden.[250]

Hinweis: Der BGH hat für derartige verkehrsspezifische Anlasstaten klargestellt, dass sich hier die Ungeeignetheit zum Führen von Kraftfahrzeugen aufdrängen wird.[251]

Die Einordnung als „verkehrsspezifische Tat" entlastet den Tatrichter nicht von seiner Darlegungslast, was eine rechtsfehlerfreie Begründung des Maßregelausspruchs angeht. Es findet also **nicht etwa eine „Quasi-Indizwirkung"** in Anlehnung an § 69 Abs. 2 StGB statt.

Der Tatrichter muss also die Frage der Ungeeignetheit nach allen Richtungen hin prüfen und diese Prüfung in seinem Urteil darlegen. Die Gründe, die für ein Absehen von der Fahrerlaubnisentziehung nach Begehung eines Regeldeliktes nach § 69 Abs. 2 StGB eine Rolle spielen können sind hier sinngemäß anwendbar, jedoch nicht im Sinne einer Erschütterung der Indizwirkung, sondern vielmehr als Grund dafür, eine Ungeeignetheit nicht feststellen zu können. Zu nennen sind hier etwa: Kurzstreckenfahrten, Wirkung vorläufiger Führerscheinmaßnahmen, lange Verfahrensdauer, Nachschulungsmaßnahmen.

Hinweis: Der Richter darf also nicht nur – wie in Fällen des § 69 Abs. 2 StGB – in seinem Urteil schreiben, aus der Tat ergebe sich die Ungeeignetheit zum Führen von Kraftfahrzeugen. Er muss dies vielmehr detailliert begründen. Der Verteidiger hingegen muss das tatrichterliche Urteil somit vor allem daraufhin überprüfen, ob die Ungeeignetheit tatsächlich nachvollziehbar dargelegt wurde. Falls sich das Urteil hier nur in Floskeln verliert, so ist zu erwägen, das eingelegte Rechtsmittel als (Sprung-)Revision zu bezeichnen. Hier reicht dann einmal wieder die allgemeine Sachrüge!

---

247 LG Köln zfs 1984, 315.
248 AG Lüdinghausen NZV 2007, 636.
249 BGH, Beschl. v. 27.4.2005 – GSSt 2/04 = (GrS) NJW 2005, 1957 = NStZ 2005, 503 = NZV 2005, 486 = DAR 2005, 452.
250 BGH VRS 82, 19; OLG Köln NZV 1991, 243; OLG München NJW 1992, 2776.
251 BGH, Beschl. v. 27.4.2005 – GSSt 2/04 = (GrS) NJW 2005, 1957 = NStZ 2005, 503 = NZV 2005, 486 = DAR 2005, 452 BGH, Beschl. v. 27.4.2005 – GSSt 2/04 = (GrS) NJW 2005BGH, Beschl. v. 27.4.2005 – GSSt 2/04 = (GrS) NJW 2005(„die Beeinträchtigung der Verkehrssicherheit tritt hier offen zutage"); König in: Hentschel/König/Dauer, § 69 StGB Rn 13 a.

i) Allgemeine Kriminalität („Zusammenhangstaten")

121 Bei den Fällen der allgemeinen Kriminalität handelte es sich oft um sogenannte „Drogenkurierfälle" – Fälle also, in denen der Fahrzeugführer sein Fahrzeug als Tatmittel zur Einfuhr von Betäubungsmitteln nutzte. Die Rechtsprechung ging hier früher mit der Fahrerlaubnisentziehung recht großzügig um und bejahte idR in derartigen Fällen die Ungeeignetheit. Die Literatur hatte dies freilich stets kritisiert. Die Frage der fahrerlaubnisrechtlichen Beurteilung von Zusammenhangsdelikten im Hinblick der hieraus zu entnehmenden Ungeeignetheit hat der Große Senat für Strafsachen des BGH im Jahre 2005 wie folgt abschließend geklärt:[252] Bei Zusammenhangstaten bedarf es noch mehr als bei den spezifischen Verkehrsdelikten einer besonderen, die Umstände des Einzelfalls berücksichtigenden Begründung. Denn der Tatrichter muss sich die Überzeugung verschaffen, dass der Täter bereit ist, sich zur Erreichung seiner kriminellen Ziele über die im Verkehr gebotene Sorgfalt und Rücksichtnahme hinwegzusetzen.[253]

Hinweis: Dies ist anhand konkreter Umstände festzustellen, die sich aus der Tat unter Berücksichtigung der Täterpersönlichkeit ergeben. Dabei sind auch Umstände aus dem Vorleben des Täters oder seiner Tatvorbereitung in die Beurteilung einzubeziehen, sofern sich daraus tragfähige Schlüsse auf eine mögliche Gefährdung der Verkehrssicherheit im Zusammenhang mit der Anlasstat ziehen lassen. Dafür kann es genügen, dass der Täter im Zusammenhang mit der Tat nahe liegend mit einer Situation gerechnet hat oder rechnen musste, in der es zu einer Gefährdung oder Beeinträchtigung des Verkehrs kommen konnte.

Eine Prognose, dass der Täter mit Wahrscheinlichkeit auch künftig Zusammenhangstaten begehen und dabei tatsächlich die Sicherheit des Straßenverkehrs beeinträchtigen werde, ist aber nicht zu verlangen. Der Große Senat hat der Praxis eine Art **Mustersammlung** für die wichtigsten Zusammenhangstaten an die Hand gegeben.[254]

122 Danach kann Ungeeignetheit unterstellt werden

- wenn sich der Täter bei einer vergleichbaren früheren Straftat, etwa auf der Flucht, verkehrsgefährdend verhalten hat.

- regelmäßig bei Banküberfällen, wenn aufgrund objektiver Umstände bei der Tat mit alsbaldiger Verfolgung und Flucht zu rechnen war und der Täter daher eine verkehrsgefährdende Verwendung des fluchtbereit tatortnah abgestellten Kraftfahrzeugs ersichtlich geplant hat oder mit einer solchen nahe liegend rechnen musste.

- in den Fällen gewaltsamer Entführung des Opfers im Kraftfahrzeug des Täters.

---

252 BGH, Beschl. v. 27. 4. 2005 - GSSt 2/04 = (GrS) NJW 2005BGH, Beschl. v. 27. 4. 2005 - GSSt 2/04 = (GrS) NJW 2005, 1957 = NStZ 2005, 503 = NZV 2005, 486 = DAR 2005, 452.
253 Vgl auch BGH, Urt. v. 4.11.2014 - 1 StR 233/14.
254 BGH, Beschl. v. 27.4.2005 – GSSt 2/04 = (GrS) NJW 2005BGH, Beschl. v. 27.4.2005 – GSSt 2/04 = (GrS) NJW 2005, 1957 = NStZ 2005, 503 = NZV 2005, 486 = DAR 2005, 452.

III. Voraussetzungen für die Fahrerlaubnisentziehung

Nicht ohne Weiteres ist die Ungeeignetheit feststellbar

- bei der Begehung schwerwiegender oder wiederholter Straftaten, durch die der Täter zweifellos charakterliche Mängel offenbart hat (hier kann nicht davon ausgegangen werden, dass er zugleich eine Gefahr für die Verkehrssicherheit darstellt).
- bei bloßer Nutzung eines Kraftfahrzeugs zur Suche nach Tatobjekten oder Tatopfern.
- in Kurierfällen, in denen der Täter im Fahrzeug Rauschgift transportiert („ Ein allgemeiner Erfahrungssatz, dass Transporteure von Rauschgift im Fall von Verkehrskontrollen zu besonders riskanter Fahrweise entschlossen sind, besteht nicht.[255] Dies gilt jedenfalls dann, wenn besondere Vorkehrungen gegen eine Entdeckung des Rauschgifts, etwa durch Benutzung besonders präparierter Verstecke, getroffen worden sind.").
- in Fällen des Transports von Diebes- oder Schmuggelgut.

Ordnet der Tatrichter bei Zusammenhangstaten Maßregeln nach §§ 69, 69 a StGB an, so muss sich aus den Urteilsgründen seine Überzeugung ergeben, dass die festgestellten Umstände den konkreten Anhalt begründen, der Täter stelle eine Gefahr für die Sicherheit des öffentlichen Straßenverkehrs dar. In solchen Fällen kann **Ungeeignetheit** also **nur** dann bejaht werden, wenn die Tatumstände Anlass zu der Befürchtung bieten, der Täter werde zur Förderung seiner kriminellen Ziele **Verkehrssicherheitsinteressen vernachlässigen**, etwa durch riskante Fahrweise.[256] Welche Anforderungen an die Begründung sich insoweit für den Tatrichter ergeben, bestimmt sich nach einer umfassenden Gesamtwürdigung aller Umstände des Einzelfalls.[257] In diesem Zusammenhang dürfen auch die bisherige Fahrweise des Angeklagten und eventuelle Vorstrafen berücksichtigt werden.[258] Jedenfalls wird an Begründungsaufwand nicht mehr verlangt als bei jeder anderen Rechtsfolgenentscheidung, der prognostische Elemente innewohnen.[259]

Hinweis: Handelt es sich dabei aber um ein **einmaliges, situationsbedingtes Fehlverhalten**, das künftige Gefahr für andere nicht erwarten lässt, so rechtfertigt dieses nicht den Schluss auf Ungeeignetheit zum Führen von Kraftfahrzeugen und damit **keine Entziehung der Fahrerlaubnis**.[260]

---

255 Vgl auch: BGH, Beschl. v. 3.12.2002 – 4 StR 458/02 = NStZ 2003, 311; BGHR StGB § 69 Abs. 1 Entziehung 14.
256 BGH, Beschl. v. 27.4.2005 – GSSt 2/04 = (GrS) NJW 2005, 1957 = NStZ 2005, 503 = NZV 2005, 486 = DAR 2005, 452; Urt. v. 4.11.2014 – 1 StR 233/14; NZV 2003, 199; DAR 2003, 128; OLG Düsseldorf StV 2003, 623.
257 BGH NStZ 2004, 144, 147; VRS 107, 427; DAR 2004, 355; OLG Koblenz StV 2004, 320; OLG Köln NZV 2004, 423.
258 BGH NJW 1954, 1167; OLG Düsseldorf NJW 1961, 979.
259 BGH, Beschl. v. 27.4.2005 – GSSt 2/04 = (GrS) NJW 2005, 1957 = NStZ 2005, 503 = NZV 2005, 486 = DAR 2005, 452.
260 LG Berlin NZV 2003, 151.

j) Grundsatz der Verhältnismäßigkeit

124 Wie bereits in anderem Zusammenhang erwähnt, ist das Recht zum Führen von Kraftfahrzeugen Bestandteil des Grundrechts auf **allgemeine Handlungsfreiheit gem. Art. 2 Abs. 1 GG**. Soll dieses Recht beschränkt werden, so kommt daher dem Verfassungsgrundsatz der Verhältnismäßigkeit besondere Bedeutung zu.

125 Nun bestimmt allerdings § 69 Abs. 1 S. 2 StGB, dass es bei Vorliegen der in § 69 Abs. 1 S. 1 StGB genannten Voraussetzungen für die Entziehung der Fahrerlaubnis **keiner „weiteren" Prüfung** der Verhältnismäßigkeit nach § 62 StGB bedarf. Das ist aber keine Außerkraftsetzung des tragenden Rechtsprinzips der Verhältnismäßigkeit für den Bereich der Maßregel des § 69 StGB. Das bedeutet vielmehr nur, dass dieses Prinzip bereits bei der Feststellung der Voraussetzungen des § 69 Abs. 1 S. 1 StGB, insbesondere der Ungeeignetheit, mitberücksichtigt ist.[261]

126 Die Prüfung der Voraussetzungen des § 69 Abs. 1 S. 1 StGB, etwa das Vorliegen einer „Zusammenhangstat" oder die Feststellung fehlender Kraftfahreignung, hat also jedenfalls immer unter **Beachtung des Grundsatzes der Verhältnismäßigkeit** zu erfolgen.[262] Gerade weil gem. Abs. 1 S. 2 keine „weitere Prüfung" nach § 62 StGB stattfindet, erfordert die Anwendung von § 69 bei Prüfung der durch die Vorschrift normierten Voraussetzungen für die Entziehung der Fahrerlaubnis die sorgfältige Berücksichtigung des Grundsatzes der Verhältnismäßigkeit.[263]

Hinweis: Ist allerdings Ungeeignetheit zum Führen von Kraftfahrzeugen unter Beachtung dieser Grundsätze festgestellt, so ist die Fahrerlaubnisentziehung niemals unverhältnismäßig.

Dies gilt auch bei drohendem Arbeitsplatzverlust,[264] denn ein zum Führen von Kraftfahrzeugen ungeeigneter Kraftfahrer würde bei weiterer Teilnahme am motorisierten Straßenverkehr die Allgemeinheit gefährden. Sein Ausschluss vom Kraftfahrzeugverkehr kann daher niemals unverhältnismäßig sein.[265]

Hinweis: Unrichtig ist es also, vor dem Hintergrund drohender erheblicher beruflicher Probleme statt der eigentlich gebotenen Fahrerlaubnisentziehung eine erhöhte Geldstrafe und ein Fahrverbot festzusetzen[266] – gleichwohl können Tatrichter hierzu teils überzeugt werden. Mit einer Revision der Staatanwaltschaft ist in solchen Fällen natürlich stets zu rechnen.

k) Sonderproblem: Fahrerlaubnisentziehung bei dem Jugendrichter

127 Die Fahrerlaubnisentziehung ist **auch** bei Verfahren vor dem Jugendrichter[267] (und anderen Jugendgerichten) **möglich** – § 69 ff StGB sind hier voll anwendbar. § 7 JGG führt nämlich ausdrücklich die Fahrerlaubnisentziehung als auch im Jugendstrafrecht mögliche Maßregel der Besserung und Sicherung auf.

---

261 AG Bremen-Blumenthal StV 2002, 372.
262 BGH NZV 2003, 199 unter Bezugnahme auf BVerfG NJW 2002, 2378; aM Kühl, JR 2004, 125, 127.
263 So auch Fischer, § 69 Rn 50 (anders noch bis zur 51. Aufl.); anders aber Kühl, JR 2004, 125, 127.
264 BVerfG DAR 2000, 565; unzutreffend insoweit AG Bad Homburg NJW 1984, 2840.
265 BVerfG DAR 2000, 565.
266 So aber: AG Gemünden, Urt. v. 1.8.2011 – 1 Cs 952 Js 6185/11.
267 Dessen Zuständigkeit ergibt sich aus § 39 Abs. 1 S. 1 JGG.

III. Voraussetzungen für die Fahrerlaubnisentziehung 2

Dass der Angeklagte die Tat als Jugendlicher begangen hat, ist allein kein Umstand, der ein Absehen von der indizierten Maßregel rechtfertigen könnte. Aus dem Zweck der Regelung folgt nämlich, dass § 69 Abs. 2 StGB uneingeschränkt auch im Jugendstrafrecht Anwendung finden muss.[268] Der Wortlaut des § 7 JGG besagt jedenfalls nichts Gegenteiliges.[269] Dies wird teils aber anders gesehen.

128

Die abweichende Ansicht[270] vernachlässigt den **Vorrang des Sicherungsbedürfnisses der Allgemeinheit** vor den Interessen des Jugendlichen. Sie stellt vielmehr maßgeblich auf den mit dem Charakter der Maßregel der Besserung und Sicherung nicht in Zusammenhang stehenden Erziehungsgedanken des Jugendstrafrechts ab – es müsse etwa „unter Berücksichtigung des jugendspezifisch geltenden Verhältnismäßigkeitsprinzips" entschieden werden.[271] Nach teilweise vertretener Ansicht soll allerdings der Ermessensspielraum für die Bewilligung einer Ausnahme von der Regel des § 69 Abs. 2 StGB bei Anwendung von Jugendstrafrecht größer sein als im Erwachsenenstrafrecht.[272] Eisenberg weist darauf hin, dass zwar grundsätzlich auch die Weisung in Betracht kommen kann, den Führerschein einzureichen – bei Verkehrsdelikten die Spezialität der Rechtsfolgen durch eine solche Weisung statt der Fahrerlaubnisentziehung oder eines Fahrverbotes umgangen werden würde.[273] Auch er meint aber, dass aufgrund des Wesens des Jugendstrafrechts eine besondere einzelfallorientierte Prüfung der Erforderlichkeit der Fahrerlaubnisentziehung entgegen der Regelvermutung des § 69 Abs. 2 StGB notwendig sei.[274]

129

Hinweis: Tatrichter sind hier oftmals großzügig, wenn es um Verstöße von Jugendlichen und Heranwachsenden geht. Der Verteidiger wird daher immer den Erziehungsgedanken in den Vordergrund stellen müssen, um geneigte Tatrichter in seinem Sinne zu überzeugen. Eine Durchsetzbarkeit des Erziehungsgedankens im Rahmen einer Revisionseinlegung erscheint aber eher aussichtslos, soweit nur auf die Eignungsbeurteilung des § 69 StGB abgestellt wird.

Was die Sperre angeht, so soll ebenfalls nach einer gewichtigen Meinung nicht die allgemeine Prognose wie bei Erwachsenen gelten: „Jedoch entspricht es dem Jugendstrafrecht nicht, wenn die Praxis die Dauer des Fahrerlaubnisentzuges, die sich nach der Prognose zur Dauer der einschlägigen Ungeeignetheit bestimmt, in tatstrafrechtlicher Orientierung weitgehend ebenso bemisst wie im allgemeinen Strafrecht."[275] Es soll vielmehr hauptsächlich der Erziehungsgedanke des Jugendstrafrechts maßgeblich

130

---

268 OLG Nürnberg, Beschl. v. 26.8.2011 = NZV 2012, 48 = BeckRS 2011, 23057 = NStZ-RR 2011, 386 = VRS 121, 332; LK-Geppert, § 69 Rn 93; MüKo-StGB/Athing, § 69 StGB Rn 66; AG Bremen-Blumenthal StV 2002, 372; Wölfl, NZV 1999, 69; Freyschmidt/Krumm, Verteidigung in Straßenverkehrssachen, Rn 649.
269 BGHSt 37, 373 – zu § 63 StGB.
270 OLG Zweibrücken, Beschl. v. 31.3.1989 = NZV 1989, 442; AG Saalfeld Urt. v. 26.10.1993 = NStZ 1994, 89; AG Oldenburg (Holstein), Beschl. v. 14.2.2008 – 6 Ds jug. 202/07 = SVR 2008, 230 = jurisPR-VerkR Nr. 5 in 18/2008 (mit zust. Anm. Rueber); LG Oldenburg BA 1988, 310 = MDR 1988, 697; AG Saalfeld VRS 101, 194.
271 AG Oldenburg (Holstein), Beschl. v. 14.2.2008 – 6 Ds jug. 202/07 = SVR 2008, 230 = jurisPR-VerkR Nr. 5 in 18/2008 (mit zust. Anm. Rueber).
272 ZB Wölfl, NZV 1999, 69.
273 Eisenberg, JGG, § 7 Rn 72.
274 Eisenberg, JGG, § 7 Rn 73.
275 So Eisenberg, JGG, § 7 Rn 76.

sein und zwar sowohl für die Sperrfristbemessung als auch die nachträgliche Sperrfristverkürzung – vermieden werden solle auch eine krimogene Wirkung zu langer Entziehungen.[276]

131 Mir erscheint dies nicht richtig – die Ungeeignetheit zum Führen von Kraftfahrzeugen ist und bleibt „Tatbestandsmerkmal" des § 69 StGB. Würde sie gegen den Erziehungsgedanken ausgetauscht, würde man bewusst in Kauf nehmen, ungeeignete Fahrzeugführer wieder viel zu früh am Straßenverkehr teilnehmen zu lassen. Dies scheint mir nicht Sinn der Anwendbarkeit der Vorschrift im Jugendstrafrecht. So verkennt diese Ansicht mE ganz klar den Maßregelaspekt und setzt die Fahrerlaubnisentziehung mit normalen Strafen gleich.

Hinweis: In Jugendgerichtsverfahren gibt es immer wieder die Bildung von Einheitsstrafen durch Einbeziehung früherer Urteile. Hierbei ist zu beachten, dass durch die Einbeziehung die Rechtsfolgen der früheren Entscheidung wegfallen und damit gegenstandslos sind. Dies gilt auch für Maßregeln der Besserung und Sicherung oder Nebenstrafen (Fahrverbot).

IV. Entziehung ist zwingend/Tenorierung/Urteilsgründe

132 Liegen die Voraussetzungen des § 69 StGB vor, so ist die Entziehung der Fahrerlaubnis zwingend. **Ein Ermessen des Richters besteht nicht.**[277] Sie kann nicht nachgeholt werden, wenn sie vom Gericht vergessen wurde.[278] Ausnahmsweise ist sie jedoch dann im Urteil im Wege der Berichtigung nachträglich einzufügen, wenn im Tenor eine Sperre festgesetzt wurde und sich aus den (schriftlichen) Urteilsgründen unzweifelhaft ergibt, dass eine Fahrerlaubnisentziehung stattfinden sollte.[279]

Hinweis: Eine isolierte Sperre nach § 69 a Abs. 1 S. 3 StGB kann auch bei irrtümlicher Annahme des Gerichts, der Angeklagte besitze keine Fahrerlaubnis nicht in eine Fahrerlaubnisentziehung umgedeutet werden.[280]

Beispiel eines üblichen Urteilstenors: „Die Angeklagte wird wegen ... zu ... verurteilt.

Ihre Fahrerlaubnis wird entzogen. Der Führerschein wird eingezogen. Vor Ablauf von noch ... darf ihr keine neue Fahrerlaubnis erteilt werden.

Die Angeklagte trägt die Kosten des Verfahrens."

Hinweis: Im Rahmen der nachträglichen Gesamtstrafenbildung ist die Fahrerlaubnisentziehung aufrechtzuerhalten, § 55 Abs. 2 S. 1 StGB – es handelt sich nämlich um eine Maßnahme nach § 11 Abs. 1 Nr. 8 StGB. Es bietet sich hier die Tenorierung „Die Maßnahme aus dem Urteil ... (Fahrerlaubnisentziehung und Sperre von noch ...) bleibt aufrecht erhalten." an.

133 Bei der Urteilsbegründung ist im Falle des Absehens von der Entziehung trotz entsprechenden Antrags der Staatsanwaltschaft § 267 Abs. 6 StPO zu beachten. Besteht

---

276 So Eisenberg, JGG, § 7 Rn 76 f.
277 So schon BGHSt 5, 176; vgl auch Fischer, StGB, § 69 Rn 51 mwN.
278 BGH VRS 47, 283; LG Freiburg zfs 2001, 332.
279 Fischer, StGB, § 69 Rn 54 mwN.
280 BGH, 4 StR 63/70; Fischer, StGB, § 69 a Rn 5.

auch nur die vage Möglichkeit, dass sich der Angeklagte im Besitze einer im Wege des sog. **Führerscheintourismus** erworbener Fahrerlaubnis befindet, so ist die Fahrerlaubnis auch einzuziehen (und die Führerscheineinziehung anzuordnen). Es kommt also nicht etwa nur zu einer „isolierten" Sperre.[281]

V. Wirkung der Fahrerlaubnisentziehung

Wird durch Urteil „**die Fahrerlaubnis**" entzogen, so **erlischt** damit ohne Weiteres jede dem Angeklagten von einer deutschen Behörde erteilte Fahrerlaubnis sämtlicher Klassen, und zwar mit der Rechtskraft des Urteils (§ 69 Abs. 3 S. 1 StGB). Die Fahrerlaubnisentziehung erstreckt sich also auch auf etwa bestehende Dienstfahrerlaubnisse – zB Bundeswehrführerschein usw gem. § 26 FeV –.[282] **134**

Hinweis: Die Fahrerlaubnis erlischt in vollem Umfang, und zwar auch dann, wenn das Gericht gem. § 69 a Abs. 2 StGB von der Fahrerlaubnissperre bestimmte Arten von Kraftfahrzeugen ausgenommen hat. Eine Teilentziehung ist ausgeschlossen.[283] Natürlich kann es bei unerfahrenen Strafrichtern einmal zu einer solch fehlerhaften Teilentziehung kommen. Wird diese rechtskräftig, so wird sie zu beachten sein. Ggf droht dann aber im Anschluss eine verwaltungsrechtliche Fahrerlaubnisentziehung.

Die **EU-weit** geltende in Deutschland erworbene Fahrerlaubnis gilt damit nicht etwa unter missbräuchlicher Benutzung eines „Ersatzführerscheins" in anderen EU-Staaten weiter. So ist auch keine Beschränkung der Fahrerlaubnisentziehung auf Deutschland möglich. Auch dann, wenn sich der Eignungsmangel nach Auffassung des Gerichts bei bestimmten Kraftfahrzeugarten nicht auswirkt, kann es dem Angeklagten nicht das Führen solcher Kraftfahrzeugarten unter gleichzeitiger Entziehung der Fahrerlaubnis gestatten.[284] **135**

Lediglich von der Sperre kann es diese Kraftfahrzeugarten gem. § 69 a Abs. 2 StGB ausnehmen mit der Folge, dass es Sache der Verwaltungsbehörde ist, dem Angeklagten erneut eine Fahrerlaubnis – beschränkt auf die von der Sperre ausgenommenen Kraftfahrzeugarten – zu erteilen. Mit der Entziehung der Fahrerlaubnis erlischt diese unbefristet bis zu einer etwaigen Wiedererteilung durch die Verwaltungsbehörde. Es ist daher nicht möglich, die Fahrerlaubnis nur für bestimmte Zeiten zu entziehen. Dies gilt auch dann, wenn der Eignungsmangel nur vorübergehender Natur ist. Insbesondere ist es nicht möglich, die Fahrerlaubnis – etwa bei jahreszeitlich bedingter allergischer Beeinträchtigung des Kraftfahrers – für bestimmte Zeiten des Jahres zu entziehen mit der Maßgabe, dass sie außerhalb dieser Zeiten bestehen bleibt.[285] **136**

Der Verteidiger sollte in solchen Fällen beim Gericht anregen, in den Urteilsgründen auf die nur eingeschränkte Eignung des Verurteilten hinzuweisen. Die Verwaltungs- **137**

---

281 Hierzu: AG Lahr, Urt. v. 18.2.2008 – 3 Ds 6 Js 12423/07 = NZV 2008, 640.
282 BayObLG, Beschl. v. 2.4.1990 – RReg. 4 St 54/90 = NZV 1990, 364.
283 BGH, Urt. v. 17.2.1983 – 4 StR 716/82 = NJW 1983, 1744 = NStZ 1983, 168; OLG Karlsruhe VRS 63, 200; VG Berlin NZV 2001, 139; Burmann in: Burmann/Heß/Jahnke/Janker, § 69 StGB Rn 24.
284 OLG Hamm NJW 1971, 1193; OLG Karlsruhe VRS 63, 200.
285 Unzutreffend insoweit AG Gießen NJW 1954, 612 (mit abl. Anm. Booß).

behörde kann nämlich die Fahrerlaubnis neu erteilen und zeitliche Begrenzungen in Form einer Auflage machen.[286]

Hinweis: Der Verteidiger muss seinen Mandanten bereits frühzeitig auf das Wiedererteilungsverfahren vorbereiten, insbesondere dann, wenn eine MPU droht. Hier ist schon im Strafverfahren zu Nachschulungen zu raten, und zwar zumindest, um die Sperrfrist zu verkürzen.

VI. Einziehung des Führerscheins/Vollstreckung

138 Ein von einer deutschen Behörde ausgestellter **Führerschein** wird gem. § 69 Abs. 3 S. 1 StGB im Urteil **eingezogen**. Das Urteil braucht daher nicht darauf einzugehen, ob der Angeklagte möglicherweise im Besitz mehrerer Führerscheine (zB nach § 26 FeV) ist. Der Ausspruch über die Einziehung „des Führerscheins" erstreckt sich ohne Weiteres auf sämtliche deutschen Führerscheine des Angeklagten. Ob der Führerschein bereits sichergestellt oder beschlagnahmt ist, hat insoweit keinerlei Bedeutung.[287] Der Urteilstenor bleibt also gleich. Ausländische Führerscheine werden nur eingezogen, wenn es sich um die Fahrerlaubnis eines Mitgliedstaates der Europäischen Union (EU) oder eines Vertragsstaates des Abkommens über den Europäischen Wirtschaftsraum (EWR) handelt und der Verurteilte seinen ordentlichen Wohnsitz im Inland hat (§ 69 b Abs. 2 S. 1 StGB). Hat der Angeklagte keine Fahrerlaubnis, ist also nur eine sog. isolierte Sperre anzuordnen (§ 69 a Abs. 1 S. 3 StGB), ist er aber noch im Besitz eines ungültigen Führerscheins, so unterliegt ein solches Papier nicht nach § 69 Abs. 3 S. 2 StGB der Einziehung, uU aber nach § 74 Abs. 1 StGB.[288] In den meisten Fällen dieser Art wird es sich um einen Führerschein handeln, der aufgrund einer früheren rechtskräftigen Maßregelanordnung der Einziehung unterliegt. Keinen Einfluss auf die gem. § 69 Abs. 3 S. 2 StGB anzuordnende Einziehung hat die Frage, ob der Angeklagte im Zeitpunkt des Urteils seinen Führerschein möglicherweise verloren oder verlegt hat.[289] Bei der Führerscheineinziehung handelt es sich nur um eine unselbstständige Vollzugsmaßnahme polizeilicher Art, die den Zweck hat, dem Täter Zuwiderhandlungen gegen die Fahrerlaubnisentziehung zu erschweren.[290] Daher kann der Ausspruch über die Führerscheineinziehung ohne Verstoß gegen das Verschlechterungsverbot bei zugunsten des Angeklagten eingelegtem Rechtsmittel auch noch im Rechtsmittelzug nachgeholt werden.[291]

Hinweis: Maßgeblich für das Erlöschen der Fahrerlaubnis ist der **Ausspruch über die Entziehung**. Vergisst der Tatrichter die Entscheidung über die Einziehung des Führerscheins, so kann dies mE auch im Rahmen der Urteilsberichtigung nachgeholt werden. Ob der Verurteilte sich später nach Fahrten unter Nutzung eines versehentlich nicht eingezogenen Führerscheins auf eine Irrtumslage berufen kann, die sich straf-

---

286 Siehe §§ 2 Abs. 4 S. 2 StVG, 23 FeV; vgl dazu Dauer in: Hentschel/König/Dauer, § 23 FeV Rn 4 ff.
287 BGH VRS 65, 359.
288 BayObLG VRS 51, 26.
289 OLG Karlsruhe VRS 59, 111.
290 BGH, Beschl. v. 18.11.1997 – 4 StR 542/97 = NZV 1998, 211; OLG Karlsruhe, Urt. v. 10.2.1972 – 2 Ss 140/71 = NJW 1972, 1633.
291 BGH NStZ 1983, 168; OLG Köln, Urt. v. 4.6.1965 – Ss 128/65 = NJW 1965, 2309.

mildernd oder auch im Hinblick auf eine neuerliche Fahrerlaubnissperre positiv auswirkt, wird weitgehend Einzelfallfrage sein.

Vollstreckt wird die Einziehung des Führerscheins nach § 459 g Abs. 1 S. 1 StPO: 139

> Ist ... die Einziehung ... einer Sache angeordnet worden, so wird die Anordnung dadurch vollstreckt, daß die Sache dem Verurteilten ... weggenommen wird.

Üblicherweise wird der Verurteilte natürlich zunächst zur freiwilligen Herausgabe aufgefordert werden, die eine zwangsweise Vollstreckung entbehrlich werden lässt. Wegen weiterer Einzelheiten gelten die JBeitrO und die StrVollstrO. Nach § 61 Abs. 1 S. 1 StrVollstrO gilt zunächst der allgemeine Grundsatz, dass die Vollstreckungsbehörde (also die Staatsanwaltschaft bei Erwachsenen und die Jugendgerichte bei Jugendlichen und ihnen gleichgestellten Heranwachsenden) den einzuziehenden Gegenstand in Besitz nimmt. Hat der Verurteilte die Sache nicht herausgegeben, so beauftragt gem. § 61 Abs. 1 S. 2 StrVollstrO die Vollstreckungsbehörde die Vollziehungsbeamtin oder den Vollziehungsbeamten in der Form des § 61 Abs. 2 StrVollstrO mit der Wegnahme iSv § 459 g Abs. 1 StPO.

Hat der Verurteilte den Führerschein Dritten zur Aufbewahrung übergeben, so gilt 140 § 61 Abs. 4 StrVollstrO: die Gewahrsamsinhaberin oder der Gewahrsamsinhaber wird zur Herausgabe aufgefordert. Verweigert sie die Herausgabe, so kann gegen sie nicht schon aufgrund der Entscheidung vollstreckt werden. Nach § 61 Abs. 4 S. 3 iVm Abs. 3 S. 2 StrVollstrO entscheidet die oberste Justizbehörde oder die von ihr bestimmte Stelle, ob der Anspruch im Wege der Klage geltend gemacht werden soll.

Wird der Führerschein nicht bei dem Inhaber aufgefunden und ist der Verbleib unklar, so ist der Verurteilte nach § 62 Abs. 1 StrVollstrO zur Abgabe einer eidesstattlichen Versicherung über den Verbleib anzuhalten. 141

Hinweis: Entscheidungen der Vollstreckungsbehörde können **auf Antrag gerichtlich überprüft** werden, vgl § 459 h StPO.

VII. Fahrerlaubnissperre

Die Sperre ist in § 69 a StGB geregelt und in § 69 a Abs. 1 S. 1 StGB auch per **Legaldefinition** geregelt. Hiernach ist die Sperre die im Rahmen der Entscheidung über die Fahrerlaubnis zu treffende Bestimmung, dass dem Angeklagten für eine bestimmte Zeit keine neue Fahrerlaubnis erteilt werden darf. 142

Hinweis: Oft wird die Sperre in der Literatur und Rechtsprechung durch den deutlich bildlicheren Begriff der Sperrfrist ersetzt.

1. Sperrfristbestimmung im Urteil

Gem. § 69 a Abs. 1 S. 1 StGB hat das Gericht, das die Fahrerlaubnis entzieht, zugleich eine Sperre für die Wiedererteilung der Fahrerlaubnis zu bestimmen, und zwar eine solche von **sechs Monaten bis zu fünf Jahren** (oder für immer). Ein Ermessen über das „Ob" der Sperre hat das Gericht dabei **nicht**. 143

a) Bedeutung der Sperre

144 Die Sperre ist ein die Verwaltungsbehörde bindendes Verbot, dem (rechtskräftig) Verurteilten eine neue Fahrerlaubnis während der Sperrfristdauer zu erteilen.

Hinweis: Diese Bindungswirkung geht sogar so weit, dass die Verwaltungsbehörde eine in Unkenntnis der Sperre erteilte Fahrerlaubnis wieder gem. § 3 StVG aufheben muss.[292]

Hintergrund ist die durch die Sperre unwiderlegbare Vermutung der Ungeeignetheit während der Sperrfrist.[293]

b) Tenorierung der Sperre im Urteil

145 Die Sperre ist **im Urteilstenor** aufzunehmen, nicht nur in den Gründen. In einem Urteil kann dabei stets nur eine Sperre festgesetzt werden, gleichgültig wie viele Taten zur Aburteilung gelangen.[294] Üblicherweise wird so wie folgt tenoriert:

„Vor Ablauf von ... darf ihm keine neue Fahrerlaubnis erteilt werden."

oder

„Die Verwaltungsbehörde wird angewiesen, ihm vor Ablauf von ... keine neue Fahrerlaubnis zu erteilen."

Die erste Art der Tenorierung ist zu bevorzugen, da sie dem Gesetzeswortlaut des § 69 a Abs. 1 S. 1 StGB nachempfunden ist.

Bei der Tenorierung unterschiedlicher Sperren für verschiedene Fahrzeugarten kann dies im Urteilstenor so stattfinden:

„Vor Ablauf von ... darf ihm keine neue Fahrerlaubnis für ... erteilt werden. Für die übrigen Fahrzeugarten darf ihm erst nach Ablauf von noch ... eine neue Fahrerlaubnis erteilt werden."

Soll unter Anwendung von § 69 a Abs. 2 StGB eine Fahrzeugart von der Sperre ausgenommen werden, so ist etwa zu tenorieren:

„Ausgenommen von dieser Sperre werden ... [Fahrzeugart]"

Hinweis: Die Sperre kann nicht erstmals in einem (nachholenden) Beschluss festgesetzt werden.

c) Anordnung über die Länge der Sperre

146 Die Sperre ist **nach Zeiteinheiten (Monaten, Jahren oder auch Wochen)** zu bestimmen; sie darf nicht kalendermäßig festgelegt werden.[295]

Hinweis: Das Gericht darf also nicht ein bestimmtes Datum für das Ende der Sperre im Urteil angeben.

---

[292] OVG Bremen DAR 1975, 307.
[293] Hierzu: BVerfG 20, 371.
[294] Fischer, StGB, § 69 a Rn 4.
[295] BayObLG, Beschl. v. 21.6.1966 – RReg. 2 a St 52/66 = NJW 1966, 2371; OLG Saarbrücken, Urt. v. 9.2.1967 – Ss 60/66 = NJW 1968, 459.

Kalendermäßige Festsetzung der Sperrfrist wäre bei charakterlicher Ungeeignetheit auch mit dem Zweck der Maßregel unvereinbar. Denn gerade die Dauer der auf den Angeklagten einwirkenden Maßregel soll ja in solchen Fällen zur Beseitigung des Eignungsmangels beitragen. Ob dieser Widerspruch aber auch dann noch besteht, wenn während des Verfahrens vorläufige Fahrerlaubnismaßnahmen greifen und das Verfahren bereits übermäßig lange andauert, kann sicher in Zweifel gezogen werden. Möglicherweise ist dann bereits eine genauere Prognose möglich, wie lange der Eignungsmangel noch bestehen wird.

Zu einer vom Gesetz nicht gewollten Benachteiligung kann diese Regelung allerdings in Fällen geistiger, insbesondere aber körperlicher Ungeeignetheit führen. Das ist zB bei nur vorübergehend bestehender körperlicher Ungeeignetheit der Fall. Hier kann die Sperrfristfestsetzung nach Zeiteinheiten im Fall der Einlegung eines Rechtsmittels dazu führen, dass die Sperre über den Zeitpunkt des Wegfalls der Kraftfahrungeeignetheit hinausreicht. In solchen Fällen ist eine **analoge Anwendung von § 69 a Abs. 5 S. 2 StGB** sachgerecht.²⁹⁶ Danach wird in die Sperrfrist die Zeit einer wegen der Tat angeordneten vorläufigen Fahrerlaubnisentziehung oder Beschlagnahme des Führerscheins eingerechnet, soweit sie nach Verkündung des letzten tatrichterlichen Urteils verstrichen ist. Auf tatsächlich erfolgte vorläufige Fahrerlaubnismaßnahmen kommt es in derartigen Fällen nicht an. Denn die von der eigentlichen Maßregel ausgehenden Wirkungen haben bei körperlichen Eignungsmängeln keinen Einfluss auf deren Wegfall. 147

Hinweis: Üblicherweise wird das Gericht die Sperrfrist auf Monate oder Jahre, gelegentlich auch auf Monate und Wochen, festsetzen.

Zwar wäre rein theoretisch auch eine **Sperrfristbemessung auf Tage** möglich. Diese wäre aber kaum nachvollziehbar zu begründen. Sie würde nämlich voraussetzen, dass das Gericht eine genaue Prognose darüber treffen könnte, wie viele Tage der Maßregeleinwirkung erforderlich sind, um den Eignungsmangel beim Angeklagten zu beseitigen. Es darf nur eine Sperre innerhalb des gesetzlich vorgegebenen Rahmens von sechs Monaten bis fünf Jahren oder eine Sperre für immer festgesetzt werden. Nicht möglich ist eine Sperre für eine längere bezifferte Zeit als fünf Jahre.²⁹⁷

d) Sperrfristbeginn

Der Sperrfristbeginn ergibt sich aus der klaren Regelung des § 69 a Abs. 5 S. 1 StGB (**Zeitpunkt der Rechtskraft des Urteils**). Daher hat das Urteil über den Sperrfristbeginn keine Angaben zu machen. 148

Auch ein Hinweis auf den Fristbeginn „ab Rechtskraft" wäre überflüssig und oft auch falsch, weil ja wegen der Einrechnungsvorschrift des § 69 a Abs. 5 S. 2 StGB (etwa im Fall einer Revision oder Rücknahme des Einspruchs gegen einen Strafbefehl) der Sperrfristbeginn auch vor Eintritt der Rechtskraft liegen kann.²⁹⁸ Insoweit ist auch die in vielen Urteilen anzutreffende Formel „... vor Ablauf von noch... Mona- 149

---

296 Geppert, Sperrfrist, S. 180.
297 Fischer, StGB, § 69 a Rn 8.
298 OLG Köln, Beschl. v. 2.11.1966 – Ss 494/66 = NJW 1967, 361; OLG Celle DAR 1965, 101.

ten..." ungenau – hierdurch können (in dem genannten Fall) im Rahmen der Vollstreckung Probleme entstehen.

150 Enthält das Urteil fälschlich einen Ausspruch über den Beginn der Sperrfrist „ab Rechtskraft", so kann dies dem Angeklagten bei der Neuerteilung der Fahrerlaubnis durch die Verwaltungsbehörde nicht schaden. Die Verwaltungsbehörde ist nämlich an einen solchen Zusatz, soweit dieser eindeutig gegen die Bestimmung des § 69 a Abs. 5 S. 2 StGB über die Einrechnung verstößt, nicht gebunden.[299]

Hinweis: Sicherheitshalber sollte versucht werden, den Richter zu einer Urteilsberichtigung zu veranlassen, falls durch einen solchen infolge Nichtanfechtung rechtskräftig gewordenen Zusatz Nachteile/Probleme drohen. In der Regel werden die entscheidenden Richter hier aufgeschlossen reagieren.

2. Noch laufende Sperre aufgrund früherer Verurteilung

151 Wurde dem Angeklagten bereits in einem früheren Urteil die Fahrerlaubnis unter Anordnung einer Fahrerlaubnissperre entzogen, die im Zeitpunkt der erneuten Verurteilung noch läuft, so verhängt das Gericht, wenn auch die erneute Straftat die Voraussetzungen für die Anordnung der Maßregel erfüllt, eine sog. **isolierte Sperre gem. § 69 a Abs. 1 S. 3 StGB.**

Hinweis: Die beiden einander überschneidenden Sperren laufen dann unabhängig („parallel") nebeneinander.

152 Endet die erste Sperre vor Ablauf der neuen Sperre, so hat dies auf die neue Sperre keinerlei Einfluss. Der bis dahin verstrichene Teil der späteren Sperre kommt dem Angeklagten also voll zugute. Reicht die zuerst angeordnete Sperre über die möglicherweise wesentlich kürzere zweite Sperre hinaus, so hat der Ablauf der zweiten Sperre für den Angeklagten keine positive Wirkung; dh, die frühere, darüber hinausreichende Sperre läuft weiter.

Hinweis: Niemals darf die im späteren Urteil angeordnete Sperre als sog. „Anschlusssperre" in der Weise angeordnet werden, dass sie erst mit dem Ende der zuvor verhängten Sperre beginnen soll.[300]

3. Erhöhtes Mindestmaß

153 Das Mindestmaß der Fahrerlaubnissperre beträgt gem. § 69 a Abs. 1 S. 1 StGB grundsätzlich **sechs Monate**. Das Gericht darf also – abgesehen von der noch zu erörternden Möglichkeit der Berücksichtigung vorläufiger Führerscheinmaßnahmen – keine Sperre unter sechs Monaten gegen den Angeklagten anordnen.

154 Das Mindestmaß der Sperre erhöht sich gem. § 69 a Abs. 3 StGB auf ein Jahr, wenn gegen den Täter **in den letzten drei Jahren vor der Tat** bereits einmal eine Sperre angeordnet worden ist. Entscheidend ist hierbei das **Datum der Rechtskraft** des früheren Urteils. Dieses lässt sich unschwer feststellen.

---

299 VG Köln zfs 1984, 382.
300 OLG Koblenz DAR 1973, 137; OLG Zweibrücken, Beschl. v. 14.7.1982 – 2 Ss 169/82 = NJW 1983, 1007; aM früher zB BGH NJW 1955, 70.

Hinweis: Während die Feststellung in der Hauptverhandlung anhand des BZR-Auszugs einfach ist, ist zu beachten, dass sich das Rechtskraftdatum der Voreintragung aus den Urteilsgründen ergeben muss. Die einfache Feststellung einer Voreintragung reicht nicht, wenn sich hieraus nicht die Tatbegehung der neuen Tat innerhalb der Dreijahresfrist zweifelsfrei ergibt!

Zweifel können in Fällen einer nachträglichen Gesamtstrafenbildung entstehen, wenn die erneute Tat zwar nicht innerhalb der Dreijahresfrist ab Rechtskraft des in die Gesamtstrafenbildung einbezogenen Urteils begangen ist, aber innerhalb von drei Jahren nach der Gesamtstrafenbildung. 155

Hier ist zu unterscheiden: 156

- Wurde bei der Gesamtstrafenbildung die nur in einem Urteil angeordnete Sperre lediglich gem. § 55 Abs. 2 StGB aufrechterhalten, so hat das auf die Dreijahresfrist des § 69 a Abs. 3 StGB keinen Einfluss.
- Anders ist dies dagegen, wenn in mehreren der einbezogenen Urteile die Maßregel angeordnet wurde und die Fahrerlaubnissperre im Rahmen der Gesamtstrafenbildung neu bemessen wurde. Dann ist für den Beginn der Dreijahresfrist des § 69 a Abs. 3 StGB die Rechtskraft der die Gesamtstrafe bildenden Entscheidung maßgebend.[301] Dies gilt jedenfalls dann, wenn man der Auffassung folgt, dass bei derartiger Gesamtstrafenbildung die Sperre erst mit der Rechtskraft der Gesamtstrafenentscheidung beginnt.[302]

Abweichend von § 69 a Abs. 3 StGB gilt keine verlängerte Mindestsperrfrist, wenn die in dem früheren Urteil angeordnete Sperre wegen eines geistigen oder körperlichen Eignungsmangels verhängt wurde. Denn der Grund für die erhöhte Mindestsperre ist die Annahme, dass die Einwirkung der früheren Maßregeldauer auf den Angeklagten offenbar zur Überwindung des in der früheren Straftat zum Ausdruck gekommenen Eignungsmangels nicht ausreichte. Daher erscheint im Wiederholungsfall eine längere Sperre zur Einwirkung auf ihn erforderlich. Dieser Gedanke trifft aber nicht zu, wenn die frühere Maßregel auf einem geistigen oder körperlichen Mangel beruhte, dessen Wegfall oder Fortbestehen überhaupt nicht von der Dauer der Einwirkung der Maßregel abhängt. Ganz überwiegend wird daher die Ansicht vertreten, dass die Bestimmung des § 69 a Abs. 3 StGB auf solche Fälle nicht anzuwenden ist.[303] 157

Tilgung der früheren Verurteilung im BZR hindert erhöhte Mindestsperre nur, wenn ihre Verwertung auch nach den §§ 28 bis 30 b StVG ausscheidet. Die frühere, gegenteilige Rechtsprechung ist durch § 52 Abs. 2 BZRG überholt.[304] Nach § 52 Abs. 2 S. 1 BZRG darf nämlich, abweichend von § 51 Abs. 1 BZRG, eine frühere Tat in einem Verfahren, das die Entziehung der Fahrerlaubnis zum Gegenstand hat, berück- 158

---

301 Stree/Kinzig in: Schönke/Schröder, § 69 a Rn 7.
302 Siehe dazu ausführlich: Hentschel, TFF, Rn 690, 741 ff.
303 OLG Hamm DAR 1978, 23; Geppert, Sperrfrist, S. 138, 139; ders., MDR 1972, 280, 281; Fischer, StGB, § 69 a Rn 11.
304 Anders zB noch BGH, Urt. v. 10.1.1973 – 2 StR 451/72 = NJW 1973, 523; OLG Schleswig VM 1973, 56.

sichtigt werden, solange die Verurteilung nach den genannten Bestimmungen des StVG verwertet werden darf.

4. Einfluss vorläufiger Führerscheinmaßnahmen auf die Sperre

159 Die Vorschrift des § 69 a Abs. 4 StGB über die Verkürzung der Mindestsperre wird von der Verteidigung häufig missverstanden. Die Bestimmung wird nämlich vielfach als „**Anrechnungsvorschrift**" aufgefasst. Dies ist jedoch **unzutreffend**.

160 Nach § 69 a Abs. 4 S. 1 StGB verkürzt sich das Mindestmaß der Sperre um die Zeit, in der eine vorläufige Entziehung der Fahrerlaubnis wirksam war. Gem. § 69 a Abs. 6 StGB steht die Sicherstellung oder Beschlagnahme des Führerscheins insoweit einem gerichtlichen Beschluss über die vorläufige Entziehung der Fahrerlaubnis gleich.

161 Keineswegs verpflichtet diese Vorschrift aber den Richter, die genannten vorläufigen Führerscheinmaßnahmen auf die anzuordnende Sperre anzurechnen. Denn in der Vorschrift ist ja nur gesagt, dass sich das Mindestmaß der Sperre verkürzt, dass der Richter also ausnahmsweise auch eine Sperre von weniger als sechs Monaten festsetzen darf.

Hinweis: Die „Anrechnung" bedarf **keiner eigenständigen Tenorierung** im Urteil.[305]

162 Nicht anzurechnen hat also der Richter vorläufige Führerscheinmaßnahmen, vielmehr darf er die bessernde Wirkung dieser Maßnahmen bei der Festsetzung der Sperre zugunsten des Angeklagten berücksichtigen.[306] Die Bestimmung erweitert also bloß den Ermessensspielraum des Richters in Bezug auf die Mindestdauer der Sperre nach unten.[307]

163 Das Gericht kann mithin trotz möglicherweise im Zeitpunkt der Hauptverhandlung schon mehrere Monate dauernder vorläufiger Maßnahmen durchaus auch davon absehen, von der ihm in § 69 a Abs. 4 StGB eingeräumten Möglichkeit Gebrauch zu machen.[308] Das gilt vor allem dann, wenn die vorläufigen Maßnahmen für den Angeklagten nicht fühlbar geworden sind:[309]

- Wenn sich zB herausstellt, dass der Angeklagte die vorläufige Entziehung der Fahrerlaubnis nicht respektiert hat, indem er weiterhin fahrerlaubnispflichtige Kraftfahrzeuge geführt hat.

- In Fällen, in denen zwar sein ziviler Führerschein beschlagnahmt war, er aber – vielleicht sogar in Unkenntnis der Strafbarkeit – mit einem ihm belassenen Führerschein einer Dienstfahrerlaubnis (§ 26 FeV) weiterhin am motorisierten Straßenverkehr teilgenommen hat.

- UU gar dann, wenn einzelne Fahrzeugarten von der Sperre ausgenommen wurden.

---

305 Burmann in: Burmann/Heß/Jahnke/Janker, § 69 a StGB Rn 5.
306 BayObLG, Urt. v. 5.4.1991 – RReg. 1 St 20/91 = NZV 1991, 358; OLG Zweibrücken, Beschl. v. 8.11.1985 – 1 Ss 252/85 = DAR 1986, 232; OLG Saarbrücken, Urt. v. 21.2.1974 – Ss 1/74 = NJW 1974, 1391.
307 OLG Hamm MDR 1973, 777; OLG Bremen DAR 1965, 216.
308 OLG Koblenz VRS 70, 284; OLG Düsseldorf VM 1965, 69 Nr. 105.
309 BayObLG BA 2002, 392.

VII. Fahrerlaubnissperre 2

- Nicht selten wird dem Beschuldigten zwar die Fahrerlaubnis vorläufig entzogen, der Führerschein dann aber dennoch nicht beschlagnahmt. Auch hier kann uU von der Möglichkeit des § 69 a Abs. 4 StGB abgesehen werden. Ist nicht zu widerlegen, dass der Angeklagte den ihm zugestellten oder auf andere Weise bekannt gewordenen Beschluss über die vorläufige Fahrerlaubnisentziehung respektiert hat, so wird das Gericht in der Regel zu seinen Gunsten die inzwischen verstrichene Zeit bei der noch festzusetzenden Sperre gem. § 69 a Abs. 4 StGB berücksichtigen können.

Damit ist zugleich gesagt, dass § 69 a Abs. 4 StGB nicht voraussetzt, dass der Führerschein aufgrund des Beschlusses über die vorläufige Entziehung der Fahrerlaubnis sichergestellt wurde (zB Verlust des Führerscheins).[310] Es genügt vielmehr, dass die vorläufige Fahrerlaubnisentziehung jedenfalls wirksam war; die Wirksamkeit tritt aber schon mit der Bekanntgabe des Beschlusses an den Beschuldigten ein. 164

Nicht ausreichend für die Anwendung des § 69 a Abs. 4 StGB über das verkürzte Mindestmaß der Sperre ist der tatsächliche Ausschluss des Angeklagten vom Kraftfahrzeugverkehr bis zur Hauptverhandlung aus anderen Gründen als den in der Bestimmung genannten Maßnahmen wie zB Untersuchungshaft.[311] 165

Erhöhtes Mindestmaß der Sperre nach Abs. 3 des § 69 a StGB, weil die Straftat innerhalb von drei Jahren nach Rechtskraft einer früher verhängten Fahrerlaubnissperre begangen ist, hindert die Verkürzung des Mindestmaßes nicht.[312] 166

Hat die vorläufige Maßnahme bis zur Hauptverhandlung lange genug gedauert, so ist es auch in solchen Fällen möglich, eine Sperre von nur noch drei Monaten unter Anwendung von § 69 a Abs. 4 StGB anzuordnen. Eine Verkürzung der Fahrerlaubnissperre unter drei Monate ist in jedem Fall als eindeutiger Verstoß gegen § 69 a Abs. 4 StGB unzulässig.[313] 167

Eine in einem anderen Strafverfahren erfolgte vorläufige Führerscheinmaßnahme iSd § 69 a Abs. 4 StGB kann im vorliegenden Strafverfahren nicht zu einer Verkürzung der Mindestsperre führen; denn es muss sich stets um eine „wegen der Tat" angeordnete vorläufige Maßnahme handeln. Auch eine analoge Anwendung der Vorschrift auf U-Haft-Fälle ist nicht möglich.[314] 168

Hinweis: ME kann es aber schon Fälle geben, in denen eine **analoge Anwendung** geboten ist, so etwa dann, wenn dem Beschuldigten eine Ausfertigung eines § 111a-StPO-Beschlusses zugestellt wird, sich aber im Nachhinein herausstellt, dass der Beschluss (zB mangels Unterschrift oder Rubrums – etwa Fälle des Rubrums „In pp.") gar nicht wirksam war. Auch dann, wenn dem Beschuldigten im Ausland der Führerschein nach einer einheitlichen Fahrt von Deutschland ins Ausland abgenommen wurde und er sich an ein im Ausland ausgesprochenes „Fahrverbot" hier im Inland

---

310 OLG Köln VRS 52, 271.
311 OLG Koblenz VRS 70, 284.
312 OLG Saarbrücken, Urt. v. 21.2.1974 – Ss 1/74 = NJW 1974, 1391.
313 OLG Zweibrücken, Beschl. v. 8.11.1985 – 1 Ss 252/85 = DAR 1986, 232.
314 OLG Koblenz VRS 70, 284.

hält, ist eine analoge Anwendung zu erwägen. Eine Analogie wurde angewandt in einem Fall, in dem ein ungültiger Führerschein beschlagnahmt wurde und der Fahrer hiernach auf Belehrung der Polizei kein Fahrzeug mehr geführt hatte.[315]

169 § 69 a Abs. 4 StGB gilt nicht für die Fälle der „isolierten Sperre" des § 69 Abs. 1 S. 3 StGB.[316]

5. Sperrfristbemessung

170 Hinsichtlich der Kriterien für die Sperrfristbemessung ist zu beachten, dass die Fahrerlaubnisentziehung mit der zugleich anzuordnenden Sperre **keine Strafe** ist und daher alle Erwägungen, die ausschließlich Strafzumessungsgesichtspunkte betreffen, außer Betracht zu bleiben haben.[317]

Hinweis: Finden sich im tatrichterlichen Urteil, das die Sperre anordnet, Formulierungen, wie etwa „tat- und schuldangemessen scheint eine Sperre von... Monaten", so lässt dies befürchten, dass der Tatrichter den Maßregelcharakter der Fahrerlaubnisentziehung und der Sperre verkannt hat. Hier wird es auf eine Revision hin – einfache Sachrüge reicht – zur Urteilsaufhebung und Zurückverweisung kommen.

171 **Muster: Revision wegen falscher Erwägungen bei Sperrfristzumessung**

... gerügt wird die Verletzung materiellen Rechts

Begründung:

Im Rahmen der Sperrfristbemessung des angefochtenen Urteils heißt es u.a.: „.... *erscheint dem Gericht unter Abwägung aller für und gegen den Angeklagten sprechenden Umstände neben der Fahrerlaubnisentziehung die Anordnung einer Sperre von noch ... Monaten für tat- und schuldangemessen ....*". Tatsächlich hat die Zumessung der Sperre mit üblichen Strafzumessungserwägungen nichts zu tun, da es sich bei der Fahrerlaubnisentziehung und der Sperre um eine Maßregel der Besserung und Sicherung handelt. Eine solche kann nicht nach dem Maß der Schuld zugemessen werden – ausschlaggebend ist einzig und allein der Eignungsmangel und dessen voraussichtliche Dauer. Da die Urteilsformulierungen befürchten lassen, dass das erkennende Gericht seinem angefochtenen Urteil derartige „maßregelfremde" Erwägungen im Rahmen der Sperrfristzumessung zugrunde gelegt hat, ist das Urteil aufzuheben und an eine andere Abteilung des Amtsgerichts ... zurückzuverweisen ...

a) Voraussichtliche Dauer der Ungeeignetheit

172 **Entscheidendes Kriterium** für die Dauer der Sperrfrist ist ausschließlich die voraussichtliche Dauer der Ungeeignetheit des Angeklagten.[318] Solange seine Ungeeignetheit fortbesteht, ist er als Kraftfahrer gefährlich und muss vom fahrerlaubnispflichtigen Kraftfahrzeugverkehr im Interesse der Sicherheit der Allgemeinheit ferngehalten werden. Andererseits darf die Sperre niemals länger sein als die prognostizierte Dauer der

---

315 Vgl AG Lüdinghausen, Urt. v. 13.7.2004 – 9 Ds 17 Js 528/04 - 121/04 = NJW 2004, 3726 = NZV 2005, 163 = NStZ-RR 2004, 342; aA aber die hM, vgl etwa Fischer, StGB, § 69 a Rn 13.
316 Burmann in: Burmann/Heß/Jahnke/Janker, § 69 a StGB Rn 7 mwN.
317 BGH DAR 2001, 195 – bei Tolksdorf.
318 BGH NZV 2003, 46; 2002, 378; BayObLG DAR 1999, 560.

Ungeeignetheit zum Führen von Kraftfahrzeugen. Dies ergibt sich aus dem Maßregelcharakter und der Systematik der §§ 69, 69 a StGB.

Hinweis: Für die Intensität der tatrichterlichen Begründung der Maßregelanordnung gilt die Faustformel: Je länger die Sperre, desto intensiver und eingehender ist zu begründen. Besonders hoch sind die Begründungsanforderungen also neben der Sperre „für immer" bei Anordnung der zeitlichen Höchstdauer von fünf Jahren.[319]

b) Besonderheiten der Prognoseentscheidung bei charakterlicher Ungeeignetheit

Bei der zu treffenden Prognose über die Dauer der Ungeeignetheit des Täters hat das Gericht auch solche Umstände zu berücksichtigen, die zwischen der Tat und dem Urteil eingetreten sind, immer vorausgesetzt, dass sie Aufschluss über die **Dauer des in der Tat offenbar gewordenen Eignungsmangels** geben können.[320]

Hinweis: Kann die Maßregel keine Wirkung auf den Täter entfalten, weil er Freiheitsstrafe verbüßt, so darf diesem Umstand bei der Sperrfristbemessung Rechnung getragen werden.[321]

Bei charakterlichen Eignungsmängeln ist die **bessernde Wirkung** zu berücksichtigen, die von der anzuordnenden Maßregel auf den Täter zu erwarten ist.[322] So werden etwa die Nachteile, die von der Führerscheineinbuße auf einen Berufskraftfahrer ausgehen oder auf einen Angeklagten, der jedenfalls in stärkerem Maße auf sein Fahrzeug angewiesen ist, sehr viel eher zu einer Verhaltensänderung beim Verurteilten beitragen können als bei einem Angeklagten, der sein Fahrzeug nur gelegentlich, etwa zu Freizeitzwecken, benutzt. Diese Überlegungen gelten umso mehr, wenn der Fahrerlaubnisentzug beim Verurteilten darüber hinaus mit möglicherweise erheblichen wirtschaftlichen Einbußen verbunden ist.

Schwere und Folgen der Tat als solche dürfen nicht zulasten des Angeklagten bei der Sperrfristbemessung ins Gewicht fallen.[323] Daher haben schwere Unfallfolgen eines Trunkenheitstäters keinen Einfluss auf Ausmaß und voraussichtliche Dauer der Ungeeignetheit. Das den Eignungsmangel begründende Fehlverhalten eines wegen eines Trunkenheitsdeliktes Verurteilten etwa liegt ausschließlich in der bei Fahrtbeginn offenbar gewordenen mangelnden Fähigkeit des Täters, Trinken und Fahren voneinander zu trennen. Tatschwere und Tatfolgen können allerdings uU **mittelbar von Bedeutung** sein, und zwar dann, wenn sie einen Schluss auch auf den Grad und die Dauer der Ungeeignetheit zulassen.[324]

Feste **Taxen und Schemata für die Sperrfristbemessung** kann es im Hinblick auf die geschilderten Kriterien und die zahlreichen Umstände, die bei der zu treffenden Eignungsprognose zu berücksichtigen sind, nicht geben.

---

319 Vgl etwa BGH DAR 1968, 23; VRS 31, 106; König in: Hentschel/König/Dauer, § 69 a StGB Rn 2 mwN.
320 BayObLG BA 2002, 392; OLG Karlsruhe VRS 48, 425.
321 BGH DAR 1967, 96 – bei Martin.
322 Geppert, Sperrfrist, S. 81, 86; Czermak, NJW 1963, 1225.
323 BGH, Beschl. v. 14.5.1998 – 4 StR 211/98 = NZV 1998, 418; OLG Düsseldorf, Urt. v. 27.11.2001 – 2 B SS 309/01-91/01 IV = BeckRS 2001 30222611 = StV 2002, 261; Dencker, StV 1988, 454.
324 BGH, Beschl. v. 20.11.1990 – 4 StR 502/90 = NStZ 1991, 183; Beschl. v. 14.5.1998 – 4 StR 211/98 = NZV 1998, 418.

Hinweis: Dass es derartige Taxen nicht geben darf, ist eine Sache – ihre **faktische Existenz** eine andere. Wichtig ist, dass der Tatrichter in seinem Urteil nicht die Anwendung von Taxen zu erkennen gibt, sondern die Prognoseentscheidung anhand konkreter Prognosetatsachen festmacht. Hieran muss der Tatrichter denken – der Verteidiger seinerseits muss das Urteil auf (rechtsfehlerhafte) Hinweise auf eine derartige „Taxenzumessung" prüfen.

Dennoch soll aber nach in der Vergangenheit geäußerter Auffassung des OLG Düsseldorf in Regelfällen alkoholbedingter absoluter Fahrunsicherheit grundsätzlich nur die gesetzliche Mindestsperrfrist von sechs Monaten anzuordnen sein.[325] Das hätte allerdings zur Konsequenz, dass entlastende Umstände nicht mehr sperrfristmindernd berücksichtigt werden könnten. Sachwidrig ist insbesondere auch die rein schematische Orientierung der Länge der Sperre an der Höhe der Blutalkoholkonzentration, die leider bei Trunkenheitsdelikten mitunter der tatrichterlichen Praxis entspricht.[326]

c) Sperre „für immer" – § 69 a Abs. 1 S. 2 StGB

177 Über die Frage, welcher Prognoseentscheidung es genau für die Sperre für immer bedarf, besteht Streit:

- Die **hM** hält die Anordnung einer Sperre für immer schon dann zulässig, **wenn** jedenfalls eine solche von **fünf Jahren nicht ausreichend erscheint**.[327]

- In der Literatur wird dagegen teils eine Unbehebbarkeitsprognose verlangt: Erst wenn die Prognose dahin geht, dass der Eignungsmangel nicht behebbar ist, kann auch die lebenslange Sperre festgesetzt werden.[328] ME ist diese Ansicht zu bevorzugen, da sie dem Maßregelcharakter des Maßregelausspruchs „für immer" entspricht. Ansonsten droht ein Verstoß gegen das Übermaßverbot. In tatrichterlichen Urteilen wird dieser Streit freilich keine Rolle spielen, da es wohl kaum ein Urteil geben wird, dass ausdrücklich feststellen wird, dass zB nach sechs Jahren der Eignungsmangel voraussichtlich wieder entfallen wird.

178 Das Hauptproblem der Sperre für immer wird die rechtsfehlerfreie Begründung sein. Aus der **Urteilsbegründung** muss sich hier eine

- besonders sorgfältige Prüfung

- und eine erschöpfende Begründung

ergeben, aus der sich nämlich ergibt, dass keinesfalls die zeitliche Maximalfrist des § 69 a Abs. 1 S. 1 StGB von fünf Jahren zur Wiedererlangung der Fahreignung ausreicht.[329] Falsch erscheint es aber auf bei nach heutigem Stand unbehebbaren Eignungsmängeln auf noch nicht absehbare ärztliche Forschungen in den nächsten Jahren zu verweisen und aus diesem Grunde eine lebenslange Sperre nicht zu verhängen,

---

325 OLG Düsseldorf VRS 91, 179.
326 LK-Geppert, § 69 a Rn 17; Michel, DAR 1999, 539, 540; Burmann, VGT 2004, 154, 162 = DAR 2005, 61, 64; aM offenbar Zabel, BA 1982, 269, 274 f.
327 BGH NStZ-RR 1997, 331; OLG Koblenz BA 1975, 273; König in: Hentschel/König/Dauer, § 69 a Rn 4 (aA bis zur 38. Aufl.); Fischer, StGB, § 69 a Rn 22.
328 Hentschel, DAR 1976, 289; Molkentin, NZV 2001, 67.
329 Statt aller: BGH, Beschl. v. 20.11.1990 – 4 StR 502/90 = NStZ 1991, 183; BayObLG DAR 1989, 365; OLG Köln, Beschl. v. 18. 5. 2001 – Ss 102/01 = NJW 2001, 3491.

da diese unverhältnismäßig sei.[330] Hier ist dann bei später eintretenden Umständen für Verurteilte der Weg zur Wiedererlangung der Fahrerlaubnis über § 69 Abs. 7 StGB möglich.

d) Unterschiedliche Sperrfristbemessung für einzelne Kraftfahrzeugarten

Obwohl in § 69 a Abs. 1 StGB nicht ausdrücklich vorgesehen, entspricht es allgemeiner Meinung, dass eine **unterschiedliche Sperrfristbemessung** für einzelne Kraftfahrzeugarten[331] möglich ist.[332] ME ist dies nicht richtig, weil die Sperrfristbemessung anders als das Ausnehmen nach § 69 a Abs. 2 StGB sich nicht nach der Abschirmung der Gefährdung des Maßregelzwecks trotz Ungeeignetheit bemisst, sondern vielmehr ausschließlich an der (unteilbaren) Eignungsfrage.[333]

179

Wurde zB die Trunkenheitsfahrt des Angeklagten mit einem Pkw in der privaten Sphäre begangen, obwohl der Angeklagte langjährig unbeanstandet beruflich Lkw fährt und werden Lkws nicht von der Sperre ausgenommen, so kann hinsichtlich der vom Angeklagten beruflich gefahrenen Lkws eine kürzere Sperre ausreichen.

180

Hinweis: Dieser Ansatz kann für den Angeklagten im Rahmen einer sonst „hoffnungslosen" Verteidigung dienlich sein.

Die zwei dokumentierten Entscheidungen zu „unterschiedlichen Sperrfristlängen" sind aber eher kritisch zu betrachten. Das LG Verden hatte damit argumentiert, dass aus den Gründen, die den Gesetzgeber bewogen haben, das Ausnehmen von Fahrzeugarten von der Sperre zu ermöglichen auch unterschiedliche Sperrfristen für Fahrzeugarten möglich sein müssten. Wenn nämlich das Gericht sowohl die Möglichkeit habe, eine Fahrerlaubnisentziehung mit allumfassender Sperre, als auch eine solche mit ausgenommenen Fahrzeugarten anzuordnen, so müsse dem Grundsatz des geringsten Eingriff entsprechend ein Mittelweg gangbar sein. Dabei sei zu berücksichtigen, dass auch die Möglichkeit einer vorzeitigen Fahrerlaubniserteilung (damals § 42 n Abs. 7 StGB, heute § 69 a Abs. 7 StGB) bestehe, die aber für den Angeklagten mit Unwägbarkeiten behaftet sei. Das AG Hannover hat sich dieser Ansicht (pauschal) angeschlossen und ergänzend ausgeführt, dass trotz allumfassender Ungeeignetheit des Täters die Zeitspanne der Nichteignung des Täters für bestimmte Fahrzeugarten geringer anzusetzen sei, als für andere Fahrzeugarten. Begründet wurde diese Ansicht mit der Berufsferne der Anlasstat zu der Fahrzeugart, hinsichtlich derer die Sperrfrist verkürzt worden war.

181

Beide dargestellten Entscheidungen entsprechen nicht (mehr) der heutigen Auslegung des § 69 a StGB. Zunächst ist darauf hinzuweisen, dass in der Rechtsprechung anerkannt ist, dass die Ungeeignetheit zum Führen von Kraftfahrzeugen unteilbar ist und

182

---

330 Anders aber für Demenzkranken Verurteilten: AG Hamburg-Barmbek, Urt. v. 7.2.2014 – 845 Ds 75/13 = BeckRS 2014, 14276 = DAR 2014, 403.
331 Ausführliche Rechtsprechungsübersicht zu Fahrzeugarten: Krumm, SVR 2006, 94; vgl hierzu auch Teil 2 Rn 234 ff.
332 LG Verden VRS 48, 265; AG Hannover zfs 1992, 283; Fischer, StGB, § 69 a Rn 29; König in: Hentschel/König/Dauer, § 69 StGB Rn 2; Stree/Kinzig in: Schönke/Schröder, § 69 a Rn 16; MüKo-StGB/Athing, § 69 a StGB Rn 31; Fischer, StGB, § 69 a Rn 29; LK-Geppert, § 69 a StGB Rn 18; Rieger, DAR 1967, 45.
333 So schon Krumm, DAR 2004, 58.

es § 69 a Abs. 2 StGB vielmehr ermöglicht, einem ungeeigneten Täter doch einen Fahrerlaubniserwerb zu ermöglichen, weil er die sich aus ihm ergebende Ungeeignetheit „abschirmen" lässt. Das AG Hannover hat jedoch ausdrücklich angenommen, die Ungeeignetheit sei teilbar und könne bzgl einzelner Fahrzeugarten schneller entfallen als hinsichtlich anderer Arten. Logische Konsequenz müsste hier sogar sein, auch die Fahrerlaubnisentziehung nach § 69 StGB „splittbar" zu machen – ist der Täter nur partiell ungeeignet, müsste auch nur partiell entzogen werden. Das dies (jedenfalls nach derzeitigem Rechtsverständnis von §§ 69 ff StGB) unsinnig ist, leuchtet sicher jedem Leser ein.

183 Die von dem AG Hannover angeführte Berufsferne hat freilich mit der Eignung als Fahrzeugführer gar nichts zu tun, sie könnte allenfalls als maßgebliches Kriterium eine Rolle im Rahmen einer Prüfung der Gefahrenabschirmung spielen – diese müsste aber dann aber zur Zeit des Erkenntnisses (also des Urteilsspruchs) vorliegen, sollte § 69 Abs. 2 StGB angewendet werden. Das AG Hannover hat dies aber gerade verneint und den Täter hinsichtlich aller Fahrzeugarten als ungeeignet angesehen und auch keine Gefahrenabschirmung in ausreichendem Maße zur Zeit des Urteilsspruchs bejaht. Anhand welcher Kriterien der nachträglich partiell stattfindende Wegfall der Ungeeignetheit gemessen wurde, hat das AG Hannover nicht mitgeteilt.

184 Verfehlt ist letztlich auch der „schonende Mittelweg" des LG Verden. Vielmehr scheint sich das LG Verden in seiner nunmehr fast 40 Jahre alten Entscheidung von dem Gesetzeswortlaut vollkommen entfernt zu haben und eine Art Billigkeitsentscheidung getroffen zu haben. Es ist hier schon nicht erkennbar, warum das Gericht meint, bei einer aus seiner Sicht unzufriedenstellender Rechtslage diese einfach verändern zu können, obwohl die Normstruktur der §§ 69, 69 a StGB gar keiner Billigkeitsrechtsprechung bedürfen. Vielmehr verkennt das LG Verden, dass es nicht im freien Ermessen des erkennenden Gerichts steht, eine vollumfassende Sperre oder nur eine solche, die einzelne Fahrzeugarten betrifft anzuordnen – vielmehr ist die umfassende Sperre eines (stets vollends) ungeeigneten Fahrzeugführers der Regelfall und das Ausnehmen von Fahrzeugarten aus der Sperre eine an enge Voraussetzungen (nämlich die festzustellende Gefahrenabschirmung) anknüpfende Ausnahme. Das Erweitern dieser Ausnahme zur Schaffung eines „Mittelweges" erscheint daher vollkommen gesetzesfern.

185 **ME sind unterschiedliche Sperrfristen also nicht möglich,** da die Ungeeignetheit eines Verkehrsteilnehmers nicht teilbar ist.[334] Eine solche Teilbarkeit würde aber eine Sperrfristteilung voraussetzen. Bejaht man aber eine solche Teilbarkeit, so ist der erste Schritt getan, gleich im Rahmen des § 69 StGB über eine „Teilentziehung" nachzudenken. An dieser Stelle ist die Unteilbarkeit der Ungeeignetheit[335] aber unstreitig. Kein taugliches Argument für die Teilbarkeit der Sperre ist die Frage der Beschränkung der Sperre auf einzelne Fahrzeugarten, da diese Beschränkung gerade davon ausgeht, dass trotz vorhandenen Eignungsmangels keine Gefährdung des Maßregel-

---

334 Krumm, DAR 2004, 56, 58.
335 Vgl auch Burmann in: Burmann/Heß/Jahnke/Janker, § 69 a StGB, Rn 4 a.

zwecks durch das Ausnehmen von Fahrzeugarten stattfindet. Der ungeeignete Täter darf hier also wieder eine beschränkte Fahrerlaubnis beantragen.

e) Berücksichtigung der Täterpersönlichkeit bei der Sperrfristbemessung

Für die Beantwortung der Frage, wie lange die Ungeeignetheit des Täters voraussichtlich dauern wird, sind die **gleichen Grundsätze heranzuziehen wie für die Anordnung der Maßregel** selbst.[336] Auch hier dürfen daher Eignungsmängel, die erst nach der Tat aufgetreten sind, nicht zulasten des Angeklagten berücksichtigt werden.[337] Entsprechendes gilt für solche Mängel, die die Tat selbst nicht beeinflusst haben und in ihr nicht zum Ausdruck gekommen sind.[338] Auch wenn derartige Mängel festgestellt und an sich geeignet sind, die Prognose über die voraussichtliche Dauer der Ungeeignetheit mitzubestimmen, müssen sie vom Tatrichter dennoch außer Acht gelassen werden; dh, der Tatrichter hat zu prüfen, wie lange die Ungeeignetheit des Täters dauern würde, wenn sie nur auf den Eignungsmängeln beruhen würde, die die Tat beeinflusst haben.[339] Das bedeutet nicht, dass etwa überhaupt nur Umstände berücksichtigt werden dürften, die in der Tat selbst liegen. Voraussetzung ist vielmehr nur, dass es sich jedenfalls um solche Umstände handelt, die einen Schluss auf die voraussichtliche Dauer derjenigen Mängel zulassen, die die Tat offenbart hat.[340]

186

Die vom Gericht zu treffende **Prognose über die voraussichtliche Dauer der Ungeeignetheit** erfolgt durch sorgfältige Abwägung der Gesamtumstände der Tat unter Berücksichtigung der Persönlichkeit des Angeklagten, seiner bisherigen Lebensführung, seines bisherigen Verhaltens im Straßenverkehr und etwaiger einschlägiger Vorstrafen.[341] Also lässt sich hieraus entnehmen, dass im tatrichterlichen Urteil im Hinblick auf die Sperrfristbemessung Stellung genommen werden muss zu genau diesen Punkten:

187

- Umstände der Tat
- Täterpersönlichkeit und dabei vor allem:
    - bisherige Lebensführung
    - bisheriges Verhalten im Straßenverkehr
    - einschlägige Vorstrafen

    Hinweis: Die Rechtsprechung des BGH fordert wie dargestellt eine Abwägung – nicht ausreichend ist nur eine Aufzählung der maßgeblichen Gesichtspunkte, wie sie etwa nach der vorstehenden Stichpunktliste zunächst naheliegen würde.

---

336 BGH, Urt. v. 10.2.1961 – 4 StR 546/60 = NJW 1961, 1269; Fischer, StGB, § 69 a Rn 15.
337 BGH, Urt. v. 10.2.1961 – 4 StR 546/60 = NJW 1961, 1269.
338 Geppert, Sperrfrist, S. 72.
339 Geppert, Sperrfrist, S. 71.
340 BGH DAR 1982, 203 – bei Spiegel.
341 BGH, Beschl. v. 14.5.1998 – 4 StR 211/98 = NZV 1998, 418; BayObLG BA 2002, 392.

Hierbei sind folgende Gesichtspunkte zu beachten:

- **Verhaltensänderungen:** Das Bemühen des Angeklagten um Verhaltensänderung nach der Tat kann eine Rolle spielen, etwa seine erfolgreiche Teilnahme an einer Nachschulung, einem Aufbauseminar oder an einer Verkehrstherapie.[342] Ein Teil der spezialpräventiven Wirkungen, die von der anzuordnenden Sperre ausgehen sollen, kann schon durch die Seminarteilnahme erreicht sein und die Festsetzung einer kürzeren Sperre rechtfertigen.[343] Derartige Verkürzungen sind etwa hier zu finden:
  - Modell „Mainz 77" (Besonderheiten: ca. 3 1/2 Monate vorläufige Fahrerlaubnisentziehung; 1,67 ‰BAK zur Tatzeit)[344]
  - Modell „Mainz 77" (Besonderheiten: ca. 2 1/2 Monate vorläufige Fahrerlaubnisentziehung; 1,77 ‰BAK zur Tatzeit)[345]
  - Verkehrstherapie IVT-Hö (Besonderheiten: Therapie erst begonnen, 10 Stunden absolviert; 1,32 ‰BAK zur Tatzeit; einschlägige Vorbelastungen)[346]
  - „starthilfe"-Therapie nach Verkehrsunfallflucht mit großem Sachschaden; Verkürzung der Sperre um 2 Monate.[347]

- **Trinkgewohnheiten:** Auch die Trinkgewohnheiten des Angeklagten können eine wesentliche Rolle spielen. So kann zB eine extrem hohe Blutalkoholkonzentration uU auf Alkoholgewöhnung oder gar -abhängigkeit schließen lassen und die Notwendigkeit einer längeren Sperre begründen. Das gilt insbesondere, wenn der Täter schon in den frühen Morgenstunden erheblich alkoholisiert war oder wenn er trotz hoher BAK nur geringe oder gar keine Ausfallerscheinungen zeigte. Unter Umständen kann in solchen Fällen die Einholung eines medizinisch-psychologischen Gutachtens erforderlich werden.[348] Die Höhe der Blutalkoholkonzentration allein ist aber kein geeigneter Indikator für bestehende Alkoholproblematik eines Kraftfahrers. Eine abweichende Ansicht wird aber insoweit zum Teil im verkehrspsychologischen Schrifttum und gelegentlich in der verwaltungsgerichtlichen Rechtsprechung vertreten.[349] Geeignetere Indikatoren für Alkoholabhängigkeit sind nach rechtsmedizinischen Erkenntnissen vielmehr die sog. Alkoholismusmarker, die in der entnommenen Blutprobe festgestellt werden können.[350] Insoweit weist allerdings *Stephan* auf die Manipulierbarkeit der medizinischen Befunde durch Trinkpause vor der Begutachtung hin.[351]

---

342 Piesker, BA 2002, 197, 202; Himmelreich, DAR 2003, 110 (Verkehrstherapie); AG Lüdinghausen, Urt. v. 15.7.2008 – 9 Ds 82 Js 2342/08 – 70/08 = NJW 2008, 3080 = NZV 2008, 530.
343 OLG Köln VRS 60, 375; LG Krefeld DAR 1980, 63; AG Marl zfs 1990, 213; AG Aachen DAR 1992, 193; König in: Hentschel/König/Dauer, § 69 a StGB Rn 2.
344 AG Köln DAR 1980, 222 („die Regelwirkung des § 69Abs. 2 StGB wird hierdurch nicht widerlegt").
345 AG Brühl DAR 1981, 233.
346 AG Lüdinghausen, Urt. v. 15.7.2008 – 9 Ds 82 Js 2342/08 – 70/08 = NJW 2008, 3080 = NZV 2008, 530.
347 AG Köln, Urt. v. 15.11.2012 – 706 Ds 168/12-39 Js 460/12 nach Himmelreich/Halm, NStZ 2013, 454.
348 Brockmeier, NVwZ 1982, 540; Sliwka, ZVS 1983, 115.
349 ZB Stephan, Gutachten für OVG Schleswig VRS 83, 392; OVG Schleswig, Urt. v. 11.3.1992 – 4 L 215/91 = NZV 1992, 379; zfs 1994, 311.
350 Iffland, NZV 1994, 309; Heinemann u.a., BA 1998, 161; s. auch AG Homburg zfs 1996, 354.
351 Stephan, NZV 2003, 64.

- **Einlassungsverhalten:** Aus dem Bestreiten des Anklagevorwurfs durch den Angeklagten darf das Gericht nicht auf mangelnde Einsicht in die Schuld schließen, die eine längere Sperrfrist zur Einwirkung auf den Angeklagten rechtfertige.[352] Ein einsichtiges geständiges Einlassungsverhalten dagegen kann uU bei hinzutretenden anderen Faktoren zu einer Annahme eines früheren Wegfalls des Eignungsmangels führen.

- **Voreintragungen:** Hier ist zunächst auf die Verwertbarkeit von Voreintragungen zu achten. Vorliegende (idR verkehrsrechtliche) Voreintragungen werden nahezu immer zu einer Annahme eines länger andauernden Eignungsmangels als bei einem unvorbelasteten Fahrzeugführer führen. Sicher ist hier auch qualitativ zwischen Voreintragungen aus dem bußgeldrechtlichen Bereich und solchen aus dem strafrechtlichen Bereich zu unterscheiden. Im OWi-Bereich wiederum werden etwa Voreintragungen nach § 24 c StVG (Alkoholverbot für Fahranfänger) weniger schwer wiegen als Verstöße nach § 24 a StVG.

    Hinweis: Die Beiziehung der entsprechenden Verfahrensakten kann hier hilfreich sein. Der Verteidiger sollte sie regelmäßig beantragen.

- **Irrtum über Verfahrenssituation:** Mehrmonatiges Nichtfahren eines Betroffenen nach Führerscheinsicherstellung im Ausland.[353]

- **Jugendliche** (bzw ihnen gleichzustellende Heranwachsende): Hier soll die Sperrfrist nach teils vertretener Ansicht kürzer als bei Erwachsenen zu bemessen sein.[354] Dies erscheint mir kaum richtig – der Eignungsmangel kann nie generalisiert betrachtet werden. Freilich wird die Tatsache, dass es sich bei dem Täter um einen Jugendlichen (bzw ihm gleichzustellenden Heranwachsenden) handelt, auch im Rahmen der Prüfung der Täterpersönlichkeit von gesteigerter Bedeutung sein.[355] Der BGH fordert bei jüngeren und damit entwicklungsfähigen Tätern so auch eine intensivere Begründung der Sperrfristlänge.[356]

f) Ausmaß des Verschuldens als Kriterium der Sperrfristbemessung

Das Maß der Schuld/des Verschuldens ist zunächst einmal **nicht ausschlaggebend** für die Frage der Sperrfrist, da dies dem Maßregelcharakter widerspräche. Da es ausschließlich auf die voraussichtliche Dauer der Ungeeignetheit ankommt, darf das Ausmaß des Verschuldens auch nur insoweit berücksichtigt werden, als es Schlüsse auf Art und vermutliche Dauer der konkreten Eignungsmängel zulässt.[357] Können solche Schlüsse nicht gezogen werden, wäre eine Berücksichtigung bei der Sperrfristbemessung sachwidrig, weil sie die unzulässige Anwendung von Strafzumessungsgründen auf die Sperrfristbemessung bedeuten würde.[358]

188

---

352 BGH DAR 1987, 201 – bei Spiegel.
353 AG Lüdinghausen, Urt. v. 17.8.2006 – 16 Cs 82 Js 3231/06 – 113/06 = NZV 2007, 251 = SVR 2007, 310 (mit zweifelnder Anm. Ebner); König in: Hentschel/König/Dauer, § 69 a StGB Rn 2.
354 AG Rudolfstadt VRS 112, 35; zweifelnd: König in: Hentschel/König/Dauer, § 69 a StGB Rn 2.
355 Hierzu etwa ausführlich: Eisenberg, JGG, § 7 JGG, Rn 76.
356 BGH VRS 21, 263.
357 BGH, Beschl. v. 14.5.1998 – 4 StR 211/98 = NZV 1998, 418; Beschl. v. 20.11.1990 – 4 StR 502/90 = NStZ 1991, 183; König in: Hentschel/König/Dauer, § 69 a StGB Rn 2 mwN.
358 BGH, Beschl. v. 20.11.1990 – 4 StR 502/90 = NStZ 1991, 183; VM 1991, 17.

Hinweis: Der Tatrichter muss insoweit Formulierungen vermeiden, die er sonst aus der Strafzumessung gewohnt ist, wie etwa dass die „Sperrfristdauer tat- und schuldangemessen ist". Eine solche Formulierung lässt ganz klar besorgen, dass das Gericht sich des Maßregelcharakters des § 69 a StGB nicht bewusst war. Der Verteidiger muss wiederum das tatrichterliche Urteil auf derartige (Fehl-)Formulierungen hin prüfen und ggf im Rahmen einer (Sprung-)Revision die Sachrüge („... rüge ich die Verletzung materiellen Rechts ...") erheben.

g) Tatfolgen

189 Die Tatfolgen sind bei der Sperrfristbemessung grundsätzlich **nicht von Relevanz**[359] – hier gilt das zum „Verschulden" unter vorstehender Rn Gesagte.

h) Wirtschaftliche Gesichtspunkte

190 Besonders schwere wirtschaftliche Nachteile als Folge der Fahrerlaubnisentziehung und Fahrerlaubnissperre können als solche **niemals Anlass** sein, die im Interesse der Verkehrssicherheit gebotene Dauer der **Sperrfrist kürzer zu bemessen**, als es der Schutz anderer erfordert. Solange nämlich die Ungeeignetheit des Angeklagten andauert, hat der Angeklagte die mit der Fahrerlaubnissperre verbundenen wirtschaftlichen Härten hinzunehmen.[360] Auch die Festsetzung einer erhöhten Strafe und eines Fahrverbots in diesem Zusammenhang als eine Art Ausgleich für ein Absehen vom Regelprinzip des § 69 Abs. 2 StGB wäre rechtsfehlerhaft.[361]

Hinweis: Dies wird vielfach von der Verteidigung nicht beachtet. Wirtschaftliche Aspekte können nur dann erfolgreich bei der Frage der Sperrfristbemessung geltend gemacht werden, wenn sie für die Beurteilung der Eignungsfrage relevant sind. Gleichwohl können Tatrichter teils durch wirtschaftliche Aspekte überzeugt werden, von einer an sich angezeigten Fahrerlaubnisentziehung Abstand zu nehmen. Mit einer Revision der Staatanwaltschaft ist in solchen Fällen natürlich stets zu rechnen.

Also: Jedenfalls **mittelbar** können wirtschaftliche Folgen durchaus für die Sperrfristbemessung bedeutsam sein.[362] So können zB die besonderen, gerade für den Angeklagten mit der Fahrerlaubnissperre verbundenen wirtschaftlichen Nachteile und Härten uU in besonderem Maße geeignet sein, die erstrebte abschreckende und damit „bessernde" Wirkung im Sinne einer rascheren Verhaltensänderung zu erzielen.[363] Je stärker sich nämlich die Sperre im wirtschaftlichen Bereich nachteilig für den Angeklagten auswirkt, umso eher wird anzunehmen sein, dass der in der Straftat zum Ausdruck gekommene Eignungsmangel unter Einwirkung der Maßregel beseitigt sein wird.[364]

---

359 König in: Hentschel/König/Dauer, § 69 a StGB Rn 2.
360 BayObLG DAR 1999, 560; OLG Koblenz VRS 50, 361.
361 So aber: AG Gemünden Urt. v. 1.8.2011 – 1 Cs 952 Js 6185/11.
362 BayObLG DAR 1999, 560; Geppert, NJW 1971, 2154.
363 LG Krefeld VRS 56, 283; AG Bückeburg, Urt. v. 2.2.1983 – 4 Ds 5 Js 2010/82 (482/82) = NJW 1983, 1746.
364 BayObLG BA 2002, 392; OLG Celle DAR 1985, 90; OLG Koblenz VRS 71, 431.

i) Generalpräventive Aspekte

Ausführungen in den Urteilsgründen mancher Gerichte über die **Notwendigkeit der** 191
Abschreckung anderer durch Anordnung einer ausreichend langen Sperre sind im Hinblick auf die ausschließlich spezialpräventiven Zwecke der Fahrerlaubnissperre **falsch**.[365] Der Gesichtspunkt der Abschreckung anderer darf daher bei der Sperrfristbemessung keine Rolle spielen.[366] Eine Fahrerlaubnissperre aus generalpräventiven Gründen über die Dauer der beim Angeklagten bestehenden Ungeeignetheit zum Führen von Kraftfahrzeugen hinaus wäre nämlich als Verstoß gegen das Übermaßverbot jedenfalls rechtsfehlerhaft.

Hinweis: Tatrichter und Verteidiger müssen die **Urteilsgründe** auf Formulierungen **prüfen**, die besorgen lassen, dass generalpräventive Gesichtspunkte in die Sperrfristbemessung mit eingeflossen sind.

j) Mischargumentationen

Sogenannte Mischargumentationen beschreiben Fälle, in denen allein nicht ausrei- 192
chende Gesichtspunkte in einer Gesamtschau betrachtet einen Rückschluss auf die Eignungsfrage zulassen. Solche Konstellationen finden sich regelmäßig nur bei Tatrichtern, also vor dem Amtsgericht oder dem Landgericht, da meist Eignungsfrage und Erziehungswirkung durcheinandergeworfen werden oder eher ein Billigkeitsschluss vorgenommen wird. Die Oberlandesgerichte werden eine Ausrichtung der Sperrfristlänge an derartigen Mischlagen regelmäßig als rechtsfehlerhaft einstufen.

Hinweis: Tatrichter und Verteidiger müssen die **Urteilsgründe** auf Formulierungen **prüfen**, die besorgen lassen, dass generalpräventive Gesichtspunkte in die Sperrfristbemessung mit eingeflossen sind.

Verteidiger dagegen werden versuchen müssen, gegenüber dem Tatrichter bei sonst nicht ausreichenden „eignungsrelevanten" Gesichtspunkten ein offenes Ohr für die weiteren Gesichtspunkte zu finden. Dem Mandanten muss aber auch ehrlicherweise seitens des Verteidigers dargestellt werden, dass die Chancen einer solchen Verteidigung nur sehr begrenzt sind.

Typisch ist etwa eine Sammlung wie „fortgeschrittenes Alter" des Betroffenen, keine Vorstrafen und keine Eintragungen im FAER, regelmäßige Fahrten zur Arbeit, verantwortungsbewusste Persönlichkeit, tatbezogene Besonderheiten (konkret: zeitnahe Meldung als Täter nach einer Unfallflucht).[367]

6. Beginn und Berechnung der Fahrerlaubnissperre

Nicht für die Vollstreckungsbehörden, sondern auch für den Verurteilten (und damit 193
auch dessen Verteidiger) ist es immens wichtig,

---

365 Siehe aber zB OLG Hamm, Urt. v. 4.6.1971 – 3 Ss 359/71 = NJW 1971, 1618.
366 BGH NStZ 2004, 144, 147; 1990, 225 – bei Detter; OLG Düsseldorf NZV 1993, 117; Michel, DAR 1999, 539, 540.
367 Vgl LG Dortmund, Urt. v. 21.9.2012 – 45 Ns – 206 Js 2293/11 – 173/12 = BeckRS 2013, 04426.

- wann die Sperre **beginnt**,
- wie sie sich berechnet
- und vor allem, wann sie **endet**.

a) Grundsatz

194 Die Sperre beginnt gem. § 69 a Abs. 5 S. 1 StGB **mit der Rechtskraft des Urteils**. Da uU auch eine Teilanfechtung des Urteils in Betracht kommt, muss dies dahin gehend präzisiert werden, dass die Sperre mit der Rechtskraft des Teils des Urteils beginnt, der den Ausspruch über die Sperre enthält.

b) Einrechnung fortdauernder vorläufiger Führerscheinmaßnahmen bei Rechtsmitteleinlegung

195 Die Einrechnungsvorschriften des § 69 a Abs. 5 S. 2 und Abs. 6 StGB enthalten für den Fall fortbestehender vorläufiger Führerscheinmaßnahmen **Ausnahmeregelungen** von dem Grundsatz des Sperrfristbeginns (erst) mit der Rechtskraft des Urteils zugunsten des Angeklagten. Dies gilt zB für die Fälle, in denen die Rechtskraft des Ausspruchs über die Fahrerlaubnisentziehung aufgrund einer revisionsgerichtlichen Entscheidung eintritt oder nach Verwerfung eines Rechtsmittels durch Beschluss (§§ 322 Abs. 1 S. 1, 349 StPO).

Hinweis: Die Einrechnungsvorschriften sind ferner dann bedeutsam, wenn ein **Rechtsmittel** oder der **Einspruch** gegen einen Strafbefehl zurückgenommen wird.

In all diesen Fällen kommt dem Angeklagten bei fortbestehender vorläufiger Führerscheinmaßnahme die Zeit zwischen dem letzten tatrichterlichen Urteil (oder Strafbefehl) und dem Zeitpunkt der Rechtskraft zugute. Sie ist nach den genannten Bestimmungen zwingend in die Dauer der Sperrfrist einzurechnen.

Hinweis: Ist (etwa infolge von Kommunikationsschwierigkeiten) unklar, ob Einspruch/Rechtsmittel eingelegt werden soll, so kann dies von dem Verteidiger zunächst fristwahrend getan werden, ohne sich hinterher – im Falle einer Verurteilung – vorhalten lassen zu müssen, die Sperre sei durch seine Tätigkeit verlängert worden.

Beispiel:
- Anordnung einer noch fünfmonatigen Fahrerlaubnissperre am 15. März
- Verwerfung der gegen das Urteil eingelegten Revision am 15. Juni
- Ablauf der Sperre ohne die genannten Einrechnungsbestimmungen am 14. November (5 Monate ab Rechtskraft)

  Waren vorläufige Führerscheinmaßnahmen zwischen dem erstinstanzlichen Urteil und der Verwerfung der Revision wirksam, so wird in die fünfmonatige Sperre die Zeit, die seit dem letzten tatrichterlichen Urteil (15. März) verstrichen ist, eingerechnet.

- Folge der Einrechnungsvorschrift: Ablauf Sperre schon am 14. August.

War Berufung gegen das die Sperre anordnende erstinstanzliche Urteil eingelegt worden, so ist das Urteil des Berufungsgerichts auch dann das Urteil der letzten Tatsacheninstanz iSd Einrechnungsvorschriften des § 69 a Abs. 5 S. 2, Abs. 6 StGB, wenn die Berufung auf das Strafmaß und die Maßregel nach §§ 69, 69 a StGB beschränkt war.

Hinweis: Das bedeutet, dass die Zeit zwischen dem erstinstanzlichen und dem Berufungsurteil nicht eingerechnet werden kann.[368]

c) Beginn der Sperre bei Strafbefehl
Mitunter wird der Strafbefehl zB deswegen erst nach Ablauf einer gewissen Zeit rechtskräftig, weil sich dessen Zustellung verzögerte (etwa wegen unbekannten Aufenthalts des Angeklagten). In derartigen Fällen kommt es nach ganz hM für den Beginn der in die Sperrfrist einzurechnenden Zeit auf das **Datum seines Erlasses** an, nicht auf den Zeitpunkt der Zustellung.[369]

196

Beispiel:
- Unterzeichnung des Strafbefehls mit fünfmonatiger Fahrerlaubnissperre am 15. März
- Zustellung am 15. April
- Rechtskraft (etwa durch Rücknahme des Einspruchs) am 15. Juni

Bei bis dahin fortdauernden vorläufigen Führerscheinmaßnahmen ist die Zeit ab dem 15. März (Tag des Erlasses des Strafbefehls) einzurechnen mit der Folge, dass die Sperrfrist am 14. August endet.

Nicht verwechselt werden darf dies mit der Frage der Sperrfristberechnung nach Hauptverhandlung infolge Einspruchseinlegung im Strafbefehlsverfahren: Hier gilt nicht § 69 a Abs. 5 S. 2 StGB, sondern § 69 a Abs. 4 StGB.[370]

d) Beginn der Sperre bei Beschränkung des Einspruchs unter Ausklammerung der Maßregelentscheidung
Wird mit dem Einspruch gegen einen Strafbefehl nur eine Ermäßigung des Tagessatzes angestrebt, so empfiehlt es sich zu prüfen, ob der Einspruch gegen den Strafbefehl nicht gem. **§ 410 Abs. 2 StPO** beschränkt werden sollte. Anderenfalls ist in der Hauptverhandlung auch über die Fahrerlaubnismaßregel neu zu entscheiden und erneut eine Sperre von mindestens drei Monaten festzusetzen.

197

Hinweis: Mit einer Beschränkung des Einspruchs wird erreicht, dass der Ausspruch über die Maßregel (und damit über die Sperrfrist) rechtskräftig wird und die Sperre ab Erlass des Strafbefehls zu laufen beginnt.

Zu beachten ist auch, dass die Tagessatzhöhe seit einigen Jahren im Beschlusswege mit Zustimmung des Angeklagten, des Verteidigers und der Staatsanwaltschaft gem. § 411 Abs. 1 S. 2 StPO geändert werden kann, wenn ein beschränkter Einspruch eingelegt wurde.

---

368 LG Aachen DAR 1968, 330; Fischer, StGB, § 69 a Rn 36.
369 LG Köln DAR 1978, 322; LG Freiburg, Beschl. v. 10.7.1968 – II Qs 147/68 = NJW 1968, 1791; Meyer-Goßner, StPO, § 409 StPO, Rn 14; Fischer, StGB, § 69 a Rn 36; aM LG Düsseldorf, Beschl. v. 2.3.1966 – IX Qs 101/66 = NJW 1966, 897.
370 OLG Karlsruhe NJW 1975, 456; Fischer, StGB, § 69 a Rn 36.

198 **Muster: Beschränkter Einspruch auf Tagessatzhöhe**

... lege ich als Verteidiger des Angeklagten gegen den Strafbefehl vom ... Einspruch ein und beschränke diesen lediglich auf die Bemessung der Höhe des einzelnen Tagessatzes.

Gleichzeitig beantrage ich, gem. § 411 Abs. 1 S. 2 StPO im Beschlusswege über die Tagessatzhöhe zu entscheiden.

Zu der Änderung der Tagessatzhöhe im Beschlussverfahren erteile ich hier als Verteidiger nach ausdrücklicher Rücksprache mit dem Angeklagten und angesichts der beiliegenden Vollmacht für den Angeklagten die gesetzlich erforderliche Zustimmung.

Ich rege an, die Tagessatzhöhe von der im Strafbefehl genannten Höhe auf einen Betrag von ... EUR zu reduzieren.

Begründung:

Die wirtschaftlichen Verhältnisse des Angeklagten sind nicht so gut, wie in dem angefochtenen Strafbefehl unterstellt ...

(Es folgen Ausführungen zu Einkünften und Belastungen. Es ist hierbei darauf zu achten, die Angaben glaubhaft zu machen durch Beifügung geeigneter Unterlagen.)

e) Mehrere Fahrerlaubnissperren

199 War in einem früheren Urteil gegen den Angeklagten schon eine Fahrerlaubnissperre angeordnet worden, die im Zeitpunkt des neuen Urteils noch nicht beendet ist, so hat dies keinen Einfluss auf den Beginn der nunmehr erneut anzuordnenden (isolierten) Sperre, soweit nicht Gesamtstrafenbildung zu erfolgen hat. Die beiden Fahrerlaubnissperren laufen vielmehr völlig unabhängig voneinander **parallel ab Rechtskraft des jeweiligen Urteils**.[371] Daraus folgt, dass zB eine einzige vierjährige Sperre für den Angeklagten ungünstiger ist als das Nebeneinanderbestehen zweier Sperren von zwei und drei Jahren.[372]

7. „Isolierte Sperre"

200 Hat der Angeklagte **im Zeitpunkt der Verurteilung keine Fahrerlaubnis**, so darf die Verhängung der Maßregel nicht etwa im Hinblick darauf entfallen, dass er ohnehin keine Fahrerlaubnis besitzt. Das gilt auch dann, wenn im Zeitpunkt der Verurteilung noch eine Sperre aus einem früheren Urteil läuft. Das Gericht muss vielmehr für die voraussichtliche Dauer der in der erneuten Straftat zum Ausdruck gekommenen Ungeeignetheit eine neue Sperre festsetzen. Es entfällt also lediglich der Ausspruch über die Entziehung der Fahrerlaubnis, nicht aber die Anordnung der Sperre (**§ 69 a Abs. 1 S. 3 StGB**).

a) Voraussetzungen und Wirkung

201 Für die Anwendung von § 69 a Abs. 1 S. 3 StGB ist – neben der Ungeeignetheit iSd § 69 StGB – allein entscheidend, dass der Angeklagte im Zeitpunkt des Urteils keine Fahrerlaubnis hat. Ob er möglicherweise bei Begehung der Straftat eine solche besaß,

---

371 BGH NJW 1971, 2180; OLG Dresden NZV 1993, 402.
372 OLG Hamm NJW 1964, 1285. Zur Bemessung der Sperre bei nachträglicher Gesamtstrafenbildung durch Urteil oder Beschluss sowie zu deren Berechnung und Beginn in solchen Fällen s. Rn 574 ff sowie eingehend: Hentschel, TFF, Rn 741–761.

ist unerheblich. Hat er zB **nach der Tat eine Fahrerlaubnis erworben**, so ist nicht etwa eine „isolierte" Sperre anzuordnen, sondern die inzwischen erworbene Fahrerlaubnis ist zu entziehen. Auch bei Verlust des Führerscheins hat das Gericht nicht eine isolierte Sperre anzuordnen, sondern die Fahrerlaubnis unter gleichzeitiger Sperrfristanordnung zu entziehen. Im Übrigen ist es gleichgültig, ob der Angeklagte jemals eine Fahrerlaubnis hatte oder ob sie ihm womöglich durch rechtskräftiges Urteil inzwischen entzogen worden ist.

Auch wenn dem Angeklagten die Fahrerlaubnis entzogen worden ist, ist nur eine isolierte Sperre anzuordnen und nicht – gewissermaßen zur Sicherheit – zusätzlich die gar nicht mehr bestehende Fahrerlaubnis zu „entziehen".[373] 202

In diesen Fällen tritt die Anordnung der Sperre an die Stelle der Entziehung und bildet die eigentliche Maßregel des § 61 Nr. 5 StGB.[374] 203

Hinweis: Daher setzt die Anordnung einer isolierten Sperre gem. § 69 a Abs. 1 S. 3 StGB stets voraus, dass die **Voraussetzungen des § 69 Abs. 1 StGB** erfüllt sind.[375] Dies muss sich also aus dem tatrichterlichen Urteil ergeben.

b) Isolierte Sperre trotz Fahrerlaubnisbesitz

Gelegentlich ordnet das Gericht irrtümlich nur eine Sperre ohne gleichzeitige Entziehung der Fahrerlaubnis an, obwohl der Angeklagte im Zeitpunkt des Urteils im Besitz einer Fahrerlaubnis ist. Das kann zB darauf beruhen, dass das Gericht den Ausspruch über die Entziehung im Tenor vergessen hat, aber auch darauf, dass der Angeklagte zwischen der Tat und dem Urteil eine Fahrerlaubnis erworben hat, von der das Gericht keine Kenntnis hat: 204

- Handelte es sich dabei gewissermaßen nur um ein redaktionelles Versehen, ergibt sich aber aus den Urteilsgründen, dass das Gericht in Wahrheit die Fahrerlaubnis entziehen wollte, so ist eine Berichtigung möglich.[376]

    Hinweis: Der Verteidiger sollte bei Fehlen der Entziehungsentscheidung daher nicht gleich den Finger in die Wunde legen, sondern erst die abgesetzten Urteilsgründe abwarten.

- Das gilt dagegen nicht, wenn das Gericht vom Nichtbestehen einer Fahrerlaubnis ausging. Wollte also das Gericht nur eine Sperre verhängen, weil es irrtümlich annahm, der Angeklagte habe keine Fahrerlaubnis, so hat es dabei zu bleiben, dass die Fahrerlaubnis nicht entzogen ist.[377] Dann fällt also die gegen den Angeklagten angeordnete Fahrerlaubnissperre zunächst ins Leere; der Verurteilte bleibt im Besitz der Fahrerlaubnis.

---

373 BGH DAR 1978, 152 – bei Spiegel; Kulemeier, Fahrverbot, S. 109 Fn 446; aM OLG Bremen VRS 51, 278.
374 OLG Zweibrücken VRS 64, 444.
375 BGH VRS 107, 29.
376 BGH VRS 16, 370; aM LK-Geppert, § 69 Rn 248.
377 OLG Karlsruhe VRS 59, 111; OLG Köln VM 1981, 46; LG Freiburg zfs 2001, 332 (irrige Annahme bereits rechtskräftiger Entziehung).

- Das Gleiche gilt, wenn durch Strafbefehl nur eine Sperre ohne gleichzeitige Entziehung der Fahrerlaubnis angeordnet wurde und der Strafbefehl (dies ist der Regelfall) keine Entscheidungsgründe enthält.[378]

- Hat das Gericht eine isolierte Sperre angeordnet, der Angeklagte aber nach Verkündung des Urteils, bevor dieses rechtskräftig werden konnte, eine Fahrerlaubnis erlangt, so besteht rechtlich die gleiche Situation. Auch hier bleibt der Angeklagte bis zu einer Entziehung durch die Verwaltungsbehörde im Besitz der wirksam erteilten Fahrerlaubnis, während die Sperre für ihn zunächst keine nachteiligen Auswirkungen hat.[379] Da die Sperre bei Fahrerlaubniserteilung durch die Verwaltungsbehörde noch nicht rechtskräftig war, könnte eine strafgerichtliche Entziehung ohne Verstoß gegen das Verschlechterungsverbot nur erfolgen, wenn rechtzeitig ein Rechtsmittel zuungunsten des Angeklagten eingelegt wird.

205 Strafrechtlich ganz bedeutungslos ist die Anordnung einer isolierten Sperre in Fällen, in denen der Angeklagte im Besitz einer Fahrerlaubnis ist, aber nicht. Wird der Angeklagte innerhalb von drei Jahren nach Anordnung der isolierten Sperre erneut straffällig und rechtfertigt auch die erneute Straftat die Anordnung der Maßregel, so gilt das erhöhte Mindestmaß der Sperre (1 Jahr) gem. § 69 a Abs. 3 StGB.

Hinweis: Hat der Angeklagte zwischenzeitlich also eine Fahrerlaubnis erworben, so muss der Verteidiger die Verteidigungsaussichten intensiv abschätzen und mit dem Angeklagten besprechen: Soll der Fahrerlaubniserwerb mitgeteilt oder lieber verschwiegen werden in der Hoffnung, das Gericht werde keinen neuen FAER-Auszug anfordern? Ein nachträglicher Fahrerlaubniserwerb kann uU zeigen, dass die Ungeeignetheit, die sich an sich aus der Tat ergibt doch nicht vorliegt. Erwirbt ein Angeklagter nach der Tat eine neue Fahrerlaubnis, so kann im Einzelfall bei nachfolgender längerer unbeanstandeter Teilnahme am öffentlichen Straßenverkehr der sich eigentlich aus der Tat ergebende Eignungsmangel weggefallen sein. Es kann dann aber erzieherisch geboten sein, ein Fahrverbot nach § 44 StGB festzusetzen.[380] Wie bereits oben dargestellt wurde, ist die hM hier anderer Ansicht. Es kann daher auch das Verschweigen des Erwerbs sinnvoll sein, um Zeit zu gewinnen bis die Verwaltungsbehörde nach einem Urteil, in dem nur eine isolierte Sperre festgesetzt wurde, auf verwaltungsrechtlichem Wege versucht, „an den Führerschein heranzukommen".

c) Kein verkürztes Mindestmaß der Sperre entsprechend § 69 a Abs. 4 und Abs. 6 StGB

206 Hat der Angeklagte keine Fahrerlaubnis und kann daher gegen ihn nur eine sog. isolierte Fahrerlaubnissperre angeordnet werden, so kann ihm auch bis zur Hauptverhandlung die Fahrerlaubnis nicht vorläufig entzogen oder sein Führerschein sichergestellt worden sein. Nach dem Wortlaut des Gesetzes kommt daher bei ihm eine **Verkürzung** des grundsätzlich sechs Monate betragenden Mindestmaßes der Sperre selbst dann **nicht** in Betracht, wenn die Verwaltungsbehörde einen Antrag auf Ertei-

---

378 OLG Hamm VersR 1978, 812.
379 OLG Koblenz VRS 60, 431; OLG Bremen VRS 51, 278.
380 AG Lüdinghausen, Urt. v. 14.9.2010 – 9 Ds-82 Js 3172/10-86/10 = NZV 2011, 102 = BeckRS 2010, 23135 = BeckRS 2010, 23899 (mehr als 3-monatige unbeanstandete Teilnahme am Straßenverkehr; Tatvorwurf: Fahren ohne Fahrerlaubnis).

lung der Fahrerlaubnis wegen des laufenden Strafverfahrens abgelehnt hat. Da dies für den Angeklagten ähnliche Nachteile und Härten zur Folge haben kann wie eine vorläufige Führerscheinmaßnahme, wurde teilweise die Ansicht vertreten, die Bestimmung des § 69 a Abs. 4 und Abs. 6 über die Verkürzung des Mindestmaßes der Sperre sei auf Fälle dieser Art entsprechend anzuwenden.[381] Dieses Ergebnis scheint zunächst einmal das „billigere" zu sein. Aus guten Gründen lässt aber die hM **keine** solche **Analogie** zu:[382]

- Der Gesetzgeber hat die Rechtslage trotz mehrfacher Änderung der einschlägigen Bestimmungen seit Inkrafttreten des 2. VerkSichG (1964) in Kenntnis der Problematik nicht geändert.

- Die vorläufige Fahrerlaubnisentziehung oder Beschlagnahme ist ein Eingriff in die Rechte des Beschuldigten. Dieser kann nicht mit dem Fall verglichen werden, in dem der Beschuldigte keinen Rechtsverlust erlitten hat, von dem eine der vorläufigen Fahrerlaubnismaßnahme vergleichbare Wirkung hätte ausgehen können.[383]

Hinweis: Der Verteidiger wird sich hier natürlich auf die auf den ersten Blick möglicherweise gerechter scheinende Mindermeinung berufen müssen.

d) Keine Einrechnung der Zeit seit dem Urteil der letzten Tatsacheninstanz analog § 69 a Abs. 5 S. 2 StGB

Hinsichtlich der Einrechnungsvorschrift des § 69 a Abs. 5 S. 2 StGB ist die Problematik ähnlich. Konnten vorläufige Führerscheinmaßnahmen nicht auf den Angeklagten einwirken, weil er ohnehin keine Fahrerlaubnis hatte, so liegt **kein Grund für eine Vorverlegung des Sperrfristbeginns** vor. Nach wohl überwiegender Auffassung darf daher die Vorschrift des § 69 a Abs. 5 S. 2 (iVm Abs. 6) StGB auf den Fall einer sog. isolierten Sperre nicht analog angewendet werden,[384] weil

- nach dem Sinn der Einrechnungsvorschrift der bloße Zeitablauf allein keine Berücksichtigung finden soll,

- eine entsprechende Anwendung zwingend zu einer Sperrfristverkürzung führen würde, auch wenn dies im Einzelfall in keiner Weise gerechtfertigt erschiene. Denn anders als bei § 69 a Abs. 4 StGB (verkürztes Mindestmaß) hätte das Gericht hier keine Möglichkeit, im Einzelfall von einer Berücksichtigung der inzwischen verstrichenen Zeit abzusehen.

---

381 So zB OLG Saarbrücken, Urt. v. 21.2.1974 – Ss 1/74 = NJW 1974, 1391; LG Dortmund, Urt. v. 12.2.1973 – 16 Ns 515/72 = NJW 1973, 1336; Geppert, NStZ 1984, 264.
382 BayObLG, Urt. v. 5.4.1991 – RReg. 1 St 20/91 = NZV 1991, 358; OLG Zweibrücken, Urt. v. 17.1.1997 – 1 Ss 280/96 = VRS 93, 162 = NZV 1997, 279 – mit abl. Anm. Saal; näher dazu Hentschel, DAR 1984, 248, 250.
383 Vgl auch D. Meyer, DAR 1979, 157.
384 OLG Nürnberg, Urt. v. 28.4.1986 – 4 Ss 37/86 = DAR 1987, 28; OLG Düsseldorf VRS 39, 259; LG Gießen NStZ 1985, 112 – bei Janiszewski; AG Idstein, Beschl. v. 5.4.2004 – 5 Ds – 5660 Js 23160/02 = NStZ-RR 2005, 89;; aM (analoge Anwendung der Einrechnungsvorschrift): LG Heilbronn, Beschl. v. 10.10.1983 – 1 StVK 604/83 = NStZ 1984, 263; LG Stuttgart NStZ 1985, 113 – bei Janiszewski; LG Nürnberg-Fürth, Beschl. v. 10.3.1976 – 1 Qs 180/75 = NJW 1977, 446; Geppert, NStZ 1984, 263.

e) Absehen von einer erneuten Sperrfristanordnung bei wiederholtem Fahren ohne Fahrerlaubnis

208 Häufig werden im Hinblick auf eine Vielzahl von Eintragungen über Verurteilungen wegen Fahrens ohne Fahrerlaubnis im Strafregister gegen den Verurteilten immer längere (isolierte) Sperren verhängt. Vielfach fehlen in solchen Fällen aber Eintragungen bezüglich anderer Verkehrsstraftaten (insbesondere Trunkenheitsdelikte, unerlaubtes Entfernen vom Unfallort, Gefährdung des Straßenverkehrs, fahrlässige Körperverletzung). Nicht selten hat der Angeklagte daher wegen ständig verlängerter Sperren keine Chance, eine Fahrerlaubnis zu erlangen.

209 Ist der Angeklagte aber immer wieder nur wegen Fahrens ohne Fahrerlaubnis, nicht aber wegen sonstiger Verkehrsdelikte in Erscheinung getreten, so kann sich der **Mangel** im verantwortungsbewussten Verhalten **in der Nichtbeachtung der Vorschrift über die Fahrerlaubnispflicht** erschöpfen. Sprechen die Umstände dafür, dass er bereit und in der Lage ist, im Übrigen seinen Pflichten als Kraftfahrer nachzukommen, so widerspräche ein Absehen von einer erneuten Sperre nicht dem mit §§ 69, 69 a StGB bezweckten Schutz anderer Verkehrsteilnehmer. Eine erneute Fahrerlaubnissperre könnte im Gegenteil diesem Zweck zuwiderlaufen.

210 In der veröffentlichten tatrichterlichen Judikatur wird es daher zum Teil als gerechtfertigt erachtet, **in solchen Fällen von einer erneuten isolierten Sperre abzusehen**, um dem Angeklagten eine Möglichkeit zu legaler Teilnahme am motorisierten Straßenverkehr zu eröffnen.[385] Dies erscheint die beste, weil vernünftigste Lösung – juristisch wird sie mE nicht als richtig angesehen werden können.

Hinweis: Der Verteidiger sollte hier unbedingt frühzeitig mit Staatsanwaltschaft und Gericht Rücksprache nehmen. Ggf kann er hier über einen „Deal" die Festsetzung nur eines Fahrverbots oder den vollständigen Verzicht auf Führerscheinmaßnahmen erreichen. Es kann hier etwa das Angebot der Durchführung verkehrspsychologischer Maßnahmen als zusätzliches Argument helfen.

8. Nachträgliche Gesamtstrafenbildung

211 Eine Gesamtstrafenbildung ist **durch Urteil – § 55 StGB – oder durch Beschluss** nachträglich möglich. Zwar hat die Gesamtstrafenbildung durch Urteil Vorrang, doch kümmern sich die entscheidenden Gerichte oftmals nicht um die Beiziehung der erforderlichen Akten der gesamtstrafenfähigen Urteile. Aus diesem Grunde ist die „Ersatzlösung" der Gesamtstrafenbildung im schriftlichen Verfahren nach §§ 460 ff StPO der Regelfall der Bildung einer Gesamtstrafe.

a) Gesamtstrafenbildung durch Urteil

212 Wird durch Urteil unter Anwendung des § 55 StGB eine Gesamtstrafe unter Einbeziehung einer früheren Verurteilung gebildet, so ist die Maßregel nach §§ 69, 69 a StGB (= Maßnahme nach § 11 Abs. 1 Nr. 8 StGB), auf die in der früheren Entscheidung

---

[385] AG Saalfeld VRS 105, 303; AG Berlin-Tiergarten DAR 1971, 21; Himmelreich, DAR 1977, 85, 86; ähnlich AG Köln zfs 1981, 32; zweifelnd Fischer, StGB, § 69 a Rn 9.

erkannt war, unverändert **aufrechtzuerhalten**, soweit sie nicht durch die neue Entscheidung „gegenstandslos" wird.[386]

aa) Erste Konstellation: „Altes Urteil mit Sperre, neues (eigentlich) ohne"

Kommt eine Entziehung der Fahrerlaubnis wegen der neuen Tat nicht in Betracht, so ist daher im Urteilstenor ausdrücklich auszusprechen, dass die **Maßregel** – der einbezogenen Entscheidung – **aufrechterhalten** wird. Sie besteht dann mit dem Inhalt fort, den sie nach der früheren Entscheidung hatte.[387]

213

Hinweis: Der Urteilstenor lautet dann praktischerweise zB: „Die Fahrerlaubnisentziehung und die Sperre aus dem Urteil ... bleibt aufrechterhalten" oder „Die Maßnahme nach § 11 Abs. 1 Nr. 8 StGB (hier: Fahrerlaubnisentziehung und Sperre) aus dem Urteil ... bleibt aufrechterhalten". Bei der isolierten Sperre bedarf es natürlich einer entsprechenden Abgleichung.

Daraus folgt, dass das die Gesamtstrafe bildende Urteil bei Aufrechterhalten der früher angeordneten Maßregel keinen Einfluss auf den Lauf der Sperre hat. Dh, die Sperre beginnt mit der Rechtskraft des (früheren) Urteils, in dem die Maßregel angeordnet wurde.[388]

Ist die **Sperrfrist** der früheren Maßregel **bereits abgelaufen**, so kann der Ausspruch über die Aufrechterhaltung der Entziehung der Fahrerlaubnis unterbleiben, weil auch der Ausspruch über die Entziehung durch § 69 Abs. 3 StGB (Erlöschen der Fahrerlaubnis mit der Rechtskraft des einbezogenen Urteils) Erledigung gefunden hat.[389]

214

bb) Zweite Konstellation: „Altes Urteil und neues Urteil mit Sperre"

Hat sich der Angeklagte auch durch die neu abzuurteilende Tat als ungeeignet zum Führen von Kraftfahrzeugen erwiesen, **so wird der frühere Maßregelausspruch** durch die erneut zu verhängende Maßregel **„gegenstandslos"** im Sinne des § 55 Abs. 2 StGB. Die in dem einzubeziehenden Urteil angeordnete Maßregel ist dann also nicht „aufrechtzuerhalten".[390]

215

War in dem früheren Urteil die Fahrerlaubnis entzogen worden und liegen auch bei der neuen Tat die Voraussetzungen für die Entziehung der Fahrerlaubnis vor, so muss das Gericht daher im Rahmen der Gesamtstrafenbildung über die Dauer der Sperre neu entscheiden und eine neue einheitliche Sperre festsetzen.[391] Für die Sperrfristbemessung entscheidend ist dabei allein die vom Zeitpunkt der Gesamtstrafenbildung zu beurteilende voraussichtliche Dauer der Ungeeignetheit des Angeklagten.

216

---

386 BGH NJW 2000, 3654; NStZ 1992, 231.
387 BGH NJW 2000, 3654; OLG Karlsruhe VRS 57, 111 Nr. 54; LK-Rissing v. Saan, § 55 Rn 39.
388 BGH, Beschl. v. 20.12.1991 – 3 StR 500/91 = NZV 1992, 286 = NStZ 1992, 231; OLG Karlsruhe VRS 57, 111 Nr. 54.
389 BGH, Beschl. v. 11.12.2003 – 4 StR 398/03 = BeckRS 2004, 00462 = DAR 2004, 229; König in: Hentschel/König/Dauer, § 69 a StGB Rn 12.
390 BGH, Beschl. v. 19.9.2000 – 4 StR 320/00 = NJW 2000, 3654 = DAR 2000, 575 = NStZ 2001, 245 = NZV 2001, 45 = VRS 99, 422; OLG Düsseldorf VM 1991, 31; König in: Hentschel/König/Dauer, § 69 a StGB Rn 12; aM Bringewat Rn 315, nach dessen Ansicht in solchen Fällen der Ausspruch über die Entziehung der Fahrerlaubnis als solche aufrechtzuerhalten ist, nicht aber die Sperre.
391 BayObLG DAR 1992, 365 Nr. 6 c – bei Bär; OLG Köln VRS 61, 348; OLG Stuttgart VRS 71, 275; Fischer, StGB, § 55 Rn 32; vgl hierzu auch Hentschel, Rpfleger 1977, 279, 281; DAR 1976, 289, 290 f.

Denn maßgebend ist ausschließlich das – jetzt, im Zeitpunkt der Gesamtstrafenbildung – noch bestehende Sicherungsbedürfnis unter Berücksichtigung des Einflusses der bisherigen Dauer bereits abgelaufener Sperrfrist.[392] Insoweit hat das Gleiche zu gelten wie für andere Prognoseentscheidungen im Rahmen der Gesamtstrafenbildung. Da sie in die Zukunft gerichtet sind, können sie nicht „rückblickend" erfolgen.[393]

217 Der für die Gesamtstrafenbildung zuständige Richter hat dabei alle Umstände, die bis zu seiner Entscheidung hervorgetreten sind, bei der Beurteilung der voraussichtlichen Dauer der Ungeeignetheit zu würdigen, also insbesondere auch die bessernde Wirkung des bisherigen Ausschlusses des Täters vom Kraftfahrzeugverkehr aufgrund der früheren Maßregel.[394]

218 Nach der wohl überwiegenden Meinung sollen allerdings die Dauer der bereits abgelaufenen Sperrfrist und die Dauer der neu festzusetzenden Sperre zusammen fünf Jahre nicht übersteigen dürfen.[395] Diese Auffassung läuft indessen auf eine – mit Sinn und Zweck der in die Zukunft gerichteten Maßregel unvereinbare – Anrechnung hinaus.[396]

219 Da allein die vom Zeitpunkt der Gesamtstrafenbildung zu beurteilende voraussichtliche Dauer der Ungeeignetheit des Angeklagten entscheidend ist, also ausschließlich das – jetzt, im Zeitpunkt der Gesamtstrafenbildung – noch bestehende Sicherungsbedürfnis, müsste der Lauf der im Gesamtstrafenurteil neu zu bestimmenden Sperre mit der Rechtskraft dieses Urteils beginnen.[397] Dennoch soll aber nach wohl überwiegender Ansicht die Rechtskraft der früheren Entscheidung für den Beginn der Sperre maßgebend sein.[398]

Hinweis: Um Zweifel auszuschließen, ist bei Gesamtstrafenbildung durch Urteil, wenn eine neue Sperre festgesetzt wird, der **Sperrfristbeginn im Urteil anzugeben**.[399]

b) Gesamtstrafenbildung durch Beschluss

220 § 460 StPO verweist auf § 55 StGB, so dass zunächst die gleichen Grundsätze gelten wie bei nachträglicher Gesamtstrafenbildung durch Urteil.[400]

Hinweis: Vorrangig ist freilich stets die **Gesamtstrafenbildung durch Urteil**. Hierauf sollte der Verteidiger erforderlichenfalls hinweisen. Die Gesamtstrafenbildung im Beschlussverfahren hat nämlich den großen Nachteil, dass sich der entscheidende Richter einen neuen persönlichen Eindruck von dem Verurteilten nicht macht, sondern

---

392 LK-Geppert, § 69 a Rn 62.
393 So zB dezidiert und überzeugend BGH, Urt. v. 9.7.2003 – 2 StR 125/03 = NJW 2003, 2841 für die Sozialprognose (Strafaussetzung zur Bewährung) im Rahmen nachträglicher Gesamtstrafenbildung.
394 OLG Stuttgart, Beschl. v. 13.7.1967 – 1 Ss 246/67= NJW 1967, 2071; Geppert, Sperrfrist, S. 142; MDR 1972, 280, 286.
395 BGH, Urt. v. 26.8.1971 – 4 StR 296/71 = NJW 1971, 2180; OLG Stuttgart VRS 71, 275; OLG Düsseldorf VM 1991, 31; Bringewat Rn 318; Fischer, StGB, § 55 Rn 32.
396 LK-Geppert, § 69 a Rn 65.
397 OLG Stuttgart, Beschl. v. 13.7.1967 – 1 Ss 246/67 = NJW 1967, 2071; LK-Geppert, § 69 a Rn 62.
398 BayObLG DAR 1992, 365 Nr. 6 c – bei Bär; OLG Düsseldorf VM 1991, 31; OLG Stuttgart VRS 71, 275; Fischer, StGB, § 55 Rn 32.
399 OLG Stuttgart VRS 71, 275.
400 Geppert, MDR 1972, 280, 286.

vielmehr oft „formularmäßig" entscheidet. Andererseits schleichen sich in Entscheidungen im Beschlussverfahren weniger unliebsame Fehler ein.

Um derartige Fehler zu vermeiden, sollte der Richter im Rahmen der obligatorischen Anhörung der Verfahrensbeteiligten den beabsichtigten Beschlusstenor mitteilen.

aa) Erste Konstellation: „Keine Fahrerlaubnisentziehung/keine Sperre"
Der die Gesamtstrafe bildende Richter **darf die Fahrerlaubnis nicht erstmals entziehen**, wenn die Voraussetzungen für diese Maßnahme in keinem der Einzelerkenntnisse festgestellt sind,[401] und zwar auch dann nicht, wenn sich seiner Ansicht nach aus dem Zusammenwirken der Entscheidungen eine Ungeeignetheit ergibt.

221

bb) Zweite Konstellation: „Nur eine Fahrerlaubnisentziehung/Sperre"
Ist auf die Maßregel nur in einem der Einzelurteile erkannt, so ist die Maßregel im Gesamtstrafenbeschluss ausdrücklich **aufrechtzuerhalten**.[402]

222

Beispielstenor: „Die Fahrerlaubnisentziehung und die Sperre aus dem Urteil ... bleibt aufrechterhalten." oder „Die Maßnahme nach § 11 Abs. 1 Nr. 8 StGB (Fahrlaubnisentziehung und Sperre) aus dem Urteil ... bleibt aufrechterhalten."

cc) Dritte Konstellation: „Mehrere Fahrerlaubnisentziehungen und/oder Sperren"
Wird dagegen durch Beschluss eine Gesamtstrafe aus **mehreren Einzelstrafen mit je einer Sperrfrist** gebildet, so ist die **Fahrerlaubnis erneut zu entziehen**.[403] Gleichzeitig ist in diesen Fällen eine neue einheitliche Sperrfrist festzusetzen,[404] und zwar in der Höhe, die nach den Verhältnissen zur Zeit des Gesamtstrafenbeschlusses geboten erscheint.[405]

223

Da auch hier das jetzt – im Zeitpunkt der Gesamtstrafenbildung – noch bestehende Sicherungsbedürfnis für die Sperrfristbemessung maßgebend ist und die erforderliche Prognose nicht „rückblickend" erfolgen kann, beginnt die im Gesamtstrafenbeschluss neu bestimmte Sperrfrist nach richtiger Ansicht ab Rechtskraft dieses Beschlusses zu laufen.[406] Daher muss auch für die Gesamtstrafenbildung durch Beschluss die Auffassung abgelehnt werden, die neue Sperrfrist beginne mit der Rechtskraft des früheren Urteils.[407]

224

Hinweis: Wie bei Gesamtstrafenbildung durch Urteil muss der nach § 460 StPO beschließende Richter die möglicherweise durch die bereits verstrichene Sperrfrist eingetretene bessernde Wirkung bei der Neubemessung berücksichtigen.[408] Der Verteidiger muss hierauf im Rahmen der Gewährung rechtlichen Gehörs hinweisen.

---

401 OLG Hamm NJW 1964, 1285.
402 OLG Frankfurt VRS 55, 195, 198.
403 OLG Zweibrücken NJW 1968, 310.
404 OLG Frankfurt VRS 55, 195.
405 Geppert, MDR 1972, 280, 287 sowie in LK zu § 69 a Rn 68; Hentschel, Rpfleger 77, 279, 282; DAR 76, 289, 291.
406 OLG Zweibrücken NJW 1968, 310; LK-Geppert, § 69 a Rn 68; Geppert, MDR 1972, 280, 287.
407 So aber OLG Frankfurt VRS 55, 195, 199; Burmann in: Burmann/Heß/Jahnke/Janker, § 69 a StGB Rn 1 b und offenbar auch BGH NJW 1971, 2180 (zumindest für den Fristbeginn bei Gesamtstrafenbildung durch Beschluss).
408 Geppert, MDR 1972, 280, 287.

225 Die neu festzusetzende Sperrfrist darf einerseits die gesetzliche Höchstdauer von fünf Jahren (§ 69 a Abs. 1 S. 1 StGB) nicht überschreiten; andererseits darf sie nicht den Zeitpunkt unterschreiten, in dem die zuletzt ablaufende Sperrfrist aus einem der einbezogenen Urteile enden würde.[409] Sind die Sperrfristen aller einbezogenen Urteile bereits abgelaufen und ist der Zweck der Maßregel dadurch im Zeitpunkt der Beschlussfassung erreicht, so hat in dem Gesamtstrafenbeschluss ein Ausspruch über die Fahrerlaubnisentziehung zu unterbleiben.

226 Jedoch ist im späteren Wiederholungsfall die Vorschrift des § 69 Abs. 3 StGB über das erhöhte Mindestmaß einer neu zu bestimmenden Sperre zu beachten.

227 Da auch bei Anwendung des § 460 StPO die Neubemessung der Sperrfrist allein nach der Dauer der **voraussichtlichen Ungeeignetheit** des Verurteilten zu erfolgen hat, die vom Zeitpunkt des Gesamtstrafenbeschlusses zu beurteilen ist, darf die zu bestimmende einheitliche Sperre über das Maß hinausgehen, das in den Einzelerkenntnissen festgesetzt war.[410] So kann die Tatsache einer Häufung von Straftaten im Zusammenhang mit dem Führen eines Kraftfahrzeugs zu einer dem Angeklagten wesentlich ungünstigeren Beurteilung seiner Eignung und damit zur Anordnung einer längeren Sperre führen, als sie in den Einzelerkenntnissen für erforderlich gehalten wurde.

228 Für den die Gesamtstrafe beschließenden Richter kann sich also die Überzeugung ergeben, dass die in den einzubeziehenden Urteilen verhängten Sperren zum Schutz der Allgemeinheit nicht ausreichen, so dass er, um dem Zweck der Maßregel gerecht zu werden, eine längere Sperre verhängen muss.[411]

Hinweis: Die nachträgliche Gesamtstrafenbildung wird **von Verteidigern oftmals unterschätzt**. Sie sollten zB nachdrücklich selbst auf die erforderliche Gesamtstrafenbildung und die hierbei auch erforderliche Neubemessung der Sperre hinweisen, vor allem dann, wenn nachträgliche Umstände eine Verkürzung der Sperre nahelegen.

229 Das Verschlechterungsverbot der §§ 331, 358 Abs. 2 StPO steht dem nicht entgegen. Dieses gilt nur für Rechtsmittel und bezweckt, einen Verurteilten nicht von der Einlegung eines Rechtsmittels abzuhalten. Es enthält dagegen keinen das Strafverfahren allgemein beherrschenden Rechtsgrundsatz, der auch für die Gesamtstrafenbildung Geltung beanspruchen könnte.[412] Daher kommt auch eine analoge Anwendung dieser Vorschriften nicht in Betracht.[413] Hält der Richter, der nach § 460 StPO die Gesamtstrafe bildet, zum Schutz der Allgemeinheit eine Sperre von fünf Jahren für erforderlich, so kann er im Gesamtstrafenbeschluss daher auch eine fünfjährige Sperre anordnen, obwohl dann die Sperrfrist, rechnet man die bereits abgelaufene Zeit hinzu, insgesamt fünf Jahre übersteigt. Das ist allerdings streitig.

---

409 Vgl OLG Karlsruhe, VRS 57, 111; LG Zweibrücken, NZV 2007, 431 = VRS 112, 272.
410 OLG Zweibrücken NJW 1968, 310 (das allerdings Anrechnung der bisher abgelaufenen Sperre für geboten hält); OLG Hamm NJW 1964, 1285; LK-Geppert, § 69 a Rn 68; Geppert, Sperrfrist, S. 146 f; aM OLG Frankfurt VRS 55, 195, 196 und 200.
411 OLG Hamm NJW 1964, 1285.
412 BGH NStZ 1988, 284 (zust. Anm. Böttcher JR 1989, 205); LK-Geppert, § 69 a Rn 64.
413 BGH NStZ 1988, 284; Geppert, Sperrfrist, S. 147; Bringewat Rn 280; vgl auch OLG Düsseldorf VRS 36, 178.

9. Das Ausnehmen bestimmter Kraftfahrzeugarten von der Sperre

Das Ausnehmen bestimmter Fahrzeugarten von der Sperre ist eine **wenig genutzte Möglichkeit** in Verkehrsstrafverfahren. Dabei ermöglicht sie es gerade beruflich auf einen „Führerschein" angewiesenen Angeklagten, ihren Beruf weiter ausüben zu können. Rechtliche Grundlage der Entscheidung ist § 69 a Abs. 2 StGB, der es ermöglicht, bestimmte Fahrzeugarten von der (ansonsten umfassenden) Sperre auszunehmen. 230

Beispielstenor:
„Von der Sperre werden Fahrzeuge der Fahrerlaubnisklassen ... ausgenommen." Oder: „Von der Sperre werden ...fahrzeuge ausgenommen."

Flankiert wird § 69 a Abs. 2 StGB zwischen Ermittlungsverfahren und Urteilsrechtskraft von § 111 a Abs. 1 S. 2 StPO, der ebenfalls ein Ausnehmen – hier jedoch konsequenterweise von der vorläufigen Fahrerlaubnisentziehung ermöglicht. In der Literatur und der Rechtsprechung wird hier im Allgemeinen so auch von der „Ausnahme" gesprochen – geeigneter erscheint es, von „dem Ausnehmen" zu sprechen,[414] da hierdurch nicht der Eindruck erweckt wird, es müssten neben den ohnehin hohen sachlichen Anforderungen an das Ausnehmen noch weitere Kriterien erfüllt sein, um „ausnahmsweise" von der vollumfassenden Sperre abzusehen. So wundert es nicht, dass teilweise ausdrücklich ohne weitere inhaltliche Begründung behauptet wird, das Ausnehmen müsse restriktiv gehandhabt und insbesondere dann versagt werden, wenn es bei dem Beschuldigten an der charakterlichen Geeignetheit fehle.[415] Hand in Hand geht dies mit der den Tatrichter disziplinierenden Forderung, die Beschränkung gem. § 111 a Abs. 1 S. 2 StPO sei eingehend zu begründen.[416] 231

Hinweis: Aufgabe des Verteidigers ist es natürlich, das Gericht von der Richtigkeit und Einfachheit des Ausnehmens zu überzeugen. Hierzu gehört es mE, dem Gericht den Tenor schon vorzuformulieren, damit das Ziel der Verteidigung ganz klar wird und der entscheidende Richter keine Berührungsängste mit der ihm vielleicht unbekannten Materie hat. Zudem sollte frühzeitig der Kontakt mit dem Tatrichter und der Staatsanwaltschaft gesucht werden, um abzuklären, welche Unterlagen/Beweismittel dort für erforderlich angesehen werden.

Es ist zwar klar die Tendenz erkennbar, dass die Tatgerichte (idR also Amtsgerichte) großzügiger als die Obergerichte vorgehen, doch ist das Ausnehmen insgesamt gesehen selten.

a) Prüfung von Amts wegen – kein Antragserfordernis

Die Prüfung des Vorliegens der Voraussetzungen des § 69 a Abs. 2 StGB findet in der Praxis nur auf einen entsprechenden Antrag statt. Dies ist freilich nicht richtig. Vielmehr gilt auch insoweit der Amtsermittlungsgrundsatz.[417] Der Verteidiger darf sich hierauf allerdings nicht verlassen. Hat der Tatrichter nicht ausreichend Tatsachenma- 232

---

414 Krumm, NZV 2006, 234 und DAR 2004, 55.
415 OLG Celle BA 1988, 196.
416 Meyer-Goßner, § 111 a StPO Rn 4.
417 So zB auch Pieper, SchlHA 1996, 109 (Anm. zu Schleswig-Holst. OLG SchlHA 1996, 108).

terial zur Verfügung, um die Entscheidung hinsichtlich des Ausnehmens rechtsfehlerfrei begründen zu können, so wird der Tatrichter dies auch in der Regel nicht tun oder jedenfalls eine Zurückverweisung nach einem dann auch zu erwartenden Rechtsmittel der Staatsanwaltschaft riskieren.

233 Da der Staatsanwaltschaft bzw dem Gericht natürlich regelmäßig nichts über mögliche Gründe für eine Entscheidung nach § 69 a StGB (bzw § 111 a Abs. 1 S. 2 StPO) bekannt sind, wird **immer der begründete Antrag des Verteidigers** insoweit **erforderlich** sein, um ggf auch weitergehende Ermittlungspflichten des Gerichtes begründen zu können.

b) Tauglicher Gegenstand des Ausnehmens: Fahrzeugart

234 Ein **Antrag auf Ausnehmen** einer bestimmten Kraftfahrzeugart[418] von der Fahrerlaubnissperre gem. § 69 a Abs. 2 StGB sollte schon im Rahmen eines möglicherweise einzulegenden Widerspruchs gegen die Führerscheinbeschlagnahme und damit **möglichst frühzeitig** gestellt werden. Insbesondere in Fällen, in denen der Beschuldigte beruflich einen landwirtschaftlichen Traktor, Baumaschinen, Bagger und ähnliche Fahrzeuge führt, wird das Gericht häufig bereit sein, die Kraftfahrzeugart, zu der das beruflich geführte Fahrzeug gehört, schon von der vorläufigen Entziehung der Fahrerlaubnis auszunehmen.

Hinweis: Falsch formulierten Anträgen auf Ausnahmebewilligung muss aber der Erfolg vielfach versagt bleiben. Das gilt zB für Anträge wie: „Fahrzeuge der Fa. X" von der Sperre (oder der vorläufigen Entziehung) auszunehmen, oder „den Lkw mit dem amtlichen Kennzeichen..." oder Fahrzeuge, die der Beschuldigte (Angeklagte) im Rahmen seiner Berufsausübung „auf der Strecke zwischen A und Z führt".

Bezieht sich der Antrag auf ein Ausnehmen nicht unmissverständlich auf eine „Kraftfahrzeugart" iSd Gesetzes, ist die begehrte Ausnahmeerteilung nicht möglich. Es muss also stets eine Fahrzeugart im Rechtssinne als „ausnehmensfähig" dargestellt werden.

235 Der Begriff der Kraftfahrzeugart ist **nicht identisch mit der Fahrerlaubnisklasse.** Zu einer „Fahrzeugart" im Sinne der hier interessierenden Bestimmungen gehören zunächst alle Fahrzeuge, auf die die Fahrerlaubnis gem. § 6 Abs. 1 S. 2 FeV beschränkt werden kann.[419] Daraus folgt, dass eine Fahrerlaubnisklasse mehrere „Kraftfahrzeugarten" umfassen kann. Verschiedene Kraftfahrzeugarten sind zB auch Lkws und Pkws, und zwar auch dann, wenn es sich um Fahrzeuge handelt, für die eine Fahrerlaubnis der Klasse B ausreicht.[420] Denkbar ist es auch, dass alle Fahrzeuge einer bestimmten **Fahrerlaubnisklasse als Kraftfahrzeugart** von der Sperre ausgenommen

---

418 Ausführlich zu Fahrzeugarten: Krumm, SVR 2006, 94.
419 BayObLG NZV 2005, 592; OLG Saarbrücken NJW 1970, 1052; OLG Frankfurt NJW 1973, 815; LG Frankenthal DAR 1999, 374.
420 BayObLG VRS 66, 445; OLG Karlsruhe VRS 63, 200.

werden.[421] Eine Unterscheidung ist auch möglich danach, ob die Fahrzeugart überhaupt einer Fahrerlaubnis bedarf.[422]

Hinweis: Die einfachste Art der Beschränkung ist natürlich genau diese Beschränkung auf eine Fahrerlaubnisklasse.[423] Umfasst diese dann selbst noch viele Fahrzeugarten, so ist in einem zweiten Schritt zu prüfen, ob alle enthaltenen Fahrzeugarten ausgenommen werden sollen oder nur einzelne. Die Angaben im Antrag und im Urteil sind dann so zu konkretisieren, dass möglichst keine Zweifel über den Umfang des Ausnehmens entstehen.

Soll der Antrag gestellt werden, von der Fahrerlaubnissperre **Lkws** auszunehmen, so empfiehlt es sich – um unnötige Rückfragen oder Missverständnisse auf Seiten des Gerichts zu vermeiden – nicht zu beantragen, „Fahrzeuge der Fahrerlaubnisklasse C" von der Sperre auszunehmen. Denn mit dieser Klasse können auch Pkws geführt werden. Sind allerdings im Urteil „Kraftfahrzeuge der Fahrerlaubnisklasse C" von der Sperre ausgenommen, so wird die Auslegung ergeben, dass nicht etwa auch die von der Klasse C mitumfassten Fahrzeuge zB der Klassen B, M und L von der Ausnahme miterfasst sind.[424]

Das entscheidende Kriterium des Begriffs Kraftfahrzeugart iSd § 69 a Abs. 2 StGB ist der **Verwendungszweck des Fahrzeugs** nebst der von diesem Zweck geprägten Bauart und Einrichtung – etwa als Lastkraftwagen, Personenkraftwagen, Traktor, Baumaschine usw.[425]

236

Hinweis: Also ist von Richter/Verteidiger in der Regel der Verwendungszweck der auszunehmenden Fahrzeugart durch unzweideutige Bezeichnung der auszunehmenden Fahrzeuge kenntlich zu machen. Weiterhin ist zu erforschen, ob und wenn ja wie sich der Verwendungszweck auf die Bauart niederschlägt. Bei der Darstellung solcher fahrzeugartgeprägten technischen Einzelheiten kann uU die Einschaltung eines Kfz-Sachverständigen helfen.

Keine Ausnahme kann also erteilt werden zB für

237

- ein bestimmtes Fahrzeug,[426]
- Fahrzeuge eines bestimmten Fabrikats,[427]
- Fahrzeuge mit bestimmten Merkmalen konstruktiver Art – automatisches Getriebe, Diesel-, Elektromotor –,[428]

---

421 OLG Hamm BA 2002, 498; OLG Köln VRS 68, 278; LG Dessau zfs 1998, 484; AG Kiel, Beschl. v. 10.4.2007 – 35 Cs 554 Js 351/07 = SVR 2008, 146.
422 Vgl AG Lüdinghausen, Urt. v. 19.11.2012 – 19 OWi 89 Js 1545/12 – 175/12 („fahrerlaubnispflichtige Zweiräder").
423 So etwa: „Fahrerlaubnisklassen D1, D, D 1 E, DE", vgl AG Lüdinghausen, Urt. v. 13.10.2014 – 19 OWi – 89 Js 1350/14 – 125/14 = BeckRS 2014, 19780.
424 BayObLG VRS 63, 271.
425 OLG Naumburg, Beschl. v. 7.5.2003 – 1 Ss (B) 149/03 = DAR 2003, 573; OLG Celle, Beschl. v. 11.10.1995 – 5 Ss OWI 182/95 DAR 1996, 64; LG Frankenthal DAR 1999, 374; LG Hamburg, Beschl. v. 17.7.1992 – 603 Qs 524/92 = NZV 1992, 422 = DAR 1992, 1070 = VRS 83, 420; BayObLG NZV 1991, 397 = DAR 1991, 388 = VRS 81, 443; König in: Hentschel/König/Dauer, § 69 a StGB, Rn 6 mwN.
426 BayObLG VRS 66, 445; OLG Naumburg, Beschl. v. 7.5.2003 – 1 Ss (B) 149/03 = DAR 2003, 573.
427 OLG Hamm NJW 1971, 1193; abw. AG Westerstede NdsRpfl 1993, 369.
428 OLG Saarbrücken, Urt. v. 16.10.1969 – Ss 47/69 = NJW 1970, 1052; OLG Stuttgart DAR 1975, 305.

- Fahrzeuge eines bestimmten Halters – etwa Firma oder Behörde –,[429]
- Fahrzeuge eines bestimmten Eigentümers,[430]
- Fahrzeuge die einen bestimmten Fahrzweck erfüllen (etwa den als Feuerwehrfahrzeug, Sanitätsfahrzeug, Dienstfahrzeug des Blutspendedienstes),[431]
- „Taxis".[432]

238 Jedoch kann eine **Ausnahme** dann **möglich** sein, wenn die besondere Ausstattung des Fahrzeugs – etwa als Feuerlösch-, Krankenrettungsfahrzeug oder Behinderten-Transportfahrzeug – einen bestimmten **Verwendungszweck** bedingt.[433] Die besondere Ausstattung kann also eine bestimmte Kraftfahrzeugart charakterisieren, die – wenn die sachlichen Voraussetzungen vorliegen – von der Fahrerlaubnissperre (oder schon von der vorläufigen Entziehung) ausgenommen werden kann. Wie dieses Kriterium wiederum mit Leben zu füllen ist, bleibt weitgehend im Dunkeln. Zu allererst wird man sich die Frage stellen müssen: Wäre eine Führerscheinklasse mit der bezeichneten Fahrzeugart unter Nutzung der nach der FeV genutzten Abgrenzungskriterien denkbar? Werden also Kriterien zur Abgrenzung genutzt, die sich auch in bereits bestehenden Führerscheinklassen widerspiegeln? Abgrenzungskriterien zwischen den Führerscheinklassen sind derzeit insbesondere:

- Gesamtgewicht,
- Anzahl der Achsen,
- Geschwindigkeit,
- Räderanzahl,
- Existenz eines Hilfsmotors,
- Hubraum bei Fremdzündungsmotoren,
- Nutzleistung bei anderen Verbrennungsmotoren,
- Nenndauerleistung bei Elektromotoren,
- Motorenart (Fremdzündungsmotoren, andere Verbrennungsmotoren, Elektromotoren),

---

429 OLG Celle DAR 1996, 64 (zum Fahrverbot); OLG Frankfurt, Urt. v. 18.10.1972 – 2 Ss 244/72 = NJW 1973, 815; abw. AG Lüdinghausen Urt. v. 8.4.2003 – 9 DS 612 JS 7/03-45/03 = NStZ-RR 2003, 248 = DAR 2003, 328 sowie möglicherweise AG Mölln zfs 1995, 314.
430 BayObLG VRS 66, 445; OLG Oldenburg BA 1981, 373.
431 OLG Naumburg, Beschl. v. 7.5.2003 – 1 Ss (B) 149/03 = DAR 2003, 573; OLG Frankfurt, Urt. v. 18.10.1972 – 2 Ss 244/72 = NJW 1973, 815; AG Hamburg MDR 1987, 605; a. M. in Bezug auf Bundeswehrfahrzeuge: AG Lüdinghausen Urt. v. 8.4.2003 – 9 DS 612 JS 7/03-45/03 = NStZ-RR 2003, 248 = DAR 2003, 328; hinsichtlich Blutspendedienst: AG Coesfeld BA 1981, 181 (mit abl. Anm. Zabel); hinsichtlich Straßenwachtfahrzeugen des ADAC LG Hamburg NZV 1992, 422 = DAR 1992, 1070 = VRS 83, 428.
432 OLG Stuttgart, Beschl. v. 11.6.1975 – Ss [9] 126/75 = DAR 1975, 305.
433 OLG Hamm, Beschl. v. 20.4.2010 – 2 RBs 31/10 = BeckRS 2010, 11318; König in: Hentschel/König/Dauer, § 69 a StGB, Rn 6 mwN; LG Hamburg, Beschl. v. 17.7.1992 – 603 Qs 524/92 = NZV 1992, 422 = DAR 1992, 1070 = VRS 83, 428; BayObLG, Urt. v. 31.5.1991 – RReg. 1 St 63/91 = NZV 1991, 397 = DAR 1991, 388 = VRS 81, 443; BayObLG NJW 1989, 2959.

- Motorleistung,[434]
- Sitzplatzanzahl.

Hinweis: Könnte also bereits anhand dieser Kriterien eine Fahrzeugart gebildet werden, so handelt es sich um eine ausreichende Abgrenzung. Nicht kommt es etwa darauf an, dass die bezeichneten Fahrzeuge mit anderen (zB typengleichen) „im Eifer des Gefechts" (etwa in einer Kontrollsituation) verwechselt werden könnten.

Die **Rechtsprechung** hat bislang jedenfalls folgende Fahrzeugarten als ausnehmensfähig angenommen:[435]   239

- Straßenwachtfahrzeuge des ADAC,[436]
- dienstlich genutzte Kraftfahrzeuge der Bundeswehr,[437]
- Panzerfahrzeuge,[438]
- Feuerlöschfahrzeuge der (ehemaligen) Klasse 3,[439]
- Lkws bis zu 7,5 Tonnen,[440]
- Kraftfahrzeuge mit einem zulässigen Gesamtgewicht von mehr als 3.500 kg,[441]
- Fahrzeuge der früheren Klasse 2 und zwar auch mit Gewichtsbezeichnung oder Achsanzahl,[442]
- Sanitätsfahrzeuge,[443]
- Traktoren,[444]
- Geldtransportfahrzeuge,[445]
- Krankenrettungsfahrzeuge,[446]
- Leichenwagen,[447]

---

434 Verfehlt insoweit Deutscher, VRR 2013, 156, der vollkommen verkennt, dass bereits heute Führerscheinklassen teils nach Motorleistung abgegrenzt werden.
435 Die Richtigkeit der einzelnen Ausnahmen wird allerdings oftmals bezweifelt, was dem Verteidiger immer bewusst sein muss, ihn aber nicht hindern sollte, die Möglichkeit einer solchen Ausnahme aufzuzeigen!
436 LG Hamburg, Beschl. v. 17.7.1992 – 603 Qs 524/92 = NZV 1992, 422 = DAR 1992, 1070 = VRS 83, 428.
437 AG Lüdinghausen, Urt. v. 8.4.2003 – 9 Ds 612 Js 7/03 – 45/03 =NStZ-RR 2003, 248 = DAR 2003, 328 = BA 2004, 361.
438 LG Bielefeld, Beschl. v. 17.3.1989 – 4 Qs 55/89 = NZV 1989, 366.
439 BayObLG, Urt. v. 31.5.1991 – RReg. 1 St 63/91 = NZV 1991, 397 = DAR 1991, 388 = VRS 81, 443; LG Hamburg, DAR 1992, 191; auch AG Itzehoe NZV 1991, 397.
440 LG Köln NZV 1991, 245.
441 OLG Hamm, Beschl. v. 31.1.2006 – 3 Ss OWi 799/05 = ADAJUR Dok.Nr. 67354.
442 OLG Celle DAR 1996, 64.
443 LG Hamburg MDR 1987, 605.
444 LG Köln DAR 1982, 275.
445 AG Lüdinghausen, Urt. v. 14.6.2005 – 16 Cs 81 Js 583/05 = NZV 2005, 593 = VRR 2005, 358 (für § 44 Abs. 1 StGB).
446 BayObLG StVE Nr. 16 zu § 25 StVG.
447 OLG Naumburg, Beschl. v. 7.5.2003 – 1 Ss (B) 149/03 = DAR 2003, 573; VA 2004, 13.

A. Entziehung der Fahrerlaubnis durch den Strafrichter

- Krafträder und Kleinkrafträder der Klassen A, A1, M und S im Sinne von § 6 Abs. 1 FeV,[448]
- Müllwagen sowie Abroll- und Absetzkipper,[449]
- Einsatzfahrzeuge der Feuerwehr und Krankenkraftwagen,[450]
- Mobilbagger mit einer Höchstgeschwindigkeit von 20 km/h,[451]
- Kraftfahrzeuge mit mehr als 100 PS Motorkraft,[452]
- fahrerlaubnispflichtige Zweiräder.[453]

240 Auch Mobilitätshilfen („**Segway**"), die Kraftfahrzeuge im Sinne der StVO sind, sind eine eigene (ausnahmefähige) Fahrzeugart. Die hM geht sodann davon aus, dass **Marke**,[454] Antriebsart,[455] **Fahrzweck** (Feuerwehrfahrzeuge, Sanitätsfahrzeuge, Fahrzeuge eines Blutspendedienstes, Taxis usw.),[456] Arten von Transporten,[457] **Benutzungszeiten**[458] und Benutzungsorte von Fahrzeugen oder sogar nur die Bezeichnung eines einzelnen[459] oder mehrerer konkret bezeichneter Fahrzeuge (allein) nicht für die Charakterisierung einer eigenen Fahrzeugart ausreichen.[460] Zu beachten ist freilich: Elektrofahrräder „mit Rückenwind" sind keine Kraftfahrzeuge, vgl hierzu näher § 1 Abs. 3 StVG.

Hinweis: Hierzu muss der Tatrichter in seinem Urteil Stellung nehmen, will er aufgrund bestimmter Ausstattungsmerkmale eine Fahrzeugart von den übrigen Fahrzeugen abgrenzen. Entsprechendes gilt für den Vortrag des Verteidigers. Möglicherweise sollte ein Kfz-Sachverständiger hinzugezogen werden, um derartige Besonderheiten herauszuarbeiten.

---

448 OLG Bamberg, Beschl. v. 19.10.2007 – 3 Ss OWi 1344/07 = NStZ-RR 2008, 119 = DAR 2008, 33 = VRS 113, 358.
449 AG Frankfurt/M, Urt. v. 25.10.2006 – 920 Cs – 213 Js 23993/06 = NJW 2007, 312 = NZV 2007, 159 = NStZ-RR 2007, 25.
450 OLG Düsseldorf, Beschl. v. 24.9.2007 – IV-2 Ss (OWi) 118/07 – (OWi) 50/07 III = NZV 2008, 104 = DAR 2008, 154 = VRS 113, 429.
451 AG Lüdinghausen, Strafbefehl v. 21.9.2010 – 16 Cs 82 Js 6205/10 – 187/10.
452 AG Lüdinghausen, Urt. v. 14.1.2013 – 19 OWi-89 Js 1648/12-197/12 = BeckRS 2013, 02558 = VRR 2013, 156 (Deutscher).
453 AG Lüdinghausen, Urt. v. 19.11.2012 – 19 OWi 89 Js 1545/12 – 175/12.
454 OLG Hamm, Urt. v. 10.2.1971 – 4 Ss 1208/70 = NJW 1971, 1193; anders: AG Westerstede, NdsRpfl 1993, 369 (von Gartenbaugehilfen benötigtes langsames Lkw-Gespann, das zur Pflanzenbewässerung dient).
455 OLG Stuttgart, Beschl. v. 11.6.1975 – Ss (9) 126/75 = DAR 1975, 305 = StVE, § 44 StGB, Nr. 4; OLG Saarbrücken, Urt. v. 16.10.1969 – Ss 47/69 = NJW 1970, 1052.
456 Streitig (die Amtsgerichte sind hier deutlich großzügiger als die weiteren Instanzen). Ausführlich zum Meinungsstand: König in: Hentschel/König/Dauer, § 69 a StGB Rn 6.
457 OLG Celle DAR 1996, 64 (für § 25 Abs. 1 StVG).
458 BayObLG, Urt. v. 16.8.2004 – 1St RR 113/04 = NZV 2005, 592; OLG Hamm, Beschl. v. 14.9.2006 – 4 Ss OWi 536/06 („Fahrten mit Kunden- und Firmenfahrzeugen während der betrieblichen Geschäftszeiten, die zur Abnahme von Reparaturen durchgeführt werden"); OLG Hamm, Beschl. v. 20.4.2010 – 2 RBs 31/10 = BeckRS 2010, 11318 („montags bis samstags für die Zeit von 18.30 Uhr–7.30 Uhr und sonntags ganztägig").
459 BayObLG NJW 1973, 815 und Urt. v. 16.8.2004 – 1St RR 113/04 = NZV 2005, 592; unrichtig ist daher auch die Eigentumsbezeichnung: OLG Saarbrücken, Urt. v. 16.10.1969 – Ss 47/69 = NJW 1970, 1052.
460 König in: Hentschel/König/Dauer, Straßenverkehrsrecht, § 69 a StGB Rn 6; Burhoff/Möller, VA 2003, 136; KK-StPO/Nack, § 111 a StPO Rn 3.

c) Keine Ausnahme von der Sperre für bestimmte Zeiten und Orte oder die Berufsausübung

Nach dem Wortlaut des Gesetzes kann sich die Ausnahme von der Fahrerlaubnissperre – statt auf bestimmte Fahrzeugarten – nicht beziehen: 241

- auf bestimmte Benutzungsorte,[461]
- bestimmte Benutzungszeiten,[462]
- Transporte bestimmter Art,[463]
- Fahrzeuge eines bestimmten landwirtschaftlichen Betriebes.[464] Aber: Möglich ist eine Ausnahme für die Kraftfahrzeugart „Traktor".[465] Besser ist aber allemal die Bezeichnung der auszunehmenden Arten landwirtschaftlicher Fahrzeuge durch die Benennung im Rahmen der Fahrerlaubnisklassen L und T,[466]
- „Dienstfahrzeuge im Einsatz,"[467]
- bestimmte Arten beruflicher Fahrten.[468]

Dies ist besonders zu beachten, wenn der Täter möglicherweise jahrzehntelang unbeanstandet bei der Berufsausübung eine bestimmte Kraftfahrzeugart geführt hat, sich aber am Steuer seines Pkws **in der Privatsphäre eines Trunkenheitsdelikts schuldig** gemacht hat. Auch ein Antrag, die Fahrerlaubnissperre derart zu beschränken, dass Fahrzeuge außerhalb der Privatsphäre, bei der Berufsausübung geführt werden dürfen, kann keinen Erfolg haben. Handelt es sich bei den von Berufs wegen zu führenden Fahrzeugen um solche, die einer bestimmten Kraftfahrzeugart im Sinne der genannten Bestimmungen angehören, so ist diese konkret zu bezeichnen.[469]

d) Gefahrenabschirmung („besondere Umstände …")

Das Begehren des Angeklagten wird sich – wie dargestellt – auf bestimmte Fahrzeuge richten, die von der Sperre ausgenommen werden sollen. Kann festgestellt werden, dass es sich hierbei um eine Fahrzeugart handelt, so ist weiterhin zu prüfen, ob die materiellen Voraussetzungen eines Ausnehmens, nämlich eine Gefahrenabschirmung festzustellen ist. Nach § 69 a Abs. 2 StGB müssen nämlich „besondere Umstände" vorliegen, die „die Annahme rechtfertigen, dass der Zweck der Maßregel dadurch nicht gefährdet wird". Daher kommt eine Ausnahme von der Sperre nur dann in Betracht, wenn beim Führen der von der Sperre ausgenommenen Fahrzeugart im öffent- 242

---

461 OLG Düsseldorf zfs 1983, 351; OLG Hamm NJW 1971, 1193; OLG Düsseldorf zfs 1983, 351.
462 BayObLG VRS 66, 445; OLG Hamm NJW 1971, 1193.
463 OLG Celle DAR 1996, 64 (zum Fahrverbot); anders aber bei Geldtransportfahrzeugen, vgl AG Lüdinghausen, Urt. v. 14.6.2005 – 16 Cs 81 Js 583/05 = NZV 2005, 593 = VRR 2005, 358 (für § 44 Abs. 1 StGB).
464 OLG Frankfurt VM 1977, 30.
465 AG Wittmund DAR 1987, 392.
466 So zB AG Lüdinghausen, Urt. v. 7.10.2003 – 9 Ds 28 Js 645/03 – 158/03 = NStZ-RR 2004, 26; nur für L: LG Saarbrücken Urt. v. 18.3.2002 – 8 QS 59/02 = BeckRS 2002, 31160812 = zfs 2002, 307; nur für T: AG Auerbach, Urt. v. 12.11.2002 – 2 Ds 641 Js 11502/02 jug. = NZV 2003, 207.
467 OLG Oldenburg BA 1981, 373; aA aber für „dienstlich genutzte Fahrzeuge der Bundeswehr": AG Lüdinghausen, Urt. v. 8.4.2003 – 9 Ds 612 Js 7/03 – 45/03 = NStZ-RR 2003, 248 = DAR 2003, 328 = BA 2004, 361.
468 OLG München NJW 1992, 2777; zB für Transporte bestimmter Art: OLG Celle DAR 1996, 64 (zum Fahrverbot).
469 OLG Hamm VRS 62, 124; NJW 1971, 168; näher: Hentschel, TFF, Rn 762 ff.

lichen Straßenverkehr **trotz des bestehenden Eignungsmangels** keine Gefahr ausgeht.[470]

Hinweis: Es geht also letztlich einzig und allein darum, ob die Sicherheit des Straßenverkehrs trotz bestehender Ungeeignetheit des Fahrzeugführers **durch irgendeine feststellbare (!) Gefahrenabschirmung**[471] durch die Teilnahme des Fahrzeugführers mit der im Rahmen der Sperrfristentscheidung ausgenommenen Fahrzeugart gefährdet ist oder nicht. Pauschale Argumente wie: „Der kann doch auch mit dem Trecker betrunken fahren" sind hier somit wenig hilfreich. Es gilt vielmehr die Gefahrenabschirmung zu prüfen!

aa) Falsche Erwägungen im Rahmen des Ausnehmens

243 Allzu oft ist das Ausnehmen ein „Gnadenakt", der durch Absprache zwischen Angeklagtem, Verteidiger, Staatsanwaltschaft und Gericht herbeigeführt wird, wenn der Führerscheinverlust zum Beispiel bei Landwirten zum wirtschaftlichen Ruin führen würde.[472] **Wirtschaftliche und berufliche Erwägungen** müssen aber im Rahmen des § 111 a Abs. 1 S. 2 StPO bzw § 69 a Abs. 2 StGB unberücksichtigt bleiben.[473]

Hinweis: Bevor der Verteidiger also als letzten Notnagel auf derartige „Gnadenerwägungen" zurückgreift, muss er versuchen genügend Tatsachenmaterial/Beweismaterial herbeizuschaffen, um eine Gefahrenabschirmung darlegen zu können.

244 Teilweise verlangt die Rechtsprechung für eine Ausnahmebewilligung, dass der Täter bei Begehung der Straftat „in einer Ausnahmesituation" gehandelt haben müsse.[474] Dem kann aber nicht uneingeschränkt zugestimmt werden. Denn auch ohne Vorliegen einer Ausnahmesituation sind zahlreiche Fälle denkbar, in denen vom Führen der von der Sperre ausgenommenen Fahrzeugart keine auf dem Eignungsmangel beruhende Gefahr für andere ausgehen wird. Eine Versagung der beantragten Ausnahme in solchen Fällen würde daher gegen den verfassungsmäßigen Grundsatz des Übermaßverbotes verstoßen.

bb) Grundsätze zur Prüfung der Gefahrenabschirmung

245 Nicht gefährdet ist der Zweck der Maßregel vor allem dann, wenn von der von der Sperre auszunehmenden Fahrzeugart unter Berücksichtigung der **Umstände ihres Einsatzes** im öffentlichen Straßenverkehr eine geringere Gefahr für andere zu erwarten ist.[475] Der Tatrichter, der eine Fahrzeugart ausnimmt, muss daher ausführlich darlegen, warum von der Benutzung der freigegebenen Fahrzeugart für die Allgemeinheit eine wesentlich geringere Gefahr zu erwarten ist.[476] Es ist also eine Auseinander-

---

470 BayObLG NZV 1991, 397; OLG Hamm BA 2002, 498; LK-Geppert, § 69 a Rn 10.
471 Das Merkmal der Gefahrenabschirmung in seiner ganzen Bedeutung ist von mir erstmals dargestellt in Krumm, DAR 2004, 56; nunmehr auch LK-Geppert, § 69 a Rn 10.
472 Siehe zu alledem Krumm, DAR 2004, 56, 57; mit Blick auf die bisherige Praxis auch: Burhoff/Möller, VA 2003, 136, die ausdrücklich raten, wirtschaftliche und finanzielle Erwägungen darzustellen, um den Richter positiv zu stimmen.
473 LG Zweibrücken NZV 1992, 499; KK-StPO/Nack, § 111 a StPO Rn 3.
474 OLG Düsseldorf VRS 66, 42; OLG Celle BA 1988, 196; ähnlich OLG Celle DAR 1985, 90.
475 BayObLG VRS 63, 271; OLG Karlsruhe VRS 63, 200; LG Osnabrück zfs 1998, 273; abw. AG Monschau zfs 1982, 62.
476 So OLG Hamm VRS 62, 124, 125.

setzung mit der konkreten Abschirmung der Gefährdung des Maßregelzwecks unter Berücksichtigung der auszunehmenden Fahrzeugarten zu verlangen.[477]

Hinweis: Eine systematisierte Prüfung, in der unterschieden wird zwischen **objektiven** und **subjektiven** (soll heißen: täterbezogenen) gefahrenabschirmenden **Gesichtspunkten**,[478] welche in einer Wechselwirkung im Sinne einer gegenseitigen Abhängigkeit zueinander stehen,[479] bietet sich an.

Richtigerweise ist dabei davon auszugehen, dass eine bloße Unterscheidung zwischen Berufs- und Privatsphäre nicht für die Annahme besonderer Umstände iSd §§ 111 a StPO, 69 a Abs. 2 StGB ausreicht,[480] wenn nicht noch andere Sicherungsmaßnahmen platzgreifen, wie zB vor Fahrtantritt eine Kontrolle durch den Arbeitgeber oder Vorgesetzten oder durch eingebaute alkoholtestende Wegfahrsperren.[481] Unabhängig davon ist die Unterscheidung zwischen Privat- und Berufssphäre in jedem Fall ein starker Faktor im Rahmen der Beurteilung der Gefahrenabschirmung. Im Übrigen muss der erkennende Richter möglichst viele gefahrenabschirmende Argumente finden, will er einzelne Fahrzeugarten ausnehmen, da er darlegen muss, warum von der Benutzung der freigegebenen Fahrzeugart für die Allgemeinheit eine wesentlich geringere Gefahr zu erwarten ist.[482]

Die Gefahrenabschirmung ist ein Gesichtspunkt, den der Tatrichter zwar von Amts wegen aufklären muss, über den er aber – wird er nicht ausdrücklich vom Verteidiger angesprochen – keinerlei Kenntnisse hat. ME ist bei ausreichenden Anhaltspunkten und fehlender weiterer Aufklärbarkeit für eine Gefahrenabschirmung der Grundsatz „in dubio" ausschlaggebend. Die hM geht aber davon aus, dass die Beurteilung der Gefahrenabschirmung ebenso eine Prognoseentscheidung ist, wie die Beurteilung der Ungeeignetheit. Der Grundsatz „in dubio" gilt danach zwar uneingeschränkt, aber nur für die Prognosetatsachen, also die Tatsachen, die in die Prognoseentscheidung einzustellen sind. Die Prognose selbst soll dem Zweifelssatz nicht zugänglich sein. Für sie genügt aber eine „hinreichende Wahrscheinlichkeit" der erfolgreichen ausreichenden Gefahrenabschirmung.[483]

246

cc) Objektive Gefahrenabschirmung

Im Rahmen des objektiven Elementes der Gefahrenabschirmung („objektive Gefahrenabschirmung" oder „objektive Abschirmung der Gefährdung des Maßregel-

247

---

477 BayObLG, Urt. v. 31.5.1991 – RReg. 1 St 63/91 = NZV 1991, 397 = DAR 1991, 388 = VRS 81, 443; Hentschel, NZV 2004, 285, 286 („Sicherheitsfaktoren"); Krumm, DAR 2004, 58.
478 Ähnlich angedeutet bei Hentschel, NZV 2004, 285, 286, der zwischen der Täterseite unterscheidet und „weiteren objektiven Sicherheitsfaktoren"; auch AG Auerbach, Urt. v. 12.11.2002 – 2 Ds 641 Js 11502/02 jug. = NZV 2003, 207.
479 AG Lüdinghausen, Urt. v. 8.4.2003 – 9 DS 612 JS 7/03-45/03 = DAR 2003, 328 = NStZ-RR 2003, 243 und Urt. v. 7.10.2003 – 9 Ds 28 Js 645/03 – 158/03 = NStZ-RR 2004, 26; ausführlich hierzu: Krumm, DAR 2004, 56, 58; mittlerweile ebenso: LK-Geppert, § 69 a Rn 10.
480 So zB: OLG Karlsruhe, DAR 1978, 139; anders AG Monschau DAR 1990, 310 (für Berufskraftfahrer.).
481 Hierzu ausführlich BA 2005, Supplement I (Ausgabe Mai 2005).
482 So OLG Hamm VRS 62, 124, 125.
483 Ausführlich hierzu: LK-Geppert, § 69 a Rn 10 a.

zwecks") dürften also insbesondere **folgende Punkte eine erhebliche Bedeutung** haben:[484]

- der Inhalt des Tatvorwurfs der Anlasstat,

- das Gefährdungspotential, welches sich aus einer Nutzung – dem Zweck – der auszunehmenden Fahrzeugart für ähnliche Anlasstaten ergibt,[485]

- das Gefährdungspotential, welches sich aus den technischen Gegebenheiten (insbesondere Geschwindigkeit) der auszunehmenden Fahrzeugart für die Begehungswahrscheinlichkeit ähnlicher Anlasstaten ergibt,[486]

- „Unattraktivität" der auszunehmenden Fahrzeugart für andere Fahrtzwecke (zB Traktoren, Mähdrescher, Baumaschinen, Gabelstapler, Bagger),

- die Möglichkeit einer effektiven Kontrolle des Beschuldigten (zB: Finden Fahrten nur nach persönlicher Schlüsselübergabe statt? Sind zuverlässige kontrollbereite Mitfahrer bei den Fahrten anwesend?[487] Gibt es andere Kontrollmöglichkeiten?[488] Bestehen – im Falle angeblicher Kontrollen – Bedenken hinsichtlich der Zuverlässigkeit der kontrollierenden Personen oder besondere Eigeninteressen der kontrollierenden Person an Fahrten des Beschuldigten? Finden Kontrollen ggf durch staatliche Stellen statt, die besondere Gewähr für die Abschirmung übernimmt? – Bsp: Schirrmeisterei der Bundeswehr,[489] Bauhof, Straßenmeisterei, Polizeikollegen ...).

dd) Subjektive Gefahrenabschirmung

248 Auf subjektiver Seite („subjektive Gefahrenabschirmung" oder „subjektive Abschirmung der Gefährdung des Maßregelzwecks") ist zu prüfen, ob aufgrund der persönlichen Struktur bzw des Umfeldes des Beschuldigten die Gefährdung des Maßregelzwecks abgeschirmt sein kann.[490] **Hier sind zu klären:**

- Ursache der Anlasstat (Spontantat; persönliche Ausnahmesituation; Fahrt im privaten Kontext bei beabsichtigter Ausnahme beruflich nutzbarer Fahrzeugarten; keine Abhängigkeit von Drogen oder Alkohol ...),

- persönlicher Werdegang des Beschuldigten (wie lang ist er im Besitz der Fahrerlaubnis? Welche Vorstrafen/Eintragungen im Fahreignungsregister weist er auf? Hat er sich mit den Problemen, die der Anlasstat zugrunde lagen mittlerweile auseinandergesetzt? ...),

---

484 Krumm, DAR 2004, 56; LK-Geppert, § 69 a Rn 10.
485 BayObLG, Urt. v. 31.5.1991 – RReg. 1 St 63/91 = NZV 1991, 397 = DAR 1991, 388 = VRS 81, 443: „geringe Fahrleistungen im öffentlichen Verkehr".
486 LG Saarbrücken, Urt. v. 18.3.2002 – 8 QS 59/02 = BeckRS 2002, 31160812 = zfs 2002, 307; OLG Karlsruhe DAR 1978, 139; AG Auerbach, Urt. v. 12.11.2002 – 2 Ds 641 Js 11502/02 jug. = NZV 2003, 207.
487 Bei Selbstständigen wird es hieran idR fehlen: LG Zweibrücken NZV 1992, 499.
488 LG Hamburg NZV 1992, 422 = DAR 1992, 1070 = VRS 83, 428: ADAC-Dienstanweisungen; LG Hamburg DAR 1996, 108.
489 AG Lüdinghausen, Urt. v. 8.4.2003 – 9 DS 612 JS 7/03-45/03 = DAR 2003, 328 = NStZ-RR 2003, 243; LG Bielefeld NZV 1989, 366.
490 Krumm, DAR 2004, 56; LK-Geppert, § 69 a Rn 10.

- glaubhafte Einlassung, aus der sich ergibt, dass auch der Täter verinnerlicht hat, dass es zu keiner Gefährdung des Maßregelzwecks im Falle eines Ausnehmens einer Fahrzeugart kommt,
- Eindruck einer ggf erfolgten umfassenden vorläufigen Fahrerlaubnisentziehung gem. § 111 a StPO und nicht zuletzt der Hauptverhandlung auf den Angeklagten,
- Angst um Arbeitsplatz; wirtschaftlicher Druck,[491]
- besondere Vorsicht bei berufsbedingter Verwendung der auszunehmenden Fahrzeugart,[492]
- drohende Schadensersatzansprüche bei Unfallverursachung infolge Trunkenheit mit ausgenommener Fahrzeugart,[493]
- In Fällen von Trunkenheitsfahrten als Anlasstaten: Spricht die Höhe der BAK für eine Alkoholkrankheit des Beschuldigten?,
- Absolvieren einer verkehrspsychologischen Maßnahme (Nachtatverhalten).[494]

Hinweis: Regelmäßig werden mehrere Gesichtspunkte festzustellen sein, um eine ausreichende Gefahrenabschirmung feststellen zu können.

Drohende wirtschaftliche Konsequenzen sind zwar sicher ein Umstand, der im Rahmen der nach § 69 a Abs. 2 StGB zu treffenden Entscheidung über das Ausnehmen einzelner Fahrzeugarten von der Sperre eine Rolle spielen kann – für eine ausreichende Abschirmung der Gefährdung des Maßregelzwecks müssen jedoch weitere abschirmende Gesichtspunkte hinzutreten.[495]

e) Ausnahme für Lkws oder Busse im Falle privater Trunkenheitsfahrten

Das Gericht darf die beantragte Ausnahme für Busse oder Lkws nicht allein deswegen versagen, weil es der Auffassung ist, die Verwaltungsbehörde werde im Hinblick auf § 9 FeV keine entsprechende Fahrerlaubnis erteilen. Liegen die Voraussetzungen für eine solche Ausnahme vor, so verstieße die Ablehnung der Ausnahme gegen das **Übermaßverbot**, weil der Umfang der angeordneten Maßregel dann über das durch den Eignungsmangel gebotene Maß hinausginge.

Da der Verordnungsgeber von der Ermächtigung des § 2 Abs. 2 S. 2 StVG, den Vorbesitz anderer Klassen vorzuschreiben, in § 9 S. 1 keinen Gebrauch gemacht hat,[496] steht § 2 StVG einer Erteilung der Lkw- oder Bus-Fahrerlaubnis auch nicht entgegen. Entsprechendes gilt für andere Normen.

Schließlich hätte eine abweichende Auffassung auch zur Folge, dass die in § 69 a Abs. 2 StGB vom Gesetz ausdrücklich geschaffene Möglichkeit weitgehend ins Leere

---

491 KK-StPO/Nack, § 111 a StPO Rn 3; für eine deutlich größere Berücksichtigung dieses Abschirmungsfaktors plädiert Burhoff, Handbuch für das strafrechtliche EV, Rn 2025.
492 AG Königs Wusterhausen BA 2002, 499.
493 LG Hamburg, Beschl. v. 26.2.1987 – (33) Qs 128/87 = NJW 1987, 3211.
494 LG Oldenburg, Urt. v. 5.3.2002 – 6 QS 47/02 = DAR 2002, 327.
495 AG Lüdinghausen, Urt. v. 27.3.2012 – 16 Cs-82 Js 9592/11-13/12 = NZV 2012, 500 = BeckRS 2012, 11775.
496 Siehe Begr. zu § 9 FeV, abgedruckt bei Hentschel/König/Dauer, § 9 FeV Rn 1.

ginge.[497] Im Übrigen besteht hinsichtlich einer Ausnahmebewilligung für Lkws oder Busse in der veröffentlichten Judikatur ein signifikanter Unterschied in der Bewertung durch die Obergerichte einerseits und die tatrichterliche Rechtsprechung andererseits: Die obergerichtliche Rechtsprechung weist immer wieder darauf hin, dass vor allem bei charakterlichen Mängeln eine besonders vorsichtige und strenge Prüfung geboten ist, weil sich solche Mängel regelmäßig auf das Führen aller Kraftfahrzeuge erstrecken werden.[498] Der Umstand, dass der Angeklagte die Tat in der Privatsphäre begangen hat, während er bisher in der beruflichen Sphäre unbeanstandet Lkws oder Busse geführt hat, reiche zur Bewilligung einer Ausnahme nicht aus.[499] **Verlangt werden weitere objektive oder subjektive Sicherheitsfaktoren**, die die Annahme rechtfertigen, dass sich der zB in einer Trunkenheitstat zum Ausdruck gekommene charakterliche Mangel bei der Benutzung von Lkws oder Bussen nicht in sicherheitsgefährdender Weise auswirken wird.[500] Hierbei spielt auch die Überlegung eine Rolle, dass ja der Verurteilte bei Bewilligung der Ausnahme nicht gehindert wäre, Fahrzeuge dieser Art auch privat zu führen.

Hinweis: Die veröffentlichte tatrichterliche Judikatur ist aber hinsichtlich der Ausnahmeerteilung von der Fahrerlaubnissperre für Busse oder Lkws überwiegend sehr viel großzügiger.[501]

f) Ausnahme für landwirtschaftliche Traktoren und Arbeitsmaschinen

253 Einer der häufigsten Fälle, in denen ein Antrag auf Bewilligung einer Ausnahme von der Fahrerlaubnissperre Erfolg verspricht, betrifft landwirtschaftliche Traktoren wegen der weitaus geringeren Gefahr für die Allgemeinheit.[502] Entsprechendes gilt für die Ausnahme von Arbeitsmaschinen der Klasse L.[503]

Hinweis: Gerade **in ländlich geprägten Gebieten** sind derartige Ausnahmen häufig und werden auch von der Staatsanwaltschaft ohne Weiteres akzeptiert.[504]

g) Bedeutung wirtschaftlicher Härten für Ausnahmebewilligung

254 Wie schon angedeutet wurde, **spielen** wirtschaftliche Aspekte im Zusammenhang mit dem Ausnehmen nach § 69 a Abs. 2 StGB **nicht einmal eine mittelbare Rolle**. Geht vom Verurteilten beim Führen fahrerlaubnispflichtiger Fahrzeuge jeder Art eine Ge-

---

497 So im Ergebnis auch Bouska/Laeverenz zu § 69 a StGB Anm. 4 (Ausnahmegenehmigung) und die Empfehlung des 42. Deutschen Verkehrsgerichtstages (2004), Arbeitskreis IV; näher Hentschel, NZV 2004, 285, 287 f; aM VG Berlin, Beschl. v. 21.6.2000 – 11 A 297.00 = NZV 2001, 139; Dencker, DAR 2004, 54, 56; Burmann, DAR 2005, 61, 64.
498 BayObLG VRS 63, 271; OLG Celle DAR 1985, 90; OLG Köln VRS 68, 278; OLG Koblenz VRS 65, 34 Nr. 15.
499 BayObLG NStZ 1986, 401 – bei Janiszewski; OLG Koblenz BA 1989, 294; OLG Karlsruhe VRS 63, 200; OLG Köln VRS 68, 278.
500 Ebenso zB LG Osnabrück zfs 1998, 273.
501 LG Hamburg DAR 1996, 108; LG Bielefeld DAR 1990, 274; LG Zweibrücken zfs 1992, 356 (Linienbus!); 1995, 193; AG Königs Wusterhausen BA 2002, 499; AG Bitterfeld zfs 1999, 402; AG Homburg zfs 1994, 185; weitere Nachw. bei Hentschel, TFF, Rn 777.
502 LG Frankenthal DAR 1999, 374; LG Dessau zfs 1998, 484; AG Auerbach, Urt. v. 12.11.2002 – 2 Ds 641 Js 11502/02 jug. = NZV 2003, 207; abw. aber zB OLG Celle BA 1988, 196.
503 LG Dessau Urt. v. 29.7.1999 – 6 QS 201/99 = BeckRS 1999, 31149905 = DAR 2000, 87 (Elektrokarren).
504 So zB AG Lüdinghausen, Urt. v. 7.10.2003 – 9 Ds 28 Js 645/03 – 158/03 = NStZ-RR 2004, 26; nur für L: LG Saarbrücken, Urt. v. 18.3.2002 – 8 QS 59/02 = BeckRS 2002, 31160812 = zfs 2002, 307; nur für T: AG Auerbach, Urt. v. 12.11.2002 – 2 Ds 641 Js 11502/02 jug. = NZV 2003, 207.

fahr für andere aus, so können selbst schwerste wirtschaftliche Nachteile seine weitere Teilnahme am Kraftfahrzeugverkehr nicht rechtfertigen.[505]

Ausführungen der Verteidigung, dass die Maßnahme den Angeklagten „zu hart" treffen werde, und ähnliche Strafzumessungsgesichtspunkte wirtschaftlicher Art sind daher (allein) nicht geeignet, eine für den Angeklagten günstige Entscheidung hinsichtlich einer Ausnahmebewilligung zu bewirken.[506]

h) Keine Ausnahmebewilligung nach Rechtskraft

Einem erst nach Rechtskraft des Urteils gestellten Antrag auf Bewilligung einer Ausnahme von der Sperre für eine bestimmte Kraftfahrzeugart kann das Gericht frühestens nach Ablauf der in § 69 a Abs. 7 StGB genannten Fristen für eine vorzeitige Aufhebung der Fahrerlaubnissperre entsprechen.

i) Voraussetzungen für das Führen der ausgenommenen Fahrzeugart

Wird eine Ausnahme von der Sperre bewilligt, so ist der Verurteilte nicht etwa berechtigt, ohne Weiteres Fahrzeuge der von der Ausnahme erfassten Art weiterhin zu führen. Vielmehr muss er die **Erteilung einer entsprechend beschränkten Fahrerlaubnis beantragen**.[507] Neuerdings ist ein Streit entbrannt, ob im Hinblick auf § 9 FeV während der im Übrigen laufenden Sperre die Erteilung einer Fahrerlaubnis der Klasse C (oder einer höheren Klasse), beschränkt auf die von der Sperre ausgenommene Kraftfahrzeugart, überhaupt rechtlich möglich ist.

Hinweis: Im Rahmen des § 111 a StPO findet dagegen nur eine **Teilentziehung** statt, wenn es zu dem Ausnehmen nach § 111 a Abs. 1 S. 2 StPO kommt. Hier wird dann ein beschränkter Ersatzführerschein für die ausgenommenen Fahrzeugarten erteilt. Fährt der Beschuldigte, ohne dass ein solcher Führerschein erteilt wurde, so ist dies nur eine Ordnungswidrigkeit, nicht aber eine Straftat des Fahrens ohne Fahrerlaubnis nach § 21 StVG.

10. Vorzeitige Aufhebung der Sperre

In vielen Strafverfahren endet die Betreuung des Mandanten durch den Verteidiger mit der Beendigung der Hauptverhandlung und der kostenmäßigen Erledigung. Hier droht natürlich, dass sowohl die **verwaltungsrechtliche Seite der Wiedererteilung** als auch die Möglichkeit der **Sperrfristabkürzung** nach § 69 a Abs. 7 StGB zu kurz kommen.

Hinweis: Dem Verteidiger ist zu empfehlen, bei Abschluss des Verfahrens routinemäßig über diese Möglichkeiten und eventuelle Hindernisse im Wiedererteilungsverfahren aufzuklären. Hier bietet sich zB ein **Merkblatt** oder ein Formanschreiben an. Der Verteidiger sollte dem Mandanten zumindest die Adressen von örtlichen Verkehrspsychologen und anderen Beratungsstellen mitteilen.

---

505 BayObLG DAR 1988, 364 – bei Bär; OLG Düsseldorf NZV 1992, 331; LG Zweibrücken NZV 1992, 499; einschränkend AG Homburg zfs 1994, 185.
506 OLG Hamm, Urt. v. 4.6.1971 – 3 Ss 359/71 = NJW 1971, 1618; Geppert, NJW 1971, 2154.
507 BGH NStZ 1983, 168; OLG Hamm, Urt. v. 4.6.1971 – 3 Ss 359/71 = NJW 1971, 1618.

A. Entziehung der Fahrerlaubnis durch den Strafrichter

a) Zulässigkeit nach Ablauf der Mindestfristen

259 Gem. § 69 a Abs. 7 S. 2 StGB ist die vorzeitige Aufhebung frühestens zulässig, wenn die Sperre drei Monate betragen hat. In den Fällen des § 69 a Abs. 3 StGB (Erhöhung des Mindestmaßes der Sperre bei Wiederholungstat innerhalb eines Jahres nach rechtskräftiger Sperrfristanordnung) erhöht sich diese Frist auf ein Jahr. Allerdings enthält § 69 a Abs. 7 S. 2, Hs 2 StGB Einrechnungsvorschriften, die vom Antragsteller nicht immer richtig verstanden werden. Das führt dazu, dass gelegentlich Anträge auf vorzeitige Aufhebung der Sperre wesentlich zu früh gestellt werden.

b) Berechnung der Fristen für die frühest zulässige Sperrfristabkürzung

260 § 69 a Abs. 7 S. 2, Hs 2 StGB zitiert nur den Abs. 5 S. 2 des § 69 a StGB und den Abs. 6. Das bedeutet, dass der **Abs. 4** über das verkürzte Mindestmaß der Sperre unter Berücksichtigung fortdauernder vorläufiger Führerscheinmaßnahmen **keine entsprechende Anwendung** findet.[508]

261 Nicht in die Mindestfrist des § 69 a Abs. 7 S. 2 StGB einzurechnen sind vorläufige Führerscheinmaßnahmen (Beschlagnahme, vorläufige Fahrerlaubnisentziehung), soweit diese Zeiten vor Verkündung des Urteils bzw vor dem Erlass des Strafbefehls liegen.[509]

262 Vorläufige Führerscheinmaßnahmen werden also in die Mindestfrist des § 69 a Abs. 7 S. 2 StGB nur insoweit eingerechnet, als sie nach Verkündung des letzten tatrichterlichen Urteils bzw nach Erlass des Strafbefehls fortgedauert haben.

Beispiel: Führerscheinbeschlagnahme: 15. Januar

Urteil erster Instanz mit Fahrerlaubnisentziehung und Sperre: 15. April

Verwerfung der Revision: 15. Juni

Da das Urteil am 15. Juni rechtskräftig geworden ist, wäre der maßgebliche Sperrfristbeginn gem. § 69 a Abs. 7 S. 2 StGB (Hs 1) am 15. Juni anzusetzen.

Eine vorzeitige Aufhebung wäre demnach frühestens drei Monate später, also mit Wirkung vom 15. September möglich.

Gem. § 69 a Abs. 7 S. 2 Hs 2 StGB ist aber die Zeit der seit dem 15. Januar bestehenden vorläufigen Führerscheinbeschlagnahme in diese Frist teilweise einzurechnen.

Die Einrechnung erfolgt allerdings nicht ab dem 15. Januar, sondern erst ab dem 15. April. Berücksichtigt werden darf nämlich nur die Zeit fortdauernder vorläufiger Führerscheinmaßnahmen, soweit sie nach dem letzten tatrichterlichen Urteil (15. April) verstrichen ist.

263 Ein wesentlich zu früh gestellter Antrag auf Aufhebung der Sperre kann ohne sachliche Prüfung abgelehnt werden.[510] Entsprechendes gilt für den Fall, dass zwar die Mindestfrist abgelaufen ist, die vorzeitige Aufhebung der Sperre aber für einen erst nach Monaten eintretenden Zeitpunkt beantragt wird.[511]

---

508 OLG Koblenz VRS 71, 26.
509 OLG Koblenz VRS 71, 26; AG Alsfeld BA 1980, 446.
510 LG Düsseldorf, Beschl. v. 2.3.1966 – IX Qs 101/66 = NJW 1966, 897.
511 LG Ellwangen BA 2002, 223.

Hinweis: Dennoch kann es sich empfehlen, den Antrag schon wenige Wochen vor Ablauf der Mindestfrist zu stellen, weil das Gericht möglicherweise noch Ermittlungen im Rahmen der sachlichen Prüfung des Antrags als erforderlich erachten wird, die seine Beschlussfassung verzögern.[512]

Das ändert aber nichts daran, dass der Beschluss des Gerichts die Sperre jedenfalls erst mit Wirkung nach Ablauf der Mindestfristen aufheben darf.[513]

c) Zuständiges Gericht

Zuständig für die Entscheidung über einen Antrag auf vorzeitige Aufhebung der Sperre ist das **Gericht des ersten Rechtszuges**, das dann ohne mündliche Verhandlung durch Beschluss entscheidet, und zwar nach Anhörung der Staatsanwaltschaft und des Verurteilten (§§ 462 Abs. 1, Abs. 2, 462 a Abs. 2, 463 Abs. 5 StPO).

264

Hinweis: Dem Verteidiger ist zu raten, frühzeitig mit dem zuständigen Gericht (und der Staatsanwaltschaft) Kontakt aufzunehmen. Zum einen kann hierdurch sicher eine Beschleunigung erreicht werden, zum anderen aber auch die erforderliche Sensibilität für das Thema geweckt werden. Zudem kann erfragt werden, ob weitere Unterlagen/Bescheinigungen/Informationen erforderlich erscheinen.

In Fällen, in denen eine Freiheitsstrafe vollstreckt wird, ist die Vollstreckungskammer gem. 462 a Abs. 1 S. 1 StPO zuständig[514] bzw der Jugendrichter als Vollstreckungsleiter gem. § 82 Abs. 1 JGG.[515]

265

Hinweis: Gegen Entscheidungen über den Antrag auf Abkürzung/Aufhebung der Sperrfrist ist die **sofortige Beschwerde** statthaft – §§ 462 Abs. 3, 463 Abs. 5 StPO.

d) Mitwirkung des Verurteilten an der gerichtlichen Entscheidungsvorbereitung

Bereits mehrfach im Buch ist das Dilemma des Beschuldigten im Strafverfahren (und auch des Betroffenen im OWi-Verfahren) angeklungen. Er und für ihn auch sein Verteidiger werden immer prüfen müssen: Soll überhaupt eine Einlassung zur Sache abgegeben werden? Wie soll dies geschehen? **Wie weit soll die Einlassung gehen?** Soll das Ergebnis der gerichtlichen Ermittlungen zunächst einmal abgewartet werden oder sollte lieber schon frühzeitig im Verfahren ein ausführlicher Vortrag erfolgen? Sollen vielleicht gar Beweismittel benannt/beschafft werden?

266

Die Antwort wird nicht überraschen, da es keine verbindliche gibt: Natürlich kommt es auf die Verfahrenssituation an. Der Verteidiger muss sich hierüber immer (!) durch Akteneinsicht ausreichende Kenntnis verschaffen. Zu warnen ist etwa vor bloß (fern-)mündlichen Auskünften von Seiten der Staatsanwaltschaft oder des Gerichts. Naturgemäß kann hier nämlich nicht der gesamte Akteninhalt wiedergegeben werden. Meist wird dem Beschuldigten (Betroffenen) so zunächst zu raten sein, sich überhaupt nicht zur Sache zu äußern. Natürlich gibt es auch Verteidigungsansätze, wie etwa die Schilderung eines Nachtrunks, deren Erfolgsaussichten auch von früh-

267

---

512 LG Köln DAR 1978, 322; Kürschner, BA 1981, 387, 396.
513 Vgl auch AG Öhringen NJW 1977, 447.
514 OLG Karlsruhe VRS 100, 118.
515 Eisenberg/Dickhaus, NZV 1990, 455.

zeitigem Vortrag beeinflusst werden. Dies darf aber nie dazu führen, voreilig Erklärungen abzugeben, deren Plausibilität niemals geprüft wurde. Der Verteidiger muss dies vor allem dem ungeduldigen und fordernden Mandanten vorsichtig beibringen.

268 Natürlich können auch im Rahmen der Entscheidung nach § 69 a StGB über die Sperrfristanordnung uU Ermittlungen des Gerichts zur Vorbereitung seiner Entscheidung notwendig sein.[516] Denkbar ist zB, dass das Gericht die vorzeitige Aufhebung der Sperre von einem positiven Gutachten einer medizinisch-psychologischen Untersuchungsstelle abhängig macht.[517] In solchen Fällen muss der Verurteilte helfen, die Grundlagen einer für ihn günstigen Entscheidung zu schaffen, indem er zur Mitwirkung bereit ist.[518] Verweigert er dies, so kann das Gericht seinen Antrag auf vorzeitige Aufhebung der Sperre ablehnen.[519]

e) Entscheidungsgesichtspunkte

269 Ein Antrag auf vorzeitige Aufhebung der Sperre kann keinen Erfolg haben, wenn in ihm lediglich Tatsachen und Umstände vorgetragen werden, die schon bei der Bemessung der Sperre im rechtskräftigen Urteil berücksichtigt worden sind. Auch der in solchen Anträgen häufige Hinweis, dass der Verurteilte inzwischen in besonderem Maße aus **privaten oder beruflichen Gründen** auf eine Fahrerlaubnis angewiesen sei, kann eine vorzeitige Aufhebung der Sperre nicht rechtfertigen. Das gilt auch dann, wenn etwa vorgetragen wird, dass der nunmehr seit langem arbeitslose Verurteilte eine neue Arbeitsstelle antreten könnte, wenn er eine Fahrerlaubnis hätte. Vielmehr müssen solche Tatsachen mitgeteilt werden, die eine im Verhältnis zum Zeitpunkt der Urteilsfindung abweichende Beurteilung der Kraftfahreignung des Verurteilten rechtfertigen.

Hinweis: Dabei muss es sich stets um **neue Tatsachen** handeln, dh um solche, die jedenfalls bei der Urteilsfindung noch nicht bekannt waren.[520]

Das folgt schon daraus, dass das Gericht zu einer „Korrektur" der eigenen, rechtskräftigen Entscheidung nicht befugt ist.[521] Infrage kommen zB wesentliche Änderungen der Lebensumstände des Verurteilten. Zu denken ist hier etwa an eine erfolgreiche Alkoholtherapie des im Zeitpunkt der Tatbegehung und Verurteilung alkoholabhängigen Angeklagten, vor allem nachgewiesene mehrjährige Abstinenz nach Verurteilung wegen eines Trunkenheitsdeliktes,[522] uU aber – je nach Art des Eignungsmangels – auch die inzwischen erfolgte Begründung geordneter familiärer und beruflicher Verhältnisse, insbesondere im Zusammenwirken mit weiteren positiv zu bewertenden Umständen.

---

516 Siehe dazu Bandemer, NZV 1991, 300, 301.
517 VGH Kassel VM 1968, 25 Nr. 34.
518 Händel NJW 1959, 1213.
519 AM Hiendl, NJW 1959, 1212.
520 KG Berlin, Beschl. v. 27.4.2004 – 5 Ws 176/04, 1 AR 374/05 – 5 Ws 176/04 = NZV 2005, 162 = DAR 2004, 657 = VRS 107, 174; OLG Hamburg, Beschl. v. 29.3.2004 – 2 Ws 4/04 = BeckRS 2004, 05668 = DAR 2004, 660 = VRS 107, 30; Fischer, StGB, § 69 a Rn 42; weniger eng OLG Düsseldorf VRS 63, 273.
521 OLG Hamburg, Beschl. v. 29.3.2004 – 2 Ws 4/04 = BeckRS 2004, 05668 = DAR 2004, 660 = VRS 107, 30; LK-Geppert, § 69 a Rn 83; Hentschel, DAR 1979, 317, 319.
522 OLG Hamm BA 2001, 381.

VII. Fahrerlaubnissperre

In gewissem Umfang kann auch das Ausmaß der von der bisherigen Sperre ausgehenden **beruflichen und wirtschaftlichen Nachteile** geeignet sein, eine abweichende Beurteilung der Eignungsfrage zu rechtfertigen. Hierbei handelt es sich dann um eine neue Tatsache iSd Voraussetzungen des § 69 a Abs. 7 StGB, wenn dieses Ausmaß bei Urteilsfindung in dem später tatsächlich eingetretenen Umfang nicht zu erwarten war und daher bei der Sperrfristbemessung nicht berücksichtigt werden konnte. Erhebliche wirtschaftliche Folgen, die im Hinblick auf das unerwartete Ausmaß ihres Gewichts rascher zu einem Einstellungswandel des Verurteilten geführt haben, können durchaus die Annahme rechtfertigen, der Eignungsmangel sei früher, als bei Urteilsfindung angenommen, weggefallen.[523] Dagegen können wirtschaftliche und berufliche Nachteile, die über das bei der Sperrfristbemessung im Zeitpunkt des Urteils erwartete Ausmaß nicht hinausgehen, niemals die vorzeitige Aufhebung der Sperre rechtfertigen.[524]

270

Das Gleiche gilt für bloßen **Zeitablauf.** Daher ist ein Antrag auf vorzeitige Aufhebung der Sperre **nicht ausreichend** begründet, wenn lediglich auf die seit dem Urteil verstrichene – möglicherweise jahrelange – straffreie Führung des Verurteilten hingewiesen wird.[525]

271

Hinweis: Der Verteidiger wird hier oft mit übermäßig **hohen Erwartungen des Mandanten** konfrontiert sein. Er wird hier regelmäßig also klarstellen müssen, dass bloßes Verstreichen von Zeit und das Vorliegen von Problemen durch den „Führerscheinverlust" wohl nicht ausreicht, um zu einer Sperrfristreduzierung zu kommen. Immer ist zumindest zu irgendwelchen (Nach-)Schulungsmaßnahmen bzw verkehrspsychologischen Beratungen zu raten. Härten oder Zeitablauf können hier dann zusätzliche Gesichtspunkte, die für den Verurteilten sprechen, sein.

Auch eine Änderung der Rechtsprechung zu den Voraussetzungen des § 69 StGB für die Entziehung der Fahrerlaubnis iS einer abweichenden rechtlichen Bewertung der im Übrigen unveränderten Tatsachen ist keine neue Tatsache iSd § 69 a Abs. 7 StGB.[526]

Das entscheidende Gericht muss im Falle der Abkürzung der zuvor festgesetzten Sperre berücksichtigen, dass die **Abkürzung der Sperrfrist** einen **Ausnahmefall** darstellt und in jedem Einzelfall eine genaue Prüfung der neu hervorgetretenen Tatsachen, die vorliegen müssen, damit überhaupt eine Abkürzung der Sperrfrist in Betracht kommt, erforderlich ist.[527]

272

---

523 OLG Koblenz VRS 65, 362; 68, 353; OLG Düsseldorf VRS 66, 347.
524 LG Kassel DAR 1992, 32; OLG Hamm, Beschl. v. 12.3.2007 – 2 Ws 258/07 = NZV 2007, 250.
525 OLG Hamburg, Beschl. v. 29.3.2004 – 2 Ws 4/04 = BeckRS 2004, 05668 = DAR 2004, 660 = VRS 107, 30; OLG Düsseldorf NZV 1991, 477; OLG München NJW 1981, 2424; a. M. OLG Düsseldorf VRS 63, 273.
526 OLG Hamburg, Beschl. v. 29.3.2004 – 2 Ws 4/04 = BeckRS 2004, 05668 = VRS 107, 30; AG Rostock, Beschl. v. 5.10.2004 – 32 Cs 17/04 = DAR 2005, 169.
527 OLG Hamm, Beschl. v. 12.3.2007 – 2 Ws 258/07 = NZV 2007, 250 mwN.

Hinweis: Auch die Sperre für immer kann bei Vorliegen neuer Tatsachen, vorzeitig aufgehoben werden.[528]

273 In der Regel fließt in Entscheidungen über den Wegfall des Eignungsmangels die **BAK zur Tatzeit** ein, da hieran auch maßgeblich die Schwere des Eignungsmangels festgemacht wird. Der Tatrichter, der seine Entscheidung nach dem in der Hauptverhandlung gefundenen Beweisergebnis trifft, hat bei der Bestimmung dieser Tatzeit-BAK für die Ungeeignetheitsprognose keine Schwierigkeiten, da er die Tatzeit-BAK auch für den Schuldspruch feststellen muss. Schwierigkeiten drohen aber dort, wo Urteile (insbesondere abgekürzte gem. § 267 Abs. 4 StPO) keine BAK zur Tatzeit angeben. ME ist hier eine Rückrechnung zulasten des Verurteilten nicht möglich, wenn eine solche Rechnung nicht allein aus den Urteilsfeststellungen vorgenommen werden kann.[529] Bei einer geringen BAK wird eine Sperrfristverkürzung ein Sperrfristwegfall leicht möglich sein.[530]

274 Soll eine Sperre abgekürzt/aufgehoben werden, so sollten natürlich nicht seit der Sperrfristfestsetzung **neue Verkehrsstraftaten** stattgefunden haben. Dies gilt insbesondere bei langen/lebenslangen Sperren, die nur in besonders schweren Fällen einer festgestellten Nichteignung festgesetzt werden. Bei einer lebenslangen Fahrerlaubnissperre etwa kommt eine Aufhebung selbst nach Ablauf von 45 Jahren nicht in Betracht, wenn der Betroffene zwischenzeitlich erneut zweimal verkehrsstrafrechtlich in Erscheinung getreten ist.[531] Hier ist es dann auch schädlich, wenn der Verurteilte nichts getan hat, um seinen Eignungsmangel zu beseitigen, sondern einzig auf die verstrichene Zeit gesetzt hat.[532]

f) Bedeutung einer Nachschulung des Verurteilten

275 Der **in der Praxis wichtigste Fall** „neuer Tatsachen", die eine vorzeitige Aufhebung der Sperre rechtfertigen können, ist die Teilnahme des Verurteilten an einem

- **Nachschulungskurs** oder
- **Aufbauseminar** oder an einer
- auf wissenschaftlich anerkannter Methode beruhender **Verkehrstherapie**.[533]

---

528 OLG Karlsruhe, Urt. v. 29.8.2000 – 3 WS 153/00 = BeckRS 2000 30129059 = NStZ-RR 2002, 54 = DAR 2002, 87 = VRS 101, 430; OLG Düsseldorf NZV 1991, 477.
529 AG Lüdinghausen, Beschl. v. 23.3.2004 – 16 Cs 25 Js 2185/02 (37/03) = NZV 2004, 424 = DAR 2004, 470.
530 Vgl etwa AG Duisburg, Beschl. v. 19.1.2012 – 25 Cs-185 Js 176/11-268/11 (bei Himmelreich/Halm, NStZ 2013, 454, 455 – Sperrfristaufhebung 10 Monate nach der Tat; fahrl. § 315 c StGB mit 0,93 ‰ in Tateinheit mit einer fahrlässiger Körperverletzung und einer Verkehrsunfallflucht – Sachschaden iHv 3.150 EUR; also ca. 3 Wochen nach der Tat Beginn einer aus 24 Einzelstunden bestehenden individualpsychologischen Verkehrstherapie des Instituts IVT-Hö).
531 AG Bochum, Beschl. 22.10.2010 – 29 AR 16/10 = BeckRS 2011, 03170 (neue Sperrfristanordnungen 5 Jahre bzw 1 Jahre nor der AG-Entscheidung).
532 AG Bochum, Beschl. 22.10.2010 – 29 AR 16/10 = BeckRS 2011, 03170 (keine Nachschulungen o.ä.).
533 AG Kehl, Beschl. v. 21.3.2014 – 2 Cs 206 Js 15342/13 = BeckRS 2014, 06321 (besonderes Aufbauseminar nach dem Modell „DEKRA-Mobil"; Bescheinigung, dass der Betroffene einen deutlichen Informations- und Erkenntniszuwachs erfahren und seine Fähigkeiten der Selbstwahrnehmung und Selbstkritik verbessert sowie selbstverantwortlich die eigenen Verhaltensweisen im Straßenverkehr reflektiert und persönliche Strategien zu Rückfallvermeidung gearbeitet hat; Tatzeit-BAK: 1,21 ‰); KG VM 2004, 67 (Teilnahme an Selbsthilfegruppe); OLG Düsseldorf VRS 66, 347; LG Potsdam zfs 2005, 100; BA 2004, 540 (Verkehrstherapie); AG Lüdinghausen, Beschl. v. 16.8.2004 – 16 Cs 23 Js 1544/03 = NZV 2005, 333 (Verkür-

Davon geht auch ausdrücklich die amtliche Begründung zu der am 1.1.1999 in Kraft getretenen Änderung des § 69 a Abs. 7 S. 2 StGB aus.[534] Die frühere, insoweit ablehnende Rechtsprechung ist als überholt anzusehen.[535] Denn der Gesetz- und Verordnungsgeber hat inzwischen die Bedeutung von Aufbauseminaren und Kursen zur Wiederherstellung der Kraftfahreignung in §§ 2 a, 2 b Abs. 2 S. 2, § 4 Abs. 8 S. 4 StVG, §§ 36, 43 FeV, 11 Abs. 10, 70 FeV und durch Änderung des § 69 a Abs. 7 S. 2 StGB ausdrücklich anerkannt. Berücksichtigt werden dürfen auch Nachschulungsmaßnahmen, deren Kursleiter keine Anerkennung nach § 36 Abs. 6 FeV (besondere Aufbauseminare nach § 2 b Abs. 2 S. 2 StVG) besitzen.[536]

Hinweis: Als Nachschulung reichen auch Schulungsmaßnahmen im EU-Ausland aus, so etwa in Österreich.[537] In einem solchen Fall ist natürlich ausführlich zum Inhalt der Maßnahme und dem Umfang vorzutragen, da keinesfalls davon ausgegangen werden kann, dass der zuständige Richter hiervon Kenntnisse hat.

Zu beachten ist natürlich, dass **vom Gesetz keine besonderen inhaltlichen Anforderungen** an die neuen Tatsachen, also auch nicht an die Nachschulungen gestellt werden. So sollte der Verurteilte/Verteidiger auch vorbereitende Maßnahmen auf eine MPU oder Ähnliches sperrfristverkürzend geltend machen. Zu denken ist hier etwa an regelmäßige Kontakte zu Suchtberatungsstellen oder auch Teilnahme an Veranstaltungen von **Selbsthilfegruppen**.[538] Wichtig ist sowohl für den Antrag des Verurteilten/Verteidigers als auch die Entscheidung des Gerichtes, dass die durchgeführte Maßnahme zeitlich und inhaltlich dargelegt wird und zwar so, dass sich hieraus die Möglichkeit des Wegfalls der Ungeeignetheit ergibt. So reicht die Teilnahme des Verurteilten an einer Selbsthilfegruppe für ehemals Suchtmittelabhängige sowie der Besuch anderer Gruppengespräche bei einem bereits achtmal wegen Verkehrsstraftaten (darunter sechsmal wegen fahrlässiger und vorsätzlicher Trunkenheit im Verkehr) Verurteilten nicht für den Schluss aus, er sei nunmehr charakterlich zum Führen von Kraftfahrzeugen geeignet.[539]

g) Kein Beweis wieder bestehender Eignung

Die neuen Tatsachen müssen gem. § 69 a Abs. 7 S. 1 StGB „die Annahme" rechtfertigen, dass der Eignungsmangel weggefallen ist. Daraus ergibt sich, dass der Verurteilte nicht etwa beweisen muss, dass er wieder geeignet ist. Vielmehr genügt das Vorliegen

---

zung um 2 Monate nach 1 Jahr und Absolvierung des Kurses „avanti 16 plus"; Tatzeit-BAK: 1,62 ‰); LG Aachen SVR 2006, 193 (Verkürzung um 3 Monate nach TÜV-„Einzelmaßnahme für erstmals alkoholauffällige Kraftfahrer"; Tatzeit-BAK: 1,14 ‰); LG Kleve DAR 2004, 470; LG Hildesheim DAR 2003, 88; AG Hof NZV 2004, 101; einschränkend LG Ellwangen BA 2002, 223; weitere Nachweise bei Hentschel, TFF, Rn 795; Himmelreich, DAR 2005, 130; König in: Hentschel/König/Dauer, § 69 a StGB Rn 14.
534 BR-Drucks. 821/96 S. 96.
535 ZB LG Kassel DAR 1981, 28; LG Bremen BA 1981, 272; AG Freising DAR 1980, 252; AG Würzburg VM 1995, 32.
536 AM LG Hildesheim, Beschl. v. 14.5.2003 – 12 Qs 47/03 = NStZ-RR 2003, 312 = DAR 2004, 110 (abl. Anm. Bode zfs 2003, 372); Himmelreich, DAR 2004, 8, 12.
537 AG Eggenfelden, Beschl. v. 22.11.2006 – 22 LS 6 Js 12101/04 = DAR 2007, 408 = NStZ-RR 2008, 77.
538 AG Lüdinghausen, Beschl. v. 23.3.2004 – 16 Cs 25 Js 2185/02 (37/03) = NZV 2004, 424 = DAR 2004, 470 (verkehrstherapeutische Interventionsmaßnahme des Kreuzbundes e.V., 20-stündige (10 Sitzungen zu je 120 Minuten; 1 Jahr Sperre war bereits verstrichen); KG NZV 2005, 163 = DAR 2004, 657 = VRS 107, 174 (Selbsthilfegruppe für ehemals Suchtmittelabhängige mit Gruppengesprächen).
539 KG, Beschl. v. 27.4.2004 – 5 Ws 176/04 = NZV 2005, 162 = DAR 2004, 657 = VRS 107, 174.

von Umständen, die die bei Urteilsfindung getroffene **Prognose** derart in Frage stellen, dass die erneute Teilnahme des Verurteilten am fahrerlaubnispflichtigen Kraftfahrzeugverkehr wieder verantwortet werden kann.[540] Nicht erforderlich ist zB eine Prüfung der Voraussetzungen der §§ 11 (Anforderungen an die Kraftfahreignung) oder 14 FeV (Ausschluss von Eignungszweifeln im Hinblick auf Betäubungs- oder Arzneimittel).[541]

Hinweis: Besteht **Grund zu der Annahme, der Eignungsmangel sei beseitigt**, so darf die vorzeitige Aufhebung nicht etwa aus generalpräventiven Gründen versagt werden.[542]

h) Beschränkung der vorzeitigen Sperrfristaufhebung auf bestimmte Kraftfahrzeugarten

278 Vorzeitige Aufhebung der Fahrerlaubnissperre, beschränkt auf bestimmte Kraftfahrzeugarten, ist im Gesetz **nicht ausdrücklich geregelt**. Dennoch kann das Gericht nach hM die vorzeitige Aufhebung auf bestimmte Arten von Fahrzeugen beschränken. In Betracht kommen kann auch ein Antrag auf allgemeine Aufhebung der Sperre unter hilfsweiser Beschränkung auf eine bestimmte Fahrzeugart.

279 Wurde es allerdings in der Hauptverhandlung nur versäumt, eine möglicherweise schon bei Urteilsfindung gerechtfertigt gewesene Ausnahme von der Sperre zu beantragen, so kann nachträglich eine solche Ausnahme nur im Rahmen vorzeitiger Aufhebung der Sperre nach § 69 a Abs. 7 StGB und damit nach Ablauf der dort genannten Mindestfristen bewilligt werden.[543]

280 Meines Erachtens ist die beschränkte vorzeitige Aufhebung der Sperre nicht möglich, da sie eine Teilbarkeit der Ungeeignetheit zum Führen von Kraftfahrzeugen voraussetzen würde, die es aber nicht gibt – insoweit wird auf die Problematik der unterschiedlichen Sperrfristen verwiesen (vgl Teil 2 Rn 179 ff). § 69 a Abs. 7 StPO regelt auch nicht Fälle, die unter § 69 a Abs. 2 StGB fallen – die nachträgliche (Teil-)Aufhebung kann also mE nicht mit einer nunmehr feststellbaren Abschirmung der Gefahren für den öffentlichen Straßenverkehr begründet werden.

VIII. Rechtsmittel gegen Fahrerlaubnisentziehung und Sperre

281 Gegen das Urteil, das die Fahrerlaubnis entzieht, ist die Einlegung eines Rechtsmittels statthaft. Gewählt werden kann sodann zwischen der **Berufung** und der **Revision**.

Hinweis: Vorsichtshalber sollte der Verteidiger im Verurteilungsfalle auch bei einem milden Urteil **nicht vorschnell einen Rechtsmittelverzicht** in der Sitzung erklären und

---

540 AG Kehl, Beschl. v. 21.3.2014 – 2 Cs 206 Js 15342/13 = BeckRS 2014, 06321; OLG Karlsruhe NJW 1960, 587; LG Hildesheim DAR 2003, 88; LG Hof NZV 2001, 92; AG Lüdinghausen, Beschl. v. 16.8.2004 – 16 Cs 23 Js 1544/03 = NZV 2005, 333; Himmelreich, DAR 2004, 8, 9; zur vorzeitigen Aufhebung der Sperre im Jugendstrafrecht s. Bandemer, NZV 1991, 300; aM aber wohl KG VM 2004, 67.
541 LG Hof, Beschl. v. 12.10.2000 – 1 Qs 193/00 = NZV 2001, 92.
542 Die insoweit gegenteilige Ansicht des LG Hildesheim, Beschl. v. 26.9.2002 – 20 Qs 78/02 = zfs 2002, 594 ist als klarer Verstoß gegen das Übermaßverbot abzulehnen.
543 LG Koblenz DAR 1977, 193; Stree/Kinzig in: Schönke/Schröder, § 69 a Rn 17; Fischer, StGB, § 69 a Rn 34; LK-Geppert, § 69 a StGB Rn 13; Lackner/Kühl, StGB, § 69 a StGB, Rn 7; näher Hentschel, DAR 1975, 296; aM zB AG Wismar DAR 1998, 32.

zwar auch dann nicht, wenn der Mandant hiermit einverstanden ist. Oft wächst nämlich erst mit einem zeitlichen Abstand von einigen Stunden oder Tagen die Unzufriedenheit des verurteilten Mandanten mit dem Urteil. Ist vorschnell auf Rechtsmittel verzichtet worden, wird hierfür oft die Schuld bei dem Verteidiger gesucht.

1. Gute Taktik? Berufungseinlegung mit dem Ziel der Maßregelaufhebung wegen Zeitablaufs

Vielfach wird Berufung eingelegt, um das Verfahren vor der Verwaltungsbehörde zur Neuerteilung einer Fahrerlaubnis zu umgehen. Der Verurteilte hofft, bis zur Berufungsverhandlung werde eine Zeit vergangen sein, die der angeordneten Sperre entspricht. Die Fahrerlaubnissperre ist dann zwar mangels Rechtskraft nicht etwa abgelaufen. Das Berufungsgericht muss aber das **Fortbestehen des Eignungsmangels im Zeitpunkt seiner Entscheidung prüfen** und von der Maßregel ganz absehen, wenn es zu dem Ergebnis kommt, der Eignungsmangel sei durch die fortwirkenden Führerscheinmaßnahmen inzwischen weggefallen.

282

Die teils in älteren Entscheidungen anzutreffende Ansicht, die Einlegung einer Berufung sei rechtsmissbräuchlich, wenn der Angeklagte klar zum Ausdruck bringe, dass er sich durch die Verurteilung nicht beschwert fühle und ausschließlich mit dem Ziel der Umgehung des verwaltungsbehördlichen Verfahrens zur Neuerteilung einer Fahrerlaubnis Berufung einlege,[544] ist sicher abzulehnen, da sie dem Maßregelcharakter der Fahrerlaubnisentziehung/der Sperrfristfestsetzung nicht gerecht wird.[545]

283

Zu beachten ist aber vor allem, dass das Berufungsgericht in solchen Fällen ohne Verstoß gegen das Verschlechterungsverbot, soweit dies sachlich gerechtfertigt erscheint, **nochmals die gleiche Sperre** festsetzen kann wie das Gericht der Vorinstanz.[546] Die Fahrerlaubnissperre würde sich dann um die Zeit zwischen dem erstinstanzlichen Urteil und der Rechtskraft des Berufungsurteils verlängern. Das Revisionsgericht muss die vorläufige Entziehung der Fahrerlaubnis nicht deshalb aufheben, weil die Verfahrensdauer die Dauer der Sperrfrist übersteigt.[547] Insbesondere als Ersttäter kann der Verurteilte uU schneller wieder in den Besitz einer Fahrerlaubnis kommen, wenn er das Urteil rechtskräftig werden lässt, als wenn er – im Ergebnis vergeblich – auf eine positive Entscheidung in der Berufungsinstanz hofft.

284

Hinweis: Viele Berufungskammern haben hier eine gefestigte Rechtsprechung – hierüber kann man sicher streiten. Als Verteidiger wird man dies oft einfach „als Fakt" hinnehmen müssen. Im Sinne des Mandanten lohnt es sicher hier für den Verteidiger bei dem Vorsitzenden der Berufungskammer persönlich/telefonisch Rücksprache zu nehmen. Auch die Nachfrage bei anderen Verteidigern im Bezirk der Berufungskammer kann hier nutzbringend sein.

Möglicherweise sollte also eher eine frühe Rechtskraft und der frühzeitige Beginn von verkehrstherapeutischen Hilfestellungen vom Verteidiger vorgezogen werden. Der

285

---

544 LG Berlin VRS 49, 276 (das Gericht hat die Berufung als unzulässig verworfen).
545 Vgl auch Geppert, ZRP 1981, 85, 89.
546 KG Urt. v. 1.11.2010 – (3) 1 Ss 317/10 (108/10).
547 KG Urt. v. 1.11.2010 – (3) 1 Ss 317/10 (108/10).

Verurteilte vermeidet dann nämlich auch noch einen weiteren Nachteil: In Fällen, in denen strafgerichtliche Fahrerlaubnisentziehung unterbleibt, bleibt die Punktbewertung der Tat im Rahmen des § 4 StVG weiterhin bestehen. Das „Punktekonto" des Angeklagten ist also mit Punkten aufgrund der Straftat belastet. Wird dagegen die strafgerichtliche Fahrerlaubnisentziehung rechtskräftig, so bleibt die Punktbewertung für die zugrunde liegende Zuwiderhandlung unberücksichtigt. Das folgt aus der in § 4 Abs. 3 StVG getroffenen Regelung.

286 Das Berufungsgericht ist nicht gehindert, eine Sperrfrist von der gleichen Dauer anzuordnen wie schon das erstinstanzliche Gericht, und das Revisionsgericht muss die vorläufige Entziehung der Fahrerlaubnis nicht deshalb aufheben, weil die Verfahrensdauer die Dauer der Sperrfrist übersteigt.[548]

2. Rechtsmittelbeschränkung

287 Die Beschränkung des Rechtsmittels ist **oftmals problematisch**, aber gleichzeitig auch hilfreich für alle Verfahrensbeteiligten, da sich in der Regel das Verfahren hierdurch leichter führen lässt.

288 Um die Zulässigkeit der Beschränkung des Rechtsmittels zu prüfen, ist immer der folgende Grundsatz zu beachten: Die Beschränkung eines Rechtsmittels auf bestimmte Beschwerdepunkte ist nur zulässig und wirksam, wenn sie sich auf einen Teil der in der Urteilsformel enthaltenen Entscheidungen bezieht, der losgelöst vom übrigen Urteilsinhalt selbstständig geprüft und beurteilt werden kann.[549]

Hinweis: Ist die Beschränkung unzulässig, so ist nicht etwa das Rechtsmittel unzulässig eingelegt, sondern **als unbeschränktes Rechtsmittel** durchzuführen.

a) Anfechtung des Schuldspruchs

289 Die Entscheidung über die Entziehung der Fahrerlaubnis kann **grundsätzlich nicht** von der Anfechtung des Schuldspruchs ausgenommen werden.[550] Sie kann nämlich nicht selbstständig bestehen bleiben.

b) Beschränkung auf den Strafausspruch

290 Auch von einem Rechtsmittel gegen den Strafausspruch kann der Ausspruch über die Maßregel **nicht ausgenommen werden,** wenn – was in aller Regel der Fall ist – die der Strafzumessung zugrunde liegenden Tatsachen die wesentliche Grundlage auch für die Maßregelentscheidung bilden.[551]

Hinweis: Zur Rechtsmittelbeschränkung in Fällen des strafrechtlichen **Fahrverbots** (§ 44 StGB): Teil 2 Rn 438.

291 Nur **in Ausnahmefällen,** dann nämlich, wenn kein innerer Zusammenhang zwischen der Strafzumessung und der Maßregel besteht, kann der Strafausspruch unter Aus-

---

548 KG Urt. v. 1.11.2010 – (3) 1 Ss 317/10 (108/10).
549 BGHSt 29, 359, 364; OLG Rostock, Beschl. v. 26.6.2008 – 1 Ss 95/08 – 49/08 = NZV 2008, 473; OLG Frankfurt NZV 1996, 414; Meyer-Goßner, § 318 StPO Rn 6 mwN.
550 BGH VRS 25, 426; OLG Saarbrücken zfs 2001, 518.
551 BGH DAR 1971, 54; BayObLG VRS 60, 103; OLG Köln VRS 100, 123, 129.

klammerung der Entscheidung über die Fahrerlaubnisentziehung angefochten werden.[552] Dies gilt zB,

- wenn die Fahrerlaubnisentziehung nicht wegen charakterlicher, sondern wegen körperlicher oder geistiger Mängel entzogen wurde.[553]
- wenn sich das Rechtsmittel lediglich gegen die Tagessatzhöhe richtet.[554]

Letztlich ist noch zu beachten, dass nicht ausreichende Feststellungen auch dazu führen, dass eine Beschränkung des Rechtsmittels auf die Rechtsfolgen unwirksam ist. Beschränkt sich das erstinstanzliche Urteil auf Feststellungen nämlich zum reinen Schuldvorwurf nach §§ 316 StGB, ohne auf die auch für die Rechtsfolgenbemessung wesentlichen Begleitumstände der Tat (Anlass und Motiv, Fahrtstrecke, Verkehrsumstände zur Tatzeit) einzugehen, ist eine nach § 318 StPO erklärte Beschränkung der Berufung auf die Rechtsfolgen unwirksam und das die Wirksamkeit der Rechtsmittelbeschränkung zugrunde legende Berufungsurteil unterliegt aufgrund der erhobenen Sachrüge schon aus diesem Grunde der Aufhebung.[555] Vielmehr ist der Tatrichter wegen der Bedeutung für die Rechtsfolgen gehalten, Feststellungen auch zur Motivation der Tat, den konkreten Verkehrsverhältnissen bei Tatbegehung, insbesondere zu möglichen Gefährdungen anderer Straßenverkehrsteilnehmer, und zum Anlass der Tat zu treffen.[556] Beschränkt sich das Erstgericht auf die Feststellungen allein zur Schuldform und unterlässt es die weiteren Feststellungen, ist eine Beschränkung des Rechtsmittels nach § 318 StPO unwirksam und der Berufungsrichter gehalten, den Sachverhalt unter Beachtung der revisionsrechtlichen Vorgaben vollumfänglich festzustellen.[557]

c) Beschränkung auf die Strafaussetzung zur Bewährung

Umstritten ist die Frage, ob das Rechtsmittel auf die Entscheidung über die Strafaussetzung zur Bewährung in der Weise beschränkt werden kann, dass der Maßregelausspruch ausgeklammert wird. Weil beiden Entscheidungen die Beurteilung des künftigen Verhaltens des Angeklagten zugrunde liegt, wird eine solche Beschränkung teilweise für den Regelfall wegen der Gefahr von Widersprüchen zwischen den nicht angefochtenen Teilen des Urteils und der Entscheidung des Rechtsmittelgerichts als unwirksam erachtet.[558]

292

---

552 OLG Rostock, Beschl. v. 26.6.2008 – 1 Ss 95/08 – 49/08 = NZV 2008, 473.
553 BGH NJW 1957, 1726; OLG Rostock, Beschl. v. 26.6.2008 – 1 Ss 95/08 – 49/08 = NZV 2008, 473; KG MDR 1966, 345.
554 BayObLG VRS 60, 103.
555 OLG München, Beschl. v. 8.6.2012 – 4 StRR 97/12 = NZV 2014, 51 = BeckRS 2012, 13803 = VRS 123, 220 = zfs 2012, 472; Beschl. v. 18.2.2008 – 4 StRR 207/07 = StraFo 2008, 210.
556 OLG München, Beschl. v. 8.6.2012 – 4 StRR 97/12 = NZV 2014, 51 = BeckRS 2012, 13803 = VRS 123, 220 = zfs 2012, 472.
557 OLG München, Beschl. v. 4.4.2012 – 4 StRR 046/12, S. 4 f; Beschl. v. 18.2.2008 – 4 StRR 207/07 = OLG München, StraFo 2008, 210; Beschl. v. 10.8.2011 – 4 StRR 127/11; Beschl. v. 19.8.2010 – 4 StRR 118/10, S. 4). OLG München, Beschl. v. 8.6.2012 – 4 StRR 97/12 = NZV 2014, 51, 52 = BeckRS 2012, 13803 = VRS 123, 220 = zfs 2012, 472.
558 OLG Düsseldorf VRS 98, 36; OLG Köln VRS 48, 85; OLG Hamburg VRS 60, 209.

293 Nach hM – insbesondere auch nach der Rechtsprechung des BGH – besteht zwischen der Frage der Strafaussetzung zur Bewährung und der Verhängung der Maßregel regelmäßig **keine untrennbare Wechselbeziehung** mit der Gefahr von Widersprüchen.

Hinweis: Beschränkung auf die Bewährungsfrage ist also nicht grundsätzlich ausgeschlossen.[559]

294 Dies folgt – so der BGH – schon daraus, dass beide Entscheidungen unterschiedlich ausfallen können, zB durch Anordnung der Maßregel bei gleichzeitiger Strafaussetzung zu Bewährung.[560]

295 Die Beschränkung des Rechtsmittels auf die Frage der Strafaussetzung unter Ausklammerung der Entscheidung über die Fahrerlaubnisentziehung und Sperre ist nach hM immer dann zulässig, wenn zwischen den Erwägungen zur Strafaussetzung und denen zur Maßregel kein unlösbarer Zusammenhang besteht.[561]

296 **Unwirksam** ist die Beschränkung, wenn zwischen beiden Entscheidungen eine so enge Wechselwirkung besteht, dass bei Rechtskraft der Maßregelentscheidung und Teilanfechtung der Entscheidung zur Bewährungsfrage die Gefahr von Widersprüchen bestünde. Das Gleiche gilt in Fällen sog. Doppelrelevanz, in denen bestimmte Feststellungen für beide Entscheidungen erheblich sind.[562]

d) Beschränkung auf die Verurteilung wegen einer von mehreren Taten

297 Bei einem Rechtsmittel, beschränkt auf die Verurteilung wegen einer von mehreren dem Urteil zugrunde liegenden Straftaten, kann die Entscheidung über die Fahrerlaubnisentziehung von dem Rechtsmittel **nicht** ausgenommen werden, wenn sich die Maßregel mit der Sperre auf das sich aus allen abgeurteilten Straftaten ergebende Gesamtverhalten des Angeklagten stützt.

298 Ebenso ist es, wenn nicht ausgeschlossen werden kann, dass die Verurteilung wegen dieses Tatbestands für die Entziehung der Fahrerlaubnis mitentscheidend war. Das Rechtsmittelgericht muss dann den einheitlichen Ausspruch über die Entziehung der Fahrerlaubnis überprüfen und – sofern eine enge Wechselbeziehung zwischen der Fahrerlaubnisentziehung und der Strafzumessung besteht – den gesamten Rechtsfolgenausspruch.[563]

e) Rechtsmittelbeschränkung auf die Entziehung der Fahrerlaubnis

299 Eine Beschränkung des Rechtsmittels auf die Entscheidung über die Entziehung der Fahrerlaubnis ist nur dann wirksam, wenn die Frage losgelöst von den Ausführungen zur Strafzumessung beurteilt werden kann.[564]

---

559 BGH, Beschl. v. 15.5.2001 – 4 StR 306/00 = NZV 2001, 434 = BGHSt 47, 32 = BeckRS 2001 30180495 = DAR 2001, 463 = NJW 2001, 3134 = VRS 101, 107 (zust. Geppert, JR 2002, 114).
560 BGH, Beschl. v. 15.5.2001 – 4 StR 306/00 = NZV 2001, 434 = BGHSt 47, 32 = BeckRS 2001 30180495 = DAR 2001, 463 = NJW 2001, 3134 = VRS 101, 107.
561 BGH, Beschl. v. 15.5.2001 – 4 StR 306/00 = NZV 2001, 434 = BGHSt 47, 32 = BeckRS 2001 30180495 = DAR 2001, 463 = NJW 2001, 3134 = VRS 101, 107; OLG Düsseldorf VRS 96, 443.
562 BGH, Beschl. v. 15.5.2001 – 4 StR 306/00 = NZV 2001, 434 = BGHSt 47, 32 = BeckRS 2001 30180495 = DAR 2001, 463 = NJW 2001, 3134 = VRS 101, 107; KG VRS 101, 438.
563 BayObLG NZV 1989, 242; DAR 1990, 369 – bei Bär; OLG Saarbrücken zfs 2001, 518.
564 BGH BA 2001, 453; VRS 92, 204; KG Urt. v. 1.11.2010 – (3) 1 Ss 317/10 (108/10); OLG Frankfurt NZV 2002, 382; OLG Rostock NZV 2008, 473.

VIII. Rechtsmittel gegen Fahrerlaubnisentziehung und Sperre 2

Wegen der schon erwähnten Wechselbeziehung zwischen den die Strafzumessung tragenden Tatsachen und den Umständen, die für die Entscheidung der Frage einer Fahrerlaubnisentziehung maßgebend sind, wird das Rechtsmittel **in der Regel nicht** auf die Entziehung der Fahrerlaubnis beschränkt werden können. Dies gilt vor allem dann, wenn die Ungeeignetheit auf einen Charaktermangel zurückzuführen ist: Hier stehen Straf- und Maßregelausspruch in einer so engen gegenseitigen Abhängigkeit, dass sich ein Angriff gegen die Anordnung nach den §§ 69, 69 a StGB auch auf die Strafzumessung erstreckt.565 300

Aber auch in der neueren Rechtsprechung findet sich wieder die Ansicht, die Maßregel der Besserung und Sicherung nach § 69 StGB stehe nicht in Wechselwirkung zu der erkannten (Geld-)Strafe, so dass eine Beschränkung des Rechtsmittels auf den Maßregelausspruch doch möglich sei.566 Anders ist dies nach Ansicht des OLG Düsseldorf bei Verurteilung wegen einer Indiztat nach § 69 Abs. 2 StGB, bei der das Gericht den Ausnahmecharakter des zugrunde liegenden Sachverhalts verkannt hatte.567 Eine Beschränkung des Rechtsmittels auf die Entziehung der Fahrerlaubnis kann, abweichend von der Regel, auch dann wirksam sein, wenn die Maßregel auf § 69 Abs. 2 Nr. 3 StGB (unerlaubtes Entfernen vom Unfallort) gestützt wurde und durch das Rechtsmittelgericht lediglich die Rechtsfrage zu entscheiden ist, ob im vorliegenden Fall ein „bedeutender Sachschaden" vorlag.568 301

Hinweis: Auf die Nichtanordnung der Maßregel der §§ 69, 69 a StGB wird eine Beschränkung des Rechtsmittels der Staatsanwaltschaft idR nicht möglich sein.569

Jedenfalls die Entziehung der Fahrerlaubnis wegen charakterlicher Mängel verfolgt nämlich trotz ihrer grundsätzlich unterschiedlichen Zweckrichtung ähnliche spezialpräventive Ziele wie die Strafe. Zulässig ist die Beschränkung des Rechtsmittels auf die Nichtentziehung dennoch, soweit die Feststellungen im Urteil, die die Maßregel rechtfertigen könnten, von der Staatsanwaltschaft nicht in Frage gestellt werden.570

f) Beschränkung des Rechtsmittels auf die Entscheidung über die Fahrerlaubnissperre

Eine Beschränkung des Rechtsmittels auf die im Urteil angeordnete Sperre für die Wiedererteilung einer Fahrerlaubnis **ist in aller Regel nicht möglich**, weil regelmäßig ein enger Zusammenhang zwischen den Tatsachen besteht, die für die Sperrfrist entscheidend sind, und denen, die die Anordnung der Maßregel selbst tragen. Abweichendes gilt nur in Ausnahmefällen.571 Das hat erst recht für die Frage zu gelten, ob 302

---

565 KG Urt. v. 1.11.2010 – (3) 1 Ss 317/10 (108/10); OLG Rostock NZV 2008, 473; KK-StPO/Ruß, § 318 Rn 8 a.; Stree/Kinzig in: Schönke/Schröder, § 69 StGB Rn 73 jew. mwN.
566 OLG Brandenburg, Urt. v. 16.4.2008 – 1 Ss 21/08 = NZV 2008, 474 = DAR 2008, 393 = VRS 114, 366 = zfs 2008, 466.
567 OLG Düsseldorf VRS 79, 103.
568 OLG Celle VRS 64, 366.
569 BGH BA 2001, 453; BayObLG, Urt. v. 31.5.1991 – RReg. 1 St 63/91 = NZV 1991, 397; siehe aber BGH NStZ-RR 1998, 43.
570 OLG Frankfurt/M., Beschl. v. 27.2.2002 – 2 Ss 21/02 = NZV 2002, 382; OLG Stuttgart, Urt. v. 7.1.1997 – 4 Ss 672/96 NZV 1997, 316.
571 OLG Frankfurt NZV 1996, 414; OLG Düsseldorf VRS 66, 42; aM OLG Saarbrücken VRS 43, 22; Kaiser, NJW 1983, 2418, 2420.

eine Ausnahme für bestimmte Kraftfahrzeugarten möglich ist.[572] Kein die Rechtsmittelbeschränkung ausschließender enger Zusammenhang besteht, wenn nur die rechtliche Zulässigkeit der im Urteil bestimmten Art der Fristberechnung angegriffen wird. Das gilt zB für den Fall eines Ausspruchs im Urteil, wonach die Sperre im Anschluss an den Ablauf einer noch bestehenden anderweitigen Sperrfrist beginne. Selbstständige Anfechtung eines solchen (unzulässigen) Ausspruchs über die Sperre ist möglich.[573]

Hinweis: Auch im Fall einer sog. „isolierten Sperre" ist die **Beschränkung** des Rechtsmittels auf den Ausspruch über die Sperre **nur in Ausnahmefällen** denkbar.[574]

303 Bei Verhängung der Maßregel wegen charakterlicher Mängel wird dies regelmäßig nicht der Fall sein.[575]

g) Kosten und Auslagen bei Wegfall der Fahrerlaubnisentziehung oder Milderung der Maßregel bei Rechtsmittelbeschränkung

304 Ist die Beschränkung des Rechtsmittels auf die Entscheidung über die Entziehung der Fahrerlaubnis möglich und hat das Rechtsmittel des Verurteilten Erfolg, weil die Fahrerlaubnisentziehung aufgehoben oder die Sperre verkürzt wird, so **fallen die Gerichtskosten** unter Anwendung der Grundsätze der §§ 465 Abs. 1, 467 Abs. 1 StPO **der Staatskasse zur Last**. Das Gleiche gilt für die notwendigen Auslagen des Beschwerdeführers nach § 473 Abs. 3 StPO.[576] Entsprechendes gilt, wenn eine Beschränkung des Rechtsmittels auf die Fahrerlaubnisentziehung rechtlich nicht möglich ist, der Verurteilte aber klar zum Ausdruck bringt, dass er sich nur gegen diesen Teil des Urteils wendet.

305 Erreicht er mit dem Rechtsmittel den von ihm allein angestrebten Wegfall der Maßregel bzw die Verkürzung der Sperre, so sind auch in einem solchen Fall die Grundsätze der §§ 465 Abs. 1, 467 Abs. 1 StPO anzuwenden mit der Folge, dass die Kosten des Rechtsmittels der Staatskasse aufzuerlegen sind.[577] Aus einer analogen Anwendung von § 473 Abs. 3 StPO ergibt sich, dass das Gleiche für seine notwendigen Auslagen gilt.[578]

306 Eine wichtige Ausnahme von diesen Grundsätzen enthält § 473 Abs. 5 StPO: Das Rechtsmittel des Angeklagten gilt als erfolglos, wenn die Aufhebung der Maßregel oder die Verkürzung der Sperre allein im Hinblick auf die fortbestehenden vorläufigen Maßnahmen, also wegen Wegfalls des Eignungsmangels erfolgt. Trotz Wegfalls der Maßregel bzw Verkürzung der Sperre treffen den Angeklagten dann die Kosten und die notwendigen Auslagen seines Rechtsmittels. Voraussetzung für die Anwendung der genannten Bestimmung des § 473 Abs. 5 StPO mit der für den Angeklagten belastenden Kostenfolge ist dabei stets, dass die Aufhebung der Maßregel bzw die

---

572 BayObLG, Urt. v. 31.05.1991 - RReg. 1 St 63/91 = NZV 1991, 397; OLG Köln VRS 68, 278.
573 OLG Zweibrücken StV 1983, 22.
574 OLG Hamburg VM 1978, 71.
575 OLG Köln VRS 76, 352.
576 OLG Düsseldorf VRS 79, 121.
577 OLG Celle NJW 1975, 400; OLG Düsseldorf VRS 79, 121.
578 OLG Celle NJW 1975, 400; OLG Stuttgart MDR 1976, 73.

Verkürzung der Sperre durch das Rechtsmittelgericht ausschließlich auf der fortbestehenden vorläufigen Entziehung der Fahrerlaubnis oder der Führerscheinbeschlagnahme beruht.

Keine Anwendung findet die Vorschrift dagegen, wenn die Maßregelaufhebung 307 durch das Rechtsmittelgericht auch auf andere Einflüsse gestützt wird, die auf den beim Angeklagten festgestellten Eignungsmangel positiv eingewirkt haben. Das betrifft zB den Fall, dass der Angeklagte nach der Verurteilung an einem Nachschulungskurs teilgenommen hat, den das Rechtsmittelgericht neben der Wirkung, die von den fortwirkenden vorläufigen Führerscheinmaßnahmen ausgeht, zugunsten des Angeklagten berücksichtigt hat.[579] Ebenso ist es bei Fehlen vorläufiger Maßnahmen, wenn das Rechtsmittelgericht die weitere unbeanstandete Teilnahme des Verurteilten am Kraftfahrzeugverkehr sperrfristverkürzend berücksichtigt hat.[580] Dann bleibt es also bei der für den Angeklagten günstigen Kosten- und Auslagenentscheidung.

Das Gleiche gilt, wenn die Staatsanwaltschaft das Rechtsmittel zuungunsten des Angeklagten eingelegt hat und dieses ausschließlich wegen des Zeitablaufs unter Einwirkung der fortbestehenden vorläufigen Führerscheinmaßnahmen erfolglos bleibt. Auch dann findet nicht § 473 Abs. 5 StPO Anwendung, sondern § 473 Abs. 2 StPO mit der daraus folgenden Auslagenerstattungspflicht durch die Staatskasse.[581] 308

Wird ein wegen des Verdachtes der Trunkenheit im Straßenverkehr nach § 316 StGB 309 Angeklagter letztlich **nur wegen Verstoßes gegen § 24 a Abs. 1 StVG** verurteilt, so ist es gerechtfertigt (und nach § 465 Abs. 2 StPO auch möglich), die Kosten, die durch den Transport des Angeklagten zur Blutentnahme, diese selbst sowie das Gutachten zur Feststellung der Blutalkoholkonzentration entstanden sind, bei der Berechnung der gerichtlichen Auslagen dem Angeklagten und der Landeskasse je zur Hälfte aufzuerlegen. Im Falle einer negativen Kostenentscheidung insoweit kann gem. § 464 Abs. 3 Satz 1 StPO eine Beschwerde gegen dieselbe eingelegt werden.[582]

3. Verschlechterungsverbot – § 331 StPO

§ 331 StPO enthält das **Verbot der reformatio in peius:** 310

Das Urteil darf in Art und Höhe der Rechtsfolgen der Tat nicht zum Nachteil des Angeklagten geändert werden, wenn lediglich der Angeklagte, zu seinen Gunsten die Staatsanwaltschaft oder sein gesetzlicher Vertreter Berufung eingelegt hat.

In Einzelfällen kann es trotz des eigentlich eindeutigen Gesetzeswortlauts gleichwohl Probleme geben.

Hinweis: Zum Verschlechterungsverbot im Hinblick auf das Fahrverbot nach § 44 StGB: Teil 2 Rn 440.

---

579 Rieß/Hilger NStZ 1987, 204, 207.
580 Rieß/Hilger NStZ 1987, 204, 207.
581 OLG Oldenburg VRS 68, 215; OLG Düsseldorf VRS 86, 136.
582 LG Berlin, Urt. v. 11.3.2010 – 502 Qs 30/10 = NZV 2011, 213 = VRS 119, 123.

a) Keine Verlängerung der Sperre durch das Berufungsgericht

311 Aus § 331 StPO folgt ohne Weiteres, dass das Berufungsgericht eine im angefochtenen Urteil beispielsweise auf noch sechs Monate bemessene **Fahrerlaubnissperre nicht** etwa **verlängern** darf, indem es zB eine siebenmonatige Sperre festsetzt.

b) Faktische Sperrfristverlängerung durch das Berufungsgericht ohne Verstoß gegen das Verschlechterungsverbot

312 Dennoch ist nicht auszuschließen, dass die Berufungseinlegung des Verurteilten faktisch zu einer Sperrfristverlängerung führt.

Hinweis: Das Berufungsgericht **kann** nämlich ohne Verstoß gegen das Verschlechterungsverbot die Sperre auf die **gleiche Zeit festsetzen** wie im angefochtenen Urteil.[583]

Da eine Einrechnungsvorschrift hinsichtlich der zwischen der Verkündung des angefochtenen Urteils und dem Berufungsurteil vergangenen Zeit in § 69 a StGB fehlt, kommt diese Zeit also dem Angeklagten in derartigen Fällen nicht zugute. Die vom Berufungsgericht auf die gleiche Dauer bemessene Sperre beginnt ab Rechtskraft des Berufungsurteils zu laufen.

Hinweis: Das gilt selbst in den Fällen, in denen die Sperre ohne das Rechtsmittel in dem Zeitpunkt, in dem das Berufungsurteil ergeht, abgelaufen wäre.[584]

Da die Verschlechterung in derartigen Fällen nicht unmittelbar aus dem Urteilstenor folgt, sondern sich aus dem Gesetz ergibt, nämlich der Vorschrift über den Sperrfristbeginn, kann die Bestimmung des § 331 StPO auf den Fall keine Anwendung finden.[585] Daher ist es auch kein Verstoß gegen das Verschlechterungsverbot, wenn die Sache nach Revisionseinlegung durch den Angeklagten an den Erstrichter zurückverwiesen wird und dieser dann eine Fahrerlaubnissperre in gleicher Höhe festsetzt wie im ersten Urteil.[586] Wie schon erwähnt, darf das Berufungsgericht (oder der Erstrichter nach Zurückverweisung) diese Regelung aber nicht etwa zu Disziplinierungszwecken von Verurteilten missbrauchen, um der Einlegung von Rechtsmitteln entgegenzuwirken. Es darf vielmehr die seit dem angefochtenen Urteil fortwirkenden vorläufigen Führerscheinmaßnahmen nur dann unberücksichtigt lassen und die gleiche Sperre festsetzen wie das angefochtene Urteil, wenn das Sicherungsbedürfnis der Allgemeinheit dies erfordert.[587]

4. Revision

313 Die aufgrund einer Persönlichkeitswürdigung zu bestimmende **Sperrfristbemessung** ist in erster Linie **Sache des Tatrichters** und unterliegt daher nur in sehr eingeschränktem Umfang der Nachprüfung durch das Revisionsgericht.

314 Das gilt auch für die Frage, ob etwa „besondere Umstände" iSd § 69 a Abs. 2 StGB eine Ausnahme bestimmter Kraftfahrzeugarten von der Sperre rechtfertigen. Auch die

---

583 BayObLG BA 2002, 392; OLG Naumburg DAR 2001, 379; Schäfer in: Löwe/Rosenberg, § 111 a StPO Rn 39; aM Eickhoff, NJW 1975, 1007; Gollner, GA 1975, 129.
584 OLG Frankfurt DAR 1992, 187; OLG Hamm VRS 69, 221.
585 OLG Karlsruhe VRS 51, 204; Geppert, Sperrfrist S. 125 f.
586 OLG Karlsruhe NJW 1975, 455.
587 BayObLG BA 2002, 392; OLG Hamm VRS 53, 342.

VIII. Rechtsmittel gegen Fahrerlaubnisentziehung und Sperre

insoweit erforderliche Wertung durch den Tatrichter ist einer revisionsgerichtlichen Nachprüfung weitgehend entzogen.[588]

Schwierigkeiten können entstehen, wenn die Revision ausnahmsweise in rechtlich zulässiger Weise auf die Sperre beschränkt wurde und die Sache vom Revisionsgericht an die Vorinstanz zurückverwiesen wurde. Hier kann es vorkommen, dass bei fortdauernder vorläufiger Führerscheinmaßnahme bis zum neuen Urteil durch den Erstrichter eine Zeit verstrichen ist, die der im angefochtenen Urteil festgesetzten Sperre entsprach. Dann muss der Tatrichter gem. § 69 a Abs. 1 S. 1 StGB nochmals eine Sperre (mindestens drei Monate) gegen den Angeklagten festsetzen.

315

Beispiel: Sperrfristfestsetzung von (noch) drei Monaten im erstinstanzlichen Urteil am 15. Januar.

a) Bei Rechtskraft dieses Urteils noch am selben Tage (etwa durch Rechtsmittelverzicht): Sperrfristablauf 14. April.

b) Bei Revisionseinlegung durch den Verurteilten: Das Revisionsgericht hebt das Urteil auf und verweist die Sache zur erneuten Entscheidung an die Vorinstanz zurück.

Erneute Entscheidung durch Urteil vom 15. Mai:

Da nur der Ausspruch über die Entziehung der Fahrerlaubnis, nicht aber über die Sperre bisher rechtskräftig war, konnte diese nicht am 14. April ablaufen. Im Hinblick auf die gesetzliche Regelung über die Mindestsperre von drei Monaten (bei Berücksichtigung vorläufiger Führerscheinmaßnahmen) muss der Richter nunmehr, obwohl ein Fortbestehen des in der Straftat zum Ausdruck gekommenen Eignungsmangels nicht mehr feststellbar ist, nochmals diese Mindestsperrfrist von drei Monaten anordnen.

Wegen der Regelung über den Beginn der Sperre mit der Rechtskraft des Urteils:

Sperrfristablauf frühestens am 14. August.

Im Ergebnis hätte sich der Angeklagte demnach hinsichtlich der Sperrfrist um vier Monate verschlechtert.

Eine Möglichkeit, von der Maßregel ganz abzusehen, scheidet in einem solchen Fall aus, weil ja infolge der ausnahmsweise zulässigen Rechtsmittelbeschränkung nicht die Fahrerlaubnisentziehung, sondern **nur die Sperre** angefochten war. Der Ausspruch über die Entziehung der Fahrerlaubnis ist also rechtskräftig.[589] Wäre im obigen Beispielsfall eine Sperre von sechs Monaten (statt nur drei Monaten) verhängt worden, so könnte nicht einmal die Tatsache, dass der Verurteilte nach wie vor aufgrund der erfolgten Beschlagnahme seinen Führerschein entbehrt, zu seinen Gunsten bei der erneuten Sperrfristbemessung verkürzend berücksichtigt werden. Es müsste vielmehr erneut eine sechsmonatige Sperre angeordnet werden. Die Vorschrift über die Verkürzung der Mindestsperre (§ 69 a Abs. 4 StGB) kann nämlich keine Anwendung finden, weil es sich bei der Entziehung der Fahrerlaubnis seit Teilrechtskraft des angefochtenen Urteils nicht mehr um eine nur vorläufige, sondern um eine endgültige Maßnahme handelt.[590]

316

---

588 BayObLG NZV 1991, 397.
589 Stree/Kinzig in: Schönke/Schröder, § 69 a StGB Rn 24.
590 OLG Bremen DAR 1965, 216.

317 Dieses Ergebnis wäre jedoch im höchsten Grade unbillig:[591] Der Angeklagte wäre entgegen dem Zweck der Maßregel über die Dauer seines Eignungsmangels hinaus vom fahrerlaubnispflichtigen Kraftfahrzeugverkehr ausgeschlossen. Sowohl in der Rechtsprechung als auch im Schrifttum wird daher vorgeschlagen, die Einrechnungsvorschrift des § 69 a Abs. 5 S. 2 StGB hier entsprechend anzuwenden.[592] Die Analogie ist gerechtfertigt, weil es sich ganz offensichtlich um eine unbillige und unbeabsichtigte Gesetzeslücke handelt und die Sachlage der in § 69 a Abs. 5 S. 2 StGB geregelten Situation in allen wesentlichen Punkten ähnelt.[593] In derartigen Fällen ist also die Zeit seit Verkündung des angefochtenen Urteils in die nunmehr erneut anzuordnende Sperre einzurechnen.

Hinweis: Der Verteidiger sollte beim Gericht anregen, auf diese Berechnungsweise zur Klarstellung in den Urteilsgründen hinzuweisen.

Infolge der Einrechnung nach § 69 a Abs. 5 S. 2 StGB kann es vorkommen, dass das Revisionsgericht die Revision zu einem Zeitpunkt verwirft, in dem die im angefochtenen Urteil ausgesprochene Fahrerlaubnissperre abgelaufen ist. Der Verurteilte darf dann nicht etwa sofort wieder am Kraftfahrzeugverkehr teilnehmen. Vielmehr bleibt die Fahrerlaubnis rechtskräftig entzogen und erlischt daher trotz Ablaufs der Sperre mit der Rechtskraft des Urteils (§ 69 Abs. 3 StGB). Der Verurteilte muss also jedenfalls seinen Führerschein (erneut) abgeben (§ 69 Abs. 3 S. 2 StGB) und, bevor er wieder fahrerlaubnispflichtige Kraftfahrzeuge führen darf, eine neue Fahrerlaubnis erwerben.

Hinweis: Auch bei erfolgreicher Revision eines von mehreren mit Fahrerlaubnisentziehungen belegten Angeklagten wird der Wegfall der Maßregel nicht nach § 357 StPO auf die nicht revidierenden Mitangeklagten **erstreckt**, da die Voraussetzungen der fehlenden Eignung zum Führen eines Kraftfahrzeugs im Rahmen von § 69 Abs. 1 StGB als charakterliche Ungeeignetheit jeweils auf die höchst individuellen Verhältnisse des Täters bzw Tatbeteiligten bezogen werden müssen.[594]

5. Sofortige Beschwerde

318 Wurde der Antrag auf **vorzeitige Aufhebung der Sperre** gem. § 69 a Abs. 7 StGB **abgelehnt**, so ist diese Entscheidung mit der sofortigen Beschwerde anfechtbar (§§ 462 Abs. 3, 463 Abs. 5 StPO).

Hinweis: Der Verteidiger sollte sich gemeinsam mit dem Verurteilten nach Ablehnung der Aufhebung der Sperre nochmals – unabhängig von dem Vortrag erster Instanz – mit der Frage beschäftigen, was noch für die Wiedererlangung der Fahrerlaubnis und die Sperrfristabkürzung vorgetragen/getan werden könnte.

---

591 Möhl, DAR 1965, 45.
592 OLG Karlsruhe VRS 48, 425; Geppert, Sperrfrist, S. 180.
593 Geppert, Sperrfrist S. 180.
594 BGH, Urt. v. 4.11.2014 - 1 StR 233/14 mwN.

6. Gnadenantrag

Gnadenanträge können im Rahmen der Vollstreckung der Fahrerlaubnisentziehung helfen, akute hierdurch entstehende Probleme zu überbrücken – sie führen aber nicht von selbst zur Aussetzung der Vollstreckung.[595] Damit sind sie für den Verteidiger allenfalls der „letzte Notnagel".

IX. Fahrerlaubnisentziehung bei Inhabern ausländischer Fahrerlaubnisse (§ 69 b StGB)

Bei Inhabern ausländischer Fahrerlaubnisse gelten die vorstehend dargestellten §§ 69, 69 a StGB nicht uneingeschränkt. Hier bestimmen sich dann die Fragen der „Fahrerlaubnisentziehung" nach Maßgabe des § 69 b StGB.

1. Bedeutung und Voraussetzungen des § 69 b StGB

Die Bedeutung des § 69 b Abs. 1 StGB liegt darin, dass die Fahrerlaubnisentziehung in einem solchen Fall nur eine **Wirkung** hat, die etwa der **eines Fahrverbots entspricht**, weil das deutsche Gericht in den **ausländischen Hoheitsakt** (Erteilung einer ausländischen Fahrerlaubnis) nicht eingreifen darf.

Handelte es sich um die **Entziehung einer** ausländischen **Fahrerlaubnis** gem. § 69 b StGB in der **bis zum 1.1.1999** geltenden Fassung, so wird jedoch trotz der durch § 69 b Abs. 1 S. 3 StGB getroffenen Neuregelung **das vor dem 1.1.1999 ohne Antragstellung wieder aufgelebte Recht** zum erneuten (vorübergehenden) Führen fahrerlaubnispflichtiger Kraftfahrzeuge im Inland **nicht am 1.1.1999 wieder entfallen** sein.[596] Denn eine solche „Entziehung" gem. § 69 b aF führte ja – anders als gem. § 69 b Abs. 1 S. 2 StGB nF – **nicht zum Erlöschen des Rechts** zum Führen von Kraftfahrzeugen im Inland, sondern nur zu einem **Verbot, davon Gebrauch zu machen**.

Anders ist dies aber **nach hM** bei Entziehung einer inländischen **Fahrerlaubnis** vor dem 1.1.1999. Hier soll die **Berechtigung**, obwohl sie gem. § 2 (§ 4 Abs. 1 Nr. 2) der am 1.1.1999 außer Kraft getretenen **EU/EWR-FührerscheinVO** nach Ablauf der **Sperre** vor dem 1.1.1999 **wiederaufgelebt** war, durch die am 1.1.1999 in Kraft getretene Gesetzesänderung **wieder entfallen** sein.[597] Dabei handele sich um einen Fall **tatbestandlicher Rückanknüpfung** („unechte" Rückwirkung).

Nach **anderer Ansicht** ist dagegen § 28 Abs. 4 Nr. 3 FeV auf „Altfälle" der geschilderten Art auch dann **nicht anzuwenden**, wenn die vor dem 1.1.1999 erfolgte (aber durch Sperrfristablauf „erledigte") Entziehung eine inländische Fahrerlaubnis betraf.[598]

Dafür – und damit gegen die hM – **spricht**, dass nicht anzunehmen ist, der Verordnungsgeber habe eine „kollektive" **Fahrerlaubnisentziehung** durch das neue Fahrerlaubnisrecht beabsichtigt. Anderenfalls wäre eine – möglicherweise schon seit Jahren

---

[595] Ausführlich zu Gnadenanträgen: Fromm, NZV 2011, 329.
[596] OLG Köln NZV 2001 225 (abl. Ternig, DAR 2001, 289, 293); OLG Karlsruhe VRS 101, 220; VG Bremen DAR 1999, 377; siehe auch BGH NJW 2002, 2330; näher: Hentschel, NZV 2001, 193.
[597] BGH NJW 2002, 2330; OLG Saarbrücken BA 2003, 153.
[598] OLG Karlsruhe VRS 101, 220; VG Bremen DAR 1999, 377.

wieder bestehende – Berechtigung zum Führen von Kraftfahrzeugen im Inland **am 1.1.1999 wieder entfallen.**

326 In Fällen eines vor dem 1.1.1999 erklärten **Verzichts** auf die inländische Fahrerlaubnis spielt das Problem der „Altfälle" keine Rolle. Denn für diesen Fall berechtigte eine ausländische Fahrerlaubnis schon nach bisherigem Recht nicht zum Führen von Kraftfahrzeugen im Inland, wie aus § 4 Nr. 3 der EU/EWR-FührerscheinVO folgt.[599]

a) Ausländische Fahrerlaubnis muss bestehen

327 Die Anwendung des **§ 69 b StGB setzt voraus**, dass überhaupt eine wirksame, **zum Führen von Kraftfahrzeugen im Inland berechtigende Fahrerlaubnis** besteht, wie sich aus dem Erfordernis in Abs. 1 ergibt, dass der Täter mit einer ausländischen Fahrerlaubnis „im Inland Kraftfahrzeuge führen darf".[600] Ob eine **ausländische Fahrerlaubnis zum Führen von Kraftfahrzeugen im Inland berechtigt**, ist hinsichtlich der Inhaber von Fahrerlaubnissen aus Staaten der Europäischen Union oder des Europäischen Wirtschaftsraums (**EU-/EWR-Fahrerlaubnis**) mit ordentlichem Wohnsitz im Inland in § 28 FeV geregelt, im Übrigen – insbesondere auch in Bezug auf **Fahrerlaubnisse aus Drittstaaten** – in § 29 FeV.[601] Das Gericht darf nicht etwa im Zweifel über die Berechtigung gegen den Angeklagten entscheiden und eine Fahrerlaubnisentziehung statt der isolierten Sperrfristfestsetzung vornehmen.[602] Die Frage darf also im tatrichterlichen Urteil nicht offenbleiben.

Hinweis: Die noch in Veröffentlichungen bis 2008 zu findende IntVO ist insbesondere durch §§ 25 a, 25 b, 29 und 29 a FeV ersetzt worden.

b) Regeln für Inhaber einer EU-/EWR-Fahrerlaubnis

328 Die Problematik der EU-/EWR-Fahrerlaubnis dürfte den meisten Lesern zumindest unter dem Schlagwort „**Führerscheintourismus**" bekannt sein. Hier werden vorzugsweise in Tschechien und Polen neue Fahrerlaubnisse erworben, die grds. EU-/EWR-weit volle Gültigkeit haben. Natürlich kommen auch andere Fälle eines Erwerbs vor. Die Frage ist dann stets, ob die deutsche Fahrerlaubnisentziehung auch auf die Anerkennung der jeweils erteilten Fahrerlaubnis in Deutschland Einfluss hat. Sprich: Darf die Fahrerlaubnisbehörde für Deutschland das Recht zum Führen von Kraftfahrzeugen mit dieser Fahrerlaubnis aberkennen und macht sich der Fahrerlaubnisinhaber in Deutschland trotz gültiger EU-/EWR-Fahrerlaubnis wegen Fahrens ohne Fahrerlaubnis strafbar?

329 An dieser Stelle kann dann also die – noch in der Vorauflage (dort Rn 648 ff) ausführlich dargestellte – Problematik des sogenannten „Führerscheintourismus" Bedeutung erlangen – da dieses Thema nur mittelbar mit dem Thema Alkohol/Drogen/ Fahrerlaubnis zusammenhängt, ist auf weitere Spezialliteratur[603] zu verweisen. Ein

---

599 Dies übersieht (die im Ergebnis allerdings richtige Entscheidung des) OLG Stuttgart VersR 2004, 188.
600 König in: Hentschel/König/Dauer, § 69 b StVO Rn 2 mwN.
601 Ausführlich zu der Problematik der ausländischen Fahrerlaubnisse: Blum, NZV 2008, 176.
602 König in: Hentschel/König/Dauer, § 69 b StVO Rn 2; aA: AG Lahr NJW 2008, 2277.
603 Aktuell zu diesem Thema etwa: Koehl, Neuere Rechtsprechung zum Fahrerlaubnisrecht, NZV 2014, 433; Plate/Hillmann, Schluss mit dem Führerscheintourismus – Ein Lösungsvorschlag, DAR 2014, 7; Geiger, Aktuelle Rechtsprechung zum Fahrerlaubnisrecht; DAR 2013, 61; Koehl, Neuere Rechtsprechung im Ver-

IX. Inhaber ausländischer Fahrerlaubnisse (§ 69 b StGB)

Hauptproblem des sog. Führerscheintourismus ist die Feststellbarkeit des Verstoßes gegen das Wohnsitzerfordernis der FeV bei Erwerb der Fahrerlaubnis – die Rechtsprechung befasst sich hier stets mit den Angaben des Führerscheins selbst (hieraus ergibt sich nämlich oft ein Wohnsitzverstoß) oder mit Auskünften aus dem ausstellenden Staat (derartige Auskünfte sind selten!). Auch insoweit ist die zitierte Spezialliteratur, die insbesondere auch die verwaltungsgerichtliche Rechtsprechung verwertet, zu Rate zu ziehen. Im Übrigen sind die Ausschlusstatbestände des § 28 Abs. 4 FeV zu prüfen. Zugrunde liegt der Wohnsitz-Problematik freilich stets die Frage, wann überhaupt ein Wohnsitz fahrerlaubnisrechtlich begründet ist.

Hinweis: Sind die Probleme des Führerscheintourismus im Rahmen eines Verkehrsstrafprozesses (insbesondere wegen des Vorwurfs des § 21 StVG) zu klären, so ist hierin uU eine schwierige Rechtslage zu sehen, die die Beiordnung eines Pflichtverteidigers nach § 140 Abs. 2 StPO rechtfertigt/erforderlich macht.[604]

Solange Inhaber von EU-/EWR-Fahrerlaubnissen keinen ordentlichen Wohnsitz iSd § 7 FeV im Inland begründen, sie sich also nur vorübergehend hier aufhalten, gilt für sie hinsichtlich der Berechtigung zum Führen von Kraftfahrzeugen im Inland und zwar auch, soweit diese Bestimmung weiter geht als § 28 FeV. **Nach Begründung eines ordentlichen Wohnsitzes gilt § 28 FeV.**

Ein **ordentlicher Wohnsitz** iSd § 28 FeV im Inland besteht gem. § 7 Abs. 1 S. 2 FeV, wenn der „Fahrerlaubnisbewerber" – im Rahmen des § 28 FeV also der Inhaber der EU-/EWR-Fahrerlaubnis – wegen persönlicher und beruflicher Bindungen, die enge Beziehungen zwischen ihm und dem Wohnort erkennen lassen, gewöhnlich, dh **während mindestens 185 Tagen im Jahr, im Inland wohnt.** Fehlen berufliche Bindungen, so genügen persönliche Bindungen, die enge Beziehungen zum Wohnort erkennen lassen. Ein ordentlicher Wohnsitz im Inland besteht auch, wenn sich der Fahrerlaubnisinhaber **abwechselnd in verschiedenen EU- oder EWR-Mitgliedstaaten** aufhält, aber regelmäßig an den Ort der persönlichen Bindungen im Inland zurückkehrt. **Ausländische Berufspendler** haben ihren Lebensmittelpunkt und ihre **persönlichen Bindungen** vielfach noch im Heimatstaat, auch wenn ein Zweitwohnsitz am Ort des inländischen Arbeitsplatzes besteht.[605] Dies dürfte aus dem in der Bestimmung des § 7 Abs. 1 S. 3 FeV zum Ausdruck gekommenen **Rechtsgedanken** folgen.

Hinweis: **Schüler und Studenten**, die sich ausschließlich zum Zwecke des Besuchs einer Schule oder Hochschule in einem anderen EU- oder EWR-Staat aufhalten, **behalten** zwar gem. § 7 Abs. 2 FeV ihren **inländischen ordentlichen Wohnsitz** iSd § 28 FeV.

---

kehrsverwaltungsrecht, NZV 2012, 570; Rebler, Die gegenseitige Anerkennung von Fahrerlaubnissen in der EU, NZV 2012, 516; Haase, Zur Entwicklung des Europäischen Fahrerlaubnisrechts bis zur Hofmann-Entscheidung des EuGH vom 26.4.2012, SVR 2012, 281; Koehl, Führerscheintourismus: Die Rechtsprechung des EuGH zur dritten EU-Führerscheinrichtlinie und ihre Konsequenzen für verwaltungsbehördliche und gerichtliche Verfahren, DAR 2012, 446.
604 LG Hechingen, Beschl. v. 27.4.2009 – 1 Qs 25/09; LG Zweibrücken, Beschl. v. 2.12.2008 – Qs 136/08 (beide Entscheidungen betrafen die Rechtslage vor dem 19.1.2009).
605 Bouska, DAR 2000, 321, 322.

A. Entziehung der Fahrerlaubnis durch den Strafrichter

Dennoch dürften sie mit einer **während eines mindestens sechsmonatigen Auslandsaufenthalts erworbenen EU-/EWR-Fahrerlaubnis** selbst dann im Inland fahrerlaubnispflichtige Kraftfahrzeuge führen, wenn § 28 Abs. 4 Nr. 2 FeV nicht gegen EG-Recht verstieße. Denn dieser Ausschlusstatbestand gilt nach dessen Wortlaut ausdrücklich für sie nicht.

c) Inhaber einer Fahrerlaubnis aus Drittstaaten

333 Inhaber einer ausländischen Fahrerlaubnis aus einem Staat, der **nicht Mitglied der EU oder des EWR** ist, dürfen gem. **§ 29 Abs. 1 S. 1 FeV** im Umfang der Berechtigung der ausländischen Fahrerlaubnis im Inland Kraftfahrzeuge führen, solange sie hier **keinen ordentlichen Wohnsitz** iSd § 7 FeV begründen.

Hinweis: Der Führerschein ist mitzuführen und auf Verlangen zur Prüfung den zuständigen Personen auszuhändigen, § 4 Abs. 2 S. 3 FeV.[606] Ein Verstoß hiergegen ist keine Straftat, sondern nur eine Ordnungswidrigkeit nach § 75 Nr. 4 FeV. Es bedarf hier für das Gericht keines Nachweises der Existenz der ausländischen Fahrerlaubnis.[607] Andersherum kann der fehlende Nachweis des Bestehens der ausländischen Fahrerlaubnis selbst in Verbindung mit der Nichtvorlage des Führerscheins nicht als ausreichend für eine Verurteilung wegen Fahrens ohne Fahrerlaubnis angesehen werden.[608]

334 Ausschluss der Berechtigung: Nach § 29 Abs. 3 FeV gilt die Berechtigung nicht

- für Inhaber ausländischer **Lernführerscheine** oder anderer nur **vorläufig ausgestellter Führerscheine** (§ 29 Abs. 3 Nr. 1 FeV),

- für Fahrerlaubnisinhaber, die zum Zeitpunkt der Erteilung der ausländischen Erlaubnis zum Führen von Kraftfahrzeugen eines Staates, der nicht ein Mitgliedstaat der Europäischen Union oder ein anderer Vertragsstaat des Abkommens über den Europäischen Wirtschaftsraum ist, ihren ordentlichen Wohnsitz (§ 7 Abs. 2 FeV) im Inland hatten (§ 29 Abs. 3 Nr. 2 FeV),

- für Fahrerlaubnisinhaber, die ausweislich des EU- oder EWR-Führerscheins oder vom Ausstellungsmitgliedstaat der Europäischen Union oder des Vertragsstaates des Europäischen Wirtschaftsraumes herrührender unbestreitbarer Informationen zum Zeitpunkt der Erteilung ihren ordentlichen Wohnsitz im Inland hatten, es sei denn, dass sie als Studierende oder Schüler im Sinne des § 7 Abs. 2 FeV die Fahrerlaubnis während eines mindestens sechsmonatigen Aufenthalts erworben haben (§ 29 Abs. 3 Nr. 2 a FeV),

- für Fahrerlaubnisinhaber, denen die Fahrerlaubnis im Inland vorläufig oder rechtskräftig von einem Gericht oder sofort vollziehbar (insbesondere nach §§ 111 a StPO, 69 ff StGB) oder bestandskräftig von einer Verwaltungsbehörde entzogen worden ist, denen die Fahrerlaubnis bestandskräftig versagt worden ist

---

[606] Einzelheiten hierzu etwa bei Dauer in: Hentschel/König/Dauer, § 29 FeV Rn 12.
[607] BayObLG NZV 1991, 481.
[608] BGHSt 47, 89 = NZV 2002, 45 = BA 2003, 52.

IX. Inhaber ausländischer Fahrerlaubnisse (§ 69 b StGB)

oder denen die Fahrerlaubnis nur deshalb nicht entzogen worden ist, weil sie zwischenzeitlich auf die Fahrerlaubnis verzichtet haben (§ 29 Abs. 3 Nr. 3 FeV),

Hinweis: Die **verwaltungsbehördliche Entziehung** ist auch hier wieder der strafrechtlichen Entziehung mit Sperre gleichzusetzen.[609] Dabei steht der **Bestandskraft** einer Fahrerlaubnisentziehung durch die Verwaltungsbehörde die **sofortige Vollziehbarkeit** gleich. Nach Bestandskraft oder sofortiger Vollziehbarkeit einer verwaltungsbehördlichen **Entziehung der Fahrerlaubnis** darf der außerdeutsche Kraftfahrzeugführer mit einer ausländischen Fahrerlaubnis Kraftfahrzeuge **erst wieder führen**, wenn ihm die Verwaltungsbehörde **auf Antrag gem.** § 29 Abs. 4 FeV (= § 4 Abs. 4 IntVO aF) dieses Recht wiedererteilt. Das gilt sowohl für eine ausländische Fahrerlaubnis, die vor der im Inland erfolgten Entziehung schon bestand,[610] als auch für eine solche, die erst danach erteilt wurde.[611]

- für Fahrerlaubnisinhaber, denen aufgrund einer rechtskräftigen gerichtlichen Entscheidung keine Fahrerlaubnis erteilt werden darf (§ 29 Abs. 3 Nr. 4 FeV),

- für Fahrerlaubnisinhaber solange sie im Inland, in dem Staat, der die Fahrerlaubnis erteilt hatte oder in dem Staat, in dem sie ihren ordentlichen Wohnsitz haben, einem Fahrverbot unterliegen oder der Führerschein nach § 94 der Strafprozessordnung beschlagnahmt, sichergestellt oder in Verwahrung genommen worden ist (§ 29 Abs. 3 Nr. 5 FeV).

Während das **Wohnsitzerfordernis** bei Inhabern einer Fahrerlaubnis eines EU-/EWR-Staates nur eingeschränkt gerichtlich überprüfbar ist, gilt diese Einschränkung bei Drittstaaten natürlich nicht. Das Wohnsitzerfordernis ist meist sogar der Dreh- und Angelpunkt des Falles. Es gelten hier die Ausführungen zur vorstehenden Rn.

aa) Ordentlicher Wohnsitz im Ausland

Begründet der Fahrerlaubnisinhaber jedoch den Wohnsitz in der Bundesrepublik, so besteht die **Berechtigung** zum Führen von Kraftfahrzeugen **noch weitere sechs Monate** – eine Verlängerung dieser Sechsmonatsfrist ist möglich, wenn der Antragssteller glaubhaft macht, dass er seinen ordentlichen Wohnsitz nicht länger als 12 Monate im (deutschen) Inland haben wird. 335

Hinweis: Nimmt der Inhaber der ausländischen Fahrerlaubnis nach Ablauf dieser Übergangsfrist von sechs Monaten (oder ggf 12 Monaten im Falle der erfolgten Verlängerung) am öffentlichen Straßenverkehr als Fahrzeugführer teil, so erfüllt er den Tatbestand des Fahrens ohne Fahrerlaubnis nach § 21 StVG.[612]

Das gilt aber nur, soweit nicht einer der **Ausschlustatbestände** des § 4 Abs. 3 IntVO zutrifft. Auf die **Staatsangehörigkeit** kommt es dabei nicht an. Die Vorschrift gilt also 336

---

609 EuGH NJW 2007, 1863 = NZV 2007, 537 = DAR 2007, 77 („Kremer"); EuGH NJW 2008, 2403 = NZV 2008, 476 („Wiedemann").
610 VGH Baden-Württemberg, Beschl. v. 11.2.2003 – 10 S 2093/02 = NZV 2003, 591 = zfs 2003, 268.
611 OVG Saarlouis zfs 2001, 142; VGH Baden-Württemberg, Beschl. v. 11.2.2003 – 10 S 2093/02 = NZV 2003, 591 = zfs 2003, 268.
612 OLG Köln, StVE, Nr. 36 zu § 21 StVG; Blum, NZV 2008, 176, 177.

auch für Deutsche mit ausländischer Fahrerlaubnis.[613] Die **Berechtigung gilt auch** in den Fällen, in denen der Inhaber der gültigen ausländischen Fahrerlaubnis das nach § 10 FeV vorgeschriebene **Mindestalter noch nicht erreicht** hat.[614]

337 Unbeschadet bleiben allerdings die Vorschriften über das **Mindestalter der im internationalen Straßen-Güterverkehr** eingesetzten Fahrer wie etwa **Art. 5 AETR**; soweit hier ein höheres Mindestalter vorausgesetzt wird, sind insoweit jene Bestimmungen maßgebend.

Hinweis: Wer sich als Inhaber einer ausländischen Fahrerlaubnis darüber hinwegsetzt, fährt zwar **nicht gem. § 21 StVG** ohne Fahrerlaubnis, handelt aber **ordnungswidrig**.

338 Ausländische **Berufspendler** haben im Inland keinen „ordentlichen Wohnsitz", sondern halten sich jeweils nur vorübergehend hier auf. Sie dürfen mit ihrer ausländischen Fahrerlaubnis in Deutschland fahren, sofern die übrigen Voraussetzungen der Vorschrift erfüllt sind. Die **Sechsmonatsfrist** des § 29 Abs. 1 S. 3 FeV (= § 4 Abs. 1 S. 3 IntVO aF) **gilt für sie nicht**.[615] Anders ist dies, wenn sie einen **ordentlichen Wohnsitz im Inland begründen** und zB nur an den Wochenenden an ihren Wohnort im Ausland zurückkehren. Dann unterliegen sie der Regelung des § 29 Abs. 1 S. 3 FeV (= § 4 Abs. 1 S. 3 IntVO aF): Die **Berechtigung erlischt** dann also grundsätzlich **nach sechs Monaten**.

bb) Begründung eines ordentlichen Wohnsitzes im Inland

339 Nach Begründung eines ordentlichen Wohnsitzes erlischt die Berechtigung grundsätzlich **nach sechs Monaten**, gerechnet ab der Begründung des ordentlichen Wohnsitzes im Inland.

Hinweis: § 29 Abs. 1 S. 4 FeV gibt die Möglichkeit der **Verlängerung auf 12 Monate** durch die Fahrerlaubnisbehörde.

340 **Binnenschiffer** mit ausländischen Fahrerlaubnissen haben ihren ordentlichen Wohnsitz im Inland, wenn der **Heimatort des Binnenschiffs im Inland** liegt und überwiegend in inländischen Gewässern gefahren wird. Bei diesen Personen **erlischt somit die Berechtigung** des § 29 Abs. 1 S. 1 FeV (= § 4 Abs. 1 S. 1 IntVO aF) grundsätzlich nach Ablauf der **Sechsmonatsfrist** des § 29 Abs. 1 S. 3 FeV (= § 4 Abs. 1 S. 3 IntVO aF).[616]

cc) Wohnsitz im In- und Ausland

341 Wer sowohl im Inland als auch im Ausland einen Wohnsitz unterhält, **verliert seine Berechtigung zum Führen von Kraftfahrzeugen** aufgrund der ausländischen Fahrer-

---

613 BGH NJW 1964, 1566; OLG Zweibrücken NZV 1997, 364; VGH München DAR 1982, 239 (alle zur bis zum 31.12.1998 geltenden Fassung von § 4 IntVO).
614 Jagow, VD 1993, 171.
615 Dauer in: Hentschel/König/Dauer, § 29 FeV Rn 9; noch zum alten gleichlautenden § 4 Abs. 1 S. 3 IntVO: OLG Zweibrücken NZV 1997, 363; Bouska, NZV 2000, 321, 322; vgl auch die amtl. Begr., VkBl 1982, 495.
616 OVG Bremen VRS 62, 393.

laubnis **sechs Monate nach Begründung** des ordentlichen inländischen Wohnsitzes.[617] Erst recht ist die bloß **formelle Beibehaltung** eines ausländischen Wohnsitzes für die Anwendung von § 29 FeV **unbeachtlich**. Wird ein inländischer ordentlicher Wohnsitz iSv § 7 FeV begründet, so gilt jedenfalls die Sechsmonatsfrist des § 29 Abs. 1 S. 3 FeV (= § 4 Abs. 1 S. 3 IntVO aF).[618]

Bei Personen, die **abwechselnd im In- und Ausland** wohnen, ist gem. § 7 Abs. 1 S. 2 FeV entscheidend, ob der Inlandsaufenthalt mindestens 185 Tage beträgt. Ist dies der Fall, so besteht unter den übrigen Voraussetzungen des § 7 Abs. 1 S. 2 FeV ein **ordentlicher Wohnsitz im Inland**, mit dessen Begründung die Sechsmonatsfrist zu laufen beginnt. 342

dd) Wohnsitz im Inland zur Zeit der Erteilung der ausländischen Fahrerlaubnis

Nach § 29 Abs. 3 Nr. 2 FeV gilt die Berechtigung nicht für die Inhaber ausländischer Fahrerlaubnisse, die zum Zeitpunkt der Erteilung der ausländischen Erlaubnis zum Führen von Kraftfahrzeugen eines Staates, der nicht ein Mitgliedstaat der Europäischen Union oder ein anderer Vertragsstaat des Abkommens über den Europäischen Wirtschaftsraum ist, ihren ordentlichen Wohnsitz (§ 7 Abs. 2 FeV) im Inland hatten. 343

Hinweis: Nur wenn also der Inhaber einer ausländischen Fahrerlaubnis bei deren Erwerb über einen **zusammenhängenden Zeitraum von mindestens 185 Tagen im** („Dritt-")**Ausland** wohnte, **berechtigt** ihn die **ausländische Fahrerlaubnis** zum vorübergehenden Führen von Kraftfahrzeugen im Inland nach Maßgabe von § 29 FeV. **Es genügt** allerdings, dass der (mindestens 185 Tage bestehende) **ausländische Wohnsitz** bei Erwerb der ausländischen Fahrerlaubnis begründet war, auch wenn er zu diesem Zeitpunkt noch nicht 185 Tage bestand.[619]

Nach der Regelung in § 29 Abs. 3 Nr. 2 a FeV gilt die Fiktion des Fortbestehens eines **inländischen Wohnsitzes** nach § 7 Abs. 2 FeV für **Schüler und Studenten**, die sich befristet in einem **nicht zur EU** oder zum EWR gehörenden anderen Staat aufhalten, **nicht**. Bei einem mindestens **185 Tage** dauernden **Auslandsaufenthalt** haben sie daher ihren ordentlichen **Wohnsitz im Ausland** (Rückschluss aus § 7 Abs. 1 S. 2 FeV). Eine während eines solchen Auslandsaufenthalts erworbene ausländische Fahrerlaubnis berechtigt daher grundsätzlich **sechs Monate lang** zum Führen von Kraftfahrzeugen im Inland unter den Voraussetzungen des § 29 FeV. 344

ee) Ausschluss der Berechtigung

Die Ausschlusstatbestände des § 29 Abs. 3 FeV entsprechen weitgehend denjenigen des § 28 Abs. 4 FeV. Auf die **Ausführungen in Bezug auf EU-/EWR-Fahrerlaubnisse** kann daher als erster Anhaltspunkt verwiesen werden. 345

Gem. § 29 Abs. 3 Nr. 3 FeV **berechtigt** eine gültige ausländische Fahrerlaubnis **nicht** zum Führen von Kraftfahrzeugen im Inland nach **vorläufiger Fahrerlaubnisentziehung** gem. § 111 a StPO sowie nach rechtskräftiger bzw bestandskräftiger **Entzie-** 346

---

617 OLG Zweibrücken DAR 1991, 350; Bouska, NZV 2000, 321, 323.
618 OLG Koblenz VRS 39, 365.
619 BayObLG NZV 2000, 261 (zum alten § 4 IntVO).

hung der **Fahrerlaubnis** durch den Strafrichter oder die Verwaltungsbehörde oder nach **Versagung** einer beantragten Fahrerlaubnis.

Hinweis: Die Berechtigung nach § 29 Abs. 1 S. 1 FeV gilt auch nicht, wenn die Fahrerlaubnis nur deswegen nicht entzogen wurde, weil der Inhaber auf sie **verzichtet** hat. Nach § 29 Abs. 3 Nr. 4 FeV schließt auch das Bestehen einer **isolierten Sperre** die Berechtigung aus. **Fahrverbot** und **Sicherstellung, Inverwahrungnahme** oder auch **Beschlagnahme des Führerscheins** (§ 94 StPO) führen gem. § 29 Abs. 3 Nr. 5 FeV ebenfalls zum **Ausschluss der Berechtigung** nach § 29 Abs. 1 S. 1 FeV.

ff) Befristung des berechtigten Fahrzeugführens mit ausländischem Führerschein

347 Nach Wohnsitzbegründung in Deutschland ist – wie dargestellt – die Berechtigung, mit einer in einem Drittstaat (nicht EU und nicht EWR) erteilten, gültigen Fahrerlaubnis im Inland Kraftfahrzeuge zu führen, grundsätzlich **auf sechs Monate begrenzt**. Die **Frist** beginnt nach § 29 Abs. 1 S. 3 FeV mit der **Begründung eines ordentlichen Wohnsitzes** im Inland – maßgeblich ist der **Tag des Grenzübertritts**.

Hinweis: Die sechsmonatsfrist **kann** gem. § 29 Abs. 1 S. 4 FeV auf 12 Monate **verlängert werden**, wenn der Fahrerlaubnisinhaber glaubhaft macht, dass er seinen ordentlichen Wohnsitz nicht länger als 12 Monate in Deutschland haben wird – eine weitere Verlängerung ist aber in der FeV (anders als in der IntVO) nicht mehr vorgesehen. Dies ist gewollt.[620]

348 **In der Regel** wird die Beurteilung ergeben, dass die **Frist** des § 29 Abs. 1 S. 3 FeV verstrichen ist, wenn sich jemand **185 Tage lang** (§ 7 Abs. 1 S. 2 FeV) ununterbrochen – abgesehen von gelegentlichen vorübergehenden Auslandsreisen – **im Inland aufgehalten** hat. Ist bei bestehenden beruflichen oder persönlichen Bindungen der Inlandsaufenthalt auf Dauer oder jedenfalls für mindestens 185 Tage gedacht (§ 7 Abs. 1 S. 2 FeV) und angelegt, so ist ein ordentlicher **Wohnsitz begründet**.[621]

349 Es ist aber auch denkbar, dass beim Grenzübertritt nach Deutschland **zunächst nur ein vorübergehender Aufenthalt beabsichtigt** war und erst später ein ordentlicher Wohnsitz iSd § 7 FeV begründet wurde. In derartigen Fällen kann die Gesamtdauer der Berechtigung, im Inland Kraftfahrzeuge mit ausländischer Fahrerlaubnis zu führen, **sechs (bzw 12) Monate übersteigen**.[622]

Hinweis: Der Verteidiger muss hier mit seinem Mandanten am besten anhand eines Kalenders durchsprechen, von wann bis wann genau dieser genau wo war. Wichtig hierbei ist auch immer zur Abgrenzbarkeit des „vorübergehenden Aufenthalts" von dem „ordentlichen Wohnsitz" eine nähere Darstellung des Grundes der jeweiligen in Betracht kommenden Ein- und Ausreisen. Hilfreich kann hier auch die nähere Darlegung der Wohnsituation sein. Da nach allgemeinen Grundsätzen der Tatrichter einer bestreitenden Einlassung des Angeklagten nicht ungeprüft Glauben schenken darf,

---

620 Dauer in: Hentschel/König/Dauer, Straßenverkehrsrecht, § 29 FeV Rn 10.
621 BayObLG NZV 2000, 261 (für die entsprechende Frage der Wohnsitzbegründung im Ausland); Bouska, NZV 2000, 321, 322.
622 Jagow, VD 1983, 198, 202; näher: Hentschel in: Meyer-Gedächtnisschrift S. 806 f; aM Bouska, DAR 1983, 130, 132.

IX. Inhaber ausländischer Fahrerlaubnisse (§ 69 b StGB)

sollten Unterlagen und Zeugenanschriften hierzu vorgelegt werden. Ggf empfiehlt sich gerade bei Auslandszeugen die Vorlage ausführlicher schriftlicher Zeugenaussagen, durch die uU die mündliche Zeugenaussage ersetzt werden kann.

Vorübergehende kurze Auslandsaufenthalte (weniger als 185 Tage) unterbrechen die Frist des § 4 Abs. 1 S. 3 IntVO **nicht**. Daher **erlischt die Berechtigung**, mit der ausländischen Fahrerlaubnis im Inland Kraftfahrzeuge zu führen, **regelmäßig sechs Monate nach dem ersten Grenzübertritt**.[623] Die Frist beginnt jedoch dann **neu zu laufen**, wenn die Ausreise mit dem **Willen** und zu dem Zweck erfolgte, den **Inlandswohnsitz** für längere Zeit (mindestens 185 Tage) oder für immer **zu beenden**.[624]

350

2. Nicht oder nicht mehr bestehende Berechtigung nach § 29 Abs. 1 S. 3 FeV

Wie eingangs dargestellt findet § 69 b StGB nur dann Anwendung, wenn die ausländische Fahrerlaubnis besteht.[625] Streitig ist es aber, wie damit umzugehen ist, wenn die Berechtigung geendet hat, etwa durch Ablauf der Fristen des § 29 Abs. 1 S. 3 FeV oder des § 4 FeV:

351

- Nach einer Ansicht (früher wohl hM) soll hier eine Fahrerlaubnisentziehung nicht möglich sein. Da aber nach Ablauf der Frist des § 29 Abs. 1 S. 3 FeV eine Berechtigung, die entzogen werden könnte, gar nicht (mehr) besteht, eine solche Maßnahme also keinerlei rechtliche Wirkung entfalten kann und damit (rechtlich) ins Leere ginge, dürfte in solchen Fällen entgegen der Ansicht des BGH eine „Entziehung" der Fahrerlaubnis ausscheiden und gem. § 69 a Abs. 1 S. 3 StGB eine isolierte Sperre anzuordnen sein.[626]

- Heute wird aber von der **hM** angenommen, dass allein auf die Existenz der Fahrerlaubnis, nicht auf das Fortbestehen der Berechtigung hiervon in Deutschland Gebrauch zu machen abzustellen ist.[627]

Hinweis: Freilich schadet der Ausspruch der Entziehung im Ergebnis idR auch nicht, so dass dieser Streit ohne tatsächliche Konsequenzen zu bleiben scheint.

3. Wirkung der Fahrerlaubnisentziehung bei ausländischer Fahrerlaubnis

Eine **eigentliche Entziehung** der von einem ausländischen Staat erteilten Fahrerlaubnis durch ein deutsches Gericht wäre als Eingriff **in fremde Hoheitsrechte unzulässig**.[628] Die Entziehung hat daher nur die **Wirkung** einer Aberkennung des Rechts, im Inland von der ausländischen Fahrerlaubnis **Gebrauch zu machen**, die mit der Rechtskraft der Entscheidung eintritt (§ 69 b Abs. 1 S. 2 StGB) und wirkt daher „fahrverbotsähnlich". Dieses Recht wird **nach Ablauf der Sperre** nur **auf ausdrückli-**

352

---

623 BayObLG NJW 1971, 336; NZV 1996, 502; OLG Stuttgart DAR 1971, 164; Blum, NZV 2008, 176, 178.
624 BayObLG NZV 1996, 502 (zur früheren Fassung).
625 Siehe auch: König in: Hentschel/König/Dauer, § 69 b Rn 2 und § 69 Rn 24 mwN.
626 So auch zB BGHSt 42, 235 = NZV 1996, 500, 502; LK-Geppert, StGB, § 69 b Rn 2; Lackner/Kühl, StGB, § 69 b Rn 1 a; Hentschel, NJW 1975, 1350; Spendel, JR 1997, 137.
627 BGHSt 44, 194 = NZV 1999, 47 (Anm. Hentschel, NZV 1999, 134); LG Aachen NZV 2002, 332; König in: Hentschel/König/Dauer, § 69 b Rn 2 mwN.
628 OLG Saarbrücken BA 2003, 153.

chen Antrag gem. § 28 Abs. 5 FeV, § 29 Abs. 4 FeV **wiedererteilt**, wenn die Gründe für die Entziehung nicht mehr bestehen.[629]

Hinweis: Die bis 1999 geltende Fassung des § 69 b StGB regelte inhaltlich tatsächlich nur ein **Fahrverbot** für die Dauer der Sperre. Dies kann in Fällen von Bedeutung sein, in denen etwa in den 1990er Jahren eine ausländische, damals aber in Deutschland nicht akzeptierte Fahrerlaubnis eines EU-/EWR-Mitgliedstaates erworben worden war und in daraufhin ergangenen Verurteilungen in Deutschland wegen Fahrens ohne Fahrerlaubnis gem. § 69 b StGB entschieden wurde. Nach Ablauf der „Fahrverbotsfrist" nach dieser Vorschrift durfte die alte Fahrerlaubnis wieder in Deutschland genutzt werden!

4. Vollstreckung

353 Die Vollstreckung richtet sich danach, ob es sich bei der ausländischen Fahrerlaubnis um eine solche aus dem EU-/EWR-Raum handelt oder um eine solche aus „Drittstaaten".

- **EU-/EWR-Fahrerlaubnis:** Hat der Verurteilte einen ordentlichen Wohnsitz im Inland und wurde der Führerschein von einem Mitgliedstaat der EU oder des EWR ausgestellt, so wird der Führerschein gem. § 69 b Abs. 2 S. 1 StGB im Urteil eingezogen. Der eingezogene ausländische EU/EWR-Führerschein wird gem. § 69 b Abs. 2 S. 1 StGB an die ausstellende Behörde zurückgesandt.

- **„Drittstaaten-Fahrerlaubnis":** Hat der Verurteilte keinen ordentlichen Wohnsitz im Inland, so werden die Entziehung und die Sperre im ausländischen Führerschein vermerkt, gleichgültig, ob dieser in einem EU-/EWR-Staat oder in einem Drittland ausgestellt worden ist (§ 69 b Abs. 2 S. 2 StGB).[630] Die Führerscheineinziehung findet also nicht statt, sondern wird durch den Vermerk ersetzt.[631]

X. Vorläufige Entziehung der Fahrerlaubnis

354 Sind dringende Gründe für die Annahme vorhanden, die Fahrerlaubnis werde gem. § 69 StGB in dem verfahrensabschließenden Urteil entzogen, so kann sie bereits während des noch laufenden Verfahrens gem. § 111 a StPO durch Beschluss vorläufig entzogen werden. Den Sinn der Fahrerlaubnisentziehung fasst *Habetha* mit sehr plastischen Worten zusammen:[632] „Die vorläufige Fahrerlaubnisentziehung ist damit Präventivmaßnahme im Vorgriff auf ein zu erwartendes Urteil. Deren Anordnung dient dem **Schutz der Allgemeinheit**, indem sie (mutmaßlich) ungeeignete, gefährliche Kraftfahrer bis zur rechtskräftigen Verurteilung an der weiteren Teilnahme am Straßenverkehr hindert. Führt der Betroffene trotz vorläufiger Entziehung dennoch ein Kraftfahrzeug, begründet dies die Strafbarkeit wegen Fahrens ohne Fahrerlaubnis."

---

629 OVG Saarlouis zfs 2001, 142.
630 Ausführlich hierzu: Blum, NZV 2008, 176, 181.
631 BGH, Beschl. v. 22.12.2010 – 2 StR 416/10 (für türkischen Führerschein); Freyschmidt/Krumm, Verteidigung, Rn 666.
632 Vgl Habetha, NZV 2008, 605, 606 (mwN).

Hinweis: Aus dem dargestellten präventiven Schutzzweck folgt auch, dass eine vorläufige Fahrerlaubnisentziehung nicht erforderlich ist, wenn die Sicherung der Allgemeinheit anders erreicht wird, so etwa bei

- freiwilliger Führerscheinabgabe,
- Inhaftnahme des Fahrerlaubnisinhabers.[633]

Der Verteidiger sollte natürlich aus taktischen Gründen in derartigen Fällen genau hierauf hinweisen.

1. Sachliche Zuständigkeit

Die Zuständigkeit des Gerichts **richtet sich nach dem Verfahrensabschnitt**, in dem die vorläufige Fahrerlaubnisentziehung vorgenommen werden soll, bzw in dem im Hinblick auf die bereits erfolgte vorläufige Entziehung weitere Entscheidungen getroffen werden sollen.

a) Sachliche Zuständigkeit im vorbereitenden Verfahren

Im vorbereitenden Verfahren entscheidet das Amtsgericht – hier der **Ermittlungsrichter** – über die vorläufige Entziehung der Fahrerlaubnis nach § 111 a StPO,[634] und zwar auf Antrag der Staatsanwaltschaft.[635]

b) Sachliche Zuständigkeit des mit der Sache befassten Gerichts

Im Übrigen ist für die Entscheidung nach § 111 a StPO stets das nach dem jeweiligen Verfahrensstand mit der Sache befasste Gericht sachlich zuständig.[636] Dies gilt für die Anordnung der vorläufigen Entziehung und für die Aufhebung der Maßnahme, und zwar auch dann, wenn die Anordnung durch ein anderes Gericht erfolgte.[637] Wurde die Fahrerlaubnis zB durch das Amtsgericht vorläufig entzogen und befindet sich die Sache im Berufungsverfahren, so ist für die Aufhebung des Beschlusses nunmehr das Berufungsgericht zuständig.[638] Dieses kann daher auch schon vor Verkündung eines Berufungsurteils die vom Amtsgericht getroffene Maßnahme aufgrund abweichender Würdigung wieder aufheben.[639]

Hinweis: Oft kommt es vor, dass im Ermittlungsverfahren der Beschluss über die vorläufige Fahrerlaubnisentziehung ergeht und dann gleich im Anschluss Anklage erhoben wird. Die Beschwerde gegen den Beschluss nach § 111 a StPO ist dann aufgrund der **Zuständigkeitsverschiebung** vom Ermittlungsrichter zum Richter der Hauptsache als Antrag auf Aufhebung auszulegen. Dieser muss also entweder die Aufhebung ablehnen oder den Beschluss aufheben. Gegen den ablehnenden Beschluss ist dann wiederum eine eigenständige Beschwerde statthaft. Der Verteidiger muss hier natürlich auch den Zeitfaktor im Blick behalten; dieser kann sich – je nach Verfahrensstand – für den Beschuldigten positiv oder negativ auswirken.

---

633 König in: Hentschel/König/Dauer, § 111 a StPO Rn 5 mwN.
634 Habetha, NZV 2008, 605.
635 LG Gera NStZ-RR 1996, 235.
636 OLG Düsseldorf NZV 1992, 202; OLG Hamm NJW 1969, 149.
637 Meyer-Goßner, StPO, § 111 a Rn 14.
638 OLG Naumburg BA 2004, 79; OLG Frankfurt NJW 1981, 1680.
639 OLG Hamburg NJW 1963, 1215.

c) Sachliche Zuständigkeit des Landgerichts

358 Wurde beim Landgericht Anklage erhoben oder ist bei ihm **Berufung** eingelegt, so ist das Landgericht als das mit der Hauptsache befasste Gericht für Entscheidungen nach § 111 a StPO zuständig. Das gilt in gleicher Weise für die Anordnung wie für die Aufhebung der vorläufigen Maßnahme. Als Berufungsgericht ist das Landgericht zur Beschlussfassung nach § 111 a StPO erst dann zuständig, **wenn ihm die Akte nach § 321 S. 2 StPO vorgelegt** worden ist.[640] Bis zu diesem Zeitpunkt bleibt das Amtsgericht auch nach Berufungseinlegung zuständig.[641] Ein Antrag auf Aufhebung der vorläufigen Entziehung der Fahrerlaubnis ist in einem solchen Fall nicht beim Landgericht, sondern beim Amtsgericht zu stellen.

Hinweis: Der Verteidiger muss also dann, wenn mit einer Weitersendung der Akte zu rechnen ist, telefonisch vorab den **Aktenstandort erfragen** und seine Anträge hier ankündigen, damit sich das Verfahren zulasten seines Mandanten nicht verzögert.

359 Das Landgericht kann auch als Beschwerdegericht für Entscheidungen nach § 111 a StPO zuständig sein (§§ 304 StPO, 73 Abs. 1 GVG).

360 Ob das Landgericht als das mit der Hauptsache befasste Gericht für Entscheidungen nach § 111 a StPO zuständig ist oder ob es als Beschwerdegericht entscheidet, hat wesentliche Konsequenzen: Hiervon hängt es nämlich ab, ob gegen den Beschluss des Landgerichts Beschwerde zulässig ist (§ 310 StPO) oder nicht.[642]

- Hatte das Amtsgericht im Ermittlungsverfahren die Fahrerlaubnis vorläufig entzogen und wurde gegen diesen Beschluss Beschwerde eingelegt, so entscheidet das Landgericht nur dann als Beschwerdegericht, wenn im Zeitpunkt seiner Entscheidung bei ihm noch nicht Anklage erhoben war.[643]

- War dagegen nach Erhebung der Beschwerde gegen den amtsgerichtlichen Beschluss, aber vor der Entscheidung des Landgerichts, bei diesem inzwischen Anklage erhoben worden, so entscheidet das Landgericht als das mit der Hauptsache befasste Gericht. Das hat zur Folge, dass gegen die Entscheidung des Landgerichts die Beschwerde möglich ist. Dabei ist es unerheblich, ob die Beschwerde selbst vor oder nach der Aktenvorlage an das Berufungsgericht eingelegt wurde.[644]

- Wird gegen das Urteil des Amtsgerichts Berufung und gegen den Beschluss des Amtsgerichts über die vorläufige Entziehung der Fahrerlaubnis Beschwerde eingelegt, so entscheidet das Landgericht nur dann als Beschwerdegericht, wenn die Staatsanwaltschaft die Akte noch nicht gem. § 321 S. 2 StPO vorgelegt hatte.[645]

Hinweis: Der landgerichtliche Beschluss ist dann nicht anfechtbar.

---

640 OLG Naumburg BA 2004, 79; OLG Düsseldorf NZV 1992, 202; Habetha, NZV 2008, 605, 606.
641 OLG Düsseldorf NZV 1992, 202.
642 OLG Stuttgart VRS 101, 40; OLG Düsseldorf NZV 1992, 202.
643 OLG Düsseldorf VRS 72, 370.
644 OLG Stuttgart DAR 2002, 279.
645 OLG Naumburg BA 2004, 79; OLG Stuttgart DAR 2002, 279; LG Zweibrücken NZV 1992, 499.

X. Vorläufige Entziehung der Fahrerlaubnis 2

- Hatte die Staatsanwaltschaft die Akte schon vorgelegt, so ist der landgerichtliche Beschluss keine Beschwerdeentscheidung, und zwar auch dann nicht, wenn das Landgericht tatsächlich auf die Beschwerde hin entschieden hat.[646] Der landgerichtliche Beschluss ist dann seinerseits mit der Beschwerde anfechtbar.[647] Dies ist allerdings umstritten. Abweichend von der hM vertritt das OLG Stuttgart die Ansicht, dass das Landgericht immer als Beschwerdegericht entscheide, wenn der Beschluss des Amtsgerichts über die vorläufige Entziehung der Fahrerlaubnis angefochten wird.[648]

- Der berufungsführende Angeklagte muss damit rechnen, dass der bloße Zeitablauf der erstinstanzlich angeordneten Sperrfrist während des Berufungsverfahrens nicht zu der Annahme zwingt, die endgültige Entziehung der Fahrerlaubnis werde nicht mehr erfolgen – dies gilt selbst noch nach 18 Monaten nach der Tat.[649]

d) Sachliche Zuständigkeit im Revisionsverfahren

Nach hM ist im Revisionsverfahren nicht das Revisionsgericht, sondern regelmäßig der **letzte Tatrichter** für Entscheidungen nach § 111 a StPO, also auch für die Aufhebung einer vorläufigen Entziehung der Fahrerlaubnis, zuständig.[650] Danach ist das Revisionsgericht, abweichend von der Regel, nur dann zuständig, wenn es die Entziehung der Fahrerlaubnis durch eigene Sachentscheidung endgültig aufhebt[651] oder wenn es das Verfahren endgültig einstellt. Begründet wird dies mit einer analogen Anwendbarkeit von § 126 Abs. 3 StPO.[652]

361

Ausnahmsweise wird zT eine Zuständigkeit des **Revisionsgerichts** auch in den Fällen anerkannt, in denen während des Revisionsverfahrens eine Zeit abläuft, die der im angefochtenen Urteil ausgesprochenen Sperrfrist entspricht.[653] Beachtliche Gründe sprechen allerdings für die von der hM abweichende Auffassung, wonach das Revisionsgericht für die Aufhebung einer vorläufigen Entziehung der Fahrerlaubnis immer dann zuständig ist, wenn ohne weitere Nachprüfung festgestellt werden kann, dass die Voraussetzungen für ihre Aufrechterhaltung entfallen sind.[654]

362

Auch das OLG Bremen hat die Zuständigkeit des Revisionsgerichts zur Entscheidung über einen Antrag nach § 111 a Abs. 2 StPO (Aufhebung der vorläufigen Maßnahme) immer dann als gegeben erachtet, wenn das Verfahren zur Entscheidung über die Revision anhängig ist.[655]

363

---

646 OLG Stuttgart DAR 2002, 279; OLG Hamm VRS 49, 111.
647 OLG Naumburg BA 2004, 79; OLG Hamm VRS 21, 283.
648 OLG Stuttgart NZV 1990, 122.
649 OLG Hamm SVR 2008, 113.
650 BGH NJW 1978, 384; OLG Koblenz NZV 2008, 367; OLG Naumburg BA 2000, 378; OLG Zweibrücken VRS 69, 293; Schwarzer, NZV 1995, 239.
651 BayObLG NZV 1993, 239; Habetha, NZV 2008, 605; Schwarzer, NZV 1995, 239.
652 Habetha, NZV 2008, 605.
653 So zB OLG Köln zfs 1981, 188; OLG Karlsruhe NJW 1975, 455; OLG Saarbrücken MDR 1972, 533.
654 Überzeugend OLG Frankfurt, Beschl. v. 27.3.1969, unveröffentlicht, – 3 Ss 95/69, auszugsweise abgedruckt bei Hentschel, TFF, Rn 841; ebenso LK-Geppert, § 69 Rn 157.
655 OLG Bremen DAR 1973, 332.

Hinweis: Nur dies gewährleistet die Vermeidung voneinander abweichender Entscheidungen während des Revisionsverfahrens[656] und unnötiges Hin- und Herschieben der Akten. Im Übrigen kann der von der überwiegend vertretenen Meinung als zuständig erachtete Tatrichter in der Regel gar nicht von sich aus tätig werden, wenn Anlass besteht, die vorläufige Maßnahme aufzuheben, weil ihm die Akte nämlich nicht vorliegt.

2. Örtliche Zuständigkeit

364 Ein von einem **örtlich unzuständigen Gericht** erlassener Beschluss über die vorläufige Entziehung der Fahrerlaubnis unterliegt der Aufhebung.[657] Welches Gericht örtlich zuständig ist, hängt davon ab, ob der Führerschein im Zeitpunkt des Beschlusses bereits sichergestellt oder beschlagnahmt ist oder sich noch im Besitz des Beschuldigten befindet:

- Ist der Führerschein schon sichergestellt, so ist im vorbereitenden Verfahren das Gericht örtlich zuständig, in dessen Bezirk die Sicherstellung erfolgt ist (§ 98 Abs. 2 S. 3 StPO).[658] Es kommt dann nicht etwa darauf an, wohin der Führerschein nach der Beschlagnahme gelangt ist.

- Nach Anklageerhebung ist dann allerdings bei sichergestelltem Führerschein das mit der Sache befasste Gericht zuständig.[659]

- Ist der Beschuldigte noch im Besitz des Dokuments, so ist das Gericht des Ortes zuständig, an dem die Beschlagnahme vorzunehmen ist, dh, wo sich der Führerschein befindet.[660] Dies folgt aus § 162 StPO, da „Untersuchungshandlung" iSd Norm nämlich jede Prozesshandlung im gesamten Strafverfahren ist, auch soweit sie der Sicherung oder Vorwegnahme einer zu erwartenden Maßnahme dient.[661]

3. Rechtliches Gehör

365 Wie auch sonst **bei belastenden Akten der Justiz** ist im Rahmen der Entscheidung über eine vorläufige Fahrerlaubnisentziehung rechtliches Gehör **zu gewähren**. Vielfach beantragt die Staatsanwaltschaft aber beim zuständigen Gericht ausdrücklich, von einer Zustellung des Beschlusses an den Beschuldigten abzusehen und die Akte unmittelbar an sie zurückzusenden, damit die Zustellung von dort aus erfolgen kann. Damit soll erreicht werden, dass der Beschuldigte seinen Führerschein nicht beiseiteschafft und gegenüber der Polizei angibt, er habe ihn verloren. Nach wohl richtiger Auffassung ist dieses Verfahren aber nicht ohne Rechtsverstoß gangbar. Gem. § 33 Abs. 3 StPO ist dem Beschuldigten nämlich vor der Beschlussfassung über die vorläufige Entziehung der Fahrerlaubnis rechtliches Gehör zu gewähren.[662]

---

656 OLG Koblenz MDR 1986, 871.
657 LG Braunschweig DAR 1975, 132.
658 LG Zweibrücken NZV 1994, 293; LG Braunschweig DAR 1975, 132.
659 Meyer-Goßner, § 111 a StPO Rn 7.
660 LG Zweibrücken NZV 1994, 293; AG Gemünden DAR 1978, 25; Meyer-Goßner, § 111 StPO a Rn 7; aM LG Bochum VRS 78, 355 (auch Gericht des Tatorts); differenzierend LG Heilbronn NStZ 1982, 239 – bei Janiszewski.
661 AG Gemünden DAR 1978, 25; Meyer-Goßner, § 162 StPO Rn 4.
662 LG Mainz NJW 1968, 414; Dahs jun., NJW 1968, 414; Meyer-Goßner, § 111 StPO a Rn 6.

Hinweis: Hierauf muss der Verteidiger hinweisen, wenn er frühzeitig im Verfahren mandatiert wird und eine vorläufige Fahrerlaubnisentziehung droht. Sinnvoll ist hier zB eine Art „**Schutzschrift**" an die Staatsanwaltschaft, die federführende Polizeibehörde und das vermutlich örtlich zuständige Amtsgericht.

Die Bestimmung des § 33 Abs. 4 StPO, wonach eine Anhörung nicht erfolgen muss, wenn diese den Zweck der Anordnung gefährden würde, ist auf die Anordnung der vorläufigen Entziehung der Fahrerlaubnis nicht anwendbar. Denn die Wirkungen dieses Beschlusses treten auch dann ein, wenn eine Führerscheinbeschlagnahme zunächst nicht erfolgen kann. Eine Überraschung des Beschuldigten ist daher hier nicht erforderlich.[663] 366

Die vorherige Anhörung des Beschuldigten erscheint aber auch vielfach sachlich geboten, vor allem in den Fällen, in denen er nach dem bisherigen Verfahrensverlauf mit einer solchen Maßnahme nicht rechnet. Das gilt insbesondere, wenn ihm die Polizei den Führerschein zunächst belassen hat. Hier sollte der Beschuldigte Gelegenheit haben, den Sachverhalt auch aus seiner Sicht zu schildern, bevor eine so einschneidende und sofort wirksam werdende Maßnahme wie die des § 111 a StPO erfolgt. 367

Hinweis: Dem Verteidiger ist dringend zu empfehlen, sich möglichst umgehend für den Beschuldigten zu äußern. Die uU im Interesse der Verkehrssicherheit dringend gebotene Maßnahme nach § 111 a StPO duldet nämlich keinen Aufschub, so dass das Gericht nicht mehrere Wochen mit der Beschlussfassung zögern wird, um eine Stellungnahme abzuwarten.

Die Anhörung des Beschuldigten vor Anordnung der vorläufigen Entziehung der Fahrerlaubnis muss nicht etwa durch das Gericht erfolgen. Dieses kann vielmehr die Fahrerlaubnis vorläufig entziehen, wenn sich aus der Akte ergibt, dass und in welchem Umfang der Beschuldigte anderweit zur beabsichtigten Sicherstellung seines Führerscheins gehört worden ist.[664] 368

So reicht zB auch die Anhörung durch die Polizei im Rahmen der von dieser durchgeführten Führerscheinsicherstellung aus. Diese ist zur Vermeidung von Verzögerungen sogar zweckmäßig, soweit alle wesentlichen Tatsachen und Beweisergebnisse im Zeitpunkt der polizeilichen Anhörung bekannt sind.[665] 369

In Trunkenheitsfällen zB ist die Anhörung durch die Polizei vor Antragstellung durch die Staatsanwaltschaft auf vorläufige Fahrerlaubnisentziehung in der Praxis die Regel. Das Gericht kann dann über die vorläufige Entziehung der Fahrerlaubnis beschließen, ohne den Beschuldigten (nochmals) anzuhören.[666] 370

---

663 Meyer-Goßner, StPO, § 111 a Rn 6; H.-J. Koch, DAR 1968, 178: aM G. Schäfer in Löwe/Rosenberg, § 111 a StPO Rn 54.
664 LG Mainz NJW 1968, 414; König in: Hentschel/König/Dauer, § 111 a StPO Rn 7.
665 LG Mainz NJW 1968, 414; Meyer-Goßner, § 111 a StPO Rn 6.
666 LG Mainz NJW 1968, 414; Meyer in: Löwe/Rosenberg, 23. Aufl., § 111 a StPO Rn 25; aM Schäfer in: Löwe/Rosenberg, § 111 a StPO Rn 58.

4. Tauglicher Adressat des § 111 a StPO

371 § 111 a StPO und § 69 StGB sind ausweislich des Gesetzeswortlautes einzig auf den **Fahrzeugführer zugeschnitten**. Der (noch) überwiegende Teil der Rechtsprechung geht ferner davon aus, dass sich auch Mittäter, Gehilfen und Anstifter durch die Anlasstat als ungeeignet zum Führen von Kraftfahrzeugen erweisen können.[667]

5. „Dringende Gründe" im Sinne des § 111 a StPO

372 Die vorläufige Entziehung der Fahrerlaubnis setzt gem. § 111 a StPO voraus, dass „dringende Gründe" für die Annahme vorhanden sind, die Fahrerlaubnis werde (gem. § 69 StGB) entzogen. Erforderlich ist damit für die vorläufige Fahrerlaubnisentziehung nicht nur ein dringender Tatverdacht, sondern auch die hohe Wahrscheinlichkeit einer endgültigen Entziehung mit Sperre:[668]

- Im Rahmen des dringenden Tatverdachts sind also die verwirklichten Straßenverkehrsdelikte zu prüfen.
- Im Rahmen der Feststellung der hohen Wahrscheinlichkeit einer Fahrerlaubnisentziehung ist § 69 StGB zu prüfen.

Das bedeutet, dass – ähnlich wie für den Erlass eines Haftbefehls gem. § 112 StPO – nach dem gegenwärtigen Ermittlungsstand eine hohe, fast an Gewissheit grenzende Wahrscheinlichkeit dafür gegeben sein muss, dass die Maßregel der Fahrerlaubnisentziehung im Urteil angeordnet werden wird.[669]

Hinweis: Ein „genügender Anlass" iSv § 170 StPO oder ein „hinreichender Tatverdacht" iSv § 203 StPO reicht für die Anordnung der Maßnahme nicht aus.

373 Aktuell stellt sich vor allem die Frage, ob **bei polizeilich** oder staatsanwaltschaftlich **angeordneten Blutprobenentnahmen** (vgl hierzu Teil 1 Rn 17 ff) überhaupt noch eine vorläufige Fahrerlaubnisentziehung stattfinden darf. Dies ist grundsätzlich zu bejahen. Allerdings wird zu fordern sein, dass sich aus der Akte ein Bemühen um die Einschaltung eines Richters ergibt oder zumindest, dass sich die Polizei hierzu Gedanken gemacht hat. Die polizeiliche/staatsanwaltschaftliche Entscheidungsfindung ist damit stets zu dokumentieren. Fehlt es hieran, so wird zunächst ein Verstoß gegen das Willkürverbot anzunehmen sein und sich ein aus dem Beweiserhebungsverbot ergebendes Beweisverwertungsverbot. So lange diese Vermutung nicht entkräftet ist (zB durch Stellungnahmen der Polizeibeamten, die die Anordnung getroffen haben) wird sich die vorläufige Fahrerlaubnisentziehung verbieten.

Hinweis: Es ist also stets seitens Polizei und Staatsanwaltschaft auf eine **ausreichende Dokumentation** der Entscheidung in der Akte zu achten. Fehlt eine solche, so muss der Verteidiger darauf hinweisen, wenn eine vorläufige Fahrerlaubnisentziehung droht. Hat eine solche aber nicht stattgefunden oder kann der Angeklagte (zB wegen einer Erkrankung) die sichergestellte und vorläufig entzogene Fahrerlaubnis gar nicht

---

667 BGH NJW 1957, 1287; OLG Koblenz NJW 1988, 152; OLG Düsseldorf VM 2002, 77; OLG München NJW 1992, 2777.
668 Habetha, NZV 2008, 605, 606; Burmann in: Burmann/Heß/Jahnke/Janker, § 111 a StPO, Rn 4.
669 BVerfG VRS 90, 1; LG Zweibrücken BA 2002, 287.

X. Vorläufige Entziehung der Fahrerlaubnis 2

nutzen, so liegt es für den Verteidiger nahe, erst die Hauptverhandlung abzuwarten und erst hier „den Finger in die Wunde zu legen" – evtl haben die beteiligten Beamten zu dieser Zeit keine Erinnerung mehr an den Einzelfall.

Werden derartige dringende Gründe erst **längere Zeit nach der Tat** im Verlauf des schon mehrere Monate dauernden Verfahrens bekannt, so soll nach teilweise vertretener Ansicht der Beschuldigte darauf „vertrauen" dürfen, dass eine Maßnahme gem. § 111 a StPO nicht mehr erfolgen werde. Für die „Eilentscheidung" des § 111 a StPO sei dann kein Raum mehr.[670] Diese Ansicht ist aber teilweise in sich widersprüchlich, wie zB ein Beschluss des LG Hagen zeigt, das zwar einerseits die vorläufige Entziehung der Fahrerlaubnis im Hinblick auf die verstrichene Zeit ablehnt, andererseits aber gleichzeitig das Vorliegen von Ungeeignetheit des Beschuldigten zum Führen von Kraftfahrzeugen ausdrücklich bejaht.[671] 374

Damit nimmt das Gericht eine Gefährdung anderer durch die weitere Teilnahme des Beschuldigten am Kraftfahrzeugverkehr in Kauf. Die obergerichtliche Rechtsprechung teilt diese Auffassung nicht. So wurde teilweise sogar nach 1 1/2-jähriger oder gar mehrjähriger weiterer Teilnahme des Beschuldigten am Straßenverkehr die vorläufige Entziehung der Fahrerlaubnis als gerechtfertigt erachtet.[672] Der Anerkennung eines „Vertrauens" des zum Führen von Kraftfahrzeugen ungeeigneten Beschuldigten darauf, dass diese Entscheidung nicht mehr erfolgen werde, steht das vorrangige Interesse der Verkehrssicherheit entgegen.[673] 375

Zwar ist auch im Rahmen des § 111 a StPO der Grundsatz der Verhältnismäßigkeit zu beachten.[674] Liegen aber dringende Gründe iSd § 111 a StPO vor, so ist die Aufrechterhaltung der vorläufigen Maßnahme auch bei längerer Verfahrensdauer in der Regel nicht unverhältnismäßig, obwohl natürlich die vorläufige Fahrerlaubnisentziehung stets Anlass zur besonderen Beschleunigung des Verfahrens ist. Nur bei erheblicher Verzögerung und grober Pflichtverletzung kann die Aufhebung der vorläufigen Maßnahme wegen Unverhältnismäßigkeit geboten sein.[675] 376

Der Zweifelssatz („**in dubio pro reo**") gilt im Rahmen des § 111 a StPO nur eingeschränkt. Dies ergibt sich aus der Natur der Entscheidung: Anders als im Rahmen des § 69 StGB („endgültige" Entziehung der Fahrerlaubnis) erfordert der Beschluss über die vorläufige Entziehung der Fahrerlaubnis auch bezüglich der die Verhaltensprognose tragenden Tatsachen keine Gewissheit, weil „dringende Gründe" genügen, also schon ein besonders hohes Maß an Wahrscheinlichkeit ausreicht.[676] So geht die hM davon aus, dass nur hinsichtlich der Prognosetatsachen (die Tatsachen, die der 377

---

670 So zB LG Lüneburg zfs 2004, 38; LG Tübingen zfs 1998, 484; LG Dresden zfs 1999, 122.
671 LG Hagen NZV 1994, 334.
672 BVerfG DAR 2000, 565 (15 Monate zurückliegende Tat); OLG Hamm VRS 102, 56; OLG Düsseldorf VM 2002, 77; DAR 1996, 413.
673 LK-Geppert, StGB, § 69 Rn 129; in diesem Sinne ausdrücklich auch VGH München BA 2004, 561, 563 zur vergleichbaren Frage der Anordnung der sofortigen Vollziehbarkeit einer verzögerten verwaltungsbehördlichen Entziehung der Fahrerlaubnis.
674 BVerfG DAR 2000, 565; OLG Köln NZV 1991, 243.
675 OLG Köln NZV 1991, 243; OLG Karlsruhe NZV 2005, 212 (bei gravierenden Verstößen gegen das Beschleunigungsgebot).
676 Näher Hentschel, DAR 1980, 168, 170; großzügiger aber: Krumm, NZV 2006, 234.

A. Entziehung der Fahrerlaubnis durch den Strafrichter

Prognoseentscheidung zugrunde liegen) der Grundsatz „in dubio" gelte – ansonsten stehe die Prognose in einem unauflöslichen Widerspruch zu dem Zweifelssatz.[677] Der Beschluss über die vorläufige Entziehung der Fahrerlaubnis ist eine Ermessensentscheidung („kann").[678]

Hinweis: Ist die Maßnahme zum Schutz anderer geboten, so wäre allerdings eine Ablehnung ermessensfehlerhaft.[679]

378 Die vorläufige Entziehung erübrigt sich in den Fällen, in denen die Sicherung der Allgemeinheit gegen weitere Gefährdung auf andere Weise gewährleistet ist. Dies ist insbesondere dann der Fall, wenn der Beschuldigte seinen Führerschein freiwillig herausgegeben hat.[680]

379 **Muster: Beschwerde gegen § 111 a StPO-Beschluss**

In pp.

melde ich mich ausweislich anliegender Vollmacht als Verteidiger des Beschuldigten und lege gegen den Beschluss des Amtsgerichts A. vom ...

Beschwerde

ein.

Begründung:

Dem Beschuldigten wird ein unerlaubtes Entfernen vom Unfallort vorgeworfen.

Da dieser Vorwurf – wie sich aus den nachfolgenden Ausführungen ergibt – unrichtig ist, ist der angefochtene Beschluss mangels dringend zu erwartender endgültiger Fahrerlaubnisentziehung beim Verfahrensabschluss aufzuheben. Es mag durchaus sein, dass mein Mandant am Tattage auf dem Parkplatz der Sparkasse A. beim Ausparken gegen das Fahrzeug des Geschädigten gestoßen ist. Insoweit mag die Beweisaufnahme abgewartet werden.

Der Beschuldigte hat einen Zusammenstoß und damit eine mögliche Schadensverursachung nicht bemerkt. Er hatte nämlich zur Tatzeit in seinem Fahrzeug laute Rockmusik an, wie sich auch aus der anliegenden schriftlichen Zeugenaussage seiner Freundin B. ergibt. Auch diese hat nichts von einem Anprall des Fahrzeugs gehört oder bemerkt.

Es ist zudem so, dass auf dem Parkplatz – dies ergibt sich aus den polizeilichen Fotos der Örtlichkeit – starke Unebenheiten in der Fahrbahndecke festzustellen sind, teils schon nahezu sogenannte „Schlaglöcher". Dies führt dazu, dass ein leichtes Ruckeln des Fahrzeugs beim Ausparken durchaus normal ist und keinen Rückschluss auf einen Zusammenstoß zulässt.

Der Beschuldigte hat sich zudem die Mühe gemacht, einen Kraftfahrzeugsachverständigen zu beauftragen, kurz (und kostengünstig) zur Bemerkbarkeit des Unfalles Stellung zu nehmen. Die anliegende Stellungnahme zeigt, dass angesichts der weichen und nachgebenden zusammenstoßenden Teile eine Bemerkbarkeit nicht aufgezeigt werden kann. Es wird hier beantragt, ein ausführliches Sachverständigengutachten einzuholen.

---

677 König in: Hentschel/König/Dauer, § 111 a StPO, Rn 5; aA Krumm, NZV 2006, 234.
678 OLG Oldenburg OLGSt zu § 111 a S. 15.
679 OLG Karlsruhe DAR 1999, 86.
680 OLG Karlsruhe DAR 1999, 86; AG Saalfeld VRS 107, 189; LK-Geppert, StGB, § 69 Rn 130; Meyer-Goßner, StPO, § 111 a Rn 3.

Der Beschuldigte wird somit allenfalls wegen des konsumierten Alkohols, der sich aber nicht im Unfallereignis niedergeschlagen hat – dies behauptet nicht einmal die Staatsanwaltschaft – nach § 24 a StVG verurteilt werden können. Eine Fahrerlaubnisentziehung ist damit auch aus diesem Gesichtspunkt nicht dringend zu erwarten.

Rechtsanwalt

6. Ausnehmen bestimmter Kraftfahrzeugarten von der vorläufigen Fahrerlaubnisentziehung

Auch von der vorläufigen Entziehung der Fahrerlaubnis können bestimmte Kraftfahrzeugarten (zum Begriff: Teil 2 Rn 234 ff) ausgenommen werden, wenn der Zweck der Maßregel hierdurch nicht gefährdet wird (§ 111 a Abs. 1 S. 2 StPO).

Hinweis: Wird eine bestimmte Fahrzeugart von der vorläufigen Entziehung ausgenommen, so bleibt die Fahrerlaubnis in dem ausgenommenen Umfang bestehen.[681]

Wie auch im Rahmen des § 69 a Abs. 2 StGB kommt es für das Ausnehmen von Fahrzeugarten von der vorläufigen Fahrerlaubnisentziehung auf die **Abschirmung der Gefahr** für die Verkehrssicherheit an. Da die Gefahrenabschirmung streng von der Prognoseentscheidung hinsichtlich der Fahreignung zu trennen ist und selbst mE keine Prognoseentscheidung ist (!), bedarf nach hier vertretener Ansicht der Grundsatz „in dubio" an dieser Stelle eine deutlich größere Berücksichtigung als dies bislang in der Rechtsprechung der Fall ist.[682] ME darf eigentlich ohne weitere andere Ermittlungsergebnisse wegen des Grundsatzes „in dubio" nur die anlasstatbezogene Fahrzeugart Gegenstand der vorläufigen Fahrerlaubnisentziehung sein – im Zweifel muss hier von einer Gefahrenabschirmung hinsichtlich anderer Fahrzeugarten ausgegangen werden.[683] Wie bereits im Rahmen des Ausnehmens der Fahrzeugarten von der Sperre (§ 69 a Abs. 2 StGB) wird mit der hM meine Position abzulehnen sein, da die hM die Frage der Gefahrenabschirmung als eine spiegelbildlich zur Ungeeignetheit zu beurteilende Prognoseentscheidung ansieht, die dem Grundsatz „in dubio pro reo" nicht zugänglich sein soll. Nur für die zugrunde liegenden Prognosetatsachen gilt nach der hM der Zweifelssatz.

Hinweis: Wirtschaftliche und berufliche Erwägungen müssen aber im Rahmen des § 111 a Abs. 1 S. 2 StPO unberücksichtigt bleiben.[684] Einzig auf die Abschirmung des Zweckes der Maßnahme (= Sicherheit des Straßenverkehrs) kommt es somit an.

Da die vorläufige Entziehung der Fahrerlaubnis in jedem Fall gem. § 111 a Abs. 3 StPO zugleich als Anordnung oder Bestätigung der Führerscheinbeschlagnahme wirkt, muss der Beschuldigte bei der Straßenverkehrsbehörde einen **neuen Führerschein** mit entsprechendem **Vermerk** beantragen.[685]

---

681 Meyer-Goßner, StPO, § 111 a Rn 4.
682 Krumm, NZV 2006, 234; aA aber die hM wie etwa König in: Hentschel/König/Dauer, Rn 5 a.
683 Krumm, NZV 2006, 234.
684 LG Zweibrücken NZV 1992, 499.
685 Ist noch kein Ersatzführerschein erteilt, so begeht der Beschuldigte bei Fahrten lediglich eine Ordnungswidrigkeit.

Hinweis: Praktikabler ist die teils von Verwaltungsbehörden gewählte Möglichkeit, dem Beschuldigten „aufgrund von § 74 FeV und abweichend von § 4 Abs. 2 FeV" zu genehmigen, die ausgenommenen Fahrzeugarten führen zu dürfen ohne einen Führerschein mitzuführen und anzuordnen, dass diese Ausnahmegenehmigung (im gesiegelten Original) nur in Verbindung mit einem gültigen Reisepass oder Personalausweis gilt.

Darauf hat er bis zur Rechtskraft eines die Fahrerlaubnis entziehenden Urteils einen Anspruch.[686] Hier hindert § 9 S. 1 FeV die Fahrerlaubnisbehörde jedenfalls nicht an der Erteilung eines Führerscheins für die von der vorläufigen Entziehung ausgenommene Kraftfahrzeugart Lastkraftwagen oder Omnibus. Eine Anwendung von § 9 FeV scheitert hier schon daran, dass es sich eben nicht um die Erteilung einer Fahrerlaubnis handelt.[687]

7. Wirksamwerden der vorläufigen Fahrerlaubnisentziehung

383 Die rechtlichen Wirkungen der vorläufigen Entziehung der Fahrerlaubnis treten bereits im **Zeitpunkt der Bekanntgabe** des Beschlusses an den Beschuldigten ein.[688] Es bedarf also keiner förmlichen Zustellung. Vielmehr genügt formlose Mitteilung nach § 35 Abs. 2 S. 2 StPO. Gerade wegen der genannten rechtlichen Folgen empfiehlt sich jedoch die förmliche Zustellung nach § 35 Abs. 2 S. 1 StPO.[689] Die formlose Mitteilung muss im Übrigen grundsätzlich jedenfalls schriftlich erfolgen. Es genügt nicht, dass der Beschuldigte nur nach mündlicher Information durch Dritte – etwa im Rahmen einer Verkehrskontrolle durch die Polizei – Kenntnis von dem Bestehen eines Beschlusses nach § 111 a StPO erhält.[690]

Hinweis: Da der Beschuldigte – anders als nach einer Fahrverbotsanordnung – nicht förmlich zur Fahrerlaubnisentziehung belehrt wird, muss diese Aufgabe der Verteidiger wahrnehmen.

384 Ausnahmsweise bedarf es der Schriftform nur dann nicht, wenn der Beschluss über die vorläufige Entziehung der Fahrerlaubnis in der Hauptverhandlung mündlich verkündet wird.[691]

Hinweis: Ist der Betroffene trotz der vorläufigen Fahrerlaubnisentziehung als Fahrzeugführer unterwegs gewesen und beruft sich auf Unkenntnis, so ist genau zu prüfen, ob und wann eine Kenntnisnahme von der vorläufigen Fahrerlaubnisentziehung nachweisbar ist.

---

686 VG Mainz NJW 1986, 158.
687 AM Dencker, DAR 2004, 54, 56.
688 OLG Köln NZV 1991, 360; OLG Stuttgart VRS 79, 303.
689 Meyer-Goßner, § 111 a StPO Rn 6.
690 OLG Stuttgart VRS 79, 303; OLG Hamm VRS 57, 125.
691 Schäfer in: Löwe/Rosenberg, § 111 StPO a Rn 61.

8. Aufhebung der vorläufigen Fahrerlaubnisentziehung

Ein Thema, das den meisten Verfahrensbeteiligten weitgehend unbekannt ist, ist die Aufhebung der vorläufigen Fahrerlaubnisentziehung, obwohl § 111 a Abs. 2 StPO ausdrücklich vorsieht:

> Die vorläufige Entziehung der Fahrerlaubnis ist aufzuheben, wenn ihr Grund weggefallen ist oder wenn das Gericht im Urteil die Fahrerlaubnis nicht entzieht.

Hinweis: Das Gericht muss die Aufhebung der vorläufigen Fahrerlaubnisentziehung von Amts wegen prüfen. Der Verteidiger sollte sich jedoch hierauf nicht verlassen, insbesondere dann nicht, wenn er neue Beweismittel beibringen kann/konnte. Er sollte daher ggf ausdrücklich die Aufhebung beantragen.

Zu beachten ist hierbei: Der Aufhebungsantrag wird das Verfahren nicht oder nur kaum verzögern – dies ist idR im Sinne des Mandanten des Verteidigers. Er wird deshalb auch meist der **Beschwerde** vorzuziehen sein – gegen diese spricht natürlich auch eine drohende **präjudizierende Wirkung** eines oft stattfindenden beschwerdeablehnenden Beschlusses der Beschwerdekammer.

Muster: Aufhebungsantrag nach § 111 a Abs. 2 StPO

... wird die Aufhebung des Beschlusses über die vorläufige Fahrerlaubnisentziehung des Gerichts vom ... beantragt.

Es wird hier ausdrücklich keine Beschwerde erhoben, sondern für den Fall der Antragsablehnung gebeten, schnellstmöglich nach näherer telefonischer Abstimmung zu terminieren.

Begründung:

Die endgültige Fahrerlaubnisentziehung bei Verfahrensabschluss ist nicht dringend zu erwarten, so dass die Voraussetzungen der vorläufigen Fahrerlaubnisentziehung nach § 111 a Abs. 1 StPO fehlen und der Beschluss hierüber im Wege der Prüfung nach § 111 a StPO aufzuheben ist ...

[es folgt der Vortrag über den Grund der Aufhebung]

a) Wegfall des Grundes

Die Faktoren, die zu einem Wegfall des Grundes der vorläufigen Fahrerlaubnisentziehung führen können sind

- das Entfallen des dringenden Tatverdachtes,
- das Entfallen der Voraussetzungen des § 69 StGB, aus denen sich ergibt, dass die Fahrerlaubnisentziehung dringend zu erwarten ist.

Für die Aufhebung bedarf es natürlich keines Antrags – der Verteidiger sollte aber auf den möglichen Wegfall des Grundes hinweisen. Die eigentliche sich aus dem Gesetz ergebende **Pflicht zu einer permanenten Überwachung des weiteren Vorliegens der Voraussetzungen des § 111 a StPO**[692] wird nämlich aus Praktikabilitätsgründen oftmals vernachlässigt. In Ermittlungsverfahren erfährt der Ermittlungsrichter zB in

---

[692] Burmann in: Burmann/Heß/Jahnke/Janker, § 111 a StPO, Rn 10.

der Regel nach Erlass des Beschlusses nichts mehr über den weiteren Verfahrensgang und die zwischenzeitlich getroffenen Ermittlungsergebnisse.

Hinweis: Meint der Verteidiger, die vorläufige Fahrerlaubnisentziehung zwar nicht abwenden zu können, aber zwischenzeitlich noch an entlastende Beweismittel kommen zu können, so sollte er bei dem Gericht, das den Beschluss erlassen hat, anregen, dort eine Zweitakte weiterzuführen. Es kommt dann nicht zu etwaigen Verfahrensverzögerungen infolge erforderlicher Aktenanforderungen.

Besonders zu erwähnen sind hierbei folgende Problemkreise.

aa) Einfluss langer Verfahrensdauer

389 Wie dargestellt, ist gem. § 111 a Abs. 2 StPO die Entziehung der Fahrerlaubnis u.a. aufzuheben, wenn ihr Grund weggefallen ist. Im Rahmen der Prüfung der Frage, ob die endgültige Entziehung nach § 69 StGB dringend zu erwarten ist, kann die Verfahrensdauer **von besonderer Bedeutung** sein. Ist nämlich der Maßregelzweck inzwischen erreicht, weil zB vorläufige Führerscheinmaßnahmen zu einer Verhaltensänderung beim Angeklagten geführt haben, so ist der Grund iSv Abs. 2 weggefallen.

Hinweis: Besteht der Eignungsmangel nicht mehr, so sind die „dringenden Gründe" für die Annahme, dass die Fahrerlaubnis im Urteil entzogen werden wird, entfallen mit der Folge, dass die vorläufige Maßnahme aufzuheben ist.[693]

390 Vor allem das Zusammenwirken der seit der Tat auf den Angeklagten einwirkenden vorläufigen Führerscheinmaßnahmen mit der Teilnahme an einem Nachschulungskurs oder Aufbauseminar für alkoholauffällige Kraftfahrer kann nach einem Trunkenheitsdelikt zum Wegfall der dringenden Gründe für die Erwartung führen, im Urteil werde die Fahrerlaubnis gem. § 69 StGB entzogen.[694] Widersprüchlich und daher falsch ist die Ansicht des LG Zweibrücken, das die Aufhebung der vorläufigen Maßnahme unter Hinweis auf eine achtmonatige Verfahrensdauer für geboten hält bei gleichzeitiger Feststellung, dass nach wie vor die (endgültige) Entziehung der Fahrerlaubnis zu erwarten sei.[695]

Hinweis: Um derartige Entscheidungen zu vermeiden, sollte der Verteidiger mit dem entscheidenden Gericht rechtzeitig unmittelbaren Kontakt aufnehmen und die Verfahrenssituation besprechen.

391 Wie uneinheitlich die Rechtsprechung in diesem Bereich ist, vermag man daran zu erkennen, dass etwa auch schon nach sechs Monaten nach der Tat eine vorläufige Fahrerlaubnisentziehung grundsätzlich für unverhältnismäßig angesehen wurde.[696] Andere Gerichte haben erst 14 Monate nach Tatbegehung eine Aufhebung vorgenommen und zwar auch trotz zwischenzeitlich erfolglos verlaufenen Beschwerdeverfahrens des Beschuldigten.[697]

---

[693] OLG Düsseldorf DAR 1994, 248; OLG Bremen VRS 31, 454; LG Neuruppin StV 2004, 125.
[694] LG Hanau DAR 1980, 25.
[695] LG Zweibrücken NZV 2000, 54 = VRS 99, 266.
[696] LG Frankfurt/M, Beschl. v. 23.1.2012 – 5/9 a Qs 11/12-535 Js 16737, DAR 2012, 275 = ADAJUR-Archiv Dok.-Nr. 97422, LS.
[697] AG Montabaur, Beschl. v. 24.2.2012 – 2020 Js 1271/11 42 Cs = NZV 2012, 305.

bb) Aufhebung während des Berufungsverfahrens

Auch **bei langer Dauer des Berufungsverfahrens** muss die vorläufige Entziehung der Fahrerlaubnis aufgehoben werden, wenn im Hinblick auf die fortbestehenden vorläufigen Maßnahmen zu erwarten ist, dass die im angefochtenen Urteil angeordnete Maßregel aufgehoben werden wird.[698]

Allein der Umstand, dass während des Berufungsverfahrens ein Zeitraum verstrichen ist, der der im angefochtenen Urteil festgesetzten Sperrfrist entspricht, führt allerdings nicht zwingend zur Aufhebung des Beschlusses über die vorläufige Fahrerlaubnisentziehung durch das Berufungsgericht.[699] Denn bekanntlich ist das Berufungsgericht – sofern dies sachlich gerechtfertigt ist – auch bei Rechtsmitteleinlegung zugunsten des Angeklagten nicht gehindert, ohne Verstoß gegen das Verschlechterungsverbot nochmals die gleiche Sperre festzusetzen wie im angefochtenen Urteil. Allerdings wird eine Aufrechterhaltung des Beschlusses über die vorläufige Entziehung der Fahrerlaubnis in solchen Fällen eine besonders sorgfältige Prüfung durch das Berufungsgericht erfordern.[700]

Ist seit Verkündung des angefochtenen Urteils so viel Zeit verstrichen, dass, falls das Urteil rechtskräftig geworden wäre, die dort angeordnete Sperre abgelaufen wäre, so ist dem Verteidiger jedenfalls ein Antrag an das Berufungsgericht auf Aufhebung der vorläufigen Maßnahme zu empfehlen.

Hinweis: Falsch ist der gelegentliche Hinweis des Gerichts, der bloße Zeitablauf habe keinen Einfluss auf die Regel des § 69 Abs. 2 StGB; im Übrigen müsse, wer Berufung einlege, mit längerer Führerscheineinbuße rechnen.[701]

Eine derartige Argumentation geht am Zweck der Maßregel vorbei und verkennt, dass in Fällen der geschilderten Art nicht der „Zeitablauf", sondern die mitunter einschneidenden Nachteile der auf den Angeklagten einwirkenden andauernden vorläufigen Führerscheinmaßnahmen zu einer Beseitigung des Eignungsmangels geführt haben können.

Ist aber der Maßregelzweck während des Berufungsverfahrens, jedoch vor Verkündung des Berufungsurteils erreicht, so würde eine Aufrechterhaltung der vorläufigen Entziehung der Fahrerlaubnis gegen das verfassungsrechtliche Übermaßverbot verstoßen.[702]

cc) Einfluss von Verfahrensverzögerungen durch den Angeklagten

Verfahrensverzögerungen durch das Prozessverhalten des Angeklagten (Beweisanträge, Terminverlegungsanträge, Vertagungsanträge usw.) **dürfen** bei Wegfall des Eignungsmangels infolge andauernder vorläufiger Maßnahmen **keine Rolle** zulasten des Angeklagten **spielen**.[703]

---

698 OLG Düsseldorf NZV 2001, 354; OLG Frankfurt DAR 1992, 187.
699 OLG Düsseldorf NZV 1999, 389; OLG München DAR 1975, 132; 1977, 49.
700 OLG München DAR 1977, 49; LG Zweibrücken VRS 99, 443; s. Hentschel DAR 1988, 330, 331 f.
701 So aber zB OLG Düsseldorf NZV 1999, 389 (abl. Hentschel, NJW 2000, 706); ähnlich OLG Frankfurt DAR 1992, 187 (mit krit. Anm. Janiszewski, NStZ 1992, 584); wie hier: LG Zweibrücken VRS 99, 443.
702 LG Zweibrücken VRS 99, 443.
703 AG Emmerich DAR 1969, 247; Janiszewski, DAR 1989, 135, 137; näher: Hentschel, DAR 1976, 9.

A. Entziehung der Fahrerlaubnis durch den Strafrichter

397 Vielmehr kommt es ausschließlich auf den Wegfall oder das Fortbestehen des Eignungsmangels an. Eine Aufrechterhaltung des Beschlusses nach § 111 a StPO gewissermaßen als „Bestrafung" für prozessverzögerndes Verhalten wäre mit dem Maßregelzweck unvereinbar und ein Gesetzesverstoß, insbesondere eine Verletzung des verfassungsmäßigen Übermaßverbots.

b) Nichtentziehung der Fahrerlaubnis im Urteil

398 Wird im Urteil keine Entziehung der Fahrerlaubnis angeordnet, so ist ein früher ergangener Beschluss über die vorläufige Entziehung gem. § 111 a Abs. 2 (2. Alternative) StPO aufzuheben.[704]

399 Wird dagegen im Urteil die Fahrerlaubnis (endgültig) gem. § 69 StGB entzogen, so erlischt die bis dahin bestehende vorläufige Maßnahme nach § 111 a StPO mit der Rechtskraft des Urteils. Es bedarf keiner ausdrücklichen Aufhebung des Beschlusses.[705]

Hinweis: Für die Aufhebung der vorläufigen Fahrerlaubnisentziehung nach Revisionseinlegung ist grundsätzlich der letzte Tatrichter zuständig. Nur dann, wenn das Revisionsgericht die angeordnete Fahrerlaubnisentziehung endgültig aufhebt, weil die Voraussetzungen der §§ 69, 69 a StGB nicht mehr vorliegen, kann das Revisionsgericht selbst auch die vorläufige Fahrerlaubnisentziehung unter Anwendung von § 111 a Abs. 2 StPO aufheben.[706]

c) „Ablauf" der Sperrfrist während des Revisionsverfahrens

400 Hat der Angeklagte gegen das Urteil Revision eingelegt, so vergeht nicht selten bis zur Revisionsentscheidung eine Zeit, die der im angefochtenen Urteil angeordneten Sperre entspricht. Mangels Rechtskraft des Urteils konnte aber die Sperre nicht wirklich ablaufen, so dass der Angeklagte ab diesem Zeitpunkt länger gehindert ist, eine neue Fahrerlaubnis zu erwerben, als wenn er das Urteil nicht angefochten hätte.

401 Nach inzwischen hM soll eine solche Situation dennoch **kein Anlass für die Aufhebung** einer bestehenden vorläufigen Entziehung der Fahrerlaubnis sein.[707] Begründet wird dies u.a. mit dem Hinweis, dass das Fortbestehen der vorläufigen Maßnahme im Hinblick auf die Schwere der Tat nicht unverhältnismäßig sei.[708] Im Übrigen müsse der Angeklagte nach etwaiger Verwerfung seiner Revision wegen der dann rechtskräftig werdenden Fahrerlaubnisentziehung doch seinen Führerschein abgeben und Neuerteilung einer Fahrerlaubnis beantragen.[709] Vor allem wird aber geltend gemacht, dass ja selbst der Ablauf der Sperre niemals zur Neuerteilung der Fahrerlaubnis durch die Verwaltungsbehörde verpflichte. Es sei daher völlig ungewiss, ob der Verurteilte überhaupt jemals wieder in den Besitz einer Fahrerlaubnis komme. Daher

---

704 Siehe dazu BVerfG NZV 1995, 77.
705 Schäfer in: Löwe/Rosenberg, StPO, § 111 a Rn 33.
706 OLG Koblenz SVR 2008, 263.
707 OLG Naumburg BA 2000, 378; OLG Düsseldorf VRS 98, 190; OLG Stuttgart VRS 63, 363; Meyer-Goßner, StPO, § 111 a Rn 12.
708 LG Hildesheim NJW 1966, 684.
709 So zB Kaiser NJW 1973, 493.

X. Vorläufige Entziehung der Fahrerlaubnis

könne ihn der Strafrichter nicht vor der Revisionsentscheidung vorübergehend wieder zum motorisierten Straßenverkehr zulassen.[710]

Früher wurde dagegen ganz überwiegend die gegenteilige Auffassung vertreten, vereinzelt aber auch in der nach 1980 ergangenen obergerichtlichen Rechtsprechung.[711] Gegen die hM sprechen zahlreiche gewichtige Argumente:

▪ Nach Ablauf der im angefochtenen Urteil für notwendig erachteten Zeit eines Ausschlusses des Angeklagten vom motorisierten Straßenverkehr entfällt die innere Berechtigung für das Fortbestehen der vorläufigen Fahrerlaubnisentziehung.

▪ Der Erstrichter hat nämlich durch seinen Spruch zu erkennen gegeben, dass nach seiner Beurteilung der Eignungsmangel des Angeklagten nach Ablauf der von ihm festgesetzten Zeit einer Fahrerlaubnissperre beseitigt ist.[712]

▪ Mit einer weiteren Sperre ist auch nicht zu rechnen. Wird nämlich die Sache zurückverwiesen, so wird der Erstrichter, an den zurückverwiesen wurde, nunmehr in aller Regel im Hinblick auf die frühere Prognose vom Entzug der Fahrerlaubnis ganz absehen.[713]

▪ Wird dagegen die Revision des Angeklagten verworfen, so ist die Sperre nach § 69a Abs. 5 S. 2 StGB abgelaufen.

▪ Die hM führt zu einer Einschränkung der Entschlussfreiheit des Verurteilten über die Rechtsmitteleinlegung wegen der Gefahr, bei Revisionseinlegung länger auf seine Fahrerlaubnis verzichten zu müssen als bei Hinnahme des Urteils.[714] Es erscheint daher geboten, unter entsprechender Anwendung von § 111a Abs. 2 StPO den Beschluss über die vorläufige Entziehung der Fahrerlaubnis aufzuheben, wenn über die vom Angeklagten eingelegte Revision noch nicht entschieden ist, obwohl eine der angeordneten Sperre entsprechende Zeit abgelaufen ist.

▪ Anderenfalls würde die vorläufige Entziehung der Fahrerlaubnis weiter gehen als die Anordnung der Maßregel im nicht angefochtenen Urteil.[715]

Der Strafrichter greift mit der Aufhebung der vorläufigen Maßnahme nicht in die **Kompetenz der Verwaltungsbehörde** ein: Wird nämlich die Revision verworfen, so ist die Maßregel rechtskräftig und der Angeklagte müsste den wiedererlangten Führerschein abgeben und zunächst erneut bei der Verwaltungsbehörde eine Fahrerlaubnis beantragen. Bei zuvor erfolgter Aufhebung der vorläufigen Entziehung nach „Ablauf" der Sperrfrist hatte er aber bis zu diesem Zeitpunkt uU für mehrere Monate die Möglichkeit, am Kraftfahrzeugverkehr teilzunehmen, ein Vorteil, der vielfach existenzerhaltend sein kann.[716] Im Übrigen liegt der Hinweis der hM auf den angeblichen

---

710 So OLG Naumburg BA 2000, 378; OLG Düsseldorf DAR 1983, 62; OLG Koblenz VRS 71, 40.
711 OLG Frankfurt DAR 1989, 311; OLG Köln zfs 1981, 188; ebenso LK-Geppert § 69 Rn 145; Cramer, § 69a StGB Rn 15; Janiszewski, NStZ 1981, 471; Dencker, NStZ 1982, 461; eingehend Hentschel, DAR 1988, 330, 336 f.
712 OLG Karlsruhe NJW 1968, 460; 1975, 455; OLG Zweibrücken VRS 51, 110.
713 OLG Karlsruhe NJW 1975, 455; LG Neuruppin StV 2004, 125; LG Oldenburg DAR 1967, 50.
714 Hohenester, NJW 1966, 2372.
715 OLG Frankfurt VM 1978, 47; Hohenester, NJW 1966, 2372.
716 OLG Karlsruhe NJW 1975, 455.

Eingriff des Strafrichters in verwaltungsbehördliche Kompetenzen aber auch neben der Sache: Die Maßnahme nach § 111 a StPO ist ausschließlich ein Vorgriff auf eine strafgerichtliche Maßregel. Sie darf daher niemals im Hinblick auf eine möglicherweise zu erwartende verwaltungsbehördliche Entscheidung getroffen oder aufrechterhalten werden. Hinzu kommt, dass ja die für geboten erachtete Nachprüfung durch die Verwaltungsbehörde auch in den Fällen nicht stattfindet, in denen der Tatrichter wegen Wegfalls des Eignungsmangels die Maßregel im Urteil nicht verhängt und vorher unter Aufhebung der vorläufigen Maßnahme den Führerschein herausgibt.[717]

d) Aufhebung wegen Verfahrenseinstellungen

404 Wird das Strafverfahren eingestellt, so fragt sich natürlich auch, wie mit einer vorläufigen Fahrerlaubnisentziehung umzugehen ist. Sofern ein endgültiges **Verfahrenshindernis** besteht und daher nach §§ 170 Abs. 2 StPO oder 206 a StPO Einstellung stattfindet, muss natürlich die vorläufige Fahrerlaubnisentziehung spätestens hier aufgehoben werden. Dies gilt natürlich auch im Falle des Einstellungsurteils nach § 260 Abs. 3 StPO. Dies gilt nicht für die vorläufige Einstellung nach § 205 StPO, also etwa dann, wenn der Angeklagte flüchtig und unauffindbar ist. Zunehmendes Verstreichen der Zeit seit der Tat kann hier aber die Aufhebung einer Entscheidung nach § 111 a StPO nahelegen. Wird das Verfahren ansonsten endgültig durch eine Einstellung beendet (insbesondere nach §§ 153, 153 a, 154 StPO), so muss dem hierdurch entstehenden Verfahrenshindernis durch Aufhebung vorläufiger Fahrerlaubnismaßnahmen Rechnung getragen werden.

Hinweis: Ob bereits die vorläufige Einstellung nach § 153 a StPO und das hierdurch entstehende **vorläufige Verfahrenshindernis** die Aufhebung zwingend erforderlich macht,[718] mag aber bezweifelt werden. Immerhin sind gerade durch Nachschulungsauflagen, Aufbauseminare etc. Konstellationen denkbar, die erst im Rahmen ihrer Erfüllung den Eignungsmangel entfallen lassen. Freilich wird dies die Ausnahme sein.

9. Vorläufige Fahrerlaubnisentziehung durch das Berufungsgericht

405 Wurde die Fahrerlaubnis nicht entzogen, so darf das Berufungsgericht bei unverändertem Sachstand nicht abweichend von der Vorinstanz ohne gleichzeitige Aufhebung des angefochtenen Urteils die Fahrerlaubnis gem. § 111 a StPO vorläufig entziehen.[719] Es entsteht hier also eine Art **Bindungswirkung** durch das erstinstanzliche Urteil.

406 Anderenfalls hätte die Bestimmung des § 111 a Abs. 2 (2. Alternative) StPO keinen Sinn, wonach die vorläufige Entziehung der Fahrerlaubnis aufgehoben werden muss, wenn die Maßregel im Urteil nicht verhängt wird. Diese Vorschrift hat ja gerade für den Fall Bedeutung, dass das Urteil nicht rechtskräftig wird. Sonst hätte es der Bestimmung gar nicht bedurft, weil die vorläufige Maßnahme nach Rechtskraft eines

---

717 Janiszewski NStZ 1983, 111; weitere Nachw. bei Hentschel, TFF, Rn 872 ff.
718 Meyer-Goßner, StPO, § 143 a StPO Rn 54.
719 BVerfG NZV 1995, 77; OLG Stuttgart VRS 101, 40; OLG Hamm BA 2001, 124.

die Fahrerlaubnis nicht entziehenden Urteils ohnehin ohne Weiteres gegenstandslos wird.[720]

Hinweis: Das hat auch zu gelten, wenn die Nichtentziehung der Fahrerlaubnis durch die Vorinstanz „eindeutig falsch" war.[721]

Hebt allerdings das Berufungsgericht das angefochtene Urteil auf und entzieht es die Fahrerlaubnis gem. § 69 StGB, so kann es natürlich die Fahrerlaubnis auch gem. § 111 a StPO vorläufig entziehen.[722] Abweichend vom Grundsatz darf das Berufungsgericht die Fahrerlaubnis auch dann vorläufig entziehen, wenn das Gericht im angefochtenen Urteil zwar die Fahrerlaubnis gem. § 69 StGB entzogen, aber keine vorläufige Maßnahme getroffen hat.[723]

10. Ausländische Fahrerlaubnis

Auch eine ausländische Fahrerlaubnis kann gem. § 111 a StPO vorläufig entzogen werden. Dies soll nach neuerdings vom BGH vertretener Ansicht auch dann gelten, wenn die Voraussetzungen des § 69 b StGB nicht erfüllt sind, die ausländische Fahrerlaubnis also nicht (mehr) zum Führen von Kraftfahrzeugen im Inland berechtigt.[724]
Bei **EU-/EWR-Führerscheinen** von Beschuldigten mit ordentlichem Wohnsitz im Inland wirkt die vorläufige Entziehung – wie bei deutschen Führerscheinen – zugleich als Anordnung oder Bestätigung der Beschlagnahme (§ 111 a Abs. 3 S. 2 StPO). In anderen ausländischen Führerscheinen ist die vorläufige Entziehung zu vermerken (§ 111 a Abs. 6 S. 1 StPO).[725]

11. Rechtsmittel: Beschwerde

Gegen die vorläufige Entziehung der Fahrerlaubnis ist das Rechtsmittel der Beschwerde (§ 304 Abs. 1 StPO) statthaft. Dies gilt wegen § 305 S. 2 StPO auch für die Anordnung durch das erkennende Gericht. Rein tatsächlich ist hierbei aber **zu beachten:**

- Die Zahl der erfolgreichen Beschwerden ist sehr gering.
- Durch die Beschwerde vergeht für den Beschuldigten oftmals sehr wertvolle Zeit.
- Die Beschwerdeentscheidung kann eine nahezu **präjudizierende Wirkung** haben – oft finden sich nämlich in Beschwerdebeschlüssen rechtliche Wertungen/Beweiswürdigungen, an denen der Tatrichter kaum „vorbeikommt" (typische Bsp.: Würdigung einer Nachtrunkbehauptung als bloß taktische und unglaubhafte Schutzbehauptung, Würdigung bestimmter Verhaltensweisen als alkoholtypische Ausfallerscheinungen, Ablehnung von Beweisverwertungsverboten nach rechtswidriger Blutprobenentnahme).

---

720 BVerfG NZV 1995, 77.
721 AM OLG Koblenz VRS 73, 290.
722 OLG Zweibrücken NJW 1981, 775; OLG Karlsruhe VRS 68, 360.
723 OLG Frankfurt NJW 1981, 1680; OLG Karlsruhe VRS 68, 361; aM OLG Karlsruhe VRS 59, 432.
724 BGH NZV 1999, 47 (abl. Anm. Hentschel, NZV 1999, 134); ebenso LG Aachen NZV 2002, 332; abw. zB AG Eschweiler NZV 2002, 332 (aufgehoben durch LG Aachen NZV 2002, 332 – zust. Schneider).
725 Zu den technischen Möglichkeiten siehe Pohlmann/Jabel/Wolf, § 56 Rn 15.

Hinweis: Oft wird daher der Beschwerde der Antrag auf Aufhebung des Beschlusses (= Anregung der Prüfung nach § 111 a Abs. 2 StPO) durch das erkennende Gericht vorzuziehen sein. Im Übrigen kann dann das Verfahren auch schnell durch Termins- und Verfahrensabsprachen gefördert werden.

a) Zulässigkeit und Begründetheit der Beschwerde

410 Die Beschwerde hat **keine aufschiebende Wirkung.**[726] Gem. § 309 Abs. 2 StPO muss das Beschwerdegericht auf die Beschwerde hin in der Sache selbst **entscheiden.** Es darf die Sache nicht etwa wegen nicht als ausreichend erachteter Begründung des angefochtenen Beschlusses oder wegen etwaiger Beratungsmängel an den iudex a quo zurückverweisen.[727] Ob während des Revisionsverfahrens mit einer Beschwerde eine Aufhebung des durch den Tatrichter erlassenen Beschlusses nach § 111 a StPO erreicht werden kann, ist umstritten: Die wohl überwiegende Meinung verneint dies, weil die Voraussetzungen für eine etwa gebotene Aufhebung allein von revisionsrechtlichen Gesichtspunkten abhängen, über die ausschließlich der Strafsenat als Revisionsgericht zu entscheiden hat.[728]

411 Demgegenüber wird teils angenommen, dass gegen die von der Berufungskammer angeordnete vorläufige Entziehung der Fahrerlaubnis das Rechtsmittel der Beschwerde auch während des laufenden Revisionsverfahrens gegen das die Fahrerlaubnisentziehung anordnende Berufungsurteil zulässig ist.[729] Die Prüfungskompetenz des Beschwerdegerichtes unterliegt dann keiner generellen Einschränkung in dem Sinne, dass neue Tatsachen und Beweismittel oder eine vom Tatgericht abweichende Tatsachenbeurteilung durch den Revisionsführer außer Betracht zu bleiben haben.[730] Das schriftlich abgefasste und mit der Revision angegriffene Berufungsurteil entfaltet für die anzustellende Beurteilung, ob dringende Gründe im Sinne des § 111 a Abs. 1 S. 1 StPO vorliegen, eine mindestens indizielle Wirkung jedenfalls dann, wenn es für diese Beurteilung eine geeignete Grundlage darstellt.[731]

Hinweis: Nicht anfechtbar ist der Beschluss über die vorläufige Entziehung der Fahrerlaubnis mit der Beschwerde, wenn er von einem Strafsenat als Rechtsmittelinstanz erlassen ist (§ 304 Abs. 4 StPO).

412 Ist inzwischen ein anderes Gericht mit der Sache befasst (sog. „**Zuständigkeitsverschiebung**"), zB nach Anklageerhebung oder nach Vorlage der Akte an das Berufungsgericht, so ist die Beschwerde gegen die von dem bisher zuständig gewesenen Gericht beschlossene vorläufige Entziehung der Fahrerlaubnis durch das nunmehr mit der Sache befasste Gericht nicht als Beschwerde zu behandeln, sondern als An-

---

726 Burmann in: Burmann/Heß/Jahnke/Janker, § 111 a StPO, Rn 9.
727 OLG Karlsruhe VRS 68, 360; Schäfer in: Löwe/Rosenberg, § 111 a StPO Rn 91.
728 OLG Karlsruhe DAR 1999, 86; OLG Köln VRS 105, 343; Cierniak, NZV 1999, 324; Meyer-Goßner § 111 a Rn 19; aM OLG Hamm, Beschl. v. 11.9.2014 – 3 Ws 303/14 = BeckRS 2014, 19803; KG VRS 100, 443; OLG Düsseldorf VRS 98, 190; OLG Schleswig NZV 1995, 238.
729 OLG Hamm, Beschl. v. 11.9.2014 – 3 Ws 303/14 = BeckRS 2014, 19803.
730 OLG Hamm, Beschl. v. 11.9.2014 – 3 Ws 303/14 = BeckRS 2014, 19803. AA Thüringer Oberlandesgericht, Beschl. v. 31.7.2008 – 1 Ws 315/08; Kammergericht Berlin, Beschl. v. 14.3.2006 – 1 AR 231/06 – 1 Ws 101/06.).
731 OLG Hamm, Beschl. v. 11.9.2014 – 3 Ws 303/14 = BeckRS 2014, 19803.

X. Vorläufige Entziehung der Fahrerlaubnis 2

trag auf Entscheidung im Sinne des Beschwerdebegehrens.[732] Die daraufhin ergehende Entscheidung ist mit der Beschwerde anfechtbar.

Hinweis: Das gilt auch im Falle eines (häufig anzutreffenden) Zuständigkeitswechsels vom Ermittlungsrichter zu der nach Anklageerhebung mit der Sache befassten Abteilung desselben Gerichts.[733]

Wurde die vorläufige Entziehung durch das Beschwerdegericht aufgehoben, so darf erneute vorläufige Entziehung nur bei geänderter Sach- oder Beweislage erfolgen.[734] Das Beschwerdegericht darf nicht Ungeeignetheit zum Führen von Kraftfahrzeugen entgegen einem inzwischen ergangenen, mit der Berufung anfechtbaren oder angefochtenen Urteil bejahen und auf die Beschwerde der Staatsanwaltschaft gegen die Ablehnung des beantragten Beschlusses nach § 111 a StPO vor der Entscheidung durch das Berufungsgericht die Fahrerlaubnis vorläufig entziehen.[735]   413

Hinweis: Ein Antrag auf „**Aussetzung der Vollziehung**" gem. § 307 Abs. 2 StPO kann **keinen Erfolg** haben.

Nach ganz überwiegender Ansicht kann das Gericht auf einen derartigen Antrag nicht eine „Aussetzung" beschließen, die etwa zum Wiederaufleben der Fahrerlaubnis führen würde.[736] Denn die Wirkung der vorläufigen Entziehung der Fahrerlaubnis tritt kraft Gesetzes ein. Einer „Vollziehung" bedarf es nicht.[737]

b) Keine weitere Beschwerde
Die weitere Beschwerde ist ausgeschlossen (§ 310 StPO).   414

Hinweis: In Ausnahmefällen kann die Erhebung einer weiteren Beschwerde aber auch Zeitgewinn bedeuten, etwa dann, wenn noch während des Verfahrens Nachschulungsmaßnahmen zu Ende geführt werden sollen oder wenn der Beschuldigte (zB wegen Krankheit) zzt gar keine Fahrerlaubnis benötigt und sich bei weiter verstreichender Zeit Hoffnung auf ein Absehen von der Fahrerlaubnisentziehung machen kann.

c) Auslagenerstattung bei erfolgreicher Beschwerde/StrEG
Ob die Auslagen des Beschuldigten für ein erfolgreiches Beschwerdeverfahren gegen die vorläufige Entziehung der Fahrerlaubnis entsprechend §§ 467 Abs. 1, 473 StPO von der Staatskasse zu tragen sind, auch wenn der Beschwerdeführer später schließlich verurteilt wird, ist **streitig**.[738] Ein Anspruch auf Auslagenerstattung entsprechend § 473 StPO ist auch für den Fall anerkannt worden, dass das Gericht der gegen die vorläufige Fahrerlaubnisentziehung eingelegten Beschwerde abgeholfen hat und das   415

---

732 LG Arnsberg, Beschl. v. 24.7.2014 – 6 Qs 65/14 = BeckRS 2014, 15303; OLG Düsseldorf VRS 99, 203; Schäfer in: Löwe/Rosenberg, § 111 a StPO Rn 94.
733 OLG Düsseldorf VRS 99, 203.
734 LG Mosbach VRS 92, 249.
735 LG Zweibrücken DAR 1998, 30.
736 LG Köln zfs 1984, 29; Schäfer in: Löwe/Rosenberg, § 111 a StPO Rn 90.
737 AM Dencker, zfs 1984, 29.
738 Bejahend: Hilger in: Löwe/Rosenberg, § 473 StPO Rn 14; verneinend: OLG Frankfurt MDR 1982, 954; Meyer-Goßner, StPO, § 464 Rn 11.

Verfahren vor Erhebung der öffentlichen Klage eingestellt wurde.[739] Keine Auslagenerstattung nach den Bestimmungen der StPO hat zu erfolgen, wenn die Staatsanwaltschaft vor Erhebung der öffentlichen Klage das Verfahren einstellt und der Beschuldigte lediglich mit Erfolg beantragt hat, von einer vorläufigen Entziehung der Fahrerlaubnis abzusehen.[740] Allerdings kann sich in einem solchen Fall die Pflicht zur Auslagenerstattung aus dem StrEG ergeben.[741]

Hinweis: Ist dem Angeklagten zunächst im Verfahren nach § 111 a StPO die Fahrerlaubnis zunächst vorläufig entzogen worden, und kommt es nachfolgend nicht zu einer Fahrerlaubnisentziehung mit Sperre, so steht dem Angeklagten gemäß § 2 Abs. 2 Nr. 5 StrEG grundsätzlich für die Zeit der Entziehung eine Entschädigung zu. Allerdings kann der Entschädigungsanspruch gemäß § 5 Abs. 2 S. 1 StrEG ausgeschlossen sein – die Rechtsprechung nimmt die für den Ausschluss (zumindest) notwendige **grob fahrlässige Verursachung** im Regelfall bereits an, wenn der Angeklagte das fragliche Kraftfahrzeug mit einer solchen Blutalkoholkonzentration geführt hat, welche über dem Grenzwert für den Bußgeldtatbestand des § 24 a Abs. 1 StVG, mithin **0,5 ‰, liegt**.[742]

XI. Sicherstellung und Beschlagnahme des Führerscheins

416 Die Terminologie von Sicherstellung und Beschlagnahme ist auch erfahrenen Praktikern nicht immer geläufig und wird auch nicht immer richtig „durchgehalten":

- **Sicherstellung:** Ist der Beschuldigte mit der Inverwahrungnahme seines Führerscheins einverstanden, so handelt es sich um sog. „schlichte" oder „formlose Sicherstellung".[743] Diese ist stets zulässig[744] und zunächst einmal unproblematisch.

- **Beschlagnahme:** Ist der Beschuldigte mit der Maßnahme nicht einverstanden, so handelt es sich um Beschlagnahme.[745]

   Hinweis: Rechtsgrundlage für die Führerscheinbeschlagnahme sind die §§ 94, 98 StPO.

417 Gem. § 94 Abs. 1, 2 StPO können Beweismittel, die für die Untersuchung von Bedeutung sind, beschlagnahmt werden, wenn sie nicht freiwillig herausgegeben werden. Gem. § 94 Abs. 3 StPO gelten diese Absätze auch für Führerscheine, die der Einziehung unterliegen. Setzt sich der Beschuldigte über die Führerscheinbeschlagnahme hinweg, indem er weiterhin fahrerlaubnispflichtige Kraftfahrzeuge führt, so macht er sich gem. § 21 Abs. 2 Nr. 2 StVG strafbar. Dies setzt aber eine wirksame Beschlagnahme voraus, die immer eine körperliche Wegnahme des Führerscheins erfordert. Die **bloße Mitteilung der Beschlagnahme** an den Beschuldigten, dessen Führerschein

---

739 LG Hamburg, Beschl. v. 30.11.1972 – (33) Qs 1142/72 = NJW 1973, 719.
740 LG Hamburg, Beschl. v. 3.12.1973 – 33 Qs 1032/73 = NJW 1974, 469.
741 Näher dazu Hentschel, TFF, Rn 1042 ff, 1089 oder König in: Hentschel/König/Dauer, Straßenverkehrsrecht, § 111 a StPO, Rn 11 ff.
742 LG Aachen, Beschl. v. 30.1.2012 – 71 Ns 507 Js 513-10 227-10 50 Cs 330-10 = BeckRS 2012, 18247.
743 OLG Köln, Urt. v. 9.1.1968 – Ss 534/67 = NJW 1968, 666.
744 OLG Stuttgart, Urt. v. 11.12.1968 – 1 Ss 666/68 = NJW 1969, 760.
745 OLG Köln, Urt. v. 9.1.1968 – Ss 534/67 = NJW 1968, 666.

nicht sogleich in Verwahrung genommen werden kann – etwa, weil er ihn nicht mitführt – genügt niemals, um die Strafbarkeit nach § 21 Abs. 2 Nr. 2 StVG zu begründen.[746] Die vereinzelt vertretene abweichende Ansicht führt zu verbotener Analogie.[747]

Hinweis: Eine solche falsche „mündliche Beschlagnahme", an die sich der Beschuldigte in der Folgezeit glaubhaft gehalten hat, wird sich immer in der Sperrfristlänge deutlich verkürzend niederschlagen müssen.

Die Führerscheinbeschlagnahme durch die Staatsanwaltschaft und ihre Ermittlungspersonen (vgl § 152 GVG) setzt gem. § 98 Abs. 1 StPO Gefahr im Verzug voraus. Diese Gefahr ist nicht etwa auf den Zweck der Verhinderung einer Vereitelung der Führerscheineinziehung (§ 94 Abs. 3 StPO) beschränkt. Nach inzwischen wohl nahezu einhelliger Ansicht ist die Führerscheinbeschlagnahme vielmehr stets auch dann zulässig, wenn die Gefahr besteht, dass der Beschuldigte ohne die Beschlagnahme (weitere) Trunkenheitsfahrten unternehmen oder sonst Verkehrsvorschriften in schwerwiegender Weise verletzen würde.[748] Die früher zum Teil vertretene Gegenansicht ist inzwischen als überholt anzusehen.[749] Ist **Gefahr im Verzug** in dem geschilderten Sinn gegeben, so darf die Polizei die Beschlagnahme, wenn der Beschuldigte den Führerschein nicht mitführt, auch in dessen Wohnung durchführen.[750] Rechtmäßig und wirksam ist die Beschlagnahme, wenn der Polizeibeamte im Zeitpunkt ihrer Vornahme davon ausging, dass Gefahr im Verzug vorliegt. Ein Irrtum des Polizeibeamten hierüber in tatsächlicher oder rechtlicher Hinsicht ist ohne Einfluss auf die Rechtmäßigkeit und Wirksamkeit der Beschlagnahme. Seine Beurteilung dieser Frage unterliegt nicht der richterlichen Nachprüfung.[751]

418

Wurde der Führerschein im Einverständnis mit dem Beschuldigten sichergestellt, so ist die Herbeiführung einer richterlichen Bestätigung nach §§ 98 Abs. 2, 111 a Abs. 3 StPO entbehrlich. Ohne einen ausdrücklichen Widerspruch des Beschuldigten würde das Verfahren anderenfalls unnötig verzögert.[752] Widerspricht der Beschuldigte der Inverwahrungnahme, so soll gem. § 98 Abs. 2 S. 1 StPO binnen drei Tagen die richterliche Bestätigung beantragt werden.

419

Hinweis: Wird diese Frist nicht eingehalten, so ist das aber ohne Einfluss auf die Rechtswirksamkeit der polizeilichen Führerscheinbeschlagnahme.[753] Gleichwohl sollte der Verteidiger frühzeitig eine gerichtliche Prüfung veranlassen.

XII. Checkliste: Prüfungsschema für § 111 a StPO

Der Verteidiger muss bereits bei seiner ersten Mandatierung prüfen, ob eine vorläufige Fahrerlaubnisentziehung droht. Er sollte dann möglichst schnell Kontakt zu Poli-

420

---

746 OLG Stuttgart VRS 79, 303; OLG Schleswig VRS 34, 460.
747 So etwa Trupp, NZV 2004, 389, 392.
748 BGH NJW 1969, 1308; Meyer-Goßner, § 111 a StPO Rn 15.
749 So zB noch OLG Köln NJW 1968, 666; Dahs, NJW 1968, 632.
750 Meyer-Goßner, § 111 a StPO Rn 15, Gramse, NZV 2002, 346.
751 OLG Stuttgart NJW 1969, 760; OLG Köln NJW 1968, 666.
752 Schäfer in: Löwe/Rosenberg, § 111 a StPO Rn 69.
753 KG VRS 42, 210.

A. Entziehung der Fahrerlaubnis durch den Strafrichter

zei, Staatsanwaltschaft oder dem örtlich zuständigen Amtsgericht suchen, um zu klären, ob eine derartige Maßnahme geplant ist. Der Beginn der Verteidigung kann anhand der nachfolgenden Checkliste systematisiert werden:

- Wie ist der Verfahrensstand bei Mandatierung?
- Welche Unterlagen hat der Mandant?
- Wo ist die Akte – ist schnelle Akteneinsicht möglich?
- Wer ist der entscheidende Staatsanwalt bzw Richter? Lohnt es die Sache schon einmal telefonisch mit diesem zu erörtern?
- Ist eine Verurteilung wegen des zugrunde liegenden Straftatbestandes dringend zu erwarten?
- Liegt ein Regelfall nach § 69 Abs. 2 StGB vor?
- Falls Regelfall zu bejahen ist: gibt es ausnahmsweise Gesichtspunkte, die „Regelvermutung" entfallen lassen (Stichwort: Kurzfahrten unter Alkohol …)?
- Falls Regelfall zu verneinen ist: Worauf kann das Gericht eine Annahme einer fehlenden Eignung stützen?
- Nutzt dem Beschuldigten ein Ausnehmen einzelner Fahrzeugarten? Was kann er zur Gefahrenabschirmung anführen?
- Für den Fall der bereits erfolgten Entziehung: Erscheint Beschwerde sinnvoll? Soll schneller Termin erreicht werden?
- Gibt es weitere denkbare Beweismittel?
- Ist eine Verurteilung wegen des zugrunde liegenden Straftatbestandes dringend zu erwarten?

XIII. Zusammenfassende Verteidigungshinweise für Verteidiger und Strategieempfehlungen

421
- **Akteneinsicht:** Bevor irgendwelche Beweismittel zur Akte gereicht werden, ist immer Akteneinsicht erforderlich, um prüfen zu können, welche Angaben und Beweismittel überhaupt für den Beschuldigten vorteilhaft sein werden. Telefonische Vorab-Anfragen können hier zunächst helfen, festzustellen, wo sich die Akte befindet und damit das Akteneinsichtsrecht beschleunigen. Hieraus kann aber auch immer abgelesen werden, in welchem Stadium sich das Verfahren befindet.

- **Aktenlage „drehen":** Da der Richter idR lediglich nach (spärlicher) Aktenlage zu entscheiden hat, ob die Fahrerlaubnisentziehung dringend zu erwarten ist und das auch noch schnell, muss sich der Beschuldigte bzw sein Verteidiger dies zunutze machen. Die idR summarische Prüfung durch den Ermittlungsrichter wird immer zum Nachteil des Beschuldigten wirken, wenn er sich nicht um das Verfahren kümmert. Gut kann diese unzureichende Akte vor allem dann sein, wenn der Beschuldigte selbst Gegenbehauptungen aufstellen und „Gegenbeweise" vorlegen kann, die aufgrund der spärlichen Aktenlage (noch) nicht widerlegt werden können.

- **Schriftliche Zeugenaussagen:** Sind entlastende Zeugenaussagen zu erwarten, so sollten diese Zeugen selbst durch den Beschuldigten oder den Verteidiger zur Abgabe einer schriftlichen Zeugenaussage veranlasst werden.

- **Nachtrunk:** Nachtrunkbehauptungen als Mittel der Verteidigung im Rahmen des § 111 a StPO sollten möglichst frühzeitig im Verfahren dargelegt werden, um sich erst gar nicht dem Vorwurf einer rein taktischen Behauptung auszusetzen.[754] Werden Nachtrunkbehauptungen aufgestellt, so sollten diese Behauptungen mit genauen Berechnungen dargelegt werden, um dem Richter die Plausibilität dieser Nachtrunkbehauptung (ohne Sachverständigengutachteneinholung) näherzubringen.

- **Private Gutachten:** Geht es um den Vorwurf des unerlaubten Entfernens vom Unfallort, so kann wegen der Schadenshöhe ein privates Sachverständigengutachten/ ein Kostenvoranschlag einer Fachwerkstatt Schätzungen der Polizei schnell und effektiv widerlegen. Ein privates Sachverständigengutachten kann im Rahmen des § 142 StGB auch zu der Frage der Erkennbarkeit des Schadensumfanges eingeholt werden, so dass der Vorsatz in Frage gestellt werden kann.

- **Notstandsähnliche Situationen:** Werden notstandsähnliche Situationen oder Kurzstreckenfahrten geltend gemacht, um die Indizwirkung der Verwirklichung eines Regelbeispiels nach § 69 Abs. 2 StGB zu erschüttern, so bedarf es hierzu einer ausführlichen und nachvollziehbaren Sachverhaltsschilderung. Beweismittel sollten ebenfalls beigebracht werden (zB Skizzen, Fotos, ärztliche Atteste, schriftliche Zeugenaussagen).

- **Ausnehmen von Fahrzeugarten:** Will der Beschuldigte erreichen, dass eine Fahrzeugart von der vorläufigen Fahrerlaubnisentziehung ausgenommen wird, so muss er Unterlagen und schriftliche Zeugenaussagen (zB „Arbeitgeberbescheinigungen") beibringen, aus denen sich ergibt, dass der Beschuldigte trotz eines möglichen Eignungsmangels nicht weitere Straßenverkehrsdelikte begehen wird.

- **Verfahrensstreckung:** Im Hinblick auf die Möglichkeit des Entfallens der Ungeeignetheit allein durch zunehmende Verfahrensdauer sollten in den Fällen, in denen noch keine vorläufigen Maßnahmen getroffen sind, möglicherweise aber drohen, alle Antrags- und Beschwerdemöglichkeiten genutzt werden, ohne sich jedoch dem Verdacht einer bewussten Verfahrensverzögerung auszusetzen.

- **Nachschulungen pp.:** Es sollte erwogen werden, schon während des Ermittlungsverfahrens verkehrserzieherische/verkehrspsychologische Maßnahmen durchzuführen, um den Eignungsmangel hierdurch jedenfalls in Frage zu stellen.

---

754 Ausführlich zur Nachtrunkbehauptung: Krumm, SVR 2006, 212.

A. Entziehung der Fahrerlaubnis durch den Strafrichter

- **Telefonkontakt:** Oftmals macht es Sinn, statt erfolgloser Beschwerden schnell einen Hauptverhandlungstermin mit dem zuständigen Richter abzusprechen. Auch hier sollte das unmittelbare (Telefon-)Gespräch gesucht werden.[755]

- **StrEG als Anreiz:** Steht ein Fall aus Sicht des Verteidigers „auf der Kippe" und hat bereits eine Sicherstellung des Führerscheins bzw eine vorläufige Fahrerlaubnisentziehung stattgefunden, so kann die möglicherweise dem Beschuldigten zustehende Entschädigung nach dem StrEG im Rahmen einer Einstellung nach §§ 153, 153 a StPO eine interessante Verhandlungsmasse darstellen.[756]

- **Härten:** Wirtschaftliche Probleme infolge der (vorläufigen) Fahrerlaubnisentziehung sind grundsätzlich ohne jede Bedeutung für die Frage der Anordnung und werden nie tragend für eine Aufhebung der vorläufigen Fahrerlaubnisentziehung sein. Sie sollten gleichwohl dort mitgeteilt werden, wo Zweifel auf der Tatbestandsseite der §§ 111 a StPO, 69 StGB bestehen, also zB in einfachen Nötigungsfällen, Aussage-gegen-Aussage-Situationen (Bsp.: § 315 c StGB) oder ähnlichen Konstellationen. Hier können die drohenden Folgen für den Beschuldigten wenigstens dazu führen, dass der Richter schneller terminiert und bis dahin (ggf auch mit Einverständnis der Staatsanwaltschaft) nicht von § 111 a StPO Gebrauch macht.

- **Beweisverwertungsverbot:** Ein solches kann sich insbesondere ergeben, wenn die Polizei oder die Staatsanwaltschaft die Blutprobeentnahme angeordnet hat. Hier ist genau zu ermitteln, wie es zu der Anordnung kam. Den blutprobeentnehmenden Ärzten und Polizeibeamten, die ggf als Zeugen von der Verteidigung benannt werden sollten, ist klar zu machen, dass uU die Berufung auf ein Aussageverweigerungsrecht wegen einer möglichen Selbstbelastung durch die Aussage (Stichwort: Körperverletzung) sinnvoll sein kann.

- **Pflichtverteidigung:** Es ist natürlich auch immer an die Möglichkeit einer Pflichtverteidigerbestellung zu denken. Insbesondere bei Fragen der Verwertbarkeit der auf Anordnung der Polizei entnommenen Blutprobe ist dies von mehreren Gerichten als erforderlich angesehen worden.

- **Unfallflucht:** Geht es um den Vorwurf des unerlaubten Entfernens vom Unfallort, so kann wegen der Schadenshöhe ein privates Sachverständigengutachten Schätzungen der Polizei schnell und effektiv widerlegen. Ein privates Sachverständigengutachten kann im Rahmen des § 142 StGB auch zu der Frage der Erkennbarkeit des Schadensumfanges eingeholt werden, so dass der Vorsatz infrage gestellt werden kann.

---

755 So auch: Ferner in: Ferner, Handbuch, § 37 Rn 104.
756 Ferner in: Ferner, Handbuch, § 37 Rn 109 f.

B. Das Fahrverbot

Nach Alkoholstraftaten oder Alkoholordnungswidrigkeiten droht regelmäßig ein Fahrverbot – hier ist zwischen den Fahrverboten nach § 44 StGB und nach § 25 StVG zu unterscheiden.

I. Fahrverbot des § 44 StGB im Strafverfahren

Das strafrechtliche Fahrverbot ist als **Nebenstrafe** – siehe auch die Gesetzesüberschrift (!) – konzipiert.[757] Derzeit sind gesetzgeberische Vorhaben gestartet, das Fahrverbot in eine Hauptstrafe umzuwandeln – was mE ganz klar abzulehnen ist.[758] Die Entwicklung wird hier sicher weiter kritisch zu beobachten sein.

1. Rechtsnatur und Zielrichtung

Es soll jedoch nach der einhelligen Meinung von Rechtsprechung und Lehre in erster Linie **spezialpräventiv** auf nachlässige oder leichtsinnige Kraftfahrer einwirken. Es zielt vor allem auf pflichtvergessene Kraftfahrer, die, um zur Beachtung der Verkehrsregeln angehalten zu werden, eines nachdrücklichen Anrufs bedürfen.[759] Das Fahrverbot erfüllt also

- eine im Vordergrund stehende **Erziehungsfunktion**[760]
- als auch im Einzelfall generalpräventive Ziele.[761]

Als weniger einschneidende Maßnahme im Vergleich zur Entziehung der Fahrerlaubnis, die den Verlust des Führerscheins zur Folge hat, sieht § 44 StGB für Täter, die sich noch nicht als schlechthin ungeeignet zum Führen von Kraftfahrzeugen erwiesen haben, ein befristetes Fahrverbot vor.[762] Aus dem Charakter als Nebenstrafe folgt, dass auf das (strafrechtliche) Fahrverbot nach § 44 StGB – anders als auf die Maßregel der Entziehung der Fahrerlaubnis – **Strafzumessungsgesichtspunkte** anzuwenden sind.[763]

Die Entscheidung, ob neben der Hauptstrafe die Verhängung eines Fahrverbots zur Einwirkung auf den Täter erforderlich ist, obliegt als Teil der Strafzumessung grundsätzlich dem Tatrichter. Es ist seine Aufgabe, auf der Grundlage des umfassenden Eindrucks, den er in der Hauptverhandlung von der Tat und der Persönlichkeit des Täters gewonnen hat, die wesentlichen entlastenden und belastenden Umstände festzustellen, sie in eigener Verantwortung zu bewerten und gegeneinander abzuwägen.[764] Gründet das Tatgericht eine Entscheidung auch auf den **Eindruck**, den es von

---

757 Vgl die Begründung zum Regierungsentwurf eines 2. StVSichG – BT-Drucks. IV/651, S. 13; BGH NZV 2003, 199.
758 So auch die überwiegende Meinung in der Literatur. Statt aller: Kilger, ZRP 2009, 13.
759 BVerfGE 27, 36 = NJW 1969, 1623 (zu § 37 StGB aF).
760 OLG Hamm StVE, § 25 StVG Nr. 10 a; Stree/Kinzig in: Schönke/Schröder, § 44 StGB Rn 1 mwN; Fischer, StGB, § 44 Rn 2.
761 BayObLG StVE, § 44 Nr. 7; Stree/Kinzig in: Schönke/Schröder, § 44 StGB Rn 1.
762 BVerfGE 27, 36 = NJW 1969, 1623 (zu § 37 StGB aF).
763 OLG Köln DAR 1999, 87; LG München I NZV 2005, 56; Burmann in: Burmann/Heß/Jahnke/Janker, § 44 StGB Rn 7.
764 OLG Karlsruhe NZV 2005, 594 = NStZ-RR 2006, 23 = VRS 109, 340.

der Person des Angeklagte in der Hauptverhandlung gewonnen hat (im hier aufgehobenen Urteil: u.a. Heranziehung des negativen Eindrucks zur Begründung des Fahrverbots), dann hat es eine inhaltliche Konkretisierung durch die Mitteilung nachvollziehbarer Tatsachen vorzunehmen.[765]

2. Wechselwirkung mit der Hauptstrafe

427 Zwischen Hauptstrafe (Geldstrafe bzw Freiheitsstrafe) und Nebenstrafe besteht eine Wechselwirkung: beide gemeinsam betrachtet dürfen die Tatschuld nicht überschreiten.[766] Das tatrichterliche Urteil muss daher erkennen lassen, dass das Gericht diese Wechselwirkung berücksichtigt hat – das Fahrverbot darf also nur verhängt werden, wenn die Hauptstrafe allein nicht ausreicht.[767]

Hinweis: Diese Wechselwirkung legt es für Verteidiger nahe, mit dem Richter – wie in Bußgeldsachen – über ein Absehen vom Fahrverbot oder auch eine Verkürzung der ins Auge gefassten Fahrverbotslänge (zB nach Strafbefehlserlass!) gegen angemessene Erhöhung der Hauptstrafe zu verhandeln.

428 Die **Anhebung des Betrags der Tagessätze** einer Geldstrafe zur Kompensation eines nach § 44 Abs. 1 StGB in Betracht kommenden Fahrverbots ist aber nur in dem durch die Bemessungsvorschrift des **§ 40 Abs. 2 StGB** gezogenen Rahmen möglich. Es ist daher sachlichrechtlich unzulässig, eine die wirtschaftlichen Verhältnisse des Angeklagten übersteigende Tagessatzhöhe festzusetzen, um auf diese Weise die Verhängung eines an sich gebotenen Fahrverbots zu vermeiden.[768] Eine Anhebung des Betrags der einzelnen Tagessätze ist zwar mit § 331 Abs. 1 StPO vereinbar, sofern ein Gesamtvergleich des früheren und des neuen Rechtsfolgenausspruchs ergibt, dass der Angeklagte wirtschaftlich nicht schlechter gestellt wird als bei einem Fortbestand der Nebenstrafe.[769] Dem Tatrichter ist es aber verwehrt, bei der Festsetzung der Tagessatzhöhe den durch die Bemessungsgrundlagen des § 40 Abs. 2 StGB gezogenen Rahmen nach oben zu überschreiten. Das Gesetz ermöglicht es nicht, eine die wirtschaftlichen Verhältnisse des Angeklagten übersteigende Tagessatzhöhe festzusetzen, um auf diese Weise die Verhängung eines an sich gebotenen Fahrverbots zu vermeiden. Der Entscheidung darüber, ob der mit der Nebenstrafe Fahrverbot angestrebte spezialpräventive Zweck bereits mit der Hauptstrafe erreicht werden kann, darf vielmehr nur eine solche Hauptstrafe zugrunde gelegt werden, die unter Beachtung der gesetzlichen Vorgaben bemessen wird.

429 Die Erhöhung des Betrags der einzelnen Tagessätze im Hinblick auf den gleichzeitigen Wegfall eines Fahrverbots wird daher regelmäßig nur in Betracht kommen, wenn die Nichtanordnung des Fahrverbots zu einer nachhaltigen Verbesserung der wirt-

---

[765] OLG Köln Beschl. v. 3.5.2011 – III-1 RVs 80/11 = NZV 2011, 510 = NJW-Spezial 2011, 683 = DAR 2011, 478.
[766] BGHSt 29, 61 u. 43, 79, 81; BayObLG DAR 1999, 560; KG DAR 2007, 594; Fischer, StGB, § 44 Rn 2 mwN.
[767] KG DAR 2007, 594.
[768] OLG Karlsruhe NZV 2005, 594 = NStZ-RR 2006, 23 = VRS 109, 340.
[769] Vgl BGHSt 24, 11, 14 = NJW 1971, 105; BayObLG, NJW 1980, 849; OLG Karlsruhe NZV 2005, 594 = NStZ-RR 2006, 23 = VRS 109, 340.

schaftlichen Situation des Angeklagten führt.⁷⁷⁰ Allein die Entlastung von Einkommenseinbußen, die während der Dauer des Fahrverbots eingetreten wären, reicht hierfür nicht aus.⁷⁷¹

Hinweis: Das Urteil muss so tatsächliche Feststellungen zu den derzeitigen auch den für den Fall des Absehens vom Fahrverbot sich abzeichnenden wirtschaftlichen Verhältnissen enthalten.⁷⁷²

Eine Erhöhung der Tagessatzanzahl verstößt in der Berufungsinstanz bei alleinigem Rechtsmittel des Angeklagten gegen das Verschlechterungsverbot, weil sich die Länge der Ersatzfreiheitsstrafe gem. § 43 S. 2 StGB nach der Anzahl der Tagessätze bemisst und die Ersatzfreiheitsstrafe im Verhältnis zum Fahrverbot die schwerere Strafe darstellt.⁷⁷³ 430

Hinweis: Die Wechselwirkung gilt auch bei Freiheitsstrafen und Fahrverbot – eine Freiheitsstrafe kann also verlängert werden, wenn gleichzeitig vom Fahrverbot abgesehen wird.⁷⁷⁴

Ansonsten ist aus Sicht des Verteidigers darauf zu achten, dass die Wechselwirkung dazu führen kann, dass auch bei Fehlern im Rahmen der „allgemeinen" Strafzumessung aufgrund der Wechselwirkung von Haupt- und Nebenstrafe die Nebenstrafe nicht bestehen bleiben kann. Der Verteidiger darf sich also in einer Fahrverbotssache nicht nur darauf zurückziehen, reine Fahrverbotsfragen zu klären/zu prüfen, sondern muss seine Verteidigung auch auf etwaige Rechtsfehler im Bereich der Zumessung der Hauptstrafe einstellen. Weist der Strafausspruch im Urteil einen sachlichrechtlichen Mangel auf, weil es nicht erkennen lässt, von welchem Strafrahmen das Amtsgericht ausgegangen ist, so kann die angeordnete Festsetzung eines Fahrverbots nicht isoliert bestehen bleiben, da eine Wechselwirkung zwischen der Geldstrafe als der Hauptsache und dem Fahrverbot als Nebenstrafe besteht.⁷⁷⁵ Die sich gerade bei der Ahndung von Verkehrsverstößen aufdrängende ganzheitliche Betrachtungsweise wirkt sich nämlich insofern aus, als der strafschärfende Erfolg, der in der Verhängung der Nebenstrafe des Fahrverbots liegt, in der Regel zugleich bei der Bemessung der Hauptstrafe zu berücksichtigen ist.⁷⁷⁶ 431

3. Verfahrensfragen

Das Fahrverbot führt zu zahlreichen verfahrensrechtlichen Fragen: Kann das Fahrverbot in bestimmten Verfahrenskonstellationen überhaupt angeordnet werden? Was ist hier uU zu beachten? Welche Fehlerquellen gibt es? 432

---

770 OLG Karlsruhe NZV 2005, 594 = NStZ-RR 2006, 23 = VRS 109, 340 mwN.
771 Vgl BayObLG bei Janiszewski, NStZ 1988, 267.
772 OLG Karlsruhe NZV 2005, 594 = NStZ-RR 2006, 23 = VRS 109, 340.
773 BayObLG, NJW 1980, 849; OLG Karlsruhe, Urt. v. 15.9.2005 – 3 Ss 135/05 = NZV 2005, 594 = NStZ-RR 2006, 23 = VRS 109, 340.
774 BayObLG MDR 1978, 423; Fischer, StGB, § 44 Rn 23.
775 OLG Koblenz, Beschl. v. 18.10.2010 – 1 Ss 149/10 = BeckRS 2010, 29130 = NZV 2012, 404 = SVR 2011, 265.
776 OLG Koblenz, Beschl. v. 18.10.2010 – 1 Ss 149/10 = BeckRS 2010, 29130 = NZV 2012, 404 = SVR 2011, 265; BGH NJW 1980, 130, 131 mwN; OLG Karlsruhe NStZ-RR 2006, 23.

a) Anordnung ohne Erscheinen des Angeklagten in der Hauptverhandlung

433 Das Fahrverbot kann auch im **Abwesenheitsverfahren** gem. § 232 StPO ohne den Angeklagten verhängt werden. Eines Hinweises auf die Möglichkeit der Nebenstrafe in der Ladung bedarf es nicht (vgl § 232 Abs. 1 S. 1, 3 StPO). Die Anordnung des Fahrverbots ist auch möglich, wenn der Angeklagte gem. § 233 StPO von der Verpflichtung zum Erscheinen in der Hauptverhandlung entbunden ist.

b) Anordnung im Strafbefehl

434 Die Möglichkeit der Fahrverbotsanordnung durch **Strafbefehl** ist in § 407 Abs. 2 Nr. 1 StPO ausdrücklich vorgesehen. Richtet sich ein Einspruch gegen einen Strafbefehl in erster Linie oder ausschließlich gegen das angeordnete Fahrverbot, so kann dieser wegen der engen Wechselbeziehung zwischen Strafe und Fahrverbot idR nicht auf das Fahrverbot beschränkt werden.[777]

c) Jugendverfahren

435 Auch im vereinfachten Jugendverfahren (§ 76 S. 1 JGG) kann auf Fahrverbot erkannt werden.

Hinweis: Kommt es zu einem **Schuldspruch nach § 27 JGG**, so scheidet eine Fahrverbotsanordnung als Nebenstrafe aus – es fehlt hier an der von § 44 StGB vorausgesetzten Verurteilung.

d) Hinweispflicht

436 Der Wortlaut des § 265 Abs. 2 StPO spricht gegen das Erfordernis eines rechtlichen Hinweises, um das in der Anklage nicht erwähnte Fahrverbot anzuordnen.

Hinweis: Spätestens die Diskussion um die „Hauptstrafe Fahrverbot" zeigt, dass die Verhängung der geringeren „Strafstufe" Nebenstrafe eigentlich ohne rechtlichen Hinweis möglich sein muss. Bekanntlich ist auch die Verhängung einer Freiheitsstrafe statt Geldstrafe nicht vom Gericht anzukündigen.

437 Unter Berücksichtigung des Zwecks der Bestimmung, der darauf gerichtet ist, den Angeklagten vor Überraschungen zu schützen, dürfte eine Hinweispflicht jedoch nach derzeit hM zu bejahen sein.[778] Auch wenn man die Hinweispflicht grundsätzlich bejaht, so entfällt diese aber jedenfalls dann, wenn der Angeklagte auf die Möglichkeit der Entziehung der Fahrerlaubnis nach § 69 StGB hingewiesen worden ist, weil diese Maßregel jedenfalls einschneidender ist als das Fahrverbot.[779]

Hinweis: Verfahrensfehler wie der vergessene rechtliche Hinweis sind vom Verteidiger im Rahmen der Revision mit der begründungsintensiven Verfahrensrüge („... gerügt wird die Verletzung formellen Rechts...") geltend zu machen. Dies ist sehr feh-

---

[777] BayObLG NZV 2000, 50.
[778] So zB OLG Hamm VRS 41, 100; OLG Düsseldorf VM 1973, 14 Nr. 16; OLG Celle VRS 54, 268, 270; BayObLG VRS 55, 416 (Überraschungsurteil und daher Verstoß gegen faires Verfahren); König in: Hentschel/König/Dauer, Straßenverkehrsrecht, § 44 StGB Rn 19 mwN; aM OLG Saarbrücken OLGSt zu § 265 StPO S. 15, 17; KG VRS 53, 42; Burmann in: Burmann/Heß/Jahnke/Janker, § 44 StGB Rn 16; Meyer-Goßner, § 265 StPO Rn 24 je mwN; Schäfer, Strafzumessung, Teil 2 Rn 308.
[779] OLG Celle VRS 54, 268; OLG Düsseldorf VM 1973, 14 Nr. 16; Burmann in: Burmann/Heß/Jahnke/Janker, § 44 StGB Rn 16; Fischer, § 44 StGB Rn 23; aM LK-Geppert, § 44 Rn 96; im umgekehrten Falle ist jedoch ein rechtlicher Hinweis zwingend erforderlich!

leranfällig, was vor allem wenig erfahrene Verteidiger in ihre Verteidigungserwägungen einstellen sollten.

e) Rechtsmittelbeschränkung

Infolge der eingangs dargestellten **Wechselwirkung** von Hauptstrafe und Nebenstrafe Fahrverbot ist eine **Beschränkung des Rechtsmittels** nur auf die Fahrverbotsanordnung nicht möglich:[780]

438

„Seiner Rechtsnatur nach ist das Fahrverbot eine Nebenstrafe, wobei Haupt- und Nebenstrafe in einem inneren Abhängigkeitsverhältnis bzw in einer engen Wechselbeziehung stehen. Die Verhängung des Fahrverbots setzt die Feststellung voraus, dass die Hauptstrafe allein zur Erreichung des Strafzwecks nicht ausreicht, sondern neben der Strafe erforderlich ist. Das Fahrverbot als Warnungs- und Besinnungsstrafe bildet mit der Hauptstrafe eine Einheit und erfordert daher eine ganzheitliche Betrachtung. IdR beruhen die Entscheidungen über die Hauptstrafe und diejenige über das Fahrverbot ganz oder teilweise auf denselben tatsächlichen Feststellungen oder Erwägungen, so dass die Nachprüfung der Entscheidung über die Verhängung eines Fahrverbots ohne ein Eingehen auf die Tatsachen, die dem Ausspruch über die Hauptstrafe zugrunde liegen, nicht möglich ist. Wegen dieser engen inneren Verknüpfung der Zumessungserwägungen von Hauptstrafe und Fahrverbot ist eine isolierte Beschränkung der Revision auf das Fahrverbot nicht wirksam."[781]

Eine Beschränkung des Rechtsmittels ist nämlich nur möglich, wenn sie sich auf einen solchen Urteilsteil erstreckt, der losgelöst vom übrigen Urteilsinhalt nach dem inneren Zusammenhang rechtlich und tatsächlich selbstständig geprüft und beurteilt werden kann, ohne dass eine Prüfung der Entscheidung im Übrigen erforderlich ist.[782]

Hinweis: Zulässig ist aber die Beschränkung auf die Anordnung des Fahrverbots und die Gesamtstrafe.[783] Auch eine **Abhängigkeit** vom Schuldspruch ist **nicht gegeben**.[784] Auch besteht ein solches Abhängigkeitsverhältnis nicht zwischen Fahrverbot und ausgeurteilten Einzelstrafen.[785] Diese Aussage ist jedenfalls dort falsch, wo Gesamtstrafen aus Einzelstrafen gebildet werden, von denen nur einzelne überhaupt verkehrsrechtlicher Natur sind. Hier besteht mE auch eine Wechselwirkung mit den Einzelstrafen, die Anlass der Fahrverbotsanordnung sind/sein können.

Hinweis: Zur Rechtsmittelbeschränkung in allen anderen verkehrsstrafrechtlichen Fällen siehe Teil 2 **Rn 287 ff.**

---

780 OLG Düsseldorf NZV 1993, 76; OLG Hamm NZV 2006, 167 = NStZ 2006, 592 = VRS 109, 122; OLG Köln NZV 1996, 286 = DAR 1996, 154; Burmann in: Burmann/Heß/Jahnke/Janker § 44 StGB Rn. 17; Fischer, StGB, § 44 Rn 23.
781 So ausdrücklich: OLG Düsseldorf NZV 1993, 76 unter Verweis auf OLG Düsseldorf VRS 81, 184, 185 = NZV 1991, 237 = StVE § 69 StGB Nr. 33; OLG Frankfurt VRS 55, 181, 182; OLG Hamm VRS 49, 275; OLG Oldenburg VRS 42, 193, 194; OLG Celle VRS 37, 109, 110.
782 BGHSt 24, 185, 187 = NJW 1971, 1948 mwN; OLG Düsseldorf NZV 1993, 76.
783 OLG Jena NZV 2006, 167; Burmann in: Burmann/Heß/Jahnke/Janker, § 44 Rn 15; Fischer, StGB, § 44 Rn 23.
784 OLG Jena NZV 2006, 167.
785 OLG Jena NZV 2006, 167.

439 **In der Praxis ist also zu beachten:** Bei unzulässiger Rechtsmittelbeschränkung unterliegt das Urteil insgesamt der Überprüfung der nächsten Instanz. UU ist die Einlegung eines solchen beschränkten Rechtsmittels aber auch dahin auszulegen, dass die Rechtsmitteleinlegung sich nur auf die Rechtsfolge insgesamt beziehen soll. Eine solche Rechtsmittelbeschränkung auf die Rechtsfolge insgesamt ist wiederum nur dann wirksam, wenn die die Feststellungen in dem tatrichterlichen Urteil eine ausreichende Grundlage für die Strafzumessung ergeben und zwar auch hinsichtlich eines verhängten Fahrverbots.[786] Die Wechselwirkung bei der Fahrverbotsanordnung kann sich auch bei einer aus ganz anderen Gründen erfolgreichen Revision für den Verteidiger erfreulich auswirken: Weist nämlich der Strafausspruch im Urteil einen sachlichrechtlichen Mangel auf, weil es nicht erkennen lässt, von welchem Strafrahmen das Amtsgericht ausgegangen ist, so kann die angeordnete Festsetzung eines Fahrverbots nicht isoliert bestehen bleiben, da eine Wechselwirkung zwischen der Geldstrafe als Hauptstrafe und dem Fahrverbot als Nebenstrafe besteht.[787]

f) Verschlechterungsverbot – §§ 331, 358 Abs. 2 StPO

440 Wenn seitens des Angeklagten ein **Rechtsmittel gegen das Urteil** eingelegt wird, so stellt sich auch im Zusammenhang mit dem Fahrverbot oftmals die Frage, welche Entscheidungen durch das Rechtsmittelgericht überhaupt noch möglich sind, ohne gegen das Verschlechterungsverbot zu verstoßen. Wegen des Sonderfalles der Erhöhung der Hauptstrafe gegen Absehen vom Fahrverbot ist auf die obigen Ausführungen zur Wechselwirkung zwischen Haupt- und Nebenstrafe zu verweisen. Nachfolgende Übersicht gibt über alle relevanten Konstellationen in diesem Zusammenhang Auskunft:

Sachverhalt	Verstoß gegen Verschlechterungsverbot?	Fundstelle
Statt erstinstanzlicher Fahrerlaubnisentziehung wird erstmals das Fahrverbot festgesetzt	nein Hinweis: Dem steht insbesondere nicht der Umstand entgegen, dass damit auf eine gegenüber dem angefochtenen Urteil neue Nebenstrafe erkannt wird. Denn es kommt eben nicht auf die rechtsdogmatische Qualität der Sanktion, sondern auf ihre tatsächliche an.	OLG Stuttgart NJW 1968, 1792 = VRS 35, 16; OLG Celle VRS 34, 420; OLG Düsseldorf NZV 1991, 237; OLG Frankfurt NJW 1968, 1793; Burmann in: Burmann/Heß/Jahnke/Janker, StVR, § 44 StGB Rn 18; Fischer, StGB, § 44 Rn 23
Wie vorstehend, aber: neben Fahrverbotsanordnung statt Fahrerlaubnisentziehung wird die Geldstrafe (angemessen) erhöht	nein	OLG Koblenz VRS 47, 416; LG München I NZV 2005, 56

---

786 OLG Nürnberg, Beschl. v. 26.10.2010 – 2 St OLG Ss 147/10.
787 OLG Koblenz, Beschl. v. 18.11.2010, SVR 2011, 265 = NZV 2012, 404.

I. Fahrverbot des § 44 StGB im Strafverfahren

Sachverhalt	Verstoß gegen Verschlechterungsverbot?	Fundstelle
Isolierte Sperre (§ 69 a StGB) wird in Rechtsmittelinstanz gegen Fahrverbot ersetzt	ja	OLG Frankfurt VRS 64, 12; Burmann in: Burmann/Heß/Jahnke/Janker, StVR, § 44 Rn 18
Im Berufungsurteil wird erstmals ein Fahrverbot verhängt; die erstinstanzliche Geldstrafe wird in diesem Zuge herabgesetzt	ja	Burmann in: Burmann/Heß/Jahnke/Janker, StVR, § 44 StGB Rn 18; Fischer, StGB, § 44 Rn 23 mwN; Lackner/Kühl, StGB, § 44 Rn 12
	nein	OLG Schleswig VRS 65, 386
Angemessene Geldstrafe mit Fahrverbot wird festgesetzt, nachdem erstinstanzliches Urteil mit Freiheitsstrafenverurteilung angefochten wurde	nein	BayObLGSt 1977, 153 = StVE Nr. 5 zu § 44 StGB = VRS 54, 45; Fischer, StGB, § 44 Rn 23; Burmann in: Burmann/Heß/Jahnke/Janker, StVR, § 44 StGB Rn 18
Das erstinstanzliche Fahrverbot wurde auf ein sich aus mehreren Straftaten ergebendes Gesamtverhalten des Angeklagten gestützt. Auf ein Rechtsmittel des Angeklagten wird der Schuldspruch wegen einer von mehreren Taten aufgehoben, das Fahrverbot bleibt aber bestehen.	nein	BayObLG DAR 1966, 270
Ersetzung des Fahrverbots durch Fahrerlaubnisentziehung: Rechtsmittelgericht stellt nach erstinstanzlich nur festgesetztem Fahrverbot auf ein vom Angeklagten eingelegtes Rechtsmittel fest, dass dieser ungeeignet zum Führen von Kraftfahrzeugen ist.	ja, da die Entziehung der Fahrerlaubnis – ohne Rücksicht auf ihre rechtsdogmatische Qualifikation als Maßregel – jedenfalls gegenüber der Nebenstrafe des Fahrverbots die schwerere Sanktion ist	OLG Celle VRS 38, 432; Cramer NJW 1968, 1764

Hinweis: Zum Verschlechterungsverbot im Hinblick auf die Fahrerlaubnisentziehung Näheres bei Teil 2 Rn 310 ff.

4. Voraussetzungen für die Anordnung eines Fahrverbots nach § 44 StGB

441 Voraussetzung für die Anordnung des Fahrverbots ist eine Verurteilung des Angeklagten zu Freiheitsstrafe oder Geldstrafe (§ 44 Abs. 1 S. 1 StGB).

a) Verurteilung zu Freiheits- oder Geldstrafe

442 Es muss sich um die Verurteilung wegen einer Straftat im öffentlichen Straßenverkehr handeln:

- **Straftat:** Dies ist eine tatbestandsmäßige, rechtswidrige, schuldhafte Handlung, die nicht unerheblich sein darf.[788]

- **Öffentlicher Straßenverkehr:** Die Straftatenbegehung muss im öffentlichen Straßenverkehr stattgefunden haben.[789] Zu dem Begriff des öffentlichen Straßenverkehrs: Teil 1 Rn 352 ff. Dieses Merkmal ist zumeist schon innerhalb der zugrunde liegenden verkehrsstrafrechtlichen Tatbestände geprüft worden.

- **Verurteilung:** Nur im Falle der Verurteilung kann das Fahrverbot angeordnet werden. Dies unterscheidet das Fahrverbot von der Maßregel der Besserung und Sicherung des § 69 StGB, welche auch in Fällen von Nichtverurteilungen ergriffen werden können. Ein Schuldspruch ohne gleichzeitige Bestrafung genügt für die Anwendbarkeit des § 44 StGB nicht. Im Einzelnen:

  – Ein Fahrverbot scheidet aus, wenn gem. § 60 StGB von Strafe abgesehen wird.[790]

  – Da die Verhängung eines Fahrverbots nach § 44 Abs. 1 S. 1 StGB eine Verurteilung zu Freiheits- oder Geldstrafe voraussetzt, kann es nicht angeordnet werden, wenn eine Geldstrafe gem. § 59 StGB nur vorbehalten ist („**Verwarnung mit Strafvorbehalt**").[791] Das folgt im Übrigen nach hM auch aus § 59 Abs. 3 StGB, in dem zwar Maßregeln der Besserung und Sicherung genannt sind, nicht aber das Fahrverbot.[792] Es ist auch nicht möglich, neben der vorbehaltenen Freiheits- oder Geldstrafe auch ein Fahrverbot vorzubehalten, wie aus § 59 Abs. 1 S. 1 StGB folgt.[793] Ein neben vorbehaltener Freiheits- oder Geldstrafe angeordnetes Fahrverbot muss auf ein Rechtsmittel des Angeklagten aufgehoben werden. Das gilt auch dann, wenn die Voraussetzungen für eine Verwarnung mit Strafvorbehalt gem. § 59 StGB gar nicht vorgelegen haben, das Fahrverbot aber sachlich gerechtfertigt gewesen wäre.[794]

  – Ob das Gericht ein Fahrverbot anordnen darf, wenn es im Übrigen nach § 27 JGG lediglich die Schuld feststellt, ist umstritten. Nach richtiger Auffassung

---

788 BGHSt 24, 350 = NJW 1972, 1332 (zu § 37 StGB aF); OLG Düsseldorf VM 1971, 92 (zu § 37 StGB aF); Burmann in: Burmann/Heß/Jahnke/Janker, § 44 StGB Rn 6.
789 Burmann in: Burmann/Heß/Jahnke/Janker, § 44 StGB Rn 6; aA LG Stuttgart NZV 1996, 213; Fischer, StGB, § 44 Rn 7, der aber einen Bezug der Tat zum Straßenverkehr verlangt. In der Praxis wird sich dieser Streit kaum auswirken.
790 Burmann in: Burmann/Heß/Jahnke/Janker, § 44 Rn 15.
791 OLG Frankfurt/M., Beschl. v. 15.5.2013 – 2 Ss 139/13 = NZV 2014, 136; Timm, NZV 2014, 112; Burmann in: Burmann/Heß/Jahnke/Janker, § 44 Rn 15.
792 BayObLG NStZ 1982, 258; OLG Stuttgart NZV 1994, 405; aM Schöch, JR 1978, 74.
793 BayObLG NJW 1976, 301.
794 Meyer-Goßner, NStZ 1982, 258; aM BayObLG NStZ 1982, 258.

darf in Fällen des § 27 JGG (Schuldfeststellung) kein Fahrverbot gem. § 44 StGB angeordnet werden, weil es an der Verhängung einer Hauptstrafe fehlt, so dass auch eine Nebenstrafe zu unterbleiben hat.[795] Nach dem insoweit nicht auslegungsfähigen Wortlaut des § 44 Abs. 1 S. 1 StGB ist jedenfalls Verurteilung zu Freiheits- oder Geldstrafe notwendig, ein Erfordernis, das bei bloßer Schuldfeststellung fehlt.[796]

b) „... bei oder in Zusammenhang mit dem Führen eines Kraftfahrzeugs ..."

Der Regelfall des § 44 StGB wird die Tatbegehung „bei" dem Führen des Fahrzeugs sein. Gemeint sind hier die typischen Verkehrsdelikte als Fahrzeugführer, namentlich §§ 142, 240, 315 b, 315 c, 316 StGB, § 21 StVG oder auch § 6 PflVG. Soweit gem. § 44 StGB die Verhängung des Fahrverbots davon abhängt, dass die Straftat „im Zusammenhang mit dem Führen eines Kraftfahrzeuges" begangen wurde, gelten die gleichen Grundsätze wie bei § 69 StGB.[797]

Hinweis: Voraussetzung ist stets das Führen des Kraftfahrzeugs durch den Angeklagten selbst; Teilnahme genügt nicht.[798]

c) Tatbegehung unter Verletzung der Pflichten eines Fahrzeugführers

Diese Tatbestandsalternative ist ohne praktische Bedeutung – sie stellt nur einen Auffangtatbestand dar. Ein Fahrverbot kann hiernach festgesetzt werden, wenn durch den Angeklagten gegen gesetzliche Pflichten verstoßen wurde, die einem Kfz-Führer über das Lenken eines Kfz im Verkehr hinaus obliegen.[799]

Hier wird bei der Anwendung der Vorschrift vorsichtig vorzugehen sein, um nicht „durch die Hintertür" eine Halterhaftung zu konstruieren. Die Begehung bloßer Halterverstöße (also gegen Halterpflichten) ist nämlich nicht ausreichend für ein Fahrverbot nach § 44 StGB.[800] Möglich soll etwa ein Fahrverbot sein bei Überlassung des Fahrzeugs an

- Fahruntüchtige (zB betrunkene Fahrzeugführer),[801]
- Fahrzeugführer ohne Fahrerlaubnis.[802]

Hinweis: Insbesondere kommt das Fahrverbot dann in Betracht, wenn der überlassende Täter in dem Fahrzeug auch noch mitfährt.

d) Notwendigkeit der Nebenstrafe/„fahrverbotsfeindliche" Verfahrensdauer

Nach der Intention des Gesetzgebers hat das Fahrverbot des § 44 StGB in erster Linie spezialpräventive und nicht allgemeinabschreckende Ziele. Es hat im wesentlichen Warnfunktion und soll vor allem auf nachlässige und leichtsinnige Kraftfahrer ein-

---

795 Fischer, StGB, § 44 Rn 13; Burmann in: Burmann/Heß/Jahnke/Janker, § 44 Rn 15; Eisenberg § 27 Rn 20; LK-Geppert, § 44 Rn 12.
796 AM Stree/Kinzig in: Schönke/Schröder, § 44 StGB Rn 9; Lackner/Kühl, § 44 StGB Rn 5.
797 BGH BA 2005, 58, 59; NStZ 2004, 144, 145; Burmann in: Burmann/Heß/Jahnke/Janker, § 44 Rn 6.
798 Dreher/Fad, NZV 2004, 231, 234 f.
799 Burmann in: Burmann/Heß/Jahnke/Janker, § 44 Rn 6.
800 Fischer, StGB, § 44 Rn 11.
801 OLG Koblenz NJW 88, 152.
802 BGHSt 15, 316; Burmann in: Burmann/Heß/Jahnke/Janker, § 44 Rn 6.

wirken, um dazu beizutragen, dass diese nicht erneut gegen verkehrsrechtliche Vorschriften verstoßen.[803] **Voraussetzung** für die Verhängung des Fahrverbots ist also stets, dass es **neben der Strafe erforderlich ist, um den Strafzweck zu erreichen.** Es muss also **feststehen,** dass der mit dieser Nebenstrafe angestrebte Erfolg **mit der Hauptstrafe allein** – auch mit erhöhter Geldstrafe – **nicht erreicht** werden kann, sondern erst durch den zusätzlichen „Denkzettel" des Fahrverbots.[804]

Hinweis: Leugnen der Tat und prozessual zulässige Versuche, eine Ahndung abzuwenden, darf das Gericht dabei nicht als **Uneinsichtigkeit** würdigen, um daraus die Notwendigkeit der Anordnung der Nebenstrafe herzuleiten.[805]

aa) Belastungen durch Fahrverbot

447   Da auf das Fahrverbot **Strafzumessungsgesichtspunkte anzuwenden** sind, muss das Gericht auch die den Täter uU besonders **stark belastenden Auswirkungen** des Fahrverbots **berücksichtigen.**

Hinweis: Im Rahmen der Verhältnismäßigkeit muss es auch die Frage **prüfen, wie hart** die Nebenstrafe **den Angeklagten treffen** würde.[806]

Es muss dem Umstand Rechnung tragen, dass zB auch ein nur kurzes Fahrverbot den **Berufskraftfahrer regelmäßig wesentlich stärker belasten** wird als ein dreimonatiges Fahrverbot einen Gelegenheitsfahrer.[807] Dass das Fahrverbot in erster Linie spezialpräventive Ziele verfolgt, schließt aber die **Berücksichtigung generalpräventiver Aspekte** nicht aus.[808]

bb) Lange Verfahrensdauer

448   Bei einer schon mehrere Jahre zurückliegenden Tat wird es einer solchen Warnung an den Täter in der Regel nicht mehr bedürfen, so dass von einem Fahrverbot abzusehen sein wird.[809] Der BGH hat im Falle einer Verurteilung wegen gewerbsmäßiger Bandenhehlerei und Hehlerei ein Fahrverbot, das 1 3/4 Jahr nach der Tat neben einer siebenmonatigen Gesamtfreiheitsstrafe angeordnet worden war, als zur Zweckerfüllung nicht mehr geeignet erachtet.[810]

449   Diese Problematik firmiert in jüngerer Zeit unter dem Begriff der „**fahrverbotsfeindlichen Verfahrensdauer**".[811] Abzustellen ist hierbei letztlich auf die oben dargestellte Funktion des Fahrverbotes: Es erfüllt primär eine Erziehungsfunktion[812] und nur in

---

803   OLG Hamm DAR 2004, 535; OLG Stuttgart DAR 1998, 153; vgl die amtl. Begründung, BT-Drucks. IV/651 S. 9 ff.
804   BGH NJW 1972, 1332; OLG Stuttgart DAR 1999, 180.
805   OLG Köln DAR 1999, 87.
806   OLG Stuttgart DAR 1999, 180.
807   OLG Celle VRS 62, 38.
808   BayObLG MDR 1967, 510; Stree/Kinzig in: Schönke/Schröder, § 44 StGB Rn 1; Janiszewski Rn 650; aM OLG Köln NZV 1996, 286 (krit. Anm. Hentschel).
809   OLG Düsseldorf NZV 1993, 76; VRS 68, 262; aM LG Stuttgart NZV 1993, 412; anders auch LG Koblenz NStZ-RR 1996, 117 in einem Fall besonders schwerwiegender Tätlichkeit.
810   BGH zfs 2004, 133 (zust. Bode); ähnlich OLG Hamm DAR 2004, 535 (22 Monate nach Verurteilung gem. § 315 c Abs. 1 Nr. 2 a StGB).
811   Hierzu ausführlich: Krumm, NJW 2004, 1627; Ferner, SVR 2004, 20 (Rechtsprechungsübersicht).
812   Stree/Kinzig in: Schönke/Schröder, § StGB 44 Rn 1 mwN; Fischer, § 44 StGB Rn 2.

zweiter Linie generalpräventive Zwecke.⁸¹³ Ein Fahrverbot kann sich dementsprechend aufgrund der fehlenden Möglichkeit der Entfaltung seiner Denkzettelfunktion erübrigen, wenn die Tat lange Zeit vor der Aburteilung liegt und der Täter seitdem im Straßenverkehr nicht mehr aufgefallen ist.⁸¹⁴ Dabei reicht grundsätzlich ein Verstreichen von 1 1/2 Jahren zwischen Tat und Entscheidung noch nicht aus, um von der Verhängung eines ansonsten gebotenen Fahrverbots abzusehen.⁸¹⁵ Ein Fahrverbot ist nämlich dann als wirksame Warnungs- und Besinnungsstrafe anzusehen, wenn von ihm noch Wirkungen auf das zukünftige Fahrverhalten des Angeklagten ausgehen; zwar nehmen diese Wirkungen bei zunehmendem Zeitablauf ab, doch reicht es aus, wenn zu erwarten ist, dass das Fahrverbot – also das für eine gewisse Zeit ohne Führerschein Auskommenmüssen – den Angeklagten so stark beeindrucken wird, dass er in Zukunft nicht erneut in straßenverkehrsrechtlicher Hinsicht auffallen wird.⁸¹⁶

Hinweis: Nach Ansicht des LG München I soll es für ein Absehen vom Fahrverbot – Regelfahrverbot des § 44 Abs. 1 S. 2 StGB – schon genügen, dass keine Voreintragungen vorliegen und der Täter als Berufskraftfahrer seit der Tat ein Jahr lang gefahren ist, ohne aufzufallen.⁸¹⁷

Vereinzelte Entscheidungen vertreten gar die Ansicht, dass bei Vorliegen ganz besonderer Umstände sogar in einer tatrichterlichen Entscheidung fünf Jahre nach der Tat ein Fahrverbot angeordnet werden könne.⁸¹⁸ Richtig erscheint dies indes nicht. 450

Vielmehr ist auch für das Fahrverbot nach § 44 StGB die bislang für § 25 Abs. 1 S. 1 StVG anerkannte **Zweijahreslinie**⁸¹⁹ entsprechend zu übernehmen.⁸²⁰ Nur in gut begründeten Ausnahmefällen wird daher auch nach dem Verstreichen eines solchen Zeitraumes die Anordnung eines Fahrverbotes möglich sein, wobei – insoweit ist eine unterschiedliche Behandlung zu § 25 StGB geboten – auch generalpräventive Gründe aufgrund des Nebenstrafencharakters des § 44 StGB ausnahmsweise bei einiger Erheblichkeit dazu führen können noch zu späteren Zeiten ein strafrechtliches Fahrverbot auszusprechen. Die Ausdehnung auf fünf Jahre allerdings scheint übertrieben. Eine Verfahrensdauer von nur einem Jahr dagegen reicht noch nicht aus, um allein aus dem Gesichtspunkt der Verfahrensdauer von einer Anordnung eines eigentlich erforderlichen Fahrverbotes abzusehen.⁸²¹ Auch ein Jahr und vier Monate reichen nicht.⁸²² 451

---

813 BayObLG StVE, Nr. 7 zu § 44 StGB.
814 Stree/Kinzig in: Schönke/Schröder, § 44 StGB Rn 15.
815 LG Koblenz NStZ-RR 96, 117 = StVE, § 44 StGB Nr. 17 a (Körperverletzung nach Beinaheunfall); OLG Koblenz NZV 1988, 73, 74 (Trunkenheitsfahrt).
816 LG Stuttgart NZV 1993, 412.
817 LG München NZV 2005, 56.
818 OLG Düsseldorf StVE, § 44 StGB Nr. 11.
819 Ausführliche Darstellung bei Krumm, Das Fahrverbot in Bußgeldsachen, § 5 Rn 100 ff.
820 IE ebenso König in: Hentschel/König/Dauer, § 44 StGB Rn 9 mwN.
821 AG Lüdinghausen NZV 2005, 213; Burmann in: Burmann/Heß/Jahnke/Janker, § 44 Rn 7; Fischer, § 44 StGB Rn 2.
822 KG, Beschl. v. 4.3.2014 – (3) 121 Ss 27/14 (21/14) = BeckRS 2014, 10883 = NStZ-RR 2014, 321 = DAR 2014, 395 = zfs 2014, 529.

Hinweis: Zwischenzeitliche neue straßenverkehrsrechtliche Auffälligkeiten können zwar dazu führen, dass sich die „fahrverbotsfeindliche" Grenze verschiebt, doch auch nur dann, wenn sie nicht insgesamt länger als zwei Jahre zurückliegen und auch von einiger Erheblichkeit sind, woran es dann fehlt, wenn ein Fahrverbot für den neuerlichen Verstoß nicht vorgesehen ist.[823]

452 Eine Berücksichtigung der Dauer von vorläufigen strafprozessualen Maßnahmen nach §§ 94, 111 a StPO soll hierbei aufgrund anderer Zielrichtung der Vorschriften über die Sicherstellung des Führerscheins bzw (vorläufige) Entziehung der Fahrerlaubnis bei der Entscheidung über die Anordnung des Fahrverbotes keine Rolle spielen.[824] M.E. ist dies zu bezweifeln, da erfahrungsgemäß gerade eine solche „auf den Fuße folgende" (Vor-)Ahndung ob ihrer plötzlichen schmerzlichen Wirkung den meisten Eindruck bei Tätern macht.

453 Geschicktes Prozessverhalten des Angeklagten ist mE nicht geeignet, den Zeitraum der „fahrverbotsfeindlichen Verfahrensdauer" zu verlängern.[825] Entgegenstehende Tendenzen der Rechtsprechung[826] sind abzulehnen – sie sind mit dem Erziehungsgedanken, der dem Fahrverbot innewohnt, nicht vereinbar.

Hinweis: Aus Verteidigersicht sollten diese Entscheidungen stets im Auge behalten werden, zumal sie (noch) keine Untergrenze der zu langen Verfahrensdauer festlegen. Jedenfalls sollte in Fällen, in denen das Verfahren noch ein Jahr nach der Tat andauert, auf das Problem hingewiesen werden. Auch zeigt sich einmal mehr, dass es aus Verteidigersicht lohnenswert sein kann, alle in Betracht kommenden Verteidigungsmittel frühzeitig in das Verfahren einzuführen in der Hoffnung, die Sachverhaltsaufklärung vor dem Hintergrund des Amtsermittlungsgrundsatzes werde entsprechend Zeit in Anspruch nehmen. Auch Verfahrensfehler sollten so ruhig frühzeitig gerügt und nachdrücklich einer gerichtlichen Entscheidung zugeführt werden. Eine „scheibchenweise" Verteidigungsstrategie dagegen kann dazu führen, dass die Länge der Verfahrensdauer dem Beschuldigten angelastet wird, der hierdurch uU zeigt, dass es doch noch der Einwirkung des Fahrverbotes bedarf.

e) Umfang der Pflichtverletzung – Unterschied zu § 25 StVG

454 Eine **weitere Einschränkung**, dass die Tat „unter grober oder beharrlicher Verletzung der Pflichten eines Kraftfahrzeugführers" begangen sein müsse, **enthält die Norm** im Gegensatz zu § 25 StVG **nicht**. Eine derartige Einschränkung wäre **nach der Umwandlung der zahlreichen Verkehrsübertretungen in Ordnungswidrigkeiten** durch das EGOWiG vom 24.5.1968 (BGBl. I S. 503, 513) auch nicht gerechtfertigt, da eine Anordnung nach § 44 StGB im Allgemeinen nur (noch) bei erheblicheren Taten in Betracht kommt. Jedenfalls bei Vergehen ist Voraussetzung für ein Fahrverbot – eine

---

[823] Hierzu etwa: OLG Hamm DAR 2007, 714 (Tat lag 2 1/2 Jahre zurück; zwischenzeitliche erheliche Bußgeldverstöße lagen 2 Jahre zurück; in den letzten 2 Jahren nur ein Verstoß gegen Verbot der Mobiltelefonnutzung als Fahrer).
[824] Stree/Kinzig in: Schönke/Schröder, § 44 StGB Rn 15 (aA Warda, GA 65, 78 ff).
[825] Ausführlich hierzu: Krumm NJW 2004, 1627, 1629, ebenso: Burmann in: Burmann/Heß/Jahnke/Janker, § 44 StGB Rn 7.
[826] So zuletzt (für das Fahrverbot nach § 25 StVG): OLG Karlsruhe VRR 2007, 351; OLG Hamm NZV 2004, 600 und Beschl. v. 7.2.2008 – 4 Ss 21/08 bei www.burhoff.de.

I. Fahrverbot des § 44 StGB im Strafverfahren

Nebenstrafe – lediglich, dass es dem Verschulden des Täters und dem Maß seiner Pflichtwidrigkeit entspricht und neben der Hauptstrafe erforderlich ist, um den Strafzweck zu erreichen.[827] Die insoweit strengeren Anforderungen an die **Anordnung von Fahrverboten nach § 25 StVG** sind auf die Nebenstrafe des § 44 StGB also **nicht zu übertragen**.[828]

Das Fahrverbot ist – wie bereits dargestellt – als „Denkzettel" für nachlässige und leichtsinnige Kraftfahrer gedacht, um „den Täter vor dem Rückfall zu warnen und ihm ein Gefühl dafür zu vermitteln, was es bedeutet, vorübergehend ohne Führerschein zu sein",[829] es kann also auch bei einmaligem Versagen ausgesprochen werden. Bei der Einfügung des § 37 StGB aF als Vorläufer des § 44 StGB in das StGB ist „bewusst davon abgesehen" worden, das Fahrverbot über die Feststellung einer Verkehrsstraftat hinaus „an weitere sachliche Voraussetzungen zu knüpfen", um nicht diese Waffe gegen die Unfälle im Straßenverkehr stumpf zu machen.[830] Dem stimmte der Rechtsausschuss des Bundestages in seinem schriftlichen Bericht zum 2. StrVerkSichG zu, nachdem im Ausschuss zunächst erörtert worden war, ob nicht der Ausspruch des Fahrverbots etwa von einem besonders verantwortungslosen Verhalten oder von wiederholten Verkehrsverstößen abhängig zu machen sei.[831]

So können auch weniger gewichtige, selbst verhältnismäßig geringfügige, aber **wiederholte Verstöße** ein Fahrverbot nach § 44 StGB rechtfertigen, wenn sie eine Neigung zu bewusster Missachtung der Verkehrsvorschriften oder eine nachlässige Pflichtauffassung und Gleichgültigkeit gegenüber anderen Verkehrsteilnehmern offenbaren.[832] Feste Kriterien gibt es hier freilich nicht. Straftaten von geringem Gewicht reichen jedoch für sich allein idR nicht aus.[833] Zu verlangen ist, dass sich der Angeklagte durch die Verkehrsstraftat als ein **leichtsinniger oder pflichtvergessener Kraftfahrer** erwiesen hat.[834]

Neben der zu verhängenden Hauptstrafe wird ein Fahrverbot vielmehr **vor allem bei schwerwiegenden Verkehrsverstößen** in Betracht kommen, insbesondere solchen, die häufig **Ursache schwerer Unfälle** sind,[835] oder die – wie zB oft das Vergehen nach § 142 StGB – ein **besonderes Maß an Verantwortungslosigkeit und Rücksichtslosigkeit** gegenüber anderen offenbaren.

Hinweis: Auf **nur geringem Verschulden** beruhende Verkehrsstraftaten rechtfertigen die **Nebenstrafe** in aller Regel **nicht** – dies gilt aber sicher nur eingeschränkt in Fällen von Wiederholungstätern. So stellt sich natürlich die Frage, ob der dargestellte Streit

---

827 BGHSt 24, 350 = NJW 1972, 1332 (zu § 37 StGB aF).
828 BGHSt 24, 350 = BGH NJW 1972, 1332; OLG Oldenburg VRS 42, 193.
829 Amtl. Begründung zum RegE des 2. StrVerkSichG v. 26.11.1964, BGBl. I S. 921; BT-Drucks. IV/651 S. 12; vgl auch BVerfGE 27, 36, 41/42 = NJW 69, 1623, 1624; BGHSt 24, 350 = NJW 1972, 1332.
830 Amtl. Begründung S. 13.
831 Anl. zu BT-Drucks. IV/2161; BGHSt 24, 350 = NJW 1972, 1332; vgl auch Warda, GoltdA 1965, 65, 71; Lackner, JZ 1965, 92, 95.
832 Warda, GA 1965, 65, 75; Lackner, JZ 1965, 92, 95.
833 Stree/Kinzig in: Schönke/Schröder, § 44 StGB Rn. 15; OLG Koblenz NJW 1969, 282; OLG Celle NJW 1968, 1101; OLG Frankfurt DAR 1970, 250; Fischer, StGB, § 44 Rn 2.
834 OLG Düsseldorf VRS 68, 262; vgl auch die amtl. Begründung, BT-Drucks. IV/651 S. 13.
835 Bode, DAR 1970, 57.

im jeweils konkret zu beurteilenden Einzelfall überhaupt Bedeutung haben wird, da gerade bei alltäglichen und nicht als „grob pflichtwidrig" einzustufenden Taten von Ersttätern die Erforderlichkeit der Fahrverbotsanordnung mit besonderer Vorsicht zu prüfen ist.

5. Regelfahrverbot gem. § 44 Abs. 1 S. 2 StGB

458 Bei Verurteilung nach § 315 c Abs. 1 Nr. 1 a (Abs. 3) StGB oder nach § 316 StGB ohne gleichzeitige Entziehung der Fahrerlaubnis ist gem. § 44 Abs. 1 S. 2 StGB in der Regel ein Fahrverbot zu verhängen.

a) Regelmäßige Ersatzsanktion

459 Nicht zu verwechseln ist dieses Regelfahrverbot mit der Frage der „Regelentziehungsdelikte" des § 69 Abs. 2 StGB. In diesen Fällen – soweit sie nicht in § 44 Abs. 1 S. 2 StGB erwähnt sind – ist nicht regelmäßig das Fahrverbot als „Ersatzsanktion" festzusetzen, wenn es nicht zu einer Entziehung der Fahrerlaubnis kommt.[836]

460 Die Bedeutung des § 44 Abs. 1 S. 2 StGB ist vor allem prozessualer Natur: Aufgrund der regelmäßig vorzunehmenden Fahrverbotsanordnung geht die Darstellungslast des Tatrichters in seinem Urteil bei der Begründung des Fahrverbotes „gegen Null": Einer näheren **Begründung des Fahrverbots im Urteil** bedarf es nämlich nicht. Vielmehr genügt es, dass der Angeklagte einer der genannten Indiztaten schuldig ist.[837] Nur dies muss das Gericht also feststellen.

461 Von der Anordnung des Fahrverbotes darf in diesen Fällen nur dann abgesehen werden, wenn besondere Umstände eine Ausnahme rechtfertigen.

Hinweis: Der Verteidiger muss sich dieses Problems stets bewusst sein und seinen Vortrag hierauf einstellen. Er darf den Tatrichter also nicht nur überreden vom Fahrverbot abzusehen, sondern muss dem Tatrichter überzeugende Argumente an die Hand geben, um seine Entscheidung auch rechtsfehlerfrei begründen zu können, da beim Absehen vom Regelfahrverbot des § 44 Abs. 1 S. 2 StGB stets mit einer Rechtsmitteleinlegung der Staatsanwaltschaft zu rechnen ist.

462 Nach dem Wortlaut von § 44 Abs. 1 S. 2 StGB ist das Regelfahrverbot auch dann anzuordnen, wenn die gem. § 69 Abs. 2 StGB indizierte Entziehung der Fahrerlaubnis nach einem Trunkenheitsdelikt der genannten Art nur deswegen unterbleibt, weil der Maßregelzweck im Zeitpunkt der Hauptverhandlung durch schon länger währende vorläufige Führerscheinmaßnahmen erreicht ist.

b) Erschütterung der Regelwirkung

463 Nur in seltenen Fällen kann von dem Regelfahrverbot des § 44 Abs. 1 S. 2 StGB abgesehen werden – hier ist dann natürlich (anders als bei Verhängung des Regelfahrverbotes) eine ausführliche Urteilsbegründung erforderlich. Zu beachten ist hier, dass Gründe, die bereits zum Absehen von der Regelentziehung nach § 69 Abs. 2 StGB ge-

---

[836] BayObLG VRS 58, 362; OLG Köln DAR 1992, 152.
[837] OLG Köln DAR 1991, 112.

führt haben nur in seltenen Fällen nochmals auch im Rahmen des § 44 StGB fruchtbar gemacht werden können.

aa) Bedeutungslosigkeit durch Anrechnung

Eine hoch streitige Problematik ist die Frage, ob trotz **vollkommener Verrechnung** des Fahrverbots durch Anrechnung der Zeit einer vorläufigen Führerscheinmaßnahme (idR vorläufige Fahrerlaubnisentziehung) ein (Regel-)Fahrverbot festzusetzen ist. Folgende Positionen werden hier vertreten:

464

- Obwohl in solchen Fällen die Anordnung eines Fahrverbotes infolge der Anrechnungsvorschriften des § 51 Abs. 1, Abs. 5 StGB keinerlei praktische Bedeutung mehr für den Angeklagten hat, muss es nach hM dennoch in buchstabengetreuer Anwendung von § 44 Abs. 1 S. 2 StGB angeordnet werden.[838] Diese Ansicht wird u.a. darauf gestützt, dass jedenfalls die Eintragung des nur symbolisch wirkenden Fahrverbotes in das BZRG notwendig sei, weil sie für die Strafzumessung im Wiederholungsfall von Bedeutung sei („Kennzeichnungsfunktion").[839]

- Vereinzelt wird vertreten, die Anordnung des Fahrverbotes als solche trage trotz offenkundig wegen der Anrechnung gar nicht mehr stattfindender Vollstreckung bereits eine erzieherische Wirkung in sich.[840] Diese Ansicht ist mE abzulehnen. Selbst die hM geht nämlich richtigerweise davon aus, dass es sich bei dem Fahrverbot im Falle der völligen Aufzehrung durch Anrechnung nur um eine „leere Hülle" handelt.

- Praxisgerecht scheint vor allem die Mindermeinung zu sein, nach der das Gericht trotz § 44 Abs. 1 S. 2 StGB nicht verpflichtet ist, ein Fahrverbot zu verhängen, von dem keinerlei Wirkung mehr auf den Verurteilten ausgehen kann.[841] Die Eintragung eines solchen Fahrverbotes ist auch für die Strafzumessung in Wiederholungsfällen nicht von ausschlaggebender Bedeutung. Das Gericht kann sich nämlich unschwer durch Beiziehung der Vorstrafenakten Kenntnis darüber verschaffen, warum bei der Vorverurteilung weder eine Fahrerlaubnisentziehung noch ein Fahrverbot angeordnet wurde.[842] So äußert das LG Frankfurt sicher richtigerweise Bedenken, ob es mit dem verfassungsmäßigen Übermaßverbot vereinbar ist, eine Strafe, die keinerlei Wirkung entfalten kann, zu dem alleinigen Zweck zu verhängen, „sie in ein Register eintragen" zu können.[843]

Hinweis: Jedenfalls dann, wenn neben der völligen Anrechnung der Fahrverbotszeit weitere Gesichtspunkte hinzutreten, die eine ausreichend eingetretene Erziehungswirkung nahelegen, muss daher mE von der Anordnung der „leeren Fahrverbotshülle" abgesehen werden. Verteidiger und Gericht werden daher auf sol-

---

838 BGH VRS 57, 275; BayObLG DAR 1989, 365 – bei Bär –; Fischer, StGB, § 44 Rn 12; Burmann in: Burmann/Heß/Jahnke/Janker, § 44 StVG Rn 8.
839 König in: Hentschel/König/Dauer, § 44 Rn 8 a.
840 So aber: Schaller, SVR 2008, 473.
841 BayObLG NJW 1977, 445 (inzwischen aufgegeben); LG Frankfurt StV 1981, 628; Stree/Kinzig in: Schönke/Schröder, § 44 StGB Rn 16; AG Lüdinghausen NZV 2008, 419 = SVR 2008, 473 (aber für § 25 StVG).
842 AG Bad Homburg v. d. H. NJW 1984, 2840; Kulemeier S. 305.
843 LG Frankfurt StV 1981, 628.

che „Zusatzgesichtspunkte" achten müssen. Im tatrichterlichen Urteil wird hierzu bei gegebenem Anlass Stellung genommen werden müssen, warum das Gericht trotzdem die Regelahndung für erforderlich angesehen hat.

465 Solche Gesichtspunkte, die der Verteidiger für seine Verteidigung fruchtbar machen kann und auf die das Gericht besonders Augenmerk legen muss sind etwa:

- lange Verfahrensdauer,
- vorläufige Fahrerlaubnisentziehung übersteigt die Fahrverbotszeit deutlich,
- vorläufige Fahrerlaubnisentziehung führte zu besonderen Härten,
- vorläufige Fahrerlaubnisentziehung folgte der Tat unmittelbar „auf den Fuß",
- Verzicht auf StrEG-Entschädigung bei übersteigender vorläufiger Fahrerlaubnisentziehung,
- fehlende Voreintragungen,
- Unrechtseinsicht,
- zwischenzeitlich vollstrecktes Fahrverbot in anderer Sache,
- Absolvierung verkehrspsychologischer Maßnahmen.

Hinweis: Es lohnt also **für Verteidiger** idR derartige Gesichtspunkte auch im Falle der völligen Verrechnung des Fahrverbotes ausführlich darzulegen. Auch in späteren Verfahren kann dann das Absehen vom Fahrverbot ein Gesichtspunkt sein, der bei anderen fahrerlaubnisrelevanten Entscheidungen von Bedeutung sein kann.

bb) Andere Gesichtspunkte

466 Möglicherweise können **Kurzstreckenfahrten** auch eine Regelfahrverbotsanordnung entbehrlich machen. Gleiches gilt für Nachschulungskurse pp., wenn diese nicht nur auf die Ungeeignetheit des Fahrzeugführers Einfluss hatten, sondern auch erzieherisch wirkten – hiervon wird oft ausgegangen werden können. Die lange Verfahrensdauer kann jedenfalls dann, wenn sie den Zweijahreszeitraum erreicht, auch das Regelfahrverbot des § 44 Abs. 1 S. 2 StGB erzieherisch sinnlos sein lassen. Auch sonst sollen drohende ungewöhnliche Härten oder besondere Nachteile aufgrund des Fahrverbotes ein Grund sein, hiervon absehen zu können.[844]

Hinweis: Was Härten angeht, so sollten sich Richter und Verteidiger an den Erfordernissen zum Absehen vom Fahrverbot nach § 25 StVG orientieren,[845] die in Strafsachen „mit aller Vorsicht" herangezogen werden können.[846]

6. Stets nur „ein" Fahrverbot

467 In jedem Urteil (natürlich auch in jeder anderen Bußgeldentscheidung) darf das **Fahrverbot** stets **nur einmal** ausgesprochen werden, auch wenn im Falle mehrerer Taten

---

844 Burmann in: Burmann/Heß/Jahnke/Janker, § 44 StVG Rn 8.
845 Ausführlich hierzu: Krumm, Fahrverbot in Bußgeldsachen, §§ 6 f; Überblick hierzu bei Krumm, NJW 2007, 257.
846 König in: Hentschel/König/Dauer, § 44 StGB Rn 7 c.

jede der tatmehrheitlich begangenen Straftaten die Anordnung der Nebenstrafe rechtfertigen würde (§§ 53 Abs. 4, 52 Abs. 4 S. 2 StGB). Das gilt natürlich auch in den Fällen, in denen etwa für jede der abgeurteilten Taten die **Voraussetzungen des § 44 Abs. 1 S. 2 StGB** (Regelfahrverbot) vorliegen.[847]

Beispielstenor (bei Tatmehrheit):
Der Angeklagte wird wegen ... und ... zu einer Gesamtgeldstrafe von ... verurteilt.

Dem Angeklagten wird für die Dauer von ... Monat(en) verboten, Kraftfahrzeuge jeder Art im Straßenverkehr zu führen ...

Auch in Fällen, in denen der Angeklagte wegen einer **Straftat und** wegen einer **Ordnungswidrigkeit** verurteilt wird und in denen wegen beider Zuwiderhandlungen ein Fahrverbot gerechtfertigt wäre (§ 44 StGB bzw § 25 StVG), darf nach hM **nur ein einheitliches Fahrverbot** angeordnet werden.[848]

468

Ebenfalls nur ein Fahrverbot darf dann ausgesprochen werden, wenn im Urteil ausnahmsweise keine Gesamtstrafe gebildet wird.[849] Im Rahmen der nachträglichen Gesamtstrafenbildung ist auf eine Regelung auch zum Fahrverbot zu achten, falls eines der einbezogenen Urteile einen solchen Ausspruch enthält. Hierfür gilt § 55 Abs. 2 StGB. In der Regel ist also das Fahrverbot „aufrechtzuerhalten". Möglich soll auch ein erneuter (klarstellender) Ausspruch des Fahrverbots sein.[850]

469

Beispielstenor (Gesamtstrafe durch Einbeziehung einer Vorstrafe):
... Das Fahrverbot aus dem Urteil des Amtsgerichts X aus dem Urteil vom ... bleibt aufrechterhalten ...

7. Straftat und OWi-Fahrverbot

In der Rechtsprechung leider nicht weiter geklärt ist die Frage, wie mit zusammentreffenden Fahrverboten nach § 44 StGB und nach § 25 StVG in einem Strafverfahren umzugehen ist.[851] Wie im vorhergehenden Gliederungspunkt dargestellt ist auch in diesen Fällen stets – und zwar auch bei gegebener Tatmehrheit – **nach hM** nur ein einheitliches Fahrverbot **anzuordnen**.[852]

470

- Kommt bereits **wegen der Straftat ein Fahrverbot** in Betracht, dann überlagert dieses das Fahrverbot nach § 25 StVG.

- Kommt aber kein Fahrverbot nach § 44 StGB allein wegen des strafrechtlichen Vorwurfs in Betracht, so ist unter Berücksichtigung des Regelfahrverbots, was wegen der zurücktretenden (oder tatmehrheitlich im Rahmen einer prozessualen Tat verwirklichten) Ordnungswidrigkeit anzuordnen wäre, zu prüfen, ob doch ein Fahrverbot auch nach § 44 StGB erforderlich ist. Das **Regelfahrverbot** nach

---

847 BayObLG VM 1976, 57 Nr. 88; OLG Brandenburg VRS 106, 212.
848 OLG Celle NZV 1993, 157; LK-Geppert, § 44 Rn 79.
849 BayObLG VM 1976, 57 Nr. 88; Sternberg-Lieben/Bosch in: Schönke/Schröder, § 53 StGB Rn 33.
850 LG Stuttgart NZV 1996, 466.
851 Ausführlich hierzu: Krumm, NZV 2012, 210.
852 OLG Celle NZV 1993, 157; LK-Geppert § 44 Rn 79.

§§ 25 StVG soll hier ein **gewichtiges Indiz** für eine solche Anordnung darstellen.[853]

- Entsprechendes wird für die **Dauer des anzuordnenden Fahrverbotes** gelten. Überschreitet das bußgeldrechtlich festzusetzende Fahrverbot die Dauer des nur aufgrund des Strafvorwurfs strafrechtlich festzusetzenden Fahrverbots, so wird idR auch die Dauer des Bußgeldfahrverbots auf das Straffahrverbot zu übertragen sein.

- Kommt das Gericht zu der Überzeugung, dass auch unter Berücksichtigung der Gründe, die ein Fahrverbot nach § 25 StVG rechtfertigen, ein Fahrverbot nach § 44 StGB nicht festzusetzen ist, so ist auch im Strafverfahren das **Fahrverbot nach § 25 StVG anzuordnen,** vgl auch § 21 Abs. 1 S. 2 OWiG.[854] Hier kann bzw muss dann auch die Schonfrist des § 25 Abs. 2 a StVG bewilligt werden.

Hinweis: Für das strafrechtliche Fahrverbot ist die **Schonfristvorschrift** nach § 25 Abs. 2 a StVG **nicht** (auch nicht analog) **anwendbar.** Für den Verteidiger und den Angeklagten kann es daher wichtig sein, dass das Fahrverbot ausdrücklich auf § 25 StVG gestützt wird, wenn nämlich der Angeklagte Ersttäter war und hierdurch in den Genuss der Schonfrist des § 25 Abs. 2 a StVG kommt. Dem Strafrichter und dem Vertreter der Staatsanwaltschaft wird die Rechtsgrundlage des Fahrverbots meist gleichgültig sein – der Verteidiger sollte aber in jedem Falle für mit OWi-Sachen unerfahrene Strafrichter die übliche Formulierung der Schonfrist zur Sitzung mitbringen, um dem Tatrichter seine Entscheidung „zu erleichtern".

471 Obwohl in solchen Fällen eine **Gesamtstrafenbildung ausscheidet,** ist doch die Bestimmung des § 53 Abs. 4 in Verbindung mit **§ 52 Abs. 4 S. 2 StGB** entsprechend anwendbar mit der Folge, dass nur ein Fahrverbot von höchstens drei Monaten verhängt werden darf.[855] Wird dieses einheitliche Fahrverbot im **Urteil nicht sowohl auf § 44 StGB und auf § 25 StVG** bezogen, sondern ausdrücklich nur wegen der Straftat oder wegen der Ordnungswidrigkeit verhängt, so kann sich daraus allerdings ein ungerechtfertigter **Vorteil für den Angeklagten** ergeben: Ficht er das Urteil wegen derjenigen Tat an, wegen der das Fahrverbot angeordnet wurde und wird die Verurteilung insoweit aufgehoben, so ist das Fahrverbot entfallen. Das Verschlechterungsverbot verbietet es, nunmehr etwa wegen der verbleibenden Verurteilung das (insoweit nicht verhängte) Fahrverbot anzuordnen.

8. Beschränkung auf bestimmte Fahrzeugarten

472 § 44 Abs. 1 S. 1 StGB ermöglicht die Fahrverbotsanordnung für **alle Fahrzeugarten** (dies ist **in der Praxis die Regel**) oder auch für einzelne Fahrzeugarten. Wird eine bestimmte Kraftfahrzeugart vom Fahrverbot ausgenommen, so muss der Verurteilte bei der zuständigen Straßenverkehrsbehörde einen **Ersatzführerschein beantragen,** aus dem die Beschränkung ersichtlich ist.[856]

---

853 König in: Hentschel/König/Dauer, § 44 StGB Rn 7 b.
854 König in: Hentschel/König/Dauer, § 44 StGB Rn 7 b.
855 LK-Geppert, § 44 Rn 79.
856 LK-Geppert, § 44 Rn 46.

Hinweis: Praktikabler ist die teils von Verwaltungsbehörden gewählte Möglichkeit, dem Beschuldigten „aufgrund von § 74 FeV und abweichend von § 4 Abs. 2 FeV" wie bei Ausnahmen von der vorläufigen Fahrerlaubnisentziehung zu genehmigen, die ausgenommenen Fahrzeugarten führen zu dürfen ohne einen Führerschein mitzuführen und anzuordnen, dass diese Ausnahmegenehmigung (im gesiegelten Original) nur in Verbindung mit einem gültigen Reisepass oder Personalausweis gilt.

Der Begriff der **Fahrzeugart** deckt sich mit der Fahrzeugart in § 69 a Abs. 2 StGB, so dass hierzu auf die Erörterungen unter Teil 2 Rn 234 Bezug genommen werden kann. Allerdings gelten **hier andere sachliche Kriterien** als bei der Ausnahme einer bestimmten Kraftfahrzeugart von der Fahrerlaubnissperre. Anders als bei der Maßregel der §§ 69, 69 a StGB sind nämlich **Strafzumessungskriterien** maßgebend.[857] Die besonderen Auswirkungen des Fahrverbots auf den Angeklagten, zB die **wirtschaftlichen und beruflichen Konsequenzen**, insbesondere für den Erhalt seines Arbeitsplatzes, können hier eine entscheidende Rolle spielen. Die Verhängung eines **unbeschränkten Fahrverbots** verstößt nämlich gegen das **Übermaßverbot**, wenn die Strafzwecke auch mit einem auf bestimmte Kraftfahrzeugarten beschränkten Fahrverbot erreicht werden können.[858]

473

Hinweis: Dem **Verteidiger** ist zu empfehlen, auf besondere Umstände für eine Ausnahmebewilligung rechtzeitig **in der Hauptverhandlung hinzuweisen**.

Nach Rechtskraft der das Fahrverbot anordnenden Entscheidung ist nämlich die Beschränkung der Nebenstrafe auf bestimmte Kraftfahrzeugarten **nicht mehr möglich**.[859]

9. Fahrverbot bei ausländischen Führerscheinen

Das Fahrverbot nach § 44 StGB kann **uneingeschränkt** auch gegen Inhaber einer im Ausland erteilten Fahrerlaubnis angeordnet werden. Bei der Vollstreckung ist hier zu unterscheiden:

- **EU-/EWR-Fahrerlaubnis**: Führerscheine aus EWR- bzw EU-Mitgliedstaaten werden wie deutsche Führerscheine verwahrt, vgl § 44 Abs. 2 S. 3 StGB.
- **„Drittstaaten"-Fahrerlaubnis**: In andere ausländische Führerscheine ist ein Vermerk über das Fahrverbot anzubringen, § 44 Abs. 2 S. 4 und Abs. 3 S. 1 StGB.

474

10. Wirksamwerden, Vollstreckung und Fristablauf

Fragen des Wirksamwerdens des Fahrverbotes und der Berechnung des Fahrverbotsendes werden von den Verfahrensbeteiligten häufig nur ungenügend beachtet. Neben der hiermit quasi „kraft Natur der Sache" befassten Vollstreckungsbehörde muss sich vor allem der Verteidiger hiermit beschäftigen, um seinem Mandanten nicht fal-

475

---

857 OLG Köln DAR 1991, 112.
858 OLG Köln DAR 1991, 112.
859 Vgl dazu LG Aschaffenburg DAR 1978, 277.

sche Informationen zu geben. Es kann dabei leicht zu Irrtümern auf Seiten des Verurteilten kommen.[860]

a) Bedeutung des Zeitpunkts der Rechtskraft und Wirkung

476 Gem. § 44 Abs. 2 S. 1 StGB wird das Fahrverbot **mit der Rechtskraft des Urteils** (Strafbefehls) **wirksam**. Eine dem § 25 Abs. 2 a StVG entsprechende Möglichkeit eines Aufschubs des Wirksamwerdens bis zu vier Monaten besteht nicht und zwar auch dann nicht, wenn bei Verwirklichung auch eines Regelfahrverbotstatbestandes des § 25 StVG ein einheitliches auf § 44 StGB fußendes Fahrverbot festgesetzt wurde.

Hinweis: Der Verteidiger sollte daher mit dem Tatrichter ausdrücklich diese Problematik erörtern. Möglicherweise lässt sich nach der Straftatenbegehung mit (zurücktretender Ordnungswidrigkeit) auch die Anordnung des Fahrverbotes nach § 25 StVG vertreten, so dass hier die **Schonfrist auch im Strafverfahren** gewährt werden kann/muss.

477 Das (in aller Regel alle Fahrzeugarten umfassende) Fahrverbot gilt auch für führerscheinfreie **Mofas**. Die Wirkung des Fahrverbots tritt unabhängig davon ein, ob der Verurteilte zunächst noch im Besitz seines Führerscheins ist oder nicht. Der Einwand des Angeklagten, er habe angenommen, das Fahrverbot gelte erst mit der Abgabe des Führerscheins, hindert nicht seine Verurteilung wegen fahrlässigen Fahrens ohne Fahrerlaubnis.[861]

Hinweis: Es ist hier aber evtl zu prüfen, ob und wie der Beschuldigte bei Anordnung des Fahrverbots belehrt wurde. Insbesondere lediglich mündlich erteilte Belehrungen sind relativ fehleranfällig, was die Mitteilung des Beginns des Fahrverbots und des Beginns der Fahrverbotsdauer betrifft.

478 Die Frage einer Geltung des Fahrverbots auch im Ausland lässt sich nicht mithilfe der deutschen Bestimmungen klären. In derartigen Fällen ist vielmehr unter Heranziehung des Rechts des betreffenden ausländischen Staates zu prüfen, welche rechtlichen Konsequenzen nach den dortigen Vorschriften ein in Deutschland verhängtes Fahrverbot hat. Eine legale Teilnahme am motorisierten Straßenverkehr im Ausland während des Fahrverbots wird aber regelmäßig ausscheiden, weil diese in aller Regel auch im Ausland das Mitführen eines Führerscheins voraussetzt.

b) Kein Aufschub der Fahrverbotsvollstreckung

479 Will der Verurteilte **Einfluss auf den Beginn des Fahrverbots** nehmen, etwa, weil er beabsichtigt, für die Zeit seiner Dauer Urlaub zu nehmen, so besteht **keine Möglichkeit eines Vollstreckungsaufschubs**.[862] Das gilt für einen **Vollstreckungsaufschub** gem. § 456 StPO **im Gnadenweg**, ebenso aber auch zB für die Fälle eines Antrags auf Wiedereinsetzung in den vorigen Stand (§ 47 Abs. 2 StPO). Aufgeschoben werden könnten nämlich nur die notwendigen Vollzugsmaßnahmen, dh die amtliche Ver-

---

860 Vgl. etwa OLG Koblenz, Beschl. v. 6.4.2010 – 1 Ss 185/09 = NZV 2010, 368 = BeckRS 2010, 08898 zur verlängerten Fahrverbotsdauer wegen verspäteter Führerscheinabgabe.
861 BayObLG VRS 62, 460.
862 Fischer, StGB, § 44 Rn 18.

wahrung des Führerscheins. Ein Aufschub der amtlichen Führerscheinverwahrung als Vollstreckungsmaßnahme könnte aber nicht die Wirkung des Fahrverbots hemmen, sondern allenfalls die Verbotsfrist verlängern.[863]

Eine **Einflussnahme auf den Beginn** des zu verhängenden bzw verhängten Fahrverbots ist nur insoweit möglich, als der Angeklagte oder Verurteilte Einfluss auf den Beginn der Rechtskraft nehmen kann. Soweit es nur um verhältnismäßig kurze Zeiträume geht, ist dies uU auch durch einen entsprechenden **Antrag beim Gericht auf Anberaumung eines späteren Termins** möglich. 480

Hinweis: Hier bietet sich für den Verteidiger das **persönliche (telefonische) Gespräch mit dem zuständigen Richter** an, um Irritationen, so etwa durch unbegründete Terminsverlegungsanträge zu vermeiden. Bei einer klaren Darstellung des Begehrens wird der Richter hier meist dem Wunsch des Betroffenen nachkommen.

Eine weitere Möglichkeit für den Angeklagten, den **Beginn des Fahrverbots hinauszuschieben**, ist die Einlegung eines **Rechtsmittels**. Hierdurch können meist mehrere Monate Zeitverschiebung erreicht werden. 481

c) Vollstreckung des Fahrverbots

Die Vollstreckung richtet sich nach der Herkunft der jeweiligen Fahrerlaubnis: 482

Deutsche Fahrerlaubnis: Die Vollstreckung des Fahrverbots richtet sich nach § 463 c StPO – der Führerschein ist für die Dauer des Fahrverbots **amtlich zu verwahren**, vgl § 44 Abs. 2 S. 2 und 3 StGB. Befindet sich der Führerschein des mit dem rechtskräftigen Fahrverbot belegten Verurteilten noch nicht bei der Akte/in amtlicher Verwahrung, so fordert ihn die nach § 451 Abs. 1 StPO zuständige Vollstreckungsbehörde (hier der Rechtspfleger – § 31 Abs. 2 S. 1 RPflG) an. Die Einzelheiten der Vollstreckung des Fahrverbots regelt § 59 a StVollstrO. 483

Bei nicht freiwilliger Herausgabe wird der Führerschein **beschlagnahmt**, § 463 c Abs. 1 StPO. Eines Durchsuchungsbeschlusses bedarf es in diesen Fällen nicht, da es sich bei der Fahrverbotsanordnung nach § 44 StGB um eine zu vollziehende richterliche Entscheidung handelt. 484

Hinweis: Für den Verteidiger ist es wichtig, den Mandanten über den Rückerhalt des Führerscheins aufklären zu können. Hier gilt nach § 59 a Abs. 2 StVollstrO: *„Sofern die verurteilte Person nicht erklärt hat, dass sie den Führerschein abholen werde, wird dieser ihr so rechtzeitig durch eingeschriebenen Brief zugesandt, dass er am letzten Tag der Verbotsfrist … bei ihr eintrifft. Der verurteilten Person wird bei der Rückgabe mitgeteilt, zu welchem Zeitpunkt ein Fahrverbot endet."* Der letzte Satz zeigt, dass selbst der „Gesetzgeber" um die Gefahr des Hervorrufens eines Irrtums über das Ende des Fahrverbots weiß. Ist der Verurteilte also nach Rücksendung des Führerscheins zu früh gefahren, so muss der Verteidiger sich mit dem Anschreiben der Vollstreckungsbehörde bei der Rücksendung und der Vorstellung des Mandanten intensiv auseinandersetzen.

---

863 OLG Köln NJW 1987, 80.

485 Wird der Führerschein bei der Durchsuchung nicht vorgefunden, so kann der Verurteilte nach § 463 c StPO zur Abgabe einer eidesstattlichen Versicherung über den Verbleib des Führerscheins aufgefordert werden. Die allgemeinen Vorschriften der ZPO sind hiernach anwendbar.

486 **EU-/EWR-Fahrerlaubnis:** Ausländische EU-/EWR-Führerscheine werden im Rahmen der Vollstreckung nicht anders als deutsche Führerscheine behandelt.

487 **„Drittstaaten"-Fahrerlaubnis:** In anderen ausländischen Führerscheinen wird das Fahrverbot lediglich vermerkt, vgl § 463 c Abs. 2 StPO.

d) Berechnung der Verbotsfrist

488 Die Berechnung der Verbotsfrist bereitet häufig Probleme. In Zweifelsfällen sollte der Verteidiger **frühzeitig Kontakt zu der Vollstreckungsbehörde** aufnehmen, um deren Rechtsansicht zu erfahren und noch rechtzeitig eine gerichtliche Klärung erreichen zu können.

aa) Beginn mit der amtlichen Verwahrung des Führerscheins

489 Wie dargestellt werden nach Eintritt der Rechtskraft

- deutsche Führerscheine

- sowie **EU-/EWR-Führerscheine** von Verurteilten mit ordentlichem **Wohnsitz in Deutschland** amtlich verwahrt (§ 44 Abs. 2 S. 2 und 3 StGB).

Mit dieser Verwahrung beginnt gem. § 44 Abs. 3 S. 1 StGB die Verbotsfrist zu laufen. Verzögert der Verurteilte die Führerscheinabgabe, so verlängert sich daher für ihn die Dauer des Fahrverbots, weil dessen Wirkungen bekanntlich schon mit der Rechtskraft eintreten. **Maßgebend für den Fristbeginn** ist der Eingang des Führerscheins beim Gericht; es kommt also auf den **Eingangsstempel** an.[864] Über diese Fristprobleme muss auch der Verteidiger nochmals dringend den Verurteilten aufklären, da gerichtliche Belehrungen oftmals schlichtweg nicht von den Beschuldigten wahrgenommen/verstanden werden. Wichtig ist in diesem Zusammenhang die Abgabe aller Führerscheine – stellt sich etwa Monate später heraus, dass der Angeklagte noch im Besitz eines Zweitführerscheins war, so gilt das Fahrverbot als nie angetreten.[865]

Hinweis: Mofa-Prüfbescheinigungen gem. § 5 FeV sind **keine Führerscheine** iSd § 44 Abs. 2 S. 2, Abs. 3 S. 1 StGB, brauchen also nicht in amtliche Verwahrung gegeben zu werden.[866]

490 Nachteile hinsichtlich des Fristbeginns hat der Angeklagte dann, wenn er den Führerschein nicht freiwillig zu den Akten reicht und dieser daher durch die Polizei beschlagnahmt werden muss. Die **Beschlagnahme durch die Polizei begründet** nämlich noch **keine amtliche Verwahrung** iSd § 44 Abs. 2 S. 2 StGB. Dies hat zur Folge, dass

---

864 Wollentin/Breckerfeld, NJW 1966, 632.
865 Weiteres zu dieser Problematik aus der Sicht des Fahrverbots nach § 25 StVG: Krumm, Fahrverbot, § 12.
866 BayObLG NZV 1993, 199; König in: Hentschel/König/Dauer, § 44 StGB Rn 15.

I. Fahrverbot des § 44 StGB im Strafverfahren 2

dem Verurteilten die Zeit zwischen der polizeilichen Beschlagnahme und dem Eingang des Führerscheins bei Gericht nicht zugutekommt.[867]

Hinweis: Zu warnen ist vor der **Inverwahrunggabe des Führerscheins** bei einer unzuständigen Behörde. Hier soll nach hM keine Verwahrung stattfinden, so dass hierdurch keine Erledigung des Fahrverbotes durch Ingangsetzen der Fahrverbotsfrist eintritt.[868] In derartigen Fällen sollte sich der Verteidiger mit der Vollstreckungsbehörde (StA in Erwachsenenstrafsachen/Jugendrichter bei Jugendlichen und ihnen gleichgestellten Heranwachsenden) ins Benehmen setzen. Notfalls ist ein Gnadenverfahren wegen der „falschen Verwahrung" anzustrengen, um die Anrechnung dieser Zeit zu erreichen. Die Polizei ist nicht verpflichtet, Führerscheine entgegenzunehmen. In § 59 a Abs. 5 S. 3 StVollstrO findet sich aber nun folgende Vorschrift: „*Gelangt der Führerschein zur Vollstreckung des Fahrverbots zunächst in den Gewahrsam einer anderen Stelle, die mit der Verfolgung oder Ahndung von Straftaten oder Ordnungswidrigkeiten, aufgrund derer ein Fahrverbot verhängt werden kann, oder der Vollstreckung von Fahrverboten befasst ist, wird die Verwahrzeit in die Verbotszeit eingerechnet.*" Hierdurch wird dann auch die Abgabe an die Polizei und die Einrechnung dieser „Verwahrung" in die Fahrverbotsfrist angeordnet. Über die Möglichkeit der Abgabe bei der Polizei sollte aber zuvor mit ihr und auch der Vollstreckungsbehörde gesprochen werden.

Hat die Staatsanwaltschaft Rechtsmittel gegen das Urteil eingelegt, so kann der Verurteilte den Fristbeginn nicht dadurch vor Rechtskraft des Urteils herbeiführen, dass er den Führerschein sogleich zu den Akten reicht. Die Fahrverbotsfrist wird nämlich – abgesehen von dem Fall der §§ 111 a Abs. 5 S. 2, 450 Abs. 2 StPO – nur durch eine solche „amtliche Verwahrung" in Lauf gesetzt, die nach Rechtskraft des Urteils erfolgt. Dies ergibt sich aus dem Zusammenhang von § 44 Abs. 2 S. 2 und Abs. 3 S. 1 StGB. Dieses Ergebnis ist auch durchaus gerechtfertigt. Eine vor Rechtskraft des Urteils erfolgte Führerscheinabgabe würde den Angeklagten nämlich nicht hindern, weiterhin am fahrerlaubnispflichtigen Fahrzeugverkehr teilzunehmen, ohne sich strafbar zu machen. Ein solches Verhalten wäre kein Verstoß gegen § 21 StVG, sondern nur eine Ordnungswidrigkeit nach § 4 Abs. 2 S. 2 FeV.[869]

491

bb) Fristbeginn, wenn der Verurteilte keine Fahrerlaubnis hat

Ist der Angeklagte nicht im Besitz einer Fahrerlaubnis, so kann die Bestimmung des § 44 Abs. 3 S. 1 StGB über den Beginn der Fahrverbotsfrist mit Abgabe des Führerscheins in amtliche Verwahrung keine Anwendung finden. Die Frist beginnt dann **mit dem Tag der Rechtskraft des Urteils**.[870]

492

cc) Fristberechnung bei gleichzeitiger oder nachträglicher Fahrerlaubnisentziehung

Wird im Urteil neben der Anordnung eines Fahrverbots zugleich auch die Fahrerlaubnis gem. § 69 StGB entzogen, so unterliegt der Führerschein des Verurteilten

493

---

867 LK-Geppert § 44 Rn 61; H.-J. Koch, DAR 1966, 343; aM Schäpe, DAR 1998, 10, 13.
868 König in: Hentschel/König/Dauer, § 44 StGB Rn 12.
869 OLG Köln VRS 71, 54.
870 Vgl auch die amtl. Begründung zu § 44 StGB, BT-Drucks. IV/651 S. 14, 15.

gem. § 69 Abs. 3 S. 2 StGB der Einziehung. Der Verurteilte hat dann keinen Führerschein mehr, den er in amtliche Verwahrung geben könnte, um die Fahrverbotsfrist in Lauf zu setzen. Auch in diesem Fall muss daher die Fahrverbotsfrist schon **mit dem Tag der Rechtskraft des Urteils** beginnen.[871]

494 Eine ähnliche Situation kann eintreten, wenn der Angeklagte nach Rechtskraft des Fahrverbots den Führerschein nicht sogleich in amtliche Verwahrung gibt, ihm sodann aber durch ein anderes strafgerichtliches Urteil oder auch durch die Verwaltungsbehörde die Fahrerlaubnis entzogen wird. Dann kann die Fahrverbotsfrist zwar nicht schon mit der Rechtskraft des die Nebenstrafe nach § 44 StGB aussprechenden Urteils beginnen, weil dem Verurteilten die Verzögerung der Führerscheinabgabe nicht zugutekommen kann. Die Frist muss dann aber spätestens mit dem Zeitpunkt zu laufen beginnen, in dem ihm durch die nachträgliche Entziehung der Fahrerlaubnis die Abgabe des Führerscheins unmöglich wird.[872]

495 Auch in anderen Fällen, in denen der Verurteilte aus Rechtsgründen keinen Führerschein zu den Akten geben kann, beginnt die Fahrverbotsfrist spätestens zu dem Zeitpunkt zu laufen, in dem diese Situation eintritt. Das betrifft zB den Fall, dass dem Verurteilten in einer anderen Sache die Fahrerlaubnis vorläufig entzogen und sein Führerschein beschlagnahmt wird oder dass er zwar gegen die verwaltungsbehördliche Entziehung der Fahrerlaubnis Widerspruch eingelegt oder Anfechtungsklage erhoben hat, jedoch sofortige Vollziehung der verwaltungsbehördlichen Maßnahme angeordnet ist.[873]

dd) (Tatsächlicher) Führerscheinverlust

496 Hat der Verurteilte den Führerschein verloren, so ist er aus tatsächlichen Gründen außerstande, einen gültigen Führerschein in amtliche Verwahrung zu geben. Er wird dann möglicherweise aufgefordert werden, einen Ersatzführerschein zu den Akten zu reichen.[874] Beschafft er sich keinen Ersatzführerschein, so kann ihn das hinsichtlich des Beginns der Fahrverbotsfrist aber nicht benachteiligen. Nach § 44 Abs. 2 S. 2 StGB – ebenso beim Fahrverbot nach Ordnungswidrigkeiten gem. § 25 Abs. 2 S. 2 StVG – hängt der Beginn der Verbotsfrist nämlich von der amtlichen Verwahrung eines „ausgestellten" (nicht: auszustellenden) Führerscheins ab.[875]

Hinweis: Die Verbotsfrist beginnt daher **spätestens mit dem Zeitpunkt eines nach Rechtskraft eingetretenen Führerscheinverlustes** zu laufen,[876] bei **Verlust vor Rechtskraft** des Urteils im Zeitpunkt des **Eintritts der Rechtskraft**.[877]

Das ist allerdings **nicht unbestritten**. **Abweichend** von der hier vertretenen Ansicht, wird teils vertreten, bei behauptetem Führerscheinverlust beginne die Verbotsfrist

---

871 LK-Geppert § 44 Rn 64; eingehend dazu Hentschel, DAR 1988, 156.
872 LK-Geppert § 44 Rn 64; Pohlmann/Jabel/Wolf, § 59 a Rn 25; aM Bouska, VD 1978, 99, 101.
873 LK-Geppert § 44 Rn 64; Hentschel, DAR 1994, 75.
874 AG Bremen, Beschl. v. 28.7.2010 – 82 Cs 650 Js 62443/09 (12/10) = NZV 2011, 151 = BeckRS 2011, 05938; Seib, DAR 1982, 283.
875 LK-Geppert § 44 Rn 65.
876 AG Viechtach NZV 2007, 159 = NStZ-RR 2006, 352; LG Hamburg DAR 2003, 327; AG Neunkirchen zfs 2005, 208; Schäpe, DAR 1998, 10, 13.
877 AG Neunkirchen zfs 2005, 208; Pohlmann/Jabel/Wolf, § 59 a Rn 18; Hentschel, DAR 1988, 157.

erst mit der Abgabe einer eidesstattlichen Versicherung.[878] Nur so könne einer **Umgehung** der in § 44 Abs. 3 StGB getroffenen Regelung über den Fristbeginn durch unzutreffende Angaben des Verurteilten **entgegengewirkt** werden. Gegen eine derartige Lösung der gesetzlich nicht geregelten Frage spricht jedoch die Tatsache, dass sich eine **Pflicht zur Abgabe einer eidesstattlichen Versicherung** in Fällen, in denen ein Beschlagnahmeversuch unterbleibt, aus § 463 b StPO (bzw § 25 StVG) unmittelbar nicht herleiten lässt.[879]

Zusammenfassung zum Beginn der Verbotsfrist: 497

Die Frist eines rechtskräftigen Fahrverbots beginnt also zu laufen:

- mit der Führerscheinabgabe in **amtliche Verwahrung,**
- mit der **Rechtskraft** der das Fahrverbot aussprechenden Entscheidung, wenn der Angeklagte **keine Fahrerlaubnis hat,**
- mit der **Rechtskraft** bzw Unanfechtbarkeit **einer** vor Vollstreckung des Fahrverbots ergehenden **Entscheidung über die Entziehung der Fahrerlaubnis** durch Strafrichter oder Verwaltungsbehörde, weil dann die gleiche rechtliche Situation eintritt wie im Falle von vornherein fehlender Fahrerlaubnis,
- in Fällen **vorläufiger Entziehung** der Fahrerlaubnis in anderer Sache oder bei Anordnung der **sofortigen Vollziehung** einer verwaltungsbehördlichen Fahrerlaubnisentziehung **mit Eintritt der Wirkungen einer solchen Maßnahme**, weil diese Wirkungen denen einer rechtskräftigen Entziehung der Fahrerlaubnis entsprechen,
- mit dem Zeitpunkt eines **nach Rechtskraft** eingetretenen **Führerscheinverlustes,**
- bei **Verlust vor Rechtskraft** des Urteils im Zeitpunkt des Eintritts der **Rechtskraft.**

Probleme beim Fristenlauf können durch Antrag auf gerichtliche Entscheidung gemäß § 458 Abs. 1 StPO geklärt werden.

ee) Einfluss von Freiheitsentzug auf den Fristablauf – § 44 Abs. 3 StGB

Verbüßt der Verurteilte eine Freiheitsstrafe oder wird er aus anderen Gründen „auf 498 behördliche Anordnung in einer Anstalt verwahrt", so kann er durch die Abgabe seines Führerscheins in amtliche Verwahrung die Frist des Fahrverbots nicht in Lauf setzen. Da das Fahrverbot in solchen Fällen ohnehin keine Wirkungen auf ihn entfalten könnte, werden gem. § 44 Abs. 3 S. 2 StGB die Zeiten derartiger **Anstaltsverwahrung nicht in die Verbotsfrist** eingerechnet. Das gilt auch für die Zeiten gelockerten Vollzugs oder für kurze Unterbrechungen durch Urlaubs- oder Ausgangstage.[880]

Hinweis: Auch Haftzeiten des **Freigängers** sind nicht in die Fahrverbotsfrist einzurechnen. Während des Freigangs läuft die Frist also nicht ab.[881] Dies ist sicher kri-

---

878 AG Bremen, Beschl. v. 28.7.2010 – 82 Cs 650 Js 62443/09 (12/10) = NZV 2011, 151 = BeckRS 2011, 05938; OLG Düsseldorf NZV 1999, 521 = DAR 1999, 514 (zu § 25 StVG).
879 Gegen OLG Düsseldorf ausdrücklich auch LG Hamburg DAR 2003, 327.
880 OLG Stuttgart NStZ 1983, 429; OLG Frankfurt NJW 1984, 812.
881 OLG Köln SVR 2007, 469 = StraFo 2007, 345 = BA 2008, 140 (mit Anm. Halecker).

tisch zu betrachten, da auch für einen Freigänger das Fahrverbot uU seine Denkzettel- und Besinnungsfunktion erfüllen kann.[882]

499 Zu beachten ist, dass nicht nur die Strafhaft als Verwahrung in einer Anstalt auf behördliche Anordnung anzusehen ist, sondern auch

- U-Haft,
- Erzwingungshaft nach § 96 OWiG,
- Jugendarrest,
- Haft wegen Sicherungshaftbefehl, § 453 c StPO,
- Unterbringungszeiten (§§ 126 a StPO, 63, 64 StGB),
- wohl auch Unterbringung nach den öffentlich-rechtlichen Unterbringungsgesetzen der Länder (zB PsychKG NW).

Auch **ausländische Haft** kann eine derartige Verwahrung darstellen.[883]

Hinweis: Der Verteidiger muss seinen Mandanten hierauf hinweisen, da sich hierüber die Belehrung nach § 268 c StPO durch das Gericht nicht verhält.

ff) Anrechnung vorläufiger Führerscheinmaßnahmen auf die Verbotsfrist

500 Eine bis zur Rechtskraft der Anordnung eines Fahrverbots wirksam gewesene **Führerscheinbeschlagnahme** oder **vorläufige Entziehung** der Fahrerlaubnis wegen derselben Tat wird auf die Dauer des angeordneten Fahrverbots **voll angerechnet** (§ 51 Abs. 1 S. 1, Abs. 5 StGB).

Hinweis: Dies ist nach dem Gesetz die Regel, so dass es **keines besonderen Ausspruchs im Urteil** hierüber bedarf. Ein solcher Ausspruch ist aber dann **sinnvoll**, wenn anderenfalls **Zweifel hinsichtlich der Anrechnungsfrage** entstehen könnten.[884]

501 Die vom Gesetz für den Regelfall vorgeschriebene **Anrechnung** unterliegt **nicht dem richterlichen Ermessen**. Nur in **Ausnahmefällen**, nämlich dann, wenn dies im Hinblick auf das **Verhalten** des Angeklagten **nach der Tat** ungerechtfertigt wäre, **kann die Anrechnung unterbleiben.** Dies ist dann im Urteil ausdrücklich auszusprechen.[885]

Hinweis: Schweigt das Urteil in Bezug auf eine Anrechnung vorläufiger Führerscheinmaßnahmen auf das Fahrverbot, so sind diese Zeiten **zwingend** in die Fahrverbotsfrist **einzurechnen**.[886]

502 Das **Verhalten nach der Tat** iSd § 51 Abs. 1 StGB kann Nichtanrechnung rechtfertigen, wenn sich der Verurteilte **über vorläufige Führerscheinmaßnahmen** durch weitere (strafbare) Teilnahme am motorisierten Straßenverkehr **hinweggesetzt hat**.[887] Wegen des Verhaltens nach der Tat kann die Nichtanrechnung ferner uU bei **böswillig**

---

882 Ausführlich zu Bedenken in diesem Zusammenhang: Halecker, BA 2008, 140.
883 König in: Hentschel/König/Dauer, § 44 StGB Rn 17.
884 BayObLG VRS 72, 278.
885 OLG Köln VRS 44, 14.
886 OLG Köln VRS 44, 14.
887 LK-Geppert § 44 Rn 75.

verschleppendem Prozessverhalten des Angeklagten in Betracht kommen, etwa bei Verfahrensverzögerung durch bewusste Benennung ungeeigneter Beweismittel.[888]

Ist die **Fahrerlaubnis vorläufig entzogen** worden, konnte der **Führerschein** jedoch erst zu einem späteren Zeitpunkt nach dem Wirksamwerden der vorläufigen Fahrerlaubnisentziehung sichergestellt werden, so **kommt diese Zeit dem Verurteilten** im Regelfall im Rahmen der Fristberechnung **zugute.** Denn wirksam wird die vorläufige Entziehung der Fahrerlaubnis immer schon mit der in rechtlich einwandfreier Form erfolgten Bekanntgabe des Beschlusses. Es kommt also auf den **Zeitpunkt des Wirksamwerdens des Beschlusses** gem. § 111 a StPO an, es sei denn, die Voraussetzungen für eine Nichtanrechnung wegen Nichtrespektierung der vorläufigen Fahrerlaubnisentziehung lägen vor.[889] 503

Ist – dies wird bei Alkoholstraftaten allerdings selten vorkommen – wegen derselben Tat im Ausland eine Strafe vollstreckt worden, so ist Strafklageverbrauch, uU aber auch Anrechnung zu prüfen.[890] 504

gg) Ende der Verbotsfrist

Für die **Berechnung des Endes der Verbotsfrist** gelten § 59 a Abs. 5, 37 Abs. 4 S. 2 StVollStrO, für ein nach Monaten bemessenes Fahrverbot also § **37 Abs. 4 S. 2** StVollStrO sinngemäß.[891] Danach ist der Monat **nicht zu 30 Tagen, sondern nach der Kalenderzeit** zu berechnen, die Monatsfrist also bis zu dem Tag, der **durch seine Zahl dem Anfangstag entspricht.** 505

Beispiel: Fristbeginn: (etwa mit der Abgabe des Führerscheins, § 44 Abs. 3 S. 1 StGB) 14. Februar.

Letzter Tag der Verbotsfrist eines Fahrverbots von einem Monat: 13. März.

Die Monatsfrist dauert somit im Beispielsfall **nur 28 Tage.**

Wurde die Verbotsfrist durch Abgabe des Führerscheins **erst am 14. März in Lauf gesetzt,** so **endet** die Frist von einem Monat am **13. April,** beträgt also **31 Tage.**

hh) Kein Fahrverbot zwecks Umgehung der gesetzlichen Mindest-Fahrerlaubnissperre

Bei Fortbestehen der in einer Straftat offenbar gewordenen **Ungeeignetheit** des Täters zum Führen von Kraftfahrzeugen im Zeitpunkt der Hauptverhandlung trotz auf den Angeklagten einwirkender vorläufiger Führerscheinmaßnahmen ist die **Fahrerlaubnis zu entziehen** und eine **Mindestsperre von (noch) drei Monaten** festzusetzen. Dies gilt auch, wenn die Beseitigung des Eignungsmangels schon zu einem früheren Zeitpunkt, etwa **nach zwei Monaten,** anzunehmen ist. 506

Hinweis: Der Antrag, von einer Fahrerlaubnisentziehung unter Anordnung einer dreimonatigen Sperre abzusehen und **stattdessen ein Fahrverbot** von zwei Monaten zu verhängen, kann daher bei richtiger Rechtsanwendung **keinen Erfolg** haben.

---

888 Fischer, StGB, § 51 Rn 11 a.
889 LG Frankenthal DAR 1979, 341; aM LK-Geppert § 44 Rn 70.
890 BVerfG DAR 2008, 586; König in: Hentschel/König/Dauer, § 44 StGB Rn 16.
891 Seitz in: Göhler, § 90 OWiG Rn 31.

Ist nämlich der Angeklagte **nach wie vor ungeeignet**, so muss das Gericht die **Fahrerlaubnis entziehen** und darf sich nicht mit der Anordnung eines Fahrverbots begnügen. Im Übrigen wäre aber ein solches Fahrverbot gem. der **Anrechnungsvorschriften des § 51 Abs. 1, Abs. 5 StGB** durch die bis zur Hauptverhandlung wirkenden vorläufigen Führerscheinmaßnahmen **als verbüßt anzusehen** und könnte daher keine Wirkung entfalten.

507 Die erstrebte **Umgehung der Mindestsperre** von drei Monaten durch Verhängung eines kurzfristigen Fahrverbots anstelle der an sich gebotenen Entziehung der Fahrerlaubnis ist also rechtlich **nicht möglich**.[892]

ii) Die Anrechnungsvorschrift des § 450 Abs. 2 StPO

508 Befindet sich der Führerschein aufgrund einer vorläufigen Führerscheinmaßnahme im Zeitpunkt der Hauptverhandlung bei den Akten und wird nur ein Fahrverbot verhängt, so ist der Beschluss über die vorläufige Entziehung der Fahrerlaubnis gem. § 111 a Abs. 2 StPO aufzuheben. Der Angeklagte kann aber auf die Rückgabe des Führerscheins verzichten und dadurch einen früheren Beginn der Fahrverbotsfrist erreichen. Das folgt aus §§ 111 a Abs. 5 S. 2, 450 Abs. 2 StPO. Die Zeit, während der der Führerschein in derartigen Fällen dann weiterhin bei den Akten ist, wird zwingend (und unverkürzt)[893] auf die Verbotsfrist angerechnet. Im Gegensatz zu der Anrechnungsvorschrift des § 51 StGB (Abs. 1 S. 2) besteht hier also keine Möglichkeit, von der Anrechnung abzusehen.

e) Fristberechnung bei mehreren, einander überschneidenden Fahrverboten

509 Mitunter wird ein Fahrverbot gegen einen Verurteilten wirksam, während ein **Fahrverbot aus einer früheren Verurteilung** noch andauert. Wichtig ist: Es kann neben dem Fahrverbot nach § 44 StGB zu anderen gleichartigen Fahrverboten kommen, aber auch zu Fahrverboten, die auf § 25 StVG fußen. Letztere Fahrverbote können auch solche mit Schonfrist nach § 25 Abs. 2 a StVG sein. Diese Problematik der Vollstreckung mehrerer Fahrverbote ist in den letzten Jahren zunehmend diskutiert worden.

Hinweis: Um aus Verteidigersicht Vollstreckungsprobleme zu umgehen, sollte – bei mehreren anhängigen Strafsachen – die **Verbindung** dieser Verfahren beantragt werden, vgl hierzu § 4 StPO. Hierdurch kann freilich im Hinblick auf die sog. „fahrverbotsfeindliche Verfahrensdauer" wichtige Zeit vergehen.

510 Das Ausgangsproblem ist die Art der Fahrverbotsvollstreckung, die üblicherweise dadurch geschieht, dass der **Führerschein** des Verurteilten/Betroffenen **in Verwahrung** gegeben wird, was aber nicht möglich ist, wenn der Verurteilte aufgrund des früheren Fahrverbots seinen Führerschein bereits in amtliche Verwahrung gegeben hat. Danach wäre mangels der Möglichkeit den Führerschein bei zwei Behörden in Verwahrung zu geben das Fahrverbot nicht gleichzeitig vollstreckbar. Die zweite Fahrverbotsfrist könnte nämlich nicht in Gang gesetzt werden. Ob gleichwohl auch für das

---

[892] OLG Köln VRS 44, 14; Eickhoff, NJW 1975, 1007.
[893] Meyer-Goßner, § 450 StPO Rn 10.

„zweite" Verfahren die Vollstreckung stattfinden kann, ist insbesondere in Bußgeldverfahren streitig. Für das strafrechtliche Fahrverbot gilt:

- Nach früher, vor allem auch im Schrifttum, wohl überwiegend vertretener Ansicht sind in einem solchen Fall die Fahrverbote nacheinander, und zwar jedes in seiner vollen Dauer, zu vollstrecken. Nach dieser Auffassung werden die Fahrverbotsfristen also addiert mit der Folge, dass beide Fahrverbote zusammen die für ein einziges Fahrverbot geltende Höchstfrist von drei Monaten erheblich übersteigen können.[894] Für diese Ansicht sprechen die in § 44 Abs. 2 S. 2 und 3, Abs. 3 S. 1 StGB getroffene Regelung über die amtliche Verwahrung des Führerscheins (sinnvollerweise ist damit nicht irgendeine amtliche Verwahrung, sondern eine auf das jeweilige konkrete Fahrverbot bezogene Verwahrung zu verstehen) und die Rechtsnatur des Fahrverbots als Nebenstrafe: Hat der Angeklagte wegen wiederholter schwerwiegender Verstöße nicht nur ein, sondern zwei Fahrverbote verwirkt, so könnten die mit den beiden Nebenstrafen verfolgten Zwecke nicht vollständig erreicht werden, wenn diese Fahrverbote nicht in ihrer vollen Dauer verbüßt würden.

- Nach anderer, inzwischen wohl **überwiegend vertretener Auffassung** sollen dagegen beide Fahrverbote nach § 44 StGB (und zusammentreffende Fahrverbote nach § 44 StGB und § 25 StVG) gleichzeitig nebeneinander ablaufen können, auch wenn der Verurteilte in Bezug auf das zweite Fahrverbot seinen Führerschein nicht sofort in amtliche Verwahrung geben kann.[895] Nach dieser Auffassung genügt es nämlich für den Fristbeginn des zweiten Fahrverbots, dass sich der Führerschein des Verurteilten jedenfalls aufgrund des früheren Fahrverbotes in amtlicher Verwahrung befindet. Das BayObLG weist im Übrigen darauf hin, dass anderenfalls Verurteilte, die keine Fahrerlaubnis besitzen, bei denen also die Verbotsfristen ohnehin stets mit der Rechtskraft beginnen, gegenüber solchen, die eine Fahrerlaubnis haben, bessergestellt wären.[896] Auch der Gesetzgeber geht im Üübrigen inzwischen offenbar – wie die Begründung zur Einfügung von § 25 Abs. 2 a StVG in die Bestimmung des § 25 StVG zeigt – davon aus, dass eine Addition der Verbotsfristen nur ausnahmsweise (§ 25 Abs. 2 a StVG) erfolgt.[897]

11. Fahren trotz Fahrverbots

Das Fahren entgegen des Fahrverbotes wird nach **§ 21 StVG** bestraft und lässt häufig den Schluss auf einen Eignungsmangel iSd § 69 StGB zu, so dass auch eine **Fahrerlaubnisentziehung droht**.[898]

---

894 So zB LG Flensburg NJW 1965, 2309; AG Bottrop DAR 1995, 262 mit abl. Anm. Engelbrecht; Stree in: Schönke/Schröder, StGB, § 44 Rn 36.
895 BayObLG DAR 1994, 74 = NZV 1993, 489 (Anm. Hentschel, DAR 1994, 75); LG Münster NJW 1980, 2481; AG Münster DAR 1997, 364; LG Regensburg DAR 2008, 403; AG Rothenburg zfs 1996, 156; Krumm, DAR 2008, 54; Burhoff, VRR 2008, 409; König in: Hentschel/König/Dauer, § 44 Rn 13; Fischer, § 44 StGB Rn 18; Burmann in: Burmann/Heß/Jahnke/Janker, § 44 StGB Rn 13.
896 BayObLG DAR 1994, 74 = NZV 1993, 489.
897 BT-Drucks. 13/8655 S. 14.
898 Vgl König in: Hentschel/König/Dauer, § 44 Rn 22 mwN.

Hinweis: Bei Rechtsmittelverzicht nach Urteilsverkündung ist stets daran zu denken, dass der Beschuldigte mit einem Kraftfahrzeug, aber ohne Ersatzfahrer angereist sein könnte. Der Verteidiger muss dies mit dem Angeklagten trotz der Belehrung nach § 268 c StPO besprechen. Gegebenenfalls tut es auch ein Rechtsmittelverzicht per Fax nach Beendigung der Heimreise.

512 Probleme können sich insbesondere im Rahmen der Kenntnis der Fahrverbotsentscheidung (etwa bei Strafbefehlszustellung) auftun, bei Fragen des Laufs der Fahrverbotsfrist oder auch des Umfanges des Fahrverbotes bei beschränkten Fahrverboten ergeben. Wichtig wird hier die Beiziehung der relevanten Akten sein, etwa um die Zustellung prüfen zu können. Einem juristischen Laien muss auch nicht zwangsläufig bewusst sein, dass sich das Fahrverbot auf unbestimmte Zeit verlängert, solange der Führerschein nicht in amtliche Verwahrung genommen wird.[899]

Hinweis: Auch wenn das Gericht zur Belehrung nach § 268 c StPO verpflichtet ist und dieser Belehrung auch idR nachkommt, sollte der Verteidiger die Fahrverbotsfolgen stets mit seinem Mandanten außer der Hauptverhandlung erörtern, da dieser oftmals unter dem Druck der Hauptverhandlung die richterliche Belehrung gar nicht versteht.

II. Fahrverbotsähnliches Verbot von Haltung und Führung von Kraftfahrzeugen im Rahmen der Führungsaufsicht

513 Im Rahmen der Ausgestaltung der Führungsaufsicht kann in Ausnahmefällen auch ein allgemeines Verbot der Haltung und Führung von Kraftfahrzeugen angeordnet werden, das der Entziehung der Fahrerlaubnis gleichkommt. Ein solches Verbot ist aber nur dann zulässig, wenn vom erkennenden Gericht die Voraussetzungen der Entziehung und Sperre der Fahrerlaubnis bejaht wurden und eine entsprechende Anordnung getroffen wurde.[900] Des Weiteren ist (für die Vertretung von alkohol- und drogenabhängigen Tätern im Vollstreckungsverfahren) darauf hinzuweisen, dass die Anweisung, keine alkoholischen Getränke oder berauschenden Mittel zu sich zu nehmen und sich Konsumkontrollen, die nicht mit einem körperlichen Eingriff verbunden sind, zu unterziehen, voraussetzt, dass bestimmte Tatsachen die Annahme begründen, der Rauschmittelkonsum könne zur Gefahr weiterer Straftaten beitragen. Dabei reicht aus, dass der Substanzmittelmissbrauch ein mittelbarer Beitrag zur erneuten Straffälligkeit sein kann.[901] Die Kosten für derartige Alkohol- oder Drogenkontrollen, die in Erfüllung einer Weisung im Rahmen der Führungsaufsicht durchgeführt werden, hat grundsätzlich der Verurteilte zu tragen, wobei diese Kostentragungspflicht des Verurteilten durch die Zumutbarkeitsklausel des § 68 b Abs. 3 StGB begrenzt wird.[902] Unzumutbare Anforderungen an die Lebensführung des Verurteilten werden dann gestellt, wenn dessen finanzielle Leistungsfähigkeit durch die von

---

899 OLG Koblenz, Beschl. v. 6.4.2010 – 1 Ss 185/09 = NZV 2010, 368 = BeckRS 2010, 08898.
900 OLG Frankfurt/M., Beschl. v. 10.8.2010 – 3 Ws 423/10 = NStZ-RR 2011, 59 = DAR 2011, 472.
901 OLG Hamm NZV 2010, 635 = BeckRS 2010, 09859.
902 OLG Jena Beschl.v. 16.5.2011 – 1 Ws 74/11 = NStZ-RR 2011, 296 mwN.

ihm zu tragenden Kosten für Alkohol- und Drogenkontrollen nach § 68 b Abs. 1 Nr. 10 oder Abs. 2 S. 4 StGB überfordert wird.[903]

III. Fahrverbot als Nebenfolge nach OWi – § 25 StVG

Neben den strafrechtlichen Rechtsfolgen einer Trunkenheitsfahrt sind auch die Rechtsfolgen in Bußgeldsachen für die Betroffenen von erheblicher Bedeutung. Bekanntlich droht hier neben einer Geldbuße auch ein Fahrverbot. Rechtsgrundlage des Fahrverbotes ist § 25 StVG. Die Systematik des Fahrverbotes in Bußgeldsachen ist dabei nicht immer sofort zu verstehen, zumal sich scheinbar unzählige (teils sich tatsächlich oder nur auf den ersten Blick widersprechende) Entscheidungen finden, deren Einordnung oft auch erfahrenen Verkehrsrechtlern Schwierigkeiten bereitet.[904]

1. Verfahrensfragen

Neben den materiellrechtlichen Fragen, die § 25 StVG und die BKatV mit sich bringen, sind auch prozessuale Probleme im Rahmen von Fahrverbotsfällen zu beachten.

a) Rechtlicher Hinweis

Nach einhelliger Meinung muss das Gericht den Betroffenen auf die Möglichkeit der Anordnung des Fahrverbots gem. § 265 Abs. 2 StPO hinweisen, wenn es im Bußgeldbescheid noch nicht verhängt ist.[905] Beabsichtigt das Gericht aber bloß, eine gegenüber dem Bußgeldbescheid längere Fahrverbotsdauer[906] anzuordnen, so bedarf dies dagegen keines vorherigen rechtlichen Hinweises.[907]

Weitgehend unbekannt ist, dass auch im Bußgeldverfahren die Aussetzung der Hauptverhandlung gem. §§ 71 Abs. 1 OWiG, 265 Abs. 4 StPO beantragt werden kann, wenn ein derartiger rechtlicher Hinweis erteilt wurde. Zumindest dann, wenn der Betroffene Härten geltend macht, wird eine Unterbrechung der Hauptverhandlung stattfinden müssen, um dem Betroffenen die Möglichkeit zu geben, sich auf die geänderte Lage einzustellen und etwa Beweismittel beizubringen/zu benennen.[908] Der Antrag sollte schriftlich gestellt werden, zB wie nachfolgend:

Muster: Aussetzungsantrag nach rechtlichem Hinweis

... wird gemäß §§ 71 Abs. 1 OWiG, 265 Abs. 4 StPO beantragt, die Hauptverhandlung auszusetzen.

Begründung:

Das Gericht hat dem Betroffenen und dem Verteidiger in der heutigen Hauptverhandlung gemäß §§ 71 Abs. 1 OWiG, 265 Abs. 2 StPO den rechtlichen Hinweis erteilt, dass neben dem

---

903 OLG Jena Beschl.v. 16.5.2011 – 1 Ws 74/11 = NStZ-RR 2011, 296 mwN.
904 Zum Fahrverbot ausführlich: Krumm, Fahrverbot; Deutscher in: Burhoff, Handbuch, „Fahrverbot pp"; Fromm, Verteidigung in Straßenverkehrs-OWi-Verfahren, Kapitel 6, C; Beck/Berr, OWi-Sachen, Rn. 158 ff.; ein Kurzüberblick findet sich in Krumm, NJW 2007, 257.
905 BGH VRS 59, 128; OLG Düsseldorf NZV 1990, 38; OLG Koblenz VRS 71, 209; aM OLG Saarbrücken OLGSt zu § 265 StPO S. 15.
906 Zur Verlängerung der Fahrverbotsdauer über das Maß des Regelfahrverbots hinaus: Krumm, Fahrverbot, § 10 Rn 16 ff.
907 BayObLG VRS 98, 33.
908 Krumm, Fahrverbot, § 21 Rn 16.

bereits im Bußgeldbescheid des Kreises ... vom ... auch die Anordnung eines Fahrverbotes aus dem Gesichtspunkt der Beharrlichkeit in Betracht komme.

Diese veränderte Sachlage erfordert die Aussetzung der Hauptverhandlung, da eine genügende Vorbereitung der Verteidigung ansonsten nicht gewährt wäre.

Bislang war Ziel der Verteidigung lediglich die Überprüfung, ob das dem Bußgeldbescheid zugrunde gelegte Messergebnis richtig war. Eine Beratung zur Frage der Abwendung eines möglicherweise drohenden Fahrverbotes hat bislang mangels entsprechenden Hinweises nicht stattgefunden. Auf den ersten Blick sind hier mit dem Mandanten somit vor allem folgende „neue" Problembereiche zu erörtern:

– Fehlende abstrakte Gefährdung

– Sogenanntes Augenblicksversagen

– Wirtschaftliche Härten

– Persönliche Härten

Dies kann wegen eines anschließenden Termins des Unterzeichners weder am heutigen Tage, noch in ausreichendem Maße in den nächsten drei Wochen geschehen, da sich der Betroffene mit seiner Familie ab dem morgigen Tage in seinem seit langem gebuchten dreiwöchigen Sommerurlaub in ... befindet.

Sollte das Gericht hieran Zweifel haben, so mag die im Sitzungssaal anwesende Ehefrau des Betroffenen als Zeugin für die Urlaubsbuchung vernommen werden, was an dieser Stelle ausdrücklich beantragt wird.

Hinweis: Verstößt das Gericht gegen die Hinweispflicht, so ist dies im Rahmen der Rechtsbeschwerde im Wege der sehr begründungsintensiven und daher fehleranfälligen **Verfahrensrüge** geltend zu machen. Hier heißt es dann etwa: „... gerügt wird die Verletzung formellen Rechts".

519 Die Verfahrensrüge ist gem. §§ 79 Abs. 3 S. 1 OWiG iVm 344 Abs. 2 S. 2 StPO so zu begründen, dass die den Mangel begründenden Tatsachen so genau und vollständig angegeben sind, dass das Rechtsbeschwerdegericht (also das OLG) allein anhand der Rechtsbeschwerdeschrift und damit ohne auf die Aktenbestandteile zurückgreifen zu müssen, das Vorliegen des Verfahrensfehlers nachvollziehen kann.[909]

520 Diese Anforderungen darf der Verteidiger keinesfalls unterschätzen. Die meisten Verfahrensrügen scheitern nämlich nicht daran, dass ein Verfahrensverstoß nicht vorlag, sondern an mangelnder Sorgfalt bei der Abfassung des Rechtsbeschwerdeschriftsatzes im Hinblick auf die mitzuteilenden Tatsachen. In jedem Fall gilt: Nur das, was

- im Urteil und

- in dem Rechtsbeschwerdebegründungsschriftsatz

steht, wird zur Beurteilung der Rechtsfehlerhaftigkeit des Urteils im Falle der Verfahrensrüge herangezogen, nicht aber die Akte!

Hinweis: Zweifelt also der Verteidiger, ob er einen Sachverhalt verkürzt oder im Volltext in der Rechtsbeschwerdebegründung wiedergeben soll, so ist stets die zweite

---

[909] OLG Hamm DAR 1999, 276 = NZV 1999, 437; OLG Karlsruhe VRS 90, 438; OLG Köln VRS 87, 207; OLG Düsseldorf VRS 85, 321; BayObLG NStZ-RR 1996, 245.

III. Fahrverbot als Nebenfolge nach OWi – § 25 StVG

Möglichkeit vorzuziehen, ggf zB durch abscannen und einfügen oder einfaches einfügen von Kopien von Aktenbestandteilen in den Text der Rechtsbeschwerdebegründung. Bezugnahmen auf Aktenbestandteile werden nicht beachtet!

b) Beschlussverfahren nach § 72 OWiG

Wenig genutzt wird in Fällen einer drohenden Fahrverbotsanordnung das Beschlussverfahren nach § 72 OWiG. Möglich ist diese Verfahrensart immer dann, wenn das Gericht eine Hauptverhandlung nicht für erforderlich hält und die Widerspruchsberechtigten (insbesondere Betroffener, Verteidiger und Staatsanwaltschaft) diesem Verfahren nach Anhörung nicht widersprechen, wenngleich das Beschlussverfahren in Fahrverbotsfällen angesichts der Vielschichtigkeit der Problematik **kaum sinnvoll** erscheint. *521*

Hinweis: Insbesondere dann, wenn der Verteidiger meint, der Betroffene könne selbst im Rahmen einer Hauptverhandlung noch wichtige Details vortragen oder seiner Einlassung eine besondere Glaubhaftigkeit verleihen, sollte dem Beschlussverfahren nicht zugestimmt werden. Es bietet sich hier ein formularmäßig erklärter Widerspruch gegen eine solche Vorgehensweise im Einspruchsschriftsatz an.

Bei Entscheidung gem. § 72 OWiG durch Beschluss ist es kein Verstoß gegen § 72 Abs. 3 S. 2 OWiG, wenn bei gleichzeitigem Verzicht auf das im Bußgeldbescheid angeordnete Fahrverbot die Geldbuße erhöht wird. Dies liegt an der auch für das Fahrverbot nach § 25 StVG anerkannten **Wechselwirkung** zwischen Fahrverbot und Bußgeld, die letztlich auch in § 4 Abs. 4 BKatV ihren Ausdruck findet. Entsprechendes gilt für das Verschlechterungsverbot des § 358 Abs. 2 StPO.[910] *522*

Das gilt auch, wenn die Geldbuße unter gleichzeitiger Herabsetzung der Fahrverbotsdauer erhöht wird.[911] Dabei darf natürlich der Bußgeldrahmen des § 17 Abs. 1 und Abs. 2 OWiG nicht überschritten werden.[912] *523*

Hinweis: Folgende Bußgeldrahmen gelten üblicherweise (nicht in Sonderrechtsgebieten wie Gefahrgutrecht pp.) in Verkehrssachen:
– Verstöße gegen § 24 a StVG: bis 3.000 EUR bei Vorsatz, bis 1.500 EUR bei Fahrlässigkeit
– Verstöße nach § 24 StVG: bis 2.000 EUR bei Vorsatz, bis 1.000 EUR bei Fahrlässigkeit.

Die einvernehmlich vorher abgesprochene Herabsetzung der Fahrverbotsdauer und auch die Beschränkung des Fahrverbotes auf einzelne Fahrzeugarten werden damit die **Hauptanwendungsbereiche des Beschlussverfahrens** im Rahmen von Fahrverbotsfällen sein. Für den Tatrichter ist gerade die Möglichkeit des Absehens von der Absetzung von Beschlussgründen nach § 72 Abs. 6 OWiG ein **Anreiz**, in geeigneten Fällen eine Entscheidung im Beschlussverfahren herbeizuführen. *524*

---

910 BGH NJW 1971, 105; BayObLG NJW 1970, 584; OLG Celle DAR 1996, 64; OLG Düsseldorf VRS 73, 142.
911 BayObLG zfs 1995, 152.
912 OLG Stuttgart VRS 70, 288; OLG Karlsruhe DAR 1990, 148; OLG Hamm NZV 1994, 201.

Hinweis: Wird im Beschlussverfahren lediglich ein Beschluss gefasst mit Rubrum „In pp.", also ohne vollständige Bezeichnung der Sache, so ist der Beschluss nicht wirksam und hemmt nicht die Verjährung (§ 32 Abs. 1 OWiG).[913] Nach Beschlüssen im schriftlichen Verfahren ist daher Akteneinsicht geboten, um später ggf Verjährung rügen zu können.

c) Beschränkung des Einspruchs

525 Der Einspruch gegen den Bußgeldbescheid kann gem. § 67 Abs. 2 OWiG als Einspruch auf bestimmte Beschwerdepunkte beschränkt werden. Gemeint ist hier natürlich zunächst einmal die **„ursprüngliche"** Beschränkung bei der Einlegung des Einspruchs. Die Beschränkung kann aber auch **nachträglich** durch teilweise Rücknahme des Einspruchs stattfinden.[914]

Hinweis: Die Auftrennung des Rechtsbehelfs Einspruch durch dessen Beschränkung ist nur dann möglich, wenn er trennbar ist und die verbleibenden zu beurteilenden Beschwerdepunkte losgelöst von dem nicht angefochtenen Teil beurteilt werden können.[915] Zu beantworten ist hier die Frage, ob der nicht angefochtene Teil des Bußgeldbescheides ausreichend bestimmt in Rechtskraft erwachsen kann.[916]

526 Eine Beschränkung des Einspruchs auf die Frage der Anordnung eines Fahrverbotes kann nach hM aufgrund der Wechselwirkungen zwischen Geldbußenhöhe und Fahrverbotsanordnung (vgl § 4 Abs. 4 BKatV)[917] und der so im Wege einer Gesamtschau zu beurteilenden Rechtsfolge nicht stattfinden.[918] Zu beachten (und de lege ferenda zu bedauern) ist, dass die zu vergebenden Punkte für das Fahreignungsregister nicht an der Wechselwirkung teilnehmen.[919]

Hinweis: Eine **unzulässige Einspruchsbeschränkung** führt nicht zu einer Unwirksamkeit des Einspruchs, sondern wird als unbeschränkte Einspruchseinlegung gewertet.

d) Pflichtverteidigerbestellung

527 Wenig bekannt ist in Bußgeldsachen die **Pflichtverteidigerbestellung**. Freilich kommt diese selten zum Zuge – das drohende Fahrverbot kann aber vor allem bei Jugendlichen mit besonderen Defiziten ein Grund sein, eine Pflichtverteidigerbestellung anzuregen.[920] Da mittlerweile auch von der Rechtsprechung Fälle, in denen die Frage der Verwertbarkeit einer auf polizeiliche Anordnung – § 81 a StPO – hin entnommenen Blutprobe als schwierig angesehen werden, ist hier ebenfalls in Ordnungswidrigkei-

---

913 OLG Hamm NStZ-RR 2004, 121 = zfs 2004, 92.
914 Seitz in: Göhler, § 67 OWiG Rn 35; Krumm in: Burhoff, Handbuch, Rn 658.
915 Seitz in: Göhler, § 67 OWiG Rn 34 d;auch die Kosten und Auslagenentscheidung ist durch beschränkte Einspruchseinlegung selbständig anfechtbar, soweit dies auch nach § 463 Abs. 3 S. 2 StPO möglich ist, vgl OLG Köln VRS 75, 219.
916 KK-Bohnert, § 67 OWiG Rn 58.
917 Näheres zur Wechselwirkung beim Fahrverbot: Krumm, Fahrverbot, § 4 Rn 1.
918 BayObLG NZV 2000, 50 = VRS 98, 42; OLG Hamm VA 2000, 25 = MDR 2000, 881 = zfs 2000, 416; OLG Jena DAR 2001, 323; Janiszewski/Buddendiek, Bußgeldkatalog, Rn 63 a; Seitz in: Göhler, § 67 OWiG Rn 34 g; anders: KK-Bohnert, § 67 OWiG Rn 58.
919 Hierzu Krumm, SVR 2007, 37.
920 Weiteres zur Pflichtverteidigung in Fahrverbotsfällen (mit Musterschriftsätzen): Krumm, Fahrverbot, 3. Aufl. 2014, § 21 Rn 20 ff; siehe hierzu auch: Fromm, Verteidigung, Kapitel 10.

tensachen eine Pflichtverteidigerbestellung möglich.⁹²¹ Auch Punkte und drohende Fahrerlaubnisentziehung durch Erreichen der **18-Punkte-Grenze** können eine Pflichtverteidigung erforderlich machen.⁹²²

e) Entbindung von der Pflicht zum persönlichen Erscheinen

§ 73 Abs. 2 OWiG nennt **zwei Voraussetzungen**, die erfüllt sein müssen, um eine Entbindung vornehmen zu müssen: 528

- Äußerung des Betroffenen zur Sache oder Erklärung, der Betroffene werde sich nicht zur Sache äußern und

- keine Erforderlichkeit der Anwesenheit des Betroffenen zur Aufklärung wesentlicher Gesichtspunkte des Sachverhalts.

In der Akte oder dem Antrag muss sich eine wie auch immer geartete Erklärung des Betroffenen zur Sache finden, sei es auch nur die, der Betroffene werde sich in der Hauptverhandlung nicht zur Sache äußern. Andernfalls fehlt die „Grundlage" des Entbindungsantrags, so dass er mittels Beschlusses oder einfacher prozessleitender Verfügung ohne jede weitere Prüfung zurückzuweisen ist.⁹²³ Inhaltlich werden keine großen Anforderungen an die Äußerung zur Sache gestellt. Sogar die Aussage, man erinnere sich nicht mehr an den Vorfall, reicht aus, um die Voraussetzungen der Norm insoweit zu erfüllen.⁹²⁴ 529

Die eigentliche **Äußerung zur Sache** iSd § 73 Abs. 2 OWiG ist jede gem. § 74 Abs. 1 S. 2 OWiG verwertbare Stellungnahme (zB Äußerungen im Anhörungsbogen, Einspruchsschreiben, polizeiliches Vernehmungsprotokoll ...).⁹²⁵ Der schriftlichen Einlassung des Betroffenen zur Sache steht dabei die schriftsätzliche Erklärung des Verteidigers mit Vertretungsvollmacht gleich.⁹²⁶ 530

Hinweis: Die nur mündliche Erklärung zur Begründung des Entbindungsantrags durch den mit Vertretungsvollmacht versehenen Verteidiger reicht wieder nicht als Einlassung des Betroffenen aus.⁹²⁷

Wann die Anwesenheit des Betroffenen zur Aufklärung wesentlicher Gesichtspunkte des Sachverhaltes nicht erforderlich ist, ist weitgehend Einzelfallfrage. Abzuwägen ist hier zwischen einer (meist überwiegenden) Aufklärungspflicht des Gerichts und dem Grundsatz der Verhältnismäßigkeit (zu berücksichtigende berechtigte Belange des Betroffenen).⁹²⁸ Hier kann dann etwa das Fahrverbot von Bedeutung sein: 531

---

921 Für Fälle des § 81 a StPO im Strafverfahren: LG Schweinfurt VRR 2008, 316 mit zust. Anm. Burhoff; OLG Brandenburg NJW 2009, 1287.
922 LG Mainz, Beschl. v. 6.4.2009 – 1 Qs 49/09 = NZV 2009, 404.
923 Seitz in: Göhler, § 73 OWiG Rn 7 (nach Seitz soll es sich daher um eine Zulässigkeitsvoraussetzung, nicht aber um eine sachliche Voraussetzung handeln – die Frage ist aber iE bedeutungslos).
924 Seitz in: Göhler, § 73 OWiG Rn 6.
925 Seitz in: Göhler, § 73 OWiG Rn 6; KK-Senge , § 73 OWiG Rn 22; Krumm, Fahrverbot, § 19 Rn 7 je mwN.
926 OLG Zweibrücken NZV 1994, 372; VRS 87, 443; OLG Köln NZV 1999, 436; VRS 97, 187; OLG Stuttgart zfs 2002, 252; DAR 2004, 542; OLG Frankfurt NZV 1993, 281; KK-Senge, § 73 OWiG Rn 22.
927 OLG Köln VRS 1997, 187; Seitz in: Göhler, § 73 OWiG Rn 6; KK-Senge, § 74 OWiG Rn 20.
928 OLG Zweibrücken NZV 2000, 304; BayObLG DAR 2002, 133; KK-Senge, § 73 OWiG Rn 24; Seitz in: Göhler, § 73 OWiG Rn 8.

B. Das Fahrverbot

- **Ein großer Teil in Literatur und Rechtsprechung** will die Entbindungspflicht des Gerichts in Fällen eines drohenden Fahrverbotes aus guten (und sicher gut gemeinten) Gründen einschränken.[929] Hingewiesen wird hier richtigerweise auf den bei Fahrverbotsfällen regelmäßig erforderlichen persönlichen Eindruck von dem Betroffenen[930] und den oft im Hinblick auf das drohende Fahrverbot nur unzureichenden Vortrag des Betroffenen.

- Demgegenüber vertritt mittlerweile die **wohl überwiegende Anzahl der Oberlandesgerichte** die Ansicht, ein drohendes Fahrverbot führe nicht ohne Weiteres dazu, dass die Anwesenheit des Betroffenen zB zur Klärung der Möglichkeit eines Absehens vom Fahrverbot gegen gleichzeitige Erhöhung der Geldbuße erforderlich ist.[931] Dies soll selbst dann gelten, wenn der Betroffene sich auf sogenanntes Augenblicksversagen beruft, bei dem es maßgeblich auf den Eindruck des Betroffenen im Zeitpunkt der Verstoßbegehung von der Tatsituation ankommt.[932] Trotz deutlicher Sympathien des Verfassers zu ersterer Ansicht erscheint die zweite eher dem Gesetzeswortlaut des § 73 Abs. 2 OWiG zu entsprechen, da die Vorschrift gerade davon ausgeht, dass eine Aufklärung durch den Betroffenen nicht erzwungen werden soll.

532 Aber: Die Geldbußenzumessung kann nach hM uU das Erscheinen des Betroffenen erforderlich machen, wenn dessen wirtschaftlichen Verhältnisse wegen einer ggf stattfindenden deutlichen Erhöhung der Regelgeldbuße aufzuklären sind.[933]

Hinweis: Keinesfalls übersehen darf der Verteidiger, dass der Antrag auf Entbindung von der Pflicht zum persönlichen Erscheinen für jeden anstehenden Hauptverhandlungstermin gesondert zu stellen ist, da die stattgebende Entscheidung des Gerichts nur für den nächsten bevorstehenden Hauptverhandlungstermin gilt.[934] Dies gilt selbst dann, wenn entbunden wurde, der Termin aber verlegt wird.[935] Der Verteidiger muss hier auf die Gegenansicht *Senges* verweisen, der aus dem Gesetzeswortlaut entnehmen will, dass sich der Entbindungsantrag und auch die Entbindungsentscheidung auf die gesamte Hauptverhandlung beziehen.[936]

533 Aus prozessualer Sicht ist zu beachten: Der Betroffene kann den Entbindungsantrag natürlich zunächst einmal selbst stellen. Aber auch der Verteidiger kann für den Betroffenen einen Antrag auf Entbindung stellen. Die Rechtsprechung lässt hierfür aber nicht eine einfache Verteidigervollmacht ausreichen, sondern verlangt vielmehr – dies

---

[929] OLG Koblenz zfs 2001, 476 (mit abl. Anm. Bode); Seitz in: Göhler, § 73 OWiG Rn 8; Deutscher, NZV 2004, 173, 177.
[930] Dieser ist ein entscheidendes Kriterium bei der Entscheidung über die Fahrverbotsanordnung, vgl OLG Hamm DAR 1995, 375 und NZV 2002, 142; verneint wird dies von OLG Karlsruhe, zfs 2005, 154.
[931] OLG Rostock DAR 2003, 530, 531; OLG Hamm NZV 2007, 632 = VRR 2007, 435; OLG Bamberg VRR 2007, 323; OLG Stuttgart NStZ-RR 2003, 273 = zfs 2003, 210, 211; OLG Dresden zfs 2003, 209, 210; OLG Karlsruhe zfs 1999, 538 und 2005, 154; ebenso aus der Literatur: Krumm, Fahrverbot, § 19 Rn 6; KK-Senge, § 73 OWiG Rn 27.
[932] So BayObLG DAR 2002, 133 (einschränkend aber: OLG Karlsruhe zfs 2001, 476).
[933] BayObLG NJW 1999, 2292 = NZV 1999, 349.
[934] Burhoff, VRR 2007, 250, 252 mwN.
[935] Burhoff, VRR 2007, 250, 252.
[936] KK-Senge, § 73 OWiG Rn 15.

III. Fahrverbot als Nebenfolge nach OWi – § 25 StVG 2

ist oft unbekannt – eine eigene „Vertretungsvollmacht",[937] mit der der Verteidiger ausgestattet sein muss.[938] Der Verteidiger sollte sich also (ggf auch neben einer allgemeinen Verteidigervollmacht) eine entsprechende Vollmacht bereits zu Beginn des Verfahrens unterzeichnen lassen.[939] Üblicherweise sind in den sich im Handel befindlichen Mustervollmachten alle derartigen Konstellationen abgedeckt, da auch die Vollmacht, den Betroffenen in dessen Abwesenheit vertreten zu dürfen, unstreitig die Ermächtigung zur Stellung eines Entbindungsantrags enthält.[940] Wird dann ggf noch eine Untervollmacht erteilt, so muss diese Möglichkeit bereits in der Vertretungsvollmacht des Hauptbevollmächtigten enthalten sein, will der Unterbevollmächtigte den Entbindungsantrag stellen.[941] Dies muss natürlich auch der Unterbevollmächtigte bei Mandatsübernahme prüfen, um nicht im Hauptverhandlungstermin „böse Überraschungen" zu erleben. Ansonsten behält der nicht ausreichend (vertretungs-)bevollmächtigte Verteidiger alle seine Rechte, die er auch sonst als Verteidiger hat[942] – er kann also auch bei einem entbundenen Betroffenen ohne Vertretungsvollmacht in der Hauptverhandlung verteidigen.

2. Voraussetzungen für die Anordnung des Fahrverbots

Die Hauptschwierigkeit der **Fahrverbotsdogmatik** ist die Unterscheidung zwischen Tatbestandsvoraussetzungen des Fahrverbots und Fragen der Rechtsfolgen. Oft werden beide Prüfungsschritte unzulässigerweise miteinander vermengt, um am Ende das „Absehen vom Fahrverbot herauszubekommen". In der Regel sind derartige Verteidigungsansätze aber nicht erfolgreich – spätestens in der Rechtsbeschwerdeinstanz werden Urteile, die so vorgehen, regelmäßig als rechtsfehlerhaft aufgehoben. 534

a) Fahrverbot trotz Nichtverurteilung wegen Ordnungswidrigkeit?

Das Fahrverbot ist Nebenfolge der Verurteilung des Betroffenen wegen einer Ordnungswidrigkeit zu einer Geldbuße. Die Anordnung eines Fahrverbots nach § 25 StVG setzt also regelmäßig voraus, dass gegen den Betroffenen wegen einer Ordnungswidrigkeit gem. § 24 StVG eine **Geldbuße** festgesetzt wurde. Es ist nicht etwa möglich, ohne Festsetzung einer Geldbuße nur das Fahrverbot zu verhängen.[943] 535

Eine Ausnahme gilt nur für den Fall, dass die Ordnungswidrigkeit nach § 21 OWiG hinter eine tateinheitlich begangene Straftat zurücktritt. Nach § 21 Abs. 1 S. 2 OWiG kann nämlich die Nebenfolge Fahrverbot gleichwohl angeordnet werden.[944] 536

Hinweis: Zur Frage des Verhältnisses des Fahrverbots nach § 25 StVG zu dem Fahrverbot nach § 44 StGB siehe Rn 454 f.

---

937 Hierzu: Seitz in: Göhler, § 73 OWiG Rn 27.
938 OLG Hamm zfs 2004, 42 (Vollmacht per Fax reicht); OLG Köln NStZ 2002, 268; BayObLG DAR 2000, 324; Burhoff, VRR 2007, 250, 251; Seitz in: Göhler, § 73 OWiG Rn 4.
939 Muster zur Vertretungsvollmacht und eines Antrags auf Entbindung vom persönlichen Erscheinen: Krumm, Das Fahrverbot in Bußgeldsachen, § 19 Rn 8 ff.
940 OLG Köln, NJW 1969, 705; NStZ 2002, 268; OLG Hamm VRS 49, 207; Burhoff, VRR 2007, 250, 251; KK-Senge, § 73 OWiG Rn 19; Seitz in: Göhler, § 73 OWiG Rn 27.
941 Hierzu: BayObLG NZV 1991, 403; Seitz in: Göhler, § 73 OWiG Rn 27.
942 KK-Senge, § 73 OWiG Rn 42.
943 OLG Düsseldorf VRS 86, 314.
944 Krumm, NZV 2012, 210.

b) Fahrverbot nur gegen den Fahrzeugführer

537 Der Betroffene muss die zum Fahrverbot führende Ordnungswidrigkeit unter grober oder beharrlicher Verletzung der Pflichten eines **Kraftfahrzeugführers** begangen haben. Daher darf ein Fahrverbot nach § 25 StVG niemals angeordnet werden, wenn der **Kraftfahrzeughalter** zwar Halterpflichten verletzt oder sich an einer Verkehrsordnungswidrigkeit beteiligt, das Fahrzeug aber nicht selbst geführt hat.[945]

Hinweis: Auch gegen den Teilnehmer der Tat kann das Fahrverbot nach hM nicht festgesetzt werden.[946]

c) Grobe oder beharrliche Pflichtverletzung als Voraussetzung für die Nebenfolge

538 Voraussetzung des Fahrverbotes ist nach § 25 Abs. 1 S. 1 StVG stets das Vorliegen einer Pflichtverletzung des Betroffenen, die

- grob oder
- beharrlich

gewesen sein muss. Nicht ausreichend sind andere Gesichtspunkte, wie etwa Nachtatverhalten, persönlicher Werdegang des Betroffenen oder Vorstrafen ohne verkehrsrechtlichen Kontext.

Hinweis: Alleinige Rechtsgrundlage für die Anordnung eines Fahrverbotes bleibt also stets § 25 Abs. 1 S. 1 StVG[947] und zwar auch was Taten angeht, die unter § 4 Abs. 1 und 2 BKatV fallen.[948]

aa) Grobe Pflichtverletzung

539 Nicht jede Pflichtwidrigkeit reicht für die Fahrverbotsanordnung aus. Vielmehr muss dem Betroffenen eine grobe oder beharrliche Pflichtverletzung vorzuwerfen sein.

„Die Annahme einer groben Pflichtverletzung setzt dabei voraus, dass der Zuwiderhandlung in objektiver Hinsicht Gewicht zukommt. Sie ist im Allgemeinen nur bei abstrakt oder konkret gefährlichen Ordnungswidrigkeiten gerechtfertigt, die immer wieder Ursache schwerer Unfälle bilden (BT-Dr V/1319, S. 90). Das besondere objektive Gewicht einer Ordnungswidrigkeit vermag indes die Annahme einer groben Pflichtverletzung für sich allein nicht zu tragen. Hinzukommen muss vielmehr, dass der Täter auch subjektiv besonders verantwortungslos handelt. Eine grobe Pflichtverletzung kann ihm nur vorgehalten werden, wenn seine wegen ihrer Gefährlichkeit objektiv schwerwiegende Zuwiderhandlung subjektiv auf grobem Leichtsinn, grobe Nachlässigkeit oder Gleichgültigkeit zurückgeht."[949]

---

945 OLG Hamm, Beschl. v. 12.7.2007 – 4 Ss OWi 428/07 = BeckRS 2007 17936; BayObLG NZV 1996, 37; OLG Köln VRS 85, 209.
946 Krumm, Fahrverbot in Bußgeldsachen, § 3 Rn 2 mwN; OLG Hamm, Beschl. v. 12.7.2007 – 4 Ss OWi 428/07 = BeckRS 2007 17936 („Mitverantwortliche").
947 BGHSt 38, 125, 128 = NStZ 1992, 135; BGHSt 231, 233 = NJW 1992, 1397; BGH, Beschl. v. 11.9.1997 – 4 StR 638/96 = NZV 1997, 525 = NJW 1997, 3252 = DAR 1997, 450 = MDR 1997, 1024 = VRS 94, 221 = zfs 1997, 432; OLG Hamm NStZ-RR 1999, 374 u. NZV 1999, 92, 93; OLG Rostock NJW 2004, 2320.
948 OLG Rostock, Beschl. v. 21.6.2004 – 2 Ss (OWi) 117/04 – 90/04 = NJW 2004, 2320; eine ausführliche Übersicht hinsichtlich der Einordnung einzelner Verstöße in § 4 BKatV findet sich bei König in: Hentschel/König/Dauer, Straßenverkehrsrecht, § 25 StVG Rn 22 ff.
949 BGH, Beschl. v. 11.9.1997 – 4 StR 638/96 = NZV 1997, 525 = NJW 1997, 3252 = DAR 1997, 450 = MDR 1997, 1024 = VRS 94, 221 = zfs 1997, 432.

III. Fahrverbot als Nebenfolge nach OWi – § 25 StVG

Diese Voraussetzungen sind nur dann erfüllt, wenn sich der Täter als Kraftfahrer **besonders verantwortungslos** verhalten oder **wiederholt hartnäckig** Verkehrsvorschriften missachtet hat.[950]

Nach dem Gesagten sind grobe Pflichtverletzungen straßenverkehrsrechtliche Zuwiderhandlungen, die   540

- (objektiv) immer wieder Ursache schwerer Unfälle sind und
- (subjektiv) auf besonders grobem Leichtsinn, grober Nachlässigkeit oder Gleichgültigkeit beruhen.[951]

Das BVerfG hat in seinem grundlegenden Beschluss vom 24.3.1996 zur Bedeutung der BKatV keinen Zweifel daran gelassen, dass die Ahndung von Ordnungswidrigkeiten mit einem Fahrverbot nach wie vor nur dann mit dem Schuldprinzip und dem Übermaßverbot vereinbar ist, wenn die Zuwiderhandlung, abweichend von der Mehrzahl der Fälle ordnungswidrigen Verhaltens, besonders verantwortungslos erscheint.[952]

Hinweis: Diese Voraussetzung kann allerdings auch dann erfüllt sein, wenn kein Regelfall nach der BKatV gegeben ist.[953] Derartige „Nichtregelfälle" sind jedoch sehr selten und erfordern sehr dichte tatsächliche tatrichterliche Feststellungen. Der entscheidende Richter sollte hier vorsichtig sein, da die Rechtsbeschwerdeaussichten in derartigen Fällen sehr gut sind.

Ein objektiv gefährliches Verhalten muss nicht stets auch subjektiv auf besonderer **Nachlässigkeit oder Gleichgültigkeit** beruhen. Nach den vom BVerfG aufgestellten Grundsätzen für eine verfassungskonforme Anwendung des § 25 StVG muss daher auch subjektiv ein besonders schwerwiegendes Fehlverhalten iS grober Sorgfaltspflichtverletzung hinzukommen.[954] In dem schon erwähnten Beschluss des BVerfG vom 24.3.1996 wird ausdrücklich betont, dass auch in den Katalogfällen die Umstände in objektiver „und subjektiver Hinsicht" zu würdigen sind und das Fahrverbot eine nicht unverhältnismäßige Reaktion auf objektiv verwirklichtes Unrecht „und subjektiv vorwerfbares Verhalten" darstellen muss.[955]   541

Liegt eine sowohl objektiv als auch subjektiv schwerwiegende Zuwiderhandlung vor, so ist allerdings nicht zusätzlich zu fordern, dass das Verhalten des Betroffenen aufgrund der besonderen konkreten Umstände eine Gefährdung anderer mit sich gebracht hat oder bestimmten anderen Verkehrsteilnehmern zumindest hätte gefährlich werden können.[956] Ein besonders verantwortungsloses Verhalten setzt **nicht** etwa   542

---

950 BayObLG NZV 2001, 135; OLG Jena NJW 2004, 3579; weitere Nachweise bei Hentschel, TFF, Rn 982.
951 BGH, Beschl. v. 11.9.1997 – 4 StR 638/96 = NZV 1997, 525 = NJW 1997, 3252 = DAR 1997, 450 = MDR 1997, 1024 = VRS 94, 221 = zfs 1997, 432; OLG Koblenz DAR 2005, 47; OLG Jena NJW 2004, 3579.
952 BVerfG NZV 1996, 284 (mit Anm. Hentschel, DAR 1996, 283).
953 OLG Düsseldorf NZV 1998, 38.
954 BVerfG DAR 1996, 196; BGH, Beschl. v. 11.9.1997 – 4 StR 638/96 = NZV 1997, 525 = NJW 1997, 3252 = DAR 1997, 450 = MDR 1997, 1024 = VRS 94, 221 = zfs 1997, 432; BayObLG NJW 2003, 2253; OLG Jena NJW 2004, 3579; näher Hentschel in: Salger-Festschrift, S. 471, 473.
955 BVerfG NZV 1996, 284, 285; vgl auch OLG Hamm NZV 1999, 92.
956 BGH NZV 1997, 525; KG VRS 101, 60; OLG Köln NZV 1989, 362; a. m. noch OLG Düsseldorf NZV 1991, 201; OLG Frankfurt NZV 1988, 75 (mit abl. Anm. Berz).

eine **vorsätzliche Zuwiderhandlung** voraus. Vielmehr kann auch fahrlässiges Verhalten eine ein Fahrverbot rechtfertigende grobe Pflichtverletzung sein.[957]

Hinweis: Einfache Fahrlässigkeit reicht jedoch nicht aus, um den Vorwurf besonders verantwortungslosen Verhaltens und damit die Anordnung eines Fahrverbotes wegen des Verstoßes zu rechtfertigen.[958]

Das ist auch in den Fällen von Bedeutung, in denen die BKatV die Anordnung eines Fahrverbots indiziert.

bb) Beharrliche Pflichtverletzung

543 Bei der beharrlichen Verletzung der Pflichten als Kraftfahrzeugführer handelt es sich um solche Pflichtverletzungen, durch deren **wiederholte Begehung in relativ kurzer Zeit** ein Betroffener zeigt, dass ihm die für die verantwortungsvolle Teilnahme am Straßenverkehr erforderliche rechtstreue Gesinnung und die notwendige Einsicht in zuvor begangenes (Ordnungswidrigkeiten-)Unrecht fehlt.[959] Eine beharrliche Pflichtverletzung begeht also, wer Verkehrsvorschriften **aus mangelnder Rechtstreue** verletzt.[960]

Hinweis: Anders als bei der Fahrverbotsverhängung wegen grober Pflichtverletzung sind hier grundsätzlich weder in objektiver noch in subjektiver Hinsicht besonders schwerwiegende Pflichtwidrigkeiten erforderlich.[961] Insbesondere setzt Beharrlichkeit auch keine vorsätzliche Zuwiderhandlung voraus.[962]

544 Wiederholte und erhebliche Geschwindigkeitsüberschreitungen innerhalb relativ kurzer Zeit zum Beispiel lassen vermuten, dass der Kraftfahrer im Straßenverkehr ein erhöhtes Maß an Gleichgültigkeit an den Tag legt und deshalb die Folgen eines anzuordnenden Fahrverbotes nicht nur verhältnismäßig, sondern angesichts der Unfallsituation auf unseren Straßen auch zur Einwirkung auf den Betroffenen geboten sind.

545 Andererseits ist dem Grundsatz der Verhältnismäßigkeit entsprechend das tatrichterliche Ermessen an die Feststellung auch der Angemessenheit und Erforderlichkeit des Fahrverbots gebunden. Das bedeutet u.a., dass auch die Beharrlichkeit in Fällen sogenannten **Augenblicksversagens** entfällt.[963]

546 Dagegen kann ein **größerer zeitlicher Abstand**[964] zwischen den zu berücksichtigenden Verkehrsverstößen – unterhalb einer fahrverbotsfeindlichen Verfahrensdauer – zum Entfallen des Vorwurfes der Beharrlichkeit führen: bereits ab 16 Monaten Abstand

---

957 BGH NJW 1992, 446; OLG Karlsruhe NZV 1994, 237; OLG Köln NZV 1989, 362.
958 BGH NZV 1997, 525; OLG Koblenz DAR 2005, 47; OLG Celle DAR 2003, 323.
959 OLG Düsseldorf VRS 99, 137; Ferner, SVR 2004, 12, 13; Geppert, DAR 1997, 260, 264.
960 BGHSt 38, 231, 234 = NJW 1992, 1397; OLG Koblenz NJW 2005, 1061; Grohmann, DAR 2000, 52, 53; König in: Hentschel/König/Dauer, § 25 StVG Rn 15 mwN.
961 BayObLG DAR 2004, 163; KG VRS 108, 47; OLG Köln NZV 2001, 442.
962 BGH NJW 1992, 1397; BayObLG DAR 2004, 163; OLG Köln NZV 2001, 442.
963 OLG Dresden DAR 2003,472; OLG Hamm, Beschl. v. 24. 6. 1999 - 2 Ss OWi 509/99 = NZV 2000, 92; OLG Braunschweig, Beschl. v. 15. 3. 1999 - 2 Ss B 5/99 = NZV 1999, 303.
964 Für die Berechnung des zeitlichen Abstandes kommt es auch hier unstreitig auf die Rechtskraft der Entscheidungen an.

III. Fahrverbot als Nebenfolge nach OWi – § 25 StVG 2

kann je nach Umständen des Einzelfalles nicht mehr von Beharrlichkeit gesprochen werden.[965]

Voraussetzung der Annahme einer Beharrlichkeit ist also stets, dass ein **innerer Zusammenhang** zwischen den früheren Ordnungswidrigkeiten und der neuen Tat besteht.[966] Lediglich § 4 Abs. 2 S. 2 BKatV normiert dabei einen Regelfall. Im Übrigen gibt der Gesetz- oder Verordnungsgeber nicht weiter vor, unter welchen Voraussetzungen Beharrlichkeit im konkreten Fall anzunehmen ist. Beharrliche Pflichtverletzung iSd § 25 Abs. 1 S. 1 StVG setzt einen Mangel an rechtstreuer Gesinnung und an Einsicht in früheres Fehlverhalten voraus.[967]

547

Hinweis: Auch eine Vielzahl leicht fahrlässiger Zuwiderhandlungen kann genügen.[968]

UU kann der Vorwurf beharrlicher Pflichtverletzung auch bei einem einzigen, aber über eine längere Strecke oder auf längere Zeit begangenen Pflichtverstoß angenommen werden,[969] in der Regel aber wohl nicht schon bei mehreren Verstößen gegen die StVO auf einer einzigen Fahrt, ohne dass der Betroffene jeweils vor Begehung eines neuen Verstoßes von der Polizei angehalten worden ist.[970]

548

Hinweis: Beharrliche Pflichtverletzung im Hinblick auf wiederholte Zuwiderhandlung nach bereits erfolgter früherer Ahndung setzt voraus, dass der Betroffene von der früheren Entscheidung Kenntnis hatte.[971]

Rechtskraft der früheren Entscheidung im Zeitpunkt der weiteren Zuwiderhandlung ist aber nicht Voraussetzung für die Feststellung von Beharrlichkeit.[972] Es kann vielmehr genügen, dass jedenfalls feststeht, dass dem Betroffenen die früheren Verstöße und deren Verfolgung als Ordnungswidrigkeit vor der erneuten Tat bewusst geworden sind. Das gilt etwa, wenn ihm die entsprechenden Bußgeldbescheide vor der neuen Tat zugestellt waren.[973]

549

Hinweis: Der Tatrichter muss in seinem **Urteil** die zur Beurteilung dieser Fragen erforderlichen Tatsachen mitteilen.[974] Hierzu gehören natürlich die objektiven Daten der Voreintragungen: Welcher Verstoß? Welches Gericht bzw welche Behörde? Welche Rechtsfolge? Höhe der Geschwindigkeitsüberschreitung oder Abstandsunterschreitung? Datum der Entscheidung? Datum der Rechtskraft? UU auch: Datum der Kenntnis vom Bußgeldbescheid?

Für die Beurteilung der Beharrlichkeit außerhalb des Regeltatbestands des § 4 Abs. 2 S. 2 BKatV sind folgende Anhaltspunkte zu beachten:

550

---

965 OLG Hamm DAR 1996, 386; Ferner, pvr 2003, 9 mwN.
966 OLG Karlsruhe, DAR 1999, 417; OLG Braunschweig, NZV 1998, 420.
967 BGH NJW 1992, 1397; BayObLG DAR 2004, 163; OLG Koblenz DAR 2005, 47; KG DAR 2004, 594.
968 BayObLG DAR 2004, 163; OLG Hamm VRS 98, 392.
969 KG NZV 1991, 119.
970 Mürbe, AnwBl 1989, 640.
971 OLG Hamm NZV 1998, 292.
972 OLG Düsseldorf DAR 1998, 320.
973 BayObLG NZV 1996, 370; OLG Hamm NZV 2000, 53.
974 Hierzu: OLG Bamberg NZV 2007, 534.

- **Keine Sperrwirkung durch § 4 Abs. 2 S. 2 BKatV:** Ein Fahrverbot wegen beharrlicher Geschwindigkeitsüberschreitung kann grundsätzlich auch bei Nichtvorliegen der Voraussetzungen des § 4 Abs. 2 S. 2 BKatV erforderlich sein.[975]
- **Zeitabstand:** Eine wesentliche Rolle spielen auch die zeitlichen Abstände zwischen den einzelnen Taten. Der Vorwurf der Beharrlichkeit ist nicht gerechtfertigt, wenn vorausgegangene Verstöße sehr lange zurückliegen.[976] Hierbei entscheidet nicht der Zeitpunkt der Tat, sondern die Rechtskraft der sie ahndenden Entscheidung.[977]
- **Innerer Zusammenhang:** Auch die Art der Verstöße ist von Bedeutung. Zwischen den früheren Zuwiderhandlungen und der erneuten Ordnungswidrigkeit muss ein innerer Zusammenhang bestehen.[978] Ein solcher besteht zB bei Geschwindigkeits- und Abstandsverstößen,[979] uU auch zwischen Geschwindigkeitsüberschreitungen und Rotlichtverstößen.[980] Zuwiderhandlungen, die nur Halterpflichten betreffen, bleiben außer Betracht.[981] Aus einem einmaligen Verstoß gegen das Verbot der Benutzung eines Mobil- oder Autotelefons kann bei der Beurteilung einer (wiederholten) Geschwindigkeitsüberschreitung als „beharrlich" nicht ohne Weiteres auf den für einen beharrlichen Pflichtenverstoß unabdingbaren inneren Zusammenhang im Sinne einer auf mangelnder Verkehrsdisziplin beruhender Unrechtskontinuität geschlossen werden.[982] Wie die in § 4 Abs. 1 S. 1 BKatV enthaltenen, jeweils einen groben Pflichtenverstoß indizierenden Regelbeispiele des Bußgeldkatalogs zeigen, hat der Verordnungsgeber selbst bestimmte Verkehrsverstöße, darunter Geschwindigkeits-, Abstands- und Rotlichtverstöße, besonders hervorgehoben, so dass eine pauschale Gleichsetzung mit einem Verstoß gegen das Handyverbot nicht ohne Weiteres gerechtfertigt ist.[983]
- **Unrechtsgehalt:** Auch auf den Unrechtsgehalt der jeweiligen Ordnungswidrigkeit kommt es an. Eine frühere einschlägige Ordnungswidrigkeit mit nur geringem Unrechtsgehalt reicht nicht ohne Weiteres aus, um im ersten Wiederholungsfall die Feststellung beharrlicher Pflichtverletzung zu rechtfertigen.[984] Auch führt ein erneuter Verstoß von nur geringem Gewicht unter Berücksichtigung von Voreintragungen nicht zwingend zur Annahme von Beharrlichkeit.[985] Wesentliches Indiz für den geringen Unrechtsgehalt ist die Herabsetzung der Geldbuße unter den Regelsatz.[986]

---

975 KG VRS 108, 47; OLG Zweibrücken DAR 2001, 327; OLG Düsseldorf NZV 1998, 38.
976 BayObLG DAR 1991, 362 – bei Bär –; DAR 1992, 468; OLG Düsseldorf NZV 1994, 445 (jeweils fast zwei Jahre und mehr); OLG Hamm VRS 98, 392.
977 BayObLG NZV 1995, 499; OLG Düsseldorf DAR 1999, 324.
978 BayObLG DAR 2004, 230; OLG Koblenz DAR 2005, 47; OLG Celle DAR 2003, 472.
979 BayObLG DAR 2000, 278; OLG Koblenz DAR 2005, 47.
980 OLG Düsseldorf VRS 69, 50.
981 BayObLG NZV 1996, 37.
982 OLG Bamberg NJW 2007, 3655 = zfs 2008, 707 = VRR 2008, 36.
983 OLG Bamberg NJW 2007, 3655 = zfs 2008, 707 = VRR 2008, 36.
984 BayObLG DAR 1988, 350; OLG Düsseldorf VRS 100, 356.
985 BayObLG DAR 2000, 278.
986 OLG Hamm DAR 1991, 932; BayObLG DAR 1988, 350.

III. Fahrverbot als Nebenfolge nach OWi – § 25 StVG

Hinweis: Der Kampf um nur wenige Euro Reduzierung der Geldbuße kann gerade vor dem Hintergrund dieser Rechtsprechung lohnen, auch wenn er sich möglicherweise erst viele Monate später auswirkt. Da vielen Richtern auch § 28 a StVG nicht bekannt ist, können sich auch idR Geldbußenreduzierungen allein aus wirtschaftlichen Gesichtspunkten in späteren Verfahren im Rahmen der Prüfung der Beharrlichkeit positiv auswirken, wenn nämlich die Aufnahme des § 28 a StVG in die angewendeten Vorschriften der „alten Entscheidungen" fehlt.

- **Augenblicksversagen:** Eine nur auf einem sog. Augenblicksversagen beruhende Wiederholungstat rechtfertigt nicht die Feststellung mangelnder Rechtstreue iS beharrlicher Pflichtverletzung. Das gilt zB für eine aus nur leicht fahrlässigem Übersehen eines Verkehrszeichens begangene Geschwindigkeitsüberschreitung oder für einen auf dem sog. Mitzieheffekt beruhenden „Frühstart" trotz fortdauerndem Rotlichts.[987]

- **Prüfungsumfang der Voreintragungen:** Rechtskräftig festgestellte Verstöße muss der Betroffene grundsätzlich gegen sich gelten lassen, weil anderenfalls die materielle Rechtskraft unterlaufen würde.[988] Bloßes Bestreiten der Täterschaft in Bezug auf Voreintragungen hilft dem Betroffenen daher nicht.[989] Anders ist dies allerdings nach BayObLG, wenn der Betroffene seine Behauptung näher begründet.[990] Diese Ansicht ist mE abzulehnen.[991] Der Verteidiger muss sich natürlich gleichwohl hierauf berufen. Auch dann genügen aber jedenfalls idR die Urteilsgründe der früheren Verurteilung oder die Hinnahme des früheren Bußgeldbescheides ohne Einspruch, um Zweifel an der Täterschaft auszuräumen.[992] Eine Pflicht des Tatrichters, insoweit hinsichtlich der Voreintragungen besondere Feststellungen zu treffen, besteht dagegen nicht.[993]

d) Rechtsprechungsübersicht: Beharrlichkeit[994]

In folgenden fünf beispielhaften Konstellationen aus den letzten Jahren hat die Rechtsprechung eine **Beharrlichkeit angenommen**:

- zwei Geschwindigkeitsüberschreitungen (je 22 km/h und 25 km/h zu schnell); Zeitraum: kürzer als zwei Jahre[995]

- neun Voreintragungen, davon acht wegen Geschwindigkeitsverstößen; neue Tat: 26 km/h Überschreitung[996]

---

987 BayObLG VRS 99, 373; OLG Rostock NJW 2004, 2320; OLG Karlsruhe NJW 2003, 3719.
988 OLG Celle VM 1997, 43.
989 BayObLG NZV 2004, 48 = SVR 2004, 32.
990 BayObLG NZV 2004, 48 = SVR 2004, 32 (mit zust. Anm. Ferner); wohl auch OLG Bamberg VRR 2006, 147.
991 So auch Deutscher in: Burhoff, Handbuch, Rn 1035.
992 BayObLG NZV 2004, 48.
993 BayObLG DAR 2004, 163.
994 Ausführliche Rechtsprechungsübersichten bei: Deutscher in: Burhoff, Handbuch, Rn 1033; Krumm, Fahrverbot, § 5 Rn 20.
995 BayObLG NZV 2004, 48 = SVR 2004, 32.
996 OLG Hamm SVR 2004, 194.

- vier Geschwindigkeitsüberschreitungen (je 21 km/h, 22 km/h, 27 km/h und zuletzt 30 km/h) und ein Verstoß gegen Gurtpflicht; Zeitraum: ca. 4 1/2 Jahre[997]
- zwei Geschwindigkeitsüberschreitungen von je 102 km/h (!) und 41 km/h. Die zweite Tat wurde ein Jahr und ein Tag (!) nach Rechtskraft der Entscheidung wegen der ersten Tat begangen; weiterhin ein Abstandsverstoß vor der zweiten Tat (Entscheidung erst nach zweitem Geschwindigkeitsverstoß rechtskräftig)[998]
- drei Verstöße innerhalb eines knappen Jahres (11–12 Monate); 30 km/h, 33 km/h und zuletzt 25 km/h.[999]

552 In folgenden fünf beispielhaften Konstellationen aus den letzten Jahren hat die Rechtsprechung eine **Beharrlichkeit verneint**:

- drei Geschwindigkeitsverstöße als Vorbelastungen, zwischen einem und fünf Jahren alt (21, 22, 23 km/h Überschreitung); neue Tat: Geschwindigkeitsüberschreitung um 23 km/h[1000]
- zwei Rotlichtverstöße im Abstand von etwas unter zwei Jahren[1001]
- drei Geschwindigkeitsüberschreitungen (davon eine – 29 km/h Überschreitung – unmittelbar nach der Anlassverurteilung rechtskräftig geahndet); Anlasstat: 27 km/h Überschreitung; Zeitraum: zwei Jahre[1002]
- sechs Verstöße innerhalb von zwei Jahren und neun Monaten (drei Überholverstöße, ein Abstandsverstoß, ein Geschwindigkeitsverstoß – 29 km/h Überschreitung, nunmehr weiterer Abstandsverstoß)[1003]
- drei Geschwindigkeitsverstöße binnen 19 Monaten (Überschreitungen: 33 km/h, 25 km/h, 40 km/h)[1004]

Hinweis: Wird vom Tatrichter aufgrund der Voreintragungen Beharrlichkeit angenommen, so kann er die Voreintragungen auch noch bußgelderhöhend verwerten. Diese Doppelverwertung verstößt nicht gegen das Doppelverwertungsverbot.[1005]

e) Nichtausreichen einer Geldbuße als Voraussetzung für die Fahrverbotsverhängung

553 Nach der Neubewertung des Fahrverbots wegen Verkehrsordnungswidrigkeiten durch das BVerfG[1006] ist die Nebenfolge nicht nur in extremen Ausnahmefällen mit dem Grundsatz der Verhältnismäßigkeit vereinbar. Dennoch ist es – wie das BVerfG ausdrücklich feststellt – in der Mehrzahl der Fälle bloß ordnungswidrigen Handelns

---

997 BayObLG SVR 2004, 144.
998 OLG Koblenz NJW 2005, 1061.
999 OLG Bamberg VRR 2007, 318.
1000 OLG Bamberg zfs 2007, 229.
1001 OLG Hamm NZV 2001, 221.
1002 OLG Hamm NZV 1998, 292; 2000, 53.
1003 OLG Bamberg NJW 2008, 3155.
1004 OLG Bamberg DAR 2008, 150 (m. Anm. Hufnagel).
1005 OLG Celle NZV 2008, 372.
1006 BVerfG NZV 1996, 284.

III. Fahrverbot als Nebenfolge nach OWi – § 25 StVG

unverhältnismäßig.[1007] Jedenfalls in Fällen, in denen die Nebenfolge nicht durch die BKatV indiziert ist („**Nichtregelfälle**"), setzt deren Anordnung die Feststellung voraus, dass der mit der Ahndung angestrebte Erfolg mit der Geldbuße allein nicht erreicht werden kann.

Die Frage, ob Geldbuße ohne Fahrverbot ausreicht, hat sich ausschließlich an der Person des Betroffenen zu orientieren. Das Fahrverbot des § 25 StVG verfolgt nämlich – anders als das des § 44 StGB – nicht nur in erster Linie, sondern ausschließlich spezialpräventive Zwecke. So heißt es auch in der Gesetzesbegründung, dass das Fahrverbot ein „eindringliches Erziehungsmittel" ist – bestätigt hat dies auch das BVerfG bereits im Jahre 1969:[1008]

554

„... Das Fahrverbot des § 25 StVG hat nach der gesetzgeberischen Intention in erster Linie eine Erziehungsfunktion ..."

Hinweis: Es ist also zu prüfen, ob die Geldbuße ohne das Fahrverbot ausreicht, diesem Betroffenen als Warnung zu dienen und zu gewährleisten, dass er sich in Zukunft auf seine Pflichten als Kraftfahrer besinnen wird.[1009]

Generalpräventive Gesichtspunkte dürfen nicht berücksichtigt werden.[1010] Das ist allerdings nicht unbestritten.[1011] Auch der Erziehungsgedanke, der dem Fahrverbot zweifellos zugrunde liegt wird trotz der dargestellten Gesetzesbegründung und der Rechtsprechung des BVerfG immer wieder bestritten.[1012]

f) Verhältnismäßigkeit

Im Hinblick auf den im Verhältnis zur Straftat allgemein wesentlich geringeren Unrechtsgehalt einer Ordnungswidrigkeit und den **Vorrang der Geldbuße** zur Erreichung der Ahndungszwecke kommt dem Grundsatz der Verhältnismäßigkeit beim Fahrverbot des § 25 StVG besondere Bedeutung zu.[1013] Nur **wenn keine weniger einschneidende Maßnahme ausreicht**, um den Betroffenen von weiteren Verkehrsverstößen abzuhalten, ist das Fahrverbot mit dem Grundsatz der Verhältnismäßigkeit vereinbar.[1014]

555

Insbesondere in Fällen, in denen das Fahrverbot nicht gem. § 4 BKatV indiziert ist, bedarf es daher stets einer ausdrücklichen Prüfung der Verhältnismäßigkeit der Nebenfolge.[1015]

556

Hinweis: Der Frage nach der Verhältnismäßigkeit ist auch besondere Beachtung zu widmen, wenn es um die Frage geht, ob das Fahrverbot **auf bestimmte Kraftfahrzeugarten beschränkt** werden kann. So können etwa von einer Fahrverbotsanord-

---

1007 BayObLG DAR 2000, 222; OLG Köln DAR 2001, 87; OLG Hamm NZV 1997, 129; einschränkend BayObLG DAR 2004, 230.
1008 BVerfG in NJW 1969, 1624.
1009 BayObLG NZV 2004, 210; 1994, 487, 488.
1010 OLG Düsseldorf VRS 93, 226; OLG Hamm VRS 75, 58; Dreher/Fad, NZV 2004, 231, 236.
1011 AM BayObLG NZV 1996, 464; offengelassen: Janiszewski Rn 204 a.
1012 König in: Hentschel/König/Dauer, § 25 StVG Rn 25 (dieser ist der Ansicht, dass OWi-Recht stelle auch hinsichtlich des Fahrverbotes auf das Tatbild ab).
1013 BayObLG NZV 1991, 120; DAR 1995, 410; siehe auch BVerfG NZV 1996, 284.
1014 BayObLG NZV 1991, 360; OLG Hamm VRS 100, 56; OLG Karlsruhe NZV 1991, 159.
1015 BayObLG DAR 2004, 230; NZV 1995, 287.

nung Fahrzeuge der Fahrerlaubnisklassen D1, D, D 1 E, DE ausgenommen werden, wenn der Betroffene als Busfahrer die Anlasstat mit einem Privat-Pkw begangen hat.[1016]

557 Immer wenn auch ein beschränktes Fahrverbot geeignet ist, die Ahndungszwecke zu erreichen, dh, den Betroffenen in Zukunft zu verkehrsgerechtem Verhalten anzuhalten, verstieße ein unbeschränktes Fahrverbot gegen das Übermaßverbot.[1017]

558 Vor allem in den Fällen, in denen ein uneingeschränktes Fahrverbot den Betroffenen beruflich besonders belasten würde, muss der Verteidiger prüfen, ob beim Gericht eine Ausnahme für eine bestimmte, bei der beruflichen Tätigkeit benutzte Fahrzeugart zu beantragen ist. Eine solche Prüfung liegt vor allem bei längeren Fahrverboten (also von zwei oder drei Monaten) nahe, da hier stets davon ausgegangen werden kann, dass die Urlaubsansprüche eines Arbeitnehmers keinesfalls ausreichen, das Fahrverbot zu überbrücken. Auch sind andere Hilfemöglichkeiten bei derart langen Fahrverbotszeiten schwerer zu erreichen.

Hinweis: Denkbar ist auch eine unterschiedliche Länge des Fahrverbotes für verschiedene Fahrzeugarten. So könnte man etwa bei einem Geschwindigkeitsverstoß eines Berufskraftfahrers während der Arbeitszeit, der eigentlich ein zweimonatiges Fahrverbot indiziert, erwägen, zwar nicht vollumfänglich wegen beruflicher Härten das Fahrverbot auf einen Monat zu verkürzen, aber für die beruflich genutzten Fahrzeuge das Fahrverbot nach einem Monat schon enden zu lassen, während ansonsten das 2-Monate-Regelfahrverbot für die übrigen Fahrzeugarten greift. Die Flexibilität des Gesetzes ist hier immens.

3. Die Regelfahrverbote nach dem Bußgeldkatalog

559 Wie schon dargestellt ist die Rechtsgrundlage der Fahrverbotsanordnung einzig und allein § 25 StVG. Wenn nicht eine Trunkenheitsordnungswidrigkeit nach § 24 a StVG in Rede steht (hierfür gilt dann das Regelfahrverbot nach § 25 Abs. 1 S. 2 StVG), kommt es so stets nur darauf an, ob eine grobe oder beharrliche Pflichtverletzung festzustellen ist. Wann dies der Fall ist, wird im Bußgeldkatalog geregelt – die Regelungen des BKat sind freilich nicht abschließend.

560 Folgende Verstöße mit **Regelfahrverbot** kennt § 4 BKatV:

- Geschwindigkeitsüberschreitungen, vgl § 4 Abs. 1 Nr. 1 BKatV (BKat-Nummern 9.1 bis 9.3, der Nummern 11.1 bis 11.3, jeweils in Verbindung mit der Tabelle 1 des Anhangs des BKat)

- gefährdende Abstände zum Vorausfahrenden, vgl § 4 Abs. 1 Nr. 2 BKatV (Nummern 12.5.3, 12.5.4 oder 12.5.5 der Tabelle 2 des Anhangs, soweit die Geschwindigkeit mehr als 100 km/h beträgt, oder der Nummern 12.6.3, 12.6.4, 12.6.5, 12.7.3, 12.7.4 oder 12.7.5 der Tabelle 2 des Anhangs)

1016 AG Lüdinghausen, Urt. v. 13.10.2014 – 19 OWi – 89 Js 1350/14 – 125/14 = BeckRS 2014, 19780.
1017 BayObLG MDR 1999, 1504; OLG Karlsruhe NZV 2004, 653; OLG Düsseldorf NZV 1994, 407.

III. Fahrverbot als Nebenfolge nach OWi – § 25 StVG 2

- schwerwiegende Zuwiderhandlungen beim Überholen, (BKat-Nummern 19.1.1, 19.1.2, 21.1, 21.2)
- Rückwärtsfahren oder Fahren in falscher Fahrtrichtung auf Autobahnen,
- Wenden auf Autobahnen und Kraftfahrstraßen, (BKat-Nummer 83.3)
- Rotlichtverstöße, vgl § 4 Abs. 1 Nr. 3 BKatV (BKat-Nummern 132.1, 132.2, 132.3, 132.3.1, 132.3.2)
- Verstöße gegen den Vorrang des Schienenverkehrs (BKat-Nummern 89 b.2 und 244)
- Verstöße gegen das Verbot, an Rennen mit Kraftfahrzeugen teilzunehmen (BKat-Nummer 248)
- Verstöße gegen Gefahrgutvorschriften (BKat-Nummer 152.1)

a) Die Bedeutung des Bußgeldkataloges

Rechtliche Grundlage des Bußgeldkatalogs ist § 26 a StVG, der das Bundesministerium für Verkehr ermächtigt, durch Rechtsverordnung mit Zustimmung des Bundesrates Vorschriften zu erlassen vor allem über Regelsätze für Geldbußen wegen einer Ordnungswidrigkeit nach den §§ 24 und 24 a StVG und über die Anordnung des Fahrverbotes nach § 25 StVG. Nach § 26 a Abs. 2 StVG wiederum soll unter Berücksichtigung der Bedeutung der Ordnungswidrigkeit bestimmt werden, in welchen Fällen, unter welchen Voraussetzungen und in welcher Höhe die Geldbuße festgesetzt und für welche Dauer das Fahrverbot angeordnet werden soll. Hierzu hat das BVerfG[1018] ausgeführt: 561

„§ 26 a StVG hat dem Verordnungsgeber den in der Bußgeldkatalog-Verordnung beschrittenen Weg gewiesen, in Anwendung der im Strafrecht geläufigen, verfassungsrechtlich unbedenklichen Regelbeispielstechnik die Voraussetzungen grober oder beharrlicher Pflichtverstöße zu konkretisieren, ohne den Richter an die Indizwirkung des Regelbeispiels zu binden und ohne die Fälle grober oder beharrlicher Pflichtverstöße und damit die Anwendungsfälle des Fahrverbots erschöpfend zu bestimmen. Auch dagegen sind verfassungsrechtliche Bedenken nicht zu erheben."

Hinweis: Gegen die **Verfassungsmäßigkeit** des Bußgeldkatalogs bestehen keine Bedenken.[1019]

Der Bußgeldkatalog kategorisiert die wesentlichsten verkehrsrechtlichen Verstöße und weist dabei den jeweiligen Nummern Geldbußen und in besonderen Fällen, in denen eine grobe Pflichtverletzung naheliegt, auch Fahrverbote zu.

Bei Ordnungswidrigkeiten nach den §§ 24 und 24 a StVG, die im Bußgeldkatalog aufgeführt sind, ist gem. § 1 Abs. 1 S. 1 BKatV eine Geldbuße nach den dort bestimmten Beträgen festzusetzen. Die im Bußgeldkatalog in Abschnitt I bestimmten Beträge sind Regelsätze, die von fahrlässiger Begehung und gewöhnlichen Tatum- 562

[1018] BVerfG NJW 1996, 1806 = NZV 1996, 284 = NStZ 1996, 391.
[1019] BVerfG NJW 1996, 1806 = NZV 1996, 284 = NStZ 1996, 391; Anm. zu dieser Entscheidung u.a. von Hentschel, DAR 1996, 283 und Ludovisy, NJW 1996, 2284.

ständen ausgehen (§ 1 Abs. 2 BKatV) und zwar bei einem keine Eintragungen im Fahreignungsregister aufweisenden Betroffenen (§ 3 Abs. 1 BKatV).[1020]

563 Seit dem 1.2.2009 enthält der BKatV auch **Vorsatztaten**. Diese waren in den letzten Jahren zur Vermeidung eines Systembruchs in den Bundeseinheitlichen Tatbestandskatalog verschoben worden. Hierfür wurde der BKat in zwei Abschnitte (I und II) geteilt. Der bisherige BKat ist nunmehr Abschnitt I, der sich (wie bisher) über alle fahrlässigen Delikte verhält. Der neue Vorsatztatenabschnitt ist der besagte Abschnitt II. Ähnliches hatte ich bereits im Jahre 2006 vorgeschlagen,[1021] da dem Tatbestandskatalog nach der obergerichtlichen Rechtsprechung nicht die dem BKat zugrunde liegende Indizwirkung zukam, was für die Tatrichter bei Rechtsfolgenzumessung problematisch war. Nunmehr gehen also nach § 1 Abs. 2 BKatV die Regelsätze des Abschnitts II von „vorsätzlicher Begehung und gewöhnlichen Tatumständen" aus.

Hinweis: Zugleich ist die BKatV ergänzt worden um § 3 Abs. 4 a BKatV. Dieser Absatz sieht eine generelle Verdoppelung der Regelgeldbuße in Fällen des Vorsatzes vor. Bedingung hierfür ist aber, dass die Regelgeldbuße für Fahrlässigkeit (nur für Taten des Abschnitts I) mehr als 35 EUR beträgt. Nicht erhöhend wirkt sich diese Vorschrift also auf Regelgeldbußen für ohnehin nur vorsätzlich denkbare Taten aus. Zu beachten ist: In den Fällen, in denen nach § 3 Abs. 2–4 BKatV eine Erhöhung der Regelgeldbuße vorzunehmen war, ist diese erhöhte Geldbuße aufgrund des Vorsatzes zu verdoppeln, § 3 Abs. 4 a BKatV. Dies ergibt sich aus dem Wortlaut dieser Vorschrift: „... auch in den Fällen, in denen eine Erhöhung ... vorgenommen worden ist."

aa) Regelfahrverbot des Bußgeldkatalogs indiziert Fahrverbotsvoraussetzungen!

564 Die Kenntnis der rechtlichen **Bedeutung des Bußgeldkatalogs** in Bezug auf die sog. Regelfahrverbote und der hierzu ergangenen höchstrichterlichen und obergerichtlichen **Rechtsprechung** ist nicht nur für Bußgeldstelle und Gerichte, sondern vor allem für die Verteidigung unerlässlich. Da dies auf Seiten der Verteidigung **nicht immer der Fall** ist, werden oft **wesentliche Gesichtspunkte**, die geeignet wären, das Gericht zu einem Verzicht auf das Fahrverbot zu veranlassen, **nicht vorgetragen**. Stattdessen werden vielfach Umstände geltend gemacht, die ein Absehen vom Fahrverbot nicht rechtfertigen können.

Hinweis: Anders als die früheren Bußgeldkataloge, die nur interne Weisungen an die Verwaltungsbehörden enthielten, handelt es sich bei der auf der Ermächtigung des § 26 a StVG erlassenen **bundeseinheitlichen BKatV** um eine **auch die Gerichte bindende Rechtsverordnung**.[1022] Dies wird von Verteidigern häufig übersehen, wenn sie versuchen, den Tatrichter mehr zu überreden als zu überzeugen. Für diesen ist es nämlich stets erforderlich, sein Urteil „rechtsbeschwerdefest" zu begründen.

[1020] Aber: Eintragungen im Fahreignungsregister sind in den BKat-Nummern 152.1, 241.1, 241.2, 242.1 und 242.2 schon berücksichtigt.
[1021] Krumm, DAR 2006, 493, 495.
[1022] BGHSt 38, 125, 132 = NJW 1992, 446; OLG Karlsruhe NZV 1994, 237; OLG Hamm NZV 1994, 79; OLG Düsseldorf NZV 1996, 78.

III. Fahrverbot als Nebenfolge nach OWi – § 25 StVG

(1) Die Herleitung der Indizwirkung

Nach nunmehr einhelliger Rechtsprechung ist die **Anordnung eines Fahrverbots** in den in § 4 Abs. 1 und Abs. 2 BKatV genannten Fällen **indiziert**. Das bedeutet, dass eine solche Ordnungswidrigkeit – von besonderen Ausnahmefällen abgesehen – der **Ahndung durch ein Fahrverbot bedarf**.[1023] Das Gericht wird hierdurch jedoch **nicht von der stets erforderlichen konkreten Prüfung des zu beurteilenden Einzelfalls enthoben**.[1024]

„Die Fallbeschreibungen der Katalogverordnung entfalten entsprechend der angewendeten Regelbeispielstechnik nur Indizwirkung. Sie entbinden den Richter nicht von der Pflicht, dem Schuldprinzip und dem Verhältnismäßigkeitsprinzip durch eine Gesamtwürdigung zu entsprechen, in die alle Umstände der Tat und die Sanktionsempfindlichkeit des Betroffenen einzustellen sind. Der Richter ist an die Indizwirkung des Regelbeispiels nicht gebunden. Ihm bleibt vielmehr, im Rahmen einer Gesamtwürdigung unter Abwägung der Umstände des Einzelfalles in objektiver und subjektiver Hinsicht zu bestimmen, ob das gesamte Tatbild vom Durchschnitt der erfahrungsgemäß vorkommenden Fälle in solchem Maße abweicht, dass das Fahrverbot unangemessen wäre, mithin eine unverhältnismäßige Reaktion auf objektiv verwirklichtes Unrecht und subjektiv vorwerfbares Verhalten darstellte. Dies lässt den Gerichten hinreichend Raum und Entscheidungsfreiheit, um Verstößen im Straßenverkehr mit der nach den konkreten Umständen angemessenen Sanktion zu begegnen und unerträgliche Härten zu vermeiden." [1025]

(2) Die Auswirkungen der Indizwirkung

Aus dieser Forderung des BVerfG nach trotz des Bußgeldkatalogs vorzunehmender **Gesamtabwägung**

- aller Umstände der Tat und
- der Sanktionsempfindlichkeit des Betroffenen

lässt sich erkennen, dass die **Indizwirkung** des Bußgeldkataloges bzw der **BKatV in zweierlei Richtung** entfaltet wird:

- Die Indizwirkung gilt **auf Tatbestandsseite**: Ist ein Regelbeispiel für eine Fahrverbotsanordnung gegeben, so wird (widerlegbar) vermutet, dass der in Rede stehende Verstoß eine grobe oder beharrliche Pflichtverletzung iSd § 25 Abs. 1 StVG darstellte.

- Die Indizwirkung gilt **auf Rechtsfolgenseite**: Ist ein Regelbeispiel für eine Fahrverbotsanordnung gegeben, so wird (ebenfalls widerlegbar) vermutet, dass die angeordnete Rechtsfolge erforderlich und angemessen ist. Dies gilt auch für die angeordnete Dauer des Fahrverbots.[1026]

Die **Indizwirkung** betrifft aber nicht nur das objektive Gewicht der Zuwiderhandlung, sondern zunächst **auch die subjektive Seite**, also die **Vorwerfbarkeit**, soweit

---

[1023] BGH NJW 1992, 1397 = NStZ 1992, 339 = NZV 1992, 286; BayObLG DAR 2003, 233; OLG Frankfurt zfs 2004, 283.
[1024] KG NZV 1994, 159, 238; OLG Köln NZV 1994, 161; OLG Köln VM 2002, 22.
[1025] So ausdrücklich: BVerfG NJW 1996, 1806 = NZV 1996, 284 = NStZ 1996, 391.
[1026] OLG Bamberg SVR 2007, 65.

nicht ausnahmsweise konkrete Besonderheiten die Verfehlung als nicht besonders verantwortungslos erscheinen lassen.[1027]

Hinweis: Dies bedeutet für die Praxis: Sind die Voraussetzungen der einschlägigen Nummer des Bußgeldkatalogs erfüllt und liegen keine Umstände vor, die der Annahme eines Regelfalles entgegenstehen,[1028] so schränkt die BKatV den erforderlichen Aufwand bei der Urteilsbegründung ein:[1029] Die Verhängung der Regelgeldbuße und des Regelfahrverbotes bedürfen damit keiner näheren (einzelfallbezogenen) Begründung mehr. Vielmehr ist nur noch erforderlich, dass der Tatrichter zu erkennen gibt, dass er die Umstände des Einzelfalles bedacht und natürlich hierbei die Möglichkeit eines Abweichens von der Regelahndung gesehen hat.[1030]

568 Um somit ein Absehen vom Regelfahrverbot zu erreichen, müssen daher solche **Umstände vom Verteidiger vorgetragen** werden, die das Gericht in die Lage versetzen, ohne Verstoß gegen die Regel des § 4 BKatV das **Vorliegen eines Ausnahmefalles** festzustellen. Zwar trifft den Betroffenen insoweit keine Darlegungslast.[1031] Für den Tatrichter werden sich aber **trotz Aufklärungspflicht Anhaltspunkte** für eine Ausnahmemöglichkeit **erst nach entsprechendem Hinweis** ergeben.[1032]

569 Kann das **Gericht** derartige Umstände nicht erkennen, so kann es sich für die Anordnung des Fahrverbots **auf die Feststellung beschränken**, dass der Betroffene eine in § 4 BKatV genannte Ordnungswidrigkeit begangen hat. Einer näheren **Begründung** im Urteil **bedarf es nicht**.[1033] Anders ist dies aber, wenn **Anhaltspunkte** für eine Ausnahme ersichtlich sind.[1034] Diese **Einschränkung des Begründungsaufwands** ist eines der **wesentlichen Ziele** der durch die BKatV getroffenen Regelung.[1035]

Hinweis: Üblich ist es bei Gericht natürlich, zu Besonderheiten der Tatbegehung bzw zu etwaigen Härten in Bezug auf ein zu vollstreckendes Fahrverbot zu fragen – der Richter wird hier meistens aber nicht zu viel Energie aufwenden und muss dies freilich auch nicht. In dem tatrichterlichen Urteil heißt es dann etwa, der Betroffene sei zu etwaigen Härten befragt worden, habe aber nur wenig nachvollziehbares zu ... erklärt. Für das Urteil reicht dies idR um „rechtsbeschwerdefest" zu sein. Wenn sich der Verteidiger dieser Problematik bewusst ist, seinen Mandanten nach allen relevanten Punkten fragt und dann detailliert, plausibel und durch Beweismittel unterfüttert vorträgt, dann hat er sicher gute Chancen, dass vom Fahrverbot abgesehen wird.

1027 BGH, Beschl. v. 11.9.1997 – 4 StR 638/96 = NZV 1997, 525 = NJW 1997, 3252 = DAR 1997, 450 = MDR 1997, 1024 = VRS 94, 221 = zfs 1997, 432; OLG Rostock NJW 2004, 2320; OLG Frankfurt zfs 2004, 283.
1028 Natürlich auch nicht § 17 OWiG entgegenstehen.
1029 BGHSt 38, 125, 128 = NJW 1992, 446; BGH, Beschl. v. 11.9.1997 – 4 StR 638/96 = NZV 1997, 525 = NJW 1997, 3252 = DAR 1997, 450 = MDR 1997, 1024 = VRS 94, 221 = zfs 1997, 432; OLG Rostock NJW 2004, 2320 mwN.
1030 BGHSt 38, 125, 128 = NJW 1992, 446; OLG Düsseldorf NZV 1991, 44.
1031 OLG Köln NStZ-RR 1996, 52.
1032 BayObLG DAR 2000, 533; OLG Köln zfs 2004, 88; OLG Hamm VRS 107, 371, 374; OLG Koblenz NStZ-RR 2004, 284.
1033 OLG Celle VRS 102, 310; OLG Rostock DAR 2001, 421; OLG Düsseldorf VRS 97, 256.
1034 BGH NJW 1992, 1397 = NStZ 1992, 339 = NZV 1992, 286; BayObLG NZV 1998, 212; OLG Rostock DAR 2001, 421; OLG Celle VRS 102, 310.
1035 BGH NZV 1997, 525; OLG Rostock DAR 2001, 421; OLG Köln VRS 99, 288.

(3) Absehen vom indizierten Fahrverbot gegen erhöhte Geldbuße

§ 4 Abs. 4 BKatV erlaubt das Absehen vom Fahrverbot gegen die Festsetzung einer erhöhten Geldbuße. Gerade bei Ersttätern bietet sich dies an, kann aber beileibe nicht verlangt werden.

570

Hinweis: Der Verteidiger sollte frühzeitig in jedem neuen Verfahrensstadium mit dem zuständigen Mitarbeiter der Verwaltungsbehörde oder dem Richter diese Frage persönlich/telefonisch erörtern. Insbesondere, wenn noch andere Gesichtspunkte als fehlende Vorbelastungen die Tat in milderem Licht erscheinen lassen, wird oft ein gutes Ergebnis „verhandelbar" sein.

In den Fällen des § 4 BKatV hängt die Anordnung eines Fahrverbots zwar nicht mehr – wie früher – von der Feststellung ab, dass der angestrebte Erfolg im jeweiligen Einzelfall nicht auch durch eine erhöhte Geldbuße erreicht werden kann.[1036] Nach überwiegender Ansicht muss aber das Gericht **in den Urteilsgründen zum Ausdruck** bringen, dass es sich **der Möglichkeit bewusst** gewesen ist, vom Fahrverbot, ggf auch unter Erhöhung der Geldbuße, **abzusehen**.[1037] Gegen ein ausdrückliches Begründungserfordernis in diesem Sinne haben sich aber zB verschiedene Entscheidungen des OLG Hamm ausgesprochen.[1038] Verneint das Gericht die Möglichkeit des Absehens vom Fahrverbot für den entschiedenen Fall, so braucht es allerdings, falls keine Anhaltspunkte für eine Ausnahme vorhanden sind, die Ablehnung des Absehens nicht näher zu begründen.[1039]

571

Hinweis: Der Verteidiger wird das Urteil im Falle einer Fahrverbotsanordnung immer darauf zu untersuchen haben, ob der Tatrichter hierin zu erkennen gibt, dass er vom Fahrverbot gegen Erhöhung der Geldbuße hätte absehen können. Lediglich in absoluten Ausnahmefällen wird dies nicht erforderlich sein. Üblich sind rechtsbeschwerdefeste Formulierungen wie „hat das Amtsgericht es auch nicht für möglich erachtet unter angemessener Erhöhung der Geldbuße vom indizierten Fahrverbot abzusehen".

§ 4 Abs. 4 BKatV spielt nur dort eine Rolle, wo das **Regelbeispiel**, das zu einer Fahrverbotsanordnung führen soll, **erfüllt** ist, jedoch auf Rechtsfolgenseite die Fahrverbotsanordnung aus allgemeinen Gründen, beruflichen Gründen oder wegen persönlicher Härten für unangemessen erachtet wird.[1040] Der Bußgeldkatalog ist lediglich als Art Raster anzusehen, Verstöße ihrer Bedeutung und Schwere nach einordnen zu können. Er entscheidet selbst nicht darüber, ob eine Ordnungswidrigkeit durch ein bestimmtes Verhalten verwirklicht wird oder nicht.[1041] Was zB die Fahrverbotsan-

572

1036 BVerfG NZV 1996, 284; BGH NJW 1992, 446 = NStZ 1992, 135 = NZV 1992, 117; anders noch BVerfG NJW 1969, 1623.
1037 BGH NJW 1992, 1397 = NStZ 1992, 339 = NZV 1992, 286; BayObLG DAR 2003, 569; OLG Zweibrücken DAR 2003, 531; OLG Hamm NZV 2003, 103.
1038 OLG Hamm NZV 2000, 136; JMBl NRW 96, 248; zumindest einschränkend auch OLG Hamm DAR 2002, 85; VRS 98, 208.
1039 OLG Hamm NZV 2001, 222.
1040 Großzügiger: AG Waiblingen zfs 2005, 365, AG Ludwigslust DAR 1999, 135, die fälschlicherweise auch beim Absehen wegen fehlender Anordnungsvoraussetzungen, dh trotz fehlender Verwirklichung der Voraussetzungen des § 25 Abs. 1 StVG die Vorschrift des § 4 Abs. 4 BKatV anwenden wollen.
1041 KK-Steindorf, § 17 OWiG Rn 102; Schall, NStZ 1986, 1.

ordnung nach § 25 Abs. 1 S. 1 StVG angeht, so verbleibt es dabei, dass ausschließlich die Frage zu beantworten ist, ob eine grobe Pflichtverletzung oder eine beharrliche Pflichtverletzung vorlagen, nicht aber, ob der Tatbestand einer Nummer des BKat verwirklicht ist.

573 Also: Auch trotz der Existenz des § 4 BKatV bleibt § 25 StVG alleinige Rechtsgrundlage für die Anordnung eines Fahrverbotes. Durch den BKat wird nur die Begründungspflicht erleichtert, nicht aber die „Einzelfallprüfungspflicht".[1042]

bb) Voraussetzungen für ein Absehen vom indizierten Fahrverbot

574 Die Anforderungen an die **Feststellung eines Ausnahmefalles** sind in Fällen der gem. § 4 BKatV indizierten Fahrverbote geringer als diejenigen für ein Absehen vom Regelfahrverbot des § 25 Abs. 1 S. 2 StVG nach Begehung einer Ordnungswidrigkeit gem. § 24 a Abs. 1 Nr. 1 oder Abs. 2 StVG (Kraftfahrzeugführen unter Alkohol- oder Rauschmitteleinwirkung). Anders als beim Regelfahrverbot des § 25 Abs. 1 S. 2 StVG erfordert ein Absehen vom Fahrverbot hier nach überwiegender, insbesondere auch vom BGH vertretener Auffassung nicht das Vorliegen „ganz besonderer Umstände" oder „außergewöhnlicher Härten". Vielmehr können schon „erhebliche Härten oder eine Vielzahl für sich genommen gewöhnlicher oder durchschnittlicher Umstände" einen Verzicht auf das Fahrverbot rechtfertigen.[1043] Allerdings wird teilweise auch bei Ordnungswidrigkeiten gem. § 24 StVG eine „Härte ganz außergewöhnlicher Art" für das Absehen vom Fahrverbot verlangt.[1044] Ob dies im zu beurteilenden Einzelfall überhaupt im Ergebnis zu einer anderen Entscheidung führen kann, darf bezweifelt werden. Der Sache nach wird nämlich im Grunde stets dasselbe geprüft.

575 Im Übrigen ist die Nichtanordnung des Fahrverbotes in den besonders hervorgehobenen Fällen der BKatV nicht nur bei Verneinung eines Regelfalles, sondern auch bei sonstiger Unangemessenheit möglich.[1045]

Hinweis: Ob das Fahrverbot zu unterbleiben hat, unterliegt in erster Linie tatrichterlicher Würdigung,[1046] und zwar „bis zur Grenze des Vertretbaren".[1047] Diese Formulierung darf aber von Verteidigern und Tatrichtern nicht überbewertet werden. Sie bedeutet nämlich nicht etwa ein „freies Ermessen", sondern gilt erst dann, wenn alle bedeutsamen Tatsachen vom Tatrichter ermittelt und im Urteil dargestellt sind. Nimmt der Tatrichter etwa einen drohenden Arbeitsplatzverlust an, vergisst aber Urlaubsmöglichkeiten des Betroffenen, so ist schon die besagte „Grenze des Vertretbaren" überschritten. Wichtig ist also immer eine nach allen Seiten offene Argumentation, eine Sammlung an Argumenten und vor allem deren Belegbarkeit!

1042 So: Geppert, DAR 1997, 260, 264.
1043 BGH NJW 1992, 446; OLG Hamm NZV 2003, 398 (dezidiert); OLG Zweibrücken DAR 2003, 134; OLG Rostock VRS 101, 380; OLG Celle VRS 102, 310.
1044 OLG Frankfurt NStZ-RR 2000, 312: OLG Oldenburg NZV 1993, 278; 1995, 287; OLG Hamm NZV 1995, 366.
1045 BGH NJW 1992, 1397; BayObLG NZV 1994, 487; OLG Köln DAR 2003, 183.
1046 BayObLG DAR 2001, 82; OLG Köln zfs 2004, 88; OLG Zweibrücken DAR 2003, 134.
1047 OLG Hamm NZV 2001, 436; 1997, 240; DAR 1999, 416.

III. Fahrverbot als Nebenfolge nach OWi – § 25 StVG 2

Anlass für die Nichtanordnung eines wegen Geschwindigkeitsüberschreitung nach der BKatV „in Betracht" kommenden Fahrverbots kann zB das Zusammentreffen verschiedener entlastender Umstände sein („sog. Mischargumentationen"),[1048] uU auch ohne gleichzeitige Erhöhung der Geldbuße.[1049]   576

Mischargumentationen: Typische Argumente   577

- nur geringfügiges Überschreiten des Regelbereichs nach der BKatV,
- fehlende Voreintragungen,
- nur kurzfristige Unaufmerksamkeit,
- geringes Verkehrsaufkommen, Nachtzeit, Fehlen von Fußgängern,
- autobahnähnlicher Ausbau einer innerörtlichen Straße,
- Anpassung an den fließenden Verkehr uä,
- (hinzutretende, allein aber nicht ausreichende) Härten,
- Irrtümer,
- notstandsähnliche Lage,
- Mitverschulden,
- Verfahrensdauer,
- verkehrspsychologische Maßnahmen pp.

Zu beachten ist dabei aber, dass das Vorliegen nur eines dieser Umstände für sich allein regelmäßig nicht ausreichen wird. So rechtfertigt zB allein der Umstand einer **Geschwindigkeitsüberschreitung zu verkehrsarmer Zeit** in aller Regel nicht das Absehen von der indizierten Nebenfolge.[1050]

Hinweis: Die **Tatrichter** sind hier oftmals deutlich großzügiger, als die Oberlandesgerichte. Es ist daher in einem solchen „Mischargumentationsfall" immer mit einer Rechtsbeschwerde der Staatsanwaltschaft zu rechnen. Der Verteidiger muss seinen Mandanten hierauf einstellen.

Aus der dargestellten Systematik des Fahrverbotes, seiner erzieherischen Wirkung und der Indizwirkung des Regelfahrverbotes lässt sich **folgende Prüfungsreihenfolge** entnehmen: 578

- Scheitern **Beharrlichkeit oder grober Pflichtenverstoß** (bzw die Indizwirkung des BKat insoweit) an
    - Augenblicksversagen (hierzu zählen auch Frühstart und Mitzieheffekt bei Rotlichtverstößen),
    - sog. „Richtlinienverstoß" (Verstoß gegen Richtlinien zur Geschwindigkeitsüberwachung),
    - fehlender abstrakter Gefährdung,

1048 Ausführlich hierzu: Krumm, Fahrverbot, § 6 Rn 263 ff.
1049 BayObLG NZV 1996, 79; OLG Hamm NZV 2001, 436; OLG Düsseldorf DAR 2000, 415.
1050 OLG Köln VRS 105, 296; OLG Hamm NZV 2003, 103; VRS 100, 56; OLG Rostock DAR 2001, 421.

- Mitverschulden,
- Irrtum,
- notstandsähnlicher Situation?
- Ist das Fahrverbot **erzieherisch nicht mehr erforderlich**, wegen
  - ausreichender Erhöhung der Geldbuße,
  - „fahrverbotsfeindlicher" Verfahrensdauer,
  - Nachschulungen pp.,
  - zwischenzeitlich vollstreckten Fahrverbots pp.?
- Liegt eine **besondere Härte** vor, die die Fahrverbotsanordnung unverhältnismäßig erscheinen lässt?
  - berufliche Härten
  - persönliche Härten

    Hinweis: Diese Gesichtspunkte muss jeder Verteidiger für sich stets „vor seinem inneren Auge" parat haben. Nur so werden nämlich systematisch die relevanten Verteidigungsansätze herausgearbeitet werden können.

Nachfolgend werden die verschiedenen Fallgruppen in der gebotenen Kürze dargestellt. Wegen weiterer Einzelheiten s. „Krumm, Fahrverbot in Bußgeldsachen".

cc) Entfallen der Tatbestandsvoraussetzungen des § 25 Abs. 1 StVG

579 Aufgrund nachfolgender Konstellationen können die Vorwürfe des groben Pflichtenverstoßes und auch der Beharrlichkeit entfallen. Dies gilt auch für die Fahrverbotsfälle, die als sog. „Regelfahrverbote" in die BKatV aufgenommen sind.

(1) Keine abstrakte Gefahr durch Verstoß

580 Auf Tatbestandsebene kann der **Erfolgsunwert** der begangenen Ordnungswidrigkeit gering sein oder fehlen, wenn es zu gar keiner abstrakten Gefährdung gekommen ist – hier kann dann auch der Beharrlichkeitsvorwurf entfallen.[1051] Für die einzelnen fahrverbotsrelevanten Verstöße gilt:

581 - **Geschwindigkeitsverstöße:** Hier spielt die fehlende abstrakte Gefährdung meist bei Verstößen zur verkehrsarmen (Nacht-)Zeit eine Rolle. Dabei kommt es ganz stark auf den Einzelfall an – eine generalisierende Beurteilung scheint kaum möglich.[1052] Auch bei Verstößen tagsüber bei geringem Verkehrsaufkommen wurde schon vom Fahrverbot abgesehen.[1053] Insbesondere erscheint der Vorwurf nicht schwer, wenn der Geschwindigkeitsverstoß an einer Stelle stattfand, an der auf-

---

1051 OLG Saarbrücken StVE Nr. 33 zu § 25 StVG.
1052 Absehen vom Fahrverbot: AG Lingen zfs 1996, 397; OLG Düsseldorf DAR 1996, 367; für ein Fahrverbot: BayObLG NZV 1994, 327; OLG Hamm NZV 1995, 366; DAR 1996, 68; OLG Karlsruhe SVR 2004, 147; AG Lüdinghausen NJW 2005, 3159 = NZV 2005, 545.
1053 OLG Düsseldorf NZV 1997, 85.

grund aktueller Ereignisse die Geschwindigkeitsbeschränkung bestand, der Grund hierfür aber mittlerweile weggefallen ist.[1054]

Hinweis: Ergänzend ist darauf hinzuweisen, dass aber „ungewöhnlich hohe Geschwindigkeitsüberschreitungen" durchaus schon deshalb eine abstrakte Gefahr darstellen können, „weil mit ihnen nun wirklich niemand mehr zu rechnen braucht".[1055] Ohne zusätzliche gefahrenerhöhende Umstände soll dies bei einer etwa 100-prozentigen Geschwindigkeitsüberschreitung der Fall sein.[1056]

- **Rotlichtverstöße:** Insbesondere bei sogenannten qualifizierten Rotlichtverstößen nach § 132.2 BKat (= Rotphase länger als eine Sekunde) ist dies ein starkes Argument, da dieses Regelbeispiel ein „abstraktes Gefährdungsdelikt" darstellt, also die Fahrverbotsanordnung gerade an dieser abstrakten Gefahr „haftet". Hier ist jedoch ganz besonders wichtig, den fehlenden Eintritt einer konkreten Gefahr nicht mit dem Fehlen der abstrakten Gefahr zu verwechseln.

582

Hinweis: Der Verteidiger wird die fehlende konkrete Gefährdung jedenfalls dann als fehlende abstrakte Gefährdung darstellen müssen, wenn die Anwesenheit irgendwelcher anderer Verkehrsteilnehmer am Ort der Lichtzeichenanlage nicht mehr festgestellt werden kann.

Abgesehen wurde etwa bei Verstößen an Fußgängerampeln, in deren Nähe kein Fußgänger war[1057] oder die einzigen Fußgänger bereits die Straße überquert haben.[1058] Auch bei reinen Baustellenampeln und fehlendem Gegenverkehr[1059] oder Ampeln zur Regelung der Einfahrt auf einspurige Brücken[1060] kann die abstrakte Gefahr des Verstoßes fehlen und vom Fahrverbot abgesehen werden. Selbiges gilt, wenn an einer Kreuzung/Einmündung der Querverkehr, der gefährdet werden könnte nicht vorhanden ist, den gefährdeten Bereich bereits passiert hat[1061] oder aufgrund des Anhaltens des Betroffenen noch passieren kann.[1062]

Hinweis: Ein Rotlichtverstoß wird begangen, indem der Kraftfahrer das „Haltegebot"[1063] der Rotlicht zeigenden Lichtzeichenanlage[1064] missachtet und in den

---

1054 OLG Celle DAR 2003, 323 (Rollsplitt); OLG Saarbrücken StVE Nr. 33 zu § 25 StVG; AG Aachen NZV 1994, 450 (in beiden Fällen Baustellen am Sonntag).
1055 So: Scheffler, NZV 1995, 214, 216 und daher verneinend zB für den Fall BayObLG NZV 1994, 370 (Nr. 19), bei dem der Betroffene die angeordnete Höchstgeschwindigkeit von 100 km/h um 43 km/h überschritten hatte.
1056 Scheffler, NZV 1995, 214, 216, der ausdrücklich mwN auf die Maßstäbe zurückgreifen will, die die Rechtsprechung vor Einführung der BKatV zur Ahndung von Geschwindigkeitsverstößen entwickelt hatte.
1057 OLG Frankfurt/M. zfs 2001, 42; OLG Düsseldorf NZV 1993, 409; OLG Hamm SVR 2006, 312 (verkehrsarme Nachtzeit).
1058 KG NZV 1994, 238; OLG Karlsruhe NZV 1996, 372; OLG Düsseldorf VRS 90, 226.
1059 OLG Celle VRS 91, 306; OLG Dresden DAR 2002, 522; OLG Düsseldorf NZV 1995, 35; OLG Hamm NZV 1994, 369; BayObLG NZV 1997, 242.
1060 OLG Oldenburg NZV 1995, 119.
1061 BayObLG VRS 87,382; OLG Köln VRS 87,147; OLG Düsseldorf DAR 2000,126.
1062 KG VRS 101, 301.
1063 Gem. § 37 Abs. 1 Nr. 1 S. 7 StVO ordnet rot an Kreuzungen an: „Halt vor der Kreuzung." Eine „entsprechende Bedeutung" hat das Rotlicht gem. § 37 Abs. 2 Nr. 2 StVO an anderen Stellen.
1064 Hierunter fallen – was mE problematisch ist – auch Lichtzeichenanlagen ohne Grünlicht (sogenannte „Bedarfsampeln") nach § 37 Abs. 2 Nr. 3 StVO: OLG Hamm, Beschl. v. 26.4.2005 – 4 Ss OWi 96/05 bei www.burhoff.de.

Schutzbereich der Lichtzeichenanlage einfährt. Kein Verstoß gegen § 37 StVO liegt also vor, wenn nach Nichtbeachtung des Rotlichts der eigentliche Schutzbereich (insbesondere der Kreuzungsbereich) wegen eines Anhaltens noch nicht erreicht wird.[1065] Aus dem Urteil müssen sich Tatzeit und Tatort ergeben. Sodann sind rotlichtspezifische Feststellungen erforderlich darüber, wo sich der Betroffene zur Zeit der Umschaltung auf Rotlicht befand und (bei Verstößen außerorts) ob er unter Berücksichtigung der zulässigen Geschwindigkeit und der Dauer der Gelbphase noch gefahrlos halten konnte.[1066] Bei innerörtlichen Verstößen dagegen werden derartige Feststellungen zu Geschwindigkeit und Gelbphasenlänge nicht mehr verlangt, da bei einer Geschwindigkeit von 50 km/h bei üblicher Gelbphase von drei Sekunden ein Anhalten stets möglich sein dürfte.[1067] Wird der Rotlichtverstoß von der Polizei dadurch festgestellt, dass diese das für die andere Fahrtrichtung aufleuchtende Grünlicht beobachtet, währenddessen der Betroffene aus anderer Fahrtrichtung in den Kreuzungsbereich einfährt, so reicht diese Feststellung nicht für die Annahme eines Rotlichtverstoßes aus.[1068]

Die Missachtung des Rotlichts um mehr als eine Sekunde bedarf (neben den o.g. festzustellenden Punkten) weiterer Feststellungen zu dem Geschehen selbst („Woher wird die Sicherheit für die dem Urteil zugrunde gelegte Zeit genommen?") und den örtlichen Rahmenbedingungen.

Im Einzelnen gilt Folgendes:

Für die Berechnung der Rotlichtzeit von mehr als einer Sekunde ist der Zeitpunkt maßgeblich, an dem der Betroffene mit seinem Fahrzeug die Haltelinie[1069] passiert.[1070]

Die zugelassenen Rotlichtkameras sind sog. standardisierte Messverfahren,[1071] so dass ohne das Vorliegen von Besonderheiten im Urteil nur die Mitteilung des Messverfahrens und des möglicherweise berücksichtigten Toleranzwertes erfolgen muss.[1072]

Wie weit ein Polizeibeamter zählen muss, um den Zeitraum von einer Sekunde feststellen zu dürfen, bemisst sich anhand der Überwachungsmaßnahme. Gezielte

---

1065 BGH NJW 1998, 617 = NZV 1998, 119, 120; vgl auch König in: Hentschel/König/Dauer, § 37 StVO Rn 50 bzw Burhoff in: Burhoff, Handbuch, Rn 2311 ff.
1066 OLG Köln VM 1984, 83; OLG Jena NZV 1999, 304 – es bedarf hier also Feststellungen zu Geschwindigkeit und Gelblichtphase.
1067 OLG Hamburg DAR 1995, 500; OLG Düsseldorf NZV 1996, 81; OLG Hamm NZV 1993, 492; 1991, 67; OLG Bremen VRS 79, 38; Löhle, DAR 1984, 384, 407; Beck/Berr, OWi-Sachen, Rn 441.
1068 OLG Hamm DAR 1999, 417.
1069 Eine Feststellung dahin gehend, die Ampel sei auf Rot umgesprungen, als der Betroffene die Lichtzeichenanlage passierte, ist hier regelmäßig nicht ausreichend (OLG Hamm VA 2001, 33 = zfs 2001, 232. Zu der ausnahmsweise ausreichenden Feststellung, das Fahrzeug sei in den gesicherten Kreuzungsbereich eingefahren (OLG Hamm NStZ-RR 1996, 216 = VRS 91, 394; DAR 1997, 454 = MDR 1998, 102 = VRS 94, 309).
1070 BGHSt 45, 135 = NJW 1999, 2978; vgl u.a. auch OLG Hamm NStZ-RR 1996, 216 = VRS 91, 394; DAR 1997, 454 = MDR 1998, 102 = VRS 94, 309; König in: Hentschel/König/Dauer, § 37 StVO Rn 61 mwN.
1071 BGH NZV 1993, 485.
1072 BGH NZV 1993, 485; OLG Oldenburg DAR 1996, 368; OLG Düsseldorf DAR 2003, 86.

III. Fahrverbot als Nebenfolge nach OWi – § 25 StVG

Rotlichtüberwachung: „21 ... 22 ... 23" reicht grundsätzlich aus;[1073] wird nur „21 ... 22" gezählt, so sind von dem Tatrichter nach bisher herrschender Rechtsprechung weitere Umstände festzustellen, die die Richtigkeit der „Messung" belegen.[1074] Neuere Entscheidungen lassen aber auch diese Zählung ausreichen.[1075] Zufällig beobachteter Rotlichtverstoß: „21, 22" reicht hier nicht aus.[1076]

Für die Feststellung durch Polizeibeamte muss der Tatrichter eine genaue Messung durch diese feststellen und die Berechnung im Urteil mitteilen.[1077]

- **Abstandsverstöße:** Hier kommt ein Absehen mangels abstrakter Gefährdung aus der Natur des Verstoßes nicht in Betracht, da ja gerade der geringe Abstand die Gefährdung des anderen Teilnehmers enthält. 583

- **Wenden/Rückwärtsfahren auf Autobahnen und Kraftfahrstraßen:** Das Wenden auf Autobahnen wird meist vorsätzlich geschehen, so dass die Annahme eines groben Pflichtverstoßes regelmäßig unproblematisch ist. Die BKatV sieht für ein solches Verhalten auch im Fall eines nur fahrlässigen Verstoßes ein Fahrverbot als Regelfolge vor. Hier wird es eigentlich nie zum Entfallen des Fahrverbots aufgrund fehlender abstrakter Gefahr kommen können – allenfalls denkbar sind Fälle, in denen der Betroffene weiß, dass hinter ihm eine Vollsperrung der Autobahn/Kraftfahrstraße stattgefunden hat. Einer konkreten Gefährdung bedarf es nicht, so dass der Hinweis des Betroffenen auf deren Ausbleiben kein geeignetes Verteidigungsmittel ist.[1078] 584

  Hinweis: Auch wenn das Wenden auf einer Kraftfahrstraße unter Benutzung einer dem Querverkehr dienenden Mittelstreifendurchbrechung erfolgt, kann trotz Indizierung eines Fahrverbots durch die BKatV ein grober Verstoß zu verneinen sein.[1079]

- **Überholverstöße:** Die Fahrverbotstatbestände knüpfen bereits an die Gefahr an, so dass die fehlende abstrakte Gefahr ohne Bedeutung ist. 585

- **Rennen:** Hier wird ein Fehlen einer abstrakten Gefahr immer auszuschließen sein. 586

- **Verstöße an Bahnübergängen:** Angesichts der speziellen Tatsituation der in Rede stehenden Verstöße scheidet eine Herabsetzung des Erfolgsunwertes mangels abstrakter Gefährdung grundsätzlich aus. Eine gegenteilige Wertung kann wohl nur dann erfolgen, wenn die gegebenen bzw angezeigten Zeichen oder das Absenken der Schranke nur betriebsinternen Kontrollzwecken diente, also nicht der Auf- 587

1073 Vgl hierzu zB OLG Hamm NStZ-RR 1996, 216 = VRS 91, 394; zur Messung mit geeichter Stoppuhr: KG NZV 2002, 334.
1074 OLG Düsseldorf NZV 2000, 134; OLG Hamm DAR 1997, 77 = NZV 1997, 130 = VRS 92, 441 = VM 1997 Nr. 101; OLG Brandenburg DAR 1999, 512.
1075 OLG Hamm, Beschl. v. 12.3.2009 – 3 Ss OWi 55/09 = BeckRS 2009 10885.
1076 OLG Hamm NZV 2001, 177 = zfs 2000, 513 = VA 2001, 29; aA: OLG Köln, VRS 106, 214.
1077 Weiteres hierzu: Krumm, SVR 2006, 436.
1078 OLG Oldenburg NZV 1992, 493.
1079 OLG Köln DAR 2003, 183; OLG Düsseldorf VRS 97, 269.

rechterhaltung des Bahnverkehrs oder dem Schutz anderer sich möglicherweise im Schienenbereich aufhaltender Personen (zB Schienenarbeiter ...) diente.

(2) Augenblicksversagen

588 Augenblicksversagen beschreibt eine **besondere Art der Fahrlässigkeit**, nämlich die nur leichte, nicht weiter vorwerfbare Fahrlässigkeit durch momentane Unaufmerksamkeit. Eine Rolle spielt das Augenblicksversagen bei Geschwindigkeits- und Rotlichtverstößen.

(a) Augenblicksversagen bei Geschwindigkeitsverstößen

589 Augenblicksversagen spielt bei Geschwindigkeitsverstößen immer dort eine Rolle, wo in geschwindigkeitsbeschränkte/-reduzierte Bereiche eingefahren wird.[1080] Hierbei gilt natürlich grundsätzlich,

- dass geschwindigkeitsbeschränkende Schilder gesehen werden müssen
- und der Fahrer seine Geschwindigkeit so einzurichten hat, dass er bei Passieren des geschwindigkeitsbeschränkenden Schildes die angeordnete Höchstgeschwindigkeit nicht überschreitet.

Hinweis: Die Bußgeldstelle und der Tatrichter dürfen von der Wahrnehmung des Verkehrszeichens durch den Betroffenen ausgehen, solange keine konkreten Anhaltspunkte für nur leicht fahrlässiges Nichtwahrnehmen des Verkehrszeichens erkennbar sind.[1081]

590 Grundlegende Entscheidung zu dieser leichten Fahrlässigkeit und zum sogenannten „Augenblicksversagen ist der **Beschluss des BGH vom 11.9.1997 – 4 StR 638/96**.[1082] Hierin wird festgestellt, dass die Anordnung eines Fahrverbotes gem. § 25 Abs. 1 S. 1 StVG wegen grober Verletzung der Pflichten eines Kraftfahrzeugführers dann aufgrund fehlenden Handlungsunwertes nicht in Betracht kommt, wenn die Ordnungswidrigkeit darauf beruht, dass der Betroffene

- infolge einfacher Fahrlässigkeit ein die Geschwindigkeit begrenzendes Verkehrszeichen übersehen hat, und
- keine weiteren Anhaltspunkte vorliegen, aufgrund derer sich die Geschwindigkeitsbeschränkung aufdrängen musste.

Hinweis: Augenblicksversagen nimmt aber nicht jegliche Fahrlässigkeit, so dass ein Freispruch nicht erfolgen kann.[1083] Auch die Höhe der Geldbuße wird in der Regel von Augenblicksversagen nicht berührt.

1080 Hierzu ausführlich: Krumm SVR 2006, 58 und VRR 2005, 126 (mit Strategietipps und Fragenkatalogen); zu Augenblicksversagen im „Zone 30"-Bereich: Krause/Haberl, SVR 2004, 441.
1081 BGH, Beschl. v. 11.9.1997 – 4 StR 638/96 = NZV 1997, 525 = NJW 1997, 3252 = DAR 1997, 450 = MDR 1997, 1024 = VRS 94, 221 = zfs 1997, 432; BayObLG DAR 2000, 533; OLG Zweibrücken DAR 2003, 134.
1082 BGH, Beschl. v. 11.9.1997 – 4 StR 638/96 = NZV 1997, 525 = NJW 1997, 3252 = DAR 1997, 450 = MDR 1997, 1024 = VRS 94, 221 = zfs 1997, 432.
1083 OLG Hamm, Beschl. v. 13.12.2005 – 3 Ss Owi 720/05.

Lag also eine momentane Unaufmerksamkeit, ein momentanes Versagen[1084] bei Einfahrt in den Bereich der Geschwindigkeitsbeschränkung feststellbar vor, so ist in einem zweiten Schritt zu prüfen, ob die Fehlleistung des Fahrzeugführers gegebenenfalls Folge grober Nachlässigkeit oder Gleichgültigkeit war. Ist etwa das gleiche Zeichen 274 im Verlaufe der Messstrecke mehrfach wiederholt worden, oder geht der Messstelle ein sogenannter Geschwindigkeitstrichter voraus, so hat der betroffene Verkehrsteilnehmer – wenn der Tatrichter seine Einlassung nicht schon aufgrund dieser Umstände als widerlegt ansieht, was allerdings regelmäßig naheliegt – die gebotene Aufmerksamkeit in grob pflichtwidriger Weise außer Acht gelassen;[1085] Gleiches gilt, wenn sich die Geschwindigkeitsbegrenzung aufgrund der ohne Weiteres erkennbaren äußeren Situation (Art der Bebauung) jedermann aufdrängt.[1086]

591

Weiter vorwerfbar ist die momentane Unaufmerksamkeit also etwa dann, wenn

592

- sich aufgrund der Örtlichkeit (zB: erkennbar zusammenhängender Bebauung, Fahrbahnschäden, Baustellenbereich, Mehrfachbeschilderung, Geschwindigkeitstrichter, Kreuzungsbereiche außerhalb geschlossener Ortschaften) eine Geschwindigkeitsreduzierung aufdrängt.

- aufgrund nachlässigen/gleichgültigen Verhaltens des Betroffenen (zB: Ablenkung wegen tiefgehender Gedanken,[1087] Ablenkung durch Geschäftsgespräch,[1088] Ablenkung durch Telefongespräch,[1089] fehlende Anpassung der Geschwindigkeit trotz Blendung,[1090] zu hoch eingestellter Tempomat)[1091] die Beschilderung nicht beachtet wurde.

Aus prozessualer Sicht ist zu beachten, dass Augenblicksversagen nach Einfahrt in den innerörtlichen Geschwindigkeitsbeschränkungsbereich nur dann von dem Gericht zu prüfen ist, wenn hierfür tatsächliche Anhaltspunkte bestehen oder sich der Betroffene hierauf in der Weise beruft, dass er darlegt, das Ortseingangsschild übersehen zu haben und auch wegen besonderer Umstände die Ortschaft als solche nicht habe erkennen können.[1092] Außerorts kann bereits aufgrund des Messfotos bei einer breit ausgebauten autobahnähnlichen Landstraße die Erörterung von Augenblicksversagen geboten sein.[1093]

593

Hinweis: Zur Vorbereitung der Hauptverhandlung sollte weiterhin der Tatort in Augenschein genommen werden, falls machbar. Skizzen/Fotos/Videos der Örtlichkeit

---

1084 Die momentane Unaufmerksamkeit fehlt, wenn sie feststellbar 5-6 Sekunden gedauert haben muss – vgl OLG Hamm VA 2005, 31; ebenso: OLG Hamm SVR 2006, 190 für sich über die gesamte Fahrstreifenbreite erstreckende Leuchtzeichenanlage.
1085 BGH, Beschl. v. 11.9.1997 – 4 StR 638/96 = NZV 1997, 525 = NJW 1997, 3252 = DAR 1997, 450 = MDR 1997, 1024 = VRS 94, 221 = zfs 1997, 432; angedeutet auch in OLG Hamm NStZ-RR 1999, 374, 375.
1086 BGH, Beschl. v. 11.9.1997 – 4 StR 638/96 = NZV 1997, 525 = NJW 1997, 3252 = DAR 1997, 450 = MDR 1997, 1024 = VRS 94, 221 = zfs 1997, 432; BayObLG NZV 1998, 212 – nächtliche Beleuchtung überörtlicher Durchgangsstraßen innerhalb geschlossener Ortschaften; OLG Celle NZV 1998, 254.
1087 OLG Düsseldorf NZV 1995, 406.
1088 OLG Hamm NZV 2002, 142.
1089 OLG Hamm, Beschl. v. 31.7.2003 – 2 Ss OWi 474/03 bei www.burhoff.de.
1090 AG Lüdinghausen NZV 2005, 545; aA aber AG Potsdam NJW 2002, 3342.
1091 OLG Koblenz NJW 2005, 1061.
1092 OLG Celle NZV 1998, 254.
1093 OLG Karlsruhe SVR 2006, 352.

können in der Hauptverhandlung als Augenscheinsobjekte hilfreiche Beweismittel sein, wenn es hinsichtlich des Augenblicksversagens um die Frage der Erkennbarkeit der die Geschwindigkeit begrenzenden Schilder geht oder um die Frage der sonstigen Erkennbarkeit der Einfahrt in den Bereich einer Geschwindigkeitsbegrenzung; sie ersparen zudem zeitaufwendige Ortstermine. Der Verteidiger sollte seinem Mandanten hierfür „Arbeitsaufträge" erteilen.

594 Beifahrer müssen sich auch innerorts grundsätzlich nicht darüber vergewissern, ob sie in eine „Zone 30" eingefahren sind.[1094]

(b) Augenblicksversagen bei Rotlichtverstößen (Mitzieheffekt pp.)

595 Im Rahmen des Rotlichtverstoßes kommen die **Grundsätze des sogenannten Augenblicksversagens**, die der BGH zur Geschwindigkeitsüberschreitung entwickelt hat, **sinngemäß** zur Anwendung: Dem Fahrzeugführer kann das für ein Fahrverbot erforderliche grob pflichtwidrige Verhalten nicht vorgeworfen werden, wenn der Grund des Rotlichtverstoßes darin liegt, dass er die Rotlicht zeigende Lichtzeichenanlage infolge einer momentanen Unaufmerksamkeit nicht wahrgenommen hat und ihm insoweit allenfalls einfache Fahrlässigkeit zur Last fällt, also insbesondere keine weiteren Umstände vorliegen, aufgrund derer sich die Lichtzeichenanlage mit Rotlichtsignal aufdrängen musste; die Fehlleistung des Fahrzeugführers darf also nicht Folge grober Nachlässigkeit oder Gleichgültigkeit sein.[1095] Denkbar sind dabei zwei Konstellationen:[1096]

- **Mitzieheffekt:** Hier startet der Fahrzeugführer noch während der Rotlichtphase aufgrund anderer startender Fahrzeuge auf Nebenspuren.[1097]

- **Frühstarterfälle:** Dies sind Rotlichtverstöße, bei denen der am Rotlicht wartende Betroffene ohne jeden äußeren (psychischen) Druck fälschlicherweise glaubt, es werde für ihn Grünlicht angezeigt und dementsprechend losfährt.[1098]

Hinweis: Eine Lichtzeichenanlage darf aber grundsätzlich nicht gänzlich übersehen werden, vor allem nicht in innerstädtischem Bereich. Auch wer infolge äußerer Ablenkung (zB infolge eines liegengebliebenen anderen Fahrzeugs) das Rotlicht gar nicht sieht, kann sich nicht auf Augenblicksversagen berufen.[1099]

(c) Augenblicksversagen bei Abstandsverstößen

596 Dieses ist angesichts der Definition des vorwerfbaren Abstands **nicht denkbar**.

(d) Augenblicksversagen bei Wenden oder Rückwärtsfahren auf Autobahnen/ Kraftfahrstraßen

597 Auch hier erscheint ein Augenblicksversagen angesichts der üblichen baulichen Gestaltung der betroffenen Straßen/Auffahrten **kaum möglich**. Denkbar können bei

---

[1094] OLG Hamm SVR 2006, 192.
[1095] BGH, Beschl. v. 11.9.1997 - 4 StR 638/96 = NZV 1997, 525 = NJW 1997, 3252 = DAR 1997, 450 = MDR 1997, 1024 = VRS 94, 221 = zfs 1997, 432; OLG Hamm NStZ-RR 1999, 374, 375; OLG Rostock NJW 2004, 2320 mwN; König in: Hentschel/König/Dauer, § 25 StVG Rn 20 ff.
[1096] Rechtsprechungsbeispiele, weitere Tipps und Muster bei Krumm, Fahrverbot, § 6 Rn 108 ff.
[1097] OLG Hamm NZV 1995, 82.
[1098] OLG Karlsruhe NJW 2003, 3720 = NZV 2004, 46 = NStZ 2004, 48 = VRS 105, 371.
[1099] OLG Karlsruhe SVR 2007, 106.

Kraftfahrstraßen uU Situationen sein, in denen die Beschilderung mangelhaft war oder auch das Einfahren über nicht ordnungsgemäß abgeriegelte Zufahrten stattfand.

Hinweis: Hier ist es natürlich seitens des Verteidigers wiederum erforderlich, plausibel und ausführlich vorzutragen. Insbesondere eine Fotodokumentation der Einfahrt, die der Betroffene genommen hat, wird hilfreich sein.

(3) Richtlinienverstoß bei Geschwindigkeitsmessungen
Bei Geschwindigkeitsmessung am Beginn einer anderen Geschwindigkeitsbeschränkung bzw nahe des Ortseingangsschildes kann gegen sogenannte polizeiliche Richtlinien zur Geschwindigkeitsüberwachung[1100] verstoßen worden sein, welche Abstände für Geschwindigkeitsmessungen vom Beginn der Geschwindigkeitsbeschränkung vorsehen und hierzu zumeist nähere Anweisungen enthalten.[1101] In zahlreichen Bundesländern sind derartige Richtlinien existent. Sie beschreiben u.a., auf welche Weise die mit der Verkehrsüberwachung betrauten (Polizei-)Behörden Geschwindigkeitsüberwachungen durchführen sollen. Bei Geschwindigkeitsmessungen im Bereich von Ortseinfahrten oder anderen beginnenden Geschwindigkeitsbeschränkungsbereichen sind nach diesen Richtlinien und Erlassen idR Messungen im **Mindestabstand von 150 oder gar 200 m** vorgesehen.[1102] Sie wirken sich hier mittelbar über Art. 3 GG nach außen für den Bürger rechtsbildend aus.[1103]

Wird sodann eine Messung durchgeführt, bei der gegen Richtlinien für die Geschwindigkeitsüberwachung verstoßen wird, indem der Messpunkt den vorgeschriebenen Mindestabstand vom Ortseingangsschild nicht mehr einhält, so bleiben die Ergebnisse dieser **Messung in vollem Umfange verwertbar**.[1104] Es kann daher auch kein Freispruch stattfinden. Allerdings dürfen die Verkehrsteilnehmer die Erwartung hegen, dass sich die Verwaltungsbehörde über Richtlinien zur Handhabung des Verwaltungsermessens, die eine gleichmäßige Behandlung sicherstellen sollen, im Einzelfall nicht ohne sachliche Gründe hinwegsetzt.[1105] Insoweit können solche Richtlinienverstöße sogar wegen deutlich herabgesetzter Pflichtwidrigkeit bzw herabgesetzten Handlungsunwertes eine Einstellung des Verfahrens nach § 47 OWiG gebieten.[1106] **Ein Verstoß gegen die Richtlinien kann also dazu führen, dass ein mögliches Fahrverbot nicht verhängt wird.**[1107]

Hinweis: Ob die geltende Richtlinie eingehalten wurde, ist nicht immer auf den ersten Blick erkennbar. Hilfreich ist in jedem Fall die Anforderung eines Beschilderungsplanes und der Abgleich mit dem Messprotokoll, da die Messstelle der Polizei vielleicht ausreichenden Abstand zum Ortseingangsschild hatte, der bedienende Beamte

---

1100 Eine aktuelle Zusammenstellung findet sich bei Böttger in: Burhoff, Handbuch, Rn. 2281 ff und Sobisch, DAR 2013, 100.
1101 Ausführlich hierzu: Krumm, SVR 2006, 376 und 398 mit Strategiehinweisen für Verteidiger.
1102 Vgl Krumm, Fahrverbot, § 6 Rn 67; Sobisch, DAR 2013, 100.
1103 Näher hierzu: Krumm, Fahrverbot, § 6 Rn 68 ff.
1104 OLG Oldenburg NZV 1996, 375.
1105 OLG Oldenburg NZV 1996, 375.
1106 OLG Oldenburg NZV 1996, 375; OLG Saarbrücken VRS 46, 205, 206; Seitz in: Göhler, § 47 OWiG Rn 9; Herde, DAR 1984, 134; KK-Bohnert, § 47 OWiG OWiG Rn 106.
1107 Vgl zB BayObLG NStZ-RR 2002, 345; AG Lingen zfs 2000, 39; OLG Köln VRS 96, 62; Burhoff, VA 2003, 14; Krumm, VRR 2006, 90.

aber möglicherweise in den „richtlinienrelevanten" Bereich hineingemessen hat. Aus Verteidigersicht ist es auch sinnvoll, den Mandanten die Beschilderungseinzelheiten durch Skizzen/Fotos dokumentieren zu lassen.

600 Von den Richtlinien kann aber in begründeten Einzelfällen und zwar (neben Fällen sogenannter „Geschwindigkeitstrichter")[1108] insbesondere bei besonderen Gefahrenstellen und -zeichen abgewichen werden.[1109] Dies ist also in einem zweiten Schritt zu prüfen. **Gefahrenstellen** in diesem Sinne sind nicht nur solche Stellen, an denen es in der Vergangenheit vermehrt zu Unfällen gekommen ist, sondern auch solche, an denen sich die mit einer überhöhten Geschwindigkeit einhergehende abstrakte Gefahr aufgrund besonderer Umstände zukünftig konkretisieren kann,[1110] so etwa Schulen, Kindergärten, Friedhofsausgänge oder auch Fahrradwegsenden.

Hinweis: Die tatsächliche Existenz derartiger Gefahrstellen sollte der Verteidiger (notfalls) durch „Arbeitsaufträge" an den eigenen Mandanten aufklären.

601 Ob die Gefahrenstelle dann aber tatsächlich den Verstoß gegen die Richtlinien rechtfertigt, ist nur eingeschränkt gerichtlich überprüfbar – die Rechtsprechung ermöglicht der Polizei hier einen weiten Beurteilungsspielraum, der nur durch Willkür begrenzt wird.[1111]

Hinweis: Unabhängig von der Existenz dieser Richtlinien ist in der Rechtsprechung anerkannt, dass es eine Messtoleranz (von idR mindestens 50 m) hinter dem Ortseingangsschild dann geben muss, wenn die Verkehrsteilnehmer dies unter Berücksichtigung der konkreten Umstände erwarten dürfen.[1112]

(4) Mitverschulden

602 Dieses ist vor allem dort relevant, wo die Fahrverbotsanordnung an der **Gefährdung/ Schädigung Dritter** anknüpft. Wenn diese zu der Gefährdung/Schädigung durch eigenes Verschulden beigetragen haben, so wird die Ordnungswidrigkeit des „Haupttäters" in milderem Licht erscheinen.

603 Vor allem bei Rotlichtverstößen ist dieser Gesichtspunkt relevant. In den Fällen der Nr. 132.1 (einfacher Rotlichtverstoß mit Gefährdung oder Sachbeschädigung) und Nr. 132.2.1 (Rotlichtverstoß bei längerer Rotphase als einer Sekunde mit Gefährdung oder Sachbeschädigung) kann ein Mitverschulden der gefährdeten oder geschädigten anderen Verkehrsteilnehmer bei der Tatbestandsverwirklichung anerkanntermaßen eine erhebliche Rolle spielen.[1113] Fahrverbotsrelevant kann dies aber nur bei Nr. 132.1 werden, da bei Nr. 132.2.1 immer noch aufgrund der Rotphase von über einer Sekunde die Indizwirkung des BKat greift. Nicht maßgeblich ist die zivilrechtli-

---

1108 Zu Geschwindigkeitstrichtern: OLG Dresden NJW 2005, 2100 = NStZ 2005, 710.
1109 OLG Oldenburg NZV 1996, 375, 376.
1110 OLG Oldenburg NZV 1996, 375, 376.
1111 OLG Oldenburg NZV 1994, 286.
1112 OLG Oldenburg NZV 1994, 286; OLG Hamm VRS 97, 453; OLG Köln VRS 96, 62; BayObLG NZV 1995, 496.
1113 Ferner, SVR 2004, 12, 15; König in: Hentschel/König/Dauer, § 25 StVG Rn 22 mwN.

che Haftungsverteilung nach § 254 BGB, sondern die konkrete Pflichtenlage der Beteiligten.[1114]

Hinweis: Gleichwohl ist im Rahmen des Verteidigungsvorbringens ein Hinweis auf **zivilrechtliche Haftungsquoten** (für die es zahlreiche Nachschlagewerke gibt) hilfreich, wird hierdurch jedenfalls nachdrücklich deutlich gemacht, dass ein Mitverschulden des Geschädigten nicht nur eine rein taktische „Verteidigererfindung" ist, sondern sich auch mit Leben füllen lässt (sprich: mit Entscheidungen anderer Gerichte belegen lässt). Es ist natürlich auch darzulegen, wie hoch der jeweilige Anteil der Unfallbeteiligten an dem Unfall war, wie der andere Verkehrsteilnehmer ihn hätte verhindern können bzw dass der Unfall bei einem ordnungsgemäßen Verhalten des Unfallgegners ganz vermieden worden wäre. Zur Einschätzung der Schwere des Verstoßes sollte die Höhe des Schadens, insbesondere auch am Fahrzeug des Betroffenen, der Stand der Regulierung, zur allgemeinen und besonderen Verkehrssituation zum Zeitpunkt des Unfalles ebenso vorgetragen werden.

Zum Mitverschulden hat etwa das OLG Celle entschieden:[1115]

„... Ein fehlerhaftes Verhalten des Linksabbiegers ist als Mitverschulden gegenüber dem Betr., der den Verkehrsunfall infolge eines Rotlichtverstoßes verursacht hat, zu berücksichtigen. Dieses kann einen Ausnahmefall begründen, der zum Absehen vom Vorliegen eines Regelfalls iSv Nr. 34.1 BKat[1116] nötigt, weil Grund der verschärften Sanktion allein die erhöhte Gefährdung des anderen Verkehrsteilnehmers ist, die dieser bei einem eigenen fehlerhaften Verhalten zum Teil aber selbst mit herbeigeführt hat. Entscheidend für die Beurteilung ist deshalb auch das Maß des beiderseitigen Verschuldens. ..."

(5) Irrtümer/Notstandsähnliche Situationen
Irrtümer können den **Handlungsunwert** des Verkehrsverstoßes reduzieren und somit zum Wegfall des Vorwurfs eines groben oder beharrlichen Pflichtenverstoßes führen, so etwa bei Vorliegen eines Putativnotstandes oder Erlaubnisirrtums,[1117] letzterer speziell in der Form eines Bewertungsirrtums.[1118] In der Praxis besonders wichtig sind dabei Irrtümer und Falschbewertungen in der Form sogenannter „notstandsähnlicher Situationen". Gemeint sind hier Konstellationen, in denen ein echter Notstand nach § 16 OWiG nicht vorlag, der Betroffene sich gleichwohl tatsächlich oder vermeintlich in einer Ausnahmesituation befand, die wertungsmäßig der Notstandssituation nahekommt.[1119] Hier sind insbesondere **Geschwindigkeitsverstöße** von Ärzten bei vermeintlich dringenden Einsätzen zu nennen[1120] und auch Fahrten von Betroffenen, die an sich selbst Krankheitssymptome erkennen oder akute Erkrankungen Dritter (idR naher Angehöriger) vermuten, wie etwa:

604

1114 OLG Karlsruhe DAR 2001, 417.
1115 OLG Celle NZV 1994, 40.
1116 Jetzt: 132.1 Bkat.
1117 Der Erlaubnisirrtum stellt letztlich nur eine spezielle Ausprägung des Verbotsirrtums (§ 11 Abs. 2 OWiG) dar.
1118 Bewertungsirrtum: Der Betroffene wertet im Rahmen der Interessenabwägung falsch ab; er ist in der Regel vermeidbar: Gürtler in: Göhler, § 16 OWiG Rn 15; KK-Regnier, § 16 OWiG Rn 73.
1119 Ausführlich Krumm, SVR 2006, 19.
1120 Übersicht hierzu bei Krumm, Fahrverbot, § 6 Rn 90.

- Geschwindigkeitsverstoß eines Ehemanns, der in Sorge um seine mitfahrende schwangere Frau ist,[1121]
- Taxifahrer will Fahrgast schnellstmöglich in ärztliche Hilfe verbringen,[1122]
- Vater eilt zu verunfalltem Kind, weil sofortige Hilfeleistung zwingend erforderlich ist (oder der Vater jedenfalls hieran glaubt). [1123]

Hinweis: Irrtum entlastet aber nicht, wenn dieser auf einer unkritischen Beurteilung der Situation beruht, zB für einen Arzt, der glaubt, im Rahmen ärztlicher Hilfeleistung zur Überschreitung der zulässigen Höchstgeschwindigkeit berechtigt gewesen zu sein, obwohl der Einsatz eines Rettungsdienstes möglich gewesen wäre.[1124]

605 Besondere fahrverbotsrelevante Irrtümer **im Rahmen von Rotlichtverstößen** können etwa vorliegen, wenn der Fahrer vor einer Lichtzeichenanlage zunächst drei Minuten anhält und diese dann aber bei Rot in der irrigen Annahme überfährt, die Ampel sei defekt.[1125] Auch die Fehldeutung eines grünen Pfeils führt zum Wegfall des ansonsten indizierten Handlungsunrechts eines qualifizierten Rotlichtverstoßes.[1126] Hält der Betroffene irrtümlicherweise eine Notstandssituation für gegeben, weil er zwei Polizisten für Räuber hält, so mag dies keinen Verbotsirrtum begründen, jedoch zu einem Wegfall des Handlungsunrechtes des Rotlichtverstoßes führen mit der Folge des Wegfalls der indizierten Voraussetzungen des Fahrverbotes.[1127]

Hinweis: In diesen Fällen ist seitens des Tatrichters stets Vorsicht angebracht, da die Betroffenen natürlich häufig versuchen, sich mit übertriebenen oder vielleicht gar gänzlich falschen Geschichten „herauszureden". Der Verteidiger muss in solchen Fällen auf einen ausführlichen und plausiblen Vortrag achten. Wichtig wird hier vor allem die Benennung von Zeugen sein, die den Vorfall bestätigen können.

dd) Entfallen der erzieherischen Erforderlichkeit des § 25 Abs. 1 StVG

606 Wie bereits dargestellt, erfüllt das Fahrverbot eine **Erziehungsfunktion**. Diese erzieherische Erforderlichkeit des Fahrverbots trotz einer groben oder beharrlichen Pflichtwidrigkeit kann im Laufe des Verfahrens entfallen.

(1) Wirkungsvolle Erhöhung der Geldbuße

607 Die Erforderlichkeit des Fahrverbotes kann auch entfallen, wenn durch Anwendung des § 4 Abs. 4 BKatV hierdurch eine Geldbußenhöhe erreicht wird, die es angesichts der wirtschaftlichen Verhältnisse des Betroffenen nahelegen, dass ein erheblicher er-

---

1121 OLG Karlsruhe DAR 2002, 229.
1122 AG Weißenfels DAR 1999, 468; OLG Hamm NJW 1996, 2437.
1123 OLG Karlsruhe VRR 2006, 36 = NZV 2005, 542.
1124 OLG Frankfurt NStZ-RR 2001, 214.
1125 OLG Hamm NStZ 1999, 518 = DAR 1999, 515 = VRS 97, 384 = NZV 2000, 52 (der Betroffene wurde zudem durch andere Fahrzeugführer bestärkt).
1126 KG NZV 1994, 159.
1127 OLG Hamm NZV 1996, 503.

III. Fahrverbot als Nebenfolge nach OWi – § 25 StVG 2

zieherischer Effekt hierdurch eintritt.[1128] Insbesondere kann dies bei einem nicht vorbelasteten fahrlässig handelnden Betroffenen der Fall sein.[1129]

(2) Fahrverbotsfeindliche Verfahrensdauer
Die Fahrverbotsanordnung kann ihren Sinn verloren haben, wenn die Anlasstat lange zurückliegt, die für die lange Verfahrensdauer maßgeblichen Umstände außerhalb des Einflussbereichs des Betroffenen liegen und der Betroffene sich in der Zwischenzeit verkehrsgerecht verhalten hat – ob es also zu einem Absehen im Falle langer Verfahrensdauer kommen kann, ist daher weitgehend eine Frage des Einzelfalls.[1130] Die jüngere obergerichtliche Rechtsprechung nimmt mittlerweile an, dass jedenfalls **bei Zeitablauf von über zwei Jahren** zwischen Tat und Urteil der erzieherische Sinn und Zweck des Fahrverbots an sich oder auch nur bei schwereren Verstößen und drohendem längeren Fahrverbot die erforderliche Dauer infrage gestellt sein kann.[1131]

Hinweis: Maßgeblich für die Bestimmung der fahrverbotsfeindlichen Verfahrensdauer ist die Zeit zwischen der Tatbegehung und der letzten tatrichterlichen Entscheidung.[1132] Es gibt aber auch (dogmatisch falsche) Entscheidungen, die sogar auf den Zeitablauf in der Rechtsbeschwerdeinstanz abstellen, wenn das Urteil ansonsten rechtsfehlerfrei ist.[1133]

608

Es bedarf deshalb besonderer Umstände für die Annahme, dass zu einer nach wie vor erforderlichen erzieherischen Einwirkung auf den Täter die Verhängung eines Fahrverbotes nach solch einem längeren Zeitablauf noch unbedingt notwendig ist.[1134] Denkbar sind hier wohl vor allem neue Verkehrsverstöße. Teils wird auch gefordert, dass die Verfahrensdauer ihre Ursache nicht im Verhalten (insbesondere dem Prozessverhalten) haben darf.[1135] Nach teilweise vertretener Auffassung soll jedoch nur

609

1128   OLG Celle, Beschl. v. 2.3.2005 – 222 Ss 55/05 (OWi) = zfs 2005, 315; OLG Hamm, Beschl. v. 7.8.2008 – 2 SS OWI 505/08 = BeckRS 2008, 19833 = DAR 2008, 708 = Zfs 2008, 645, 646 = VRR 2008, 435; VRR 2005, 155; Deutscher, NZV 2009, 111, 113.
1129   Deutscher, NZV 2006, 123, 125 und NZV 2009, 111, 113.
1130   Deutscher, NZV 2009, 111, 113; BayObLG NStZ-RR 2004, 57 und NZV 2002, 280; OLG Düsseldorf NZV 2001, 435, 436; OLG Bamberg, zfs 2008, 469; KG DAR 2007, 711; VRS 114, 381.
1131   Statt aller: OLG Bamberg, Beschl. v. 15.5.2008 – 2 Ss OWi 681/08 = BeckRS 2008, 19981 zfs 2008, 469; KG, Beschl. v. 5.9.2007 – 2 Ss 193/07 – 3 Ws (B) 459/07 = BeckRS 2007, 18109 = DAR 2007, 711; VRS 114, 381; OLG Dresden, Beschl. v. 18.12.2007 – Ss (OWi) 779/07 = SVR 2008, 114; Beschl. v. 6.5.2003 – Ss (OWi) 565/02 = NStZ 2003, 279; OLG Celle, Beschl. v. 23.12.2004 – 211 Ss 145/04 (OWi) = VRR 2005, 113; OLG Dresden DAR 2005, 226; BayObLG NStZ-RR 2004, 57 = NZV 2004, 100; OLG Düsseldorf DAR 2003, 85, 86 und NZV 2001, 435, 436; OLG Hamm NZV 2006, 50; OLG Karlsruhe DAR 1992, 437; OLG Köln NZV 2000, 217 f; OLG Schleswig DAR 2000, 584; OLG Sachsen-Anhalt zfs 2003, 96; OLG Brandenburg NZV 2005, 278 (2 Jahre und 4 Monate – aber aus dem Volltext ergibt sich ebenfalls die Zugrundelegung einer Zweijahreslinie); Deutscher, NZV 2009, 111, 113.
1132   Deutscher in: Handbuch, „Fahrverbot, Absehen, Zeitablauf".
1133   OLG Bremen, Beschl. v. 18.6.2014 – 1 SsBs 51/13 = DAR 2014, 588 (mit Anm. Krumm).
1134   OLG Düsseldorf, Beschl. v. 15.5.2000 – 2 a Ss (OWi) 128/00 – (OWi) 39/00 III = NZV 2001, 435, 436; OLG Brandenburg, Beschl. v. 23.6.2004 – 2 Ss (OWi) 180 B/03 = NZV 2005, 278; Krumm, Fahrverbot, § 6 Rn. 164.
1135   BayObLG, Beschl. v. 19.2.2004 – 1 ObOWi 40/04 = NZV 2004, 210; OLG Karlsruhe, Beschl. v. 18.1.2005 – 2 Ss 152/04 = BeckRS 2010, 26342 = DAR 2005, 168; OLG Köln NZV 2004, 422; OLG Schleswig, Urt. v. 8.9.2000 – 1 SS OWI 207/00 = BeckRS 2000, 11890 = DAR 2000, 584; OLG Hamm VRS 106, 57; OLG Frankfurt, Beschl. v. 22.10.2003 – 2 Ss OWi 288/03 = zfs 2004, 283; aM Bode, zfs 2004, 137.

Verfahrensverzögerung durch den Betroffenen in unlauterer Weise ein Absehen vom Fahrverbot wegen Zeitablaufs hindern.[1136]

Hinweis: Hier ist also seitens des Verteidigers darauf zu achten, dass nicht der Vorwurf einer Prozessverschleppung gemacht werden kann. Die bloße „Streckung" des Verfahrens durch zulässige und begründete Anträge und Rechtsbehelfe wird nicht problematisch sein.

610 In Fällen längerer Fahrverbote gehen Gerichte bislang in der Überzahl davon aus, das Überschreiten der Zweijahreslinie nehme nicht den Sinn und Zweck des Fahrverbotes, sondern müsse vielmehr nur im Wege einer Rechtsfolgenlösung bzw Rechtsfolgenkorrektur im Sinne der Rechtsprechung des BGH zu Art. 6 Abs. 1 S. 1 MRK[1137] zu einer Herabsetzung der Dauer des Fahrverbotes führen; ein völliger Verzicht auf die Verhängung eines mehrmonatigen Fahrverbotes sei nämlich eine ungerechtfertigte Gleichbehandlung schwererer mit leichteren Verkehrsverstößen.[1138] ME muss aber auch hier vom Fahrverbot abgesehen werden.

Hinweis: Das OLG Karlsruhe hat bereits nach 20 Monaten im Wege der eigenen Sachentscheidung nach § 79 Abs. 6 OWiG von einer Fahrverbotsanordnung abgesehen, da vor zwei Jahren Verfahrensdauer nicht mit einer Neuterminierung nach Rückverweisung an den Tatrichter zu rechnen gewesen wäre.[1139] Diese Ansicht greift mE aber zu weit.

(3) Verkehrserzieherische Maßnahmen

611 Verkehrserzieherische Maßnahmen, Nachschulungen und Aufbauseminare können uU die erzieherische Erforderlichkeit einer Fahrverbotsanordnung nehmen.[1140] Dies wird teils bestritten.[1141]

Hinweis: Aus Verteidigersicht wird es in diesem Zusammenhang wichtig sein, weitere entlastende Gesichtspunkte vorzutragen, so etwa Verfahrensdauer, fehlende Voreintragungen, tatbezogene Besonderheiten etc.

1136 OLG Schleswig, Urt. v. 8.9.2000 – 1 SS OWI 207/00 = BeckRS 2000, 11890 = DAR 2000, 584 (nur bei auf Verfahrensverzögerung zielendem Verhalten); OLG Zweibrücken, Urt. v. 11.9.2000 – 1 SS 223/00 = BeckRS 2000 30130822 = DAR 2000, 586 (nur bei unzulässiger Rechtswahrnehmung); OLG Hamm BA 2004, 175 (nur bei Verfahrensverzögerung in unlauterer Weise); OLG Düsseldorf, Beschl. v. 6.2.2008 – IV-5 Ss (OWi) 33/07 – (OWi) 9/08 I = NZV 2008, 534.
1137 BGHSt 24, 239/242; BGH, Beschl. v. 18.4.2002 – 3 StR 79/02 = NStZ-RR 2002, 219; BGH, Beschl. v. 22.1.1992 – 3 StR 440/91 = NStZ 1992, 229; ausf. hierzu zusammenfassend: Fischer, § 46 StGB Rn 63 mwN.
1138 OLG Hamm, Beschl. v. 25.8.2005 – 2 Ss OWi 546/05 = DAR 2006, 100 = NZV 2006, 50; OLG Naumburg, Urt. v. 25.11.2002 – 1 SS B 429/02 = DAR 2003, 133 = zfs 2003, 96; BayObLG NStZ-RR 2004, 57.
1139 OLG Karlsruhe, Beschl. v. 30.11.2005 – 1 Ss 120/05 = DAR 2006, 227 = NStZ-RR 2006, 152 = NZV 2006, 325 = SVR 2006, 352.
1140 Vgl etwa: AG Landstuhl, Urt. v. 11.9.2014 – 2 OWi 4286 Js 11751/13 (von Beharrlichkeitsfahrverbot wurde unter Erhöhung der Geldbuße abgesehen nach Teilnahme an einer verkehrspsychologisch begründeten Einzelmaßnahme) AG Duderstadt zfs 2001, 519; AG Kiel DAR 1999, 327 (Fahrverbot wurde von drei Monaten auf einen Monat verkürzt); BayObLG NZV 1996, 79; AG Bad Segeberg VRR 2005, 277 (Absehen von zweimonatigem Fahrverbot); Himmelreich, DAR 2008, 69, 71 (aber zu § 44 StGB); Deutscher, NZV 2009, 111, 113; Krumm, Fahrverbot, § 6 Rn. 183; Deutscher in: Handbuch, „Fahrverbot, Absehen, allgemeine Gründe".
1141 AG Celle zfs 2001, 520; BayObLG NZV 1996, 374 = 1997, 57 = DAR 1996, 324; OLG Düsseldorf MDR 1997, 376; NZV 1997, 161; jedenfalls sehr kritisch zur Nachschulung: OLG Bamberg VRR 2008, 272; kritisch auch König in: Hentschel/König/Dauer, § 25 StVG Rn 25.

III. Fahrverbot als Nebenfolge nach OWi – § 25 StVG   2

(4) Vollstreckte Fahrverbote und andere Gründe

Bei **Wiederholungstätern** kann es vorkommen, dass ein mehrmonatiges Fahrverbot droht, zwischenzeitlich (dh zwischen Tat und Verurteilung) ein vorheriges Fahrverbot vollstreckt wurde. Die hierdurch entfaltete erzieherische Wirkung kann mE insbesondere zur Verkürzung des nunmehr festzusetzenden Fahrverbotes führen.   612

Wurde dem Betroffenen am Tatort **mündlich** von dem eingesetzten Polizeibeamten ein **Fahrverbot „erteilt"** und befolgt der Betroffene dieses im Glauben an die Richtigkeit dieses Vorgehens, so entfällt ebenfalls die Erforderlichkeit der Fahrverbotsanordnung.[1142]   613

Muss es gem. § 25 Abs. 6 StVG zu einer **Anrechnung** einer im laufenden Verfahren zunächst durchgeführten vorläufigen Fahrerlaubnisentziehung etc. kommen, die deutlich länger war als das anzuordnende Fahrverbot, so ist die Fahrverbotsanordnung nach hier vertretener Ansicht nicht mehr erforderlich, da das Fahrverbot dann nur noch eine inhaltsleere Hülle darstellt und seinen Zweck gar nicht mehr erfüllen kann.[1143] Insbesondere dann, wenn die vorläufige Fahrerlaubnisentziehung der Tat „auf den Fuß folgte" dürfte sie erhebliche erzieherische Wirkung ausüben. Ein Verzicht auf Entschädigung nach dem StrEG ist hier ebenfalls zu berücksichtigen.[1144] Anders dürfte dies angesichts der Gesetzessystematik liegen, wenn die Fahrverbotsdauer deckungsgleich mit der anzurechnenden Sicherstellungs-/Entziehungszeit ist.   614

Ein Absehen vom Fahrverbot kommt regelmäßig dann in Betracht, wenn zwischen Tat und Entscheidung die **Beschilderung** sich zugunsten des Betroffenen derart geändert hat, dass es zu keinem Verstoß gekommen wäre oder jedenfalls zu einem geringer zu ahndenden.[1145]   615

ee) Unverhältnismäßigkeit aufgrund von Härten

Der Betroffene hat grundsätzlich die mit der Fahrverbotsanordnung verbundenen **Folgen in der Regel als selbstverschuldet** hinzunehmen,[1146] zumal sie nur von zeitlich begrenzter Dauer sind. Sie sind nämlich vorhersehbare, typische und somit zumutbare Folge des Fahrverbotes und treffen alle Betroffenen in gleicher Weise.[1147]   616

Ein Absehen von einem Fahrverbot kommt nur in Betracht, wenn erhebliche und unvermeidliche Härten durch Arbeit- oder Existenzverlust oder besondere persönliche Härten drohen und gerade dies auch festgestellt werden kann. Möglich ist auch ein Zusammenwirken mehrerer für sich betrachtet gewöhnlicher oder durchschnittlicher Umstände dergestalt, dass sie in ihrer Gesamtheit betrachtet die Anordnung des Fahr-   617

1142 OLG Koblenz DAR 2004, 109.
1143 AG Lüdinghausen NZV 2008, 419; Deutscher, NZV 2009, 111, 113; aA König in: Hentschel/König/Dauer, § 25 StVG Rn 27, der stets einen Fahrverbotsausspruch verlangt.
1144 AG Lüdinghausen NZV 2008, 419.
1145 So auch: Scheffler NZV 2005, 511 (der das Problem offenbar auf Tatbestandsebene anordnen will).
1146 Ständige Rechtsprechung aller Oberlandesgerichte: zB OLG Hamm NZV 2001, 90 und NZV 2002, 140; BayObLG NZV 1994, 37; Deutscher, NZV 2009, 111, 113; Burmann in: Burmann/Heß/Jahnke/Janker, § 25 StVG Rn 31.
1147 BGHSt 38, 231 = NJW 1992, 1397 = NZV 1992, 117.

verbots als unverhältnismäßig erscheinen lassen.[1148] Das Amtsgericht muss sich der Möglichkeit bewusst sein, wegen solcher besonderer Härten vom Fahrverbot unter Erhöhung des Bußgeldes absehen zu können und dies im Urteil erkennen lassen.[1149] Die Verneinung der Möglichkeit eines Absehens vom Regelfahrverbot erfordert aber nicht eine detaillierte Auseinandersetzung in den Urteilsgründen mit den einzelnen vom Betroffenen vorgetragenen Gründen für die von ihm erstrebte Ausnahme.[1150] Andererseits muss das (Tat-)Gericht auch beim Absehen vorsichtig sein:

Hinweis: Will das Gericht unter Anwendung des **§ 4 Abs. 4 BKatV** von dem Regelfahrverbot wegen der den Betroffenen treffenden Folgen absehen, so muss es in geeigneten Fällen nachvollziehbar im Urteil darlegen, ob durch Zubilligung der Abgabefrist des § 25 Abs. 2 a StVG oder auch einer Beschränkung des Fahrverbotes auf einzelne Fahrzeugarten die Folgen nicht bereits ausreichend abgemildert werden können.[1151] Eine Unzumutbarkeit liegt nämlich nicht mehr vor, wenn die drohende Existenzgefährdung durch anderweitige, zumutbare Maßnahmen abgewendet werden kann.[1152]

Das Gericht muss also erörtern, ob die (tatsächlichen oder vom Betroffenen behaupteten) drohenden Fahrverbotsfolgen abgemildert werden können und daher die Fahrverbotsanordnung nicht unverhältnismäßig sein kann. Diese **Milderungsmöglichkeiten** ergeben sich aus nachfolgender Checkliste.[1153]

618 Checkliste: Zu erörternde Möglichkeiten zur Abmilderung der Fahrverbotsfolgen

- Urlaubsmöglichkeiten (wenn es um berufliche Härten geht)
- Einstellung eines Fahrers (insbesondere hierfür notwendige finanzielle Möglichkeiten, zB Kreditaufnahme)
- Nutzung öffentlicher Verkehrsmittel
- Hilfsmöglichkeiten durch Verwandte, Bekannte, Arbeitskollegen oder Arbeitgeber
- Bei Selbstständigen: Ist Arbeitsumverteilung (Reorganisation) möglich bzw zumutbar?
- Beschränkung des Fahrverbotes auf bestimmte Fahrzeugarten[1154]

1148 Vgl u.a. BGHSt 38, 125 = NJW 1992, 446 = NStZ 1992, 135; BayObLG NZV 1996, 374; OLG Hamm NZV 1997, 281.
1149 OLG Köln NZV 1998, 293.
1150 OLG Jena DAR 2004, 663.
1151 OLG Hamm BA 2004, 179; Burmann in: Burmann/Heß/Jahnke/Janker, § 25 StVG Rn 13 b mwN; zu den strengen Voraussetzungen für ein Absehen einer Fahrzeugart: OLG Celle NZV 1998, 158.
1152 OLG Hamm, NZV 2007, 261 = ADAJUR Dok.Nr. 71724 = SVR 2007, 188 = VRS 112, 212 =VRR 2007, 236.
1153 Übernommen aus: Krumm, Fahrverbot, § 6 Rn 201 ff. Die Checkliste kann in zweierlei Richtung verwandt werden: In erster Linie wird das Rechtsbeschwerdegericht die genannten Prüfungspunkte abprüfen, wenn es die Frage der Richtigkeit des Absehens vom Fahrverbot prüft; des Weiteren dient die Checkliste dem Verteidiger als Hilfe, um überprüfen zu können, ob er zu allen relevanten Punkten für den Tatrichter ausreichend vorgetragen hat.
1154 Zum Begriff der Fahrzeugarten: Krumm, SVR 2006, 94.

III. Fahrverbot als Nebenfolge nach OWi – § 25 StVG

- Keine Verbesserung der Situation für den Fall der Abgabefrist des § 25 Abs. 2 a StVG?
- Vorübergehende Anmietung eines (Hotel-)Zimmers am Arbeitsplatz
- Möglichkeit der Kombination vorstehender Alternativen

Selbst wenn unter normalen Umständen von einem Fahrverbot wegen den Betroffenen treffender unverhältnismäßiger beruflicher Härten von einer Fahrverbotsanordnung abzusehen wäre, kann ausnahmsweise doch die **Fahrverbotsverhängung** erforderlich und **nicht mehr unverhältnismäßig** sein, wenn 619

- ein besonders schwerwiegender Verstoß[1155] oder
- erhebliche und einschlägige Vorbelastungen[1156] vorliegen.

Die Entscheidung, ob trotz Vorliegens eines Regelfalles der konkrete Sachverhalt Ausnahmecharakter hat und deshalb die Verhängung eines Fahrverbotes nicht erfordert, ist nach ständiger Rechtsprechung aller Oberlandesgerichte in erster Linie Sache des Tatrichters, dessen Würdigung vom Rechtsbeschwerdegericht bis zur Grenze des Vertretbaren hinzunehmen ist.[1157] Der Tatrichter muss für diese seine Überzeugung vom Vorliegen eines Ausnahmefalles jedoch eine auf Tatsachen gestützte Begründung geben,[1158] die sich nicht nur in einer unkritischen Wiedergabe der Einlassung des Betroffenen erschöpfen darf.[1159] Zwar ist es dem Tatrichter nicht schlechthin verwehrt, eine Behauptung zu glauben; entlastende Angaben des Betroffenen, der sich auf das Vorliegen einer persönlichen Ausnahmesituation beruft und regelmäßig ein großes Interesse daran haben wird, der Verhängung eines Fahrverbotes zu entgehen, dürfen jedoch nicht ohne weitere Prüfung hingenommen werden – ggf muss darüber Beweis erhoben werden.[1160] 620

Hinweis: Diese Problematik wird oft von Gerichten und Verteidigung unterschätzt. Wichtig sind also in jedem Fall (also auch dann, wenn der Richter dem Betroffenen uneingeschränkt glaubt!) Beweismittel, die die Einlassung stützen. Die Einlassung ist nämlich von dem Tatrichter stets (auch im Urteil!) kritisch zu hinterfragen.[1161]

1155 So zB OLG Düsseldorf NStZ-RR 1996, 22 und NZV 1996, 463; OLG Hamm VRS 92, 366; OLG Hamm, NZV 2008, 306 = VRS 114, 383 = DAR 2008, 652 = VRR 2008, 434; OLG Brandenburg VRS 91, 371; Deutscher, NZV 2009, 111, 114.
1156 So zB OLG Brandenburg DAR 2004, 460; OLG Hamm, Beschl. v. 27.2.2006 – 4 Ss OWi 804/05; NZV 1997, 446; OLG Saarl., SVR 2004, 194; OLG Karlsruhe DAR 2004, 467 = NZV 2004, 316 = VA 2004, 136 = SVR 2004, 473 (bei vorhergehendem Verkehrsverstoß wurde bereits einmal unter Erhöhung der Geldbuße von der Verhängung eines Fahrverbots abgesehen); OLG Hamm, NJW 2007, 2198 = VRS 112, 216 = NZV 2007, 261 = SVR 2007, 188; Deutscher, NZV 2009, 111, 114.
1157 OLG Hamm, BA 2004, 177, 178; angesichts der im Vergleich mit den Tatgerichten dramatisch strengeren Fahrverbotsrechtsprechung der Oberlandesgerichte ist festzustellen, dass von dem Spielraum des Tatrichters, den die Oberlandesgerichte zubilligen, faktisch nichts übrigbleibt.
1158 BGHSt 38, 231, 237 = NJW 1992, 1397; OLG Düsseldorf NZV 1999, 257, 258; OLG Karlsruhe NZV 1993, 277, 278.
1159 König in: Hentschel/König/Dauer, § 25 StVG Rn 26; OLG Hamm VRS 95, 138, 140; SVR 2007, 229; OLG Düsseldorf NZV 1999, 477.
1160 OLG Hamm BA 2004, 179, auch OLG Naumburg DAR 2003, 573.
1161 OLG Bamberg SVR 2007, 65.

(1) Berufliche Härten

621 Übliche Nachteile sind – auch bei Vielfahrern[1162] – **hinzunehmen**. Damit gemeint sind vor allem[1163]

- Zeitverluste durch die Benutzung öffentlicher Verkehrsmittel,[1164]
- der durch die Benutzung öffentlicher Verkehrsmittel entstehende finanzielle Mehraufwand.[1165]

622 Trifft allerdings das Fahrverbot den Betroffenen unverhältnismäßig hart oder **verliert er seinen Arbeitsplatz**, so muss auch ein Absehen von der Verhängung in Betracht gezogen werden.[1166] Negative Folgen der Fahrverbotsanordnung, die über die bloße Fahrverbotsdauer nachhaltig andauern, sind nämlich grundsätzlich unverhältnismäßig.

- Konkret drohender Arbeitsplatzverlust[1167] (durch Kündigung eines abhängig Beschäftigten) und
- Gefährdung der Existenz des selbstständigen Betroffenen[1168]

sind die wichtigsten Gesichtspunkte, die auf Rechtsfolgenseite zum Absehen vom (Regel-)Fahrverbot führen können.

Hinweis: Der Tatrichter, der das Vorliegen eines außergewöhnlichen Härtefalles verneint und deshalb nicht von einem Fahrverbot absieht, weil der Betroffene dies durch andere Maßnahmen kompensieren könne, muss sich also in den Urteilsgründen konkret mit den wirtschaftlichen Verhältnissen und Möglichkeiten des Betroffenen auseinandersetzen.[1169] Im Falle einer außergewöhnlichen Härte hat sich der Tatrichter zudem mit der Frage zu befassen, ob das Fahrverbot auf bestimmte Kfz-Arten beschränkt werden kann, wenn diese Sanktion als Denkzettel- und Besinnungsmaßnahme ausreichend erscheint.[1170]

1162 AA AG Oranienburg DAR 2000, 422.
1163 Hierzu etwa: König in: Hentschel/König/Dauer, § 25 StVG Rn 25 mwN; Burmann in: Burmann/Heß/Jahnke/Janker, § 25 StVG Rn 31; Deutscher, NZV 2009, 111, 114; Deutscher in: Burhoff, Handbuch, „Fahrverbot, Absehen, berufliche Gründe".
1164 Vgl u.a. OLG Düsseldorf, NZV 1996, 119; OLG Hamm, NZV 2002, 140 (Betroffener, der erhebliche Fahrten durchführen muss infolge Einsatzes auf verschiedenen Baustellen); OLG Frankfurt NZV 1994, 77 (für Wochenendheimfahrer); Beck, DAR 1997, 32, 33.
1165 OLG Düsseldorf, NZV 1996, 119 und VRS 90, 218; OLG Hamm DAR 1995, 374; Beck, DAR 1997, 32, 33.
1166 OLG Düsseldorf NZV 2000, 52.
1167 Die bloße Vermutung einer Kündigung und eines Arbeitsplatzverlustes bzw eines Verlustes eines zugesagten Arbeitsplatzes reicht nicht aus, OLG Düsseldorf, NZV 1992, 373; OLG Hamm DAR 1996, 325; OLG Köln NZV 2004, 422; OLG Koblenz DAR 1999, 227; aA AG Wittenberg DAR 2003, 382; AG Papenburg zfs 1999, 227.
1168 Rechtsprechungsübersicht zum Absehen vom Regelfahrverbot bei Selbstständigen: Krumm, SVR 2006, 412.
1169 OLG Karlsruhe zfs 2005, 101 = NZV 2004, 653 = DAR 2005, 229; OLG Hamm = DAR 2002, 366 = NZV 2002, 413 = VRS 103, 221 = zfs 2003, 42.
1170 OLG Karlsruhe zfs 2005, 101 = NZV 2004, 653 = DAR 2005, 229: Im konkreten Fall wäre bei einem selbstständigen Landschaftsgärtner zu prüfen gewesen, das Fahrverbot auf Pkws zu beschränken, da der Verkehrsverstoß mit einem Pkw begangen wurde.

III. Fahrverbot als Nebenfolge nach OWi – § 25 StVG

Muster: Beweisantrag – „Kündigung droht" 623

wird beantragt, die ... als Zeugin zu vernehmen zum Beweis der Tatsache, dass dem Betroffenen für den Fall einer Fahrverbotsanordnung von zwei Monaten eine Kündigung seines Arbeitsvertrages droht.

Begründung:
Die Zeugin hat dem Betroffenen gegenüber am ... im Büro des von der Zeugin geführten Betriebes erklärt, er werde im Falle einer Fahrverbotsverhängung von zwei Monaten nicht weiter als Kurierdienstfahrer angestellt bleiben können; vielmehr werde er dann „die Kündigung bekommen". Nachdem das Gericht erklärt hat, die „Arbeitgeberbescheinigung" vom ... sei zu vage und im Übrigen auch unaktuell, ist die Vernehmung der Zeugin das einzige dem Betroffenen zur Verfügung stehende Beweismittel zum Beweis ihn treffender erheblicher Härten, die zum Absehen von dem im BKat vorgesehenen Regelfahrverbot führen werden ...

Bei Berufskraftfahrern besteht zwar zumindest eine besondere Prüfungspflicht dahin gehend, ob nicht erhebliche Härten ein Absehen vom Fahrverbot bei Erhöhung der Geldbuße rechtfertigen.[1171] Jedoch begründen auch erhebliche berufliche oder wirtschaftliche Schwierigkeiten, die bei einer Vielzahl von Berufen in aller Regel Folge eines Fahrverbots sind, nach der Rechtsprechung für sich allein idR kein Absehen von der Nebenfolge.[1172] Auch sie sind vielmehr als selbstverschuldet hinzunehmen.[1173] Regelmäßig ist es dem Betroffenen aber zuzumuten, für die Dauer eines einmonatigen Fahrverbots **Urlaub** zu nehmen und dies rechtzeitig zu planen[1174] und zwar wohl schon ab bekannt werden des Vorwurfs, vielleicht aber auch erst ab Zustellung des Bußgeldbescheides. 624

Hinweis: Auch jahrelange unbeanstandete Teilnahme am motorisierten Straßenverkehr wird überwiegend allein als Grund für ein Absehen von der indizierten Nebenfolge nicht anerkannt.[1175]

Die Rechtsprechung geht auch davon aus, dass die Anstellung eines Fahrers zur Überbrückung des Fahrverbotes regelmäßig für Durchschnitts- und Besserverdiener möglich ist – zur Bestreitung der Kosten ist eine Kreditaufnahme zumutbar.[1176] 625

Hinweis: Will der Verteidiger diese Möglichkeit entkräften, so wird er ausführlich und mit Nachweisen versehen zu den wirtschaftlich beengten Verhältnissen des Betroffenen vortragen und eine/mehrere Bankbescheinigungen über die Ablehnung eines Darlehensantrags vorlegen müssen.

1171 BayObLG DAR 2000, 78; OLG Celle NdsRpfl 1992, 290.
1172 BayObLG VRS 101, 441; OLG Frankfurt DAR 2002, 82; OLG Hamm NZV 2001, 355; weitere Nachw. bei Hentschel, TFF, Rn 1008 ff.
1173 OLG Koblenz DAR 2005, 47; OLG Celle VRS 108, 118; OLG Karlsruhe NZV 2004, 316; OLG Schleswig NZV 2003, 393.
1174 OLG Koblenz DAR 2005, 47; OLG Karlsruhe VRS 104, 454; OLG Frankfurt NStZ-RR 2003, 123.
1175 OLG Hamm NZV 2003, 103; VRS 100, 56; KG DAR 2001, 413; OLG Düsseldorf MDR 1997, 384; abw. zT die saarländische Rspr: OLG Saarbrücken zfs 1996, 113.
1176 OLG Hamm SVR 2007, 185; NZV 2007, 583 = SVR 2007, 274; OLG Frankfurt NStZ-RR 2000, 312; OLG Karlsruhe NZV 2004, 653; BayObLG NZV 2002, 143; ausführlich zur Kreditaufnahme: Krumm, NZV 2007, 561.

626 Was Kündigung und Existenzgefährdung angeht, so muss das Gericht die **Angaben des Betroffenen kritisch prüfen** und die Gründe für die Glaubhaftigkeit eines solchen Vorbringens im Urteil darlegen.[1177] Droht ernsthaft eine Kündigung für den Fall des Fahrverbots, so kommt es nach teilweise vertretener Auffassung allerdings wegen des jedenfalls für den Betroffenen bestehenden Risikos auf deren rechtliche Zulässigkeit nicht an.[1178] Das soll nach dieser Rechtsansicht nur bei offensichtlicher Rechtswidrigkeit nicht gelten.[1179] Bei einem mehrfachen Wiederholungstäter wird aber selbst drohende Existenzgefährdung ein Absehen vom indizierten Fahrverbot nicht rechtfertigen können, wenn er dies als Freibrief für weitere Zuwiderhandlungen auffassen müsste.[1180]

627 Gerne werden an dieser Stelle sogenannte „Arbeitgeberbescheinigungen" benutzt, die Auskunft geben sollen über die Notwendigkeit des Führerscheins für den Betroffenen und die durch ein Fahrverbot zu tragenden Folgen. Oft wird dann etwa bescheinigt, dem Betroffenen werde für den Fall einer Fahrverbotsanordnung sein Arbeitsplatz gekündigt.

Hinweis: Die Verlesung einer solchen **Arbeitgeberbescheinigung** wird so nahezu nie ausreichen, um eine Fahrverbotshärte rechtsfehlerfrei annehmen zu können.[1181] Die Oberlandesgerichte verlangen hier immer die Vernehmung des ausstellenden Arbeitgebers als Zeugen. Der Verteidiger muss den Betroffenen (und dieser wiederum seinen Arbeitgeber) hierauf vorbereiten. Großzügig ist jedoch zu verfahren, wenn der Arbeitgeber ohne jeden Grund das Arbeitsverhältnis beenden kann, so bei Probearbeitsverhältnissen[1182] oder auch bei anstehender Vertragsverlängerung.

628 **Muster: Anforderung einer „Arbeitgeberbescheinigung"**

... schreibe ich Ihnen namens und in Vollmacht meines Mandanten Herrn ..., der in Ihrem Betrieb tätig ist. Herr ... hat mich wegen eines straßenverkehrsrechtlichen Ordnungswidrigkeitenverfahrens mandatiert.

Der Bürgermeister der Stadt ... hat gegen Herrn ... unter dem ... den Ihnen bereits vorliegenden Bußgeldbescheid wegen ... erlassen. Wie Sie ersehen konnten, fand dieser Verstoß während einer privaten Fahrt während der Freizeit statt. In dem Bußgeldbescheid ist hierfür ein Fahrverbot angeordnet worden. Nach Einspruch hiergegen findet am ... ein Hauptverhandlungstermin vor dem Amtsgericht ... statt.

Für Herrn ... ist es wichtig, darlegen und beweisen zu können, dass – wie Sie es ihm gegenüber formuliert haben – sein Arbeitsplatz an dem Führerschein „hängt".

Ich bitte daher um Übersendung einer entsprechenden Bescheinigung an mich (zum Zwecke der Vorlage beim Amtsgericht) oder unmittelbar an das Amtsgericht ..., Geschäftszeichen .... In der Bescheinigung sollte jeder Hinweis auf mich vermieden werden, da das Ge-

---

[1177] OLG Köln NZV 2004, 422; OLG Brandenburg VM 2004, 53; OLG Zweibrücken DAR 2003, 531 (Vorlage des Arbeitsvertrages); OLG Hamm BA 2004, 179 (Prüfung der arbeitsrechtlichen Durchsetzbarkeit).
[1178] OLG Brandenburg NStZ-RR 2004, 93; OLG Celle NZV 1996, 291; aM OLG Hamm BA 2004, 179; s. auch OLG Zweibrücken DAR 2003, 531.
[1179] OLG Brandenburg NStZ-RR 2004, 93.
[1180] OLG Karlsruhe NZV 2004, 316; OLG Frankfurt NStZ-RR 2002, 88.
[1181] Zur Arbeitgeberbescheinigung: Krumm, SVR 2006, 38.
[1182] AG Lüdinghausen NZV 2008, 105 = DAR 2008, 161 = NStZ-RR 2008, 154 = VRR 2008, 117.

richt dies als Einflussnahme auf die inhaltlichen Angaben in der Bescheinigung werten könnte. Sollten Sie die Bescheinigung also mir unmittelbar zusenden, sollte diese an den Betroffenen selbst adressiert sein.

Die Bescheinigung sollte insbesondere folgende Fragen beantworten:

Welche Aufgaben erfüllt Herr ... in Ihrem Betrieb?

Braucht Herr ... für seine berufliche Tätigkeit einen Führerschein? Wenn ja, für welche Fahrzeugart?

Wie viele Mitarbeiter bzw Angestellte hat Ihr Betrieb?

Wie alt sind die anderen Mitarbeiter, wie lange sind sie in Ihrem Betrieb tätig?

Könnte Herrn ... ein Fahrer durch Ihre Firma zur Verfügung gestellt werden?

Könnte sich Herr ... eines Fahrers auf eigene Kosten bedienen, um betrieblich veranlasste Fahrten durchführen zu können? (Hier wäre es hilfreich, wenn Sie den monatlichen Durchschnittverdienst des Herrn ... im laufenden Jahr angeben könnten!)

Bestehen betriebsinterne Verwendungsmöglichkeiten für Herrn ... während der Zeit eines laufenden Fahrverbotes?

Welche Urlaubsansprüche hat Herr ... derzeit?

Kann Herr ... in den nächsten vier Monaten nach dem ... (hier Datum des Hauptverhandlungstermins einfügen) einen Monat Urlaub „am Stück" nehmen?

Droht Herrn ... die Kündigung für den Fall der Verhängung eines Fahrverbotes von einem Monat?

Wie sicher ist eine etwaige Kündigung?

Auch bitte ich höflichst um Mitteilung, ob Sie bereit wären, als Zeuge Ihre Angaben vor Gericht zu bestätigen oder einen anderen verantwortlichen und sachkundigen Mitarbeiter hierfür benennen könnten.

(2) Persönliche Härten und andere Milderungsgründe

Die sonstigen Milderungsgründe lassen sich aber grob wie folgt unterteilen:[1183]   629

- **Behinderungsfälle/Krankheitsfälle/Betreuungsbedarf** von Angehörigen uä[1184] – hier wird am ehesten ein Absehen vom Fahrverbot möglich sein, wobei die Voraussetzungen hoch sind.[1185]

- **Andere subjektive Milderungsgründe** – diese werden nahezu nie zum Absehen vom Fahrverbot ausreichen.

  Hinweis: Hohes Alter des Betroffenen rechtfertigt allein keine Ausnahme vom Regelfahrverbot wegen erheblicher Härte.[1186]

- **Mischargumentationen** (dh insbesondere außergewöhnliche Tatumstände, die noch nicht zum Wegfall der Tatbestandsvoraussetzungen des § 25 Abs. 1 S. 1

1183 Ausführlich hierzu: Krumm, Das Fahrverbot in Bußgeldsachen, § 6 Rn 263 ff.
1184 So etwa AG Meldorf zfs 2000, 366; OLG Brandenburg DAR 2004, 658; OLG Hamm DAR 1996, 387 und NZV 1997, 281; AG Mannheim zfs 2004, 236; AG Göttingen DAR 2002, 281. Nicht abgesehen wegen derartiger Härten wurde aber vom OLG Hamm NZV 1999, 316 = DAR 1999, 325 und OLG Hamm, VRS 105, 447 = NZV 2004, 99; OLG Frankfurt/M. NStZ-RR 2001, 344 und NZV 1994, 286.
1185 So auch Deutscher, NZV 2009, 111, 114.
1186 OLG Hamm DAR 2001, 229.

StVG führen, aber insgesamt die Rechtsfolge „Fahrverbot" unverhältnismäßig erscheinen lassen) – auch hier wird nur im Ausnahmefall vom Fahrverbot abgesehen werden.

- **Folgen für die Allgemeinheit** – diese sind ohne Relevanz für das Fahrverbot.[1187]

  Hinweis: Werden besondere Erkrankungen/Behinderungen ins Feld geführt, die es für den Betroffenen zwingend erforderlich machen, mit einem Pkw fahren zu können, so wird neben der Prüfung der tatsächlichen Schwere der Anlasstat und der Voreintragungen der Verteidigervortrag ausführlich Stellung nehmen müssen zu der Schwere der Behinderung, den Auswirkungen der Behinderung bei dem Betroffenen und dem Grad der Abhängigkeit des Betroffenen von seiner Fahrzeugnutzung (einschließlich der üblichen Alternativen).

4. Das Regelfahrverbot bei Ordnungswidrigkeiten gem. § 24 a StVG

630   Nach Verurteilung gem. § 24 a StVG ist in der Regel ein Fahrverbot anzuordnen, § 25 Abs. 1 S. 2 StVG. Hier genügt es für die Anordnung der Nebenfolge also, dass eine Ordnungswidrigkeit nach § 24 a Abs. 1 oder Abs. 2 StVG festgestellt ist.[1188] Besondere Feststellungen über den Charakter des Verstoßes als grobe oder beharrliche Pflichtverletzung sind entbehrlich.[1189] Bei Verhängung des Regelfahrverbots nach § 25 Abs. 1 S. 2 (§ 24 a StVG) braucht der **Tatrichter** auch nicht (anders als beim Fahrverbot nach § 25 Abs. 1 S. 1 StVG) in den Urteilsgründen besonders zum Ausdruck zu bringen, dass er sich der Möglichkeit eines Absehens von der Nebenfolge bewusst war.[1190] Es gelten die gleichen Grundsätze wie für die Entziehung der Fahrerlaubnis in Fällen der Indiztaten des § 69 Abs. 2 StGB. Dh, das Gericht kann sich auf die Prüfung der Frage beschränken, ob ganz außergewöhnliche Umstände eine Ausnahme von der Regel rechtfertigen.[1191] Aus der Unterscheidung zwischen dieser gesetzlichen Regelanordnung und der deutlich offeneren Formulierung in § 4 Abs. 1 BKatV („… kommt die Anordnung eines Fahrverbotes … in der Regel in Betracht …"), die für die Fahrverbote des § 25 Abs. 1 S. 1 StVG gilt, entnimmt die Rechtsprechung eine **deutliche Stufung der Anforderungen**, die an ein Absehen vom Fahrverbot in Betracht kommen. Ob dies in der Praxis angesichts ähnlicher Prüfungspunkte beim Absehen vom Fahrverbot etwa wegen Härten tatsächlich eine Rolle spielt, ist aber zu bezweifeln.

631   Ein Fahrverbot kann hier nur in Härtefällen ganz außergewöhnlicher Art entfallen oder wenn wegen der besonderen Umstände äußerer oder innerer Art das Tatgesche-

---

1187   So zB mit einem unbedingt lesenswerten Plädoyer des Tatrichters für einen Feuerwehrmann AG Riesa DAR 2005, 109; auch AG Münster DAR 1995, 375.
1188   OLG Düsseldorf DAR 1993, 479.
1189   OLG Jena DAR 2005, 166; OLG Celle BA 2004, 465.
1190   OLG Hamm BA 2004, 177; VRS 101, 297; NZV 1996, 246.
1191   OLG Hamm NZV 1995, 496; OLG Koblenz VRS 70, 224; einschränkend OLG Karlsruhe NZV 1991, 159.

hen aus dem Rahmen typischer Begehungsweise einer solchen Ordnungswidrigkeit herausfällt.[1192]

Hinweis: Es ist für ein Absehen vom Regelfahrverbot die Widerlegung der tatbestandsbezogenen Indizwirkung („einer Trunkenheitsfahrt liegt immer eine abstrakte Gefahr für andere Verkehrsteilnehmer zugrunde") oder der rechtsfolgenbezogenen Indizwirkung („Fahrverbot ist erforderlich und angemessen") festzustellen.

Die Höhe, die näheren Umstände der **Alkoholisierung** oder ähnliche Gesichtspunkte haben bislang in der Rechtsprechung als allein entscheidungstragende Umstände nicht zu einem Wegfall der Indizwirkung auf Tatbestandsseite geführt.[1193] Auch die Umstände, die Anlass für den Alkoholgenuss des Betroffenen waren, rechtfertigen eine Ausnahme nicht.[1194] Der Umstand, dass zwischen dem Trinkende und der Fahrt ein Zeitraum von mehreren Stunden vergangen ist, reicht nicht aus, um die Indizwirkung der Trunkenheitsfahrt für das Fahrverbot zu nehmen.[1195] Dasselbe gilt für den Umstand, dass die BAK auf Restalkohol (Trinken am Vortag) beruhte[1196] oder nur durch zusätzliche Einnahme eines alkoholhaltigen Medikaments erreicht wurde.[1197]

632

Hinweis: Das Regelfahrverbot des § 25 Abs. 1 S. 2 StVG ist auch dann anzuordnen, wenn eine Verurteilung wegen der Ordnungswidrigkeit infolge Subsidiarität gem. § 21 OWiG unterbleibt, Verurteilung also nur wegen der tateinheitlichen Straftat erfolgt (§ 21 Abs. 1 S. 2 OWiG).[1198]

Nachfolgende Gesichtspunkte können aber möglicherweise ein Absehen vom Fahrverbot rechtfertigen.[1199]

a) Keine abstrakte Gefahr durch Verstoß („Fahrten bis 50 m")

Bei fehlender abstrakter Gefährdung verringert sich der **Erfolgsunwert** der Trunkenheitsfahrt – die Regelwirkung der §§ 24 a, 25 Abs. 1 S. 2 StVG entfällt.[1200] Dies ist der Fall bei rein auf die Fahrt selbst bezogenen Bagatellfällen („Kurzstreckenfahrten"[1201] und „Umparkersachverhalte").[1202]

633

Hinweis: Die Grenze solcher Fahrten dürfte bei maximal **50 m** liegen. Wichtig wird immer eine ausführliche **Darstellung der Fahrtstrecke** sein. Der Verteidiger erleichtert dem Gericht seine Entscheidung etwa durch die Vorlage von (vermaßten) Skizzen

---

1192 Saarl. OLG BA 2004, 173, 174; BGHSt 38, 125 = NJW 1992, 446 = NStZ 1992, 135 = NZV 1992, 117, 118; OLG Hamm NZV 2001, 486; OLG Düsseldorf NZV 1999, 257, 258 mwN; BayObLG 1991, 401, 402.
1193 Für geringe Überschreitung der Grenzwerte: OLG Hamm VRS 53, 207, 208 und NZV 1995, 496 = MDR 1995, 1254; OLG Düsseldorf VRS 65, 390, 391 und DAR 1993, 479; OLG Karlsruhe NZV 1993, 277; BayObLG NZV 1989, 243.
1194 OLG Hamm VRS 48, 224.
1195 OLG Hamm VRS 53, 207; OLG Düsseldorf VRS 65, 390.
1196 OLG Düsseldorf NZV 1990, 240.
1197 OLG Hamm BA 2004, 177.
1198 Siehe dazu Hentschel, NZV 1996, 287.
1199 Eine Rechtsprechungsübersicht zum Absehen vom Regelfahrverbot nach Trunkenheitsfahrt wegen außergewöhnlicher Umstände findet sich bei Krumm, SVR 2007, 142.
1200 Burmann in: Burmann/Heß/Jahnke/Janker, § 25 StVG Rn 12 a mwN; Krumm SVR 2004, 365, 366.
1201 OLG Hamm DAR 1988, 63 = VRS 74, 136, 137; OLG Düsseldorf VRS 73, 142 = StVE Nr. 9 a zu § 25 StVG.
1202 OLG Düsseldorf, StVE, Nr. 3 zu § 25 StVG = VRS 59, 282; OLG Köln NZV 1994, 158, 159 = StVE Nr. 41 a zu § 25 StVG.

oder Fotos der Örtlichkeit. § 4 Abs. 4 BKatV (Erhöhung der Geldbuße gegen Absehen vom Fahrverbot) ist in diesen Fällen unanwendbar.[1203]

b) Fahrverbotsfeindliche Verfahrensdauer („zwei Jahre aufwärts")

634 Auch wegen übermäßig langer Verfahrensdauer kann das Absehen von dem Regelfahrverbot des § 25 Abs. 1 S. 2 StVG geboten sein.[1204] Für das Fahrverbot nach § 25 Abs. 1 S. 2 StVG tat sich die Rechtsprechung – was die Übernahme der im Rahmen des § 25 Abs. 1 S. 1 StVG weithin anerkannten Zweijahresfrist angeht – bislang schwer. Zur Begründung wird zB angeführt, der Zeitfaktor müsse bei Beurteilung der Möglichkeit des Absehens vom Fahrverbot hier vorsichtiger angewendet werden, so dass auch allein ein Zeitraum von 25 Monaten zwischen Tat und Entscheidung das Regelerfordernis des Denkzettels nach § 25 Abs. 1 S. 2 StVG nicht entfallen lasse.[1205] Richtigerweise sind die verschiedenen Fahrverbote in ihrer Erziehungswirkung nicht zu unterscheiden, so dass auch eine Heraufsetzung der fahrverbotsfeindlichen Verfahrensdauer auf über zwei Jahre abzulehnen ist.[1206]

c) Nachschulungen, vollstreckte Fahrverbote pp.

635 Nachschulungen, Aufbauseminare und verkehrspsychologische Maßnahmen sind geeignet, auch die **erzieherische Erforderlichkeit** des Trunkenheitsfahrverbotes entfallen zu lassen. Bei längeren Fahrverboten kommt auch eine **Abkürzung** in Betracht.

Hinweis: Will der Tatrichter deshalb vom Regelfahrverbot des § 25 Abs. 1 S. 2 StVG absehen, so muss er Feststellungen zur erzieherischen Wirkung der absolvierten Maßnahme treffen. Wichtig ist daher seitens des Verteidigers, ausführlich zum Inhalt und zum zeitlichen Umfang der Maßnahme vorzutragen und dies zu belegen.

636 Wurde zwischenzeitlich – also zwischen Tat und Urteil – bereits ein weiteres Fahrverbot vollstreckt, so kann bereits dies ausreichend auf den Betroffenen eingewirkt haben. Gleiches gilt, wenn der Betroffene sich in Unkenntnis der Rechtslage an ein „mündliches Fahrverbot" eines Polizisten gehalten hat.[1207]

637 Falsch erscheint es aber, allein auf eine Abstinenz abzustellen, selbst wenn sich der Betroffene aufgrund der Tatentdeckung hierzu glaubhaft bekennt („Der Betroffene hat nämlich einen Bruch in seinem Leben vollzogen, den er konsequent umsetzt").[1208]

d) Drohende Härten durch das Fahrverbot

638 Sofern aus beruflichen Gründen vom Regelfahrverbot des § 25 Abs. 1 S. 2 StVG abgesehen werden soll, ist hierfür erforderlich, dass das Fahrverbot für den Betroffenen

---

1203 Weiteres zu Kurzstreckenfahrten: Krumm, Fahrverbot, § 7 Rn 125 ff.
1204 Ausführlich zu den Folgen langer Verfahrensdauer für Fahrverbote und Fahrerlaubnisentziehung mit zahlreichen Rechtsprechungsnachweisen: Krumm, NJW 2004, 1627.
1205 Saarl.OLG BA 2004, 173; OLG Naumburg BA 2004, 172; ausdrücklich offengelassen: OLG Hamm, Beschl. v. 6.9.2001 – 2 Ss OWi 787/01 bei www.burhoff.de; kritisch hierzu: Krumm, NJW 2004, 1627; völlig aus dem Rahmen fällt dagegen AG Bamberg BA 2004, 270, 272, das einen Zeitraum von 1 Jahr und 4 Monaten ausreichen lässt, um das Absehen vom Fahrverbot zu begründen.
1206 So auch: Deutscher NZV 2006, 123, 125.
1207 OLG Koblenz DAR 2004, 109.
1208 Anders aber AG Zeitz, Urt. v. 31.7.2013 – 13 OWi 721 Js 204479/13.

III. Fahrverbot als Nebenfolge nach OWi – § 25 StVG

zu ganz außergewöhnlichen Härten führen würde.[1209] Dagegen reichen allgemeine berufliche Härten – ebenso wie bei dem Fahrverbot nach § 25 Abs. 1 S. 1 StVG – nicht aus oder nur dann, wenn weitere Umstände von erheblicher Bedeutung hinzutreten, die ein Absehen vom Fahrverbot nicht ermessensfehlerhaft erscheinen lassen.[1210] Hintergrund ist, dass der Umstand, beruflich auf die Fahrerlaubnis angewiesen zu sein für den Betroffenen ein besonderer Grund sein muss, sich besonders verantwortungsbewusst im Verkehr zu verhalten.[1211]

Erst wenn ein **Existenzverlust** (durch Arbeitsplatzverlust) als **unausweichliche Folge** eines Fahrverbotes konkret drohen würde, kann ausnahmsweise von der Anordnung des Fahrverbotes abgesehen werden.[1212] Die bloße Behauptung solcher Umstände reicht nicht aus – erforderlich ist, die maßgeblichen Tatsachen substantiiert zu belegen.[1213]

Hinweis: Der Betroffene muss die dieser drohenden Existenzvernichtung zugrunde liegenden Umstände konkret darlegen und stichhaltig begründen.[1214] Dieser Vortrag muss ebenso aufgebaut sein, wie beim Fahrverbot nach § 25 Abs. 1 S. 1 StVG. Auch sonst gilt: Die Rechtsprechung zu Härten durch das Fahrverbot ist von § 25 Abs. 1 S. 1 StVG ohne Weiteres übertragbar, jedoch mit der Maßgabe, dass die Härten den Betroffenen noch schwerer treffen müssen, bis es zu einem Absehen kommen kann. Was also schon nach den Maßstäben, die für § 25 Abs. 1 S. 1 StVG entwickelt wurden, nicht zum Absehen ausreicht, reicht erst recht nicht für § 25 Abs. 1 S. 2 StVG!

639

Aus Sicht des Verteidigers erfreulich, aber nach Maßstäben der Oberlandesgerichte falsch ist es, statt der Feststellung von Härten durch das Fahrverbot bereits darauf abzustellen, ob Härten „nicht ausgeschlossen werden können".[1215]

640

Ist der Betroffene **unbelehrbarer Wiederholungstäter** einer Trunkenheitsfahrt, so reichen auch Härten ganz außergewöhnlicher Art allein nicht aus, um von der Fahrverbotsanordnung absehen zu dürfen; vielmehr bedarf es hier einer erneuten Abwägung, in die besonders mit einzustellen ist, dass eine Vorverurteilung den Betroffenen nicht ausreichend gewarnt hat.[1216] Ein uneinsichtiger und gefährlicher Wiederholungstäter muss nämlich nicht vor gravierenden wirtschaftlichen und beruflichen Folgen bewahrt werden.[1217]

641

1209 OLG Hamm BA 2004, 177, 178; SVR 2008, 27.
1210 OLG Karlsruhe NZV 2006, 326 (Trunkenheitsfahrt eines selbstständigen Schlossers mit Monatseinkommen von ca. 1.200 EUR und erheblichen Unterhaltspflichten; Kompensationsmöglichkeiten für das Fahrverbot waren nicht vorhanden).
1211 BayObLG NZV 2003, 349.
1212 König in: Hentschel/König/Dauer, § 25 StVG Rn 18; OLG Hamm BA 2004, 177, 178; OLG Karlsruhe SVR 2006, 191; OLG Düsseldorf NZV 1999, 257, 258 mwN.
1213 OLG Hamm SVR 2008, 27.
1214 OLG Hamm NZV 1999, 214, 215.
1215 Siehe zu diesem Maßstab bei einem selbstständigen 1-Mann-Fliesenleger: AG Strausberg, Urt. v. 30.5.2012 – 14 OWi 282 Js-OWi 3933/11 (113/11).
1216 OLG Karlsruhe StVE Nr. 37 zu § 25 StVG = NZV 1993, 277; OLG Hamm NZV 2001, 486.
1217 OLG Karlsruhe StVE Nr. 37 zu § 25 StVG = NZV 1993, 277.

642 **Persönliche Gründe** werden kaum ein Absehen vom Trunkenheitsfahrverbot vertretbar erscheinen lassen. Sie können jedoch insbesondere zu einer gesteigerten Sanktionsempfindlichkeit führen, die auch schon bei allgemeinen beruflichen Härten gebieten können, vom Fahrverbot abzusehen und stattdessen das Bußgeld angemessen zu erhöhen.[1218]

Hinweis: Gerade bei Trunkenheitsfahrverboten nach einer Trunkenheitsfahrt in privatem Kontext sollte aufgrund der strengen Rechtsprechung zum Absehen vom Fahrverbot erwogen werden, die Verteidigung auf die **Beschränkung des Fahrverbots** auf bestimmte Fahrzeugarten auszurichten.

643 Härten unterhalb der Existenzgefährdung können unter Umständen in Zusammenwirken mit anderen Gesichtspunkten ein Absehen vom Fahrverbot rechtsfehlerfrei erscheinen lassen.[1219] Hier zeigt sich also, dass ausführlicher und belegter (!) Vortrag zu jeglicher Härte/Besonderheit des Einzelfalles lohnt.

Hinweis: Der Verteidiger muss – auch wenn er sein Möglichstes tut – den Betroffenen auf die geringen Chancen eines solchen Vortrags hinweisen, um nicht allzu hohe Hoffnungen zu enttäuschen. Selbst bei fehlenden Voreintragungen, geringfügigem Überschreiten des Beweisgrenzwertes und beruflichen Problemen infolge des drohenden Fahrverbots kann das Gericht mit verdoppelter Regelgeldbuße nicht rechtsfehlerfrei vom Fahrverbot absehen.[1220]

5. Bemessung des Fahrverbots

644 Die Fahrverbotsregeldauer wird **im Bußgeldkatalog näher geregelt**. Auch insoweit greift dessen Indizwirkung. Freilich ist in einem nächsten Schritt zu fragen: Wann dürfen die angeordneten Fahrverbote verlängert oder verkürzt werden? Wie lang ist ein Fahrverbot anzuordnen, das nicht weiter im BKat festgesetzt ist?

Hinweis: Das Fahrverbot muss nicht nach Monaten bemessen werden – es kann auch nach Wochen bestimmt werden.[1221] Die theoretisch mögliche Festsetzung nach Tagen ist sicher nicht praxisrelevant.

645 Soweit die BKatV **mehrmonatige Fahrverbote** vorsieht, muss die Verwaltungsbehörde bzw das Gericht prüfen, ob der Einzelfall nicht womöglich aufgrund besonderer Umstände eine geringere Verbotsdauer rechtfertigt.[1222] Bei mehrmonatigen Regelfahrverboten kann zB der Umstand, dass die Tat schon lange zurückliegt, Anlass für eine geringere Dauer der Nebenfolge bieten.[1223]

646 Wird das Fahrverbot wegen beharrlichen Pflichtverstoßes erstmals angeordnet, so ist die Verbotsfrist im Hinblick auf § 4 Abs. 2 S. 1 BKatV idR auch dann auf einen Mo-

---

1218 OLG Karlsruhe NZV 1991, 159.
1219 Vgl OLG Karlsruhe SVR 2006, 191 (neben – noch nicht nachvollziehbar existenzbedrohenden – Härten hat das Gericht fehlende Voreintragungen, geringe Grenzwertüberschreitung von nur 0,38 ‰ und einen „Guten Eindruck in der HV" feststellen können).
1220 OLG Hamm SVR 2007, 274.
1221 AG Brandenburg SVR 2006, 392; Krumm, Fahrverbot in Bußgeldsachen, § 11 Rn 3; König in: Hentschel/König/Dauer, § 25 Rn. 27.
1222 OLG Zweibrücken DAR 2003, 531.
1223 BayObLG NZV 2004, 210; DAR 2004, 405; OLG Naumburg zfs 2003, 96.

III. Fahrverbot als Nebenfolge nach OWi – § 25 StVG

nat zu bemessen, wenn die Nebenfolge nicht auf die BKatV gestützt werden kann, sondern unmittelbar auf § 25 StVG.[1224]

Liegen keine besonderen erschwerenden Umstände vor, so gilt das regelmäßig auch, wenn die Nebenfolge zwar schon früher verhängt worden war, die zugrunde liegende Tat aber schon mehrere Jahre zurückliegt.[1225]

Die in der BKatV für den Regelfall vorgesehene Verbotsfrist darf bei erstmaliger Anordnung nur dann überschritten werden, wenn

- aufgrund besonderer erschwerender Umstände ein Regelfall nicht mehr gegeben ist[1226] und

- feststeht, dass die erstrebte Warn- und Erziehungsfunktion nur durch ein längeres Fahrverbot erreicht werden kann.[1227]

  Hinweis: Eine gegenüber der BKatV verlängerte Fahrverbotsdauer setzt also voraus, dass die **beabsichtigte Erziehungs- und Warnfunktion** mit der Regeldauer nicht erfüllt würde.[1228]

Keine Verlängerung der in der BKatV vorgesehenen Dauer ist allein deswegen gerechtfertigt, weil ein Fahrverbot im Einzelfall für den Betroffenen keine nennenswerten Nachteile zur Folge hat.[1229]

Keine abweichend von der BKatV längere Verbotsdauer darf idR auch allein wegen des konkreten Ausmaßes einer ein Fahrverbot von bestimmter Dauer indizierenden Geschwindigkeitsüberschreitung angeordnet werden.[1230]

6. Wirksamwerden/Viermonateschonfrist

§ 25 StVG kennt zwei Möglichkeiten der Wirksamkeit des Fahrverbotes – Rechtskraft wird von beiden naturgemäß vorausgesetzt:

- Grundsätzlich wird das Fahrverbot **mit der Rechtskraft** der Bußgeldentscheidung wirksam (§ 25 Abs. 2 S. 1 StVG).

- Ist in den letzten zwei Jahren vor Begehung der Ordnungswidrigkeit und bis zur Bußgeldentscheidung noch kein Fahrverbot gegen den Betroffenen verhängt worden, so bestimmt die Verwaltungsbehörde oder das Gericht gem. § 25 Abs. 2 a StVG, dass das Fahrverbot erst wirksam wird, wenn der Führerschein nach Rechtskraft der Entscheidung in amtliche Verwahrung gelangt, spätestens jedoch nach Ablauf von **vier Monaten ab Rechtskraft** (sog. Schonfrist).[1231]

1224 OLG Düsseldorf NZV 1998, 38.
1225 BayObLG DAR 1999, 221 (Tat: mehr als 4 Jahre, Ahndung: über 3 Jahre).
1226 OLG Düsseldorf NZV 1998, 384.
1227 OLG Hamm NZV 2001, 178.
1228 BayObLG DAR 2000, 39; KG VRS 98, 290.
1229 BayObLG NZV 1994, 487 Nr. 18.
1230 OLG Düsseldorf NZV 1998, 384.
1231 Eine ausführliche Darstellung hierzu bei Krumm, Fahrverbot, § 9.

Eines besonderen Antrags bedarf es für die Bewilligung der Schonfrist nicht[1232] – sie ist von Amts wegen zu prüfen und steht auch nicht im Ermessen des entscheidenden Mitarbeiters der Verwaltungsbehörde oder des Richters.

Hinweis: Diese Vergünstigung gilt nicht (auch nicht analog!) in Fällen von Fahrverboten nach § 44 StGB.

652 Die **Zweijahresfrist** beginnt nach bestrittener, aber jetzt hM mit der Rechtskraft des früheren Fahrverbots,[1233] nicht dagegen mit dem Erlass der früheren Entscheidung.[1234] Sinn der Ausnahmeregelung ist es nämlich, die Vergünstigung demjenigen zu versagen, der sich das frühere Fahrverbot nicht einmal für einen Zeitraum von zwei Jahren hat zur Warnung dienen lassen. Nur von einer rechtskräftigen Entscheidung aber, also einer solchen, die rechtliche Wirkung entfaltet, geht dieser Warneffekt aus.[1235]

Hinweis: Nur ein Fahrverbot innerhalb der Zweijahresfrist schließt die Bewilligung der Viermonatsfrist des § 25 Abs. 2 a StVG aus, nicht dagegen eine Entziehung der Fahrerlaubnis.[1236] Das strafrechtliche Fahrverbot nach § 44 StGB ist hier dem Fahrverbot nach § 25 StVG gleichzustellen.[1237]

653 Streiten lässt sich jedoch sicher über die seltenen Fälle, in denen das „alte" Fahrverbot nur noch deklaratorisch nach einer bereits erfolgten vorläufigen Fahrerlaubnisentziehung festgesetzt worden ist, es also bei der Anordnung vollends aufgezehrt war durch die Anrechnungsvorschriften der §§ 25 Abs. 6 StVG, 51 Abs. 5 StGB. Gelangt der Führerschein ohne Kenntnis des Betroffenen in **amtliche Verwahrung,** so führt das in Fällen des § 25 Abs. 2 a StVG nicht zum Wirksamwerden der Nebenfolge. Denn die Regelung bezweckt doch, dem Betroffenen die Möglichkeit einzuräumen, den Zeitpunkt der Wirksamkeit selbst zu bestimmen. Entgegen OLG Hamm kann es daher nicht darauf ankommen, ob er bei Führen eines Kraftfahrzeugs innerhalb der Viermonatsfrist damit rechnete, dass ein Dritter womöglich inzwischen ohne seine Kenntnis den Führerschein abgegeben haben könnte (mit der Folge der fahrlässigen Verwirklichung des Tatbestands des § 21 Abs. 1 Nr. 1 StVG!).[1238]

7. Fristberechnung

654 Soweit der Führerschein aufgrund des Fahrverbotes amtlich zu verwahren ist (deutsche Führerscheine und **EU-/EWR-Führerscheine** von Betroffenen mit inländischem

---

1232 OLG Hamburg DAR 1999, 226.
1233 BGH, Beschl. v. 29.6.2000 – 4 StR 40/00 = NJW 2000, 2685 = NStZ 2000, 599 = NZV 2000, 420 = DAR 2000, 482 = MDR 2000, 1072 = VRS 99, 216; BayObLG, Beschl. v. 17.7.1998 – 2 ObOWi 242/98 = NStZ-RR 1999, 59 = NZV 1999, 50 = VersR 1999, 907 = VRS 96, 69.
1234 So aber OLG Karlsruhe, Beschl. v. 28.8.1998 – 2 Ss 184/98 = NStZ 1998, 628 = NZV 1999, 177 = VRS 96, 138 (zust. Deutscher, NZV 1999, 114).
1235 BGH, Beschl. v. 29.6.2000 – 4 StR 40/00 = NJW 2000, 2685 = NStZ 2000, 599 = NZV 2000, 420 = DAR 2000, 482 = MDR 2000, 1072 = VRS 99, 216.
1236 OLG Karlsruhe, Beschl. v. 13.12.2004 – 1 Ss 201/04 = NZV 2005, 211 = VRS 108, 292; OLG Dresden, Beschl. v. 8.1.1999 – 2 SS OWI 681/98 = NStZ 1999, 254 = NZV 1999, 432 (m. Anm. Bönke) = DAR 1999, 222.
1237 BayObLG, Beschl. v. 17.7.1998 – 2 ObOWi 242/98 = NStZ-RR 1999, 59 = NZV 1999, 50 = VersR 1999, 907 = VRS 96, 69; Krumm, Fahrverbot, § 9 Rn 4 mwN.
1238 OLG Hamm, Beschl. v. 9.1.2001 – 2 Ss 1244/2000 = NZV 2001, 224.

III. Fahrverbot als Nebenfolge nach OWi – § 25 StVG 2

Wohnsitz, § 25 Abs. 2 S. 2, 3 StVG), wird die Verbotsfrist gem. § 25 Abs. 5 S. 1 StVG erst von dem Tage an gerechnet, an dem dies geschieht.

Während nach überwiegend vertretener Ansicht grundsätzlich keine Addition einander überschneidender Fahrverbote erfolgt, ist dies anders in Fällen des „Viermonatsprivilegs" des § 25 Abs. 2 a StVG: Wird in derartigen Fällen nach Rechtskraft der Entscheidung ein **weiteres Fahrverbot** verhängt, so gilt für die Berechnung der Verbotsfristen die besondere Regelung des § 25 Abs. 2 a S. 2 StVG: Die Fahrverbote werden **nacheinander** in der Reihenfolge der Rechtskraft vollstreckt und zwar unstreitig dann, wenn es sich bei beiden Fahrverboten um sog. „Schonfristfahrverbote" handelt. 655

Hinweis: Andere Anknüpfungspunkte für die Reihenfolge der Vollstreckung sind nicht normiert. Dies kann sich der Verteidiger möglicherweise durch eine zeitgleiche Herbeiführung der Rechtskraft zunutze machen. Diese Möglichkeit hat der Gesetzgeber offenbar nicht gesehen – sie war vor einigen Jahren ohne E-Mail, Fax und Computerfax auch kaum möglich. ME ist in diesen Fällen der zeitgleichen Rechtskraft ausnahmsweise auch mangels feststellbarer Vollstreckungsreihenfolge **parallele Vollstreckung** möglich – dies wird freilich bestritten, vgl hierzu Rn 669ff.

Gibt der Betroffene nach Einspruchsrücknahme den Führerschein beim Gericht oder der Staatsanwaltschaft ab, so wird mitunter von der Verwaltungsbehörde der Beginn der Fahrverbotsfrist erst von dem Zeitpunkt an gerechnet, an dem der Führerschein bei ihr eingegangen ist. Nach richtiger Auffassung wird dem Betroffenen aber die Zeit von der **Abgabe des Führerscheins** beim Gericht oder der Staatsanwaltschaft bis zum Eintreffen der Bußgeldakte bei der Bußgeldstelle zugutekommen müssen. Wegen der teilweise bestehenden Schwierigkeiten für den Betroffenen, etwa bei Erlass des Bußgeldbescheides durch die Bußgeldstelle einer weit entfernt gelegenen Behörde, ist dem Vorschlag zu folgen, für den Fristbeginn die Abgabe des Führerscheins auch bei einer an sich unzuständigen Behörde genügen zu lassen.[1239] Dies entspricht im Übrigen jetzt auch der in § 59 a Abs. 5 S. 3 StVollstrO getroffenen Regelung.[1240] 656

Danach muss es sich allerdings um eine Stelle handeln, die mit der Vollstreckung von Fahrverboten befasst ist oder mit der Verfolgung oder Ahndung von Straftaten oder Ordnungswidrigkeiten, die zu einem Fahrverbot führen können – dies wird insbesondere die Polizei sein (die freilich nicht dazu verpflichtet ist, Führerscheine in Verwahrung zu nehmen).[1241] 657

Hinweis: Um Auseinandersetzungen mit der Verwaltungsbehörde/Vollstreckungsbehörde und mögliche Nachteile bei der Berechnung der Fahrverbotsfrist zu vermeiden, ist dem Betroffenen aber zu empfehlen, den Führerschein nach Rücknahme des Einspruchs möglichst noch am selben Tag bei der zuständigen Verwaltungsbehörde in Verwahrung zu geben.

1239 Zank, VGT 1997, 239, 247; Schäpe, DAR 1998, 10, 14; ebenso die Empfehlung des 35. VGT; VGT 1997, 11; aM Albrecht, NZV 1998, 131, 134.
1240 Strafvollstreckungsordnung, BAnz 2001, 9152 = JMBl NRW 2001, 97.
1241 AG Nürtingen, Beschl. v. 29.8.1994 – 16 OWI 741/94 = DAR 1994, 503.

527

658 Ist der Betroffene **nicht im Besitz einer Fahrerlaubnis** oder wird sie ihm später – aber noch vor Inverwahrunggabe des Führerscheins – entzogen, so beginnt die Verbotsfrist, wenn gegen ihn ein Fahrverbot wirksam geworden ist, mangels eines anderen Anknüpfungspunktes mit dem Tage der Rechtskraft der Bußgeldentscheidung bzw der Entziehung der Fahrerlaubnis. Es gilt das Gleiche wie beim Fahrverbot nach § 44 StGB. Entsprechendes gilt bei Verlust des Führerscheins vor Eintritt der Rechtskraft.

659 Die Vorschrift des § 25 Abs. 5 S. 2 StVG enthält für das Fahrverbot nach § 25 StVG bei **Verwahrung des Täters in einer Anstalt** die gleiche Regelung wie § 44 Abs. 3 S. 2 StGB in Bezug auf das im Strafgesetzbuch vorgesehene Fahrverbot: Die Zeit der Anstaltsverwahrung wird in die Verbotsfrist nicht eingerechnet.

660 Die **Anrechnung** vorläufiger Führerscheinmaßnahmen wie vorläufige Entziehung der Fahrerlaubnis und Beschlagnahme des Führerscheins ist für das Fahrverbot des § 25 StVG in § 25 Abs. 6 StVG geregelt. Danach ist die Anrechnung der Grundsatz, während nur ausnahmsweise angeordnet werden kann, dass die Anrechnung unterbleibt. Die Anordnung der Nichtanrechnung ist ausdrücklich in den erkennenden Teil der Entscheidung aufzunehmen.[1242] Kommt lediglich in den Urteilsgründen zum Ausdruck, dass die Anrechnung unterbleiben soll, so ist dies unbeachtlich.[1243]

661 Nach § 25 Abs. 7 S. 1 StVG kann die **Rückgabe** eines sichergestellten Führerscheins an den Angeklagten im Einverständnis mit diesem aufgeschoben werden, wenn im Strafverfahren ein Fahrverbot nach § 25 StVG angeordnet wird. Nach § 25 Abs. 7 S. 2 StVG ist die Anrechnung der Zeit, während der daraufhin der Führerschein weiter einbehalten wird, zwingend vorgeschrieben. Die Möglichkeit des § 25 Abs. 6 S. 2 StVG, das Unterbleiben der Anrechnung anzuordnen, besteht also nicht.

662 Für die Berechnung des Endes der Verbotsfrist gelten die §§ 59 a Abs. 5, 37 Abs. 4 S. 2 StVollStrO sinngemäß.[1244] Für gerichtliche Bußgeldentscheidungen folgt dies mittelbar aus § 91 OWiG.[1245] Danach ist der Monat nicht zu 30 Tagen, sondern nach der Kalenderzeit zu berechnen, die Monatsfrist also bis zu dem Tag, der durch seine Zahl dem Anfangstag entspricht.

8. Besonderheiten der Rechtsbeschwerde

663 Hinsichtlich der **Rechtsmittelbeschränkung** und des Verschlechterungsverbots gelten im Wesentlichen die gleichen Grundsätze wie beim Fahrverbot des § 44 StGB. Auf den Rechtsfolgenausspruch kann das Rechtsmittel, wenn ein Fahrverbot nach § 25 StVG angeordnet ist, nur dann beschränkt werden, wenn den Feststellungen zur Schuldfrage ein grober Pflichtverstoß zu entnehmen ist.[1246] Zwischen der Bemessung der Geldbuße und der Frage, ob darüber hinaus ein Fahrverbot anzuordnen ist, be-

---

[1242] OLG Düsseldorf VRS 39, 133.
[1243] BayObLG v. 31.3.1977 – 1 Ob OWi 101/77 – unveröffentlicht.
[1244] Seitz in: Göhler, § 90 OWiG Rn 31.
[1245] Seitz in: Göhler, § 91 OWiG Rn 1.
[1246] OLG Köln, Beschl. v. 6.7.2001 – Ss 270/01 = BeckRS 2001, 17612 = VRS 101, 218; OLG Hamm, Beschl. v. 3.7.2006 – 2 Ss OWi 324/06 = NZV 2007, 100 = SVR 2007, 229.

steht eine Wechselwirkung.¹²⁴⁷ Deswegen kann das Rechtsmittel idR nicht auf die Entscheidung nach § 25 StVG beschränkt werden.¹²⁴⁸ Anders ist dies nur in den seltenen Ausnahmefällen, in denen eine Nachprüfung der Entscheidung über die Verhängung des Fahrverbots unabhängig von den Erwägungen über die Bemessung der Geldbuße möglich ist.¹²⁴⁹

Hinweis: Wie beim Einspruch gilt hier: Eine unwirksame Beschränkung führt nicht zur Unwirksamkeit der Rechtsbeschwerdeeinlegung, sondern zu einer unbeschränkten Rechtsbeschwerde.

Wird der Ausspruch über die **Viermonatsfrist** (§ 25 Abs. 2 a S. 1 StVG) versäumt, so kann das Urteil mit der Rechtsbeschwerde angefochten werden, die auf die unterbliebene Bestimmung nach § 25 Abs. 2 a StVG beschränkt werden kann.¹²⁵⁰ Die Anordnung eines Fahrverbots gem. § 25 StVG verstößt stets gegen das Verschlechterungsverbot, wenn auf die Nebenfolge in der angefochtenen Entscheidung nicht erkannt war und die Rechtsbeschwerde zugunsten des Betroffenen eingelegt wurde. Dies gilt auch dann, wenn die Geldbuße gleichzeitig ermäßigt wird.¹²⁵¹ Kein Verstoß gegen das **Verschlechterungsverbot** des § 72 Abs. 3 S. 2 OWiG und der §§ 79 Abs. 3 OWiG, 358 Abs. 2 StPO ist die Erhöhung der Geldbuße bei gleichzeitigem Wegfall des Fahrverbots.¹²⁵² Entsprechendes gilt grundsätzlich für gleichzeitige Herabsetzung der Fahrverbotsdauer.¹²⁵³ 664

Hinweis: Denn die Geldbuße ist gegenüber dem Fahrverbot das mildere Ahndungsmittel.¹²⁵⁴

Nach Auffassung des OLG Düsseldorf bedeutet es jedoch keinen Verstoß gegen das Verschlechterungsverbot, wenn ein wegen einer Straftat neben Geldstrafe angeordnetes Fahrverbot von einem Monat durch eine Verurteilung zu Geldbuße und einem Fahrverbot von drei Monaten wegen Ordnungswidrigkeit ersetzt wird.¹²⁵⁵ Auch die Entscheidung über das Wirksamwerden des Fahrverbots gem. § 25 Abs. 2 a StVG („Viermonatsfrist") unterliegt dem Verschlechterungsverbot. Dennoch kann die Gesamtschau im Einzelfall ergeben, dass keine Verschlechterung trotz Aufhebung der Fristbewilligung gegeben ist, wenn die Verbotsfrist gleichzeitig verkürzt wird.¹²⁵⁶ 665

1247 BGH DAR 1971, 54; BayObLG NZV 1996, 37; OLG Karlsruhe VRS 104, 454; OLG Rostock VRS 101, 380.
1248 BGH, Beschl. v. 11.11.1970 – 4 StR 66/70 = NJW 1971, 105 = DAR 1971, 54; BayObLG, Beschl. v. 7.7.1999 – 2 ObOWi 325/99 = NZV 2000, 50 = DAR 1999, 559; Karlsruhe, Urt. v. 17.2.2003 – 1 SS 167/02 = BeckRS 2003 30307136 = NZV 2004, 211 = NStZ-RR 2003, 279 (Ls) = VRS 104, 454; OLG Köln, Beschl. v. 6.7.2001 – Ss 270/01 = BeckRS 2001, 17612 = VRS 101, 218.
1249 BayObLG, Beschl. v. 29.12.1986 – RReg. 1 St 313/86 = MDR 1987, 691 = Rpfleger 1987, 212 = VRS 72, 278; OLG Koblenz, Beschl. v. 15.4.1996 – 2 Ss 291/95 = NZV 1996, 373 (Absehen vom Regelfahrverbot gem. § 4 BKatV).
1250 OLG Düsseldorf, Beschl. v. 22.6.1998 – 2 Ss OWi 206/98 – (OWi) 59/98 III = NStZ-RR 1999, 61 = NZV 1999, 50 = VRS 96, 68.
1251 OLG Karlsruhe, Beschl. v. 16.7.1993 – 3 Ss 99/93 = NZV 1993, 450.
1252 BGH, Beschl. v. 11.11.1970 – 4 StR 66/70 = NJW 1971, 105; OLG Celle, Beschl. v. 11.10.1995 – 5 Ss OWI 182/95 = DAR 1996, 64.
1253 BayObLG, Beschl. v. 16.2.1995 – 1 Ob OWi 21/95 = zfs 1995, 152.
1254 BGH, Beschl. v. 11.11.1970 – 4 StR 66/70 = NJW 1971, 105.
1255 OLG Düsseldorf, Urt. v. 25.2.1992 – 2 Ss 318/91-108/91 II = NZV 1993, 123.
1256 KG, Beschl. v. 24.1.2000 – 2 Ss 342/99 VRS 98, 290.

9. Die Durchführung der Vollstreckung

666 Oft geben die Betroffenen ihren Führerschein nicht freiwillig bei der Vollstreckungsbehörde ab, so dass zwangsweise vorzugehen ist. Hier ist zu unterscheiden:

- Die Beschlagnahmeanordnung der Vollstreckungsbehörde bei **Fahrverbotsverhängung durch eine gerichtliche Entscheidung** umfasst zugleich auch die Anordnung einer etwa erforderlich werdenden Wohnungsdurchsuchung. Es bedarf also keines besonderen richterlichen Beschlusses.[1257]

- Bei **Anordnung** der Nebenfolge **durch rechtskräftigen Bußgeldbescheid**, ist dagegen für eine Wohnungsdurchsuchung stets ein besonderer richterlicher Beschluss erforderlich.[1258] Dazu genügt das Vorliegen eines rechtskräftigen Bußgeldbescheides.[1259] Die Durchsetzung der gesetzlich vorgeschriebenen Beschlagnahme des Führerscheins durch Vornahme einer Wohnungsdurchsuchung ist dann in der Regel nicht unverhältnismäßig.[1260] Nach anderer Ansicht dagegen soll eine Wohnungsdurchsuchung zur Durchsetzung eines Fahrverbotes nach § 25 StVG rechtlich überhaupt unzulässig sein.[1261]

Mit Ablauf des Fahrverbots muss der Führerschein dem Betroffenen wieder ausgehändigt sein.

Hinweis: Der Betroffene kann seinen Führerschein also natürlich abholen. Er sollte dies vorher bekannt geben, da die Vollstreckungsbehörde andernfalls rechtzeitig vor Ablauf der Fahrverbotsfrist den Führerschein gegen Einschreiben zurücksendet.

667 Nach inzwischen wohl überwiegender Auffassung soll die Verbotsfrist, wenn sich der Führerschein des Betroffenen bereits in amtlicher Verwahrung befindet, stets mit der Rechtskraft der Bußgeldentscheidung beginnen, mit der Folge des Nebeneinanderlaufens der Fristen ab diesem Zeitpunkt. Eine Addition der Verbotsfristen soll also grundsätzlich nicht zulässig sein.[1262] Unabhängig von dem insoweit bestehenden Meinungsstreit (siehe bei „Vollstreckung mehrerer Fahrverbote" Rn 669 ff) hat eine **Addition der Fahrverbotsfristen** jedenfalls in den Fällen des § 25 Abs. 2 a S. 2 StVG zu erfolgen. Zumindest gilt dies in den Fällen, in denen zwei Fahrverbote mit Schonfrist nach § 25 Abs. 2 a StVG angeordnet sind und zusammentreffen. Diese Bestimmung darf nicht isoliert gelesen werden. Sie gilt vielmehr nur in den in § 25 Abs. 2 a S. 1 StVG genannten Fällen, in denen in der das Fahrverbot anordnenden Entschei-

---

1257 Meyer-Goßner, § 463 b StPO Rn 1; Seitz in: Göhler, § 91 OWiG Rn 7; Krumm, Fahrverbot, § 17 Rn 9 mwN.
1258 Seitz in: Göhler, § 90 OWiG Rn 12 a; Rebmann/Roth/Herrmann, § 90 OWiG Rn 41.
1259 Göhler NZV 1996, 508; Rebmann/Roth/Herrmann, § 90 OWiG Rn 39; näher: Hentschel NZV 1996, 506; Krumm, Fahrverbot in Bußgeldsachen, § 17 Rn 10 mwN.
1260 LG Lüneburg, Beschl. v. 8.7.2010 – 26 Qs 155/10 = NZV 2011, 153 = DAR 2011, 275; LG Limburg BA 2004, 546 (zust. Bräutigam); Deutscher, NZV 2000, 105, 111.
1261 So zB AG Berlin-Tiergarten, Beschl. v. 29.3.1996 – 317 OWi 239/96 = NZV 1996, 506; AG Leipzig, Beschl. v. 6.8.1998 – 81 OWI 01547/98 = NJW 1999, 2053 = NStZ 1999, 309 = DAR 1999, 134.
1262 BayObLG, Urt. v. 20.7.1993 – 2 St RR 81/93 = NZV 1993, 489 (Anm. Hentschel, DAR 1994, 75); OLG Brandenburg, Beschl. v. 28.5.2002 – 2 Ss (OWi) 16 B/02 = BeckRS 2002 30262085 = VRS 106, 212; AG Braunschweig, Beschl. v. 19.6.2002 – 2 OWI 79/02 = zfs 2002, 552; AG Herford, Beschl. v. 25.11.1999 – 15 OWI 1032/99 = DAR 2000, 133 = zfs 2000, 175; aM AG Bad Liebenwerda, Beschl. v. 30.9.2002 – 41 OWI 422/02 = DAR 2003, 42; AG Bottrop, Beschl. v. 3.3.1995 – 29 A OWI 44/95 = DAR 1995, 262 (abl. Engelbrecht).

III. Fahrverbot als Nebenfolge nach OWi – § 25 StVG **2**

dung ausdrücklich bestimmt ist, dass der Betroffene innerhalb von vier Monaten ab Rechtskraft den Zeitpunkt des Wirksamwerdens selbst bestimmen kann.[1263]

Hinweis: Hat der Richter etwa nach vollständiger Anrechnung gem. § 25 Abs. 6 StVG das Fahrverbot nur noch deklaratorisch festgesetzt und die eigentlich bedeutungslose Schonfrist vergessen, so ist bei Zusammentreffen mit einem anderen Fahrverbot ohne Schonfrist in jedem Falle eine Parallelvollstreckung möglich. Fehler des Tatrichters können sich hier also durchaus positiv auswirken.

EU-/EWR-Führerscheine werden gem. § 25 Abs. 2 S. 3 StVG wie deutsche Führerscheine behandelt, wenn der Verurteilte seinen ordentlichen Wohnsitz im Inland hat. Sie werden also amtlich verwahrt. Hat der zu Fahrverbot verurteilte Inhaber einer zum Kraftfahrzeugführen im Inland berechtigenden ausländischen Fahrerlaubnis keinen ordentlichen Wohnsitz im Inland, so bestimmt § 25 Abs. 3 S. 1 StVG, dass das Fahrverbot im ausländischen Führerschein vermerkt wird. Ist die **Anbringung eines Vermerks** wegen der Beschaffenheit des Führerscheins auf diesem nicht möglich, so gilt § 87 Abs. 2 Nr. 1 StVollstrO iVm §§ 59 a Abs. 3 S. 3, 56 Abs. 2 S. 4 StVollstrO. Es wird ein gesonderter Vermerk gefertigt und mit dem Führerschein verbunden.[1264] 668

10. Die Vollstreckung mehrerer Fahrverbote

Ein wesentliches Problem ist in der Praxis die Vollstreckung mehrerer Fahrverbote. Zwar darf in jeder Bußgeldentscheidung nur ein Fahrverbot festgesetzt werden, doch können sich mehrere zur Vollstreckung anstehende Fahrverbote überschneiden. Hier sind unter Beteiligung des 25 StVG folgende Konstellationen denkbar, die an dieser Stelle nur in aller Kürze dargestellt werden.[1265] 669

a) Mehrere Fahrverbote mit Schonfrist – § 25 Abs. 2 a StVG

Diese Konstellation ist denkbar einfach, da sie als einzige ausdrücklich vom Gesetzgeber in § 25 Abs. 2 a S. 2 StVG geregelt wurde:[1266] Treffen mehrere mit der Viermonatsfrist des § 25 Abs. 2 a StVG versehene Fahrverbote im Rahmen der Vollstreckung zusammen, so sind sie in der Reihenfolge der Rechtskraft **nacheinander zu vollstrecken**. 670

Diese „Anschlussvollstreckung" kann möglicherweise umgangen werden, wenn ein zeitgleicher Rechtskrafteintritt herbeigeführt wird. Eine Reihenfolge ist dann nämlich nicht mehr zu erkennen. Der Verteidiger muss hier also überlegen wie dies zu schaffen ist. Sind nach Einspruchseinlegung bei der gleichen Behörde mehrere Verfahren anhängig, so kann etwa in einem einheitlichen Fax unter beiden Aktenzeichen eine Rücknahmeerklärung hinsichtlich beider Einsprüche stattfinden.[1267] In der neueren 671

1263   OLG Brandenburg, Beschl. v. 28.5.2002 – 2 Ss (OWi) 16 B/02 = BeckRS 2002 30262085 = VRS 106, 212.
1264   Näher: Pohlmann/Jabel/Wolf, § 56 Rn 15.
1265   Ausführlich hierzu: Krumm, Fahrverbot, § 18; Krumm, DAR 2008, 54; Krumm, zfs 2013, 368; Burhoff, VRR 2008, 409.
1266   Hierzu: Hentschel, DAR 1998, 138.
1267   Krumm, zfs 2013, 368; DAR 2008, 54; wohl auch Gübner, VRR 2008, 358; anders aber: AG Waiblingen, Beschl. v. 7.5.2008 – 5 OWi 5/08 VRR 2008, 358; AG Offenbach, Beschl. v. 25.9.2008 – 27 OWi 272/08; Burhoff, VRR 2008, 409; König in: Hentschel/König/Dauer, § 25 StVG Rn 70.

Rechtsprechung mehren sich nun glücklicherweise die Stimmen, die aufgrund der oben dargestellten Argumentation eine Parallelvollstreckung auch von Schonfristfahrverboten für möglich halten.[1268] Die Problematik kann auch eventuell mit der Verwaltungsbehörde und dem Gericht während des laufenden Verfahrens besprochen werden – eventuell kann dort (unter entsprechender Verzichtserklärung des Betroffenen) auf die Schonfristgewährung verzichtet werden, damit hierdurch die Parallelvollstreckung möglich gemacht wird.[1269] Die Frage, ob ein „Schonfristfahrverbot" vorliegt, wird ausschließlich nach dem Tenor der Fahrverbotsentscheidung zu bemessen sein.

b) Mehrere „normale" Fahrverbote

672 Stehen mehrere mit Rechtskraft in Lauf gesetzte Fahrverbote (also ohne die Schonfrist nach § 25 Abs. 2 a StVG) ohne Schonfristgewährungen zur Vollstreckung an, so können sich diese nach wohl herrschender Meinung **ohne Weiteres überlappen oder vollständig nebeneinander zeitgleich vollstreckt werden**.[1270]

c) Gemischte Fahrverbote

673 Die Problematik der Parallelvollstreckung wird besonders kritisch bei gemischten Fahrverboten. Die Frage ist hier letztlich: **Meint § 25 Abs. 2 a S. 2 StVG zwei Fahrverbote mit Schonfrist oder nur das Zusammentreffen mit einem Schonfristfahrverbot?** Die amtliche Begründung gibt hier nur zu erkennen, dass in Fällen des § 25 Abs. 2 a StVG „ausnahmsweise die Fahrverbotsfristen addiert werden"[1271] – sie hilft also nicht weiter.

674 Argumentiert man hier mit *Mitsch*,[1272] der in allen Fällen mehrerer Fahrverbote eine Addition vornehmen will, da die „Anschlussvollstreckung" das Grundmuster jeder Fahrverbotsvollstreckung sei und dementsprechend § 25 Abs. 2 a S. 2 StVG eine besondere gesetzliche Regelung dieses Grundsatzes, so gerät man nie in argumentative Probleme im Rahmen der Vollstreckung. Diese Sichtweise haben in den letzten Jahren auch das AG Hamburg-St. Georg[1273] und das AG Viechtach (bei diesem Gericht

---

1268   AG Tecklenburg, Beschl. v. 28.10.2011 – 10 OWi 403/11 [b]; AG Hattingen, Beschl. v. 14.12.2011 – 22 OWi 641/11 = zfs 2012, 233 = BeckRS 2012, 08146 = DAR 2012, 410; so wohl auch: Gebhardt, Das verkehrsrechtliche Mandat – Bd. 2, § 27 Rn. 15.
1269   Hierzu ausführlich: Krumm, SVR 2010, 316, 318.
1270   So zB AG Dillenburg, Beschl. v. 9.11.2012 – 3 OWi – 2 Js 60458/11; AG Braunschweig, Beschl. v. 19.6.2002 – 2 OWI 79/02 = zfs 2002, 552; AG Herford, Beschl. v. 25.11.1999 – 15 OWI 1032/99 = DAR 2000, 133 = zfs 2000, 175; AG Aurich, Beschl. v. 4.3.1998 – 1605-5 OWI 15 JS 12287/97 180/97 = DAR 1998, 206 = MDR 1998, 903; BayObLG, Urt. v. 20.7.1993 – 2 St RR 81/93 = NZV 1993, 489; auch: Seitz in: Göhler, § 90 OWiG Rn 31 b; Hentschel, DAR 1998, 138, 139; Krumm, Fahrverbot, § 18 Rn 7; Janiszewski/Buddendiek, Bußgeldkatalog, Rn 137 mwN; aA AG Bottrop, Beschl. v. 3.3.1995 – 29 A OWI 44/95 = DAR 1995, 262 welches eine Anschlussvollstreckung für richtig erachtet und Übermaß der Vollstreckung durch eine Maximalvollstreckungszeit von drei Monaten vermeiden will (mit ablehnender Anm. Engelbrecht); Mitsch in: KK-OWiG, § 90 Rn 47; AG Stuttgart, Beschl. v. 16.2.2006 – 13 Owi 346/06 = NZV 2006, 328; AG Bad Liebenwerda, Beschl. v. 30.9.2002 – 41 OWI 422/02 = DAR 2003, 42.
1271   BT-Drucks. 13/8655, S. 13.
1272   KK-Mitsch, § 90 OWiG Rn 47.
1273   AG Hamburg-St. Georg, Beschl. v. 30.3.2007 – 950 OWi 55/07 = BeckRS 2007, 11973 = DAR 2007, 408.

gehen die Meinungen offenbar auseinander)[1274] vertreten. Argumentiert wird hier aber (unzulässigerweise) damit, die Verschiebung des Schonfristfahrverbotes zur Herbeiführung einer Parallelvollstreckung sei missbräuchlich, was der Gesetzgeber durch § 25 Abs. 2 a StVG habe vermeiden wollen; der Gleichheitsgrundsatz erfordere es, auch **in Mischfällen eine Anschlussvollstreckung** vorzunehmen.[1275] Die Unrichtigkeit dieses Argumentes liegt mE auf der Hand, wenn man sich die Gegenfrage stellt: „Warum hat der Gesetzgeber den Missbrauch dann nicht umfassend geregelt?". Zudem leuchtet nicht ein, warum die Verlegbarkeit eines einzelnen Schonfristfahrverbotes „rechtsmissbräuchlich" sein soll, wenn doch der Gesetzgeber diese Möglichkeit „anbietet". Schließlich müsste diese Ansicht konsequenterweise dann auch dem Tatrichter ermöglichen, erst gar kein Urteil zu erlassen, dass dem „Rechtsmissbrauch", sprich der Schonfrist (!) Tür und Tor öffnet: Trotz gesetzlicher Voraussetzungen müsste also dann der Tatrichter § 25 Abs. 2 a StVG trotz Vorliegens der gesetzlichen Voraussetzungen ignorieren, wollte er einen anschließenden Rechtsmissbrauch verhindern. Das dies nicht richtig sein kann, liegt auf der Hand. Ein großer Teil der Rechtsprechung und Literatur sehen dies daher anders und befürworten die Parallelvollstreckung.[1276] Im Gegensatz zu der Annahme von *Fendl*[1277] deckt sich dies auch mit der Intention des Gesetzgebers.[1278]

d) Fahrverbot nach § 44 StGB

Kommt es zu einem „Konkurrieren" von straf- und bußgeldrechtlichem Fahrverbot, so soll das Fahrverbot nach § 44 StGB genauso behandelt werden, wie ein solches nach § 25 StVG ohne Schonfrist.[1279] Es findet hier nach hM also immer eine **Parallelvollstreckung** mit dem Fahrverbot aus dem Bußgeldverfahren statt.

675

Treffen ein Fahrverbot nach § 25 Abs. 2 a StVG und ein Fahrverbot nach § 44 StGB aufeinander, so ist ein Parallelvollzug möglich, da § 25 Abs. 2 a S. 2 StVG nur auf Fahrverbote aufgrund von „Bußgeldentscheidungen" abstellt.[1280]

676

e) Fahrerlaubnisentziehung

Im Falle der strafrechtlichen Fahrerlaubnisentziehung nach §§ 69, 69 a StGB kommt es nicht zu einer Anschlussvollstreckung – vielmehr beginnt das **Fahrverbot unabhängig von der Fahrerlaubnisentziehung** zu laufen.[1281] Dies erscheint mangels anderer gesetzlicher Regelung nicht nur die einzig richtige Lösung zu sein, sondern auch sinn-

677

1274 AG Viechtach, Beschl. v. 21.5.2007 – 7 II OWi 00668/07 = BeckRS 2010, 13197 = DAR 2007, 662 mit zust. Anm. Fendl; und AG Viechtach, Beschl. v. 14.2.2007 – 6 II OWi 00134/06.
1275 AG Viechtach, Beschl. v. 21.5.2007 – 7 II OWi 00668/07 = BeckRS 2010, 13197 = DAR 2007, 662 mit zust. Anm. Fendl; jetzt auch: König in: Hentschel/König/Dauer, § 25 StVG Rn 30.
1276 AG Münster, Beschl. v. 4.4.2007 – 51 OWi – 290/07 GE = BeckRS 2007, 11974 = DAR 2007, 409; AG Viechtach, Beschl. v. 22.2.2007 – 7 II OWi 289/07 = BeckRS 2007, 11975 = DAR 2007, 411; Seutter, DAR 2007, 410 (= Anm. zu AG Münster DAR 2007, 409); Krumm, Fahrverbot, § 18 Rn 10; Krumm, zfs 2013, 368.
1277 Fendl, DAR 2007, 662 (= Anm. zu AG Viechtach DAR 2007, 662).
1278 BT-Drucks. 13/8655, S. 13.
1279 Karl NJW 1987, 1063; Krumm, Fahrverbot, § 17 Rn 13; Krumm, zfs 2013, 368.
1280 AG Passau, Beschl. v. 6.4.2005 – 7 Cs 312 Js 17738/04 = NStZ-RR 2005, 244.
1281 OLG Dresden, Beschl. v. 8.1.1999 – 2 Ss OWi 681/98 = NZV 1999, 432 f (m. Anm. Bönke) = NStZ 1999, 254 = DAR 1999, 222 = VRS 96, 380.

voll, da das Fahrverbot in der Regel alle Fahrzeugarten umfasst und so umfassender als die Fahrerlaubnisentziehung ist.

678 Trifft ein mit der Schonfrist nach § 25 Abs. 2 a StVG versehenes Fahrverbot mit dem durch eine Verwaltungsbehörde angeordneten vorläufigen Entzug der Fahrerlaubnis zusammen, so steht das Analogieverbot einer reinen Anschlussvollstreckung des Fahrverbots nach § 25 Abs. 2 a S. 2 StVG entgegen.[1282] Beim Zusammentreffen mit § 111 a StPO laufen beide „Maßnahmen" also parallel.[1283]

1282   OLG Karlsruhe, Beschl. v. 13.12.2004 – 1 Ss 201/04 = NZV 2005, 211 = VA 2005, 50 = VRR 2005, 37.
1283   Gebhardt, Das verkehrsrechtliche Mandat – Bd. 2, § 27 Rn. 158; Krumm, zfs 2013, 368.

Stichwortverzeichnis

Die Angaben verweisen auf die Teile des Buches (**fette Zahlen**) sowie die Randnummern innerhalb der beiden Teile (magere Zahlen).
Beispiel: Erster Teil Rn 10 = **1** 10

AAK-Beweisgrenzwert **1** 157
AAK-Messung
- Alcotest 9510 DE **1** 128 ff
- Doppelmessung **1** 131
- Dräger Alcotest Evidential **1** 577 ff
- Dräger Evidential **1** 128 ff
- dritte Dezimale **1** 612
- Eichung **1** 128 ff
- Freiwilligkeit **1** 576
- Kaugummi **1** 573
- Kontrollzeit **1** 131, 572
- Mundrestalkohol **1** 573
- Mundspray **1** 573
- Pastillen **1** 573
- Pralinen **1** 573
- PTB **1** 128
- Reflux **1** 573
- Sicherheitsabschlag **1** 130
- Singultus **1** 573
- tatsächliche Feststellungen **1** 134
- Urteil **1** 133
- Variationsbreite **1** 131
- Verwertbarkeit **1** 132
- Wartezeit **1** 131, 572
- Zahnprothesenhaftcreme **1** 573
- Zigaretten **1** 573

Abbauwert **1** 274
Abschleppen **1** 380
- Fahrunsicherheit **1** 170
Absehen von Strafe **1** 561
Abstandsverstoß **2** 583
actio libera in causa **1** 261 ff
- Anwendbarkeit **1** 262
- Fahrlässigkeit **1** 267
- Vorsatz **1** 264
ADAC
- Ausnahme von der Sperre **2** 239
Alcotest 9510 DE **1** 592 ff
- Bedienungsanleitung **1** 600
- Betriebsbereitschaft **1** 608
- Ergebnisanzeige **1** 610
- Fehlerquellen **1** 601
- Hypoventilation **1** 601
- Kontrollzeit **1** 601
- Messablauf **1** 606
- Sicherheitszuschlag **1** 611
- standardisiertes Messverfahren **1** 597
Alcotest Evidential
- Bedienungsanleitung **1** 583
- Betriebsbereitschaft **1** 589
- Ergebnisanzeige **1** 591
- Fehlergrenzen **1** 578 ff
- Fehlerquellen **1** 584
- Funktion **1** 582, 599
- Hypoventilation **1** 584
- Kontrollzeit **1** 584
- Messablauf **1** 588
- standardisiertes Messverfahren **1** 579
- Wartezeit **1** 585, 603
Alkoholaufnahme
- unbemerkte **1** 410
Alkoholfahrt
- Fahrlässigkeit **1** 634 ff
- Vorsatz **1** 629 ff
Alkoholfreies Bier **1** 406
Alkoholhaltiges Getränk **1** 664
Alkoholiker
- Strafzumessung **1** 506
Alkoholkonsum
- Kritiklosigkeit **1** 389
Alkoholkonzentration
- Konvertierbarkeit **1** 157
Alkoholmessung s. AAK-Messung, BAK-Messung
Alkoholverbot für Fahranfänger
- abstraktes Gefährdungsdelikt **1** 659 ff
- Alkoholwirkung **1** 671
- Dauerordnungswidrigkeit **1** 677
- Fahranfänger (Begriff) **1** 661
- Fahrerlaubnisentziehung **1** 678
- Fahrverbot **1** 677
- Geldbuße **1** 677
- Grenzwert **1** 670
- Konsum bei Fahrt **1** 667
- Rechtsfolgen **1** 676
- subjektiver Tatbestand **1** 675
- Tathandlung **1** 663
- Verwaltungsrecht **1** 678
Alkopops **1** 407
Allgemeine Kriminalität **2** 121
Amfetamin **1** 616
Analysemittelwert **1** 89
Anflutungswirkung **1** 162
Anstaltsunterbringung
- Fahrverbot (OWi) **2** 659
Anstiftung **1** 420
Arbeitgeberbescheinigung (Muster) **2** 628

Stichwortverzeichnis

Arbeitsmaschinen
- Ausnahme von der Sperre 2 253

Ärztlicher Bericht
- Blutentnahme 1 207

Atemalkohol 1 121 ff
- AAK-Messgeräteeinsatz (Grundsätze) 1 128
- Alcotest 1 122
- Fehlerquellen 1 123
- Gefahrengrenzwert 1 126
- Konvertierbarkeit der Werte 1 122
- Messergebnis 1 123

Atemalkoholprobe
- Alcotest 9510 DE 1 592
- Dräger Alcotest Evidential 1 577
- konkurrierender BAK-Wert 1 613
- Verwertbarkeit 1 571
- Vortest 1 4 ff

Aufbauseminar 2 85, 98
- Fahranfänger 1 678
- Trunkenheitsfahrverbot 2 635
- Verfahrenseinstellung 2 113
- verkehrserzieherische Maßnahmen 2 611

Augenblicksversagen
- Abstandsverstoß 2 596
- Fahrverbot (OWi) 2 588 ff
- Geschwindigkeitsverstoß 2 589
- Rotlichtverstoß 2 595
- Rückwärtsfahren auf BAB 2 597
- Wenden auf BAB 2 597

Ausländische Fahrerlaubnis 2 320 ff
- Ausschluss der Berechtigung 2 345
- Befristung 2 347
- Berechtigung 2 351
- Drittstaaten 2 327, 333 ff
- Fahrverbot (Strafrecht) 2 474
- Hoheitsakt 2 321
- IntVO 2 327
- Tenorierung 2 351
- Urteil 2 351
- Vollstreckung 2 353
- vorläufige Fahrerlaubnisentziehung 2 408
- Wirkung der Entziehung 2 352

Ausnehmen von Fahrzeugart
- Arbeitsmaschinen 2 253
- Busse 2 250
- Ersatzführerschein 2 257
- Führerscheinneuerteilung 2 257
- Gefahrenabschirmung 2 242 ff
- Kriterien 2 241
- landwirtschaftliche Fahrzeuge 2 253
- Lkw 2 250
- nach Rechtskraft 2 256
- private Fahrten 2 252
- Traktoren 2 253

- vorläufige Fahrerlaubnisentziehung 2 257

Ausnehmen von Fahrzeugarten 2 380
- Amtsermittlung 2 232
- Antrag 2 234
- Fahrzeugart 2 234
- Tenor 2 230 ff
- Verwendungszweck 2 236
- wirtschaftliche Härten 2 249, 254

BAK
- Berechnung (Arbeitshilfe) 1 120

BAK-Berechnung 1 110 ff
- tatsächliche Feststellungen 1 110

BAK-Ergebnis
- Diskrepanzen 1 139

Banküberfall
- Eignungsmangel 2 122

Bedeutender Schaden 2 61

Bedeutender Wert 1 450

Begleitstoffanalyse 1 108

Beharrlichkeit 2 543 ff
- Innerer Zusammenhang 2 550
- Rechtsprechungsübersicht 2 551 ff
- Sperrwirkung des BKat 2 550
- Unrechtsgehalt 2 550
- Voreintragungen 2 550
- Zeitabstand 2 550

Behinderung
- persönliche Härte 2 629

Beihilfe 1 420

Beinahe-Unfall 1 440

Berufliche Härten 2 621

Berufskraftfahrer
- Fahrverbot 2 447

Berufung 2 282, 312

Beschlussverfahren
- nach § 72 OWiG 2 521

Beschränkte Sperrfristverkürzung 2 278

Beschwerde
- aufschiebende Wirkung 2 410
- Auslagenerstattung 2 415
- Berufungsverfahren 2 410
- Führerscheinbeschlagnahme 2 416
- Führerscheinsicherstellung 2 416
- Revisionsverfahren 2 410
- sofortige 2 318
- vorläufige Fahrerlaubnisentziehung 2 409 ff
- weitere Beschwerde 2 414
- Zuständigkeitsverschiebung 2 412

Betäubungsmittelabhängigkeit
- Strafzumessung 1 521

Betäubungsmitteldelikte
- Konkurrenz zu § 315c StGB 1 488

Stichwortverzeichnis

Bewährungsstrafe 1 550
- Bewährungsversager 1 553
- Unfallfolgen 1 555
- Vorstrafen 1 551
Bewährungsversager 1 553
Bewährungsweisung 1 493
Beweisgrenzwert
- Drogenfahrt 1 619
- Muster (Drogenfahrt) 1 621
Beweisverwertungsverbot
- Abwägung 1 54
- Dokumentationsmängel 1 57
- Pflichtverteidiger 1 54
Bier
- alkoholfreies 1 406
Bierbike 1 369
- Fahrunsicherheit 1 175
Bluprobenauswertung
- Anzahl der Analysen 1 72
Blutentnahme 1 7 ff
- Duldungspflicht 1 65 ff
- klinischer Befund 1 66 ff
- Mitwirkungspflicht 1 65 ff
- Tests 1 65 ff
Blutentnahmearzt 1 69
Blutprobe
- Entnahme zu Behandlungszwecken 1 20
- Identitätszweifel im Bußgeldverfahren 1 149
- Identitätszweifel im Strafverfahren 1 143
- Verwertbarkeit 1 17
- zweite 1 81 ff
Blutprobenanordnung
- Anordnungsvoraussetzungen 1 10 ff
- Einwilligung 1 13
- körperlicher Zwang 1 11 ff
- Rechtsgrundlagen 1 8 ff
Blutprobenauswertung
- Abweichungen der Tests 1 80
- ADH-Verfahren 1 70
- Aufrundung der Werte 1 164
- ergänzendes Sachverständigengutachten 1 76
- GC-Methode 1 70
- nur eine Methode 1 78
- Sicherheitszuschlag 1 76, 91
- Variationsbreite 1 83
- Widmark-Methode 1 70
Blutprobenentnahme
- Approbation 1 18
- Arzt 1 18
- fehlende Approbation (Muster) 1 19
- Nichtarzt 1 18
- Verwertungsverbot 1 18

Bundeswehr
- Ausnahme von der Sperre 2 239
Bundeszentralregister 1 525 ff
- Einstellung 1 532
- Hauptverhandlung 1 526
- Richtigkeit 1 527
- Tilgungsreife 1 531
- Urteil 1 526
- Verwertungsverbot 1 529
- Warnwirkung 1 528
Bus
- Ausnahme von der Sperre 2 250
Bußgeldkatalog
- Indizwirkung 2 564 ff
- Rechtsgrundlage 2 561
- Regelsätze 2 561
- Verfassungsmäßigkeit 2 561
- Vorsatztaten 2 563
Cannabis 1 616
Cannabis-Influence-Factor 1 227
Checkliste
- Absehen vom Fahrverbot 2 578
- Alternativen zu Fahrverbotsabsehen 2 618
- ärztlicher Bericht zur Blutentnahme 1 66
- BAK-Berechnung nach Trinkmenge 1 120
- Beeinträchtigungen des Sehens 1 203
- Drogen/Rauschmittel 1 216
- Durchführung der Messung mit dem Dräger Alcotest 7110 Evidential 1 590
- Durchführung der Messung mit dem Dräger Alcotest 9510 DE 1 609
- Fehlerquellen der AAK-Messung 1 123
- Mischargumentationen (Fahrverbot) 2 577
- Normalfallrechtsfolgen 1 496
- Öffentlicher Straßenverkehr 1 361
- Rauschmittelkatalog des § 24a StVG 1 616
- Tatrichterliche Feststellungen zum Vorsatz bei Trunkenheitsfahrt 1 402
- Tatsächliche Feststellungen bei Nachschulungen 2 116
- Urteilsfeststellungen bei BAK-Berechnung 1 141
- Vorsatzindizien (§ 316 StGB) 1 400
CIF 1 227
Cocktails 1 407
Dämpfe
- Einatmen 1 407
Dauerordnungswidrigkeit 1 567, 677
Dauerstraftat 1 421, 429
- Trunkenheit im Verkehr 1 348 ff

537

Stichwortverzeichnis

Diebesguttransport
- Eignungsmangel 2 122

Dokumentationspflicht 1 30

Dräger Alcotest Evidential 1 577 ff s.a. Alcotest Evidential

Drogen 1 216 ff s.a. Rauschmittel
- Beweisanzeichen 1 230
- Blutprobe 1 246
- CIF 1 227
- dämpfende 1 240
- Fahrfehler 1 236 ff
- Fahrunsicherheit 1 213
- Grenzwerte 1 222 ff
- Medikamente 1 218
- nicht als berauschend anerkannte 1 217
- Rückrechnungsverbot 1 249
- stimulierende 1 238
- tatsächliche Feststellungen 1 228

Drogenabhängigkeit 1 232

Drogenfahrt
- Beweisgrenzwert 1 619
- Beweisgrenzwert (Muster) 1 621
- Fahrlässigkeit 1 640 ff
- Vorsatz 1 632 ff

Drogenfahrverbot 2 630 ff

Drogenkonsum
- passiver 1 648

Drogenkurierfälle
- Eignungsmangel 2 121

E-Bike
- Fahrunsicherheit 1 176

Eignungsmangel
- allgemeine Kriminalität 2 121
- andere Mängel 2 46
- Anwendbarkeit des Zweifelssatzes 2 51
- Aufbauseminar 2 85
- aus der Tat 2 43
- Banküberfall 2 122
- Beruf 2 46
- Beurteilungszeitpunkt 2 48
- Beweisantrag 2 81
- charakterlicher 2 39
- Diebesgut(transport) 2 122
- Drogenkurierfälle 2 121
- Entführung 2 122
- Fluchtfahrt 2 122
- geistiger 2 39
- Gesamtwürdigung 2 45
- körperlicher 2 39
- nach der Tat 2 47
- Nachschulung 2 85
- Schmuggelgut(transport) 2 122
- soziale Stellung 2 43
- Suche nach Tatopfern 2 122
- verkehrsspezifische Anlasstaten 2 117

- Wegfall 2 80 ff
- Wegfall wegen Fahrerlaubniserwerbs 2 82, 97
- Wegfall wegen Führerscheinmaßnahmen 2 83

Einspruchsbeschränkung
- Fahrverbot (OWi) 2 525

Einwilligung
- Blutprobe 1 13
- Einwilligungsfähigkeit 1 14
- Gefährdeter 1 461
- Revisionsbegründung (Muster) 1 16
- Verletzter 1 461

Einwilligungsfähigkeit (Blutprobe) 1 14

Entbindung von der Erscheinenspflicht
- Fahrverbot (OWi) 2 528

Entführung
- Eignungsmangel 2 122

Entziehung
- Tenorierung 2 132

Entzugserscheinungen 1 221

Ermessen
- Fahrerlaubnisentziehung 2 132

Ermittlungsichter 2 356

Ersatzführerschein 2 472

EU-/EWR-Fahrerlaubnis 2 328 ff
- Altfälle (§ 69b StGB) 2 322
- Wohnsitzerfordernis 2 330

Fahranfänger
- Alkoholverbot 1 659 ff
- Aufbauseminar 1 678

Fahren ohne Fahrerlaubnis 1 478, 2 511
- Sperre 2 208

Fahrerlaubnis
- ausländische s. dort
- EU-/EWR s. dort
- Fahren ohne s. dort

Fahrerlaubnisentziehung 2 1 ff, 3 ff
- Absehen 2 66
- Abwesenheitsverhandlung 2 10
- Beifahrer 2 28
- berufliche Härten 2 79
- beschleunigtes Verfahren 2 10
- besondere Lebensumstände 2 76
- Besserungsfunktion 2 8
- Betrug 2 31
- Einziehung des Führerscheins 2 138
- Entbindung 2 10
- Ermessen 2 132
- Gefährdung des Straßenverkehrs 2 57
- geringe BAK 2 73
- Halter 2 25
- Indizwirkung 2 56
- Jugendrichter 2 127
- Jugendsachen 2 10
- Maßregel 2 4

Stichwortverzeichnis

- Maßregelzweck   2 7
- Nichtverurteilung   2 15
- Pflichtverletzung des Fahrzeugführers   2 33
- rechtlicher Hinweis   2 11
- Rechtsmittel   2 281
- Rechtsmittelbeschränkung   2 11
- Regeldelikte   2 54
- Schuldfähigkeit   2 10
- Sicherungsfunktion   2 7
- Strafbefehl   2 10
- Straftatbegehung   2 13
- Trunkenheit im Verkehr   2 57
- Typische Verkehrsdelikte   2 20
- unerlaubtes Entfernen vom Unfallort   2 58, 74
- ungefährliche Fahrzeuge   2 72
- Urteilsgründe   2 133
- Urteilstenor   2 132
- Verhältnismäßigkeitsprinzip   2 124
- Verurteilung   2 14
- Verwarnung mit Strafvorbehalt   2 14
- Vollrausch   2 57
- Vollstreckung   2 138, 139
- Vollstreckung bei ausländischer Fahrerlaubnis   2 353
- Voraussetzungen   2 12 ff
- Voreintragungen   2 78
- vorläufige   s. dort
- Wirkung   2 134
- Wirkung auf ausländische Fahrerlaubnis   2 352
- wirtschaftliche Folgen   2 5, 79
- Zusammenhangstaten   2 21

Fahrerlaubniserwerb
- Wegfall des Eignungsmangels   2 82, 97

Fahrerlaubnisklasse
- Beschränkung   2 235

Fahrerlaubnissperre   s. Sperre

Fahrfehler
- alkoholtypische   1 200
- Drogen   1 236 ff

Fahrlässige Tötung   1 342

Fahrlehrer
- Fahrzeugführer   1 366 f

Fahrstil   1 192

Fahrunsichere Person   2 34

Fahrunsicherheit
- AAK-Messung   1 157
- Abschleppen   1 170
- absolute   1 155
- alkoholbedingte   1 151 ff
- Beweisgrenzwert   1 168
- Bierbike   1 175
- Drogenfahrt   1 213
- E-Bike   1 176
- Ermüdung   1 178
- erschwerende Bedingungen   1 177
- Fahruntüchtigkeit   1 151 ff
- Gegenbeweis   1 156
- Gesamtleistungsfähigkeit   1 153
- Grenzwertabsenkung   1 178
- kraftfahrzeugspezifische   1 168
- Krankenfahrstuhl   1 170
- Krankheit   1 178
- Lokführer   1 170
- Medikamente   1 179
- Mofafahrer   1 166
- Motorradfahrer   1 165
- Pferdefuhrwerk   1 171
- Radfahrer   1 172 ff
- Rauschmittel   1 214, 381
- relative   s. dort
- Segway   1 167
- Sozius   1 170
- Straßenbahnführer   1 170
- Unterteilung   1 152
- Verbotsirrtum   1 183
- Voraussetzungen absoluter Fahrunsicherheit   1 156

Fahrverbot   2 1, 422 ff
- Führungsaufsicht   2 513
- mehrere   2 669 ff

Fahrverbot (OWi)
- Absehen vom Regelfahrverbot   2 570 ff
- Abstandsverstöße   2 583
- abstrakte Gefährdung fehlt   2 580 ff
- Anrechnung   2 614, 660
- Arbeitgeberbescheinigung   2 627
- Augenblicksversagen   2 545, 588 ff
- Aussetzungsantrag (Muster)   2 518
- Bahnübergang   2 587
- beharrliche Pflichtverletzung   2 543 ff
- Behinderungen   2 629
- Bemessung   2 644
- berufliche Härten   2 621
- Beschlussverfahren   2 521
- BKatV   2 560
- Checkliste zu Milderungsmöglichkeiten   2 618
- Drogenfahrverbot   2 630 ff s.a. dort
- Einspruchsbeschränkung   2 525
- Entbindung von der Erscheinenspflicht   2 528
- erzieherische Notwendigkeit   2 553
- Erziehungsfunktion   2 606
- Existenzverlust   2 622
- Fahrzeugführer   2 537
- Fristberechnung   2 654
- Führerscheinabgabe   2 656
- Führerscheinrückgabe   2 661
- Führerscheinverlust   2 658
- Geldbuße (Vorrang)   2 553
- Geldbußenerhöhung   2 607
- Geschwindigkeitsverstöße   2 581
- grobe Pflichtverletzung   2 539
- Haft   2 659

539

Stichwortverzeichnis

- Halter 2 537
- Härten 2 574, 616
- Irrtum 2 604
- Krankheiten 2 629
- Kündigung 2 622
- Mischargumentationen 2 577, 629
- Mitverschulden 2 602
- mündliches 2 612
- Nebenfolge 2 514 ff, 535
- Notstand 2 604
- notstandsähnliche Situation 2 604
- Parallelvollstreckung 2 654
- persönliche Härten 2 629
- Pflichtverteidigerbestellung 2 527
- Prüfungsschema 2 578
- rechtlicher Hinweis 2 516
- Rechtskraft 2 651
- Rechtsmittelbeschränkung 2 663
- Regelfahrverbote 2 560 ff
- Rennen 2 586
- Richtlinienverstoß 2 598
- Rotlichtverstöße 2 582
- Rückwärtsfahren auf BAB 2 584
- Schonfrist 2 651, 664
- Straftat 2 535
- tatrichterliche Feststellungen 2 574
- Trunkenheitsfahrverbot 2 630 ff s.a. dort
- Überholverstöße 2 585
- Verfahrensdauer 2 608
- Verfahrensfragen 2 515 ff
- Verhältnismäßigkeit 2 555
- Verhältnis zum strafrechtlichen Fahrverbot 2 470
- verkehrserzieherische Maßnahmen 2 611
- Verschlechterungsverbot 2 664
- Verwahrung des Führerscheins 2 651
- Viermonateschonfrist 2 651
- vollstrecktes 2 612
- Vollstreckung 2 666 ff
- Vollstreckung mehrerer Fahrverbote 2 669 ff
- Vollstreckung mit Fahrerlaubnisentziehung 2 677
- Voraussetzungen 2 534 ff
- Wenden auf BAB 2 584
- Wirksamkeit 2 651
- Würdigung der Einlassung 2 626

Fahrverbot (Strafrecht) 2 423 ff
- Abwesenheitsverhandlung 2 433
- Anrechnung 2 464, 500, 508
- Anstaltsverwahrung 2 498
- ausländische Fahrerlaubnis 2 474
- Belastungen 2 447
- Berufskraftfahrer 2 447
- Beschränkung 2 472
- Ende der Verbotsfrist 2 505
- Erforderlichkeit 2 446

- Ersatzführerschein 2 472
- Ersatzsanktion 2 459
- Erziehung 2 424
- Fahren ohne Fahrerlaubnis 2 511
- Fahrzeugart 2 472
- Freiheitsentzug 2 498
- Fristbeginn (Überblick) 2 497
- Generalprävention 2 447
- Gesamtstrafe 2 467
- Hinweispflicht 2 436
- Jugendrichter 2 435
- Kurzstreckenfahrten 2 466
- mehrere Fahrverbote 2 509
- Nebenstrafe 2 423 ff
- Pflichtverletzung 2 444
- Rechtsmittelbeschränkung 2 438
- Rechtsprechungsübersicht Verschlechterungsverbot 2 440
- Regelfahrverbot 2 458
- Regelwirkung 2 463
- Spezialprävention 2 424
- Strafbefehl 2 434
- Strafzumessung 2 424
- Tatmehrheit 2 467
- Tenorbeispiele 2 467
- Umfang der Pflichtverletzung 2 454
- Urteilsausspruch 2 467
- Verbotsfrist 2 488
- Verfahrensdauer 2 446, 448
- Verfahrensfragen 2 432 ff
- Verfahrensverbindung 2 509
- Verhältnis zum OWi-Fahrverbot 2 470
- Verschlechterungsverbot 2 440
- Verurteilung 2 442
- Vollstreckung 2 482
- Vollstreckungsaufschub 2 479
- Voraussetzungen 2 441 ff
- Wechselwirkung 2 427
- Wirksamkeit 2 476
- Zielrichtung 2 424
- Zusammenhangstat 2 443

Fahrweise 1 194

Fahrzeug
- Definition 1 362
- Einzelfälle 1 363
- Führen s. dort

Fahrzeugart 2 234 ff, 472
- Achszahl 2 239
- ADAC 2 239
- Benutzungszeiten 2 240
- Bundeswehr 2 239
- Fahrzweck 2 240
- Feuerwehr 2 239
- Geldtransporter 2 239
- Gewicht 2 239
- Krad 2 239
- Lkw 2 239
- Panzerfahrzeuge 2 239
- Rechtsprechugsübersicht 2 237

Stichwortverzeichnis

- Segway 2 240
- Traktoren 2 239
- **Fahrzeugführer**
  - Fahrverbot (OWi) 2 537
- **Fahrzeughalter**
  - Fahrverbot (OWi) 2 537
- **Fehlerquellen (AAK-Messung)** 1 123
- **Feuerwehr**
  - Ausnahme von der Sperre 2 239
- **Fluchtfahrt**
  - Eignungsmangel 2 122
- **Freiheitstrafe** 1 541
  - Bewährungsversager 1 546
  - kurze 1 542
  - Wiederholungstäter 1 546
- **Fristberechnung**
  - Fahrverbot (OWi) 2 654
- **Frühstarter** 2 595
- **Führen eines Fahrzeugs** 1 430
  - Abschleppen 1 380
  - absolute Fahrunsicherheit 1 372
  - Bierbike 1 369
  - Eigenhändigkeit 1 365
  - Einzelfälle 1 370
  - Fahrlehrer 1 366
  - Rollen 1 373
  - Schieben 1 375 ff
- **Führen eines Kraftfahrzeugs** 2 16, 25
- **Führerschein**
  - Einziehung 2 138
- **Führerscheinabgabe**
  - Fahrverbot (OWi) 2 656
- **Führerscheinmaßnahme**
  - Wegfall des Eignungsmangels 2 83 ff
- **Führerscheinrückgabe**
  - Fahrverbot (OWi) 2 661
- **Führerscheintourismus** 2 328 ff
- **Führerscheinverlust**
  - Fahrverbot (OWi) 2 658
- **Führungsaufsicht** 2 513
- **Gefährdeter**
  - Einwilligung 1 461
- **Gefährdung des Straßenverkehrs** 1 428 ff
  - Arzneimittelwirkungen 1 434
  - bedeutender Wert 1 450
  - Beinahe-Unfall 1 440
  - Einwilligung 1 461
  - Fahrerlaubnisentziehung 2 57
  - Fahrlässigkeit 1 466
  - Fahruntüchtigkeit 1 432 ff
  - Fahrzeuginsassen 1 444
  - gefährdete Person 1 449
  - gefährlicher Eingriff 1 475
  - geistige Mängel 1 434
  - Kausalität 1 458
- konkrete Gefahr 1 439
- konkretes Gefährdungsdelikt 1 431
- Konkurrenzen 1 469
- körperliche Mängel 1 434
- mehrere Gefährdungen 1 473
- mehrere Gefährdungsopfer 1 472
- mittelbare Schäden 1 451
- Pervertierung eines Verkehrsvorgangs 1 477
- Rauschmittelkonsum 1 433
- subjektiver Tatbestand 1 462
- Täterfahrzeug 1 455
- Teilnahme 1 468
- Trunkenheitsfahrt 1 474
- unbedeutender Sachschaden 1 457
- Unmittelbarkeit 1 447
- Versuch 1 467
- Vorsatz 1 463
- **Gefährdungsvorsatz** 1 476
- **Gefahrenabschirmung** 2 242 ff
  - objektive 2 247
  - subjektive 2 248
- **Gefahr im Verzug**
  - Anordnungskompetenz der Polizei 1 28
  - richterlicher Eildienst 1 25
  - Rückrechnung 1 27
- **Geldtransporter**
  - Ausnahme von der Sperre 2 239
- **Gesamtleistungsfähigkeit** 1 153
  - herabgesetzte 1 229
- **Gesamtstrafe**
  - abgelaufene Sperre 2 214
  - Beschluss 2 220
  - Sperre 2 211 ff
  - Tenor 2 213
  - Tenorierung 2 222
  - Urteil 2 212
- **Gesamtstrafenbildung**
  - nachträgliche 2 155
  - Verlängerung der Sperre 2 227
- **Geschwindigkeitsverstoß** 2 581
- **Getränke**
  - unbekannte 1 407
- **Gnadenantrag** 2 319
- **Haft**
  - Fahrverbot (OWi) 2 659
- **Heroin** 1 616
- **in dubio pro reo** 2 51
- **IntVO** 2 327
- **Isolierte Sperre** 2 200 ff
  - Abkürzung 2 206
  - Anrechnung 2 207
  - Besitz einer Fahrerlaubnis 2 204
  - Voraussetzungen 2 201

541

Stichwortverzeichnis

- Wirkung 2 201

Jugendrichter
- Fahrerlaubnisentziehung 2 127

Kaugummi
- AAK-Messung 1 573

Klinischer Befund
- Blutentnahme 1 207

Kokain 1 616

Konkrete Gefahr 1 439

Konkurrenzen 1 421

Kontrollzeit
- AAK-Messung 1 572

Körperverletzung
- besonderes öffentliches Interesse 1 332
- fahrlässige 1 331 ff
- Fahrlässigkeitseinzelfälle 1 336
- Mitverschulden 1 335
- Pflichtverletzung 1 334
- Pflichtwidrigkeitszusammenhang 1 334
- Strafantrag 1 332
- Tathandlung 1 333
- Vermeidbarkeit 1 334
- Voraussehbarkeit 1 334
- Vorwerfbarkeit 1 334

Kostenvoranschlag 2 62

Krad
- Ausnahme von der Sperre 2 239

Krankenfahrstuhl
- Fahrunsicherheit 1 170

Krankheit 1 417, 435

Kriminalität
- allgemeine 2 121

Kritiklosigkeit
- alkoholbedingte 1 389

Kündigung 2 622

Kurzstreckenfahrt 2 69
- Fahrverbot 2 466

Leasing 2 59

Lebenslange Sperre 2 177

Lkw
- Ausnahme von der Sperre 2 239, 250

Lokführer
- Fahrunsicherheit 1 170

Lokomotive 2 16

Medikamente 1 218, 666
- Fahrunsicherheit 1 212

Medikamenteneinnahme 1 407

Mitfahrer
- Gefährdung 1 518

Mittäterschaft 1 419

Mittelbare Täterschaft 1 419

Mitverschulden
- Fahrverbot (OWi) 2 602

Mitzieheffekt 2 595

Mofa 2 72
- Fahrunsicherheit 1 166

Morphin 1 616

Motorradfahrer
- Fahrunsicherheit 1 165

Multiintoxikation 1 223

Mündlicher Beschluss 1 32

Mundrestalkohol
- AAK-Messung 1 573

Mundspray
- AAK-Messung 1 573

Muster
- 2-stufige Einlassung zur Übermüdung 1 438
- Arbeitgeberbescheinigung 2 628
- Aufhebungsantrag vorläufige Fahrerlaubnisentziehung 2 386
- Aussetzungsantrag nach rechtlichem Hinweis 2 518
- Begründung der Rechtsbeschwerde bei Vorsatz wegen hoher BAK 1 386
- Begründung der Sachrüge bei Vorsatzbejahung wegen hoher BAK 1 393
- Begründung einer Sachrüge – Nicht ausreichende Feststellungen zum Schuldumfang 1 427
- Berufungsbegründung (gerichtet gegen Kostenentscheidung) nach OWi-Verurteilung im Strafverfahren 1 657
- Beweisantrag (Identitätsgutachten bei Blutprobe) 1 147
- Beweisantrag „Inaugenscheinnahme eines Videos" 1 511
- Beweisantrag – „Kündigung droht" 2 623
- Einlassung bei unbemerkter Zuführung alkoholischer Getränke 1 415
- Einlassung nach Dauerstraftat 1 350
- Einlassung wegen Verfahrenshindernis; innerer Zusammenhang von Trunkenheits- und Drogentransportfahrt 1 426
- Einlassung zu Alkoholkonsum unmittelbar vor Fahrtantritt (§ 24c StVG) 1 674
- fehlende Approbation bei Blutentnahme (Schreiben) 1 19
- keine Einwilligungsfähigkeit bei Blutprobe (Revisionsbegründung) 1 16
- Revisionsbegründung (keine Feststellungen zu berauschender Wirkung) 1 220
- Revisionsbegründung bei nicht ausreichenden Feststellungen zu fahrlässigem Vollrausch 1 329

Stichwortverzeichnis

- Revisionsbegründung bei nicht ausreichenden Feststellungen zum Schuldumfang 1 330
- Revisionsbegründung bei Schuldfähigkeit trotz 3,0 ‰ 1 300
- Revisionsbegründung „Führen eines Kfz unter Rauschmitteleinwirkung unterhalb des Grenzwerts; zwei Substanzen" 1 621
- Revisionsbegründung „kein Beinaheunfall" 1 445
- Revisionsbegründung wegen fehlender tatsächlicher Feststellungen 1 142
- Revisionsbegründung wegen fehlender Tatzeit-BAK 1 278
- Revisionsbegründung – keine Ausfallerscheinungen nach Kokain 1 225
- Sperrfristzumessung (Revision) 2 171
- Unverwertbarkeit der Blutprobe u. Beweisantrag (Schriftsatz) 1 77

Nachschulung 2 85
- Aufbauseminar 2 98 ff
- Aufhebung der Sperre 2 275
- Einzelfälle 2 106
- Erfolg 2 99
- hohe BAK 2 115
- Mehrfachtäter 2 115
- tatrichterliche Feststellungen 2 108
- tatsächliche Feststellungen zum Kurs 2 116
- Urteil 2 108
- Wegfall des Eignungsmangels 2 101
- Ziel 2 99

Nachschulungen
- Trunkenheitsfahrverbot 2 635
- verkehrserzieherische Maßnahmen 2 611

Nachtatverhalten 1 536
Nachtrunk 1 30, 107
Neue Tatsachen
- Sperre 2 269

Nichtöffentliches Gelände 2 19
Nichtverurteilung 2 15, 36
Notstandsähnliche Situation 2 68

Öffentlicher Straßenverkehr
- Einzelfälle 1 356
- geduldete Nutzung 1 352 ff
- Öffentlichkeit 1 352 ff
- Privatflächen 1 359
- Prozessfragen 1 360
- Widmung 1 352 ff

Öffentlicher Verkehr 1 430

Panzerfahrzeuge
- Ausnahme von der Sperre 2 239

Pastillen
- AAK-Messung 1 573

Pervertierung
- Verkehrsvorgang 1 477

Pferdefuhrwerk
- Fahrunsicherheit 1 171

Pflichtverletzung
- beharrliche 2 538
- grobe 2 538

Pflichtverteidiger
- Fahrverbot (OWi) 2 527

Plateaubildung 1 162
Polizeiflucht 1 460, 470
Polizeirichtlinien 2 598

Pralinen
- AAK-Messung 1 573

Radfahrer
- Fahrunsicherheit 1 172

Rauschmittel 1 216 ff s.a. Drogen
- Ausfallerscheinungen 1 242
- Fahrunsicherheit 1 214
- Mindestgrenzwerte 1 226
- tatsächliche Feststellungen 1 250 ff

Rauschmittelkatalog 1 616
Rauschmittelwirkung 1 3

Rauschtat
- innerer Tatbestand 1 323
- objektive Strafbarkeitsbedingung 1 320 ff

Rechtlicher Hinweis 2 436
- Antrag auf Aussetzung 2 518
- Fahrverbot 2 516

Rechtsmittelbeschränkung 2 287 ff
- Fahrerlaubnisentziehung 2 299
- Fahrverbot (OWi) 2 663
- Kostenentscheidung 2 304
- Schuldspruch 2 289
- Sperre 2 302
- Strafaussetzung 2 292
- Strafausspruch 2 290
- Tat 2 297

Rechtsprechungsübersicht
- alkoholtypische Fahrfehler 1 200
- andere (alkoholbedingte) Ausfallerscheinungen 1 202
- Beharrlichkeit 2 551
- berauschende Medikamente 1 219
- Drogenkonsum und verstrichene Zeit bis zur Fahrt 1 642
- Fahrlässigkeit (bei §§ 222 und 229) 1 336
- Fahrlässigkeit (Tötung) 1 344
- Fahrlässigkeit bei Unfällen mit Kindern 1 338
- Fahrzeugarten 2 237
- Fahrzeuge 1 363
- „Führen" eines Fahrzeugs 1 370
- Nachschulung 2 106

Stichwortverzeichnis

- öffentlicher Verkehrsraum   1 357
- Verschlechterungsverbot Fahrverbot   2 440
- Vorsorgemaßnahmen gegen spätere Trunkenheitsfahrt   1 270
- Zusammenhangstaten   2 23

Reduktionsfaktor   1 116

Reflux
- AAK-Messung   1 573

Relative Fahrunsicherheit   1 184 ff
- alkoholbedingte Ausfallerscheinungen   1 190
- andere Ausfallerscheinungen   1 202
- ärztlicher Bericht   1 207
- Fahrfehler   1 200
- Fahrstil   1 192
- Fahrweise   1 194
- Gesamtwürdigung   1 186
- Medikamente   1 212
- Wechselwirkungen   1 210
- zusätzliche Beweisanzeichen   1 185

Rennen
- Fahrverbot (OWi)   2 586

Resorptionsabschluss   1 273
Resorptionsdefizit   1 119
Restalkohol   1 416
Revision   2 313
Richtervorbehalt
- Beweisverwertungsverbot   1 23
- Dokumentationspflicht   1 24
- Drogenfahrt   1 36
- Fluchtversuch   1 36
- Grenzwertsachverhalt   1 36
- Kontrollfunktion   1 21 ff
- Nachtrunk   1 36
- polizeiliche Prognoseentscheidung   1 35
- Revision   1 44
- Widerspruch   1 44
- Willkür   1 38

Richtlinienverstoß
- Geschwindigkeitsmessungen   2 598

Rollstuhl   2 72
Rotlichtverstoß   2 582
Rückrechnung
- Beispiel   1 275
- Formel   1 275
- Promillewert   1 271 ff

Rückrechnung der BAK
- Abbauwert   1 94 ff
- Entbehrlichkeit   1 93 ff
- normaler Trinkverlauf   1 103

Rückrechnungsfaktor   1 274
Rückwärtsfahren
- Fahrverbot (OWi)   2 584

Sachverständigengutachten
- medizinisches   1 136 ff

Schaden
- bedeutender   s. dort

Schadenswiedergutmachung   1 536
Scheinernüchterung   1 67
Schiffsverkehr   2 18
Schluss-Sturztrunk   1 206
Schlusstrunk   1 162
Schmuggelguttransport
- Eignungsmangel   2 122

Schonfrist
- Fahrverbot (OWi)   2 651, 664

Schuldfähigkeit   1 255 ff, 2 36
- Rückrechnung   1 271 ff
- Sachverständigengutachten   1 279
- verminderte   s. dort

Schuldunfähigkeit   1 294 ff
- Grenzwert   1 295
- Verhalten des Täters   1 301

Schwierige Verkehrslagen   1 232
Segway   2 72, 240
- Fahrunsicherheit   1 167

Sehbehinderung   1 253
Sekundenschlaf   1 437
Singultus
- AAK-Messung   1 573

Sozius
- Fahrunsicherheit   1 170

Sperre   2 1, 142 ff
- Anrechnung   2 159, 195
- Aufhebung   2 258 ff
- Aufspaltung der Sperre   2 179
- Ausnehmen von Fahrzeugarten   2 230 ff s.a. dort
- Bedeutung   2 144
- Bemessung   2 170
- Berechnung   2 193 ff
- Beweislast bei Aufhebung   2 277
- Bindung der Verwaltungsbehörde   2 144
- Einspruchsbeschränkung   2 197
- erhöhtes Mindestmaß   2 153 ff
- Fahren ohne Fahrerlaubnis   2 208
- Fahrzeugarten   2 278
- Folgen der Tat   2 175
- Fristbeginn   2 148
- Generalprävention   2 191
- Gesamtstrafe   2 211 ff
- isolierte   2 200 ff s.a. dort
- kein Ermessen   2 143
- Länge   2 146
- lebenslange   2 177
- Maßstab   2 172
- mehrere Sperrfristen   2 151, 199
- Nachschulung   2 275

Stichwortverzeichnis

- nachträgliche Gesamtstrafe   2 211
- neue Tatsachen   2 269
- paralleler Lauf   2 151
- Prognose   2 173
- Rechtsmittel   2 281
- Rechtsmittelbeschränkung   2 302
- Schwere der Tat   2 175
- sofortige Beschwerde   2 318
- Strafbefehl   2 196
- Täterpersönlichkeit   2 186
- Tatfolgen   2 189
- Taxen   2 176
- Tenorierung   2 145
- Umdeutung   2 132
- Urteil   2 143 ff
- Verschuldensausmaß   2 188
- vorläufige Führerscheinmaßnahmen   2 159 ff
- wirtschaftliche Härten   2 190
- Zumessung   2 170

Sperrfristaufhebung   2 258

Strafbefehl   2 434

Strafe
- Absehen von   2 35

Strafrahmen   1 491

Strafrahmenverschiebung   1 502

Strafzumessung   1 489 ff
- ab 2 ‰   1 500
- Alkoholiker   1 506
- BAK-Höhe   1 498
- Beruf   1 513
- Betäubungsmittelabhängigkeit   1 521
- Fahrerlaubnisentziehung   1 519
- Gefährdung der Mitfahrer   1 518
- Gefährlichkeit der Tat   1 510
- Heranwachsende   1 564
- Jugendliche   1 564
- Nachtatverhalten   1 536
- Nachtrunk   1 514
- Normalfall   1 496
- Revision   1 490, 497
- Schadenswiedergutmachung   1 536
- soziale Stellung   1 512
- Strafrahmen   1 491
- Strafrahmenverschiebung   1 502
- Taxen   1 494
- Überprüfungsmaßstab   1 490
- Umstände der Alkoholaufnahme   1 563
- Verfahrensdauer   1 537
- verminderte Schuldfähigkeit   1 501
- Verschleierung   1 514
- Vollrausch   1 507
- Vorsatz   1 517
- Vorsorgemaßnahmen   1 520
- Vorstrafen   1 524
- Würdigung der Persönlichkeit   1 492
- Zechtour   1 509
- zu verantwortende Trunkenheit   1 499

Strafzumessungsempfehlungen   1 493

Straßenbahnführer
- Fahrunsicherheit   1 170

Straßennutzung
- Duldung   1 352

Straßenverkehr
- Gefährdung   s. dort
- öffentlicher   s. dort

Sturztrunk   1 204

Suche nach Tatobjekten
- Eignungsmangel   2 122

Suche nach Tatopfern
- Eignungsmangel   2 122

Tatbegriff (prozessual)   1 425

Täterschaft
- mittelbare   1 419

Tatzeit-BAK   1 92 ff
- Blutalkoholkurve   1 100 ff
- Resorptionsabschluss   1 100 ff
- Resorptionszeit   1 100
- tatsächliche Feststellungen   1 140

Taxen
- Sperre   2 176

Taxen der Strafzumessung   1 494

Teilnehmer
- Fahrverbot (OWi)   2 537

Tenorierung
- Anrechnung vorläufiger Fahrerlaubnisentziehung   2 161
- Aufrechterhaltung der Sperre   2 222
- Ausnehmen von der Sperre   2 230
- Entziehung   2 132
- Gesamtstrafe (Sperre)   2 213
- Sperre   2 145
- Sperrfristbeginn   2 219

THC   1 616

Torkelbogen   1 138

Traktor
- Ausnahme von der Sperre   2 239, 253

Trunkenheit im Verkehr
- abstraktes Gefährdungsdelikt   1 347 ff
- alkoholhaltige Medikamente   1 408
- Anstiftung   1 420
- Beihilfe   1 420
- Dauerstraftat   1 348 ff
- Fahrerlaubnisentziehung   2 57
- Fahrlässigkeit   1 404 ff
- Krankheit   1 417
- Nachweis des Vorsatzes   1 387
- Rechtfertigungsgründe   1 382
- subjektiver Tatbestand   1 384
- Täterschaft   1 419
- unbekannte Getränke   1 407
- Vorsatz   1 385
- Vorsatzindizien   1 400

545

Stichwortverzeichnis

- Wahlfeststellung 1 421
- Wirkungsverstärkungen 1 418

Trunkenheitsdelikte 1 346 ff

Trunkenheitsfahrverbot 2 630 ff
- abstrakte Gefährdung 2 633
- außergewöhnliche Härten 2 638
- Beschränkung des Fahrverbots 2 642
- Existenzverlust 2 639
- persönliche Härten 2 642
- Verfahrensdauer 2 634
- verkehrspsychologische Maßnahmen 2 635
- Wiederholungstäter 2 641

TrunkenheitsOWi 1 565
- abstraktes Gefährdungsdelikt 1 566
- alternative Nachweismöglichkeiten 1 618
- Arzneimittelmissbrauch 1 623
- Atemalkohol 1 570
- BAK 1 568
- Beweisgrenzwerte 1 619
- Beweisgrenzwerte (Muster) 1 621
- Drogen 1 615
- Fahrlässigkeit 1 633
- Fahrverbot 1 651
- Führen 1 625
- Geldbuße 1 656
- Konkurrenzen 1 649
- Kraftfahrzeug 1 624
- Medikamente 1 615
- öffentlicher Straßenverkehr 1 624
- Rauschmittelkatalog 1 616
- Rechtsfolgen 1 651
- Rechtskraft 1 649
- Sicherheitszuschlag 1 569
- Strategietipps 1 658
- subjektiver Tatbestand 1 627
- Tatbegriff 1 649
- Verjährung 1 650
- Vorsatz 1 628
- Wiederholungstäter 1 653

Überholverstöße
- Fahrverbot (OWi) 2 585

Übermüdung 1 436

Umparker 2 69

Unerlaubtes Entfernen vom Unfallort
- bedeutender Schaden 2 58
- Fahrerlaubnisentziehung 2 58, 74
- Indizwirkung 2 75
- Körperverletzung 2 64
- Nachtragsanklage 1 481 ff, 482
- Nichtverurteilung bei Trunkenheit 1 484
- Rechtlicher Hinweis 1 480 ff, 482
- Schadenspositionen 2 58
- Schadensschätzung 2 60
- Schuldunfähigkeit 1 485
- Tatmehrheit 1 483

Unfallflucht s. Unerlaubtes Entfernen vom Unfallort

Unfallursachen 1 1

Ungeeignetheit 2 37 ff
- Begriff 2 38
- nachträglicher Wegfall 2 50

Verbotsirrtum
- Fahrunsicherheit 1 183

Verfahrensdauer 1 537, 2 608
- Aufbauseminar 2 85 ff
- Berufungseinlegung 2 282
- Erstentscheidungsfrist 2 95
- Führerscheinbeschlagnahme 2 91
- Führerscheinsicherstellung 2 91
- Länge 2 93
- Nachschulung 2 85 ff
- Taktik 2 282
- Trunkenheitsfahrverbot 2 634
- überlange 1 538
- Umstandsmoment 2 94
- vorläufige Fahrerlaubnisentziehung 2 91, 389
- Wegfall des Eignungsmangels 2 83 ff

Verhältnismäßigkeitsprinzip
- Fahrerlaubnisentziehung 2 124

Verkehrsdelikte
- typische 2 20

Verkehrserzieherische Maßnahmen
- Fahrverbot (OWi) 2 611

Verkehrspsychologische Maßnahmen
- Trunkenheitsfahrverbot 2 635

Verkehrsspezifische Anlasstaten 2 117

Verletzter
- Einwilligung 1 461

Verminderte Schuldfähigkeit 1 282 ff, 501
- BAK-Grenze 1 285
- BAK-Höhe 1 283
- psychodiagnostische Kriterien 1 292
- Rückrechnung 1 291

Verschlechterungsverbot 2 310 ff

Versicherungsbetrug 2 28

Verteidigung der Rechtsordnung 1 555

Verwarnung mit Strafvorbehalt 2 14

Viermonatsfrist
- Fahrverbot (OWi) 2 651

Vollrausch
- andere Schuldunfähigkeitsursachen 1 313
- Blutalkoholkonzentration 1 310
- eigenständiges Delikt 1 306
- Fahrerlaubnisentziehung 2 57
- Fahrlässigkeit 1 317
- objektive Strafbarkeitsbedingung 1 305 ff

Stichwortverzeichnis

- Prozessuales 1 307
- Rausch 1 308
- Rauschtat 1 320
- Strafzumessung 1 507
- Vorsatz 1 318

Vollstreckung
- Fahrverbot (OWi) 2 666 ff

Vorläufige Fahrerlaubnis
- Beschwerde(-muster) 2 379

Vorläufige Fahrerlaubnisentziehung
- Adressat 2 371
- Aufhebung 2 385
- Aufhebungsantrag (Muster) 2 386
- ausländische Fahrerlaubnis 2 408
- Ausnehmen von Fahrzeugarten 2 380
- Aussetzung der Vollziehung 2 413
- Berufung 2 392, 405
- Beschwerde 2 409
- Beweisverwertungsverbot 1 30
- Checkliste 2 420
- dringende Gründe 2 372
- Einstellung des Verfahrens 2 404
- freiwillige Abgabe 2 354 ff
- Inhaftnahme 2 354 ff
- polizeiliche Blutprobenentnahme 2 373
- rechtliches Gehör 2 365
- Revision 2 361, 400
- Strategiehinweise 2 421
- Verfahrensdauer 2 374, 389
- Verfahrensverzögerungen 2 396
- Verwaltungsbehörde 2 403
- Wegfall der Voraussetzungen 2 387
- Wirksamkeit 2 383
- Zuständigkeit 2 355
- Zuständigkeitsverschiebung 2 357
- Zweifelssatz 2 377

Vorsatzindizien 1 400

Wahlfeststellung 1 422

Wartezeit
- AAK-Messung 1 572

Wechselwirkung
- Fahrverbot 2 427

Wechselwirkungen 1 221

Wenden
- Fahrverbot (OWi) 2 584

Widmark-Formel 1 111 ff
- Alkoholabbaumenge 1 118
- Arbeitshilfe 1 120
- Berechnungsgrundlagen 1 112
- Reduktionsfaktor 1 116
- Resorptionsdefizit 1 119
- wissenschaftliche Formel 1 114

Widmung
- wegrechtliche 1 352

Wirksamwerden der vorl. Fahrerlaubnisentziehung 2 383

Wirtschaftliche Härten 2 249
- Sperre 2 254

Wohnsitz
- Ausland 2 335 ff
- Inland 2 339
- In- und Ausland 2 341
- Schüler 2 343
- Studenten 2 343
- vorübergehender Aufenthalt 2 343

Wohnsitzerfordernis 2 330

Zahnprothesenhaftcreme
- AAK-Messung 1 573

Zechtour 1 509

Zigaretten
- AAK-Messung 1 573

Zusammenhangstaten 2 21 ff, 443
- Begriff 2 22
- Beispiele 2 22
- Fahrzeugbesitz 2 30
- Rechtsprechungsübersicht 2 23

Zweite Blutprobe
- Bedeutung 1 81
- Nachtrunk 1 82
- Wertigkeit 1 81